한눈에 보는 사무자동화 [illegible]

시험 시작 30분 전

대기실 입실

30분 전까지 입실해야 합니다.

출석 확인 및 비번호 부여

시험위원이 출석을 확인한 후 비번호를 배부합니다. 지급받은 비번호를 왼쪽 가슴에 부착하고 시험장으로 이동합니다.

시험 시작 20분 전

시험장 입실

시험위원이 지정해 준 PC 번호가 붙은 자리에 앉습니다.

표 계산 문제 풀이

1. 작업표 형식에 맞게 자료(DATA)를 입력합니다.
2. 처리 조건에 맞게 계산 및 서식 지정 작업을 수행합니다.
3. 완성된 작업표를 이용해 그래프(GRAPH)를 작성합니다.
4. 작업표와 그래프가 한 페이지에 출력되도록 여백을 조정합니다.

엑셀 종료

프로그램 종료 전에는 저장이 필수라는 것을 잊지마세요.

액세스 실행

C 드라이브에 지정된 이름으로 저장합니다.

자료 처리 문제 풀이

1. 문제지에 제시된 자료 형식에 맞게 테이블을 만든 후 자료를 입력합니다.
2. 보고서에 사용할 쿼리를 작성합니다.
3. 폼을 작성합니다.
4. 보고서를 작성합니다.
5. 폼과 보고서가 각각 한 페이지에 출력되도록 여백을 조정합니다.

액세스 종료

프로그램 종료 전에는 저장이 필수라는 것을 잊지마세요.

파워포인트 실행

C 드라이브에 지정된 이름으로 저장합니다.

시험 시작 2시간 10분 후

퇴실

출력물을 다음과 같은 순서대로 묶어서 제출하고 퇴실합니다.

- 1페이지 : 개인별 답안 표지
- 2페이지 : 표 계산(작업표, 차트)
- 3페이지 : 자료처리(폼)
- 4페이지 : 자료처리(보고서)
- 5페이지 : 시상 작업(슬라이드 2개)

시험 도중 컴퓨터가 다운되어 손해본 시간은 시험 시간에서 제외 되지만 저장하지 않은 자료에 대해서는 본인의 책임입니다. 반드시 시험 중간 중간 자주 저장하는 것을 잊지마세요.

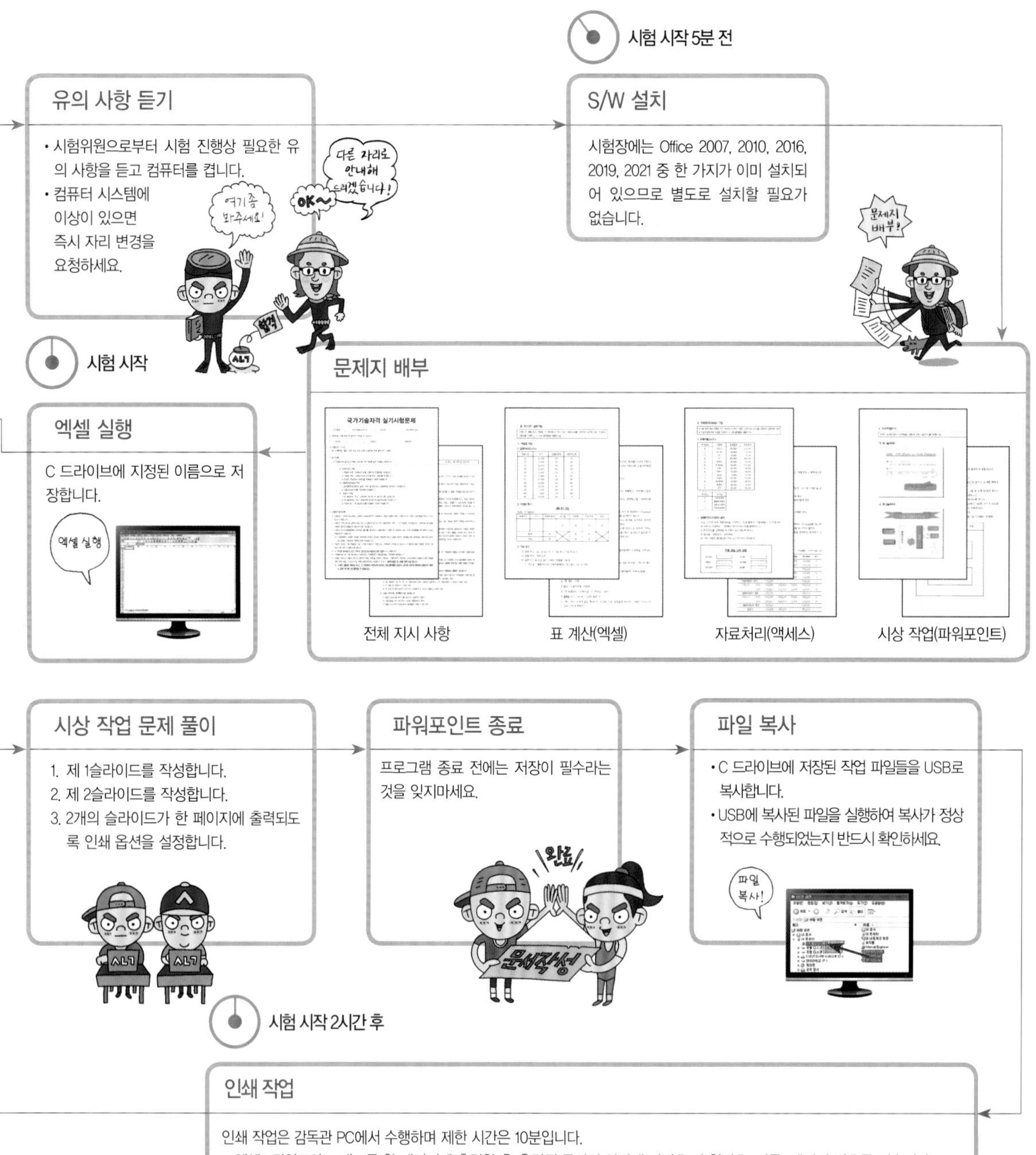
시험 시작 5분 전
유의 사항 듣기
• 시험위원으로부터 시험 진행상 필요한 유의 사항을 듣고 컴퓨터를 켭니다.
• 컴퓨터 시스템에 이상이 있으면 즉시 자리 변경을 요청하세요.
여기좀 봐주세요!
OK~
다른 자리로 안내해 드리겠습니다!
합격
S/W 설치
시험장에는 Office 2007, 2010, 2016, 2019, 2021 중 한 가지가 이미 설치되어 있으므로 별도로 설치할 필요가 없습니다.
문제지 배부!
시험 시작
문제지 배부
엑셀 실행
C 드라이브에 지정된 이름으로 저장합니다.
엑셀 실행
국가기술자격 실기시험문제
전체 지시 사항
표 계산(엑셀)
자료처리(액세스)
시상 작업(파워포인트)
시상 작업 문제 풀이
1. 제 1슬라이드를 작성합니다.
2. 제 2슬라이드를 작성합니다.
3. 2개의 슬라이드가 한 페이지에 출력되도록 인쇄 옵션을 설정합니다.
파워포인트 종료
프로그램 종료 전에는 저장이 필수라는 것을 잊지마세요.
완료
문서작성
파일 복사
• C 드라이브에 저장된 작업 파일들을 USB로 복사합니다.
• USB에 복사된 파일을 실행하여 복사가 정상적으로 수행되었는지 반드시 확인하세요.
파일 복사!
시험 시작 2시간 후

인쇄 작업

인쇄 작업은 감독관 PC에서 수행하며 제한 시간은 10분입니다.

- 엑셀 : 작업표와 그래프를 한 페이지에 출력한 후 출력된 문서의 상단에 비번호, 수험번호, 이름, 페이지 번호를 적습니다.
- 액세스 : 폼과 보고서를 각각 한 페이지로 출력한 후 출력된 문서의 상단에 비번호, 수험번호, 이름, 페이지 번호를 적습니다.
- 파워포인트 : 2개의 슬라이드를 한 페이지에 출력한 후 출력된 문서의 상단에 비번호, 수험번호, 이름, 페이지 번호를 적습니다.

사무자동화 산업기사 실기

엑셀 · 액세스 · 파워포인트 2021/2016/2010 공용

길벗알앤디 지음

길벗

지은이 길벗알앤디
강윤석, 김용갑, 김우경, 김종일
IT 서적을 기획하고 집필하는 출판 기획 전문 집단으로, 2003년부터 길벗출판사의 IT 수험서인 〈시험에 나오는 것만 공부한다!〉 시리즈를 기획부터 집필 및 편집까지 총괄하고 있다.
30여 년간 자격증 취득에 관한 교육, 연구, 집필에 몰두해 온 강윤석 실장을 중심으로 IT 자격증 시험의 분야별 전문가들이 모여 국내 IT 수험서의 수준을 한 단계 높이기 위한 다양한 연구와 집필 활동에 전념하고 있다.

사무자동화산업기사 실기(오피스 2021/2016/2010 공용) – 시나공 시리즈 26

초판 발행 · 2024년 2월 15일

발행인 · 이종원
발행처 · (주)도서출판 길벗
출판사 등록일 · 1990년 12월 24일
주소 · 서울시 마포구 월드컵로 10길 56(서교동)
주문 전화 · 02)332-0931 팩스 · 02)323-0586
홈페이지 · www.gilbut.co.kr 이메일 · gilbut@gilbut.co.kr

기획 및 책임 편집 · 강윤석(kys@gilbut.co.kr), 김미정(kongkong@gilbut.co.kr), 임은정, 정혜린(sunriin@gilbut.co.kr)
디자인 · 강은경, 윤석남 제작 · 이준호, 손일순, 이진혁, 김우식 마케팅 · 조승모
영업관리 · 김명자 독자지원 · 윤정아

편집진행 및 교정 · 길벗알앤디(강윤석 · 김용갑 · 김우경 · 김종일) 일러스트 · 윤석남
전산편집 · 예다움 CTP 출력 및 인쇄 · 정민 제본 · 정민

ISBN 979-11-407-0848-2 13000
(길벗 도서번호 030904)

가격 27,000원

독자의 1초까지 아껴주는 길벗출판사
(주)도서출판 길벗 | IT교육서, IT단행본, 경제경영서, 어학&실용서, 인문교양서, 자녀교육서 www.gilbut.co.kr
길벗스쿨 | 국어학습, 수학학습, 어린이교양, 주니어 어학학습, 학습단행본 www.gilbutschool.co.kr

인스타그램 • @study_with_sinagong

짜잔~ '시나공' 시리즈를 소개합니다~

자격증 취득, 가장 효율적으로 공부하고 싶으시죠?
보통 사람들의 공부 패턴과 자격증 시험을 분석하여 최적의 내용을 담았습니다.

첫째 공개문제 12세트를 완벽하게 분석했습니다.

시행처에서 시험 문제 12세트를 공개하고 시험에서는 공개문제에 포함된 기능내에서만 출제되고 있습니다. 문제를 공개하고 시험 보는 이유가 무엇일까요? 시나공에서는 공개문제 12세트를 철저하게 파헤쳤습니다. 공개문제를 완벽하게 풀기 위해서는 엑셀 기능 18개, 액세스 기능 30개, 파워포인트 기능 18개, 모두 66개의 오피스 프로그램의 기능이 필요합니다. 이게 단순히 하루 이틀 외워서 시험 볼 수 있는 양일까요? 도저히 불가능합니다. 오피스 프로그램의 기능 66가지를 사용해 공개문제 12세트를 각각 2시간 내에 완벽하게 풀 수 있다는 것은 사무실에서 흔히 쓰는 문서들을 거뜬히 만들 수 있다는 것이고, 그 정도면 사무자동화산업기사 자격을 받기에 충분하다는 거죠. 즉 앞으로도 공개문제 내에서 시험이 출제된다는 것은 의심할 여지가 없습니다.
저희는 이 공개문제 12세트를 완벽하게 분석해서 최적의 솔루션을 만들었습니다. 우리에게 필요한 것은 막연한 합격이 아니라 짧은 시간에 확실하게 합격하는 것이잖아요.

둘째 시험에 필요한 거의 모든 기능을 한 문제에 담았습니다.

엑셀, 액세스, 파워포인트 프로그램의 사용법을 제대로 익히려면 1년도 모자랄 것입니다. 하지만 시험 문제는 정해져 있습니다. 사용하는 기능도 정해져 있습니다. 시간을 최대한 단축해야 합니다. 시험에 출제되는 거의 모든 기능이 포함된 문제를 만든 후 답안 작성의 전 과정을 "실제 시험장을 옮겨 놓았다!"에 자세하게 수록했습니다. 처음 따라할 때는 5시간이 더 걸릴 수도 있습니다. 처음엔 다들 그렇습니다. 힘들어도 해설 안보고 2시간 내에 풀 수 있을 때까지 반복해서 풀어보세요. 꼭 해야 합니다. 어느 순간 심봉사 눈 떠지듯 시험 문제를 어떻게 풀어야 하는지 눈이 확 떠지는 느낌이 들겁니다. 그때부터는 공개문제를 풀어보면서 시간 체크하고 모르는 기능만 확인하면 됩니다. "실제 시험장을 옮겨 놓았다!"가 어렵게 느껴지면 무료 동영상 강의를 활용하세요.

셋째 공부하면서 답답해하지 않도록 노력했습니다.

엑셀이나 액세스, 파워포인트 같은 컴퓨터 프로그램을 사용해 본 사람이라면 누구나 경험해 봤겠지만 모르는 기능을 배울 때 주어진 기능을 설명대로 따라하다 중간에서 막히면 대책이 없습니다. 이 책에서는 누구나 따라하다 보면 결과가 나오도록 한 단계도 빠놓지 않고 자세하게 설명했습니다. 특히 책 출간 전에 초보자 여러 명이 직접 따라해 보면서 수정에 수정을 거듭했기 때문에 안심하고 따라해도 됩니다.

넷째 학습 방향을 제시하기 위해 노력했습니다.

이 시험을 준비하는 수험생이 대부분 비전공자이다 보니 학습 방향을 잡기가 쉽지 않습니다. 교재에 수록된 내용을 학습 방향을 제대로 파악하지 못한 채 무작정 따라하는 것은 비효율적입니다. '전문가의 조언', '시나공 Q&A 베스트', '잠깐만요' 등의 코너를 두어 "지금 이것을 왜 하는지", "왜 안 되는지", "더 효율적인 방법은 없는지" 등 옆에서 선생님이 지도하는 것처럼 친절한 가이드라인을 제공하고 있습니다.

2024년 한 해를 시작하며

강윤석

Special thanks to …

이 책이 나오기까지 '감 놔라, 배 놔라' 미주알 고주알 참견해(?) 주시고 설문조사에 응해 주신 300여 명의 수험생, 길벗출판사 독자, 학원 선생님, 교수님들께 깊이 감사드립니다.

1 기본편

2 실전편

02 실전 모의고사

'C:\길벗사무자동화' 폴더에 '실전모의고사.pdf' 파일로 저장되어 있습니다.

3부 엑셀 함수 사전 & 함수 문제 모음

01 엑셀 함수 사전

02 함수 문제 모음

실습용 데이터 파일을 사용하려면?

1. 시나공 홈페이지(sinagong.gilbut.co.kr)에 접속하여 위쪽의 메인 메뉴에서 [자료실]을 클릭하세요.

2. '자료실'에서 [사무자동화]를 클릭한 후 하위 항목에서 [사무자동화 산업기사 실기]만 남기고 모두 체크 표시를 해제하세요.

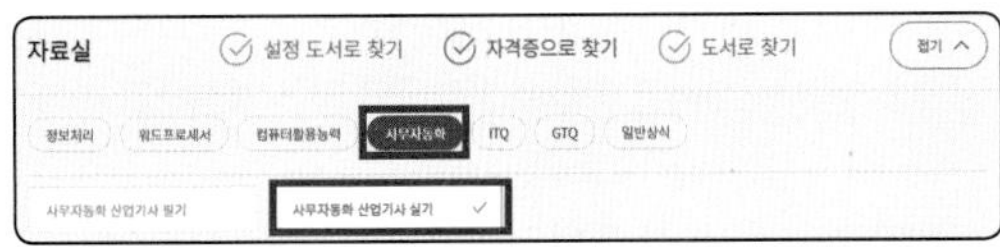

3. '실습예제'에서 '**시나공 사무자동화 산업기사 실기**'를 클릭하세요.

4. 이어서 [전체펼치기] → 다운로드 → ⌃ → [열기]를 차례대로 클릭하세요.

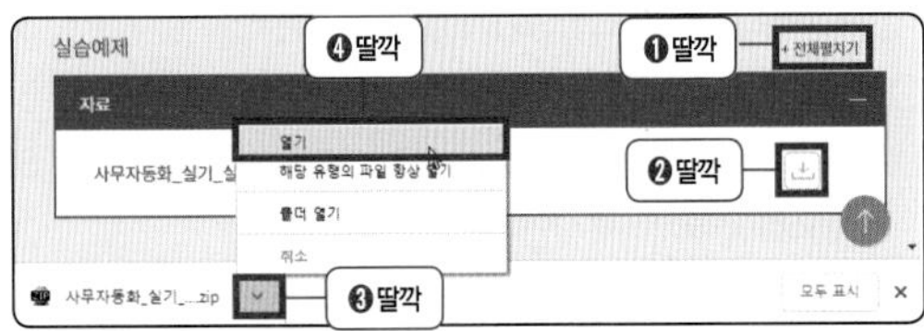

5. 압축 프로그램 창에서 〈압축풀기〉를 클릭하세요.

6. '압축풀기' 대화상자에서 압축파일을 풀어놓을 폴더를 지정하고 〈확인〉을 클릭하세요.

7. 압축 파일을 풀어놓은 폴더에서 '길벗사무자동화.exe' 파일을 더블클릭하여 실행하세요. '**로컬 디스크 C:\길벗사무자동화**' 폴더에 문제 및 정답 파일이 자동으로 설치됩니다.

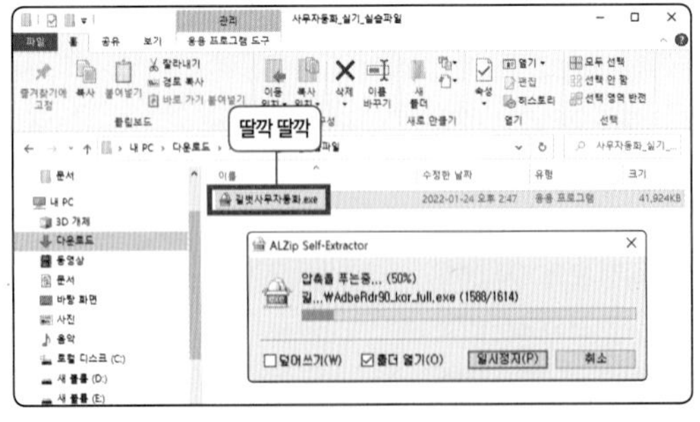

8. 정상적인 복사가 수행되었는지 '**로컬 디스크 C:\길벗사무자동화**' 폴더를 확인하세요. 이 폴더에 저장된 파일은 책에 수록된 문제를 풀 때 사용됩니다.

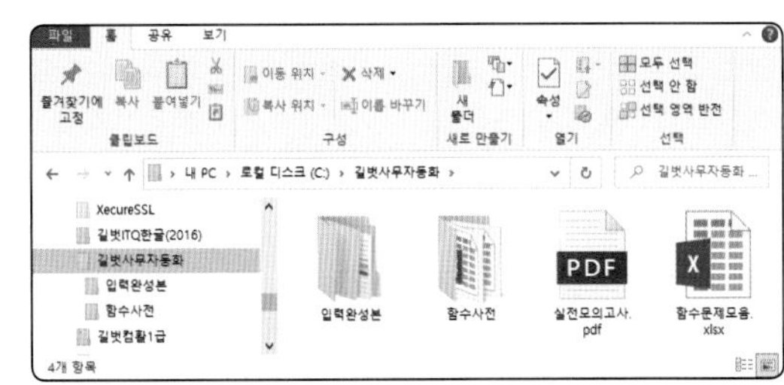

폴더 및 파일의 용도

- **입력완성본** : 공개문제와 실전 모의고사 문제 중 엑셀 작업의 입력자료 완성본 파일
- **함수사전** : 별책 부록의 엑셀 함수 사전에서 사용되는 문제 및 정답 파일
- **실전모의고사.pdf** : 실전모의고사 10회분 수록
- **함수문제모음.xlsx** : 별책 부록 함수 문제 모음을 공부할 때 사용되는 문제 파일

준비운동

1 · 수험생을 위한 아주 특별한 서비스

2 · 한눈에 살펴보는 시나공의 구성

3 · 사무자동화산업기사 실기 시험, 이렇게 준비하세요!

4 · 시험 접수부터 자격증 받기까지 한눈에 살펴볼까요?

5 · 한눈에 보는 사무자동화산업기사 실기 시험 절차

6 · 사무자동화산업기사 실기 시험, 이것이 궁금하다! – Q&A

1등만이 드릴 수 있는 1등 혜택!!

수험생을 위한 아주 특별한 서비스

서비스 하나 시나공 홈페이지 시험 정보 제공!

IT 자격증 시험, 혼자 공부하기 막막하다고요? 시나공 홈페이지에서 대한민국 최대, 50만 회원들과 함께 공부하세요.

지금 sinagong.co.kr에 접속하세요!

시나공 홈페이지에서는 최신기출문제와 해설, 선배들의 합격 수기와 합격 전략, 책 내용에 대한 문의 및 관련 자료 등 IT 자격증 시험을 위한 모든 정보를 제공합니다.

서비스 둘 수험생 지원센터 무엇이든 물어보세요!

공부하다 답답하거나 궁금한 내용이 있으면, 시나공 홈페이지 '묻고 답하기' 게시판에 질문을 올리세요. 길벗알앤디의 전문가들이 빠른 시간 내에 답변해 드립니다.

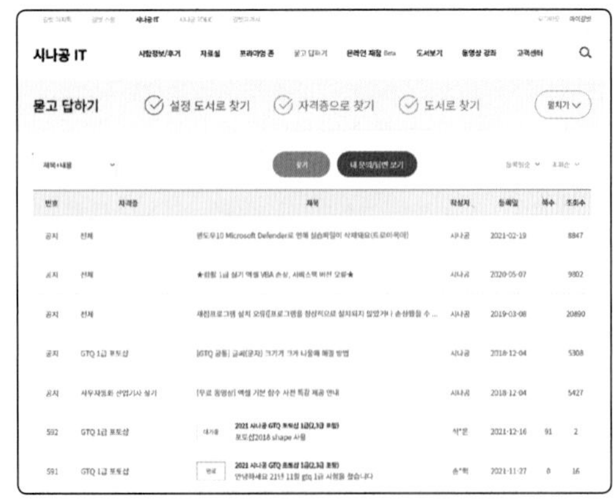

서비스 셋 시나공 만의 동영상 강좌

독학이 가능한 친절한 교재가 있어도 준비할 시간이 부족하다면?

길벗출판사의 '동영상 강좌(유료)' 이용 안내

1. 시나공 홈페이지(sinagong.co.kr)에 접속하여 로그인 하세요.
2. 상단 메뉴 중 [동영상 강좌]를 클릭하세요.
3. '유료 강좌' 카테고리에서 원하는 강좌를 선택하고 [수강 신청하기]를 클릭하세요.
4. 우측 상단의 [마이길벗] → [나의 동영상 강좌]로 이동하여 강좌를 수강하세요.

※ 기타 동영상 이용 문의 : 독자지원(02-332-0931)

시나공 시리즈는 단순한 책 한 권이 아닙니다. 여러분이 시나공 시리즈 책 한 권을 구입한 순간, Q&A 서비스에서 최신기출문제 등 각종 학습 자료까지 IT 자격증 최고 전문가들이 제공하는 온라인&오프라인 합격 보장 교육 프로그램이 함께합니다.

서비스 넷 합격 전략 동영상 강의 제공

한 번의 시험으로 합격을 위해 시험의 전 과정을 따라 하기식으로 설명하는 '실제 시험장을 옮겨 놓았다!'를 동영상 강의로 제공합니다.

시나공 홈페이지에서는 이렇게 사용하세요!

1. 시나공 홈페이지(sinagong.co.kr)에 로그인하세요.
2. 상단 메뉴 중 [동영상 강좌] → [실기특강(무료)]을 클릭하세요!
3. 실기특강 목록에서 '사무자동화 산업기사 실기–실제 시험장을 옮겨 놓았다'를 클릭한 후 원하는 강좌의 〈강의보기〉를 클릭하여 시청하세요.

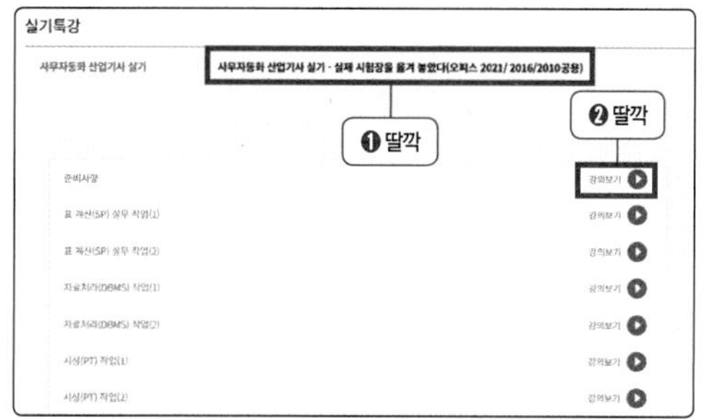

※ '실기특강' 서비스는 시나공 홈페이지 회원 중 구입 도서를 등록한 분께 제공됩니다.

QR코드는 이렇게 이용하세요!

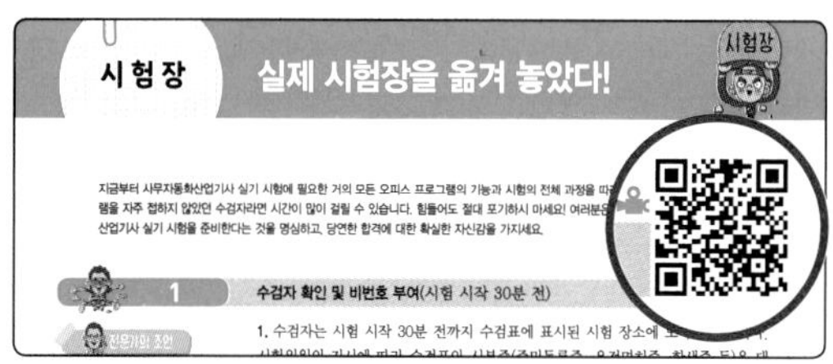

1. 스마트폰의 QR코드 리더 앱을 실행하세요!
2. 시나공 실기특강 QR코드를 스캔하세요!
3. 스마트폰을 통해 실기특강이 시작됩니다!

시나공 서비스 이용을 위한 회원 가입 방법

1. 시나공 홈페이지(sinagong.co.kr)에 접속하여 우측 상단의 〈회원가입〉을 클릭하고 〈이메일 주소로 회원가입〉을 클릭합니다.
   ※ 회원가입은 소셜 계정으로도 가입할 수 있습니다.
2. 가입 약관 동의를 선택한 후 〈동의〉를 클릭합니다.
3. 회원 정보를 입력한 후 〈이메일 인증〉을 클릭합니다.

4. 회원 가입 시 입력한 이메일 계정으로 인증 메일이 발송됩니다. 수신한 인증 메일을 열어 이메일 계정을 인증하면 회원가입이 완료됩니다.

한눈에 살펴보는 시나공의 구성

실제 시험장을 옮겨 놓았다!

시험장

실제 시험장을 옮겨 놓았다!

여러분!! 딱 다섯번만 따라해봐, 허둥대지 않고 시험 볼 수 있게 해줄게~

오! 실제 시험이 이렇게 진행되는구나.

와우 실제 시험장을 그대로 옮겨 놨네~

공개문제

제01회 사무자동화산업기사 공개문제

실제 시험에 완전 유사한 문제가 출제 됐데.

시행처에서 공개한 문제야 꼭, 풀어 봐야 겠지!

자격종목	사무자동화산업기사	과제명	사무자동화 실무

※ 문제지는 시험 종료 후 본인이 가져갈 수 있습니다.

비번호		시험일시	

※ 시험시간 : 2시간

(단, 인쇄작업 : 별도 10분 이내, S/W 지참 수험자에 한해 설치시간 분)

1. 요구사항

실전 모의고사

EXAMINATION 01 회

실전 모의고사

Excel

실제 시험문제와 기능과 난이도가 동일해 제한시간 2시간을 지키면서 풀어봐!

헐.. 난, 오타투성이네~ 좀더 차분히 풀어보자!

배운대로 했을 뿐인데~ 만점이다! 역시~

2시간

기초에서 실전까지 한 번에 끝낸다!

합격 전략을 세워 실제로 시험을 치르는 것처럼 그대로 따라해 보고 부족한 부분을 채운 다음 공개문제와 실전 모의고사로 완벽하게 마무리할 수 있도록 구성했습니다.

사무자동화산업기사 실기 시험, 이렇게 준비하세요!

사무자동화산업기사 실기 문제 분석

시행처에서 시험 문제 12세트를 공개했습니다. 그리고 시험에서는 공개문제에 포함된 기능내에서만 출제되고 있습니다. 공개를 하고 시험을 보는 이유가 무엇일까요? 시나공에서는 공개문제 12세트를 철저하게 파헤쳤습니다. 공개문제를 완벽하게 풀기 위해서는 엑셀 기능 18개, 액세스 기능 30개, 파워포인트 기능 18개, 모두 66개의 오피스 프로그램의 기능이 필요합니다. 이게 단순히 하루 이틀 외워서 시험 볼 수 있는 양일까요? 그렇습니다. 도저히 불가능합니다. 오피스 프로그램의 기능 66가지를 사용해 공개문제 12세트를 각각 2시간 내에 완벽하게 풀 수 있다는 것은 사무실에서 흔히 쓰는 문서들을 거뜬히 만들 수 있다는 것이고, 그 정도면 사무자동화산업기사 자격을 받기에 충분하다는 거죠. 즉 앞으로도 공개문제 내에서 출제된다는 것은 의심할 여지가 없습니다.

저희는 이 공개문제 12세트를 완벽하게 분석해서 최적의 솔루션을 만들었습니다. 우리에게 필요한 것은 막연한 합격이 아니라 짧은 시간에 확실하게 합격하는 것이잖아요.

실격에 주의해야 합니다.

사무자동화산업기사 실기 시험은 열흘만 제대로 공부하면 누구나 합격할 수 있을 정도로 합격률이 높은 시험임에도 불구하고 컴퓨터로 작업하는 실무형 시험이다 보니 조작 미숙으로 불합격하는 경우가 종종 있습니다. 정보처리 실기 시험의 경우 과목별 득점 전략을 세워 합격 점수인 60점 이상을 취득하는 것이 중요하나 사무자동화산업기사 실기 시험은 실수를 방지해 과락으로 인한 실격을 당하지 않는 것이 훨씬 더 중요합니다. 사무자동화산업기사 실기 시험의 주요 실격 처리 기준은 다음과 같습니다.

첫째, 사무자동화산업기사 실기는 기본적으로 인쇄 출력물을 가지고 채점을 하는데, 출력 오류나 기타의 오류로 인해 인쇄 출력물의 판독이 불가능한 경우 0점으로 채점됩니다.

둘째, 다음의 경우 응시 수준 및 자격 미달로 실격처리됩니다.

① 시험시간 내에 요구사항을 완성하지 못한 경우
② 3개 작업(SP, DB, PT)에서 요구사항에 제시된 세부작업(작업표, 그래프, 조회화면, 보고서, 제1슬라이드, 제2슬라이드) 중 어느 하나라도 누락된 경우 또는 그 득점이 0점인 경우
③ 표계산(SP) 중 작업표에서 수식 기재란에 수식을 작성하지 않은 경우(공란)
④ 표계산(SP) 중 그래프에서 데이터 영역(범위) 설정 오류로 그래프 과제의 요구사항과 맞지 않는 경우
⑤ 자료처리(DBMS) 중 조회화면에서 SQL문을 작성하지 않은 경우(공란)

1과목 표 계산(SP) 실무 작업 – 엑셀 작업(35점)

표 계산 실무 작업은 엑셀 프로그램을 이용하여 문제지로 주어진 입력자료를 워크시트에 입력하고 작성 조건에 맞게 작업표(Worksheet)를 완성합니다. 그리고 완성된 작업표의 데이터 중 지정된 조건에 맞는 데이터를 이용하여 그래프를 만든 후 작업표와 그래프를 A4 용지 한 장에 출력하여 제출합니다.

문제 1 작업표 작성

작업표 작성 작업은 입력, 서식 설정, 계산, 정렬을 수행해야 하는 문제가 고정적으로 출제되고 있습니다. 계산 부분을 제외한 나머지 부분은 작성 조건으로 제시된 작업표 형식을 보고 그대로 완성하면 어렵지 않게 점수를 얻을 수 있는 쉬운 문제이므로 별도의 설명이 필요 없습니다. 지시 사항을 빼놓지 말고 정확하게만 처리하면 됩니다. 계산 부분은 문제에 따라서 사용할 함수가 제시되어 있으므로 함수를 사용해서 계산할 수 있는 부분은 반드시 함수를 사용하여 수식을 작성해야 합니다. 여기서 주의할 점은 작성한 함수식을 작업표의 수식 기재 부분에 복사해 놓아야 하는데, 복사해 놓은 함수식이 틀린 경우 감점으로 끝나지만 아무것도 입력해 놓지 않은 경우 실격이므로 정답이 생각나지 않으면 아무 수식이라도 입력해 놓아야 한다는 것입니다. 작업표 작성 시 주의할 점은 함수를 모르면 문제를 풀 수 없다는 것과 작업표를 완성하지 못하면 작업표의 데이터를 이용하는 그래프도 완성할 수 없다는 것입니다. 그러나 너무 걱정할 필요는 없습니다. 시험에 출제되는 함수가 한정되어 있을 뿐만 아니라 함수 마법사를 이용하면 각 인수에 대한 설명이 나오므로 어떤 인수를 지정해야 할지는 몇 번만 실습해 보면 쉽게 알 수 있습니다. 어떤 경우에 어떤 함수를 이용하는지만 정확히 알아두세요. 혹시 시험 도중에 사용해야 할 함수를 모른다거나 함수 사용법이

기억나지 않으면 종이와 펜 또는 워크시트의 빈 곳을 이용하여 해당 부분을 직접 계산한 후 답을 입력해야 다음 문제를 해결할 수 있습니다. 함수를 사용하지 않고 직접 계산하여 입력한 부분은 점수를 받지 못하지만 그 결과를 이용하는 다른 작업은 이전 수식의 함수 사용 여부에 관계없이 정상적으로 채점되기 때문입니다.

작업 항목	세부 항목
입력	약 100여 개의 셀에 데이터 입력
서식 설정	글꼴 크기, 셀 병합, 표시 형식, 테두리
출제 함수	AVERAGE, CONCATENATE, COUNTIF, FIND, HOUR, IF, ISNUMBER, LEFT, MINUTE, RANK, RIGHT, ROUND, SUM, SUMIF, SUMIFS, SUMPRODUCT, FREQUENCY
정렬	1개 또는 2개의 필드를 기준으로 오름차순/내림차순 정렬

문제 2 그래프(차트) 작성

[문제 1]에서 완성한 작업표를 이용하여 차트를 만듭니다. 차트에 사용할 데이터 범위만 수검자가 정확히 판단하여 지정하고, 나머지는 문제지에 주어진 대로 이행하면 되므로 어렵지 않게 작성할 수 있습니다. 이때 주의할 점은 작성한 차트의 데이터 범위가 잘못된 경우 실격되므로 데이터 범위를 지정할 때는 특히 신경 써서 작업해야 한다는 것입니다. 차트 작성 작업은 아래 표와 같이 차트 종류 및 서식의 형태가 반복적으로 출제되고 있으므로 작업표 작성과 마찬가지로 지시 사항만 정확하게 처리하면 쉽게 만점을 받을 수 있습니다.

작업 항목	세부 항목
차트 종류	혼합형 차트 : 계열1 – 묶은 세로 막대형, 계열2 – 표식이 있는 꺾은선형
차트 제목/축 제목	• 차트 제목, X축 제목, Y축 제목 지정 • 제목 서식 : 크기 16 ~20, 밑줄
범례	기본 위치(아래쪽)
데이터 레이블	• 전체 데이터 계열에 표시 • 한 개의 데이터 계열에 표시

2과목 자료처리(DBMS) 작업 – 액세스 작업(35점)

자료처리 작업은 액세스 프로그램을 이용하여 작업합니다. 출력물인 조회화면(폼)과 보고서만이 채점 대상이지만 조회화면과 보고서에 사용할 원본 데이터를 만들기 위해 문제지로 주어진 테이블을 만들고 입력자료를 입력한 후 그 테이블을 이용하여 쿼리를 만들어야 합니다. 만들어진 쿼리는 보고서의 원본 데이터로 사용됩니다. 모든 작업이 끝나면 조회화면과 보고서를 출력하여 제출합니다.

문제 1 테이블 만들기

[문제 1]은 문제지에 주어진 입력자료(DATA)를 보고 필요한 필드와 데이터 형식을 지정한 후 자료를 입력하여 1 ~ 2개의 테이블을 완성하는 작업입니다. 테이블 작성 작업에서는 문제지에 주어진 입력자료를 보고 데이터 형식의 종류를 판단하는 작업이 조금 생소하지만 시험에 출제되는 데이터 형식은 텍스트, 숫자, 날짜/시간, 통화뿐이기 때문에 실습을 통해 어렵지 않게 숙달할 수 있습니다.

작업 항목	세부 항목
테이블 작성	1~2개의 테이블 작성
데이터 형식	• 숫자 • 텍스트 • 날짜/시간 • 통화
입력	약 20개 정도의 레코드 입력
필드 속성	• 숫자 : 정수, 통화, 백분율 • 날짜/시간 표시 형식

사무자동화산업기사 실기 시험, 이렇게 준비하세요!

★ 쿼리(Query) 작성

문제지에는 쿼리 작성에 대한 별도의 지시 사항이 없지만 보고서의 원본 데이터로 사용해야 하기 때문에 반드시 작성해야 합니다. 쿼리 작성 작업에서는 보고서를 보고 사용할 필드를 결정하는 것과 테이블에서 제공하지 않는 계산 필드를 추가하는 작업을 조금 어렵게 느낄 수 있습니다. 문제지에는 지시사항이 없으므로 보고서에서 사용할 필드를 염두에 두고 수검자가 판단해서 만들어야 하기 때문인데, 이 작업 또한 절대적으로 어려운 작업이 아니므로 몇 문제만 실습해 보면 쉽게 숙달되리라 생각됩니다.

작업 항목	세부 항목
필드 추가	• 테이블 이용 • 계산 필드 이용
테이블 조인	사용할 테이블이 2개일 경우 필드명이나 데이터 형식을 기준으로 조인
계산 필드에 사용되는 명령	• IIF • OR • AND

문제 2 조회화면(SCREEN) 설계

조회화면 설계는 폼 작성을 의미합니다. 폼 작업은 문제지에 주어진 조회화면 모양과 동일하게 만들고 만들어진 폼에 제시된 조건을 적용하면 됩니다. 폼 작성 시 수검자가 해야 할 작업은 폼에 데이터 항목(컨트롤) 배치하기, 컨트롤(목록 상자, 레이블, 텍스트 상자) 추가하기, 컨트롤의 속성 설정하기 등 입니다. 폼 작성 문제에서 주의할 점은 SQL문을 표시하지 않으면 실격되므로 반드시 SQL문을 입력해야 한다는 것입니다. 입력한 SQL문에 INNER JOIN, ORDER BY 구문 등이 없거나 SQL문이 틀렸으면 감점으로 끝나지만 아무것도 입력하지 않은 경우 실격이므로 정답이 생각나지 않을 경우 아무 SQL문이라도 입력해 놓아야 합니다.

작업 항목	세부 항목	작업 항목	세부 항목
항목 배치	마법사를 이용한 목록 상자 1개	컨트롤 추가	• 테이블 내용 표시를 위한 목록 상자 • 폼 제목 작성을 위한 레이블 • 목록 상자의 컨트롤 원본으로 사용된 SQL문 복사를 위한 텍스트 상자
컨트롤 속성	• 형식 : 통화, 0 • 소수 자릿수 지정 : 0 • 행 원본 : 필드 추가, 조인		

문제 3 자료처리 파일(FILE) 작성

자료처리 파일 작성은 보고서 작성을 의미합니다. 보고서는 보고서 마법사를 이용해 보고서를 작성한 후 디자인 보기 상태에서 수정하여 완성합니다. 디자인 보기 상태에서 수검자가 해야 할 작업은 컨트롤 배치하기, 컨트롤 추가하기, 컨트롤의 속성 지정하기 등으로 거의 매회 고정적으로 출제되고 있습니다. 전반적으로 폼 작성과 유사하지만 처음에는 컨트롤들을 보기 좋게 배치하는 부분에서 어려움을 느낄 수 있습니다. 하지만 출제 형태가 매회 고정적이므로 충분히 실습하면 어렵지 않게 점수를 얻을 수 있습니다.

작업 항목	세부 항목
보고서 마법사	• 레코드 원본 : 쿼리 • 필드 지정 : 약 6개의 필드 지정 • 그룹 지정 : 1개 필드 • 요약 : 합계, 평균 • 모양 : 단계, 블록 • 스타일 : 기본(설정 없음)
컨트롤 삭제	보고서 마법사를 통해 생성된 불필요한 컨트롤 5~6개 삭제
컨트롤 배치	보고서 마법사를 통해 생성된 컨트롤들을 문제지에 제시된 양식에 맞게 배치
컨트롤 추가	• 작성일자 표시를 위한 텍스트 상자 컨트롤 추가 • 기타 컨트롤은 기존의 텍스트 상자나 레이블을 복사해서 사용
컨트롤 원본으로 사용되는 함수	• SUM, AVG : 보고서 마법사를 통해 자동으로 생성 • DATE, COUNT : 직접 입력
컨트롤 속성	• 형식 : 통화, 백분율, 0 • 소수 자릿수 : 0

3과목 시상 작업(PT) – 파워포인트 작업(30점)

시상 작업은 파워포인트 프로그램을 이용하여 문제지에 제시된 2개의 슬라이드를 작성해서 출력한 후 제출하면 됩니다. 시상 작업은 문제지에 제시된 모양 그대로 만들면 되므로 도형의 이동, 복사, 크기 조정 등에 대한 몇 가지 방법만 숙지하면 쉽게 점수를 얻을 수 있습니다. 다만 도형의 종류가 많으므로 사용해야 할 도형이 어떤 그룹에 속하는지 충분히 숙지할 필요가 있다는 것입니다. 시험 시간에 도형 찾느라 시간을 다 허비할 수는 없잖아요.

작업 항목	세부 항목
슬라이드 레이아웃	빈 화면, 제목만
도형	선 사각형 기본 도형 블록 화살표 순서도 별 및 현수막 설명선
대시	둥근 점선(···), 사각 점선(···), 파선(---), 긴 파선(– – –)
글머리 기호 도형	▷ ≫ ■ ▷ ☞ ☺ ☎ Å ❑ ≫ ≪

인쇄 작업 및 편철

2시간 동안 작업한 표 계산(SP) 작업, 자료처리(DBMS) 작업, 시상(PT) 작업의 결과를 USB에 복사한 후 시험위원이 지정한 자리에서 인쇄합니다. 인쇄된 출력물은 순서대로 편철하여 시험위원에게 제출해야 합니다. 인쇄 작업 및 편철 과정이 채점에 포함되는 것은 아니지만 정상적으로 인쇄된 출력물만을 채점 대상으로 하기 때문에 인쇄 시 문제가 발생하면 실격될 수도 있습니다. 컴퓨터를 통해 모든 작업을 완벽하게 수행했어도 결과가 표시된 인쇄 출력물을 제출하지 않으면 실격된다는 것을 명심하고 평소 인쇄 방법을 충분히 숙지해 두기 바랍니다.

작업 항목	세부 항목
표 계산(SP) 실무 작업	페이지 설정 – 위 여백 60mm
자료처리(DBMS) 작업	• 폼 실행 • 보고서 실행 후 한 페이지 확인 • 인쇄 옵션 – 위 여백 60mm
시상 작업(PT)	머리글/바닥글 : 날짜와 페이지 번호 제거 인쇄 옵션 : 2 슬라이드, 슬라이드 테두리, 고품질, 컬러
인쇄 출력물 편철 순서	• 1페이지 : 개인별 답안 표지 • 2페이지 : 표 계산(SP) 실무 작업 – 작업표, 차트 • 3페이지 : 자료처리(DBMS) 작업 – 폼 • 4페이지 : 자료처리(DBMS) 작업 – 보고서 • 5페이지 : 시상(PT) 작업 – 슬라이드 2개

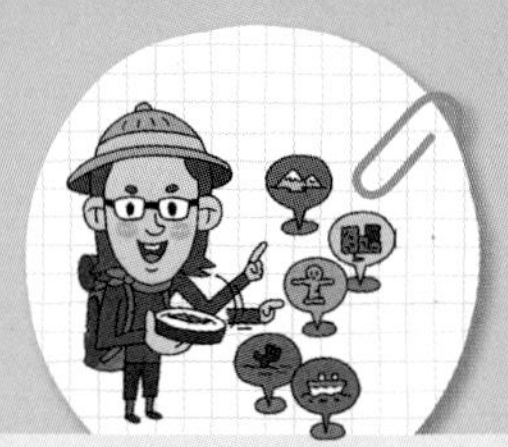

시험 접수부터 자격증을 받기까지 한눈에 살펴볼까요?

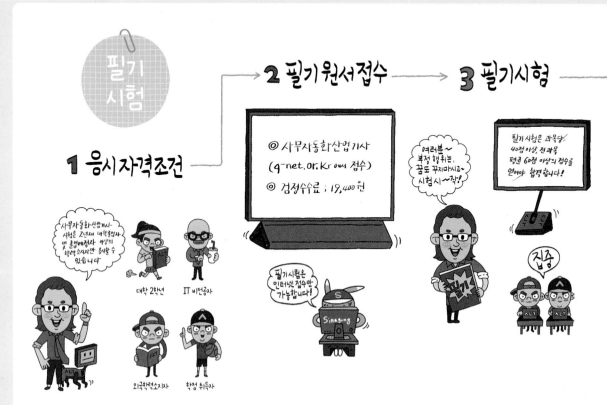

필기 시험

1 응시자격조건

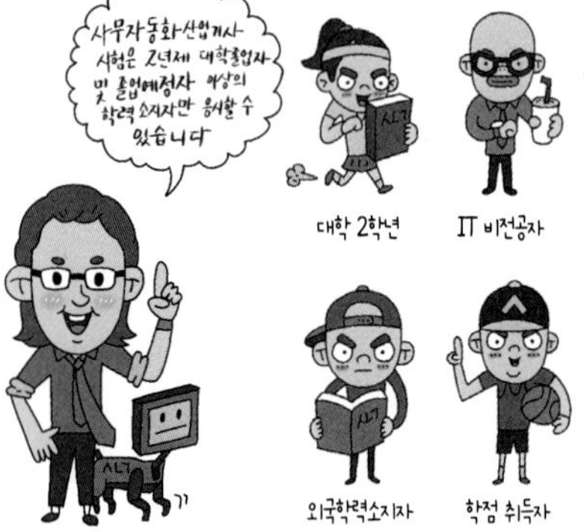

사무자동화산업기사 시험은 2년제 대학졸업자 및 졸업예정자 이상의 학력 소지자만 응시할 수 있습니다
대학 2학년
IT 비전공자
외국학력소지자
학점 취득자

2 필기원서접수

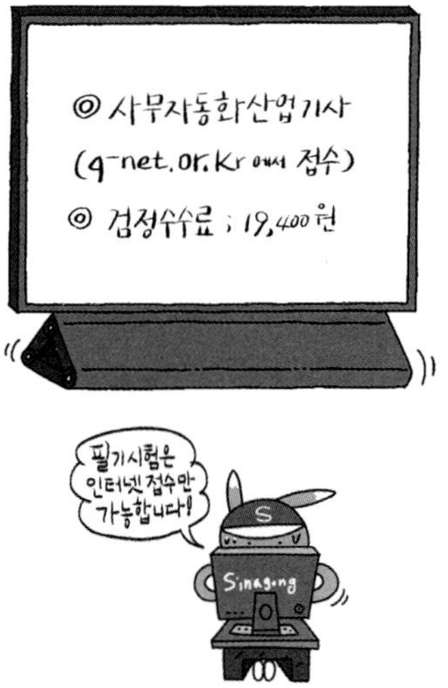

◎ 사무자동화산업기사
(q-net.or.kr 에서 접수)
◎ 검정수수료 ; 19,400원
필기시험은 인터넷 접수만 가능합니다!

3 필기시험

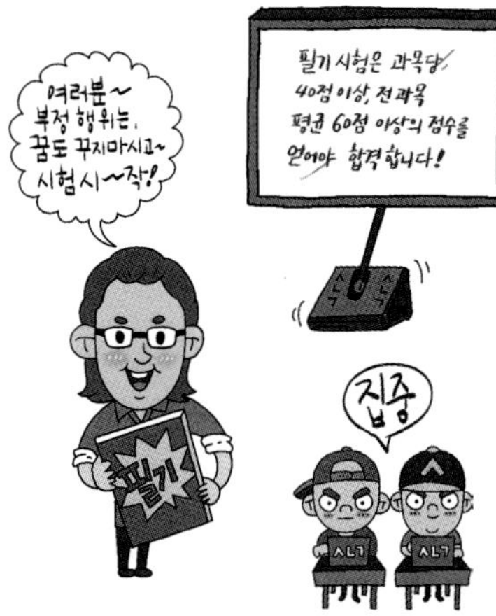

여러분~ 부정 행위는, 꿈도 꾸지마시고~ 시험시~작!
필기 시험은 과목당 40점 이상, 전과목 평균 60점 이상의 점수를 얻어야 합격합니다!
필기
집중

★ 자격증 신청 및 수령 ★

신청방법
⇓
인터넷 신청만 가능!

접수
한국산업인력공단
입력완료
시나공

수령 방법
방문수령
등기우편으로 수령

한국산업인력공단
합격

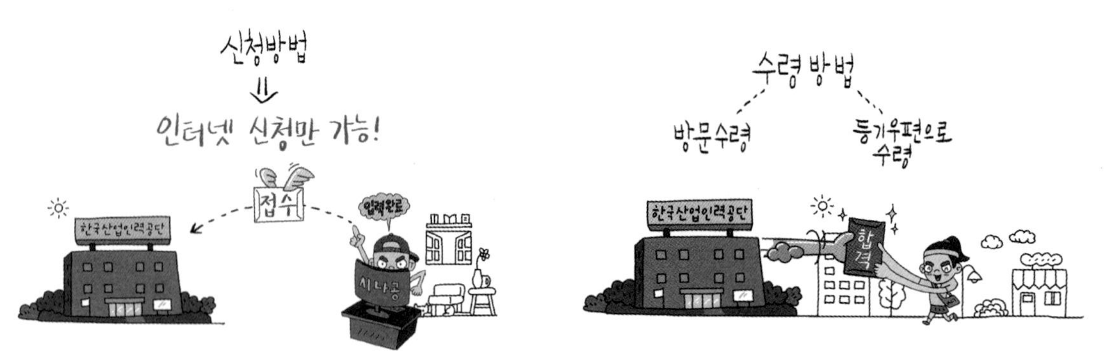

※ 신청할 때 준비할 것은~

▶ 접수 수수료 3,100원, 등기 우편 수수료 3,010원

4 합격여부 확인

설마 필기시험에
떨어진건
아니겠지~?
대~박 저도
필기 합격했어요!
축 합격
합격
합격

1 실기원서접수

실기 시험은
인터넷 접수만
가능합니다.!
실기

◎ 사무자동화산업기사
(q-net.or.kr에서 접수)
◎ 검정수수료 : 31,000원
◎ 시험장별로 설치된 프로그램 버전 (오피스 2010/2016/2021)이 다릅니다. 접수전에 공지되는 시험장별 프로그램 버전을 반드시 확인하세요.

2 실기시험

필기는 합격 하셨군요~
실기도 편안한 마음으로
시작하세요~고고!

집중
실기시험은 60점 이상의
점수를 얻어야 합니다.
(단, 3과목중 1과목
이라도 0점 이면
불합격 처리 됩니다.)

3 합격여부 확인

최종
합격

합격여부 확인은
q-net.or.kr에서
하면 됩니다.

한눈에 보는 사무자동화산업기사 실기 시험 절차

시험 시작 30분 전

대기실 입실

30분 전까지 입실해야 합니다.

출석 확인 및 비번호 부여

시험위원이 출석을 확인한 후 비번호를 배부합니다. 지급받은 비번호를 왼쪽 가슴에 부착하고 시험장으로 이동합니다.

시험 시작 20분 전

시험장 입실

시험위원이 지정해 준 PC 번호가 붙은 자리에 앉습니다.

표 계산 문제 풀이

1. 작업표 형식에 맞게 자료(DATA)를 입력합니다.
2. 처리 조건에 맞게 계산 및 서식 지정 작업을 수행합니다.
3. 완성된 작업표를 이용해 그래프(GRAPH)를 작성합니다.
4. 작업표와 그래프가 한 페이지에 출력되도록 여백을 조정합니다.

엑셀 종료

프로그램 종료 전에는 저장이 필수라는 것을 잊지마세요.

액세스 실행

C 드라이브에 지정된 이름으로 저장합니다.

자료처리 문제 풀이

1. 문제지에 제시된 자료 형식에 맞게 테이블을 만든 후 자료를 입력합니다.
2. 보고서에 사용할 쿼리를 작성합니다.
3. 폼을 작성합니다.
4. 보고서를 작성합니다.
5. 폼과 보고서가 각각 한 페이지에 출력되도록 여백을 조정합니다.

액세스 종료

프로그램 종료 전에는 저장이 필수라는 것을 잊지마세요.

파워포인트 실행

C 드라이브에 지정된 이름으로 저장합니다.

시험 시작 2시간 10분 후

퇴실

출력물을 다음과 같은 순서대로 묶어서 제출하고 퇴실합니다.

- 1페이지 : 개인별 답안 표지
- 2페이지 : 표 계산(작업표, 차트)
- 3페이지 : 자료처리(폼)
- 4페이지 : 자료처리(보고서)
- 5페이지 : 시상 작업(슬라이드 2개)

시험 도중 컴퓨터가 다운되어 손해본 시간은 시험 시간에서 제외 되지만 저장하지 않은 자료에 대해서는 본인의 책임입니다. 반드시 시험 중간 중간 자주 저장하는 것을 잊지마세요.

시험 시작 5분 전

유의 사항 듣기

- 시험위원으로부터 시험 진행상 필요한 유의 사항을 듣고 컴퓨터를 켭니다.
- 컴퓨터 시스템에 이상이 있으면 즉시 자리 변경을 요청하세요.

S/W 설치

시험장에는 Office 2007, 2010, 2016, 2019, 2021 중 한 가지가 이미 설치되어 있으므로 별도로 설치할 필요가 없습니다.

시험 시작

엑셀 실행

C 드라이브에 지정된 이름으로 저장합니다.

문제지 배부

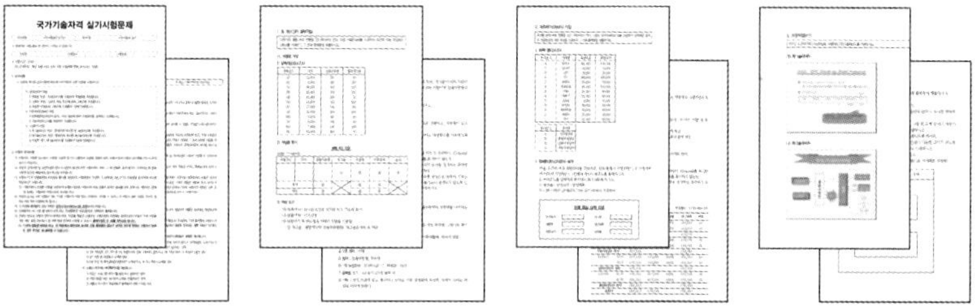

전체 지시 사항

표 계산(엑셀)

자료처리(액세스)

시상 작업(파워포인트)

시상 작업 문제 풀이

1. 제 1슬라이드를 작성합니다.
2. 제 2슬라이드를 작성합니다.
3. 2개의 슬라이드가 한 페이지에 출력되도록 인쇄 옵션을 설정합니다.

파워포인트 종료

프로그램 종료 전에는 저장이 필수라는 것을 잊지마세요.

파일 복사

- C 드라이브에 저장된 작업 파일들을 USB로 복사합니다.
- USB에 복사된 파일을 실행하여 복사가 정상적으로 수행되었는지 반드시 확인하세요.

시험 시작 2시간 후

인쇄 작업

인쇄 작업은 감독관 PC에서 수행하며 제한 시간은 10분입니다.

- 엑셀 : 작업표와 그래프를 한 페이지에 출력한 후 출력된 문서의 상단에 비번호, 수험번호, 이름, 페이지 번호를 적습니다.
- 액세스 : 폼과 보고서를 각각 한 페이지로 출력한 후 출력된 문서의 상단에 비번호, 수험번호, 이름, 페이지 번호를 적습니다.
- 파워포인트 : 2개의 슬라이드를 한 페이지에 출력한 후 출력된 문서의 상단에 비번호, 수험번호, 이름, 페이지 번호를 적습니다.

사무자동화산업기사 실기 시험, 이것이 궁금하다!

Q 사무자동화산업기사 자격증 취득 시 독학사 취득을 위한 학점이 인정된다고 하던데, 학점 인정 현황은 어떻게 되나요?

A

종목	학점	종목	학점
정보처리기사	20	워드프로세서	4
정보처리산업기사	16	ITQ A급	6
사무자동화산업기사	16	ITQ B급	4
컴퓨터활용능력 1급	14	GTQ 1급	5
컴퓨터활용능력 2급	6	GTQ 2급	3

※ 자세한 내용은 평생교육진흥원 학점은행 홈페이지(https://cb.or.kr)를 참고하세요.
※ ITQ A급 : 5과목 중 3과목이 모두 A등급인 경우
※ ITQ B급 : 5과목 중 3과목이 모두 B등급 이상인 경우

Q 사무자동화산업기사 필기 시험 응시 수수료와 실기 시험 응시 수수료는 얼마인가요?

A 필기는 19,400원이고, 실기는 31,000원 입니다.

Q 필기 시험에 합격한 후 실기 시험에 여러 번 응시할 수 있다고 하던데요. 몇 번이나 응시할 수 있나요?

A 필기 시험에 합격한 후 실기 시험 응시 횟수에 관계없이 필기 시험 합격자 발표일로부터 2년 동안 실기 시험에 응시할 수 있습니다.

Q 사무자동화산업기사는 정기 시험만 있나요? 아니면 상시 시험도 있나요?

A 사무자동화산업기사는 상시 시험이 없습니다.

Q 실기 시험 시 입실 시간이 지난 후 시험장에 도착할 경우 시험 응시가 가능한가요?

A 입실 시간 미준수 시 시험에 응시할 수 없습니다. 반드시 시험 시간 30분 전에 입실해야 합니다.

Q 실기 시험 시 챙겨야 할 준비물에는 어떤 것들이 있나요?

A 수검표, 신분증(주민등록증, 운전면허증 등), 필기도구를 지참해야 합니다.
※ 신분증을 지참하지 않으면 시험에 응실할 수 없으니 반드시 신분증을 지참하세요.

Q 사무자동화산업기사 실기 시험에 응시 가능한 오피스 프로그램 버전은 어떻게 되나요?

A 오피스 2007, 2010, 2016, 2019, 2021 등으로 응시가 가능합니다.

Q 사무자동화산업기사 실기 시험에 응시할 오피스 프로그램의 버전을 선택할 수 있나요?

A 네, 오피스 2007, 2010, 2016, 2019, 2021 중 선택할 수 있습니다. 하지만 주의 사항이 있습니다. 응시하려는 오피스 버전이 원하는 시험장에 설치되어 있지 않으면 선택할 수 없다는 것이죠. 이 경우 다른 버전을 선택하거나 시험장을 옮겨서 원하는 버전을 선택해야 하는 거죠. 최악의 경우 접수를 못할 수도 있습니다.

Q 사무자동화산업기사 실기 시험에 응시할 프로그램을 직접 가져가야 하나요?

A 아닙니다. 실기 시험장에는 오피스 2007, 2010, 2016, 2019, 2021 중 한 가지 이상이 이미 설치되어 있으며 수험생은 별도의 설치 과정없이 바로 시험에 응시할 수 있습니다.

Q 응시 자격 서류를 제출한 후 실기 시험을 보았는데 불합격됐어요. 다음 실기 시험을 볼 때 응시 서류를 또 제출해야 하나요?

A 아닙니다. 시험에 불합격되었다고 하더라도 응시 자격 서류 제출 후 2년 동안은 응시 자격 서류를 제출하지 않아도 됩니다.

Q 자격증 분실 시 재발급을 받으려면 어떻게 해야 하는지, 또 준비물은 어떤 것들이 있는지요?

A 본인이나 대리인이 직접 방문하거나 인터넷(q-net.or.kr)으로 신청하면 됩니다. 신분증, 사진(증명 또는 반명함 1매), 수수료 등이 필요합니다.

Q 사무자동화산업기사 실기 시험의 엑셀, 액세스, 파워포인트의 각 배점은 몇 점인가요?

A 엑셀 35점, 액세스 35점, 파워포인트 30점으로 총 100점입니다.

1부

기본 편

1장 실제 시험장을 옮겨 놓았다!

다섯 번만 따라하세요!!

엑셀, 액세스, 파워포인트 프로그램의 사용법을 제대로 익히려면 1년도 모자랄 것입니다. 하지만 시험 문제는 정해져 있습니다. 사용하는 기능도 정해져 있습니다. 시간을 최대한 단축해야 합니다. 시험에 출제되는 거의 모든 기능이 포함된 문제로 시험장을 그대로 옮겨 놓았습니다. 처음 따라할 때는 5시간이 더 걸릴 수도 있습니다. 처음엔 다들 그렇습니다. 힘들어도 해설 안보고 2시간 내에 풀 수 있을 때까지 반복해서 풀어보세요. 꼭 해야 합니다. 어느 순간 심봉사 눈 떠지듯 시험 문제를 어떻게 풀어야 하는지 눈이 확 떠지는 느낌이 들 겁니다. 그때부터는 공개문제를 풀어보면서 시간 체크하고 모르는 기능만 확인하면 됩니다. "실제 시험장을 옮겨 놓았다!"가 어렵게 느껴지면 무료 동영상 강의를 활용하세요.

동영상 강의 시청 방법

다음의 세 가지 방법을 이용하여 시나공 저자의 속 시원한 강의를 바로 동영상으로 확인하세요.

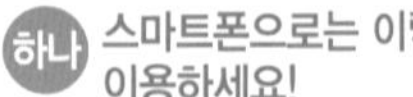

하나 스마트폰으로는 이렇게 이용하세요!

1. 스마트폰으로 QR코드 리더 앱을 실행하세요!
2. 동영상 강의 QR코드를 스캔하세요.
3. 스마트폰을 통해 동영상 강의가 시작됩니다!

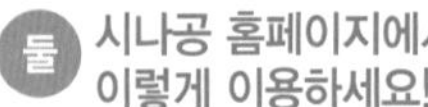

둘 시나공 홈페이지에서는 이렇게 이용하세요!

1. 시나공 홈페이지(sinagong.co.kr)에 로그인 하세요!
2. 상단 메뉴중 [동영상 강좌] → [토막강의(무료)]를 클릭하세요!
3. 동영상 강의 번호를 입력하면 동영상 강의가 시작됩니다.

셋 유튜브에서는 이렇게 이용하세요!

1. 유튜브 검색 창에 "시나공" + 동영상 강의 번호를 입력하세요.

   예 시나공451001

2. 검색된 항목 중 원하는 동영상 강의를 클릭하여 시청하세요.

1장

실제 시험장을 옮겨 놓았다!

1 수검자 확인 및 비번호 부여

2 입실

3 문제지 수령

4 1과목 표 계산 작업 풀이

5 2과목 자료처리(DBMS) 작업 풀이

6 3과목 시상 작업 풀이

7 출력하기

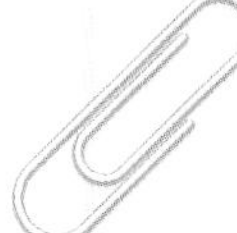

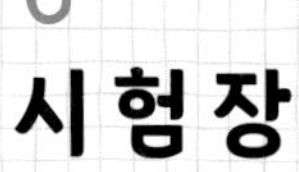

시험장 실제 시험장을 옮겨 놓았다!

지금부터 사무자동화산업기사 실기 시험에 필요한 거의 모든 오피스 프로그램의 기능과 시험의 전체 과정을 따라할 것입니다. 평소 오피스 프로그램을 자주 접하지 않았던 수검자라면 시간이 많이 걸릴 수 있습니다. 힘들어도 절대 포기하시 마세요! 여러분은 지금 가장 효율적으로 사무자동화산업기사 실기 시험을 준비한다는 것을 명심하고, 당연한 합격에 대한 확실한 자신감을 가지세요.

1 수검자 확인 및 비번호 부여(시험 시작 30분 전)

입실 시간을 지키지 않을 경우 시험에 응시할 수 없으니 수검자는 반드시 입실 시간 전에 시험 장소에 도착하여 수검자 확인 및 비번호를 부여 받으세요.

1. 수검자는 시험 시작 30분 전까지 수검표에 표시된 시험 장소에 도착해야 합니다. 시험위원의 지시에 따라 수검표와 신분증(주민등록증, 운전면허증, 학생증 등)을 대조하여 본인임을 확인 받은 후 비번호(등번호)를 부여 받습니다.

2. 다른 수검자의 도움을 받아 비번호를 등에 부착하고 지정된 시험장으로 입실합니다.

2 입실(시험 시작 20분 전)

시험장에 입실하면 시험위원의 지시에 따라 자신의 PC 번호가 붙어 있는 컴퓨터를 찾아 해당 자리에 앉습니다(PC 번호는 컴퓨터의 모니터나 본체 또는 책상 위에 부착되어 있습니다).

3 문제지 수령(시험시작)

지급 받은 문제는 문제를 설명하는 지시사항의 양에 따라 다를 수 있지만 보통 전체 지시사항 2페이지, 표 계산 실무 작업 2페이지, 자료처리 작업 2페이지, 시상 작업 2페이지로 총 8페이지입니다. 확인한 후 이상이 있으면 감독위원에게 문의하여 적절한 조치를 받으세요.

01. 전체 지시사항 확인하기

전체 지시사항은 2페이지로 되어 있으며, 세 과목 모두에게 적용되는 공통 지시사항입니다. 평소 연습할 때 알고 있던 유의사항 중 다른 내용으로 변경된 사항이 있는지 살펴보고 이해되지 않는 부분이 있으면 시험위원에게 문의하세요.

국가기술자격 실기시험문제

자격종목	사무자동화산업기사	과 제 명	사무자동화 실무

※ 문제지는 시험 종료 후 본인이 가져갈 수 있습니다.

비번호		시험일시		시험장명	

※ 시험시간 : 2시간
(단, 인쇄작업 : 별도 10분 이내, S/W 지참 수험자에 한해 설치시간 : 30분)

1. 요구사항
※ 다음에 제시된 요구사항에 맞도록 사무자동화 실무 작업을 수행하시오.

가. 표계산(SP) 작업
1) 작업표 작성 : 자료(DATA)를 이용하여 작업표를 작성합니다.
2) 그래프 작성 : 그래프 작성 조건에 따라 그래프를 작성합니다.
3) 작성한 작업표와 그래프를 인쇄용지 1장에 인쇄합니다.
나. 자료처리(DBMS) 작업
1) 조회화면(SCREEN) 설계 : 처리 결과에 따라 조회화면을 설계하고 인쇄합니다.
2) 자료처리보고서를 작성하여 인쇄합니다.
다. 시상(PT) 작업
1) 제 1슬라이드 작성 : 문제지에 제시된 제 1슬라이드를 작성합니다.
2) 제 2슬라이드 작성 : 문제지에 제시된 제 2슬라이드를 작성합니다.
3) 작성한 제 1, 제 2슬라이드를 인쇄용지 1장에 인쇄합니다.

2. 수험자 유의사항
가. 수험자는 지정된 장소에서, 지정된 시설과 용구만 사용하여 시험에 임해야 하며, 수험자 임의 이동이 금지됨을 반드시 유의하시기 바랍니다.
나. 수험자 인적사항 및 답안작성은 반드시 검은색 필기도구만 사용하여야 하며, 그 외 연필류, 유색 필기구, 지워지는 펜 등을 사용한 답안은 채점하지 않으며 0점 처리됩니다.
다. 수험자 PC의 바탕화면에 비번호로 폴더를 생성하고 시험위원이 지정한 각 과제(SP, DB, PT)의 파일명을 준수하여 수시로 저장하시기 바랍니다.
(단, 시험위원이 지정한 사항을 위반하여 수험자 임의로 작업하여 파일 입출력 문제가 발생될 경우 관계되는 제반되는 문제점 일체는 수험자의 귀책사유에 귀속됩니다.)
라. 작업의 순서는 3개 작업(SP, DB, PT)중 수험자가 직접 임의 선택하여 시작할 수 있으나 각 작업의 세부 작업은 주어진 항목순서에 따라 수행하도록 합니다.
마. 각 작업별 출력물의 상단 여백은 **반드시 6cm(60mm)로 조정**하시기 바랍니다.
바. 인쇄용지는 A4 기준 총 4매가 되게 하고, 인쇄방향은 세로(좁게)로 선택하여 출력합니다.
사. 인쇄는 반드시 수험자 본인이 하여야 하며, 작업을 완료한 수험자는 시험위원이 지정하는 프린터에서 파일의 인쇄 작업을 위한 제반 설정, 미리보기 및 여백 등에 한하여 수정할 수 있으나, **출력작업은 단 1회를 원칙으로 합니다.**
(단, **기계적 결함은 예외로 하고, 각 작업에서 화면상의 표시와 인쇄 출력물의 결과가 상이한 경우에 한하여 수험자가 원하는 경우 추가로 1회 출력할 수 있습니다.**)

자격종목	사무자동화산업기사	과 제 명	사무자동화 실무

아. 인쇄물은 A4 각 장마다 중앙상단(위쪽 여백 내에 인적사항(비번호/수험번호/성명)과 중앙 하단에 쪽번호를 **반드시 자필로 기입**한 후 1) ~ 4) 순으로 편철하여 제출합니다.

1) 개인별 답안 표지
2) 표계산(SP) 작업 : 작업표와 그래프 출력(A4용지 1매)
3) 자료처리(DBMS) 작업 : 조회화면(SCREEN) 설계 출력(A4용지 1매)
자료처리보고서 출력(A4용지 1매)
4) 시상(PT) 작업 : 슬라이드 2개 출력(A4용지 1매)

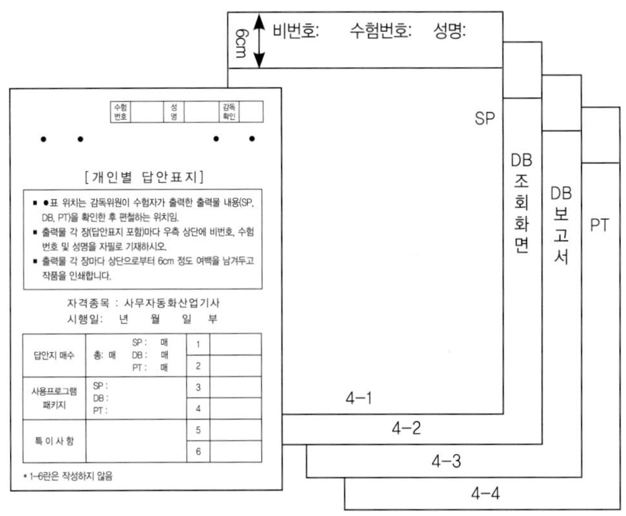

자. 수험자는 작업 전에 간단한 몸 풀기 운동을 실시 후에 시험에 임합니다.

차. 다음 사항은 실격에 해당하여 채점대상에서 제외됩니다.

가) 시험기간 내에 요구사항을 완성하지 못한 경우(최종 출력물 4장 미만인 경우)
나) 3개 작업(SP, DB, PT)에서 요구사항에 제시된 세부작업(**작업표, 그래프, 조회화면, 보고서, 제 1슬라이드, 제 2슬라이드) 중 어느 하나라도 누락된 경우**
다) SP : 작업표 또는 그래프에서 그 득점이 0점인 경우
라) SP : 작업표에서 수식을 작성하지 않은 경우
마) SP : 그래프에서 데이터영역(범위)설정 오류로 요구사항과 맞지 않는 경우
바) DB : 조회화면 또는 보고서에서 그 득점이 0점인 경우
사) DB : 조회화면에서 SQL문을 작성하지 않은 경우(공란인 경우)
아) DB : 보고서에서 중간, 결과행 동시 오류로 0점 처리된 경우
자) PT : 1슬라이드에서 그 득점이 0점인 경우
차) PT : 2슬라이드에서 그 득점이 0점인 경우
카) 기타 각 작업에서 지정한 요구사항과 맞지 않은 경우
타) 기능이 해당 등급 수준에 전혀 도달하지 못한 것으로 시험 위원이 판단할 경우 또는 시험 중 시설장비의 조작 취급이 미숙하여 위해를 일으킨 것으로 예상되어 시험위원 전원이 합의된 경우
파) 제출한 파일 내용과 출력물의 내용이 상이한 경우
하) 수험자 본인이 수험 도중 시험에 대한 포기 의사를 표시하는 경우

카. 사무자동화산업기사 종목 실기시험은 출력물을 기준으로 채점하며, 답안지 및 채점기준은 공개하지 않습니다.

※ 수험자 유의사항 미준수로 인한 모든 채점상의 불이익은 수험자 본인에게 책임이 있습니다.

02. 표 계산(SP) 실무 작업 문제 확인하기

표 계산 실무 작업 문제는 엑셀을 이용하여 풀이할 문제로 보통 2페이지로 되어 있습니다. 마찬가지로 평소 연습할 때 알고 있던 작성 조건 중 다른 내용으로 변경된 사항이 있는지 살펴보세요.

3. 표 계산(SP) 실무 작업

XX회사에서는 물품 재고 현황을 분석하고자 한다. 다음 자료(Data)를 이용하여 조건에 따라 작업표와 그래프를 작성하고, 그 인쇄 출력물을 제출하시오.

가. 작업표(WORK SHEET) 작성

1) 자료(DATA)

재고 현황

행＼열	A	B	C	D
3	제품코드	단가	전월주문량	월말재고량
4	AF	15,400	140	100
5	AS	15,000	140	120
6	DK	21,300	150	120
7	WS	7,500	160	50
8	SC	17,000	120	30
9	AZ	12,000	250	180
10	WQ	12,300	125	20
11	XD	15,300	325	120
12	SF	15,000	124	25
13	AO	20,000	251	109
14	FZ	18,900	95	21
15	SA	14,500	231	21
16	SS	15,400	185	30
17	WA	13,000	320	61
18	SD	9,000	175	200
19	DS	9,000	251	220
20	SZ	12,000	200	10
21	XS	23,300	240	50
22	ZA	14,000	350	120
23	ZZ	34,000	250	70

※ 자료(DATA)부분에서 음영 처리 표시된 부분은 행/열의 기준선으로 작성(입력)하지 않음을 반드시 유의하시오.

2) 작업표 형식

물품 재고 현황

행＼열	A	B	C	E	F	G	H
3	제품코드	단가	전월주문량	재고율	주문량	주문금액	순위
4 ⋮ 23	–	–	–	①	②	③	④
24	평균		⑤	⑤	⑤	⑤	
25	제품코드가 "S"를 포함하고 재고율이 30% 이하인 제품들의 합				⑥	⑥	
26	제품코드가 "W" 또는 "X"를 포함하는 제품들의 합				⑦	⑦	
27	단가가 20000 이상 30000 미만인 제품들의 합				⑧	⑧	
28	주문금액이 2000000 이상인 제품들의 개수					⑨	
29	⑩						
30	⑪						

3) 작성 조건

가) 작성 시 유의 사항

① 작업표의 작성은 "나)~마)" 항에 제시된 내용을 따르고 반드시 제시된 조건(함수 적용, 기재된 단서 조항 등)에 따라 처리하시오.

② 제시된 작성 조건을 따르지 아니하고 여타의 방법 일체(제시된 함수 이외 다른 함수 적용, 함수 미적용, 별도 전자계산기 사용 등)를 사용하여 도출된 결과는 그 답이 맞더라도 정답으로 인정되지 않음을 반드시 유의하시오.

나) 작업표의 구성 및 서식

① "작업표 형식"에서 행과 열에 관계된 음영 처리 표시된 부분은 작성하지 않음을 유의하고 반드시 제시된 행/열에 맞추도록 하시오.

② 제목서식 : 18 포인트 크기로 하고 가운데 정렬, 밑줄 처리하시오.

③ 글꼴서식 : 임의선정하시오

다) 원문자가 표시된 셀은 아래의 방법을 이용하여 작성하시오.

① 재고율 : 월말재고량/전월주문량(단, 재고율은 %로 표시함)

② 주문량 : 재고율이 60% 이상이면 전월주문량의 50%, 재고율이 60% 미만 30% 이상이면 전월주문량의 70%, 재고율이 30% 미만이면 전월주문량의 100%를 표시하시오. (IF 함수 사용)

③ 주문금액 : 단가 × 주문량(단, 주문금액은 반올림하여 1000의 자리까지 표시, ROUND 함수 사용)

④ 순위 : 주문금액이 가장 많은 것을 1등으로 구하시오. (RANK 함수 사용)

⑤ 평균 : 각 항목의 평균을 산출하시오.

⑥ 제품코드가 "S"자를 포함하고 재고율이 30% 이하인 제품들의 합계를 산출하시오. (SUMIFS 함수 사용)

⑦ 제품코드가 "W" 또는 "X"를 포함하는 제품들의 합계를 산출하시오. (단, SUMPRODUCT, ISNUMBER, FIND 함수 사용).

⑧ 단가가 20000 이상 30000 미만인 제품들의 합계를 산출하시오. (단, SUMPRODUCT 함수 사용)

⑨ 주문금액이 2000000 이상인 제품들의 개수를 산출하시오. (COUNTIF 함수를 사용하고, 처리 결과 셀 서식을 조작하여 숫자 뒤에 단위("개")가 출력되도록 하시오.)

⑩ 항목 ②에 사용한 함수식을 기재하시오. (단, 주문량이 가장 많은 행을 기준으로, 수식에 IF 함수를 반드시 포함)

⑪ 항목 ⑦에 사용한 함수식을 기재하시오. (단, 주문금액을 기준으로, 수식에 SUMPRODUCT, ISNUMBER, FIND 함수를 반드시 포함)

※ 함수식을 기재하는 ⑩~⑪란은 반드시 해당항목에 제시된 함수의 작성 조건에 따라 도출된 함수식을 기재하여야 하며, 작성 조건을 위배하여 임의로 작성할 시 해당 답이 맞더라도 틀린 항목으로 채점됨을 유의하시오. 또한 함수식을 작성할 때는 "라) 정렬순서(SORT)"에 따른 조건에 맞게 정렬 후 도출된 결과에 따른 함수식을 기재하시오.

라) 작업표의 정렬순서(SORT)는 주문량의 오름차순으로 하고, 주문량이 같으면 재고율의 오름차순으로 정렬하시오.

마) 기타

- 금액에 대한 수치는 원화(₩) 표시를 하고 천 단위마다 ,(Comma)를 표시한다. 단, 금액 이외의 수치는 ,(Comma)를 표시하지 않는다.
- 모든 수치(숫자, 통화, 회계, 백분율 등)는 셀 서식의 속성을 설정하는 과정에서 소수 자릿수를 "0"으로 지정하여 정수로 표시하시오.
- 음수는 "–"가 나타나도록 한다.
- 숫자셀은 우측을 수직으로 맞추고, 문자셀은 수평중앙으로 맞추며 기타는 작업표 형식에 따르도록 하시오. 특히, 인쇄출력 시 판독불가능이 발생되지 않도록 인쇄 미리보기 등을 통하여 셀의 크기를 적당히 조정하시오.

나. 그래프(GRAPH) 작성

작성한 작업표에서 주문량이 120 미만인 제품코드별 전월주문량과 주문량을 나타내는 그래프를 작성하시오.

1) 그래프 형태
전월주문량(데이터 표식이 있는 꺾은선형), 주문량(묶은 세로 막대형) : 데이터 레이블 값이 표시된 혼합형 단일축 그래프

2) 그래프 제목 : 상품 주문 현황 ------------------ (확대 출력, 제목에 밑줄)

3) X축 제목 : 제품코드

4) Y축 제목 : 수량

5) X축 항목 단위 : 해당 문자열

6) Y축 항목 단위 : 임의

7) 범례 : 주문량, 전월주문량

8) 출력물 크기 : A4 용지 1/2장 범위 내

9) 기타 : 작성 조건에 없는 형식이나 모양은 기본 설정값에 따르며, 그래프 너비는 작업표 너비에 맞춘다.

※ 그래프는 반드시 작성된 작업표와 연동하여 작업하여야 하며, 그래프의 영역(범위) 설정 오류로 인한 불이익은 전적으로 수험자 본인에게 있습니다.

03. 자료처리(DBMS) 실무 작업 문제 확인하기

자료처리 실무 작업 문제는 액세스를 이용하여 풀이할 문제로 보통 2페이지로 되어 있습니다. 문제와 지시사항에 관한 내용이 2페이지로 옳게 되어 있는지 확인하세요.

4. 자료처리(DBMS) 작업

부서별 판매 목표현황을 전산 처리하고자 한다. 다음의 입력자료(DATA)를 이용하여 DB를 설계하고 작성조건에 따라 처리 파일을 작성하고, 그 인쇄 출력물을 제출하시오.

가. 요구사항 및 유의사항

1) 자료처리(DBMS) 작업은 조회화면(SCREEN) 설계와 자료처리 보고서의 2가지 작업을 수행하여 그 결과물을 인쇄용지(A4) 기준 각 1장씩 총 2장을 제출하여야 채점 대상이 됨을 유의하시오.
2) 반드시 인쇄작업 수행 전 미리보기 등을 통해 여백을 조정하고, 수치, 문자 등 구성요소가 누락되지 않도록 주의하시오. 구성요소가 누락되어 인쇄되지 않은 결과로 인한 모든 책임은 전적으로 수험자 본인에게 있음을 반드시 유의하시오.
3) 문제지에 기재된 작성 조건에 따라 처리하고, 조회화면 및 자료처리 보고서의 서식이 작성 조건과 상이할 경우에는 시험위원의 지시에 따라 작업하시오.

나. 입력자료(DATA)

목표현황

부서코드	제품명	금년목표	금년실적
A	냉장고	100,000	100,000
C	모니터	20,000	21,000
C	CPU	15,000	13,000
A	TV	150,000	165,000
D	중형차	80,000	76,000
B	국내부분	90,000	100,000
A	VTR	80,000	98,000
A	세탁기	70,000	68,000
C	RAM	9,000	10,000
C	프린터	50,000	50,000
B	해외부분	50,000	48,000
D	대형차	20,000	18,000
D	경차	50,000	65,000

부서

부서코드	부서명
A	가전영업부
B	플랜트영업부
C	컴퓨터영업부
D	자동차영업부

다. 조회화면(SCREEN) 설계

다음 조건에 따라 금년실적이 60000 이상이면서 비고가 달성인 현황을 조회할 수 있는 화면을 설계하고 해당 데이터를 출력하시오.

1) 해당 현황은 목록 상자(리스트박스)에서 제품명을 기준으로 오름차순으로 출력하고, 화면 아래에 조회시 작성한 SQL문을 복사하시오.
   - WHERE 조건절에 금년실적 반드시 포함
   - INNER JOIN, ORDER BY 구문 반드시 포함
   ※ SQL문에 상기 내용 미포함 시 SQL 작성 부분 0점 처리
2) 리스트박스 조회시 작성된 SQL문이 작성되지 않을 경우에는 "조회화면(SCREEN) 설계" 과제가 0점 처리됨을 반드시 유의하시오.
3) 목록 상자에 표시되어야 할 필수적인 필드명은 다음과 같습니다.
   - 부서코드, 제품명, 금년실적, 부서명, 비고
4) 폼 서식에 제반되는 폰트, 점선 등은 아래 [조회화면 서식]에 보이는 대로 기재하시오.
5) 기타 사항은 "자료처리 파일(FILE) 작성"의 [기타 조건]을 따르시오.

[조회화면 서식]

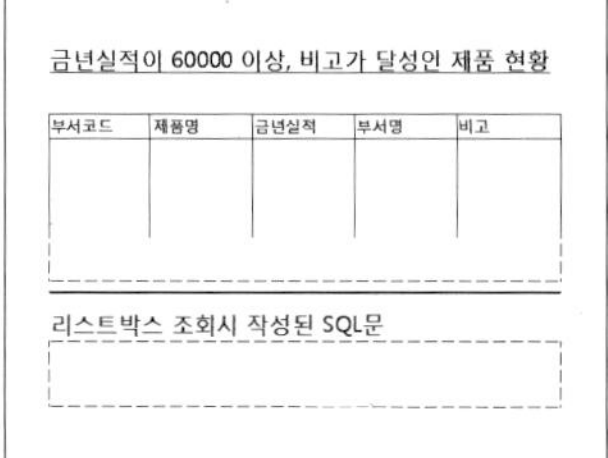

다. 자료처리 파일(FILE) 작성

다음 처리 조건에 따라 아래 양식과 같이 작성하시오.

[처리 조건]

1) 부서명으로 구분 정리한 후, 같은 부서명 안에서는 제품명의 오름차순으로 정렬(SORT)한다.
2) 달성률 : 금년실적 / 금년목표(단, 백분율로 표시)
3) 명년목표 : 금년실적 × 150%
4) 비고 : 금년실적이 금년목표보다 크거나 같으면 "달성", 아니면 "미달"을 표시
5) 해당 인원수 및 평균 : 부서별 인원수의 합 산출과 부서별 금년목표의 평균, 금년실적의 평균, 달성률의 평균 산출
6) 총평균 : 금년목표의 평균, 금년실적의 평균, 달성률의 평균 산출
7) 작성일자는 수험일자로 하시오.

[기타 조건]

1) 입력 화면 및 보고서 제목의 크기는 16 정도의 임의 서체로 하시오.
2) 금액에 대한 수치는 원화(₩) 표시를 하고 천 단위마다 ,(Comma)를 표시하시오. (단, 금액 이외의 수치는 천 단위마다 ,(Comma)를 표시하지 않는다.)
3) 모든 수치(숫자, 통화, 백분율 등)는 컨트롤의 속성을 설정하는 과정에서 소수 자릿수를 0으로 지정하여 정수로 표시한다.
4) 데이터의 열과 간격, 자릿수 등은 일정하게 맞추도록 하시오.

부서별 판매 목표 현황

작성일자 : YYYY-MM-DD

부서명	제품명	금년목표	금년실적	달성률	명년목표	비고
XXXXXX	XXXX	₩XXX,XXX	₩XXX,XXX	XXX%	₩XXX,XXX	XX
	XXXX	₩XXX,XXX	₩XXX,XXX	XXX%	₩XXX,XXX	XX
인원수 및 평균	XX명	₩XXX,XXX	₩XXX,XXX	가전영업부	달성률	XX%
XXXXXX	XXXX	₩XXX,XXX	₩XXX,XXX	XXX%	₩XXX,XXX	XX
	XXXX	₩XXX,XXX	₩XXX,XXX	XXX%	₩XXX,XXX	XX
인원수 및 평균	XX명	₩XXX,XXX	₩XXX,XXX	자동차영업부	달성률	XX%
XXXXXX	XXXX	₩XXX,XXX	₩XXX,XXX	XXX%	₩XXX,XXX	XX
	XXXX	₩XXX,XXX	₩XXX,XXX	XXX%	₩XXX,XXX	XX
인원수 및 평균	XX명	₩XXX,XXX	₩XXX,XXX	컴퓨터영업부	달성률	XX%
XXXXXX	XXXX	₩XXX,XXX	₩XXX,XXX	XXX%	₩XXX,XXX	XX
	XXXX	₩XXX,XXX	₩XXX,XXX	XXX%	₩XXX,XXX	XX
인원수 및 평균	XX명	₩XXX,XXX	₩XXX,XXX	플랜트영업부	달성률	XX%
총평균		₩XXX,XXX	₩XXX,XXX		총달성률	XX%

04. 시상(PT) 작업 문제 확인하기

시상 작업 문제는 파워포인트를 이용하여 풀이할 문제로 2페이지로 되어 있습니다. 문제와 지시사항에 관한 내용이 2페이지로 옳게 되어 있는지 확인하세요.

5. 시상(PT) 작업

주어진 2개의 슬라이드를 슬라이드 작성조건에 따라 작업하여 인쇄하시오.

※ **슬라이드 작성조건**

1) 각 슬라이드를 문제의 **슬라이드 원안**과 같이 인쇄하여 제출하시오.
   (특히 **글자, 음영, 그림자, 도형 등 인쇄된 내용 그대로 작업**하시오.)
2) "주1)" 등 특수한 속성 지정이 되어 있는 경우 지시에 따라 작성하시오.
3) 글꼴은 문제 원안과 같거나 유사한 형태로 작업하시오.
4) 글자, 그림 및 도형 등의 크기와 모양은 문제 원안과 같거나 유사한 형태로 작업하시오.
5) 모든 글씨, 선 등은 흑백(그레이스케일)으로 작업하되, 글상자, 그림 및 도형 등에서 색 채우기가 있는 경우 색 채우기는 회색 40% 정도, 투명도 0%를 기준으로 작업하시오.
6) 각 슬라이드는 원안과 같이 **외곽선 테두리가 인쇄**되도록 인쇄하시오.
7) 각 슬라이드 크기는 A4 용지의 1/2 범위 내에 인쇄가 가능한 크기가 되도록 조정하여, 슬라이드 2개를 A4 용지 1매 안에 모두 인쇄하시오.
8) 비번호, 수험번호, 성명, 페이지 번호 등은 반드시 자필로 기재하시오.

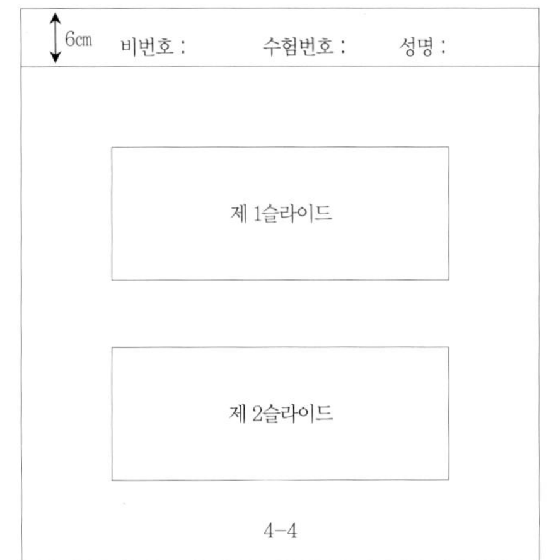

가. 제 1슬라이드

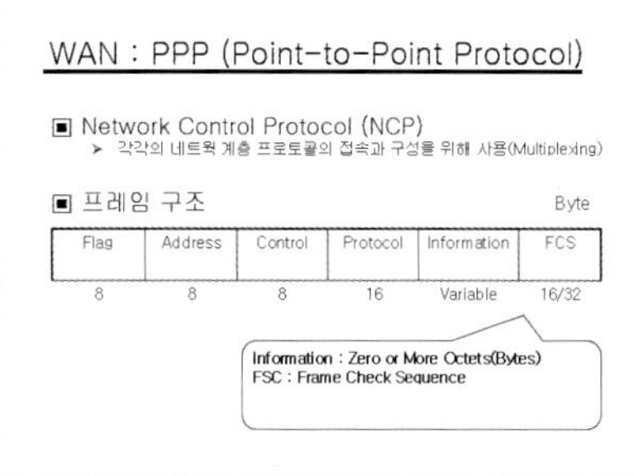

나. 제 2슬라이드

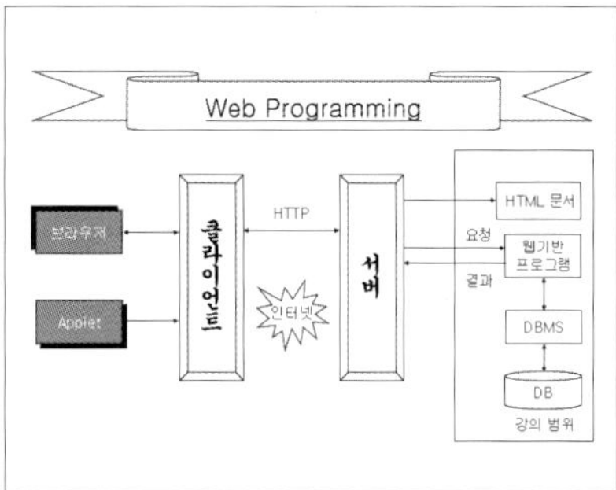

※ 본 과제는 도형의 그라데이션 효과가 없으며, 음영 속성은 작성조건 5. 항을 따르시오.

01. 문제 분석

아래의 지시사항대로 작업표와 그래프를 작성한 후 A4 용지 한 장에 출력하되, 위쪽으로부터 6cm 정도의 여백을 두고 출력해서 출력물과 해당 파일을 감독관에게 제출합니다. 지정한 6cm의 여백에는 비번호, 수험번호, 성명을 중앙 상단에 한 줄로 기록하고 중앙 하단에 페이지 번호를 기록합니다. 단, 출력은 세 과목의 작업을 모두 마친 후에 하는 것이니 다른 작업을 마칠 때까지 저장된 상태로 그냥 두면 됩니다.

3. 표 계산(SP) 실무 작업

XX회사에서는 물품 재고 현황을 분석하고자 합니다. 다음 자료(Data)를 이용하여 작성 조건에 따라 작업표와 그래프를 작성하고, 그 인쇄 출력물을 제출하시오.

가. 작업표(WORK SHEET) 작성

1) ⓐ 자료(DATA)

ⓑ 재고 현황

ⓑ 행 \ 열	A	B	C	D
3	제품코드	단가	전월주문량	월말재고량
4	AF	15,400	140	100
5	AS	15,000	140	120
6	DK	21,300	150	120
7	WS	7,500	160	50
8	SC	17,000	120	30
9	AZ	12,000	250	180
10	WQ	12,300	125	20
11	XD	15,300	325	120
12	SF	15,000	124	25
13	AO	20,000	251	109
14	FZ	18,900	95	21
15	SA	14,500	231	21
16	SS	15,400	185	30
17	WA	13,000	320	61
18	SD	9,000	175	200
19	DS	9,000	251	220
20	SZ	12,000	200	10
21	XS	23,300	240	50
22	ZA	14,000	350	120
23	ZZ	34,000	250	70

※ 자료(DATA)부분에서 음영 처리 표시된 부분은 행/열의 기준선으로 작성(입력)하지 않음을 반드시 유의하시오.

전문가의 조언

ⓐ 작업표 형식대로 만들기 위해 사용할 원본 자료입니다. 행과 열을 정확히 구분하여 오타 없이 입력해야 합니다.

ⓑ 자료(DATA)의 제목인 '재고 현황'과 행과 열을 구분하기 위해 표시한 행 번호(4, 5, 6, …)와 열 문자(A, B, C, …)는 입력하지 않습니다.

ⓒ 2) 작업표 형식

ⓓ **물품 재고 현황**

행 \ 열	A	B	C	E	F	G	H
3	제품코드	단가	전월주문량	재고율	주문량	주문금액	순위
4 ⋮ 23	–	–	–	①	②	③	④
24	평균		⑤	⑤	⑤	⑤	
25	제품코드가 "S"를 포함하고 재고율이 30% 이하인 제품들의 합				⑥	⑥	
26	제품코드가 "W" 또는 "X"를 포함하는 제품들의 합				⑦	⑦	
27	단가가 20000 이상 30000 미만인 제품들의 합				⑧	⑧	
28	주문금액이 2000000 이상인 제품들의 개수					⑨	
29	⑩						
30	⑪						

※ 음영 처리 표시된 부분은 작성하지 않았습니다.

ⓔ 3) 작성 조건

가) 작성 시 유의 사항

① 작업표의 작성은 "나)~마)" 항에 제시된 내용을 따르고 반드시 제시된 조건(함수 적용, 기재된 단서 조항 등)에 따라 처리하시오.

ⓕ ② 제시된 작성 조건을 따르지 아니하고 여타의 방법 일체(제시된 함수 이외 다른 함수 적용, 함수 미적용, 별도 전자계산기 사용 등)를 사용하여 도출된 결과는 그 답이 맞더라도 정답으로 인정되지 않음을 반드시 유의하시오.

나) 작업표의 구성 및 서식

① "작업표 형식"에서 행과 열에 관계된 음영 처리 표시된 부분은 작성하지 않음을 유의하고 반드시 제시된 행/열에 맞추도록 하시오.

② 제목서식 : 18 포인트 크기로 하고 가운데 정렬, 밑줄 처리하시오.

③ 글꼴서식 : 임의선정하시오

다) 원문자가 표시된 셀은 아래의 방법을 이용하여 작성하시오.

① 재고율 : 월말재고량/전월주문량(단, 재고율은 %로 표시함)

② 주문량 : 재고율이 60% 이상이면 전월주문량의 50%, 재고율이 60% 미만 30% 이상이면 전월주문량의 70%, 재고율이 30% 미만이면 전월주문량의 100%로 표시하시오. (단, IF 함수 사용)

③ 주문금액 : 단가 × 주문량(단, 주문금액은 반올림하여 1000의 자리까지 표시, ROUND 함수 사용)

④ 순위 : 주문금액이 가장 많은 것을 1등으로 구하시오. (RANK 함수 사용)

ⓖ ⑤ 평균 : 각 항목의 평균을 산출하시오.

⑥ 제품코드가 "S"자를 포함하고 재고율이 30% 이하인 제품들의 합계를 산출하시오. (SUMIFS 함수 사용)

⑦ 제품코드가 "W" 또는 "X"를 포함하는 제품들의 합계를 산출하시오. (단, SUMPRODUCT, ISNUMBER, FIND 함수 사용)

⑧ 단가가 20000 이상 30000 미만인 제품들의 합계를 산출하시오. (단, SUMPRODUCT 함수 사용)

ⓒ 1)번의 입력자료를 워크시트에 입력하고 수식과 서식을 적용하여 동일하게 만들 문서입니다. 주의할 점은 '월말재고량'처럼 입력자료에는 있는데 작업표 형식에는 표시되지 않은 자료가 있는지 확인해야 한다는 것입니다. 이런 자료는 워크시트에 입력하여 수식에 사용한 후 인쇄 전에 숨기기 기능을 이용하여 숨긴 후 출력하면 됩니다.

ⓓ 제목에 적용된 서식과 글꼴은 거의 매회 동일하게 출제되고 있습니다. 작업표 형식에 표시된 대로 제목을 입력한 후 글꼴 크기를 18, 밑줄을 지정하고, 제목이 작업표의 가운데에 오도록 '셀 병합'을 수행하면 됩니다. 글꼴 서체는 임의 선정이니 별도로 지정하지 말고 엑셀 2021에서 기본적으로 제공되는 '맑은 고딕'을 사용하면 됩니다.

ⓔ 입력자료를 이용하여 작업표 형식대로 문서를 만들 때의 작성 조건입니다.

ⓕ 문제에 함수가 제시된 경우에는 반드시 해당 함수를 사용합니다.

ⓖ 문제에 함수가 제시되지 않은 경우에는 수험생이 판단하여 적절한 함수를 사용하면 됩니다.

⑨ 주문금액이 2000000 이상인 제품들의 개수를 산출하시오(COUNTIF 함수를 사용하고, 처리 결과 셀 서식을 조작하여 숫자 뒤에 단위("개")가 출력되도록 하시오.)

⑩ 항목 ②에 사용한 함수식을 기재하시오. (단, 주문량이 가장 많은 행을 기준으로, 수식에 IF 함수 반드시 포함)

⑪ 항목 ⑦에 사용한 함수식을 기재하시오. (단, 주문금액을 기준으로, 수식에 SUMPRODUCT, ISNUMBER, FIND 함수를 반드시 포함)

※ 함수식을 기재하는 ⑩~⑪란은 반드시 해당항목에 제시된 함수의 작성조건에 따라 도출된 함수식을 기재하여야 하며, 작성조건을 위배하여 임의로 작성할 시 해당 답이 맞더라도 틀린 항목으로 채점됨을 유의하시오. 또한 함수식을 작성할 때는 "라) 정렬순서(SORT)"에 따른 조건에 맞게 정렬 후 도출된 결과에 따른 함수식을 기재하시오.

ⓗ 라) 작업표의 정렬순서(SORT)는 주문량의 오름차순으로 하고, 주문량이 같으면 재고율의 오름차순으로 정렬하시오.

ⓘ 마) 기타

- 금액에 대한 수치는 원화(₩) 표시를 하고 천 단위마다 ,(Comma)를 표시한다. 단, 금액 이외의 수치는 ,(Comma)를 표시하지 않는다.
- 모든 수치(숫자, 통화, 회계, 백분율 등)는 셀 서식의 속성을 설정하는 과정에서 소수 자릿수를 "0"으로 지정하여 정수로 표시하시오.
- 음수는 "–"가 나타나도록 한다.
- 숫자셀은 우측을 수직으로 맞추고, 문자셀은 수평중앙으로 맞추며 기타는 작업표 형식에 따르도록 하시오. 특히, 인쇄출력 시 판독불가능이 발생되지 않도록 인쇄 미리보기 등을 통하여 셀의 크기를 적당히 조정하시오.

나. 그래프(GRAPH) 작성

ⓙ 작성한 작업표에서 주문량이 120 미만인 제품코드별 전월주문량과 주문량을 나타내는 그래프를 작성하시오.

ⓚ **1) 그래프 형태**

전월주문량(데이터 표식이 있는 꺾은선형), 주문량(묶은 세로 막대형) : 데이터 레이블 값이 표시된 혼합형 단일축 그래프

2) 그래프 제목 : 상품 주문 현황 ------------------ (ⓛ 확대 출력, 제목에 밑줄)

3) X축 제목 : 제품코드

4) Y축 제목 : 수량

ⓜ
5) X축 항목 단위 : 해당 문자열

6) Y축 항목 단위 : 임의

7) 범례 : 주문량, 전월주문량

8) 출력물 크기 : A4 용지 1/2장 범위 내

9) 기타 : 작성 조건에 없는 형식이나 모양은 기본 설정값에 따르며, 그래프 너비는 작업표 너비에 맞춘다.

※ 그래프는 반드시 작성된 작업표와 연동하여 작업하여야 하며, 그래프의 영역(범위) 설정 오류로 인한 불이익은 전적으로 수험자 본인에게 있습니다.

전문가의 조언

ⓗ [데이터] → 정렬 및 필터 → **정렬**을 클릭하여 수행하면 됩니다. 주의할 점은 작업표의 아랫부분에 표시된 합계, 평균 등 전체 데이터에 대한 통계 자료는 제외하고 정렬을 수행해야 한다는 것입니다.

ⓘ 매회 동일하게 출제되는 지시사항입니다.

- 금액 : '회계 표시 형식(回)'을 지정하면 됩니다.
- 모든 수치 데이터 : '자릿수 늘림(回)'과 '자릿수 줄임(回)'을 이용하여 소수 이하 자릿수를 0으로 지정하면 됩니다.
- 문자가 입력된 셀만 모두 선택한 후 가운데 정렬하면 됩니다.
- '####'으로 표시된 셀이 있으면 안 됩니다.

ⓙ 이 지시사항을 보고 차트에 사용할 데이터 범위를 지정합니다. 데이터 범위가 잘못된 경우 실격이므로 정확히 지정해야 합니다.

ⓚ 데이터 표식이 있는 꺾은선형과 묶은 세로 막대형 차트가 혼합된 혼합형 차트가 거의 매회 출제되고 있습니다. 데이터 표식이 있는 꺾은선형으로 차트를 완성한 후 주문량 계열만 묶은 세로 막대형으로 변경시키면 됩니다.

ⓛ 확대 출력 : 글꼴 크기에 대한 지시사항이 없으므로 다른 글꼴(10pt)보다 크게만 지정해 주면 됩니다. 엑셀 2021에서 차트 제목은 기본적으로 14pt로 작성되는데, 너무 작으므로 16pt정도로 키워서 지정하면 무난합니다.

ⓜ 이 지시사항은 차트를 작성하면 기본적으로 표시되는 내용으로, 그대로 두시면 됩니다.

02. 파일 저장하기

1. [■(시작)] → Excel을 선택하여 엑셀을 실행시키고 **새 통합 문서**를 클릭한 후 [파일] → 다른 이름으로 저장 → **찾아보기**를 선택하세요. '다른 이름으로 저장' 대화상자가 나타납니다.

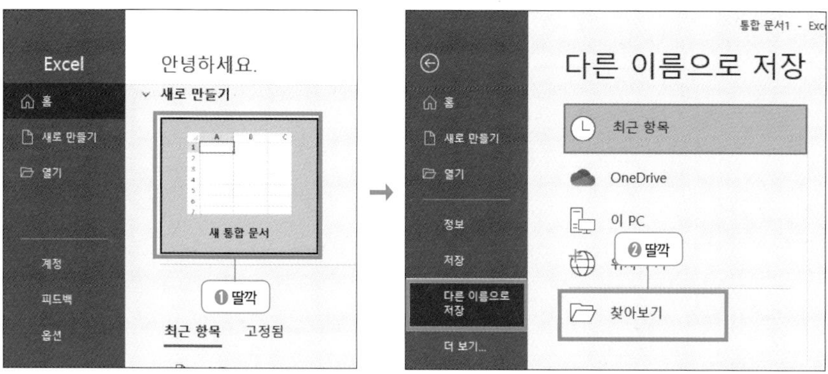

2. '다른 이름으로 저장' 대화상자에서 시험위원의 지시에 따라 저장위치를 선택하고 파일명을 입력합니다. 여기서는 폴더의 위치를 '바탕화면', 파일명을 'abc.xlsx'로 가정하고 작업하겠습니다. 파일명을 입력한 후 〈저장〉을 클릭하세요. 제목 표시줄에 표시된 파일명이 맞는지 확인하세요.

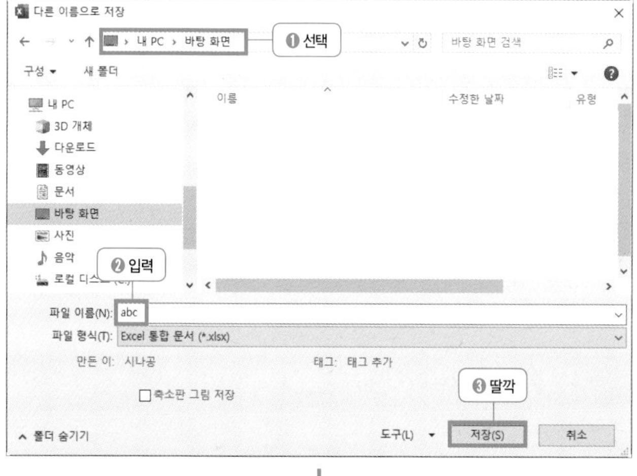

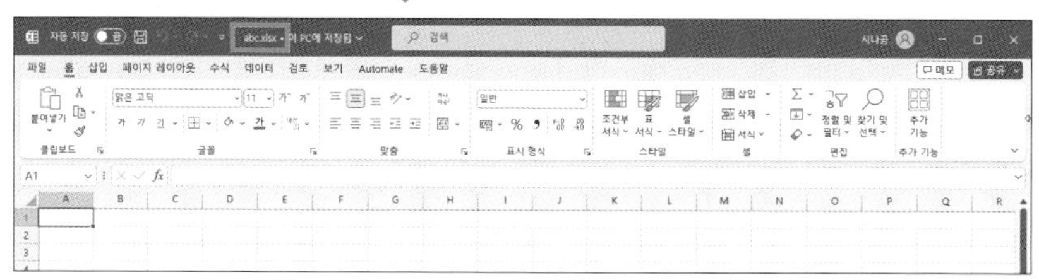

표 계산(SP) 실무 작업은 Microsoft사에서 제공하는 Microsoft Office의 엑셀(Excel) 프로그램을 사용합니다. 엑셀 프로그램의 버전은 시험 장소에 따라 다르게 설치되어 있습니다. 수험자가 시험을 접수할 때 시험 장소를 확인한 후 원하는 버전이 설치된 시험 장소를 선택하여 접수해야 합니다. 이 교재에서는 Microsoft Excel 2021 버전을 기준으로 설명합니다.

엑셀 프로그램을 실행시키고 **새 통합 문서**를 클릭한 후 빠른 실행 도구 모음의 '저장(■)' 아이콘을 클릭하고 〈찾아보기〉를 클릭하세요.

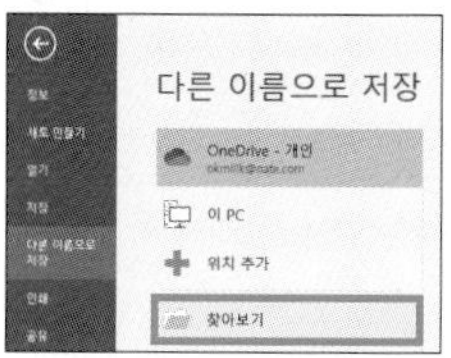

[시작] → 모든 프로그램 → Microsoft Office → **Microsoft Excel 2010**을 선택하여 엑셀을 실행시킨 후 빠른 실행 도구 모음의 '저장(■)' 아이콘을 클릭하세요.

- 엑셀의 기본 파일 확장자는 xlsx이므로 파일명이 'abc.xlsx'이면 'abc'만 입력해도 자동으로 xlsx가 붙어 저장됩니다.
- 답안 파일명을 등록한 이후에는 빠른 실행 도구 모음의 '저장(■)' 아이콘을 자주 클릭하여 저장하세요. 시험 도중에 정전이나 기타의 이유로 컴퓨터가 다운될 경우, 저장하지 않아서 잃어버린 내용을 복구하는 시간은 주어지지 않습니다.

잠깐만요

엑셀 프로그램의 화면 구성

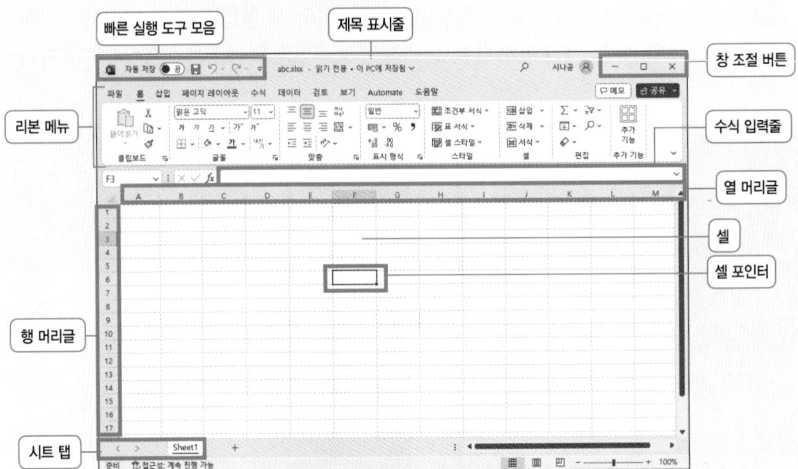

- **제목 표시줄** : 현재 사용하고 있는 프로그램 이름, 파일 이름, 창 조절 버튼이 표시됨
- **리본 메뉴** : 명령을 아이콘 모양의 단추로 만들어 기능별로 묶어 놓은 곳
- **빠른 실행 도구 모음** : 자주 사용하는 도구들을 모아 두는 곳으로 사용자가 임의로 추가하거나 제거할 수 있음
- **창 조절 버튼** : 최소화, 최대화/이전 크기로 복원, 닫기 버튼으로 구성됨
- **수식 입력줄** : 현재 작업하는 셀의 수식을 그대로 표시하는 부분으로, 셀 포인터 위치의 내용을 입력하거나 수정할 때 사용함
- **셀(Cell)** : 행과 열이 교차되면서 만들어지는 사각형으로, 데이터가 입력되는 기본 단위
- **셀 포인터** : 작업이 이루어지는 셀을 나타냄
- **행 머리글** : 행의 맨 왼쪽에 숫자로 표시되어 있는 부분
- **열 머리글** : 열의 맨 위쪽에 알파벳으로 표시되어 있는 부분
- **시트 탭** : 통합 문서에 포함되어 있는 시트의 이름을 표시하는 부분으로, 시트 탭을 클릭하여 작업할 시트를 선택함

문제 1 작업표 작성하기

01. 데이터 입력하기

1. 먼저 입력자료와 작업표 형식, 그리고 작성 조건을 보고 입력할 항목을 결정합니다. 입력자료에는 월말재고량이 있지만 작업표 형식에는 월말재고량이 없습니다. 하지만 작성 조건에 '재고율 : 월말재고량/전월주문량'이 있으므로 월말재고량을 그대로 입력해야 합니다. 작업을 마친 후 월말재고량 열은 보이지 않게 숨긴 후 출력해야 합니다.

입력자료(Data)는 행과 열을 정확히 구분하여 입력하세요. 입력자료(DATA)의 제목인 '재고 현황'과 행과 열을 구분하기 위해 표시한 행 번호(4, 5, 6, …)와 열 문자(A, B, C, …)는 입력하지 않습니다.

〈입력자료〉

재고 현황

행 \ 열	A	B	C	D
3	제품코드	단가	전월주문량	월말재고량
4	AF	15,400	140	100
5	AS	15,000	140	120
6	DK	21,300	150	120
7	WS	7,500	160	50
8	SC	17,000	120	30
9	AZ	12,000	250	180
10	WQ	12,300	125	20
11	XD	15,300	325	120
12	SF	15,000	124	25
13	AO	20,000	251	109
14	FZ	18,900	95	21
15	SA	14,500	231	21
16	SS	15,400	185	30
17	WA	13,000	320	61
18	SD	9,000	175	200
19	DS	9,000	251	220
20	SZ	12,000	200	10
21	XS	23,300	240	50
22	ZA	14,000	350	120
23	ZZ	34,000	250	70

〈작업표 형식〉

물품 재고 현황

행 \ 열	A	B	C	E	F	G	H
3	제품코드	단가	전월주문량	재고율	주문량	주문금액	순위
4 : 23				①	②	③	④
24	평균	⑤	⑤	⑤	⑤	⑤	
25	제품코드가 "S"를 포함하고 재고율이 30% 이하인 제품들의 합				⑥	⑥	
26	제품코드가 "W" 또는 "X"를 포함하는 제품들의 합				⑦	⑦	
27	단가가 20000 이상 30000 미만인 제품들의 합				⑧	⑧	
28	주문금액이 2000000 이상인 제품들의 개수					⑨	
29	⑩						
30	⑪						

↘ ↙

	A	B	C	D	E	F	G	H
1	물품 재고 현황							
2								
3	제품코드	단가	전월주문량	월말재고량	재고율	주문량	주문금액	순위
4	AF	15400	140	100				
5	AS	15000	140	120				
6	DK	21300	150	120				
7	WS	7500	160	50				
8	SC	17000	120	30				
9	AZ	12000	250	180				
10	WQ	12300	125	20				
11	XD	15300	325	120				
12	SF	15000	124	25				
13	AO	20000	251	109				
14	FZ	18900	95	21				
15	SA	14500	231	21				
16	SS	15400	185	30				
17	WA	13000	320	61				
18	SD	9000	175	200				
19	DS	9000	251	220				
20	SZ	12000	200	10				
21	XS	23300	240	50				
22	ZA	14000	350	120				
23	ZZ	34000	250	70				
24	평균							
25	제품코드가 "S"를 포함하고 재고율이 30% 이하인 제품들의 합							
26	제품코드가 "W" 또는 "X"를 포함하는 제품들의 합							
27	단가가 20000 이상 30000 미만인 제품들의 합							
28	주문금액이 2000000 이상인 제품들의 개수							

제목을 입력한 후 곧바로 작업표 형식대로 제목 서식을 지정해도 되지만 데이터를 모두 입력한 후 한 번에 서식을 지정하는 것이 효율적입니다.

전문가의 조언

- 특정 셀에 입력되어 있는 데이터의 일부를 수정할 때는 해당 셀을 선택한 후 F2를 누르거나 해당 셀을 마우스로 더블클릭하세요. 그런 다음 글자를 수정한 후 Enter를 누르면 됩니다.
- [C3:D3] 영역에 '전월주문량'과 '월말재고량'을 입력하면 입력된 내용에 비해 열 너비가 좁아 글자가 모두 표시되지 않습니다. 마우스를 이용하여 열 너비를 변경하는 방법은 다음과 같습니다.
- **방법1** : 변경하려는 열 머리글의 오른쪽 경계선을 마우스로 더블클릭하면 열에 입력된 내용 중 가장 긴 내용에 맞게 열 너비가 자동으로 조절됩니다.

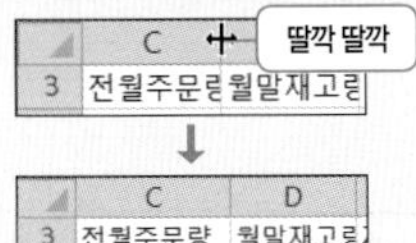

- **방법2** : 변경하려는 열 머리글의 오른쪽 경계선을 마우스로 드래그하여 원하는 너비로 조절합니다.

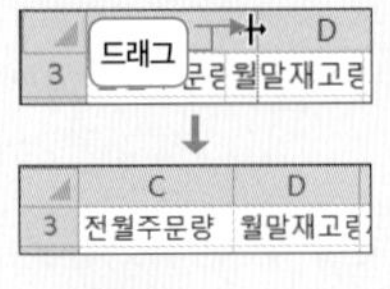

수식에서 사용할 셀 주소를 직접 입력하지 않고 마우스로 해당 셀을 클릭하거나 방향키(←)를 눌러 해당 셀을 선택하면 자동으로 수식에 셀 주소가 표시되므로 편리하게 수식을 작성할 수 있습니다.

2. 입력자료를 작업표 형식에 맞게 워크시트에 입력합니다. 먼저 제목을 입력하기 위해 마우스로 [A1] 셀을 클릭하고 **물품 재고 현황**을 입력한 후 Enter를 누르세요.

	A	B	C	D	E	F	G	H
1	물품 재고 현황							
2								

3. 나머지 입력자료를 작업표 형식에 맞게 차례대로 입력하세요. 작업표 형식에는 월말재고량이 없지만 수식 계산 시 이용해야 하므로 주어진 입력자료를 보고 다음과 같이 입력해야 합니다.

	A	B	C	D	E	F	G	H
1	물품 재고 현황							
2								
3	제품코드	단가	전월주문량	월말재고량	재고율	주문량	주문금액	순위
4	AF	15400	140	100				
5	AS	15000	140	120				
6	DK	21300	150	120				
7	WS	7500	160	50				
8	SC	17000	120	30				
9	AZ	12000	250	180				
10	WQ	12300	125	20				
11	XD	15300	325	120				
12	SF	15000	124	25				
13	AO	20000	251	109				
14	FZ	18900	95	21				
15	SA	14500	231	21				
16	SS	15400	185	30				
17	WA	13000	320	61				
18	SD	9000	175	200				
19	DS	9000	251	220				
20	SZ	12000	200	10				
21	XS	23300	240	50				
22	ZA	14000	350	120				
23	ZZ	34000	250	70				
24	평균							
25	제품코드가 "S"를 포함하고 재고율이 30% 이하인 제품들의 합							
26	제품코드가 "W" 또는 "X"를 포함하는 제품들의 합							
27	단가가 20000 이상 30000 미만인 제품들의 합							
28	주문금액이 2000000 이상인 제품들의 개수							

작업표 형식에는 없지만 재고율 계산 시 필요하므로 반드시 입력해야 합니다.

02. 수식 작성하기

1 재고율 구하기(조건 ①)

재고율이 계산될 첫 번째 셀인 [E4] 셀을 클릭하세요. 재고율은 '월말재고량/전월주문량'이므로 **=D4/C4**를 입력한 후 Enter를 누르세요.

	A	B	C	D	E	F	G	H
1	물품 재고 현황							
2								
3	제품코드	단가	전월주문량	월말재고량	재고율	주문량	주문금액	순위
4	AF	15400	140	100	=D4/C4			
5	AS	15000	140	120				
6	DK	21300	150	120				

딸깍 → =D4/C4 입력 → Enter

2 주문량 구하기(조건 ②)

1. 주문량이 계산될 첫 번째 셀인 [F4] 셀을 클릭한 후 수식 입력줄 왼쪽에 있는 '함수 삽입(fx)' 아이콘을 클릭하세요. '함수 마법사' 대화상자가 나타납니다.

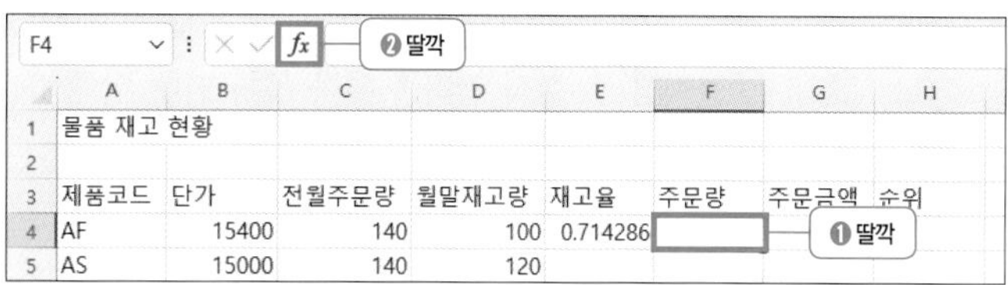

2. 주문량은 재고율에 따라 값을 달리해야 하므로 조건을 판단하는 논리 함수를 사용해야 합니다. '함수 마법사' 대화상자의 범주 선택에서 '논리'를, 함수 선택에서 'IF'를 선택하고 〈확인〉을 클릭하세요. '함수 인수' 대화상자가 나타납니다.

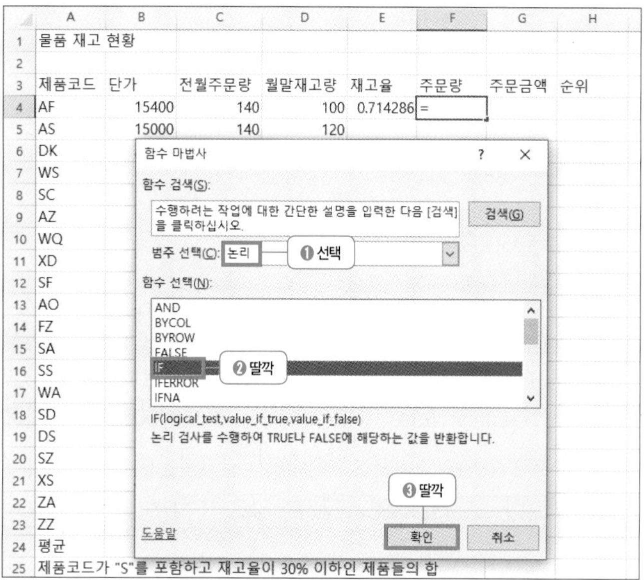

3. '함수 인수' 대화상자에서 'Logical_test' 부분을 클릭한 후 **E4>=60%**를, 'Value_if_true' 부분을 클릭한 후 **C4*50%**를 입력하세요.

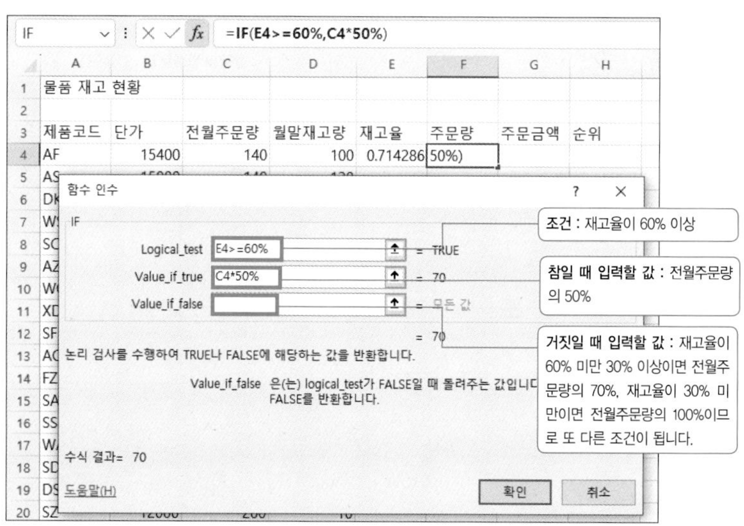

조건 : 재고율이 60% 이상
참일 때 입력할 값 : 전월주문량의 50%
거짓일 때 입력할 값 : 재고율이 60% 미만 30% 이상이면 전월주문량의 70%, 재고율이 30% 미만이면 전월주문량의 100%이므로 또 다른 조건이 됩니다.

- 재고율을 %로 표시하라는 것은 백분율을 표시하라는 의미입니다. 서식은 입력을 모두 마친 후 한 번에 지정하도록 하겠습니다.
- 이 문제처럼 사용할 함수가 제시된 경우에는 반드시 제시된 함수를 사용하여 수식을 작성해야 합니다. 제시된 함수를 사용하지 않으면 수식의 결과가 맞아도 정답으로 인정되지 않습니다.

모든 계산과 작업처리는 내장 함수를 이용하라는 지시사항이 있으므로 반드시 함수를 이용하여 수식을 계산해야 합니다. 하지만 어떤 함수를 사용해야 할지 모르는 경우에는 직접 펜과 종이를 이용하여 계산해서라도 입력하세요. 특정 항목에 계산 결과를 채우지 못하면 그 항목을 사용하는 다음 계산식이나 차트를 작성하지 못하기 때문입니다. 함수를 사용하지 않고 직접 입력할 경우 해당 문제는 감점되지만 그 다음 작업은 계속할 수 있습니다.

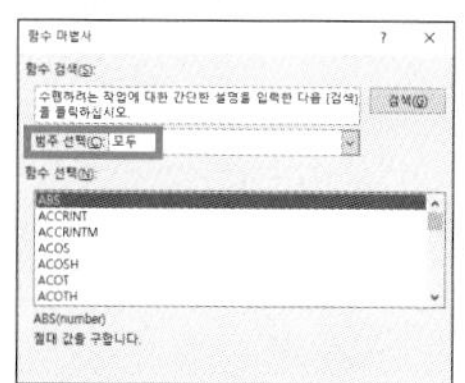

해당 함수가 속해 있는 범주를 모를 경우 범주 선택에서 '모두'를 선택한 후 함수 선택에서 'IF'를 찾아도 됩니다.

Q 수식 입력줄 왼쪽에 'IF'가 없어요!

A 수식 입력줄 왼쪽에 'IF'가 표시되어 있지 않을 때는 수식 입력줄 왼쪽에 있는 삼각형(⌵)을 클릭한 후 '함수 추가'를 선택하세요. '함수 마법사' 대화상자가 표시되면 범주 선택에서 '논리', 함수 선택에서 'IF'를 선택하면 됩니다.

4. 이제 재고율이 60% 이상이 아닌 경우 처리할 내용을 다시 조건문을 이용하여 입력해야 합니다. 'Value_if_false' 부분을 클릭한 후 수식 입력줄 왼쪽 목록 단추 옆에 'IF'라고 쓰여 있는 부분을 클릭하세요. 또 다른 '함수 인수' 대화상자가 표시됩니다.

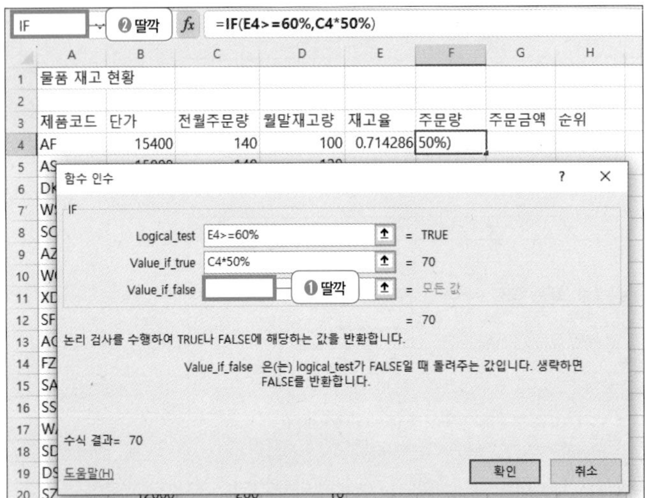

5. 이 대화상자는 재고율이 60% 이상이 아닌 경우 처리할 내용에 대한 조건을 처리하기 위한 대화상자입니다. 'Logical_test' 부분을 클릭한 후 **E4>=30%**를, 'Value_if_true' 부분을 클릭한 후 **C4*70%**를, 'Value_if_false' 부분을 클릭한 후 **C4*100%**를 입력하고 〈확인〉을 클릭하세요.

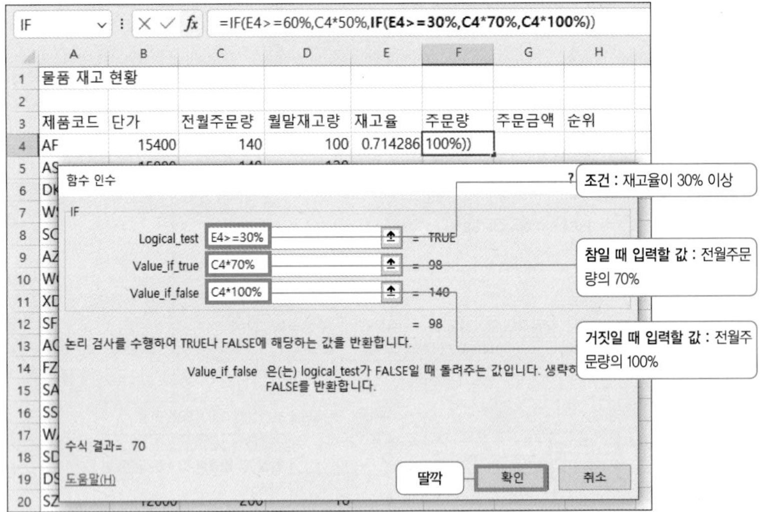

함수의 이해 / 수식 직접 입력하기

함수의 이해

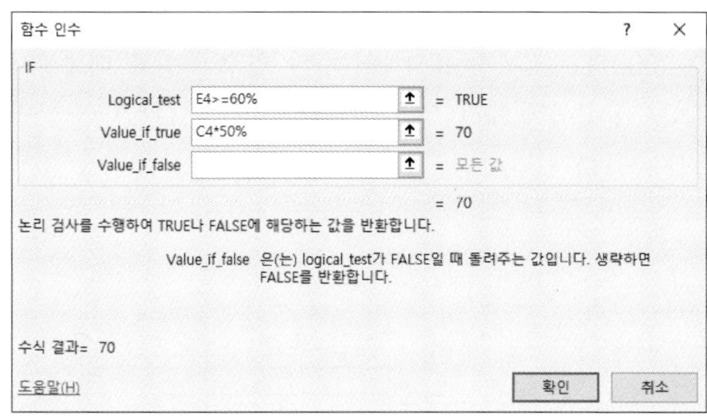

- Logical_test : 조건을 입력합니다. [E4] 셀에 입력되어 있는 데이터가 60% 이상인지를 판별합니다.
- Value_if_true : 조건이 참일 때 입력할 값을 지정합니다. [E4] 셀에 입력되어 있는 데이터가 60% 이상이면 전월주문량(C4)의 50%를 입력합니다.
- Value_if_false : 조건이 거짓일 때 입력할 값을 지정합니다. 두 번째 IF 함수를 불러옵니다.

↓

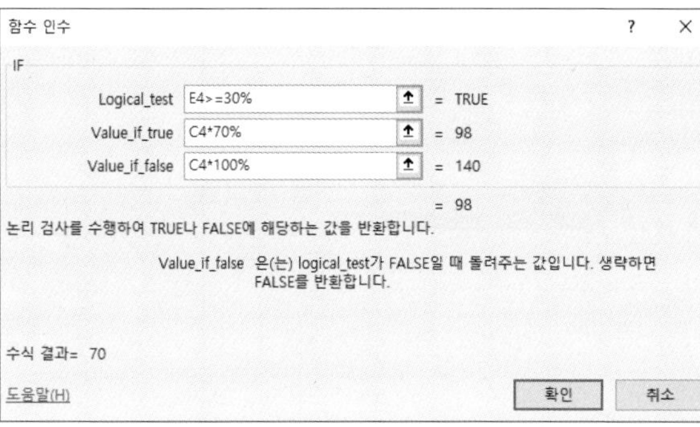

- Logical_test : 조건을 입력합니다. [E4] 셀에 입력되어 있는 데이터가 30% 이상인지를 판별합니다.
- Value_if_true : 조건이 참일 때 입력할 값을 지정합니다. [E4] 셀에 입력되어 있는 데이터가 30% 이상이면 전월주문량(C4)의 70%를 입력합니다.
- Value_if_false : 조건이 거짓일 때 입력할 값을 지정합니다. [E4] 셀에 입력되어 있는 데이터가 30% 이상이 아니면 전월주문량(C4)의 100%를 입력합니다.

수식 직접 입력하기

다음은 수식 표시줄에 표시되는 수식입니다. 함수 마법사를 이용하지 않고 다음과 같은 방법으로 수식을 셀에 직접 입력해도 됩니다.

❶ 재고율이 60% 이상이면 ❷ 전월주문량의 50%를 입력하고, 그렇지 않으면 ❸ 다음 조건을 검사합니다.

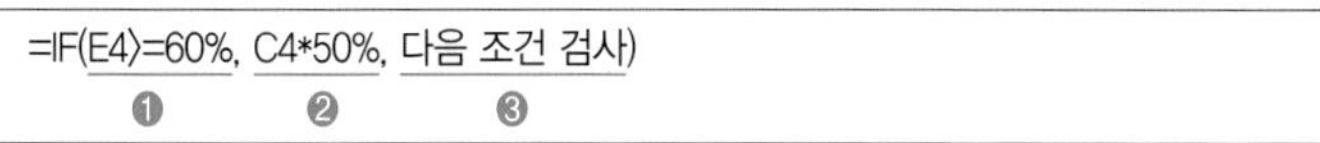

다음 조건은 ❹ 재고율이 30% 이상이면 ❺ 전월주문량의 70%를 입력하고, 그렇지 않으면 ❻ 전월주문량의 100%를 입력합니다.

두 번째 조건을 첫 번째 함수식의 ❸에 대입하면 다음과 같습니다.

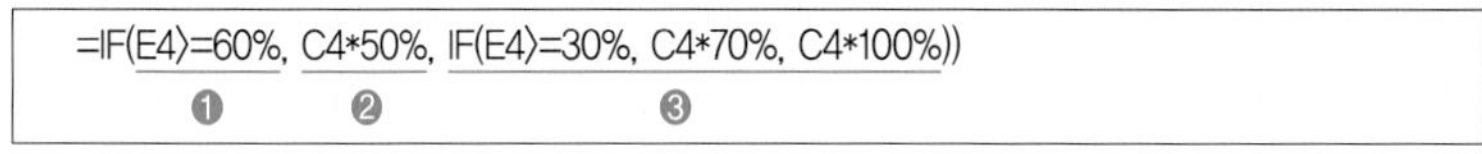

함수가 한 번만 사용되는 단일 함수식은 함수 마법사를 사용하는 것이 편리하지만, 이 문제처럼 두 개 이상의 함수가 사용되는 중첩 함수식은 셀에 함수식을 직접 입력하는 것이 더 효율적입니다. [F4] 셀에 직접 **=IF(E4>=60%, C4*50%, IF(E4>=30%, C4*70%, C4*100%))**를 입력해도 됩니다.

③ 주문금액 계산하기(조건 ③)

1. 주문금액이 계산될 첫 번째 셀인 [G4] 셀을 클릭한 후 수식 입력줄 왼쪽에 있는 '함수 삽입(fx)' 아이콘을 클릭하세요. '함수 마법사' 대화상자가 나타납니다.

2. 주문금액은 반올림하여 1000의 자리까지 표시해야 하니 '함수 마법사' 대화상자의 범주 선택에서 '수학/삼각'을, 함수 선택에서 'ROUND'를 선택하고 〈확인〉을 클릭하세요. '함수 인수' 대화상자가 나타납니다.

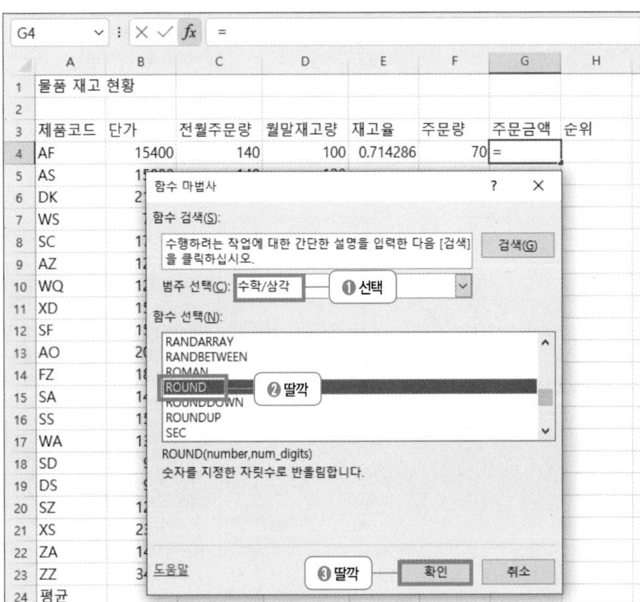

3. '함수 인수' 대화상자의 'Number' 부분을 클릭한 후 **B4*F4**를, 'Num_digits' 부분을 클릭한 후 **-3**을 입력하고 〈확인〉을 클릭하세요.

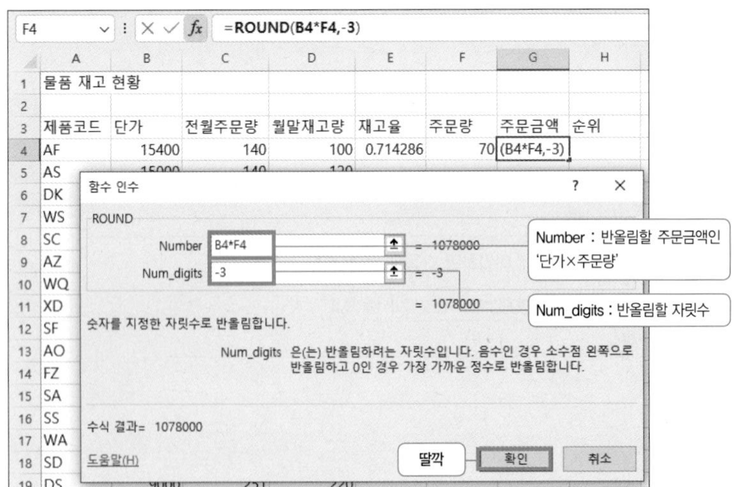

함수의 이해

ROUND(인수, 반올림 자릿수) 함수는 인수에 대하여 지정한 자릿수로 반올림하는 함수입니다.

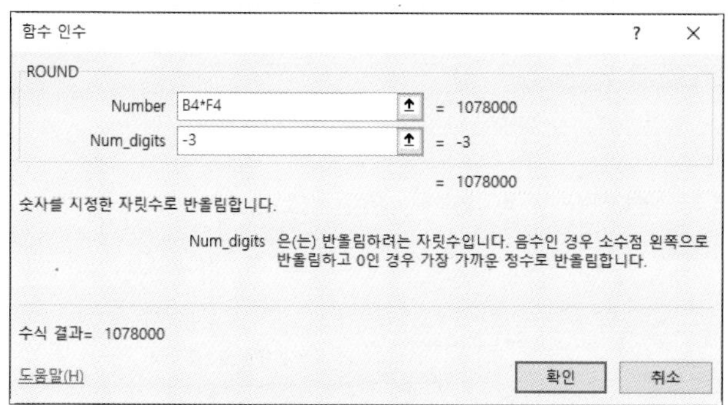

- **Number** : 반올림할 인수를 입력합니다. 주문금액(단가×주문량)인 'B4*F4'를 입력합니다.
- **Num_digits** : 반올림할 자릿수를 입력합니다. 100의 자리에서 반올림하여 1000의 자리까지 표시하는 '–3'을 입력합니다.

※ ROUND 함수의 반올림 자릿수

반올림 자릿수가 0보다 크면 숫자는 지정한 소수 이하 자릿수로, 0이면 가장 가까운 정수로, 0보다 작으면 소수점 왼쪽에서 반올림됩니다.

3	8	6	4	.	5	5	8	8
–3자리	–2자리	–1자리	0자리		1자리	2자리	3자리	4자리

4 순위 계산하기(조건 ④)

1. 순위가 계산될 첫 번째 셀인 [H4] 셀을 클릭한 후 수식 입력줄 왼쪽에 있는 '함수 삽입(fx)' 아이콘을 클릭하세요. '함수 마법사' 대화상자가 나타납니다.

2. 순위를 계산할 것이니 '함수 마법사' 대화상자의 범주 선택에서 '모두'를, 함수 선택에서 'RANK'를 선택하고 〈확인〉을 클릭하세요. '함수 인수' 대화상자가 나타납니다.

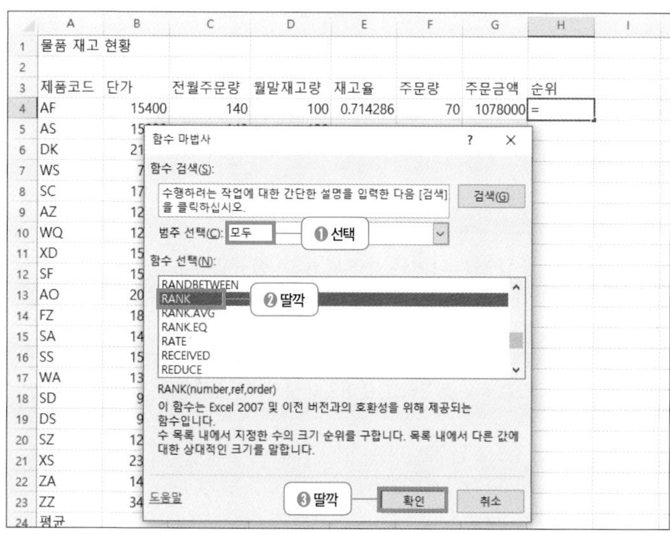

3864.5588을 다양한 소수 자릿수로 반올림했을 때의 결과입니다. 음수는 0의 개수이고 양수는 소수 이하 자릿수의 개수라고 생각하면 기억하기 쉽습니다.

소수 자릿수	결과
–3	4000
–2	3900
–1	3860
0	3865
1	3864.6
2	3864.56
3	3864.559
4	3864.559

RANK 함수가 RANK.EQ와 RANK.AVG로 기능이 세분화 되었습니다. 이전 버전의 RANK 함수와 같은 결과를 얻으려면 RANK.EQ를 이용해야 하지만 문제의 지시사항이 RANK 함수를 이용하라고 출제되므로 반드시 RANK 함수를 이용해서 작성해야 합니다. 그러므로 '통계' 범주가 아닌 '모두' 범주에서 RANK 함수를 선택하여 수식을 작성해야 합니다.

'함수 마법사' 대화상자의 범주 선택에서 '통계', 함수 선택에서 'RANK'를 선택하고 〈확인〉을 클릭하세요.

마우스를 드래그하여 범위를 지정하면 상대 주소 형태로 입력됩니다. 입력된 상대 주소를 절대 주소로 바꿀 때는 F4를 누르세요. F4를 한 번 누를 때마다 주소의 참조 형태가 변경됩니다.
G4:G23 → F4 → $G$4:$G$23 → F4 → G$4:G$23 → F4 → $G4:$G23 → F4 → G4:G23

궁금해요

시나공 Q&A 베스트

Q 수식 입력 시 언제 절대 주소를 지정해야 하나요? 채우기 핸들을 사용할 때 주로 절대 주소를 지정하던데...

A 하나의 셀에 수식을 입력한 후 채우기 핸들을 드래그하여 수식을 다른 셀에 복사하여 값을 구하려고 할 때, 항상 고정적으로 들어가야 하는 부분에 대해서는 절대 주소로 지정해야 합니다. 예를들면 '=RANK(G4, $G$4:$G$23)'에서 각 사람의 성적(G4)은 셀의 위치에 따라 상대적으로 변해야 하지만 전체 성적의 범위(G4:G23)는 절대 변하면 안 되므로 절대 주소를 사용하는 것입니다. 전체 성적의 범위를 상대 주소로 하면 정상적인 결과를 얻을 수 없습니다.

3. '함수 인수' 대화상자의 'Number' 입력란을 클릭하고 순위를 구할 주문금액이 있는 [G4] 셀을 클릭하세요. 'Ref' 입력란을 클릭하고 비교할 대상이 있는 [G4:G23] 영역을 드래그한 후 F4를 눌러 절대 주소로 변경하세요. 이어서 〈확인〉을 클릭하면 결과가 계산됩니다.

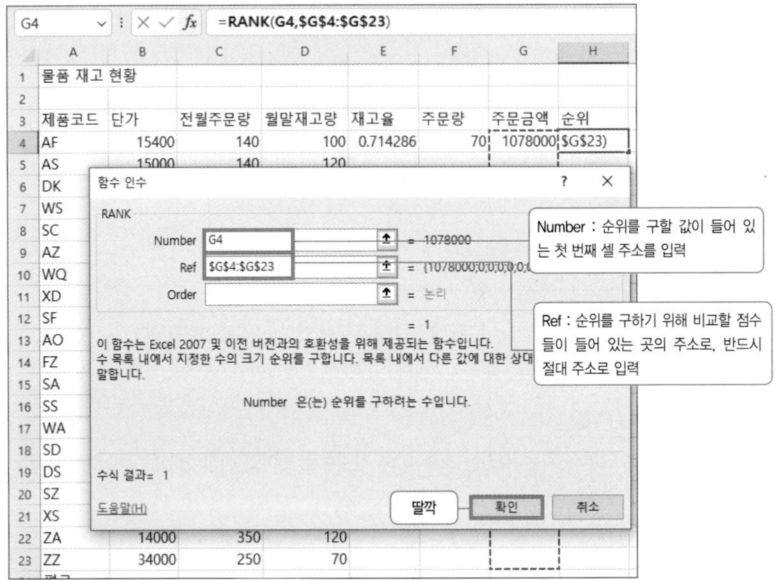

잠깐만요

RANK(값, 범위, 논리값) 함수는 지정된 범위에서 특정 값의 순위를 구하는 함수입니다.

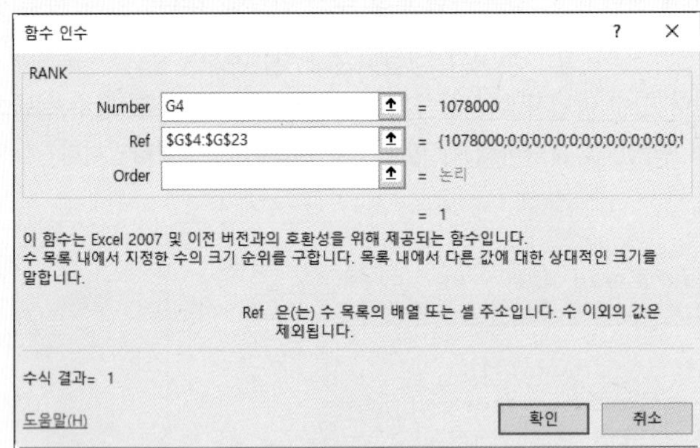

- **Number** : 순위를 구할 값의 주소를 입력합니다. [G4] 셀이 몇 등인지를 구합니다.
- **Ref** : 순위를 구하기 위해 비교할 대상들이 있는 주소를 절대 주소로 입력합니다. [G4] 셀의 순위를 구하기 위해 비교할 대상이 있는 '$G$4:$G$23'을 입력합니다.
- **Order** : 오름차순 순위인지 내림차순 순위인지를 결정할 논리값을 입력합니다. 논리값이 생략되거나 0이면 내림차순(가장 큰 것이 1등)으로 순위를 구하고, 0 이외의 숫자이면 오름차순으로 순위를 구합니다.

※ [G4:G23] 영역에 '$'를 붙여 절대 주소로 입력한 이유는 [G5], [G6], … 셀의 순위를 구할 때도 비교 범위인 [G4:G23] 영역은 변하지 말아야 하기 때문입니다.

4. 나머지 셀에 수식을 채울 차례입니다. [E4:H4] 영역을 블록으로 지정한 후 [H4] 셀의 채우기 핸들을 [H23] 셀까지 드래그하세요. 채우기 범위에 포함된 모든 셀에 결과가 계산됩니다.

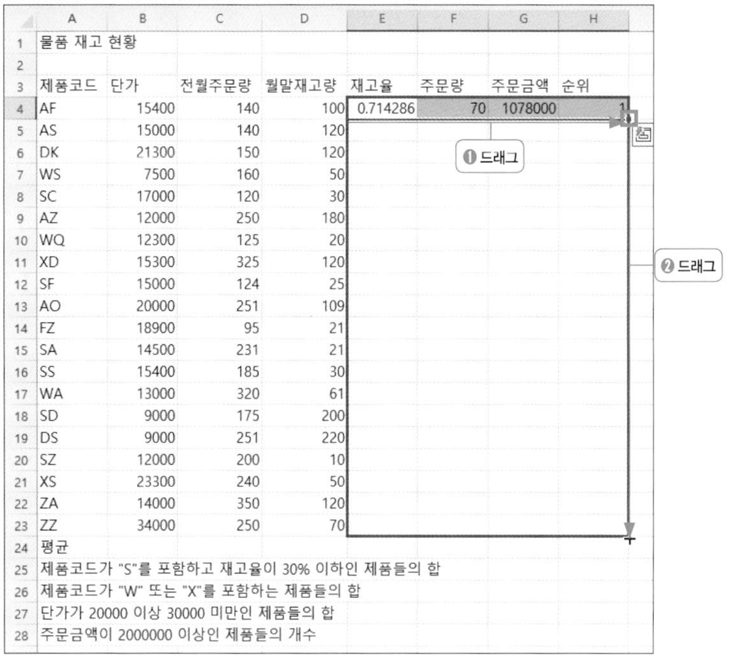

	A	B	C	D	E	F	G	H
1	물품 재고 현황							
2								
3	제품코드	단가	전월주문량	월말재고량	재고율	주문량	주문금액	순위
4	AF	15400	140	100	0.714286	70	1078000	1
5	AS	15000	140	120				
6	DK	21300	150	120				
7	WS	7500	160	50				
8	SC	17000	120	30				
9	AZ	12000	250	180				
10	WQ	12300	125	20				
11	XD	15300	325	120				
12	SF	15000	124	25				
13	AO	20000	251	109				
14	FZ	18900	95	21				
15	SA	14500	231	21				
16	SS	15400	185	30				
17	WA	13000	320	61				
18	SD	9000	175	200				
19	DS	9000	251	220				
20	SZ	12000	200	10				
21	XS	23300	240	50				
22	ZA	14000	350	120				
23	ZZ	34000	250	70				
24	평균							
25	제품코드가 "S"를 포함하고 재고율이 30% 이하인 제품들의 합							
26	제품코드가 "W" 또는 "X"를 포함하는 제품들의 합							
27	단가가 20000 이상 30000 미만인 제품들의 합							
28	주문금액이 2000000 이상인 제품들의 개수							

↓

	A	B	C	D	E	F	G	H
1	물품 재고 현황							
2								
3	제품코드	단가	전월주문량	월말재고량	재고율	주문량	주문금액	순위
4	AF	15400	140	100	0.714286	70	1078000	17
5	AS	15000	140	120	0.857143	70	1050000	18
6	DK	21300	150	120	0.8	75	1598000	13
7	WS	7500	160	50	0.3125	112	840000	19
8	SC	17000	120	30	0.25	120	2040000	10
9	AZ	12000	250	180	0.72	125	1500000	15
10	WQ	12300	125	20	0.16	125	1538000	14
11	XD	15300	325	120	0.369231	227.5	3481000	5
12	SF	15000	124	25	0.201613	124	1860000	11
13	AO	20000	251	109	0.434263	175.7	3514000	4
14	FZ	18900	95	21	0.221053	95	1796000	12
15	SA	14500	231	21	0.090909	231	3350000	7
16	SS	15400	185	30	0.162162	185	2849000	8
17	WA	13000	320	61	0.190625	320	4160000	3
18	SD	9000	175	200	1.142857	87.5	788000	20
19	DS	9000	251	220	0.876494	125.5	1130000	16
20	SZ	12000	200	10	0.05	200	2400000	9
21	XS	23300	240	50	0.208333	240	5592000	2
22	ZA	14000	350	120	0.342857	245	3430000	6
23	ZZ	34000	250	70	0.28	250	8500000	1
24	평균							
25	제품코드가 "S"를 포함하고 재고율이 30% 이하인 제품들의 합							
26	제품코드가 "W" 또는 "X"를 포함하는 제품들의 합							
27	단가가 20000 이상 30000 미만인 제품들의 합							
28	주문금액이 2000000 이상인 제품들의 개수							

수식을 계산할 열이 재고율, 주문량, 주문금액, 순위와 같이 연속적으로 있는 경우는 각각의 항목에 대한 계산을 마친 후 개별적으로 수식을 채우지 않고 수식을 채울 셀들을 모두 블록으로 지정한 후 한 번에 수식을 채우는 것이 효율적입니다.

5 평균 계산하기(조건 ⑤)

1. 전월주문량의 평균을 구할 셀인 [C24] 셀을 클릭한 후 [수식] → 함수 라이브러리 → [자동 합계]를 클릭하면 '자동 합계'를 이용해서 사용할 수 있는 함수 목록이 표시됩니다. **[평균]**을 선택하세요. AVERAGE 함수가 사용된 수식이 자동으로 입력됩니다.

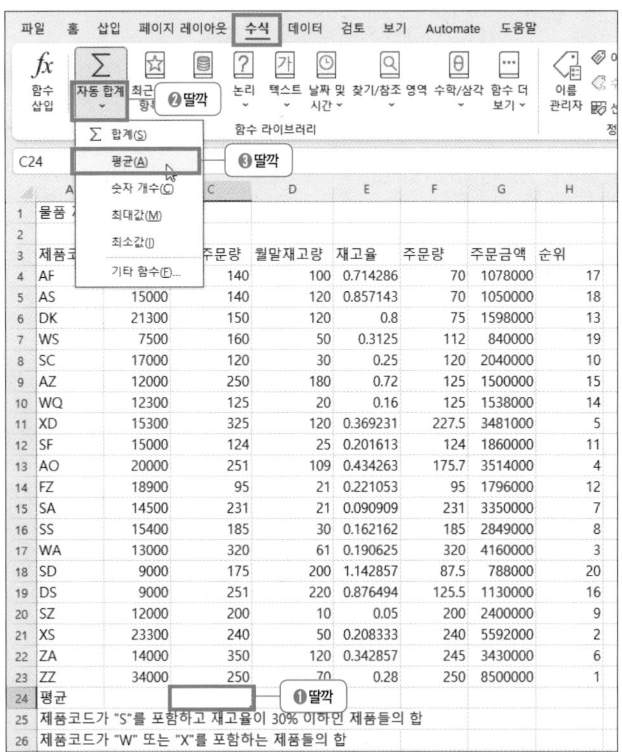

	A	B	C	D	E	F	G	H
1	물품							
2								
3	제품코		주문량	월말재고량	재고율	주문량	주문금액	순위
4	AF		140	100	0.714286	70	1078000	17
5	AS	15000	140	120	0.857143	70	1050000	18
6	DK	21300	150	120	0.8	75	1598000	13
7	WS	7500	160	50	0.3125	112	840000	19
8	SC	17000	120	30	0.25	120	2040000	10
9	AZ	12000	250	180	0.72	125	1500000	15
10	WQ	12300	125	20	0.16	125	1538000	14
11	XD	15300	325	120	0.369231	227.5	3481000	5
12	SF	15000	124	25	0.201613	124	1860000	11
13	AO	20000	251	109	0.434263	175.7	3514000	4
14	FZ	18900	95	21	0.221053	95	1796000	12
15	SA	14500	231	21	0.090909	231	3350000	7
16	SS	15400	185	30	0.162162	185	2849000	8
17	WA	13000	320	61	0.190625	320	4160000	3
18	SD	9000	175	200	1.142857	87.5	788000	20
19	DS	9000	251	220	0.876494	125.5	1130000	16
20	SZ	12000	200	10	0.05	200	2400000	9
21	XS	23300	240	50	0.208333	240	5592000	2
22	ZA	14000	350	120	0.342857	245	3430000	6
23	ZZ	34000	250	70	0.28	250	8500000	1
24	평균							
25	제품코드가 "S"를 포함하고 재고율이 30% 이하인 제품들의 합							
26	제품코드가 "W" 또는 "X"를 포함하는 제품들의 합							

2. 범위(C4:C23)가 제대로 지정되었는지 확인한 후 Enter를 누르세요.

RANK | =AVERAGE(C4:C23)

	A	B	C	D	E	F	G	H
1	물품 재고 현황							
2								
3	제품코드	단가	전월주문량	월말재고량	재고율	주문량	주문금액	순위
4	AF	15400	140	100	0.714286	70	1078000	17
5	AS	15000	140	120	0.857143	70	1050000	18
6	DK	21300	150	120	0.8	75	1598000	13
7	WS	7500	160	50	0.3125	112	840000	19
8	SC	17000	120	30	0.25	120	2040000	10
9	AZ	12000	250	180	0.72	125	1500000	15
10	WQ	12300	125	20	0.16	125	1538000	14
11	XD	15300	325	120	0.369231	227.5	3481000	5
12	SF	15000	124	25	0.201613	124	1860000	11
13	AO	20000	251	109	0.434263	175.7	3514000	4
14	FZ	18900	95	21	0.221053	95	1796000	12
15	SA	14500	231	21	0.090909	231	3350000	7
16	SS	15400	185	30	0.162162	185	2849000	8
17	WA	13000	320	61	0.190625	320	4160000	3
18	SD	9000	175	200	1.142857	87.5	788000	20
19	DS	9000	251	220	0.876494	125.5	1130000	16
20	SZ	12000	200	10	0.05	200	2400000	9
21	XS	23300	240	50	0.208333	240	5592000	2
22	ZA	14000	350	120	0.342857	245	3430000	6
23	ZZ	34000	250	70	0.28	250	8500000	1
24	평균		=AVERAGE(C4:C23)					

전문가의 조언

[C24] 셀에 =AVERAGE(C4:C23)를 직접 입력해도 됩니다. 많이 사용되는 함수는 함수 마법사를 이용하지 않고 직접 입력하는 방법을 익혀두는 것이 좋습니다.

3. [C24] 셀의 채우기 핸들을 [G24] 셀까지 드래그하여 나머지 셀의 합계도 구하세요.

6 제품코드가 "S"자를 포함하고 재고율이 30% 이하인 제품들의 합계 구하기(조건 ⑥)

1. 이 문제는 조건에 제시된 SUMIFS 함수를 사용하여 수식을 작성해야 합니다. 제품코드가 "S" 자를 포함하고 재고율이 30% 이하인 제품들의 합계를 계산할 [F25] 셀을 클릭한 후 수식 입력줄의 왼쪽에 있는 '함수 삽입(fx)' 아이콘을 클릭하세요.

2. '함수 마법사' 대화상자의 범주 선택에서 '수학/삼각', 함수 선택에서 'SUMIFS'를 선택하고 〈확인〉을 클릭하세요.

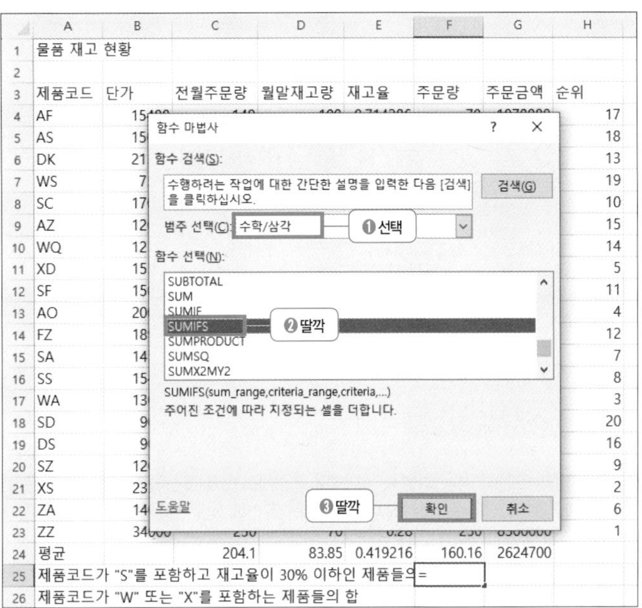

3. '함수 인수' 대화상자의 'Sum_range' 입력란을 클릭하고 합계를 구할 주문량이 있는 [F4:F23] 영역을 마우스로 드래그하세요. '제품코드가 "S" 자를 포함'이라는 첫 번째 조건을 지정하기 위해 'Criteria_range1' 입력란을 클릭한 후 제품코드가 있는 [A4:A23] 영역을 마우스로 드래그 한 다음 F4를 눌러 절대 주소로 변경합니다. 'Criteria1' 입력란을 클릭한 후 **"*S*"**를 입력하세요. 이어서 '재고율이 30% 이하'라는 두 번째 조건을 지정하기 위해 'Criteria_range2' 입력란을 클릭한 후 재고율이 있는 [E4:E23] 영역을 마우스로 드래그 한 다음 F4를 눌러 절대 주소로 변경합니다. 'Criteria2' 입력란을 클릭하고 **"<=30%"**를 입력한 후 〈확인〉을 클릭하세요.

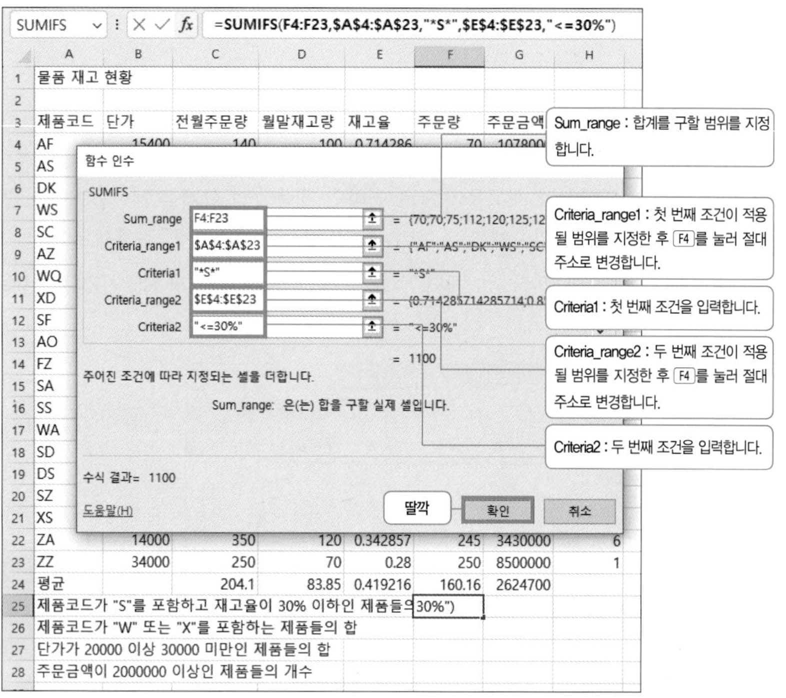

잠깐만요

함수의 이해

SUMIFS(합계를 구할 범위, 첫 번째 조건이 적용될 범위, 첫 번째 조건, 두 번째 조건이 적용될 범위, 두 번째 조건, …) 함수는 여러 개의 조건이 적용될 범위에서 여러 개의 조건에 맞는 셀을 찾아 '합계를 구할 범위' 중 같은 행에 있는 값들의 합계를 계산합니다.

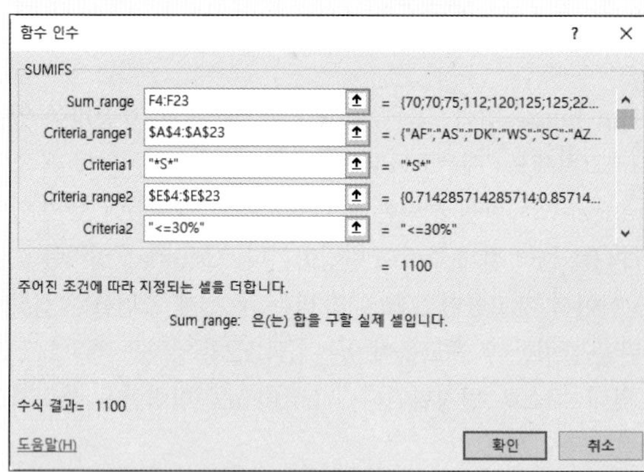

- Sum_range : 합계를 구할 범위를 지정합니다. 조건을 모두 만족하는 셀을 찾아 합계를 구할 범위 중 같은 행에 있는 값들의 합계를 계산합니다.
- Criteria_range1 : 첫 번째 조건이 적용될 범위를 지정한 후 F4를 눌러 절대 주소로 변경합니다. Criteria_range1을 클릭하면 Criteria1 입력란이 표시됩니다. 이런 방식으로 Criteria127까지 인수를 입력하는 란이 표시됩니다.
- Criteria1 : 첫 번째 조건을 입력합니다.
- Criteria_range2 : 두 번째 조건이 적용될 범위를 지정한 후 F4를 눌러 절대 주소로 변경합니다.
- Criteria2 : 두 번째 조건을 입력합니다.

※ [A4:A23]과 [E4:E23] 영역에 '$'를 붙여 절대 주소로 지정한 이유는 채우기 핸들을 드래그하여 [G25] 셀에 합계를 구할 때 조건이 적용될 범위인 [A4:A23]과 [E4:E23] 영역은 변하지 말아야 하기 때문입니다.

4. [F25] 셀의 채우기 핸들을 [G25] 셀까지 드래그하여 나머지 셀의 합계도 구하세요.

7 제품코드가 "W" 또는 "X"를 포함하는 제품들의 합계 구하기(조건 ⑦)

1. 이 문제는 조건에 제시된 SUMPRODUCT, ISNUMBER, FIND 함수를 사용하여 수식을 작성해야 합니다.
제품코드가 "W" 또는 "X"인 주문량의 합계를 계산할 [F26] 셀을 클릭한 후 수식 입력줄의 '함수 삽입(fx)' 아이콘을 클릭하세요.
2. '함수 마법사' 대화상자의 범주 선택에서 '수학/삼각'을, 함수 선택에서 'SUMPRODUCT'를 선택하고 〈확인〉을 클릭하세요.

함수의 이해

SUMPRODUCT(배열1, 배열2, …) 함수는 배열1의 요소에 대응하는 배열2의 요소를 각각 곱한 후 결과를 모두 더하는 함수입니다.

함수 인수 ? ×
SUMPRODUCT
Array1 = 배열
Array2 = 배열
Array3 = 배열
=
배열 또는 범위의 대응되는 값끼리 곱해서 그 합을 구합니다.
Array1: array1,array2,... 은(는) 계산하려는 배열로서 2개에서 255개까지 지정할 수 있습니다. 모든 배열은 같은 차원이어야 합니다.
수식 결과=
도움말(H) 확인 취소

- **Array1** : 배열1
- **Array2** : 배열2
- **Array3** : Array3을 클릭하면 Array4 입력란이 표시됩니다. 이런 방식으로 Array255까지 배열을 입력할 수 있습니다.

3. SUMPRODUCT 함수의 첫 번째 인수를 0 또는 1로 만들기 위해 ISNUMBER 함수를 추가해야 합니다. '함수 인수' 대화상자의 'Array1' 입력란을 클릭하고 수식 입력줄 왼쪽에 있는 삼각형(⌄)을 클릭한 후 '함수 추가'를 선택하세요.

SUMPRODUCT, ISNUMBER, FIND 함수를 이용하여 제품코드가 "W" 또는 "X"를 포함하는 제품들의 합계를 계산하는 순서는 다음과 같습니다.

❶ FIND 함수를 이용하여 제품코드에 "W"가 있는지 찾고 ISNUMBER 함수를 이용하여 그 결과가 숫자인지를 검사합니다. 제품코드에 "W"가 있으면 FIND 함수의 결과는 "W"가 있는 위치를 반환하고, 없으면 오류 '#VALUE!'를 반환합니다. 그러니까 FIND 함수가 "W"를 찾았으면 ISNUMBER 함수는 TRUE를 반환하고, 못 찾았으면 FALSE를 반환합니다.

❷ 같은 방법으로 제품코드에 "X"가 있는지 찾고, 그 결과가 숫자인지를 검사합니다.

❸ 두 결과를 더합니다. 엑셀에서 TRUE는 1로, FALSE는 0으로 취급되므로 ❶과 ❷의 결과를 더해주면 0 또는 1이 됩니다.

※ 두 조건이 모두 참인 경우 2가 나올 수 있지만 SUMPRODUCT, ISNUMBER, FIND 함수를 이용하라고 출제되는 문제에 두 조건이 모두 참이 되어 2가 되는 경우는 없습니다.

❹ SUMPRODUCT 함수를 이용하여 두 결과를 더한 값과 주문량을 곱한 후 전체 합계를 구합니다. 주문량에 0을 곱하면 0, 1을 곱하면 주문량이 그대로 표시됩니다. 그런 다음 이것들의 합계를 구합니다.

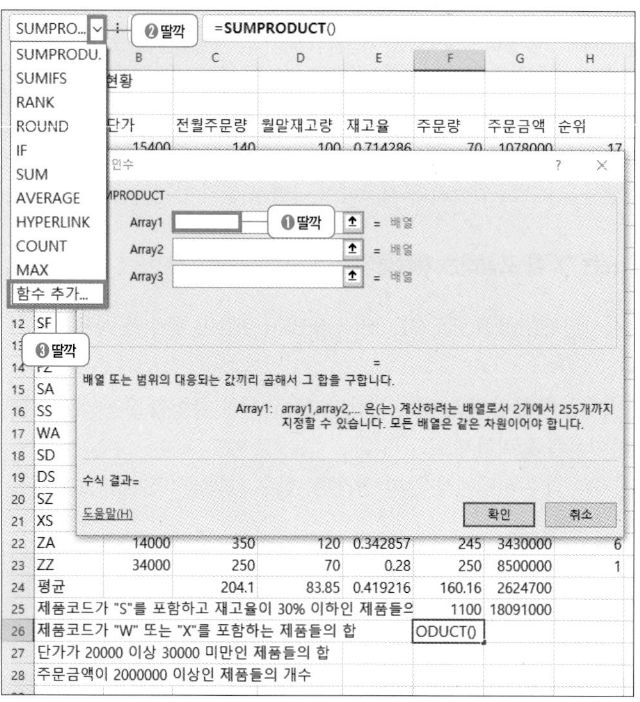

4. '함수 마법사' 대화상자의 범주 선택에서 '정보'를, 함수 선택에서 'ISNUMBER'를 선택한 후 〈확인〉을 클릭하세요.

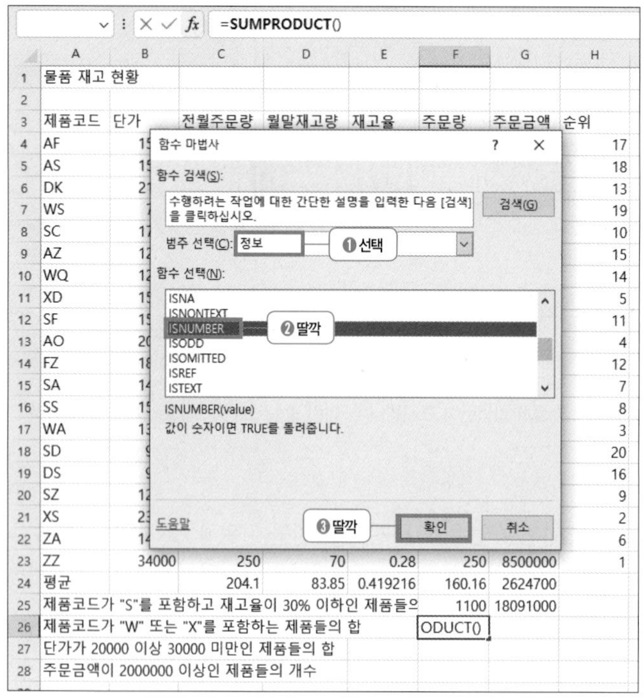

ISNUMBER(인수) 함수는 인수가 숫자면 'TRUE', 그렇지 않으면 'FALSE'를 반환하는 함수입니다.

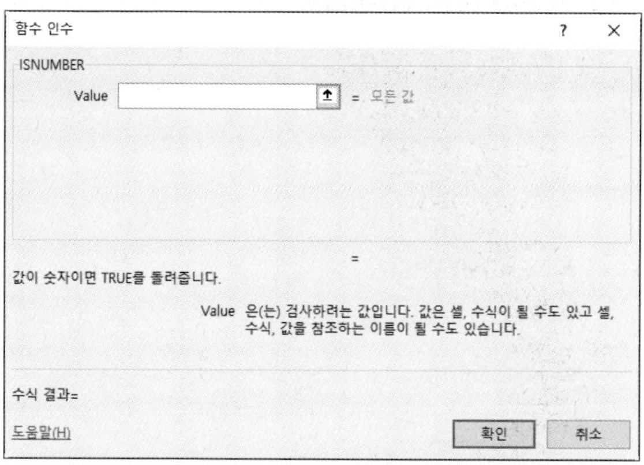

• Value : 인수를 입력합니다. 인수가 숫자면 'TRUE', 그렇지 않으면 'FALSE'를 반환합니다.

5. 제품코드에서 "W"를 찾기 위해 FIND 함수를 추가해야 합니다. '함수 인수' 대화상자의 'Value' 입력란을 클릭하고 수식 입력줄 왼쪽에 있는 삼각형(⌄)을 클릭한 후 '함수 추가'를 선택하세요.

6. '함수 마법사' 대화상자의 범주 선택에서 '텍스트'를, 함수 선택에서 'FIND'를 선택한 후 〈확인〉을 클릭하세요.

7. '함수 인수' 대화상자의 'Find_text' 입력란을 클릭한 후 찾을 텍스트인 **"W"**를 입력하세요. 이어서 'Within_text' 입력란을 클릭한 후 찾을 텍스트를 포함하고 있는 범위인 [A4:A23] 영역을 마우스로 드래그한 다음 F4 를 눌러 절대 주소로 변경하세요.

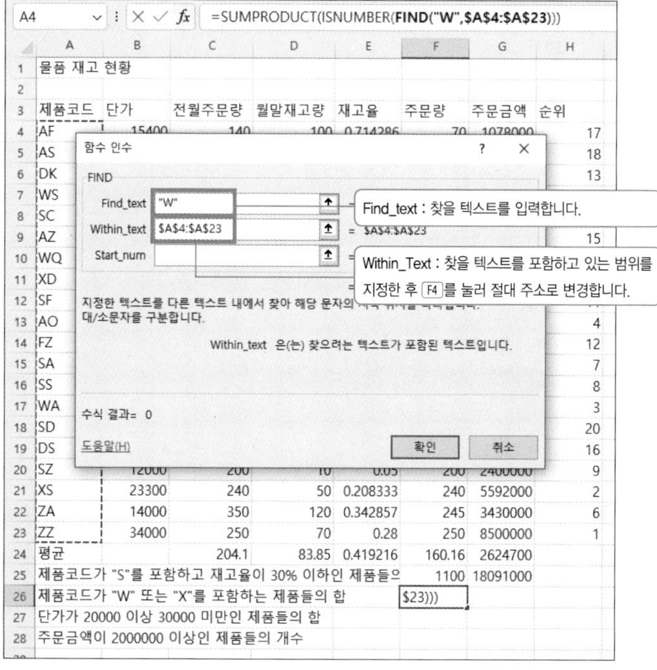

잠깐만요

함수의 이해

FIND(찾을 텍스트, 문자열, 시작 위치) 함수는 '찾을 텍스트'를 '문자열'에서 찾아 '찾을 텍스트'의 시작 위치를 반환하는 함수입니다.

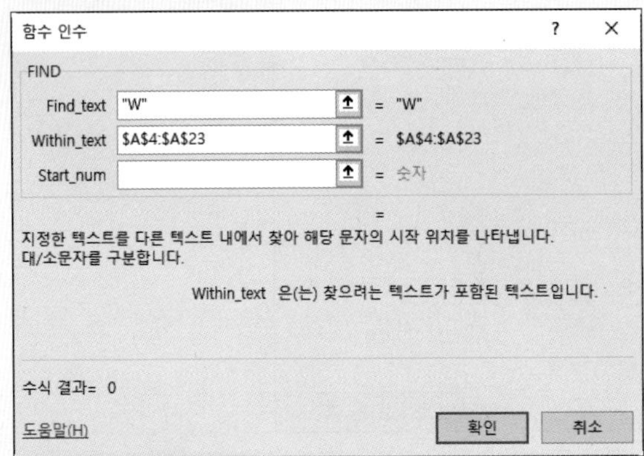

- Find_text : 찾을 텍스트를 입력합니다.
- Within_text : 찾을 텍스트를 포함하고 있는 범위를 지정한 후 F4를 눌러 절대 주소로 변경합니다.
- Start_num : 문자열에서 검색을 시작할 위치를 지정합니다. 생략 시 맨 앞에서부터 검색을 시작합니다.

※ [A4:A23] 영역에 '$'를 붙여 절대 주소로 지정한 이유는 채우기 핸들을 드래그하여 [G26] 셀에 합계를 구할 때 조건이 적용될 범위인 [A4:A23] 영역은 변하지 말아야 하기 때문입니다.

8. 'SUMPRODUCT 함수 인수' 대화상자로 이동하여 제품코드가 "X"인 것을 찾아서 1이나 0을 더하기 위해 +를 입력하고 ISNUMBER와 FIND 함수를 추가해야 합니다. 수식 입력줄의 SUMPRODUCT 부분을 클릭하세요. 'FIND 함수 인수' 대화상자가 'SUMPRODUCT 함수 인수' 대화상자로 바뀝니다.

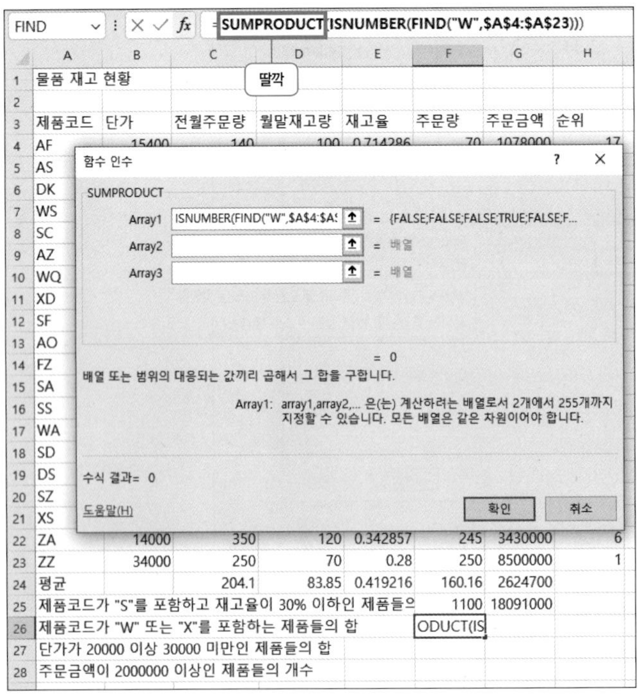

9. 'SUMPRODUCT 함수 인수' 대화상자에서 'Array1' 입력란의 오른쪽 끝에 **+**를 입력하고 수식 입력줄 왼쪽에 있는 삼각형(⌄)을 클릭한 후 'ISNUMBER'를 선택하세요.

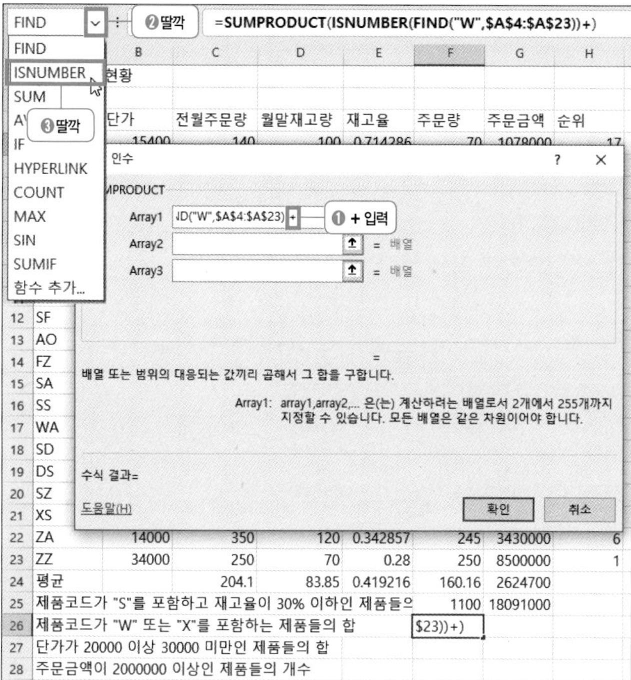

10. 제품코드에서 "X"를 찾기 위해 FIND 함수를 추가해야 합니다. '함수 인수' 대화상자의 'Value' 입력란을 클릭하고 수식 입력줄 왼쪽에 있는 삼각형(⌄)을 클릭한 후 'FIND'를 선택하세요.

11. '함수 인수' 대화상자의 'Find_text' 입력란을 클릭한 후 찾을 텍스트인 **"X"**를 입력하세요. 이어서 'Within_text' 입력란을 클릭한 후 찾을 텍스트를 포함하고 있는 범위인 [A4:A23] 영역을 마우스로 드래그한 다음 F4를 눌러 절대 주소로 변경하세요. 여기까지가 SUMPRDUCT 함수의 첫 번째 인수를 지정한 것입니다.

전문가의 조언

SUMPRODUCT 함수에서 여러 조건을 지정할 때 AND 조건은 조건과 조건을 곱(*)해 주고, OR 조건은 조건과 조건을 더해(+)주면 됩니다.

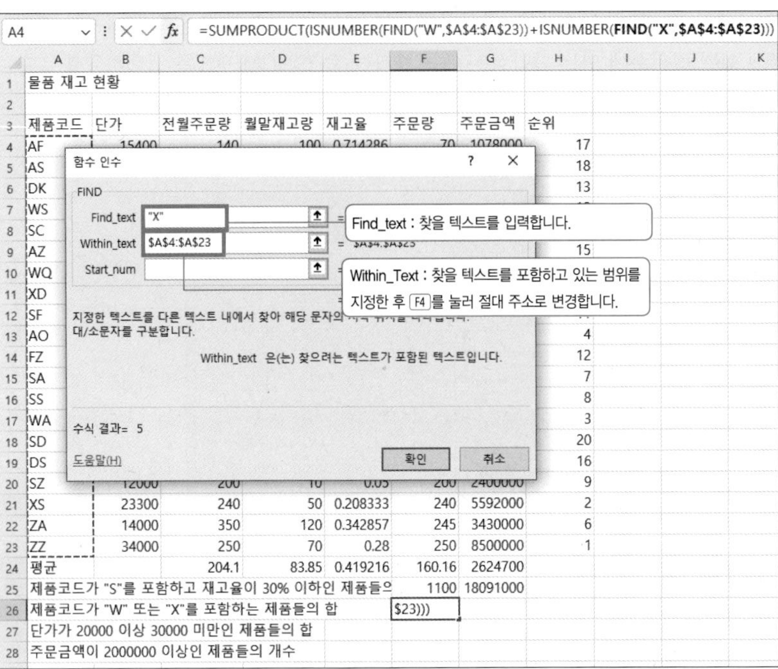

궁금해요

시나공 Q&A 베스트

Q 엑셀 문제의 함수식만 집중적으로 연습할 수 없나요?

A 있습니다. 공개문제 12회, 실전 모의고사 10회에 포함된 함수식 문제만 집중적으로 연습할 수 있도록 별책에 수록했으니 참고하세요.

12. 이제 SUMPRODUCT 함수의 두 번째 인수를 입력해야 합니다. 수식 입력줄의 SUMPRODUCT 부분을 클릭하여 'SUMPRODUCT 함수 인수' 대화상자로 이동한 후 'Array2' 입력란을 클릭한 다음 주문량이 있는 [F4:F23] 영역을 마우스로 드래그하고 〈확인〉을 클릭하세요.

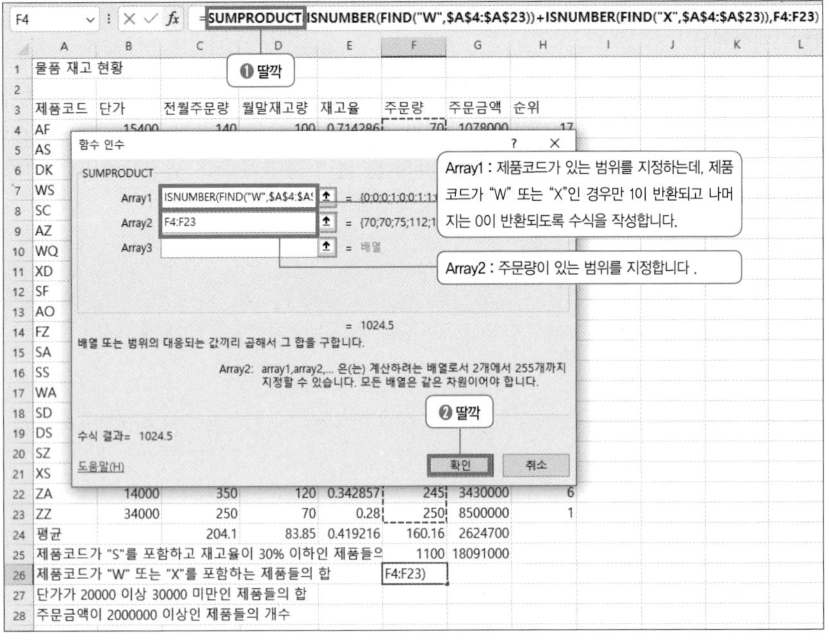

수식의 이해

배열 수식은 여러 개의 수식이 1개의 수식으로 압축된 것이므로 압축된 수식을 풀어서 써보면 쉽게 이해됩니다. 배열 수식인 '=SUMPRODUCT(ISNUMBER(FIND("W",A4:A23)) + ISNUMBER(FIND("X",A4:A23)),F4:F23)'을 풀어서 표시해 보겠습니다. 배열 수식을 일반 수식으로 풀어 쓰면 배열 수식에 사용된 배열의 요소만큼 수식이 확장됩니다. 여기서는 [A4:A23]과 [F4:F23]이 배열에 해당됩니다.

=SUMPRODUCT(

ISNUMBER(FIND("W",A4))+ISNUMBER(FIND("X",A4)),F4
ISNUMBER(FIND("W",A5))+ISNUMBER(FIND("X",A5)),F5
ISNUMBER(FIND("W",A6))+ISNUMBER(FIND("X",A6)),F6
ISNUMBER(FIND("W",A7))+ISNUMBER(FIND("X",A7)),F7
ISNUMBER(FIND("W",A8))+ISNUMBER(FIND("X",A8)),F8
⋮
ISNUMBER(FIND("W",A20))+ISNUMBER(FIND("X",A20)),F20
ISNUMBER(FIND("W",A21))+ISNUMBER(FIND("X",A21)),F21
ISNUMBER(FIND("W",A22))+ISNUMBER(FIND("X",A22)),F22
ISNUMBER(FIND("W",A23))+ISNUMBER(FIND("X",A23)),F23

)

여러 개의 함수가 중첩되어 사용됐을 때는 맨 안쪽의 함수에서 바깥쪽의 함수로 이동하면서 차례대로 결과를 찾아서 대입하면 이해하기 쉽습니다. 이 수식은 엑셀에서 TRUE는 1로, FALSE는 0으로 취급하는 원리를 이용합니다. 즉 0과 어떤 값을 곱하면 0이고 1과 어떤 값을 곱하면 어떤 값이 그대로 유지되는 원리를 이용하는 것이지요.

=SUMPRODUCT(ISNUMBER(FIND("W",A4)) + ISNUMBER(FIND("X",A4)),F4)

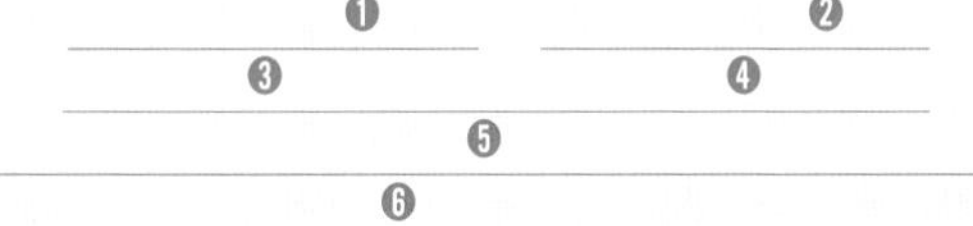

❶ **FIND("W", A4)** : [A4] 셀에서 "W"를 찾아 그 위치를 반환합니다. "W"가 없으면 오류로서 "#VALUE!"를 반환합니다. [A4] 셀에는 "W"가 없으므로 "#VALUE!"가 반환됩니다.

❷ **FIND("X", A4)** : [A4] 셀에서 "X"를 찾아 그 위치를 반환합니다. "X"가 없으면 오류로서 "#VALUE!"를 반환합니다. [A4] 셀에는 "X"가 없으므로 "#VALUE!"가 반환됩니다.

❸ **ISNUMBER(❶)** : ❶의 결과가 숫자이면 'TRUE', 숫자가 아니면 'FALSE'를 반환합니다. "#VALUE!"는 숫자가 아니므로 'FALSE'를 반환합니다.

❹ **ISNUMBER(❷)** : ❷의 결과가 숫자이면 'TRUE', 숫자가 아니면 'FALSE'를 반환합니다. "#VALUE!"는 숫자가 아니므로 'FALSE'를 반환합니다.

❺ **❸+❹** : ❸의 결과와 ❹의 결과를 더합니다. FALSE + FALSE는 0+0이므로 0을 반환합니다. 둘 중 하나라도 TRUE, 즉 [A4] 셀의 값에 "W" 또는 "X"가 포함되어 있으면 ❸이나 ❹중 하나가 'TRUE'를 반환하므로 결과는 1이 됩니다.

❻ **SUMPRODUCT(❺, F4)** : ❺의 결과와 [F4] 셀의 값을 곱합니다. 0×70은 0입니다. 즉 ❶이나 ❷의 결과가 하나라도 'TRUE'인 경우만 '주문량'이 합계에 포함됩니다. 곱하라는 연산자는 없지만 SUMPRODUCT 함수는 인수끼리 곱한 다음 더하는 함수이므로 두 개의 인수를 곱한 것입니다.

확장된 모든 수식의 결과를 표시하면 다음과 같습니다.

제품코드	❶	❸	❷	❹
AF	#VALUE!	FALSE	#VALUE!	FALSE
AS	#VALUE!	FALSE	#VALUE!	FALSE
DK	#VALUE!	FALSE	#VALUE!	FALSE
WS	1	TRUE	#VALUE!	FALSE
SC	#VALUE!	FALSE	#VALUE!	FALSE
⋮	⋮	⋮	⋮	⋮
SZ	#VALUE!	FALSE	#VALUE!	FALSE
XS	#VALUE!	FALSE	1	TRUE
ZA	#VALUE!	FALSE	#VALUE!	FALSE
ZZ	#VALUE!	FALSE	#VALUE!	FALSE

=SUMPRODUCT(위 표 , 주문량)

주문량
70
70
75
112
120
⋮
200
240
245
250

↓

=SUMPRODUCT(❺ , 주문량) → =SUMPRODUCT(주문량) → 1024.5

❺	주문량	주문량
0	70	0
0	70	0
0	75	0
1	112	112
0	120	0
⋮	⋮	⋮
0	200	0
1	240	240
0	245	0
0	250	0

SUMPRODUCT 함수에서 여러 조건을 지정할 때 AND 조건은 조건과 조건을 곱(*)해 주고, OR 조건은 조건과 조건을 더해(+)주면 됩니다.

SUMPRODUCT 함수를 이용하여 단가가 20000 이상 30000 미만인 제품들의 합계를 계산하는 원리는 다음과 같습니다.

❶ '단가가 20000 이상'이라는 조건과 '단가가 30000 미만'이라는 두 조건을 곱합니다. 엑셀에서 TRUE는 1로, FALSE는 0으로 취급되므로 두 조건이 모두 참인 경우만 1*1이 되어 1을 표시하고 나머지는 0으로 표시됩니다.

❷ SUMPRODUCT 함수를 이용하여 ❶에서 나온 결과와 주문량을 곱한 후 전체 합계를 계산합니다. 0이랑 곱해지는 값은 0이 될 테니 1이랑 곱해지는, 즉 조건에 맞는 주문량만 더해지는 것이지요.

13. [F26] 셀의 채우기 핸들을 [G26] 셀까지 드래그하여 나머지 셀의 합계도 구하세요.

8 단가가 20000 이상 30000 미만인 제품들의 합계 구하기(조건 ⑧)

1. 이 문제는 조건에 제시된 SUMPRODUCT 함수를 사용하여 수식을 작성해야 합니다. 단가가 20000 이상 30000 미만인 주문량의 합계를 계산할 [F27] 셀을 클릭한 후 수식 입력줄의 '함수 삽입(fx)' 아이콘을 클릭하세요.

2. '함수 마법사' 대화상자의 범주 선택에서 '수학/삼각'을, 함수 선택에서 'SUMPRODUCT'를 선택하고 〈확인〉을 클릭하세요.

3. '단가가 20000 이상'이라는 첫 번째 조건을 지정하기 위해 '함수 인수' 대화상자의 'Array1' 입력란을 클릭한 후 **(**를 입력하고 단가가 있는 [B4:B23] 영역을 마우스로 드래그한 다음 F4를 눌러 절대 주소로 변경하세요. 이어서 **>=20000)*(**를 입력하세요.

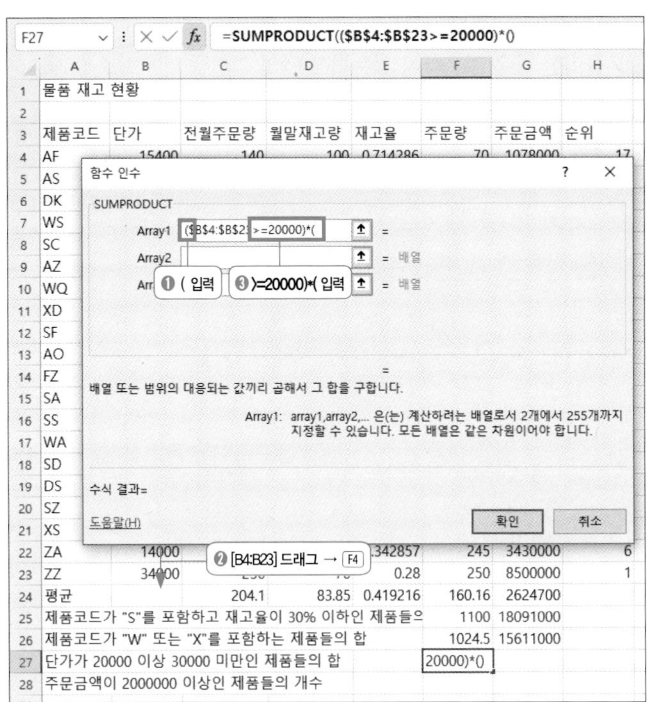

4. '단가가 30000 미만'이라는 두 번째 조건을 지정하기 위해 단가가 있는 [B4:B23] 영역을 마우스로 드래그한 다음 F4를 눌러 절대 주소로 변경하세요. 이어서 **<30000)**를 입력하세요.

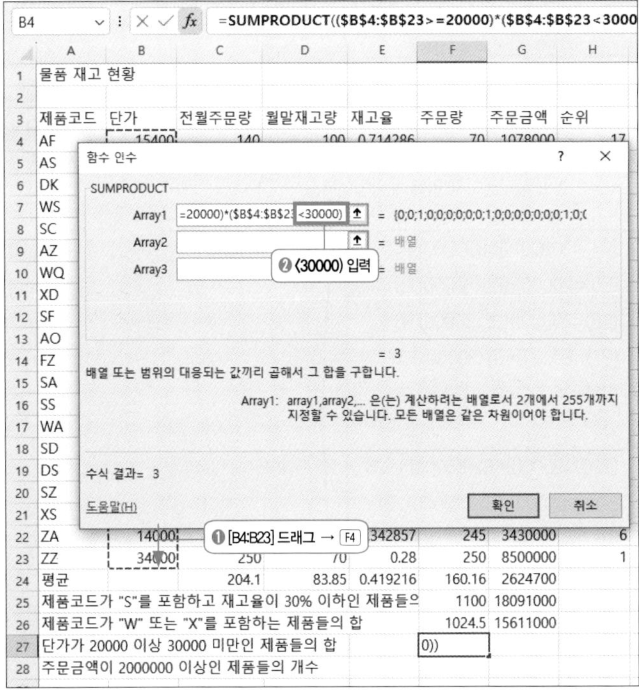

5. 이제 SUMPRODUCT 함수의 두 번째 인수를 입력해야 합니다. '함수 인수' 대화상자에서 'Array2' 입력란을 클릭한 다음 주문량이 있는 [F4:F23] 영역을 마우스로 드래그하고 〈확인〉을 클릭하세요.

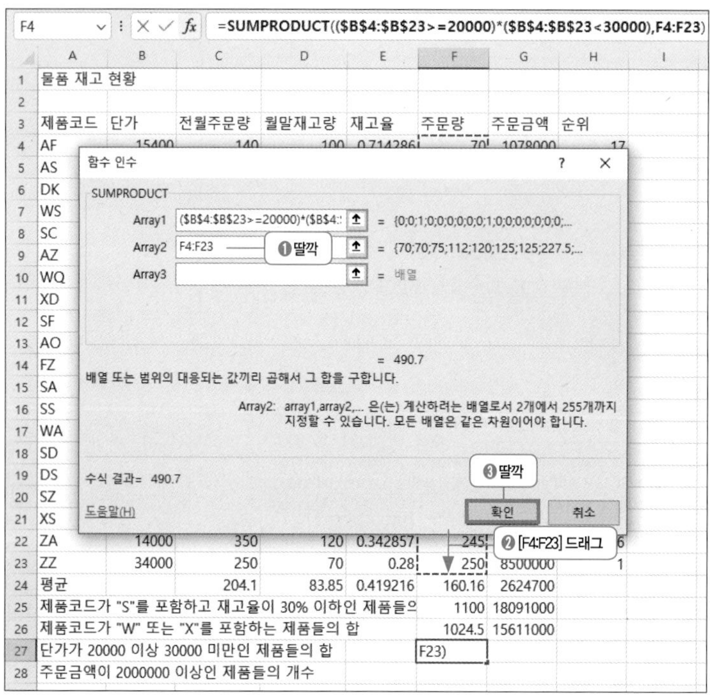

배열 수식은 여러 개의 수식이 1개의 수식으로 압축된 것이므로 압축된 수식을 풀어서 써보면 쉽게 이해됩니다. 배열 수식인 '=SUMPRODUCT((B4:B23〉=20000)*(B4:B23〈30000),F4:F23)'을 풀어서 표시해 보겠습니다. 배열 수식을 일반 수식으로 풀어 쓰면 배열 수식에 사용된 배열의 요소만큼 수식이 확장됩니다. 여기서는 [B4:B23]과 [F4:F23]이 배열에 해당됩니다.

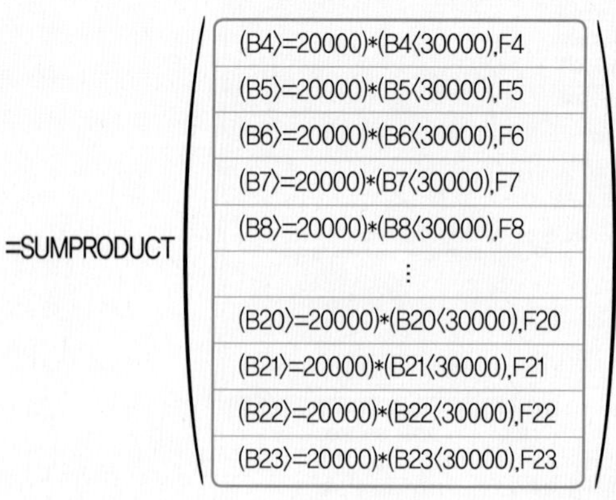

이 수식은 엑셀에서 TRUE는 1로, FALSE는 0으로 취급하는 원리를 이용합니다. 즉 0과 어떤 값을 곱하면 0이고 1과 어떤 값을 곱하면 어떤 값이 그대로 유지되는 원리를 이용하는 것이지요.

=SUMPRODUCT((B4>=20000)*(B4<30000),F4)

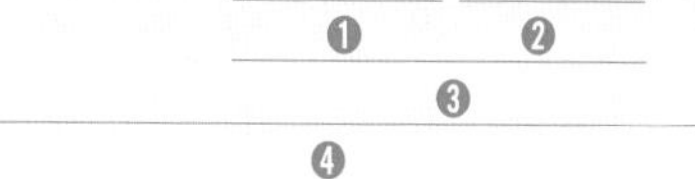

❶ B4>=20000 : [B4] 셀의 값이 20,000보다 크거나 같으면 'TRUE', 아니면 'FALSE'를 반환합니다. 15,400은 20,000보다 작으므로 'FALSE'를 반환합니다.

❷ B4<30000 : [B4] 셀의 값이 30,000보다 작으면 'TRUE', 아니면 'FALSE'를 반환합니다. 15,400은 30,000보다 작으므로 'TRUE'를 반환합니다.

❸ ❶*❷ : ❶의 결과와 ❷의 결과를 곱합니다. FALSE * TRUE는 0*1이므로 0을 반환합니다. 두 개가 모두 TRUE, 즉 [B4] 셀의 값이 20,000보다 크거나 같고 30,000보다 작으면 ❶과 ❷가 모두 'TRUE'를 반환하므로 결과는 1이 됩니다.

❸ SUMPRODUCT(❸, F4) : ❸의 결과와 [F4] 셀의 값을 곱합니다. 0×70은 0입니다. 즉 ❶과 ❷의 결과가 모두 'TRUE'인 경우만 '주문량'이 합계에 포함됩니다. SUMPRODUCT 함수는 인수끼리 곱한 다음 더하는 함수이므로 두 개의 인수를 곱한 것입니다.

확장된 모든 수식의 결과를 표시하면 다음과 같습니다.

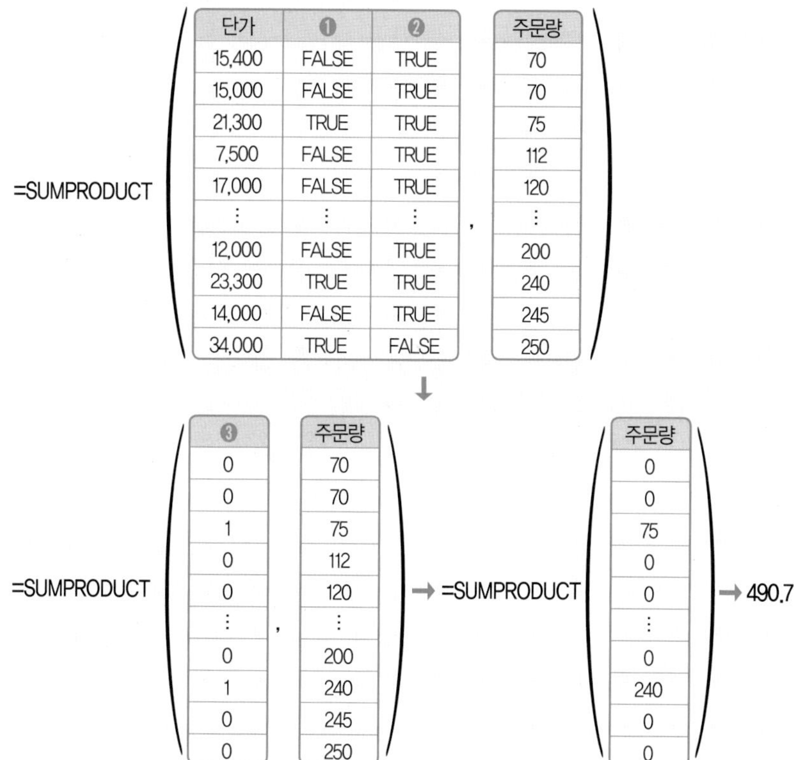

=SUMPRODUCT(

단가	❶	❷
15,400	FALSE	TRUE
15,000	FALSE	TRUE
21,300	TRUE	TRUE
7,500	FALSE	TRUE
17,000	FALSE	TRUE
⋮	⋮	⋮
12,000	FALSE	TRUE
23,300	TRUE	TRUE
14,000	FALSE	TRUE
34,000	TRUE	FALSE

,

주문량
70
70
75
112
120
⋮
200
240
245
250

)

↓

=SUMPRODUCT(

❸
0
0
1
0
0
⋮
0
1
0
0

,

주문량
70
70
75
112
120
⋮
200
240
245
250

) → =SUMPRODUCT(

주문량
0
0
75
0
0
⋮
0
240
0
0

) → 490.7

6. [F27] 셀의 채우기 핸들을 [G27] 셀까지 드래그하여 나머지 셀의 합계도 구하세요.

⑨ 주문금액이 2000000 이상인 제품들의 개수 구하기(조건 ⑨)

1. 이 문제는 조건에 제시된 COUNTIF 함수를 사용하여 수식을 작성해야 합니다. 주문금액이 2000000 이상인 제품들의 개수를 계산할 [G28] 셀을 클릭한 후 수식 입력줄의 '함수 삽입(fx)' 아이콘을 클릭하세요.

2. '함수 마법사' 대화상자의 범주 선택에서 '통계'를, 함수 선택에서 'COUNTIF'를 선택하고 〈확인〉을 클릭하세요.

3. '주문금액이 2000000 이상'이라는 조건을 지정하기 위해 '함수 인수' 대화상자의 'Range' 입력란을 클릭한 후 주문금액이 있는 [G4:G23] 영역을 마우스로 드래그하세요. 이어서 'Criteria' 입력란을 클릭하고 **">=2000000"**를 입력한 후 〈확인〉을 클릭하세요.

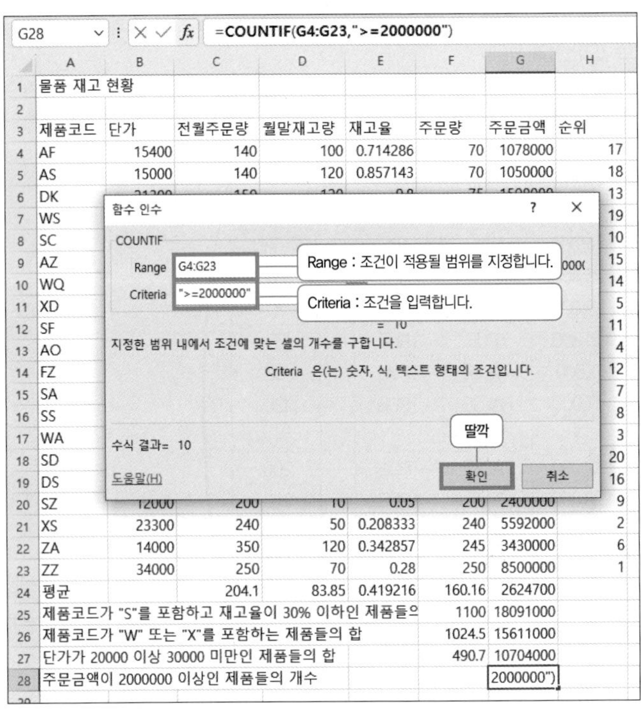

어느 정도 학습을 마쳐 시험에 대한 윤곽이 잡히면 다른 건 다 할 만한데 엑셀 문제의 함수식이 좀 어렵다는 생각이 들 것입니다. 함수식 문제만 집중적으로 연습할 수 있도록 별책에 수록했으니 참고하세요.

COUNTIF(범위, 조건) 함수는 지정된 범위에서 조건에 맞는 셀의 개수를 계산합니다.

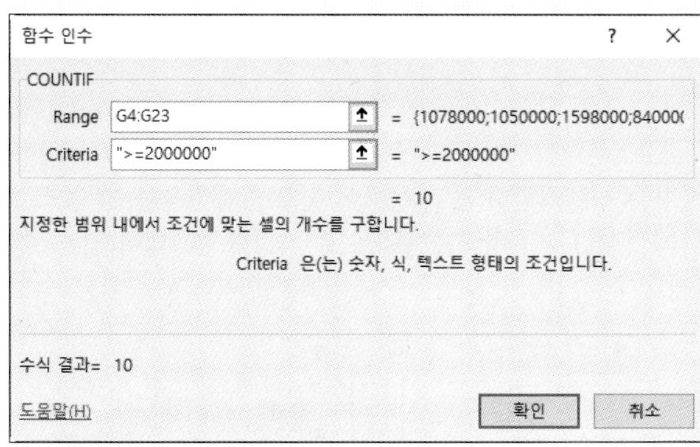

- Range : 조건이 적용될 범위의 주소를 입력합니다.
- Criteria : 조건을 입력합니다.

4. 결과로 구한 개수 뒤에 단위 "개"가 출력되도록 셀 서식을 지정해야 합니다. [G28] 셀을 클릭한 후 Ctrl+1을 누릅니다.

5. '셀 서식' 대화상자의 '표시 형식' 탭에서 범주와 형식을 그림과 같이 지정한 후 〈확인〉을 클릭하세요.

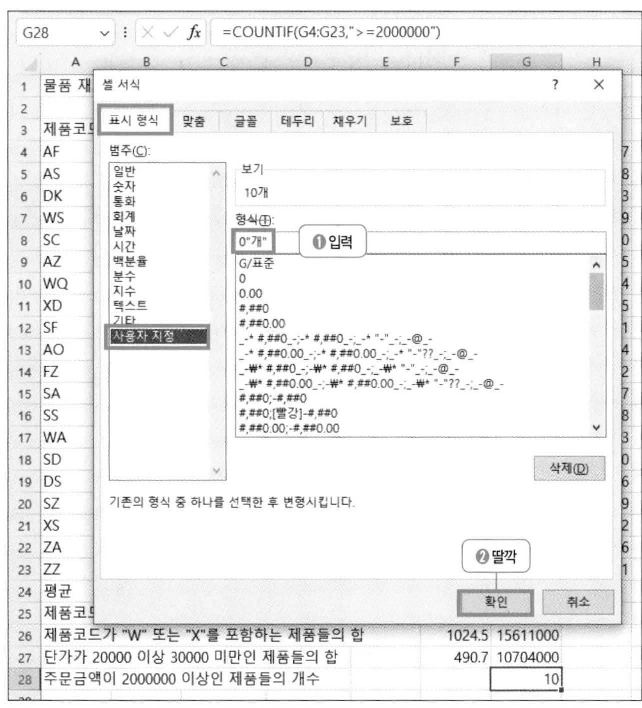

전문가의 조언

'셀 서식' 대화상자를 실행시키는 방법에는 [홈] → **글꼴** 또는 **맞춤** 또는 **표시형식**의 ⧅를 클릭, 바로 가기 메뉴에서 [**셀 서식**] 선택, 바로 가기 키 Ctrl+1을 누르는 방법이 있습니다. 시간을 조금이라도 절약하려면 바로 가기 키를 이용하는 것이 좋겠죠!

숫자 뒤에 한글을 표시할 때 서식이 **0개**와 같이 입력하면 서식이 자동으로 **0"개"**로 변경됩니다.

- 문제에 '함수식을 입력할 때는 "라) 정렬순서(SORT)"에 따른 조건에 맞게 정렬 후 도출된 결과에 따른 함수식을 기재하시오'라는 지시사항이 있으므로 반드시 데이터를 정렬한 후 채점용 함수식을 입력해야 합니다. 문제에 따라 정렬에 의해 함수식이 변경되지 않아 채점용 함수식을 먼저 복사하여 입력한 후 정렬을 수행해도 되지만 혼동될 수 있으므로 교재에서는 모두 정렬한 후 채점용 함수식을 입력하였습니다.
- 정렬할 때 주의할 점은 작업표 아랫부분에 표시되는 합계, 평균 등 전체 데이터에 대한 통계 자료는 정렬할 데이터 범위에 포함시키지 말아야 한다는 것입니다.

사용자 지정 서식

사용자 지정 서식은 기본적으로 제공되는 표시 형식으로 서식을 표현할 수 없을 때 사용합니다. **0"개"**는 "10개"와 같이 숫자 뒤에 "개" 자를 표시하라는 의미입니다.

03. 데이터 정렬하기

1. 주문량을 기준으로 오름차순으로 정렬하고, 주문량이 같으면 재고율을 기준으로 오름차순으로 정렬해야 합니다. [A3:H23] 영역을 블록으로 지정한 후 [데이터] → 정렬 및 필터 → **정렬**을 클릭하세요.

	A	B	C	D	E	F	G	H
1	물품 재고 현황							
2								
3	제품코드	단가	전월주문량	월말재고량	재고율	주문량	주문금액	순위
4	AF	15400	140	100	0.714286	70	1078000	17
5	AS	15000	140	120	0.857143	70	1050000	18
6	DK	21300	150	120	0.8	75	1598000	13
7	WS	7500	160	50	0.3125	112	840000	19
8	SC	17000	120	30	0.25	120	2040000	10
9	AZ	12000	250	180	0.72	125	1500000	15
10	WQ	12300	125	20	0.16	125	1538000	14
11	XD	15300	325	120	0.369231	227.5	3481000	5
12	SF	15000	124	25	0.201613	124	1860000	11
13	AO	20000	251	109	0.434263	175.7	3514000	4
14	FZ	18900	95	21	0.221053	95	1796000	12
15	SA	14500	231	21	0.090909	231	3350000	7
16	SS	15400	185	30	0.162162	185	2849000	8
17	WA	13000	320	61	0.190625	320	4160000	3
18	SD	9000	175	200	1.142857	87.5	788000	20
19	DS	9000	251	220	0.876494	125.5	1130000	16
20	SZ	12000	200	10	0.05	200	2400000	9
21	XS	23300	240	50	0.208333	240	5592000	2
22	ZA	14000	350	120	0.342857	245	3430000	6
23	ZZ	34000	250	70	0.28	250	8500000	1
24	평균		204.1	83.85	0.419216	160.16	2624700	
25	제품코드가 "S"를 포함하고 재고율이 30% 이하인 제품들으					1100	18091000	
26	제품코드가 "W" 또는 "X"를 포함하는 제품들의 합					1024.5	15611000	
27	단가가 20000 이상 30000 미만인 제품들의 합					490.7	10704000	
28	주문금액이 2000000 이상인 제품들의 개수						10개	

2. '정렬' 대화상자에서 〈기준 추가〉를 클릭한 다음 '첫째 기준'에서 '주문량'에 대한 오름차순, '둘째 기준'에서 '재고율'에 대한 '오름차순'을 선택한 후 〈확인〉을 클릭하세요. 주문량과 재고율을 기준으로 하여 오름차순으로 정렬됩니다.

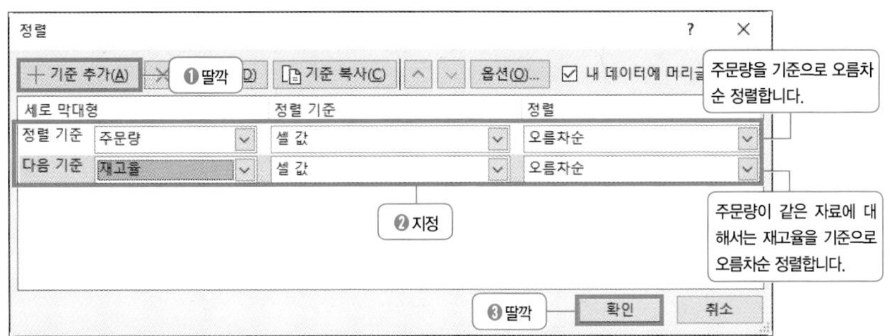

↓

	A	B	C	D	E	F	G	H
1	물품 재고 현황							
2								
3	제품코드	단가	전월주문량	월말재고량	재고율	주문량	주문금액	순위
4	AF	15400	140	100	0.714286	70	1078000	17
5	AS	15000	140	120	0.857143	70	1050000	18
6	DK	21300	150	120	0.8	75	1598000	13
7	SD	9000	175	200	1.142857	87.5	788000	20
8	FZ	18900	95	21	0.221053	95	1796000	12
9	WS	7500	160	50	0.3125	112	840000	19
10	SC	17000	120	30	0.25	120	2040000	10
11	SF	15000	124	25	0.201613	124	1860000	11
12	WQ	12300	125	20	0.16	125	1538000	14
13	AZ	12000	250	180	0.72	125	1500000	15
14	DS	9000	251	220	0.876494	125.5	1130000	16
15	AO	20000	251	109	0.434263	175.7	3514000	4
16	SS	15400	185	30	0.162162	185	2849000	8
17	SZ	12000	200	10	0.05	200	2400000	9
18	XD	15300	325	120	0.369231	227.5	3481000	5
19	SA	14500	231	21	0.090909	231	3350000	7
20	XS	23300	240	50	0.208333	240	5592000	2
21	ZA	14000	350	120	0.342857	245	3430000	6
22	ZZ	34000	250	70	0.28	250	8500000	1
23	WA	13000	320	61	0.190625	320	4160000	3
24	평균		204.1	83.85	0.419216	160.16	2624700	
25	제품코드가 "S"를 포함하고 재고율이 30% 이하인 제품들으					1100	18091000	
26	제품코드가 "W" 또는 "X"를 포함하는 제품들의 합					1024.5	15611000	
27	단가가 20000 이상 30000 미만인 제품들의 합					490.7	10704000	
28	주문금액이 2000000 이상인 제품들의 개수						10개	

04. 함수식 입력하기

⑩ 항목 ②에 사용한 함수식 기재하기(조건 ⑩)

1. 주문량(②)을 구하는 함수식 중 주문량이 가장 많은 [F23] 셀을 클릭한 후 수식 입력줄에 표시된 수식을 모두 블록으로 지정하여 복사(Ctrl+C)한 다음 Esc를 눌러 블록을 해제하세요.

2. 이어서 [A29] 셀을 클릭하고 작은따옴표(')를 입력한 후 복사한 수식을 붙여(Ctrl+V)넣고 Enter를 누르세요.

주문량(②)을 구하는 함수식 중 주문량이 가장 많은 셀은 데이터를 정렬하지 않은 경우에는 [F17] 셀에 입력되어 있지만 데이터를 정렬하면 [F23] 셀로 변경됩니다. 데이터가 입력된 셀이 변경되면 함수식에서 참조한 셀 주소도 변경되므로 반드시 데이터를 정렬한 후 해당 데이터가 있는 셀의 함수식을 복사하여 입력해야 합니다.

	A	B	C	D	E	F	G	H
1	물품 재고 현황							
2								
3	제품코드	단가	전월주문량	월말재고량	재고율	주문량	주문금액	순위
4	AF	15400	140	100	0.714286	70	1078000	17
5	AS	15000	140	120	0.857143	70	1050000	18
6	DK	21300	150	120	0.8	75	1598000	13
7	SD	9000	175	200	1.142857	87.5	788000	20
8	FZ	18900	95	21	0.221053	95	1796000	12
9	WS	7500	160	50	0.3125	112	840000	19
10	SC	17000	120	30	0.25	120	2040000	10
11	SF	15000	124	25	0.201613	124	1860000	11
12	WQ	12300	125	20	0.16	125	1538000	14
13	AZ	12000	250	180	0.72	125	1500000	15
14	DS	9000	251	220	0.876494	125.5	1130000	16
15	AO	20000	251	109	0.434263	175.7	3514000	4
16	SS	15400	185	30	0.162162	185	2849000	8
17	SZ	12000	200	10	0.05	200	2400000	9
18	XD	15300	325	120	0.369231	227.5	3481000	5
19	SA	14500	231	21	0.090909	231	3350000	7
20	XS	23300	240	50	0.208333	240	5592000	2
21	ZA	14000	350	120	0.342857	245	3430000	6
22	ZZ	34000	250	70	0.28	250	8500000	1
23	WA	13000	320	61	0.190625	100%))	416	3
24	평균		204.1	83.85	0.419216	160.16	2624700	
25	제품코드가 "S"를 포함하고 재고율이 30% 이하인 제품들으					1100	18091000	
26	제품코드가 "W" 또는 "X"를 포함하는 제품들의 합					1024.5	15611000	
27	단가가 20000 이상 30000 미만인 제품들의 합					490.7	10704000	
28	주문금액이 2000000 이상인 제품들의 개수						10개	
29								
30								

⓫ 항목 ⑦에 사용한 함수식 기재하기(조건 ⑪)

전문가의 조언

항목 ⑦에 사용한 함수식은 정렬에 의해 함수식이 변경되지 않으므로 먼저 채점용 함수식을 입력한 후 정렬을 수행해도 되지만 ⑩번과 동일하게 데이터 정렬후에 채점용 함수식을 입력하였습니다.

1. 제품코드가 "W" 또는 "X"를 포함하는 제품들의 주문금액의 합계(⑦)를 구하는 함수식이 입력된 [G26] 셀을 클릭한 후 수식 입력줄에 표시된 수식을 모두 블록으로 지정하여 복사(Ctrl+C)한 다음 Esc를 눌러 블록을 해제하세요.

2. 이어서 [A30] 셀을 클릭하고 작은따옴표(')를 입력한 후 복사한 수식을 붙여(Ctrl+V)넣고 Enter를 누르세요.

	A	B	C	D	E	F	G	H
1	물품 재고 현황							
2								
3	제품코드	단가	전월주문량	월말재고량	재고율	주문량	주문금액	순위
4	AF	15400	140	100	0.714286	70	1078000	17
5	AS	15000	140	120	0.857143	70	1050000	18
6	DK	21300	150	120	0.8	75	1598000	13
7	SD	9000	175	200	1.142857	87.5	788000	20
8	FZ	18900	95	21	0.221053	95	1796000	12
9	WS	7500	160	50	0.3125	112	840000	19
10	SC	17000	120	30	0.25	120	2040000	10
11	SF	15000	124	25	0.201613	124	1860000	11
12	WQ	12300	125	20	0.16	125	1538000	14
13	AZ	12000	250	180	0.72	125	1500000	15
14	DS	9000	251	220	0.876494	125.5	1130000	16
15	AO	20000	251	109	0.434263	175.7	3514000	4
16	SS	15400	185	30	0.162162	185	2849000	8
17	SZ	12000	200	10	0.05	200	2400000	9
18	XD	15300	325	120	0.369231	227.5	3481000	5
19	SA	14500	231	21	0.090909	231	3350000	7
20	XS	23300	240	50	0.208333	240	5592000	2
21	ZA	14000	350	120	0.342857	245	3430000	6
22	ZZ	34000	250	70	0.28	250	8500000	1
23	WA	13000	320	61	0.190625	320	4160000	3
24	평균		204.1	83.85	0.419216	160.16	2624700	
25	제품코드가 "S"를 포함하고 재고율이 30% 이하인 제품들으					1100	18091000	
26	제품코드가 "W" 또는 "X"를 포함하는 제품들의 합					1024.	G4:G23)	
27	단가가 20000 이상 30000 미만인 제품들의 합					490.7	10704000	
28	주문금액이 2000000 이상인 제품들의 개수						10개	
29	=IF(E22>=60%,C22*50%,IF(E22>=30%,C22*70%,C22*100%))							
30								

05. 작업표 형식에 없는 열 숨기기

작업표 형식에는 월말재고량이 표시되어 있지 않으므로 해당하는 열을 숨겨야 합니다. D열의 열 머리글을 마우스 오른쪽 버튼으로 클릭하면 열 머리글에 대한 바로 가기 메뉴가 표시됩니다. 여기서 **[숨기기]**를 선택하면 D열 전체가 숨겨집니다.

	A	B	C	D	E	F	G	H
1	물품 재고 현황							
2								
3	제품코드	단가	전월주문량	월말재고			액	순위
4	AF	15400	140				000	17
5	AS	15000	140				000	18
6	DK	21300	150				000	13
7	SD	9000	175				000	20
8	FZ	18900	95				000	12
9	WS	7500	160				000	19
10	SC	17000	120				000	10
11	SF	15000	124				000	11
12	WQ	12300	125				000	14
13	AZ	12000	250				000	15
14	DS	9000	251				000	16
15	AO	20000	251				000	4
16	SS	15400	185				000	8
17	SZ	12000	200				000	9
18	XD	15300	325	120	0.369231	227.5	3481000	5
19	SA	14500	231	21	0.090909	231	3350000	7
20	XS	23300	240	50	0.208333	240	5592000	2
21	ZA	14000	350	120	0.342857	245	3430000	6
22	ZZ	34000	250	70	0.28	250	8500000	1
23	WA	13000	320	61	0.190625	320	4160000	3
24	평균		204.1	83.85	0.419216	160.16	2624700	
25	제품코드가 "S"를 포함하고 재고율이 30% 이하인 제품들으					1100	18091000	
26	제품코드가 "W" 또는 "X"를 포함하는 제품들의 합					1024.5	15611000	
27	단가가 20000 이상 30000 미만인 제품들의 합					490.7	10704000	
28	주문금액이 2000000 이상인 제품들의 개수						10개	
29	=IF(E23>=60%,C23*50%,IF(E23>=30%,C23*70%,C23*100%))							
30	=SUMPRODUCT(ISNUMBER(FIND("W",$A$4:$A$23))+ISNUMBER(FIND("X",$A$4:$A$23)),G4:G23)							

06. 서식 지정하기

❶ 제목 서식 지정하기

제목은 18 포인트 크기로 하고 가운데로 정렬하게 되어 있습니다. [A1:H1] 영역을 블록으로 지정한 후 [홈] → **글꼴**에서 글꼴 크기를 18, '밑줄(가)'을 지정하고, [홈] → 맞춤 → **병합하고 가운데 맞춤**을 클릭하세요.

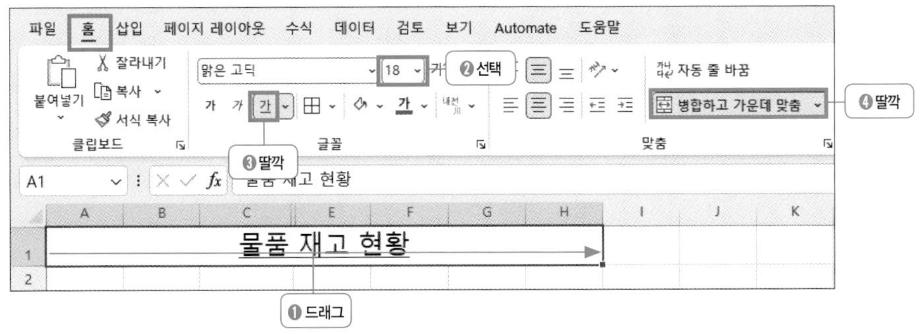

2 재고율을 백분율로 표시하기(조건 ②)

[E4:E24] 영역을 블록으로 지정한 후 [홈] → 표시 형식 → **백분율 스타일(%)**을 클릭하세요. 재고율에 100이 곱해지고 '%' 기호가 표시됩니다.

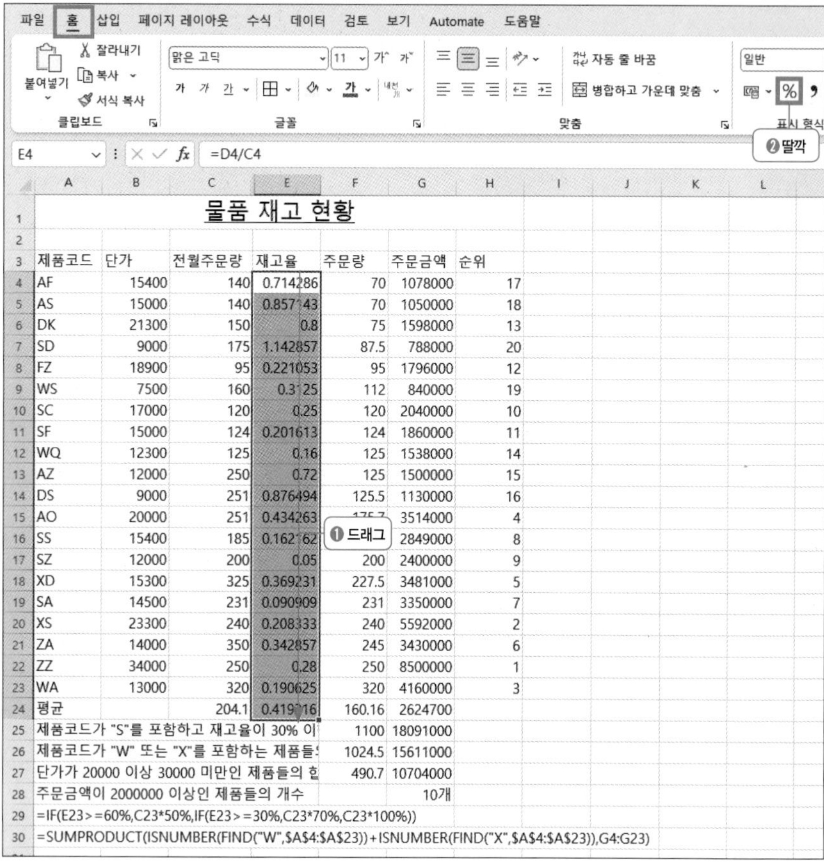

	A	B	C	E	F	G	H
1				물품 재고 현황			
2							
3	제품코드	단가	전월주문량	재고율	주문량	주문금액	순위
4	AF	15400	140	0.714286	70	1078000	17
5	AS	15000	140	0.857143	70	1050000	18
6	DK	21300	150	0.8	75	1598000	13
7	SD	9000	175	1.142857	87.5	788000	20
8	FZ	18900	95	0.221053	95	1796000	12
9	WS	7500	160	0.3125	112	840000	19
10	SC	17000	120	0.25	120	2040000	10
11	SF	15000	124	0.201613	124	1860000	11
12	WQ	12300	125	0.16	125	1538000	14
13	AZ	12000	250	0.72	125	1500000	15
14	DS	9000	251	0.876494	125.5	1130000	16
15	AO	20000	251	0.434263	[illegible]	3514000	4
16	SS	15400	185	0.162162	[illegible]	2849000	8
17	SZ	12000	200	0.05	200	2400000	9
18	XD	15300	325	0.369231	227.5	3481000	5
19	SA	14500	231	0.090909	231	3350000	7
20	XS	23300	240	0.208333	240	5592000	2
21	ZA	14000	350	0.342857	245	3430000	6
22	ZZ	34000	250	0.28	250	8500000	1
23	WA	13000	320	0.190625	320	4160000	3
24	평균		204.1	0.419[illegible]16	160.16	2624700	
25	제품코드가 "S"를 포함하고 재고율이 30% 이				1100	18091000	
26	제품코드가 "W" 또는 "X"를 포함하는 제품들				1024.5	15611000	
27	단가가 20000 이상 30000 미만인 제품들의 합				490.7	10704000	
28	주문금액이 2000000 이상인 제품들의 개수					10개	
29	=IF(E23>=60%,C23*50%,IF(E23>=30%,C23*70%,C23*100%))						
30	=SUMPRODUCT(ISNUMBER(FIND("W",$A$4:$A$23))+ISNUMBER(FIND("X",$A$4:$A$23)),G4:G23)						

전문가의 조언

Ctrl+1을 누른 후 '셀 서식' 대화상자의 '표시 형식' 탭에서 '백분율'을 선택하거나 마우스 오른쪽 단추를 클릭하면 나타나는 미니 도구 모음에서 '백분율'을 선택해도 됩니다.

3 금액에 대해 원화(₩)와 천 단위마다 ,(Comma) 표시하기(기타 조건)

금액에 대한 수치는 원화(₩) 표시를 하고 천 단위마다 ,(Comma)를 표시하게 되어 있습니다. 작업표 형식에서 원화(₩)를 붙일 금액 자료는 단가와 주문금액입니다. 단가가 입력되어 있는 [B4:B23] 영역을 선택하고 Ctrl을 누른 채 주문금액이 입력되어 있는 [G4:G27] 영역을 블록으로 지정하세요. 이어서 [홈] → 표시 형식 → **회계 표시 형식**(회계)을 클릭하면 원화(₩)와 함께 천 단위마다 콤마(,)가 표시됩니다.

파일 | 홈 | 삽입 | 페이지 레이아웃 | 수식 | 데이터 | 검토 | 보기 | Automate | 도움말

❸ 딸깍

G4 =ROUND(B4*F4,-3)

	A	B	C	E	F	G	H
1	물품 재고 현황						
2							
3	제품코드	단가	전월주문량	재고율	주문량	주문금액	순위
4	AF	15400	140	71%	70	1078000	17
5	AS	15000	140	86%	70	1050000	18
6	DK	21300	150	80%	75	1598000	13
7	SD	9000	175	114%	87.5	788000	20
8	FZ	18900	95	22%	95	1796000	12
9	WS	7500	160	31%	112	840000	19
10	[illegible]	17000	120	25[illegible]	[illegible]	2040000	10
11	[illegible]	15000	124	20%	124	1860000	11
12	WQ	12300	125	16%	125	1538000	14
13	AZ	12000	250	72%	125	1500000	15
14	DS	9000	251	88%	125.5	1130000	16
15	AO	20000	251	43%	175.7	3514000	4
16	SS	15400	185	16%	185	2849000	8
17	SZ	12000	200	5%	200	2400000	9
18	XD	15300	325	37%	227.5	3481000	5
19	SA	14500	231	9%	231	3350000	7
20	XS	23300	240	21%	240	5592000	2
21	ZA	14000	350	34%	245	3430000	6
22	ZZ	34000	250	28%	250	8500000	1
23	WA	13000	320	19%	320	4160000	3
24	평균		204.1	42%	160.16	2624700	
25	제품코드가 "S"를 포함하고 재고율이 30% 이				1100	18091000	
26	제품코드가 "W" 또는 "X"를 포함하는 제품들				1024.5	15611000	
27	단가가 20000 이상 30000 미만인 제품들의 합				490.7	1070[illegible]000	
28	주문금액이 2000000 이상인 제품들의 개수					10개	
29	=IF(E23>=60%,C23*50%,IF(E23>=30%,C23*70%,C23*100%))						
30	=SUMPRODUCT(ISNUMBER(FIND("W",$A$4:$A$23))+ISNUMBER(FIND("X",$A$4:$A$23)),G4:G23)						

❶ 드래그

❷ Ctrl+드래그

4 모든 수치 데이터의 소수 자릿수를 0으로 지정하기(기타 조건)

모든 수치는 소수 자릿수를 0으로 지정하게 되어 있습니다. 소수 자릿수를 0으로 지정할 수치 데이터는 전월주문량과 주문량입니다. 전월주문량이 입력되어 있는 [C4:C24] 영역을 선택하고 Ctrl을 누른 채 주문량이 입력되어 있는 [F4:F27] 영역을 블록으로 지정하세요. 이어서 [홈] → **표시 형식**에서 '자릿수 줄임(.00→.0)'을 클릭하면 소수점 이하 자릿수가 없어지며 자동으로 반올림됩니다.

전문가의 조언

통화 스타일은 Ctrl+1을 누른 후 '셀 서식' 대화상자의 '표시 형식' 탭에서 '통화' 또는 '회계' 항목을 선택하거나 마우스 오른쪽 단추를 클릭하면 나타나는 미니 도구 모음에서 회계 표시 형식(회계)을 선택해도 됩니다.

전문가의 조언

- 전월주문량과 주문량 전체가 아닌 소수점 이하 값이 표시된 셀만을 선택한 후 '자릿수 줄임(.00→.0)'을 클릭해도 됩니다.
- 소수 자릿수는 마우스 오른쪽 단추를 클릭하면 나타나는 미니 도구 모음에서 '자릿수 줄임(.00→.0)'을 사용해도 됩니다.

※ 오피스 2010 사용자 : [홈] → 표시 형식에서 '자릿수 늘림(←.0 .00)'과 '자릿수 줄임(.00→.0)'을 차례로 클릭하세요.

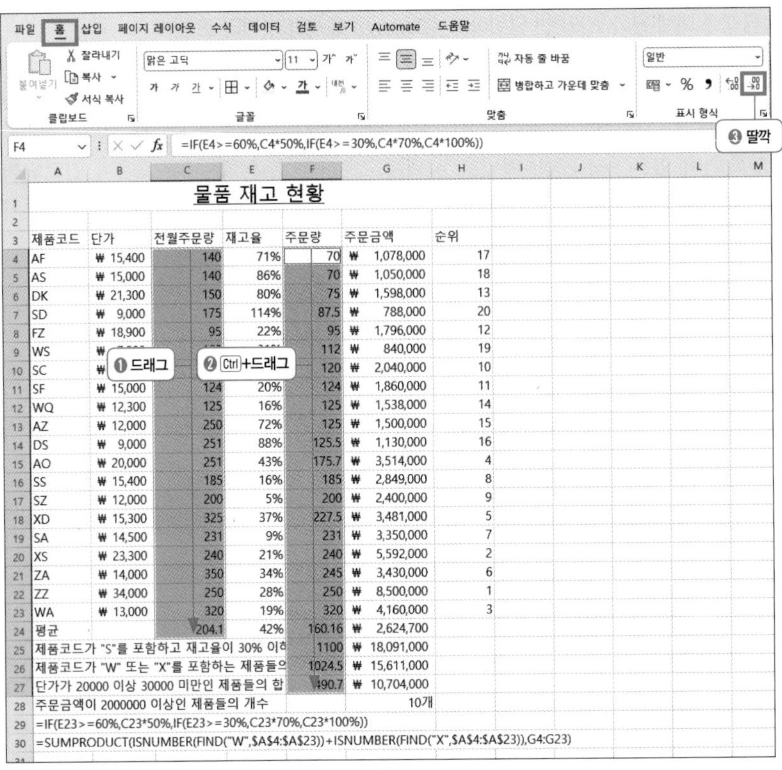

	A	B	C	E	F	G	H
1	물품 재고 현황						
2							
3	제품코드	단가	전월주문량	재고율	주문량	주문금액	순위
4	AF	₩ 15,400	140	71%	70	₩ 1,078,000	17
5	AS	₩ 15,000	140	86%	70	₩ 1,050,000	18
6	DK	₩ 21,300	150	80%	75	₩ 1,598,000	13
7	SD	₩ 9,000	175	114%	87.5	₩ 788,000	20
8	FZ	₩ 18,900	95	22%	95	₩ 1,796,000	12
9	WS	₩ [illegible]	[illegible]	[illegible]	112	₩ 840,000	19
10	SC	₩ [illegible]	[illegible]	[illegible]	120	₩ 2,040,000	10
11	SF	₩ 15,000	124	20%	124	₩ 1,860,000	11
12	WQ	₩ 12,300	125	16%	125	₩ 1,538,000	14
13	AZ	₩ 12,000	250	72%	125	₩ 1,500,000	15
14	DS	₩ 9,000	251	88%	125.5	₩ 1,130,000	16
15	AO	₩ 20,000	251	43%	175.7	₩ 3,514,000	4
16	SS	₩ 15,400	185	16%	185	₩ 2,849,000	8
17	SZ	₩ 12,000	200	5%	200	₩ 2,400,000	9
18	XD	₩ 15,300	325	37%	227.5	₩ 3,481,000	5
19	SA	₩ 14,500	231	9%	231	₩ 3,350,000	7
20	XS	₩ 23,300	240	21%	240	₩ 5,592,000	2
21	ZA	₩ 14,000	350	34%	245	₩ 3,430,000	6
22	ZZ	₩ 34,000	250	28%	250	₩ 8,500,000	1
23	WA	₩ 13,000	320	19%	320	₩ 4,160,000	3
24	평균		204.1	42%	160.16	₩ 2,624,700	
25	제품코드가 "S"를 포함하고 재고율이 30% 이하				1100	₩ 18,091,000	
26	제품코드가 "W" 또는 "X"를 포함하는 제품들의				1024.5	₩ 15,611,000	
27	단가가 20000 이상 30000 미만인 제품들의 합				490.7	₩ 10,704,000	
28	주문금액이 2000000 이상인 제품들의 개수					10개	
29	=IF(E23>=60%,C23*50%,IF(E23>=30%,C23*70%,C23*100%))						
30	=SUMPRODUCT(ISNUMBER(FIND("W",$A$4:$A$23))+ISNUMBER(FIND("X",$A$4:$A$23)),G4:G23)						

잠깐만요 소수점 이하 자릿수 지정하기

- 위의 그림과 같이 여러 셀을 블록으로 설정한 상태에서 '자릿수 늘림(←.0/.00)' 또는 '자릿수 줄임(.00/→.0)'을 클릭하면 현재 셀 포인터가 위치한 셀에 가장 가까이에 있는 소수점 이하 자릿수가 입력된 셀을 기준으로 소수 자릿수가 조절됩니다. 현재 셀 포인터는 [F4] 셀이고, 이 셀과 가장 가까이에 있는 소수점 이하 자릿수가 입력된 셀은 87.5가 입력된 [F7] 셀이므로 '자릿수 줄임(.00/→.0)'을 한 번만 클릭하면 됩니다. 여러 영역을 블록으로 지정했을 때 투명하게 표시되는 셀(여기서는 [F4] 셀)이 현재의 셀 포인터입니다.

	A	B	C	E	F	G	H
1	물품 재고 현황						
2							
3	제품코드	단가	전월주문량	재고율	주문량	주문금액	순위
4	AF	₩ 15,400	140	71%	70	₩ 1,078,000	17
5	AS	₩ 15,000	140	86%	70	₩ 1,050,000	18
6	DK	₩ 21,300	150	80%	75	₩ 1,598,000	13
7	SD	₩ 9,000	175	114%	87.5	₩ 788,000	20
8	FZ	₩ 18,900	95	22%	95	₩ 1,796,000	12
9	WS	₩ 7,500	160	31%	112	₩ 840,000	19
10	SC	₩ 17,000	120	25%	120	₩ 2,040,000	10
11	SF	₩ 15,000	124	20%	124	₩ 1,860,000	11
12	WQ	₩ 12,300	125	16%	125	₩ 1,538,000	14
13	AZ	₩ 12,000	250	72%	125	₩ 1,500,000	15
14	DS	₩ 9,000	251	88%	125.5	₩ 1,130,000	16
15	AO	₩ 20,000	251	43%	175.7	₩ 3,514,000	4
16	SS	₩ 15,400	185	16%	185	₩ 2,849,000	8
17	SZ	₩ 12,000	200	5%	200	₩ 2,400,000	9
18	XD	₩ 15,300	325	37%	227.5	₩ 3,481,000	5
19	SA	₩ 14,500	231	9%	231	₩ 3,350,000	7
20	XS	₩ 23,300	240	21%	240	₩ 5,592,000	2
21	ZA	₩ 14,000	350	34%	245	₩ 3,430,000	6
22	ZZ	₩ 34,000	250	28%	250	₩ 8,500,000	1
23	WA	₩ 13,000	320	19%	320	₩ 4,160,000	3
24	평균		204.1	42%	160.16	₩ 2,624,700	
25	제품코드가 "S"를 포함하고 재고율이 30% 이하				1100	₩ 18,091,000	
26	제품코드가 "W" 또는 "X"를 포함하는 제품들의				1024.5	₩ 15,611,000	
27	단가가 20000 이상 30000 미만인 제품들의 합				490.7	₩ 10,704,000	

오피스 2010 사용자

여러 셀을 블록으로 설정한 상태에서 '자릿수 늘림(←.0/.00)' 또는 '자릿수 줄임(.00/→.0)'을 클릭하면 현재 셀 포인터가 위치한 셀을 기준으로 소수 자릿수가 조절됩니다. 현재 셀 포인터는 70이 입력된 [F4] 셀이므로 '자릿수 늘림(←.0/.00)'과 '자릿수 줄임(.00/→.0)'을 한 번씩 클릭하면 70을 기준으로 소수 자릿수가 변경되기 때문에 선택된 모든 영역의 소수 자릿수가 한 자리 늘었다가 0자리로 주는 것입니다. 70이 기준인 상태에서는 '자릿수 줄임(.00/→.0)'을 아무리 눌러도 70은 이미 소수점 이하가 없는 수이므로 아무 변화가 없습니다.

- '셀 서식' 대화상자를 이용하여 소수 자릿수를 0으로 지정하려면 Ctrl+1을 누른 후 '셀 서식' 대화상자의 '표시 형식' 탭에서 '숫자'를 선택하고 '소수 자릿수'를 0으로 지정한 후 〈확인〉을 클릭하면 됩니다.

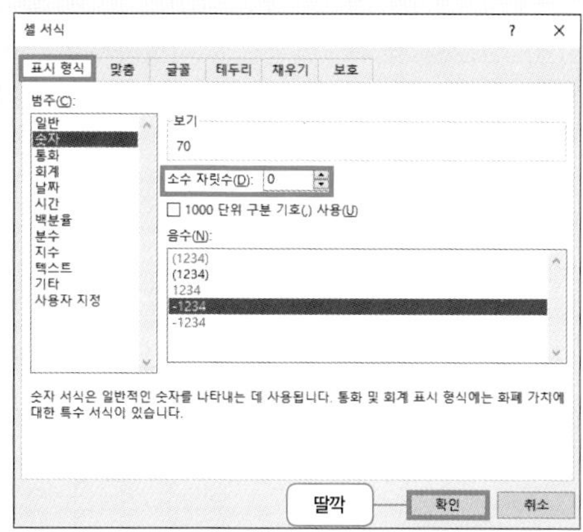

5 숫자 셀은 우측을 수직으로 맞추고, 문자 셀은 수평 중앙으로 맞추기

1. 숫자 데이터는 기본적으로 오른쪽(우측)으로 정렬되므로 별도의 서식을 지정하지 않고 수직 방향으로 일정하게 맞춰졌는지만 확인하면 됩니다.

2. 문자 데이터가 입력되어 있는 영역만 수평 중앙으로 맞추면 됩니다. [A3:A23] 영역을 선택한 후 Ctrl을 누른 채 [B3:H3] 영역을 선택하세요. 이어서 [홈] → 맞춤 → **가운데 맞춤(☰)**을 클릭하면 문자 데이터가 셀의 가운데로 정렬됩니다.

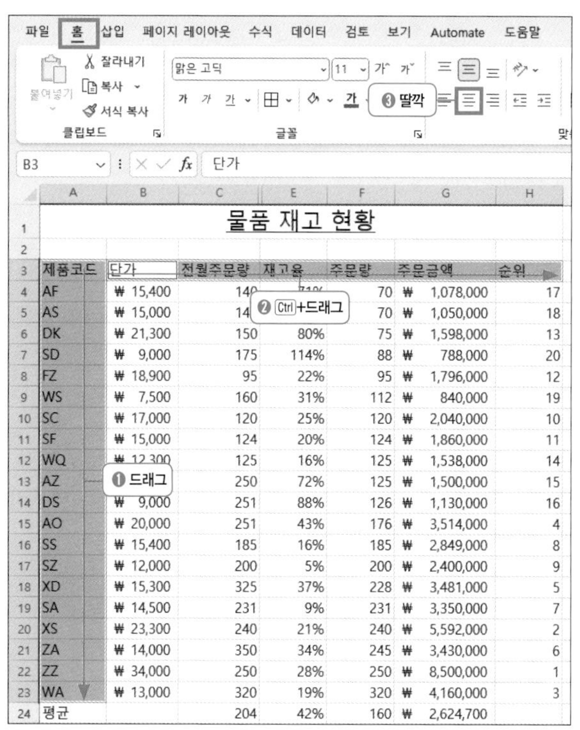

	A	B	C	E	F	G	H
1	물품 재고 현황						
2							
3	제품코드	단가	전월주문량	재고율	주문량	주문금액	순위
4	AF	₩ 15,400	140	[illegible]	70	₩ 1,078,000	17
5	AS	₩ 15,000	14[illegible]	[illegible]	70	₩ 1,050,000	18
6	DK	₩ 21,300	150	80%	75	₩ 1,598,000	13
7	SD	₩ 9,000	175	114%	88	₩ 788,000	20
8	FZ	₩ 18,900	95	22%	95	₩ 1,796,000	12
9	WS	₩ 7,500	160	31%	112	₩ 840,000	19
10	SC	₩ 17,000	120	25%	120	₩ 2,040,000	10
11	SF	₩ 15,000	124	20%	124	₩ 1,860,000	11
12	WQ	₩ 12,300	125	16%	125	₩ 1,538,000	14
13	AZ	[illegible]	250	72%	125	₩ 1,500,000	15
14	DS	₩ 9,000	251	88%	126	₩ 1,130,000	16
15	AO	₩ 20,000	251	43%	176	₩ 3,514,000	4
16	SS	₩ 15,400	185	16%	185	₩ 2,849,000	8
17	SZ	₩ 12,000	200	5%	200	₩ 2,400,000	9
18	XD	₩ 15,300	325	37%	228	₩ 3,481,000	5
19	SA	₩ 14,500	231	9%	231	₩ 3,350,000	7
20	XS	₩ 23,300	240	21%	240	₩ 5,592,000	2
21	ZA	₩ 14,000	350	34%	245	₩ 3,430,000	6
22	ZZ	₩ 34,000	250	28%	250	₩ 8,500,000	1
23	WA	₩ 13,000	320	19%	320	₩ 4,160,000	3
24	평균		204	42%	160	₩ 2,624,700	

[A24:A30] 영역에 입력되어 있는 "평균" 등도 문자 데이터이지만 셀 병합을 하기 위해 '병합하고 가운데 맞춤'을 클릭하면 자동으로 가운데 정렬이 되므로 지금 지정하지 않아도 됩니다.

6 셀 병합하기

작업표 형식에 2개 이상의 셀이 합쳐져 있는 셀이 셀 병합하기를 적용할 셀입니다. [A24:B24] 영역을 선택한 후 Ctrl을 누른 채 [A25:E25], [A26:E26], [A27:E27], [A28:F28], [A29:H29], [A30:H30], [H24:H28] 영역을 블록으로 지정하세요. 이어서 [홈] → 맞춤 → **병합하고 가운데 맞춤**을 클릭하면 각각의 선택된 영역이 한 개로 합쳐집니다.

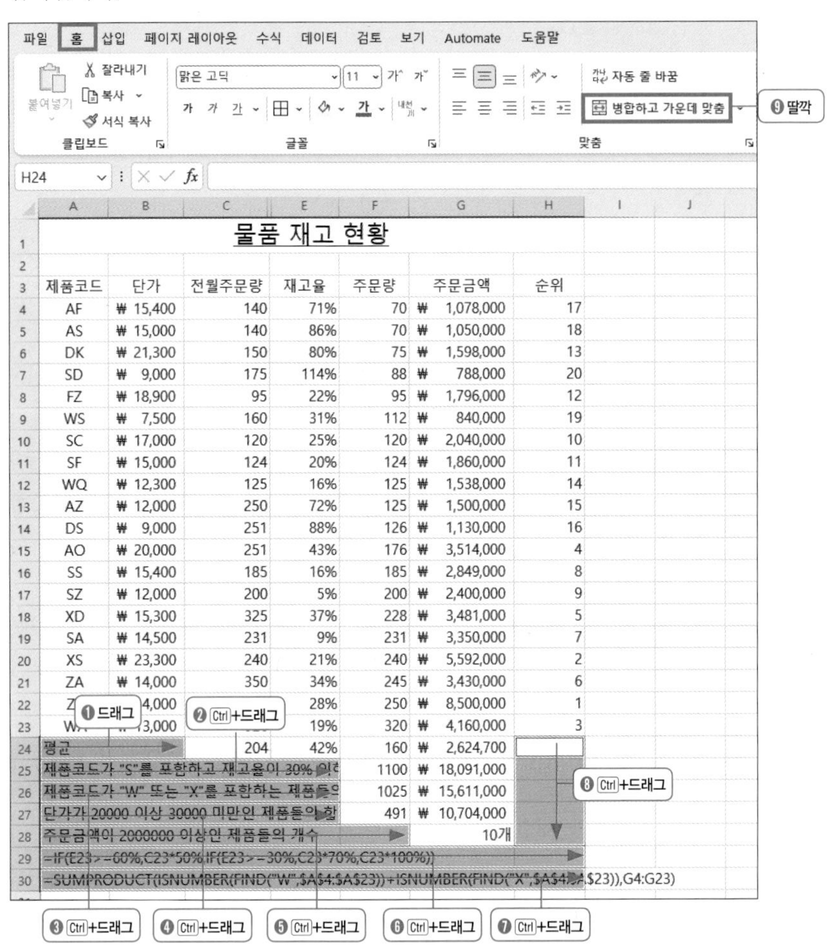

7 테두리 지정하기

테두리는 마우스 오른쪽 단추를 클릭하면 나타나는 미니 도구 모음에서 ⊞ ⌄의 ⌄를 클릭한 후 [**모든 테두리**]를 선택해도 됩니다.

1. 작업표 형식을 보고 테두리가 어떻게 지정되어 있는지 확인한 후 작업합니다. [A3:H30] 영역을 블록으로 지정하고 [홈] → 글꼴 → 테두리(⊞ ⌄)의 ⌄ → **모든 테두리**를 선택하세요. 범위에 포함된 모든 셀들에 사각형 테두리가 생깁니다.

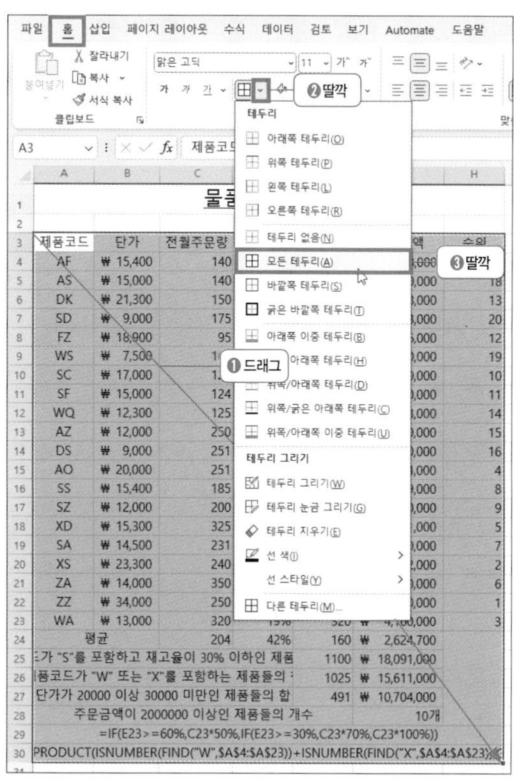

2. [A4:H23] 영역을 블록으로 지정하고 Ctrl+1을 누르세요. '셀 서식' 대화상자가 나타납니다.

3. '셀 서식' 대화상자의 '테두리' 탭에서 ⓐ를 클릭하여 내부선을 지운 후 〈확인〉을 클릭하세요. 블록으로 지정된 범위의 위/아래 경계선을 제외한 모든 가로선이 지워집니다.

'셀 서식' 대화상자를 실행시키는 방법에는 [홈] → **글꼴** 또는 **맞춤** 또는 **표시 형식**의 ⌐를 클릭, 바로 가기 메뉴에서 [**셀 서식**] 선택, 바로 가기 키 Ctrl+1을 누르는 방법이 있습니다.

4. [H24:H28] 영역을 선택한 후 Ctrl+1을 누르세요. '셀 서식' 대화상자가 나타납니다.

5. '셀 서식' 대화상자의 '테두리' 탭에서 선 스타일이 '실선'이 선택된 상태에서 ⓐ와 ⓑ를 클릭하여 대각선을 표시한 후 〈확인〉을 클릭하세요. 선택된 영역에 대각선 표시가 나타납니다.

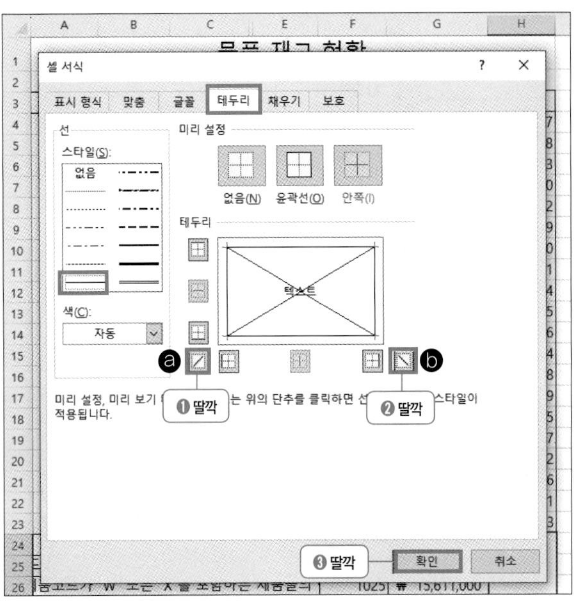

❽ 셀 너비 조절하기

[A25:A27]과 [A30] 셀의 너비를 텍스트가 모두 표시되게끔 늘려주어야 합니다. 각 열의 오른쪽 열 머리글 경계선을 드래그하여 너비를 조절해 주세요.

드래그

	A	B	C	E	F	G	H
1	물품 재고 현황						
2							
3	제품코드	단가	전월주문량	재고율	주문량	주문금액	순위
4	AF	₩ 15,400	140	71%	70	₩ 1,078,000	17
5	AS	₩ 15,000	140	86%	70	₩ 1,050,000	18
6	DK	₩ 21,300	150	80%	75	₩ 1,598,000	13
7	SD	₩ 9,000	175	114%	88	₩ 788,000	20
8	FZ	₩ 18,900	95	22%	95	₩ 1,796,000	12
9	WS	₩ 7,500	160	31%	112	₩ 840,000	19
10	SC	₩ 17,000	120	25%	120	₩ 2,040,000	10
11	SF	₩ 15,000	124	20%	124	₩ 1,860,000	11
12	WQ	₩ 12,300	125	16%	125	₩ 1,538,000	14
13	AZ	₩ 12,000	250	72%	125	₩ 1,500,000	15
14	DS	₩ 9,000	251	88%	126	₩ 1,130,000	16
15	AO	₩ 20,000	251	43%	176	₩ 3,514,000	4
16	SS	₩ 15,400	185	16%	185	₩ 2,849,000	8
17	SZ	₩ 12,000	200	5%	200	₩ 2,400,000	9
18	XD	₩ 15,300	325	37%	228	₩ 3,481,000	5
19	SA	₩ 14,500	231	9%	231	₩ 3,350,000	7
20	XS	₩ 23,300	240	21%	240	₩ 5,592,000	2
21	ZA	₩ 14,000	350	34%	245	₩ 3,430,000	6
22	ZZ	₩ 34,000	250	28%	250	₩ 8,500,000	1
23	WA	₩ 13,000	320	19%	320	₩ 4,160,000	3
24	평균		204	42%	160	₩ 2,624,700	
25	제품코드가 "S"를 포함하고 재고율이 30% 이하인 제품들의 합				1100	₩ 18,091,000	
26	제품코드가 "W" 또는 "X"를 포함하는 제품들의 합				1025	₩ 15,611,000	
27	단가가 20000 이상 30000 미만인 제품들의 합				491	₩ 10,704,000	
28	주문금액이 2000000 이상인 제품들의 개수					10개	
29	=IF(E23>=60%,C23*50%,IF(E23>=30%,C23*70%,C23*100%))						
30	=SUMPRODUCT(ISNUMBER(FIND("W",$A$4:$A$23))+ISNUMBER(FIND("X",$A$4:$A$23)),G4:G23)						

문제 2 그래프 작성하기

01. 차트 작성하기

주문량이 120 미만인 제품코드별 전월주문량과 주문량만 표시하는 차트를 작성해야 합니다. 주문량을 기준으로 오름차순 정렬되어 있으므로 [A3:A9] 영역을 선택하고, Ctrl 을 누른 채 [C3:C9], [F3:F9] 영역을 선택한 후 [삽입] → 차트 → 꺾은선형 또는 영역형 차트 삽입(⩘) → **표식이 있는 꺾은선형**을 선택하면 됩니다.

	A	B	C	E	F	G	H
1	물품 재고 현황						
2							
3	제품코드	단가	전월주문량	재고율	주문량	주문금액	순위
4	AF	₩ 15,400	140	71%	70	₩ 1,078,000	17
5	AS ❶ 드래그	₩ 15,000	❷ Ctrl+드래그	86%	❸ Ctrl+드래그	000	18
6	DK	₩ 21,300	130	80%	75	₩ 1,598,000	13
7	SD	₩ 9,000	175	114%	88	₩ 788,000	20
8	FZ	₩ 18,900	95	22%	95	₩ 1,796,000	12
9	WS	₩ 7,500	160	31%	112	₩ 840,000	19
10	SC	₩ 17,000	120	25%	120	₩ 2,040,000	10

↓

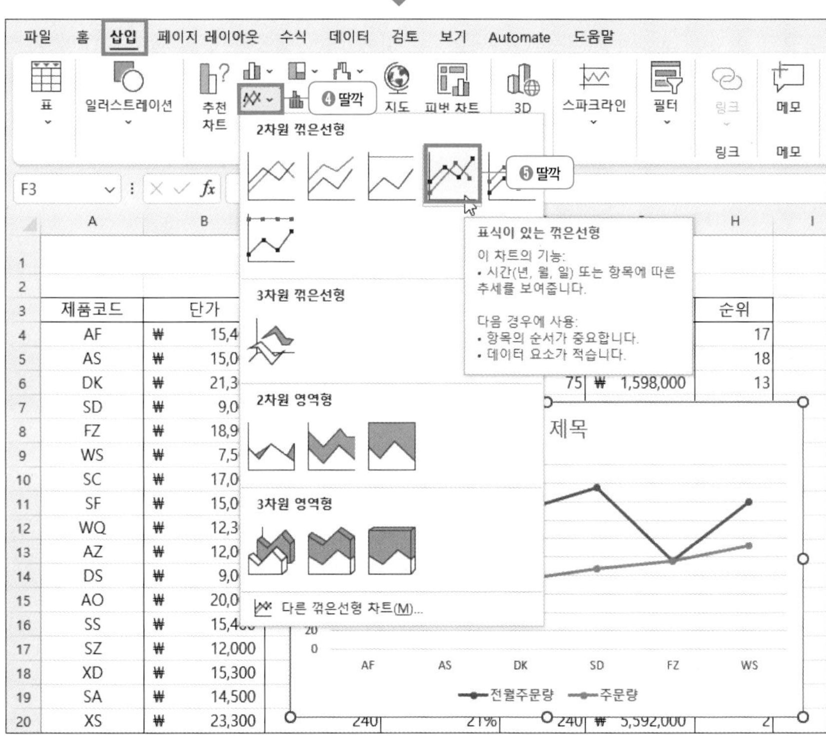

전문가의 조언

- 작성한 차트의 데이터 범위가 잘못된 경우 실격이므로 문제에 제시된 내용대로 정확히 데이터 범위를 지정해야 합니다.
- '묶은 세로 막대형' 차트로 먼저 작성한 후 '전월주문량' 데이터 계열만 '표식이 있는 꺾은선형' 차트로 변경해도 됩니다.
- 차트 종류로 '수직 이중 막대 그래프', '평면형 묶은 세로 막대 그래프', '수직 연속 막대 그래프'로 작성하라고 되어 있으면 '묶은 세로 막대형' 차트로 작성하면 됩니다.

[A3:A9], [C3:C9], [F3:F9] 영역을 선택한 후 [삽입] → 차트 → 꺾은선형 → **표식이 있는 꺾은선형**을 선택하면 됩니다.

02. '주문량' 데이터 계열의 차트 종류 변경하기(차트 작성 조건 ①)

전문가의 조언

'차트 종류 변경' 대화상자는 임의의 계열을 선택한 후 [차트 디자인] → 종류 → **차트 종류 변경**을 클릭해도 표시됩니다.

※ **오피스 2010 사용자** : 엑셀 2010에서는 '차트 종류 변경' 대화상자에서 차트 종류를 변경할 계열을 선택할 수 없습니다. 그러니 반드시 차트 종류를 변경할 '주문량' 계열을 선택한 후 [차트 도구] 디자인 → 종류 → **차트 종류 변경**을 클릭하세요.

1. '주문량' 데이터 계열을 '묶은 세로 막대형' 차트로 변경해야 합니다. 임의의 계열을 선택한 후 바로 가기 메뉴에서 **[계열 차트 종류 변경]**을 선택하세요. '차트 종류 변경' 대화상자가 표시됩니다.

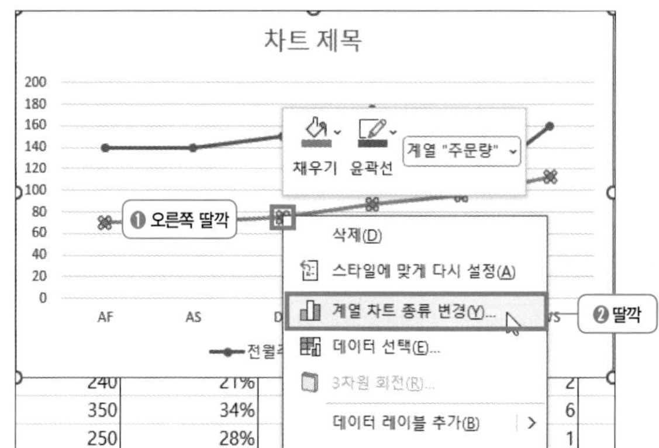

'차트 종류 변경' 대화상자의 '콤보'에서 '주문량' 계열의 차트 종류를 '묶은 세로 막대형'으로 변경한 후 〈확인〉을 클릭하세요.

오피스 2010 사용자

'차트 종류 변경' 대화상자의 '세로 막대형' 탭에서 '묶은 세로 막대형' 차트를 선택한 후 〈확인〉을 클릭하세요.

2. '차트 종류 변경' 대화상자의 '혼합 '에서 '주문량' 계열의 차트 종류를 '묶은 세로 막대형'으로 변경한 후 〈확인〉을 클릭하세요.주문량에 대한 계열이 '묶은 세로 막대형' 차트로 변경됩니다.

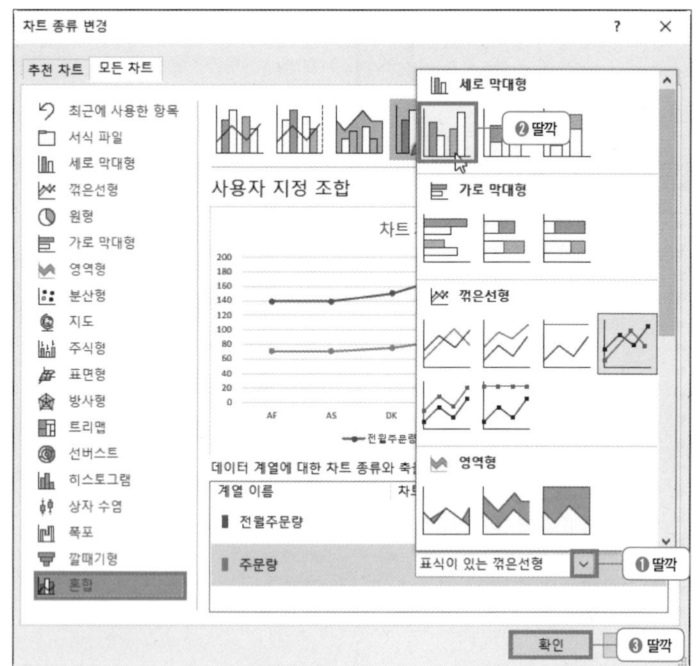

03. 데이터 계열에 데이터 레이블 표시하기(차트 작성 조건 ①)

1. '주문량' 계열에 데이터 레이블을 표시하기 위해 '주문량' 계열의 바로 가기 메뉴에서 **[데이터 레이블 추가]**를 선택합니다.

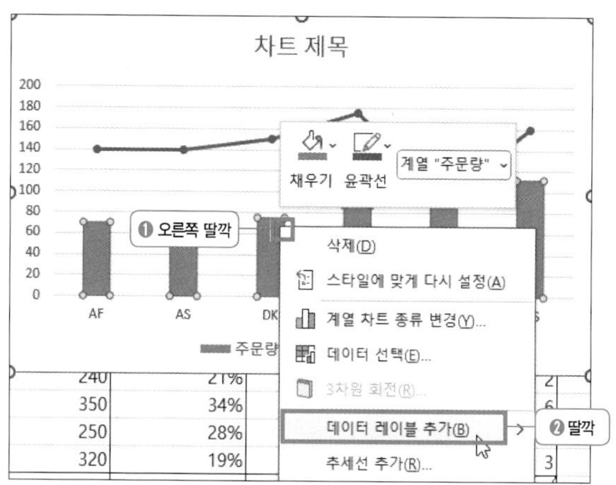

데이터 레이블은 '주문량' 계열을 선택한 후 [차트 디자인] → 차트 레이아웃 → 차트 요소 추가 → 데이터 레이블 → **바깥쪽 끝에**를 선택해도 됩니다.

※ **오피스 2016 사용자** : [차트 도구] → 디자인 → 차트 레이아웃 → 차트 요소 추가 → 데이터 레이블 → **바깥쪽 끝에**를 선택해도 됩니다.

※ **오피스 2010 사용자** : [차트 도구] → 레이아웃 → 레이블 → 데이터 레이블 → **바깥쪽 끝에**를 선택해도 됩니다.

2. 같은 방법으로 '전월주문량' 계열에도 데이터 레이블을 표시하세요.

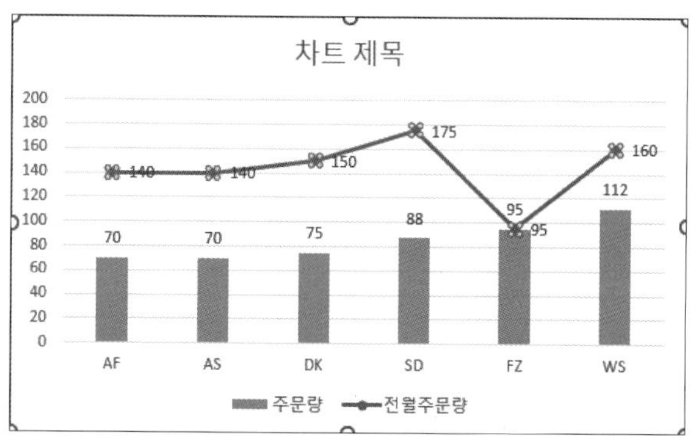

데이터 레이블은 '주문량' 계열을 선택한 후 [차트 디자인] → 차트 레이아웃 → 차트 요소 추가 → 데이터 레이블 → **오른쪽**을 선택해도 됩니다.

※ **오피스 2016 사용자** : [차트 도구] → 디자인 → 차트 레이아웃 → 차트 요소 추가 → 데이터 레이블 → **오른쪽**을 선택해도 됩니다.

※ **오피스 2010 사용자** : [차트 도구] → 레이아웃 → 레이블 → 데이터 레이블 → **오른쪽**을 선택해도 됩니다.

04. 차트 제목 작성 및 서식 지정하기(차트 작성 조건 ②)

1. 차트를 작성하면 기본적으로 차트 제목이 표시되어 있으므로 바로 차트 제목의 내용만 변경하면 됩니다. 차트 제목을 선택한 후 수식 입력줄에 **상품 주문 현황**을 입력하고 Enter를 누르면 "차트 제목"이 "상품 주문 현황"으로 변경됩니다.

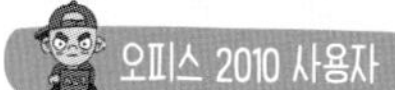

차트에 차트 제목을 먼저 표시해야 합니다. [차트 도구] → 레이아웃 → 레이블 → 차트 제목 → **차트 위**를 선택하세요.

Q 수식 입력줄에 제목을 입력해도 차트에 반영이 안돼요!

A 차트 제목을 선택하지 않았기 때문입니다. 먼저 차트 제목 부분을 선택한 다음 수식 입력줄에 원하는 내용을 입력해 보세요.

차트 제목을 수식 입력줄에 입력하지 않고 자동으로 입력된 "차트 제목" 부분을 마우스로 드래그하여 지운 다음 입력해도 결과는 같습니다.

차트 제목의 크기는 '확대 출력'이나 16 또는 20과 같이 정확한 크기를 지정하여 출제되는 경우가 있습니다. 하지만 '확대 출력'으로 출제된 경우는 수험자가 임의로 제목 크기를 지정하면 되는데, 엑셀 2021에서는 기본적으로 차트 제목이 크게 작성이 되므로 그대로 두거나 약간 키워주면 됩니다.

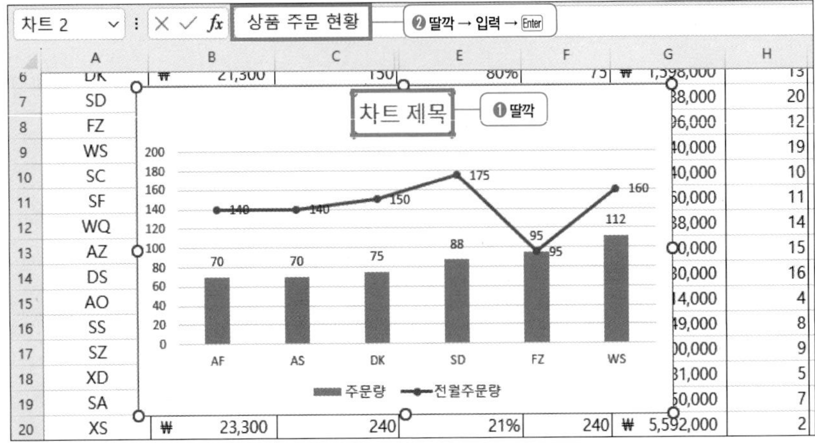

2. 차트 제목을 약간 키우고 밑줄을 표시해야 합니다. 차트 제목이 선택된 상태에서 [홈] → **글꼴**에서 글꼴 크기 16, '밑줄(가)'을 지정하세요. 글꼴 크기는 정확한 지시가 없으므로 임의로 지정하면 됩니다.

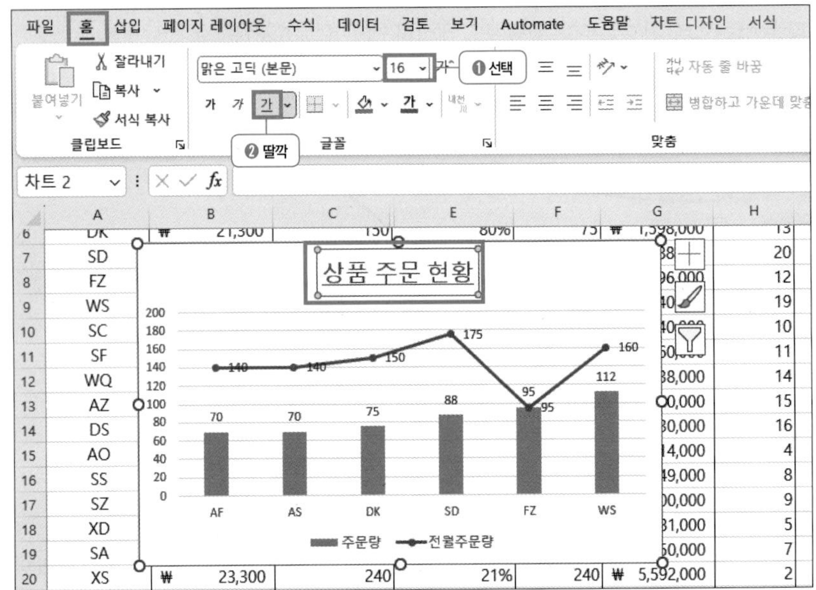

05. X축/Y축 제목 지정하기(차트 작성 조건 ③, ④)

1. X축 제목을 삽입하기 위해 [차트 디자인] → 차트 레이아웃 → 차트 요소 추가 → 축 제목 → **기본 가로**를 선택하세요.

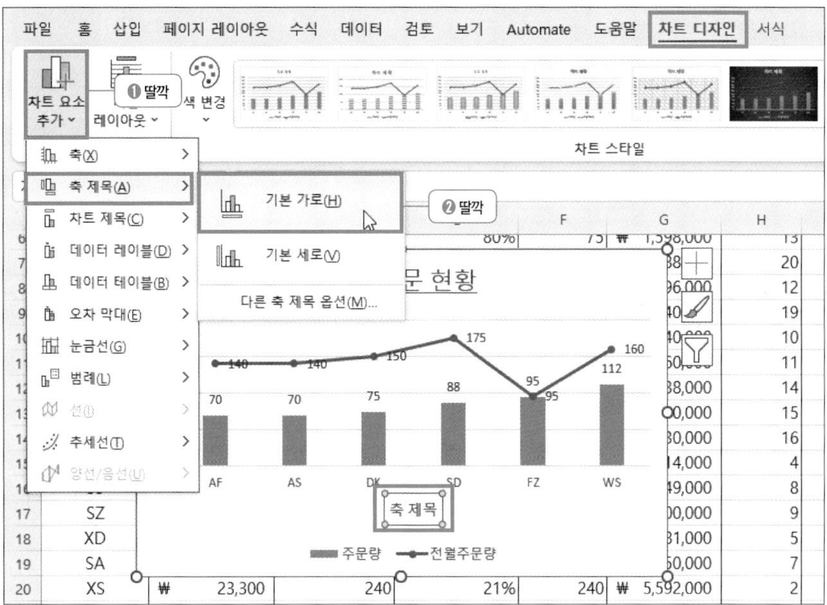

2. X축 제목 부분에 "축 제목"이 삽입됩니다. X축 제목이 선택된 상태에서 수식 입력줄에 **제품코드**를 입력하고 Enter를 누르면 X축 제목이 "제품코드"로 변경됩니다.

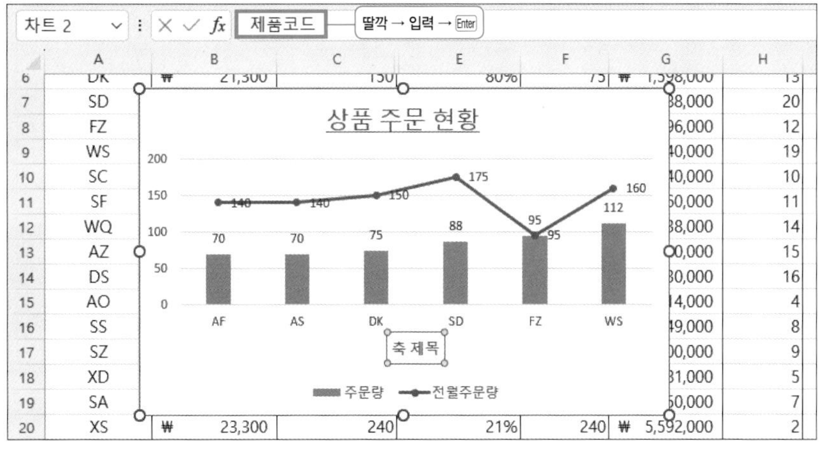

엑셀 2003 기준으로 지시사항이 주어졌을 때 'X축 제목'을 설정하려면 '축 제목'의 '기본 가로'를 선택하면 됩니다.

※ **오피스 2016 사용자** : [차트 도구] → 디자인 → 차트 레이아웃 → 차트 요소 추가 → 축 제목 → **기본 가로**를 선택하세요.

※ **오피스 2010 사용자** : [차트 도구] → 레이아웃 → 레이블 → 축 제목 → 기본 가로 축 제목 → **축 아래 제목**을 선택하세요.

Q [차트 디자인]이 없어요!

A [차트 디자인]은 차트를 선택한 상태에서만 표시됩니다. 차트를 클릭해 보세요.

전문가의 조언

엑셀 2003 기준으로 지시사항이 주어졌을 때 'Y축 제목'을 설정하려면 '축 제목'의 '기본 세로'를 선택하면 됩니다.

※ 오피스 2016 사용자 : [차트 도구] → 디자인 → 차트 레이아웃 → 차트 요소 추가 → 축 제목 → **기본 세로**를 선택하세요.

※ 오피스 2010 사용자 : [차트 도구] → 레이아웃 → 레이블 → 축 제목 → 기본 세로 축 제목 → **제목 회전**을 선택하세요.

3. Y축 제목을 삽입하기 위해 [차트 디자인] → 차트 레이아웃 → 차트 요소 추가 → 축 제목 → **기본 세로**를 선택하세요.

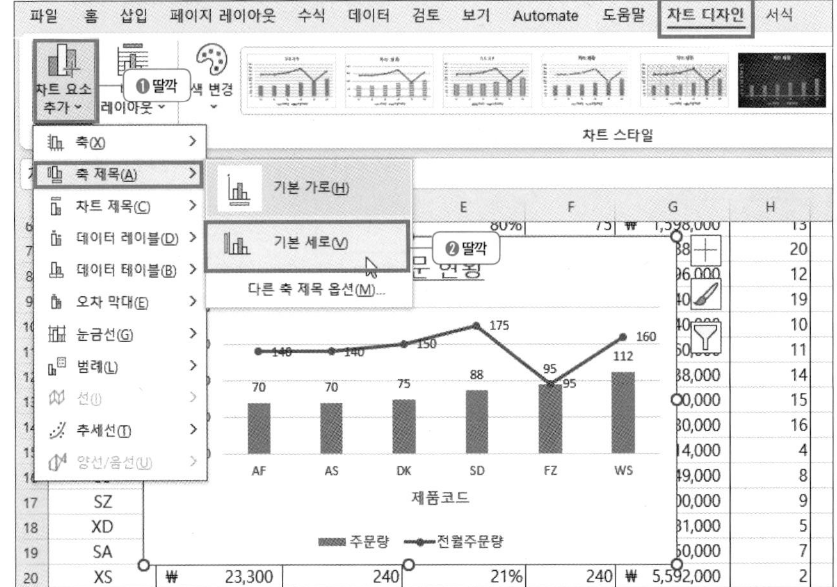

4. 축 제목 부분에 "축 제목"이 삽입됩니다. Y축 제목이 선택된 상태에서 수식 입력줄에 **수량**을 입력하고 Enter를 누르면 Y축 축 제목이 "수량"으로 변경됩니다.

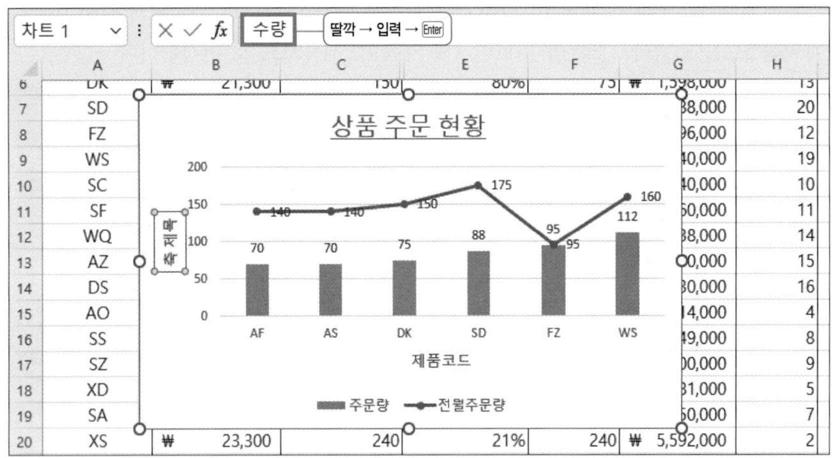

06. 차트 크기 조절하기(차트 작성 조건 ⑧, ⑨)

1. 차트 너비를 작업표 너비와 동일하게 맞춰야 합니다. 작성한 차트의 왼쪽 위 모서리가 [A32] 셀에 위치하도록 차트 영역을 드래그하여 이동시키세요.

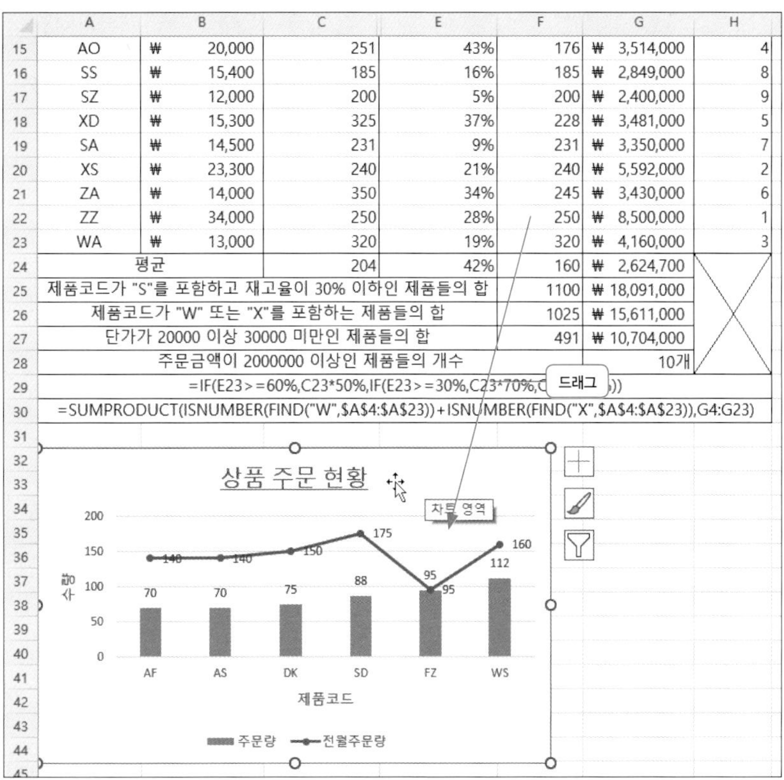

	A	B	C	E	F	G	H
15	AO	₩ 20,000	251	43%	176	₩ 3,514,000	4
16	SS	₩ 15,400	185	16%	185	₩ 2,849,000	8
17	SZ	₩ 12,000	200	5%	200	₩ 2,400,000	9
18	XD	₩ 15,300	325	37%	228	₩ 3,481,000	5
19	SA	₩ 14,500	231	9%	231	₩ 3,350,000	7
20	XS	₩ 23,300	240	21%	240	₩ 5,592,000	2
21	ZA	₩ 14,000	350	34%	245	₩ 3,430,000	6
22	ZZ	₩ 34,000	250	28%	250	₩ 8,500,000	1
23	WA	₩ 13,000	320	19%	320	₩ 4,160,000	3
24	평균		204	42%	160	₩ 2,624,700	
25	제품코드가 "S"를 포함하고 재고율이 30% 이하인 제품들의 합				1100	₩ 18,091,000	
26	제품코드가 "W" 또는 "X"를 포함하는 제품들의 합				1025	₩ 15,611,000	
27	단가가 20000 이상 30000 미만인 제품들의 합				491	₩ 10,704,000	
28	주문금액이 2000000 이상인 제품들의 개수					10개	
29	=IF(E23>=60%,C23*50%,IF(E23>=30%,C23*70%,C						
30	=SUMPRODUCT(ISNUMBER(FIND("W",$A$4:$A$23))+ISNUMBER(FIND("X",$A$4:$A$23)),G4:G23)						

Alt를 누른 채 차트를 이동하거나 크기를 조절하면 차트의 모서리를 해당 셀에 빠르고 정확하게 위치시킬 수 있습니다.

2. 마우스로 차트의 오른쪽 하단 조절점을 드래그하여 모서리가 H열의 끝나는 선에 맞게 차트 크기를 조절하세요. 차트의 세로 길이는 작업표와 차트가 한 페이지에 인쇄될 정도로만 지정하면 됩니다.

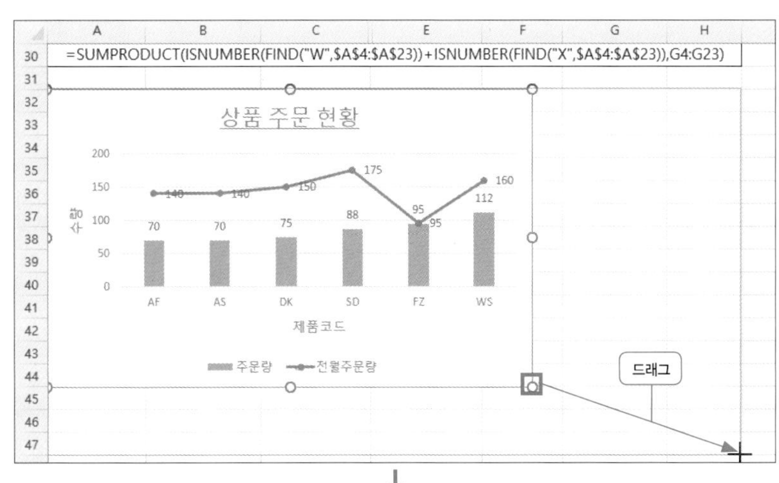

워크시트에 있는 차트를 클릭하면 차트 가장자리에 조절점이 나타납니다. 크기 조절점이라고도 하는 이 점을 드래그하면 워크시트에 삽입된 차트의 크기를 자유자재로 조절할 수 있습니다.

인쇄 미리 보기로 인쇄될 모양을 보고 나면 워크시트에 페이지 경계 라인이 점선으로 표시됩니다. 그 점선 안에서만 차트의 크기를 조정하면 됩니다. 단 조건에 A4 용지 1/2장 범위라는 단서가 있으므로 1/2 범위에서 적당한 크기로 조절하면 됩니다.

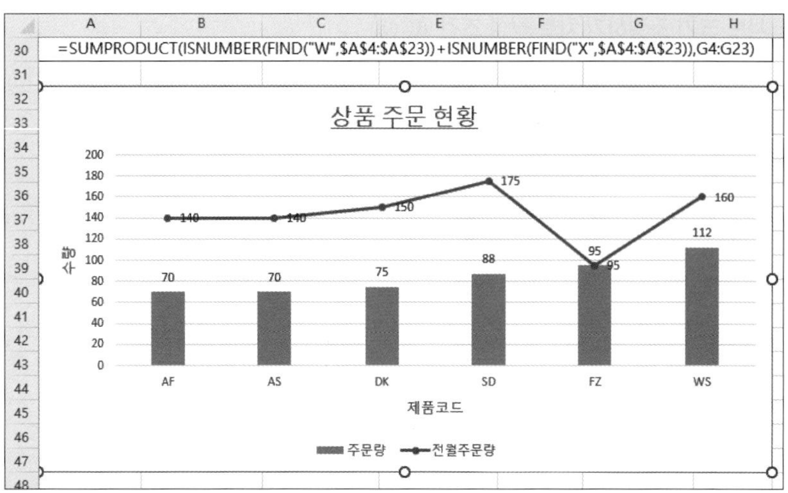

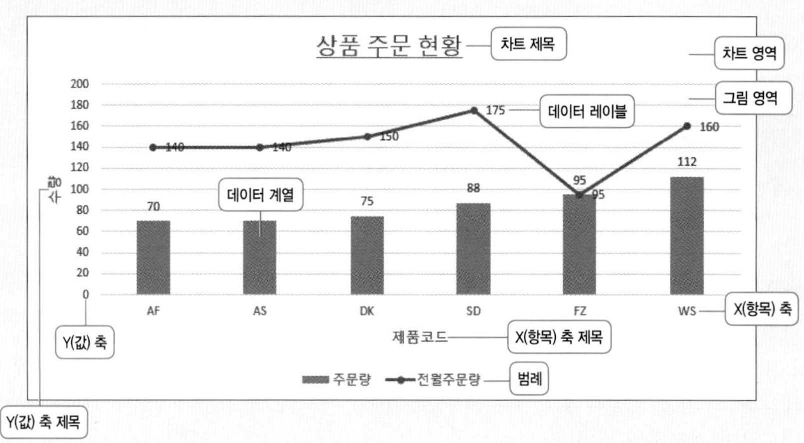

표 계산(SP) 실무 작업은 엑셀 2003 기준으로 지시사항이 출제되는데, 엑셀 2003과 엑셀 2021의 경우 각 항목의 명칭이 조금씩 다릅니다. 시험에 출제되는 항목에 대해서는 어떻게 다른지 알아두세요.

엑셀 2003	엑셀 2021
X(항목) 축	기본 가로 축
X(항목) 축 제목	기본 가로 축 제목
Y(값) 축	기본 세로 축
Y(값) 축 제목	기본 세로축 제목

문제 3 표 계산 작업 마무리

01. 페이지 설정하기

1. 워크시트의 임의의 셀을 클릭한 후 [페이지 레이아웃] → **페이지 설정**의 [⊡]를 클릭하여 '페이지 설정' 대화상자의 '페이지' 탭에서 용지 방향을 '세로', 배율을 '자동 맞춤', 용지 크기를 'A4'로 지정하세요.

차트가 선택된 상태에서 [페이지 레이아웃] → **페이지 설정**의 [⊡]를 클릭하면 차트의 '페이지 설정' 대화상자가 표시됩니다. 반드시 워크시트의 임의의 셀을 클릭한 상태에서 [페이지 레이아웃] → **페이지 설정**의 [⊡]를 클릭하세요.

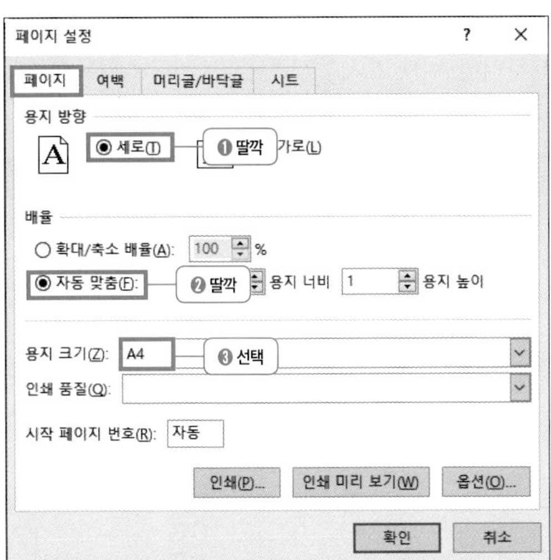

자동 맞춤

'자동 맞춤'은 데이터 양이 많고 적음에 관계없이 지정한 페이지 수에 맞게 인쇄할 수 있도록 자동으로 축소/확대 배율을 조정하는 기능입니다. 사무자동화산업기사 시험의 엑셀 문제는 데이터의 양이 많아 여백을 조절해도 작업표와 차트를 한 페이지에 모두 출력하기 어려운데, '자동 맞춤'을 지정하면 한 페이지에 모든 내용이 표시되도록 '확대/축소 배율'이 자동으로 조정되므로 편리합니다.

2. 이어서 '페이지 설정' 대화상자의 '여백' 탭에서 위쪽을 6으로 지정하고, '페이지 가운데 맞춤' 항목에서 '가로'와 '세로'를 선택한 후 〈확인〉을 클릭하세요.

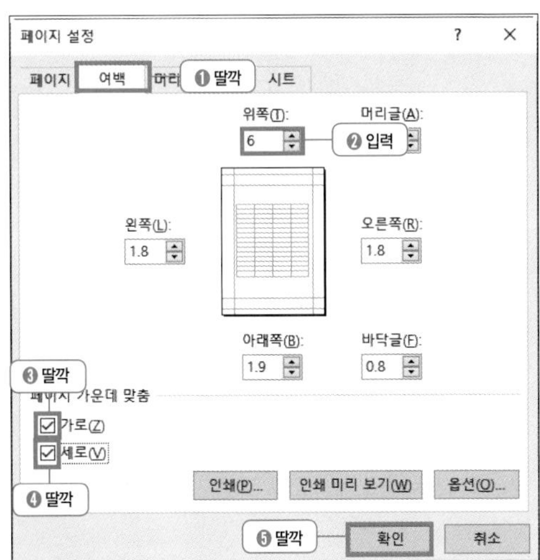

02. 인쇄 미리 보기

1. 인쇄는 자료처리 작업과 시상 작업을 모두 마친 후 한꺼번에 해야 합니다. 그러므로 엑셀 작업을 마친 후에는 실제로 출력을 하지 않고 인쇄 미리 보기로 출력 상태를 확인하여 조절한 후 다른 작업을 마칠 때까지 저장시켜 놓습니다.

궁금해요 — 시나공 Q&A 베스트

Q '자동 맞춤'의 옵션을 선택할 수 없어요!

A '페이지 설정' 대화상자에서 '자동 맞춤' 옵션을 선택할 수 없는 경우는 차트가 선택된 상태에서 [페이지 레이아웃] → **페이지 설정**의 [↘]를 클릭했기 때문입니다. 워크시트의 임의의 셀을 클릭하여 차트 선택을 해제한 후 [페이지 레이아웃] → **페이지 설정**의 [↘]를 클릭하면 정상적으로 '자동 맞춤'의 옵션을 선택할 수 있습니다.

2. [파일] → **인쇄**를 선택하여 작업표와 차트가 모두 한 페이지에 인쇄되는지 확인하세요. 화면에 보이는 것보다 크게 인쇄하려면 '여백 표시(▣)'를 클릭하여 여백을 표시하는 경계선을 화면에 표시한 후 마우스로 드래그하여 여백을 조절하세요.

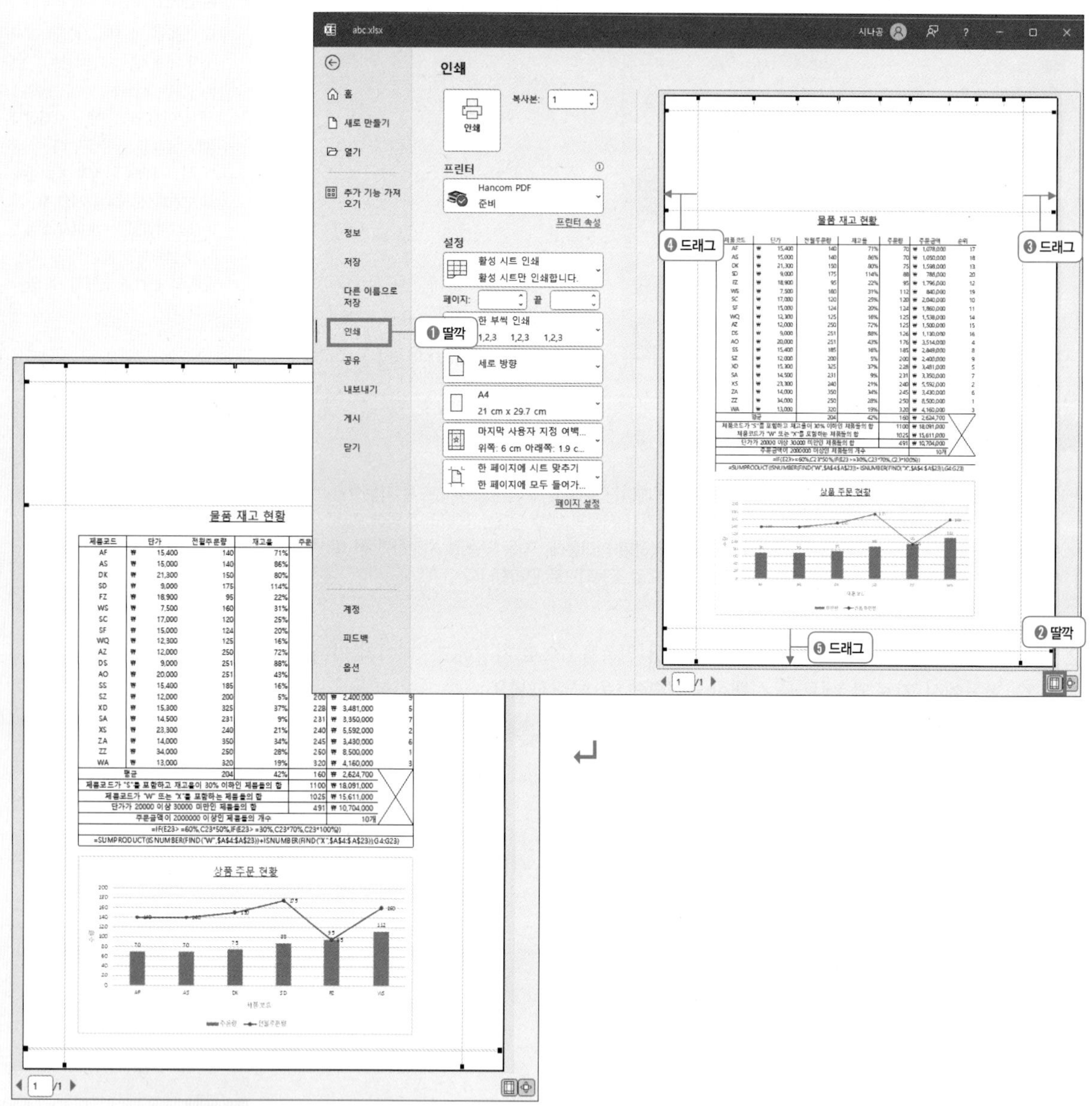

03. 엑셀 종료하기

계산 작업을 모두 마치고 미리 보기로 확인했으면 실제 출력작업은 세 가지 작업을 모두 마칠 때까지 뒤로 미루고, '닫기(x)' 단추를 클릭하여 엑셀을 종료하세요.

5 2과목 자료처리(DBMS) 작업 풀이

01. 문제 분석

아래의 지시사항대로 조회화면을 설계하고 보고서를 작성한 후 각각을 A4 용지 한 장씩에 출력해서, 출력물과 해당 파일을 감독관에게 제출합니다. 인쇄 출력물은 상단에 6cm 정도의 여백을 지정하여 출력하고, 출력된 인쇄물에는 지정된 여백의 중앙 상단에 비번호, 수험번호, 성명을 펜으로 기재하고 중앙 하단에 페이지 번호를 기재하여 제출해야 합니다. 단, 출력은 3과목의 작업을 모두 마친 후에 하므로 다른 작업을 마칠 때까지 저장된 상태로 그냥 두면 됩니다.

4. 자료처리(DBMS) 작업

부서별 판매 목표현황을 전산 처리하고자 한다. 다음의 입력자료(DATA)를 이용하여 DB를 설계하고 작성 조건에 따라 처리파일을 작성하고, 그 인쇄 출력물을 제출하시오.

가. 요구사항 및 유의사항

ⓐ 1) 자료처리(DBMS) 작업은 조회화면(SCREEN) 설계와 자료처리 보고서의 2가지 작업을 수행하여 그 결과물을 인쇄용지(A4) 기준 각 1장씩 총 2장을 제출하여야 채점 대상이 됨을 유의하시오.

ⓑ 2) 반드시 인쇄작업 수행 전 미리보기 등을 통해 여백을 조정하고, 수치, 문자 등 구성요소가 누락되지 않도록 주의하시오. 구성요소가 누락되어 인쇄되지 않은 결과로 인한 모든 책임은 전적으로 수험자 본인에게 있음을 반드시 유의하시오.

3) 문제지에 기재된 작성 조건에 따라 처리하고, 조회화면 및 자료처리 보고서의 서식이 작성 조건과 상이할 경우에는 시험위원의 지시에 따라 작업하시오.

ⓒ

나. 입력자료(DATA)

ⓓ 목표현황

부서코드	제품명	ⓔ 금년목표	ⓔ 금년실적
A	냉장고	100,000	100,000
C	모니터	20,000	21,000
C	CPU	15,000	13,000
A	TV	150,000	165,000
D	중형차	80,000	76,000
B	국내부분	90,000	100,000
A	VTR	80,000	98,000
A	세탁기	70,000	68,000
C	RAM	9,000	10,000
C	프린터	50,000	50,000
B	해외부분	50,000	48,000
D	대형차	20,000	18,000
D	경차	50,000	65,000

ⓓ 부서

부서코드	부서명
A	가전영업부
B	플랜트영업부
C	컴퓨터영업부
D	자동차영업부

ⓐ 조회화면 1장, 보고서 1장 총 2장에 출력해야 합니다. 만약 3장에 출력되면 먼저 출력된 2장만을 채점합니다.

ⓑ 출력은 한 번만 가능합니다. 출력하기 전에 여백 등을 조정한 후 미리 보기를 통해 인쇄 내용을 모두 확인한 후 출력해야 합니다.

ⓒ 테이블을 만들어 입력할 자료입니다. 폼과 보고서에서 사용할 자료이므로 오타 없이 정확하게 입력해야 합니다.

ⓓ 입력자료(DATA)에 표시된 '목표현황'이 마치 테이블 이름처럼 보이는데요. 문제의 지시사항에 테이블 이름에 대한 특별한 지시사항이 없으므로 기본적으로 지정되는 값 또는 임의의 값을 지정해서 사용하면 됩니다.

ⓔ 필드명(금년목표, 금년실적)을 통하여 금액이라는 것을 유추할 수 있으므로 데이터 형식 지정 시 '통화'로 지정하면 됩니다.

전문가의 조언

ⓕ 데이터베이스 개체의 폼을 이용해 만들면 됩니다.
ⓖ '목록 상자 마법사'를 이용하여 목록 상자를 만든 후 조건을 지정해 주면 됩니다.
ⓗ '목록 상자 마법사' 4단계에서 정렬하면 됩니다.
ⓘ '목록 상자(리스트 박스)' 속성 시트 창의 '데이터' 탭에서 '행 원본'의 내용을 복사하여 텍스트 상자에 붙여넣으면 됩니다.
ⓙ 목록 상자의 행 원본을 수정할 때 '테이블1'과 '테이블2'를 조인해야 하는데, 조인을 설정하면 자동으로 INNER JOIN 구문이 SQL문에 포함됩니다.
ⓚ 작성한 SQL문이 틀렸으면 감점으로 끝나지만 아무것도 입력하지 않고 공란으로 비워두면 "조회화면 설계" 전체가 0점이므로 정답이 생각나지 않을 경우 아무 SQL문이라도 입력해 놓아야 합니다.
ⓛ '목록 상자 마법사' 3단계에서 '부서코드', '제품명', '금년실적' 필드를 추가하여 목록 상자를 작성한 후 작성된 목록 상자의 행 원본 속성을 수정해 '부서명'과 '비고' 필드를 추가하면 됩니다.
ⓜ 문제에 제시된 [조회화면 서식]을 보고 수험생이 판단해서 작성하면 됩니다.
ⓝ 매회 동일하게 출제되는 지시사항입니다. [기타 조건]에서 폼에 적용되는 내용은 제목의 크기, 금액에 대한 표시 형식, 모든 수치 데이터에 대한 형식, 데이터의 열 간격 및 자릿수에 대한 내용입니다.
ⓞ [문제3]의 [기타 조건]에 제시된 크기(16)로, 임의의 서체를 사용하여 문제지의 모양과 비슷하게 만들면 됩니다.

ⓟ '보고서 마법사' 과정에서 그룹 수준으로 '부서명'을 선택하고, 정렬 기준으로 '제품명'을 선택하면 됩니다.
ⓠ 속성 시트 창의 '형식' 탭에서 형식 속성에 '백분율'을 지정하면 됩니다.
ⓡ %를 입력할 수 없으므로 150% 대신 1.5를 입력해야 합니다.
ⓢ iif문을 이용한 함수식으로 작성하면 됩니다.

다. ⓕ조회화면(SCREEN) 설계

다음 조건에 따라 ⓖ금년실적이 60000 이상이면서 비고가 달성인 현황을 조회할 수 있는 화면을 설계하고 해당 데이터를 출력하시오.

ⓗ 1) 해당 현황은 목록 상자(리스트박스)에서 제품명을 기준으로 오름차순으로 출력하고, 화면 아래에 조회시 작성한 SQL문을 복사ⓘ하시오.
   - ⓖWHERE 조건절에 금년실적 반드시 포함
   - ⓙINNER JOIN, ⓗORDER BY 구문 반드시 포함

   ※ SQL문에 상기 내용 미포함 시 SQL 작성 부분 0점 처리

ⓚ 2) 리스트박스 조회시 작성된 SQL문이 작성되지 않을 경우에는 "조회화면(SCREEN) 설계" 과제가 0점 처리됨을 반드시 유의하시오.

ⓛ 3) 목록 상자에 표시되어야 할 필수적인 필드명은 다음과 같습니다.
   - 부서코드, 제품명, 금년실적, 부서명, 비고

ⓜ 4) 폼 서식에 제반되는 폰트, 점선 등은 아래 [조회화면 서식]에 보이는 대로 기재하시오.

ⓝ 5) 기타 사항은 "자료처리 파일(FILE) 작성"의 [기타 조건]을 따르시오.

[조회화면 서식]

ⓞ 금년실적이 60000 이상, 비고가 달성인 제품 현황

ⓛ

부서코드	제품명	금년실적	부서명	비고

리스트박스 조회시 작성된 SQL문

ⓚ

다. 자료처리 파일(FILE) 작성

다음 처리 조건에 따라 아래 양식과 같이 작성하시오.

[처리 조건]

ⓟ 1) 부서명으로 구분 정리한 후, 같은 부서명 안에서는 제품명의 오름차순으로 정렬(SORT)한다.

2) 달성률 : 금년실적 / 금년목표(단, ⓠ백분율로 표시)

ⓡ 3) 명년목표 : 금년실적 × 150%

ⓢ 4) 비고 : 금년실적이 금년목표보다 크거나 같으면 "달성", 아니면 "미달"을 표시

ⓣ 5) 해당 인원수 및 평균 : 부서별 인원수의 합 산출과 부서별 금년목표의 평균, 금년실적의 평균, 달성률의 평균 산출
6) 총평균 : 금년목표의 평균, 금년실적의 평균, 달성률의 평균 산출
ⓤ 7) 작성일자는 오늘날짜(수검일자)로 하시오.

[기타 조건]
ⓥ 1) 조회화면 및 보고서 제목의 크기는 16 정도의 임의 서체로 하시오.
ⓦ 2) 금액에 대한 수치는 원화(₩) 표시를 하고 천 단위마다 ,(Comma)를 표시한다. 단, 금액 이외의 수치는 천 단위마다 ,(Comma)를 표시하지 않도록 하시오.
ⓧ 3) 모든 수치(숫자, 통화, 백분율 등)는 컨트롤의 속성을 설정하는 과정에서 소수 자릿수를 0으로 지정하여 정수로 표시하시오.
ⓨ 4) 데이터의 열과 간격, 자릿수 등은 일정하게 맞추도록 하시오.

부서별 판매 목표 현황

작성일자 : YYYY-MM-DD

ⓩ

부서명	제품명	금년목표	금년실적	달성률	명년목표	비고
XXXXXX	XXXX	₩XXX,XXX	₩XXX,XXX	XXX%	₩XXX,XXX	XX
	XXXX	₩XXX,XXX	₩XXX,XXX	XXX%	₩XXX,XXX	XX
해당 인원수 및 평균	XXX명	₩XXX,XXX	₩XXX,XXX	가전영업부	달성률	XX%
XXXXXX	XXXX	₩XXX,XXX	₩XXX,XXX	XXX%	₩XXX,XXX	XX
	XXXX	₩XXX,XXX	₩XXX,XXX	XXX%	₩XXX,XXX	XX
해당 인원수 및 평균	XXX명	₩XXX,XXX	₩XXX,XXX	자동차영업부	달성률	XX%
XXXXXX	XXXX	₩XXX,XXX	₩XXX,XXX	XXX%	₩XXX,XXX	XX
	XXXX	₩XXX,XXX	₩XXX,XXX	XXX%	₩XXX,XXX	XX
해당 인원수 및 평균	XXX명	₩XXX,XXX	₩XXX,XXX	컴퓨터영업부	달성률	XX%
XXXXXX	XXXX	₩XXX,XXX	₩XXX,XXX	XXX%	₩XXX,XXX	XX
	XXXX	₩XXX,XXX	₩XXX,XXX	XXX%	₩XXX,XXX	XX
해당 인원수 및 평균	XXX명	₩XXX,XXX	₩XXX,XXX	플랜트영업부	달성률	XX%
총평균		₩XXX,XXX	₩XXX,XXX		총달성률	XX%

02. 파일 저장하기

1. [(시작)] → Access을 선택하여 액세스 프로그램을 실행하세요.

2. 새로운 데이터베이스를 만들어야 하므로 'Microsoft Access 시작' 창에서 '빈 데이터베이스'를 클릭하세요.

ⓣ '요약' 옵션 대화상자에서 지시사항대로 지정해 주면 됩니다.

ⓤ 내장 함수인 Date( )를 사용하는 것이 효율적입니다.

ⓥ 매회 거의 동일하게 출제되는 지시사항입니다.

ⓦ 속성 시트 창의 '형식' 탭에서 형식 속성에 '통화'를 지정하면 됩니다.

ⓧ 속성 시트 창의 '형식' 탭에서 형식 속성에 0을, 소수 자릿수 속성에 0을 입력합니다.

ⓨ 각 항목의 제목과 내용을 맞추어서 표시하면 됩니다. 즉 제품명 열에는 제품명이 일정하게 표시되어야 합니다.

ⓩ 최종 완성될 보고서의 모양입니다. '보고서 마법사'로 생성한 후 수정하여 완성합니다.

오피스 2010 사용자

[시작] → 모든 프로그램 → Microsoft Office → Microsoft Access 2010을 선택하여 액세스 프로그램을 실행한 후 'Microsoft Access 시작' 창에서 '새 데이터베이스'를 클릭하세요.

'Access 시작' 창에서 **새 데스크톱 데이터베이스**를 클릭하세요.

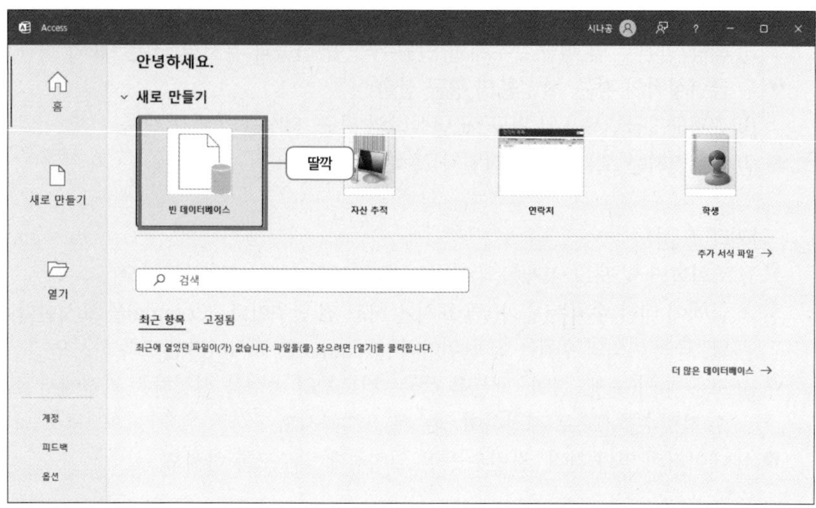

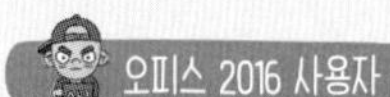

'새 데스크톱 데이터베이스' 창의 파일 이름 입력난 오른쪽에 있는 [아이콘]를 클릭하세요.

3. 'Microsoft Access 시작' 창에 파일 이름을 입력할 수 있는 창이 표시됩니다. 입력란 오른쪽에 있는 [아이콘]를 클릭한 후 시험위원의 지시에 따라 저장 위치를 선택하고 파일명을 입력하세요. 여기서는 저장 위치를 바탕화면, 파일명을 'abc.accdb'로 가정하고 작업합니다. 파일 이름을 입력한 후 〈확인〉을 클릭하세요. 이어서 입력란 밑에 있는 〈만들기〉를 클릭하세요.

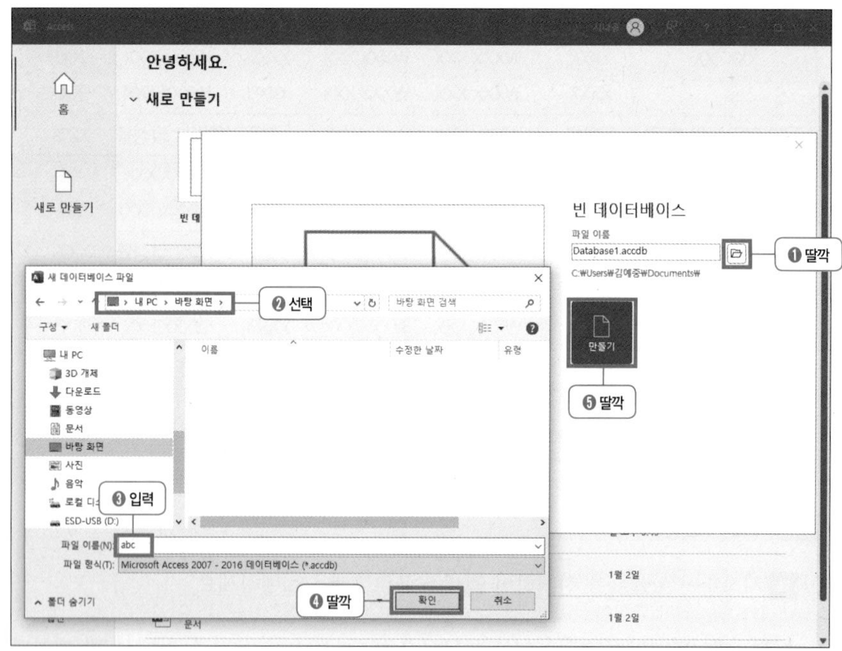

4. 액세스 화면이 나타나고 자동으로 만들어진 테이블(테이블1)이 데이터시트 보기 형식으로 표시됩니다. 액세스 프로그램의 제목 표시줄에 시험위원이 지시한 파일명이 표시되는지 확인하세요.

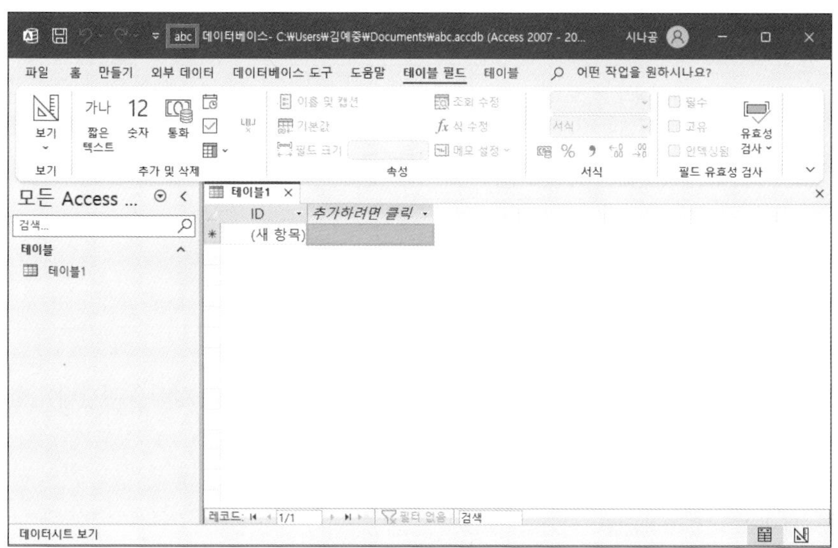

잠깐만요

액세스의 화면 구성 및 데이터베이스 구성 요소

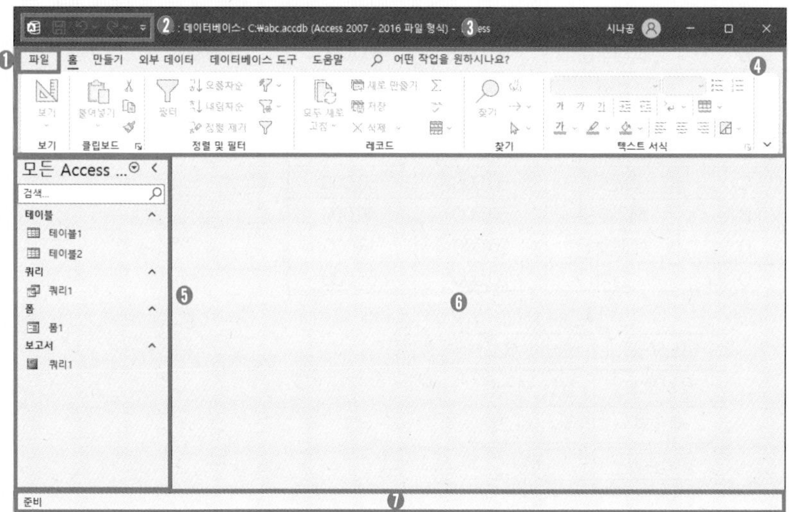

❶ **[파일] 탭** : 새로 만들기, 열기, 저장, 다른 이름으로 저장, 인쇄, 계정 등의 메뉴와 함께 Access 2021의 작업 환경을 설정할 수 있는 '옵션' 메뉴가 있음

❷ **빠른 실행 도구 모음** : 자주 사용하는 도구들을 모아 두는 곳으로 빠른 실행 도구 모음의 [▾]를 클릭하여 간단하게 추가하거나 제거할 수 있음

❸ **제목 표시줄** : 현재 사용하고 있는 프로그램의 이름과 지금 열려 있는 파일의 이름이 표시됨

❹ **리본 메뉴** : 액세스에서 제공하는 다양한 기능을 실행할 수 있는 명령들이 용도에 맞게 탭으로 분류되어 있음. 탭은 기본적으로 5개로 구성 되고, 각 탭은 기능별 그룹으로 다시 구분됨

리본 메뉴는 선택하는 개체(테이블, 폼, 쿼리 등)의 보기 형식(디자인 보기, 데이터시트 보기, 피벗 테이블 보기, 피벗 차트 보기 등)에 따라 달라집니다.

- 문제의 입력자료(DATA)에 표시된 '목표현황'이 마치 테이블 이름처럼 보이는데요, 문제의 지시사항에 테이블 이름에 대한 특별한 지시사항이 없으므로 기본적으로 지정되는 값 또는 임의의 값을 지정해서 사용하면 됩니다.
- 입력자료의 금년목표와 금년실적에는 원화(₩) 표시가 되어 있지 않지만 필드 이름을 통해 금액이라는 것을 유추할 수 있으므로 데이터 형식을 '통화'로 지정해야 합니다.
- 테이블은 1개 또는 2개를 설계하도록 출제되고 있습니다. 테이블을 만든 후 테이블에 데이터를 입력합니다. 입력된 데이터는 폼과 보고서에서 사용합니다.

데이터 형식

필드에 입력될 자료(데이터)의 종류를 설정하는 것으로 12가지 형식이 있으나 실제 시험에서는 대부분 텍스트, 숫자, 날짜/시간, 통화 형식만 사용되므로 4가지 형식만 정확히 기억해 두세요. 액세스 2021에서는 텍스트 형식이 '짧은 텍스트'와 '긴 텍스트'로 구분되나 사무자동화 실기 시험에서는 '짧은 텍스트'로만 지정하면 됩니다.

- **짧은 텍스트** : 텍스트나 텍스트와 숫자가 모두 들어 있는 데이터를 255자까지 입력할 수 있는 형식

※ **오피스 2010 사용자** : '텍스트' 지정

- **숫자** : 각종 크기의 숫자를 입력할 수 있는 형식
- **날짜/시간** : 날짜와 시간을 입력할 수 있는 형식
- **통화** : 숫자 형식에 화폐 기호를 표시하기 위한 형식

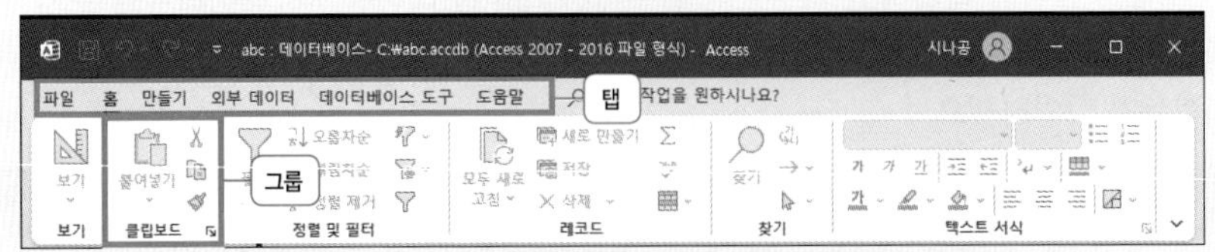

❺ **탐색 창** : 테이블, 쿼리, 폼, 보고서, 매크로, 모듈 등의 데이터베이스 개체가 표시됨

❻ 탐색 창에서 선택한 개체의 내용이 선택한 보기 형태로 표시됨

❼ **상태 표시줄** : 창 아래쪽에 위치한 막대로, 상황에 따라 표시되는 정보가 다름

문제 1 테이블 작성하기

01. 첫 번째 테이블 작성하기

1. 먼저 문제에 주어진 입력자료(Data)를 통해 필드 이름과 데이터 형식을 판단해야 합니다.

목표현황

부서코드	제품명	금년목표	금년실적
A	냉장고	100,000	100,000
C	모니터	20,000	21,000
C	CPU	15,000	13,000
A	TV	150,000	165,000
D	중형차	80,000	76,000
B	국내부분	90,000	100,000
A	VTR	80,000	98,000
A	세탁기	70,000	68,000
C	RAM	9,000	10,000
C	프린터	50,000	50,000
B	해외부분	50,000	48,000
D	대형차	20,000	18,000
D	경차	50,000	65,000

필드 이름

데이터

↓

필드 이름	데이터 형식*
부서코드	짧은 텍스트
제품명	짧은 텍스트
금년목표	통화
금년실적	통화

2. 새로운 테이블을 작성하기 위해서는 테이블을 디자인 보기 형식으로 열어야 합니다. [테이블 필드] → 보기 → **디자인 보기(📐)**를 클릭하세요.

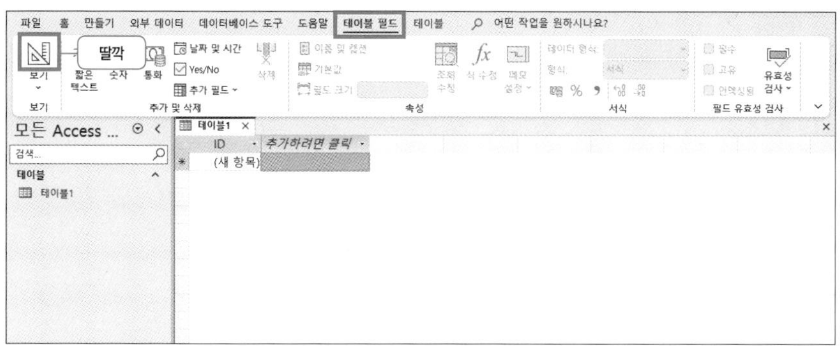

[테이블 필드] → 보기 → **디자인 보기(📐)** 대신 '탐색' 창에서 테이블을 선택한 후 바로 가기 메뉴에서 **[디자인 보기]**를 선택해도 됩니다.

※ **오피스 2016 사용자 :** [테이블 도구] → 디자인 → 보기 → **디자인 보기(📐)**를 클릭하세요.

※ **오피스 2010 사용자 :** [테이블 도구] → 필드 → 보기 → **디자인 보기(📐)**를 클릭하세요.

3. 테이블 이름을 지정하기 위한 '다른 이름으로 저장' 대화상자가 나타납니다. 문제의 지시사항에 테이블 이름에 대한 언급이 없으므로 기본값(테이블1)이 입력되어 있는 상태 그대로 〈확인〉을 클릭합니다.

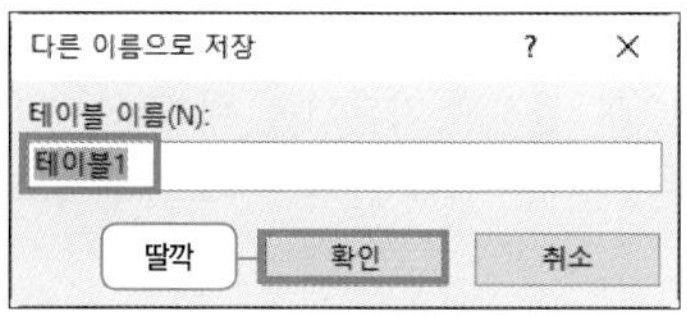

전문가의 조언

문제의 지시사항에 테이블, 폼, 보고서의 이름에 대한 특별한 지시사항이 없을 경우 기본적으로 지정되는 값 또는 임의의 값을 지정해서 사용하면 됩니다. 이름 짓느라 고민할 필요없이 기본적으로 지정되는 값을 사용하는 것이 좋겠죠.

4. 첫 번째 필드 이름에 기본적으로 'ID' 필드가 만들어져 있습니다. 이미 만들어진 필드 이름을 지우고 **부서코드**를 입력하세요. 이어서 데이터 형식 입력란의 목록 단추(▼)를 클릭하여 '짧은 텍스트' 형식을 선택하세요.

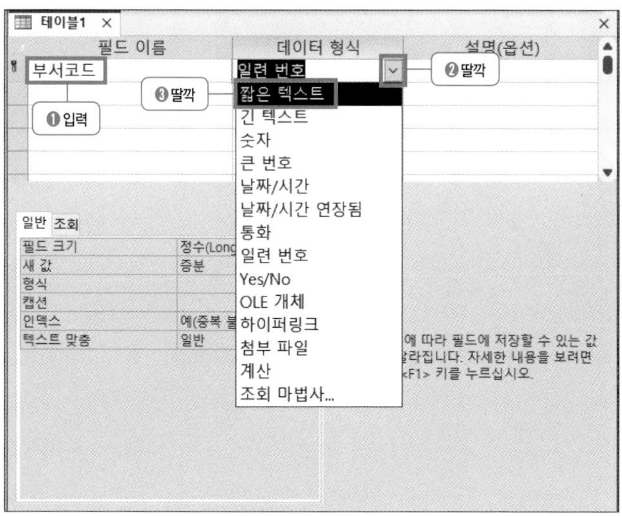

전문가의 조언

데이터베이스 파일에는 하나 이상의 테이블 개체가 존재해야 하므로, 새 데이터베이스 파일을 만들면 자동으로 한 개의 필드(ID)를 가진 테이블(테이블1)이 한 개 생성됩니다. 생성된 기본 필드(ID)는 자동으로 '일련 번호' 형식으로 지정되고, 기본키로 설정됩니다.

오피스 2010 사용자

이미 만들어진 필드 이름을 지우고 **부서코드**를 입력한 후 데이터 형식을 '텍스트' 형식을 선택하세요.

전문가의 조언

필드의 데이터 형식은 문제에 주어진 입력자료를 보고 판단해야 합니다. 필드 이름은 입력자료에 있는 항목명으로 지정하고, 데이터 형식은 데이터 형태를 보고 문자일 경우 '짧은 텍스트', 숫자일 경우 '숫자', 날짜 및 시간일 경우 '날짜/시간', 금액(비용, 돈 등)일 경우 '통화'로 지정합니다.

5. 다음 행을 클릭하고, **4**번과 같은 방법으로 나머지 항목에 대한 필드 이름과 데이터 형식을 지정하세요.

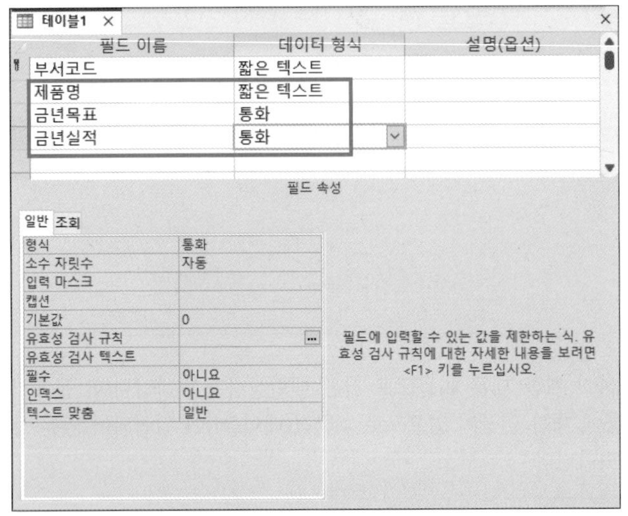

기본키
테이블에서 각 레코드를 유일하게 구분할 수 있는 키를 의미합니다. 기본키를 지정하라는 지시사항이 없을 경우 기본키를 지정하지 않습니다.

6. 문제에 기본키*에 대한 언급이 없으므로 기본적으로 설정된 기본키를 해제해야 합니다. '부서코드' 필드를 선택한 후 바로 가기 메뉴에서 **[기본키]**를 선택하세요. '부서코드' 앞에 표시된 열쇠 모양이 없어집니다.

기본키를 해제하는 다른 방법
'부서코드' 필드를 선택한 후 [테이블 디자인] → 도구 → **기본키**( )를 클릭해도 됩니다.

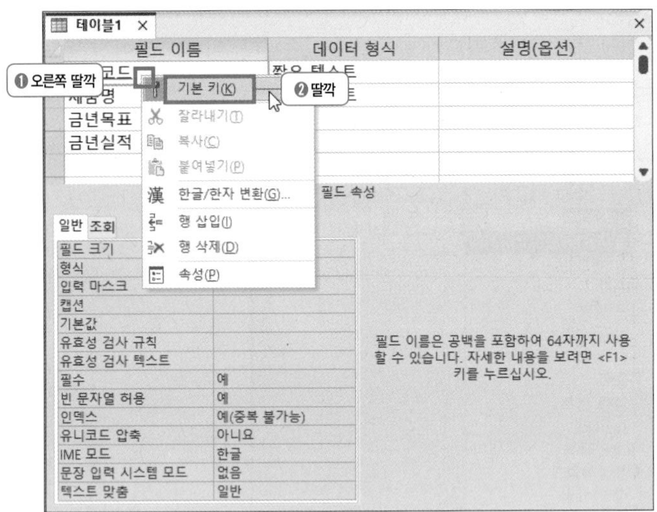

7. 디자인 작업이 완료되었습니다. '닫기(☒)' 단추를 클릭하여 테이블 디자인 창을 닫으세요. 저장 확인 여부를 묻는 대화상자가 표시되면 〈예〉를 클릭하세요.

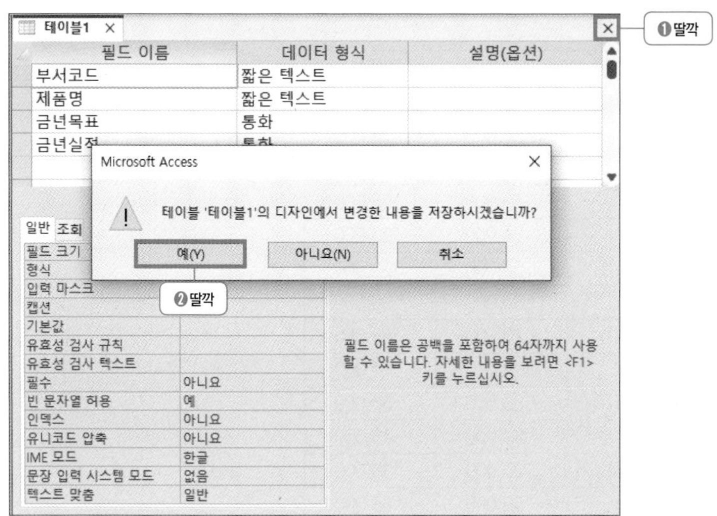

8. 설계된 내용이 테이블에 적용됩니다. 이제 데이터를 입력해야 합니다. 데이터를 입력하려면 생성한 테이블을 열어야 합니다. 방금 만든 '테이블1'을 더블클릭하면 테이블이 데이터를 입력할 수 있는 데이터시트 보기 상태로 열립니다.

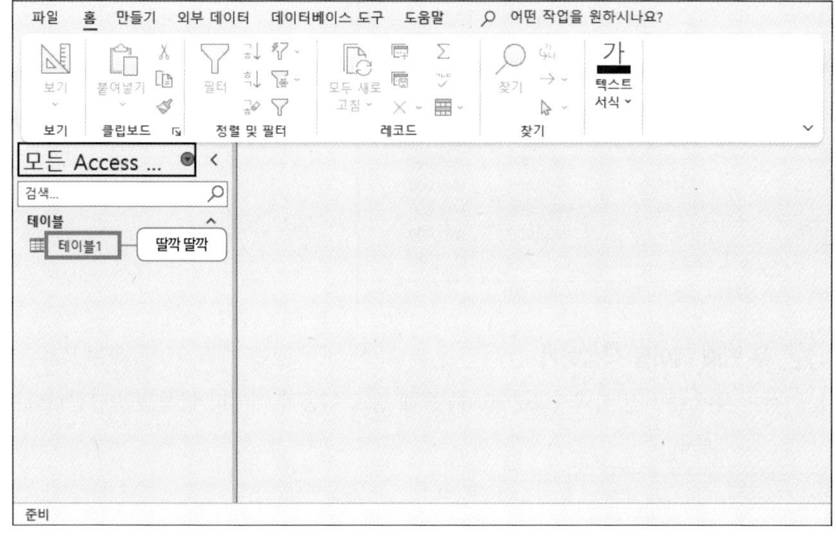

데이터시트 보기 상태에서 '디자인 보기' 창으로 변경하려면 [홈] → 보기 → [보기] → **디자인 보기**([✎])를 클릭하면 됩니다.

데이터를 잘못 입력하면 출력 결과가 틀릴 것이고, 출력 결과가 틀리면 아무리 완벽하게 작성해도 감점될 수 있으므로 데이터를 입력한 후에는 반드시 문제지와 일치하는지 확인해야 합니다.

9. 데이터시트 보기 상태에서 그림과 같이 테이블에 자료를 입력하세요. 필드 간을 이동할 때는 탭(Tab)이나 방향키(→, ←)를 이용하면 됩니다. 입력이 완료되면 '닫기(×)' 단추를 클릭합니다.

부서코드	제품명	금년목표	금년실적
A	냉장고	100,000	100,000
C	모니터	20,000	21,000
C	CPU	15,000	13,000
A	TV	150,000	165,000
D	중형차	80,000	76,000
B	국내부분	90,000	100,000
A	VTR	80,000	98,000
A	세탁기	70,000	68,000
C	RAM	9,000	10,000
C	프린터	50,000	50,000
B	해외부분	50,000	48,000
D	대형차	20,000	18,000
D	경차	50,000	65,000

↓

테이블1 ×

부서코드	제품명	금년목표	금년실적
A	냉장고	₩100,000	₩100,000
C	모니터	₩20,000	₩21,000
C	CPU	₩15,000	₩13,000
A	TV	₩150,000	₩165,000
D	중형차	₩80,000	₩76,000
B	국내부분	₩90,000	₩100,000
A	VTR	₩80,000	₩98,000
A	세탁기	₩70,000	₩68,000
C	RAM	₩9,000	₩10,000
C	프린터	₩50,000	₩50,000
B	해외부분	₩50,000	₩48,000
D	대형차	₩20,000	₩18,000
D	경차	₩50,000	₩65,000
*		₩0	₩0

레코드: 1/13 필터 없음 검색

'금년목표' 필드의 첫 번째 행에 '100000'을 입력하면 자동으로 '₩100,000'이 표시됩니다. '금년목표' 필드의 데이터 형식을 통화로 지정했기 때문에 자동으로 ₩와 ,(Comma)가 표시된 것입니다.

02. 두 번째 테이블 작성하기

1. 먼저 문제에 주어진 입력자료(Data)를 통해 필드 이름과 데이터 형식을 판단합니다.

부서

부서코드	부서명
A	가전영업부
B	플랜트영업부
C	컴퓨터영업부
D	자동차영업부

필드 이름 (부서코드, 부서명) / 데이터 (A~D 행)

↓

필드 이름	데이터 형식
부서코드	짧은 텍스트
부서명	짧은 텍스트

문제의 입력자료(DATA)에 표시된 '부서'가 마치 테이블 이름처럼 보이는데요. 문제의 지시사항에 테이블 이름에 대한 특별한 지시사항이 없으므로 기본적으로 지정되는 값 또는 임의의 값을 지정해서 사용하면 됩니다.

'부서코드'와 '부서명'의 데이터 형식을 '텍스트'로 지정하세요.

2. 두 번째 테이블을 설계하기 위해 [만들기] → 테이블 → **테이블 디자인(▦)**을 클릭합니다.

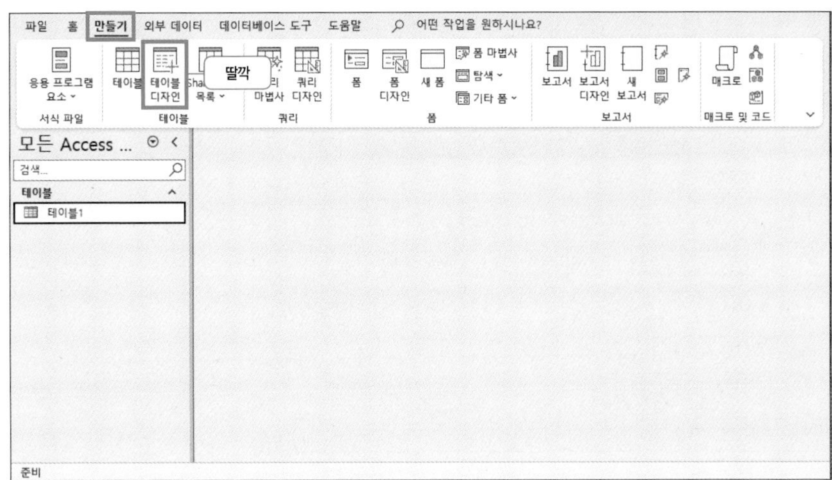

3. 필드 이름과 데이터 형식을 그림과 같이 지정한 후 '닫기(✕)' 단추를 클릭하여 테이블 디자인 보기 창을 닫으세요. 저장 확인 여부를 묻는 대화상자가 표시됩니다.

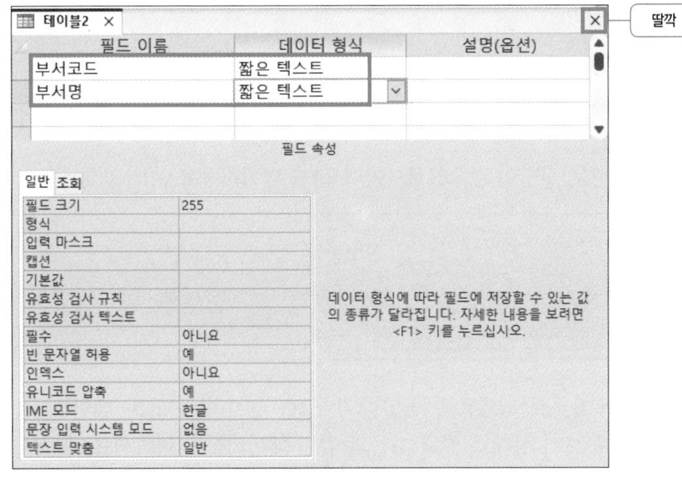

'부서코드'와 '부서명'의 데이터 형식을 '텍스트'로 지정하세요.

4. 저장 확인 여부를 묻는 대화상자에서 〈예〉를 클릭하세요. '다른 이름으로 저장' 대화상자가 나타납니다.

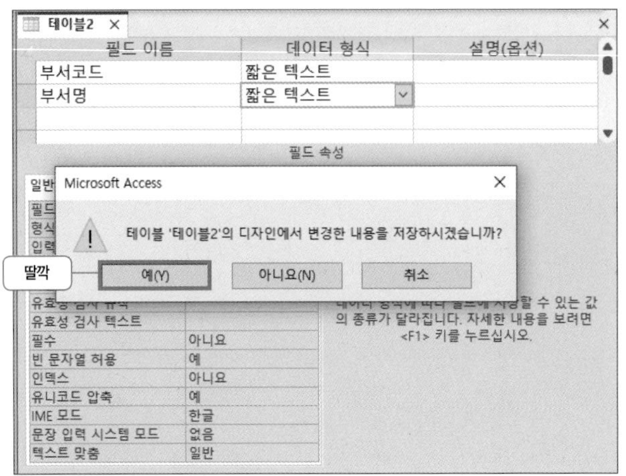

5. 두 번째 테이블도 파일명에 대한 지시사항이 없으므로 대화상자에 기본값(테이블2)이 입력된 상태에서 〈확인〉을 클릭하세요. 기본키를 설정하는 대화상자가 나타납니다.

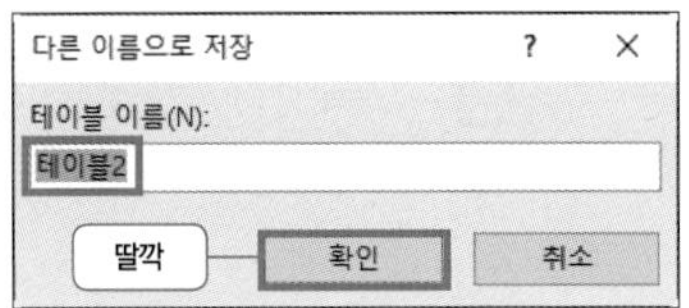

6. 기본키를 지정하라는 지시사항이 없으므로 〈아니요〉를 클릭하세요.

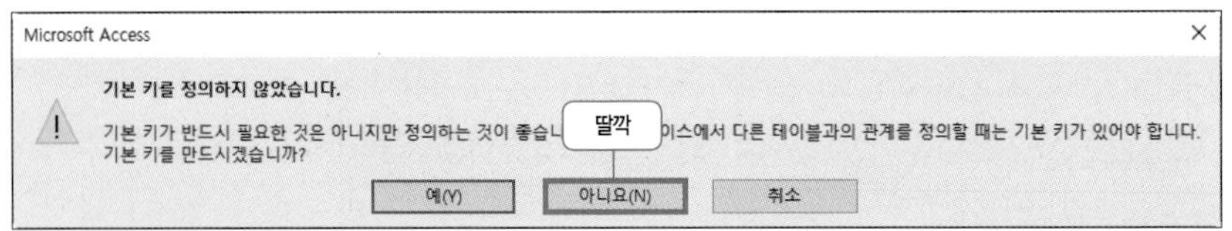

7. '탐색' 창에서 '테이블2'가 생성되었음을 확인할 수 있습니다. 방금 만든 '테이블2'를 더블클릭하여 데이터시트 보기 상태로 열고 다음과 같이 데이터를 입력하세요. 입력이 완료되면 '닫기(☒)' 단추를 클릭합니다.

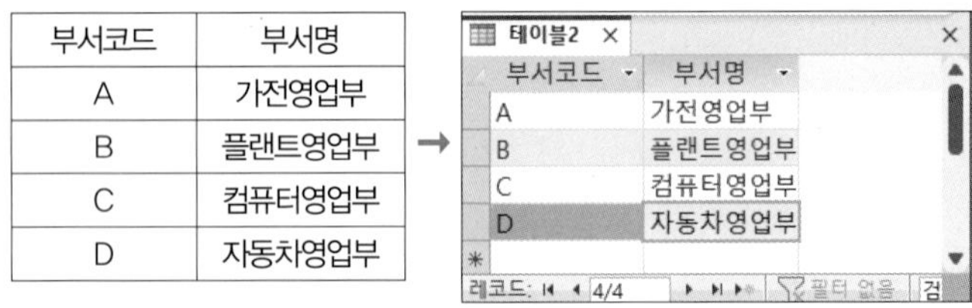

부서코드	부서명
A	가전영업부
B	플랜트영업부
C	컴퓨터영업부
D	자동차영업부

문제 2 쿼리 작성하기

01. 보고서 분석하기

실제 시험에 쿼리를 만들어 제출하라는 지시사항은 없지만 테이블의 필드들만 가지고는 보고서에서 사용할 원본 데이터를 만들 수 없으므로 쿼리를 만들어서 사용해야 합니다. 그러므로 쿼리를 작성하기 전에는 먼저 문제에 제시된 보고서를 분석하여 사용할 필드를 정리해야 합니다. 보고서에서 사용할 필드 목록은 다음과 같습니다.

1. 자료처리 양식(보고서)

부서별 판매 목표 현황

작성일자 : YYYY-MM-DD

부서명	제품명	금년목표	금년실적	달성률	명년목표	비고
XXXXXX	XXXX	₩ XXX,XXX	₩ XXX,XXX	XXX%	₩ XXX,XXX	XX

필드 이름

시나공 Q&A 베스트

Q 왜 폼에서 사용할 필드는 분석하지 않고 보고서만 분석하나요?

A 폼은 테이블에 있는 필드만을 이용하여 작성할 수 있지만 보고서는 테이블에 있는 필드뿐만 아니라 새로운 계산 필드를 추가하여 작성해야 합니다. 그러므로 보고서에서 필요한 필드를 분석한 후 테이블의 필드와 계산 필드를 추가한 쿼리를 작성한 다음 이 쿼리를 이용하여 보고서를 작성해야 합니다.

2. 보고서에서 사용할 필드 목록

다음은 보고서에서 사용할 필드와 그 필드를 만들기 위해 필요한 필드 또는 수식을 정리한 것입니다. 다음의 필드가 모두 포함되게 쿼리를 만들어야 합니다.

필드 이름	원본 데이터	비고
부서명	테이블2	테이블에서 제공되는 필드
제품명	테이블1	
금년목표	테이블1	
금년실적	테이블1	
달성률	금년실적 / 금년목표	추가해야 하는 필드
명년목표	금년실적 × 150%	
비고	금년실적이 금년목표보다 크거나 같으면 "달성", 아니면 "미달" → iif([금년실적]>=[금년목표], "달성", "미달")	

즉 두 개의 테이블을 연결하여 필요한 필드를 가져오고, 문제에서 요구한 새로운 필드(달성률, 명년목표, 비고)는 수식으로 만들어서 추가해야 합니다.

문제에 표시된 보고서의 필드 이름과 테이블에 사용된 필드 이름을 비교해 보면 쿼리에 추가해야 하는 필드가 어떤 것들인지 판단할 수 있습니다.

02. 테이블 조인 및 필드 선택하기

1. 새로운 쿼리 작성을 위한 설계 도구를 불러와야 합니다. [만들기] → 쿼리 → **쿼리 디자인**( )을 클릭하세요. 쿼리 작성기와 '테이블 추가' 창이 표시됩니다.

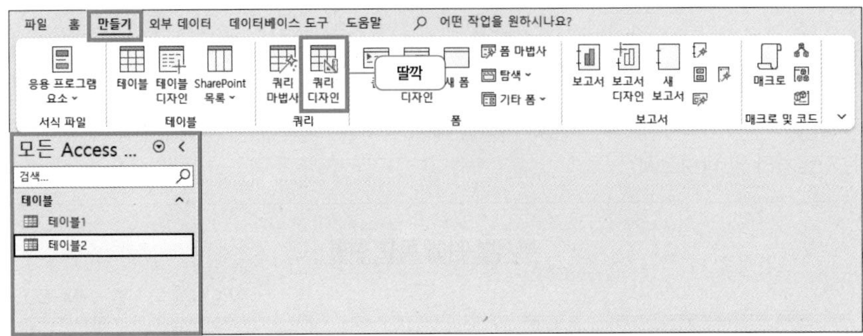

테이블 이름을 선택하고 〈추가〉를 클릭해도 됩니다.

2. '테이블 추가' 창의 '테이블' 탭에서 사용할 테이블을 선택합니다. '테이블1'과 '테이블2' 테이블을 차례로 더블클릭한 후 '닫기( )' 단추를 클릭하세요.

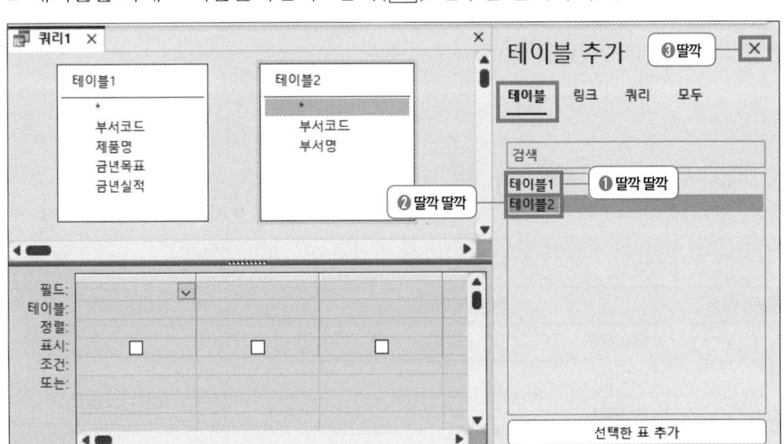

3. 쿼리 작성기 창에 '테이블1', '테이블2' 테이블이 추가된 것을 확인할 수 있습니다. 부서코드를 입력했을 때 부서코드에 해당되는 부서명이 출력되게 하려면 두 테이블을 부서코드로 조인해야 합니다. '테이블1'의 부서코드를 '테이블2'의 부서코드로 끌어다 놓으세요. 부서코드를 이용하여 두 테이블을 연결하는 선이 표시됩니다.

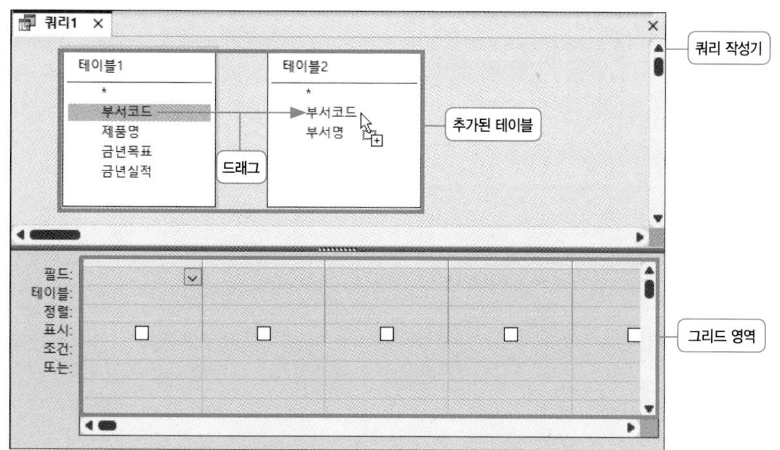

잠깐만요 필드를 조인하지 않으면 안 되나요?

두 개의 테이블을 이용해서 쿼리를 만들 때는 두 개의 테이블 간 관련된 필드를 기준으로 조인해서 사용해야 합니다. 그렇지 않을 경우 두 개의 테이블에 있는 레코드를 이용하여 조합할 수 있는 모든 경우(두 테이블에 있는 레코드 수의 곱)의 레코드가 표시됩니다. 여기서는 부서코드를 기준으로 연결하지 않으면 '테이블1'의 13개 레코드와 '테이블2'의 4개 레코드가 조합되어 52개의 레코드가 표시됩니다. 두 테이블에서 부서코드, 제품명, 금년목표, 금년실적, 부서명이 표시되는 쿼리를 작성했을 때 부서코드를 기준으로 조인한 경우와 그렇지 않은 경우를 비교해 보면 다음과 같습니다.

• 부서코드로 조인하지 않은 경우

쿼리1

부서코드	제품명	금년목표	금년실적	부서명
A	냉장고	₩100,000	₩100,000	가전영업부
A	냉장고	₩100,000	₩100,000	플랜트영업부
A	냉장고	₩100,000	₩100,000	컴퓨터영업부
A	냉장고	₩100,000	₩100,000	자동차영업부
C	모니터	₩20,000	₩21,000	가전영업부
C	모니터	₩20,000	₩21,000	플랜트영업부
C	모니터	₩20,000	₩21,000	컴퓨터영업부
C	모니터	₩20,000	₩21,000	자동차영업부
C	CPU	₩15,000	₩13,000	가전영업부
C	CPU	₩15,000	₩13,000	플랜트영업부
C	CPU	₩15,000	₩13,000	컴퓨터영업부
C	CPU	₩15,000	₩13,000	자동차영업부
A	TV	₩150,000	₩165,000	가전영업부
A	TV	₩150,000	₩165,000	플랜트영업부
A	TV	₩150,000	₩165,000	컴퓨터영업부
A	TV	₩150,000	₩165,000	자동차영업부
D	중형차	₩80,000	₩76,000	가전영업부
D	중형차	₩80,000	₩76,000	플랜트영업부

레코드: 1 필터 없음 검색

• 부서코드로 조인한 경우

쿼리1

부서코드	제품명	금년목표	금년실적	부서명
A	세탁기	₩70,000	₩68,000	가전영업부
A	VTR	₩80,000	₩98,000	가전영업부
A	TV	₩150,000	₩165,000	가전영업부
A	냉장고	₩100,000	₩100,000	가전영업부
B	해외부분	₩50,000	₩48,000	플랜트영업부
B	국내부분	₩90,000	₩100,000	플랜트영업부
C	프린터	₩50,000	₩50,000	컴퓨터영업부
C	RAM	₩9,000	₩10,000	컴퓨터영업부
C	CPU	₩15,000	₩13,000	컴퓨터영업부
C	모니터	₩20,000	₩21,000	컴퓨터영업부
D	경차	₩50,000	₩65,000	자동차영업부
D	대형차	₩20,000	₩18,000	자동차영업부
D	중형차	₩80,000	₩76,000	자동차영업부

레코드: 1/13 필터 없음 검색

전문가의 조언

- '*'는 테이블의 모든 필드를 의미합니다. '*'를 드래그하면 필드명이 보이지는 않지만 '테이블1' 테이블의 모든 필드인 부서코드, 제품명, 금년목표, 금년실적 필드가 추가됩니다. 물론 부서코드, 제품명, 금년목표, 금년실적 필드를 개별적으로 추가해도 됩니다.
- '*'을 더블클릭해도 그리드 영역에 표시됩니다.

4. 쿼리에 추가할 필드를 선택할 차례입니다. '테이블1' 테이블에서는 모든 필드를 추가해야 하므로 '테이블1' 테이블의 '*'를 그리드 영역의 첫 번째 필드로 드래그하세요.

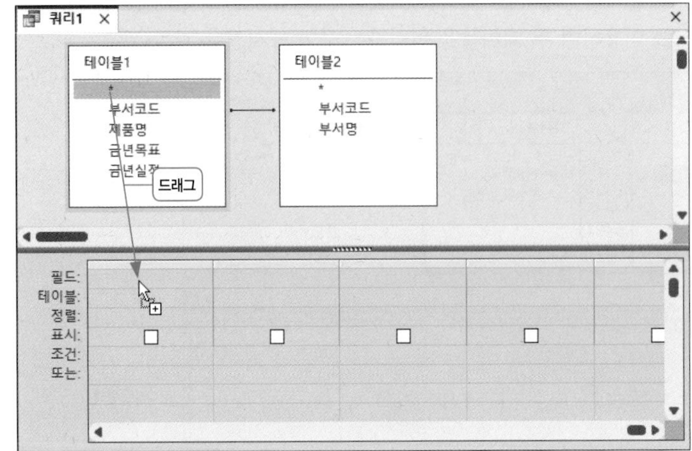

5. '테이블2' 테이블에서 필요한 필드를 추가할 차례입니다. '테이블2' 테이블에서는 '부서명' 필드만 그리드 영역으로 드래그하면 됩니다.

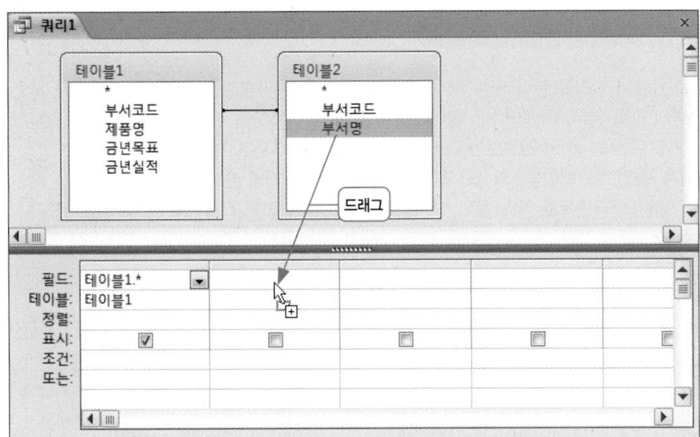

03. 계산 필드 추가하기

1 달성률 필드 추가하기

부서명의 오른쪽 필드를 클릭한 후 **달성률: [금년실적] / [금년목표]**를 입력하세요.

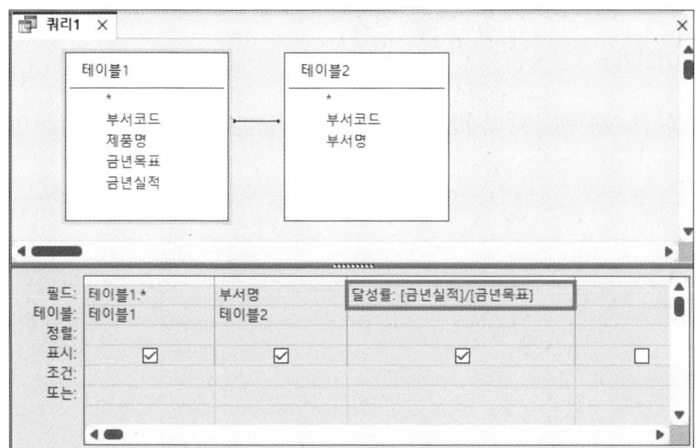

잠깐만요
'달성률: [금년실적]/[금년목표]'의 의미

금년실적 필드의 값을 금년목표 필드의 값으로 나눠서 결과를 표시하되, 필드의 이름은 '달성률'로 표시하라는 의미입니다.

2 명년목표 필드 추가하기

달성률의 오른쪽 필드를 클릭한 후 **명년목표: [금년실적]***1.5를 입력하세요.

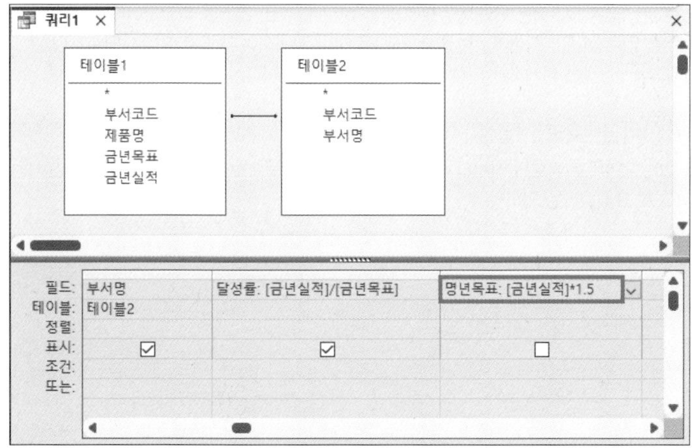

계산 필드를 입력할 때 필드를 의미하는 대괄호는 입력하지 않아도 자동으로 입력됩니다. 즉 **달성률: 금년실적/금년목표**를 입력하고 Enter를 누르면 자동으로 대괄호가 입력되어 "달성률: [금년실적]/[금년목표]"로 표시됩니다.

잠깐만요

'명년목표: [금년실적] * 1.5'의 의미

금년실적 필드의 값에 1.5를 곱해서 표시하되, 필드의 이름은 '명년목표'로 표시하라는 의미입니다. [처리 조건]에는 금년실적에 150%를 곱하게 되어 있지만 쿼리 작성기에 %를 입력할 수 없으므로 150% 대신 1.5를 입력하는 것입니다.

3 비고 필드 추가하기

명년목표의 오른쪽 필드를 클릭한 후 **비고: IIf([금년실적]>=[금년목표],"달성","미달")**을 입력하세요.

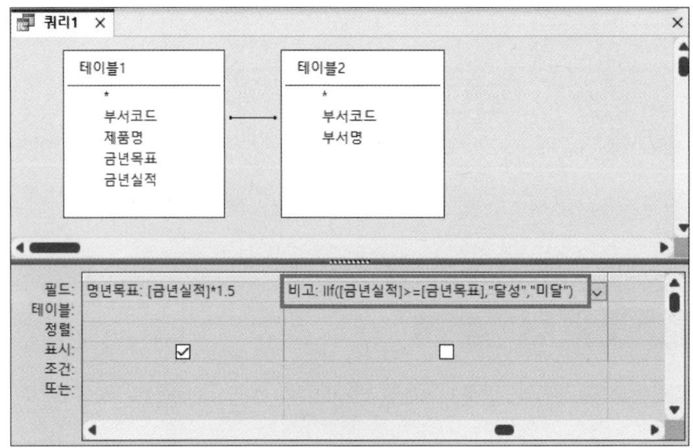

전문가의 조언

실제 시험에서 자주 사용되는 IIF, DATE, AVG, SUM, COUNT 함수들의 사용 방법을 알아두세요.

- IIF(조건, 인수1, 인수2) : 조건이 참이면 인수1을, 거짓이면 인수2를 수행함
- DATE( ) : 현재 날짜 표시
- AVG(필드명) : 필드의 평균을 구함
- SUM(필드명) : 필드의 합계를 구함
- COUNT(필드명) : 필드의 레코드 수를 구함

잠깐만요

IIF(조건, 인수1, 인수2)

IIF(조건, 인수1, 인수2)는 엑셀에서 배운 IF와 동일한 기능을 하는 함수로, 조건을 비교하여 참이면 인수1을, 거짓이면 인수2를 입력합니다. 엑셀에서는 함수명에 I를 하나 사용하여 'If(조건, 인수1, 인수2)'와 같이 사용하지만 액세스에서는 함수명에 I를 두 개 사용한다는 것이 다릅니다.

'비고: IIf([금년실적]>=[금년목표], "달성", "미달")'의 의미

금년실적 필드의 값이 금년목표 필드의 값보다 크거나 같으면 "달성"을, 그렇지 않으면 "미달"을 표시하되, 필드명은 '비고'로 표시하라는 의미입니다.

4 쿼리 확인 및 표시 형식 지정하기

1. 쿼리 디자인 보기 상태에서 [쿼리 디자인] → 결과 → **실행(!)**을 클릭하여 작성한 쿼리를 확인한 후 [홈] → 보기 → **디자인 보기( )**를 클릭하세요. '#####'으로 표시된 '달성률' 필드의 오른쪽 경계선을 더블클릭하여 데이터를 모두 표시하세요.

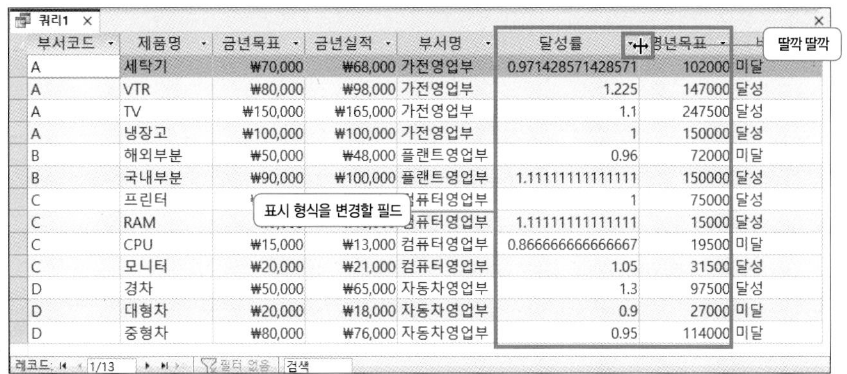

부서코드	제품명	금년목표	금년실적	부서명	달성률	명년목표	비고
A	세탁기	₩70,000	₩68,000	가전영업부	0.971428571428571	102000	미달
A	VTR	₩80,000	₩98,000	가전영업부	1.225	147000	달성
A	TV	₩150,000	₩165,000	가전영업부	1.1	247500	달성
A	냉장고	₩100,000	₩100,000	가전영업부	1	150000	달성
B	해외부분	₩50,000	₩48,000	플랜트영업부	0.96	72000	미달
B	국내부분	₩90,000	₩100,000	플랜트영업부	1.11111111111111	150000	달성
C	프린터	[illegible]	[illegible]	컴퓨터영업부	1	75000	달성
C	RAM	[illegible]	[illegible]	컴퓨터영업부	1.11111111111111	15000	달성
C	CPU	₩15,000	₩13,000	컴퓨터영업부	0.866666666666667	19500	미달
C	모니터	₩20,000	₩21,000	컴퓨터영업부	1.05	31500	달성
D	경차	₩50,000	₩65,000	자동차영업부	1.3	97500	달성
D	대형차	₩20,000	₩18,000	자동차영업부	0.9	27000	미달
D	중형차	₩80,000	₩76,000	자동차영업부	0.95	114000	미달

2. '달성률' 필드를 백분율로 표시하고 소수 이하 자릿수는 표시하지 않아야 합니다. '달성률' 필드의 바로 가기 메뉴에서 **[속성]**을 선택하세요.

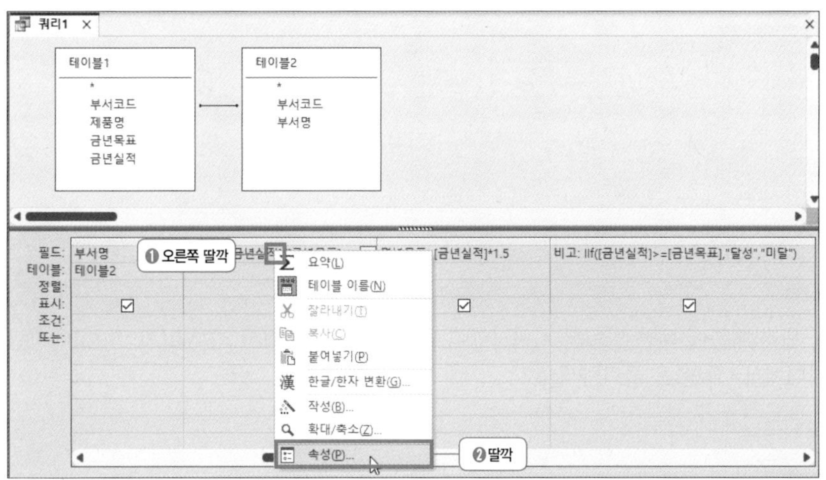

3. '필드 속성' 시트 창의 '일반' 탭에서 형식 속성을 '백분율', 소수 자릿수 속성을 0으로 지정하세요.

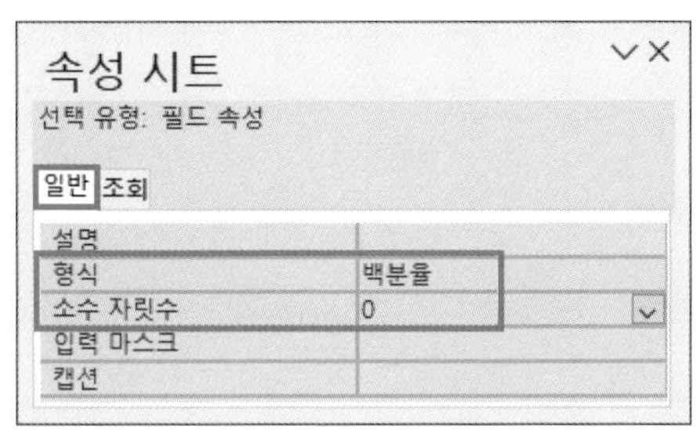

문제에 제시된 조건에 달성률은 백분율로 표시하고, 금액은 원화(₩)와 천 단위마다 콤마(,)를, 모든 수치에 대해서는 소수 자릿수를 0으로 지정하라고 되어 있는데, 테이블에서 서식을 지정했더라도 쿼리에서 생성한 필드에 서식이 지정되지 않는 경우가 있습니다. 이런 경우에는 쿼리에서 해당 필드에 직접 서식을 지정해야 합니다.

시나공 Q&A 베스트

Q '쿼리 속성' 시트 창이 나타나요!

A '달성률' 필드가 아닌 쿼리 작성기의 빈 영역에서 바로 가기 메뉴를 불렀기 때문입니다. '필드 속성' 시트 창은 필드 영역의 바로 가기 메뉴에서 **[속성]**을 선택해야 합니다. '쿼리 속성' 시트 창이 나타났을 경우 '달성률' 필드를 클릭하면 '필드 속성' 시트 창으로 바뀝니다.

4. '명년목표' 필드는 금액이므로 원화(₩)와 천 단위마다 콤마를 표시해야 합니다. 속성 시트 창이 표시된 상태에서 '평년목표' 필드를 클릭한 후 필드의 속성을 그림과 같이 지정하세요.

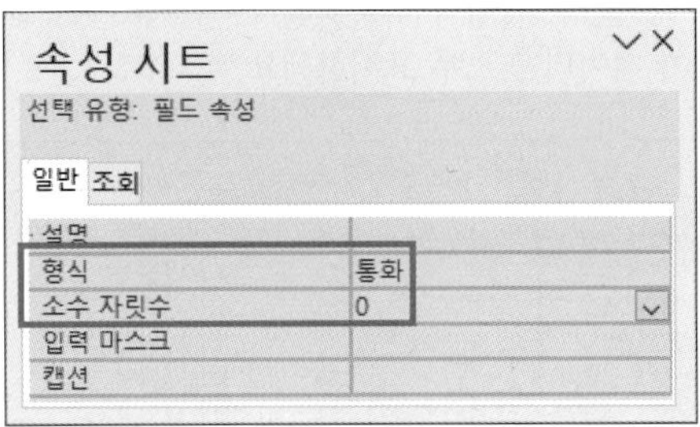

5. 쿼리 작성기에서 "닫기(☒)" 단추를 클릭하세요. 저장 여부를 묻는 대화상자에서 〈예〉를 클릭하면 '다른 이름으로 저장' 대화상자가 나타납니다.

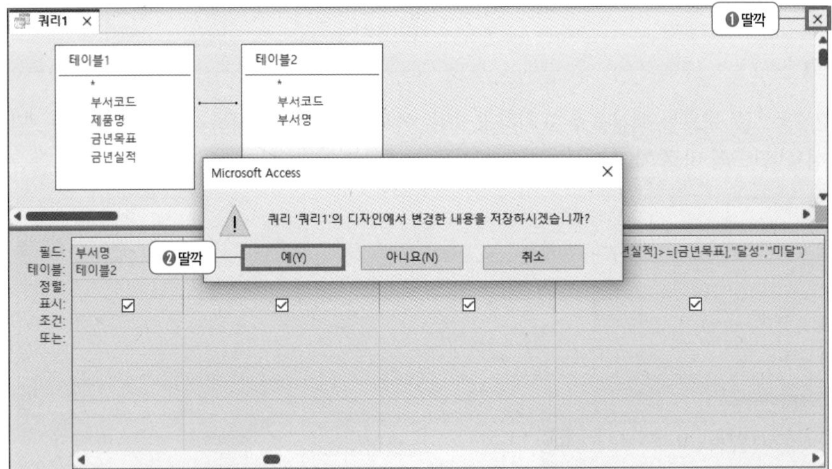

6. 쿼리 이름에 대한 별도의 지시사항이 없으므로 대화상자에 기본값(쿼리1)이 입력된 상태에서 〈확인〉을 클릭하세요.

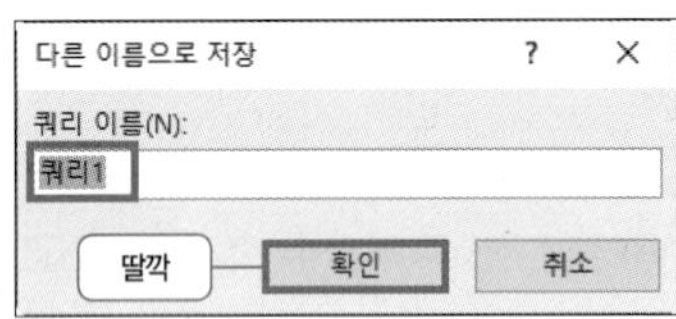

7. '탐색' 창의 '쿼리'에서 '쿼리1'을 더블클릭하여 작성된 쿼리를 실행한 후 필드명과 데이터 형식이 맞게 표시되는지 확인해 보세요.

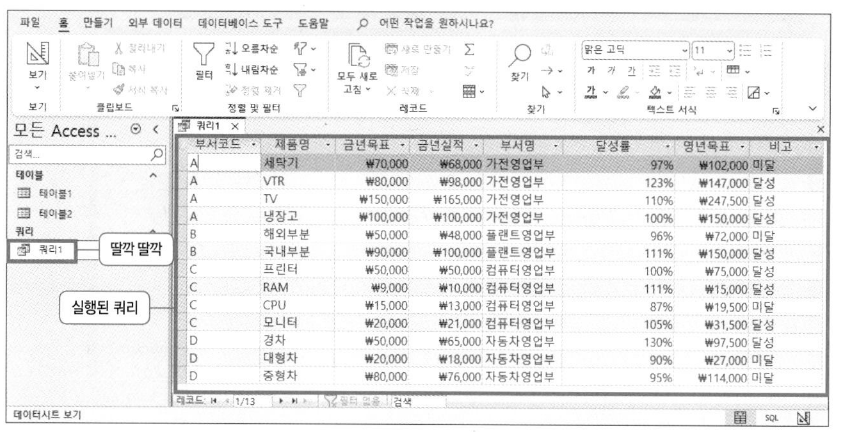

문제 3 조회화면(Screen, 폼) 설계하기

01. 제목 생성하기

1. 폼은 마법사를 이용하는 것보다 디자인 보기 상태에서 만드는 것이 쉽습니다. [만들기] → 폼 → **폼 디자인**( )을 클릭하세요. 폼 디자인 창이 나타납니다.

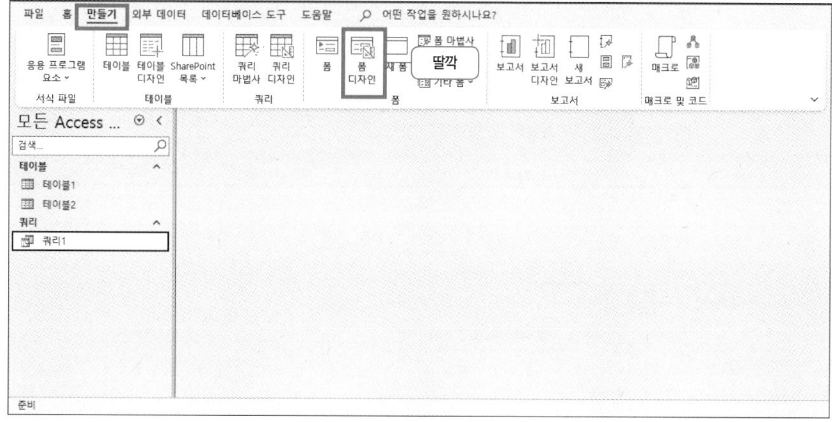

궁금해요 시나공 Q&A 베스트

Q '탐색' 창이 그림과 달라요!

A '탐색' 창에서 목록 표시 단추( )를 클릭한 다음 '범주 탐색'에서 **[개체 유형]**을, '그룹 기준 필터'에서 **[모든 Access 개체]**를 선택하세요. 이렇게 설정해 놓으면 모든 개체가 표시되니 항상 이렇게 설정해 놓고 작업하세요.

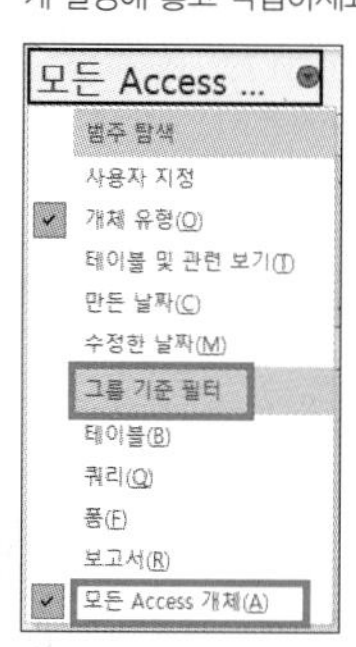

전문가의 조언

- 눈금이 표시될 경우 컨트롤과 겹쳐서 혼동되고 지저분해 보이므로 눈금을 해제하는 것이 좋습니다. 눈금을 해제하려면 폼의 바로 가기 메뉴에서 **[눈금]**을 선택하세요. 눈금을 해제하지 않고 작업해도 감점되지는 않습니다.
- 인쇄물을 출력할 A4 용지의 규격은 가로 210mm, 세로 297mm인데, 왼쪽 · 오른쪽 · 위쪽 · 아래쪽에 설정되는 여백을 고려해 본문의 크기를 가로 150mm, 세로 200mm 내에서 문서의 분량에 맞게 적당하게 조절하면 됩니다. 여기서는 가로 150mm, 세로 120mm 정도로 조절하겠습니다.

2. 폼 디자인 영역의 모서리 부분을 드래그하여 작업 영역을 적당히 조절하세요.

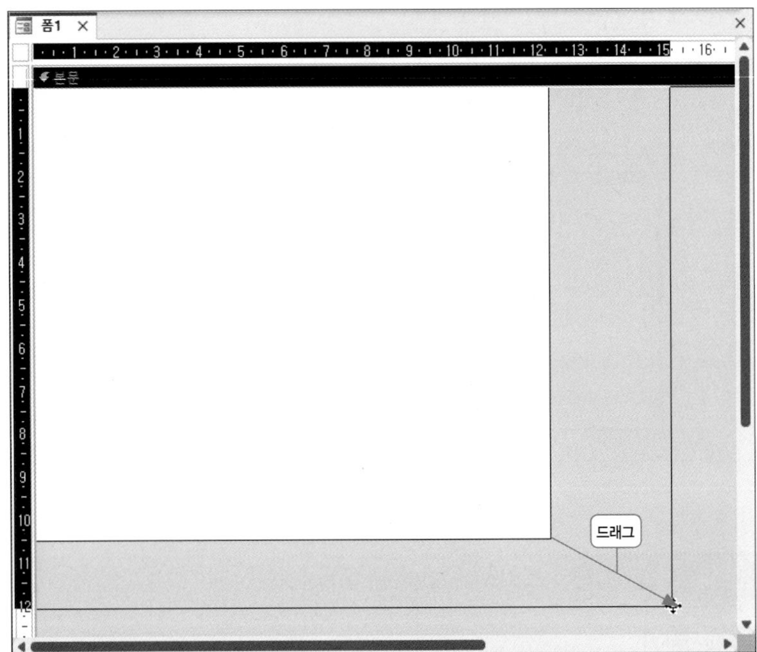

- [양식 디자인] → **컨트롤**에서 삽입할 컨트롤을 선택한 후 글자 크기나 밑줄 등을 먼저 지정하고 폼에 삽입하면 이후에 입력되는 데이터는 지정한 서식이 적용된 상태로 입력되므로 편리합니다.

※ **오피스 2016 사용자** : [폼 디자인 도구] → 서식 → **글꼴**에서 글꼴 크기, '밑줄(가)', '글꼴 색(가)'을 지정하세요.

※ **오피스 2010 사용자** : [폼 디자인 도구] → 형식 → **글꼴**에서 글꼴 크기, '밑줄(가)', '글꼴 색(가)'을 지정하세요.

- 폼을 실행했을 때 모두 표시되던 레이블의 데이터가 인쇄했을 때 오른쪽의 일부 글자가 보이지 않는 경우가 있습니다. 인쇄하기전에 [파일] → 인쇄 → **인쇄 미리 보기**를 선택하여 데이터가 모두 표시되는지 확인하고, 만약 모두 표시되지 않는다면 레이블의 가로 크기를 넓히세요.

3. 폼의 상단에 제목을 입력하기 위해 레이블을 추가해야 합니다. [양식 디자인] → 컨트롤 → **레이블**(가가)을 클릭한 후 [서식] → **글꼴**에서 글꼴 크기 16, '밑줄(간)', '글꼴 색(간)'을 '검정, 텍스트 1'로 지정하세요. 제목이 입력될 폼 위쪽의 적당한 위치를 클릭한 후 **금년실적이 60000 이상, 비고가 달성인 제품 현황**을 입력하세요.

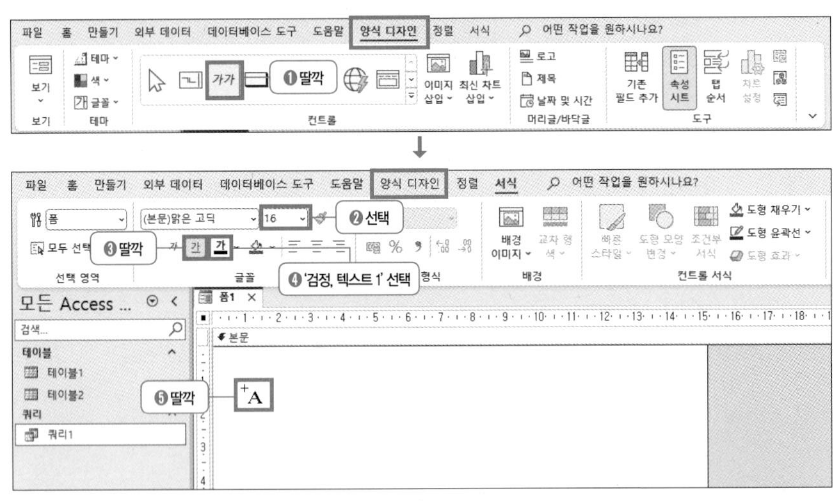

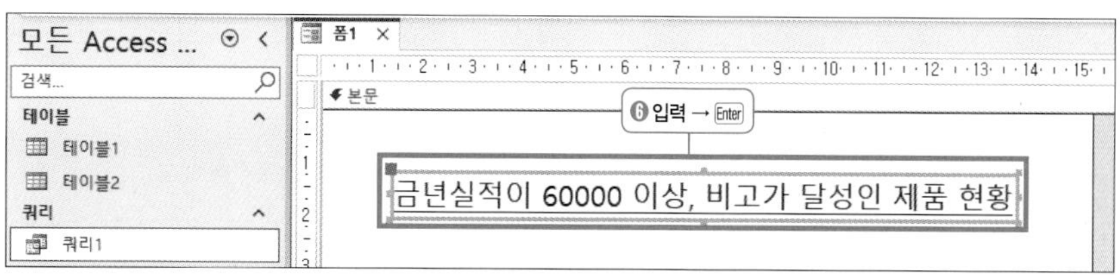

[양식 디자인] → 컨트롤의 주요 컨트롤

• 컨트롤은 폼이나 보고서에서 데이터를 표시하거나 특정 명령을 실행하는 데 사용되는 그래픽 개체를 의미하며, 이러한 컨트롤을 만들 때 사용하는 것이 컨트롤 도구입니다.

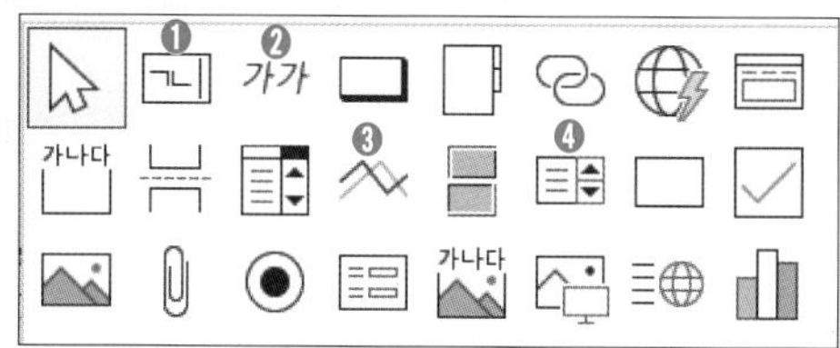

• 주요 컨트롤 도구 상자

컨트롤	모양	설명
❶ 텍스트 상자	ㄱL	폼이나 보고서의 원본으로 사용되는 데이터나 계산 결과를 표시하는 컨트롤
❷ 레이블	가가	제목이나 캡션, 설명 등과 같은 텍스트를 표시하는 컨트롤로, 다른 컨트롤에 첨부되어 사용될 수 있음
❸ 선		선을 그리는 데 사용되는 컨트롤
❹ 목록 상자		선택할 수 있는 내용들의 목록을 제공하는 컨트롤

실제 시험에서는 레이블, 텍스트 상자, 목록 상자, 선 컨트롤이 주로 사용되고 있으니 이 네 가지는 정확히 알아두세요.

선 컨트롤은 사용하는 프로그램의 버전에 따라 '⧅'로 표시될 수 있습니다.

02. 목록 상자 컨트롤 작성하기

1. [양식 디자인] → 컨트롤 → **목록 상자**( )를 클릭한 후 폼의 제목 아래쪽에서 적당한 크기로 드래그하세요.

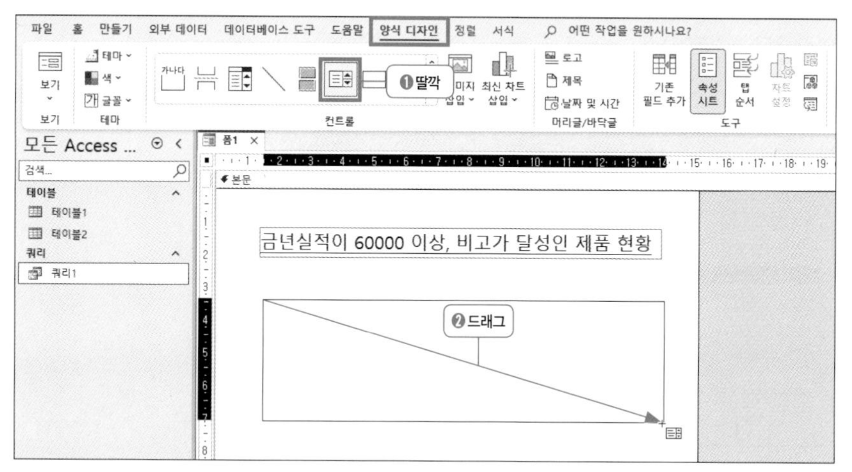

시나공 Q&A 베스트

Q 컨트롤 도구 모음에 목록 상자 컨트롤( )이 보이질 않아요!

A 액세스 화면 창의 너비가 좁아 컨트롤 그룹에 컨트롤의 일부만 표시되었기 때문입니다. 컨트롤 그룹의 오른쪽에 있는 행 아래쪽 이동 단추( ) 또는 자세히( )를 클릭하면 숨겨진 컨트롤을 확인할 수 있습니다.

시나공 Q&A 베스트

Q 목록 상자 마법사가 나타나지 않아요!

A [양식 디자인] → 컨트롤 그룹의 ▽ → **컨트롤 마법사 사용**이 비활성화되었기 때문입니다. [양식 디자인] → 컨트롤 그룹의 ▽ → **컨트롤 마법사 사용(▧)**을 클릭하여 활성화 시킨 다음 목록 상자를 다시 작성하면 됩니다.

※ 오피스 2010 사용자 : [폼 디자인 도구] → 디자인 → 컨트롤 → 컨트롤 그룹의 ▽ → **컨트롤 마법사 사용(▧)**을 클릭하세요.

2. 마우스에서 손을 떼는 순간 자동으로 '목록 상자 마법사' 대화상자가 나타납니다. 그림과 같이 선택한 후 〈다음〉을 클릭하면 목록 상자의 행 원본을 지정하기 위한 단계로 넘어갑니다.

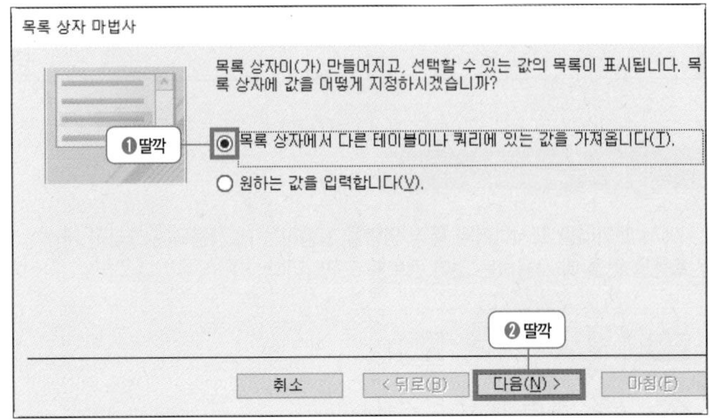

3. '보기'의 '테이블'이 선택된 상태에서 '테이블: 테이블1'을 선택한 후 〈다음〉을 클릭하세요. 목록 상자에서 사용할 필드를 지정하기 위한 단계로 넘어갑니다.

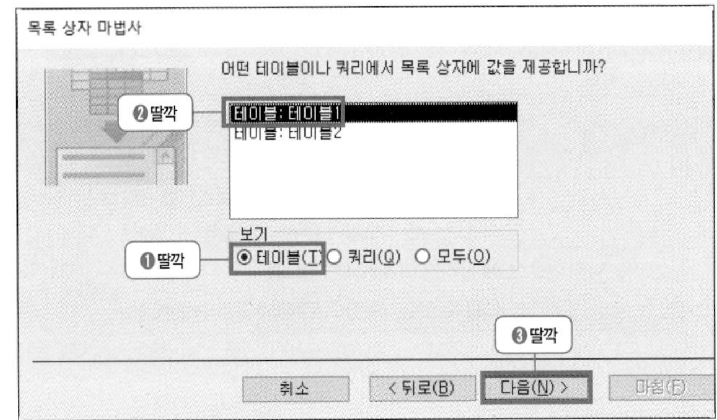

- '사용 가능한 필드'에서 선택할 필드를 더블클릭해도 '선택한 필드'로 이동됩니다. 모든 필드를 한 번에 '선택한 필드'로 이동시키려면 [>>]를 누르면 됩니다.
- '부서명'과 '비고' 필드는 '테이블1'에 없으므로 목록 상자를 작성한 후 '쿼리 편집기'를 이용해서 추가해야 합니다.

4. '사용 가능한 필드'에 있는 필드를 선택한 후 [>]를 누르면 '선택한 필드'로 이동됩니다. 문제지의 조회화면(Screen) 그림에 있는 항목 순서에 맞게 사용할 필드를 차례로 이동시킵니다. 모두 이동 시킨 후 〈다음〉을 클릭하면 정렬을 지정하기 위한 단계로 넘어갑니다.

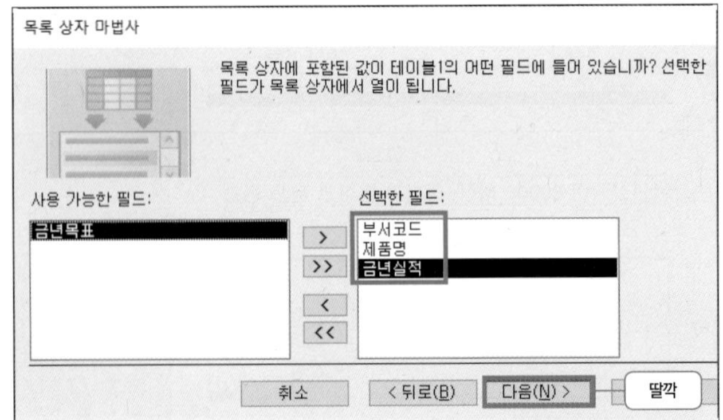

시나공 Q&A 베스트

Q 앞에서 작성한 쿼리에는 목록 상자에 표시할 필드가 모두 있는데, 쿼리를 이용하여 목록 상자를 작성하면 안 되나요?

A 안 됩니다. 문제의 〈처리 조건〉 중 SQL문에 INNER JOIN 구문이 반드시 포함돼야 한다는 내용이 있는데, 작성된 쿼리에는 SQL문에 INNER JOIN 구문이 없기 때문입니다.

5. 제품명을 기준으로 오름차순으로 정렬해야 합니다. 목록 단추(▽)를 클릭하고 정렬 기준인 '제품명'을 선택한 후 〈다음〉을 클릭하세요. 열 너비를 조절하기 위한 단계로 넘어갑니다.

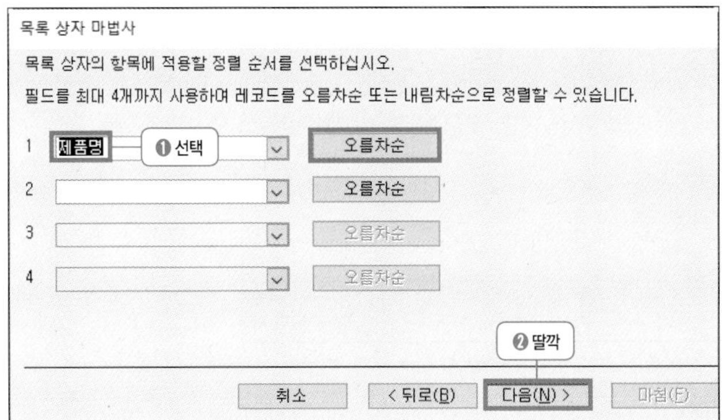

문제의 〈처리 조건〉에 '~ 제품명의 오름차순으로 표시한다.'라고 되어 있으므로, 정렬 필드는 '제품명', 정렬 기준은 '오름차순'이 됩니다.

6. 문제지와 비교하여 눈에 띄는 차이점이 없으면 그냥 〈다음〉을 클릭하세요. 목록 상자에서 특정 행을 선택했을 때 목록 상자에 저장될 필드를 지정하기 위한 단계로 넘어갑니다.

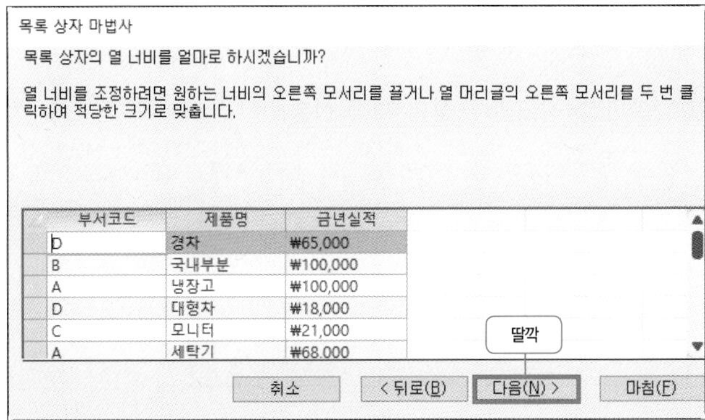

7. 저장 필드에 대한 특별한 지시사항이 없으니 그냥 〈다음〉을 클릭하세요. 목록 상자에 사용할 레이블을 지정하기 위한 단계로 넘어갑니다.

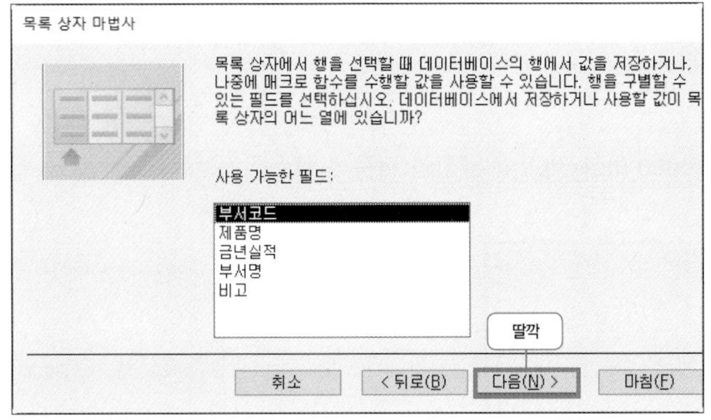

8. 만들어진 레이블은 삭제할 것이므로 그냥 〈마침〉을 클릭합니다.

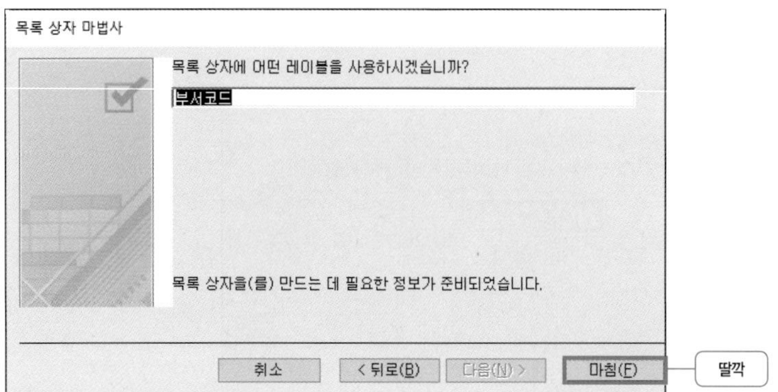

03. 목록 상자 수정하기

1. 목록 상자의 크기를 조절해야 합니다. 먼저 목록 상자 생성 시 함께 만들어진 레이블을 선택한 후 Delete를 눌러 삭제하세요.

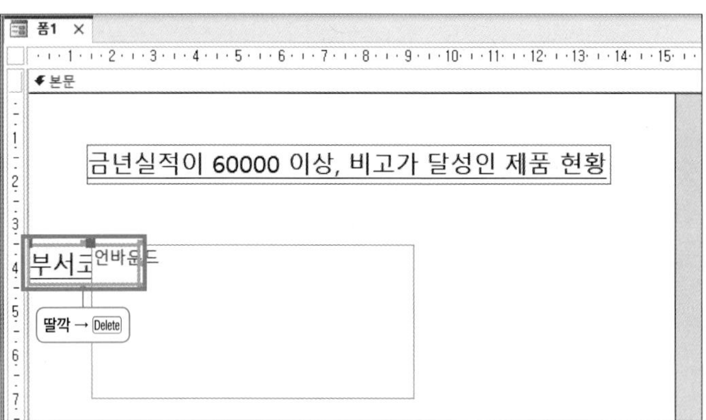

2. 목록 상자의 가로 너비를 넓혀줘야 합니다. 목록 상자를 클릭한 후 목록 상자의 오른쪽 크기 조절점 중 가운데 조절점에 마우스 포인터를 놓은 후 마우스 포인터 모양이 ↔로 바뀌면 오른쪽으로 드래그하세요.

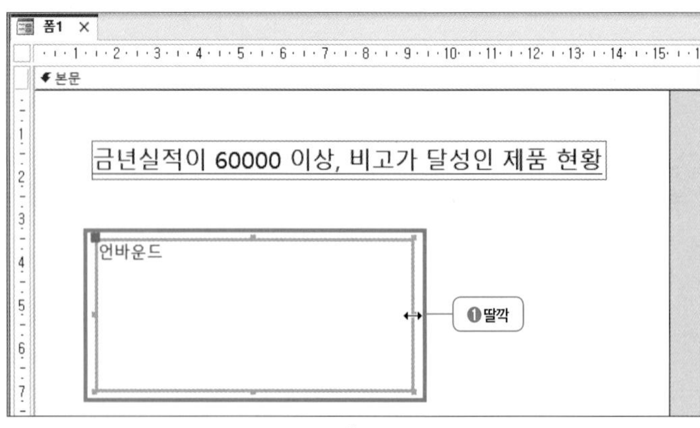

↓

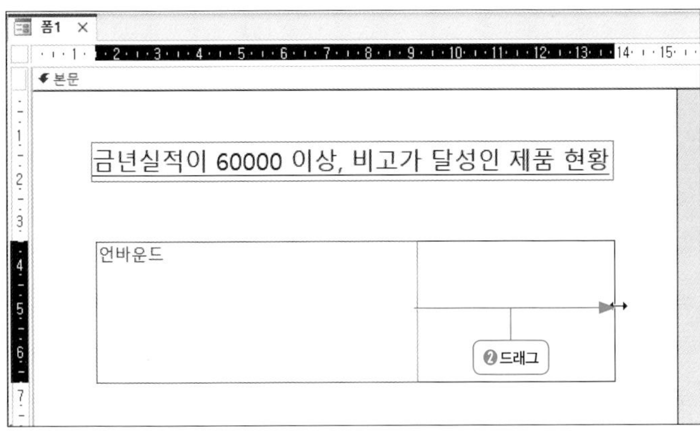

잠깐만요 작성된 목록 상자를 폼의 중앙으로 이동하세요.

작성된 목록 상자가 폼의 중앙에 놓여있지 않았으면, 목록 상자를 폼의 중앙으로 이동시켜야 합니다. 마우스 포인터를 목록 상자의 외곽선으로 이동시켜 마우스 포인터 모양이 십자 화살표 모양(✥)으로 변경되면 폼의 중앙으로 드래그하세요.

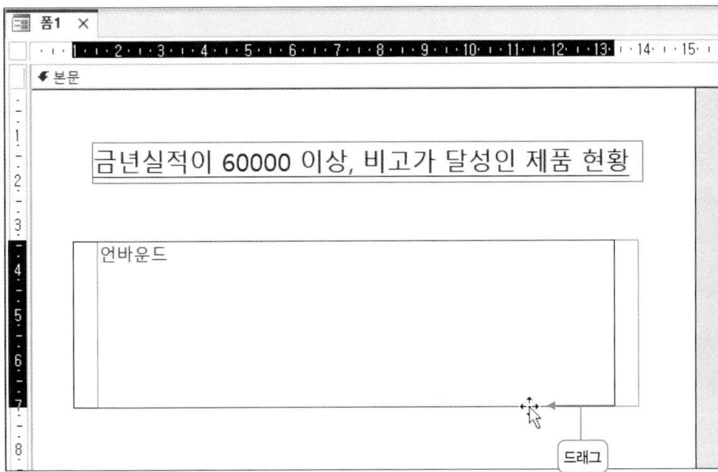

목록 상자를 더블클릭해도 됩니다.

3. 목록 상자의 속성을 수정해야 합니다. 목록 상자의 바로 가기 메뉴에서 **[속성]**을 선택하세요.

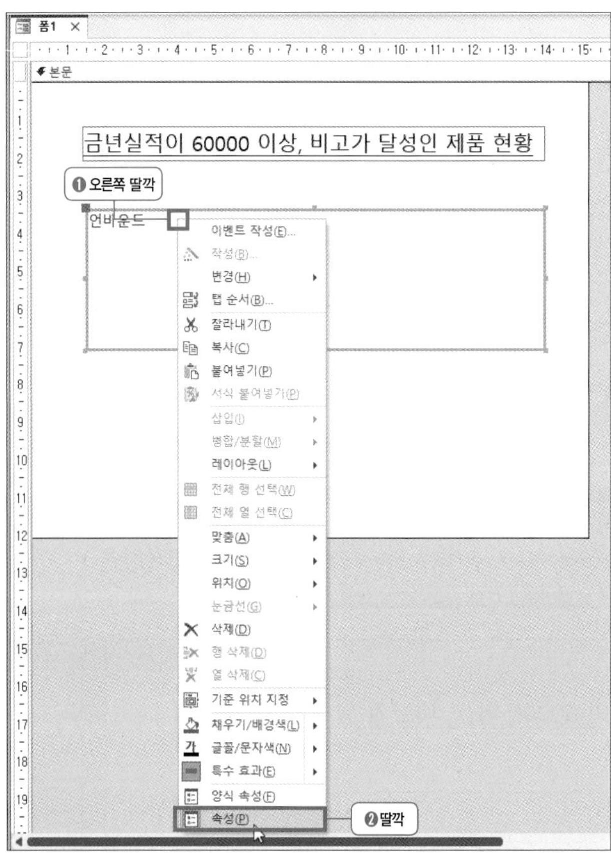

- '목록 상자 마법사'를 이용하여 만든 목록 상자에 '테이블2' 테이블에 있는 '제품명'과 '비고' 필드를 더 추가하여 5개의 필드로 구성된 목록 상자로 수정해야 하므로 이에 맞게 열 개수와 열 너비 속성을 수정해야 합니다.
- 열 너비는 열의 개수만큼 지정하되, 각 열의 너비는 문제지를 보고 임의로 지정하면 됩니다. 열 너비 속성에 표시된 2.542cm는 '목록 상자 마법사'를 이용하여 목록 상자를 작성할 경우의 기본값입니다.

4. '목록 상자'의 속성 시트 창에서 '형식' 탭의 열 개수, 열 너비, 열 이름 속성을 그림과 같이 지정하세요.

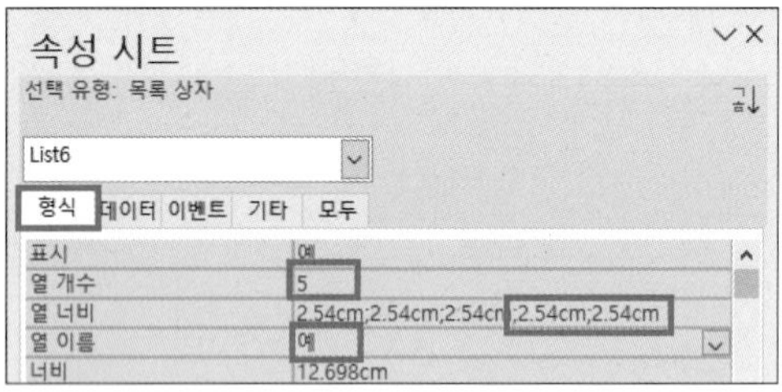

5. 목록 상자에 필드를 추가할 차례입니다. '목록 상자'의 속성 시트 창에서 '데이터' 탭의 '행 원본'을 선택하면 나타나는 '작성기 단추(...)'를 클릭하세요.

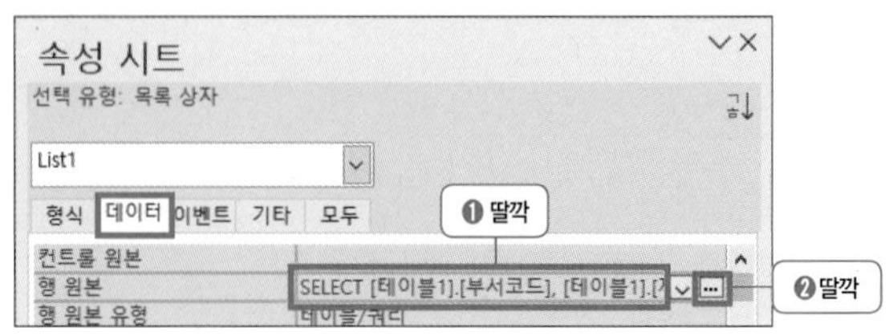

6. '테이블2' 테이블을 추가해야 합니다. '관계' 창의 바로 가기 메뉴에서 **[테이블 표시]**를 선택하세요.

[쿼리 디자인] → 쿼리 설정 → **테이블 추가**를 클릭해도 됩니다.

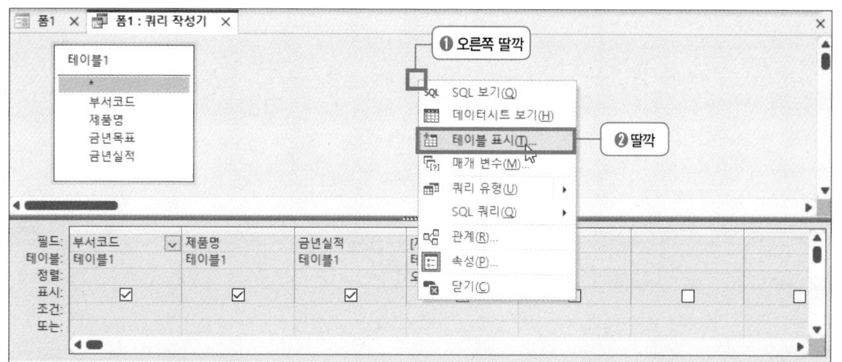

7. '테이블 추가' 창의 '테이블' 탭에서 '테이블2' 테이블을 더블클릭하여 '쿼리 작성기' 창에 추가하고, '닫기(×)' 단추를 클릭하세요.

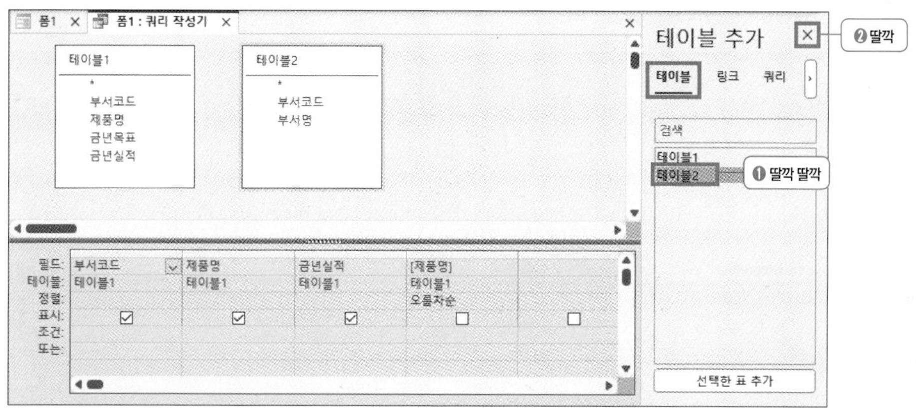

8. 쿼리 작성기 창에 '테이블2' 테이블이 추가된 것을 확인할 수 있습니다. '테이블1'과 '테이블2'를 '부서코드' 필드로 조인해야 합니다. '테이블1'의 '부서코드' 필드를 '테이블2'의 '부서코드' 필드에 끌어다 놓으세요.

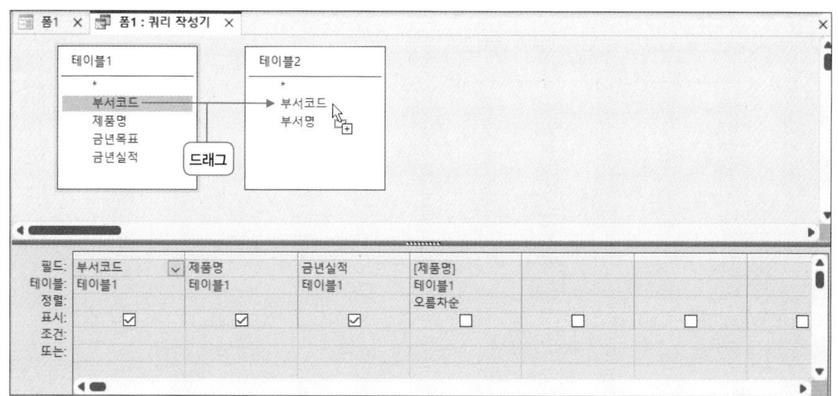

'부서명' 필드를 더블클릭해도 됩니다.

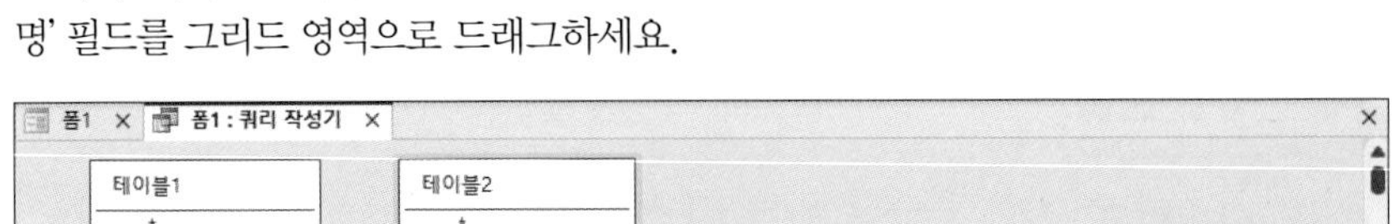

9. 이제 '테이블2' 테이블의 '부서명' 필드를 추가해야 합니다. '테이블2' 테이블의 '부서명' 필드를 그리드 영역으로 드래그하세요.

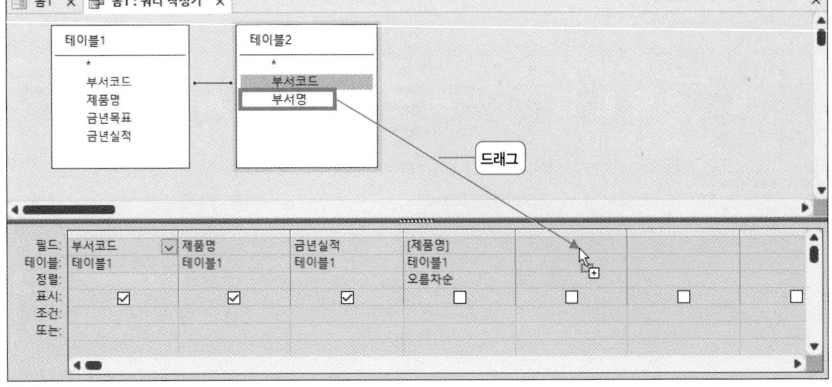

IIF문에 대한 자세한 설명은 98쪽에 있는 '잠깐만요'에 있으니 참조하세요.

10. '비고' 필드를 추가해야 합니다. '부서명' 필드의 오른쪽 필드를 클릭한 후 **비고 : IIf([금년실적]>=[금년목표],"달성","미달")**을 입력하세요.

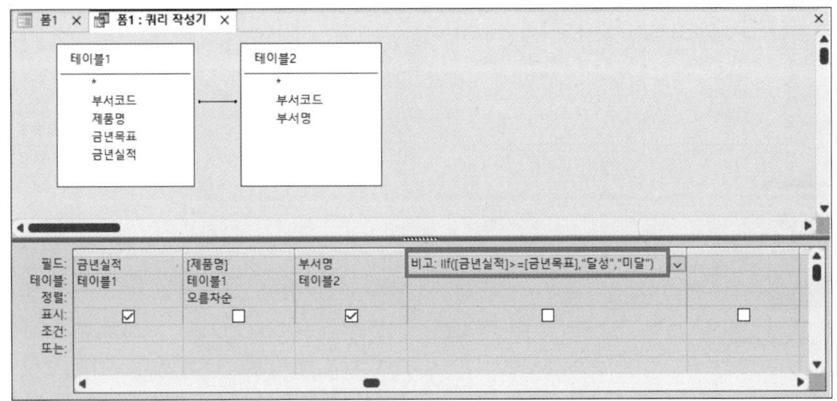

11. 이번엔 데이터에 조건을 지정해야 합니다. 쿼리 작성기에서 '금년실적'의 조건란에 **>=60000**을, '비고'의 조건란에 **"달성"**을 입력하세요.

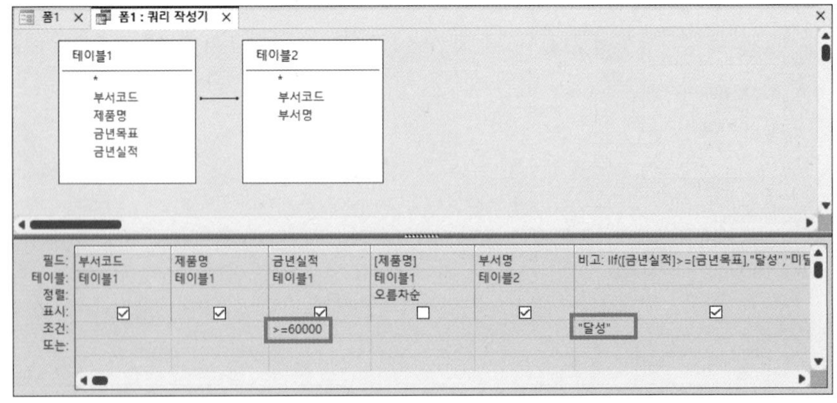

잠깐만요

쿼리 작성기에서의 조건 지정 방법

쿼리 작성기에서의 조건 지정 방법은 AND 조건이면 같은 행에, OR 조건이면 서로 다른 행에 지정하면 되는데, '조건'이나 '또는' 부분을 이용하여 지정하면 됩니다.

예 **AND 조건일 때** : 금년실적이 60000 이상이면서 비고가 "달성"인 데이터

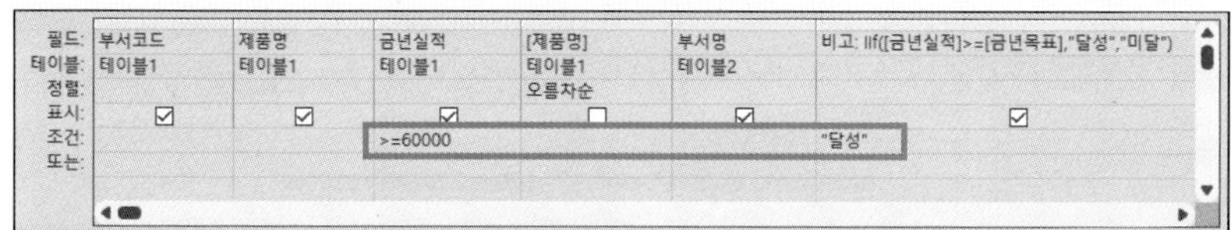

예 **OR 조건일 때** : 금년실적이 60000 이상이거나 비고가 "달성"인 데이터

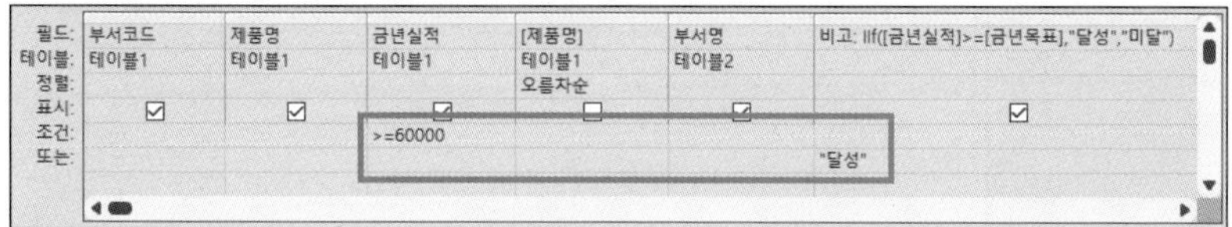

12. 쿼리 작성기의 '닫기(×)' 단추를 클릭하면 업데이트 대화상자가 나타납니다. 그냥 〈예〉를 클릭하세요.

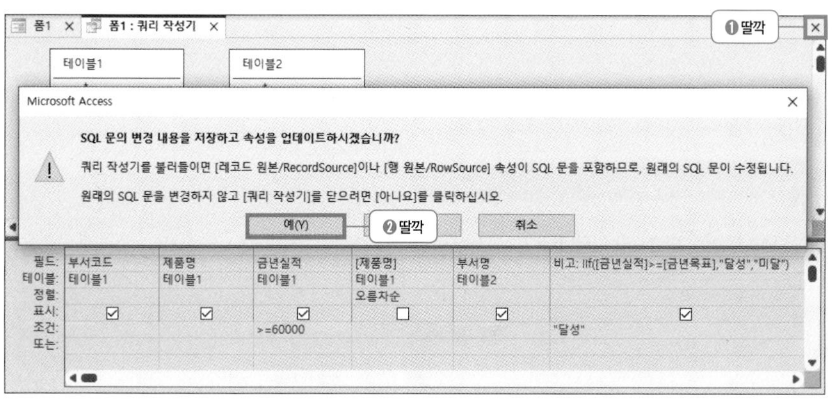

13. '목록 상자' 속성 시트 창에서도 '닫기(×)' 단추를 클릭하세요.

중간중간 만들어진 폼의 실행 결과를 확인하려면 [양식 디자인] → 보기 → **폼 보기**(▤)를 클릭하면 됩니다.

04. 텍스트 상자 생성 및 SQL문 복사하기

전문가의 조언

이 문제에서 텍스트 상자에 입력해 놓은 SQL문이 틀렸으면 감점으로 끝나지만 아무것도 입력하지 않고 공란으로 비워두면 실격이므로 정답이 생각나지 않을 경우 아무 SQL문이라도 입력해 놓아야 합니다.

1. [양식 디자인] → 컨트롤 → **텍스트 상자**()를 클릭한 후 목록 상자 아래쪽에서 적당한 크기로 드래그하세요.

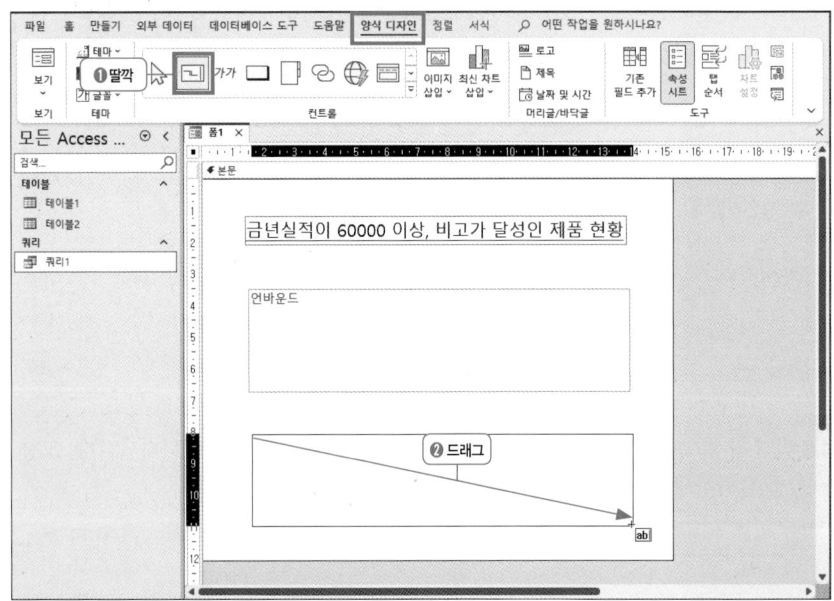

궁금해요

Q 텍스트 상자 마법사가 나타나요!

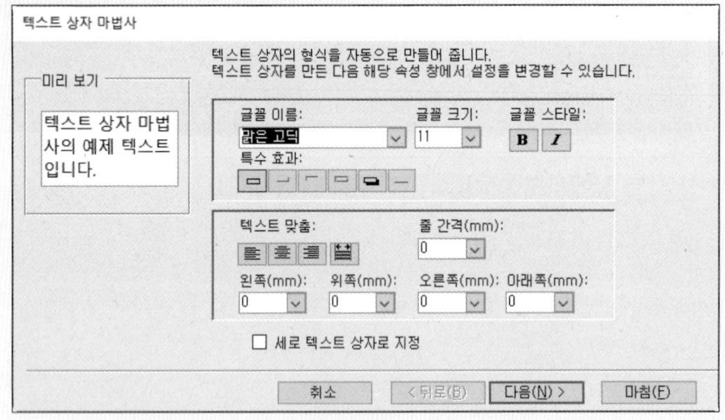

A [양식 디자인] → 컨트롤 그룹의 → **컨트롤 마법사 사용**이 활성화된 상태이기 때문인데, 신경쓰지 말고 〈취소〉를 클릭한 후 다음 작업을 수행하면 됩니다.

2. 텍스트 상자와 함께 자동으로 생성된 레이블에 **리스트박스 조회시 작성된 SQL문**을 입력할 것입니다. 레이블을 클릭한 다음 레이블 왼쪽 상단의 이동 조절점을 드래그하여 텍스트 상자 위쪽의 적당한 위치로 이동시킨 후 [서식] → 글꼴 → **밑줄(가)**을 클릭하여 밑줄 서식을 해제하세요.

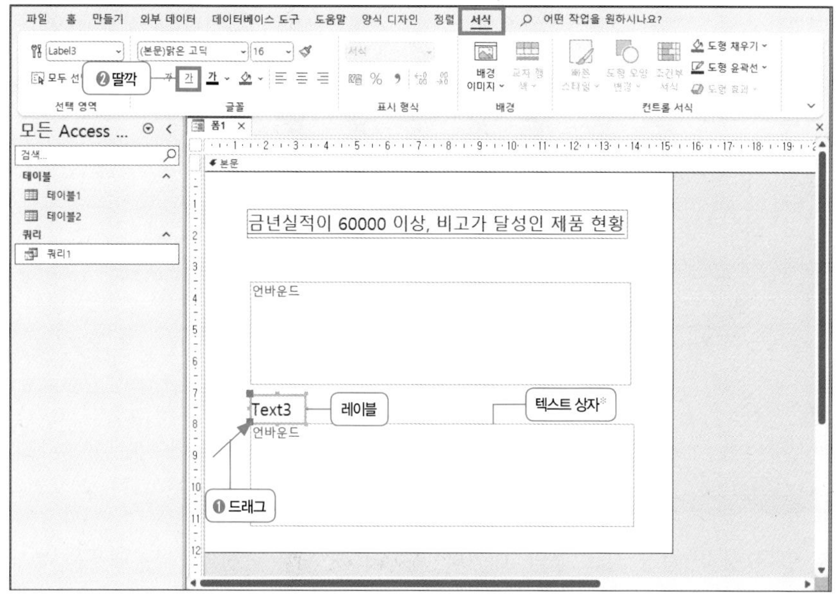

3. 레이블의 가로 크기를 텍스트 상자의 가로 크기만큼 늘리고 **리스트박스 조회시 작성된 SQL문**을 입력하세요.

↓

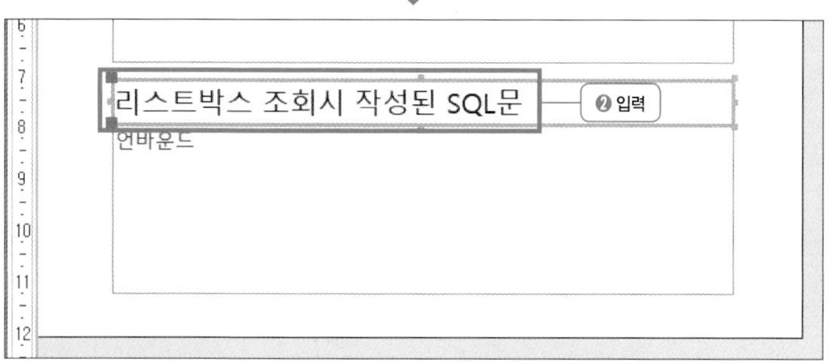

Q 레이블과 텍스트 상자가 함께 이동돼요!

A 레이블만 이동하려면 레이블의 왼쪽 위 모서리의 이동 조절점으로 마우스 포인터를 이동시켜 마우스 포인터가 십자 화살표 모양(✣)으로 변경될 때 드래그하면 됩니다.

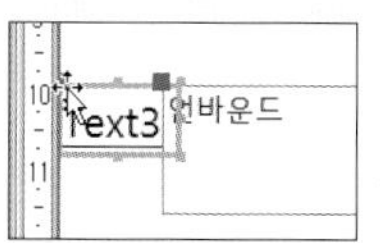

텍스트 상자

일반적으로 텍스트 상자를 만들면 레이블이 첨부되어 표시됩니다.

복합 컨트롤의 구성

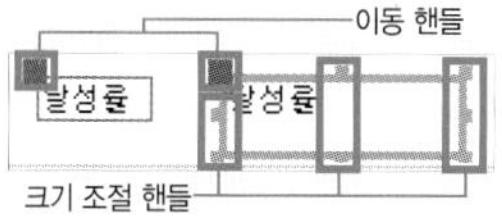

- **이동 핸들** : 컨트롤을 이동할 때 사용합니다.
- **크기 조절 핸들** : 컨트롤의 크기를 조절할 때 사용합니다.

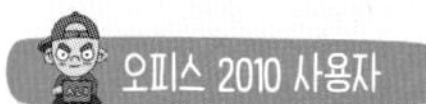

[폼 디자인 도구] → 서식 → **글꼴**에서 '밑줄(가)'을 클릭하여 밑줄 서식을 해제하세요.

오피스 2010 사용자

[폼 디자인 도구] → 형식 → **글꼴**에서 '밑줄(가)'을 클릭하여 밑줄 서식을 해제하세요.

목록 상자를 더블클릭해도 됩니다.

4. 리스트 박스에 사용된 SQL문을 복사할 차례입니다. 목록 상자의 바로 가기 메뉴에서 [속성]을 선택하세요.

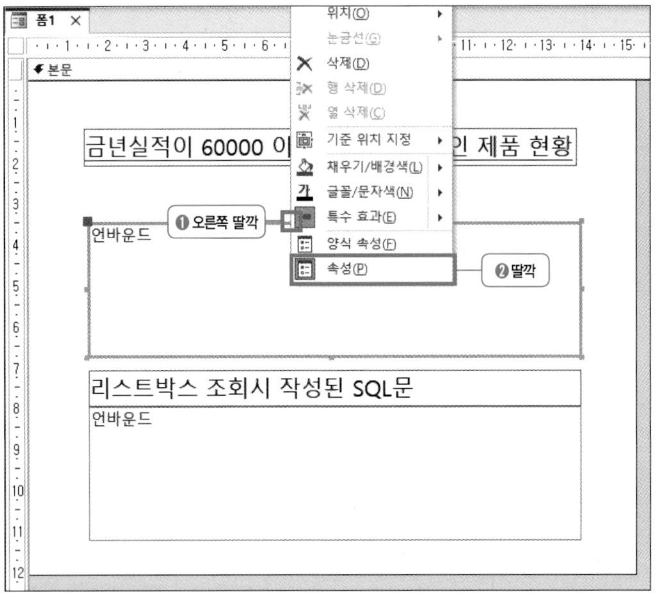

'행 원본', 즉 속성명을 클릭하면 해당 속성의 입력란에 표시된 데이터가 모두 블록으로 지정됩니다. 속성명이 아닌 입력란에 표시된 데이터를 마우스로 드래그해서 직접 블록을 지정해도 됩니다.

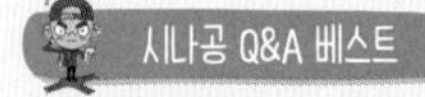

Q 복사하여 붙여넣은 SQL문이 표시되지 않아요!

A =을 입력한 후 작은따옴표(' ')로 묶어주지 않았기 때문입니다. 텍스트 상자에 SQL문이 그대로 표시되게 하려면 =을 입력한 후 작은따옴표(' ')로 묶어주어야 합니다.

5. '목록 상자' 속성 시트 창의 '데이터' 탭에서 행 원본 속성의 모든 내용을 복사(Ctrl+C)하세요. 이어서 방금 만든 텍스트 상자를 클릭한 다음 =과 작은따옴표(')를 입력하고 붙여넣기(Ctrl+V)한 후 작은따옴표(')를 입력하세요.

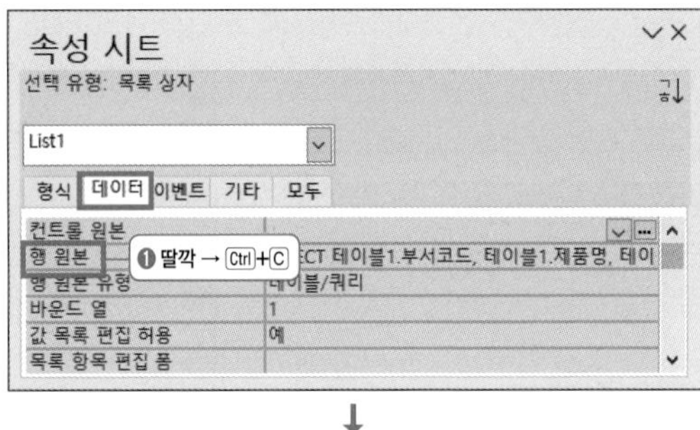

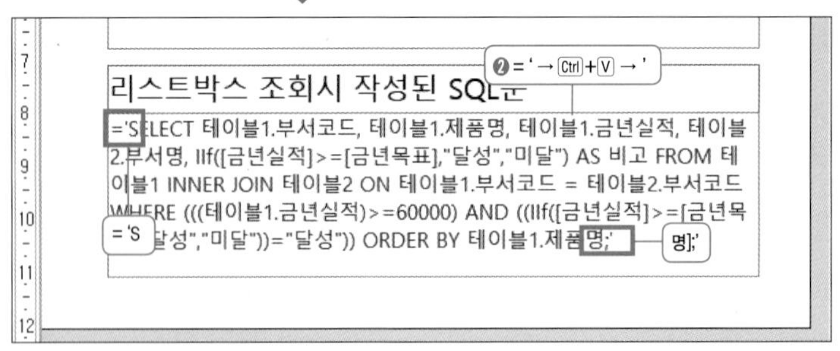

6. 텍스트 상자의 외곽선을 파선으로 변경해야 합니다. 텍스트 상자를 선택한 후 [서식] → 컨트롤 서식 → 도형 윤곽선 → 선 종류 → **파선**을 선택하세요.

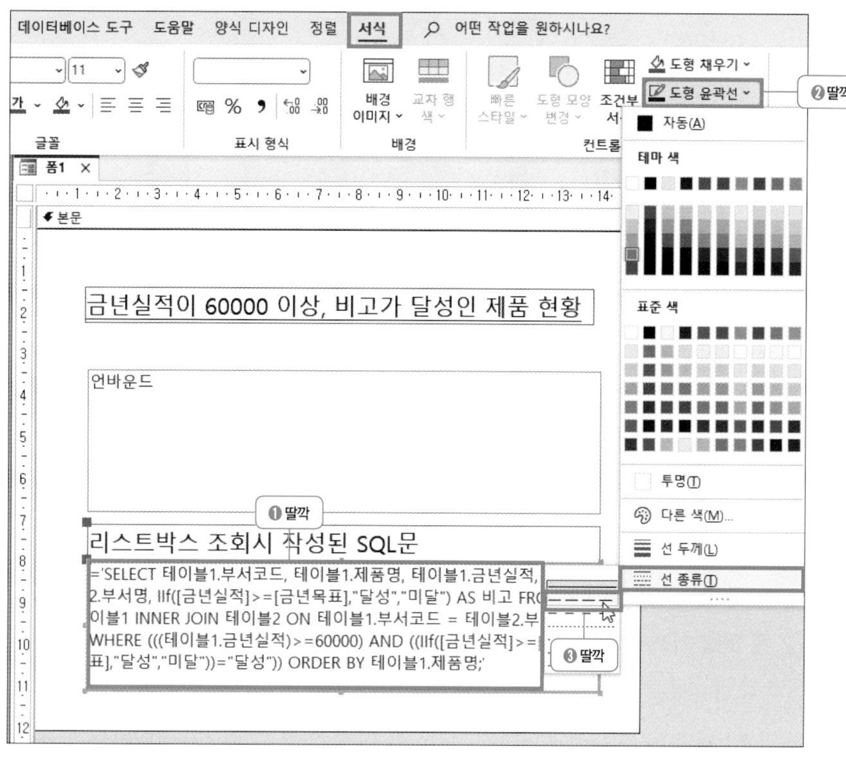

05. 조회화면 확인하기

조회화면 편집에 대한 모든 작업이 완료되었습니다. [파일] → 인쇄 → **인쇄 미리 보기**를 선택하여 완성된 조회화면을 확인하세요.

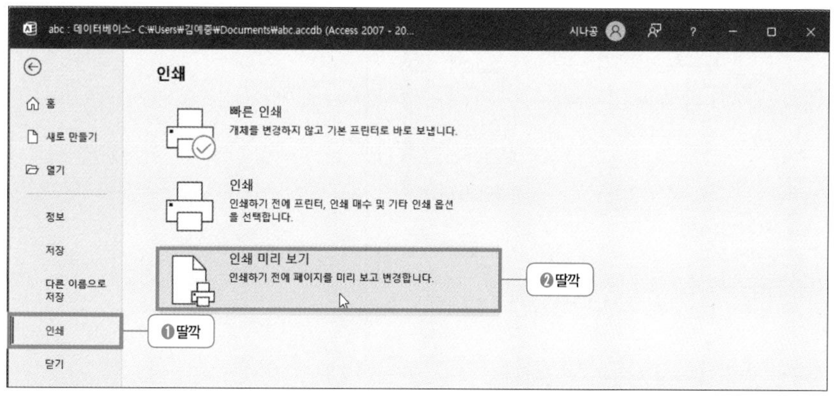

전문가의 조언

텍스트 상자의 테두리 스타일에 대한 지시사항은 없지만 문제에 제시된 〈조회화면〉 그림에서 텍스트 상자의 테두리 스타일이 파선이므로 파선으로 지정해야 합니다.

오피스 2016 사용자

텍스트 상자를 선택한 후 [폼 디자인 도구] → 서식 → 컨트롤 서식 → 도형 윤곽선 → 선 종류 → **파선**을 선택하세요.

오피스 2010 사용자

텍스트 상자를 선택한 후 [폼 디자인] → 형식 → 컨트롤 서식 → 도형 윤곽선 → 선 종류 → **파선**을 선택하세요.

전문가의 조언

테두리 스타일을 파선으로 지정하는 다른 방법

텍스트 상자의 바로 가기 메뉴에서 **[속성]**을 선택한 후 '텍스트 상자' 속성 시트 창의 '형식' 탭에서 테두리 스타일 속성을 '파선'으로 지정하면 됩니다.

전문가의 조언

폼을 인쇄했을 때 '목록 상자'와 '텍스트 상자'의 테두리가 흐리게 출력되어 눈으로 구분되지 않는 경우가 있습니다. 이때는 '목록 상자'와 '텍스트 상자'를 선택한 후 [서식] → 컨트롤 서식 → 도형 윤곽선에서 선 색( )의 → **검정, 텍스트 1**을 선택해 주세요. 이 작업은 반드시 지정해야 하는 작업이 아니므로 수행하지 않아도 감점되지는 않습니다.

전문가의 조언

실행된 폼에 결과가 맞게 표시되는지 확인해야 합니다.

❷ 제목이 정확히 추가 되었는지 확인합니다. 제목의 끝 부분이 잘려보이는 경우 제목 레이블의 너비를 늘려주세요.

❸ 목록 상자에 부서코드, 제품명, 금년실적, 부서명, 비고만 표시되었는지 확인합니다.

❹ 금년실적이 60000 이상이고 비고가 달성인 데이터만 표시되었는지 확인합니다.

❺ 금액에 원화(₩)와 천 단위 콤마(,)가 표시되었는지 확인합니다.

❻ 부서코드, 제품명, 금년실적, 부서명, 비고 필드명이 정확하게 표시되었는지 확인합니다.

❼ 문제에 제시된 그림은 목록 상자의 아래쪽 선이 굵게 표시되어 있지만 동일하게 지정하지 않아도 감점되지 않습니다.

❽ 레이블이 정확하게 표시되었는지 확인합니다.

❾ SQL문의 WHERE 조건절에 '금년실적' 필드가 있는지, INNER JOIN과 ORDER BY 구문이 있는지 확인합니다.

전문가의 조언

- 조회화면을 인쇄한 출력물을 제출할때는 수험번호, 성명, 문제형별, 비번호를 반드시 펜으로 직접 출력물 상단에 60mm(6cm) 정도 떨어진 곳에 기입해야 하므로 위쪽 여백을 60mm(6cm) 이상으로 지정해야 합니다.
- 조회화면을 인쇄하면 용지의 가로에 대해 가운데로 맞춰지지 않는데, 정렬에 대한 특별한 지시사항이 없으므로 그냥 둬도 됩니다.

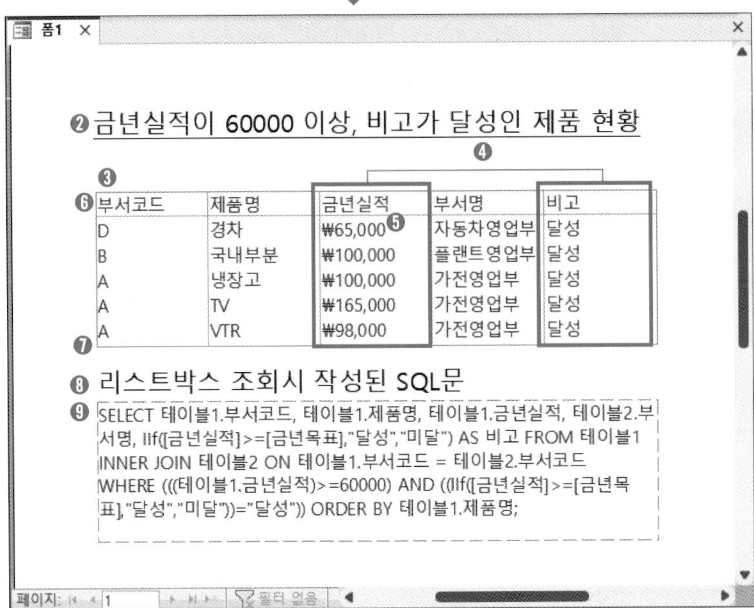

06. 폼 여백 지정하기

인쇄된 조회화면(Screen)에 수험번호, 성명, 문제형별, 비번호를 기입하려면 위쪽에 여백이 필요합니다. 폼의 위쪽에 여백을 지정하기 위해 인쇄 미리 보기 상태에서 [인쇄 미리 보기] → 페이지 레이아웃 → **페이지 설정**을 클릭합니다. '페이지 설정' 대화상자의 '인쇄 옵션' 탭에서 위쪽 여백을 60으로 지정한 다음 〈확인〉을 클릭하세요.

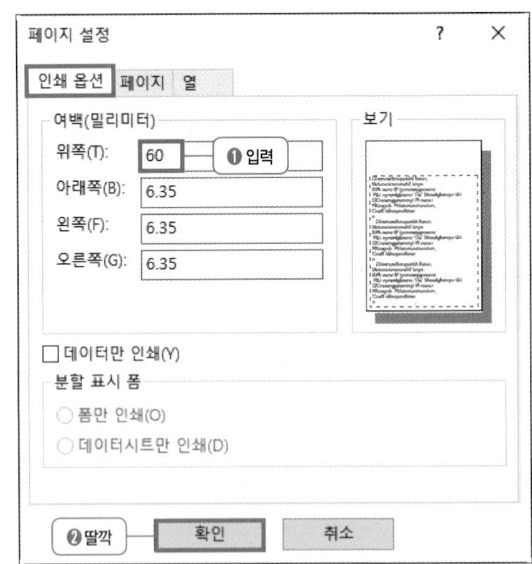

07. 폼 작업 마무리하기

1. 인쇄는 나머지 작업인 보고서 작성과 시상 작업을 마친 후 한꺼번에 수행해야 합니다. 폼을 닫고 바로 보고서 작성 작업을 하면 됩니다. [인쇄 미리 보기] → 미리 보기 닫기 → **인쇄 미리 보기 닫기**(☒)를 클릭한 후 폼 디자인 보기 상태에서도 '닫기(☒)' 단추를 클릭하세요. 저장 여부를 묻는 대화상자가 나타납니다.

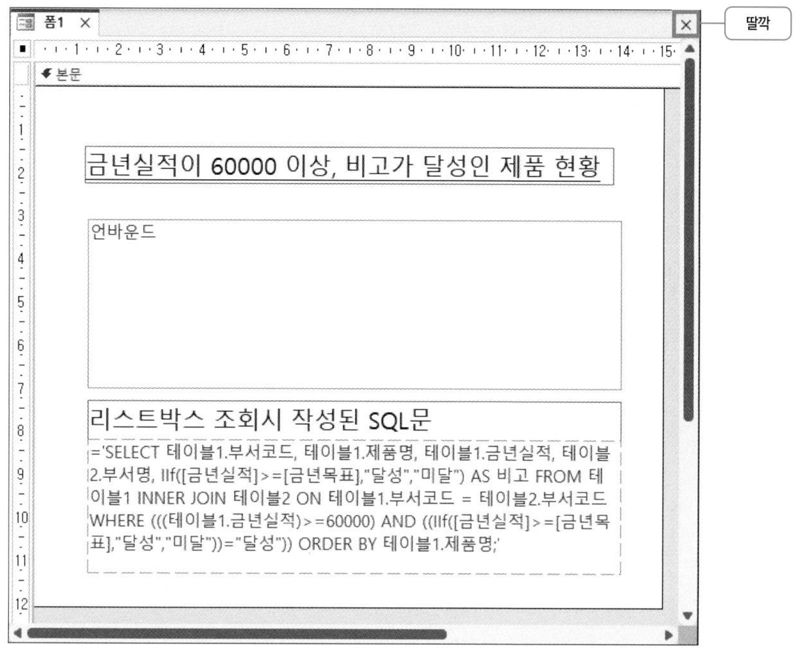

2. 저장 여부를 묻는 대화상자에서 〈예〉를 클릭하세요. 작성된 폼에 이름을 지정하는 '다른 이름으로 저장' 대화상자가 나타납니다.

3. 폼 이름에 대한 언급이 없으므로 그냥 〈확인〉을 클릭하세요.

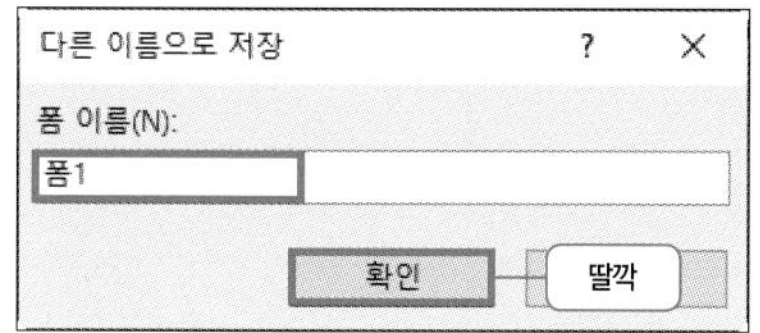

폼을 완성한 후 폼의 최종 실행 결과는 폼 보기 상태가 아니라 인쇄 미리 보기 상태에서 확인해야 합니다. 컨트롤의 너비가 작아서 데이터가 온전하게 출력되지 않는 것은 인쇄 미리 보기 상태에서만 확인이 가능하기 때문입니다.

여러 가지 폼 보기 상태

폼은 폼 보기, 데이터시트 보기, 디자인 보기 등의 상태로 볼 수 있고, [양식 디자인] → **보기**나 폼의 바로 가기 메뉴를 이용하여 변경할 수 있습니다.

- **폼 보기 :** 실제 데이터가 각 컨트롤에 표시되는 형태입니다.
- **데이터시트 보기 :** 테이블을 실행한 것처럼 원본 데이터를 행과 열 서식으로 표시하는 형태이며, 데이터를 수정할 수 있습니다.
- **디자인 보기 :** 다양한 컨트롤과 도구를 이용하여 폼을 만들거나 수정할 수 있는 형태입니다. 실제 데이터는 표시되지 않습니다.

전문가의 조언

자료처리 파일을 작성한다는 것은 보고서를 만들어 출력하는 것을 말합니다.

451005

문제 4 자료처리 파일(File) 작성하기

01. 보고서 작성하기

1. 새 보고서를 만들기 위해 [만들기] → 보고서 → **보고서 마법사**()를 클릭하세요. 원본 데이터와 사용할 필드를 선택하는 '보고서 마법사' 대화상자가 나타납니다.

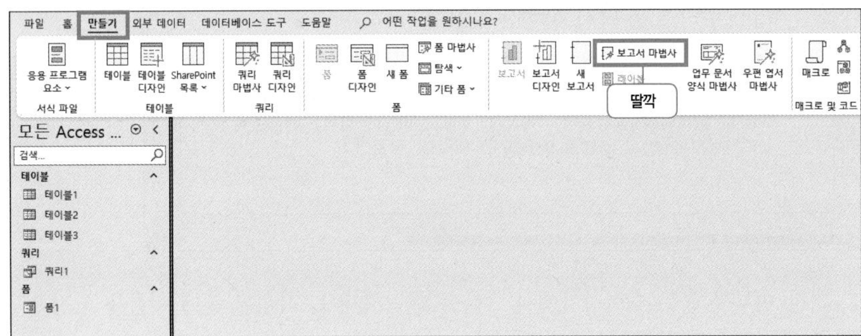

2. '테이블/쿼리'에서 원본 데이터 '쿼리: 쿼리1'을 선택하세요. '사용 가능한 필드'에 '쿼리1'에 있는 필드 목록이 나타납니다.

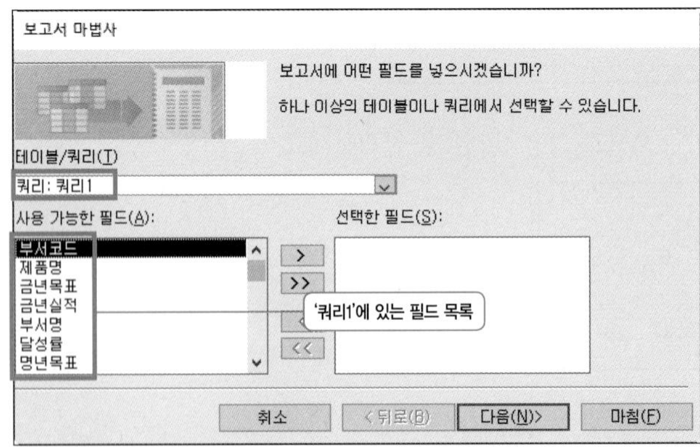

3. '사용 가능한 필드'에 있는 필드를 선택한 후 이동 단추(>)를 누르면 '선택한 필드'로 이동됩니다. 다음과 같이 문제에 제시된 자료처리 양식 화면에 있는 항목 순서에 맞게 사용할 필드를 차례로 이동시키세요. 모두 이동시켰으면 〈다음〉을 클릭하세요. 그룹을 지정하기 위한 '보고서 마법사' 대화상자가 나타납니다.

'사용 가능한 필드'에 있는 필드를 더블클릭해도 '선택한 필드'로 이동됩니다.

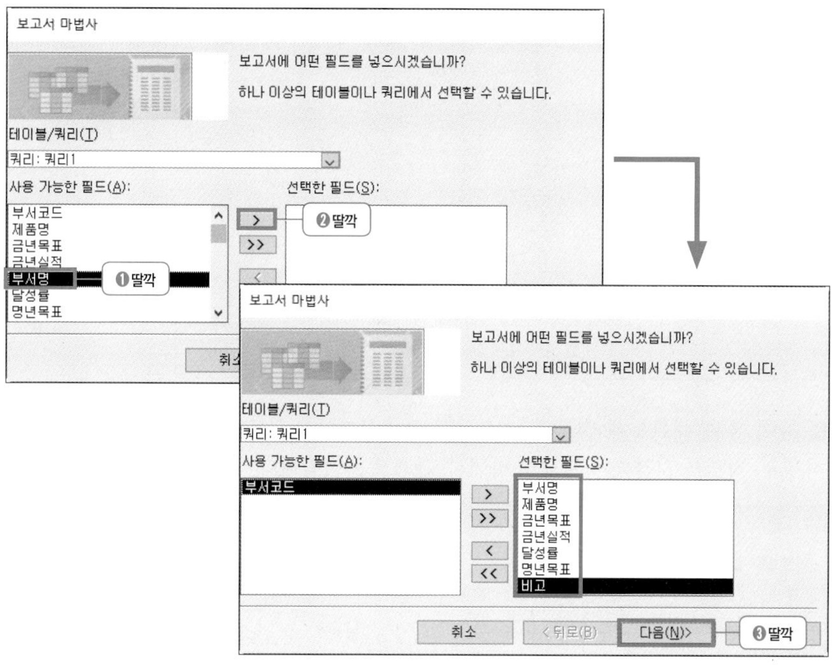

4. '부서명'으로 그룹을 지정해야 합니다. 그룹 수준에서 '부서명'을 더블클릭한 후 〈다음〉을 클릭하세요. 정렬 순서와 요약 정보를 지정하기 위한 '보고서 마법사'가 나타납니다.

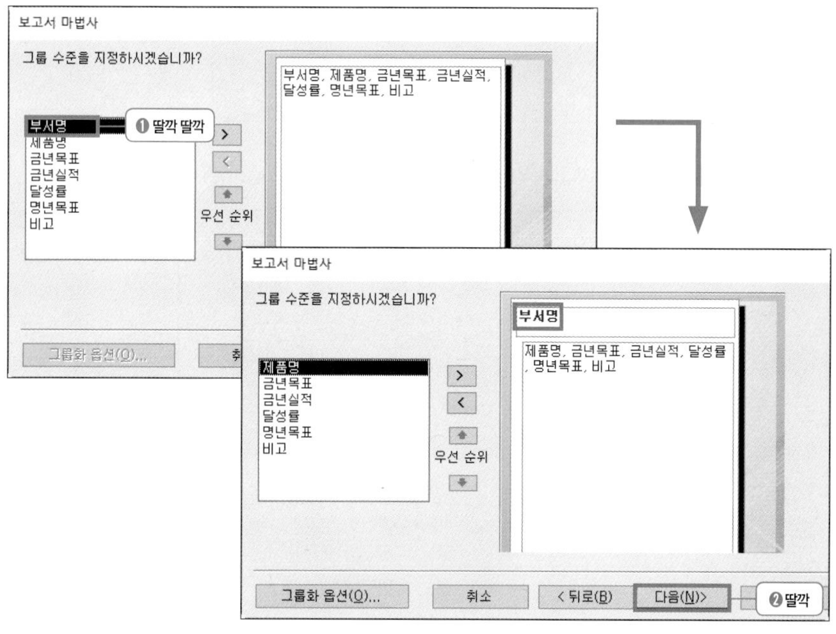

전문가의 조언

• 문제의 [처리 조건]을 정확하게 숙지해야 합니다. [처리 조건]에 '부서명으로 구분 정리한 후, 같은 부서명 안에서는 제품명의 오름차순으로 정렬한다.'라고 되어 있습니다. 그러므로 그룹 수준은 '부서명', 정렬 필드는 '제품명', 정렬 기준은 '오름차순'이 됩니다.
• 정렬은 '보고서 마법사'에서 지정하지 않고 보고서 디자인 보기 상태의 '그룹, 정렬 및 요약' 창에서도 지정할 수 있습니다. 정렬 필드가 보고서 화면의 어디에 위치하느냐에 따라 지정하는 곳('보고서 마법사' 또는 '그룹, 정렬 및 요약' 창)이 달라질 수 있습니다. 지정 위치가 혼동된다면 일괄적으로 '그룹, 정렬 및 요약' 창을 이용하면 됩니다.

'요약 옵션' 대화상자에서 특정 필드를 선택하면 그룹이 지정되어 있을 경우 그룹별로 필드에 대한 계산 값이 표시됩니다. 즉 금년목표와 금년실적 필드에 대한 평균이 그룹별로 표시된다는 의미입니다.

5. 부서명 안에서 제품명을 기준으로 오름차순 정렬해야 합니다. 첫 번째 목록 단추(▼)를 클릭한 후 '제품명'을 선택하세요. 이어서 부서별 금년목표의 평균과 금년실적의 평균을 계산하기 위해서 〈요약 옵션〉을 클릭합니다.

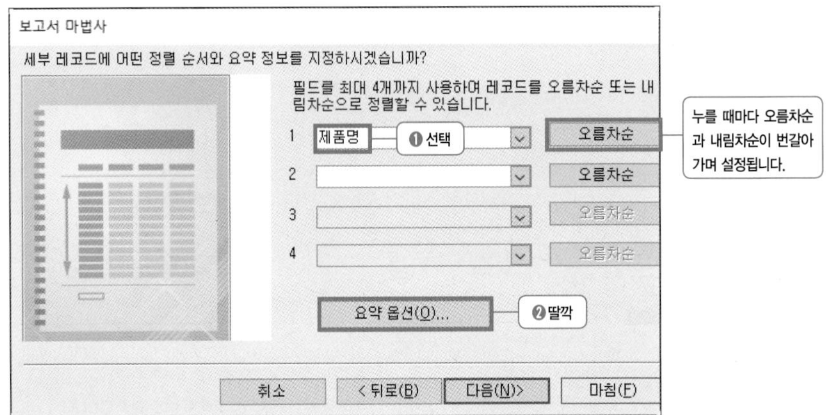

6. '요약 옵션' 대화상자에서는 금년목표와 금년실적의 평균을 선택한 후 〈확인〉을 클릭하세요. 정렬을 지정하는 '보고서 마법사' 단계로 돌아갑니다.

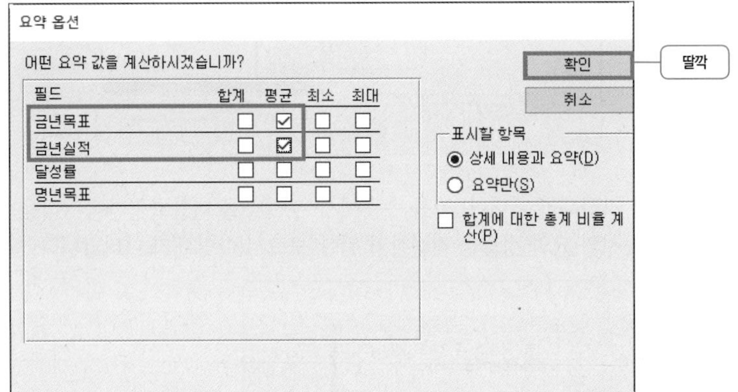

7. 〈다음〉을 클릭하세요. 보고서의 모양을 설정하기 위한 '보고서 마법사'가 나타납니다.

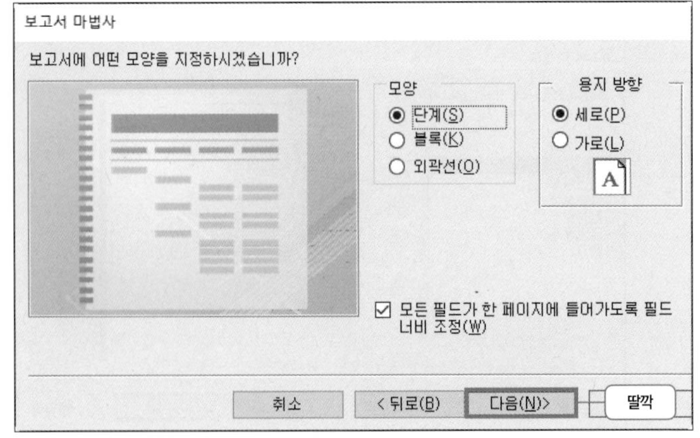

8. 특별한 지시사항이 없으므로 기본 설정 값(단계)을 확인한 후 〈다음〉을 클릭하세요. 보고서 제목을 설정하기 위한 '보고서 마법사'가 나타납니다.

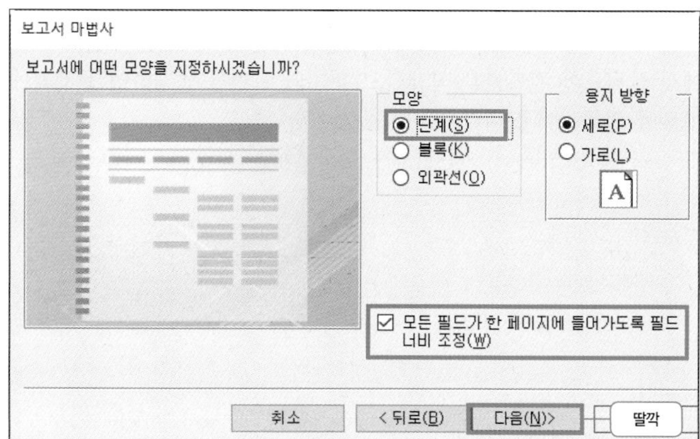

9. 보고서 이름은 특별한 지시사항이 없으므로 기본값(쿼리1)을 그대로 둡니다. 그리고 마법사를 이용해 만든 보고서를 지시사항에 맞게 수정해야 하므로 '보고서 디자인 수정'을 선택한 후 〈마침〉을 클릭합니다.

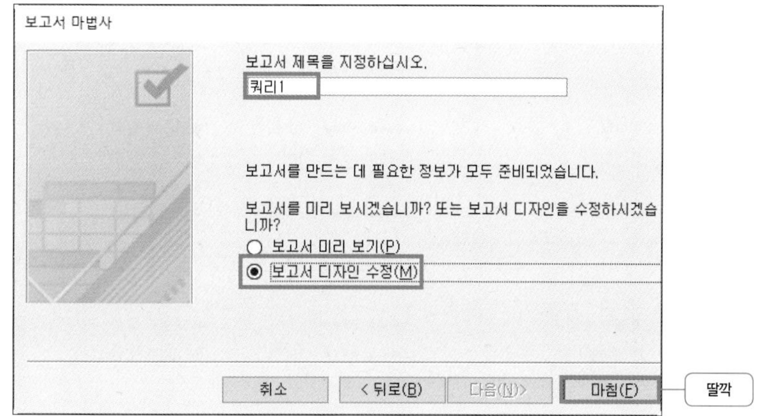

보고서 이름에 대한 지시사항이 없을 경우 기본적으로 지정되는 이름을 그대로 사용합니다.

컨트롤
폼이나 보고서에서 데이터를 표시하고, 매크로나 함수 등의 명령을 실행하는 데 사용되는 레이블, 텍스트 상자, 선 등의 그래픽 개체를 의미합니다.

####로 표시되는 것은 컨트롤의 너비가 좁아 데이터가 모두 표시될 수 없기 때문입니다.

02. 컨트롤* 편집하기

아래 그림은 보고서 마법사로 작성한 후 보고서 보기로 표시한 것입니다. 컨트롤의 크기가 작아 필드명이나 데이터가 정상적으로 표시되지 않았음을 알 수 있습니다. 보고서 디자인 보기 상태에서 불필요한 컨트롤을 삭제하고 위치와 크기를 변경하여 문제지에 제시된 요구 사항에 맞게 만들어야 합니다.

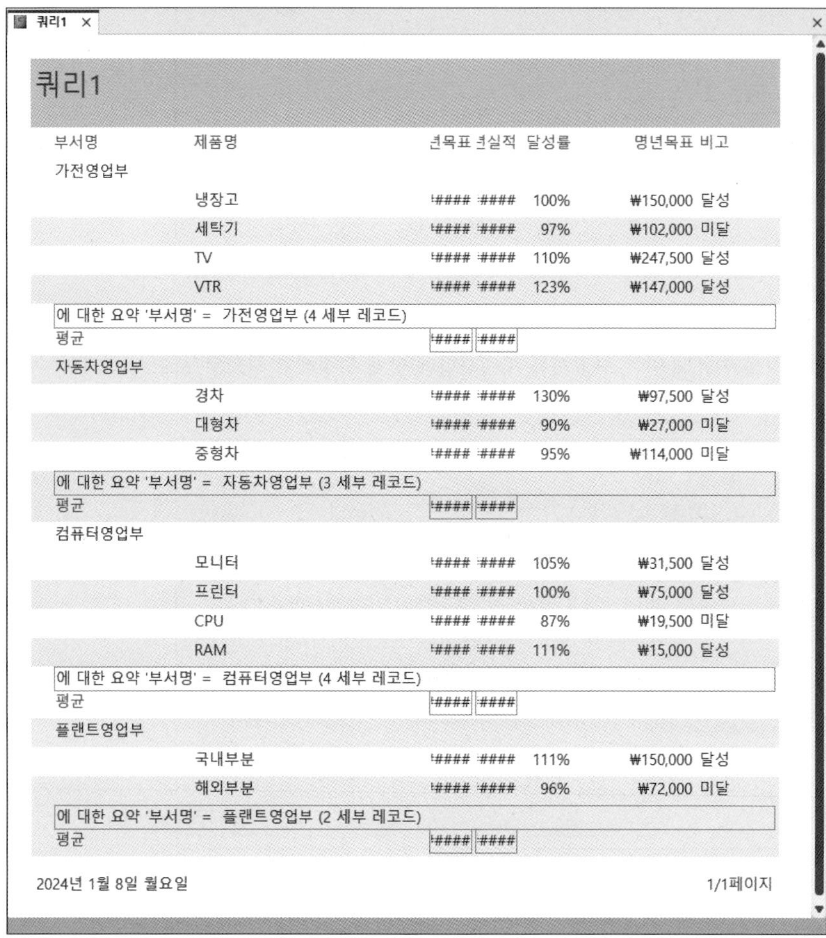

쿼리1

부서명	제품명	목표	실적	달성률	명년목표	비고
가전영업부						
	냉장고	####	####	100%	₩150,000	달성
	세탁기	####	####	97%	₩102,000	미달
	TV	####	####	110%	₩247,500	달성
	VTR	####	####	123%	₩147,000	달성
에 대한 요약 '부서명' = 가전영업부 (4 세부 레코드)						
평균		####	####			
자동차영업부						
	경차	####	####	130%	₩97,500	달성
	대형차	####	####	90%	₩27,000	미달
	중형차	####	####	95%	₩114,000	미달
에 대한 요약 '부서명' = 자동차영업부 (3 세부 레코드)						
평균		####	####			
컴퓨터영업부						
	모니터	####	####	105%	₩31,500	달성
	프린터	####	####	100%	₩75,000	달성
	CPU	####	####	87%	₩19,500	미달
	RAM	####	####	111%	₩15,000	달성
에 대한 요약 '부서명' = 컴퓨터영업부 (4 세부 레코드)						
평균		####	####			
플랜트영업부						
	국내부분	####	####	111%	₩150,000	달성
	해외부분	####	####	96%	₩72,000	미달
에 대한 요약 '부서명' = 플랜트영업부 (2 세부 레코드)						
평균		####	####			

2024년 1월 8일 월요일 1/1페이지

1 불필요한 컨트롤 삭제하기

1. [홈] → 보기 → [보기] → **디자인 보기**()를 클릭하여 보고서를 디자인 보기 상태로 엽니다.

2. 보고서 마법사를 이용하여 보고서를 작성할 경우 원하지 않는 불필요한 컨트롤이 표시될 수 있습니다. 시험지와 비교하여 불필요한 컨트롤을 삭제해야 합니다. 삭제할 컨트롤*을 선택한 후 Delete를 누르세요.

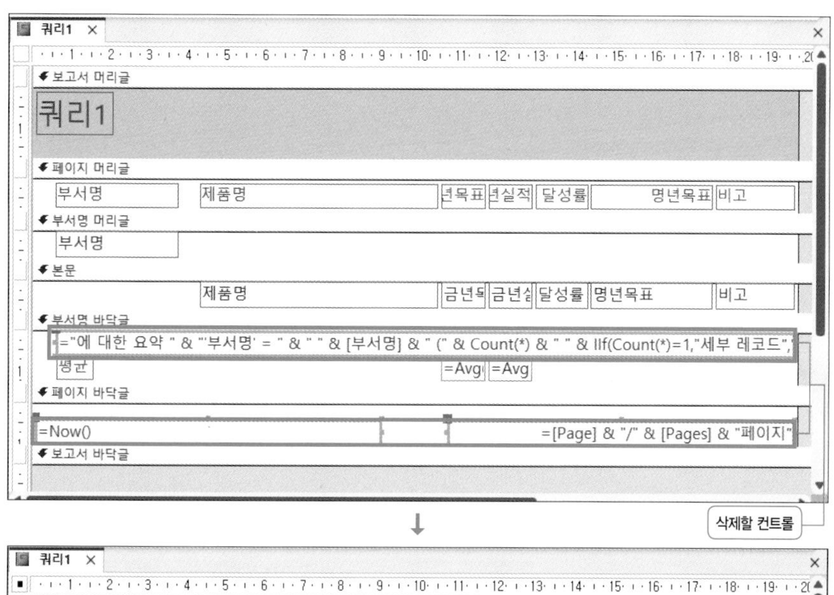

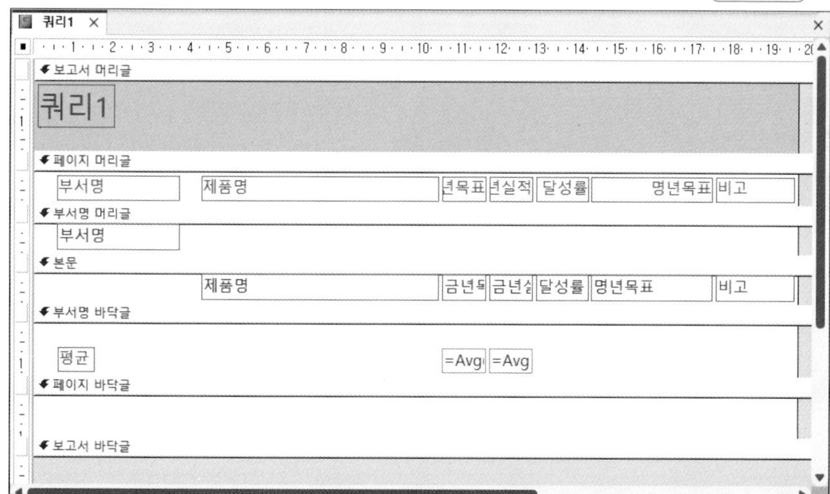

컨트롤 선택하기

- **하나의 컨트롤 선택** : 해당 컨트롤 클릭
- **연속적인 컨트롤 선택** : 선택할 컨트롤이 포함되도록 마우스로 드래그하거나 컨트롤이 포함되도록 가로, 세로 눈금자를 드래그
- **비연속적인 컨트롤 선택** : Shift를 누른 상태에서 컨트롤을 클릭
- **모든 컨트롤 선택** : 모든 컨트롤이 포함되도록 마우스로 드래그하거나 Ctrl+A를 누름

2 컨트롤의 크기와 위치 조절하기

그룹을 지정하면 기준이 되는 필드를 기준으로 머리글이 생성됩니다. 하지만 문제지에 제시된 보고서에는 별도의 머리글이 표시되어 있지 않으므로 머리글에 표시된 '부서명' 컨트롤을 본문으로 이동시키는 것입니다. 문제지의 형태대로 만들어야 하므로 문제지를 정확하게 확인해야 합니다.

1. 부서명 텍스트 상자 이동하기

문제지에 제시된 그림에 부서명과 제품명이 같은 줄에 있으므로 부서명 머리글 영역에 있는 '부서명' 텍스트 상자를 본문 영역으로 이동해야 합니다. 부서명 머리글에 있는 '부서명' 텍스트 상자를 선택한 후 선택한 도형 위로 마우스 포인터를 이동시켜 마우스 포인터 모양이 십자 화살표 모양(✣)으로 변경되면 본문 영역으로 드래그하세요.

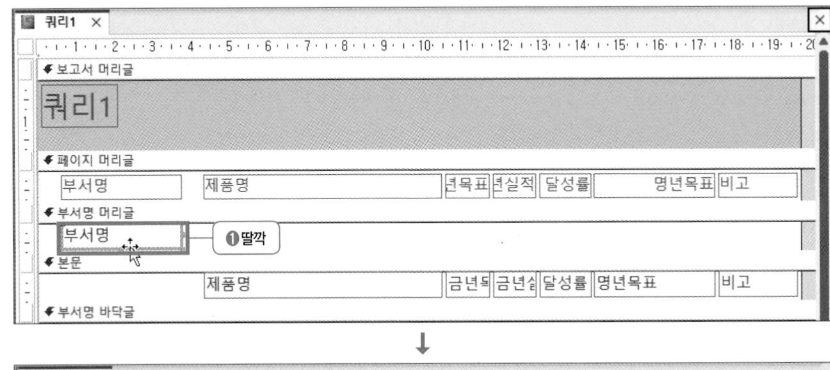

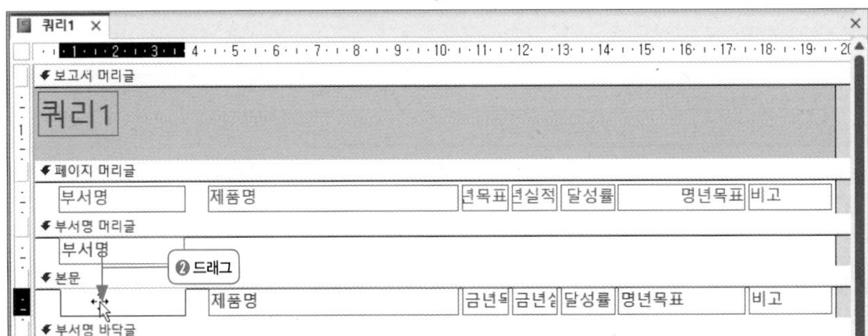

2. 부서명 바닥글의 평균 레이블과 금년목표 · 금년실적의 평균 텍스트 상자 복사하기

① 마법사를 이용하여 보고서를 만들면 그룹별 평균만 만들어집니다. 보고서 전체에 대한 평균을 작성하기 위해 부서명 바닥글에 있는 평균 레이블과 금년목표, 금년실적의 평균 텍스트 상자를 보고서 바닥글로 복사해야 합니다. 평균 레이블 왼쪽 부분의 눈금자에 마우스 포인터를 이동시킨 후 마우스 포인터 모양이 ➡ 로 변경되면 클릭하여 부서명 바닥글의 평균 레이블, 금년목표, 금년실적 평균 텍스트 상자를 선택한 후 Ctrl+C를 눌러 복사하세요.

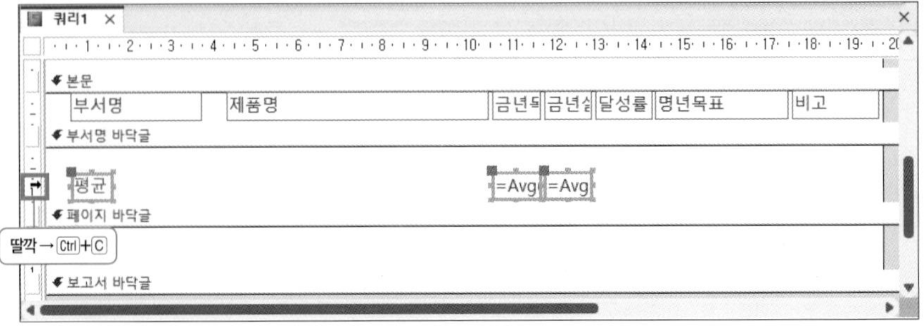

② 보고서 바닥글 선택기를 선택한 후 Ctrl+V를 눌러 붙여넣기 하세요.

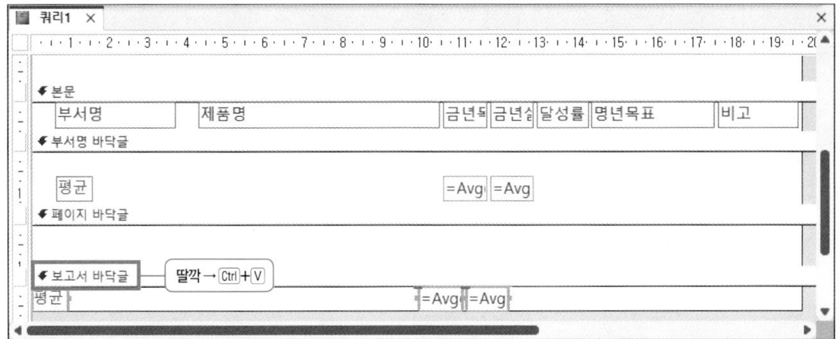

3. 페이지 머리글에 있는 레이블의 크기 및 위치 조정하기

① 페이지 머리글의 '부서명' 레이블을 클릭한 후 왼쪽으로 Shift를 누른 채 드래그하세요.

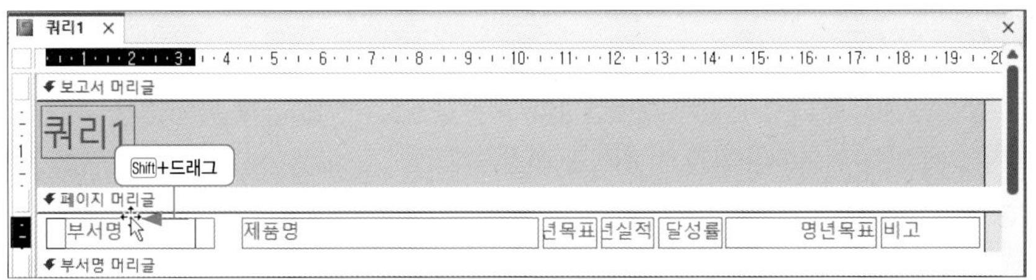

② '제품명' 레이블을 클릭한 후 '제품명' 레이블의 왼쪽 크기 조절점 중 가운데 조절점에 마우스 포인터를 놓은 후 마우스 포인터 모양이 ↔로 바뀌면 왼쪽으로 드래그하세요.

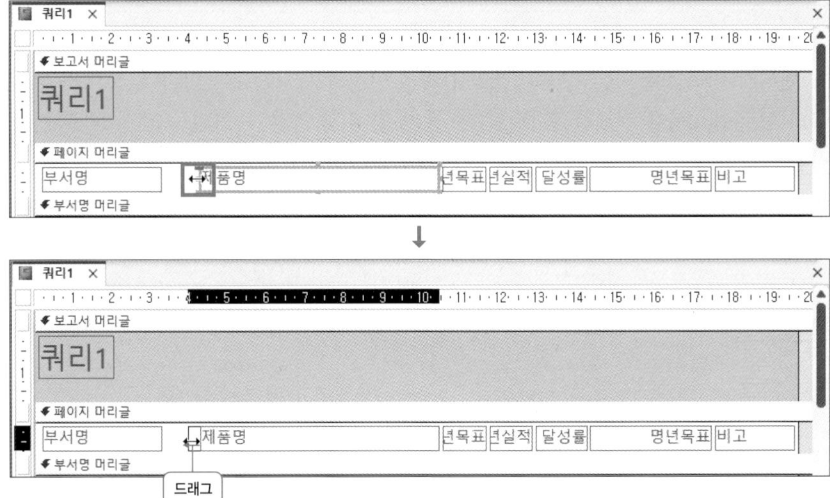

수검자가 가장 어려워하는 부분이 컨트롤의 크기와 위치를 조절하는 작업입니다. 하지만 이작업은 단순 작업이므로 반복하여 연습하면 금방 익숙해질 수 있습니다. 차근차근 따라하면서 작업 방법을 숙지하세요.

③ '제품명' 레이블의 오른쪽 크기 조절점 중 가운데 조절점을 왼쪽으로 드래그하여 '제품명' 레이블의 크기를 적당하게 조절하세요.

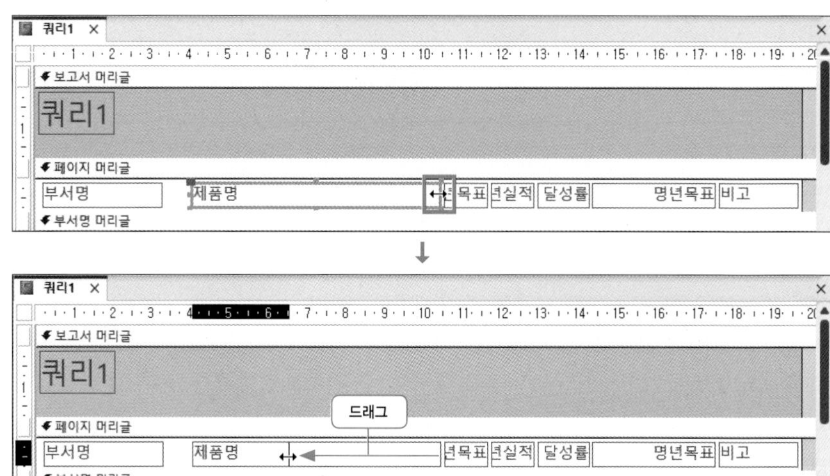

④ 같은 방법으로 그림과 같이 레이블명이 모두 문제지와 비슷하게 표시되도록 페이지 머리글에 있는 레이블의 크기 및 위치를 조절하세요.

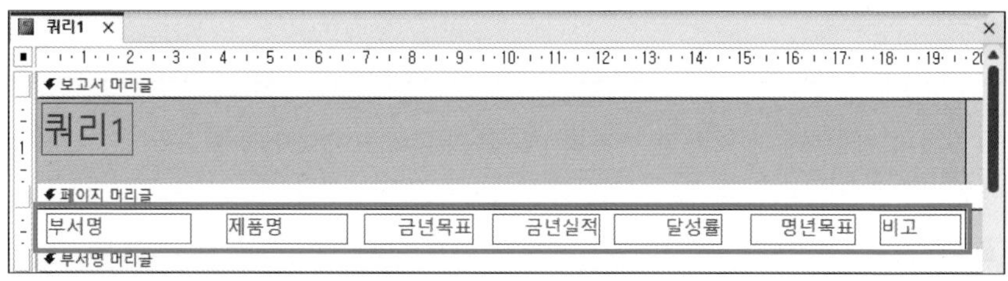

컨트롤 크기 및 위치 변경 시 현재 설정된 보고서의 가로 · 세로 길이를 벗어나게 되면 보고서의 길이가 자동으로 늘어나므로 보고서의 페이지 수가 늘어납니다. 반드시 현재 설정된 가로 · 세로 길이 안에서 작업해야 합니다.

[보고서 디자인 도구] → 정렬 → 크기 및 순서 조정 → 크기/공간 → **가로 간격 같음**( )을 클릭하세요.

⑤ 페이지 머리글에 있는 각 레이블의 간격을 일정하게 지정해야 합니다. 페이지 머리글의 모든 레이블을 선택한 후 [정렬] → 크기 및 순서 조정 → 크기/공간 → **가로 간격 같음**을 클릭하세요.

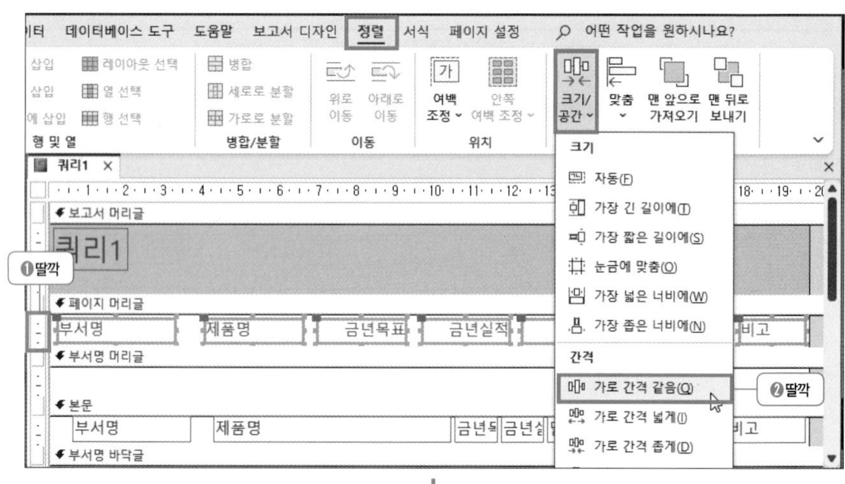

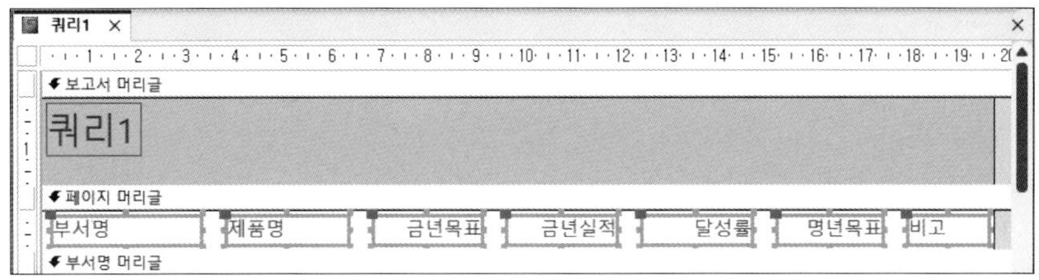

4. 나머지 컨트롤 변경하기

① 페이지 머리글에 배치된 레이블과 본문의 컨트롤을 동일한 크기로 조절하고 위치를 맞춰야 합니다. 먼저 '부서명' 레이블과 '부서명' 텍스트 상자의 크기를 맞춰 보겠습니다. 페이지 머리글의 '부서명' 레이블을 클릭하고, Shift를 누른 상태에서 본문의 '부서명' 텍스트 상자를 클릭한 후 바로 가기 메뉴에서 [크기] → **가장 넓은 너비에**를 선택하세요.

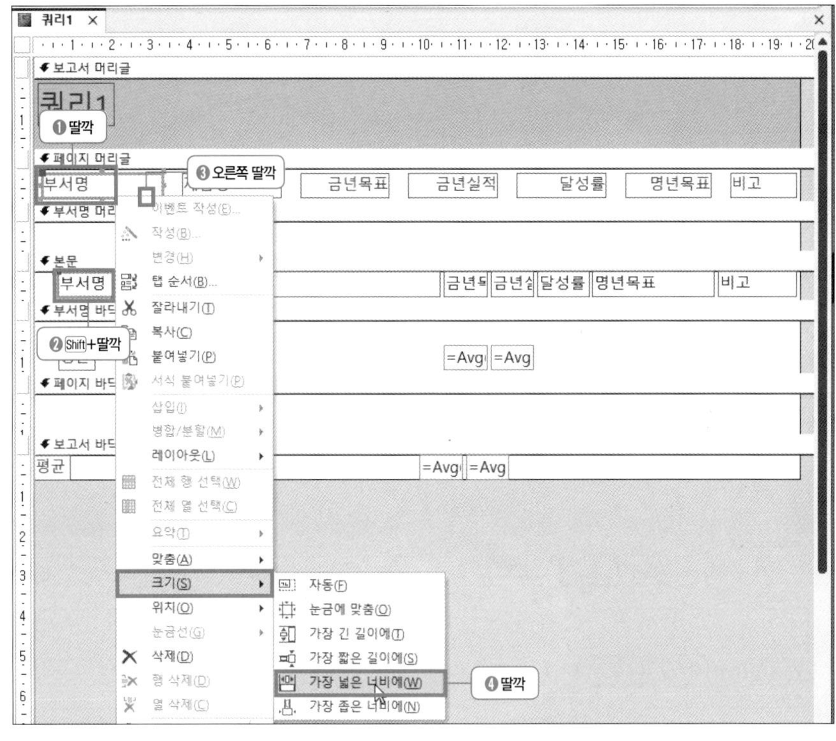

② '부서명' 텍스트 상자의 너비가 '부서명' 레이블의 너비와 동일하게 조절됩니다. 이제 '부서명' 레이블과 '부서명' 텍스트 상자의 위치를 맞춰야 합니다. '부서명' 레이블과 '부서명' 텍스트 상자가 선택된 상태에서 바로 가기 메뉴의 [맞춤] → **왼쪽**을 선택하세요.

여러 컨트롤이 선택된 상태에서 바로 가기 메뉴를 표시하려면 선택된 컨트롤 중 특정 컨트롤에서 마우스 오른쪽 버튼을 클릭하면 됩니다.

컨트롤의 크기를 변경하는 다른 방법
컨트롤이 선택된 상태에서 [정렬] → 크기 및 순서 조정 → **크기/공간**을 사용하면 됩니다.

[보고서 디자인 도구] → 정렬 → 크기 및 순서 조정 → **크기/공간**을 사용하면 됩니다.

컨트롤의 위치를 변경하는 다른 방법
컨트롤이 선택된 상태에서 [정렬] → 크기 및 순서 조정 → **맞춤**을 사용하면 됩니다.

[보고서 디자인 도구] → 정렬 → 크기 및 순서 조정 → **맞춤**을 사용하면 됩니다.

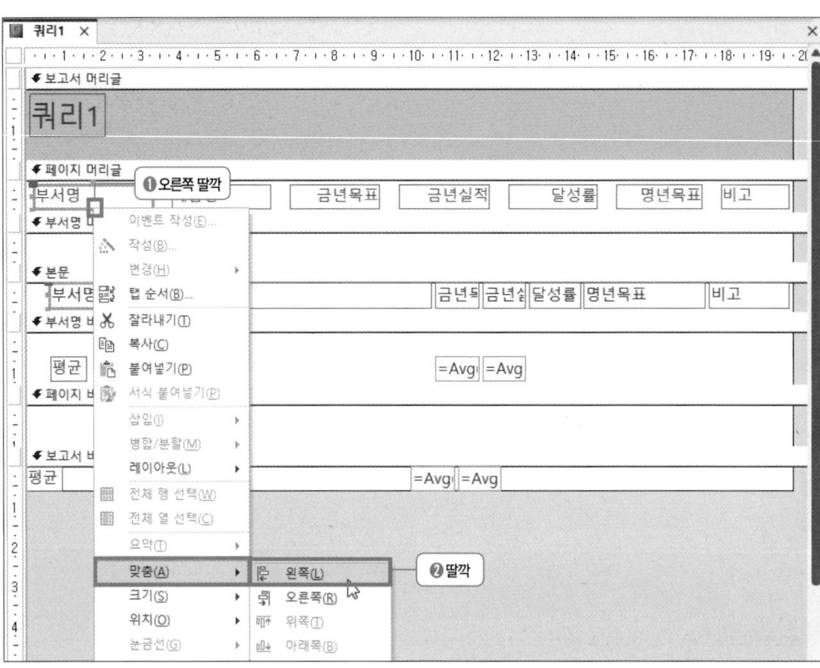

③ '부서명' 텍스트 상자가 왼쪽에 있는 '부서명' 레이블에 맞춰 이동됩니다. 이제 다음 컨트롤인 '제품명' 레이블에 맞게 '제품명' 텍스트 상자의 크기와 위치를 조절해야 하므로 '제품명' 레이블과 '제품명' 텍스트 상자를 선택한 다음 바로 가기 메뉴의 [크기] → **가장 좁은 너비에**를 선택하세요.

전문가의 조언

크기를 조절할 레이블과 텍스트 상자를 보고, 가장 넓은 너비에 맞출지 또는 가장 좁은 너비에 맞출지 판단해야 합니다. '제품명' 레이블과 '제품명' 텍스트 상자의 너비를 비교했을 때 '제품명' 텍스트 상자의 너비가 더 크므로 **[가장 좁은 너비에]**를 선택한 것입니다.

④ 다시 바로 가기 메뉴의 [맞춤] → **왼쪽**을 선택하여 '제품명' 레이블과 '제품명' 텍스트 상자의 위치를 '제품명' 레이블을 기준으로 맞춥니다.

⑤ 같은 방법으로 '금년목표' 레이블과 '금년목표' 텍스트 상자, '금년목표의 평균', '금년목표의 전체 평균' 텍스트 상자, '금년실적' 레이블과 '금년실적' 텍스트 상자, '금년실적의 평균', '금년실적의 전체 평균' 텍스트 상자의 크기 및 위치를 그림과 같이 배치하세요.

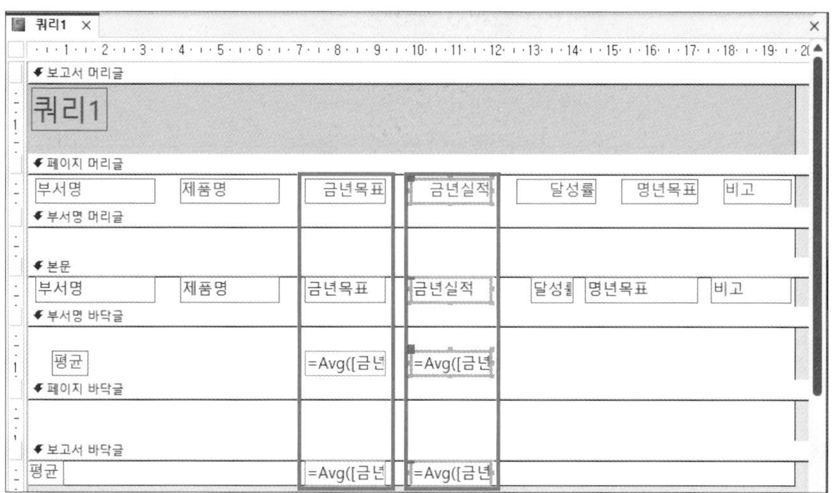

⑥ 같은 방법으로 [맞춤]과 [크기] 메뉴를 이용하여 '달성률' 레이블, '달성률' 텍스트 상자, '명년목표' 레이블, '명령목표' 텍스트 상자, '비고' 레이블, '비고' 텍스트 상자의 위치를 그림과 같이 배치하세요.

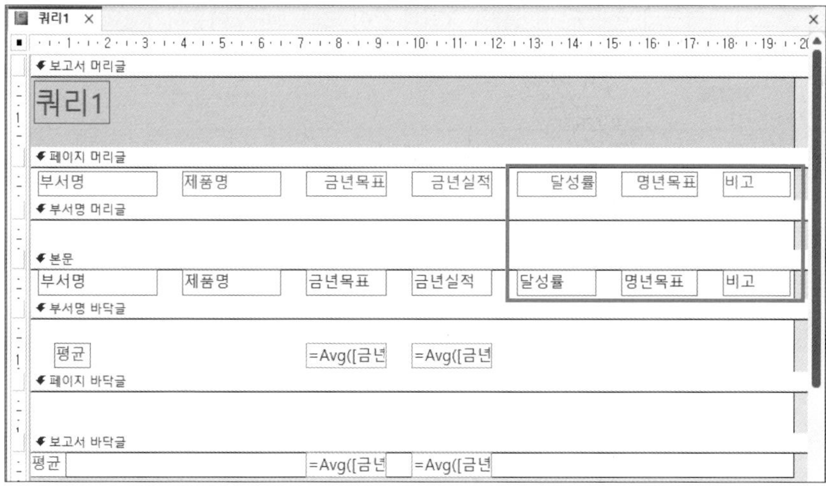

⑦ 나머지 컨트롤의 위치 및 내용을 수정해야 합니다. 부서명 바닥글의 '평균' 레이블과 보고서 바닥글의 '평균' 레이블의 내용을 그림과 같이 수정하세요.

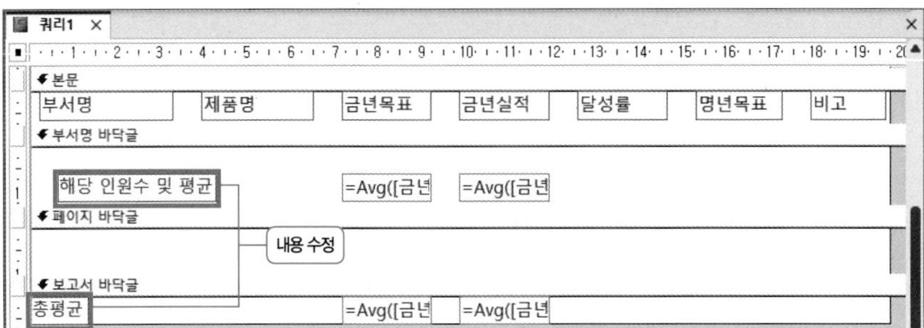

⑧ 본문의 '부서명' 텍스트 상자와 부서명 바닥글의 '해당 인원수 및 평균' 레이블을 선택한 후 바로 가기 메뉴의 [맞춤] → **왼쪽**을 선택하여 본문의 '부서명' 텍스트 상자와 '해당 인원수 및 평균 레이블'의 위치를 '부서명' 텍스트 상자를 기준으로 맞춥니다.

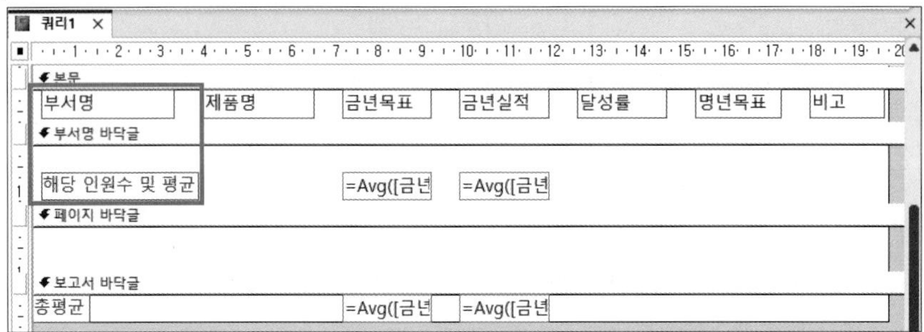

⑨ 보고서 바닥글의 '총평균' 레이블을 그림과 같이 드래그하여 이동시키세요.

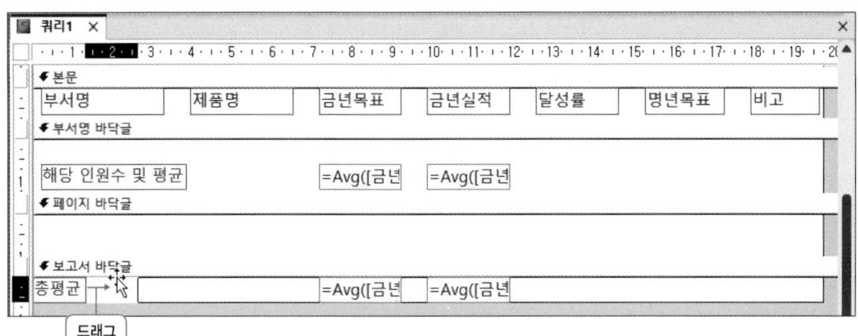

3 보고서의 제목 입력하고 서식 지정하기

1. 보고서 머리글에 자동으로 생성된 제목 레이블을 선택한 후 [서식] → **글꼴**에서 글꼴 크기 16, '밑줄(가)', '가운데 맞춤(☰)'을 지정하세요.

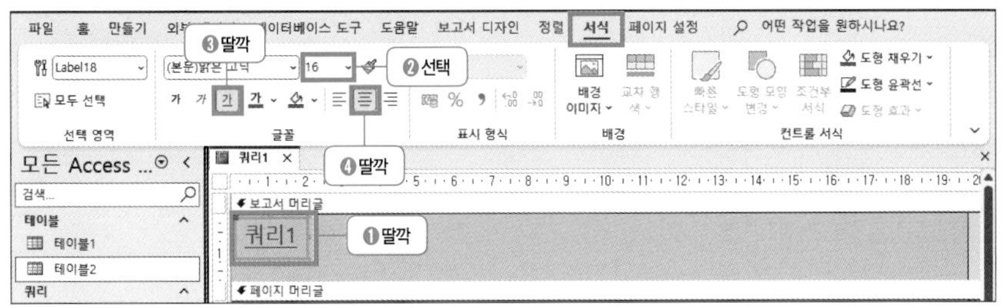

2. 이어서 마우스로 레이블의 크기 조절점을 드래그하여 레이블의 너비가 보고서의 너비와 같아지도록 조절하세요.

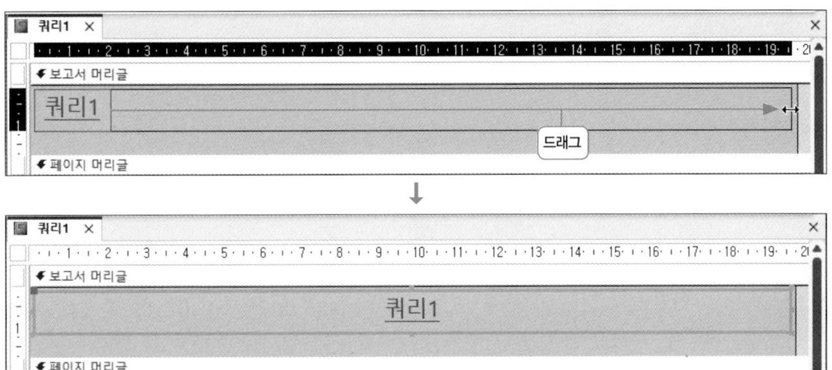

3. 레이블에 입력되어 있는 내용을 삭제하고 **부서별 판매 목표 현황**을 입력한 후 Enter를 누르세요. 입력한 글자에 맞춰 레이블의 크기가 조절됩니다.

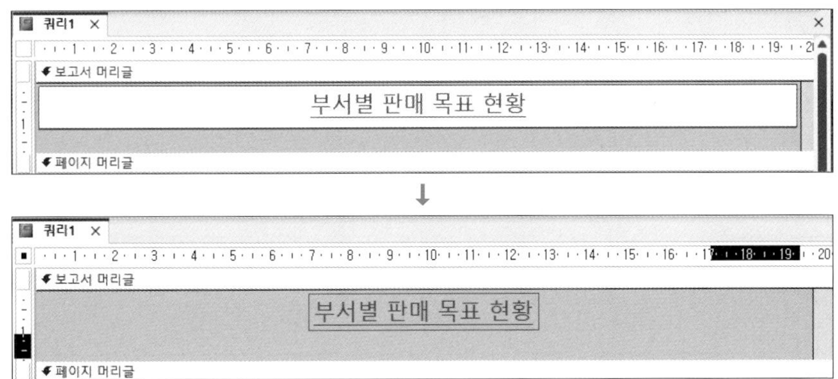

4 작성일자 입력하기

1. [보고서 디자인] → 컨트롤 → **텍스트 상자**(ab)를 클릭한 후 보고서 머리글의 오른쪽 하단에 드래그하여 텍스트 상자를 삽입하세요.

제목의 밑줄

제목에 밑줄을 지정하라는 지시사항은 없지만 문제에 제시된 보고서의 제목에 밑줄이 있으므로 밑줄을 지정해야 합니다.

※ **오피스 2016 사용자** : [보고서 디자인 도구] → 서식 → **글꼴**에서 글꼴 크기, '밑줄(가)', '가운데 맞춤(☰)'을 지정하세요.

※ **오피스 2010 사용자** : [보고서 디자인 도구] → 형식 → **글꼴**에서 글꼴 크기와 '밑줄(가)', '가운데 맞춤(☰)'을 지정하세요.

보고서 마법사로 보고서를 작성할 때 자동으로 생성된 보고서 제목 레이블을 이용해 제목을 입력해도 되고, 새로운 레이블을 작성하여 제목을 입력해도 됩니다.

전문가의 조언

프로그램 버전에 따라 레이블의 크기가 글자에 맞춰 조절되지 않을 수 있습니다. 그 상태 그대로 두면 됩니다.

전문가의 조언

- '텍스트 상자()'를 클릭한 후 컨트롤을 작성하면 레이블이 첨부되어 나타납니다.

- 텍스트 상자를 삭제하면 레이블이 함께 삭제됩니다. 레이블만 삭제하려면 레이블을 클릭한 후 Delete를 누릅니다.

전문가의 조언

- 오늘 날짜를 표시할 때는 'DATE( )' 함수를, 오늘 날짜와 시간을 표시할 때는 'NOW( )' 함수를 사용합니다. 'NOW( )' 함수를 이용하여 오늘 날짜(YYYY-MM-DD)를 표시하려면 =NOW( )를 입력한 후 속성 시트 창의 '형식' 탭에서 날짜 형식을 '간단한 날짜'로 지정해주면 됩니다.
- 함수를 이용하지 않고 날짜를 직접 입력하려면 텍스트 상자에 "=#2021-03-04#"와 같이 날짜 왼쪽과 오른쪽에 #을 붙여서 입력하면 됩니다.

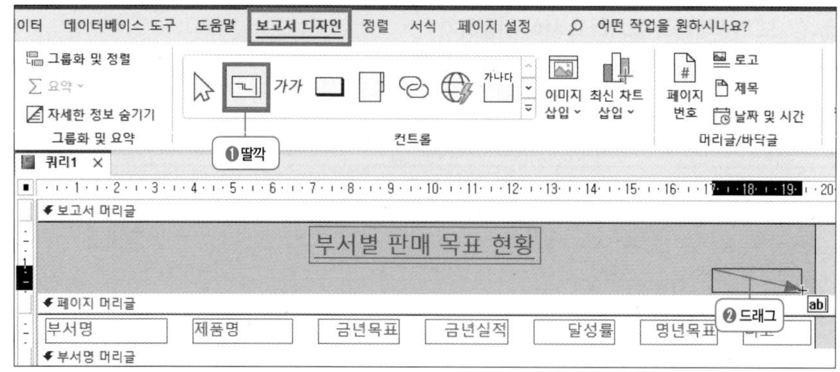

2. 레이블에 **작성일자 :**를 입력하고, 텍스트 상자에 **=Date( )**를 입력한 후 마우스로 드래그하여 위치를 조절하세요.

5 그룹 바닥글에 컨트롤 추가하기

1. 인원수를 구하는 텍스트 상자를 추가해야 합니다. 부서명 바닥글에 있는 '금년목표의 평균' 텍스트 상자를 클릭한 후 Ctrl+C를 눌러 복사한 다음 부서명 바닥글 선택기를 클릭하고 Ctrl+V를 눌러 붙여넣으세요.

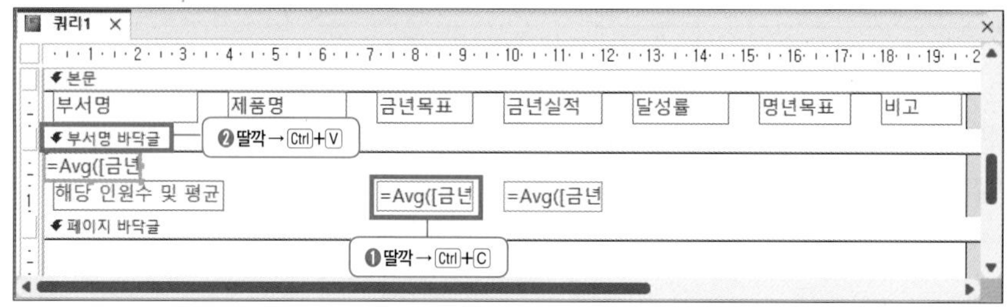

2. 이어서 마우스로 드래그하여 그림과 같이 이동하고 텍스트 상자 내용을 삭제한 후 =Count(*) & **"명"**을 입력하세요.

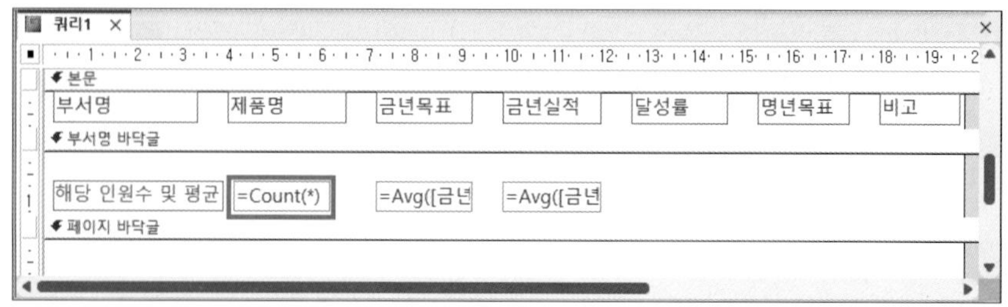

'=Count(*) & "명"'의 의미

- =Count(*) : 레코드의 전체 개수를 구합니다.
- & : 문자를 연결할 때 사용합니다.
- =Count(*) & **"명"** : =Count(*)의 결과에 "명"을 붙여 표시합니다.

∴ =Count(*)의 결과가 5이면 "5명"이 표시됩니다.

3. 그룹명과 그룹별 달성률을 표시해야 합니다. 본문 영역에 있는 '부서명' 텍스트 상자를 클릭한 후 Ctrl+C를 눌러 복사한 다음 부서명 바닥글 선택기를 클릭하고 Ctrl+V를 눌러 붙여 넣으세요.

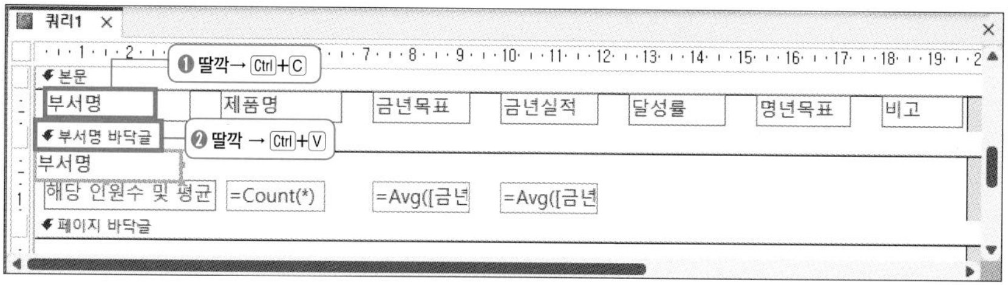

4. 이어서 마우스를 드래그하여 적당히 배치하세요.

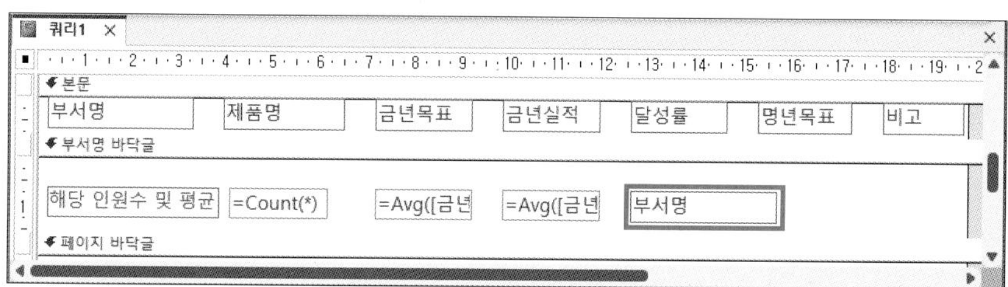

5. 부서명 바닥글의 '해당 인원수 및 평균' 레이블을 클릭한 후 Ctrl+C를 눌러 복사한 다음 부서명 바닥글 선택기를 클릭하고 Ctrl+V를 눌러 붙여넣으세요.

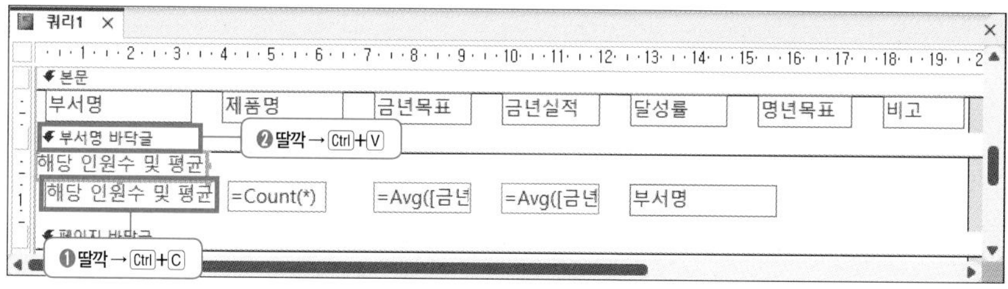

6. 그림과 같이 위치를 이동한 후 내용을 **달성률**로 수정하고 크기를 조절해 주세요.

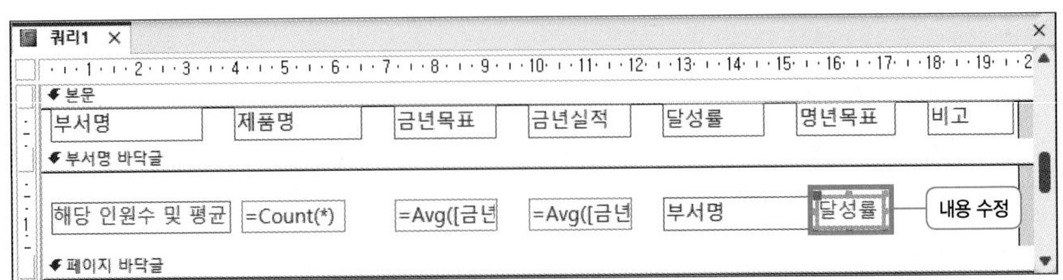

7. 부서명 바닥글의 '금년실적의 평균' 텍스트 상자를 Ctrl+C를 눌러 복사한 후 부서명 바닥글을 클릭하고 Ctrl+V를 눌러 붙여넣으세요. 이어서 '달성률' 레이블의 오른쪽으로 드래그한 후 레이블에 입력된 내용을 **=Sum(IIf([비고]="달성",1,0))/Count([비고])**로 수정한 후 조절해 주세요.

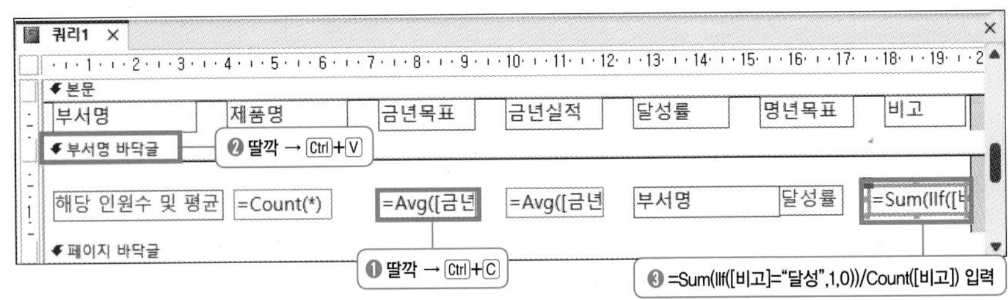

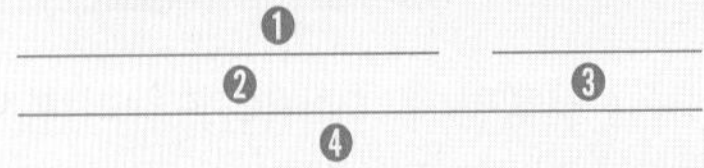

부서명별 달성률 계산하기

부서별 달성률은 각 부서별로 비고에 "달성"이 입력되어 있는 행수를 부서별 전체 행수로 나눈 다음 백분율(%)로 표시하면 됩니다. 사용된 수식의 의미는 다음과 같습니다.

=Sum(IIf([비고]="달성", 1, 0)) / Count([비고])

❶ 비고가 "달성"이면 1을, 그렇지 않으면 0을 반환합니다.

❷ SUM(❶) : ❶에서 반환된 값의 합계를 계산합니다. 1의 합계, 즉 비고 중 "달성"의 개수가 됩니다.

❸ 전체 비고의 개수를 구합니다(Count([비고]) 대신 Count(*)을 사용해도 됨).

❹ ❷ / ❸ : 비고 중 "달성"의 개수를 전체 비고의 개수로 나눕니다.

※ **IIF(조건, 인수1, 인수2)** : 조건을 비교하여 참이면 인수1, 거짓이면 인수2를 반환함

※ **SUM(인수)** : 인수의 합계 계산

※ **COUNT(인수)** : 인수의 개수 계산

8. 보고서 바닥글에 총달성률을 표시해야 합니다. Ctrl+C를 눌러 부서명 바닥글의 '달성률' 레이블과 텍스트 상자를 복사한 후 보고서 바닥글 선택기를 클릭하고 붙여넣으세요. 이어서 그림과 같이 위치를 이동하고 '달성률' 레이블의 내용을 **총달성률**로 변경하세요.

쿼리1
❶딸깍
해당 인원수 및 평균
=Count(*)
=Avg([금년
=Avg([금년
부서명
달성률
=Sum(IIf([
페이지 바닥글
❷ Shift+딸깍→ Ctrl+C
보고서 바닥글
❸딸깍 → Ctrl+V
총평균
=Avg([금년
=Avg([금년
총달성률
=Sum(IIf([
❹내용 수정

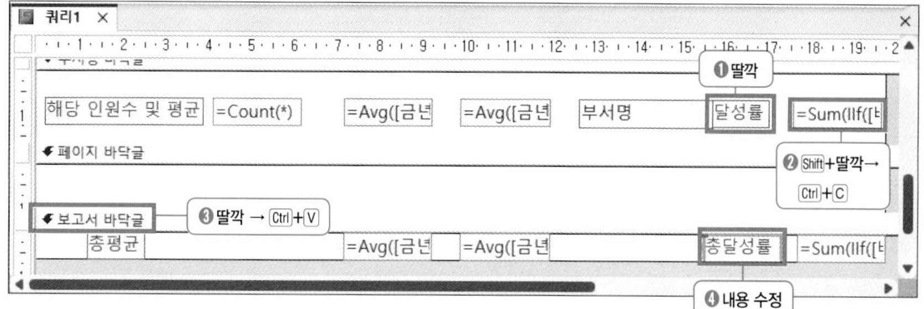

6 그룹 경계선 삽입하기

1. 페이지 머리글, 그룹 바닥글, 보고서 바닥글에 선을 삽입해야 합니다.

〈선이 삽입될 위치〉

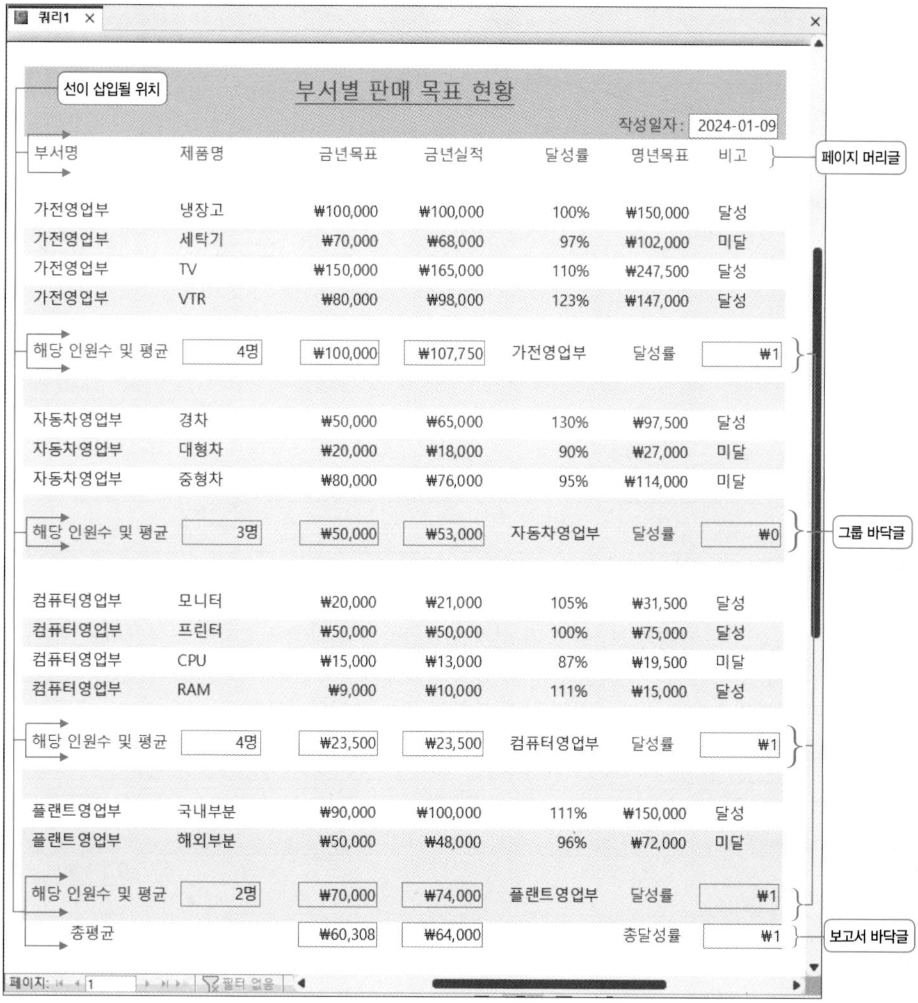

쿼리1
선이 삽입될 위치
부서별 판매 목표 현황
작성일자: 2024-01-09
부서명 제품명 금년목표 금년실적 달성률 명년목표 비고
페이지 머리글
가전영업부 냉장고 ₩100,000 ₩100,000 100% ₩150,000 달성
가전영업부 세탁기 ₩70,000 ₩68,000 97% ₩102,000 미달
가전영업부 TV ₩150,000 ₩165,000 110% ₩247,500 달성
가전영업부 VTR ₩80,000 ₩98,000 123% ₩147,000 달성
해당 인원수 및 평균 4명 ₩100,000 ₩107,750 가전영업부 달성률 ₩1
자동차영업부 경차 ₩50,000 ₩65,000 130% ₩97,500 달성
자동차영업부 대형차 ₩20,000 ₩18,000 90% ₩27,000 미달
자동차영업부 중형차 ₩80,000 ₩76,000 95% ₩114,000 미달
해당 인원수 및 평균 3명 ₩50,000 ₩53,000 자동차영업부 달성률 ₩0
그룹 바닥글
컴퓨터영업부 모니터 ₩20,000 ₩21,000 105% ₩31,500 달성
컴퓨터영업부 프린터 ₩50,000 ₩50,000 100% ₩75,000 달성
컴퓨터영업부 CPU ₩15,000 ₩13,000 87% ₩19,500 미달
컴퓨터영업부 RAM ₩9,000 ₩10,000 111% ₩15,000 달성
해당 인원수 및 평균 4명 ₩23,500 ₩23,500 컴퓨터영업부 달성률 ₩1
플랜트영업부 국내부분 ₩90,000 ₩100,000 111% ₩150,000 달성
플랜트영업부 해외부분 ₩50,000 ₩48,000 96% ₩72,000 미달
해당 인원수 및 평균 2명 ₩70,000 ₩74,000 플랜트영업부 달성률 ₩1
총평균 ₩60,308 ₩64,000 총달성률 ₩1
보고서 바닥글
페이지: 1 필터 없음

선 컨트롤의 모양이 프로그램의 버전에 따라 '＼' 모양으로 표시될 수 있습니다.

Q 컨트롤 도구 모음에 선 컨트롤(〰)이 보이질 않아요!

A 액세스 화면 창의 너비가 좁아 컨트롤 그룹에 컨트롤의 일부만 표시되었기 때문입니다. 컨트롤 그룹의 오른쪽에 있는 행 아래쪽 이동 단추(⊡) 또는 자세히(⊟)를 클릭하면 숨겨진 컨트롤을 확인할 수 있습니다.

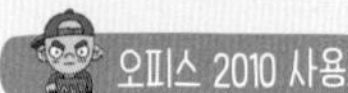

[보고서 디자인 도구] → 서식 → 컨트롤 서식 → 도형 윤곽선 → 선 두께 → **1pt**를 선택하세요.

오피스 2010 사용자

[보고서 디자인 도구] → 형식 → 컨트롤 서식 → 도형 윤곽선 → 선 두께 → **1pt**를 선택하세요.

2. [보고서 디자인] → **컨트롤**에서 선(〰)을 클릭하세요.

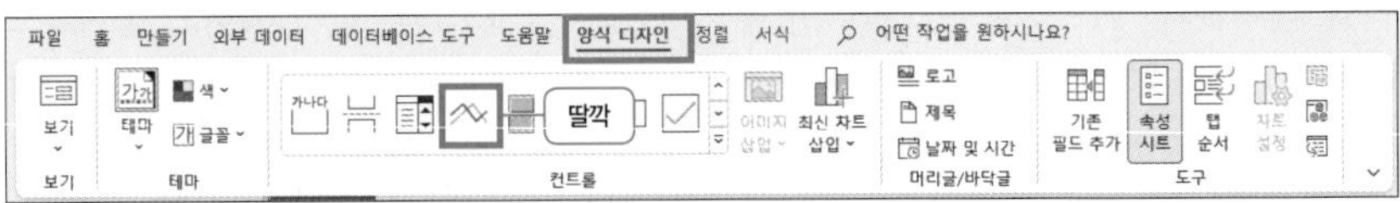

3. 이어서 [서식] → 컨트롤 서식 → 도형 윤곽선 → **선 두께**에서 '1pt'를 선택한 후 페이지 머리글 상단에 Shift를 누른 채 드래그하여 선을 삽입하세요.

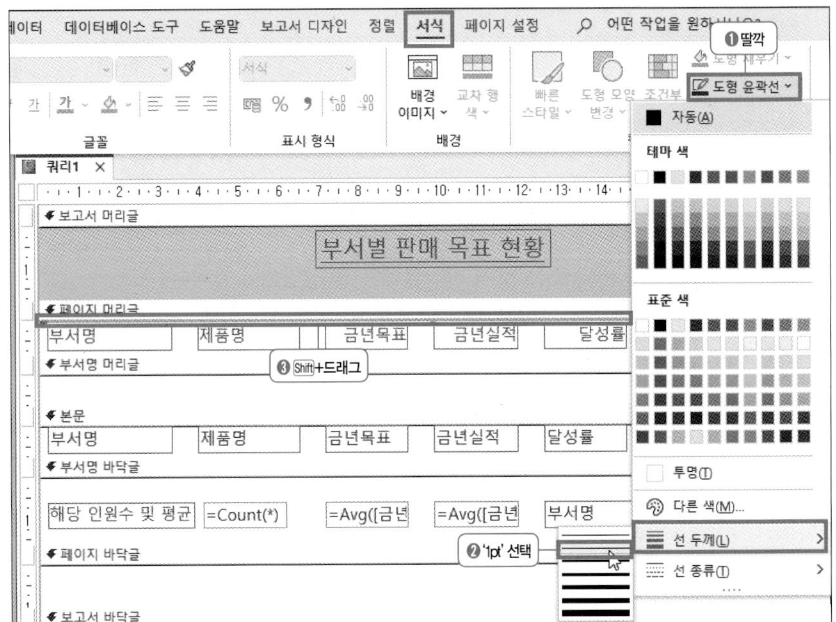

4. 페이지 머리글 상단에 생성된 선을 선택한 후 Ctrl+C를 눌러 복사하세요. 이어서 Ctrl+V를 눌러 붙여넣은 후 방향키(↓)를 눌러 선의 위치를 적절하게 조절하세요.

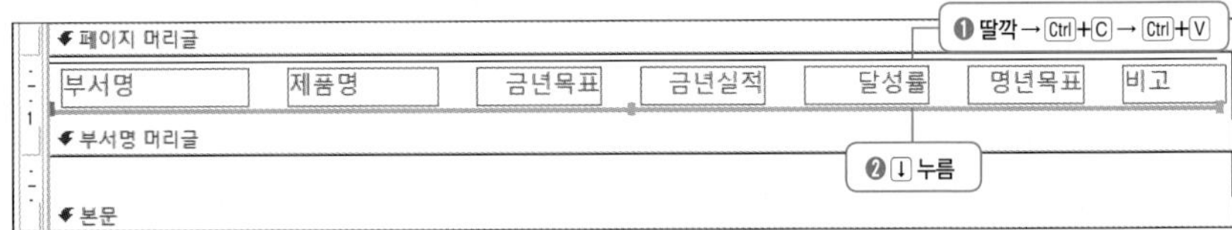

5. 이번에는 부서명 바닥글 선택기를 클릭한 후 Ctrl+V를 눌러 복사한 선을 붙여넣으세요. 이어서 방향키(↓)를 눌러 선과 컨트롤들의 위치를 적절하게 조절하세요. 부서명 바닥글의 하단에도 선 컨트롤을 추가해야 합니다. 다시 Ctrl+V를 눌러 선을 붙여넣은 후 방향키(↓)를 눌러 복사된 선 컨트롤의 위치를 이동하세요.

부서명 바닥글 선택기를 선택한 후 붙여넣으면 선이 부서명 바닥글 선택기의 바로 밑에 붙여집니다. 방향키를 이용하여 컨트롤을 이동할 때 세밀하게 이동하려면 Ctrl을 누른 상태에서 방향키를 누르면 됩니다.

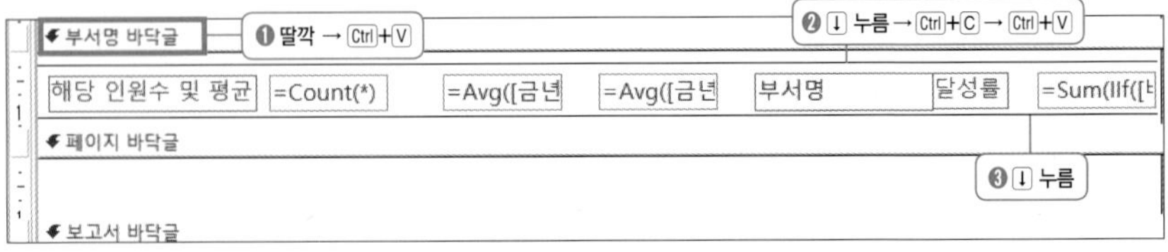

6. 보고서 바닥글의 총평균 아래쪽에도 선을 추가해야 합니다. 보고서 바닥글 선택기를 선택하고 Ctrl+V를 눌러 선을 붙여 넣은 후 방향키(↓)를 눌러 선의 위치를 적당하게 조절하세요.

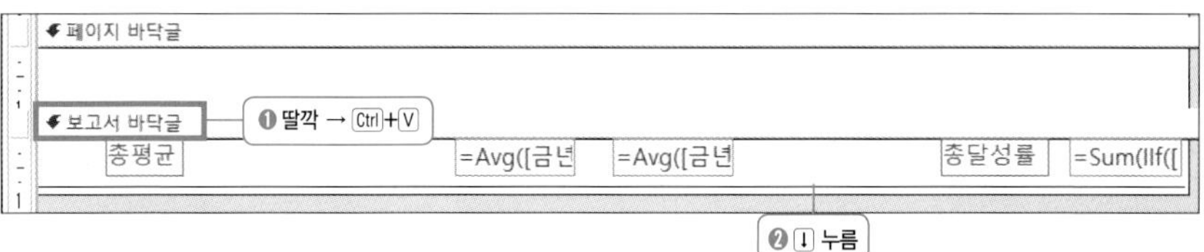

보고서 바닥글 아래쪽 공간이 없는 상태에서도 아래 방향키(↓)를 눌러 복사된 선 컨트롤을 이동하면 이동된 만큼 보고서 바닥글 아래쪽 공간이 확보되면서 이동됩니다.

03. 컨트롤에 속성 지정하기

1 중복 내용 숨기기

같은 그룹 내에서 부서명은 맨 처음 한 번만 표시되게 해야 합니다. 본문 영역에 있는 '부서명' 텍스트 상자를 더블클릭한 후 '부서명' 속성 시트 창의 '형식' 탭에서 '중복 내용 숨기기' 속성을 '예'로 지정하세요.

'중복 내용 숨기기' 속성

보고서에서 사용되는 것으로, 현재 컨트롤의 값이 이전 컨트롤 값과 동일할 경우 데이터를 숨길지의 여부를 지정합니다.

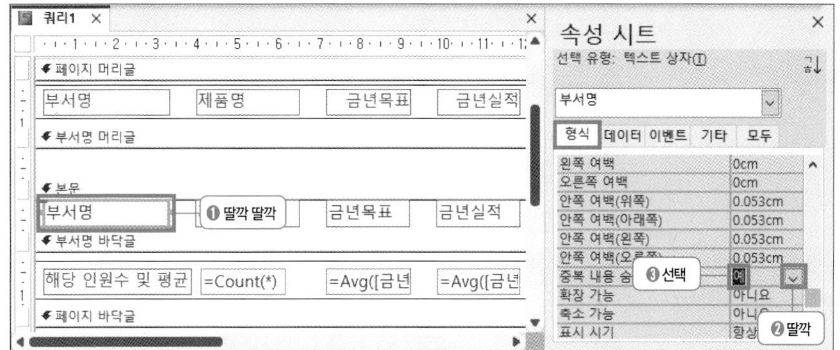

2 '달성률' 컨트롤에 속성 지정하기

'달성률'을 백분율 형식으로 표시하고 소수 이하 값을 없애야 합니다. 속성 시트 창이 표시된 상태에서 부서명 바닥글의 '달성률' 텍스트 상자를 클릭한 후 Shift를 누른 채 보고서 바닥글의 '총달성률' 텍스트 상자를 클릭하세요. 이어서 '여러 항목 선택' 속성 시트 창의 '형식' 탭에서 형식 속성을 '백분율', 소수 자릿수 속성을 0으로 지정한 후 '닫기(✕)' 단추를 클릭하세요.

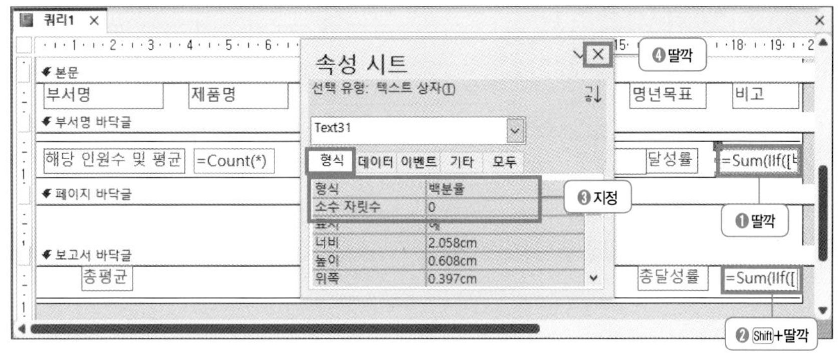

3 컨트롤의 데이터 정렬 및 글꼴 색 변경하기

1. 문자가 표시된 컨트롤은 데이터가 컨트롤의 가운데에 표시되게 해야 합니다. 모든 레이블(제목, 작성일자 레이블, 페이지 머리글의 모든 레이블, 해당 인원수 및 평균과 총평균 레이블, 달성률과 총달성률 레이블)과 문자 데이터가 들어 있는 텍스트 상자(본문의 부서명, 제품명, 비고, 부서명 바닥글의 부서명)를 선택한 후 [서식] → 글꼴 → **가운데 맞춤(☰)**을 두 번 클릭하여 가운데 맞춤 서식을 지정하세요.

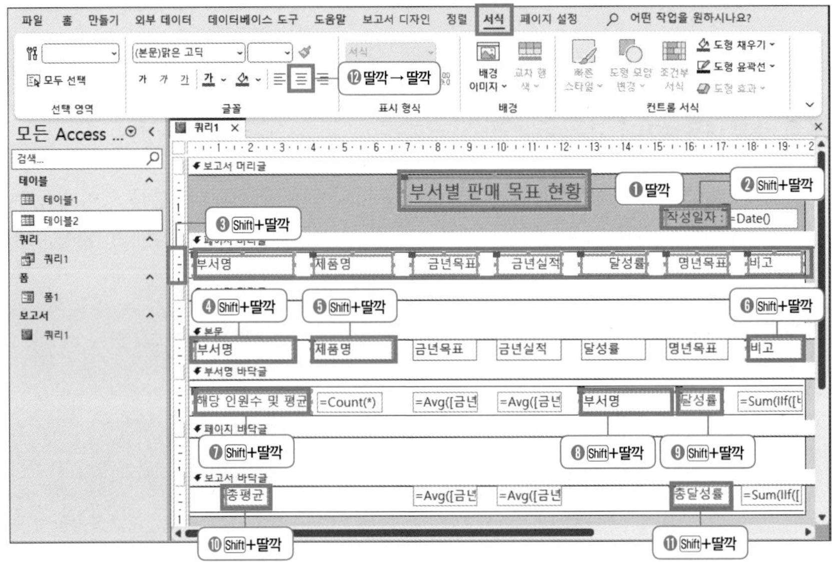

2. 레이블의 글꼴 색을 검정색으로 변경해야 합니다. 앞선 작업에서 레이블이 모두 선택되어 있으므로 바로 [서식] → 글꼴 → **글꼴 색(가)**을 '검정, 텍스트 1'로 지정하세요.

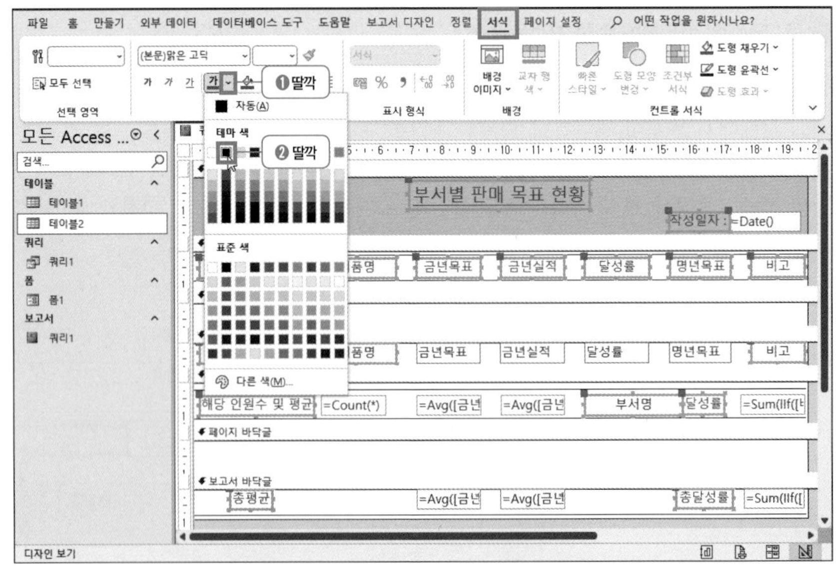

전문가의 조언

'가운데 맞춤(☰)'을 두 번 클릭하는 이유는 모든 컨트롤의 정렬을 한꺼번에 가운데 맞춤으로 바꾸기 위함입니다. '가운데 맞춤(☰)'을 한 번 클릭하면 컨트롤의 정렬이 모두 '표준'으로 설정되고, 이 상태에서 다시 한 번 '가운데 맞춤(☰)'을 클릭하면 '가운데 맞춤'으로 설정됩니다.

※ **오피스 2016 사용자** : [보고서 디자인 도구] → 서식 → 글꼴 → **가운데 맞춤(☰)**을 두 번 클릭하세요.

※ **오피스 2010 사용자** : [보고서 디자인 도구] → 형식 → 글꼴 → **가운데 맞춤(☰)**을 두 번 클릭하세요.

전문가의 조언

- '보고서 마법사'를 이용하여 자동으로 만들어진 컨트롤이나 직접 만든 컨트롤의 글꼴 크기는 모두 11 포인트이므로 글꼴 크기는 변경할 필요가 없습니다.
- '보고서 마법사'를 이용하여 자동으로 만들어진 컨트롤 중 레이블은 글꼴 색을 검정으로 변경해야 하는데, 문자가 들어 있는 컨트롤을 가운데 정렬하는 과정에서 레이블도 모두 선택해야 하므로 가운데 정렬 작업과 함께 글꼴 서식을 지정하면 됩니다.

※ **오피스 2016 사용자** : [보고서 디자인 도구] → 서식 → 글꼴 → 글꼴 색(가) → **검정, 텍스트 1**을 선택하세요.

※ **오피스 2010 사용자** : [보고서 디자인 도구] → 형식 → 글꼴 → 글꼴 색(가) → **검정, 텍스트 1**을 선택하세요.

4 배경색 및 교차 행 색 제거하기

1. 보고서 머리글에 자동으로 지정된 배경색과 본문 그리고 그룹 머리글/바닥글에 자동으로 지정된 교차 행 색을 변경해야 합니다. 보고서 머리글 선택기를 클릭하고 [서식] → 컨트롤 서식 → **도형 채우기**에서 '흰색, 배경1'을 선택하세요.

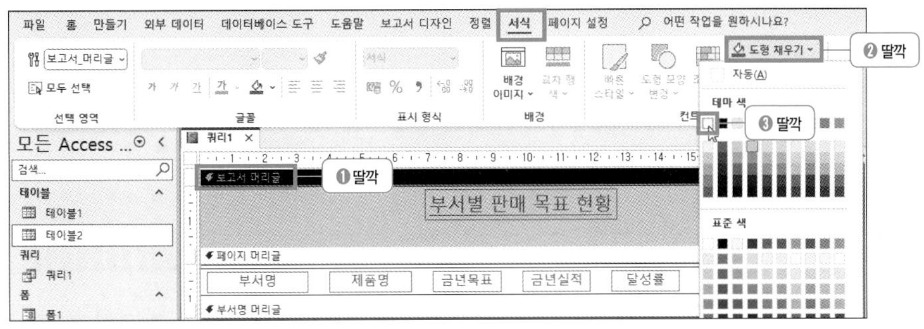

2. 이어서 본문 선택기를 클릭하고 [서식] → 배경 → 교차 행 색 → **색 없음**을 선택하세요.

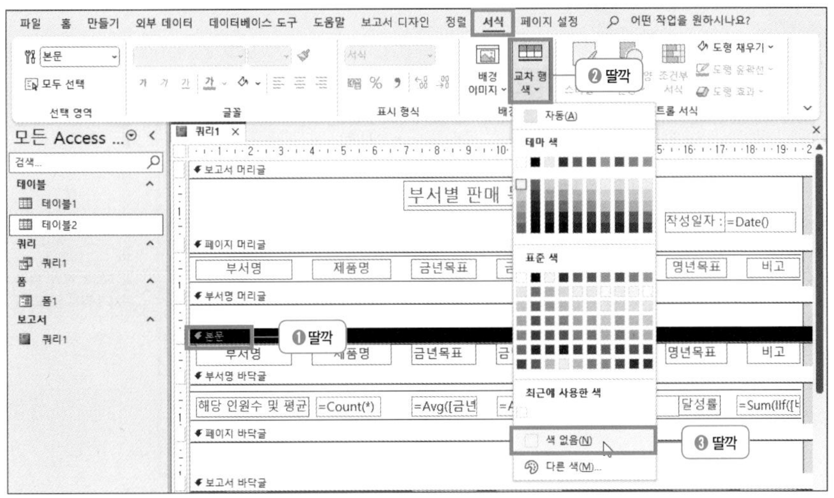

3. 같은 방법으로 부서명 바닥글의 교차 행 색도 제거하세요.

'보고서 마법사'를 이용하여 보고서를 만들면 기본적으로 보고서 머리글에 색상이 지정되므로 지정된 색상을 흰색을 변경해야 합니다. 또한 그룹 머리글/바닥글과 본문에 지정된 교차 행 색도 제거해야 합니다.

※ **오피스 2016 사용자** : [보고서 디자인 도구] → 서식 → 컨트롤 서식 → 도형 채우기 → **흰색, 배경 1**을 선택하세요.

※ **오피스 2010 사용자** : [보고서 디자인 도구] → 형식 → 컨트롤 서식 → 도형 채우기 → **흰색, 배경 1**을 선택하세요.

- 교차 행 색은 디자인 보기 상태에서는 확인되지 않습니다. 교차 행 색을 제거하지 않으면 '보고서 보기'나 '인쇄 미리 보기' 상태에서 다음과 같이 배경색과 교차 행 색이 서로 번갈아 가면서 표시됩니다.

제품명	금년목표
냉장고	₩100,000
세탁기	₩70,000
TV	₩150,000
VTR	₩80,000

- 부서명 머리글은 사용되지 않는 영역 제거 작업에서 제거하므로 교차 행 색을 제거하지 않아도 됩니다.

※ **오피스 2016 사용자** : [보고서 디자인 도구] → 서식 → 배경 → 교차 행 색 → **색 없음**을 선택하세요.

※ **오피스 2010 사용자** : [보고서 디자인 도구] → 형식 → 배경 → 대체 행 색 → **색 없음**을 선택하세요.

5 컨트롤에 테두리 서식 변경하기

오피스 2016 사용자

[보고서 디자인 도구] → 서식 → 컨트롤 서식 → 도형 윤곽선 → **투명**을 선택하세요.

오피스 2010 사용자

[보고서 디자인 도구] → 형식 → 컨트롤 서식 → 도형 윤곽선 → **투명**을 선택하세요.

1. '작성일자' 텍스트 상자와 부서명 바닥글의 '인원수', '금년목표의 평균', '금년실적의 평균', '달성률의 비율'과 보고서 바닥글의 '금년목표의 총평균', '금년실적의 총평균', '총 달성률의 비율' 텍스트 상자를 선택한 후 [서식] → 컨트롤 서식 → 도형 윤곽선 → **투명**을 선택하세요.

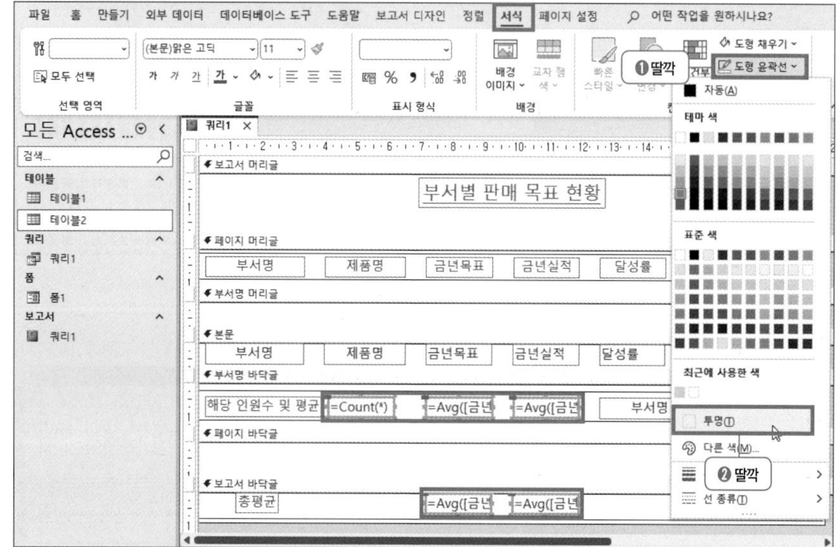

2. [보고서 디자인] → 보기 → **보고서 보기**(📊)를 클릭하여 각 필드명의 위치와 해당 데이터의 위치를 확인합니다.

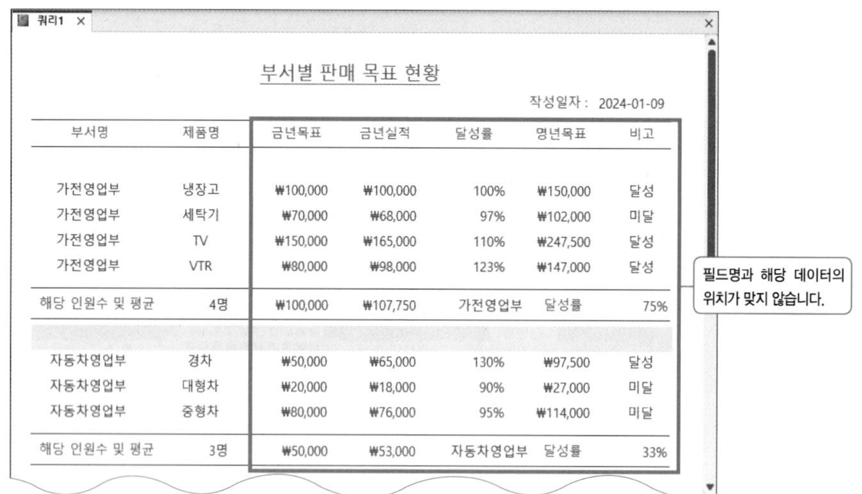
부서별 판매 목표 현황

작성일자 : 2024-01-09

부서명	제품명	금년목표	금년실적	달성률	명년목표	비고
가전영업부	냉장고	₩100,000	₩100,000	100%	₩150,000	달성
가전영업부	세탁기	₩70,000	₩68,000	97%	₩102,000	미달
가전영업부	TV	₩150,000	₩165,000	110%	₩247,500	달성
가전영업부	VTR	₩80,000	₩98,000	123%	₩147,000	달성
해당 인원수 및 평균	4명	₩100,000	₩107,750	가전영업부	달성률	75%
자동차영업부	경차	₩50,000	₩65,000	130%	₩97,500	달성
자동차영업부	대형차	₩20,000	₩18,000	90%	₩27,000	미달
자동차영업부	중형차	₩80,000	₩76,000	95%	₩114,000	미달
해당 인원수 및 평균	3명	₩50,000	₩53,000	자동차영업부	달성률	33%

3. 보고서 디자인 보기 상태에서 레이블과 텍스트 상자의 크기와 위치를 이동하여 문제지에 주어진 그림과 비슷하게 열의 간격과 정렬 상태를 맞추세요.

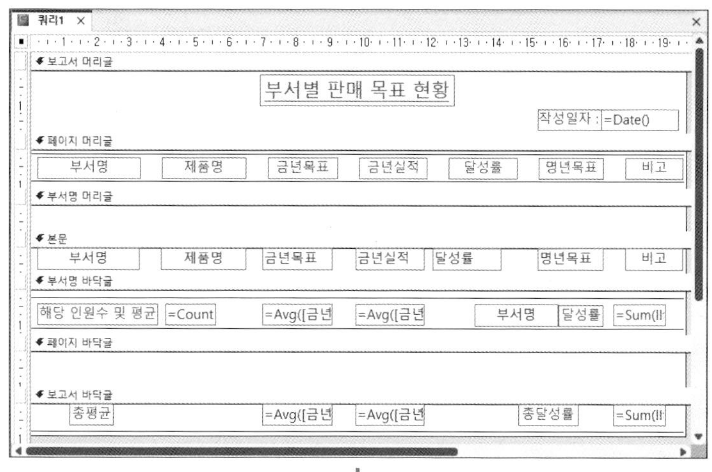

↓

쿼리1

부서별 판매 목표 현황

작성일자 : 2024-01-09

부서명	제품명	금년목표	금년실적	달성률	명년목표	비고
가전영업부	냉장고	₩100,000	₩100,000	100%	₩150,000	달성
	세탁기	₩70,000	₩68,000	97%	₩102,000	미달
	TV	₩150,000	₩165,000	110%	₩247,500	달성
	VTR	₩80,000	₩98,000	123%	₩147,000	달성
해당 인원수 및 평균	4명	₩100,000	₩107,750	가전영업부 달성률		75%
자동차영업부	경차	₩50,000	₩65,000	130%	₩97,500	달성
	대형차	₩20,000	₩18,000	90%	₩27,000	미달
	중형차	₩80,000	₩76,000	95%	₩114,000	미달
해당 인원수 및 평균	3명	₩50,000	₩53,000	자동차영업부 달성률		33%
컴퓨터영업부	모니터	₩20,000	₩21,000	105%	₩31,500	달성
	프린터	₩50,000	₩50,000	100%	₩75,000	달성
	CPU	₩15,000	₩13,000	87%	₩19,500	미달
	RAM	₩9,000	₩10,000	111%	₩15,000	달성
해당 인원수 및 평균	4명	₩23,500	₩23,500	컴퓨터영업부 달성률		75%
플랜트영업부	국내부분	₩90,000	₩100,000	111%	₩150,000	달성
	해외부분	₩50,000	₩48,000	96%	₩72,000	미달
해당 인원수 및 평균	2명	₩70,000	₩74,000	플랜트영업부 달성률		50%
총평균		₩60,308	₩64,000	총달성률		62%

작성일자는 오늘 날짜에 따라 달라집니다.

6 빈 공간 제거하기

데이터 없이 빈 공간만 확보된 부서명 머리글과 페이지 바닥글 영역을 제거하기 위해 본문과 보고서 바닥글 선택기를 위쪽으로 드래그합니다.

각 구역에 확보된 영역은 보고서 인쇄 시 해당 부분만큼 빈 공간으로 표시됩니다. 그러므로 반드시 빈 영역을 제거해줘야 합니다.

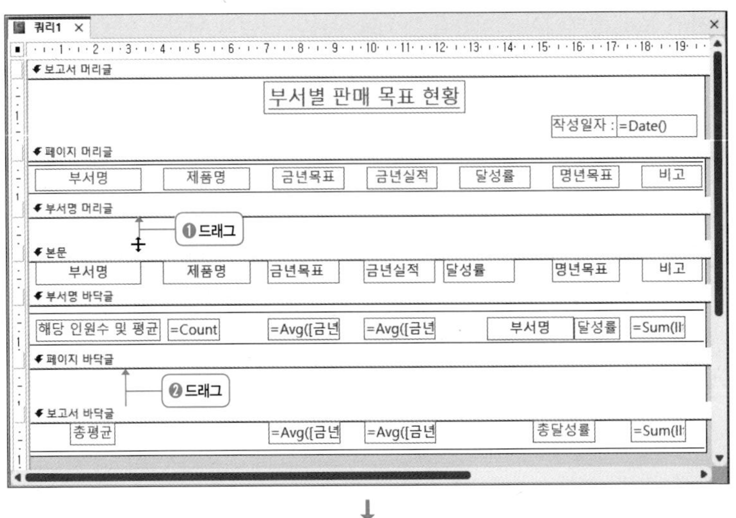

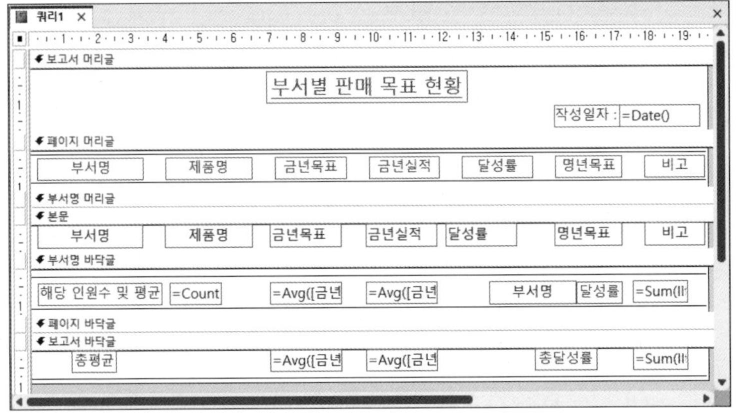

04. 보고서 여백 지정하기

인쇄된 보고서에 수험번호, 성명, 문제형별, 비번호를 기입하려면 위쪽에 여백이 필요합니다. 보고서의 위쪽에 여백을 지정하기 위해 [페이지 설정] → 페이지 레이아웃 → **페이지 설정**을 클릭하세요. '페이지 설정' 대화상자의 '인쇄 옵션' 탭에서 위쪽 여백을 60으로 지정한 다음 〈확인〉을 클릭하세요.

인쇄된 보고서를 제출할 때는 수험번호, 성명, 문제형별, 비번호가 표시되어 있어야 합니다. 이러한 사항을 적기 위해 위쪽 여백을 확보해두는 것입니다.

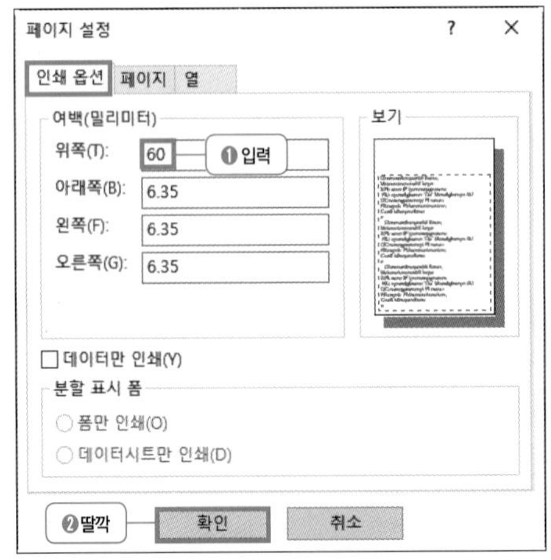

05. 보고서 실행 확인하기

1. 자료처리 파일 작업에 대한 모든 작업이 완료되었습니다. [보고서 디자인] → 보기 → 보기 → **인쇄 미리 보기**를 선택하여 완성된 자료처리 양식을 확인하세요.

쿼리1

부서별 판매 목표 현황

작성일자 : 2024-01-09

부서명	제품명	금년목표	금년실적	달성률	명년목표	비고
가전영업부	냉장고	₩100,000	₩100,000	100%	₩150,000	달성
	세탁기	₩70,000	₩68,000	97%	₩102,000	미달
	TV	₩150,000	₩165,000	110%	₩247,500	달성
	VTR	₩80,000	₩98,000	123%	₩147,000	달성
해당 인원수 및 평균	4명	₩100,000	₩107,750	가전영업부	달성률	75%
자동차영업부	경차	₩50,000	₩65,000	130%	₩97,500	달성
	대형차	₩20,000	₩18,000	90%	₩27,000	미달
	중형차	₩80,000	₩76,000	95%	₩114,000	미달
해당 인원수 및 평균	3명	₩50,000	₩53,000	자동차영업부	달성률	33%
컴퓨터영업부	모니터	₩20,000	₩21,000	105%	₩31,500	달성
	프린터	₩50,000	₩50,000	100%	₩75,000	달성
	CPU	₩15,000	₩13,000	87%	₩19,500	미달
	RAM	₩9,000	₩10,000	111%	₩15,000	달성
해당 인원수 및 평균	4명	₩23,500	₩23,500	컴퓨터영업부	달성률	75%
플랜트영업부	국내부분	₩90,000	₩100,000	111%	₩150,000	달성
	해외부분	₩50,000	₩48,000	96%	₩72,000	미달
해당 인원수 및 평균	2명	₩70,000	₩74,000	플랜트영업부	달성률	50%
총평균		₩60,308	₩64,000		총달성률	62%

활성화 안됨

페이지: 1 필터 없음

2. 인쇄 미리 보기를 닫고 보고서 디자인 보기에서 '닫기(×)' 단추를 클릭하면 저장 여부를 묻는 대화상자가 나타납니다. 〈예〉를 클릭하여 저장하세요.

인쇄 미리 보기 상태에서 다음 페이지 단추(▶)가 활성화되었는지 확인해야 합니다. 다음 페이지 단추(▶)가 활성화된 경우에는 인쇄물이 두 페이지 이상으로 작성되었다는 의미입니다. 보고서는 A4 용지 1매에 출력되어야 하므로 한 페이지에 표시되는지 확인해야 합니다.

문제 5 2과목 자료처리 작업 마무리

조회화면과 자료처리 파일에 여백을 지정하고 자료처리 파일의 미리 보기 화면을 확인했으므로 액세스를 종료하면 됩니다. 액세스 프로그램에서 '닫기(×)' 단추를 클릭하여 액세스를 종료하세요. 실제 출력작업은 세 가지 작업(SP, DBMS, PT)을 모두 마칠 때까지 뒤로 미룹니다.

01. 문제 분석

3과목 시상 작업은 파워포인트를 이용하여 작성하는 것으로 출력된 인쇄물만을 기준으로 채점합니다. 그리고 글꼴 종류, 글꼴 크기, 도형 종류 등에 대한 세부적인 지시사항이 없으므로 문제에 주어진 슬라이드를 보고 비슷한 모양으로 작성하면 됩니다.

5. 시상(PT) 작업

주어진 2개의 슬라이드를 슬라이드 작성조건에 따라 작업하여 인쇄하시오.

※ 슬라이드 작성조건

ⓐ 1) 각 슬라이드를 문제의 **슬라이드 원안**과 같이 인쇄하여 제출하시오.
(특히 글자, 음영, 그림자, 도형 등 인쇄된 내용 그대로 작업하시오.)
2) "주1)" 등 특수한 속성 지정이 되어 있는 경우 지시에 따라 작성하시오.
ⓑ 3) 글꼴은 문제 원안과 같거나 유사한 형태로 작업하시오.
ⓒ 4) 글자, 그림 및 도형 등의 크기와 모양은 문제 원안과 같거나 유사한 형태로 작업하시오.
ⓓ 5) 모든 글씨, 선 등은 흑백(그레이스케일)으로 작업하되, 글상자, 그림 및 도형 등에서 색 채우기가 있는 경우 색 채우기는 회색 40% 정도, 투명도 0%를 기준으로 작업하시오.
ⓔ 6) 각 슬라이드는 원안과 같이 **외곽선 테두리가 인쇄**되도록 인쇄하시오.
ⓕ 7) 각 슬라이드 크기는 A4 용지의 1/2 범위 내에 인쇄가 가능한 크기가 되도록 조정하여, 슬라이드 2개를 A4 용지 1매 안에 모두 인쇄하시오.
ⓖ 8) 비번호, 수험번호, 성명, 페이지 번호 등은 반드시 자필로 기재하시오.

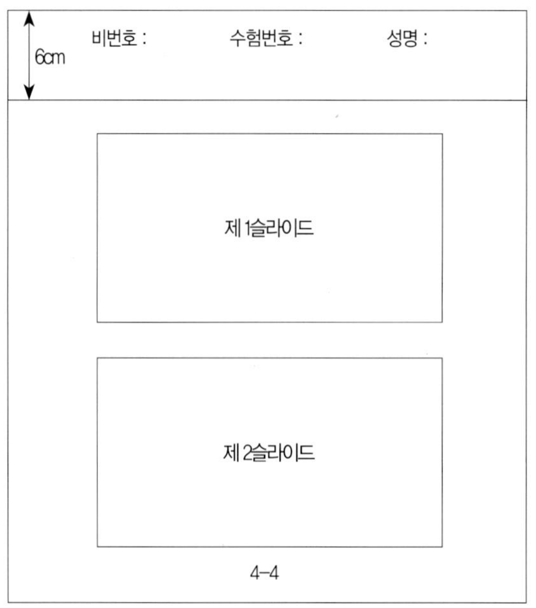

전문가의 조언

ⓐ 인쇄 시 '인쇄' 대화상자에서 '컬러/회색조'를 '컬러'로 지정한 후 인쇄하면 됩니다. 반드시 '컬러'로 지정해야 한다는 것을 잊지마세요.

ⓑ 문제에 제시된 슬라이드 그림을 보고 수험생이 판단해서 작성하면 되는데, 무슨 글꼴인지 판단하기 어려우면 '굴림'으로 지정하세요. 출제된 문제를 보면 대부분 글꼴이 '굴림'으로 지정되어 있습니다.

ⓒ 글자, 그림 및 도형 등의 크기와 모양은 슬라이드에 배치된 각 구성 요소들의 전체적인 균형이 맞도록 작성하면 됩니다. 보통 슬라이드 영역을 상·중·하로 나눠서 지정하면 됩니다.

ⓓ 도형에 입력한 텍스트는 흰색으로 표시되고, 선과 도형은 파랑색 계열로 삽입되므로 '검정'으로 지정해야 합니다. 파워포인트 2021에는 '회색 40%'라는 색이 없으니 가장 비슷한 **'흰색, 배경 1, 35% 더 어둡게'**로 채우기 색을 지정하면 됩니다. 채우기 색을 지정할 도형을 선택한 후 [도형 서식] → 도형 스타일 → 도형 채우기 → **흰색, 배경 1, 35% 더 어둡게**를 지정하면 투명도는 자동으로 0%로 지정됩니다.

ⓔ 인쇄 시 [파일] → 인쇄 → **설정**에서 대화상자에서 '슬라이드 테두리'에 체크 표시를 한 후 인쇄하면 됩니다.

ⓕ 기본적으로 제공되는 슬라이드 크기로 작성한 후 인쇄 시 [파일] → 인쇄 → **설정**에서 '2 슬라이드'를 선택한 후 인쇄하면 됩니다.

ⓖ 작성한 슬라이드 2개를 한 페이지에 인쇄한 후 비번호, 수험번호, 성명, 페이지 번호를 준비해 간 필기 도구를 이용하여 직접 기재하면 됩니다.

ⓗ
가. 제 1슬라이드

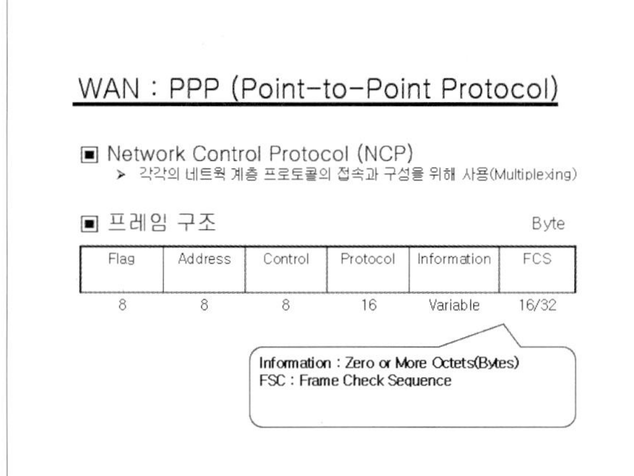

ⓘ
나. 제 2슬라이드

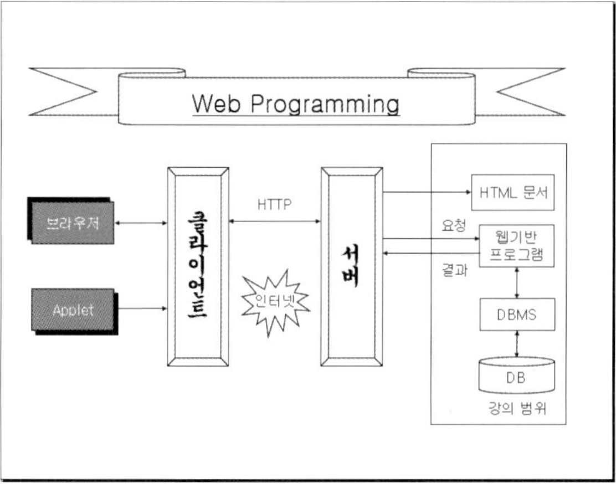

※ 본 과제는 도형의 그라데이션 효과가 없으며, 음영 속성은 작성조건 5) 항을 따르시오.

ⓗ, ⓘ 글자 및 도형의 크기는 사용자가 임의로 선정하여 제시된 슬라이드와 비슷하게 작성하면 됩니다.

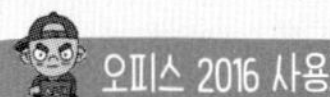

1. 파워포인트 프로그램을 실행한 후 **새 프레젠테이션**을 클릭하세요.
2. 빠른 실행 도구 모음의 '저장(💾)' 이콘을 클릭한 후 〈찾아보기〉를 클릭하세요.

1. [시작] → 모든 프로그램 → Microsoft Office → Microsoft **PowerPoint 2010**을 선택하여 파워포인트를 실행하세요.
2. 빠른 실행 도구 모음에서 '저장(💾)' 아이콘을 클릭하세요.

전문가의 조언

- 파워포인트 2021의 기본 파일 확장자는 'pptx'이므로 파일명이 'abc.pptx'일 경우 **abc**만 입력하면 자동으로 pptx가 붙어 저장됩니다.
- 답안 파일명을 등록한 이후에는 빠른 실행 도구 모음의 '저장(💾)' 아이콘을 자주 클릭하여 저장하세요. 시험 도중에 정전이나 기타의 이유로 컴퓨터가 다운될 경우, 저장하지 않아서 잃어버린 내용을 복구하는 시간은 주어지지 않습니다.

문제 1 제 1슬라이드 작성하기

01. 저장하기

1. [⊞(시작)] → PowerPoint를 선택하여 파워포인트 프로그램을 실행하고 **새 프레젠테이션**을 클릭한 후 [파일] → 다른 이름으로 저장 → **찾아보기**를 선택하세요. '다른 이름으로 저장' 대화상자가 나타납니다.

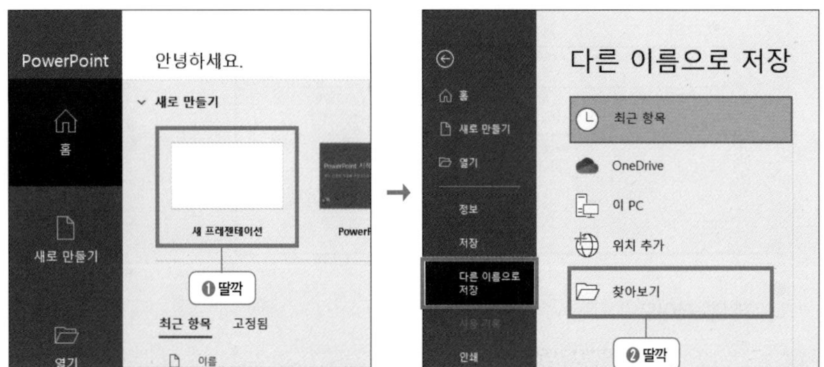

2. 감독위원의 지시에 따라 저장위치를 선택하고 파일명을 입력합니다. 여기서는 폴더의 위치를 '바탕화면', 파일명을 'abc.pptx'로 가정하고 작업합니다. 파일명을 입력한 후 〈저장〉을 클릭하고, 제목 표시줄에 표시된 파일명이 맞는지 확인하세요.

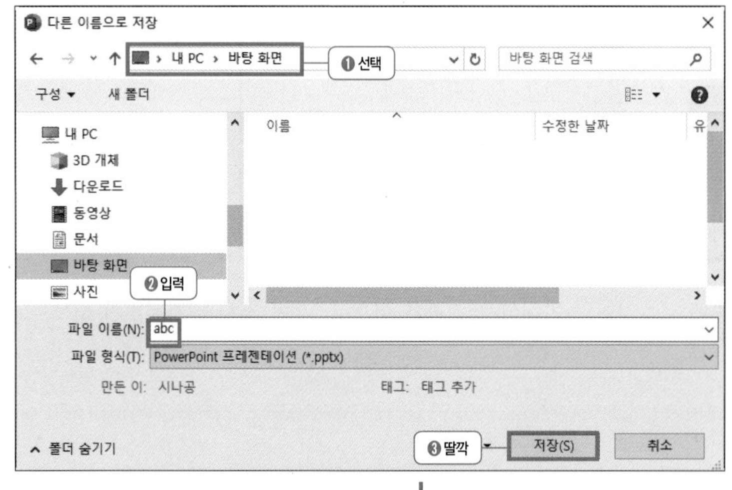

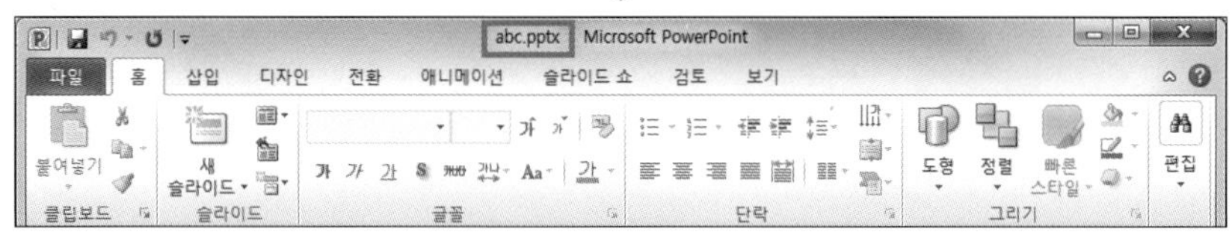

파워포인트 프로그램의 화면 구성

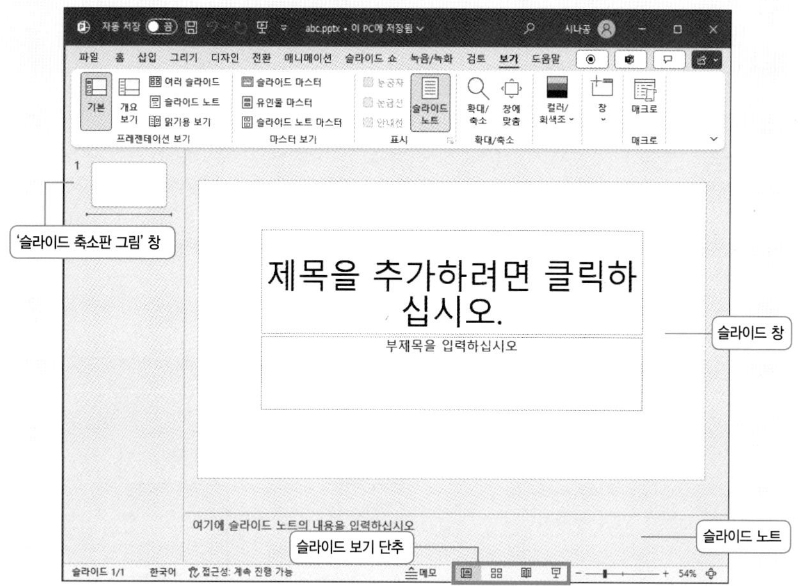

02. 제목 작성하기

1. 파워포인트 화면에서 슬라이드를 작성하면서 사용하지 않는 창을 닫기 위해 '슬라이드 축소판 그림' 창과 '슬라이드' 창 사이의 경계선을 왼쪽으로 드래그 합니다. 같은 방법으로 '슬라이드 노트' 창도 숨깁니다. 이어서 '디자이너' 창에서 '새 프레젠테이션에 대한 아이디어 표시 중지'를 클릭합니다.

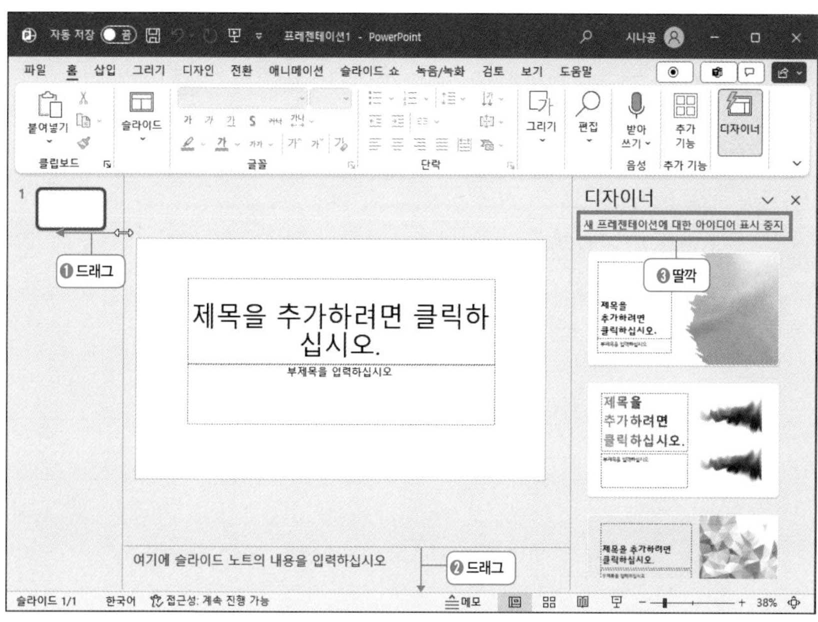

전문가의 조언

- 레이아웃에서 '빈 화면'을 선택한 후 [삽입] → 텍스트 → **가로 텍스트 상자 그리기(가)**를 이용하여 제목을 작성해도 됩니다.
- 슬라이드의 레이아웃을 변경하였을 때 '디자이너' 창이 다시 표시된다면 '디자이너' 창에서 'PowerPoint를 다시 시작할 때까지 아이디어 제안을 중지합니다.'를 클릭하세요.

2. 슬라이드의 바로 가기 메뉴에서 [레이아웃] → **제목만**을 선택하세요. 제목을 입력할 수 있는 빈 슬라이드가 추가됩니다.

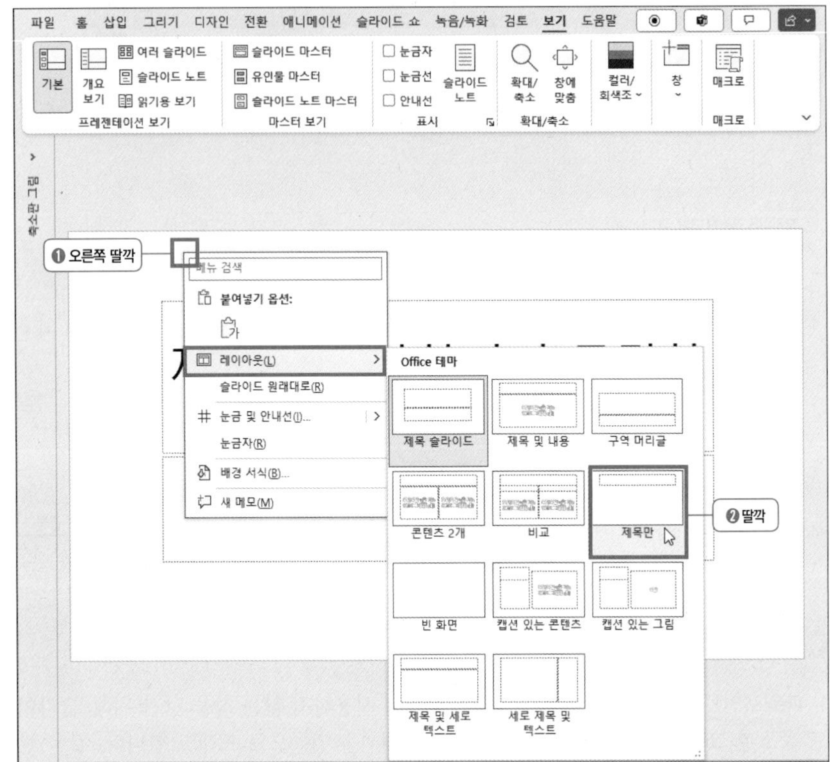

문제의 지시사항에는 '글자, 그림 및 도형 등의 크기와 모양은 문제 원안과 같거나 유사한 형태로 하시오.'라고 되어 있습니다. 그러므로 글꼴 크기, 글꼴 모양 등은 문제에 제시된 슬라이드 그림과 비슷하도록 임의로 지정하면 됩니다.

3. '제목을 추가하려면 클릭하십시오.' 부분을 마우스로 클릭한 후 그림과 같이 제목을 입력하세요.

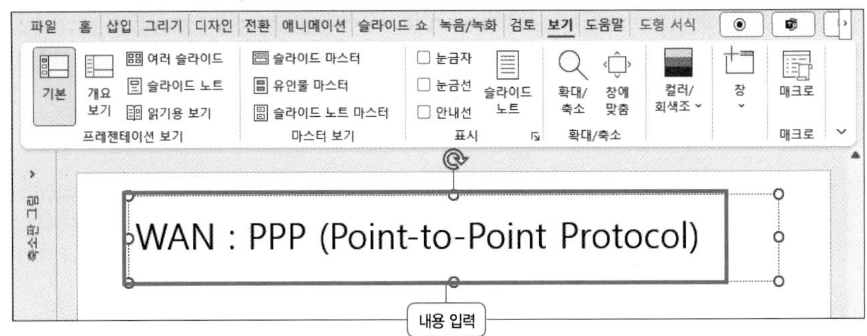

4. 글꼴 크기를 줄여야겠죠? 텍스트 상자를 선택한 후 [홈] → **글꼴**에서 글꼴을 '굴림', 글꼴 크기를 32, [홈] → **단락**에서 '가운데 맞춤(☰)'을 지정하세요.

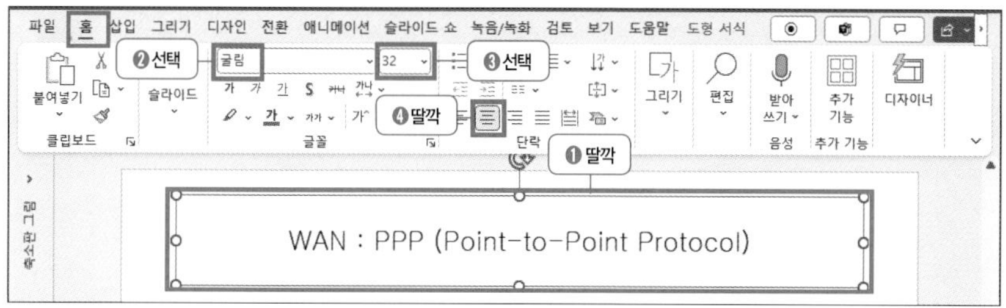

텍스트 상자를 선택한 후 테두리를 마우스 오른쪽 단추로 클릭하면 나타나는 미니 도구 모음에서 글꼴과 크기를 지정해도 됩니다.

기본적으로 가운데로 정렬되어 있으므로 '가운데 맞춤(☰)'을 지정하지 않아도 됩니다.

5. 문제지의 슬라이드에는 제목에 두꺼운 밑줄선이 표시되어 있죠? [홈] → **글꼴**에 있는 '밑줄(가)' 아이콘을 이용해서는 이렇게 두꺼운 밑줄선을 표시할 수 없습니다. 이런 경우 [삽입] → 일러스트레이션 → 도형 → 선 → **선(╲)**을 이용하면 됩니다. [삽입] → 일러스트레이션 → 도형 → 선 → **선(╲)**을 선택하세요.

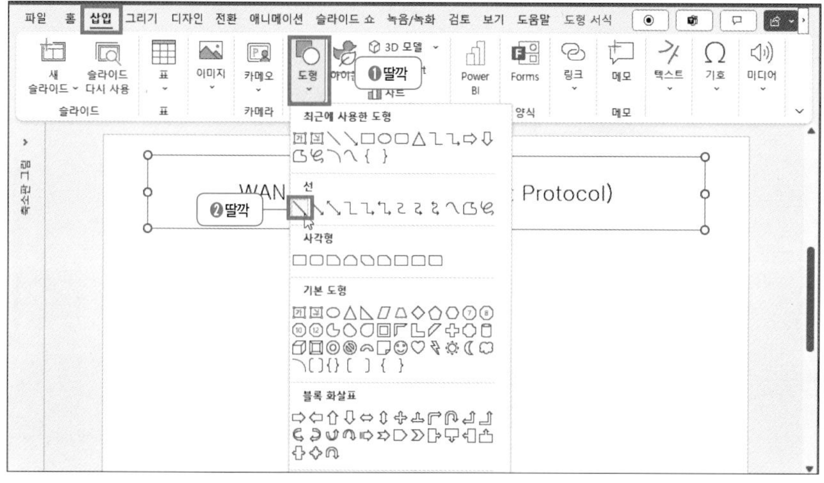

6. Shift를 누른 채 제목 아래에 선을 그려주세요.

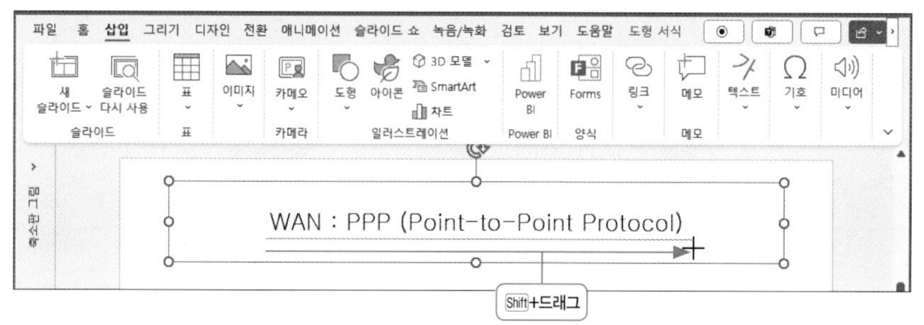

Shift를 누르고 선을 그리면 수평선이나 수직선을 그릴 수 있고, 사각형이나 원을 그리면 정사각형, 정원을 그릴 수 있습니다.

전문가의 조언

- 선의 굵기에 대한 지시사항이 없으므로 적당한 굵기를 임의로 선택하면 됩니다.
- 선을 마우스 오른쪽 단추로 클릭하면 나타나는 미니 도구 모음에서 테마 색과 두께를 지정해도 됩니다.

7. 슬라이드에 삽입한 선을 선택한 후 [도형 서식] → 도형 스타일 → **도형 윤곽선**에서 테마 색을 '검정, 텍스트 1', 두께를 '4½pt'로 선택하세요.

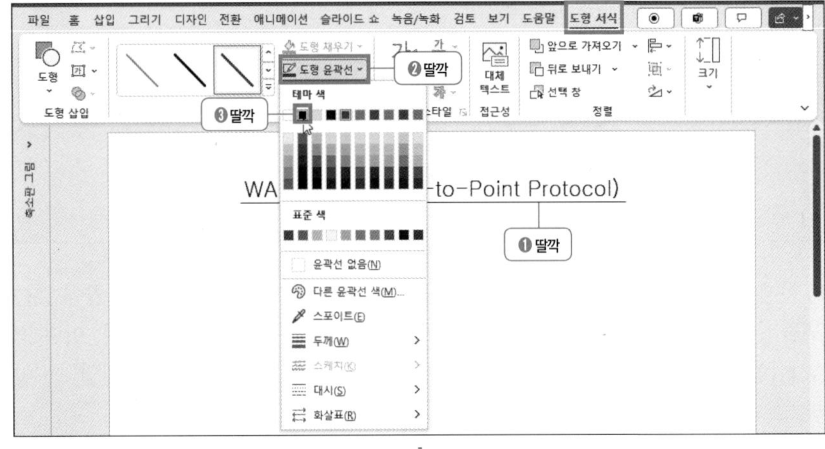

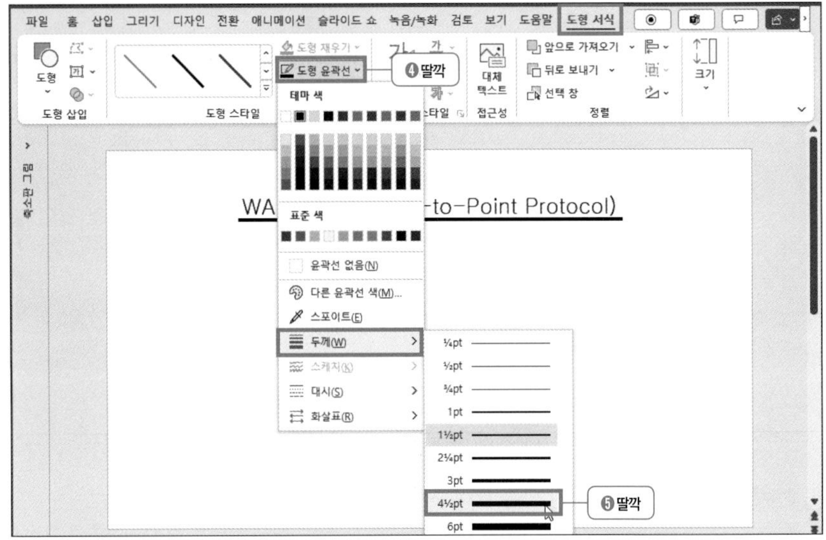

03. 텍스트 상자 삽입 및 내용 입력하기

1. 본문을 입력할 차례입니다. [삽입] → 텍스트 → **가로 텍스트 상자 그리기**(가)를 클릭한 후 제목 아래에 적당한 크기로 드래그하여 삽입하세요.

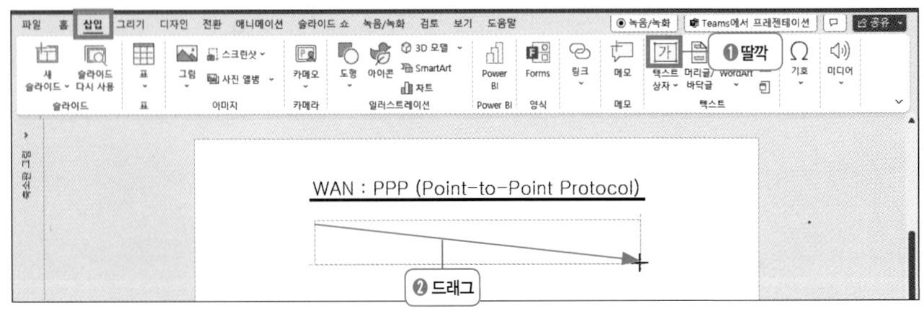

2. 내용을 입력하기 전에 글머리 기호를 삽입해야 합니다. [홈] → 단락 → **글머리 기호**(☰ ˅)의 ˅를 클릭한 후 '글머리 기호 및 번호 매기기'를 선택하세요.

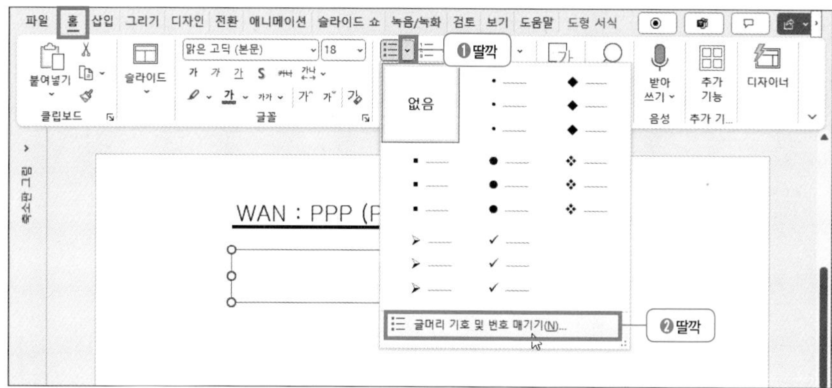

3. 기본적으로 제공된 글머리 기호에는 문제지에 제시된 글머리 기호가 없습니다. '글머리 기호 및 번호 매기기' 대화상자의 '글머리 기호' 탭에서 〈사용자 지정〉을 클릭하세요.

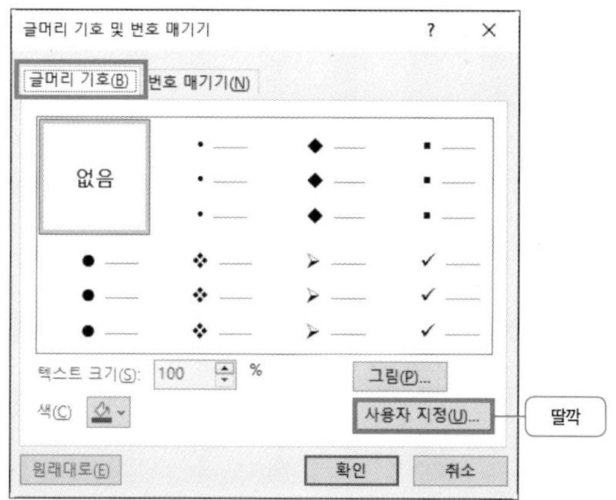

4. '기호' 대화상자에서 하위 집합으로 '도형 기호'를 선택한 다음 '▣'를 선택하고 〈확인〉을 클릭하세요.

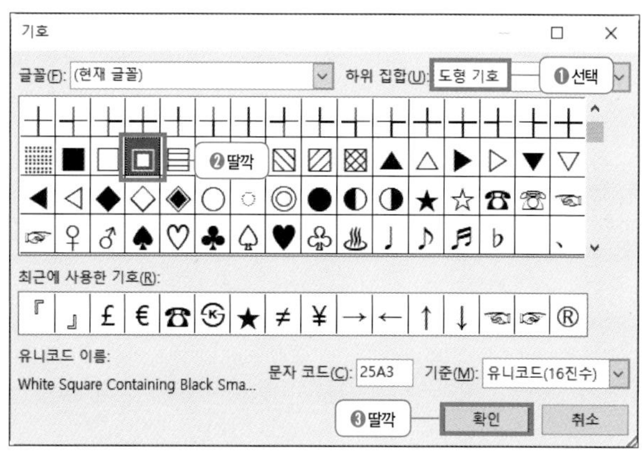

찾고자 하는 글머리 기호가 어느 하위 집합에 포함되는지 모를 경우에는 스크롤 막대를 드래그하거나 PgDn을 눌러 페이지를 이동하여 하나하나 찾아보면 됩니다.

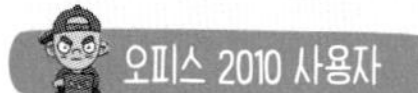

'기호' 대화상자에서 하위 집합으로 '도형'을 선택한 다음 '▣'를 선택하세요.

전문가의 조언

- '네트웍' 부분을 입력하면 빨간색 밑줄 선이 표시되죠? 이것은 맞춤법 검사 결과 내장된 사전과 맞춤법이 달라서 표시되는 것으로, 인쇄 시 표시되지 않으니 그대로 두면 됩니다. 화면에도 표시되지 않게 하려면 [파일] → 〈옵션〉을 클릭한 후 'Power Point 옵션' 대화상자의 '언어 교정' 탭에서 '입력할 때 자동으로 맞춤법 검사'에 표시되어 있는 체크 표시를 해제하면 됩니다.
- 텍스트 상자를 선택한 후 테두리를 마우스 오른쪽 단추로 클릭하면 나타나는 미니 도구 모음에서 글꼴과 크기를 지정해도 됩니다.

5. '글머리 기호 및 번호 매기기' 대화상자에서도 〈확인〉을 클릭하세요.

6. 그림과 같이 문제지에 제시된 내용을 텍스트 상자에 모두 입력하세요. 글꼴의 모양과 크기를 변경하기 위해 텍스트 상자의 테두리를 클릭한 다음 [홈] → **글꼴**에서 글꼴을 '굴림', 글꼴 크기를 24로 지정하세요.

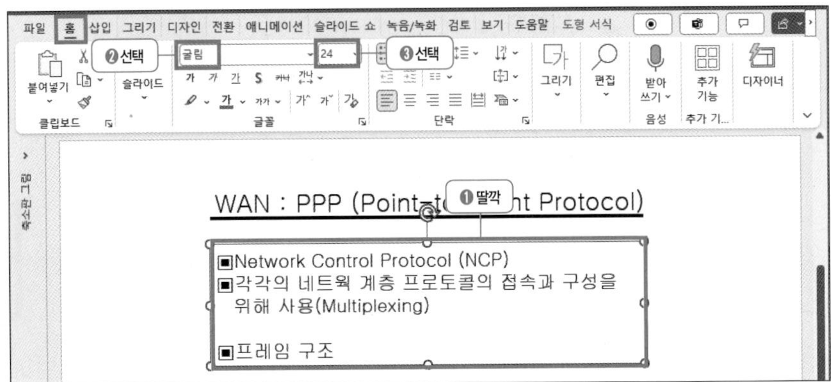

7. 문제지의 두 번째 항목은 들여쓰기가 되어 있고, 글머리 기호와 글꼴 크기가 다른 줄과 다르죠? 두 번째 줄을 들여쓰기 위해 두 번째 줄을 마우스로 클릭한 후 [홈] → 단락 → **목록 수준 늘림**(☰)을 클릭합니다.

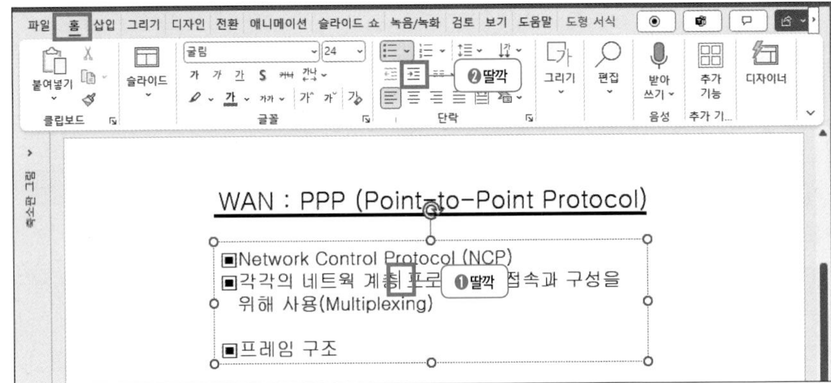

8. 들여쓰기한 항목은 글머리 기호를 '➢'로 변경해야 합니다. 두 번째 줄에 커서가 놓여 있는 상태에서 [홈] → 단락 → **글머리 기호**(☰ ▾)의 ▾를 클릭한 후 '➢'를 선택하세요.

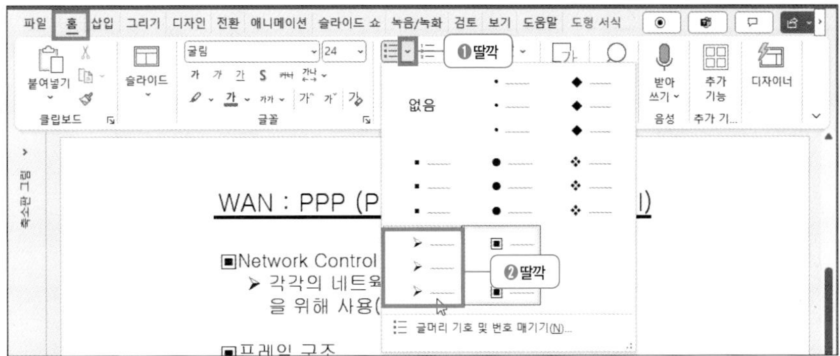

9. 두 번째 줄의 글머리 기호(➢)를 클릭하여 두 번째 줄 전체를 블록으로 지정한 후 글꼴 크기를 16으로 지정하세요. 두 번째 줄이 한 줄로 표시되지 않으면 글상자의 오른쪽을 드래그하여 글상자의 너비를 넓히세요.

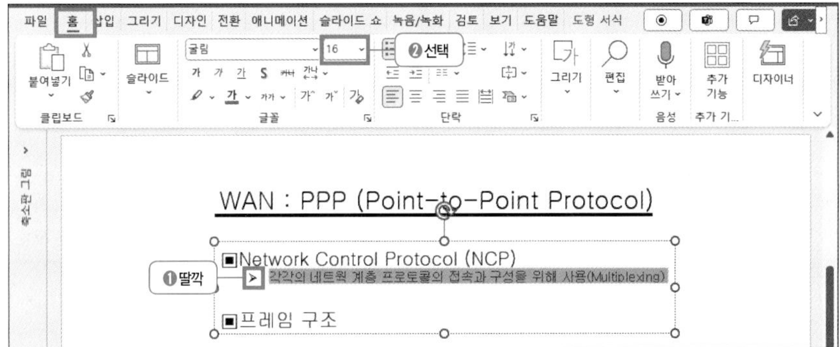

9. 글꼴 크기를 변경하면 첫 번째 줄과 세 번째 줄의 글머리 기호(▣)와 글자 사이의 공간이 없어집니다. 띄어쓰기를 해주세요.

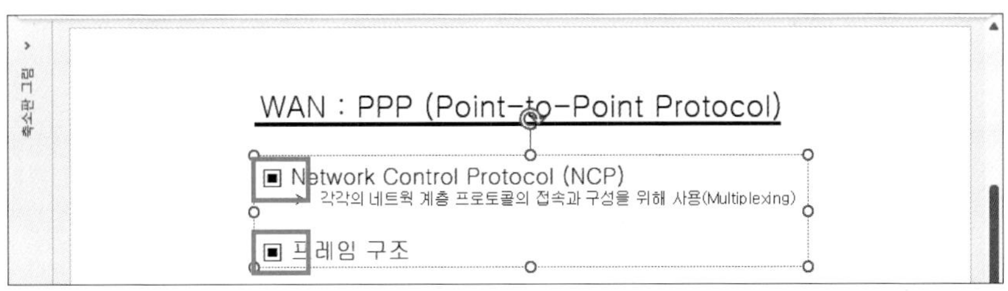

Q 글머리 기호와 내용 사이가 많이 떨어져 보이는데 어떻게 해야 하나요?

A 파워포인트에서 글머리 기호는 모양에 관계없이 동일한 크기의 공간을 차지하기 때문에 모양이 작은 경우 아래 그림처럼 내용이 많이 떨어져 보입니다. 이는 파워포인트의 특징이므로 그냥 두면 됩니다.

- • 가상현실
- ◆ 가상현실
- ▪ 가상현실
- ☺ 가상현실

텍스트 상자를 선택한 후 테두리를 마우스 오른쪽 단추로 클릭하면 나타나는 미니 도구 모음에서 글꼴 크기를 지정해도 됩니다.

글머리 기호(▣)와 글자 사이가 떨어져 있으면 띄어쓰기를 하지 않아도 됩니다.

04. 표 작성하기

1. 표를 만들 차례입니다. [삽입] → 표 → 표 → 6×2 **표**를 선택하세요.

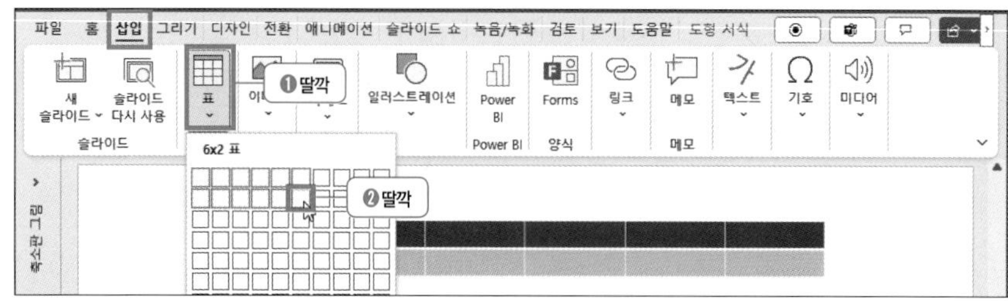

2. 표가 삽입됩니다. 표의 테두리 부분을 마우스로 드래그하여 그림과 같이 표의 위치를 변경하세요.

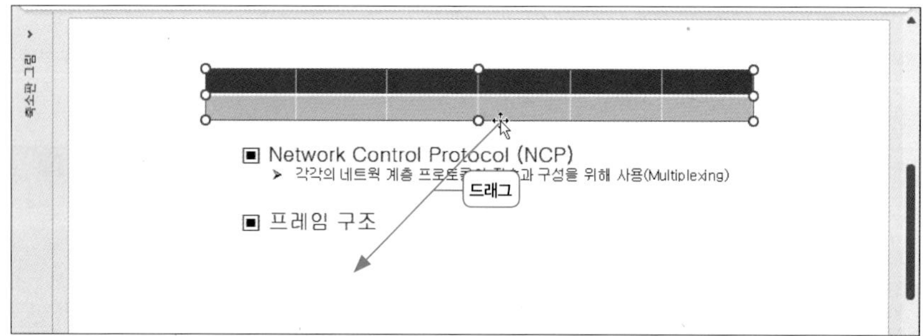

3. 표의 조절점을 마우스로 드래그하여 그림과 같이 표의 크기를 조절하세요.

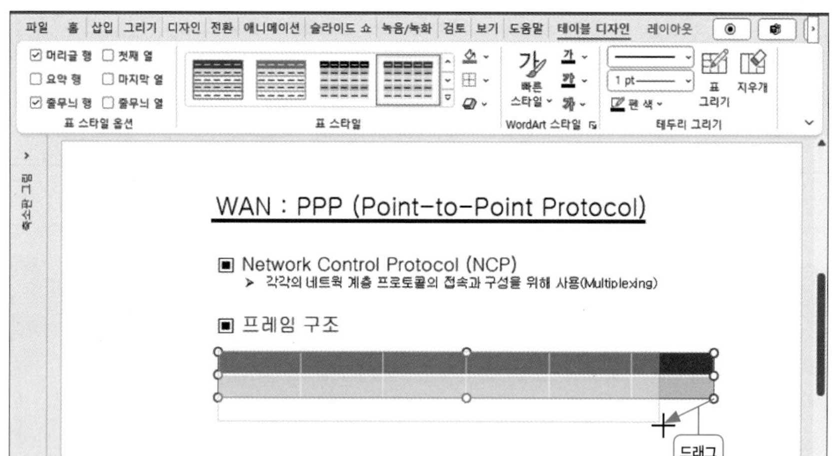

4. 표의 바깥쪽 테두리의 선 부분을 클릭하여 표 전체를 선택한 후 [홈] → **글꼴**에서 글꼴 '굴림', 글꼴 크기 16, 글꼴 색 '검정, 텍스트 1'을 지정하고, '굵게(가)'를 두 번 클릭하여 지정되어 있던 굵게를 해제하세요. 이어서 [홈] → 단락 → **가운데 맞춤(☰)**을 지정하세요.

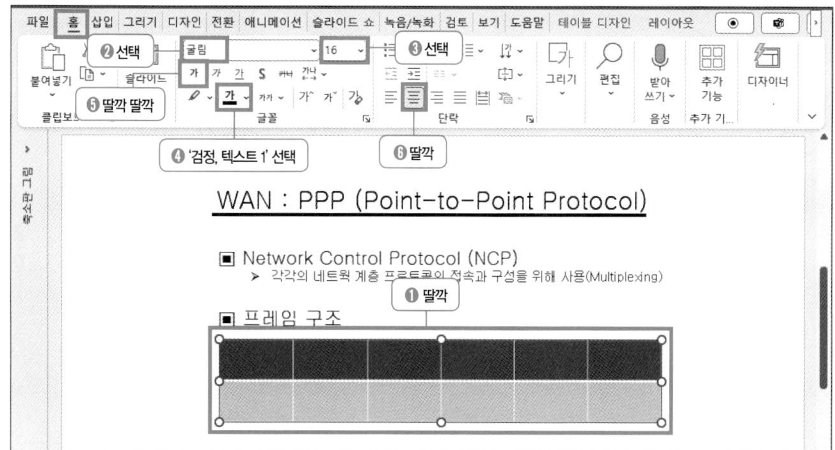

5. 그림과 같이 표에 들어갈 내용을 모두 입력하세요. 내용이 두 줄로 표시된 칸의 오른쪽 구분선을 마우스로 드래그하여 내용이 한 줄로 표시되게 칸의 너비를 늘려주세요.

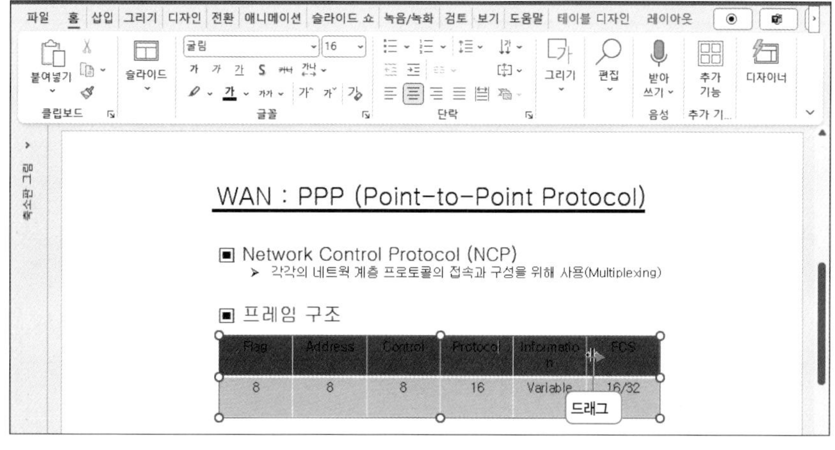

전문가의 조언

표의 칸 너비나 높이는 칸의 구분선을 마우스로 드래그하여 변경할 수 있습니다. 마우스 포인터를 칸의 구분선으로 이동한 후 마우스 포인터가 '⫳'로 변경되면 원하는 크기만큼 드래그하세요.

6. 표의 채우기 색을 변경해야 합니다. 표의 바깥쪽 테두리 선 부분을 클릭하여 표 전체를 선택한 후 [테이블 디자인] → 표 스타일 → **음영**( )의 를 클릭한 후 '채우기 없음'을 선택하세요.

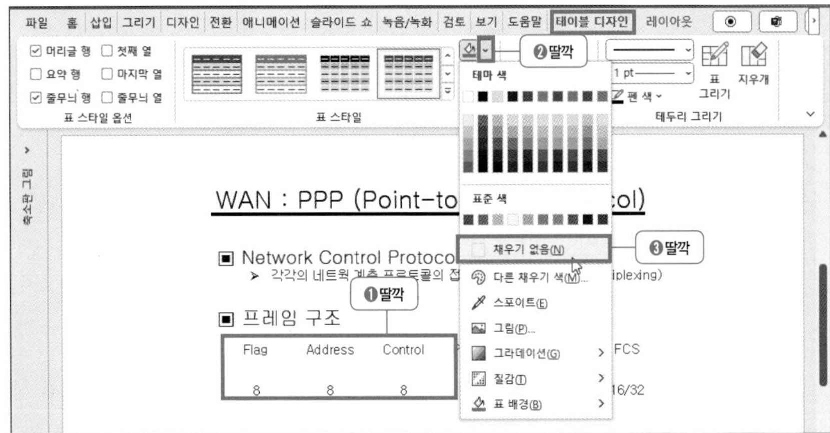

7. 첫 번째 행에 테두리를 표시해야 합니다. 첫 번째 행을 마우스로 드래그하여 블록으로 지정한 후 [테이블 디자인] → 표 스타일 → **테두리 그리기**에서 펜 두께를 '2.25pt'로 선택하고, [테이블 디자인] → 표 스타일 → **테두리**( )의 를 클릭하여 '바깥쪽 테두리( )'를 선택하세요.

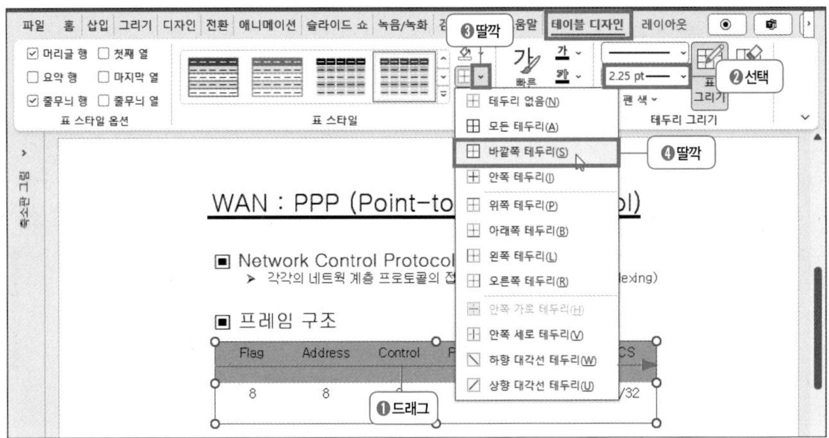

8. 이번에는 [테이블 디자인] → **테두리 그리기**에서 펜 두께를 '1pt'로 선택하고, [테이블 디자인] → 표 스타일 → **테두리**( )의 ⌄를 클릭하여 '아래쪽 테두리( )'와 '안쪽 세로 테두리( )'를 차례로 선택하세요.

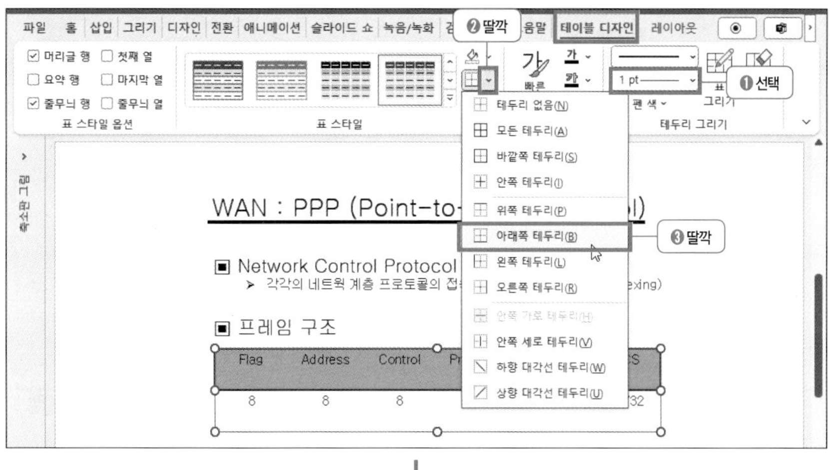

↓

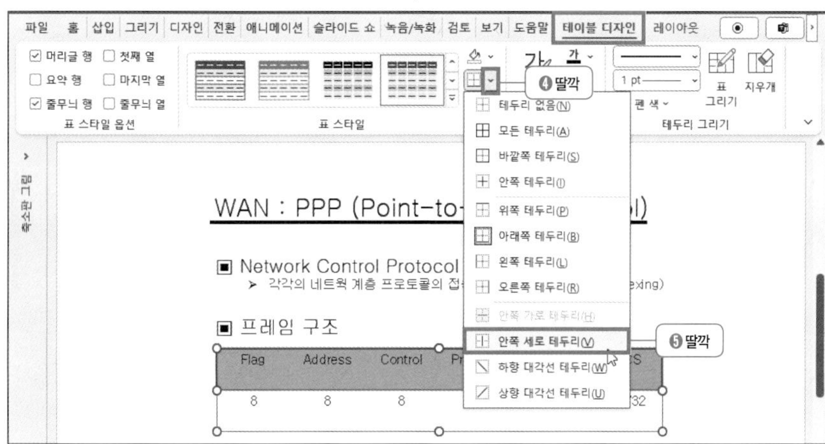

시상 작업 문제는 문제에 제시된 슬라이드 그림과 비슷하게 만들면 됩니다. 즉 표가 아닌 직사각형, 텍스트 상자 등을 이용하여 표를 작성해도 됩니다.

9. [삽입] → 텍스트 → **가로 텍스트 상자 그리기**(가)를 클릭한 후 그림과 같이 표 위에 Byte를 입력하세요.

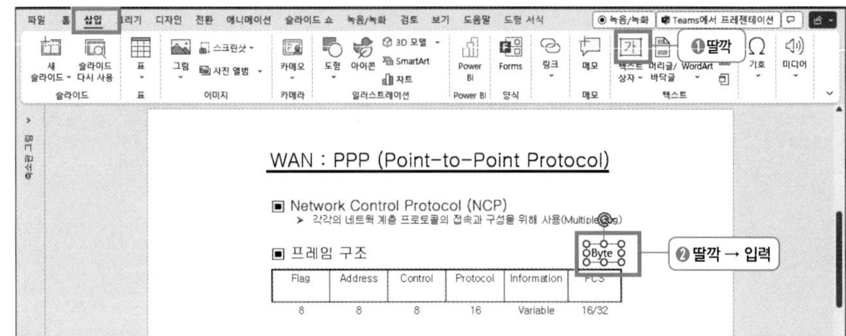

10. 텍스트 상자의 테두리를 클릭하여 선택한 후 [홈] → 글꼴 → **굴림**을 선택하세요.

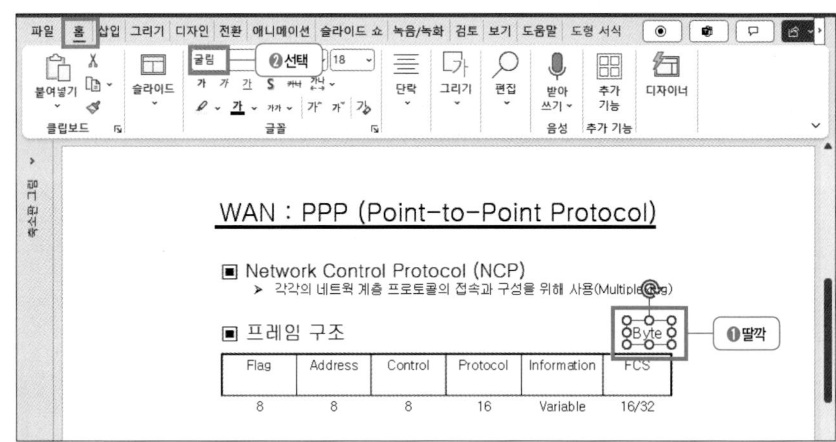

텍스트 상자를 선택한 후 테두리를 마우스 오른쪽 단추로 클릭하면 나타나는 미니 도구 모음에서 글꼴을 지정해도 됩니다.

05. 말풍선 삽입하기

1. [삽입] → 일러스트레이션 → 도형 → 설명선 → **말풍선: 모서리가 둥근 사각형**( )을 선택하세요.

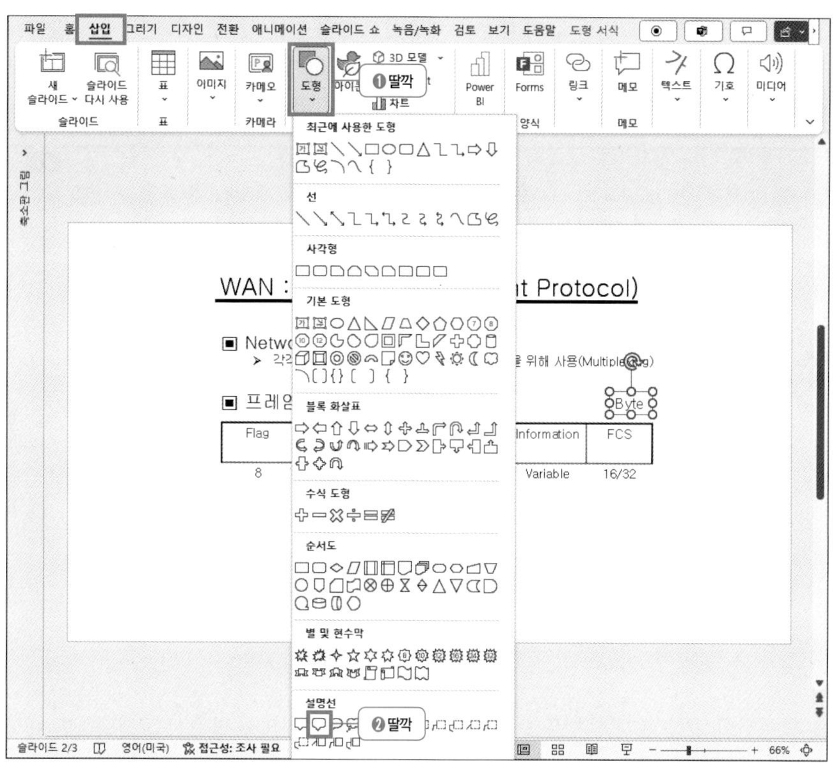

2. 마우스 포인터의 모양이 '+'로 바뀌면 말풍선이 삽입될 위치에 마우스를 드래그하여 적당한 크기로 삽입하세요.

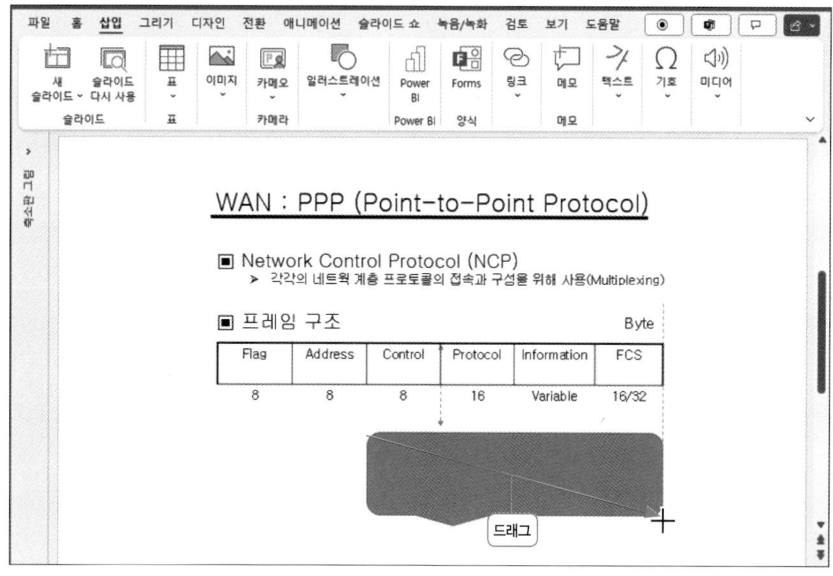

글꼴 크기는 슬라이드에 입력된 다른 내용들의 글꼴 크기를 참고하여 임의로 지정하면 됩니다.

3. 삽입한 말풍선에 그림과 같이 내용을 입력하고 말풍선을 선택한 후 [홈] → **글꼴**에서 글꼴 '굴림', 글꼴 크기 16, 글꼴 색 '검정, 텍스트 1', '굵게(가)'를, 그리고 [홈] → **단락**에서 '왼쪽 맞춤( )'과 '텍스트 맞춤( )'의 '위쪽'을 지정하세요.

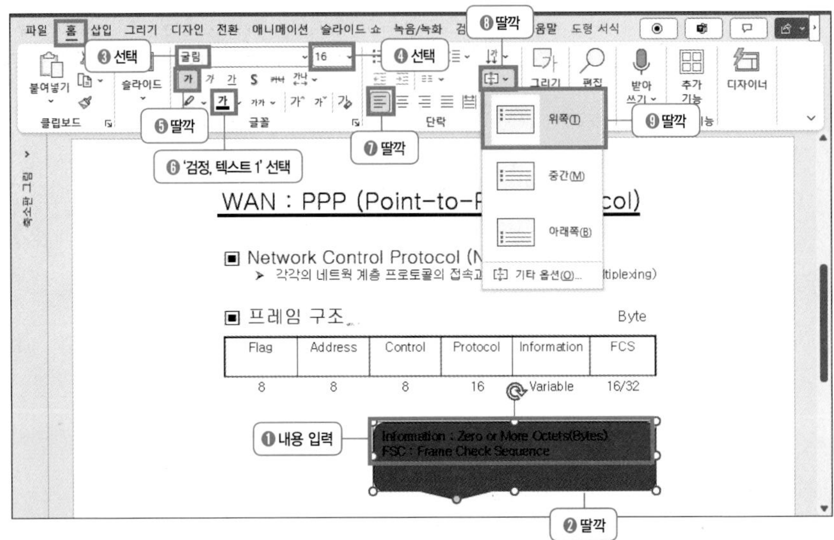

4. 말풍선의 방향 표시 부분을 도형의 위쪽으로 표시하기 위해 말풍선을 선택하면 표시되는 노란색 점(●)을 도형의 오른쪽 상단으로 드래그합니다.

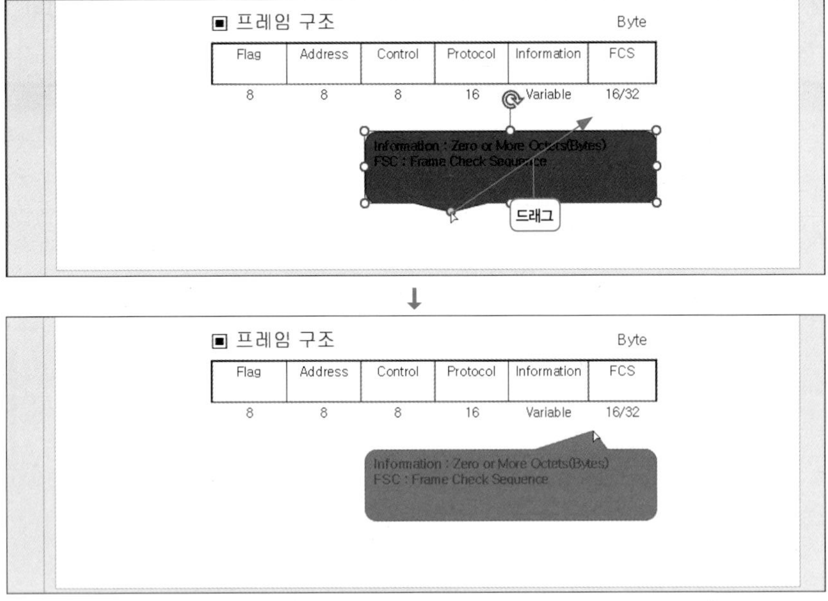

도형의 모양 변경 및 회전

슬라이드에 삽입된 도형을 선택하면 도형에 따라 흰색 점(), 노란색 점(), 회전 점()이 표시됩니다. 각 점의 기능은 다음과 같습니다.

- **흰색 점()** : 도형의 크기를 조절할 때 사용합니다.

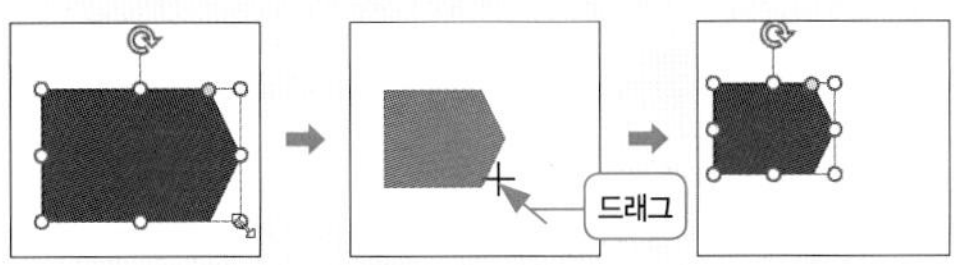

- **노란색 점()** : 도형의 모양을 변경할 때 사용합니다.

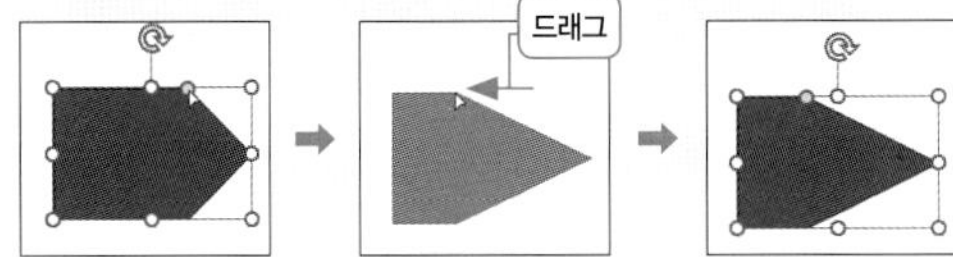

- **회전 점()** : 도형을 회전할 때 사용합니다.

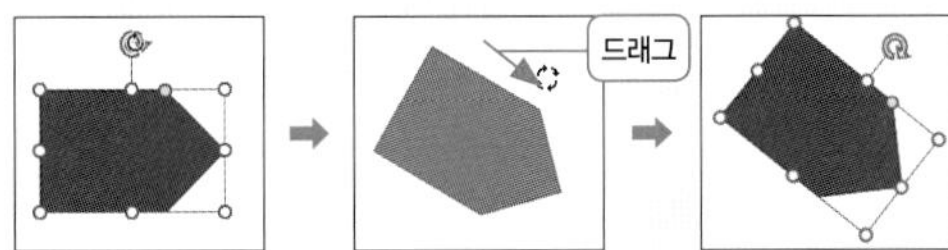

파워포인트 프로그램의 버전에 따라 회전 점()이 아닌 녹색 점()이 표시될 수 있습니다. 녹색 점()을 이용하여 도형을 회전하면 됩니다.

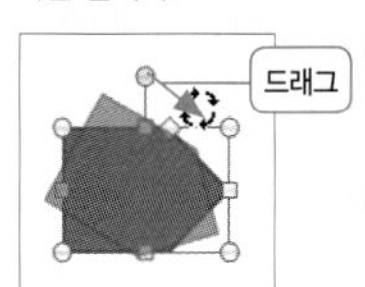

5. 말풍선의 바탕색을 변경해야 합니다. 말풍선이 선택된 상태에서 [도형 서식] → 도형 스타일 → 도형 채우기 → **채우기 없음**을 선택하세요.

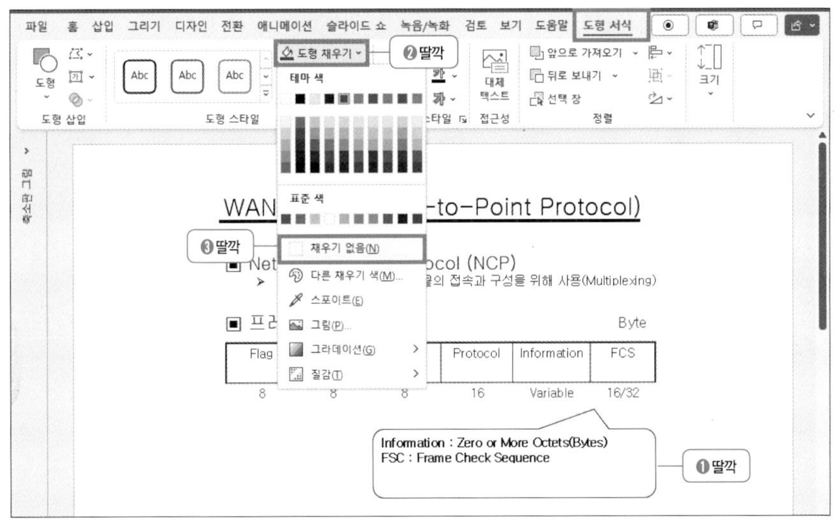

도형을 마우스 오른쪽 단추로 클릭하면 나타나는 미니 도구 모음에서 도형 채우기를 지정해도 됩니다.

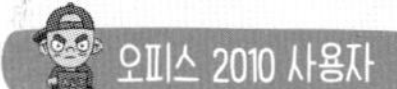

[그리기 도구] → 서식 → 도형 스타일 → 도형 채우기 → **채우기 없음**을 선택하세요.

전문가의 조언

• 파워포인트 2021에서는 타원, 직사각형 등의 도형을 삽입하면 선 색은 초록빛이 나는 검정색이고 선 두께는 '1½pt'인 상태로 삽입되고, 화살표나 선을 삽입하면 선 색은 진한 청록색이고 선 두께는 '1½pt'인 상태로 삽입됩니다. 사무자동화 실기 시험에서 대부분 도형의 선 색은 검정, 선 두께는 얇게 표시되므로 선 색을 '검정, 텍스트 1'로, 선 두께를 '1½pt'로 지정해준 것입니다.

※ **오피스 2010 사용자** : 타원, 직사각형 등의 도형을 삽입하면 선 두께는 2pt, 화살표나 선을 삽입하면 '¾pt'인 상태로 삽입됩니다. 도형의 선 두께를 '¾pt'로 지정해 주세요.

• 도형을 마우스 오른쪽 단추로 클릭하면 나타나는 미니 도구 모음에서 테마 색과 두께를 지정해도 됩니다.

6. 말풍선의 테두리 색을 변경해야 합니다. 말풍선이 선택된 상태에서 [도형 서식] → 도형 스타일 → **도형 윤곽선**을 클릭하여 테마 색을 '검정, 텍스트 1'로 지정하세요.

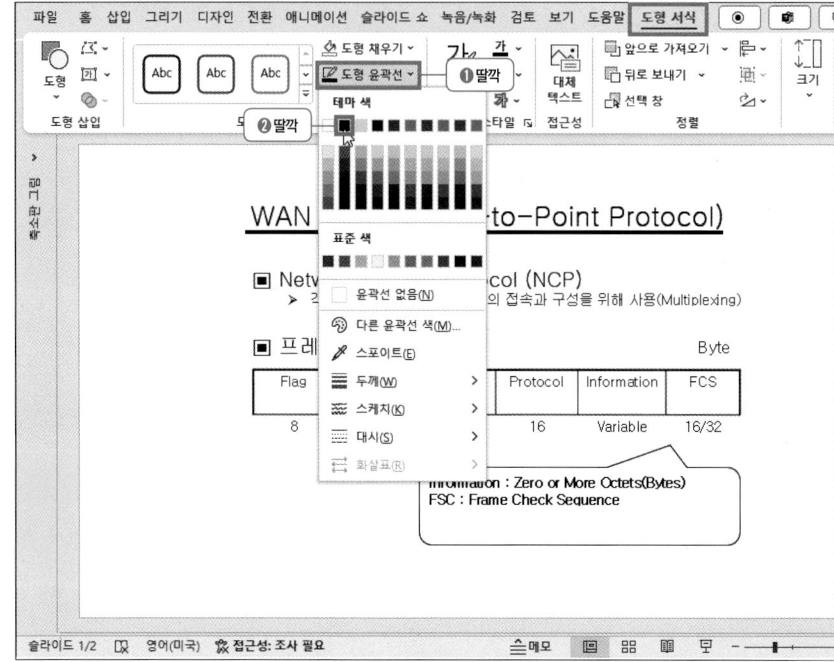

7. 제 1슬라이드가 완성되었습니다. 문제지와 비슷하게 만들어졌는지 비교해 보세요.

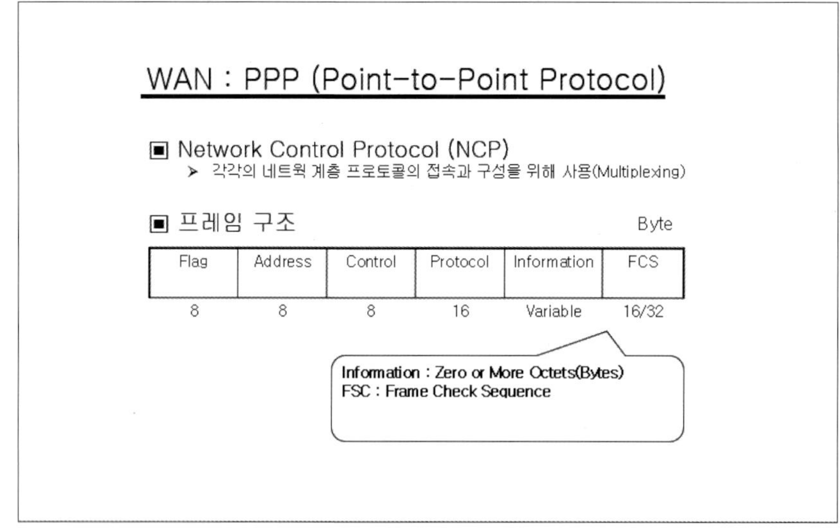

451007 

문제 2 제 2슬라이드 작성하기

01. 새 슬라이드 삽입하기

1. 두 번째 슬라이드를 작성하려면 새 슬라이드를 삽입해야겠죠? 새 슬라이드를 삽입하려면 [홈] → 슬라이드 → **새 슬라이드(▣)**를 클릭하거나 Ctrl+M을 누르세요.

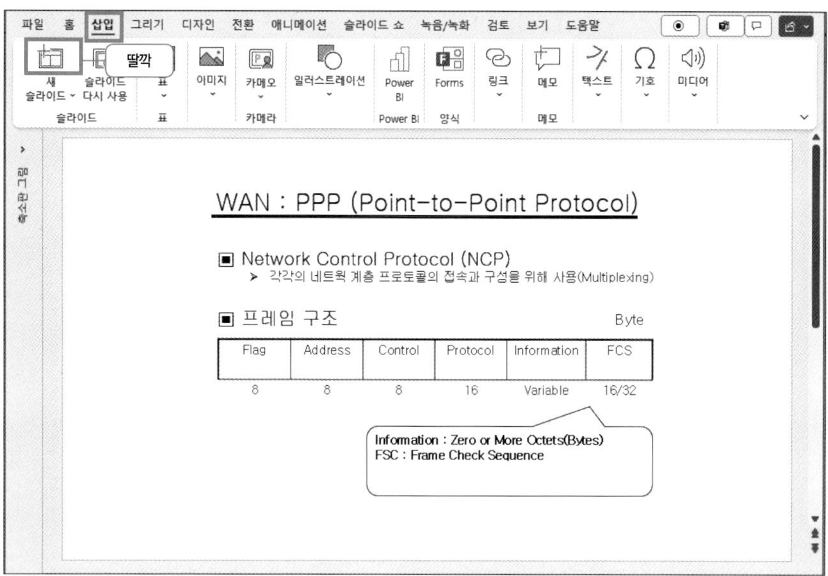

2. 슬라이드의 바로 가기 메뉴에서 [레이아웃] → **빈 화면**을 선택하세요.

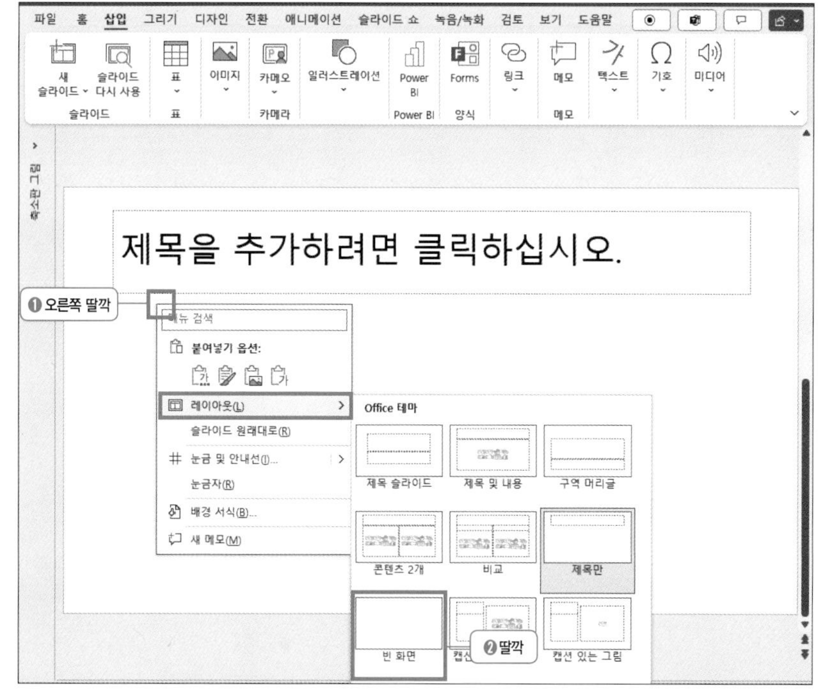

문제지에 제시된 두 번째 슬라이드는 슬라이드 제목이 리본 도형 안에 입력되어 있으므로 '레이아웃'에서 '제목만'이 아니라 '빈 화면'을 선택한 것입니다. 제목만 삽입된 새 슬라이드에서 텍스트 상자를 지우고 작업해도 됩니다.

02. 제목 작성하기

1. 제목이 입력될 도형을 삽입하기 위해 [삽입] → 일러스트레이션 → 도형 → 별 및 현수막 → **리본: 아래쪽 기울어짐**(　)을 선택하세요.

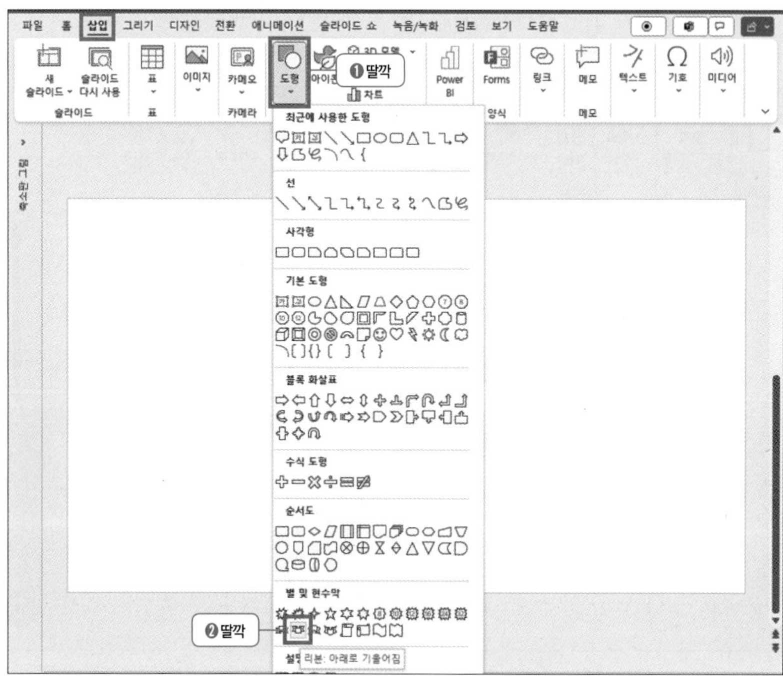

2. 제목이 삽입될 위치에 적당한 크기로 드래그하여 삽입하세요.

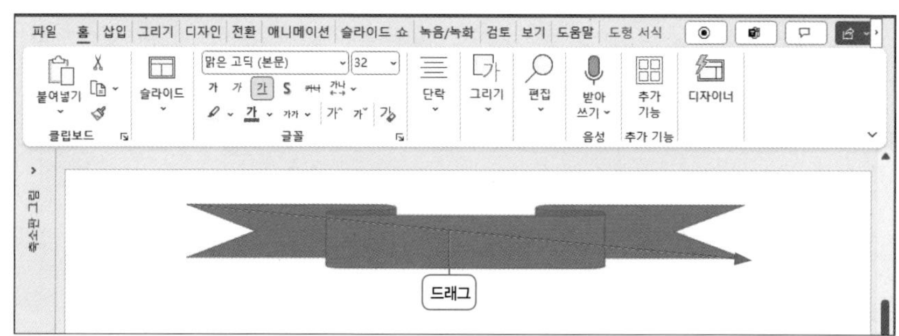

3. 그림과 같이 제목을 입력하고 아래쪽 리본을 선택한 후 [홈] → **글꼴**에서 글꼴 크기 32, '밑줄(가)'을 지정하세요.

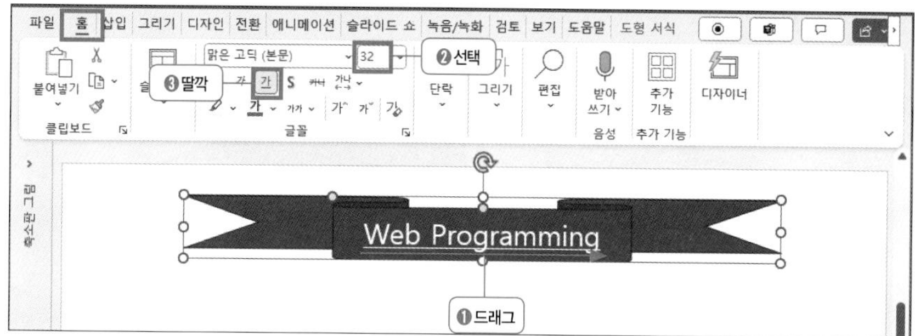

4. 제목이 입력된 부분의 너비가 좁아 보입니다. 도형을 선택하면 표시되는 노란색 점(○)을 왼쪽으로 드래그하여 제목이 입력된 부분을 넓혀주세요.

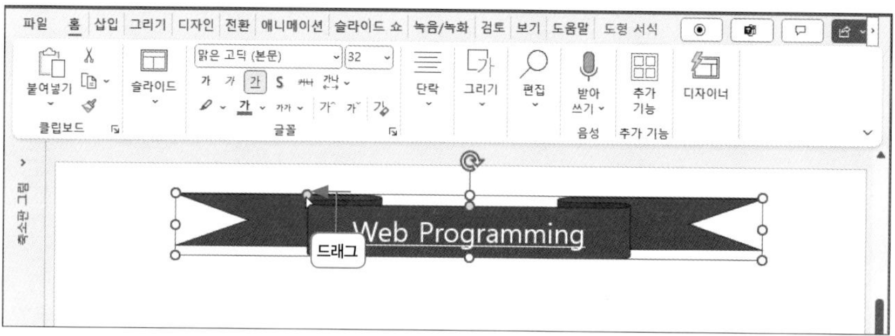

03. 본문 작성하기

1. [삽입] → 일러스트레이션 → 도형 → 사각형 → **직사각형(□)**을 선택한 후 슬라이드에 적당한 크기로 드래그하여 삽입하세요.

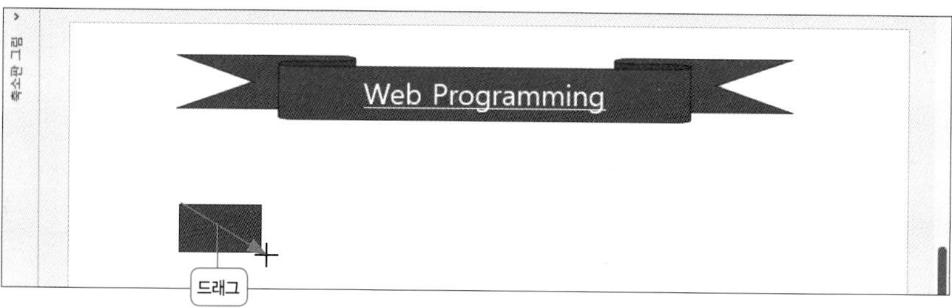

2. 삽입된 직사각형에 **브라우저**를 입력하세요.

3. 직사각형에 그림자를 지정해야 합니다. 직사각형의 바로 가기 메뉴에서 **[도형 서식]**을 선택하세요.

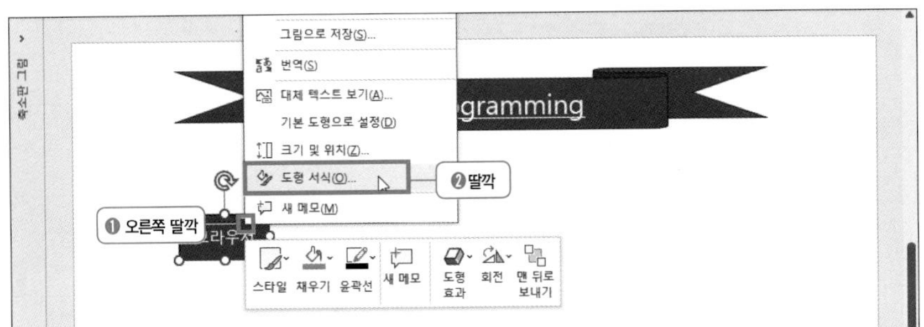

4. '도형 서식' 창의 [도형 옵션] → (효과) → **그림자**에서 '미리 설정( )'을 클릭한 다음 '오프셋: 왼쪽 위'를 선택하세요.

'도형 서식' 대화상자의 '그림자' 탭에서 '미리 설정( )'을 클릭한 다음 '오프셋 대각선 왼쪽 위'를 선택하세요.

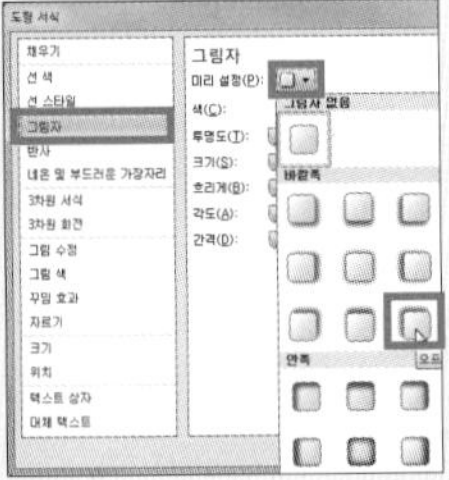

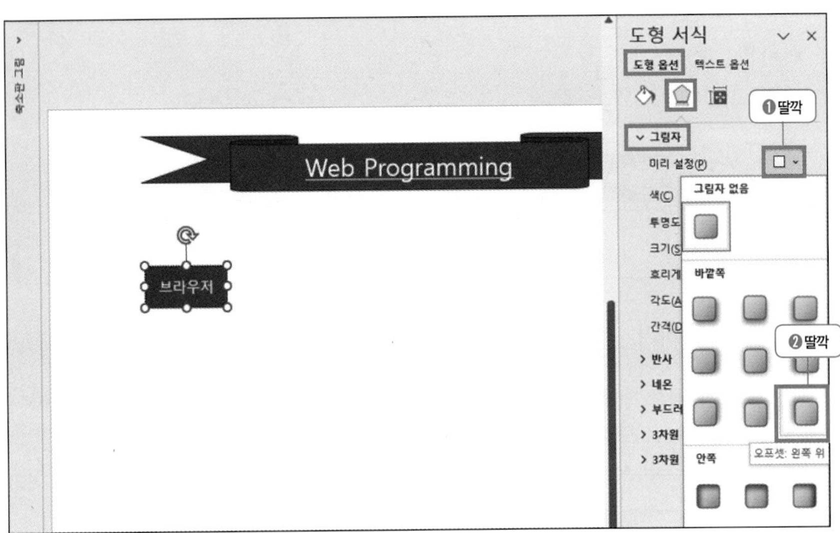

5. 이어서 투명도를 '0%', 흐리게를 '0pt', 간격을 '8pt'로 지정한 후 '닫기(☒)' 단추를 클릭하세요.

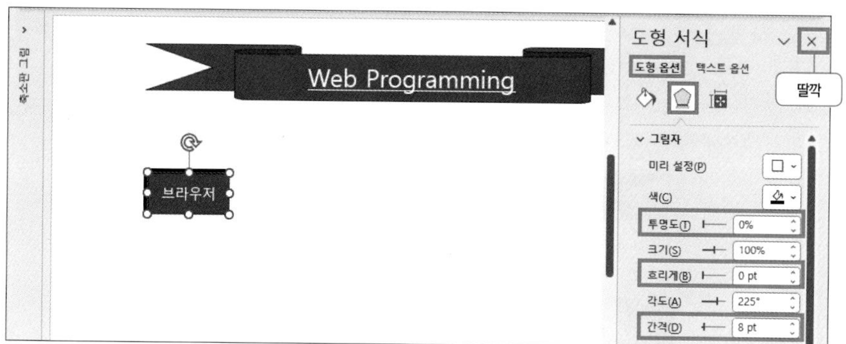

투명도를 '0%', 흐리게를 '0pt', 간격을 '8pt'로 지정하세요.

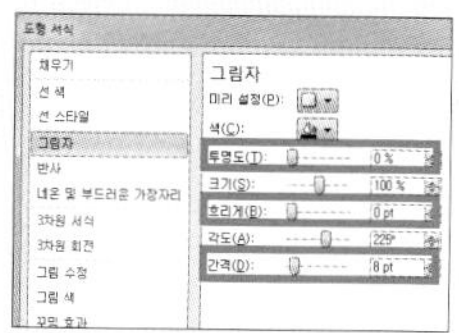

6. 직사각형을 하나 더 추가해야 합니다. Ctrl+Shift를 누른 채 슬라이드에 삽입한 직사각형을 아래쪽으로 드래그하여 복사하세요.

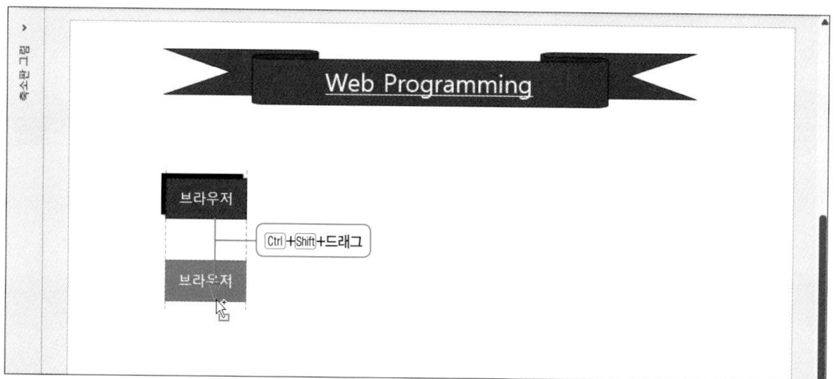

전문가의 조언

슬라이드에 삽입한 도형을 복사하려면 Ctrl을 누른 채 복사할 도형을 드래그하고, 수평 혹은 수직으로 복사하려면 Ctrl+Shift를 누른 채 드래그하면 됩니다.

7. 복사한 직사각형에 입력된 내용을 Applet로 수정하고, 바로 가기 메뉴에서 **[도형 서식]**을 선택하세요.

8. '도형 서식' 창의 [도형 옵션] → ⬠(효과) → **그림자**에서 '미리 설정(□ ▾)'을 클릭하고 '오프셋: 오른쪽 아래'를 선택한 후 투명도를 '0%', 흐리게를 '0pt', 간격을 '8pt'로 지정한 다음 '닫기(☒)' 단추를 클릭하세요.

투명도를 '0%', 흐리게를 '0pt', 간격을 '8pt'로 지정하세요.

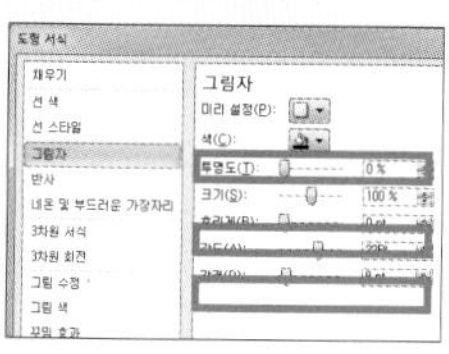

9. [삽입] → 일러스트레이션 → 도형 → 기본 도형 → **사각형: 빗면(□)**을 선택한 후 슬라이드에 적당한 크기로 드래그하여 삽입하세요.

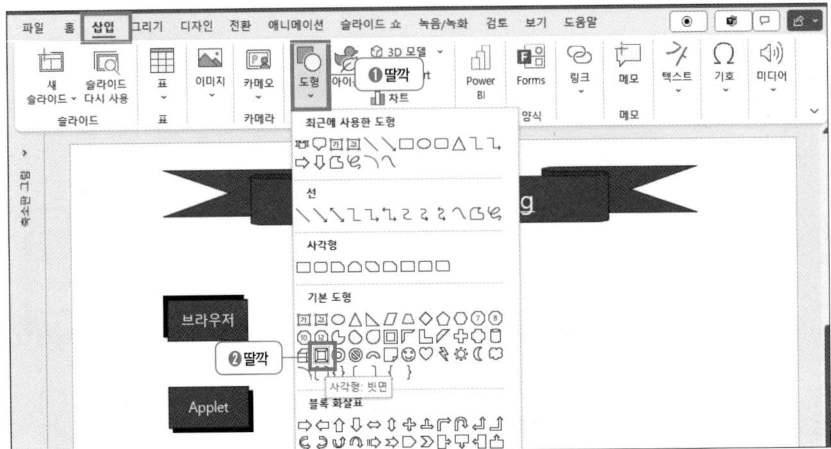

10. 삽입된 '사각형: 빗면'에 **클라이언트**를 입력하세요. 가로로 표시된 **클라이언트**를 세로로 표시하기 위해 [홈] → 단락 → 텍스트 방향(⇅) → **세로**를 선택합니다.

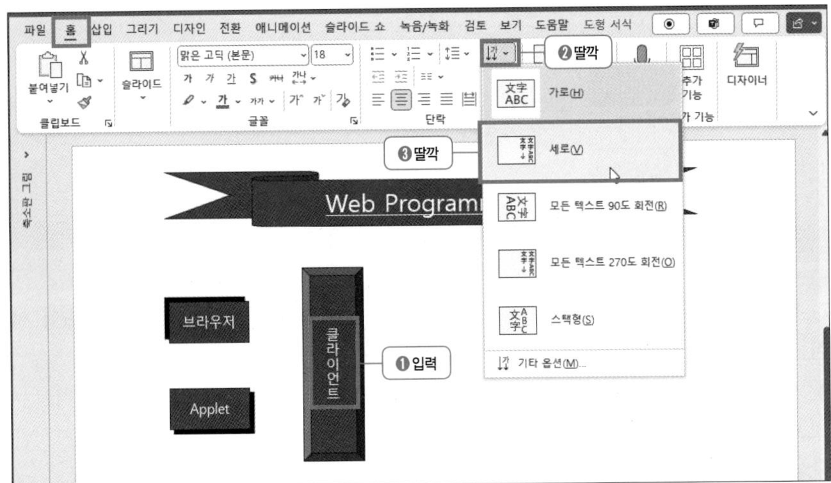

11. '사각형: 빗면'을 하나 더 추가해야 합니다. Ctrl+Shift를 누른 채 '사각형: 빗면'을 오른쪽으로 드래그하여 복사한 후 '사각형: 빗면'에 입력된 내용을 **서버**로 수정하세요.

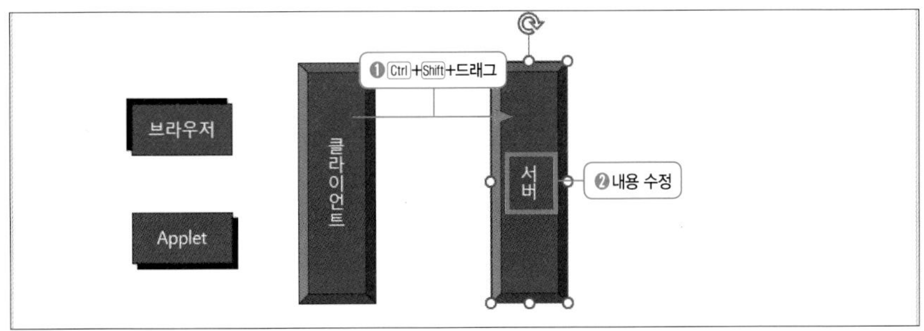

12. [삽입] → 일러스트레이션 → 도형 → 별 및 현수막 → **폭발 1**( )을 선택한 후 슬라이드에 적당한 크기로 드래그하여 삽입하세요. 이어서 **인터넷**을 입력하세요.

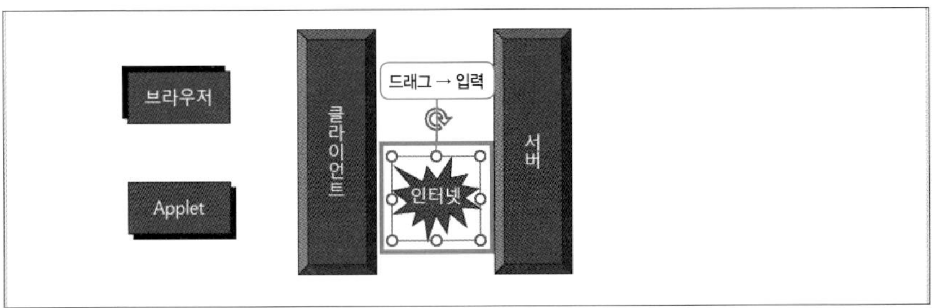

13. [삽입] → 일러스트레이션 → 도형 → 사각형 → **직사각형**( )을 이용하여 그림과 같이 작성하세요.

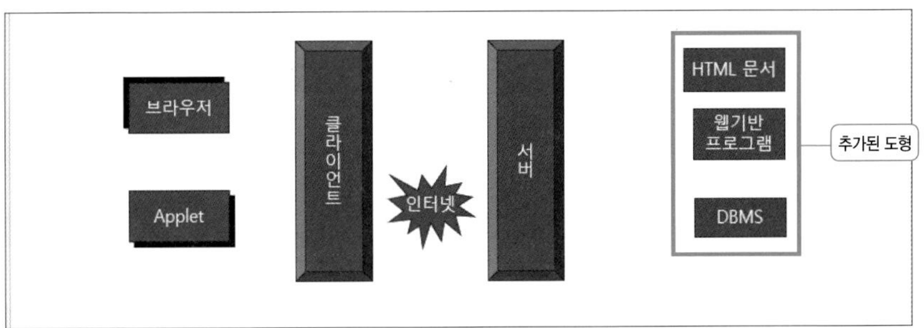

14. [삽입] → 일러스트레이션 → 도형 → 기본 도형 → **원통형**( )을 선택한 후 슬라이드에 적당한 크기로 드래그하여 삽입하세요. 이어서 DB를 입력하세요.

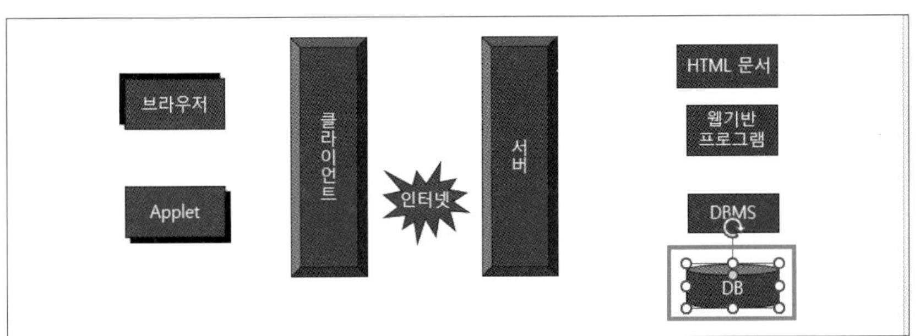

Q '인터넷'이 두 줄로 표시돼요!

A 도형에 입력된 내용이 두 줄로 표시될 때는 도형의 너비를 크게 변경하거나 해당 도형의 바로 가기 메뉴에서 **[도형 서식]**을 선택한 후 '도형 서식' 창의 [텍스트 옵션] → (텍스트 상자) → **텍스트 상자**에서 '도형을 텍스트 크기에 맞춤'에 표시된 체크 표시를 해제하면 한 줄로 표시됩니다.

15. [삽입] → 일러스트레이션 → 도형 → 사각형 → **직사각형(□)**을 선택한 후 바로 전에 작성한 4개의 도형이 모두 포함되도록 드래그하여 직사각형을 삽입하세요.

16. 기존 도형이 새로 삽입된 직사각형에 가려 보이지 않죠? 직사각형의 바로 가기 메뉴에서 **[맨 뒤로 보내기]**를 선택하세요.

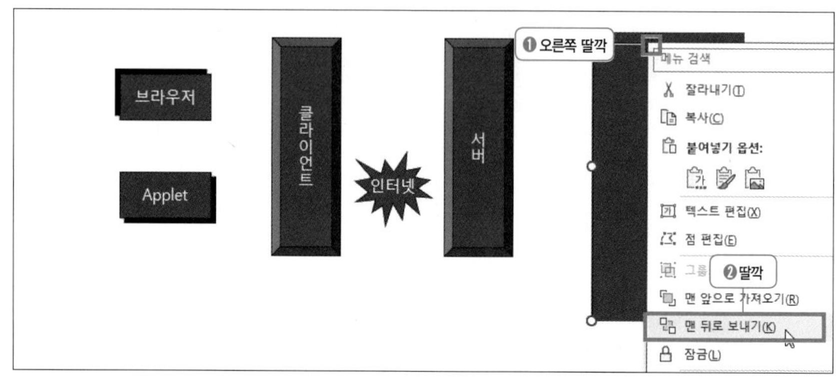

전문가의 조언

직사각형이 선택된 상태에서 [도형 서식] → 정렬 → 뒤로 보내기 → **맨 뒤로 보내기**를 클릭해도 됩니다.

잠깐만요

도형의 순서 지정하기

도형의 바로 가기 메뉴에서 [맨 앞으로 가져오기] / [맨 뒤로 보내기] / [앞으로 가져오기] / [뒤로 보내기]를 선택하여 도형의 순서를 변경합니다.

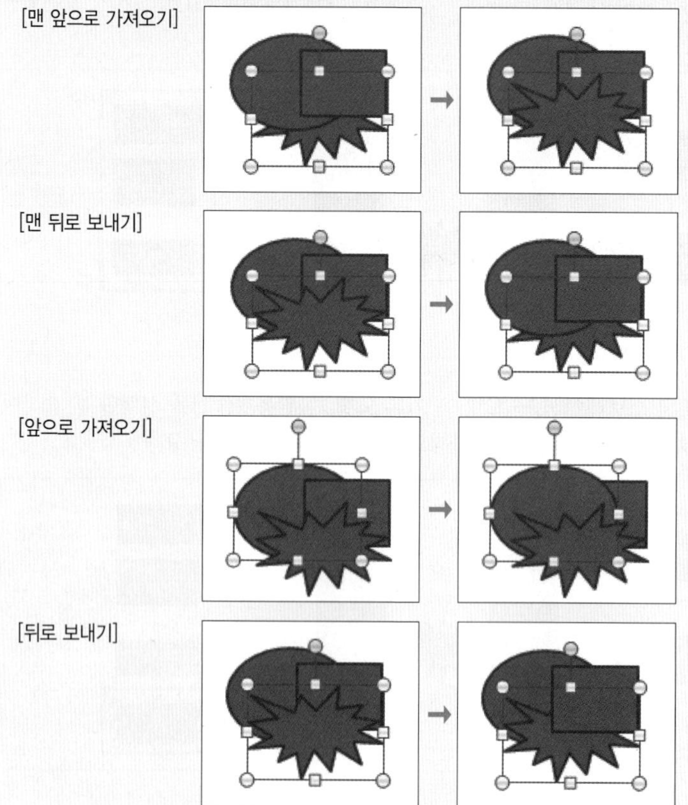

전문가의 조언

- [앞으로 가져오기]와 [뒤로 보내기]는 [맨 앞으로 가져오기]와 [맨 뒤로 보내기]의 ▶을 클릭하면 표시됩니다.
- [그리기 도구] → 서식 → **정렬**에서 [맨 앞으로 가져오기] / [맨 뒤로 보내기] / [앞으로 가져오기] / [뒤로 보내기]를 선택하여 도형의 순서를 변경해도 됩니다.

17. [삽입] → 일러스트레이션 → 도형 → 선 → **선 화살표(↘)**를 이용하여 그림과 같이 각 도형을 연결하세요.

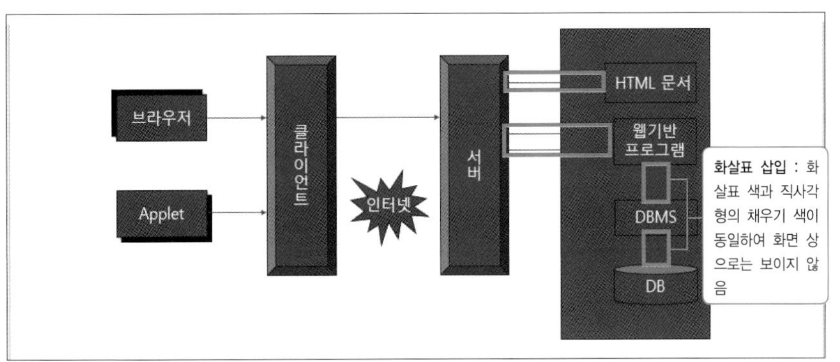

18. 삽입한 화살표를 모두 선택한 후 [도형 서식] → 도형 스타일 → **도형 윤곽선**에서 테마 색을 '검정, 텍스트 1'로 지정하세요.

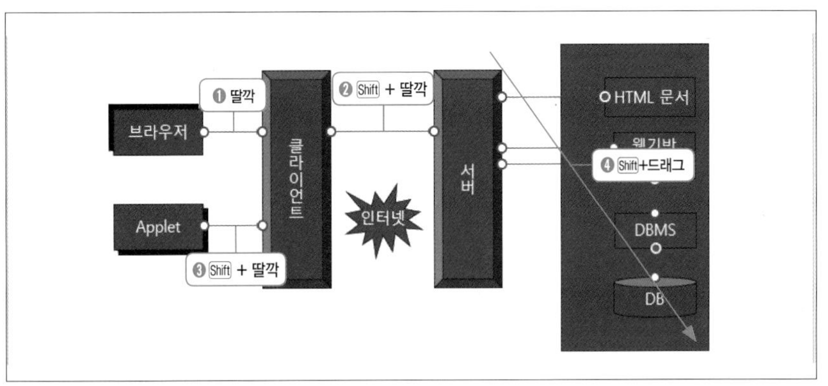

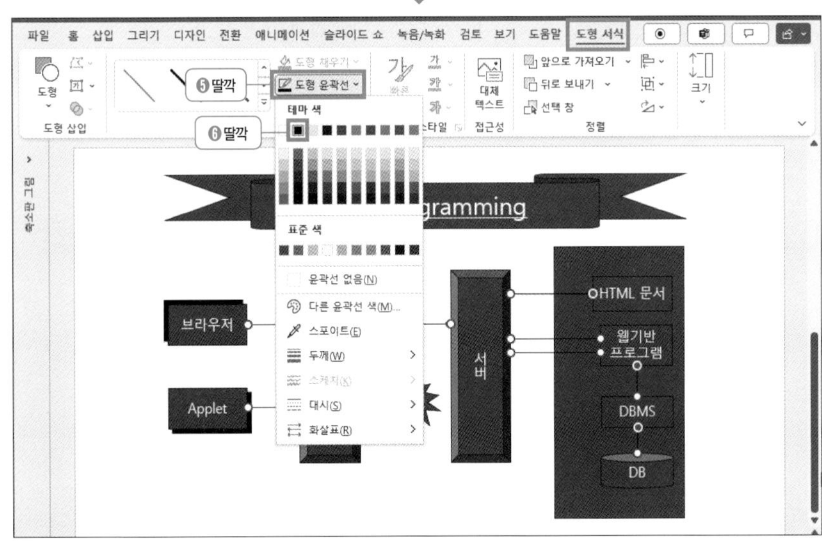

오피스 2010 사용자

파워포인트 2010에서 화살표를 삽입하면 화살표 모양이 '화살표 스타일 2(⟶)'로 삽입됩니다. '화살표 스타일 5(⟶)'로 변경하려면 [그리기 도구] → 서식 → 도형 스타일 → 도형 윤곽선 → **화살표 스타일 5**를 선택하세요.

전문가의 조언

드래그하여 선만을 선택하려면 선은 모두 포함하고, 나머지 도형은 일부분이 포함되지 않도록 드래그하면 됩니다.

※ **오피스 2010 사용자** : [그리기 도구] → 서식 → 도형 스타일 → **도형 윤곽선**에서 테마 색을 '검정, 텍스트 1'로 지정하세요.

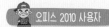

[그리기 도구] → 서식 → 도형 스타일 → 도형 윤곽선 → 화살표 → **화살표 스타일 7**을 선택하세요.

19. 일부 화살표는 양방향 화살표로 표시해야 합니다. Shift를 이용하여 양방향 화살표로 표시할 선을 모두 선택하세요. 이어서 [도형 서식] → 도형 스타일 → 도형 윤곽선 → 화살표 → **화살표 스타일 7**을 선택하세요.

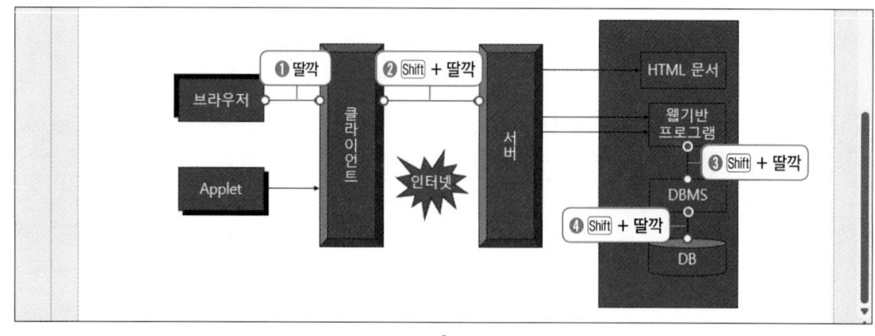

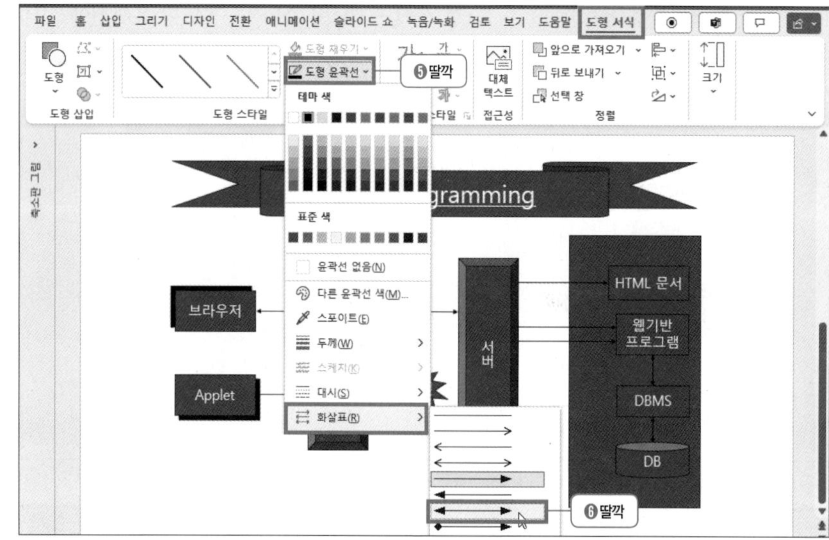

20. 표시된 화살표의 방향을 반대로 바꿔야 할 화살표가 있습니다. 화살표의 방향을 바꿀 화살표를 선택한 후 [도형 서식] → 도형 스타일 → 도형 윤곽선 → 화살표 → **화살표 스타일 6**을 선택하세요.

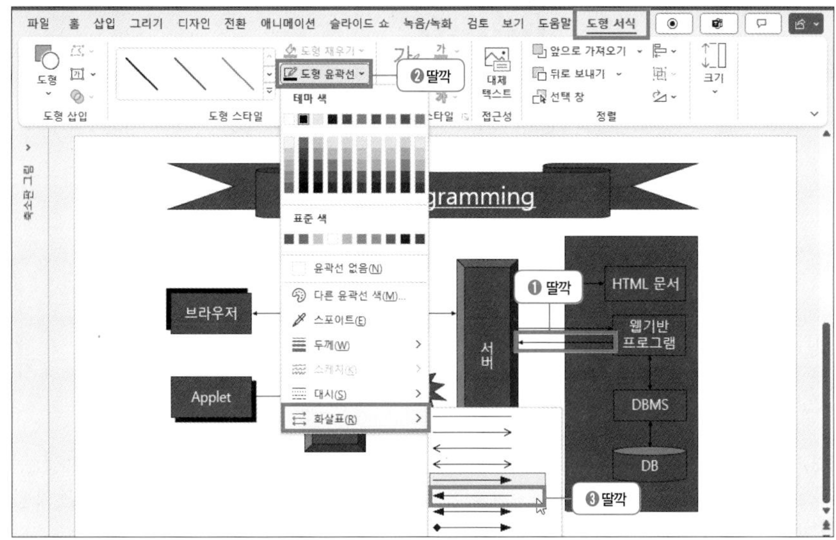

21. [삽입] → 텍스트 → **가로 텍스트 상자 그리기(가)**를 이용하여 그림과 같이 내용을 입력하세요.

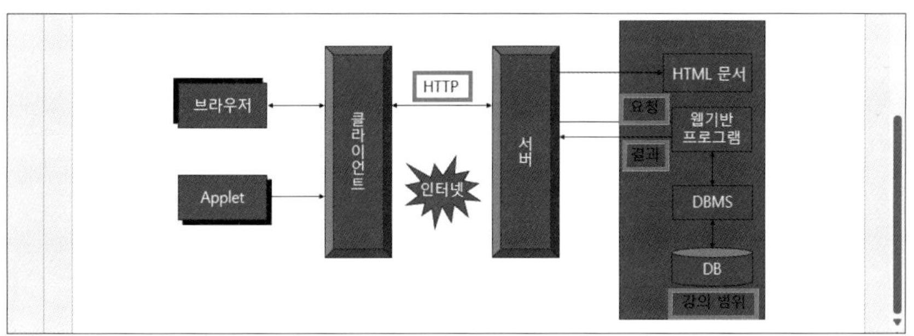

22. 전체 도형의 채우기 색을 지운 후 채우기 색이 지정된 도형만을 선택하여 채우기 색을 지정해 보겠습니다. Ctrl+A를 눌러 전체 도형을 선택한 후 [도형 서식] → 도형 스타일 → 도형 채우기 → **채우기 없음**을 선택하세요.

- 채우기 색을 '채우기 없음' 대신 '흰색, 배경 1'로 지정해도 됩니다.
- 전체 도형을 선택한 후 마우스 오른쪽 단추로 클릭하면 나타나는 미니 도구 모음에서 채우기 색을 지정해도 됩니다.

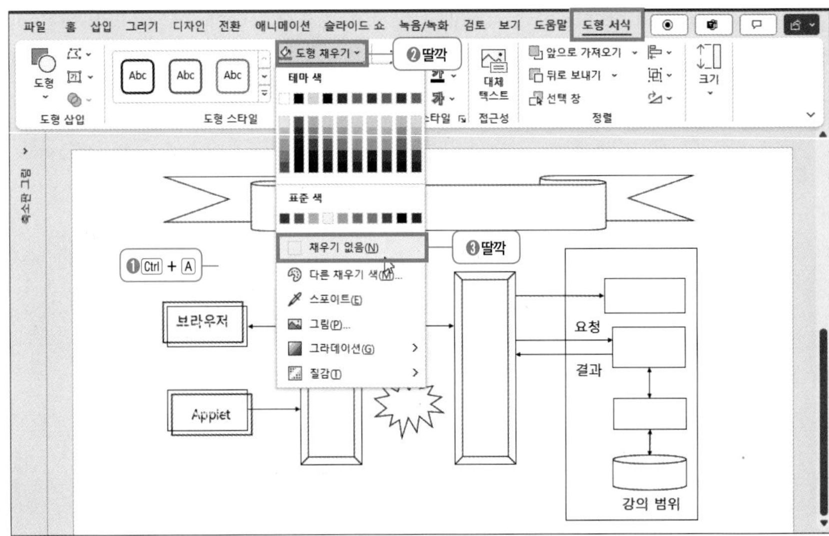

23. 채우기 색이 지정된 도형은 채우기 색을 '회색-40%'로 지정해야 합니다. Shift를 누른 채 채우기 색을 지정해야 하는 도형을 모두 선택한 후 [도형 서식] → 도형 스타일 → 도형 채우기 → **흰색, 배경 1, 35% 더 어둡게**를 선택하세요.

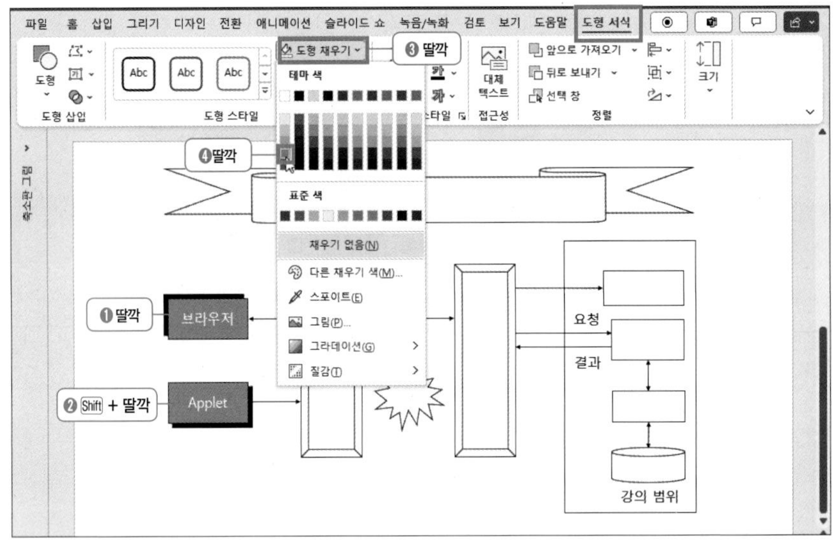

24. 채우기 색이 없는 도형을 모두 선택한 후 [홈] → **글꼴**에서 글꼴 색을 '검정, 텍스트 1'로 지정하세요.

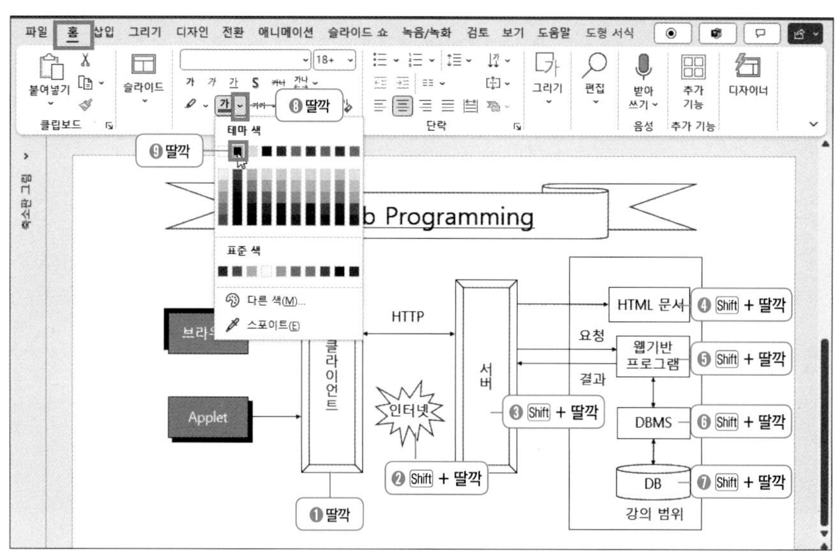

전문가의 조언

채우기 색이 없는 도형을 모두 선택한 후 마우스 오른쪽 단추로 클릭하면 나타나는 미니 도구 모음에서 글꼴 색을 지정해도 됩니다.

25. 텍스트 상자를 제외한 모든 도형을 선택한 후 [도형 서식] → 도형 스타일 → **도형 윤곽선**에서 테마 색을 '검정, 텍스트 1'로 지정하세요.

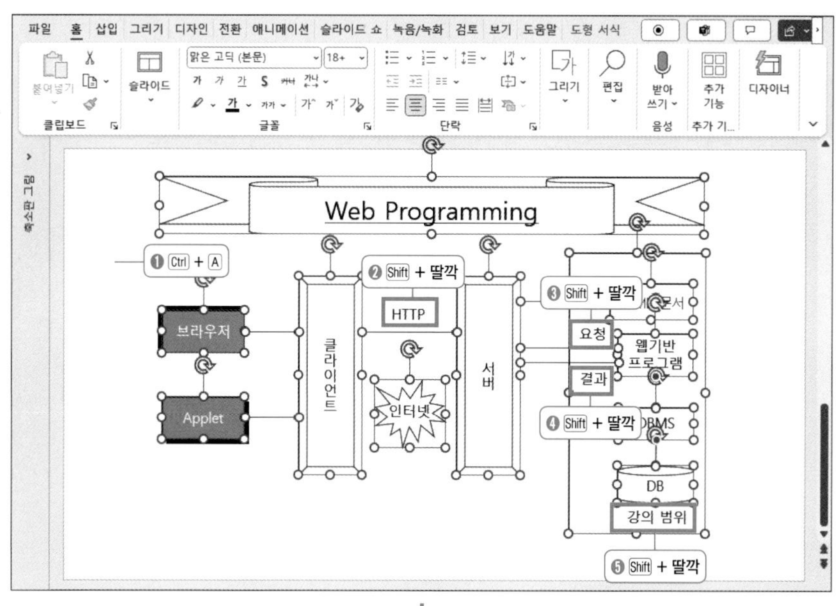

전문가의 조언

- 몇 개의 도형을 제외하고 슬라이드에 삽입한 도형을 모두 선택할 때는 Ctrl+A를 눌러 전체 도형을 선택한 후 Shift를 누른 채 선택하지 않아야 할 도형의 테두리를 클릭하여 선택을 취소하는 것이 보다 편리합니다.
- 선 두께는 두께에 대한 지시사항이 없으므로 임의로 지정하면 됩니다. 선이나 화살표를 삽입하면 기본적으로 '1½pt'로 작성되므로 동일하게 지정하였습니다.

전문가의 조언

텍스트 상자를 제외한 모든 도형을 선택한 후 마우스 오른쪽 단추로 클릭하면 나타나는 미니 도구 모음에서 테마 색과 두께를 지정해도 됩니다.

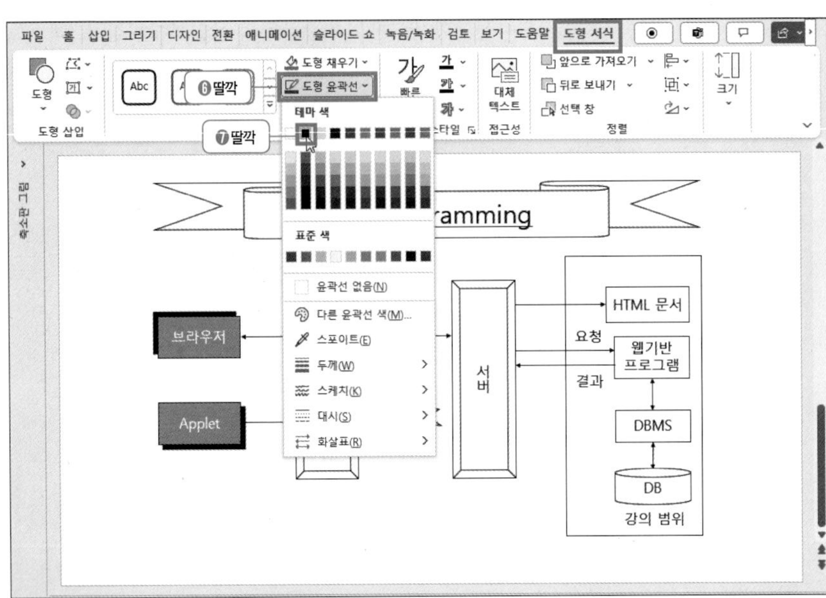

문제에서는 글꼴에 대한 특별한 지시사항이 없으므로 파워포인트 2021의 기본 글꼴인 '맑은 고딕'으로 작성해도 됩니다. 하지만 본 교제에서는 문제에 제시된 그림과 동일하게 작성하였습니다.

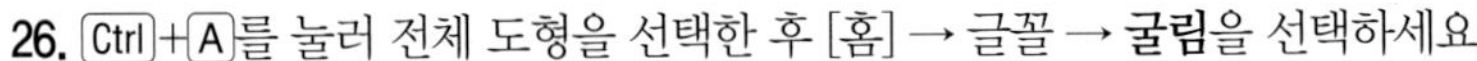

26. Ctrl+A를 눌러 전체 도형을 선택한 후 [홈] → 글꼴 → **굴림**을 선택하세요.

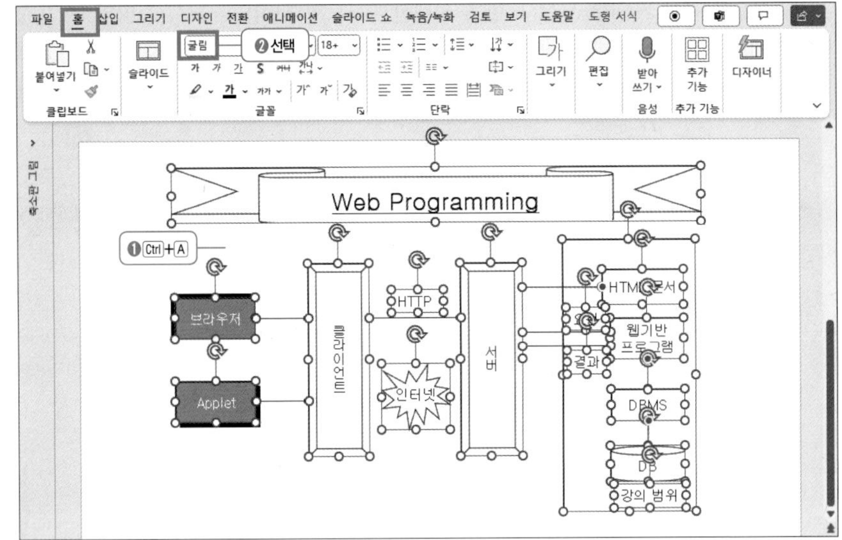

27. '클라이언트'와 '서버'가 입력된 도형을 선택한 후 [홈] → **글꼴**에서 글꼴 '궁서체', 글꼴 크기 28, '굵게(가)'를 지정하세요.

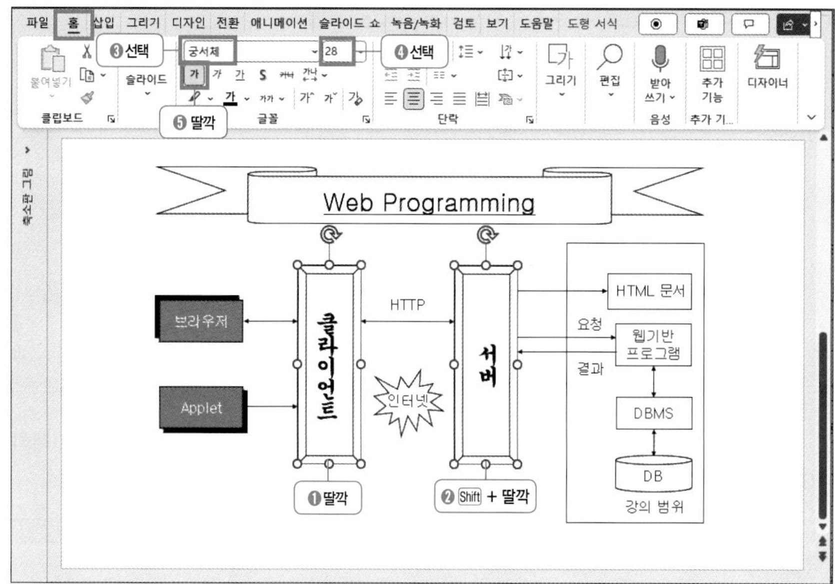

전문가의 조언

도형을 선택한 후 마우스 오른쪽 단추로 클릭하면 나타나는 미니 도구 모음에서 글꼴, 글꼴 크기, 굵게를 지정해도 됩니다.

28. 제 2슬라이드가 완성되었습니다. 문제지와 비슷하게 만들어졌는지 비교해 보세요.

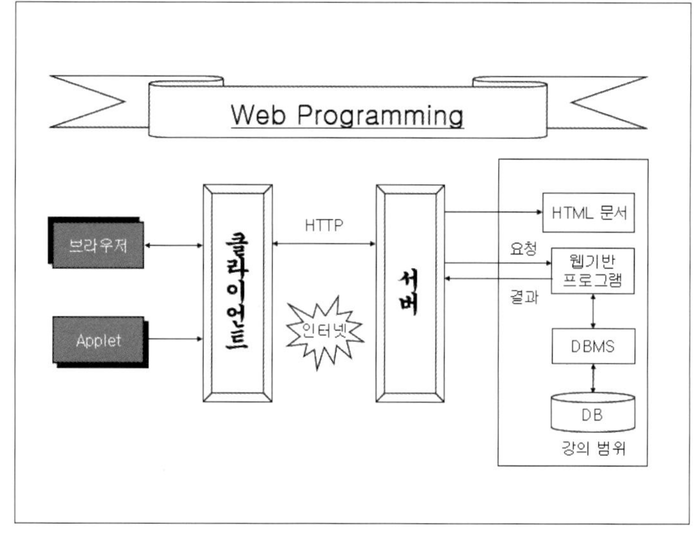

문제 3 시상 작업 마무리

01. 날짜와 페이지 번호 지우기

1. [보기] → 마스터 보기 → **유인물 마스터**를 클릭하세요.

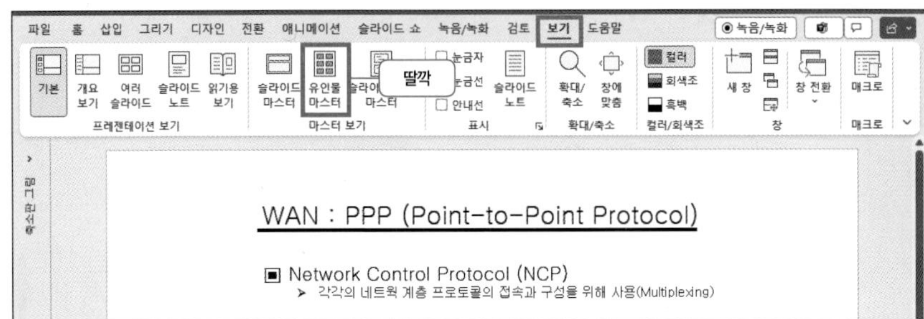

2. [유인물 마스터] → **개체 틀**에서 날짜와 페이지 번호에 표시된 체크 표시를 해제하세요.

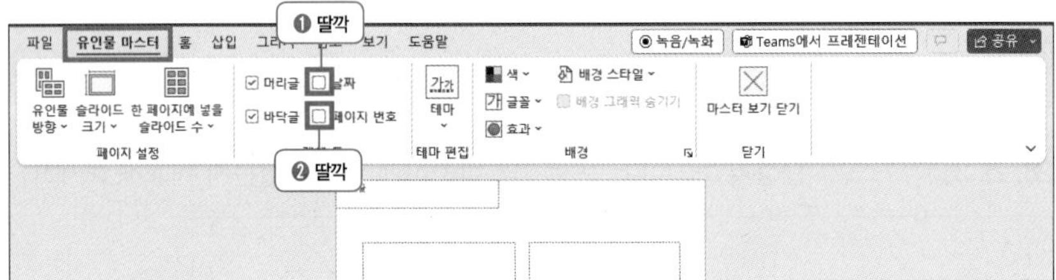

02. 인쇄 미리 보기

인쇄하기 전에 [파일] → **인쇄**를 클릭한 후 '인쇄' 창의 '설정'에서 '유인물'의 '2슬라이드'를 선택하여 인쇄물의 형태를 확인하세요.

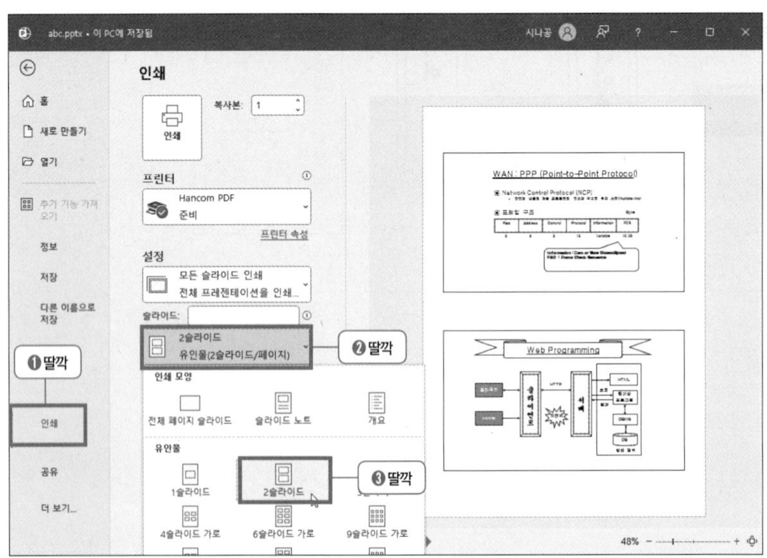

> **전문가의 조언**
> 파워포인트는 기본적으로 날짜와 페이지 번호가 표시되도록 설정되어 있습니다. 실제 시험에서는 날짜와 페이지 번호가 표시되면 감점되므로 날짜와 페이지 번호를 제거해야 합니다.

7 출력하기

작업을 모두 마쳤으면 작업한 파일을 USB에 복사한 후 시험위원에게 가져가서 출력해야 합니다.

01. 파일 복사

1. 시험위원이 주는 USB를 컴퓨터에 꽂으세요. 이어서 탐색기를 실행시킨 후 C 드라이브에 생성된 'abc.xlsx', 'abc.accdb', 'abc.pptx'를 선택하고 USB 드라이브로 끌어다 놓으세요. 파일이 복사됩니다.
2. 시험위원의 지시에 따라 컴퓨터에서 USB를 빼서 시험위원 앞으로 가지고 가세요.

전문가의 조언

본 교재에서는 저장 위치를 C 드라이브, 파일 이름을 'abc'로 가정하고 작업했기 때문에 C 드라이브에서 'abc.xlsx', 'abc.accdb', 'abc.pptx'를 복사한 것입니다. 실제 시험장에서는 시험위원의 지시에 따라 작업하면 됩니다.

문제 1 표 계산 작업 문서 인쇄하기

01. 파일 불러오기

1. 시험위원의 지시에 따라 USB를 시험위원 PC에 꽂으세요.
2. 시험위원의 지시에 따라 엑셀을 실행시킨 후 [파일] → 열기 → **찾아보기**를 선택하여 작성한 엑셀 파일을 불러오세요.

[파일] → **열기**를 클릭하세요.

02. 인쇄하기

[파일] → **인쇄**를 선택하세요. '설정'에서 '활성 시트 인쇄'를 1부터 1까지로 설정한 후 〈인쇄〉를 클릭하세요.

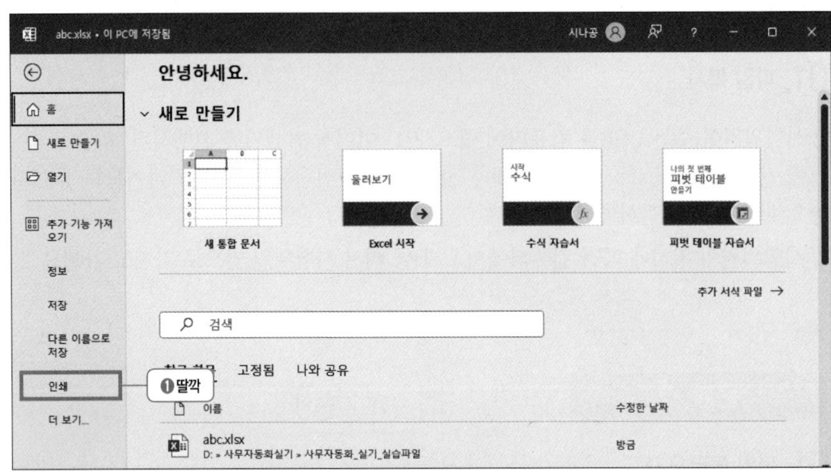

↓

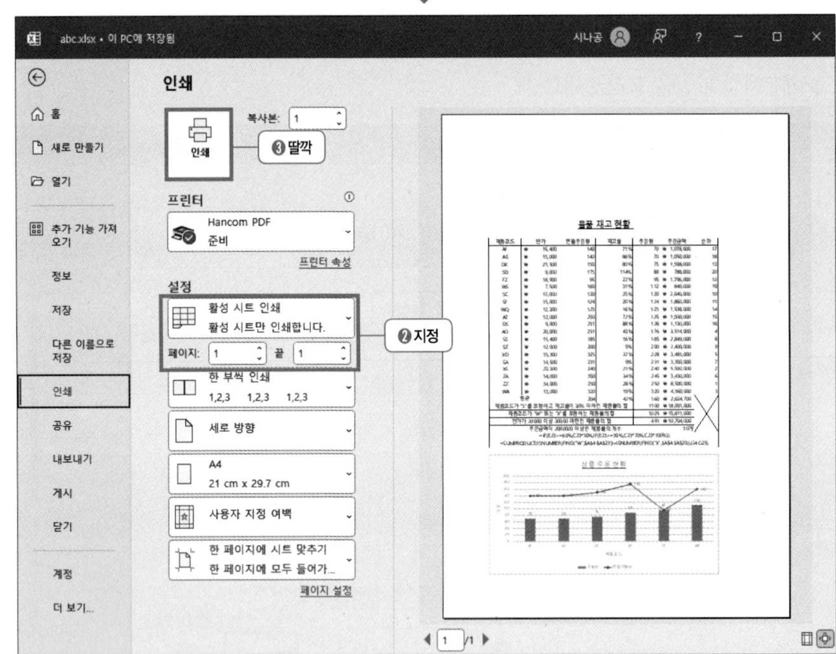

03. 출력물에 인적사항 기재하기

인쇄물이 출력되면 준비해 간 펜으로 위쪽 여백으로 지정한 6cm 안에 비번호(예 045), 수험번호(예 123456), 성명(예 김길벗)을 중앙 상단에 기재하고 페이지 번호(4-1)를 중앙 하단에 기재하세요.

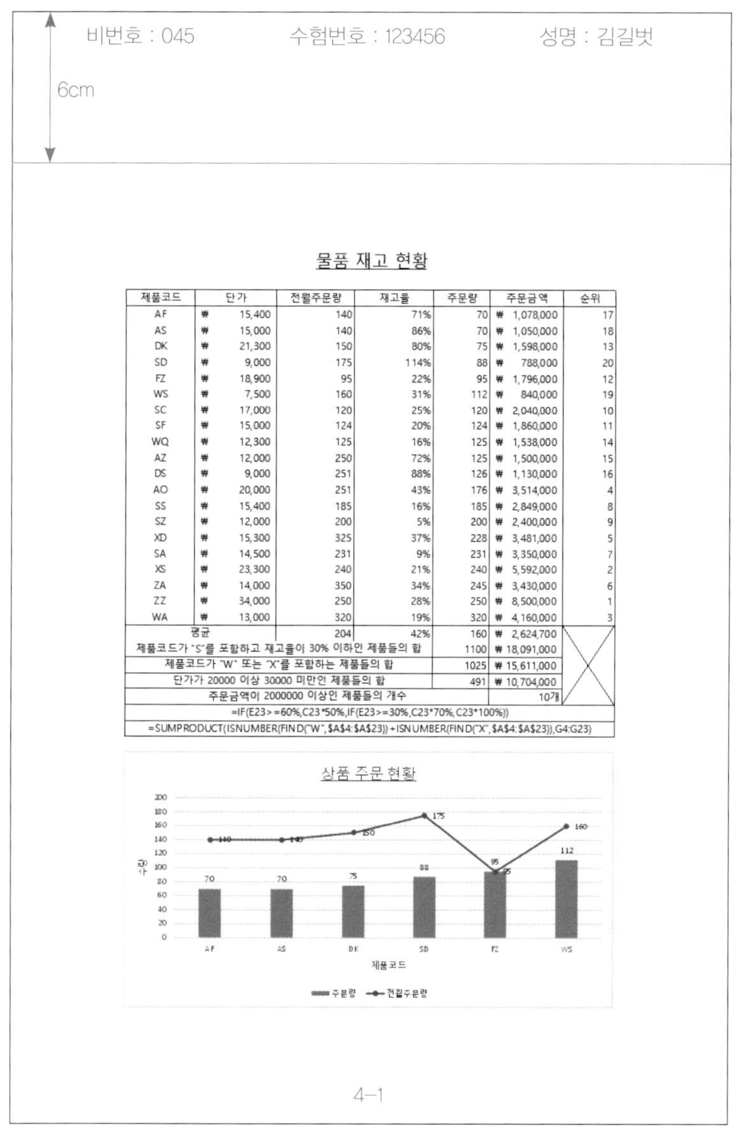

비번호 : 045　　수험번호 : 123456　　성명 : 김길벗

6cm

물품 재고 현황

제품코드	단가	전월주문량	재고율	주문량	주문금액	순위
AF	₩ 15,400	140	71%	70	₩ 1,078,000	17
AS	₩ 15,000	140	86%	70	₩ 1,050,000	18
DK	₩ 21,300	150	80%	75	₩ 1,598,000	13
SD	₩ 9,000	175	114%	88	₩ 788,000	20
FZ	₩ 18,900	95	22%	95	₩ 1,796,000	12
WS	₩ 7,500	160	31%	112	₩ 840,000	19
SC	₩ 17,000	120	25%	120	₩ 2,040,000	10
SF	₩ 15,000	124	20%	124	₩ 1,860,000	11
WQ	₩ 12,300	125	16%	125	₩ 1,538,000	14
AZ	₩ 12,000	250	72%	125	₩ 1,500,000	15
DS	₩ 9,000	251	88%	126	₩ 1,130,000	16
AO	₩ 20,000	251	43%	176	₩ 3,514,000	4
SS	₩ 15,400	185	16%	185	₩ 2,849,000	8
SZ	₩ 12,000	200	5%	200	₩ 2,400,000	9
XD	₩ 15,300	325	37%	228	₩ 3,481,000	5
SA	₩ 14,500	231	9%	231	₩ 3,350,000	7
XS	₩ 23,300	240	21%	240	₩ 5,592,000	2
ZA	₩ 14,000	350	34%	245	₩ 3,430,000	6
ZZ	₩ 34,000	250	28%	250	₩ 8,500,000	1
WA	₩ 13,000	320	19%	320	₩ 4,160,000	3
평균		204	42%	160	₩ 2,624,700	
제품코드가 "S"를 포함하고 재고율이 30% 이하인 제품들의 합				1100	₩ 18,091,000	
제품코드가 "W" 또는 "X"를 포함하는 제품들의 합				1025	₩ 15,611,000	
단가가 20000 이상 30000 미만인 제품들의 합				491	₩ 10,704,000	
주문금액이 2000000 이상인 제품들의 개수					10개	
=IF(E23>=60%,C23*50%,IF(E23>=30%,C23*70%,C23*100%))						
=SUMPRODUCT(ISNUMBER(FIND("W",$A$4:$A$23))+ISNUMBER(FIND("X",$A$4:$A$23)),G4:G23)						

4-1

문제 2 폼과 보고서 인쇄하기

01. 파일 불러오기

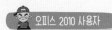

오피스 2010 사용자

[파일] → **열기**를 클릭하세요.

시험위원의 지시에 따라 액세스를 실행시킨 후 [파일] → 열기 → **찾아보기**를 선택하여 작성한 액세스 파일을 불러오세요.

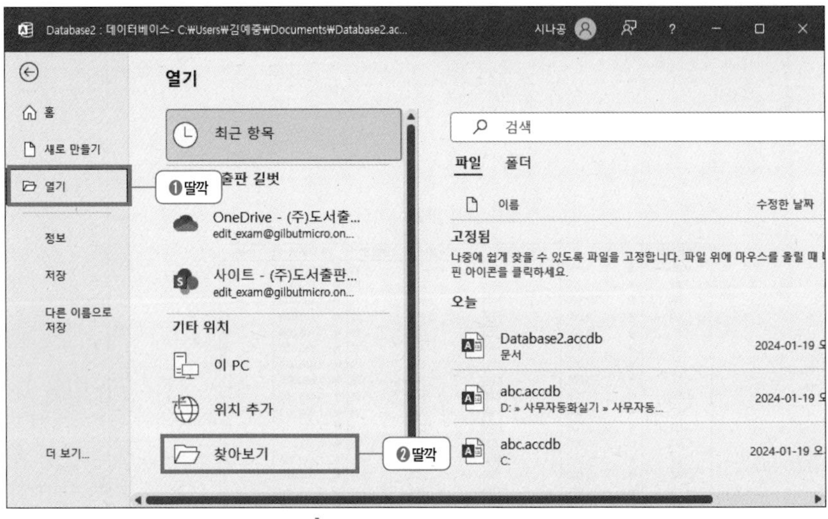

↓

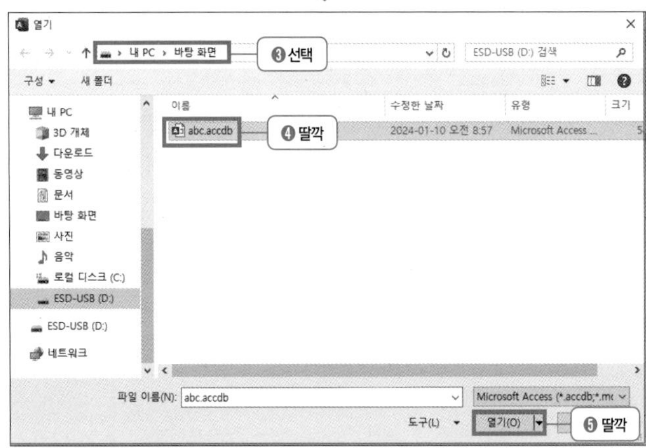

02. 폼 인쇄하기

1. 시험위원의 지시에 따라 '탐색' 창에서 작성한 폼(폼1)을 더블클릭하여 폼 보기 상태로 여세요.

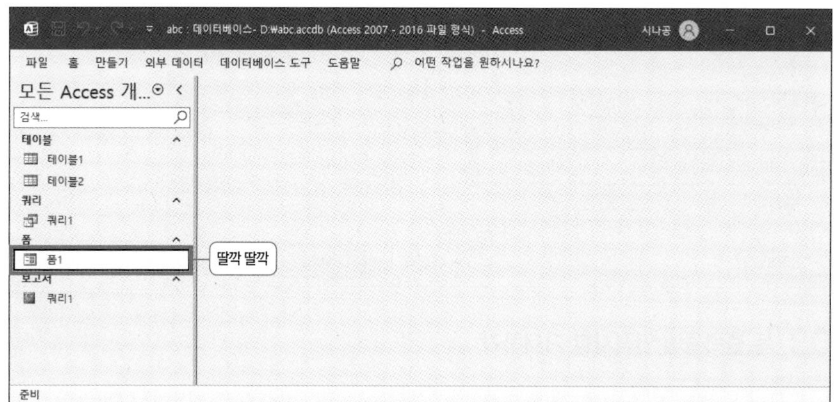

2. [파일] → 인쇄 → **인쇄**를 선택한 후 '인쇄' 대화상자의 인쇄 범위에서 '인쇄할 페이지'를 1부터 1까지 지정한 후 〈확인〉을 클릭하세요.

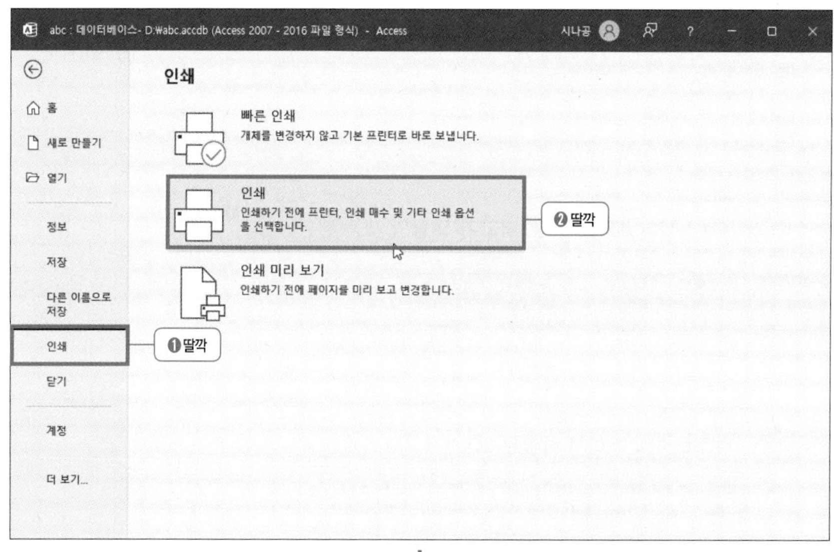

↓

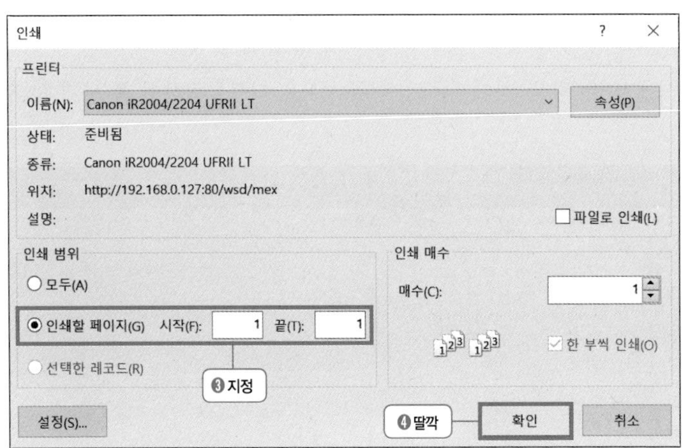

03. 폼 출력물에 인적사항 기재하기

인쇄물이 출력되면 준비해 간 펜으로 그림과 같이 위쪽 여백으로 지정한 6Cm 안에 비번호(예 045), 수험번호, 성명을 중앙 상단에 기재하고 페이지 번호를 중앙 하단에 기재하세요.

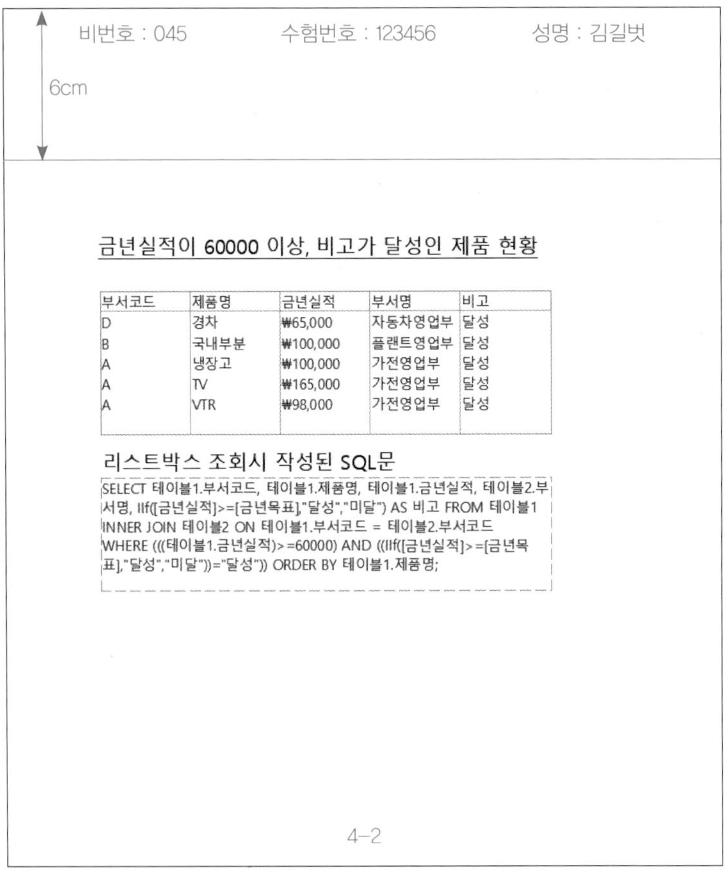

비번호 : 045　　수험번호 : 123456　　성명 : 김길벗

6cm

금년실적이 60000 이상, 비고가 달성인 제품 현황

부서코드	제품명	금년실적	부서명	비고
D	경차	₩65,000	자동차영업부	달성
B	국내부분	₩100,000	플랜트영업부	달성
A	냉장고	₩100,000	가전영업부	달성
A	TV	₩165,000	가전영업부	달성
A	VTR	₩98,000	가전영업부	달성

리스트박스 조회시 작성된 SQL문

SELECT 테이블1.부서코드, 테이블1.제품명, 테이블1.금년실적, 테이블2.부서명, IIf([금년실적]>=[금년목표],"달성","미달") AS 비고 FROM 테이블1 INNER JOIN 테이블2 ON 테이블1.부서코드 = 테이블2.부서코드 WHERE (((테이블1.금년실적)>=60000) AND ((IIf([금년실적]>=[금년목표],"달성","미달"))="달성")) ORDER BY 테이블1.제품명;

4-2

상단으로부터 6Cm 이상의 여백을 주는 이유는 인쇄물을 묶기 위해서입니다.

04. 보고서 인쇄하기

1. 시험위원의 지시에 따라 '탐색' 창에서 작성한 보고서를 더블클릭하여 보고서 보기 상태로 여세요.

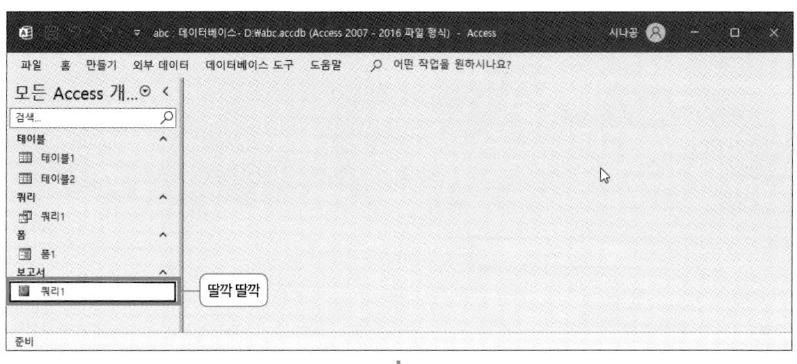

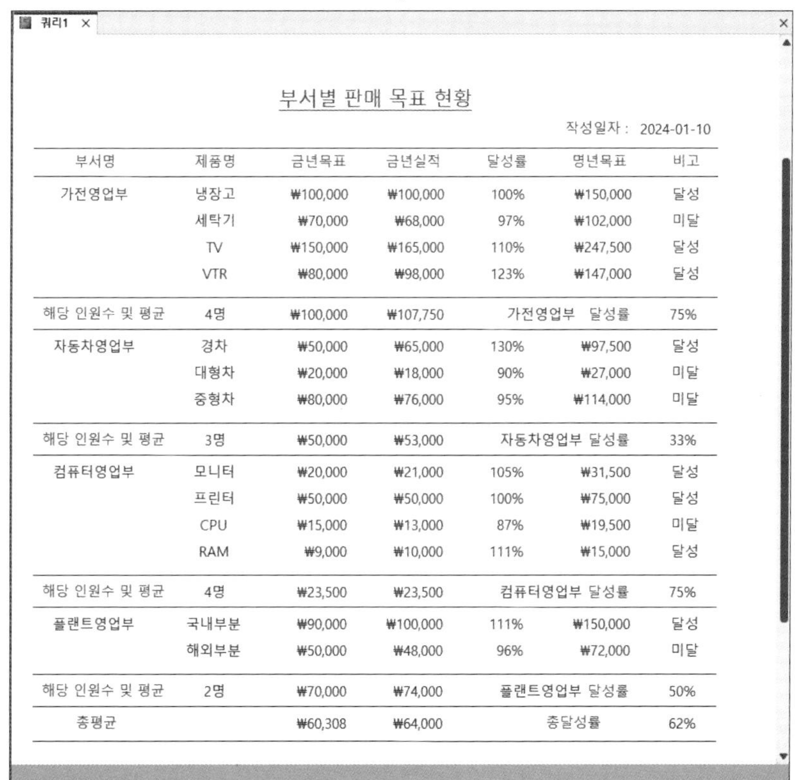

쿼리1

부서별 판매 목표 현황

작성일자 : 2024-01-10

부서명	제품명	금년목표	금년실적	달성률	명년목표	비고
가전영업부	냉장고	₩100,000	₩100,000	100%	₩150,000	달성
	세탁기	₩70,000	₩68,000	97%	₩102,000	미달
	TV	₩150,000	₩165,000	110%	₩247,500	달성
	VTR	₩80,000	₩98,000	123%	₩147,000	달성
해당 인원수 및 평균	4명	₩100,000	₩107,750	가전영업부 달성률		75%
자동차영업부	경차	₩50,000	₩65,000	130%	₩97,500	달성
	대형차	₩20,000	₩18,000	90%	₩27,000	미달
	중형차	₩80,000	₩76,000	95%	₩114,000	미달
해당 인원수 및 평균	3명	₩50,000	₩53,000	자동차영업부 달성률		33%
컴퓨터영업부	모니터	₩20,000	₩21,000	105%	₩31,500	달성
	프린터	₩50,000	₩50,000	100%	₩75,000	달성
	CPU	₩15,000	₩13,000	87%	₩19,500	미달
	RAM	₩9,000	₩10,000	111%	₩15,000	달성
해당 인원수 및 평균	4명	₩23,500	₩23,500	컴퓨터영업부 달성률		75%
플랜트영업부	국내부분	₩90,000	₩100,000	111%	₩150,000	달성
	해외부분	₩50,000	₩48,000	96%	₩72,000	미달
해당 인원수 및 평균	2명	₩70,000	₩74,000	플랜트영업부 달성률		50%
총평균		₩60,308	₩64,000	총달성률		62%

인쇄 페이지가 2페이지 이상으로 표시될 경우 한 페이지로 지정해줘야 합니다.

2. [파일] → 인쇄 → **인쇄**를 선택한 후 '인쇄' 대화상자의 인쇄 범위에서 '인쇄할 페이지'를 1부터 1까지로 지정한 후 〈확인〉을 클릭하세요.

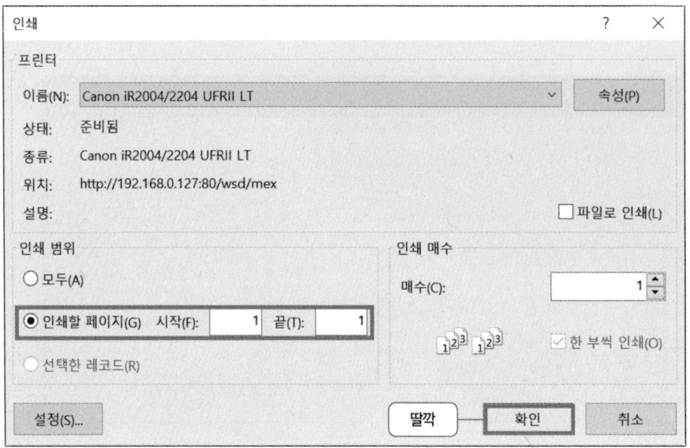

05. 보고서 출력물에 인적사항 기재하기

인쇄물이 출력되면 준비해 간 펜으로 그림과 같이 위쪽 여백으로 지정한 6Cm 안에 비번호(예 045), 수험번호, 성명을 중앙 상단에 기재하고 페이지 번호를 중앙 하단에 기재하세요.

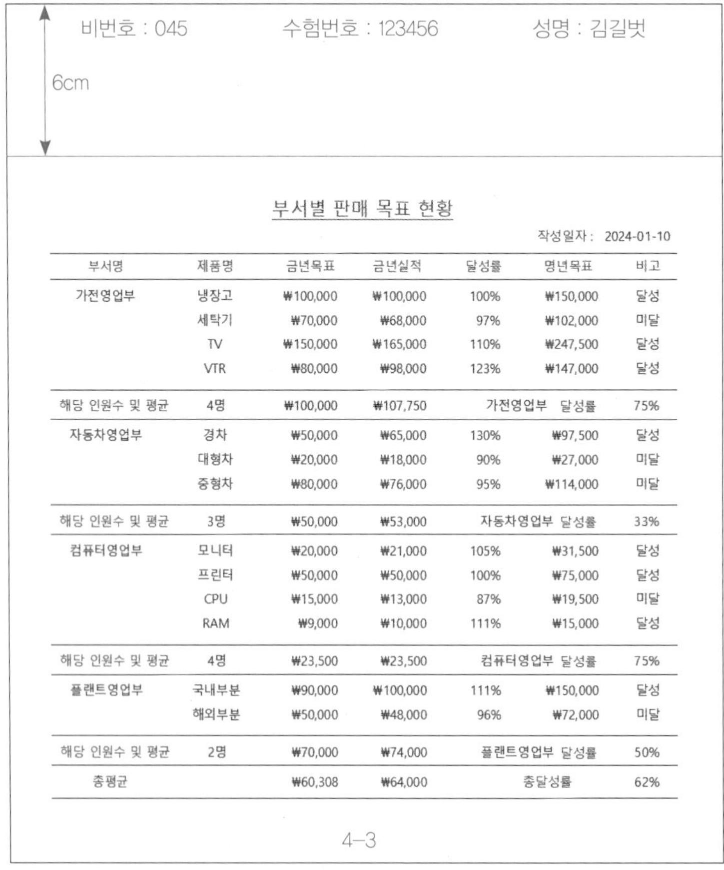

비번호 : 045　　수험번호 : 123456　　성명 : 김길벗

6cm

부서별 판매 목표 현황

작성일자 : 2024-01-10

부서명	제품명	금년목표	금년실적	달성률	명년목표	비고
가전영업부	냉장고	₩100,000	₩100,000	100%	₩150,000	달성
	세탁기	₩70,000	₩68,000	97%	₩102,000	미달
	TV	₩150,000	₩165,000	110%	₩247,500	달성
	VTR	₩80,000	₩98,000	123%	₩147,000	달성
해당 인원수 및 평균	4명	₩100,000	₩107,750	가전영업부 달성률		75%
자동차영업부	경차	₩50,000	₩65,000	130%	₩97,500	달성
	대형차	₩20,000	₩18,000	90%	₩27,000	미달
	중형차	₩80,000	₩76,000	95%	₩114,000	미달
해당 인원수 및 평균	3명	₩50,000	₩53,000	자동차영업부 달성률		33%
컴퓨터영업부	모니터	₩20,000	₩21,000	105%	₩31,500	달성
	프린터	₩50,000	₩50,000	100%	₩75,000	달성
	CPU	₩15,000	₩13,000	87%	₩19,500	미달
	RAM	₩9,000	₩10,000	111%	₩15,000	달성
해당 인원수 및 평균	4명	₩23,500	₩23,500	컴퓨터영업부 달성률		75%
플랜트영업부	국내부분	₩90,000	₩100,000	111%	₩150,000	달성
	해외부분	₩50,000	₩48,000	96%	₩72,000	미달
해당 인원수 및 평균	2명	₩70,000	₩74,000	플랜트영업부 달성률		50%
총평균		₩60,308	₩64,000	총달성률		62%

4-3

문제 3 시상 작업물 인쇄하기

01. 파일 불러오기

시험위원의 지시에 따라 파워포인트를 실행시킨 후 [파일] → 열기 → **찾아보기**를 선택하여 작성한 파워포인트 파일을 불러오세요.

[파일] → **열기**를 클릭하세요.

02. 인쇄하기

한 페이지에 두 개의 슬라이드를 인쇄해야 하고, 각 슬라이드는 외곽선 테두리를 표시해야 합니다. [파일] → 인쇄 → **설정**에서 '2슬라이드'와 '고품질', '컬러'를 지정한 후 <인쇄>를 클릭하세요.

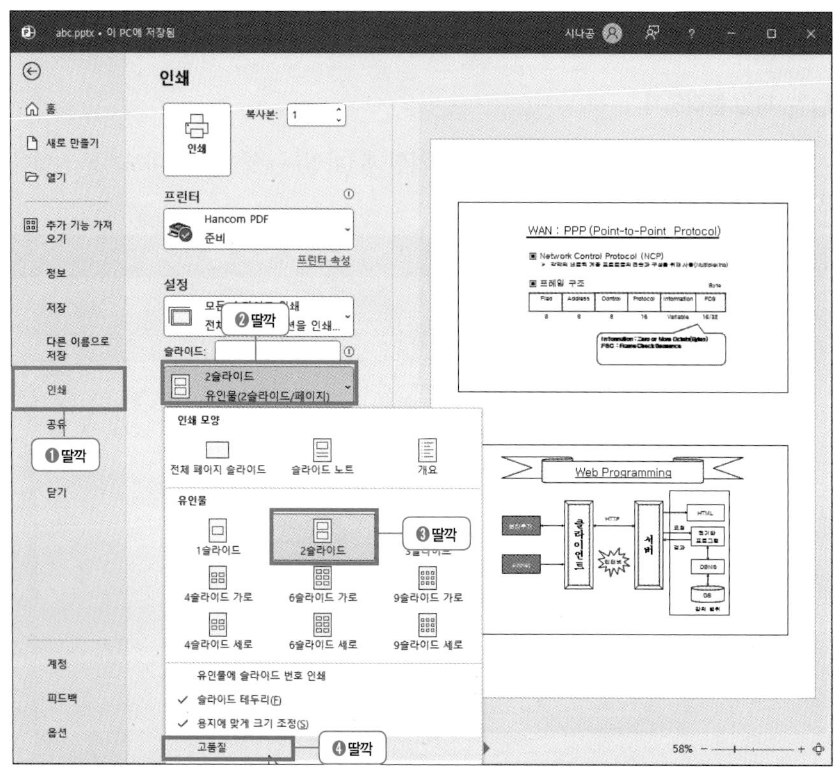

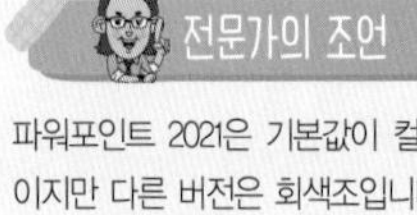

파워포인트 2021은 기본값이 컬러이지만 다른 버전은 회색조입니다. 회색조를 반드시 컬러로 변경해야 합니다.

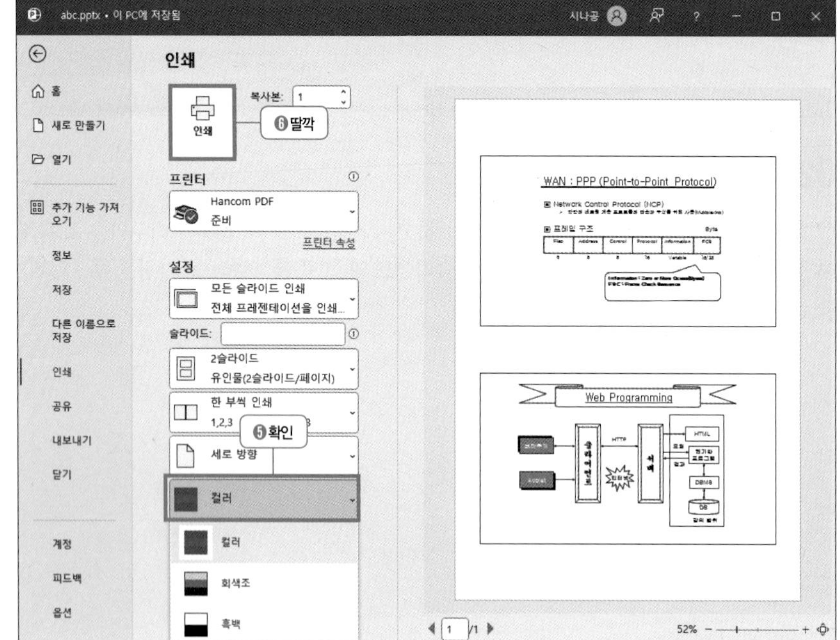

03. 출력물에 인적사항 기재하기

인쇄물이 출력되면 준비해 간 펜으로 위쪽 여백으로 지정한 6Cm 안에 비번호(예 045), 수험번호, 성명을 중앙 상단에 기재하고 페이지 번호를 중앙 하단에 기재하세요.

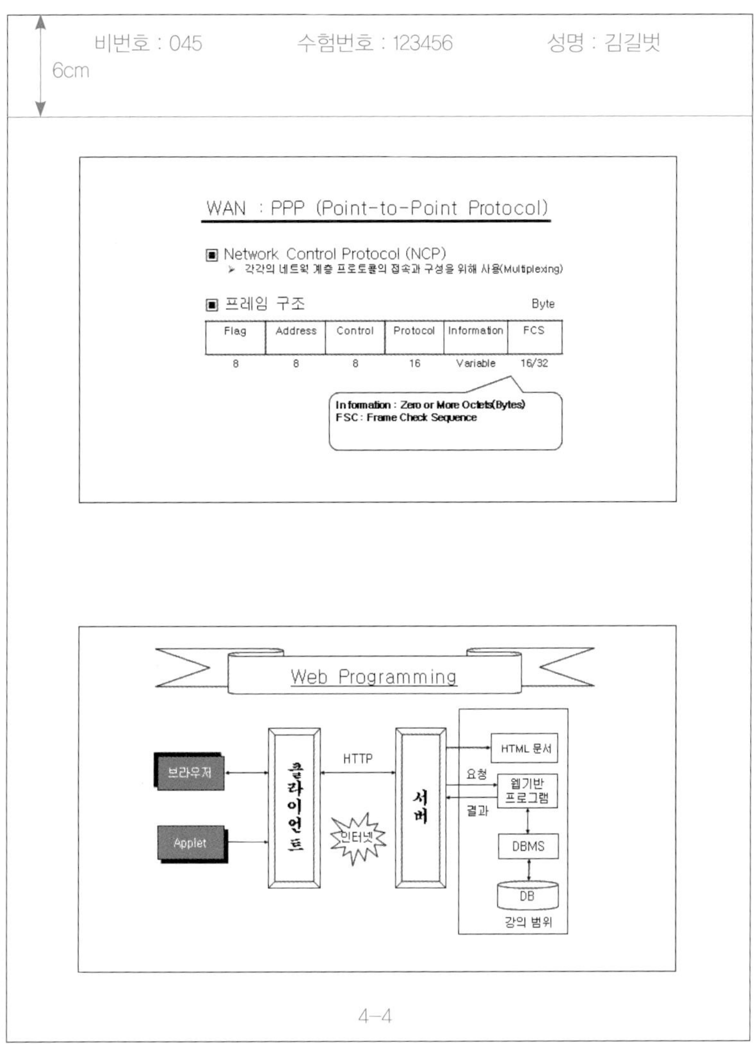

표지는 문제지를 배부할 때 같이 배부하기도 하고 출력할 때 배부하기도 합니다.

04. 편철하기

출력을 모두 마쳤으면 인쇄된 출력물을 표지, 엑셀 문서 1장, 액세스 문서 2장, 파워포인트 문서 1장을 차례대로 정리하여 제출합니다. 표지는 다음과 같이 내용을 채우면 됩니다. 기재할 때 모르는 내용이 있으면 옆 사람에게 묻지 말고 꼭 시험위원에게 질문하세요.

수험번호		성명		감독확인	

●　●　　　　●　●

[개인별 답안표지]

- ●표 위치는 감독위원이 수험자가 출력한 출력물 내용(SP, DB, PT)을 확인한 후 편철하는 위치임.
- 출력물 각 장(답안표지 포함)마다 우측 상단에 비번호, 수험번호 및 성명을 자필로 기재하시오.
- 출력물 각 장마다 상단으로부터 6cm 정도 여백을 남겨두고 작품을 인쇄합니다.

자격종목 : 사무자동화산업기사

시행일:　　년　　월　　일　　부

답안지 매수	총 : 매　SP : 매 DB : 매 PT : 매	1	
		2	
사용프로그램 패키지	SP : DB : PT :	3	
		4	
특 이 사 항		5	
		6	

＊ 1–6란은 작성하지 않음

합격수기

합격수기 코너는 시나공으로 공부하신 독자분들이 시험에 합격하신 후에 직접 **시나공 홈페이지(sinagong.co.kr)**의 〈합격전략/후기〉에 올려주신 자료를 토대로 구성됩니다.

박경훈 • hassukoi

시나공 덕에 사무자동화산업기사 시험 드디어 합격!!

사무자동화 필기시험은 시나공으로 공부해서 한 번에 합격했는데 실기는 이제야 합격을 했습니다. 실기 시험은 다른 출판사의 교재로 공부를 했었는데 두 번이나 떨어졌었거든요.

정말 이번이 마지막이라고 생각하고 선택한 책이 시나공 교재였습니다. 다른 출판사의 교재로 공부할 때는 정말 형식적인 것만 열거해놔서 뭐가 시험에 나오는지 뭐가 중요한지도 모른 채 처음부터 다 암기하라는 식이여서 막상 시험장에 가면 공부한 거랑 머릿속에 남은 거랑은 전혀 상관없는 문제가 나오고 암튼 정말 힘들었습니다. 실습문제도 기출문제와는 너무나 동떨어진 문제만 풀어봤던 것 같아요.

정말 이번에 시나공 아니었다면 합격하기 힘들었을 거라고 자신 있게 말할 수 있습니다. 고민 끝에 선택한 시나공 사무자동화산업기사 실기 책은 정말 달랐습니다. 말 그대로 시험에 나오는 것만 알려주더군요. 혼자서 공부하는 제게는 딱! 이었습니다. 뭐가 중요한지 조목조목 짚어주고 궁금했던 것도 자세히 설명해 주었기 때문에 시험장에 들어가서도 정말 처음으로 당황하지 않고 시험을 치를 수 있었습니다. 그 전까지는 시험장에 들어가면 긴장하고 답답해서 죽을 맛이었는데, 시나공은 제게 자신감을 심어주었습니다. 함수도 금방 생각이 나고, 가장 자신 없어 했던 액세스도 금방 끝낼 수 있었으며, 파워포인트도 힘들이지 않고 끝낼 수 있었습니다. 정말 왜 처음부터 시나공으로 공부하지 않았을까 하는 생각이 들더라고요. 그래도 늦게라도 좋은 책으로 공부할 수 있어서 기쁩니다. 시나공은 정말 짧은 시간에도 모든 걸 익힐 수 있다는 것을 새삼 느낄 수 있었습니다.

시나공으로 공부한지 3주 만에 자격증 시험을 봤으니까요. 좋은 책이 좋은 결과를 낳았나봅니다. 혼자서 공부하는 수험생들에게 강추하는 바입니다. 벌써 친구 두 명도 시나공을 샀다고 하더군요. 제가 강력히 추천했지요. 제겐 꼭 필요한 자격증이었기 때문에 합격자 명단에서 제 이름을 확인하는 순간 얼마나 기뻤는지 모릅니다. 모두 시나공 덕분이지만요.^^ 앞으로도 길벗~ 좋은 책 많이 만들어주세요.^^

2부

실전 편

한국산업인력공단 공개문제

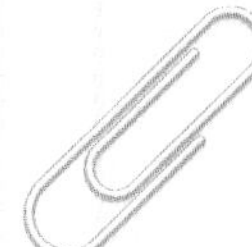

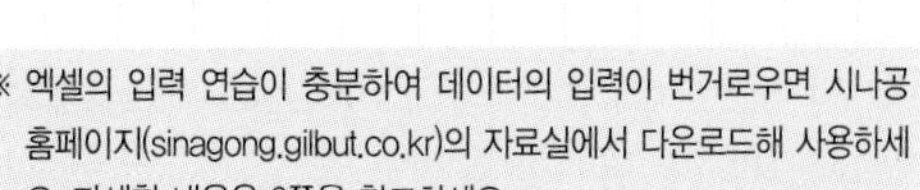
※ 엑셀의 입력 연습이 충분하여 데이터의 입력이 번거로우면 시나공 홈페이지(sinagong.gilbut.co.kr)의 자료실에서 다운로드해 사용하세요. 자세한 내용은 6쪽을 참고하세요.

제01회 사무자동화산업기사 실기 공개문제

자격종목	사무자동화산업기사	과 제 명	사무자동화 실무

※ 문제지는 시험 종료 후 본인이 가져갈 수 있습니다.

비번호		시험일시		시험장명	

※ 시험시간 : 2시간
(단, 인쇄작업 : 별도 10분 이내, S/W 지참 수험자에 한해 설치시간 : 30분)

1. 요구사항

※ 다음에 제시된 요구사항에 맞도록 사무자동화 실무 작업을 수행하시오.

가. 표계산(SP) 작업
1) 작업표 작성 : 자료(DATA)를 이용하여 작업표를 작성합니다.
2) 그래프 작성 : 그래프 작성 조건에 따라 그래프를 작성합니다.
3) 작성한 작업표와 그래프를 인쇄용지 1장에 인쇄합니다.

나. 자료처리(DBMS) 작업
1) 조회화면(SCREEN) 설계 : 처리 결과에 따라 조회화면을 설계하고 인쇄합니다.
2) 자료처리보고서를 작성하여 인쇄합니다.

다. 시상(PT) 작업
1) 제 1슬라이드 작성 : 문제지에 제시된 제 1슬라이드를 작성합니다.
2) 제 2슬라이드 작성 : 문제지에 제시된 제 2슬라이드를 작성합니다.
3) 작성한 제 1, 제 2슬라이드를 인쇄용지 1장에 인쇄합니다.

2. 수험자 유의사항

가. 수험자는 지정된 장소에서, 지정된 시설과 용구만 사용하여 시험에 임해야 하며, 수험자 임의 이동이 금지됨을 반드시 유의하시기 바랍니다.

나. 수험자 인적사항 및 답안작성은 반드시 검은색 필기도구만 사용하여야 하며, 그 외 연필류, 유색 필기구, 지워지는 펜 등을 사용한 답안은 채점하지 않으며 0점 처리됩니다.

다. 수험자 PC의 바탕화면에 비번호로 폴더를 생성하고 시험위원이 지정한 각 과제(SP, DB, PT)의 파일명을 준수하여 수시로 저장하시기 바랍니다.

(단, 시험위원이 지정한 사항을 위반하여 수험자 임의로 작업하여 파일 입출력 문제가 발생될 경우 관계되는 제반되는 문제점 일체는 수험자의 귀책사유에 귀속됩니다.)

라. 작업의 순서는 3개 작업(SP, DB, PT)중 수험자가 직접 임의 선택하여 시작할 수 있으나 각 작업의 세부 작업은 주어진 항목순서에 따라 수행하도록 합니다.

마. 각 작업별 출력물의 상단 여백은 **반드시 6cm(60mm)로 조정**하시기 바랍니다.

바. 인쇄용지는 A4 기준 총 4매가 되게 하고, 인쇄방향은 세로(좁게)로 선택하여 출력합니다.

사. 인쇄는 반드시 수험자 본인이 하여야 하며, 작업을 완료한 수험자는 시험위원이 지정하는 프린터에서 파일의 인쇄 작업을 위한 제반 설정, 미리보기 및 여백 등에 한하여 수정할 수 있으나, **출력작업은 단 1회를 원칙으로 합니다.**

(단, **기계적 결함은 예외로 하고, 각 작업에서 화면상의 표시와 인쇄 출력물의 결과가 상이한 경우에 한하여 수험자가 원하는 경우 추가로 1회 출력할 수 있습니다.**)

아. 인쇄물은 A4 각 장마다 중앙상단(위쪽 여백 내에 인적사항(비번호/수험번호/성명)과 중앙 하단에 쪽번호를 **반드시 자필로 기입**한 후 1) ~ 4) 순으로 편철하여 제출합니다.

1) 개인별 답안 표지
2) 표계산(SP) 작업 : 작업표와 그래프 출력(A4용지 1매)
3) 자료처리(DBMS) 작업 : 조회화면(SCREEN) 설계 출력(A4용지 1매)
자료처리보고서 출력(A4용지 1매)
4) 시상(PT) 작업 : 슬라이드 2개 출력(A4용지 1매)

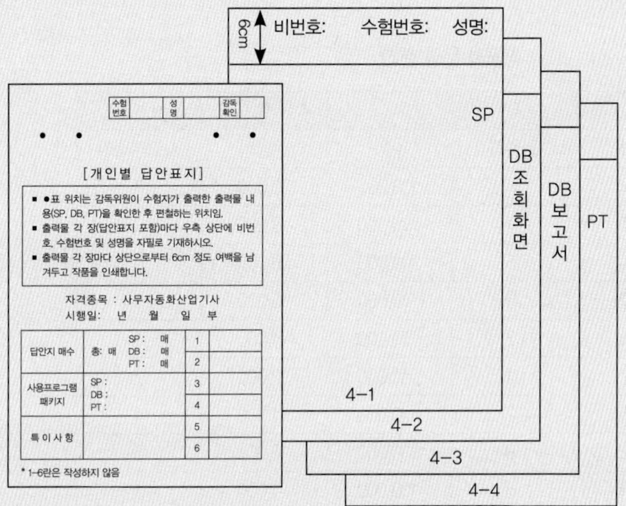

자. 수험자는 작업 전에 간단한 몸 풀기 운동을 실시 후에 시험에 임합니다.

차. 다음 사항은 실격에 해당하여 채점대상에서 제외됩니다.

가) 시험기간 내에 요구사항을 완성하지 못한 경우(최종 출력물 4장 미만인 경우)
나) 3개 작업(SP, DB, PT)에서 요구사항에 제시된 세부작업(**작업표, 그래프, 조회화면, 보고서, 제 1슬라이드, 제 2슬라이드) 중 어느 하나라도 누락된 경우**
다) SP : 작업표 또는 그래프에서 그 득점이 0점인 경우
라) SP : 작업표에서 수식을 작성하지 않은 경우
마) SP : 그래프에서 데이터영역(범위)설정 오류로 요구사항과 맞지 않는 경우
바) DB : 조회화면 또는 보고서에서 그 득점이 0점인 경우
사) DB : 조회화면에서 SQL문을 작성하지 않은 경우(공란인 경우)
아) DB : 보고서에서 중간, 결과행 동시 오류로 0점 처리된 경우
자) PT : 1슬라이드에서 그 득점이 0점인 경우
차) PT : 2슬라이드에서 그 득점이 0점인 경우
카) 기타 각 작업에서 지정한 요구사항과 맞지 않은 경우
타) 기능이 해당 등급 수준에 전혀 도달하지 못한 것으로 시험 위원이 판단할 경우 또는 시험 중 시설장비의 조작 취급이 미숙하여 위해를 일으킨 것으로 예상되어 시험위원 전원이 합의된 경우
파) 제출한 파일 내용과 출력물의 내용이 상이한 경우
하) 수험자 본인이 수험 도중 시험에 대한 포기 의사를 표시하는 경우

카. 사무자동화산업기사 종목 실기시험은 출력물을 기준으로 채점하며, 답안지 및 채점기준은 공개하지 않습니다.

※ 수험자 유의사항 미준수로 인한 모든 채점상의 불이익은 수험자 본인에게 책임이 있습니다.

Excel – 표 계산(SP) 실무 작업

웨스터항공에서는 항공운영 수입내역을 작성하여 분석하고자 한다. 다음 자료(DATA)를 이용하여 작성 조건에 따라 작업표와 그래프를 작성하고, 그 인쇄 출력물을 제출하시오.

문제 1 작업표(WORK SHEET) 작성

1. 자료(DATA)

항공사 운영 현황

행 \ 열	A	B	C	D	E
3	국가	관광객	수익	운영비	사고여객기
4	미국	10	130,000	20,000	7
5	한국	4	70,000	8,000	3
6	베트남	15	200,000	26,000	9
7	러시아	3	70,000	6,000	1
8	영국	2	70,000	4,000	1
9	일본	1	10,000	2,000	7
10	덴마크	7	130,000	14,000	4
11	프랑스	8	130,000	16,000	5
12	중국	6	130,000	1,000	1
13	홍콩	12	200,000	5,000	2
14	필리핀	11	200,000	3,000	3
15	호주	5	70,000	18,000	1
16	뉴질랜드	9	130,000	13,000	1
17	독일	7	260,000	15,000	1
18	스위스	8	130,000	4,000	1
19	벨기에	12	190,000	19,000	1
20	네덜란드	9	170,000	11,000	2
21	체코	6	130,000	3,000	1
22	폴란드	15	90,000	5,000	1
23	대만	12	170,000	8,000	3

※ 자료(DATA) 부분에서 음영 처리 표시된 부분은 행/열의 기준선으로 작성(입력)하지 않음을 반드시 유의하시오.

2. 작업표 형식

항공 운영 수입 현황

행 \ 열	A	B	C	F	G	H	I	J
3	국가	관광객	수익	세금	순이익금	신뢰도	항로폐쇄여부	순위
4 : 23	–	–	–	①	②	③	④	⑤
24	평균			⑥	⑥			
25	신뢰도별 합계	A	⑦	⑦	⑦			
26		B	⑧	⑧	⑧			
27		C	⑨	⑨	⑨			
28	관광객이 10 이상 15 미만인 합			⑩	⑩			
29	항로폐쇄여부에서 "폐쇄"인 개수				⑪ 개			
30	⑫							
31	⑬							

※ 음영 처리 표시된 부분은 작성하지 않습니다.

3. 작성 조건

가) 작성 시 유의사항

① 작업표의 작성은 "나)~마)" 항에 제시된 내용을 따르고 반드시 제시된 조건(함수 적용, 기재된 단서 조항 등)에 따라 처리하시오.

② 제시된 작성 조건을 따르지 아니하고 여타의 방법 일체(제시된 함수 이외 다른 함수 적용, 함수 미적용, 별도 전자계산기 사용 등)를 사용하여 도출된 결과는 그 답이 맞더라도 정답으로 인정되지 않음을 반드시 유의하시오.

나) 작업표의 구성 및 서식

① "작업표 형식"에서 행과 열에 관계된 음영 처리 표시된 부분은 작성하지 않음을 유의하고 반드시 제시된 행/열에 맞추도록 하시오.

② 제목서식 : 20 포인트 크기로 하고 가운데 정렬하시오.

③ 글꼴서식 : 임의선정하시오.

다) 원문자가 표시된 셀은 아래의 방법을 이용하여 작성하시오.

① 세금 : 수익 × 1%

② 순이익금 : 수익 – 세금 – 운영비

③ 신뢰도 : 사고여객기의 수가 7 이상은 "D", 4 이상 7 미만은 "C", 2 이상 4 미만은 "B", 나머지는 "A"로 표시하시오.

④ 항로폐쇄여부 : 순이익금이 100,000원 이하이면 "폐쇄"로 표시하고, 나머지는 공란으로 하시오.

⑤ 순위 : 관광객이 가장 많은 수를 1로 순위를 나타내시오. (단, RANK 함수 사용)

⑥ 평균 : 각 해당 항목별 평균을 산출하시오. (단, AVERAGE 함수 사용)

⑦ 신뢰도별 합계 A : 신뢰도가 "A"인 각 항목별 합계를 산출하시오. (단, SUMIF 또는 SUMIFS 함수 사용)

⑧ 신뢰도별 합계 B : 신뢰도가 "B"인 각 항목별 합계를 산출하시오. (단, SUMIF 또는 SUMIFS 함수 사용)

⑨ 신뢰도별 합계 C : 신뢰도가 "C"인 각 항목별 합계를 산출하시오. (단, SUMIF 또는 SUMIFS 함수 사용)
⑩ 관광객이 10 이상 15 미만인 합 : 각 항목별 합계를 산출하시오. (단, SUMIF 또는 SUMIFS 함수 사용)
⑪ 항목 ④를 처리한 결과가 "폐쇄"인 셀의 개수를 산출하시오. (단, COUNTIF 또는 COUNTIFS 함수 사용, 결과 값 뒤에 "개"가 출력되도록 하시오.)
⑫ 항목 ⑩에 사용한 함수식을 기재하시오. (단, 순이익금을 기준으로 하시오.)
⑬ 항목 ④에 사용한 함수식을 기재하시오. (단, 국가가 일본인 행을 기준으로 IF 함수 사용)
※ 함수식을 기재하는 ⑫~⑬란은 반드시 해당항목에 제시된 함수의 작성 조건에 따라 도출된 함수식을 기재하여야 하며, 작성 조건을 위배하여 임의로 작성할 시 해당 답이 맞더라도 틀린 항목으로 채점됨을 유의하시오. 또한 함수식을 작성할 때는 "라) 정렬순서(SORT)"에 따른 조건에 맞게 정렬 후 도출된 결과에 따른 함수식을 기재하시오.

라) 작업표의 정렬순서(SORT)는 항로폐쇄여부의 오름차순으로 하고, 항로폐쇄여부가 같으면 순이익금의 오름차순으로 정렬하시오.

마) 기타
- 금액에 대한 수치는 원화(₩) 표시를 하고 천 단위마다 ,(Comma)를 표시한다. 단, 금액 이외의 수치는 ,(Comma)를 표시하지 않는다.
- 모든 수치(숫자, 통화, 회계, 백분율 등)는 셀 서식의 속성을 설정하는 과정에서 소수 자릿수를 "0"으로 지정하여 정수로 표시하시오.
- 음수는 "–"가 나타나도록 한다.
- 숫자셀은 우측을 수직으로 맞추고, 문자셀은 수평중앙으로 맞추며 기타는 작업표 형식에 따르도록 하시오. 특히, 인쇄출력 시 판독불가능이 발생되지 않도록 인쇄 미리보기 등을 통하여 셀의 크기를 적당히 조정하시오.

문제 2 그래프(GRAPH) 작성

작성한 작업표에서 항로폐쇄여부가 "폐쇄"인 국가별 수익과 순이익금을 나타내는 그래프를 작성하시오.

1. 작성 조건

가) 그래프 형태 : 혼합형 단일축 그래프
순이익금(묶은 세로 막대형), 수익(데이터 표식이 있는 꺾은선형)
(단, 수익만 데이터 레이블의 값이 표시된 혼합형 단일축 그래프로 하시오.)
나) 그래프 제목 : 폐쇄항로 국가의 이익금 현황 ---- (확대출력)
다) X축 제목 : 국가
라) Y축 제목 : 금액
마) X축 항목 단위 : 해당 문자열
바) Y축 눈금 단위 : 임의
사) 범례 : 순이익금, 수익
아) 출력물 크기 : A4 용지 1/2장 범위내
자) 기타 : 작성 조건에 없는 형식이나 모양 등은 기본 설정 값에 따르며, 그래프 너비는 작업표 너비에 맞추도록 하시오.

Access – 자료처리(DBMS) 작업

공단텔레콤에서는 전화요금관리를 전산화하려고 한다. 다음의 입력 자료를 이용하여 DB를 설계하고 작성 조건에 따라 처리파일을 작성하고, 그 인쇄 출력물을 제출하시오.

[요구사항 및 유의사항]

1) 자료처리(DBMS) 작업은 조회화면(SCREEN) 설계와 자료처리 보고서의 2가지 작업을 수행하여 그 결과물을 인쇄용지(A4) 기준 각 1장씩 총 2장을 제출하여야 채점 대상이 됨을 유의하시오.
2) 반드시 인쇄작업 수행 전 미리보기 등을 통해 여백을 조정하고, 수치, 문자 등 구성요소가 누락되지 않도록 주의하시오. 구성요소가 누락되어 인쇄되지 않은 결과로 인한 모든 책임은 전적으로 수험자 본인에게 있음을 반드시 유의하시오.
3) 문제지에 기재된 작성 조건에 따라 처리하고, 조회화면 및 자료처리 보고서의 서식이 작성 조건과 상이할 경우에는 시험위원의 지시에 따라 작업하시오.

문제 1 입력자료(DATA)

전화 사용 현황

고객명	등급코드	사용시간
박영철	I	300
강인규	F	80
박만순	C	450
가인선	I	200
이은진	S	80
변혜영	C	90
박세영	F	75
유미연	S	380
기가찬	C	40
황당연	I	56
이태조	F	70
김명래	F	140
윤나영	S	220
이혜진	I	240
문정자	S	150

등급코드표

등급코드	등급명	기본요금	기본사용시간	초과시간당요금	시간당보너스
C	단체	80,000	300	50	4
F	패밀리	65,000	200	80	3
I	일반	45,000	150	120	2
S	프리미엄	30,000	100	90	1

문제 2 **조회화면(SCREEN) 설계** 다음 조건에 따라 등급코드가 C 또는 I이고 고객성이 박이면서 초과 시간당 요금이 100 미만인 현황을 조회할 수 있는 화면을 설계하고 해당 데이터를 출력하시오.

[작성 조건]

1) 해당 현황은 목록 상자(리스트박스)에서 '등급코드' 필드의 오름차순으로 출력하고, 화면 아래에 조회 시 작성한 SQL문을 복사하시오.
   - WHERE 조건절에 등급코드, 고객명, 초과시간당요금 반드시 포함
   - INNER JOIN, LIKE, ORDER BY 구문 반드시 포함

   ※ SQL문에 상기 내용 미포함 시 SQL 작성 부분 0점 처리
2) 리스트박스 조회시 작성된 SQL문이 작성되지 않을 경우에는 "조회화면(SCREEN) 설계" 과제가 0점 처리됨을 반드시 유의하시오.
3) 목록 상자에 표시되어야 할 필수적인 필드명은 다음과 같습니다.
   - 등급코드, 고객명, 등급명, 기본사용시간, 초과시간당요금
4) 폼 서식에 제반되는 폰트, 점선 등은 아래 [조회화면 서식]에 보이는 대로 기재하시오.
5) 기타 사항은 "자료처리 파일(FILE) 작성"의 [기타 조건]을 따르시오.

[조회화면 서식]

등급코드가 C 또는 I이고 고객성이 박씨이면서
초과시간당 요금이 100 미만인 현황

등급코드	고객명	등급명	기본사용시간	초과시간당요금

리스트박스 조회 시 작성된 SQL문

문제 3 자료처리 파일(FILE) 작성 다음 조건에 따라 아래 양식과 같이 작성하시오.

[처리 조건]

1) 등급명(단체, 일반, 패밀리, 프리미엄)별로 정리한 후, 같은 등급명 안에서는 고객명의 오름차순으로 정렬(SORT)한다.
2) 초과시간 : 사용시간 – 기본사용시간
   (단, 초과시간이 0 이하일 경우에는 초과시간을 0으로 한다.)
3) 전화요금 = 기본요금 + (초과시간 × 초과시간당요금)
4) 할인금액 = 사용시간 × 시간당보너스
5) 청구금액 = 전화요금 – 할인금액
6) 등급명별 합계 : 전화요금, 할인금액, 청구금액의 합 산출
7) 총평균 : 전화요금, 할인금액, 청구금액의 전체 평균 산출

[기타 조건]

- 입력화면 및 보고서의 제목은 16정도의 임의 서체로 하시오.
- 금액에 대한 수치는 원화(₩) 표시를 하고 천 단위마다 ,(Comma)를 표시하시오.
  (단, 금액 이외의 수치는 ,(Comma)를 표시하지 않도록 하시오.)
- 모든 수치(숫자, 통화, 백분율 등)는 컨트롤의 속성을 설정하는 과정에서 소수 자릿수를 "0"으로 지정하여 정수로 표시하시오.
- 데이터의 열과 간격은 일정하게 맞추도록 하시오.

전화 사용 요금 현황

고객명	초과시간	사용시간	기본요금	전화요금	할인금액	청구금액
XXXX	XXXX	XXXX	₩X,XXX	₩X,XXX	₩X,XXX	₩X,XXX
–	–	–	–	–	–	–
		단체 합계		₩X,XXX	₩X,XXX	₩X,XXX
–	–	–	–	–	–	–
		일반 합계		₩X,XXX	₩X,XXX	₩X,XXX
–	–	–	–	–	–	–
		패밀리 합계		₩X,XXX	₩X,XXX	₩X,XXX
–	–	–	–	–	–	–
		프리미엄 합계		₩X,XXX	₩X,XXX	₩X,XXX
		총평균		₩X,XXX	₩X,XXX	₩X,XXX

PowerPoint – 시상 작업(PT)

주어진 2개의 슬라이드를 슬라이드 작성조건에 따라 작업하여 인쇄하시오.

슬라이드 작성 조건

1) 각 슬라이드를 문제의 슬라이드 원안과 같이 인쇄하여 제출하시오.
   (특히 글자, 음영, 그림자, 도형 등 인쇄된 내용 그대로 작업하시오.)
2) "주1)" 등 특수한 속성 지정이 되어 있는 경우 지시에 따라 작성하시오.
3) 글꼴은 문제 원안과 같거나 유사한 형태로 작업하시오.
4) 글자, 그림 및 도형 등의 크기와 모양은 문제 원안과 같거나 유사한 형태로 작업하시오.
5) 모든 글씨, 선 등은 흑백(그레이스케일)으로 작업하되, 글상자, 그림 및 도형 등에서 색 채우기가 있는 경우 색 채우기는 회색 40% 정도, 투명도 0%를 기준으로 작업하시오.
6) 각 슬라이드는 원안과 같이 외곽선 테두리가 인쇄되도록 인쇄하시오.
7) 각 슬라이드 크기는 A4 용지의 1/2 범위 내에 인쇄가 가능한 크기가 되도록 조정하여, 슬라이드 2개를 A4 용지 1매 안에 모두 인쇄하시오.
8) 비번호, 수험번호, 성명, 페이지 번호 등은 반드시 자필로 기재하시오.

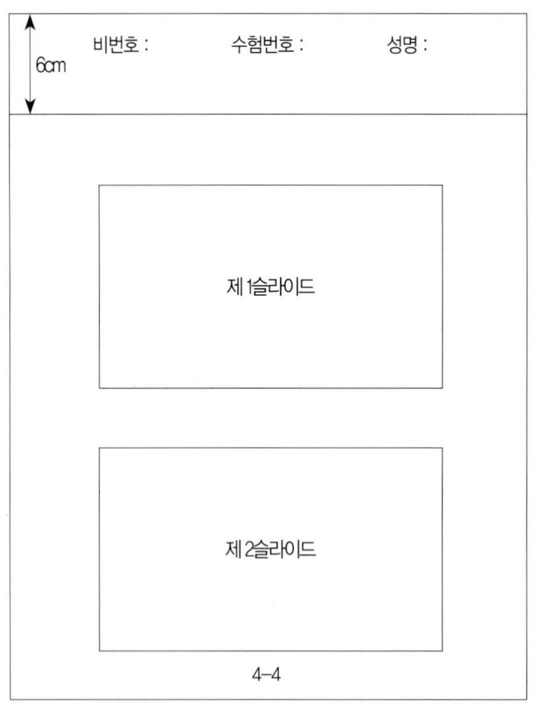

문제 1 제 1슬라이드

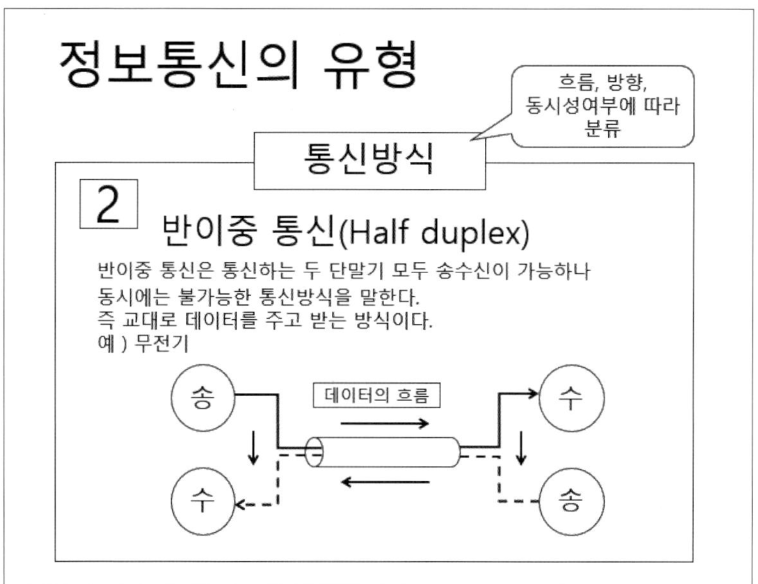

문제 2 제 2슬라이드

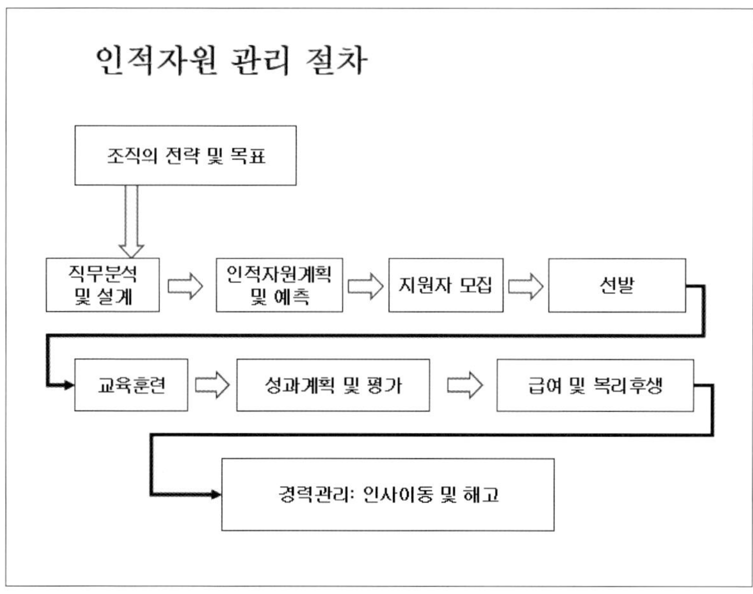

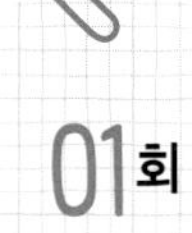

01회 Excel – 표 계산(SP) 실무 작업

정답 및 해설

정답 작업표 및 차트(그래프)

	A	B	C	F	G	H	I	J
1	항공 운영 수입 현황							
2								
3	국가	관광객	수익	세금	순이익금	신뢰도	항로폐쇄여부	순위
4	미국	10	₩ 130,000	₩ 1,300	₩ 108,700	D		7
5	프랑스	8	₩ 130,000	₩ 1,300	₩ 112,700	C		10
6	덴마크	7	₩ 130,000	₩ 1,300	₩ 114,700	C		12
7	뉴질랜드	9	₩ 130,000	₩ 1,300	₩ 115,700	A		8
8	스위스	8	₩ 130,000	₩ 1,300	₩ 124,700	A		10
9	체코	6	₩ 130,000	₩ 1,300	₩ 125,700	A		14
10	중국	6	₩ 130,000	₩ 1,300	₩ 127,700	A		14
11	네덜란드	9	₩ 170,000	₩ 1,700	₩ 157,300	B		8
12	대만	12	₩ 170,000	₩ 1,700	₩ 160,300	B		3
13	벨기에	12	₩ 190,000	₩ 1,900	₩ 169,100	A		3
14	베트남	15	₩ 200,000	₩ 2,000	₩ 172,000	D		1
15	홍콩	12	₩ 200,000	₩ 2,000	₩ 193,000	B		3
16	필리핀	11	₩ 200,000	₩ 2,000	₩ 195,000	B		6
17	독일	7	₩ 260,000	₩ 2,600	₩ 242,400	A		12
18	일본	1	₩ 10,000	₩ 100	₩ 7,900	D	폐쇄	20
19	호주	5	₩ 70,000	₩ 700	₩ 51,300	A	폐쇄	16
20	한국	4	₩ 70,000	₩ 700	₩ 61,300	B	폐쇄	17
21	러시아	3	₩ 70,000	₩ 700	₩ 63,300	A	폐쇄	18
22	영국	2	₩ 70,000	₩ 700	₩ 65,300	A	폐쇄	19
23	폴란드	15	₩ 90,000	₩ 900	₩ 84,100	A	폐쇄	1
24	평균			₩ 1,340	₩ 122,610			
25	신뢰도별 합계	A	₩ 1,270,000	₩ 12,700	₩ 1,169,300			
26		B	₩ 810,000	₩ 8,100	₩ 766,900			
27		C	₩ 260,000	₩ 2,600	₩ 227,400			
28	관광객이 10 이상 15 미만인 합			₩ 8,900	₩ 826,100			
29	항로폐쇄여부에서 "폐쇄"인 개수				6개			
30	=SUMIFS(G4:G23,$B$4:$B$23,">=10",$B$4:$B$23,"<15")							
31	=IF(G18<=100000,"폐쇄","")							

폐쇄항로 국가의 이익금 현황

문제 1 작업표(WORK SHEET) 작성

해설

01. 파일 저장하기

1. 엑셀을 실행시키고 새 통합 문서를 클릭한 후 [파일] → 다른 이름으로 저장 → **찾아보기**를 클릭한다.

※ **오피스 2010 사용자** : 엑셀 프로그램을 실행킨 후 빠른 실행 도구 모음의 '저장(💾)' 아이콘을 클릭하세요.

2. '다른 이름으로 저장' 대화상자에서 저장 위치를 '바탕화면'으로 지정하고, 파일 이름에 **공개문제01**을 입력한 후 〈저장〉을 클릭한다.

02. 데이터 입력하기

작업표 형식을 보고 동일하게 입력한다.

	A	B	C	D	E	F	G	H	I	J
1	항공 운영 수입 현황									
2										
3	국가	관광객	수익	운영비	사고여객기	세금	순이익금	신뢰도	항로폐쇄여부	순위
4	미국	10	130000	20000	7					
5	한국	4	70000	8000	3					
6	베트남	15	200000	26000	9					
7	러시아	3	70000	6000	1					
8	영국	2	70000	4000	1					
9	일본	1	10000	2000	7					
10	덴마크	7	130000	14000	4					
11	프랑스	8	130000	16000	5					
12	중국	6	130000	1000	1					
13	홍콩	12	200000	5000	2					
14	필리핀	11	200000	3000	3					
15	호주	5	70000	18000	1					
16	뉴질랜드	9	130000	13000	1					
17	독일	7	260000	15000	1					
18	스위스	8	130000	4000	1					
19	벨기에	12	190000	19000	1					
20	네덜란드	9	170000	11000	2					
21	체코	6	130000	3000	1					
22	폴란드	15	90000	5000	1					
23	대만	12	170000	8000	3					
24	평균									
25	신뢰도별 합계	A								
26		B								
27		C								
28	관광객이 10 이상 15 미만인 합									
29	항로폐쇄여부에서 "폐쇄"인 개수									

"신뢰도별 합계"와 같이 하나의 셀에 두줄로 데이터를 입력하려면 **신뢰도별**을 입력하고 Alt+Enter를 누른 다음 **합계**를 입력한 후 Enter를 누르면 됩니다.

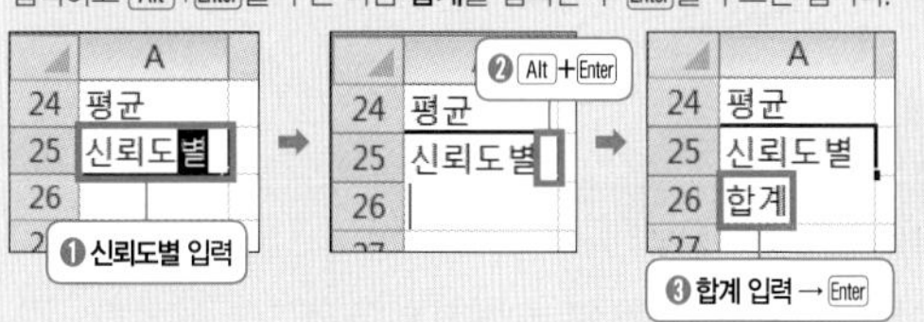

03. 수식 작성하기

❶ **세금(F4)** : =C4*1%

❷ **순이익금(G4)** : =C4-F4-D4

❸ **신뢰도(H4)**

=IF(E4>=7,"D",IF(E4>=4,"C",IF(E4>=2,"B","A")))

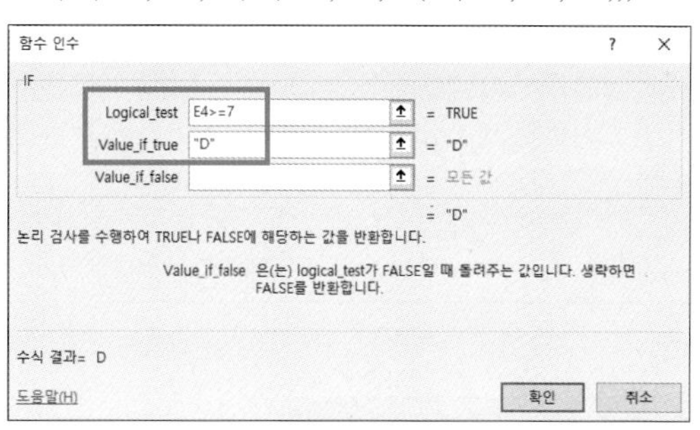

↓

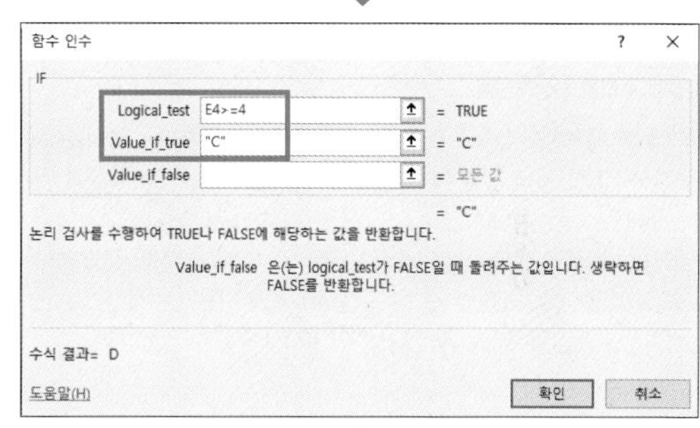

↓

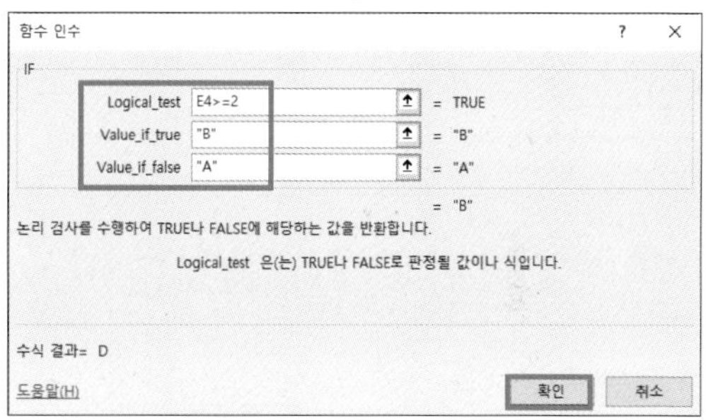

❹ **항로폐쇄여부(I4)** : =IF(G4<=100000,"폐쇄"," ")

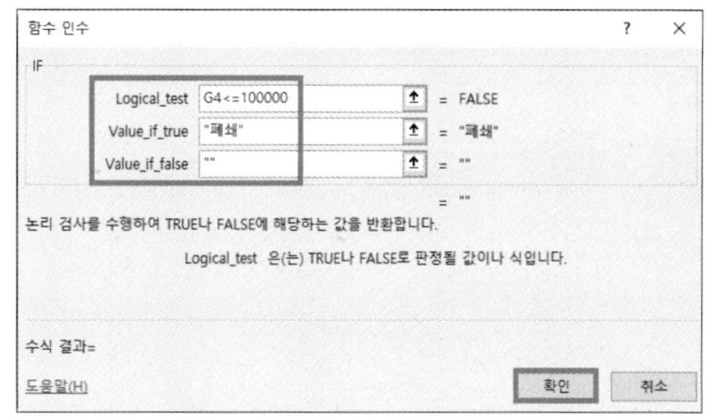

⑤ 순위(J4) : =RANK(B4,$B$4:$B$23)

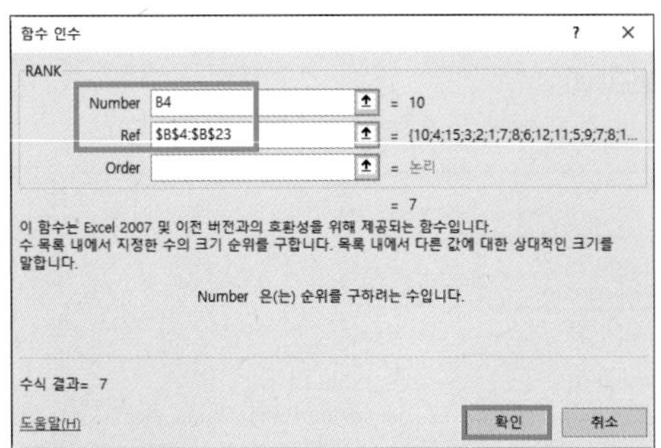

Q 수식 입력 시 언제 절대 주소를 지정해야 하나요? 채우기 핸들을 사용할 때 주로 절대 주소를 지정하던데...

A 하나의 셀에 수식을 입력한 후 채우기 핸들을 드래그하여 수식을 다른 셀에 복사하여 값을 구하려고 할 때, 항상 고정적으로 들어가야 하는 부분에 대해서는 절대 주소로 지정해야 합니다. 예를들면 '=RANK(B4, $B$4:$B$23)'에서 각 사람의 성적(B4)은 셀의 위치에 따라 상대적으로 변해야 하지만 전체 성적의 범위(B4:B23)는 절대 변하면 안 되므로 절대 주소를 사용하는 것입니다. 전체 성적의 범위를 상대 주소로 하면 정상적인 결과를 얻을 수 없습니다.

⑥ 평균(F24) : =AVERAGE(F4:F23)

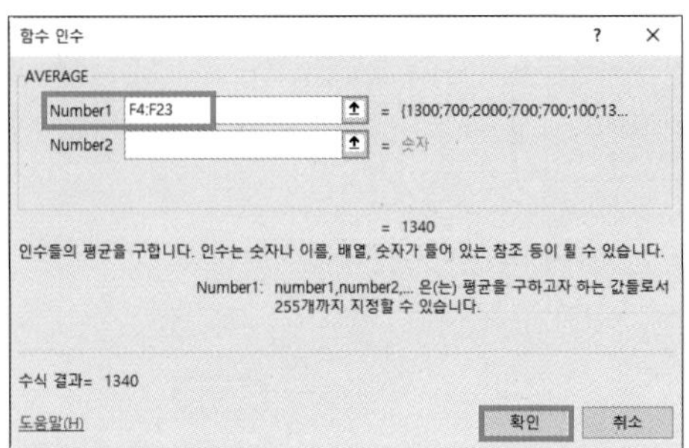

⑦ 신뢰도별 합계 A(C25)

=SUMIF($H$4:$H$23,$B$25,C4:C23)

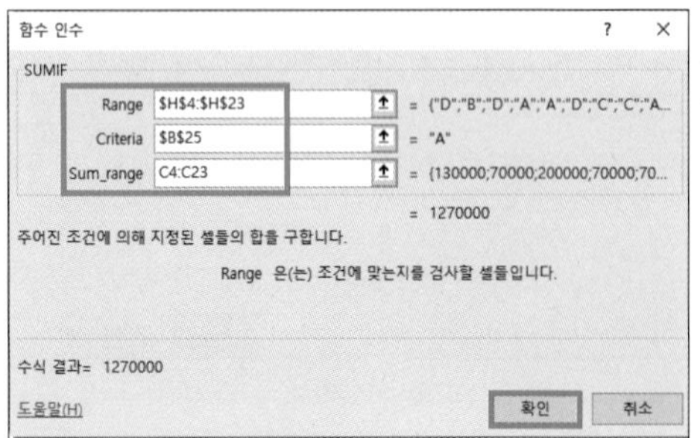

⑧ 신뢰도별 합계 B(C26)

=SUMIF($H$4:$H$23,$B$26,C4:C23)

⑨ 신뢰도별 합계 C(C27)

=SUMIF($H$4:$H$23,$B$27,C4:C23)

⑩ 관광객이 10 이상 15 미만인 합(F28)

=SUMIFS(F4:F23,$B$4:$B$23,">=10",$B$4:$B$23,"<15")

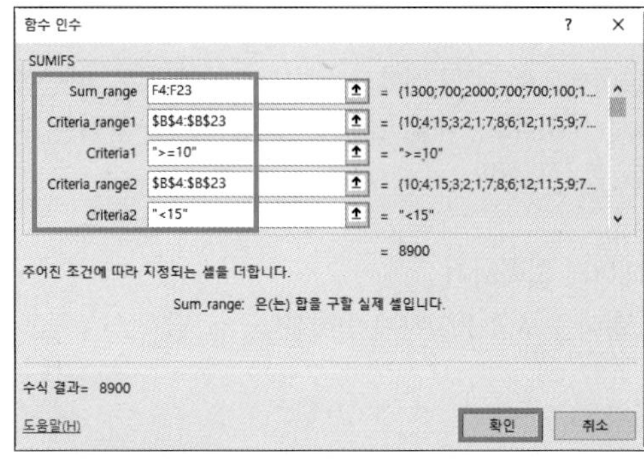

⑪ 항로폐쇄여부에서 "폐쇄"인 개수(G29)

=COUNTIF(I4:I23,"폐쇄")

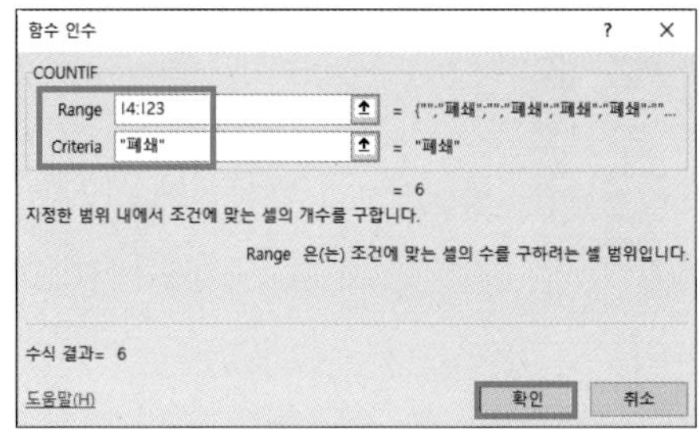

절대 참조(절대 주소)는 셀에 입력된 수식을 다른 셀에 복사해도 주소가 변경되지 않는 고정된 주소로, 이 문제처럼 하나의 셀에만 값을 구할 때는 절대 참조로 지정할 필요가 없습니다.

시나공 Q&A 베스트

Q 엑셀 문제의 함수식만 집중적으로 연습할 수 없나요?

A 있습니다. 공개문제 12회, 실전모의고사 10회에 포함된 함수식 문제만 집중적으로 연습할 수 있도록 별책에 수록했으니 참고하세요.

04. 데이터 정렬하기

1. [A3:J23] 영역을 블록으로 지정한 후 [데이터] → 정렬 및 필터 → **정렬**을 클릭한다.

2. ‘정렬’ 대화상자에서 정렬 기준과 방식을 그림과 같이 지정하고 〈확인〉을 클릭한다.

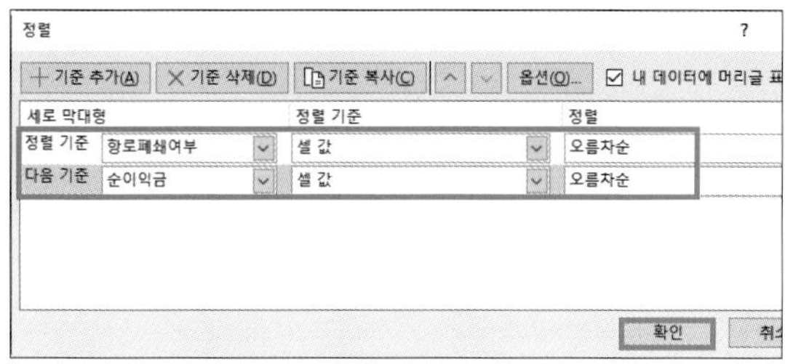

05. 함수식 입력하기

⑫ ⑩의 함수식(A30)

‘=SUMIFS(G4:G23,$B$4:$B$23,“〉=10”,$B$4:$B$23,“〈15”)

⑬ ④의 함수식(A31) : ‘=IF(G18〈=100000,“폐쇄”,“ ”)

06. 작업표 형식에 없는 열 숨기기

D, E열의 열 머리글을 마우스로 드래그하여 선택하고 마우스 오른쪽 버튼을 클릭한 후 바로 가기 메뉴에서 **[숨기기]**를 선택한다.

07. 서식 지정하기

❶ 제목 서식 지정하기

[A1:J1] 영역을 블록으로 지정한 후 [홈] → **글꼴**에서 글꼴 크기 20, [홈] → **맞춤**에서 ‘병합하고 가운데 맞춤’을 클릭한다.

❷ 금액에 대해 화폐 단위(₩)와 ,(Comma) 표시하기

[C4:G28] 영역을 블록으로 지정한 후 [홈] → **표시 형식**에서 ‘회계 표시 형식()’ 아이콘을 클릭한다.

❸ 문자 셀 수평 중앙으로 맞추기

[A3:J3], [A4:A23], [H4:I23], [B25:B27] 영역을 각각 블록으로 지정한 후 [홈] → **맞춤**에서 ‘가운데 맞춤()’ 아이콘을 클릭한다.

❹ 사용자 지정 서식 지정하기

1. [G29] 셀을 클릭한 후 Ctrl+1을 누른다.
2. ‘셀 서식’ 대화상자의 ‘표시 형식’ 탭에서 범주와 형식을 그림과 같이 지정하고 〈확인〉을 클릭한다.

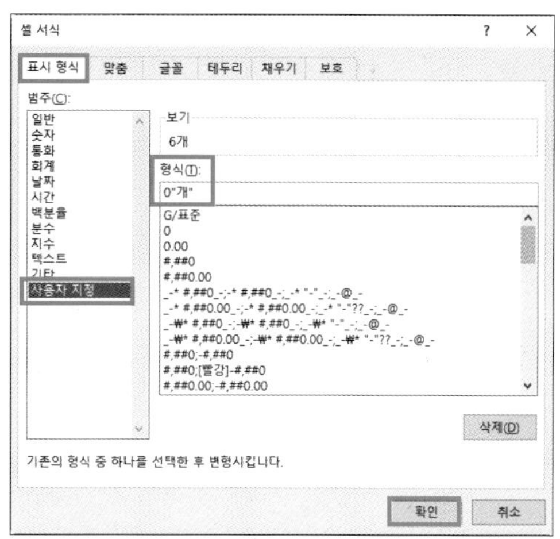

0“개”의 의미

0“개”는 ‘10개’와 같이 숫자 뒤에 “개” 자를 표시하라는 의미입니다.

❺ 셀 병합하기

[A24:C24], [A25:A27], [A28:C28], [A29:F29], [A30:J30], [A31:J31], [H24:J29] 영역을 블록으로 지정한 후 [홈] → **맞춤**에서 ‘병합하고 가운데 맞춤’을 클릭한다.

❻ 테두리 지정하기

1. [A3:J31] 영역을 블록으로 지정한 후 [홈] → **글꼴**에서 ‘모든 테두리()’를 선택한다.
2. [A4:J23] 영역을 블록으로 지정한 후 Ctrl+1을 누른다.
3. ‘셀 서식’ 대화상자의 ‘테두리’ 탭에서 를 클릭하여 내부선을 지운 후 〈확인〉을 클릭한다.

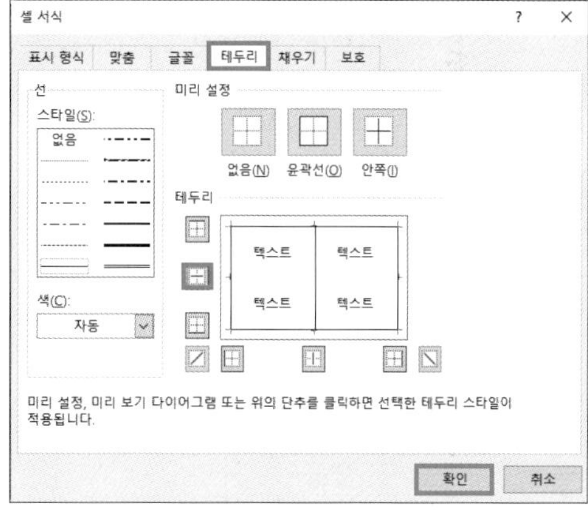

4. [H24:J29] 영역을 블록으로 지정한 후 Ctrl+1을 누른다.
5. ‘셀 서식’ 대화상자의 ‘테두리’ 탭에서 와 를 차례로 클릭하여 대각선을 표시한 후 〈확인〉을 클릭한다.

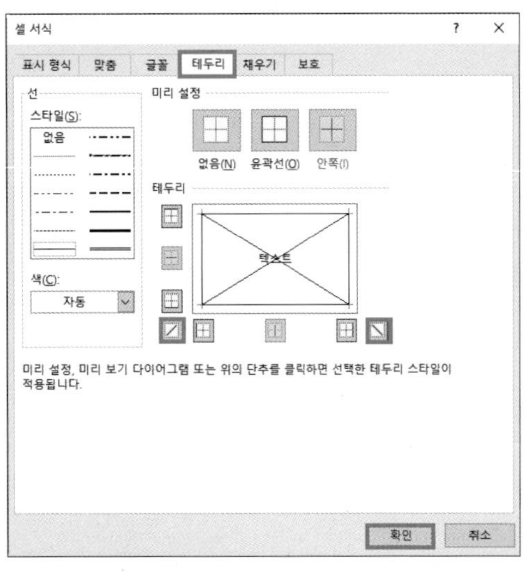

문제 2 차트(그래프) 작성

01. 차트 작성하기

[A3], [A18:A23], [C3], [C18:C23], [G3], [G18:G23] 영역을 블록으로 지정한 후 [삽입] → 차트 → 꺾은선형 또는 영역형 차트 삽입( ) → **표식이 있는 꺾은선형**을 선택하세요.

	A	B	C	F	G	H	I	J
1	항공 운영 수입 현황							
2								
3	국가	관광객	수익	세금	순이익금	신뢰도	항로폐쇄여부	순위
4	미국	10	₩ 130,000	₩ 1,300	₩ 108,700	D		7
5	프랑스	8	₩ 130,000	₩ 1,300	₩ 112,700	C		10
6	덴마크	7	₩ 130,000	₩ 1,300	₩ 114,700	C		12
7	뉴질랜드	9	₩ 130,000	₩ 1,300	₩ 115,700	A		8
8	스위스	8	₩ 130,000	₩ 1,300	₩ 124,700	A		10
9	체코	6	₩ 130,000	₩ 1,300	₩ 125,700	A		14
10	중국	6	₩ 130,000	₩ 1,300	₩ 127,700	A		14
11	네덜란드	9	₩ 170,000	₩ 1,700	₩ 157,300	B		8
12	대만	12	₩ 170,000	₩ 1,700	₩ 160,300	B		3
13	벨기에	12	₩ 190,000	₩ 1,900	₩ 169,100	A		3
14	베트남	15	₩ 200,000	₩ 2,000	₩ 172,000	D		1
15	홍콩	12	₩ 200,000	₩ 2,000	₩ 193,000	B		3
16	필리핀	11	₩ 200,000	₩ 2,000	₩ 195,000	B		6
17	독일	7	₩ 260,000	₩ 2,600	₩ 242,400	A		12
18	일본	1	₩ 10,000	₩ 100	₩ 7,900	D	폐쇄	20
19	호주	5	₩ 70,000	₩ 700	₩ 51,300	A	폐쇄	16
20	한국	4	₩ 70,000	₩ 700	₩ 61,300	B	폐쇄	17
21	러시아	3	₩ 70,000	₩ 700	₩ 63,300	A	폐쇄	18
22	영국	2	₩ 70,000	₩ 700	₩ 65,300	A	폐쇄	19
23	폴란드	15	₩ 90,000	₩ 900	₩ 84,100	A	폐쇄	1
24	평균			₩ 1,340	₩ 122,610			
25	신뢰도별 합계	A	₩ 1,270,000	₩ 12,700	₩ 1,169,300			
26		B	₩ 810,000	₩ 8,100	₩ 766,900			
27		C	₩ 260,000	₩ 2,600	₩ 227,400			
28	관광객이 10 이상 15 미만인 합			₩ 8,900	₩ 826,100			
29	항로폐쇄여부에서 "폐쇄"인 개수				6개			
30	=SUMIFS(G4:G23,$B$4:$B$23,">=10",$B$4:$B$23,"<15")							
31	=IF(G18<=100000,"폐쇄","")							

※ **오피스 2010 사용자** : 데이터를 선택한 후 [삽입] → 차트 → 꺾은선형 → **표식이 있는 꺾은선형**을 선택하세요.

02. 차트 종류 변경하기

1. 임의의 데이터 계열을 선택한 후 바로 가기 메뉴에서 **[계열 차트 종류 변경]**을 선택한다.

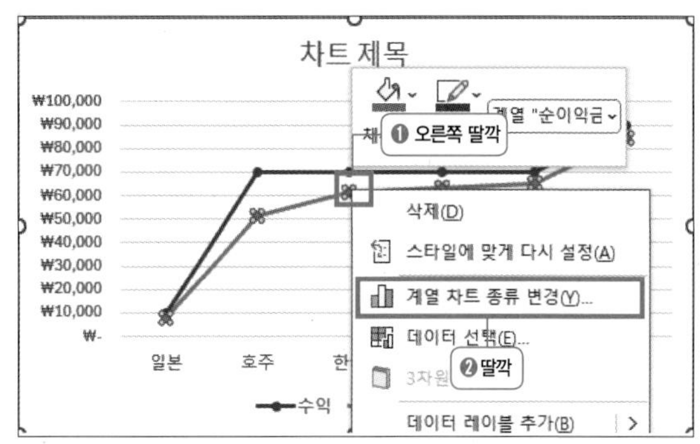

2. '차트 종류 변경' 대화상자의 '혼합'에서 '순이익금' 계열의 차트 종류를 '묶은 세로 막대형'으로 변경한 후 〈확인〉을 클릭한다.

※ **오피스 2010 사용자** : '순이익금' 계열을 선택하고 바로 가기 메뉴에서 **[계열 차트 종류 변경]**을 선택한 후 '차트 종류 변경' 대화상자의 '세로 막대형' 탭에서 '묶은 세로 막대형' 차트를 선택한 후 〈확인〉을 클릭하세요.

03. 데이터 레이블 '값' 표시하기

'수익' 계열의 바로 가기 메뉴에서 **[데이터 레이블 추가]**를 선택한다.

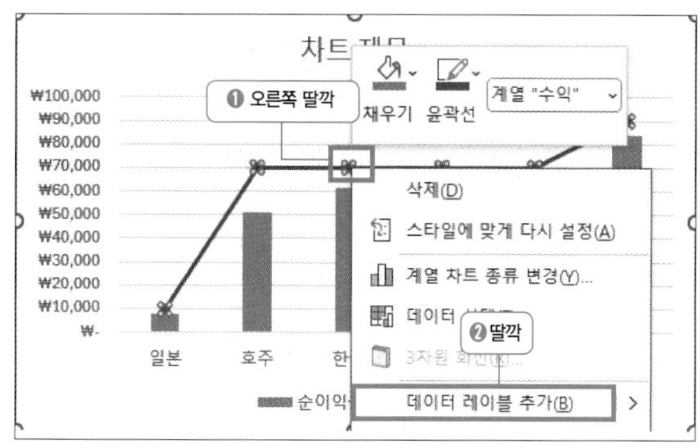

04. 차트 제목 입력 및 서식 지정하기

1. 차트 제목을 선택한 후 수식 입력줄에 **폐쇄항로 국가의 이익금 현황**을 입력하고 Enter를 누른다.

※ **오피스 2010 사용자** : 차트를 선택한 후 [차트 도구] → 레이아웃 → 레이블 → 차트 제목 → **차트 위**를 선택하여 차트 제목을 표시한 후 수식 입력줄에 **폐쇄항로 국가의 이익금 현황**을 입력하고 Enter를 누르세요.

2. 차트 제목이 선택된 상태에서 [홈] → **글꼴**에서 글꼴 크기를 16으로 지정한다.

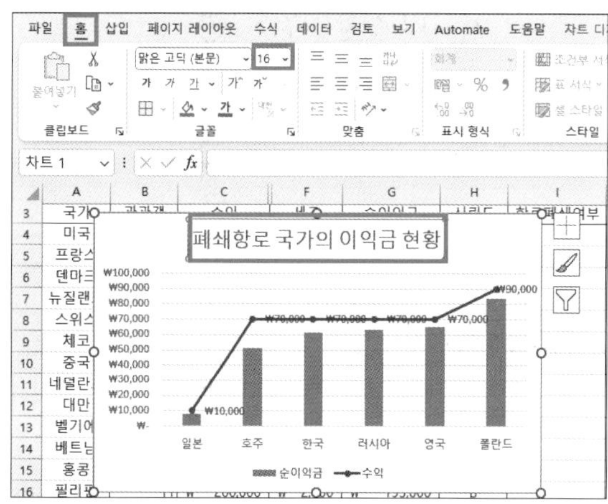

05. X축 제목 및 Y축 제목 입력하기

1. [차트 디자인] → 차트 레이아웃 → 차트 요소 추가 → 축 제목 → **기본 가로**를 선택하고 수식 입력줄에 **국가**를 입력한 후 Enter를 누른다.

※ **오피스 2016 사용자** : [차트 도구] → 디자인 → 차트 레이아웃 → 차트 요소 추가 → 축 제목 → **기본 가로**를 선택하세요.
※ **오피스 2010 사용자** : [차트 도구] → 레이아웃 → 레이블 → 축 제목 → 기본 가로 축 제목 → **축 아래 제목**을 선택하세요.

2. [차트 디자인] → 차트 레이아웃 → 차트 요소 추가 → 축 제목 → **기본 세로**를 선택하고 수식 입력줄에 **금액**을 입력한 후 Enter를 누른다.

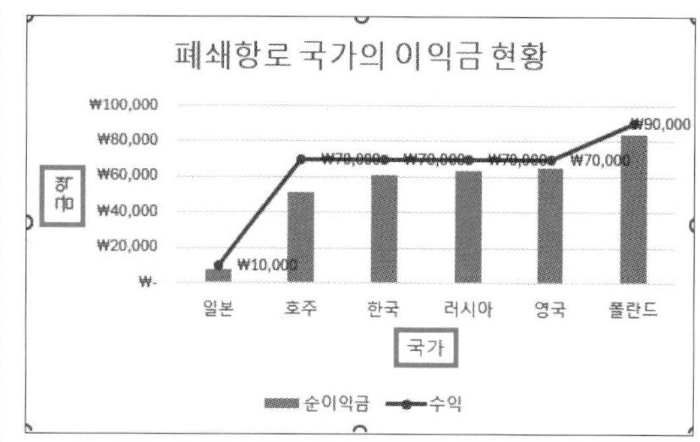

※ **오피스 2016 사용자** : [차트 도구] → 디자인 → 차트 레이아웃 → 차트 요소 추가 → 축 제목 → **기본 세로**를 선택하세요.
※ **오피스 2010 사용자** : [차트 도구] → 레이아웃 → 레이블 → 축 제목 → 기본 세로 축 제목 → **제목 회전**을 선택하세요.

06. 차트 크기 조절하기

1. 작성한 차트의 왼쪽 위 모서리가 [A33] 셀에 위치하도록 차트 영역을 드래그하여 차트를 이동시킨다.
2. 차트의 오른쪽 아래 모서리가 [J48] 셀의 오른쪽 경계선에 맞도록 차트 크기를 조절한다.

07. 페이지 설정하기

1. [페이지 레이아웃] → **페이지 설정**의 ⧉를 클릭한 후 '페이지 설정' 대화상자의 '페이지' 탭에서 용지 방향을 '세로', 배율을 '자동 맞춤', 용지 크기를 'A4'로 지정한다.

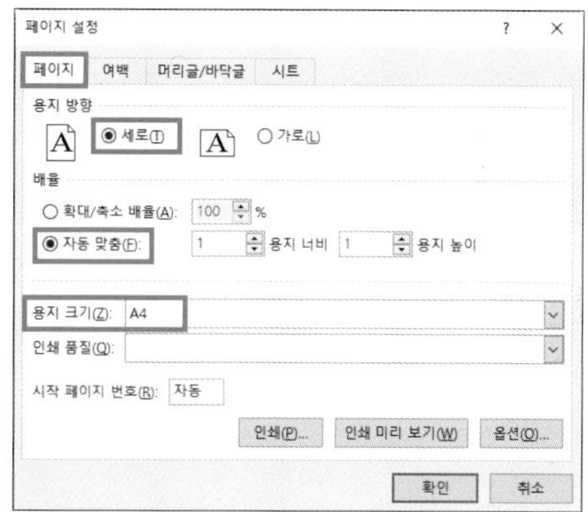

자동 맞춤
'자동 맞춤'은 데이터 양이 많고 적음에 관계없이 지정한 페이지 수에 맞게 인쇄할 수 있도록 자동으로 축소/확대 배율을 조정하는 기능입니다. 사무자동화산업기사 시험의 엑셀 문제는 데이터의 양이 많아 여백을 조절해도 작업표와 차트를 한 페이지에 모두 출력하기 어려운데, '자동 맞춤'을 지정하면 한 페이지에 모든 내용이 표시되도록 '확대/축소 배율'이 자동으로 조절되므로 편리합니다.

2. 이어서 '페이지 설정' 대화상자의 '여백' 탭에서 위쪽을 6으로 지정하고, '페이지 가운데 맞춤'에서 '가로'와 '세로'를 선택한 후 〈확인〉을 클릭한다.

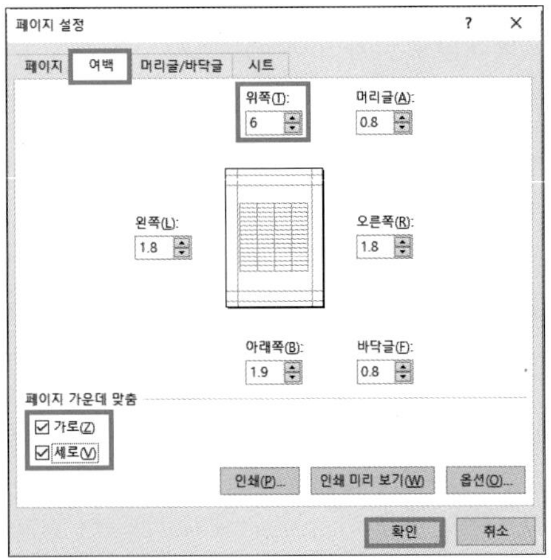

08. 인쇄 미리 보기

[파일] → **인쇄**를 선택하여 작업표와 차트가 모두 한 페이지에 인쇄되는지 확인한다. 축소된 내용을 조금 더 크게 인쇄하려면 '여백 표시( )'를 클릭하여 여백을 표시하는 경계선을 화면에 표시한 후 마우스로 드래그하여 여백을 조절한다.

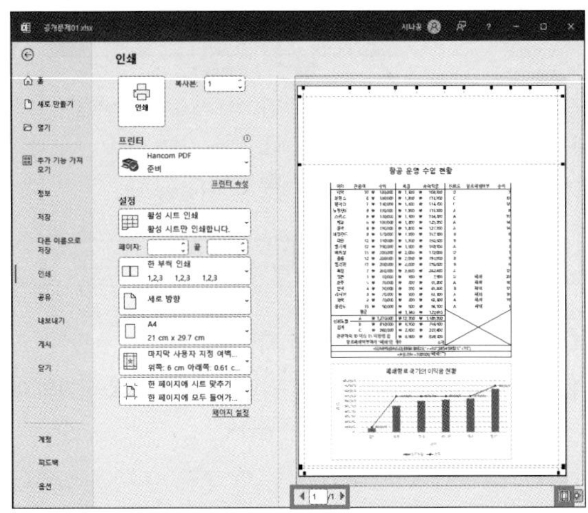

01회 Access – 자료처리(DBMS) 작업

정답 및 해설

문제 1 테이블 및 쿼리 작성

해설

01. 첫 번째 테이블 작성하기

정답

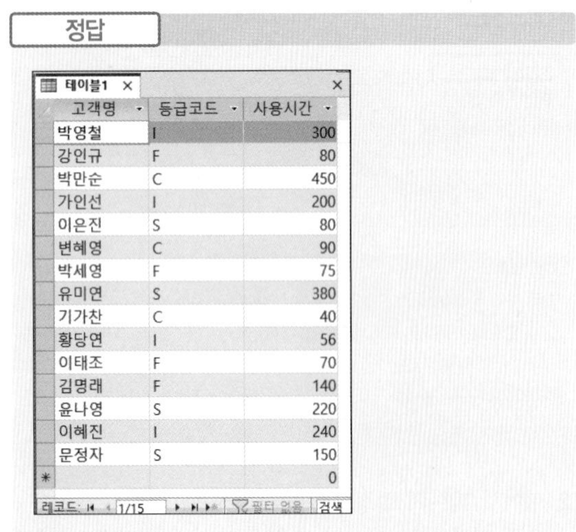

테이블1

고객명	등급코드	사용시간
박영철	I	300
강인규	F	80
박만순	C	450
가인선	I	200
이은진	S	80
변혜영	C	90
박세영	F	75
유미연	S	380
기가찬	C	40
황당연	I	56
이태조	F	70
김명래	F	140
윤나영	S	220
이혜진	I	240
문정자	S	150
*		0

레코드: 1/15 필터 없음 검색

❶ 파일 저장하기

1. 액세스 프로그램을 실행시키고 빈 데이터베이스를 클릭한 후 파일 이름 입력난 오른쪽에 있는 ( )를 클릭한다.

> ※ **오피스 2016 사용자** : 액세스 프로그램을 실행시키고 **새 데스크톱 데이터베이스**를 클릭한 후 파일 이름 입력난 오른쪽에 있는 ( )를 클릭하세요.
> ※ **오피스 2010 사용자** : 액세스 프로그램을 실행시키고 [파일] → **새로 만들기**에서 사용 가능한 서식 파일의 '새 데이터베이스'를 선택한 후 새 데이터베이스의 파일 이름 난 오른쪽의 ( )를 클릭하세요.

2. '새 데이터베이스 파일' 대화상자에서 저장 위치를 '바탕화면'으로 지정하고, 파일 이름에 **공개문제01**을 입력한 후 〈확인〉을 클릭한다.
3. 파일 이름 난 아래쪽에 있는 〈만들기〉를 클릭한다.

❷ 필드 생성 및 속성 지정하기

1. [테이블 필드] → 보기 → **디자인 보기**( )를 클릭한다.

※ **오피스 2016 사용자** : [테이블 도구] → 디자인 → 보기 → **디자인 보기( )**를 클릭하세요.
※ **오피스 2010 사용자** : [테이블 도구] → 필드 → 보기 → **디자인 보기( )**를 클릭하세요.

2. '다른 이름으로 저장' 대화상자에서 테이블 이름의 기본값(테이블1)을 확인한 후 〈확인〉을 클릭한다.
3. 입력자료(DATA)의 항목인 고객명, 등급코드, 사용시간의 필드 이름과 데이터 형식을 그림과 같이 지정한다.

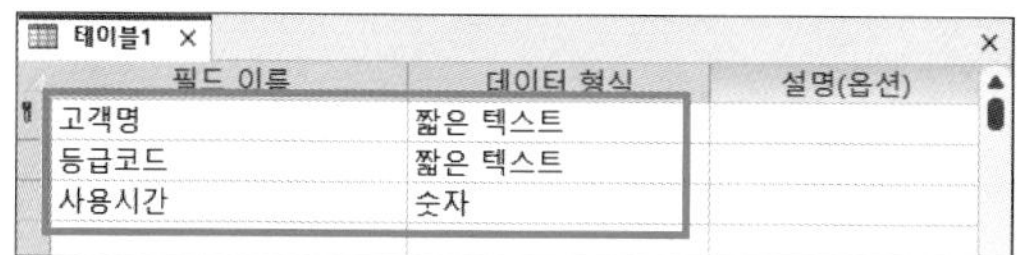

테이블1

필드 이름	데이터 형식	설명(옵션)
고객명	짧은 텍스트	
등급코드	짧은 텍스트	
사용시간	숫자	

※ **오피스 2010 사용자** : '고객명'과 '등급코드' 필드의 데이터 형식을 '텍스트'로 지정하세요.

❸ 기본키 해제하기

1. '고객명' 필드 행을 클릭한 후 바로 가기 메뉴에서 **[기본키]**를 선택하여 기본키를 해제한다.
2. [테이블 디자인] → 보기 → **데이터시트 보기( )**를 클릭한 후 저장 여부를 묻는 대화상자에서 〈예〉를 클릭한다.

❹ 데이터 입력하기

문제지에 주어진 입력자료(DATA)를 입력한다.

테이블1

고객명	등급코드	사용시간
박영철	I	300
강인규	F	80
박만순	C	450
가인선	I	200
이은진	S	80
변혜영	C	90
박세영	F	75
유미연	S	380
기가찬	C	40
황당연	I	56
이태조	F	70
김명래	F	140
윤나영	S	220
이혜진	I	240
문정자	S	150
*		0

레코드: 1/15 필터 없음 검색

02. 두 번째 테이블 작성하기

정답

테이블2

등급코드	등급명	기본요금	기본사용시간	초과시간당요금	시간당보너스
C	단체	₩80,000	300	₩50	4
F	패밀리	₩65,000	200	₩80	3
I	일반	₩45,000	150	₩120	2
S	프리미엄	₩30,000	100	₩90	1
*					

레코드: 1/4 필터 없음 검색

❶ 필드 생성하기

1. [만들기] → 테이블 → **테이블 디자인( )**을 클릭한다.
2. 입력자료(DATA)의 항목인 등급코드, 등급명, 기본요금, 기본사용시간, 초과시간당요금, 시간당보너스의 필드 이름과 데이터 형식을 그림과 같이 지정한다.

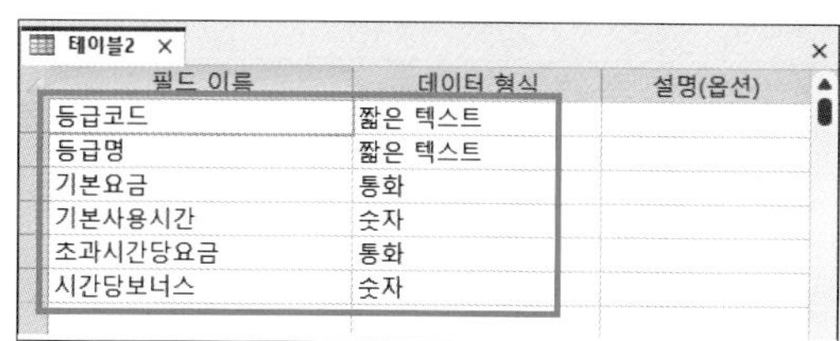

테이블2

필드 이름	데이터 형식	설명(옵션)
등급코드	짧은 텍스트	
등급명	짧은 텍스트	
기본요금	통화	
기본사용시간	숫자	
초과시간당요금	통화	
시간당보너스	숫자	

※ **오피스 2010 사용자** : '등급코드'와 '등급명' 필드의 데이터 형식을 '텍스트'로 지정하세요.

❷ 데이터 입력하기

1. [테이블 디자인] → 보기 → **데이터시트 보기( )**를 클릭한 후 저장 여부를 묻는 대화상자에서 〈예〉를 클릭한다.
2. '다른 이름으로 저장' 대화상자에서 테이블 이름의 기본값(테이블2)을 확인한 후 〈확인〉을 클릭한다.
3. 기본키 지정 여부를 묻는 대화상자에서 〈아니요〉를 클릭한다.
4. 문제지에 주어진 입력자료(DATA)를 입력한다.

테이블2

등급코드	등급명	기본요금	기본사용시간	초과시간당요금	시간당보너스
C	단체	₩80,000	300	₩50	4
F	패밀리	₩65,000	200	₩80	3
I	일반	₩45,000	150	₩120	2
S	프리미엄	₩30,000	100	₩90	1
*					

레코드: 1/4 필터 없음 검색

03. 쿼리 작성하기

정답

쿼리1

고객명	등급코드	사용시간	등급명	기본요금	초과시간	전화요금	할인금액	청구금액
기가찬	C	40	단체	₩80,000	0	₩80,000	₩160	₩79,840
변혜영	C	90	단체	₩80,000	0	₩80,000	₩360	₩79,640
박만순	C	450	단체	₩80,000	150	₩87,500	₩1,800	₩85,700
김명래	F	140	패밀리	₩65,000	0	₩65,000	₩420	₩64,580
이태조	F	70	패밀리	₩65,000	0	₩65,000	₩210	₩64,790
박세영	F	75	패밀리	₩65,000	0	₩65,000	₩225	₩64,775
강인규	F	80	패밀리	₩65,000	0	₩65,000	₩240	₩64,760
이혜진	I	240	일반	₩45,000	90	₩55,800	₩480	₩55,320
황당연	I	56	일반	₩45,000	0	₩45,000	₩112	₩44,888
가인선	I	200	일반	₩45,000	50	₩51,000	₩400	₩50,600
박영철	I	300	일반	₩45,000	150	₩63,000	₩600	₩62,400
문정자	S	150	프리미엄	₩30,000	50	₩34,500	₩150	₩34,350
윤나영	S	220	프리미엄	₩30,000	120	₩40,800	₩220	₩40,580
유미연	S	380	프리미엄	₩30,000	280	₩55,200	₩380	₩54,820
이은진	S	80	프리미엄	₩30,000	0	₩30,000	₩80	₩29,920

레코드: 1/15 검색

보고서에서 사용할 필드 현황

필드명	원본 데이터	비고
고객명	테이블1	테이블에서 제공
사용시간		
등급명	테이블2	
기본요금		
초과시간	사용시간 – 기본사용시간 (단, 초과시간이 0 이하일 경우에는 초과시간은 0으로 함)	추가되는 계산 필드
전화요금	기본요금 + (초과시간 × 초과시간당 요금)	
할인금액	사용시간 × 시간당보너스	
청구금액	전화요금 – 할인금액	

❶ 테이블 및 필드 선택하기

1. [만들기] → 쿼리 → **쿼리 디자인**(▦)을 클릭한다.
2. '테이블 추가' 창에서 '테이블1'과 '테이블2'를 차례로 더블 클릭한 후 '닫기(☒)'를 클릭한다.
3. 쿼리 작성기에서 '테이블1' 테이블의 '등급코드' 필드를 '테이블2' 테이블의 '등급코드' 필드로 드래그한다.

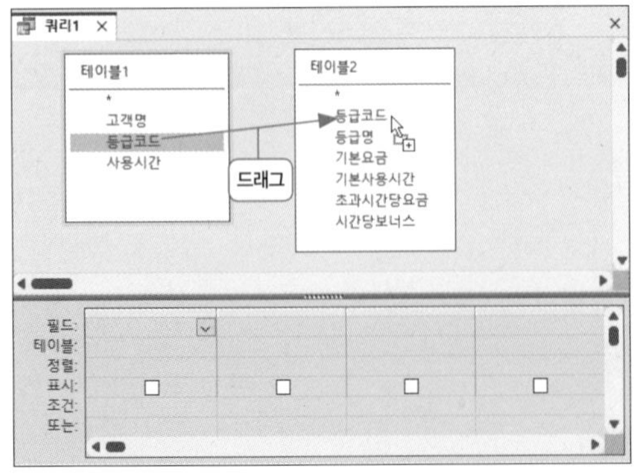

4. 쿼리 작성기에서 '테이블1' 테이블의 '*'를 그리드 영역의 첫 번째 필드로 드래그한다.

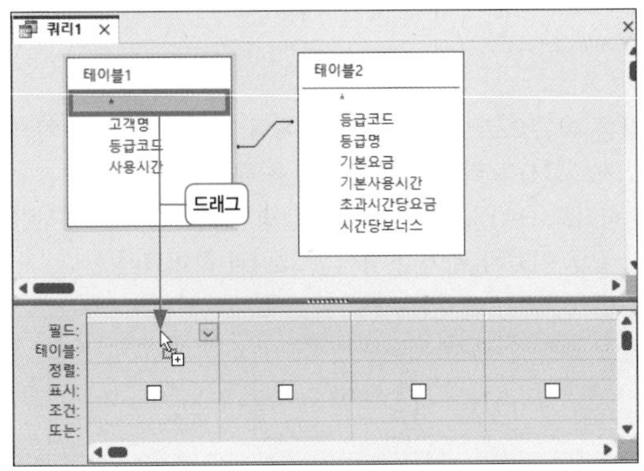

5. 쿼리 작성기에서 '테이블2' 테이블의 '등급명'을 그리드 영역의 두 번째 필드로 드래그한다.

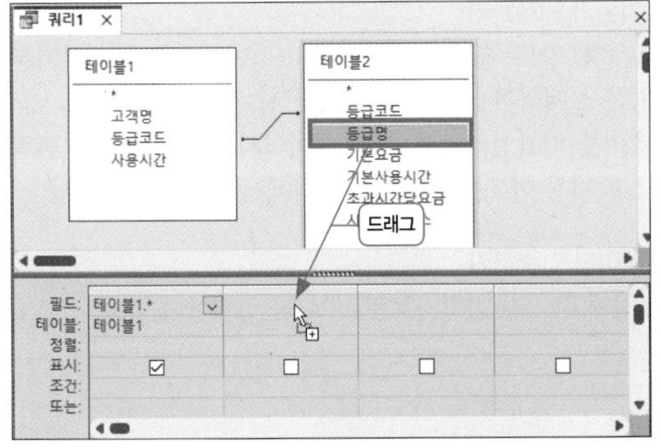

6. '기본요금'을 그리드 영역의 세 번째 필드로 드래그한다.

❷ 계산 필드 추가하기

1. '초과시간' 필드 추가하기 : '기본요금' 필드의 오른쪽 필드에 **초과시간: IIf([사용시간]-[기본사용시간]<=0,0,[사용시간]-[기본사용시간])**을 입력한다.

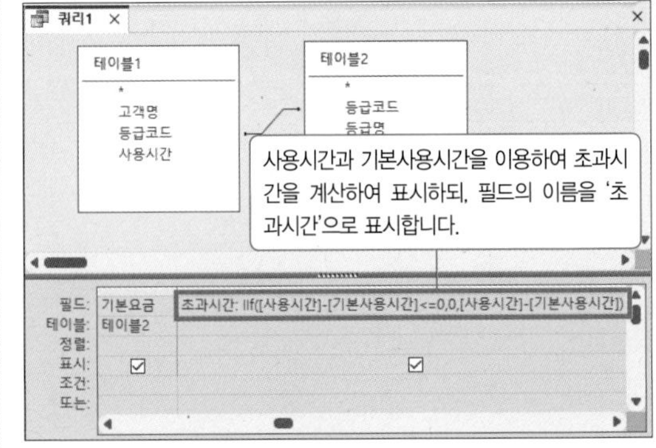

'IIf([사용시간]-[기본사용시간]<=0, 0, [사용시간]-[기본사용시간])'의 의미

IIf([사용시간]-[기본사용시간]<=0, 0, [사용시간]-[기본사용시간])
　　　　　　　　❶　　　　　　　❷　　　　❸

❶ '사용시간-기본사용시간'의 결과값이 0 이하이면 ❷(0)를 표시하고, 그렇지 않으면 ❸(사용시간-기본사용시간)을 표시합니다.

2. '전화요금' 필드 추가하기 : '초과시간' 필드의 오른쪽 필드에 **전화요금: [기본요금]+([초과시간]*[초과시간당요금])**을 입력한다.

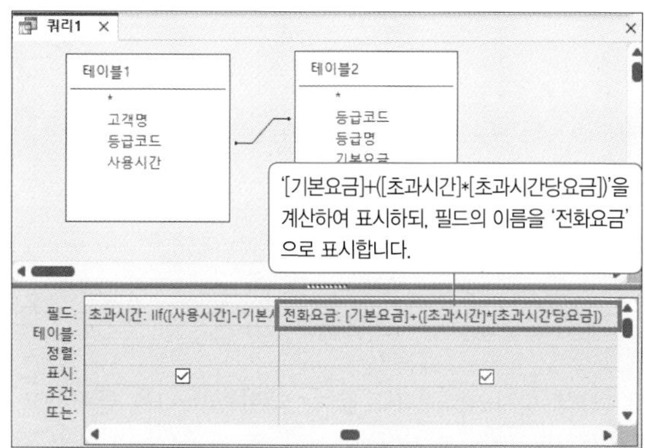

3. '할인금액' 필드 추가하기 : '전화요금' 필드의 오른쪽 필드에 **할인금액: [사용시간]*[시간당보너스]**를 입력한다.

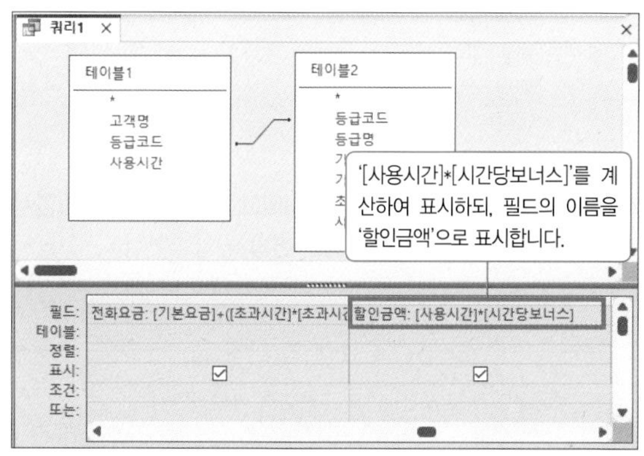

4. '청구금액' 필드 추가하기 : '할인금액' 필드의 오른쪽 필드에 **청구금액: [전화요금]-[할인금액]**을 입력한다.

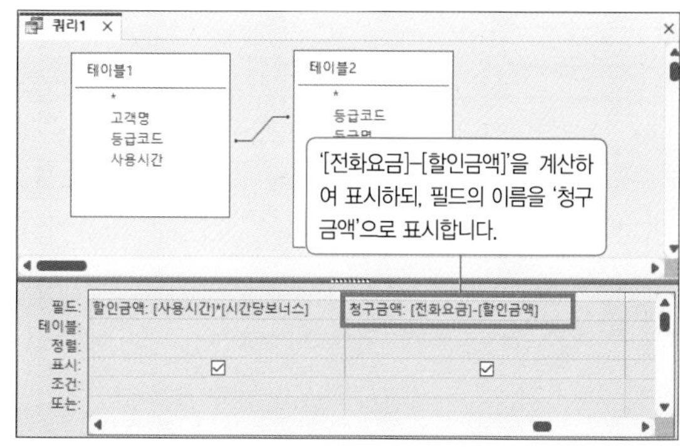

❸ 쿼리 확인 및 표시 형식 지정하기

1. 쿼리 디자인 보기 상태에서 [쿼리 디자인] → 결과 → **실행**(!)을 클릭하여 작성한 쿼리의 실행 결과를 확인한다.
2. [홈] → 보기 → **디자인 보기**( )를 클릭한 후 '할인금액' 필드의 바로 가기 메뉴에서 **[속성]**을 선택한다.
3. '필드 속성' 시트 창의 '일반' 탭에서 형식 속성을 '통화'로 지정한다.

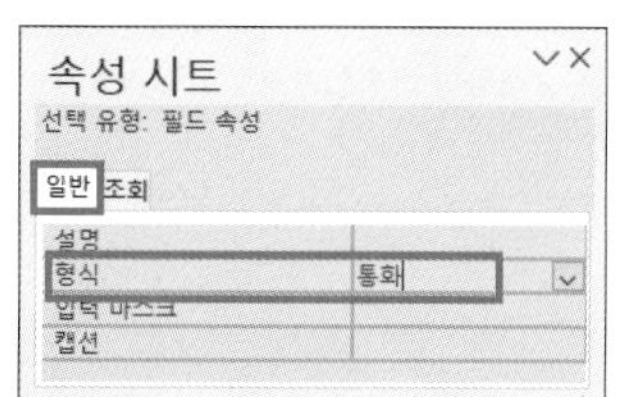

❹ 쿼리 저장하기

1. 쿼리 창의 '닫기(×)' 단추를 클릭한 후 저장 여부를 묻는 대화상자에서 〈예〉를 클릭한다.
2. '다른 이름으로 저장' 대화상자에서 쿼리 이름의 기본값(쿼리1)을 확인한 후 〈확인〉을 클릭한다.

문제 2 조회화면(SCREEN) 설계

해설

정답

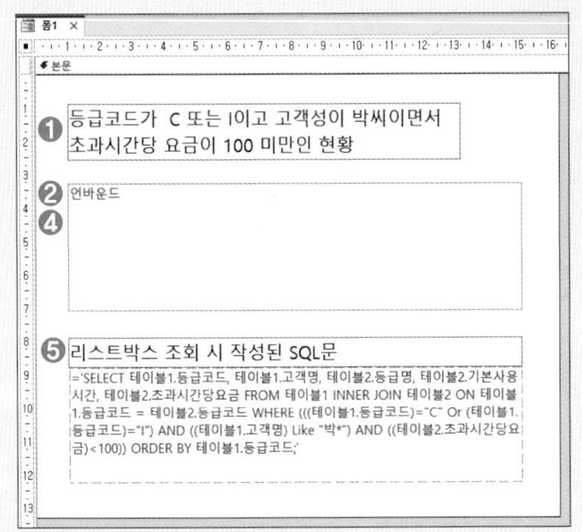

↓

등급코드가 C 또는 I이고 고객성이 박씨이면서
초과시간당 요금이 100 미만인 현황

등급코드	고객명	등급명	기본사용시간	초과시간당요금
C	박만순	단체	300	₩50

리스트박스 조회 시 작성된 SQL문

SELECT 테이블1.등급코드, 테이블1.고객명, 테이블2.등급명, 테이블2.기본사용시간, 테이블2.초과시간당요금 FROM 테이블1 INNER JOIN 테이블2 ON 테이블1.등급코드 = 테이블2.등급코드 WHERE (((테이블1.등급코드)="C" Or (테이블1.등급코드)="I") AND ((테이블1.고객명) Like "박*") AND ((테이블2.초과시간당요금)<100)) ORDER BY 테이블1.등급코드;

01. 폼 작성하기

❶ 제목 추가하기

1. [만들기] → 폼 → **폼 디자인**(▤)을 클릭한다.
2. 폼 본문 영역의 크기를 문제에 제시된 형태와 유사하게 조절한다.

3. [양식 디자인] → 컨트롤 → **레이블**(가가)을 클릭하고, [서식] → **글꼴**에서 글꼴 크기 16, 글꼴 색(가 ▾)을 '검정, 텍스트 1'로 지정한 후 본문 상단의 적당한 위치를 클릭한다.

※ **오피스 2016 사용자** : [폼 디자인 도구] → 서식 → **글꼴**에서 글꼴 크기와 글꼴 색을 지정하세요.
※ **오피스 2010 사용자** : [폼 디자인 도구] → 형식 → **글꼴**에서 글꼴 크기와 글꼴 색을 지정하세요.

4. 레이블에 **등급코드가 C 또는 I이고 고객성이 박씨이면서 초과시간당 요금이 100 미만인 현황**을 입력한다.

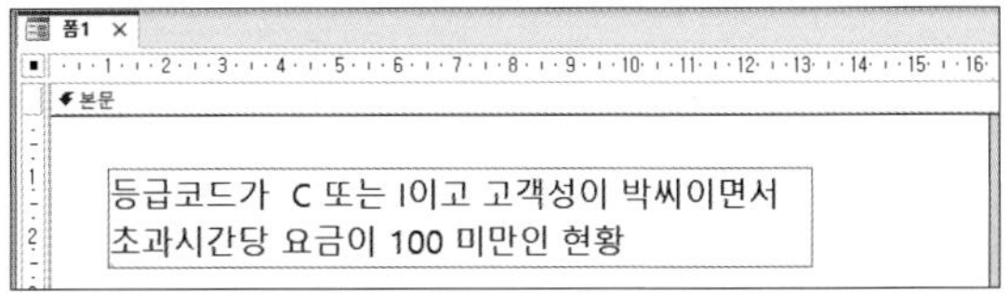

첫 행의 끝에서 Shift+Enter를 누르면 두 번째 줄에 내용을 입력할 수 있습니다.

❷ 목록 상자 작성하기

1. [양식 디자인] → 컨트롤 → **목록 상자**(▤)를 클릭한 후 폼의 제목 아래쪽에서 적당한 크기로 드래그한다.

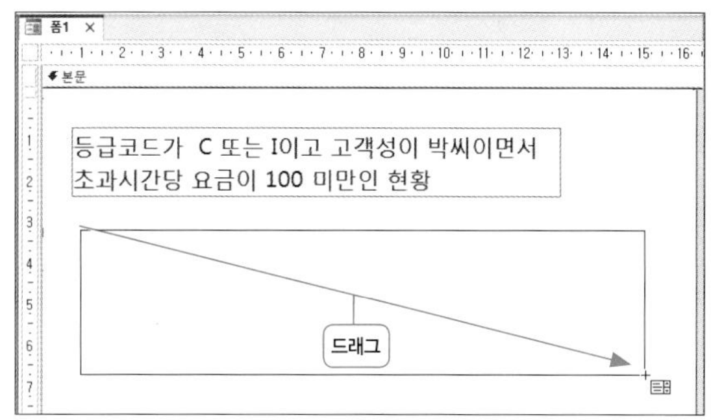

2. '목록 상자 마법사' 1단계에서 그림과 같이 선택한 후 〈다음〉을 클릭한다.

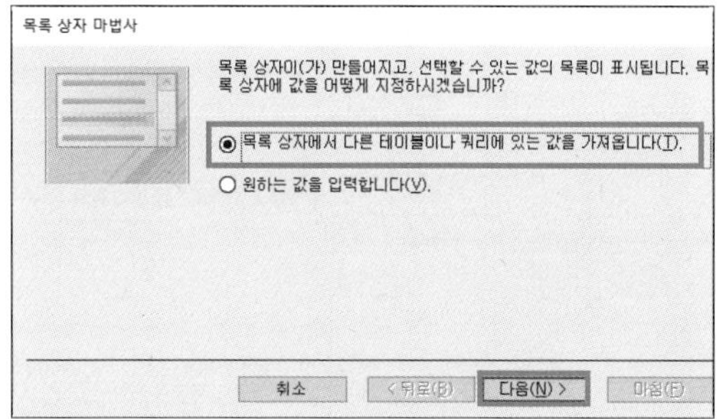

3. '목록 상자 마법사' 2단계에서 그림과 같이 선택한 후 〈다음〉을 클릭한다.

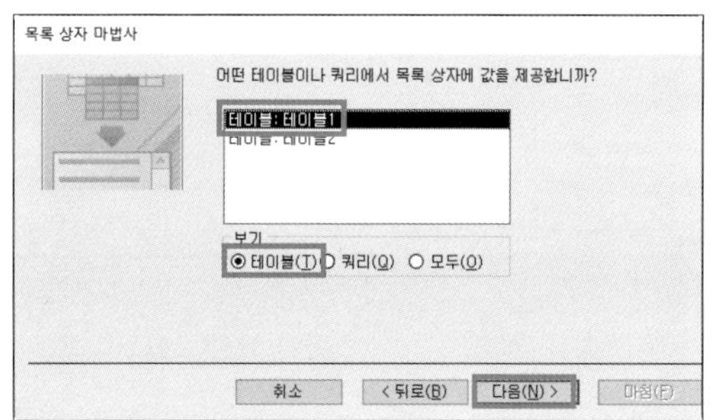

4. '목록 상자 마법사' 3단계에서 목록 상자에서 사용되는 필드들을 순서대로 더블클릭하여 '선택한 필드'로 이동시키고 〈다음〉을 클릭한다.

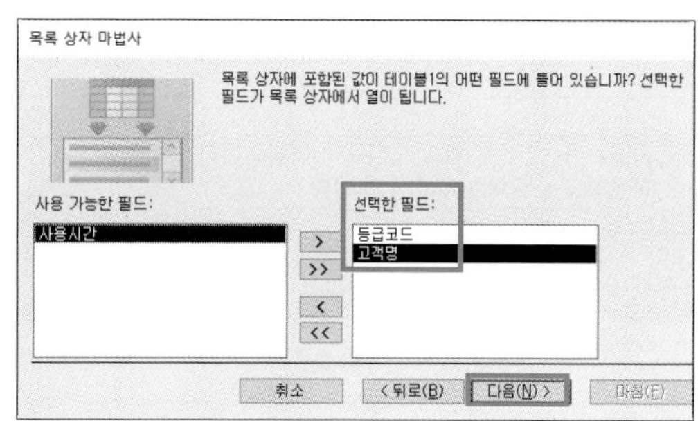

5. '목록 상자 마법사' 4단계에서 정렬 기준 필드를 '등급코드', 정렬 순서를 '오름차순'으로 지정한 후 〈다음〉을 클릭한다.

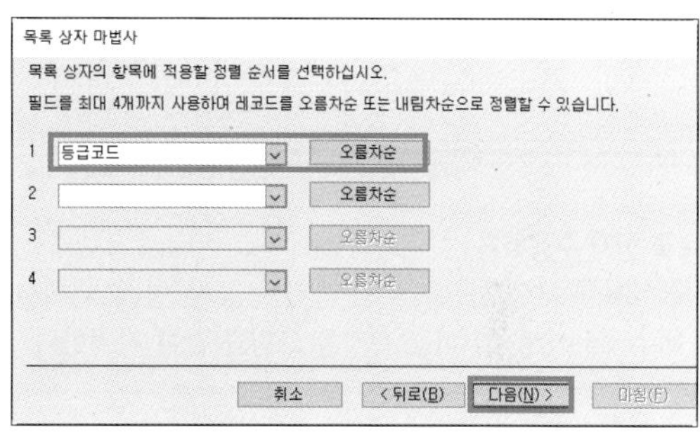

6. '목록 상자 마법사' 5단계 대화상자에서 별도의 지정없이 〈다음〉을 클릭한다.
7. '목록 상자 마법사' 6단계 대화상자에서 별도의 지정없이 〈다음〉을 클릭한다.
8. '목록 상자 마법사' 7단계 대화상자에서 별도의 지정없이 〈마침〉을 클릭한다.
9. 작성된 목록 상자의 가로 너비를 조절하고 폼의 중앙에 위치하도록 이동시킨다.

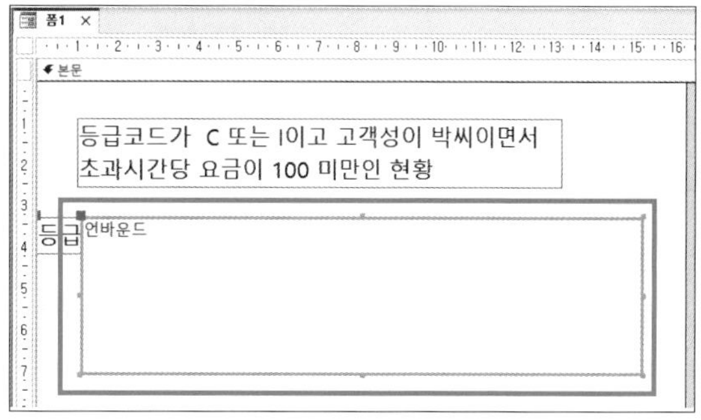

③ 목록 상자의 레이블 삭제하기

목록 상자와 함께 생성된 레이블을 선택한 후 Delete를 눌러 삭제한다.

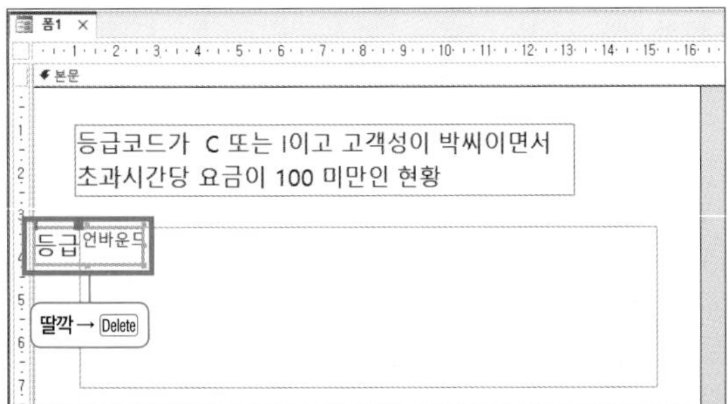

문제에 제시된 그림을 보면 목록상자의 열 레이블이 가운데로 정렬되어 있고, 목록상자의 아래쪽 테두리가 굵게 표시되어 있는데, 이것은 채점 대상이 아니므로 그대로 두면 됩니다.

④ 목록 상자 수정하기

1. 목록 상자를 더블클릭한 후 속성 시트 창의 '형식' 탭에서 열 개수, 열 너비, 열 이름 속성을 그림과 같이 지정한다.

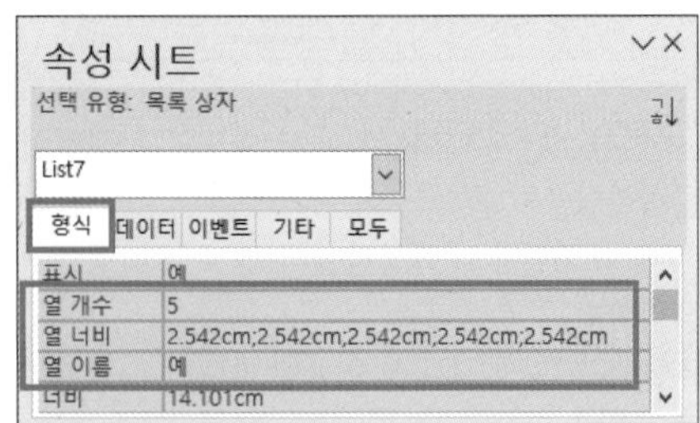

2. 이어서 '데이터' 탭의 행 원본 속성을 선택한 후 '작성기 단추(...)'를 클릭한다.

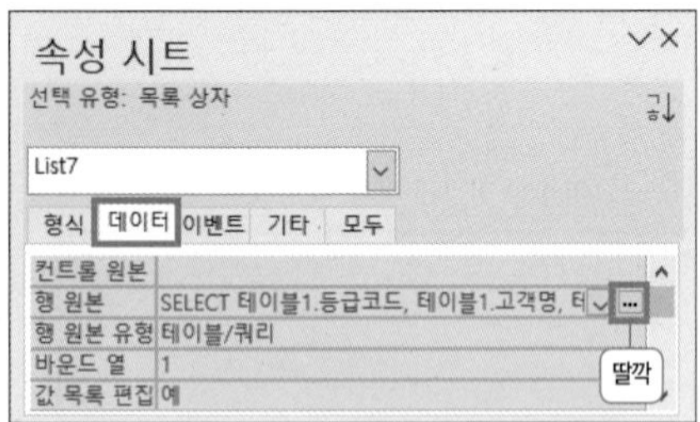

3. '관계' 창의 바로 가기 메뉴에서 **[테이블 표시]**를 선택한다.

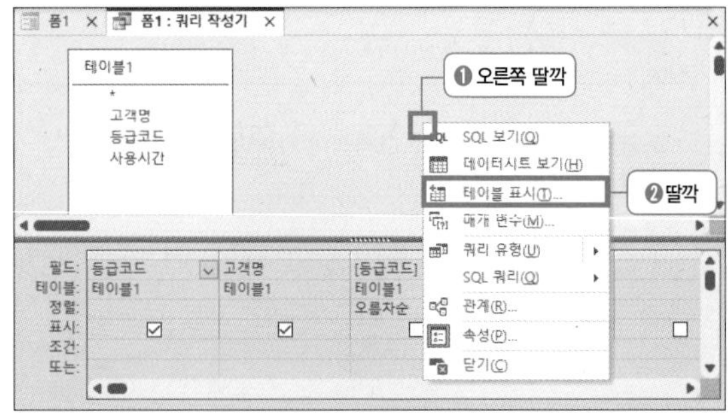

4. '테이블 추가' 창의 '테이블' 탭에서 '테이블2' 테이블을 더블클릭하여 추가한 후 '닫기(✕)' 단추를 클릭한다.

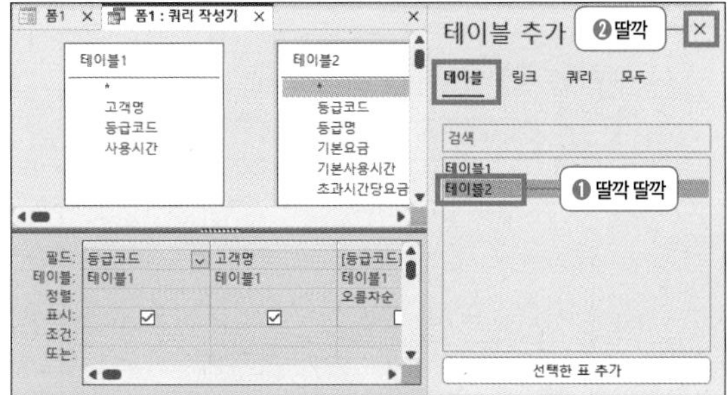

5. 쿼리 작성기에서 '테이블1' 테이블의 '등급코드' 필드를 '테이블2' 테이블의 '등급코드' 필드로 드래그한다.

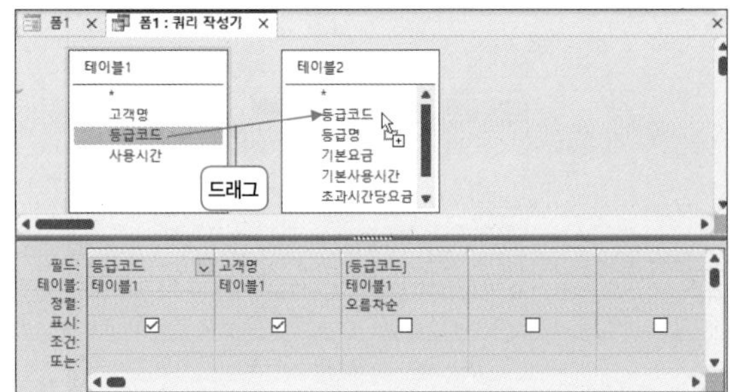

6. 쿼리 작성기에서 '테이블2' 테이블의 '등급명', '기본사용시간', '초과시간당요금' 필드를 그리드 영역으로 드래그하여 추가한다.

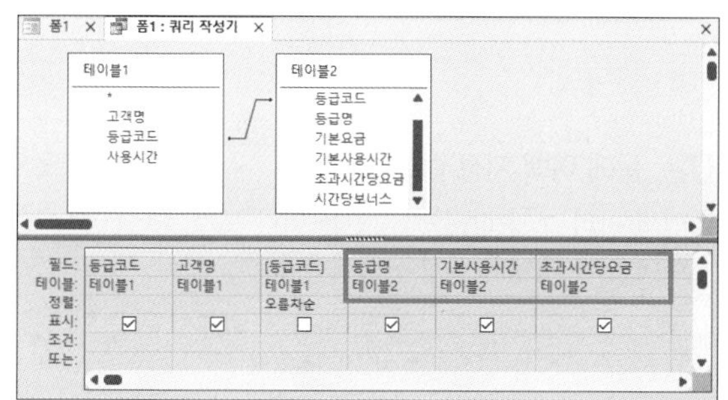

7. 쿼리 작성기에서 '등급코드'와 '고객명', '초과시간당요금'의 조건난에 그림과 같이 조건을 입력한다.

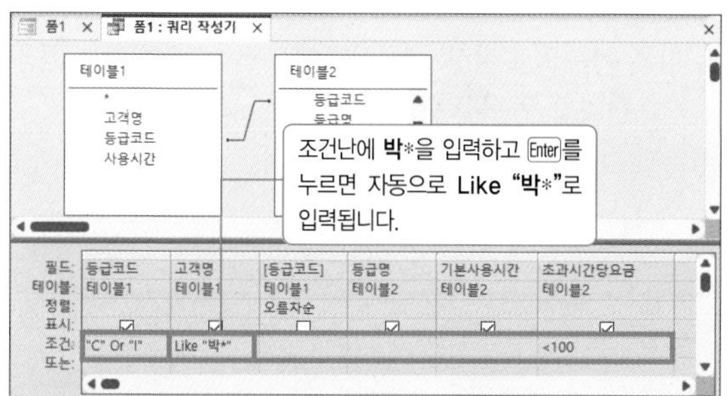

조건난에 박*을 입력하고 Enter를 누르면 자동으로 Like "박*"로 입력됩니다.

Like
- 대표 문자를 이용하여 필드의 값이 패턴과 일치하는 레코드만 검색합니다.
- 문법 : Like "문자패턴"
- 대표 문자

*	모든 문자를 대신함
?	한 자리를 대신함
#	한 자리 숫자를 대신함

※ a* : 'a'로 시작하는 모든 문자 추출
*a : 'a'로 끝나는 모든 문자 추출
a : 'a'가 포함된 모든 문자 추출

8. '쿼리 작성기'의 닫기(✕)' 단추를 클릭하여 나타나는 업데이트 대화상자에서 〈예〉를 클릭한 후 목록 상자 속성 시트 창에서 '닫기(✕)' 단추를 클릭한다.

❺ 텍스트 상자에 SQL문 복사하여 넣기

1. [양식 디자인] → 컨트롤 → **텍스트 상자(▭)**를 클릭한 후 목록 상자 아래쪽에서 적당한 크기로 드래그한다.

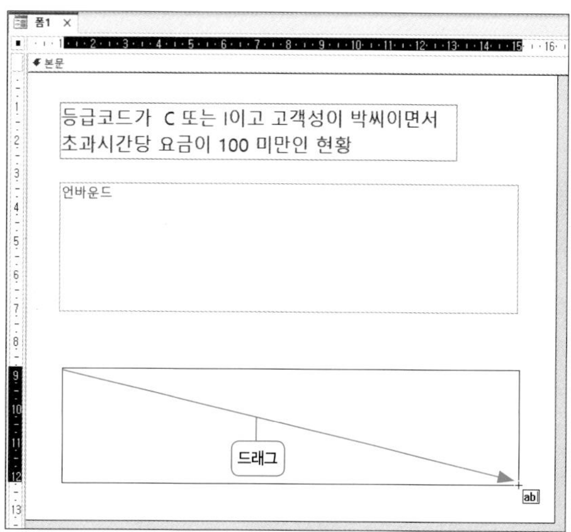

2. '텍스트 상자 마법사'가 실행되면 〈취소〉를 클릭한다.
3. 텍스트 상자와 함께 생성된 레이블을 텍스트 상자 위쪽으로 드래그한 후 레이블의 가로 크기를 텍스트 상자의 가로 크기만큼 늘린 다음 **리스트박스 조회 시 작성된 SQL문**을 입력한다.

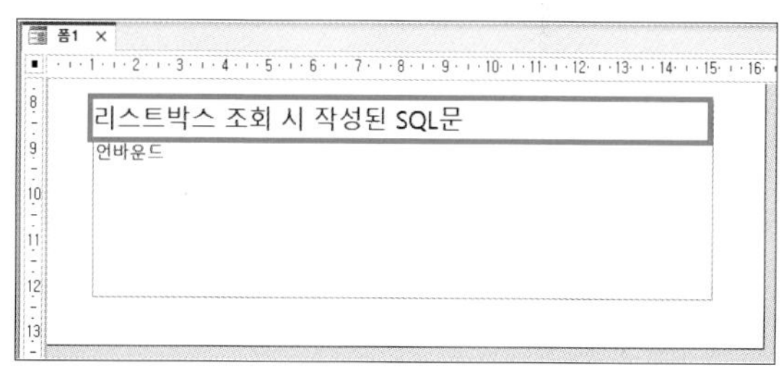

4. 목록 상자를 더블클릭한 후 속성 시트 창의 '데이터' 탭에서 행 원본 속성의 모든 내용을 복사(Ctrl+C)한다.

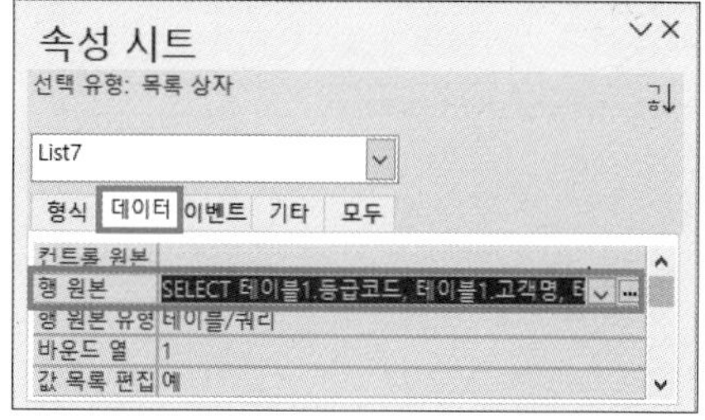

5. 텍스트 상자를 선택하여 '='와 작은따옴표(')를 입력하고 붙여넣기(Ctrl+ V)한 후 작은따옴표(')를 입력한다.

리스트박스 조회 시 작성된 SQL문

='SELECT 테이블1.등급코드, 테이블1.고객명, 테이블2.등급명, 테이블2.기본사용시간, 테이블2.초과시간당요금 FROM 테이블1 INNER JOIN 테이블2 ON 테이블1.등급코드 = 테이블2.등급코드 WHERE (((테이블1.등급코드)="C" Or (테이블1.등급코드)="I") AND ((테이블1.고객명) Like "박*") AND ((테이블2.초과시간당요금)<100)) ORDER BY 테이블1.등급코드;'

6. 텍스트 상자를 선택한 후 [서식] → 컨트롤 서식 → 도형 윤곽선 → 선 종류 → **파선**을 선택한다.

※ **오피스 2016 사용자** : [폼 디자인 도구] → 서식 → 컨트롤 서식 → 도형 윤곽선 → 선 종류 → **파선**을 선택하세요.
※ **오피스 2010 사용자** : [폼 디자인 도구] → 형식 → 컨트롤 서식 → 도형 윤곽선 → 선 종류 → **파선**을 선택하세요.

⑥ 폼 확인하기

[파일] → 인쇄 → **인쇄 미리 보기**를 클릭하여 작성한 폼을 확인한다.

'인쇄 미리 보기' 상태에서 제목의 끝 부분이 잘려보이는 경우 제목 레이블의 너비를 늘려주세요.

02. 폼에 여백 지정 및 저장하기

1. 인쇄 미리 보기 상태에서 [인쇄 미리 보기] → 페이지 레이아웃 → **페이지 설정**을 클릭한다.
2. '페이지 설정' 대화상자의 '인쇄 옵션' 탭에서 위쪽 여백을 60으로 지정한 다음 〈확인〉을 클릭한다.
3. [인쇄 미리 보기] → 미리 보기 닫기 → **인쇄 미리 보기 닫기(⊠)**를 클릭한 후 폼 디자인 상태에서도 '닫기(⊠)' 단추를 클릭한다. 저장 여부를 묻는 대화상자에서 〈예〉를 클릭한다.
4. '다른 이름으로 저장' 대화상자에서 폼 이름의 기본값(폼1)을 확인한 후 〈확인〉을 클릭한다.

문제 3 자료처리 파일(File) 작성

해설

정답

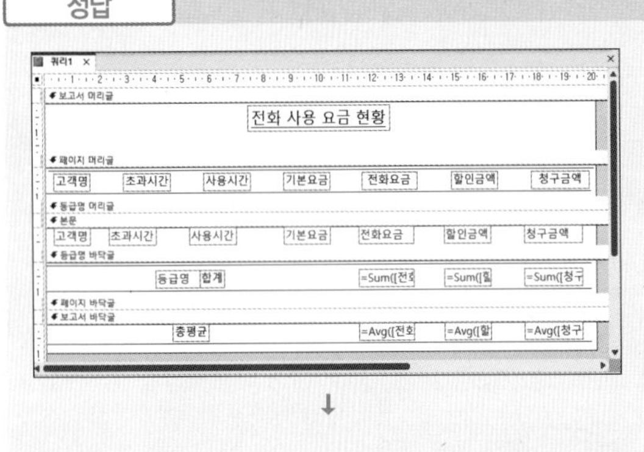

↓

전화 사용 요금 현황

고객명	초과시간	사용시간	기본요금	전화요금	할인금액	청구금액
기가찬	0	40	₩80,000	₩80,000	₩160	₩79,840
박만순	150	450	₩80,000	₩87,500	₩1,800	₩85,700
변혜영	0	90	₩80,000	₩80,000	₩360	₩79,640
	단체	합계		₩247,500	₩2,320	₩245,180
가인선	50	200	₩45,000	₩51,000	₩400	₩50,600
박영철	150	300	₩45,000	₩63,000	₩600	₩62,400
이혜진	90	240	₩45,000	₩55,800	₩480	₩55,320
황당연	0	56	₩45,000	₩45,000	₩112	₩44,888
	일반	합계		₩214,800	₩1,592	₩213,208
강인규	0	80	₩65,000	₩65,000	₩240	₩64,760
김명래	0	140	₩65,000	₩65,000	₩420	₩64,580
박세영	0	75	₩65,000	₩65,000	₩225	₩64,775
이태조	0	70	₩65,000	₩65,000	₩210	₩64,790
	패밀리	합계		₩260,000	₩1,095	₩258,905
문정자	50	150	₩30,000	₩34,500	₩150	₩34,350
유미연	280	380	₩30,000	₩55,200	₩380	₩54,820
윤나영	120	220	₩30,000	₩40,800	₩220	₩40,580
이온진	0	80	₩30,000	₩30,000	₩80	₩29,920
	프리미	합계		₩160,500	₩830	₩159,670
	총평균			₩58,853	₩389	₩58,464

01. 보고서 만들기

1. [만들기] → 보고서 → **보고서 마법사**()를 클릭한다.
2. '보고서 마법사' 1단계 대화상자에서 '쿼리: 쿼리1'을 선택하고 보고서에서 사용되는 필드들을 차례로 더블클릭하여 '선택한 필드'로 이동시킨 후 〈다음〉을 클릭한다.

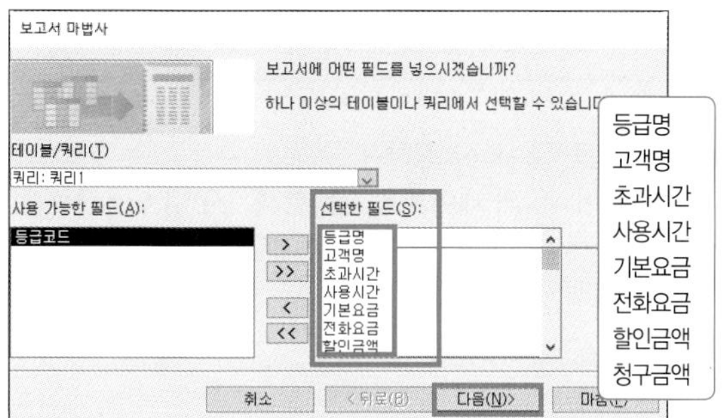

3. '보고서 마법사' 2단계 대화상자에서 '등급명'을 더블클릭한 후 〈다음〉을 클릭한다.

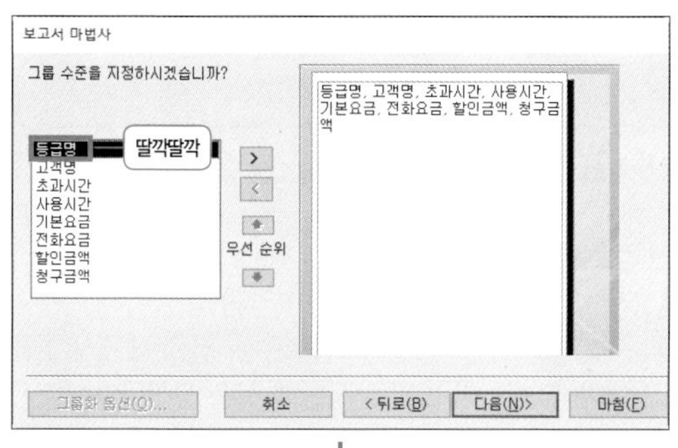

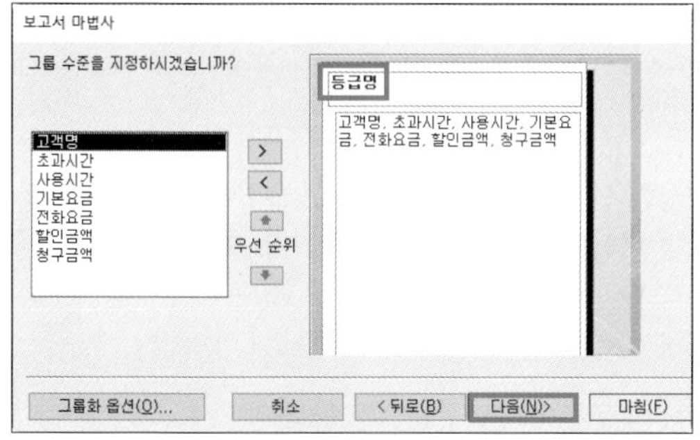

4. '보고서 마법사' 3단계 대화상자에서 〈요약 옵션〉을 클릭한 후 그림과 같이 선택한 다음 〈확인〉을 클릭한다.

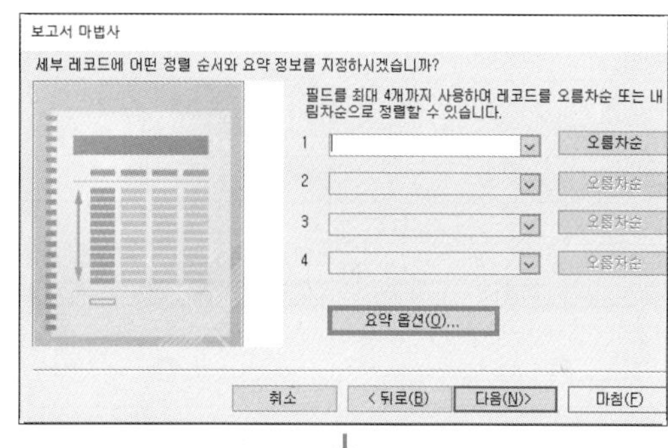

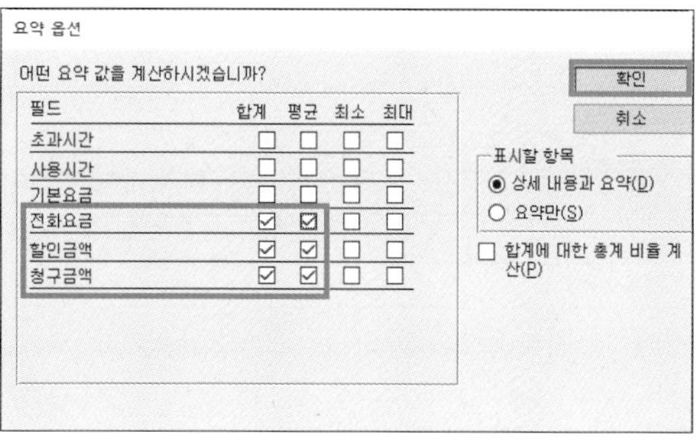

정렬은 정렬 필드가 보고서 화면의 어디에 위치하느냐에 따라 지정하는 곳('보고서 마법사' 또는 '그룹, 정렬 및 요약' 창)이 달라질 수 있는데, 혼동되므로 일괄적으로 '그룹, 정렬 및 요약' 창에서 지정하도록 하겠습니다.

5. '보고서 마법사' 3단계 대화상자에서 〈다음〉을 클릭한다.
6. '보고서 마법사' 4단계 대화상자에서 '단계'가 선택된 것을 확인한 후 〈다음〉을 클릭한다.
7. '보고서 마법사' 5단계 대화상자에서 '보고서 디자인 수정'을 선택한 후 〈마침〉을 클릭한다.

02. 보고서 편집하기

❶ 불필요한 컨트롤 삭제하기

페이지 머리글의 등급명 레이블(❶), 등급명 바닥글의 '= "에 대한 요약"~' 텍스트 상자(❷), 페이지 바닥글의 날짜 텍스트 상자(❸), 페이지 텍스트 상자(❹), 보고서 바닥글의 모든 컨트롤(❺)을 Delete를 눌러 삭제한다.

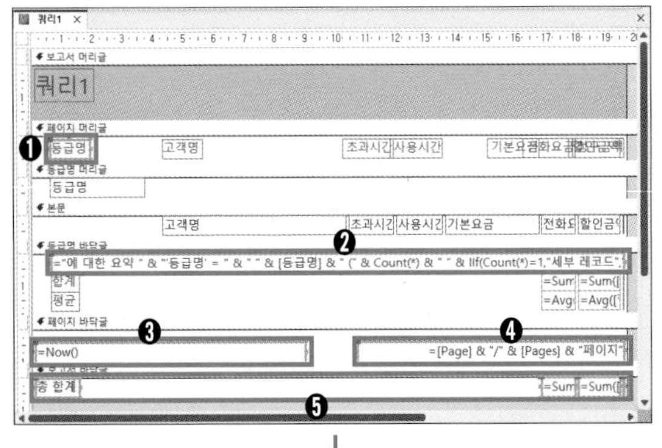

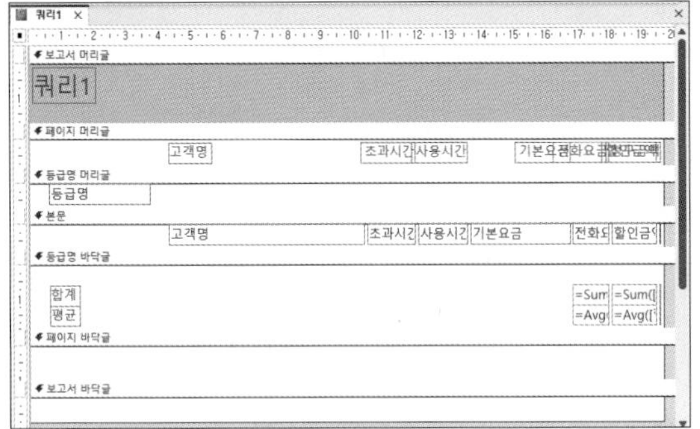

❷ 컨트롤 이동, 크기, 내용 변경하기

1. 등급명 머리글에 있는 '등급명' 텍스트 상자를 등급명 바닥글로 드래그하여 이동시킨다.
2. 등급명 바닥글에 있는 '평균' 레이블, '전화요금의 평균', '할인금액의 평균', '청구금액의 평균' 텍스트 상자를 보고서 바닥글로 드래그하여 이동시킨다.
3. 컨트롤의 크기, 위치 및 내용을 그림과 같이 변경한다.

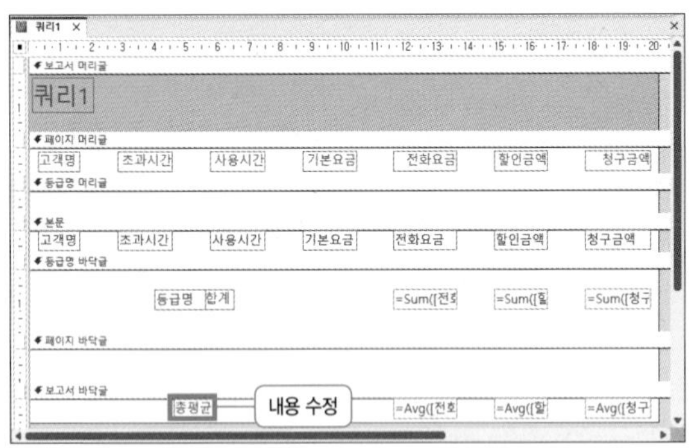

❸ 정렬 지정하기

1. 보고서 디자인 보기 상태에서 [보고서 디자인] → 그룹화 및 요약 → **그룹화 및 정렬**을 클릭한다.

※ **오피스 2010 사용자** : [보고서 디자인 도구] → 디자인 → 그룹화 및 요약 → **그룹화 및 정렬**을 클릭하세요.

2. '그룹, 정렬 및 요약' 창에서 〈정렬 추가〉를 클릭한 후 '필드 선택' 창에서 정렬 기준 필드를 '고객명'으로, 정렬 순서를 '오름차순'으로 지정한 다음 '닫기(×)' 단추를 클릭한다.

❹ 제목 입력 및 서식 지정하기

1. 보고서 머리글의 레이블을 선택한 후 [서식] → **글꼴**에서 글꼴 크기 16, '밑줄(가)', '가운데 맞춤(≡)'을 지정한다.

※ **오피스 2016 사용자** : [보고서 디자인 도구] → 서식 → **글꼴**에서 글꼴 크기, '밑줄(가)', '가운데 맞춤(≡)'을 지정하세요.

2. 제목 레이블의 가로 크기를 보고서 가로 크기만큼 늘린다.
3. 보고서 머리글의 레이블에 이미 입력된 내용을 지우고 **전화 사용 요금 현황**을 입력한다.

❺ 선 컨트롤 추가하기

1. [보고서 디자인] → 컨트롤 → **선**(⟋)을 클릭하고, [서식] → 컨트롤 서식 → 도형 윤곽선 → **선 두께**에서 '1pt'를 선택한 후 페이지 머리글 상단에 선을 생성한다.

※ **오피스 2016 사용자** : [보고서 디자인 도구] → 서식 → 컨트롤 서식 → 도형 윤곽선 → 선 두께 → 1pt를 선택하세요.
※ **오피스 2010 사용자** : [보고서 디자인 도구] → 형식 → 컨트롤 서식 → 도형 윤곽선 → 선 두께 → 1pt를 선택하세요.

2. 생성한 선을 복사(Ctrl+C)하여 페이지 머리글 하단, 등급명 바닥글, 보고서 바닥글에 각각 붙여넣은(Ctrl+V) 후 그림과 같이 배치한다.

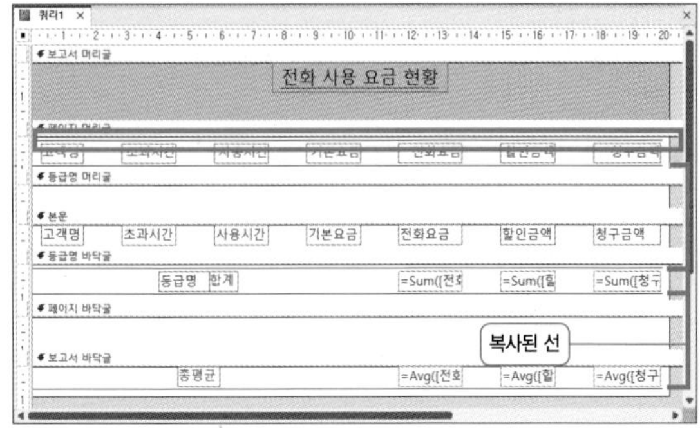

⑥ 금액 컨트롤에 속성 지정하기

1. 등급명 바닥글의 '전화요금의 합계', '청구금액의 합계', 보고서 바닥글의 '전화요금의 평균', '청구금액의 평균'을 선택한 후 바로 가기 메뉴에서 **[속성]**을 선택한다.
2. '여러 항목 선택' 속성 시트 창의 '형식' 탭에서 형식 속성을 '통화'로, 소수 자릿수 속성을 0으로 지정한다.

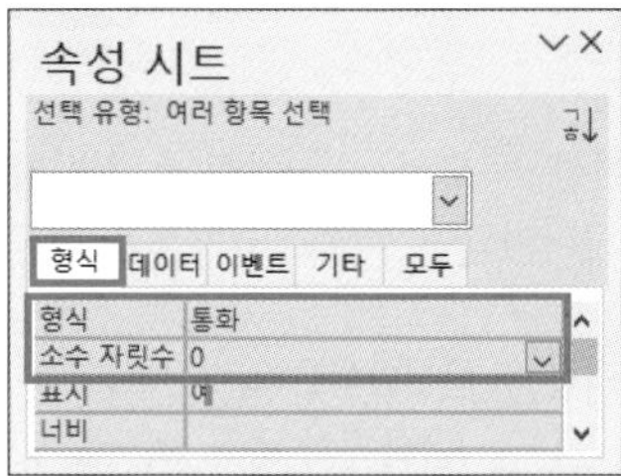

[보고서 디자인] → 보기 → **보고서 보기/인쇄 미리 보기**를 클릭하여 금액 데이터 중 원화(₩) 표시가 없거나 소수 이하 값이 있는 필드를 확인한 후 속성을 지정하면 됩니다.

⑦ 컨트롤의 데이터 정렬 및 글꼴 색 변경하기

1. 모든 레이블(제목, 페이지 머리글의 모든 레이블, 등급명 바닥글의 합계와 보고서 바닥글의 총평균 레이블)과 문자 데이터가 들어 있는 텍스트 상자(본문의 고객명과 등급명 바닥글의 등급명 텍스트 상자)를 모두 선택한 후 [서식] → **글꼴**에서 '가운데 맞춤(≡)'을 두 번 클릭한다.
2. 이어서 [서식] → 글꼴 → **글꼴 색**(가)에서 '검정, 텍스트1'을 선택한다.
3. 레이블이나 텍스트 상자의 크기 및 위치를 조절하여 문제지에 주어진 그림과 같이 열의 간격과 정렬을 맞춘다.

⑧ 배경색 및 교차 행 색 변경하기

1. 보고서 머리글 선택기를 클릭한 후 [서식] → 컨트롤 서식 → **도형 채우기**에서 '흰색, 배경1'을 선택한다.

※ **오피스 2016 사용자** : [보고서 디자인 도구] → 서식 → 컨트롤 서식 → **도형 채우기**에서 '흰색, 배경 1'을 지정하세요.
※ **오피스 2010 사용자** : [보고서 디자인 도구] → 형식 → 컨트롤 서식 → **도형 채우기**에서 '흰색, 배경 1'을 지정하세요.

2. 본문 선택기를 클릭한 후 [서식] → 배경 → 교차 행 색 → **색 없음**을 선택한다.

※ **오피스 2016 사용자** : [보고서 디자인 도구] → 서식 → 배경 → 교차 행 색 → **색 없음**을 지정하세요.
※ **오피스 2010 사용자** : [보고서 디자인 도구] → 형식 → 배경 → 대체 행 색 → **색 없음**을 지정하세요.

3. 같은 방법으로 등급명 바닥글의 교차 행 색도 '색 없음'으로 지정한다.

⑨ 컨트롤에 테두리 서식 변경하기

등급명 바닥글과 보고서 바닥글의 모든 텍스트 상자를 선택한 후 [서식] → 컨트롤 서식 → 도형 윤곽선 → **투명**을 선택한다.

⑩ 사용되지 않는 영역 제거 및 보고서 확인하기

1. 본문과 보고서 바닥글의 선택기를 위쪽으로 드래그하여 빈 공간만 확보된 등급명 머리글과 페이지 바닥글 영역을 제거한다.

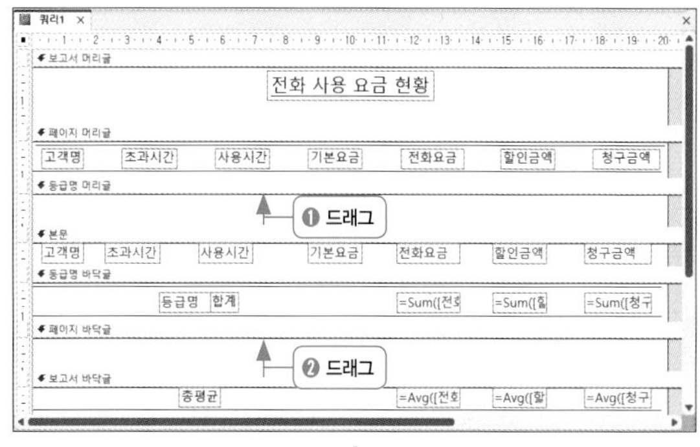

↓

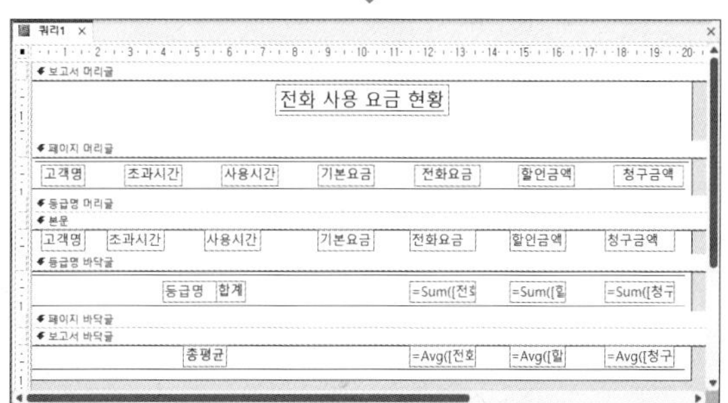

2. 보고서 디자인 보기 상태에서 [보고서 디자인] → 보기 → (보기) → **인쇄 미리 보기**를 클릭하여 작성한 보고서를 확인한다.

03. 보고서 여백 설정하기

1. 인쇄 미리 보기 상태에서 [인쇄 미리 보기] → 페이지 레이아웃 → **페이지 설정**을 클릭한 후 '페이지 설정' 대화상자의 '인쇄 옵션' 탭에서 위쪽 여백을 60으로 지정하고 〈확인〉을 클릭한다.
2. [인쇄 미리 보기] → 미리 보기 닫기 → **인쇄 미리 보기 닫기**(☒)를 클릭한 후 보고서 디자인 상태에서도 '닫기(☒)' 단추를 클릭한다. 저장 여부를 묻는 대화상자에서 〈예〉를 클릭한다.

01회 PowerPoint – 시상 작업(PT)

정답 및 해설

문제 1 제 1슬라이드

해설

01. 제 1슬라이드 작성하기

정답

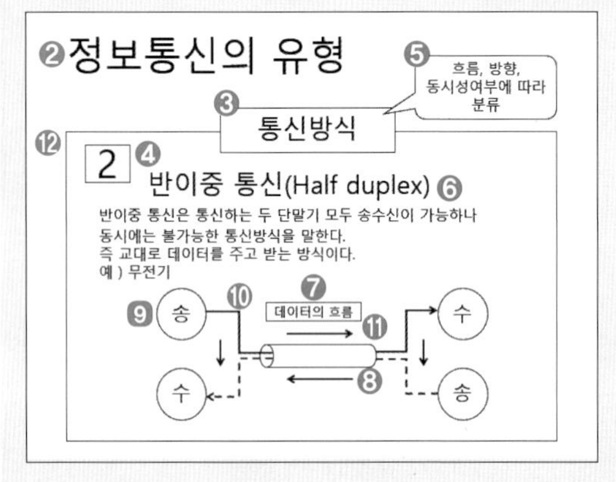

❶ 파일 저장 및 슬라이드 레이아웃 지정하기

1. 파워포인트를 실행시키고 **새 프레젠테이션**을 클릭한 후 [파일] → 다른 이름으로 저장 → **찾아보기**를 선택한다.

※ **오피스 2016 사용자** : 파워포인트 프로그램을 실행시키고 **새 프레젠테이션**을 클릭한 후 빠른 실행 도구 모음의 '저장(💾)' 아이콘을 클릭하고 〈찾아보기〉를 클릭하세요.

2. '다른 이름으로 저장' 대화상자에서 저장 위치를 '바탕화면'으로 지정하고, 파일 이름에 **공개문제01**을 입력한 후 〈저장〉을 클릭한다.
3. 슬라이드의 바로 가기 메뉴에서 [레이아웃] → **제목만**을 선택한다.

❷ 제목 작성하기

1. '제목을 추가하려면 클릭하십시오.' 부분을 클릭한 후 **정보통신의 유형**을 입력한다.
2. 제목이 입력된 텍스트 상자를 선택한 후 [홈] → **글꼴**에서 글꼴 크기를 48로 지정한다.
3. 텍스트 상자의 크기 및 위치를 조절한다.

❸, ❹ 직사각형1 삽입하기

1. [삽입] → 일러스트레이션 → 도형 → 사각형 → **직사각형(□)**을 선택한 후 슬라이드에 적당한 크기로 드래그하여 삽입한다.
2. 삽입한 직사각형을 선택한 후 **통신방식**을 입력한다.
3. 직사각형을 선택한 후 [홈] → **글꼴**에서 글꼴 크기를 32로 지정한다.
4. [삽입] → 일러스트레이션 → 도형 → 사각형 → **직사각형(□)**을 선택한 후 슬라이드에 적당한 크기로 드래그하여 삽입한다.
5. 삽입한 직사각형을 선택한 후 **2**를 입력한다.
6. 직사각형을 선택한 후 [홈] → **글꼴**에서 글꼴 크기를 48로 지정한다.

❺ '말풍선: 모서리가 둥근 사각형' 삽입하기

1. [삽입] → 일러스트레이션 → 도형 → 설명선 → **말풍선: 모서리가 둥근 사각형(💬)**을 선택한 후 슬라이드에 적당한 크기로 드래그하여 삽입한다.
2. 삽입한 '말풍선: 모서리가 둥근 사각형'을 선택한 후 그림과 같이 내용을 입력한다.

3. 설명선을 선택하면 표시되는 노란색 점(●)을 왼쪽 상단으로 드래그하여 설명선 시작 위치를 그림과 같이 변경한다.

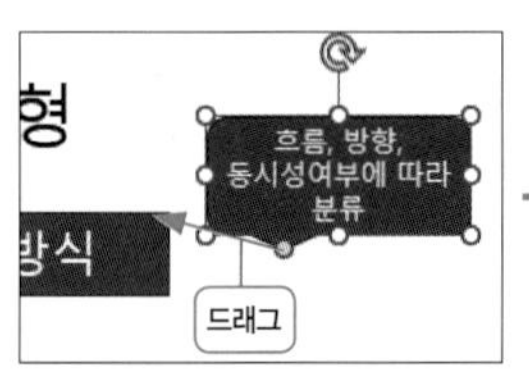

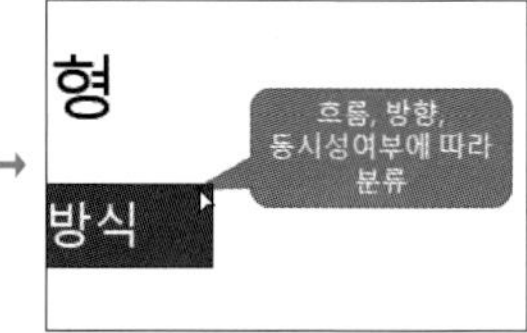

❻ 텍스트 상자 삽입하기

1. [삽입] → 텍스트 → **가로 텍스트 상자 그리기(가)**를 클릭한 후 슬라이드의 적당한 위치를 클릭한다.

2. 삽입한 텍스트 상자에 그림과 같이 내용을 입력한다.

반이중 통신(Half duplex)
반이중 통신은 통신하는 두 단말기 모두 송수신이 가능하나
동시에는 불가능한 통신방식을 말한다.
즉 교대로 데이터를 주고 받는 방식이다.
예) 무전기

3. 텍스트 상자의 첫 번째 줄을 마우스로 드래그하여 블록으로 지정한 후 [홈] → **글꼴**에서 글꼴 크기 32를, [홈] → **단락**에서 '가운데 맞춤(☰)'을 지정한다.
4. 텍스트 상자의 두 번째 줄을 마우스로 클릭한 후 [홈] → **단락**에서 '줄 간격(↕☰ ▾)'을 1.5로 지정한다.

❼ 직사각형2 삽입하기

1. [삽입] → 일러스트레이션 → 도형 → 사각형 → **직사각형**(□)을 선택한 후 슬라이드에 적당한 크기로 드래그하여 삽입한다.
2. 삽입한 직사각형을 선택한 후 **데이터의 흐름**을 입력한다.
3. 직사각형을 선택한 후 [홈] → **글꼴**에서 글꼴 크기를 16으로 지정한다.

❽ 원통형 삽입하기

1. [삽입] → 일러스트레이션 → 도형 → 기본 도형 → **원통형**(⌸)을 선택한 후 슬라이드에 적당한 크기로 드래그하여 삽입한다.
2. 삽입한 원통형을 선택한 후 [도형 서식] → 정렬 → 회전(⟳ ▾) → **왼쪽으로 90도 회전**을 선택한다.

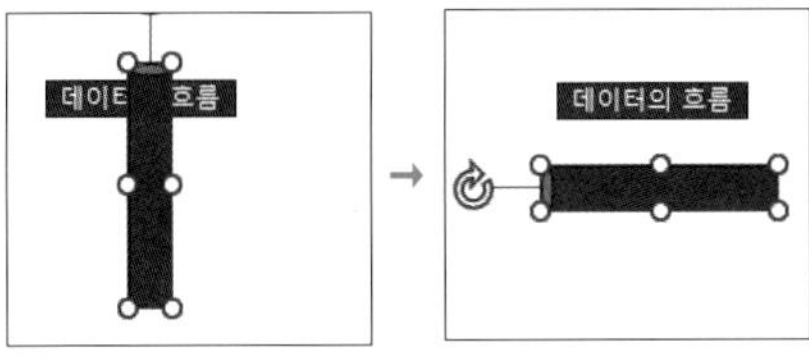

※ **오피스 2010 사용자** : [그리기 도구] → 서식 → 정렬 → 회전(⟳ ▾) → **왼쪽으로 90도 회전**을 선택하세요.

3. 원통형을 선택하면 표시되는 노란색 점(●)을 오른쪽으로 드래그하여 모양을 변경한다.

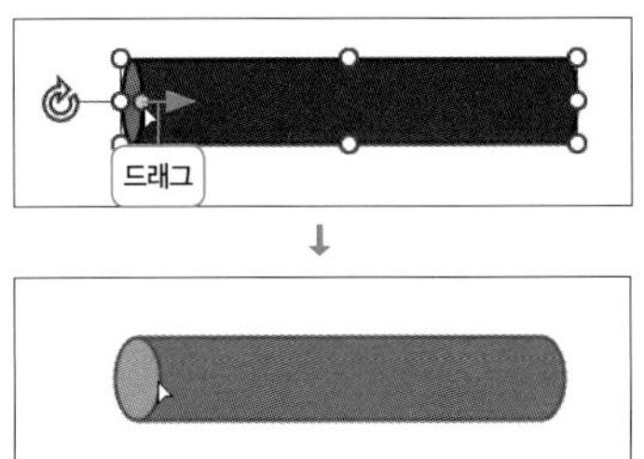

❾ 타원 삽입하기

1. [삽입] → 일러스트레이션 → 도형 → 기본 도형 → **타원**(◯)을 선택한 후 슬라이드에 적당한 크기로 드래그하여 삽입한다.
2. 삽입한 타원을 선택한 후 **송**을 입력한다.
3. 삽입한 타원을 선택한 후 [홈] → **글꼴**에서 글꼴 크기를 25로 지정한다.
4. Ctrl+Shift를 누른 채 타원을 아래쪽으로 드래그하여 복사한 후 내용을 **수**로 수정한다.
5. 같은 방법으로 그림과 같이 타원을 복사한 후 내용을 수정한다.

❿ '연결선: 꺾임' 및 '연결선: 꺾인 화살표' 삽입하기

1. [삽입] → 일러스트레이션 → 도형 → 선 → **연결선: 꺾임**(⌐)을 이용하여 그림과 같이 도형을 연결한다.

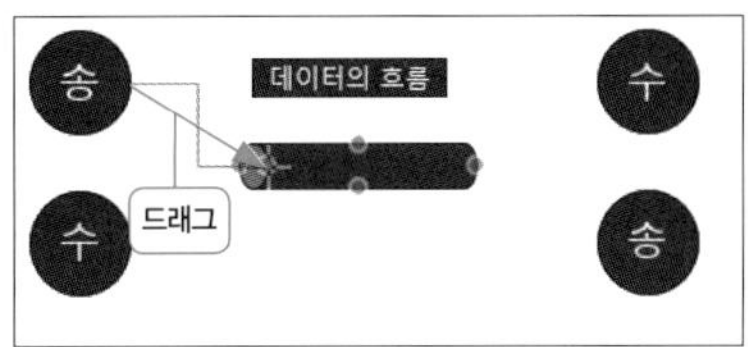

2. 삽입한 연결선을 위쪽으로 드래그하여 위치를 이동한다.

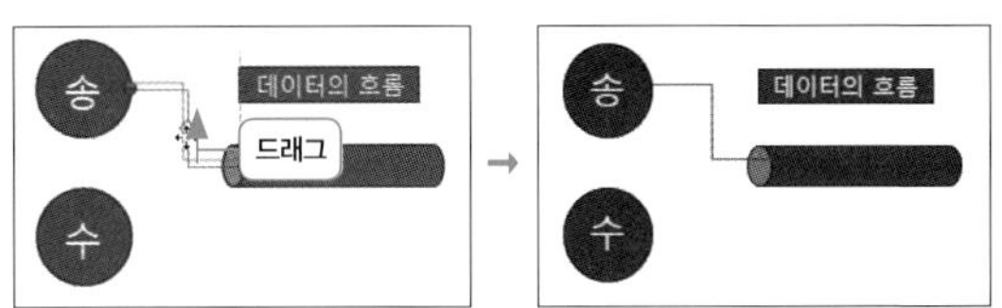

3. 같은 방법으로 나머지 '연결선: 꺾임'도 그림과 같이 삽입한다.

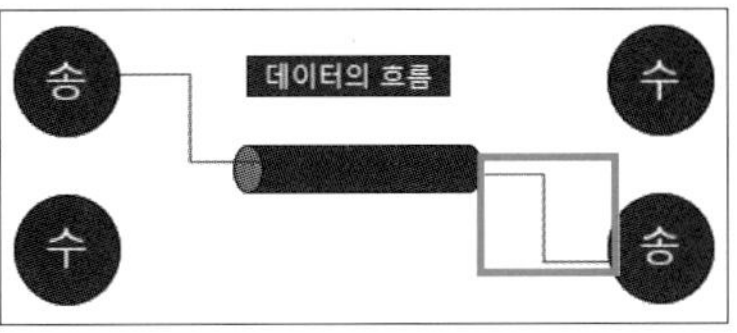

4. [삽입] → 일러스트레이션 → 도형 → 선 → **연결선: 꺾인 화살표**(⌐)를 이용하여 그림과 같이 도형을 연결한다.

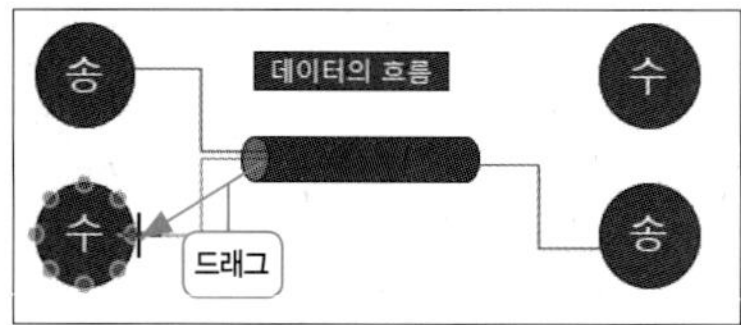

5. 삽입한 '연결선: 꺾인 화살표'를 아래쪽으로 드래그하여 위치를 이동한다.

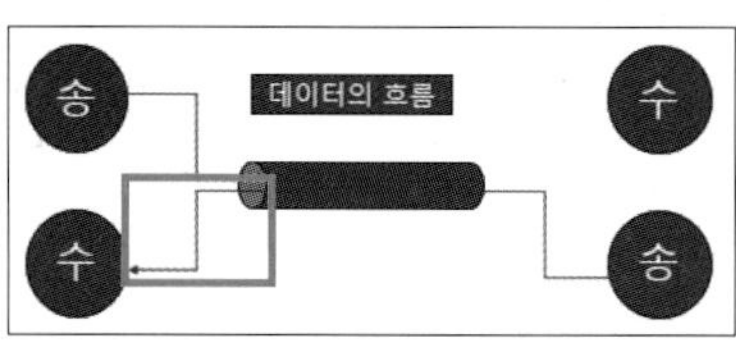

6. 같은 방법으로 나머지 '연결선: 꺾인 화살표'도 그림과 같이 삽입한다.

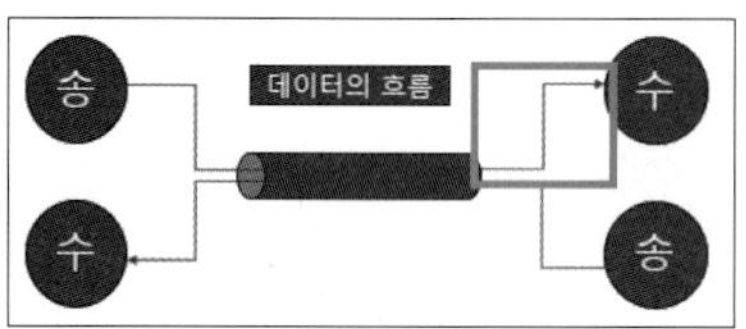

7. 연결선을 모두 선택한 후 [도형 서식] → 도형 스타일 → **도형 윤곽선**에서 두께를 '2¼pt'로 지정한다.
8. 파선으로 표시할 연결선을 모두 선택한 후 [도형 서식] → 도형 스타일 → **도형 윤곽선**에서 대시를 '파선'으로 지정한다.

⑪ 선 화살표 삽입하기

1. [삽입] → 일러스트레이션 → 도형 → 선 → **선 화살표**(↘)를 선택한 후 슬라이드에 적당한 크기로 드래그하여 삽입한다.
2. 화살표를 선택한 후 [도형 서식] → 도형 스타일 → **도형 윤곽선**에서 두께를 '2¼pt', 화살표를 '화살표 스타일 2(———→)로 지정한다.

※ 오피스 2016/오피스 2010 사용자 : 화살표를 삽입하면 기본적으로 '화살표 스타일 2'로 작성되므로 그대로 두면 됩니다.

3. Ctrl+Shift를 누른 채 화살표를 아래쪽으로 드래그하여 복사한다.

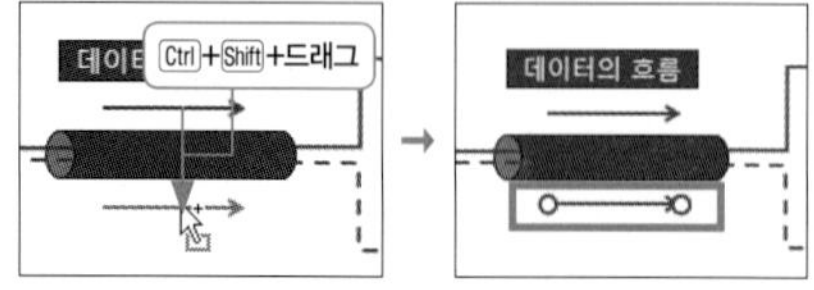

4. 복사한 화살표를 선택한 후 [도형 서식] → 정렬 → 회전(회전 아이콘) → **좌우 대칭**을 선택한다.

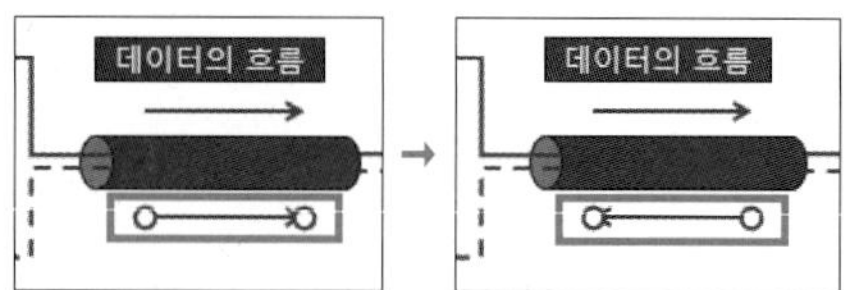

5. [삽입] → 일러스트레이션 → 도형 → 선 → **선 화살표**(↘)를 선택한 후 슬라이드에 적당한 크기로 드래그하여 삽입한다.
6. 화살표를 선택한 후 [도형 서식] → 도형 스타일 → **도형 윤곽선**에서 두께를 '2¼pt', 화살표를 화살표를 '화살표 스타일 2(———→)로 지정한다.
7. Ctrl+Shift를 누른 채 화살표를 오른쪽으로 드래그하여 복사한다.

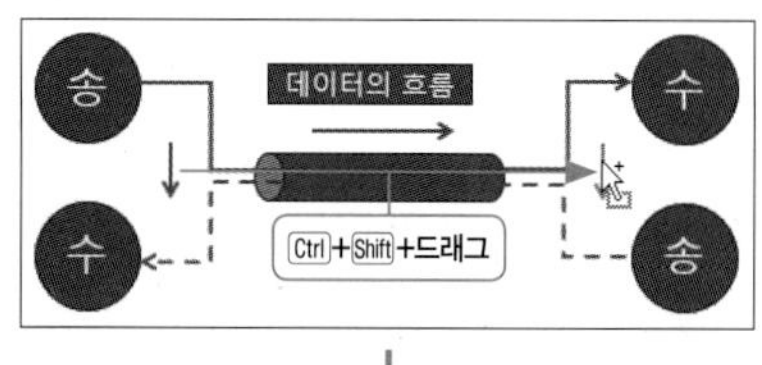

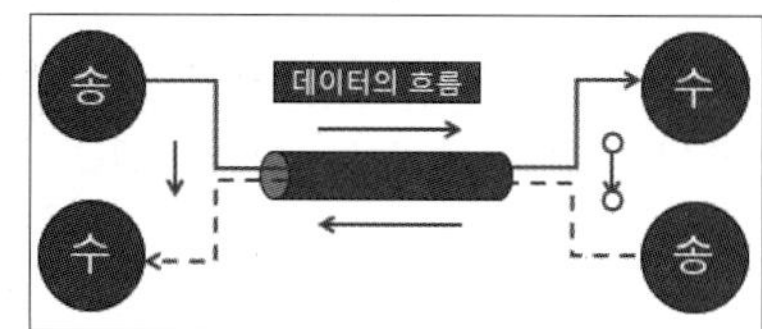

⑫ 직사각형3 삽입하기

1. [삽입] → 일러스트레이션 → 도형 → 사각형 → **직사각형**(□)을 선택한 후 슬라이드에 적당한 크기로 드래그하여 삽입한다.
2. 삽입한 직사각형을 선택한 후 [도형 서식] → 도형 스타일 → 도형 채우기 → **흰색, 배경 1**을 선택한다.
3. 직사각형의 바로 가기 메뉴에서 **[맨 뒤로 보내기]**를 선택한다.

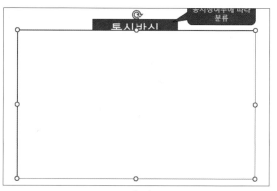

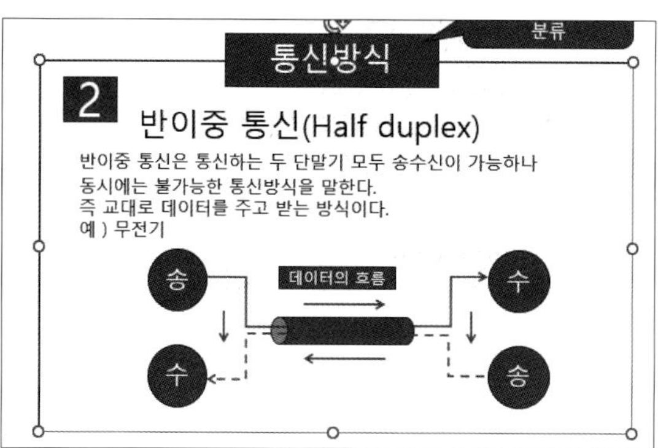

⑬ 서식 및 채우기 색, 선 색 지정하기

1. 글꼴 색을 '검정색'으로 지정할 도형을 모두 선택한 후 [홈] → **글꼴**에서 글꼴 색을 '검정, 텍스트 1'로 지정한다.
2. 채우기 색을 '흰색, 배경 1'로 지정할 도형을 모두 선택한 후 [도형 서식] → 도형 스타일 → 도형 채우기 → **흰색, 배경 1**을 선택한다.
3. 텍스트 상자를 제외한 모든 도형을 선택한 후 [도형 서식] → 도형 스타일 → 도형 윤곽선 → **검정, 텍스트 1**을 지정한다.

문제 2 제 2슬라이드

해설

01. 제 2슬라이드 작성하기

정답

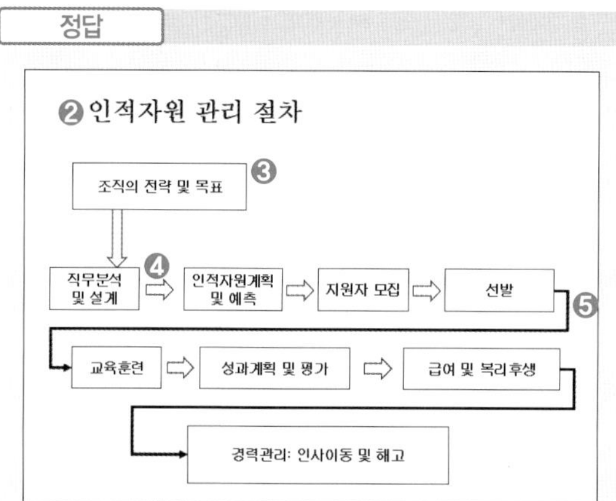

❶ 슬라이드 삽입하기

[홈] → 슬라이드 → **새 슬라이드**( )를 클릭하거나 Ctrl+M을 눌러 슬라이드를 삽입한다.

❷ 제목 작성하기

1. '제목을 추가하려면 클릭하십시오.' 부분을 클릭한 후 **인적자원 관리 절차**를 입력한다.
2. 제목이 입력된 텍스트 상자를 선택한 후 [홈] → **글꼴**에서 글꼴 '바탕', 글꼴 크기 32, '굵게(가)'를 지정한다.
3. 텍스트 상자의 크기 및 위치를 조절한다.

❸ 직사각형 삽입하기

1. [삽입] → 일러스트레이션 → 도형 → 사각형 → **직사각형**( )을 선택한 후 슬라이드에 적당한 크기로 드래그하여 삽입한다.
2. 삽입한 직사각형을 선택한 후 **조직의 전략 및 목표**를 입력한다.
3. 직사각형을 선택한 후 [홈] → **글꼴**에서 글꼴 '굴림', '굵게(가)', 글꼴 색 '검정, 텍스트 1'을 지정한다.
4. [도형 서식] → 도형 스타일 → 도형 채우기 → **흰색, 배경 1**을 선택한다.
5. [도형 서식] → 도형 스타일 → **도형 윤곽선**에서 테마 색 '검정, 텍스트 1'을 지정한다.

※ 오피스 2010 사용자 : [그리기 도구] → 서식 → 도형 스타일 → **도형 윤곽선**에서 테마 색 '검정, 텍스트 1', 선 두께 '¾pt'로 지정하세요.

6. Ctrl을 누른 채 직사각형을 아래쪽으로 드래그하여 8번 복사한 후 그림과 같이 내용을 수정하고 크기를 조절한다.

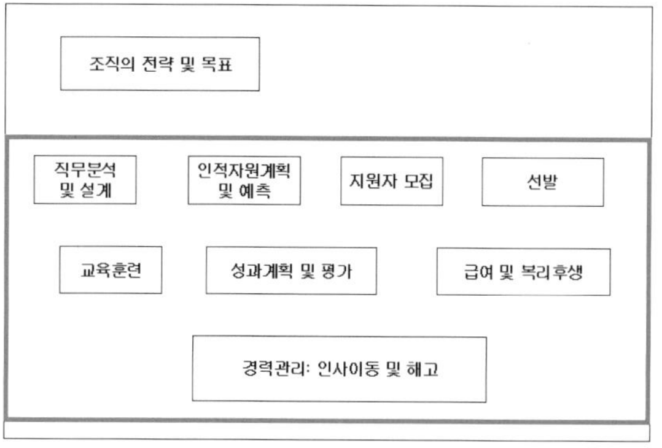

❹ '화살표: 오른쪽' 삽입하기

1. [삽입] → 일러스트레이션 → 도형 → 블록 화살표 → **화살표: 오른쪽(⇨)**을 선택한 후 슬라이드에 적당한 크기로 드래그하여 삽입한다.
2. 삽입한 화살표를 선택한 후 [도형 서식] → 도형 스타일 → 도형 채우기 → **흰색, 배경 1**을 선택한다.
3. [도형 서식] → 도형 스타일 → **도형 윤곽선**에서 테마 색 '검정, 텍스트 1'를 지정한다.

※ 오피스 2010 사용자 : [그리기 도구] → 서식 → 도형 스타일 → **도형 윤곽선**에서 테마 색 '검정, 텍스트 1', 선 두께 '¾pt'로 지정하세요.

4. Ctrl+Shift를 누른 채 화살표를 드래그하여 그림과 같이 5번 복사한다.

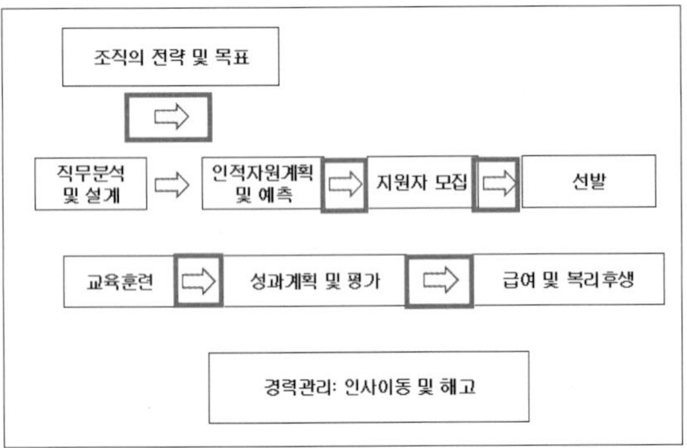

5. 세로 방향으로 변경할 화살표를 선택한 후 [도형 서식] → 정렬 → 회전( ) → **오른쪽으로 90도 회전**을 선택한다.

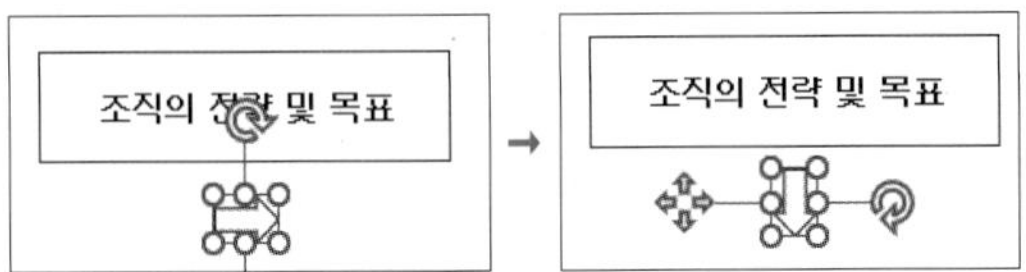

6. 회전한 화살표의 크기 및 위치를 조절한다.

❺ '연결선: 꺾인 화살표' 삽입하기

1. [삽입] → 일러스트레이션 → 도형 → 선 → **연결선: 꺾인 화살표(⎤)**를 이용하여 그림과 같이 도형을 연결한다.

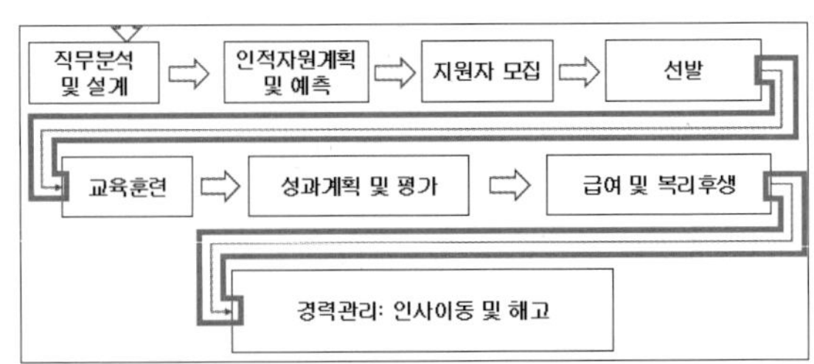

2. 삽입한 '연결선: 꺾인 화살표'를 선택하면 표시되는 노란색 점( )을 왼쪽으로 드래그하여 모양을 변경한다.

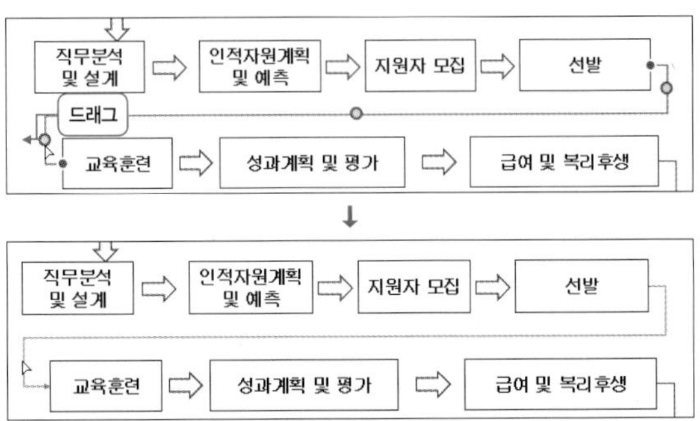

3. 같은 방법으로 나머지 '연결선: 꺾인 화살표'도 모양을 변경한다.

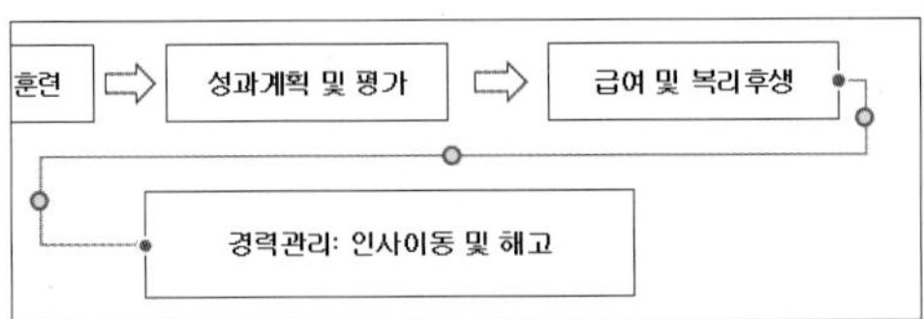

4. 삽입한 '연결선: 꺾인 화살표'를 모두 선택한 후 [도형 서식] → 도형 스타일 → **도형 윤곽선**에서 테마 색 '검정, 텍스트 1', 선 두께 '3pt'로 지정한다.

02. 날짜와 페이지 번호 지우기

1. [보기] → 마스터 보기 → **유인물 마스터**를 클릭한다.
2. [유인물 마스터] → **개체 틀**에서 '날짜'와 '페이지 번호'의 체크 표시를 해제한다.

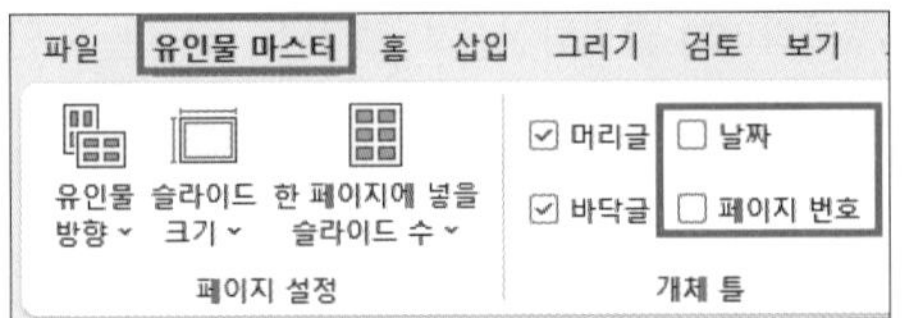

01회 인쇄 작업

정답 및 해설

인쇄하기

해설

01. Excel – 작업표 및 그래프 출력하기

1. 작성된 '공개문제01.xlsx' 파일을 더블클릭하여 불러온다.
2. [페이지 레이아웃] → **페이지 설정**의 [⧉]를 클릭한 후 '페이지 설정' 대화상자의 '여백' 탭에서 위쪽 여백이 6으로 지정되어 있는지 확인한 후 〈인쇄 미리 보기〉를 클릭한다.
3. 인쇄 미리 보기 화면에서 작업표와 차트가 모두 한 페이지에 인쇄되는지 확인한 후 '설정'에서 '활성 시트 인쇄'의 페이지를 1, 위치를 1로 지정하고 〈인쇄〉를 클릭한다.

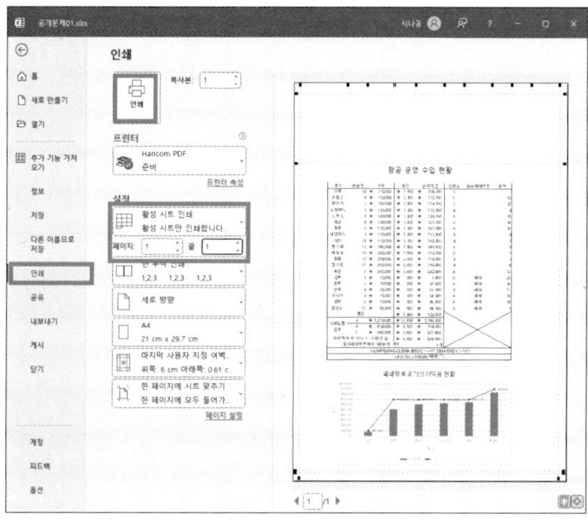

02. Access – 폼과 보고서 인쇄하기

❶ 폼 인쇄하기

1. 작성된 '공개문제01.accdb' 파일을 더블클릭하여 불러온다.
2. '탐색' 창의 폼 개체에서 작성한 '폼1'을 선택한다.
3. [파일] → 인쇄 → **인쇄**를 선택한 후 '인쇄' 대화상자에서 〈설정〉을 클릭한다. 이어서 '페이지 설정' 대화상자의 '인쇄 옵션' 탭에서 위쪽 여백이 60으로 지정되어 있는지 확인한 후 〈확인〉을 클릭한다.
4. '인쇄' 대화상자의 인쇄 범위에서 '인쇄할 페이지'를 1부터 1까지로 설정한 후 〈확인〉을 클릭한다.

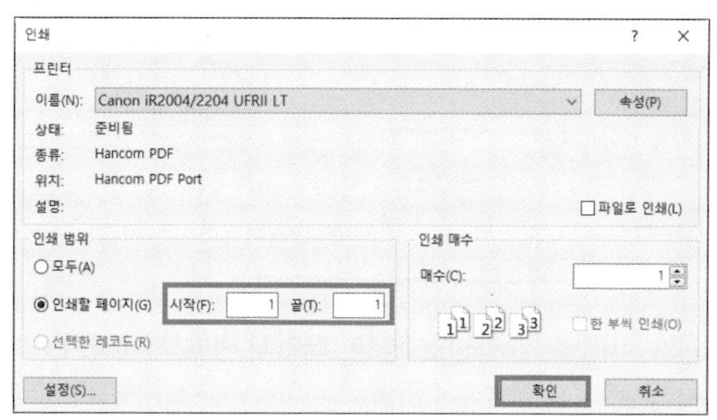

❷ 보고서 인쇄하기

1. '탐색' 창의 보고서 개체에서 작성한 '쿼리1'을 선택한다.
2. [파일] → 인쇄 → **인쇄**를 선택한 후 '인쇄' 대화상자에서 〈설정〉을 클릭한다. 이어서 '페이지 설정' 대화상자의 '인쇄 옵션' 탭에서 위쪽 여백이 60으로 지정되어 있는지 확인한 후 〈확인〉을 클릭한다.
3. '인쇄' 대화상자의 인쇄 범위에서 '인쇄할 페이지'를 1부터 1까지로 설정한 후 〈확인〉을 클릭한다.

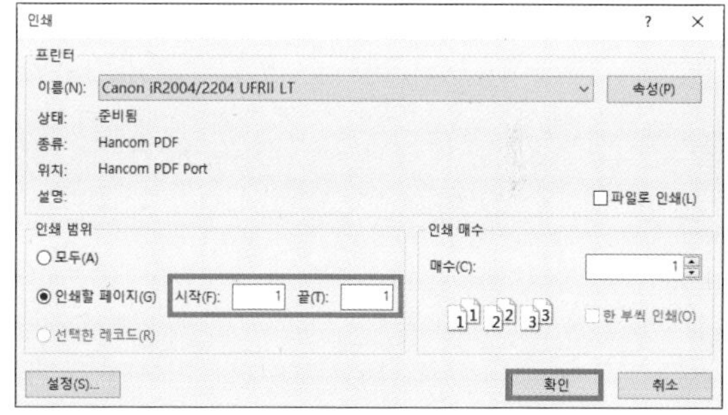

03. PowerPoint – 슬라이드 출력하기

1. 작성된 '공개문제01.pptx' 파일을 더블클릭하여 불러온다.
2. [보기] → 마스터 보기 → **유인물 마스터**를 선택한 후 '날짜'와 '페이지 번호'의 체크 표시가 해제되었는지 확인한다.
3. [파일] → 인쇄 → **설정**에서 '2슬라이드'와 '고품질', '컬러'를 지정한 후 〈인쇄〉를 클릭한다.

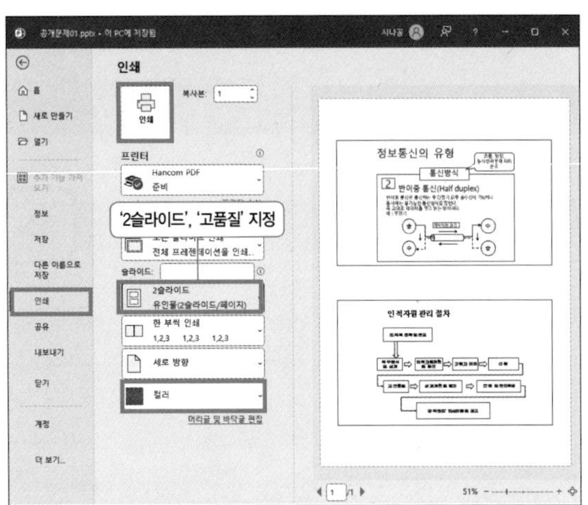

04. 비번호, 수험번호, 성명, 페이지 번호 기재하기

지금까지 인쇄한 4장의 인쇄물에 비번호, 수험번호, 성명을 중앙 상단에, 페이지 번호를 중앙 하단에 기재한다.

제 02 회 사무자동화산업기사 실기 공개문제

Excel – 표 계산(SP) 실무 작업

한국대학 사무자동화과에서는 학생 성적 처리를 스프레드시트를 통해 처리하려고 한다. 다음 자료(DATA)를 이용하여 작성 조건에 따라 작업표와 그래프를 작성하고, 그 인쇄 출력물을 제출하시오.

문제 1 작업표(WORK SHEET) 작성

1. 자료(DATA)

학생별 성적자료

	A	B	C	D
2	학생이름	과제등급	중간	기말
3	김기찬	C	70	73
4	김수진	C	50	49
5	김정현	A	45	60
6	김찬진	C	69	82
7	박찬호	B	54	58
8	박현정	C	77	78
9	신명훈	A	85	74
10	이소라	B	84	65
11	이재민	C	57	80
12	최종혁	C	48	50
13	최진현	B	58	68
14	홍길동	A	70	72
15	송대관	A	62	80
16	송수정	B	65	88
17	송경관	A	62	92
18	김춘봉	B	82	48
19	임현식	A	55	64
20	임경철	C	76	60
21	신기한	A	54	60
22	김경태	B	50	45

※ 자료(DATA) 부분에서 음영 처리 표시된 부분은 행/열의 기준선으로 작성(입력)하지 않음을 반드시 유의하시오.

2. 작업표 형식

학생 성적 현황

	A	B	C	D	E	F	G	H	I	J
2	학생이름	과제등급	중간	기말	과제점수	총점	조정점수	최종점수	총점순위	평가
3 : 22	–	–	–	–	①	②	③	④	⑤	⑥
23	평균		⑦	⑦	⑦	⑦	⑦	⑦		
24	85점 이상인 학생수							⑧		
25	과제등급이 A 또는 B인 학생들의 최종점수의 합							⑨		
26	⑩									
27	총점순위가 10 이상 15 이하인 합						⑪	⑪		
28	이씨이면서 과제등급이 B 또는 C인 합						⑫	⑫		
29	⑬									

※ 음영 처리 표시된 부분은 작성하지 않습니다.

3. 작성 조건

가) 작성 시 유의사항

① 작업표의 작성은 "나)~마)" 항에 제시된 내용을 따르고 반드시 제시된 조건(함수 적용, 단서 조항 등)에 따라 처리하시오.

② 제시된 작성 조건을 따르지 아니하고 여타의 방법 일체(제시된 함수 이외 다른 함수 적용, 함수 미적용, 별도 전자계산기 사용 등)를 사용하여 도출된 결과는 그 답이 맞더라도 정답으로 인정되지 않음을 반드시 유의하시오.

나) 작업표의 구성 및 서식

① "작업표 형식"에서 행과 열에 관계된 음영 처리 표시된 부분은 작성하지 않음을 유의하고 반드시 제시된 행/열에 맞추도록 하시오.

② 제목서식 : 16 포인트 크기로 하시오.

③ 글꼴서체 : 임의선정하시오.

다) 원문자가 표시된 셀은 아래의 방법을 이용하여 작성하시오.

① 과제점수 : 과제등급이 "A"이면 20, "B"이면 15, "C"이면 10으로 하시오.

② 총점 = 과제점수 + ((중간+기말) × 40%)

③ 조정점수 : 기말이 중간보다 크거나 같으면 조정점수는 기말 × 20%, 기말이 중간보다 작으면 조정점수는 중간 × 10%

④ 최종점수 = 총점 + 조정점수

⑤ 총점순위 : 최종점수를 기준으로 순위를 산정하시오. (단, 최종점수가 가장 높은 경우 순위를 1로 한다.)

⑥ 평가 : 최종점수가 90 이상이면 "최우수", 80 이상 90 미만이면 "우수", 60 미만이면 "미달", 그 외는 "보통"

⑦ 각 항목의 평균을 계산하시오.

⑧ 최종점수가 85점 이상인 학생 수를 계산하시오.

⑨ 과제등급이 A 또는 B인 학생들의 최종점수의 합을 산출하시오.

(단, 소수 첫 번째 자리에서 반올림하여 정수로 표시하는 ROUND 함수와 SUMPRODUCT, ISNUMBER, FIND 함수를 모두 사용한 수식을 작성하시오.)

⑩ ⑨에 적용된 수식(함수)을 기재하시오. ("="는 생략)

⑪ 총점순위가 10 이상 15 이하인 조정점수, 최종점수의 합을 각각 산출하시오.

⑫ 성이 이씨이면서 과제등급이 B 또는 C인 조정점수, 최종점수의 합을 각각 산출하시오.

⑬ 작성 조건 ⑫에 사용된 수식을 기재하시오.

- 조정점수를 기준으로 함
- 수식에 SUMPRODUCT, LEFT 함수 반드시 포함

※ 함수식을 기재하는 셀과 연관된 지정함수조건(함수지정)이 있을 경우 제시된 함수만을 사용해 함수식을 구성 및 작업하여야 하며, 작성 조건을 위배하여 임의로 작성할 시 해당 답이 맞더라도 틀린 항목으로 채점됨을 유의하시오. 만약, 구체적인 함수가 제시되지 않을 경우 수험자가 스스로 적합한 함수를 선정하여 작업 하시오.

※ 또한 함수식을 작성할 때는 "라) 작업표의 정렬순서(SORT)"에 따라 조건에 맞게 정렬 후 도출된 결과에 의한 함수식을 기재하시오.

라) 작업표의 정렬순서(SORT)는 최종점수의 내림차순으로 하고, 최종점수가 같으면 과제등급의 오름차순으로 한다.

마) 기타

- 금액에 대한 수치는 원화(₩) 표시를 하고 천 단위마다 ',' (Comma)를 표시하시오. (단, 금액 이외의 수치는 ',' (Comma)를 표시하지 않도록 하시오.)
- 모든 수치(숫자, 통화, 회계, 백분율 등)는 셀 서식의 속성을 설정하는 과정에서 소수 자릿수를 "0"으로 지정하여 정수로 표시하시오.
- 음수는 "-"가 표시되도록 하시오.
- 숫자 셀은 우측을 수직으로 맞추고, 문자 셀은 수평중앙으로 맞추며 이외 사항은 작업표 형식에 따르도록 하시오. 특히, 단서 조항이 있을 경우는 단서 조항을 우선으로 하고, 인쇄출력 시 판독불가능이 발생되지 않도록 인쇄 미리보기 등을 통하여 셀의 크기를 적당히 조정하시오.

문제 2 그래프(GRAPH) 작성

작성한 "학생 성적 현황"에서 최종점수가 85점 이상인 학생이름별 총점과 조정점수를 나타내는 그래프를 작성하시오.

1. 작성 조건

가) 그래프 형태 : 혼합형 단일축 그래프
총점(묶은 세로 막대형), 조정점수(데이터 표식이 있는 꺾은선형)
(단, 총점만 데이터 레이블의 값이 표시된 혼합형 단일축 그래프로 하시오.)

나) 그래프 제목 : 학생별 성적현황 ----- (확대출력)

다) X축 제목 : 학생이름

라) Y축 제목 : 점수

마) X축 항목 단위 : 해당 문자열

바) Y축 눈금 단위 : 임의

사) 범례 : 총점, 조정점수

아) 출력물 크기 : A4 용지 1/2장 범위 내

자) 기타 : 작성 조건에 없는 형식이나 모양은 기본 설정 값에 따르며, 그래프 너비는 작업표에 맞추도록 하시오.

※ 그래프는 반드시 작성된 작업표와 연동하여 작업하여야 하며, 그래프의 영역(범위) 설정 오류로 인한 불이익은 전적으로 수험자 본인에게 있습니다.

Access – 자료처리(DBMS) 작업

주거환경 연구소에서는 가구별 엥겔 지수를 전산화하려고 한다. 다음의 입력 자료를 이용하여 DB를 설계하고 작성 조건에 따라 처리파일을 작성하고, 그 인쇄 출력물을 제출하시오.

[요구사항 및 유의사항]

1) 자료처리(DBMS) 작업은 조회화면(SCREEN) 설계와 자료처리 보고서의 2가지 작업을 수행하여 그 결과물을 인쇄용지(A4) 기준 각 1장씩 총 2장을 제출하여야 채점 대상이 됨을 유의하시오.
2) 반드시 인쇄작업 수행 전 미리보기 등을 통해 여백을 조정하고, 수치, 문자 등 구성요소가 누락되지 않도록 주의하시오. 구성요소가 누락되어 인쇄되지 않은 결과로 인한 모든 책임은 전적으로 수험자 본인에게 있음을 반드시 유의하시오.
3) 문제지에 기재된 작성 조건에 따라 처리하고, 조회화면 및 자료처리 보고서의 서식이 작성 조건과 상이할 경우에는 시험위원의 지시에 따라 작업하시오.

문제 1 입력자료(DATA)

가구별 수입 및 지출 현황

가구번호	지역	수입액	지출액	저축액
A003	서울	2,350,000	1,840,000	360,000
B002	경기	3,200,000	2,300,000	700,000
B001	경기	2,840,000	2,280,000	450,000
A004	서울	1,080,000	870,000	180,000
C006	충청	2,670,000	2,380,000	180,000
A006	서울	3,350,000	2,480,000	320,000
C002	충청	2,800,000	2,340,000	200,000
C005	충청	2,760,000	1,000,000	280,000
A009	서울	3,760,000	2,680,000	950,000
B003	경기	2,890,000	2,200,000	500,000
A001	서울	2,560,000	1,350,000	100,000
B025	경기	880,000	700,000	10,000
C042	충청	1,320,000	650,000	250,000
C032	충청	450,000	330,000	100,000
A002	서울	5,330,000	4,800,000	100,000
B088	경기	7,880,000	7,800,000	200,000
B090	경기	6,523,000	5,550,000	300,000
C025	충청	2,900,000	1,800,000	500,000
A010	서울	32,000,000	27,500,000	800,000
A079	서울	40,000,000	35,400,000	1,000,000
B027	경기	1,380,000	1,000,000	200,000
C223	충청	2,560,000	2,000,000	120,000

문제 2 조회화면(SCREEN) 설계

다음 조건에 따라 가구번호에 A 또는 B를 포함하면서 수입액이 3,000,000 이상인 현황을 조회할 수 있는 화면을 설계하고 해당 데이터를 출력하시오.

[작성 조건]

1) 해당 현황은 목록 상자(리스트박스)에 가구번호의 오름차순으로 출력하고, 화면 아래에 조회시 작성한 SQL문을 복사하시오.
   - WHERE 조건절에 가구번호, 수입액 반드시 포함
   - LIKE, ORDER BY 구문 반드시 포함

   ※ SQL문에 상기 내용 미포함 시 SQL 작성 부분 0점 처리
2) 리스트박스 조회시 작성된 SQL문이 작성되지 않을 경우에는 "조회화면(SCREEN) 설계" 과제가 0점 처리됨을 반드시 유의하시오.
3) 목록 상자에 표시되어야 할 필수적인 필드명은 다음과 같습니다.
   - 가구번호, 지역, 수입액, 지출액, 저축액
4) 폼 서식에 제반되는 폰트, 점선 등은 아래 [조회화면 서식]에 보이는 대로 기재하시오.
5) 기타 사항은 "자료처리 파일(FILE) 작성"의 [기타 조건]을 따르시오.

[조회화면 서식]

가구번호에 A 또는 B를 포함하면서 수입액이 3,000,000 이상인 현황

가구번호	지역	수입액	지출액	저축액

리스트박스 조회 시 작성된 SQL문

문제 3 자료처리 파일(FILE) 작성 다음 조건에 따라 아래 양식과 같이 작성하시오.

[처리 조건]

1) 판정(상류층, 중산층, 하류층)별로 구분 정리한 후, 같은 판정 안에서 엥겔지수의 오름차순으로 정렬(SORT)한다.
2) 식생활비 = 지출액 – 저축액
3) 잡비 = 수입액 – 지출액
4) 엥겔지수 : 식생활비 / 지출액 (단, 엥겔지수는 %로 표시함)
5) 판정 : 엥겔지수가 79% 미만이면 "상류층", 79% 이상 90% 미만이면 "중산층", 90% 이상이면 "하류층"으로 표시한다.
6) 합계 : 판정별 수입액, 지출액, 저축액, 식생활비, 잡비의 합 산출
7) 총평균 : 수입액, 지출액, 저축액의 전체 평균 산출
8) 작성일자는 수험일자로 하시오.

[기타 조건]

1) 입력화면 및 보고서의 제목은 16정도의 임의 서체로 하시오.
2) 금액에 대한 수치는 원화(₩) 표시를 하고 천 단위마다 ,(Comma)를 표시하시오.
(단, 금액 이외의 수치는 ,(Comma)를 표시하지 않도록 하시오.)
3) 모든 수치(숫자, 통화, 백분율 등)는 컨트롤의 속성을 설정하는 과정에서 소수 자릿수를 "0"으로 지정하여 정수로 표시하시오.
4) 데이터의 열과 간격은 일정하게 맞추도록 하시오.

엥겔 지수 현황표

작성일자 : YYYY-MM-DD

판정	가구번호	지역	수입액	지출액	저축액	식생활비	잡비	엥겔지수
상류층	XXXX	XXXX	₩X,XXX	₩X,XXX	₩X,XXX	₩X,XXX	₩X,XXX	XXXX%
	–	–	–	–	–	–	–	–
	–	–	–	–	–	–	–	–
	합계		₩X,XXX	₩X,XXX	₩X,XXX	₩X,XXX	₩X,XXX	
중산층	XXXX	XXXX	₩X,XXX	₩X,XXX	₩X,XXX	₩X,XXX	₩X,XXX	XXXX%
	–	–	–	–	–	–	–	–
	–	–	–	–	–	–	–	–
	합계		₩X,XXX	₩X,XXX	₩X,XXX	₩X,XXX	₩X,XXX	
하류층	XXXX	XXXX	₩X,XXX	₩X,XXX	₩X,XXX	₩X,XXX	₩X,XXX	XXXX%
	–	–	–	–	–	–	–	–
	–	–	–	–	–	–	–	–
	합계		₩X,XXX	₩X,XXX	₩X,XXX	₩X,XXX	₩X,XXX	
	총평균		₩X,XXX	₩X,XXX	₩X,XXX			

PowerPoint – 시상 작업(PT)

주어진 2개의 슬라이드를 슬라이드 작성조건에 따라 작업하여 인쇄하시오.

슬라이드 작성 조건

1) 각 슬라이드를 문제의 슬라이드 원안과 같이 인쇄하여 제출하시오.
   (특히 글자, 음영, 그림자, 도형 등 인쇄된 내용 그대로 작업하시오.)
2) "주1)" 등 특수한 속성 지정이 되어 있는 경우 지시에 따라 작성하시오.
3) 글꼴은 문제 원안과 같거나 유사한 형태로 작업하시오.
4) 글자, 그림 및 도형 등의 크기와 모양은 문제 원안과 같거나 유사한 형태로 작업하시오.
5) 모든 글씨, 선 등은 흑백(그레이스케일)으로 작업하되, 글상자, 그림 및 도형 등에서 색 채우기가 있는 경우 색 채우기는 회색 40% 정도, 투명도 0%를 기준으로 작업하시오.
6) 각 슬라이드는 원안과 같이 외곽선 테두리가 인쇄되도록 인쇄하시오.
7) 각 슬라이드 크기는 A4 용지의 1/2 범위 내에 인쇄가 가능한 크기가 되도록 조정하여, 슬라이드 2개를 A4 용지 1매 안에 모두 인쇄하시오.
8) 비번호, 수험번호, 성명, 페이지 번호 등은 반드시 자필로 기재하시오.

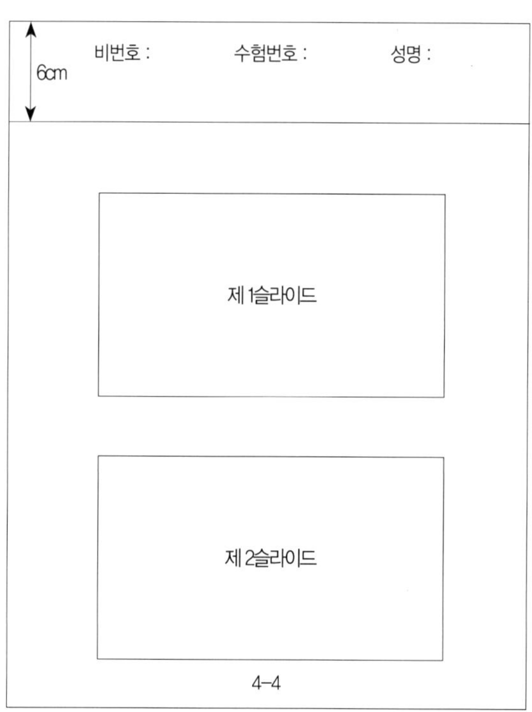

문제 1 제 1슬라이드

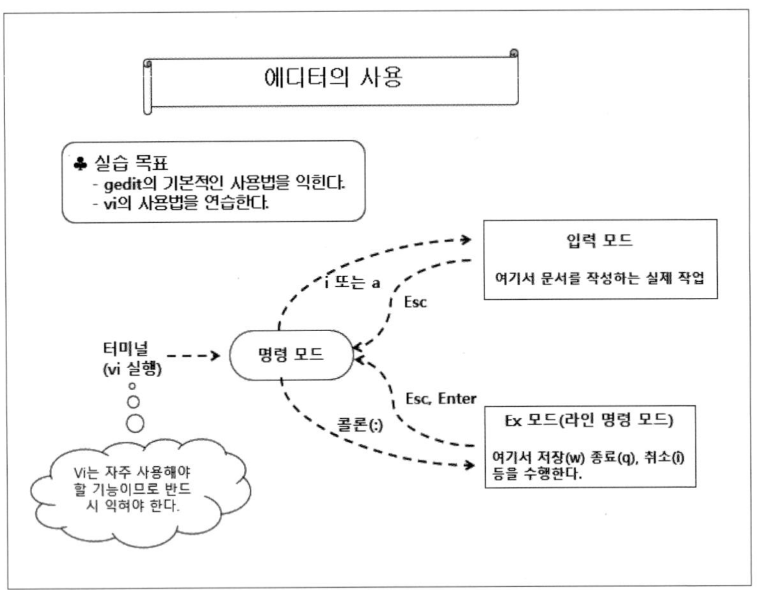

문제 2 제 2슬라이드

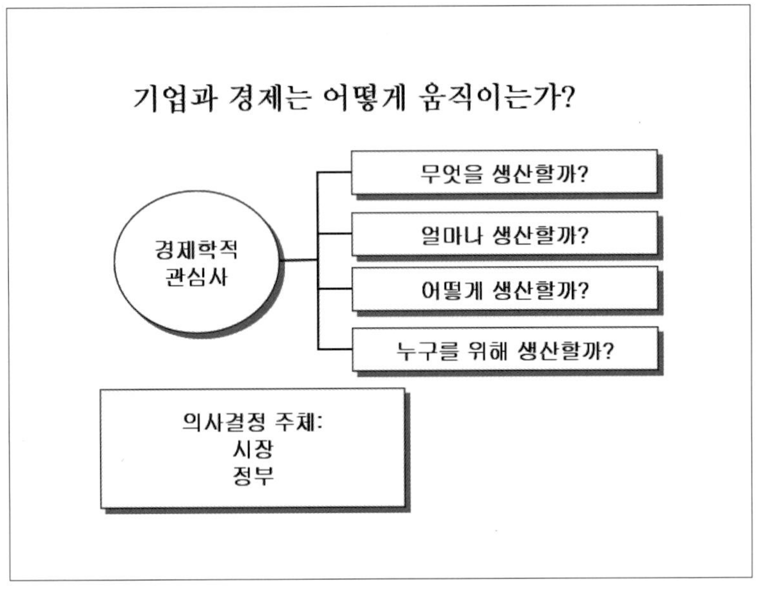

정답 작업표 및 차트(그래프)

	A	B	C	D	E	F	G	H	I	J
1	학생 성적 현황									
2	학생이름	과제등급	중간	기말	과제점수	총점	조정점수	최종점수	총점순위	평가
3	송경관	A	62	92	20	82	18	100	1	최우수
4	송수정	B	65	88	15	76	18	94	2	최우수
5	송대관	A	62	80	20	77	16	93	3	최우수
6	신명훈	A	85	74	20	84	9	92	4	최우수
7	홍길동	A	70	72	20	77	14	91	5	최우수
8	박현정	C	77	78	10	72	16	88	6	우수
9	김찬진	C	69	82	10	70	16	87	7	우수
10	이소라	B	84	65	15	75	8	83	8	우수
11	김기찬	C	70	73	10	67	15	82	9	우수
12	이재민	C	57	80	10	65	16	81	10	우수
13	임현식	A	55	64	20	68	13	80	11	우수
14	최진현	B	58	68	15	65	14	79	12	보통
15	신기한	A	54	60	20	66	12	78	13	보통
16	김춘봉	B	82	48	15	67	8	75	14	보통
17	김정현	A	45	60	20	62	12	74	15	보통
18	임경철	C	76	60	10	64	8	72	16	보통
19	박찬호	B	54	58	15	60	12	71	17	보통
20	최종혁	C	48	50	10	49	10	59	18	미달
21	김경태	B	50	45	15	53	5	58	19	미달
22	김수진	C	50	49	10	50	5	55	20	미달
23	평균		64	67	15	67	12	80		
24	85점 이상인 학생수							7		
25	과제등급이 A 또는 B인 학생들의 최종점수의 합							1069		
26	ROUND(SUMPRODUCT(ISNUMBER(FIND("A",B3:B22)) + ISNUMBER(FIND("B",B3:B22)),H3:H22),0)									
27	총점순위가 10 이상 15 이하인 합						75	467		
28	이씨이면서 과제등급이 B 또는 C인 합						24	164		
29	=SUMPRODUCT((LEFT($A$3:$A$22,1)="이")*(($B$3:$B$22="B")+($B$3:$B$22 ="C")),G3:G22)									

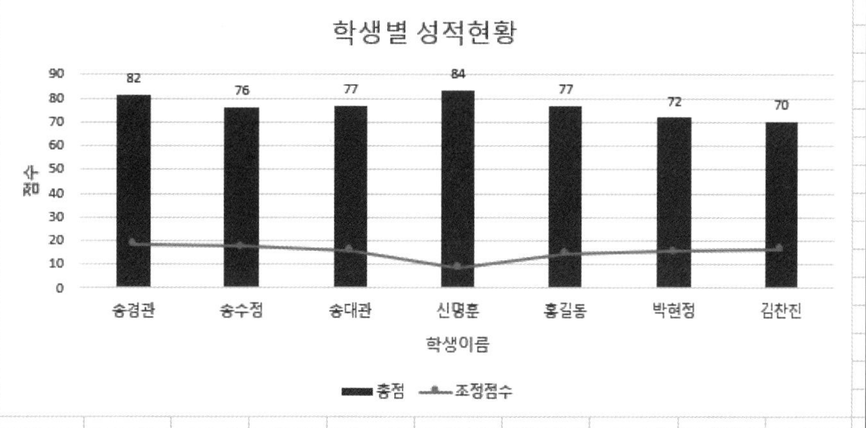

문제 1 작업표(WORK SHEET) 작성

해설

01. 파일 저장하기

1. 엑셀을 실행시키고 새 통합 문서를 클릭한 후 [파일] → 다른 이름으로 저장 → **찾아보기**를 클릭한다.

※ **오피스 2010 사용자** : 엑셀 프로그램을 실행킨 후 빠른 실행 도구 모음의 '저장(💾)' 아이콘을 클릭하세요.

2. '다른 이름으로 저장' 대화상자에서 저장 위치를 '바탕화면'으로 지정하고, 파일 이름에 **공개문제02**를 입력한 후 〈저장〉을 클릭한다.

02. 데이터 입력하기

작업표 형식을 보고 동일하게 입력한다.

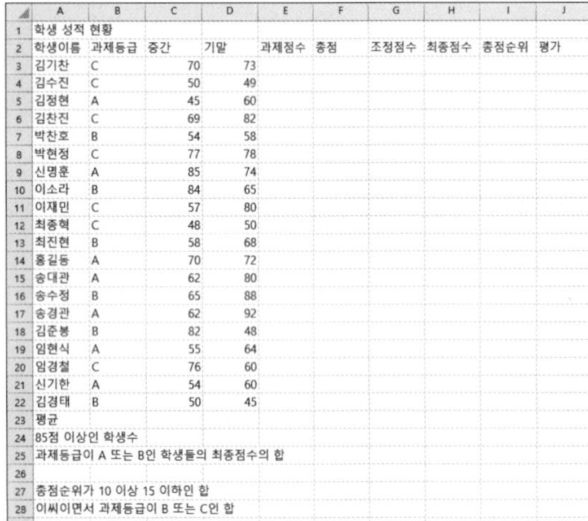

	A	B	C	D	E	F	G	H	I	J
1	학생 성적 현황									
2	학생이름	과제등급	중간	기말	과제점수	총점	조정점수	최종점수	총점순위	평가
3	김기찬	C	70	73						
4	김수진	C	50	49						
5	김정현	A	45	60						
6	김찬진	C	69	82						
7	박찬호	B	54	58						
8	박현정	C	77	78						
9	신명훈	A	85	74						
10	이소라	B	84	65						
11	이재민	C	57	80						
12	최종혁	C	48	50						
13	최진현	B	58	68						
14	홍길동	A	70	72						
15	송대관	A	62	80						
16	송수정	B	65	88						
17	송경관	A	62	92						
18	김준봉	B	82	48						
19	임현식	A	55	64						
20	임경철	C	76	60						
21	신기한	A	54	60						
22	김경태	B	50	45						
23	평균									
24	85점 이상인 학생수									
25	과제등급이 A 또는 B인 학생들의 최종점수의 합									
26										
27	총점순위가 10 이상 15 이하인 합									
28	이씨이면서 과제등급이 B 또는 C인 합									

03. 수식 작성하기

① **과제점수(E3)** : =IF(B3="A",20,IF(B3="B",15,10))

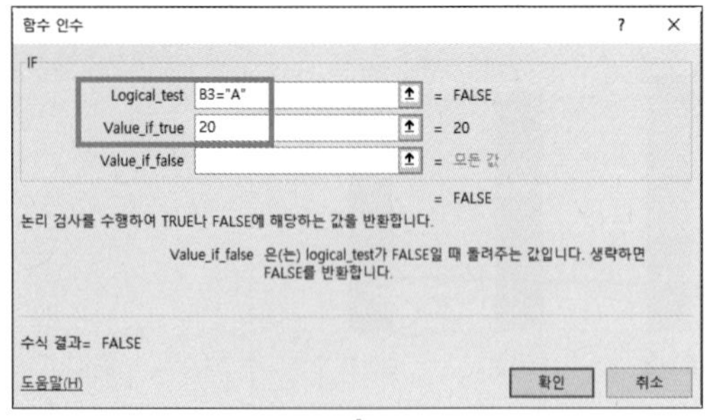

↓

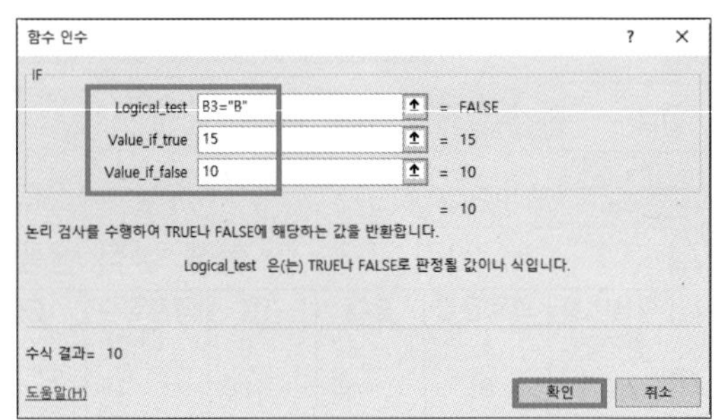

② **총점(F3)** : =E3+((C3+D3)*40%)

③ **조정점수(G3)** : =IF(D3>=C3,D3*20%,C3*10%)

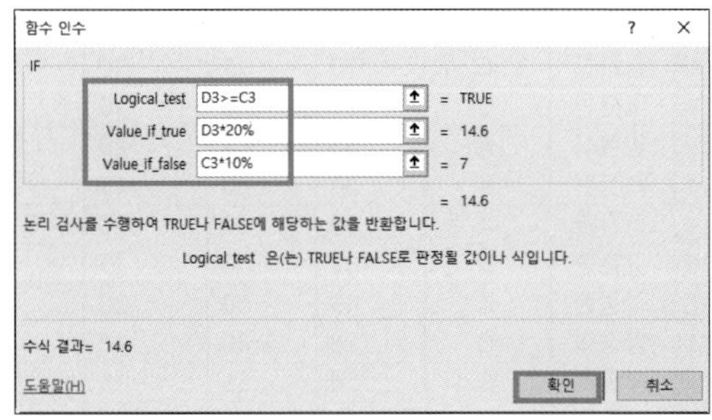

④ **최종점수(H3)** : =F3+G3

⑤ **총점순위(I3)** : =RANK(H3,$H$3:$H$22)

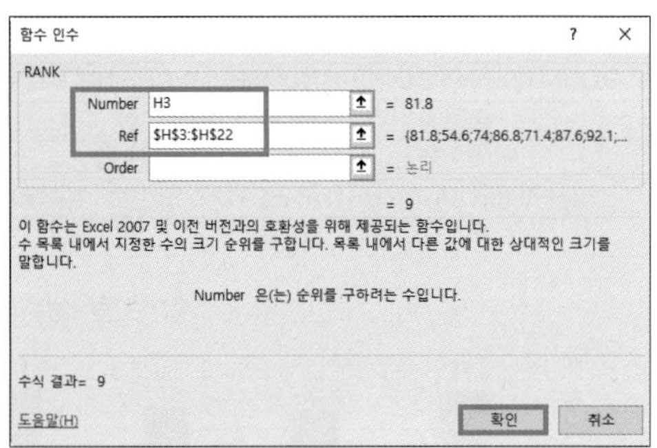

⑥ **평가(J3)** : =IF(H3>=90,"최우수",IF(H3>=80,"우수",IF(H3<60,"미달","보통")))

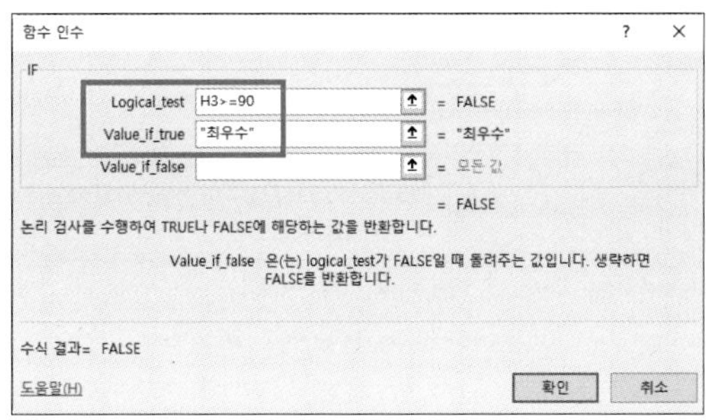

↓

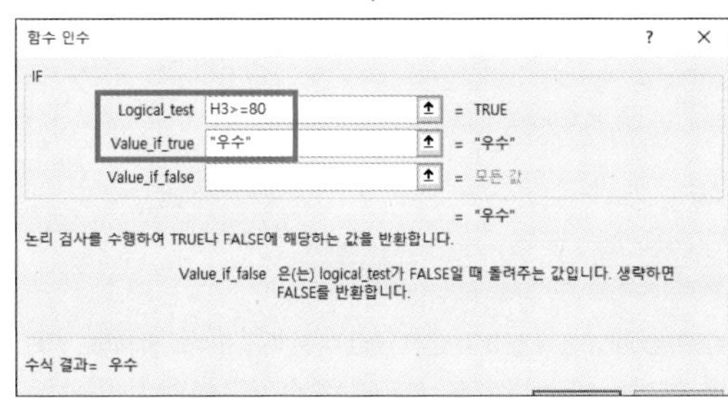

↓

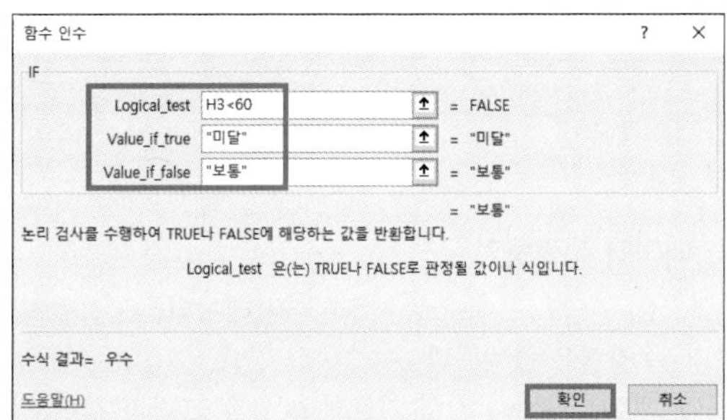

❼ 평균(C23) : =AVERAGE(C3:C22)

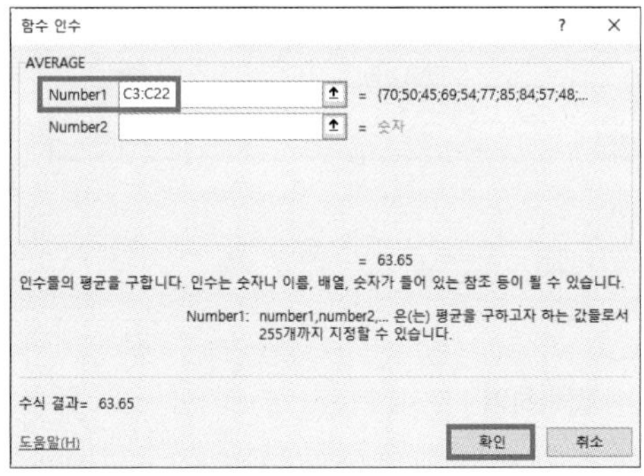

❽ 85점 이상인 학생수(H24)

=COUNTIF(H3:H22,">=85")

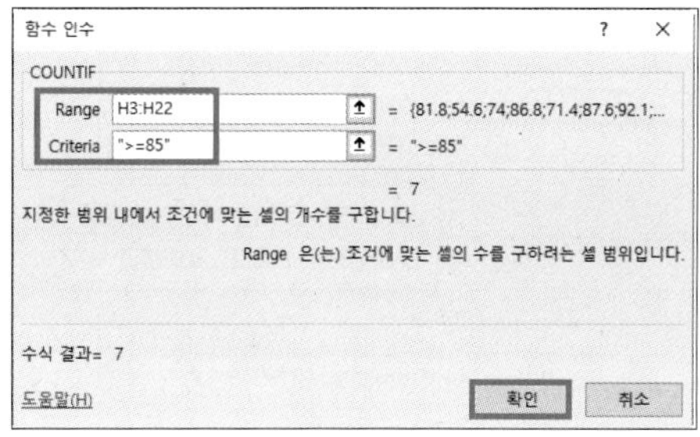

❾ 과제등급이 A 또는 B인 학생들의 최종점수의 합(H25)

=ROUND(SUMPRODUCT(ISNUMBER(FIND("A",B3:B22))+ISNUMBER(FIND("B",B3:B22)),H3:H22),0)

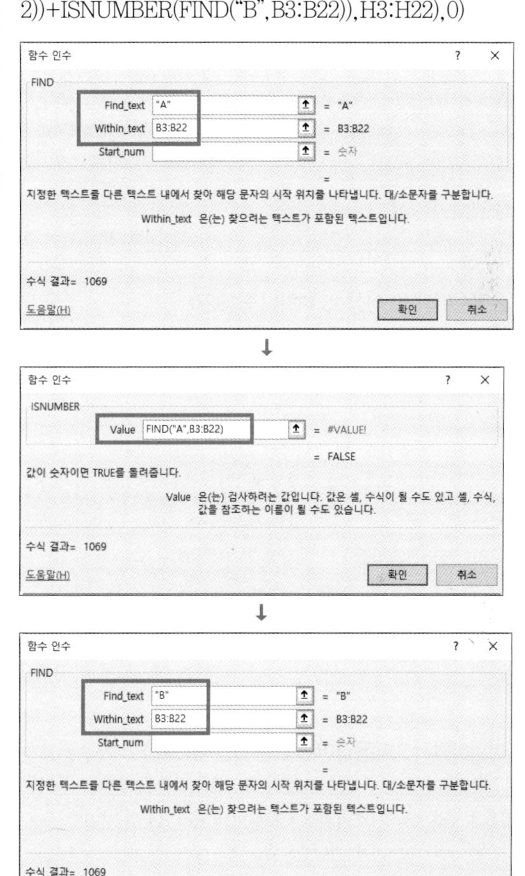

↓

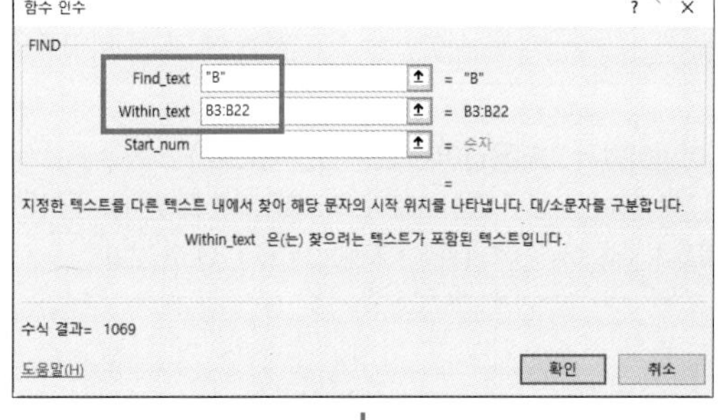

↓

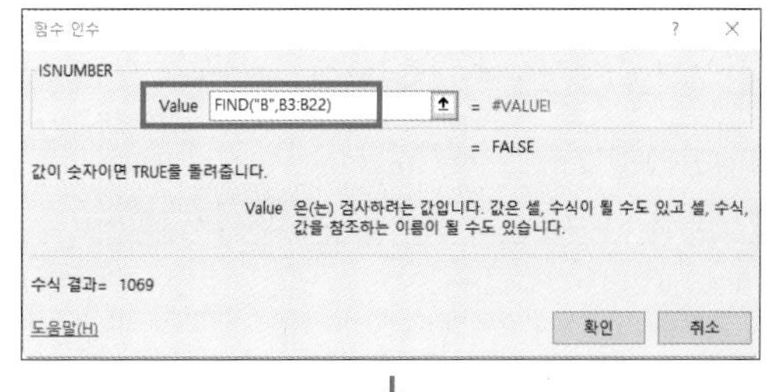

↓

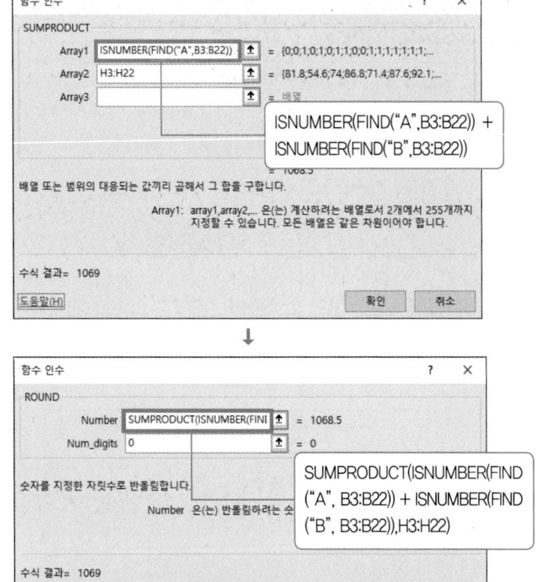

⑪ 총점순위가 10 이상 15 이하인 합(G27)

=SUMIFS(G3:G22,$I$3:$I$22,">=10",$I$3:$I$22,"<=15")

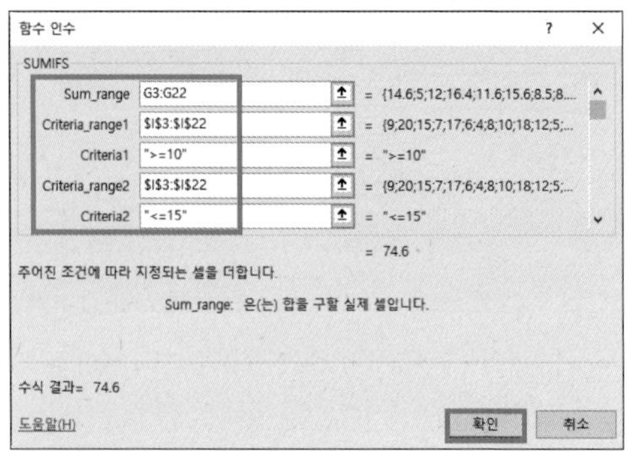

⑫ 이씨이면서 과제등급이 B 또는 C인 합(G28)

=SUMPRODUCT((LEFT($A$3:$A$22,1)="이")*(($B$3:$B$22="B")+($B$3:$B$22="C")),G3:G22)

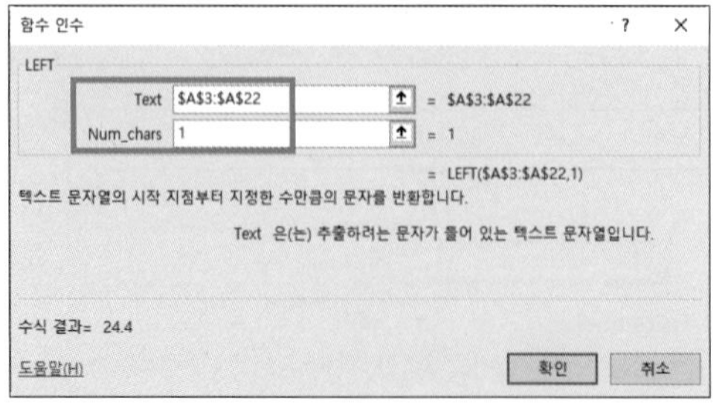

(LEFT($A$3:$A$22,1)="이")*(($B$3:$B$22
="B")+($B$3:$B$22="C"))

SUMPRODUCT 함수에서 여러 조건을 지정할 때는 AND 조건은 조건과 조건을 곱(*)해 주고, OR 조건은 조건과 조건을 더해(+) 주면 됩니다.

궁금해요

시나공 Q&A 베스트

Q SUMPRODUCT 수식 입력 시 LEFT, RIGHT 등 다른 함수의 범위에도 전체 범위를 지정하는 이유는 뭔가요? 'LEFT(A3:A22,1)="이"'가 아닌 'LEFT(A3,1)="이"'로 지정하면 안 되나요?

A 안 됩니다. [C5] 셀 하나만을 대상으로 첫 글자가 "이"인 데이터를 찾는 것이 아니라 [C5:C24] 영역에 대해 모두 계산해야 하므로 'LEFT(A3:A22,1)="이"'로 입력해야 합니다.

04. 데이터 정렬하기

1. [A2:J22] 영역을 블록으로 지정한 후 [데이터] → 정렬 및 필터 → **정렬**을 클릭한다.
2. '정렬' 대화상자에서 정렬 기준과 방식을 그림과 같이 지정하고 〈확인〉을 클릭한다.

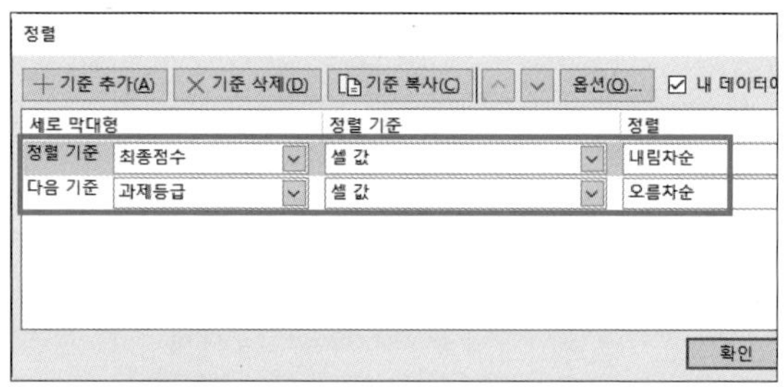

05. 함수 입력하기

⑩ ⑨의 함수식(A26) : ROUND(SUMPRODUCT(ISNUMBER(FIND("A",B3:B22))+ISNUMBER(FIND("B",B3:B22)),H3:H22),0)

⑬ ⑫의 함수식(A29) : '=SUMPRODUCT((LEFT($A$3:$A$22,1)="이")*(($B$3:$B$22="B")+($B$3:$B$22="C")),G3:G22)

06. 서식 지정하기

❶ 제목 서식 지정하기

[A1:J1] 영역을 블록으로 지정한 후 [홈] → **글꼴**에서 글꼴 크기 16, [홈] → **맞춤**에서 '병합하고 가운데 맞춤'을 클릭한다.

❷ 문자 셀 수평 중앙으로 맞추기

[A2:J2], [A3:B22], [J3:J22] 영역을 각각 블록으로 지정한 후 [홈] → **맞춤**에서 '가운데 맞춤(☰)' 아이콘을 클릭한다.

❸ 소수 자릿수 지정하기

[C3:H28] 영역을 블록으로 지정한 후 [홈] → **표시 형식**에서 '자릿수 줄임(.00→.0)'을 클릭한다.

❹ 셀 병합하기

[A23:B23], [A24:G24], [A25:G25], [A26:J26], [A27:F27], [A28:F28], [A29:J29], [I23:J25], [I27:J28] 영역을 블록으로 지정한 후 [홈] → **맞춤**에서 '병합하고 가운데 맞춤'을 클릭한다.

❺ 테두리 지정하기

1. [A2:J29] 영역을 블록으로 지정한 후 [홈] → **글꼴**에서 '모든 테두리(⊞)'를 선택한다.
2. [A3:J22] 영역을 블록으로 지정한 후 Ctrl+1을 누른다.
3. '셀 서식' 대화상자의 '테두리' 탭에서 ⊟를 클릭하여 내부선을 지운 후 〈확인〉을 클릭한다.

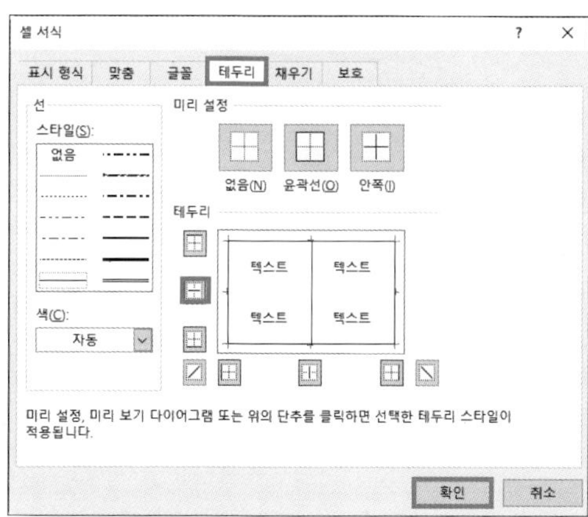

4. [I23:J25]와 [I27:J28] 영역을 블록으로 지정한 후 Ctrl+1을 누른다.
5. '셀 서식' 대화상자의 '테두리' 탭에서 ⧄와 ⧅를 클릭하여 대각선을 표시한 후 〈확인〉을 클릭한다.

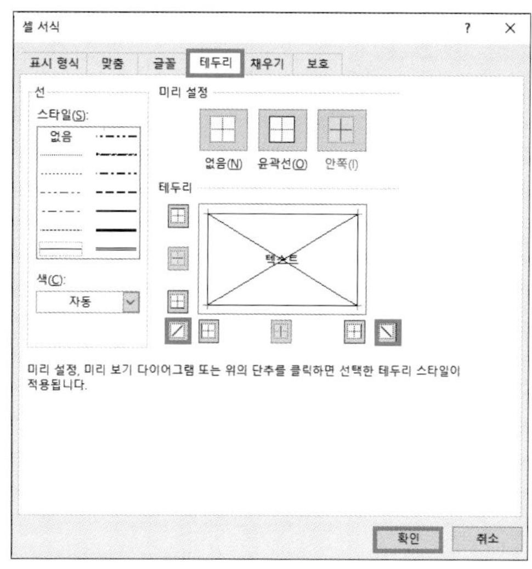

문제 2 차트(그래프) 작성 해설

01. 차트 작성하기

[A2:A9], [F2:G9] 영역을 선택한 후 [삽입] → 차트 → 꺾은선형 또는 영역형 차트 삽입( ) → **표식이 있는 꺾은선형**을 선택한다.

	A	B	C	D	E	F	G	H	I	J
1	학생 성적 현황									
2	학생이름	과제등급	중간	기말	과제점수	총점	조정점수	최종점수	총점순위	평가
3	송경관	A	62	92	20	82	18	100	1	최우수
4	송수정	B	65	88	15	76	18	94	2	최우수
5	송대관	A	62	80	20	77	16	93	3	최우수
6	신명훈	A	85	74	20	84	9	92	4	최우수
7	홍길동	A	70	72	20	77	14	91	5	최우수
8	박현정	C	77	78	10	72	16	88	6	우수
9	김찬진	C	69	82	10	70	16	87	7	우수
10	이소라	B	84	65	15	75	8	83	8	우수
11	김기찬	C	70	73	10	67	15	82	9	우수
12	이재민	C	57	80	10	65	16	81	10	우수
13	임현식	A	55	64	20	68	13	80	11	우수
14	최진현	B	58	68	15	65	14	79	12	보통
15	신기한	A	54	60	20	66	12	78	13	보통
16	김준봉	B	82	48	15	67	8	75	14	보통
17	김정현	A	45	60	20	62	12	74	15	보통
18	임경철	C	76	60	10	64	8	72	16	보통
19	박찬호	B	54	58	15	60	12	71	17	보통
20	최종혁	C	48	50	10	49	10	59	18	미달
21	김경태	B	50	45	15	53	5	58	19	미달
22	김수진	C	50	49	10	50	5	55	20	미달
23	평균		64	67	15	67	12	80		
24	85점 이상인 학생수							7		
25	과제등급이 A 또는 B인 학생들의 최종점수의 합							1069		
26	ROUND(SUMPRODUCT(ISNUMBER(FIND("A",B3:B22)) + ISNUMBER(FIND("B",B3:B22)),H3:H22),0)									
27	총점순위가 10 이상 15 이하인 합						75	467		
28	이씨이면서 과제등급이 B 또는 C인 합						24	164		
29	=SUMPRODUCT((LEFT($A$3:$A$22,1)="이")*(($B$3:$B$22="B")+($B$3:$B$22 ="C")),G3:G22)									

※ **오피스 2010 사용자** : 데이터를 선택한 후 [삽입] → 차트 → 꺾은선형 → **표식이 있는 꺾은선형**을 선택하세요.

02. 차트 종류 변경하기

1. 임의의 계열을 선택한 후 바로 가기 메뉴에서 **[계열 차트 종류 변경]**을 선택한다.

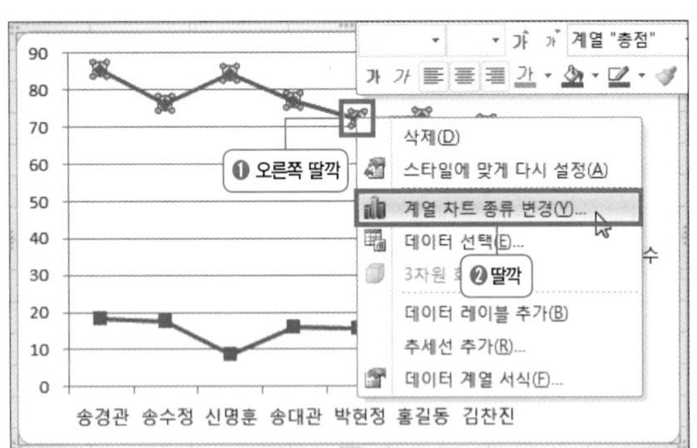

2. '차트 종류 변경' 대화상자의 '혼합'에서 '총점' 계열의 차트 종류를 '묶은 세로 막대형'으로 변경한 후 〈확인〉을 클릭한다.

※ **오피스 2010 사용자** : '총점' 계열을 선택하고 바로 가기 메뉴에서 **[계열 차트 종류 변경]**을 선택한 후 '차트 종류 변경' 대화상자의 '세로 막대형' 탭에서 '묶은 세로 막대형' 차트를 선택한 후 〈확인〉을 클릭하세요.

03. 데이터 레이블 '값' 표시하기

'총점' 계열의 바로 가기 메뉴에서 **[데이터 레이블 추가]**를 선택한다.

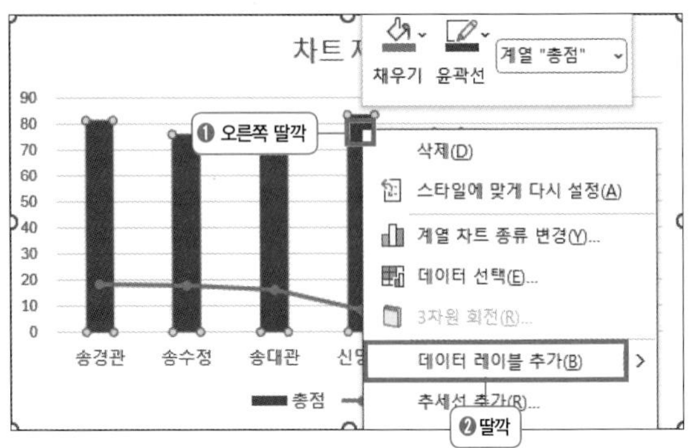

04. 차트 제목 입력 및 서식 지정하기

1. 차트 제목을 선택한 후 수식 입력줄에 **학생별 성적현황**을 입력하고 Enter를 누른다.

※ **오피스 2010 사용자** : 차트를 선택한 후 [차트 도구] → 레이아웃 → 레이블 → 차트 제목 → **차트 위**를 선택하여 차트 제목을 표시한 후 수식 입력줄에 **학생별 성적현황**을 입력하고 Enter를 누르세요.

2. 차트 제목이 선택된 상태에서 [홈] → **글꼴**에서 글꼴 크기를 16으로 지정한다.

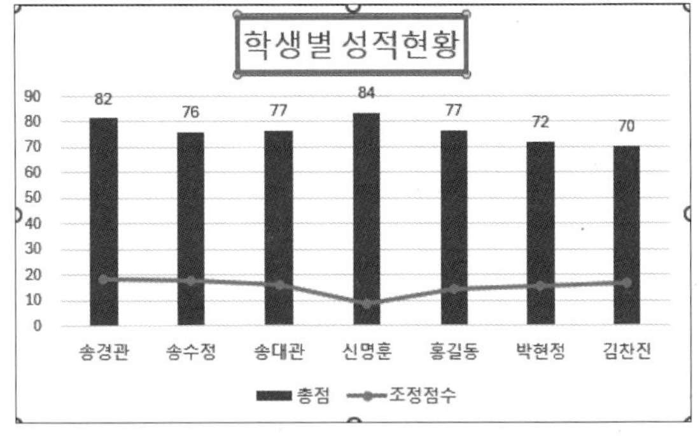

05. X축 제목 및 Y축 제목 입력하기

1. [차트 디자인] → 차트 레이아웃 → 차트 요소 추가 → 축 제목 → **기본 가로**를 선택한 후 수식 입력줄에 **학생이름**을 입력하고 Enter를 누른다.

※ **오피스 2016 사용자** : [차트 도구] → 디자인 → 차트 레이아웃 → 차트 요소 추가 → 축 제목 → **기본 가로**를 선택하세요.
※ **오피스 2010 사용자** : [차트 도구] → 레이아웃 → 레이블 → 축 제목 → 기본 가로 축 제목 → **축 아래 제목**을 선택하세요.

2. [차트 디자인] → 차트 레이아웃 → 차트 요소 추가 → 축 제목 → **기본 세로**를 선택한 후 수식 입력줄에 **점수**를 입력하고 Enter를 누른다.

※ **오피스 2016 사용자** : [차트 도구] → 디자인 → 차트 레이아웃 → 차트 요소 추가 → 축 제목 → **기본 세로**를 선택하세요.
※ **오피스 2010 사용자** : [차트 도구] → 레이아웃 → 레이블 → 축 제목 → 기본 세로 축 제목 → **제목 회전**을 선택하세요.

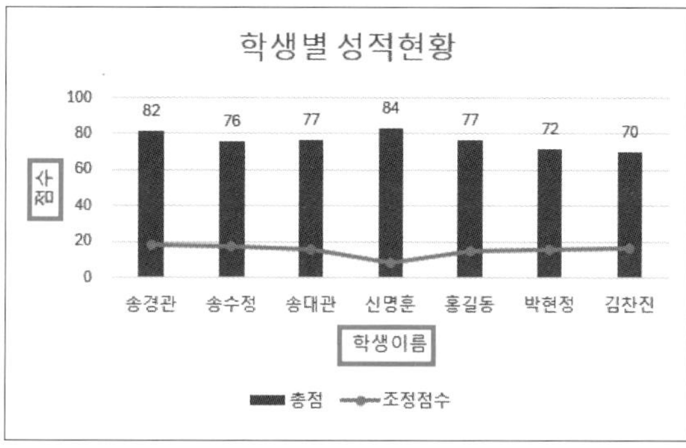

06. 차트 크기 조절하기

1. 작성한 차트의 왼쪽 위 모서리가 [A31] 셀에 위치하도록 차트 영역을 드래그하여 차트를 이동시킨다.
2. 차트의 오른쪽 아래 모서리가 [J45] 셀의 오른쪽 경계선에 맞도록 차트 크기를 조절한다.

07. 페이지 설정하기

1. [페이지 레이아웃] → **페이지 설정**의 ⧉를 클릭한 후 '페이지 설정' 대화상자의 '페이지' 탭에서 용지 방향을 '세로', 배율을 '자동 맞춤', 용지 크기를 'A4'로 지정한다.
2. 이어서 '페이지 설정' 대화상자의 '여백' 탭에서 위쪽을 6으로 지정하고, '페이지 가운데 맞춤'에서 '가로'와 '세로'를 선택한 후 〈확인〉을 클릭한다.

08. 인쇄 미리 보기

[파일] → **인쇄**를 선택하여 작업표와 차트가 모두 한 페이지에 인쇄되는지 확인한다. 축소된 내용을 조금 더 크게 인쇄하려면 '여백 표시(▢)'를 클릭하여 여백을 표시하는 경계선을 화면에 표시한 후 마우스로 드래그하여 여백을 조절한다.

02회 Access – 자료처리(DBMS) 작업

정답 및 해설

문제 1 테이블 및 쿼리 작성

해설

01. 테이블 작성하기

정답

테이블1

가구번호	지역	수입액	지출액	저축액
A003	서울	₩2,350,000	₩1,840,000	₩360,000
B002	경기	₩3,200,000	₩2,300,000	₩700,000
B001	경기	₩2,840,000	₩2,280,000	₩450,000
A004	서울	₩1,080,000	₩870,000	₩180,000
C006	충청	₩2,670,000	₩2,380,000	₩180,000
A006	서울	₩3,350,000	₩2,480,000	₩320,000
C002	충청	₩2,800,000	₩2,340,000	₩200,000
C005	충청	₩2,760,000	₩1,000,000	₩280,000
A009	서울	₩3,760,000	₩2,680,000	₩950,000
B003	경기	₩2,890,000	₩2,200,000	₩500,000
A001	서울	₩2,560,000	₩1,350,000	₩100,000
B025	경기	₩880,000	₩700,000	₩10,000
C042	충청	₩1,320,000	₩650,000	₩250,000
C032	충청	₩450,000	₩330,000	₩100,000
A002	서울	₩5,330,000	₩4,800,000	₩100,000
B088	경기	₩7,880,000	₩7,800,000	₩200,000
B090	경기	₩6,523,000	₩5,550,000	₩300,000
C025	충청	₩2,900,000	₩1,800,000	₩500,000
A010	서울	₩32,000,000	₩27,500,000	₩800,000
A079	서울	₩40,000,000	₩35,400,000	₩1,000,000
B027	경기	₩1,380,000	₩1,000,000	₩200,000
C223	충청	₩2,560,000	₩2,000,000	₩120,000

레코드: 1/22 필터 없음 검색

❶ 파일 저장하기

1. 액세스 프로그램을 실행시키고 빈 데이터베이스를 클릭한 후 파일 이름 입력난 오른쪽에 있는 [폴더 아이콘]를 클릭한다.

※ **오피스 2016 사용자** : 액세스 프로그램을 실행시키고 **새 데스크톱 데이터베이스**를 클릭한 후 파일 이름 입력난 오른쪽에 있는 [폴더 아이콘]를 클릭하세요.
※ **오피스 2010 사용자** : 액세스 프로그램을 실행시키고 [파일] → 새로 만들기에서 사용 가능한 서식 파일의 '새 데이터베이스'를 선택한 후 새 데이터베이스의 파일 이름 난 오른쪽의 [폴더 아이콘]를 클릭하세요.

2. '새 데이터베이스 파일' 대화상자에서 저장 위치를 '바탕 화면'으로 지정하고, 파일 이름에 **공개문제02**를 입력한 후 〈확인〉을 클릭한다.
3. 파일 이름 난 아래쪽에 있는 〈만들기〉를 클릭한다.

❷ 필드 생성 및 속성 지정하기

1. [테이블 필드] → 보기 → **디자인 보기([아이콘])**를 클릭한다.

※ **오피스 2016 사용자** : [테이블 도구] → 디자인 → 보기 → **디자인 보기([아이콘])**를 클릭하세요.
※ **오피스 2010 사용자** : [테이블 도구] → 필드 → 보기 → **디자인 보기([아이콘])**를 클릭하세요.

2. '다른 이름으로 저장' 대화상자에서 테이블 이름의 기본값(테이블1)을 확인한 후 〈확인〉을 클릭한다.
3. 입력자료(DATA)의 항목인 가구번호, 지역, 수입액, 지출액, 저축액의 필드 이름과 데이터 형식을 그림과 같이 지정한다.

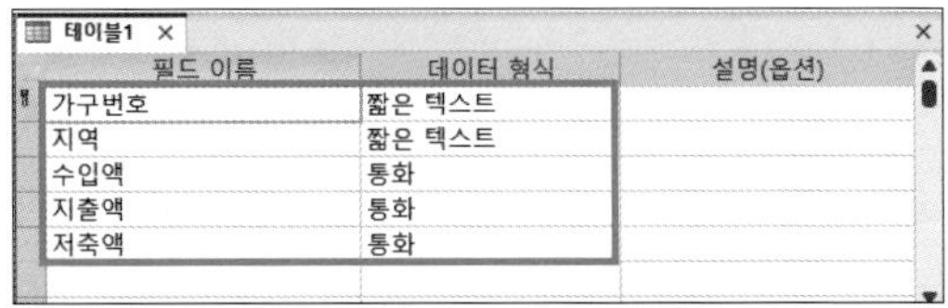

테이블1

필드 이름	데이터 형식	설명(옵션)
가구번호	짧은 텍스트	
지역	짧은 텍스트	
수입액	통화	
지출액	통화	
저축액	통화	

※ **오피스 2010 사용자** : '가구번호'와 '지역' 필드의 데이터 형식을 '텍스트'로 지정하세요.

❸ 기본키 해제하기

1. '가구번호' 필드 행을 클릭한 후 바로 가기 메뉴에서 **[기본키]**를 선택하여 기본키를 해제한다.
2. [테이블 디자인] → 보기 → **데이터시트 보기([아이콘])**를 클릭한 후 저장 여부를 묻는 대화상자에서 〈예〉를 클릭한다.

❹ 데이터 입력하기

문제지에 주어진 입력자료(DATA)를 입력한다.

테이블1

가구번호	지역	수입액	지출액	저축액
A003	서울	₩2,350,000	₩1,840,000	₩360,000
B002	경기	₩3,200,000	₩2,300,000	₩700,000
B001	경기	₩2,840,000	₩2,280,000	₩450,000
A004	서울	₩1,080,000	₩870,000	₩180,000
C006	충청	₩2,670,000	₩2,380,000	₩180,000
A006	서울	₩3,350,000	₩2,480,000	₩320,000
C002	충청	₩2,800,000	₩2,340,000	₩200,000
C005	충청	₩2,760,000	₩1,000,000	₩280,000
A009	서울	₩3,760,000	₩2,680,000	₩950,000
B003	경기	₩2,890,000	₩2,200,000	₩500,000
A001	서울	₩2,560,000	₩1,350,000	₩100,000
B025	경기	₩880,000	₩700,000	₩10,000
C042	충청	₩1,320,000	₩650,000	₩250,000
C032	충청	₩450,000	₩330,000	₩100,000
A002	서울	₩5,330,000	₩4,800,000	₩100,000
B088	경기	₩7,880,000	₩7,800,000	₩200,000
B090	경기	₩6,523,000	₩5,550,000	₩300,000
C025	충청	₩2,900,000	₩1,800,000	₩500,000
A010	서울	₩32,000,000	₩27,500,000	₩800,000
A079	서울	₩40,000,000	₩35,400,000	₩1,000,000
B027	경기	₩1,380,000	₩1,000,000	₩200,000
C223	충청	₩2,560,000	₩2,000,000	₩120,000

레코드: 1/22 필터 없음 검색

02. 쿼리 작성하기

정답

쿼리1

가구번호	지역	수입액	지출액	저축액	식생활비	잡비	엥겔지수	판정
A003	서울	₩2,350,000	₩1,840,000	₩360,000	₩1,480,000	₩510,000	80%	중산층
B002	경기	₩3,200,000	₩2,300,000	₩700,000	₩1,600,000	₩900,000	70%	상류층
B001	경기	₩2,840,000	₩2,280,000	₩450,000	₩1,830,000	₩560,000	80%	중산층
A004	서울	₩1,080,000	₩870,000	₩180,000	₩690,000	₩210,000	79%	중산층
C006	충청	₩2,670,000	₩2,380,000	₩180,000	₩2,200,000	₩290,000	92%	하류층
A006	서울	₩3,350,000	₩2,480,000	₩320,000	₩2,160,000	₩870,000	87%	중산층
C002	충청	₩2,800,000	₩2,340,000	₩200,000	₩2,140,000	₩460,000	91%	하류층
C005	충청	₩2,760,000	₩1,000,000	₩280,000	₩720,000	₩1,760,000	72%	상류층
A009	서울	₩3,760,000	₩2,680,000	₩950,000	₩1,730,000	₩1,080,000	65%	상류층
B003	경기	₩2,890,000	₩2,200,000	₩500,000	₩1,700,000	₩690,000	77%	상류층
A001	서울	₩2,560,000	₩1,350,000	₩100,000	₩1,250,000	₩1,210,000	93%	하류층
B025	경기	₩880,000	₩700,000	₩10,000	₩690,000	₩180,000	99%	하류층
C042	충청	₩1,320,000	₩650,000	₩250,000	₩400,000	₩670,000	62%	상류층
C032	충청	₩450,000	₩330,000	₩100,000	₩230,000	₩120,000	70%	상류층
A002	서울	₩5,330,000	₩4,800,000	₩100,000	₩4,700,000	₩530,000	98%	하류층
B088	경기	₩7,880,000	₩7,800,000	₩200,000	₩7,600,000	₩80,000	97%	하류층
B090	경기	₩6,523,000	₩5,550,000	₩300,000	₩5,250,000	₩973,000	95%	하류층
C025	충청	₩2,900,000	₩1,800,000	₩500,000	₩1,300,000	₩1,100,000	72%	상류층
A010	서울	₩32,000,000	₩27,500,000	₩800,000	₩26,700,000	₩4,500,000	97%	하류층
A079	서울	₩40,000,000	₩35,400,000	₩1,000,000	₩34,400,000	₩4,600,000	97%	하류층
B027	경기	₩1,380,000	₩1,000,000	₩200,000	₩800,000	₩380,000	80%	중산층
C223	충청	₩2,560,000	₩2,000,000	₩120,000	₩1,880,000	₩560,000	94%	하류층

레코드: 1/22 검색

보고서에서 사용할 필드 현황

필드명	원본 데이터	비고
가구번호	테이블1	테이블에서 제공
지역		
수입액		
지출액		
저축액		
식생활비	지출액 – 저축액	추가되는 계산 필드
잡비	수입액 – 지출액	
엥겔지수	식생활비 / 지출액(%로 표시)	
판정	엥겔지수가 79% 미만이면 "상류층", 79% 이상 90% 미만이면 "중산층", 90% 이상이면 "하류층"으로 표시	

❶ 테이블 및 필드 선택하기

1. [만들기] → 쿼리 → **쿼리 디자인(▦)**을 클릭한다.
2. '테이블 추가' 창에서 '테이블1'을 더블클릭한 후 '닫기(☒)' 단추를 클릭한다.
3. 쿼리 작성기에서 '테이블1' 테이블의 '*'를 그리드 영역의 첫 번째 필드로 드래그한다.

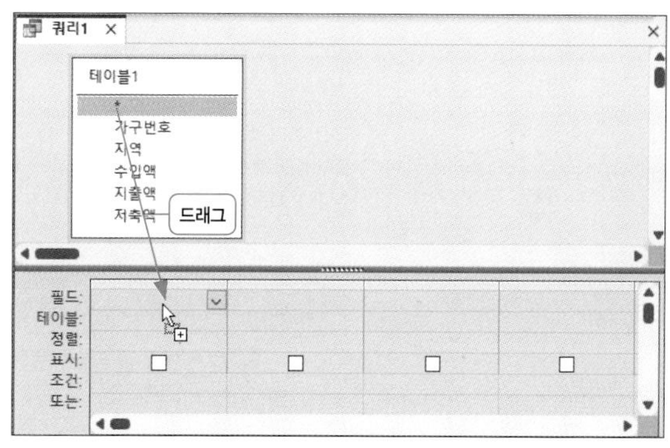

❷ 계산 필드 추가하기

1. '식생활비' 필드 추가하기 : 그리드 영역의 두 번째 필드에 **식생활비: [지출액]–[저축액]**을 입력한다.

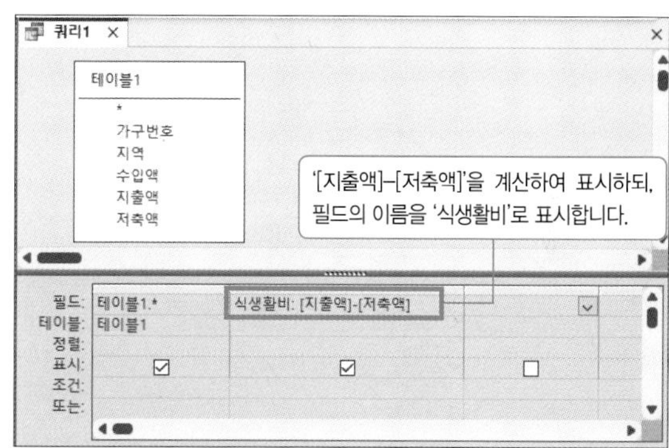

2. '잡비' 필드 추가하기 : '식생활비' 필드의 오른쪽 필드에 **잡비: [수입액]–[지출액]**을 입력한다.

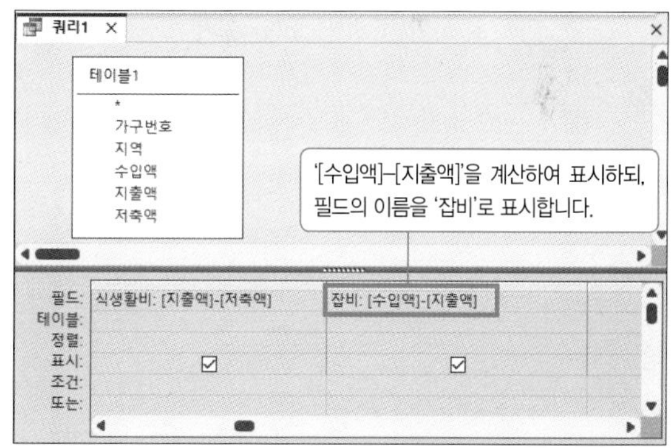

3. '엥겔지수' 필드 추가하기 : '잡비' 필드의 오른쪽 필드에 **엥겔지수: [식생활비]/[지출액]**을 입력한다.

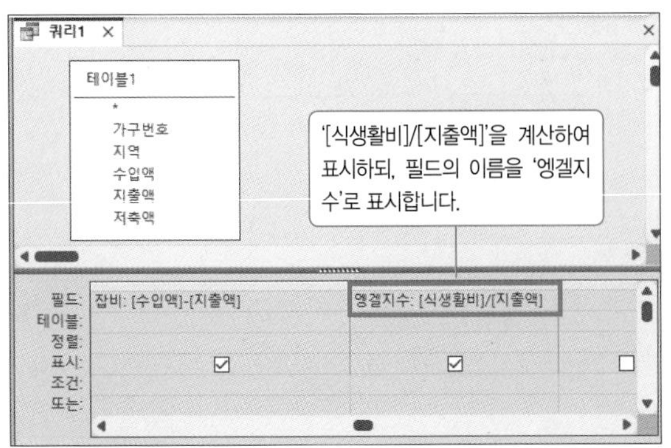

4. '판정' 필드 추가하기 : '엥겔지수' 필드의 오른쪽 필드에 **판정:IIf([엥겔지수]<0.79,"상류층",IIf([엥겔지수]<0.9,"중산층","하류층"))**을 입력한다.

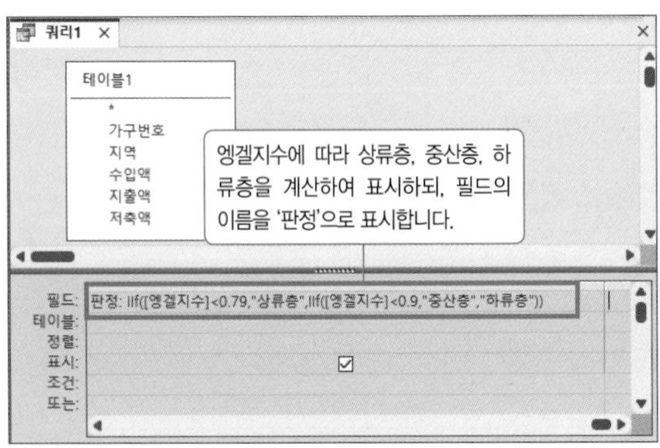

'IIf([엥겔지수]<0.79, "상류층", IIf([엥겔지수]<0.9, "중산층", "하류층"))'의 의미

IIf([엥겔지수] <0.79, "상류층", IIf([엥겔지수]<0.9, "중산층", "하류층"))
❶ ❷ ❸

❶ 엥겔지수가 0.79 미만이면 ❷(상류층)를 표시하고, 그렇지 않으면 ❸을 수행합니다.

❸ IIf([엥겔지수] <0.9, "중산층", "하류층") : 엥겔지수가 0.9 미만이면 "중산층"을 표시하고, 그렇지 않으면 "하류층"을 표시합니다.

❸ 쿼리 확인 및 표시 형식 지정하기

1. 쿼리 디자인 보기 상태에서 [쿼리 디자인] → 결과 → 실행(!)을 클릭하여 작성한 쿼리의 실행 결과를 확인한다.
2. [홈] → 보기 → **디자인 보기**()를 클릭한 후 '엥겔지수' 필드의 바로 가기 메뉴에서 [속성]을 선택한다.
3. '필드 속성' 시트 창의 '일반' 탭에서 형식 속성을 '백분율', 소수 자릿수를 0으로 지정한다.

❹ 쿼리 저장하기

1. 쿼리 창의 '닫기(×)' 단추를 클릭한 후 저장 여부를 묻는 대화상자에서 〈예〉를 클릭한다.
2. '다른 이름으로 저장' 대화상자에서 쿼리 이름의 기본값(쿼리1)을 확인한 후 〈확인〉을 클릭한다.

문제 2 조회화면(SCREEN) 설계

정답

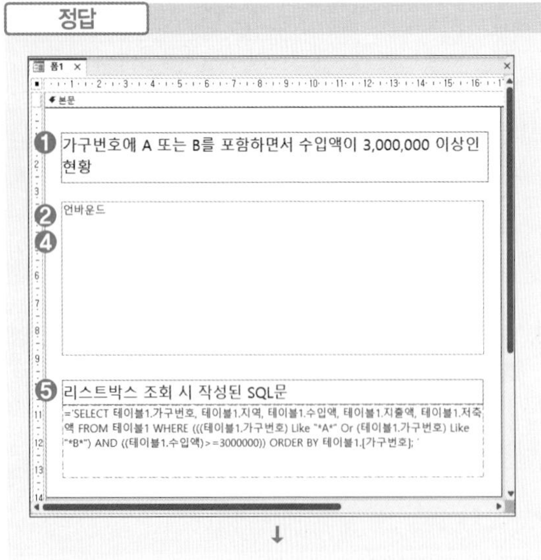

해설

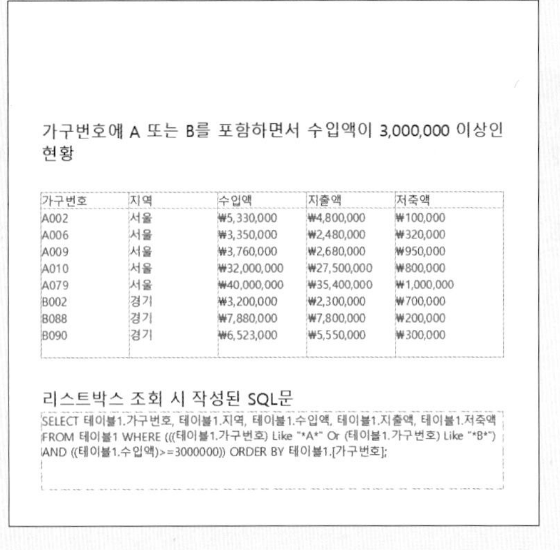

가구번호에 A 또는 B를 포함하면서 수입액이 3,000,000 이상인 현황

가구번호	지역	수입액	지출액	저축액
A002	서울	₩5,330,000	₩4,800,000	₩100,000
A006	서울	₩3,350,000	₩2,480,000	₩320,000
A009	서울	₩3,760,000	₩2,680,000	₩950,000
A010	서울	₩32,000,000	₩27,500,000	₩800,000
A079	서울	₩40,000,000	₩35,400,000	₩1,000,000
B002	경기	₩3,200,000	₩2,300,000	₩700,000
B088	경기	₩7,880,000	₩7,800,000	₩200,000
B090	경기	₩6,523,000	₩5,550,000	₩300,000

리스트박스 조회 시 작성된 SQL문

SELECT 테이블1.가구번호, 테이블1.지역, 테이블1.수입액, 테이블1.지출액, 테이블1.저축액 FROM 테이블1 WHERE (((테이블1.가구번호) Like "*A*" Or (테이블1.가구번호) Like "*B*") AND ((테이블1.수입액)>=3000000)) ORDER BY 테이블1.[가구번호];

01. 폼 작성하기

❶ 제목 추가하기

1. [만들기] → 폼 → **폼 디자인**(아이콘)을 클릭한다.
2. 폼 본문 영역의 크기를 문제에 제시된 형태와 유사하게 조절한다.

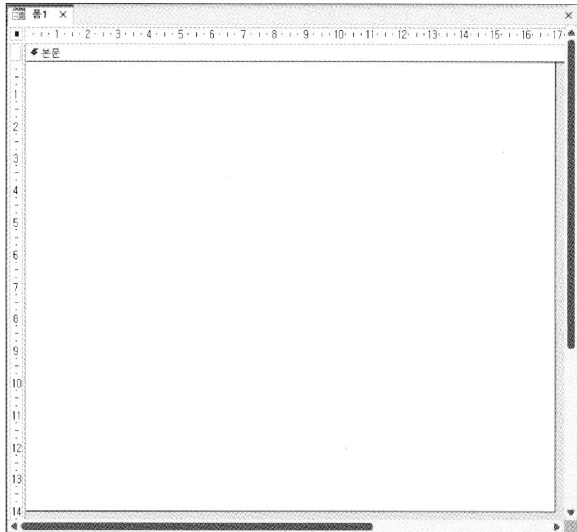

3. [양식 디자인] → 컨트롤 → **레이블**(가가)을 클릭하고, [서식] → **글꼴**에서 글꼴 크기 16, 글꼴 색(가)을 '검정, 텍스트 1'로 지정한 후 본문 상단의 적당한 위치를 클릭한다.

※ **오피스 2016 사용자** : [폼 디자인 도구] → 서식 → **글꼴**에서 글꼴 크기와 '글꼴 색(가)'을 지정하세요.
※ **오피스 2010 사용자** : [폼 디자인 도구] → 형식 → **글꼴**에서 글꼴 크기와 '글꼴 색(가)'을 지정하세요.

4. 레이블에 **가구번호에 A 또는 B를 포함하면서 수입액이 3,000,000 이상인 현황**을 입력한다.

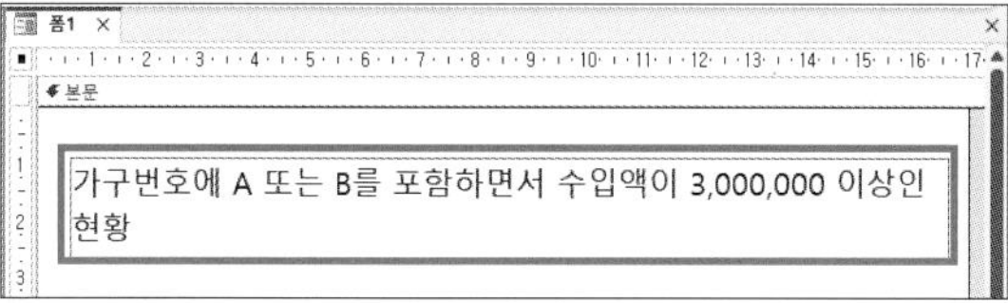

❷ 목록 상자 작성하기

1. [양식 디자인] → 컨트롤 → **목록 상자**(아이콘)를 클릭한 후 폼의 제목 아래쪽에서 적당한 크기로 드래그한다.

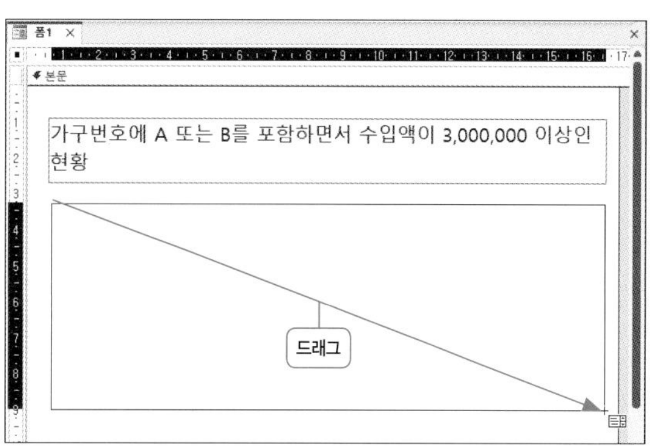

2. '목록 상자 마법사' 1단계에서 그림과 같이 선택한 후 〈다음〉을 클릭한다.

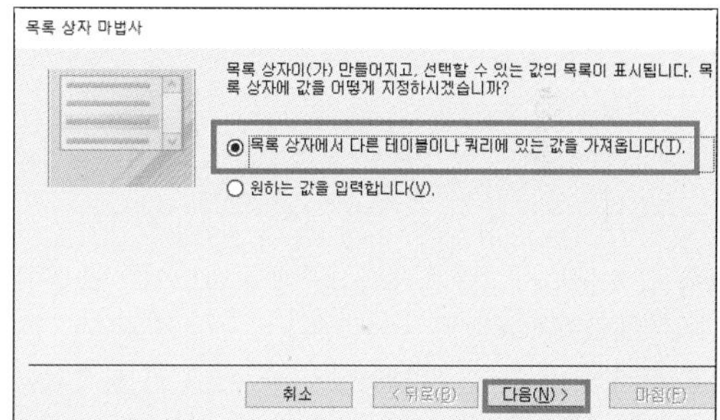

3. '목록 상자 마법사' 2단계에서 그림과 같이 선택한 후 〈다음〉을 클릭한다.

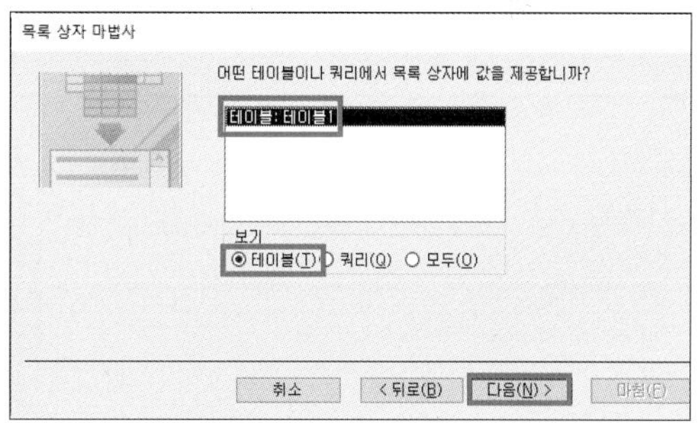

4. '목록 상자 마법사' 3단계에서 목록 상자에서 사용되는 필드들을 순서대로 더블클릭하여 '선택한 필드'로 이동시키고 〈다음〉을 클릭한다.

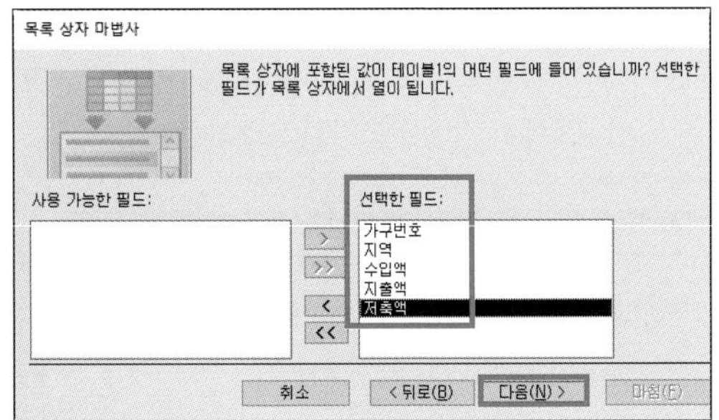

5. '목록 상자 마법사' 4단계에서 정렬 기준 필드를 '가구번호', 정렬 순서를 '오름차순'으로 지정한 후 〈다음〉을 클릭한다.

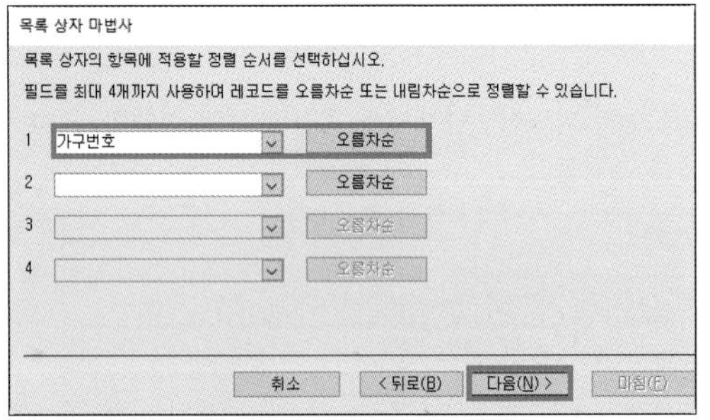

6. '목록 상자 마법사' 5단계 대화상자에서 별도의 지정없이 〈다음〉을 클릭한다.
7. '목록 상자 마법사' 6단계 대화상자에서 별도의 지정없이 〈다음〉을 클릭한다.
8. '목록 상자 마법사' 7단계 대화상자에서 별도의 지정없이 〈마침〉을 클릭한다.
9. 작성된 목록 상자의 가로 너비를 조절하고 폼의 중앙에 위치하도록 이동시킨다.

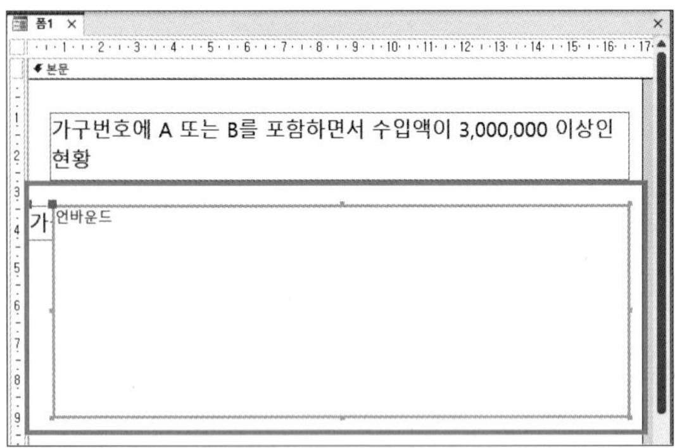

❸ 목록 상자의 레이블 삭제하기

목록 상자와 함께 생성된 레이블을 선택한 후 Delete를 눌러 삭제한다.

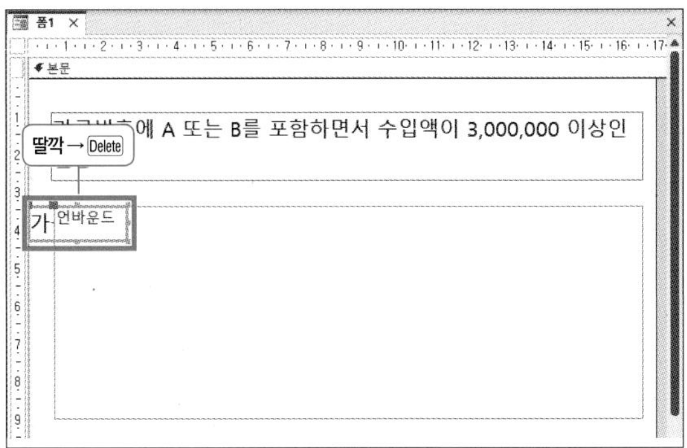

❹ 목록 상자 열 이름 표시 및 데이터 조건 지정하기

1. 목록 상자를 더블클릭한 후 속성 시트 창의 '형식' 탭에서 열 너비와 열 이름 속성을 그림과 같이 지정한다.

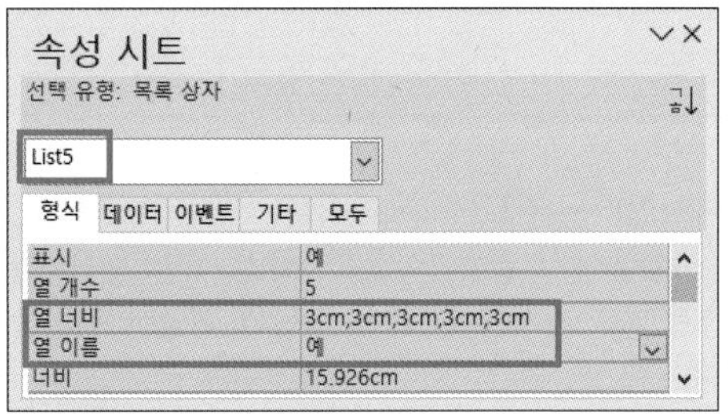

2. 이어서 '데이터' 탭의 행 원본 속성을 선택한 후 '작성기 단추(…)'를 클릭한다.

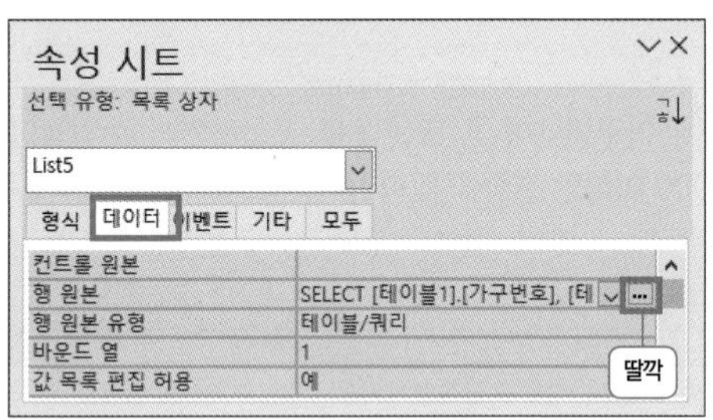

3. 쿼리 작성기에서 '가구번호'와 '수입액'의 조건난에 그림과 같이 조건을 입력한다.

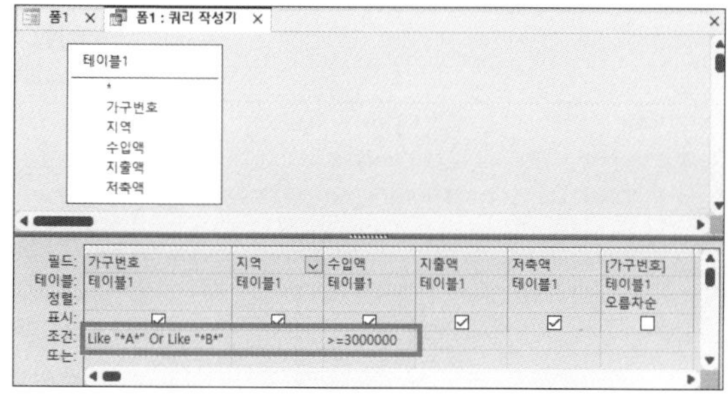

4. '쿼리 작성기'의 '닫기(☒)' 단추를 클릭하여 나타나는 업데이트 대화상자에서 〈예〉를 클릭한 후 목록 상자 속성 시트 창에서 '닫기(☒)' 단추를 클릭한다.

⑤ 텍스트 상자에 SQL문 복사하여 넣기

1. [양식 디자인] → 컨트롤 → **텍스트 상자(ab)**를 클릭한 후 목록 상자 아래쪽에서 적당한 크기로 드래그한다.

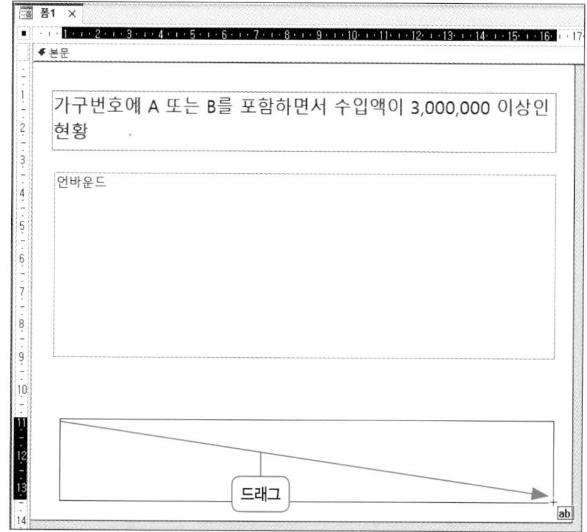

2. '텍스트 상자 마법사'가 실행되면 〈취소〉를 클릭한다.
3. 텍스트 상자와 함께 생성된 레이블을 텍스트 상자 위쪽으로 드래그한 후 가로 크기를 텍스트 상자의 가로 크기만큼 늘린 다음 **리스트박스 조회 시 작성된 SQL문**을 입력한다.

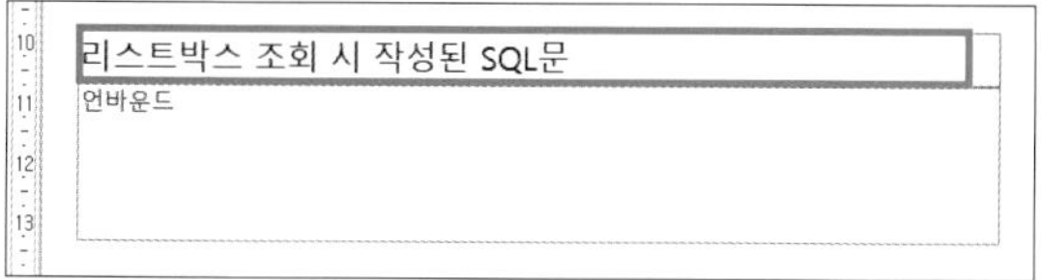

4. 목록 상자를 더블클릭한 후 속성 시트 창의 '데이터' 탭에서 행 원본 속성의 모든 내용을 복사(Ctrl+C)한다.

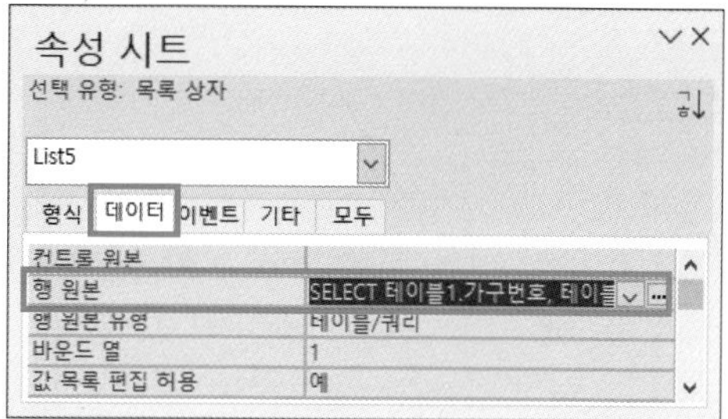

5. 텍스트 상자를 선택하여 '='와 작은따옴표(')를 입력하고 붙여넣기(Ctrl+ V)한 후 작은따옴표(')를 입력한다.

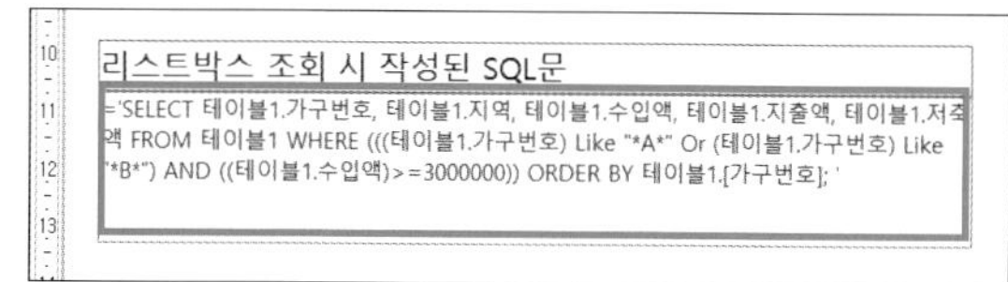

6. 텍스트 상자를 선택한 후 [서식] → 컨트롤 서식 → 도형 윤곽선 → 선 종류 → **파선**을 선택한다.

> ※ **오피스 2016 사용자** : [폼 디자인 도구] → 서식 → 컨트롤 서식 → 도형 윤곽선 → 선 종류 → **파선**을 선택하세요.
> ※ **오피스 2010 사용자** : [폼 디자인 도구] → 형식 → 컨트롤 서식 → 도형 윤곽선 → 선 종류 → **파선**을 선택하세요.

⑥ 폼 확인하기

[파일] → 인쇄 → **인쇄 미리 보기**를 클릭하여 작성한 폼을 확인한다.

> '인쇄 미리 보기' 상태에서 제목의 끝 부분이 잘려보이는 경우 제목 레이블의 너비를 늘려주세요.

02. 폼에 여백 지정 및 저장하기

1. 인쇄 미리 보기 상태에서 [인쇄 미리 보기] → 페이지 레이아웃 → **페이지 설정**을 클릭한다.
2. '페이지 설정' 대화상자의 '인쇄 옵션' 탭에서 위쪽 여백을 60으로 지정한 다음 〈확인〉을 클릭한다.
3. [인쇄 미리 보기] → 미리 보기 닫기 → **인쇄 미리 보기 닫기(☒)**를 클릭한 후 폼 디자인 상태에서도 '닫기(☒)' 단추를 클릭한다. 저장 여부를 묻는 대화상자에서 〈예〉를 클릭한다.
4. '다른 이름으로 저장' 대화상자에서 폼 이름의 기본값(폼1)을 확인한 후 〈확인〉을 클릭한다.

문제 3 자료처리 파일(File) 작성

해설

정답

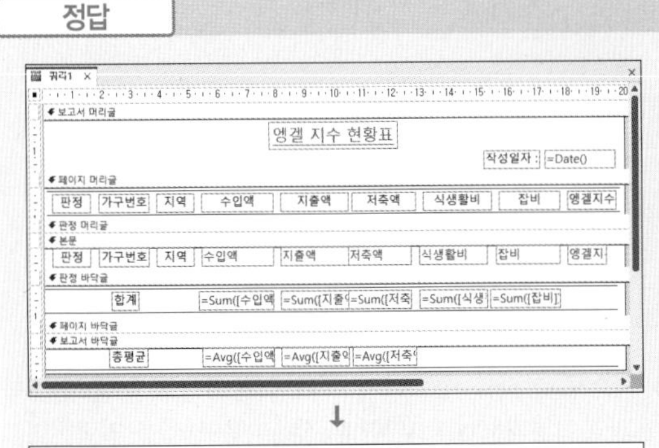

↓

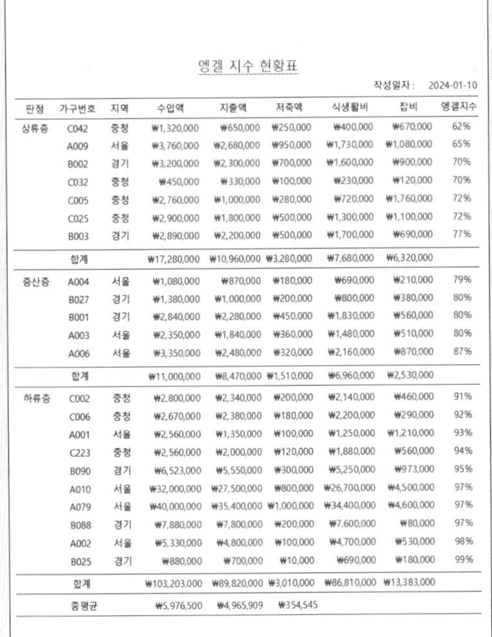

엥겔 지수 현황표

작성일자 : 2024-01-10

판정	가구번호	지역	수입액	지출액	저축액	식생활비	잡비	엥겔지수
상류층	C042	충청	₩1,320,000	₩650,000	₩250,000	₩400,000	₩670,000	62%
	A009	서울	₩3,760,000	₩2,680,000	₩950,000	₩1,730,000	₩1,080,000	65%
	B002	경기	₩3,200,000	₩2,300,000	₩700,000	₩1,600,000	₩900,000	70%
	C032	충청	₩450,000	₩330,000	₩100,000	₩230,000	₩120,000	70%
	C005	충청	₩2,760,000	₩1,000,000	₩280,000	₩720,000	₩1,760,000	72%
	C025	충청	₩2,900,000	₩1,800,000	₩500,000	₩1,300,000	₩1,100,000	72%
	B003	경기	₩2,890,000	₩2,200,000	₩500,000	₩1,700,000	₩690,000	77%
	합계		₩17,280,000	₩10,960,000	₩3,280,000	₩7,680,000	₩6,320,000	
중산층	A004	서울	₩1,080,000	₩870,000	₩180,000	₩690,000	₩210,000	79%
	B027	경기	₩1,380,000	₩1,000,000	₩200,000	₩800,000	₩380,000	80%
	B001	경기	₩2,840,000	₩2,280,000	₩450,000	₩1,830,000	₩560,000	80%
	A003	서울	₩2,350,000	₩1,840,000	₩360,000	₩1,480,000	₩510,000	80%
	A006	서울	₩3,350,000	₩2,480,000	₩320,000	₩2,160,000	₩870,000	87%
	합계		₩11,000,000	₩8,470,000	₩1,510,000	₩6,960,000	₩2,530,000	
하류층	C002	충청	₩2,800,000	₩2,340,000	₩200,000	₩2,140,000	₩460,000	91%
	C006	충청	₩2,670,000	₩2,380,000	₩180,000	₩2,200,000	₩290,000	92%
	A001	서울	₩2,560,000	₩1,350,000	₩100,000	₩1,250,000	₩1,210,000	93%
	C223	충청	₩2,560,000	₩2,000,000	₩120,000	₩1,880,000	₩560,000	94%
	B090	경기	₩6,523,000	₩5,550,000	₩300,000	₩5,250,000	₩973,000	95%
	A010	서울	₩32,000,000	₩27,500,000	₩800,000	₩26,700,000	₩4,500,000	97%
	A079	서울	₩40,000,000	₩35,400,000	₩1,000,000	₩34,400,000	₩4,600,000	97%
	B088	경기	₩7,880,000	₩7,800,000	₩200,000	₩7,600,000	₩80,000	97%
	A002	서울	₩5,330,000	₩4,800,000	₩100,000	₩4,700,000	₩530,000	98%
	B025	경기	₩880,000	₩700,000	₩10,000	₩690,000	₩180,000	99%
	합계		₩103,203,000	₩89,820,000	₩3,010,000	₩86,810,000	₩13,383,000	
	총평균		₩5,976,500	₩4,965,909	₩354,545			

01. 보고서 만들기

1. [만들기] → 보고서 → **보고서 마법사( )**를 클릭한다.
2. '보고서 마법사' 1단계 대화상자에서 '쿼리: 쿼리1'을 선택한 후 보고서에서 사용되는 필드들을 차례로 더블클릭하여 '선택한 필드'로 이동시키고 〈다음〉을 클릭한다.

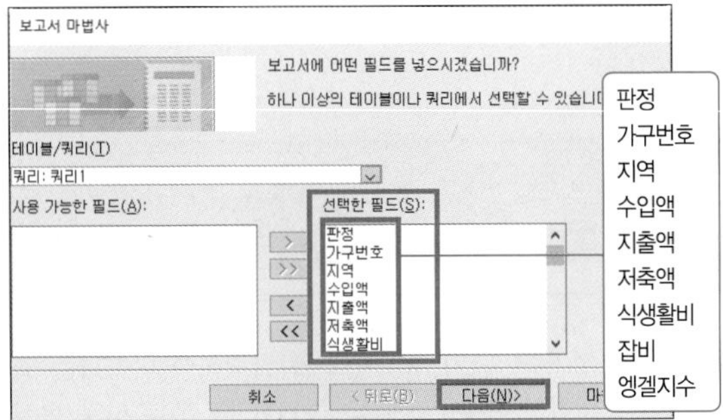

3. '보고서 마법사' 2단계 대화상자에서 '판정'을 더블클릭한 후 〈다음〉을 클릭한다.

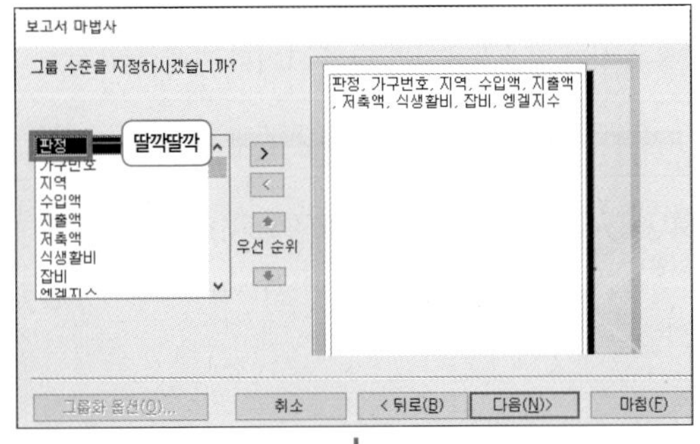

↓

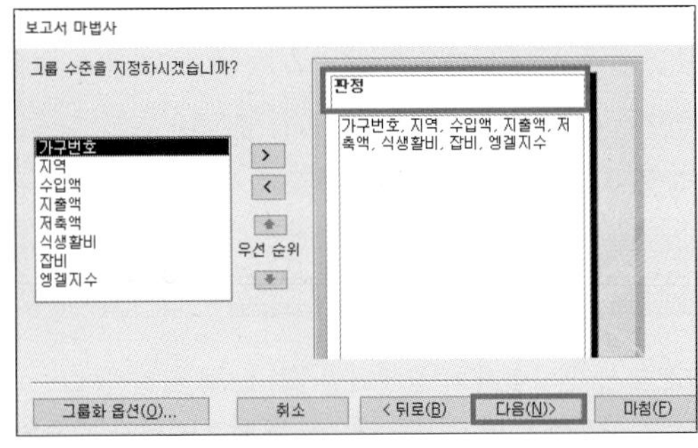

4. '보고서 마법사' 3단계 대화상자에서 〈요약 옵션〉을 클릭한 후 그림과 같이 선택한 다음 〈확인〉을 클릭한다.

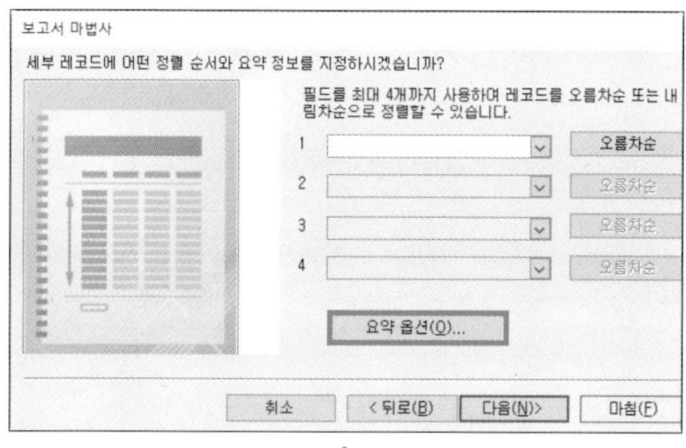

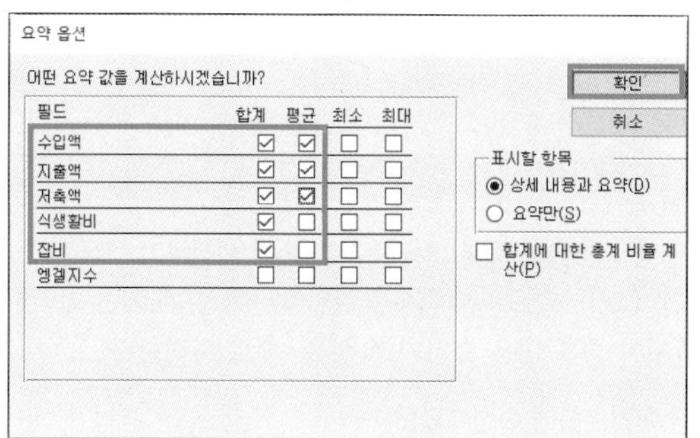

5. '보고서 마법사' 3단계 대화상자에서 〈다음〉을 클릭한다.
6. '보고서 마법사' 4단계 대화상자에서 '단계'가 선택된 것을 확인한 후 〈다음〉을 클릭한다.
7. '보고서 마법사' 5단계 대화상자에서 '보고서 디자인 수정'을 선택한 후 〈마침〉을 클릭한다.

02. 보고서 편집하기

❶ 불필요한 컨트롤 삭제하기

판정 바닥글의 '="에 대한 요약"~' 텍스트 상자(❶), 페이지 바닥글의 날짜 텍스트 상자(❷), 페이지 텍스트 상자(❸), 보고서 바닥글의 모든 컨트롤(❹)을 Delete를 눌러 삭제한다.

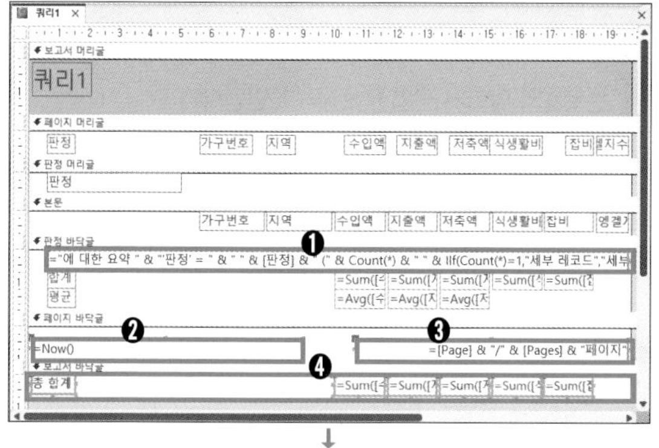

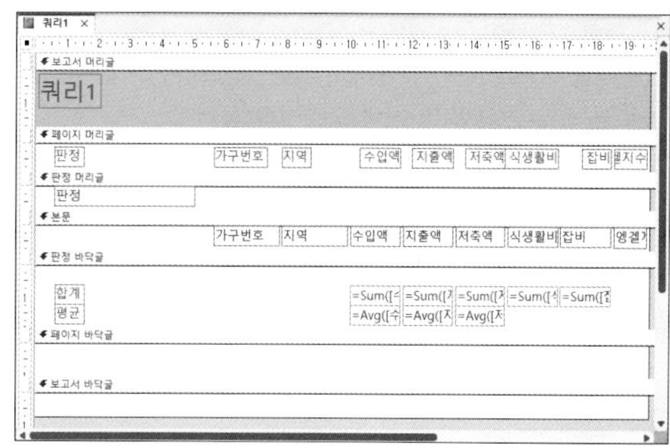

Q 보고서 결과에 '엥겔지수' 필드가 없어요.

A 보고서를 작성할 때 모든 필드가 보고서의 한 페이지에 표시되지 않을 수 있습니다. 이런 경우 보고서의 원본 데이터로 사용된 테이블에서 데이터 형식이 텍스트인 필드의 필드 크기를 줄여주면 됩니다. 여기서는 '테이블1'을 디자인 보기 상태로 연 후 '가구번호'와 '지역' 필드의 필드 크기 속성을 각각 10으로 지정한 다음 보고서를 다시 만들어보세요.

❷ 컨트롤 이동, 크기, 내용 변경하기

1. 판정 머리글에 있는 텍스트 상자를 본문으로 드래그하여 이동시킨다.
2. 판정 바닥글의 '평균' 레이블과 '수입액의 평균', '지출액의 평균', '저축액의 평균' 텍스트 상자를 보고서 바닥글로 드래그하여 이동시킨다.
3. 컨트롤의 크기, 위치 및 내용을 그림과 같이 변경한다.

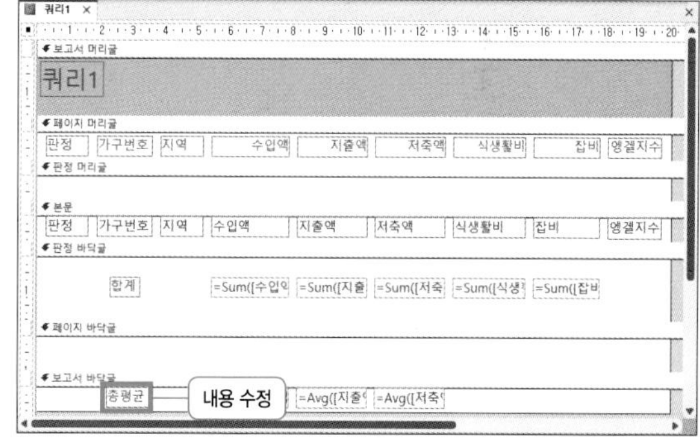

③ 정렬 지정하기

1. 보고서 디자인 보기 상태에서 [보고서 디자인] → 그룹화 및 요약 → **그룹화 및 정렬**을 클릭한다.
2. '그룹, 정렬 및 요약' 창에서 〈정렬 추가〉를 클릭한 후 '필드 선택' 창에서 정렬 기준 필드를 '엥겔지수'로, 정렬 순서를 '오름차순'으로 지정한 다음 '닫기(✕)' 단추를 클릭한다.

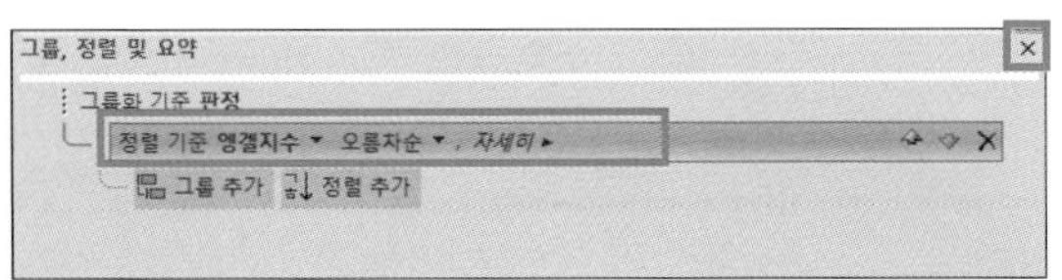

④ 제목 입력 및 서식 지정하기

1. 보고서 머리글의 레이블을 선택한 후 [서식] → **글꼴**에서 글꼴 크기 16, '밑줄(가)', '가운데 맞춤(☰)'을 지정한다.

※ **오피스 2016 사용자** : [보고서 디자인 도구] → 서식 → **글꼴**에서 글꼴 크기, '밑줄(가)', '가운데 맞춤(☰)'을 지정하세요.

2. 제목 레이블의 가로 크기를 보고서 가로 크기만큼 늘린다.
3. 보고서 머리글의 레이블에 이미 입력된 내용을 지우고 **엥겔 지수 현황표**를 입력한다.

⑤ '작성일자' 컨트롤 생성하기

1. [보고서 디자인] → 컨트롤 → **텍스트 상자(ab)**를 클릭한 후 보고서 머리글의 오른쪽 하단으로 드래그한다.
2. 레이블에 **작성일자 :**을, 텍스트 상자에 **=Date( )**를 입력한다.

⑥ 선 컨트롤 추가하기

[보고서 디자인] → 컨트롤 → **선(⟋)**을 클릭하고, [서식] → 컨트롤 서식 → 도형 윤곽선 → **선 두께**에서 '1pt'를 선택한 후 페이지 머리글 상단에 선을 생성한다. 생성한 선을 복사(Ctrl+C)하여 페이지 머리글 하단, 판정 바닥글, 보고서 바닥글에 각각 붙여넣은(Ctrl+V) 후 그림과 같이 배치한다.

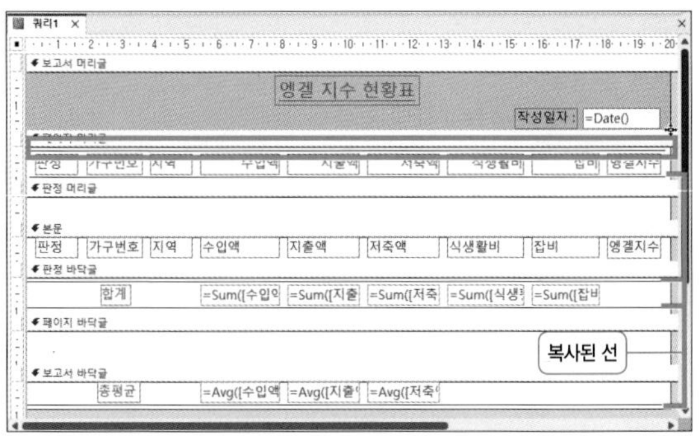

※ **오피스 2016 사용자** : [보고서 디자인 도구] → 서식 → 컨트롤 서식 → 도형 윤곽선 → 선 두께 → 1pt를 선택하세요.
※ **오피스 2010 사용자** : [보고서 디자인 도구] → 형식 → 컨트롤 서식 → 도형 윤곽선 → 선 두께 → 1pt를 선택하세요.

⑦ '판정' 컨트롤에 중복 내용 숨기기 속성 지정하기

본문의 '판정' 컨트롤을 더블클릭한 후 속성 시트 창의 '형식' 탭에서 중복 내용 숨기기 속성을 '예'로 지정한다.

⑧ 금액 컨트롤에 속성 지정하기

1. 판정 바닥글의 '식생활비의 합계', '잡비의 합계' 컨트롤을 선택한 후 바로 가기 메뉴에서 **[속성]**을 선택한다.
2. '여러 항목 선택' 속성 시트 창의 '형식' 탭에서 형식 속성을 '통화'로, 소수 자릿수 속성을 0으로 지정한다.

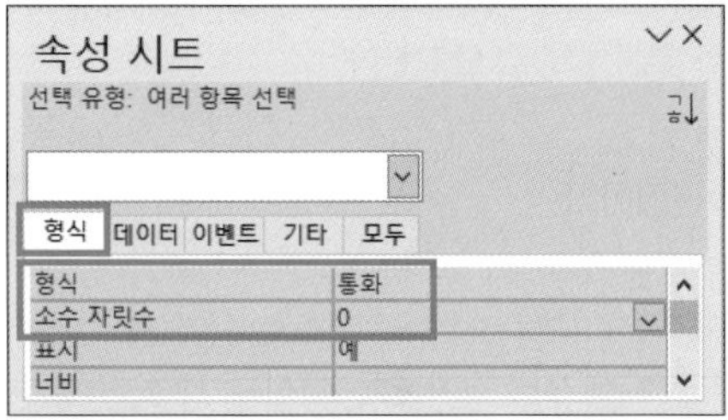

[보고서 디자인] → 보기 → **보고서 보기/인쇄 미리 보기**를 클릭하여 금액 데이터 중 원화(₩) 표시가 없거나 소수 이하 값이 있는 필드를 확인한 후 속성을 지정하면 됩니다.

⑨ 컨트롤의 데이터 정렬 및 글꼴 색 변경하기

1. 모든 레이블(제목, 작성일자, 페이지 머리글의 모든 레이블, 합계와 총평균 레이블)과 문자 데이터가 들어 있는 텍스트 상자(본문의 판정, 가구번호, 지역 텍스트 상자)를 모두 선택한 후 [서식] → **글꼴**에서 '가운데 맞춤(☰)'을 두 번 클릭한다.
2. [서식] → 글꼴 → **글꼴 색(가 ▾)**에서 '검정, 텍스트1'을 선택한다.

※ **오피스 2016 사용자** : [보고서 디자인 도구] → 서식 → **글꼴**에서 '가운데 맞춤(≡)'을 두 번 클릭하고 '글꼴 색(가)'을 지정하세요.
※ **오피스 2010 사용자** : [보고서 디자인 도구] → 형식 → **글꼴**에서 '가운데 맞춤(≡)'을 두 번 클릭하고 '글꼴 색(가)'을 지정하세요.

3. 레이블이나 텍스트 상자의 크기 및 위치를 조절하여 문제지에 주어진 그림과 같이 열의 간격과 정렬을 맞춘다.

⑩ 배경색 및 교차 행 색 변경하기

1. 보고서 머리글 선택기를 클릭한 후 [서식] → 컨트롤 서식 → **도형 채우기**에서 '흰색, 배경 1'을 선택한다.

※ **오피스 2016 사용자** : [보고서 디자인 도구] → 서식 → 컨트롤 서식 → **도형 채우기**에서 '흰색, 배경 1'을 지정하세요.
※ **오피스 2010 사용자** : [보고서 디자인 도구] → 형식 → 컨트롤 서식 → **도형 채우기**에서 '흰색, 배경 1'을 지정하세요.

2. 본문 선택기를 클릭한 후 [서식] → 배경 → 교차 행 색 → **색 없음**을 선택한다.

※ **오피스 2016 사용자** : [보고서 디자인 도구] → 서식 → 배경 → 교차 행 색 → **색 없음**을 선택하세요.
※ **오피스 2010 사용자** : [보고서 디자인 도구] → 형식 → 배경 → 대체 행 색 → **색 없음**을 선택하세요.

3. 같은 방법으로 판정 바닥글의 교차 행 색도 '색 없음'으로 지정한다.

⑪ 컨트롤에 테두리 서식 변경하기

작성일자 텍스트 상자, 판정 바닥글과 보고서 바닥글의 모든 텍스트 상자를 선택한 후 [서식] → 컨트롤 서식 → 도형 윤곽선 → **투명**을 선택한다.

※ **오피스 2016 사용자** : [보고서 디자인 도구] → 서식 → 컨트롤 서식 → 도형 윤곽선 → **투명**을 선택하세요.
※ **오피스 2010 사용자** : [보고서 디자인 도구] → 형식 → 컨트롤 서식 → 도형 윤곽선 → **투명**을 선택하세요.

⑫ 사용되지 않는 영역 제거 및 보고서 확인하기

1. 본문과 보고서 바닥글의 선택기를 위쪽으로 드래그하여 빈 공간만 확보된 판정 머리글과 페이지 바닥글 영역을 제거한다.

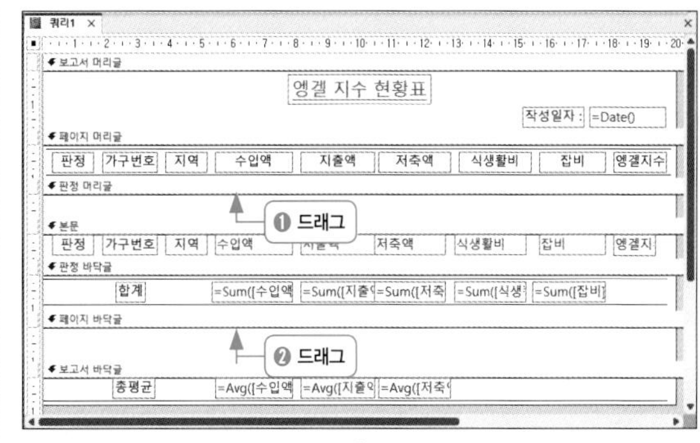

↓

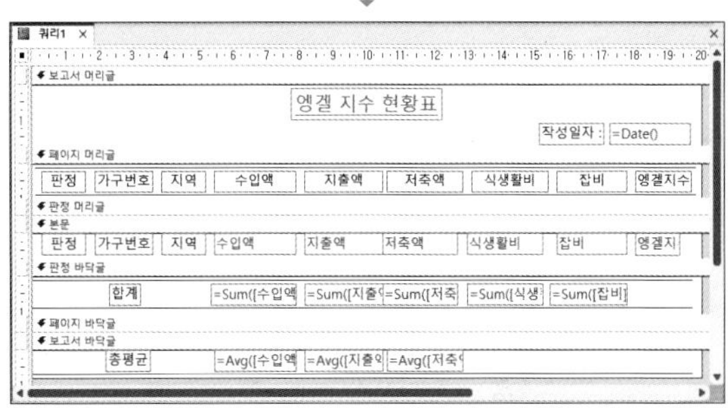

2. 보고서 디자인 보기 상태에서 [보고서 디자인] → 보기 → [보기] → **인쇄 미리 보기**를 클릭하여 작성한 보고서를 확인한다.

03. 보고서 여백 설정하기

1. 인쇄 미리 보기 상태에서 [인쇄 미리 보기] → 페이지 레이아웃 → **페이지 설정**을 클릭한 후 '페이지 설정' 대화상자의 '인쇄 옵션' 탭에서 위쪽 여백을 60으로 지정하고 〈확인〉을 클릭한다.
2. [인쇄 미리 보기] → 미리 보기 닫기 → **인쇄 미리 보기 닫기(☒)**를 클릭한 후 보고서 디자인 상태에서도 '닫기(☒)' 단추를 클릭한다. 저장 여부를 묻는 대화상자에서 〈예〉를 클릭한다.

문제 1 제 1슬라이드

해설

01. 제 1슬라이드 작성하기

정답

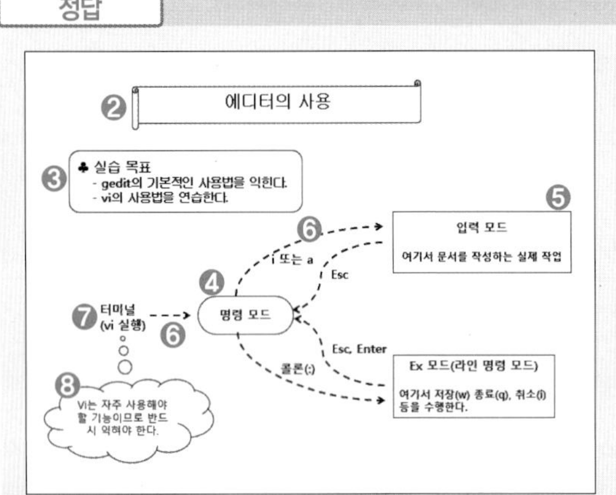

❶ 파일 저장 및 슬라이드 레이아웃 지정하기

1. 파워포인트를 실행시키고 **새 프레젠테이션**을 클릭한 후 [파일] → 다른 이름으로 저장 → **찾아보기**를 선택한다.

※ **오피스 2016 사용자** : 파워포인트 프로그램을 실행시키고 **새 프레젠테이션**을 클릭한 후 빠른 실행 도구 모음의 '저장(🖫)' 아이콘을 클릭하고 〈찾아보기〉를 클릭하세요.

2. '다른 이름으로 저장' 대화상자에서 저장 위치를 'C 드라이브'로 지정하고, 파일 이름에 **공개문제02**를 입력한 후 〈저장〉을 클릭한다.
3. 슬라이드의 바로 가기 메뉴에서 [레이아웃] → **빈 화면**을 선택한다.

❷ '두루마리 모양: 가로로 말림' 삽입하기

1. [삽입] → 일러스트레이션 → 도형 → 별 및 현수막 → **두루마리 모양: 가로로 말림**( )을 선택한 후 슬라이드에 적당한 크기로 드래그하여 삽입한다.
2. 삽입한 가로로 말린 두루마리 모양을 선택한 후 **에디터의 사용**을 입력한다.
3. 가로로 말린 두루마리 모양을 선택한 후 [홈] → **글꼴**에서 글꼴 '굴림', 글꼴 크기 23, '굵게(**가**)'를 지정한다.
4. [홈] → 단락 → 텍스트 맞춤 → **위쪽**을 선택한다.

❸ '사각형: 둥근 모서리'1 삽입하기

1. [삽입] → 일러스트레이션 → 도형 → 사각형 → **사각형: 둥근 모서리**( )를 선택한 후 슬라이드에 적당한 크기로 드래그하여 삽입한다.
2. 삽입한 '사각형: 둥근 모서리'를 선택한 후 한글 자음 ㅁ을 입력하고 한자를 누른 다음 특수 문자 목록에서 '♣'을 선택한다. 나머지 내용을 입력한다.

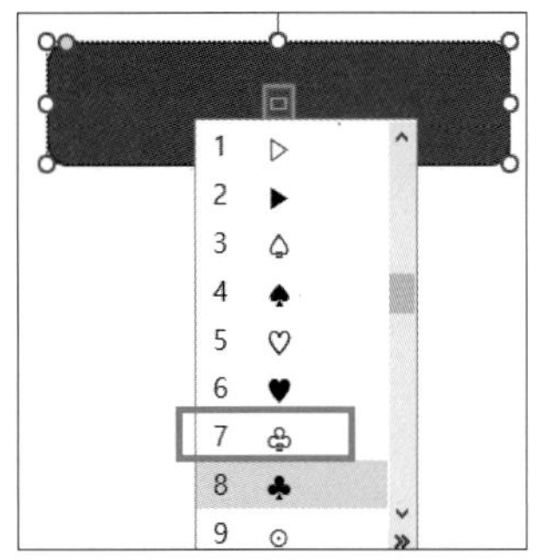

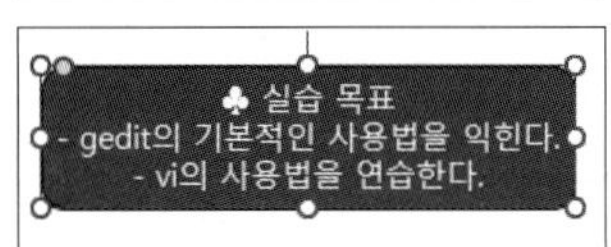

'gedit'와 'vi' 같이 문장 첫 단어의 첫 글자를 소문자로 입력하면 자동으로 대문자로 변경됩니다. 소문자로 변경해 주세요.

3. 도형을 선택한 후 [홈] → **글꼴**에서 글꼴 '굴림', '굵게(**가**)', [홈] → **단락**에서 '왼쪽 맞춤( )'을 지정한다.
4. 두, 세 번째 줄을 블록으로 지정하고 [홈] → **글꼴**에서 글꼴 크기를 16으로 지정한 후 [홈] → **단락**에서 '목록 수준 늘림( )'을 클릭한다.

♣ 실습 목표
- gedit의 기본적인 사용법을 익힌다.
- vi의 사용법을 연습한다.

❹ '사각형: 둥근 모서리'2 삽입하기

1. [삽입] → 일러스트레이션 → 도형 → 사각형 → **사각형: 둥근 모서리(▭)**를 선택한 후 슬라이드에 적당한 크기로 드래그하여 삽입한다.
2. '사각형: 둥근 모서리'를 선택하면 표시되는 노란색 점(◉)을 오른쪽으로 드래그하여 모양을 변경한다.

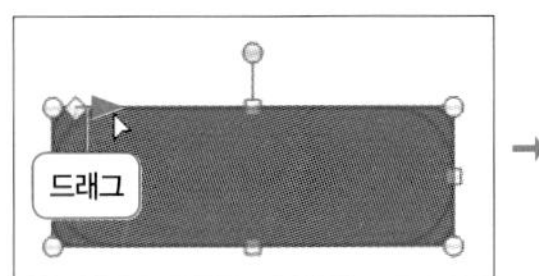

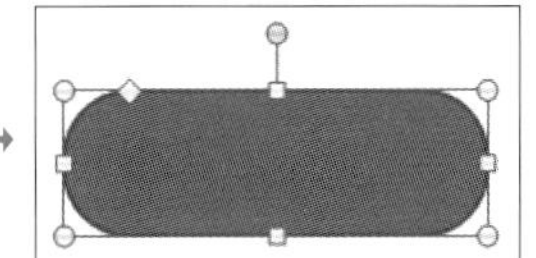

3. 삽입한 '사각형: 둥근 모서리'을 선택한 후 **명령 모드**를 입력한다.
4. '사각형: 둥근 모서리'를 선택한 후 [홈] → **글꼴**에서 글꼴 '굴림', 글꼴 크기 16, '굵게(가)'를 지정한다.

❺ 직사각형 삽입하기

1. [삽입] → 일러스트레이션 → 도형 → 사각형 → **직사각형(□)**을 선택한 후 슬라이드에 적당한 크기로 드래그하여 삽입한다.
2. 삽입한 직사각형을 선택한 후 내용을 입력한다.
3. 직사각형을 선택한 후 [홈] → **글꼴**에서 글꼴 크기 16, '굵게(가)'를 지정한다.
4. 마지막 줄을 범위로 지정한 후 [홈] → **글꼴**에서 글꼴 크기 14를 지정한다.

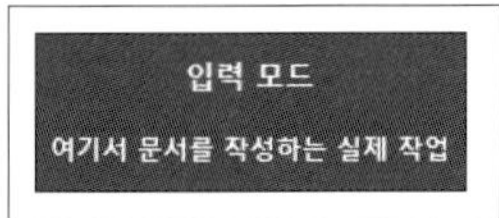

5. Ctrl+Shift를 누른 채 직사각형을 아래쪽으로 드래그하여 복사한 후 내용을 수정하고 크기를 조절한다.

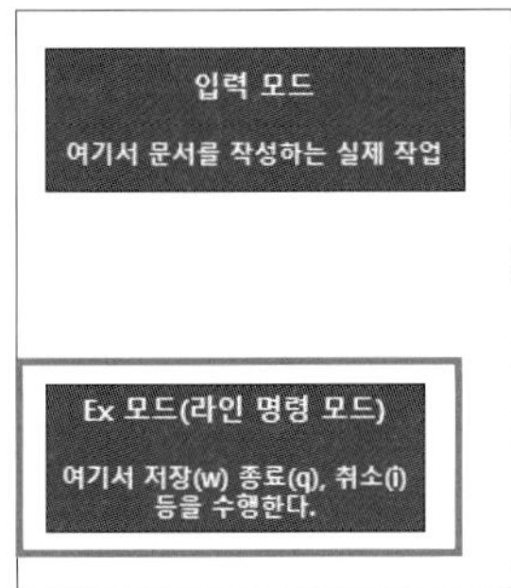

6. 마지막 줄을 마우스로 클릭한 후 [홈] → **단락**에서 '텍스트 왼쪽 맞춤(☰)'을 클릭한다.

❻ 선 화살표 및 '연결선: 구부러진 화살표' 삽입하기

1. [삽입] → 일러스트레이션 → 도형 → 선 → **선 화살표(↘)**를 선택한 후 슬라이드에 적당한 크기로 드래그하여 삽입한다.

2. [삽입] → 일러스트레이션 → 도형 → 선 → **연결선: 구부러진 화살표(⤷)**를 이용하여 그림과 같이 도형을 연결한다.

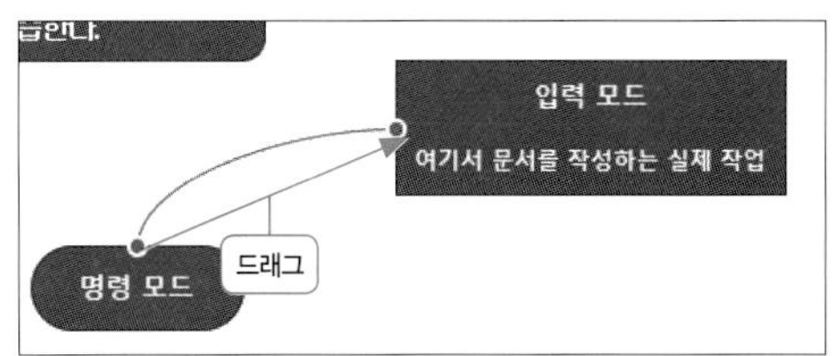

3. 연결선을 선택한 후 방향키(←)를 눌러 왼쪽으로 이동한다.
4. Ctrl+Shift를 누른 채 연결선을 아래쪽으로 드래그하여 복사한 후 [도형 서식] → 정렬 → 회전(⟳)에서 '상하 대칭'을 선택한다.

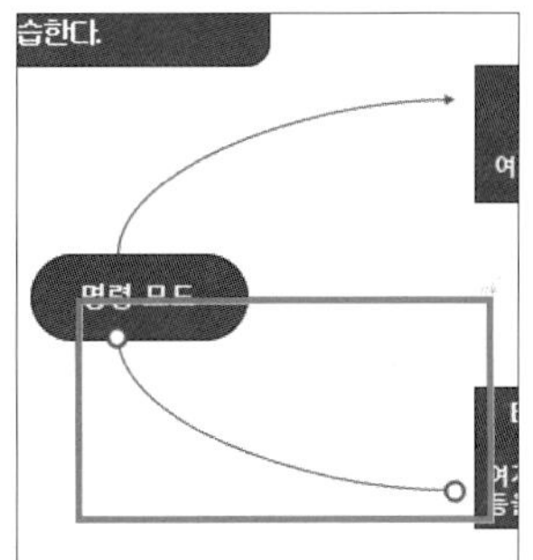

5. [삽입] → 일러스트레이션 → 도형 → 선 → **연결선: 구부러진 화살표(⤷)**를 이용하여 그림과 같이 도형을 연결한다.

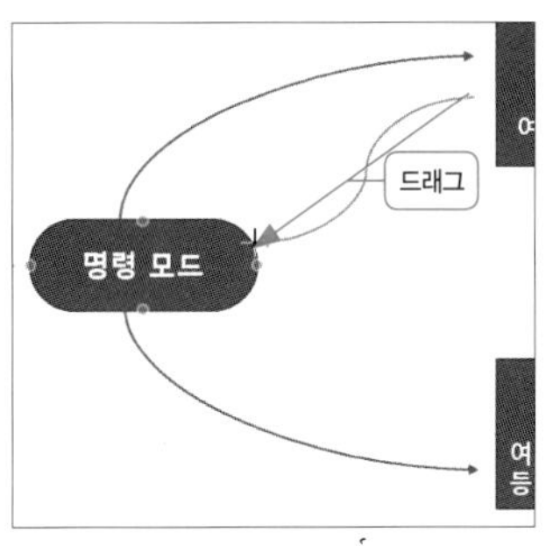

6. 연결선을 선택하면 표시되는 노란색 점(●)을 왼쪽으로 드래그하여 모양을 변경한다.

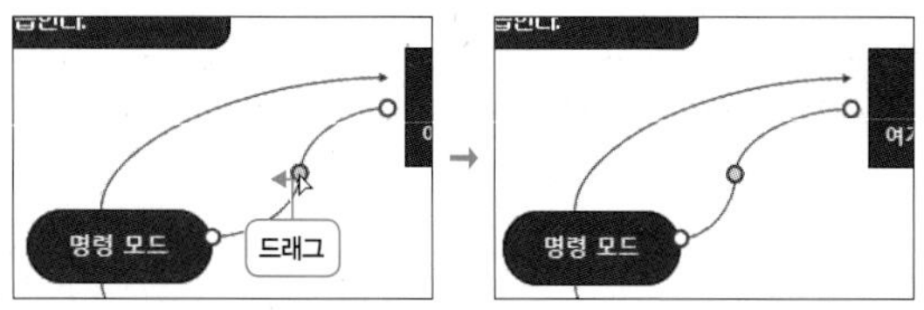

7. Ctrl+Shift를 누른 채 연결선을 아래쪽으로 드래그하여 복사한 후 [도형 서식] → 정렬→ 회전(▾)에서 '상하 대칭'을 선택한다.

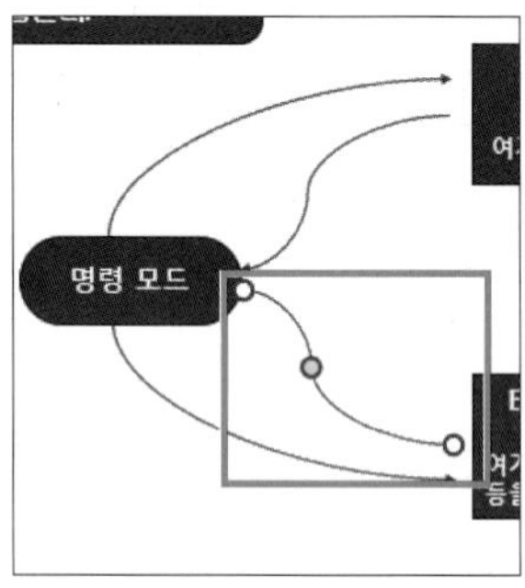

8. 삽입한 화살표와 연결선을 모두 선택한 후 [도형 서식] → 도형 스타일 → **도형 윤곽선**에서 테마 색을 '검정, 텍스트1', 두께를 '2¼pt', 대시를 '파선', 화살표를 '화살표 스타일 2(———→)로 지정한다.

※ **오피스 2010 사용자** : 화살표를 삽입하면 기본적으로 '화살표 스타일 2(———→)'로 삽입되므로 그대로 두면 됩니다.

❼ 텍스트 상자 삽입하기

1. [삽입] → 텍스트 → **가로 텍스트 상자 그리기**(가)를 클릭한 후 슬라이드의 적당한 위치를 클릭한다.
2. 삽입한 텍스트 상자에 그림과 같이 내용을 입력한다.
3. 텍스트 상자를 선택한 후 [홈] → **글꼴**에서 글꼴 크기 16, 굵게(가)를 지정한다.

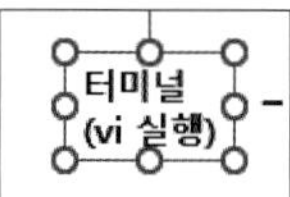

4. Ctrl을 누른 채 텍스트 상자를 오른쪽으로 드래그하여 4번 복사한 후 그림과 같이 내용을 수정한다.

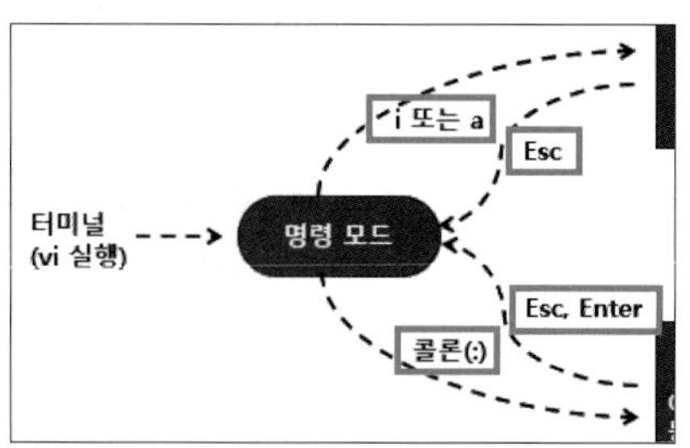

❽ '생각 풍선: 구름 모양' 삽입하기

1. [삽입] → 일러스트레이션 → 도형 → 설명선 → **생각 풍선: 구름 모양**(☁)을 선택한 후 슬라이드에 적당한 크기로 드래그하여 삽입한다.
2. 삽입한 '생각 풍선: 구름 모양'을 선택하면 표시되는 노란색 점(●)을 위쪽으로 드래그하여 모양을 변경한다.

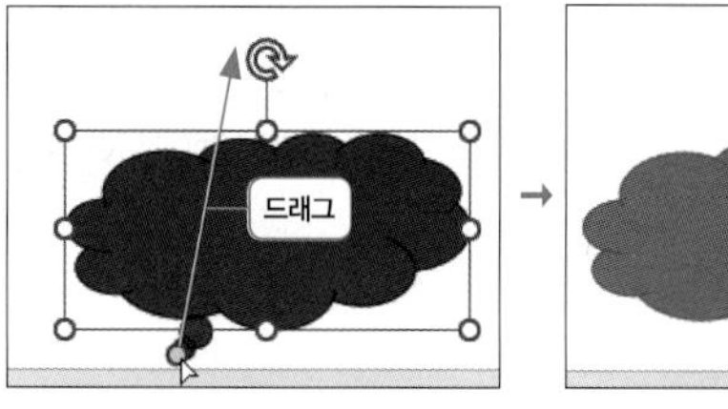

3. 삽입한 '생각 풍선: 구름 모양'을 선택한 후 내용을 입력한다.
4. '생각 풍선: 구름 모양'을 선택한 후 [홈] → **글꼴**에서 글꼴 크기 14를 지정한다.

❾ 서식 및 채우기 색 지정하기

1. 글꼴 색과 테두리 색을 '검정색'으로 지정할 도형을 모두 선택한 후 [홈] → **글꼴**에서 글꼴 색 '검정, 텍스트 1'을 [도형 서식] → 도형 스타일 → **도형 윤곽선**에서 테마 색을 '검정, 텍스트 1'을 지정한다.
2. 채우기 색을 '흰색'으로 지정할 도형을 모두 선택한 후 [도형 서식] → 도형 스타일 → 도형 채우기 → **흰색, 배경 1**을 선택한다.

01. 제 2슬라이드 작성하기

정답

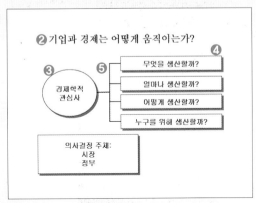

❷ 기업과 경제는 어떻게 움직이는가?

❸ 경제학적 관심사

❹ ❺ 무엇을 생산할까? / 얼마나 생산할까? / 어떻게 생산할까? / 누구를 위해 생산할까?

의사결정 주체:
시장
정부

❶ 슬라이드 삽입하기

1. [홈] → 슬라이드 → **새 슬라이드( )**를 클릭하거나 Ctrl+M을 눌러 슬라이드를 삽입한다.
2. 슬라이드의 바로 가기 메뉴에서 [레이아웃] → **제목만**을 선택한다.

❷ 제목 작성하기

1. '제목을 추가하려면 클릭하십시오.' 부분을 클릭한 후 **기업과 경제는 어떻게 움직이는가?**를 입력한다.
2. 제목이 입력된 텍스트 상자를 선택한 후 [홈] → **글꼴**에서 글꼴 '바탕', 글꼴 크기 32, '굵게(가)'를 지정한다.
3. 텍스트 상자의 크기 및 위치를 조절한다.

❸ 타원 삽입하기

1. [삽입] → 일러스트레이션 → 도형 → 기본 도형 → **타원**(◯)을 선택한 후 슬라이드에 적당한 크기로 드래그하여 삽입한다.
2. 삽입한 타원을 선택한 후 **경제학적 관심사**를 입력한다.

❹ 직사각형 삽입하기

1. [삽입] → 일러스트레이션 → 도형 → 사각형 → **직사각형**(□)을 선택한 후 슬라이드에 적당한 크기로 드래그하여 삽입한다.
2. 삽입한 직사각형을 선택한 후 **무엇을 생산할까?**를 입력한다.
3. Ctrl+Shift를 누른 채 직사각형을 아래쪽으로 드래하여 4번 복사한 후 다음과 같이 내용을 수정하고 크기를 조절한다.

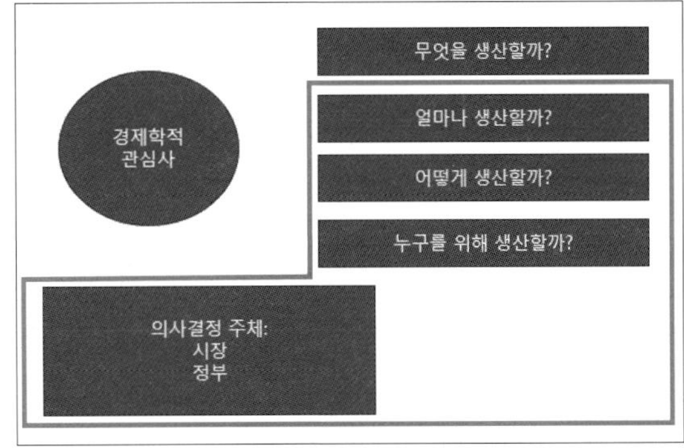

❺ 선 및 '연결선: 꺾임' 삽입하기

1. [삽입] → 일러스트레이션 → 도형 → 선 → **연결선: 꺾임**(⎾)을 선택한 후 그림과 같이 도형을 연결한다.

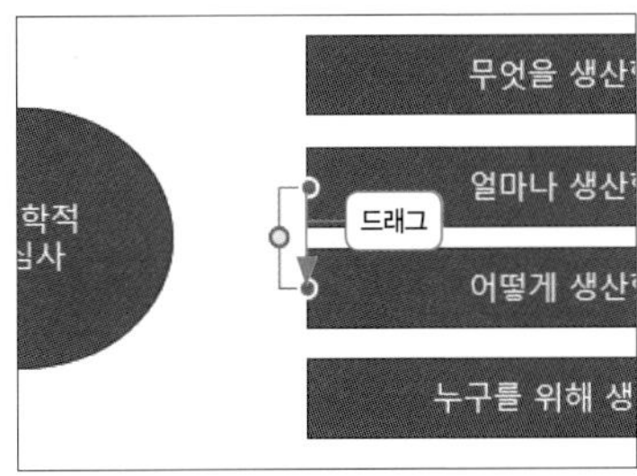

2. 삽입한 '연결선: 꺾임'을 선택하면 표시되는 노란색 점(●)을 왼쪽으로 드래그하여 모양을 변경한다.

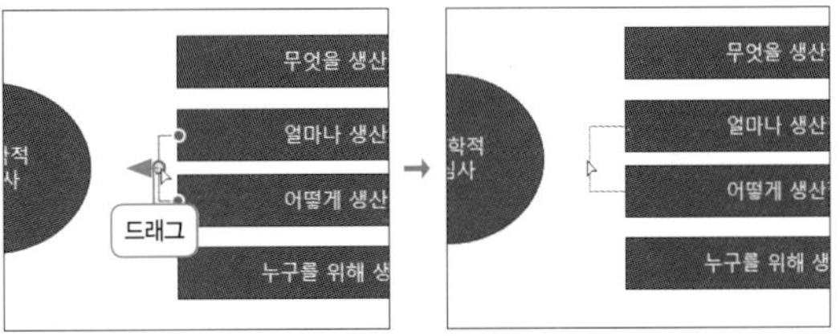

3. 같은 방법으로 첫 번째 직사각형과 네 번째 직사각형을 연결하는 '연결선: 꺾임'을 삽입한다.

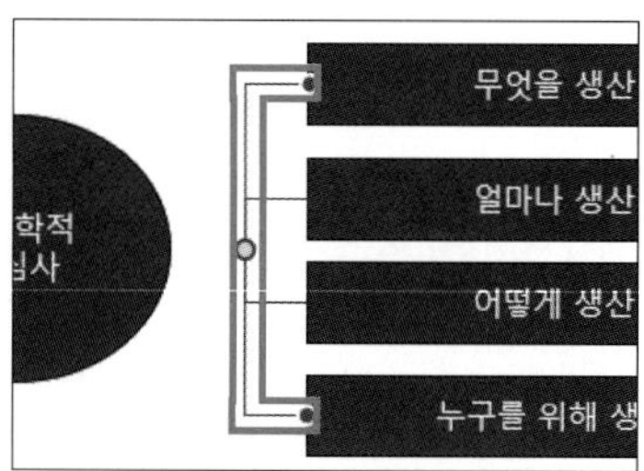

4. [삽입] → 일러스트레이션 → 도형 → 선 → **선(╲)**을 선택한 후 슬라이드에 적당한 크기로 드래그하여 삽입한다.

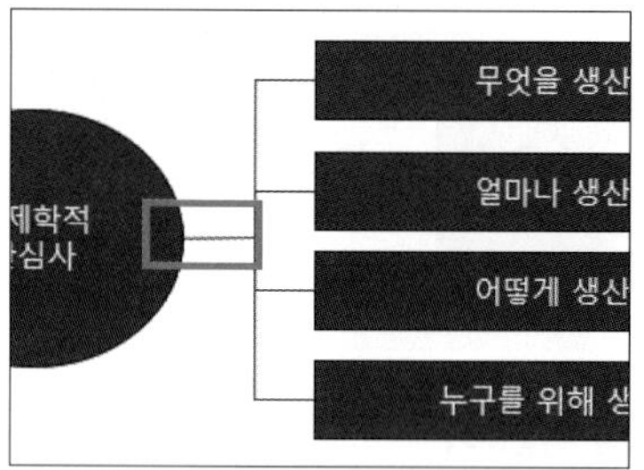

5. 삽입한 선과 '연결선: 꺾임'을 모두 선택한 후 [도형 서식] → 도형 스타일 → **도형 윤곽선**에서 테마 색을 '검정, 텍스트 1', 두께를 '2¼pt'로 지정한다.

❻ 서식 및 채우기 색, 선 색 지정하기

1. 타원과 직사각형을 모두 선택한 후 [홈] → **글꼴**에서 글꼴 '굴림', 글꼴 크기 24, '굵게(가)', 글꼴 색 '검정, 텍스트 1'을 지정한다.

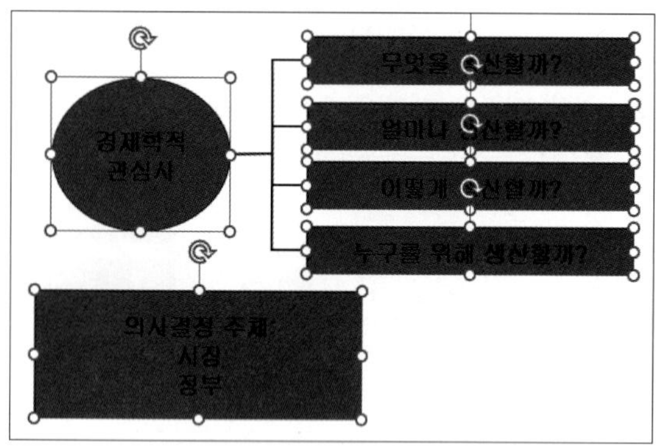

2. 타원과 직사각형이 모두 선택된 상태에서 바로 가기 메뉴의 [**개체 서식**]을 선택한다.

시나공 Q&A 베스트

Q 바로 가기 메뉴 중 [개체 서식] 메뉴가 없어요!

A 여러 개의 도형을 선택한 상태에서 바로 가기 메뉴를 표시하면 **[도형 서식]**이 아니라 **[개체 서식]** 메뉴가 표시됩니다. **[도형 서식]** 메뉴가 표시됐다면 여러 개의 도형 선택이 취소되고 하나의 도형만이 선택된 것입니다. 여러 개의 도형을 선택한 상태에서 바로 가기 메뉴를 표시할 때는 선택된 도형의 테두리 부분을 마우스 오른쪽 버튼으로 클릭해야 합니다.

4. '도형 서식' 창의 [도형 옵션] → (채우기 및 선) → **채우기**에서 채우기 색을 '흰 색, 배경 1', [도형 옵션] → (채우기 및 선) → **선**에서 색을 '검정, 텍스트1'로 지정한다.

※ **오피스 2010 사용자** : '도형 서식' 대화상자의 '채우기' 탭에서 채우기 색을 '흰색, 배경 1', '선 색' 탭에서 색을 '검정, 텍스트1', '선 스타일' 탭에서 너비를 '1pt'로 지정하세요.

5. 이어서 '도형 서식' 창의 [도형 옵션] → (효과) → 그림자에서 '미리 설정()'을 클릭한 다음 '오프셋: 오른쪽 아래'를 선택한 후 색을 '흰색, 배경1, 50% 더 어둡게', 투명도 0%, 흐리게 0pt, 간격 8pt로 지정한다.

※ **오피스 2010 사용자** : '도형 서식' 대화상자의 '그림자' 탭에서 '미리 설정()'을 클릭하여 '오프셋 대각선 오른쪽 아래'를 선택한 후 색을 '흰색, 배경1, 50% 더 어둡게', 투명도 0%, 흐리게 0pt, 간격 8pt로 지정하고 〈닫기〉를 클릭하세요.

02. 날짜와 페이지 번호 지우기

1. [보기] → 마스터 보기 → **유인물 마스터**를 클릭한다.
2. [유인물 마스터] → **개체 틀**에서 '날짜'와 '페이지 번호'의 체크 표시를 해제한다.

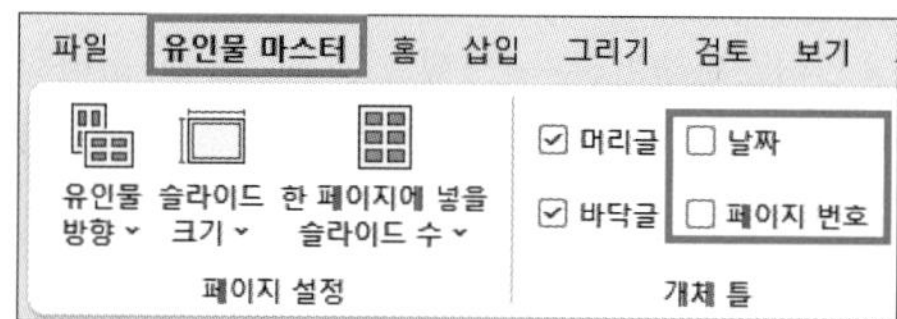

02회 인쇄 작업

정답 및 해설

인쇄하기

해설

01. Excel – 작업표 및 그래프 출력하기

1. 작성된 '공개문제02.xlsx' 파일을 더블클릭하여 불러온다.
2. [페이지 레이아웃] → **페이지 설정**의 [ ]를 클릭한 후 '페이지 설정' 대화상자의 '여백' 탭에서 위쪽 여백이 6으로 지정되어 있는지 확인한 후 〈인쇄 미리 보기〉를 클릭한다.
3. 인쇄 미리 보기 화면에서 작업표와 차트가 모두 한 페이지에 인쇄되는지 확인한 후 '설정'에서 '활성 시트 인쇄'의 페이지를 1, 위치를 1로 지정하고 〈인쇄〉를 클릭한다.

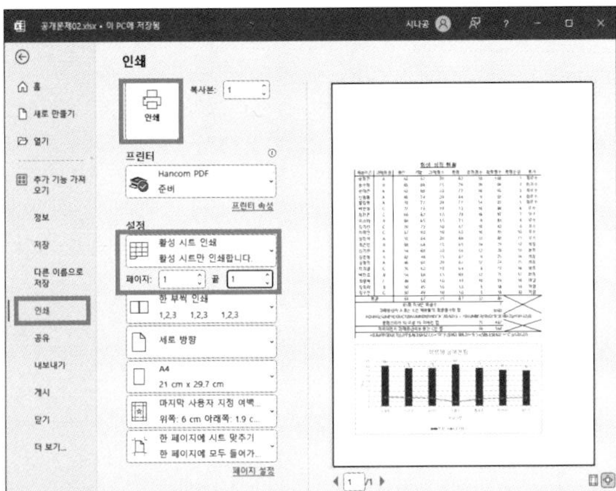

02. Access – 폼과 보고서 인쇄하기

❶ 폼 인쇄하기

1. 작성된 '공개문제02.accdb' 파일을 더블클릭하여 불러온다.
2. '탐색' 창의 폼 개체에서 작성한 '폼1'을 선택한다.
3. [파일] → 인쇄 → **인쇄**를 선택한 후 '인쇄' 대화상자에서 〈설정〉을 클릭한다. 이어서 '페이지 설정' 대화상자의 '인쇄 옵션' 탭에서 위쪽 여백이 60으로 지정되어 있는지 확인한 후 〈확인〉을 클릭한다.
4. '인쇄' 대화상자의 인쇄 범위에서 '인쇄할 페이지'를 1부터 1까지로 설정한 후 〈확인〉을 클릭한다.

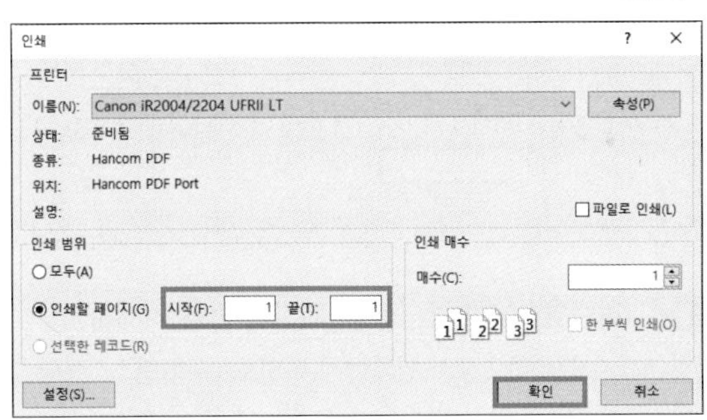

❷ 보고서 인쇄하기

1. '탐색' 창의 보고서 개체에서 작성한 '쿼리1'을 선택한다.
2. [파일] → 인쇄 → **인쇄**를 선택한 후 '인쇄' 대화상자에서 〈설정〉을 클릭한다. 이어서 '페이지 설정' 대화상자의 '인쇄 옵션' 탭에서 위쪽 여백이 60으로 지정되어 있는지 확인한 후 〈확인〉을 클릭한다.
3. '인쇄' 대화상자의 인쇄 범위에서 '인쇄할 페이지'를 1부터 1까지로 설정한 후 〈확인〉을 클릭한다.

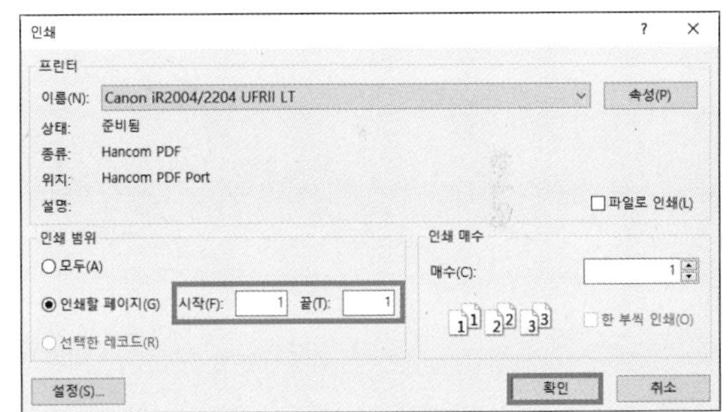

03. PowerPoint – 슬라이드 출력하기

1. 작성된 '공개문제02.pptx' 파일을 더블클릭하여 불러온다.
2. [보기] → 마스터 보기 → **유인물 마스터**를 선택한 후 '날짜'와 '페이지 번호'의 체크 표시가 해제되었는지 확인한다.
3. [파일] → 인쇄 → **설정**에서 '2슬라이드'와 '고품질', '컬러'를 지정한 후 〈인쇄〉를 클릭한다.

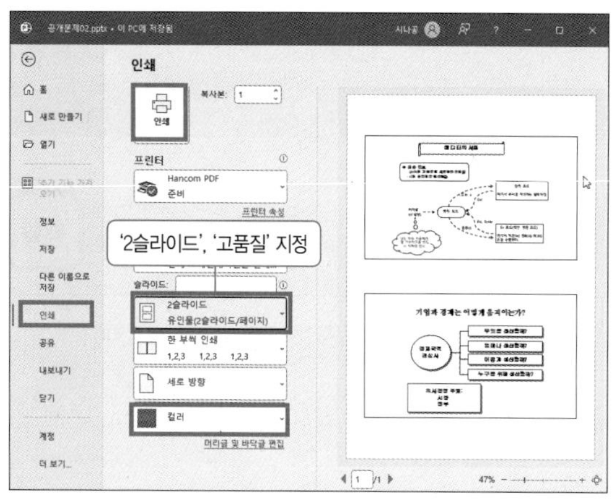

04. 비번호, 수험번호, 성명, 페이지 번호 기재하기

지금까지 인쇄한 4장의 인쇄물에 비번호, 수험번호, 성명을 중앙 상단에, 페이지 번호를 중앙 하단에 기재한다.

제 03 회 사무자동화산업기사 실기 공개문제

Excel – 표 계산(SP) 실무 작업

한국산업인력금융지주에서는 고객의 예금 및 대출 계산을 분석하고자 한다. 다음 자료(DATA)를 이용하여 작성 조건에 따라 작업표와 그래프를 작성하고, 그 인쇄 출력물을 제출하시오.

문제 1 작업표(WORK SHEET) 작성

1. 자료(DATA)

고객 예금 및 대출 현황

[단위. 원(KRW)]

	B	C	D	E	F	G
4	은행명	고객명	성별	예금	지출	대출금액
5	전자은행	김종남	1	2,200,000	1,200,000	300,000
6	학교은행	박철수	1	1,775,000	270,000	560,000
7	비자은행	남민종	1	1,850,000	250,000	520,000
8	전자은행	곽수지	0	3,500,000	2,600,000	900,000
9	비자은행	편영표	1	2,180,000	580,000	500,000
10	학교은행	황귀영	0	1,087,000	387,000	550,000
11	전자은행	하석태	1	2,040,000	300,000	570,000
12	전자은행	박종식	1	2,750,000	800,000	850,000
13	학교은행	심수미	0	1,580,000	640,000	420,000
14	비자은행	김지수	0	5,200,000	1,500,000	2,800,000
15	학교은행	이남석	1	1,175,000	800,000	290,000
16	전자은행	임지영	0	3,570,000	210,000	2,360,000
17	비자은행	강승헌	1	2,000,000	320,000	9,000,000
18	전자은행	정연수	1	2,540,000	280,000	1,500,000
19	학교은행	이인용	0	1,600,000	270,000	1,800,000
20	전자은행	송춘석	1	1,800,000	420,000	620,000
21	비자은행	심남숙	0	2,200,000	530,000	870,000
22	전자은행	전은미	1	3,100,000	440,000	1,040,000
23	학교은행	함미경	0	2,440,000	170,000	380,000
24	비자은행	이철희	1	2,640,000	220,000	640,000

※ 자료(DATA) 부분에서 음영 처리 표시된 부분은 행/열의 기준을 나타내며 이는 작성(입력)하지 않음을 반드시 유의하시오.

2. 작업표 형식

은행별 고객 대출 계산

	B	C	H	I	J	K	L
4	은행명	고객명	성별	잔액	대출이자	대출가능액	비고
5 : 24	–	–	①	②	③	④	⑤
25	평균			⑥	⑥	⑥	
26	전자은행 또는 비자은행의 합					⑦	
27	⑧						
28	여성이고 이씨이면서 학교은행인 고객들의 합				⑨	⑨	
29	이씨이면서 우수고객인 고객들의 합				⑩	⑩	
30	잔액이 1500000 이상 2000000 미만인 합				⑪	⑪	
31	⑫						

※ 음영 처리 표시된 부분은 작성하지 않습니다.

3. 작성 조건

가) 작성 시 유의사항

① 작업표의 작성은 "나)~마)" 항에 제시된 내용을 따르고 반드시 제시된 조건(함수 적용, 단서 조항 등)에 따라 처리하시오.

② 제시된 작성 조건을 따르지 아니하고 여타의 방법 일체(제시된 함수 이외 다른 함수 적용, 함수 미적용, 별도 전자계산기 사용 등)를 사용하여 도출된 결과는 그 답이 맞더라도 정답으로 인정되지 않음을 반드시 유의하시오.

나) 작업표의 구성 및 서식

① "작업표 형식"에서 행과 열에 관계된 음영 처리 표시된 부분은 작성하지 않음을 유의하고 반드시 제시된 행/열에 맞추도록 하시오.

② 제목서식 : 16 포인트 크기로 하시오.

③ 글꼴서체 : 임의선정하시오.

다) 원문자가 표시된 셀은 아래의 방법을 이용하여 처리하시오.

① 성별 : "남성"과 "여성"으로 표기한다. (단, 주어진 자료의 성별에서 남성은 "1", 여성은 "0"으로 표기되어 있음)

② 잔액 : 예금 – 지출

③ 대출이자 : 대출금액 × 10%

④ 대출가능액 : 잔액 – 대출금액

⑤ 비고 : 대출가능액 〉 1,000,000 이면 "우수고객", 대출가능액 〈 500,000 이면 "불량고객"으로 표시하고, 나머지는 공란으로 한다.

⑥ 평균 : 각 항목별 평균 산출

⑦ 전자은행 또는 비자은행을 거래하는 고객들의 대출가능액의 합을 산출하시오.

⑧ 항목 ⑦ 산정 시 사용한 함수식을 기재하시오.
(단, SUMPRODUCT, ISNUMBER, FIND 함수 모두 사용한 함수식 기재)

⑨ 여성이고 성이 이씨이면서 학교은행을 거래하는 고객들의 대출이자, 대출가능액 합을 각각 산출하시오.

⑩ 성이 이씨이면서 우수고객인 고객들의 대출이자와 대출가능액의 합을 각각 산출하시오. (단, SUMPRODUCT, LEFT 함수를 사용하시오.)

⑪ 잔액이 1500000 이상 2000000 미만인 고객들의 대출이자와 대출가능액의 합을 산출하시오.

⑫ 항목 ⑩ 산정 시 사용한 함수식 기재 (단, 대출가능액을 기준으로, 수식에 SUMPRODUCT, LEFT 함수 반드시 포함)

※ 함수식을 기재하는 셀과 연관된 지정함수조건(함수지정)이 있을 경우 제시된 함수만을 사용해 함수식을 구성 및 작업하여야 하며, 작성 조건을 위배하여 임의로 작성할 시 해당 답이 맞더라도 틀린 항목으로 채점됨을 유의하시오. 만약, 구체적인 함수가 제시되지 않을 경우 수험자가 스스로 적합한 함수를 선정하여 작업하시오.

※ 또한 함수식을 작성할 때는 "라) 작업표의 정렬순서(SORT)"에 따라 조건에 맞게 정렬 후 도출된 결과에 의한 함수식을 기재하시오.

라) 작업표의 정렬순서(SORT)는 은행명의 오름차순으로 정렬하고, 은행명이 같으면 대출가능액의 오름차순으로 정렬한다.

마) 기타

- 금액에 대한 수치는 원화(₩) 표시를 하고 천 단위마다 ' , ' (Comma)를 표시하시오. (단, 금액 이외의 수치는 ','(Comma)를 표시하지 않도록 하시오.)
- 모든 수치(숫자, 통화, 회계, 백분율 등)는 셀 서식의 속성을 설정하는 과정에서 소수 자릿수를 "0"으로 지정하여 정수로 표시토록 하시오.
- 음수는 "−"가 표시되도록 하시오.
- 숫자 셀은 우측을 수직으로 맞추고, 문자 셀은 수평중앙으로 맞추며 이외 사항은 작업표 형식에 따르도록 하시오. 특히, 단서조항이 있을 경우는 단서 조항을 우선으로 하고, 인쇄출력 시 판독불가능이 발생되지 않도록 인쇄 미리보기 등을 통하여 셀의 크기를 적당히 조정하시오.

문제 2 그래프(GRAPH) 작성

작성한 작업표에서 전자은행에 대한 고객명별 잔액과 대출가능액을 나타내는 그래프를 작성하시오.

1. 작성 조건

가) 그래프 형태 : 혼합형 단일축 그래프
 − 잔액(묶은 세로 막대형), 대출가능액(데이터 표식이 있는 꺾은선형)
 (단, 잔액만 데이터 레이블의 값이 표시된 혼합형 단일축 그래프로 하시오.)

나) 그래프 제목 : 전자은행 고객 대출 금액 −−−− (확대출력)

다) X축 제목 : 고객명

라) Y축 제목 : 금액

마) X축 항목 단위 : 해당 문자열

바) Y축 눈금 단위 : 임의

사) 범례 : 잔액, 대출가능액

아) 출력물 크기 : A4 용지 1/2장 범위내

자) 기타 : 작성 조건에 없는 형식이나 모양 등은 기본 설정값에 따르며, 그래프 너비는 작업표 너비에 맞춘다.

※ 그래프는 반드시 작성된 작업표와 연동하여 작업하여야 하며, 그래프의 영역(범위) 설정 오류로 인한 불이익은 전적으로 수험자 본인에게 있습니다.

Access – 자료처리(DBMS) 작업

다포문구도매점에서는 소매점별 판매관리를 전산화하려고 한다. 다음의 입력 자료를 이용하여 DB를 설계하고 작성 조건에 따라 처리파일을 작성하고, 그 인쇄 출력물을 제출하시오.

[요구사항 및 유의사항]

1) 자료처리(DBMS)작업은 조회화면(SCREEN) 설계와 자료처리 보고서의 2가지 작업을 수행하여 그 결과물을 인쇄용지(A4) 기준 각 1장씩 총 2장을 제출하여야 채점 대상이 됨을 유의하시오.
2) 반드시 인쇄작업 수행 전 미리보기 등을 통해 여백을 조정하고, 수치, 문자 등 구성요소가 누락되지 않도록 주의하시오. 구성요소가 누락되어 인쇄되지 않은 결과로 인한 모든 책임은 전적으로 수험자 본인에게 있음을 반드시 유의하시오.
3) 문제지에 기재된 작성 조건에 따라 처리하고, 조회화면 및 자료처리 보고서의 서식이 작성 조건과 상이할 경우에는 시험위원의 지시에 따라 작업하시오.

문제 1 입력자료(DATA)

테이블1 : 소매점별판매현황

문구코드	소매점	구매수량	반품수량
101	서울문구	99	26
101	대전문구	9	0
201	제주문구	17	9
201	서울문구	20	3
201	대전문구	15	10
301	제주문구	50	20
301	서울문구	10	5
301	대전문구	87	15
401	제주문구	70	7
401	서울문구	66	25
401	대전문구	35	13
101	제주문구	23	0

테이블2 : 문구코드표

문구코드	문구명	단가
101	노트	700
201	볼펜	500
301	스케치북	1,000
401	지우개	300

문제 2 조회화면(SCREEN) 설계

다음 조건에 따라 문구코드가 "101" 또는 "401"이면서 소매점이 "서울문구"인 현황을 조회할 수 있는 화면을 설계하고 해당 데이터를 출력하시오.

[작성 조건]

1) 해당 현황은 목록 상자(리스트박스)에서 반품수량 오름차순으로 출력하고, 화면 아래에 조회 시 작성한 SQL문을 복사하시오.
   - WHERE 조건절에 문구코드, 소매점 반드시 포함
   - INNER JOIN, ORDER BY 구문 반드시 포함
   ※ SQL문에 상기 내용 미포함 시 SQL 작성 부분 0점 처리
2) 리스트박스 조회시 작성된 SQL문이 작성되지 않을 경우에는 "조회화면(SCREEN) 설계" 과제가 0점 처리됨을 반드시 유의하시오.
3) 목록 상자에 표시되어야 할 필수적인 필드명은 다음과 같습니다.
   - 문구코드, 문구명, 단가, 소매점, 구매수량, 반품수량
4) 폼 서식에 제반되는 폰트, 점선 등은 아래 [조회화면 서식]에 보이는 대로 기재하시오.
5) 기타 사항은 "자료처리 파일(FILE) 작성"의 [기타 조건]을 따르시오.

[조회화면 서식]

문구코드가 "101" 또는 "401"이면서 소매점이 "서울문구"
인 현황

문구코드	문구명	단가	소매점	구매수량	반품수량

리스트박스 조회 시 작성된 SQL문

문제 3 자료처리 파일(FILE) 작성 다음 조건에 따라 아래 양식과 같이 작성하시오.

[처리 조건]

1) 소매점(대전문구, 서울문구, 제주문구)별로 정리한 후 같은 소매점 안에서는 문구명의 오름차순으로 정렬(SORT)하시오.
2) 구매금액 : 구매수량 × 단가
3) 반품금액 : 반품수량 × 단가
4) 포인트적립액 : (구매수량 – 반품수량) × (단가의 1%)
5) 비고 : 포인트적립액이 80 이하인 경우 "관리요"로 표시하고, 그 외는 공란으로 한다.
6) 합계 : 각 소매점별 구매금액, 반품금액, 포인트적립액의 합 산출
7) 총평균 : 구매금액, 반품금액, 포인트적립액의 전체 평균 산출
8) 작성일자는 수험일자로 하시오.

[기타 조건]

1) 입력화면 및 보고서의 제목은 16정도의 임의 서체로 하시오.
2) 금액에 대한 수치는 원화(₩) 표시를 하고 천 단위마다 ,(Comma)를 표시하시오.
   (단, 금액 이외의 수치는 ,(Comma)를 표시하지 않도록 하시오.)
3) 모든 수치(숫자, 통화, 백분율 등)는 컨트롤의 속성을 설정하는 과정에서 소수 자릿수를 "0"으로 지정하여 정수로 표시하시오.
4) 데이터의 열과 간격은 일정하게 맞추도록 하시오.

소매점별 문구 판매 현황

작성일자 : YYYY-MM-DD

문구명	문구코드	단가	구매금액	반품금액	포인트적립액	비고
XXXX	XXXX	₩X,XXX	₩X,XXX	₩X,XXX	₩X,XXX	XXXX
–	–	–	–	–	–	–
대전문구 합계			₩X,XXX	₩X,XXX	₩X,XXX	
–	–	–	–	–	–	–
서울문구 합계			₩X,XXX	₩X,XXX	₩X,XXX	
–	–	–	–	–	–	–
제주문구 합계			₩X,XXX	₩X,XXX	₩X,XXX	
총평균			₩X,XXX	₩X,XXX	₩X,XXX	

PowerPoint – 시상 작업(PT)

주어진 2개의 슬라이드를 슬라이드 작성조건에 따라 작업하여 인쇄하시오.

슬라이드 작성 조건

1) 각 슬라이드를 문제의 슬라이드 원안과 같이 인쇄하여 제출하시오.
   (특히 글자, 음영, 그림자, 도형 등 인쇄된 내용 그대로 작업하시오.)
2) "주1)" 등 특수한 속성 지정이 되어 있는 경우 지시에 따라 작성하시오.
3) 글꼴은 문제 원안과 같거나 유사한 형태로 작업하시오.
4) 글자, 그림 및 도형 등의 크기와 모양은 문제 원안과 같거나 유사한 형태로 작업하시오.
5) 모든 글씨, 선 등은 흑백(그레이스케일)으로 작업하되, 글상자, 그림 및 도형 등에서 색 채우기가 있는 경우 색 채우기는 회색 40% 정도, 투명도 0%를 기준으로 작업하시오.
6) 각 슬라이드는 원안과 같이 외곽선 테두리가 인쇄되도록 인쇄하시오.
7) 각 슬라이드 크기는 A4 용지의 1/2 범위 내에 인쇄가 가능한 크기가 되도록 조정하여, 슬라이드 2개를 A4 용지 1매 안에 모두 인쇄하시오.
8) 비번호, 수험번호, 성명, 페이지 번호 등은 반드시 자필로 기재하시오.

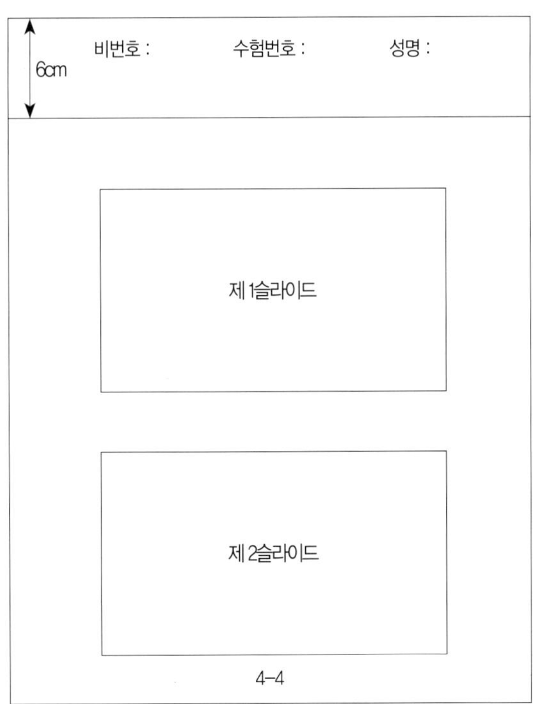

문제 1 제 1슬라이드

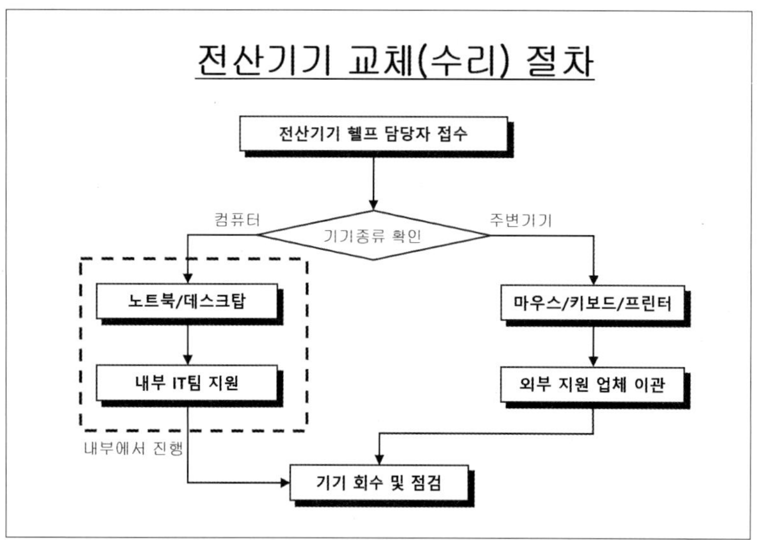

문제 2 제 2슬라이드

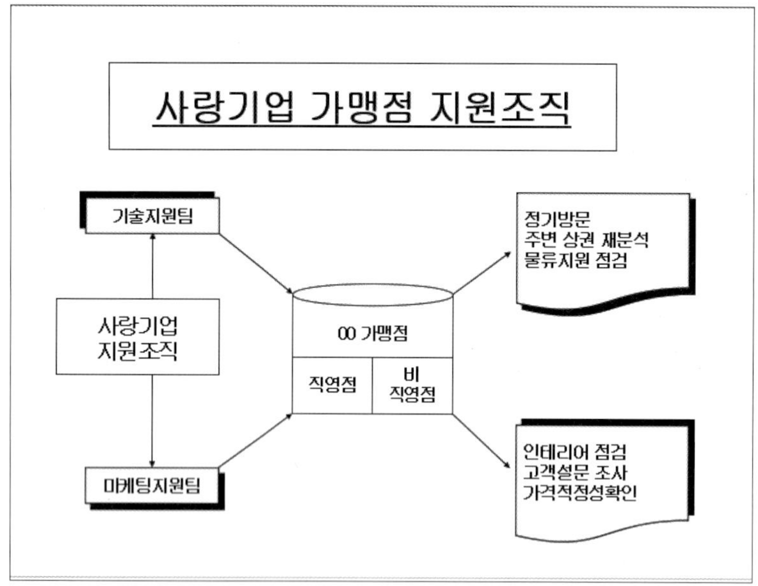

03회 Excel – 표 계산(SP) 실무 작업

정답 작업표 및 차트(그래프)

	A	B	C	H	I	J	K	L
1		은행별 고객 대출 계산						
2								
3								
4		은행명	고객명	성별	잔액	대출이자	대출가능액	비고
5		비자은행	강승헌	남성	₩ 1,680,000	₩ 900,000	-₩ 7,320,000	불량고객
6		비자은행	심남숙	여성	₩ 1,670,000	₩ 87,000	₩ 800,000	
7		비자은행	김지수	여성	₩ 3,700,000	₩ 280,000	₩ 900,000	
8		비자은행	남민종	남성	₩ 1,600,000	₩ 52,000	₩ 1,080,000	우수고객
9		비자은행	편영표	남성	₩ 1,600,000	₩ 50,000	₩ 1,100,000	우수고객
10		비자은행	이철희	남성	₩ 2,420,000	₩ 64,000	₩ 1,780,000	우수고객
11		전자은행	곽수지	여성	₩ 900,000	₩ 90,000	₩ -	불량고객
12		전자은행	김종남	남성	₩ 1,000,000	₩ 30,000	₩ 700,000	
13		전자은행	정연수	남성	₩ 2,260,000	₩ 150,000	₩ 760,000	
14		전자은행	송춘석	남성	₩ 1,380,000	₩ 62,000	₩ 760,000	
15		전자은행	임지영	여성	₩ 3,360,000	₩ 236,000	₩ 1,000,000	
16		전자은행	박종식	남성	₩ 1,950,000	₩ 85,000	₩ 1,100,000	우수고객
17		전자은행	하석태	남성	₩ 1,740,000	₩ 57,000	₩ 1,170,000	우수고객
18		전자은행	전은미	남성	₩ 2,660,000	₩ 104,000	₩ 1,620,000	우수고객
19		학교은행	이인용	여성	₩ 1,330,000	₩ 180,000	-₩ 470,000	불량고객
20		학교은행	이남석	남성	₩ 375,000	₩ 29,000	₩ 85,000	불량고객
21		학교은행	황귀영	여성	₩ 700,000	₩ 55,000	₩ 150,000	불량고객
22		학교은행	심수미	여성	₩ 940,000	₩ 42,000	₩ 520,000	
23		학교은행	박철수	남성	₩ 1,505,000	₩ 56,000	₩ 945,000	
24		학교은행	함미경	여성	₩ 2,270,000	₩ 38,000	₩ 1,890,000	우수고객
25		평균			₩ 1,752,000	₩ 132,350	₩ 428,500	
26		전자은행 또는 비자은행의 합					₩ 5,450,000	
27		=SUMPRODUCT(ISNUMBER(FIND("전자은행",B5:B24)) + ISNUMBER(FIND("비자은행",B5:B24)),K5:K24)						
28		여성이고 이씨이면서 학교은행인 고객들의 합				₩ 180,000	-₩ 470,000	
29		이씨이면서 우수고객인 고객들의 합				₩ 64,000	₩ 1,780,000	
30		잔액이 1500000 이상 2000000 미만인 합				₩ 1,287,000	-₩ 1,125,000	
31		=SUMPRODUCT((LEFT($C$5:$C$24,1)="이")*($L$5:$L$24="우수고객"),K5:K24)						

전자은행 고객 대출 금액

금액: ₩4,000,000 / ₩3,500,000 / ₩3,000,000 / ₩2,500,000 / ₩2,000,000 / ₩1,500,000 / ₩1,000,000 / ₩500,000 / ₩-

고객명	곽수지	김종남	정연수	송춘석	임지영	박종식	하석태	전은미
잔액	₩900,000	₩1,000,000	₩2,260,000	₩1,380,000	₩3,360,000	₩1,950,000	₩1,740,000	₩2,660,000

범례: 잔액, 대출가능액

문제 1 작업표(WORK SHEET) 작성

해설

01. 파일 저장하기

1. 엑셀을 실행시키고 새 통합 문서를 클릭한 후 [파일] → 다른 이름으로 저장 → **찾아보기**를 클릭한다.
2. '다른 이름으로 저장' 대화상자에서 저장 위치를 '바탕화면'으로 지정하고, 파일 이름에 **공개문제03**을 입력한 후 〈저장〉을 클릭한다.

02. 데이터 입력하기

작업표 형식을 보고 동일하게 입력한다.

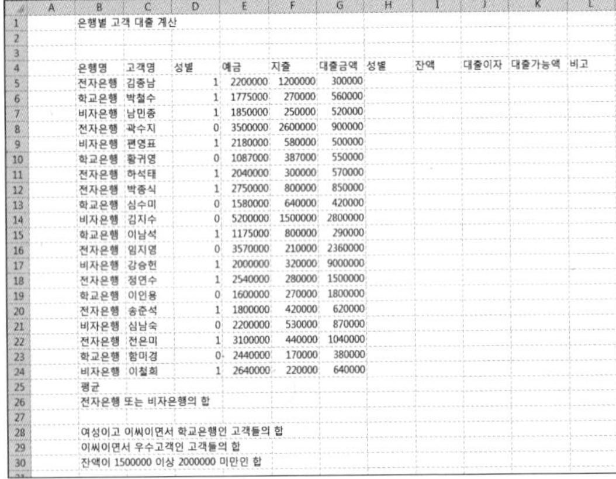

	A	B	C	D	E	F	G	H	I	J	K	L
1		은행별 고객 대출 계산										
2												
3												
4		은행명	고객명	성별	예금	지출	대출금액	성별	잔액	대출이자	대출가능액	비고
5		전자은행	김종남	1	2200000	1200000	300000					
6		학교은행	박철수	1	1775000	270000	560000					
7		비자은행	남민종	1	1850000	250000	520000					
8		전자은행	곽수지	0	3500000	2600000	900000					
9		비자은행	편영표	1	2180000	580000	500000					
10		학교은행	황귀영	0	1087000	387000	550000					
11		전자은행	하석태	1	2040000	300000	570000					
12		전자은행	박종식	1	2750000	800000	850000					
13		학교은행	심수미	0	1580000	640000	420000					
14		비자은행	김지수	0	5200000	1500000	2800000					
15		학교은행	이남석	1	1175000	800000	290000					
16		전자은행	임지영	0	3570000	210000	2360000					
17		비자은행	강승헌	1	2000000	320000	9000000					
18		전자은행	정연수	1	2540000	280000	1500000					
19		학교은행	이인용	0	1600000	270000	1800000					
20		전자은행	송춘석	1	1800000	420000	620000					
21		비자은행	심남숙	0	2200000	530000	870000					
22		전자은행	전은미	1	3100000	440000	1040000					
23		학교은행	함미경	0	2440000	170000	380000					
24		비자은행	이철희	1	2640000	220000	640000					
25		평균										
26		전자은행 또는 비자은행의 합										
27												
28		여성이고 이씨이면서 학교은행인 고객들의 합										
29		이씨이면서 우수고객인 고객들의 합										
30		잔액이 1500000 이상 2000000 미만인 합										

03. 수식 작성하기

❶ **성별(H5)** : =IF(D5=1,"남성","여성")

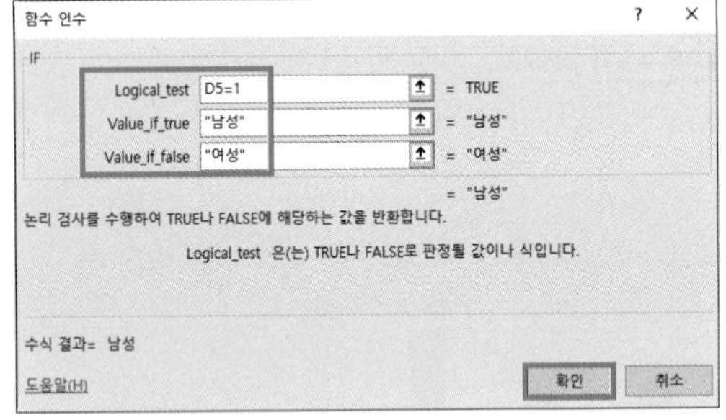

❷ **잔액(I5)** : =E5−F5

❸ **대출이자(J5)** : =G5*10%

❹ **대출가능액(K5)** : =I5−G5

❺ **비고(L5)** : =IF(K5〉1000000,"우수고객",IF(K5〈500000,"불량고객"," "))

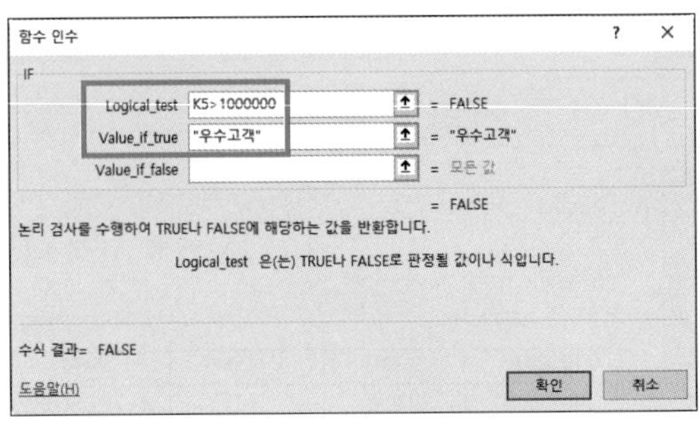

↓

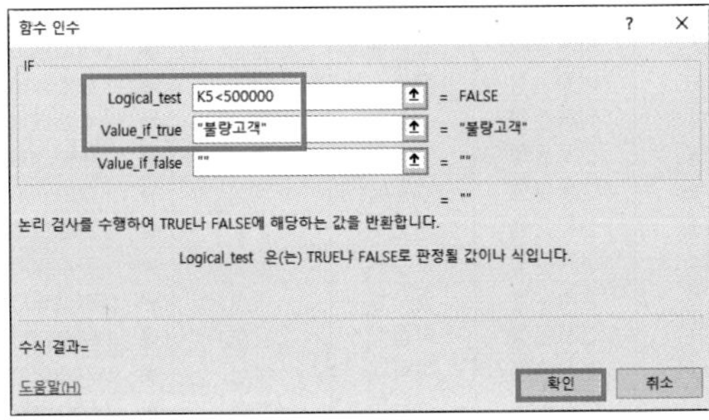

❻ **평균(I25)** : =AVERAGE(I5:I24)

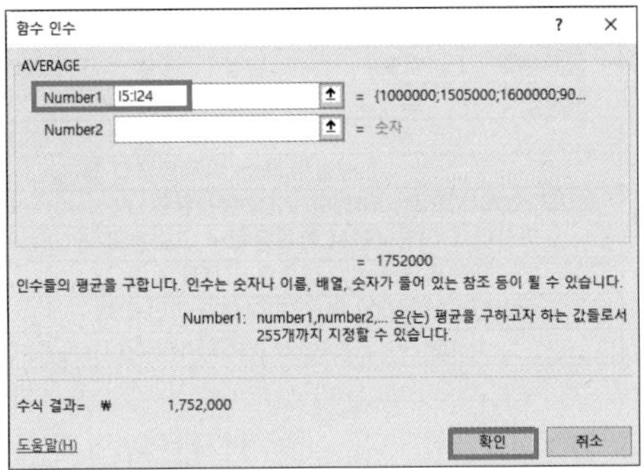

❼ **전자은행 또는 비자은행의 합(K26)** : =SUMPRODUCT(ISNUMBER(FIND("전자은행",B5:B24))+ISNUMBER(FIND("비자은행",B5:B24)),K5:K24)

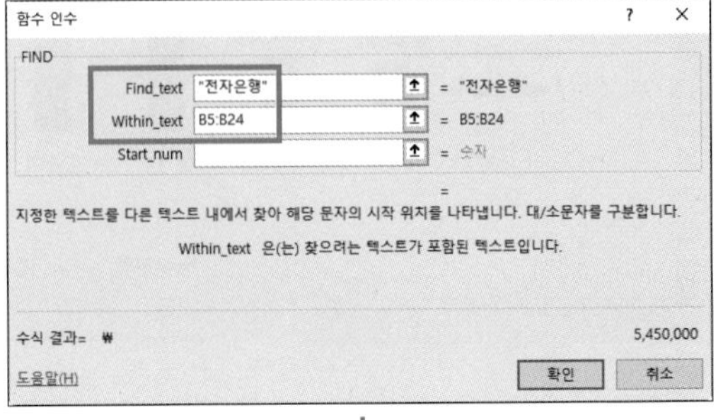

↓

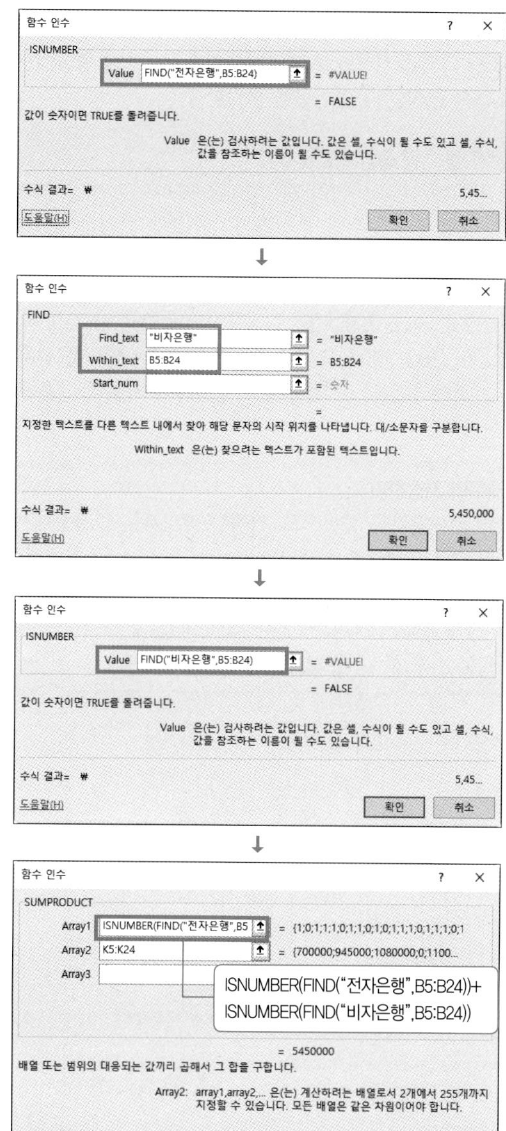

⑨ 여성이고 이씨이면서 학교은행인 고객들의 합(J28)

=SUMIFS(J5:J24,$H$5:$H$24,“여성”,$C$5:$C$24,“이*”,$B$5:$B$24,“학교은행”)

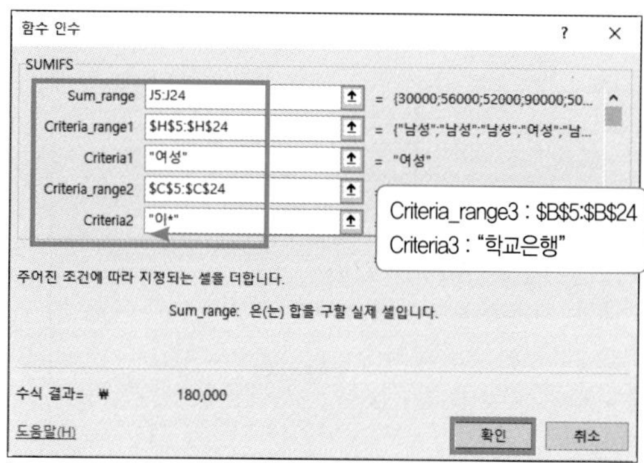

⑩ 이씨이면서 우수고객인 고객들의 합(J29)

=SUMPRODUCT((LEFT($C$5:$C$24,1)=“이”)*($L$5:$L$24=“우수고객”),J5:J24)

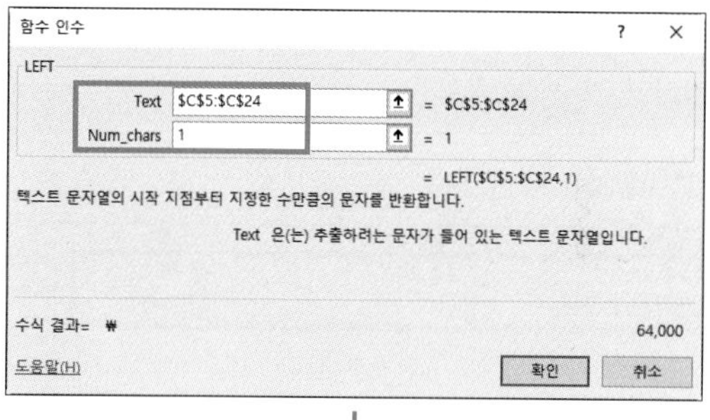

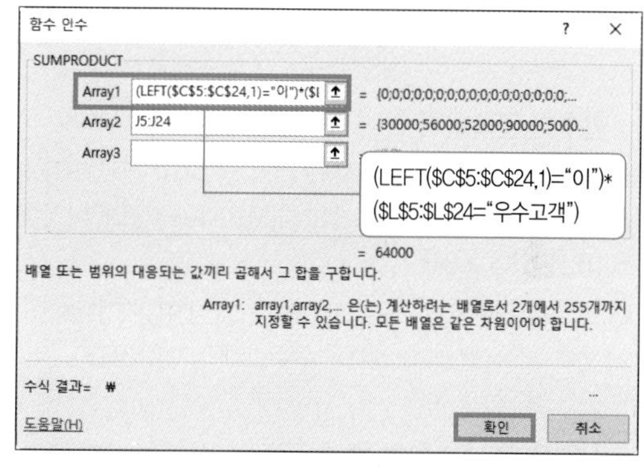

⑪ 잔액이 1500000 이상 2000000 미만인 합(J30)

=SUMIFS(J5:J24,$I$5:$I$24,“>=1500000”,$I$5:$I$24,“<2000000”)

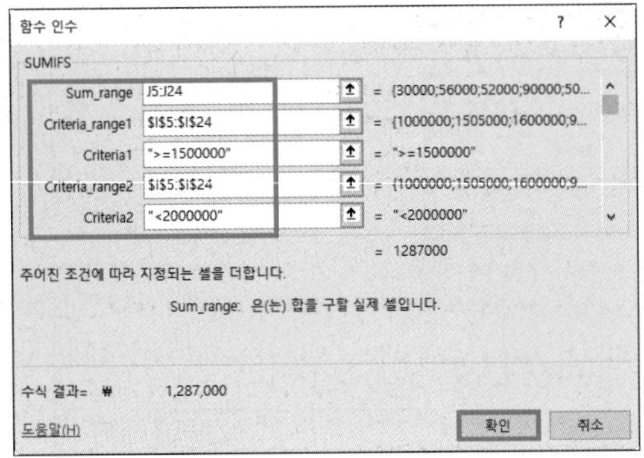

04. 데이터 정렬하기

1. [B4:L24] 영역을 블록으로 지정한 후 [데이터] → 정렬 및 필터 → **정렬**을 클릭한다.
2. '정렬' 대화상자에서 정렬 기준과 방식을 그림과 같이 지정하고 〈확인〉을 클릭한다.

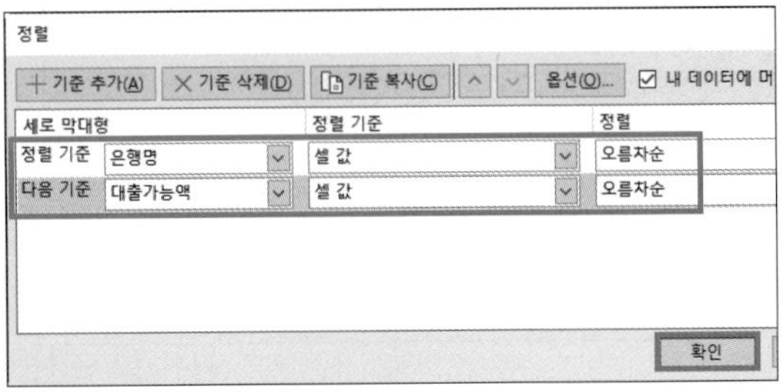

05. 함수식 입력하기

❽ ❼의 함수식(B27) : '=SUMPRODUCT(ISNUMBER(FIND("전자은행",B5:B24))+ISNUMBER(FIND("비자은행",B5:B24)),K5:K24)

⓬ ❿의 함수식(B31) : '=SUMPRODUCT((LEFT($C$5:$C$24,1)="이")*($L$5:$L$24="우수고객"),K5:K24)

06. 작업표 형식에 없는 열 숨기기

A, D, E, F, G열의 열 머리글을 마우스로 드래그하여 선택하고 마우스 오른쪽 버튼을 클릭한 후 바로 가기 메뉴에서 [숨기기]를 선택한다.

07. 서식 지정하기

❶ 제목 서식 지정하기

[B1:L1] 영역을 블록으로 지정한 후 [홈] → **글꼴**에서 글꼴 크기 16, [홈] → **맞춤**에서 '병합하고 가운데 맞춤'을 클릭한다.

❷ 금액에 대해 화폐 단위(₩)와 ,(Comma) 표시하기

[I5:K30] 영역을 블록으로 지정한 후 [홈] → **표시 형식**에서 '회계 표시 형식( )' 아이콘을 클릭한다.

❸ 문자 셀 수평 중앙으로 맞추기

[B4:L4], [B5:H24], [L5:L24] 영역을 블록으로 지정한 후 [홈] → **맞춤**에서 '가운데 맞춤( )' 아이콘을 클릭한다.

❹ 셀 병합하기

[B25:H25], [B26:J26], [B27:L27], [B28:I28], [B29:I29], [B30:I30], [B31:L31], [L25:L26], [L28:L30] 영역을 블록으로 지정한 후 [홈] → **맞춤**에서 '병합하고 가운데 맞춤'을 클릭한다.

❺ 테두리 지정하기

1. [B4:L31] 영역을 블록으로 지정한 후 [홈] → **글꼴**에서 '모든 테두리( )'를 선택한다.
2. [B5:L24] 영역을 블록으로 지정한 후 Ctrl+1을 누른다.
3. '셀 서식' 대화상자의 '테두리' 탭에서 ( )를 클릭하여 내부선을 지운 후 〈확인〉을 클릭한다.

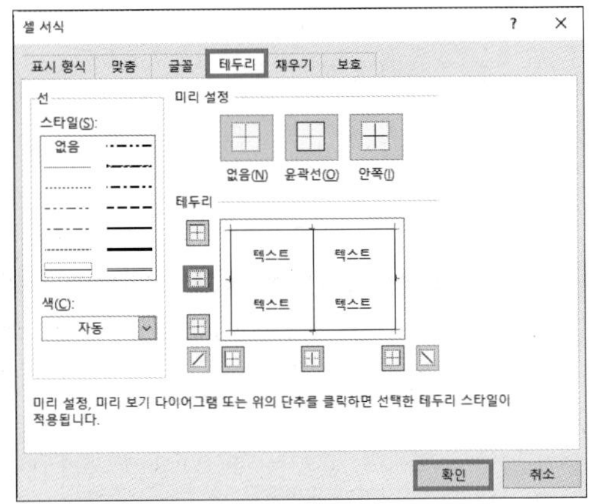

01. 차트 작성하기

[C4], [C11:C18], [I4], [I11:I18], [K4], [K11:K18] 영역을 선택한 후 [삽입] → 차트 → 꺾은선형 또는 영역형 차트 삽입 ([아이콘]) → **표식이 있는 꺾은선형**을 선택한다.

	B	C	H	I	J	K	L
1	은행별 고객 대출 계산						
2							
3							
4	은행명	고객명	성별	잔액	대출이자	대출가능액	비고
5	비자은행	강승헌	남성	₩ 1,680,000	₩ 900,000	-₩ 7,320,000	불량고객
6	비자은행	심남숙	여성	₩ 1,670,000	₩ 87,000	₩ 800,000	
7	비자은행	김지수	여성	₩ 3,700,000	₩ 280,000	₩ 900,000	
8	비자은행	남민종	남성	₩ 1,600,000	₩ 52,000	₩ 1,080,000	우수고객
9	비자은행	편영표	남성	₩ 1,600,000	₩ 50,000	₩ 1,100,000	우수고객
10	비자은행	이철희	남성	₩ 2,420,000	₩ 64,000	₩ 1,780,000	우수고객
11	전자은행	곽수지	여성	₩ 900,000	₩ 90,000	₩ -	불량고객
12	전자은행	김종남	남성	₩ 1,000,000	₩ 30,000	₩ 700,000	
13	전자은행	송춘석	남성	₩ 1,380,000	₩ 62,000	₩ 760,000	
14	전자은행	정연수	남성	₩ 2,260,000	₩ 150,000	₩ 760,000	
15	전자은행	임지영	여성	₩ 3,360,000	₩ 236,000	₩ 1,000,000	
16	전자은행	박종식	남성	₩ 1,950,000	₩ 85,000	₩ 1,100,000	우수고객
17	전자은행	하석태	남성	₩ 1,740,000	₩ 57,000	₩ 1,170,000	우수고객
18	전자은행	전은미	남성	₩ 2,660,000	₩ 104,000	₩ 1,620,000	우수고객
19	학교은행	이인용	여성	₩ 1,330,000	₩ 180,000	-₩ 470,000	불량고객
20	학교은행	이남석	남성	₩ 375,000	₩ 29,000	₩ 85,000	불량고객
21	학교은행	황귀영	여성	₩ 700,000	₩ 55,000	₩ 150,000	불량고객
22	학교은행	심수미	여성	₩ 940,000	₩ 42,000	₩ 520,000	
23	학교은행	박철수	남성	₩ 1,505,000	₩ 56,000	₩ 945,000	
24	학교은행	함미경	여성	₩ 2,270,000	₩ 38,000	₩ 1,890,000	우수고객
25	평균			₩ 1,752,000	₩ 132,350	₩ 428,500	
26	전자은행 또는 비자은행의 합					₩ 5,450,000	
27	=SUMPRODUCT(ISNUMBER(FIND("전자은행", B5:B24)) + ISNUMBER(FIND("비자은행", B5:B24)),K5:K24)						
28	여성이고 이씨이면서 학교은행인 고객들의 합				₩ 180,000	-₩ 470,000	
29	이씨이면서 우수고객인 고객들의 합				₩ 64,000	₩ 1,780,000	
30	잔액이 1500000 이상 2000000 미만인 합				₩ 1,287,000	-₩ 1,125,000	
31	=SUMPRODUCT((LEFT($C$5:$C$24,1)="이")*($L$5:$L$24="우수고객"),K5:K24)						

02. 차트 종류 변경하기

1. 임의의 계열을 선택한 후 바로 가기 메뉴에서 **[계열 차트 종류 변경]**을 선택한다.

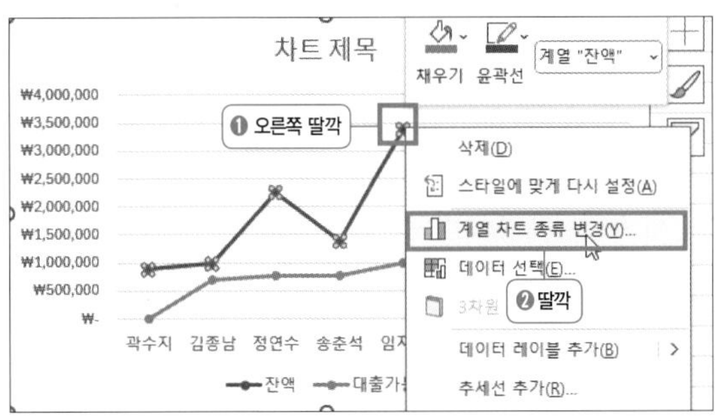

2. '차트 종류 변경' 대화상자의 '혼합'에서 '잔액' 계열의 차트 종류를 '묶은 세로 막대형'으로 변경한 후 〈확인〉을 클릭한다.

※ **오피스 2010 사용자** : '잔액' 계열을 선택하고 바로 가기 메뉴에서 **[계열 차트 종류 변경]**을 선택한 후 '차트 종류 변경' 대화상자의 '세로 막대형' 탭에서 '묶은 세로 막대형' 차트를 선택한 후 〈확인〉을 클릭하세요.

03. 데이터 레이블 '값' 표시하기

'잔액' 계열의 바로 가기 메뉴에서 **[데이터 레이블 추가]**를 선택한다.

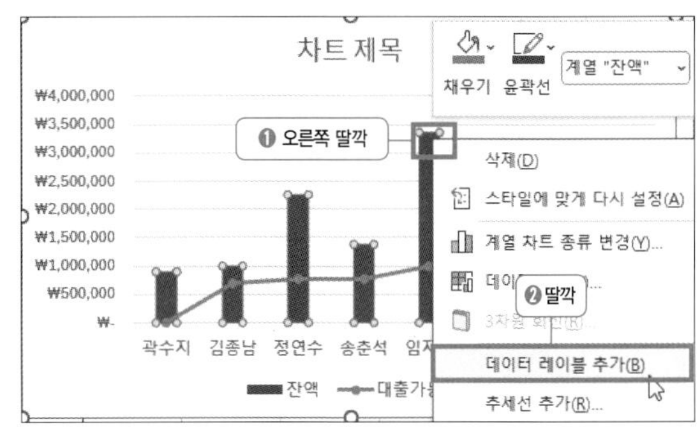

04. 차트 제목 입력 및 서식 지정하기

1. 차트 제목을 선택한 후 수식 입력줄에 **전자은행 고객 대출 금액**을 입력하고 Enter를 누른다.

※ **오피스 2010 사용자** : 차트를 선택한 후 [차트 도구] → 레이아웃 → 레이블 → 차트 제목 → **차트 위**를 선택하여 차트 제목을 표시한 후 수식 입력줄에 **전자은행 고객 대출 금액**을 입력하고 Enter를 누르세요.

2. 차트 제목이 선택된 상태에서 [홈] → **글꼴**에서 글꼴 크기를 16으로 지정한다.

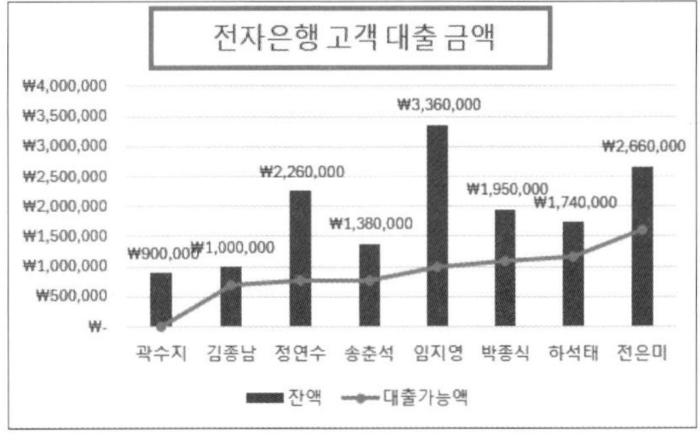

05. X축 제목 및 Y축 제목 입력하기

1. [차트 디자인] → 차트 레이아웃 → 차트 요소 추가 → 축 제목 → **기본 가로**를 선택한 후 수식 입력줄에 **고객명**을 입력하고 Enter를 누른다.
2. [차트 디자인] → 차트 레이아웃 → 차트 요소 추가 → 축 제목 → **기본 세로**를 선택한 후 수식 입력줄에 **금액**을 입력하고 Enter를 누른다.

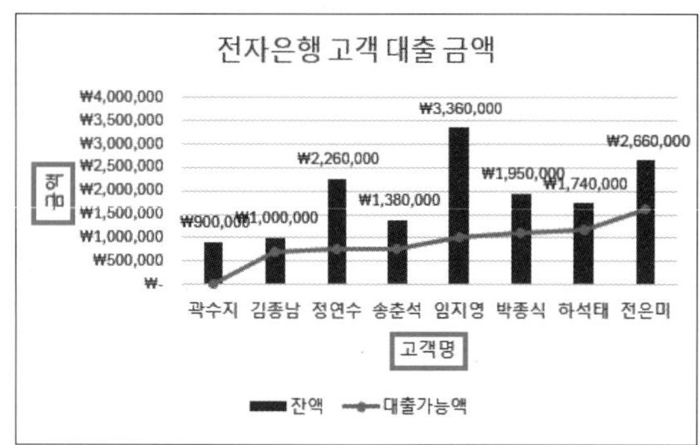

06. 차트 크기 조절하기

1. 작성한 차트의 왼쪽 위 모서리가 [B33] 셀에 위치하도록 차트 영역을 드래그하여 차트를 이동시킨다.
2. 차트의 오른쪽 아래 모서리가 [L48] 셀의 오른쪽 경계선에 맞도록 차트 크기를 조절한다.

07. 페이지 설정하기

1. [페이지 레이아웃] → **페이지 설정**의 를 클릭한 후 '페이지 설정' 대화상자의 '페이지' 탭에서 용지 방향을 '세로', 배율을 '자동 맞춤', 용지 크기를 'A4'로 지정한다.
2. 이어서 '페이지 설정' 대화상자의 '여백' 탭에서 위쪽을 6으로 지정하고, '페이지 가운데 맞춤'에서 '가로'와 '세로'를 선택한 후 〈확인〉을 클릭한다.

08. 인쇄 미리 보기

[파일] → **인쇄**를 선택하여 작업표와 차트가 모두 한 페이지에 인쇄되는지 확인한다. 축소된 내용을 조금 더 크게 인쇄하려면 '여백 표시( )'를 클릭하여 여백을 표시하는 경계선을 화면에 표시한 후 마우스로 드래그하여 여백을 조절한다.

03회 Access – 자료처리(DBMS) 작업

정답 및 해설

문제 1 테이블 및 쿼리 작성

해설

01. 첫 번째 테이블 작성하기

정답

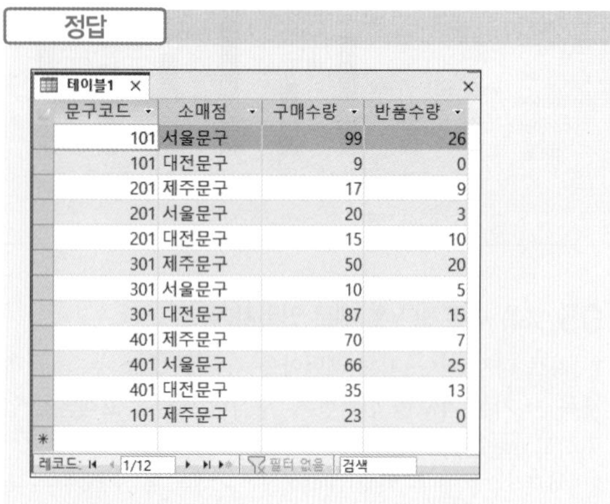

테이블1

문구코드	소매점	구매수량	반품수량
101	서울문구	99	26
101	대전문구	9	0
201	제주문구	17	9
201	서울문구	20	3
201	대전문구	15	10
301	제주문구	50	20
301	서울문구	10	5
301	대전문구	87	15
401	제주문구	70	7
401	서울문구	66	25
401	대전문구	35	13
101	제주문구	23	0

레코드: 1/12 필터 없음 검색

❶ 파일 저장하기

1. 액세스 프로그램을 실행시키고 **빈 데이터베이스**를 클릭한 후 파일 이름 입력난 오른쪽에 있는 를 클릭한다.
2. '새 데이터베이스 파일' 대화상자에서 저장 위치를 '바탕 화면'으로 지정하고, 파일 이름에 **공개문제03**을 입력한 후 〈확인〉을 클릭한다.
3. 파일 이름 난 아래쪽에 있는 〈만들기〉를 클릭한다.

❷ 필드 생성 및 속성 지정하기

1. [테이블 필드] → 보기 → **디자인 보기( )**를 클릭한다.
2. '다른 이름으로 저장' 대화상자에서 테이블 이름의 기본값(테이블1)을 확인한 후 〈확인〉을 클릭한다.
3. 입력자료(DATA)의 항목인 문구코드, 소매점, 구매수량, 반품수량의 필드 이름과 데이터 형식을 그림과 같이 지정한다.

필드 이름	데이터 형식	설명(옵션)
문구코드	숫자	
소매점	짧은 텍스트	
구매수량	숫자	
반품수량	숫자	

※ 오피스 2010 사용자 : '소매점' 필드의 데이터 형식을 '텍스트'로 지정하세요.

❸ 기본키 해제하기

1. '문구코드' 필드 행을 클릭한 후 바로 가기 메뉴에서 **[기본키]**를 선택하여 기본키를 해제한다.
2. [테이블 디자인] → 보기 → **데이터시트 보기**(▦)를 클릭한 후 저장 여부를 묻는 대화상자에서 〈예〉를 클릭한다.

❹ 데이터 입력하기

문제지에 주어진 입력자료(DATA)를 입력한다.

문구코드	소매점	구매수량	반품수량
101	서울문구	99	26
101	대전문구	9	0
201	제주문구	17	9
201	서울문구	20	3
201	대전문구	15	10
301	제주문구	50	20
301	서울문구	10	5
301	대전문구	87	15
401	제주문구	70	7
401	서울문구	66	25
401	대전문구	35	13
101	제주문구	23	0

02. 두 번째 테이블 작성하기

정답

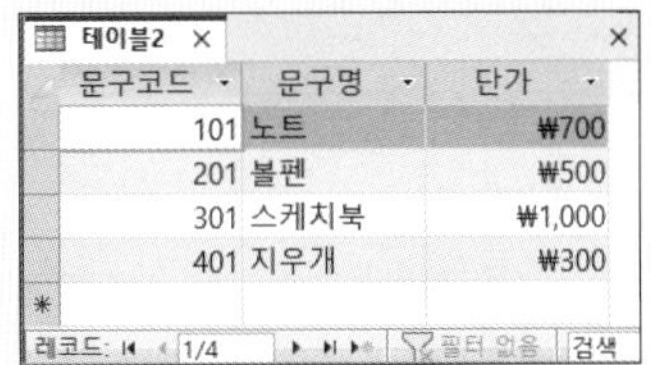

문구코드	문구명	단가
101	노트	₩700
201	볼펜	₩500
301	스케치북	₩1,000
401	지우개	₩300

❶ 필드 생성하기

1. [만들기] → 테이블 → **테이블 디자인**(▦)을 클릭한다.
2. 입력자료(DATA)의 항목인 문구코드, 문구명, 단가의 필드 이름과 데이터 형식을 그림과 같이 지정한다.

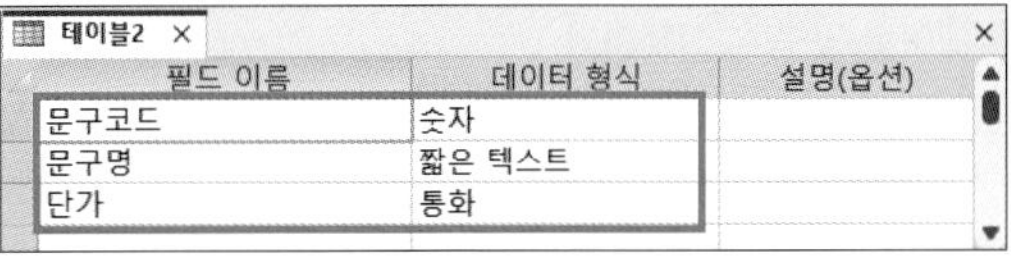

필드 이름	데이터 형식	설명(옵션)
문구코드	숫자	
문구명	짧은 텍스트	
단가	통화	

❸ 데이터 입력하기

1. [테이블 디자인] → 보기 → **데이터시트 보기**(▦)를 클릭한 후 저장 여부를 묻는 대화상자에서 〈예〉를 클릭한다.
2. '다른 이름으로 저장' 대화상자에서 테이블 이름의 기본값(테이블2)을 확인한 후 〈확인〉을 클릭한다.
3. 기본키 지정 여부를 묻는 대화상자에서 〈아니요〉를 클릭한다.
4. 문제지에 주어진 입력자료(DATA)를 입력한다.

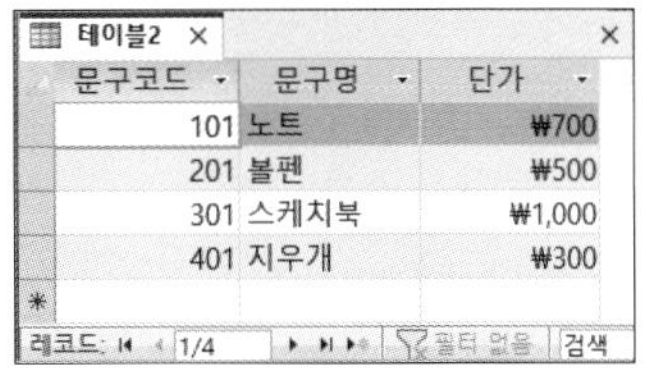

문구코드	문구명	단가
101	노트	₩700
201	볼펜	₩500
301	스케치북	₩1,000
401	지우개	₩300

03. 쿼리 작성하기

정답

문구코드	소매점	구매수량	반품수량	문구명	단가	구매금액	반품금액	포인트적립액	비고
101	제주문구	23	0	노트	₩700	₩16,100	₩0	₩161	
101	대전문구	9	0	노트	₩700	₩6,300	₩0	₩63	관리요
101	서울문구	99	26	노트	₩700	₩69,300	₩18,200	₩511	
201	대전문구	15	10	볼펜	₩500	₩7,500	₩5,000	₩25	관리요
201	서울문구	20	3	볼펜	₩500	₩10,000	₩1,500	₩85	
201	제주문구	17	9	볼펜	₩500	₩8,500	₩4,500	₩40	관리요
301	대전문구	87	15	스케치북	₩1,000	₩87,000	₩15,000	₩720	
301	서울문구	10	5	스케치북	₩1,000	₩10,000	₩5,000	₩50	관리요
301	제주문구	50	20	스케치북	₩1,000	₩50,000	₩20,000	₩300	
401	대전문구	35	13	지우개	₩300	₩10,500	₩3,900	₩66	관리요
401	서울문구	66	25	지우개	₩300	₩19,800	₩7,500	₩123	
401	제주문구	70	7	지우개	₩300	₩21,000	₩2,100	₩189	

보고서에서 사용할 필드 현황

필드명	원본 데이터	비고
문구코드	테이블1	테이블에서 제공
소매점		
문구명	테이블2	
단가		
구매금액	구매수량 × 단가	추가되는 계산 필드
반품금액	반품수량 × 단가	
포인트적립액	(구매수량 – 반품수량) × (단가의 1%)	
비고	포인트적립액이 80 이하인 경우 "관리요"로 표시하고, 그 외는 공란으로 표시	

❶ 테이블 및 필드 선택하기

1. [만들기] → 쿼리 → **쿼리 디자인**(▦)을 클릭한다.
2. '테이블 추가' 창에서 '테이블1'과 '테이블2'를 차례로 더블 클릭한 후 '닫기(☒)' 단추를 클릭한다.
3. 쿼리 작성기에서 '테이블1' 테이블의 '문구코드' 필드를 '테이블2' 테이블의 '문구코드' 필드로 드래그한다.

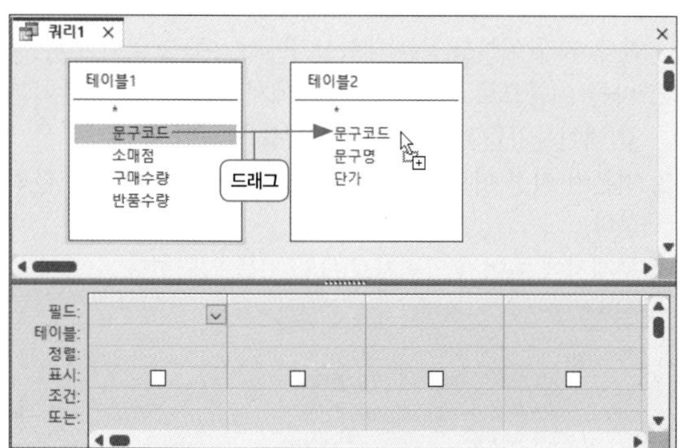

4. 쿼리 작성기에서 '테이블1' 테이블의 '*'를 그리드 영역의 첫 번째 필드로 드래그한다.

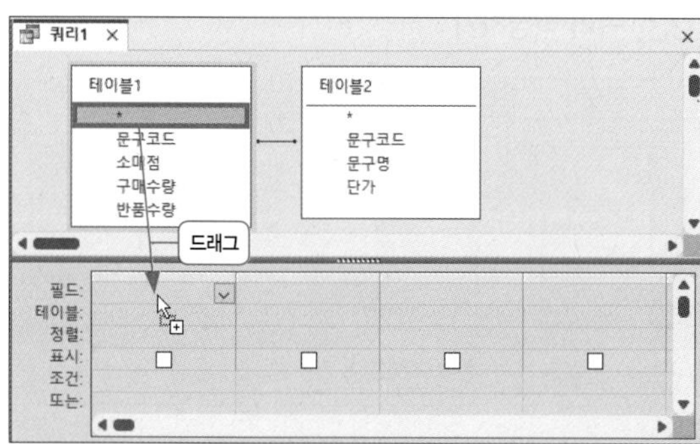

5. 쿼리 작성기에서 '테이블2' 테이블의 '문구명'과 '단가'를 차례로 그리드 영역의 두 번째, 세 번째 필드로 드래그 한다.

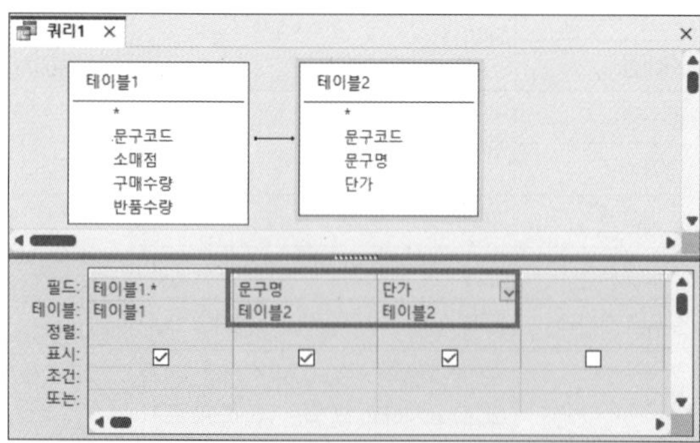

❷ 계산 필드 추가하기

1. '구매금액' 필드 추가하기 : '단가' 필드의 오른쪽 필드에 **구매금액: [구매수량]*[단가]**를 입력한다.

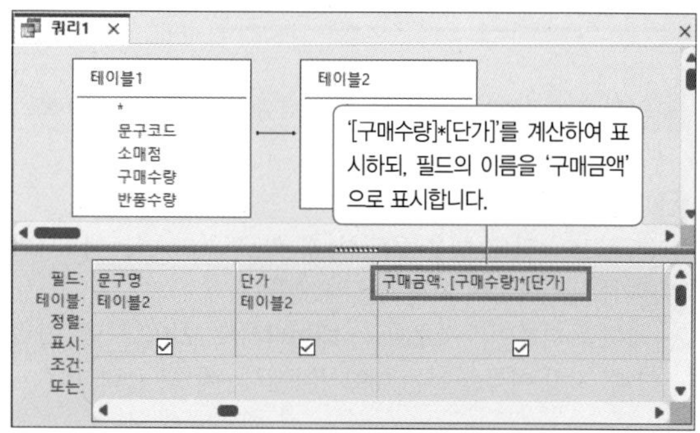

2. '반품금액' 필드 추가하기 : '구매금액' 필드의 오른쪽 필드에 **반품금액: [반품수량]*[단가]**를 입력한다.

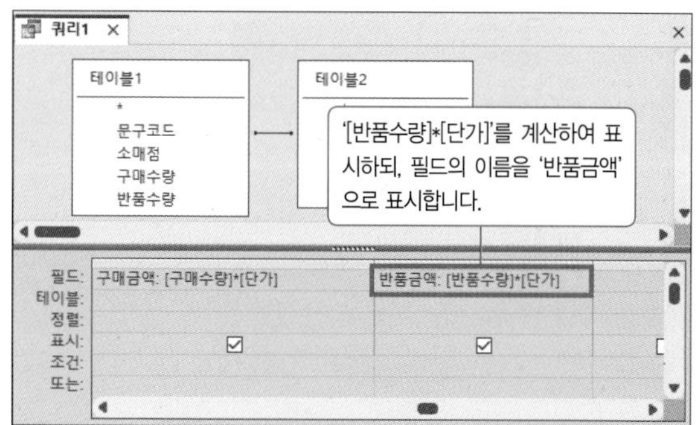

3. '포인트적립액' 필드 추가하기 : '반품금액' 필드의 오른쪽 필드에 **포인트적립액: ([구매수량]-[반품수량])*([단가]*0.01)**을 입력한다.

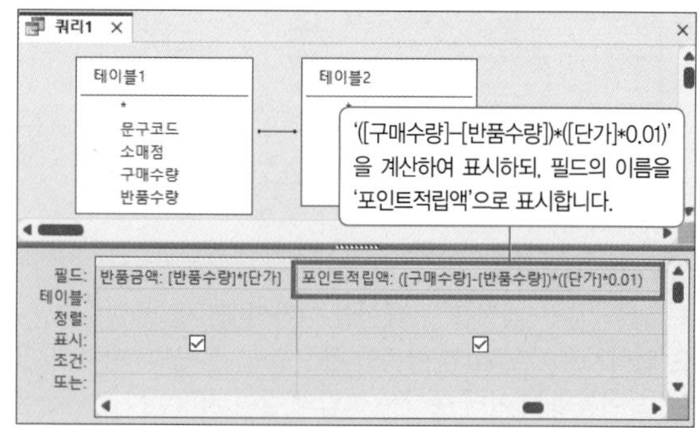

4. '비고' 필드 추가하기 : '포인트적립액' 필드의 오른쪽 필드에 **비고: IIf([포인트적립액]<=80,"관리요"," ")**을 입력한다.

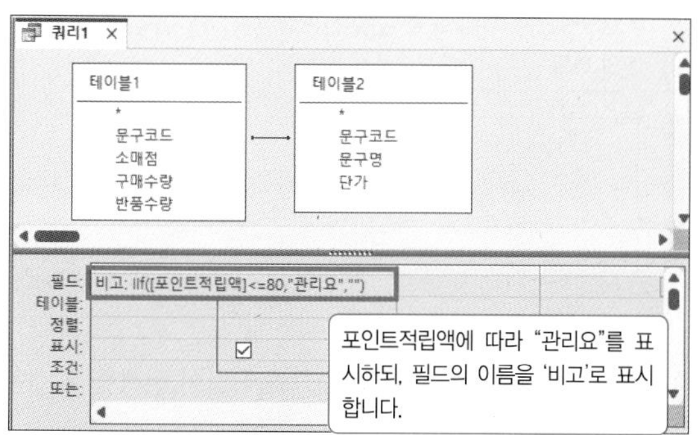

③ 쿼리 확인 및 표시 형식 지정하기

1. 쿼리 디자인 보기 상태에서 [쿼리 디자인] → 결과 → 실행(!)을 클릭하여 작성한 쿼리의 실행 결과를 확인한다.
2. [홈] → 보기 → **디자인 보기**( )를 클릭한 후 '포인트적립액' 필드의 바로 가기 메뉴에서 **[속성]**을 선택한다.
3. '필드 속성' 시트 창의 '일반' 탭에서 형식 속성을 '통화'로 지정한다.

④ 쿼리 저장하기

1. 쿼리 창의 '닫기(×)' 단추를 클릭한 후 저장 여부를 묻는 대화상자에서 〈예〉를 클릭한다.
2. '다른 이름으로 저장' 대화상자에서 쿼리 이름의 기본값(쿼리1)을 확인한 후 〈확인〉을 클릭한다.

문제 2 조회화면(SCREEN) 설계

해설

정답

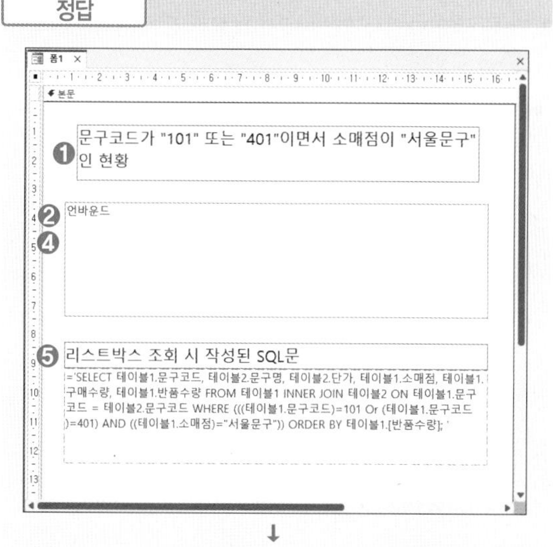

↓

문구코드가 "101" 또는 "401"이면서 소매점이 "서울문구"인 현황

문구코드	문구명	단가	소매점	구매수량	반품수량
401	지우개	₩300	서울문구	66	25
101	노트	₩700	서울문구	99	26

리스트박스 조회 시 작성된 SQL문

SELECT 테이블1.문구코드, 테이블2.문구명, 테이블2.단가, 테이블1.소매점, 테이블1.구매수량, 테이블1.반품수량 FROM 테이블1 INNER JOIN 테이블2 ON 테이블1.문구코드 = 테이블2.문구코드 WHERE (((테이블1.문구코드)=101 Or (테이블1.문구코드)=401) AND ((테이블1.소매점)="서울문구")) ORDER BY 테이블1.[반품수량];

01. 폼 작성하기

❶ 제목 추가하기

1. [만들기] → 폼 → **폼 디자인**(　)을 클릭한다.
2. 폼 본문 영역의 크기를 문제에 제시된 형태와 유사하게 조절한다.

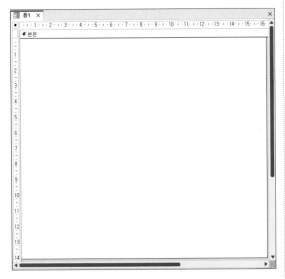

3. [양식 디자인] → 컨트롤 → **레이블**(가가)을 클릭하고, [서식] → **글꼴**에서 글꼴 크기 16, 글꼴 색(가)을 '검정, 텍스트 1'로 지정한 후 본문 상단의 적당한 위치를 클릭한다.
4. 레이블에 **문구코드가 "101" 또는 "401"이면서 소매점이 "서울문구"인 현황**을 입력한다.

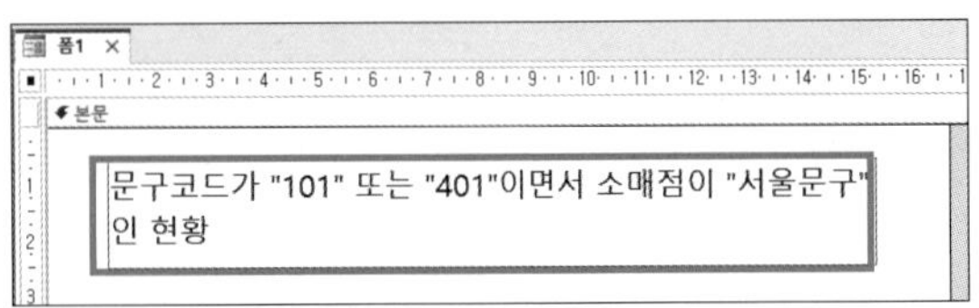

❷ 목록 상자 작성하기

1. [양식 디자인] → 컨트롤 → **목록 상자**(　)를 클릭한 후 폼의 제목 아래쪽에서 적당한 크기로 드래그한다.

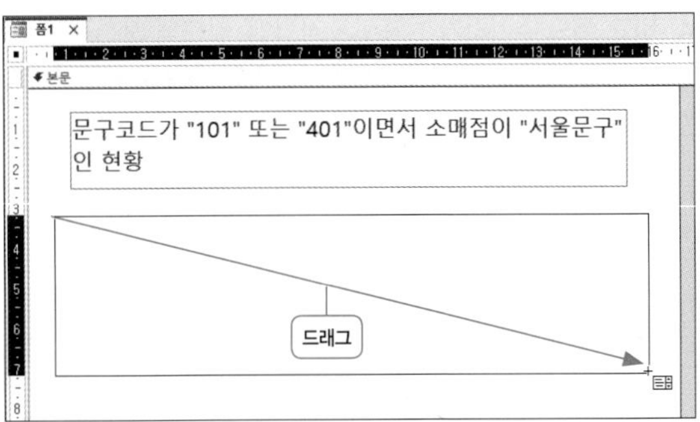

2. '목록 상자 마법사' 1단계에서 그림과 같이 선택한 후 〈다음〉을 클릭한다.

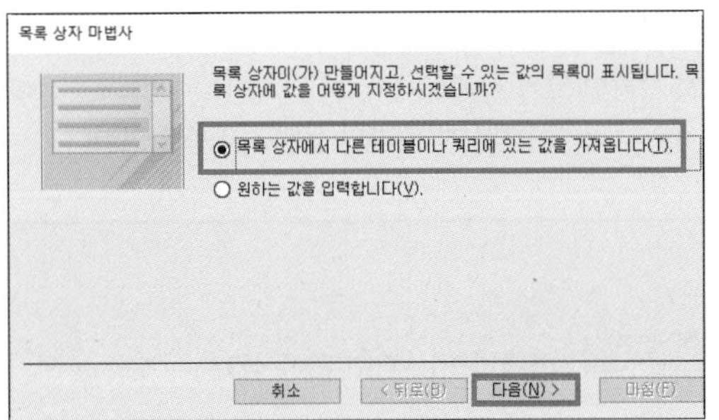

3. '목록 상자 마법사' 2단계에서 그림과 같이 선택한 후 〈다음〉을 클릭한다.

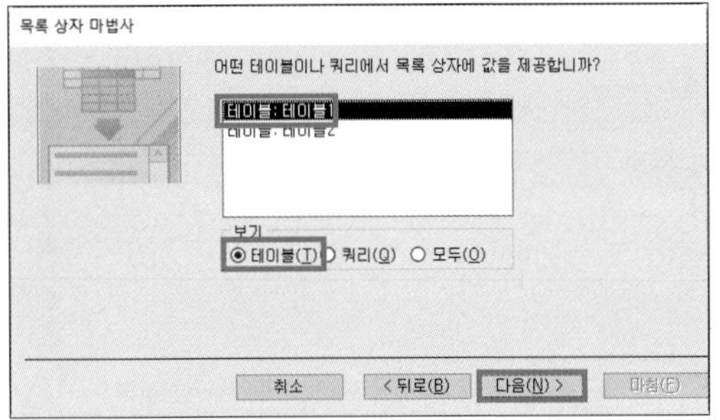

4. '목록 상자 마법사' 3단계에서 목록 상자에서 사용되는 필드들을 순서대로 더블클릭하여 '선택한 필드'로 이동시키고 〈다음〉을 클릭한다.

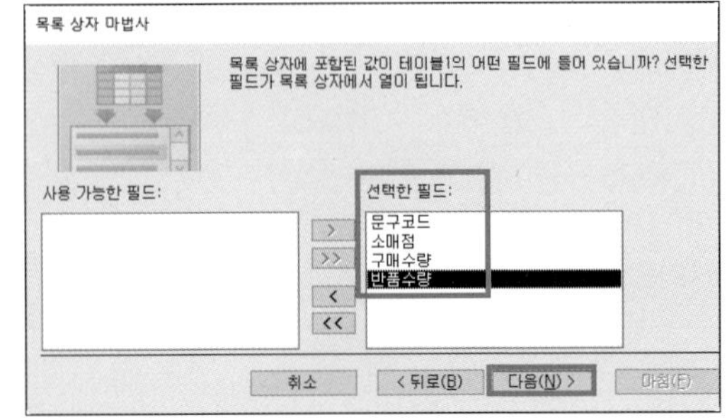

5. '목록 상자 마법사' 4단계에서 정렬 기준 필드를 '반품수량', 정렬 순서를 '오름차순'으로 지정한 후 〈다음〉을 클릭한다.

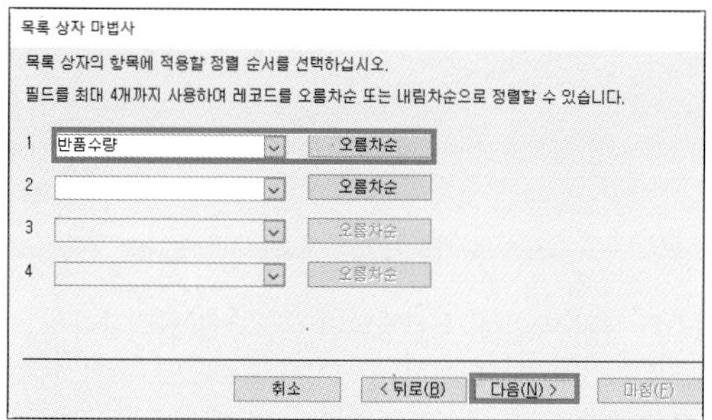

6. '목록 상자 마법사' 5단계 대화상자에서 별도의 지정없이 〈다음〉을 클릭한다.
7. '목록 상자 마법사' 6단계 대화상자에서 별도의 지정없이 〈다음〉을 클릭한다.
8. '목록 상자 마법사' 7단계 대화상자에서 별도의 지정없이 〈마침〉을 클릭한다.
9. 작성된 목록 상자의 가로 너비를 조절하고 폼의 중앙에 위치하도록 이동시킨다.

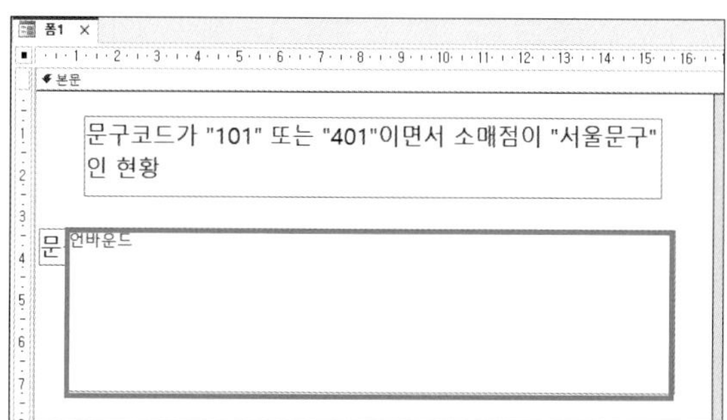

❸ 목록 상자의 레이블 삭제하기

목록 상자와 함께 생성된 레이블을 선택한 후 Delete를 눌러 삭제한다.

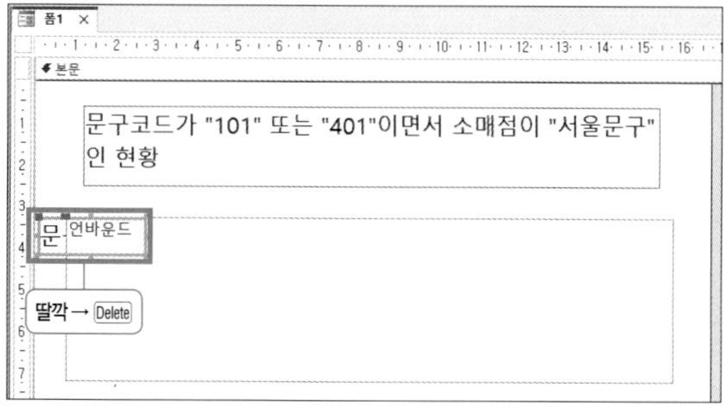

❹ 목록 상자 수정하기

1. 목록 상자를 더블클릭한 후 속성 시트 창의 '형식' 탭에서 열 개수, 열 너비, 열 이름 속성을 그림과 같이 지정한다.

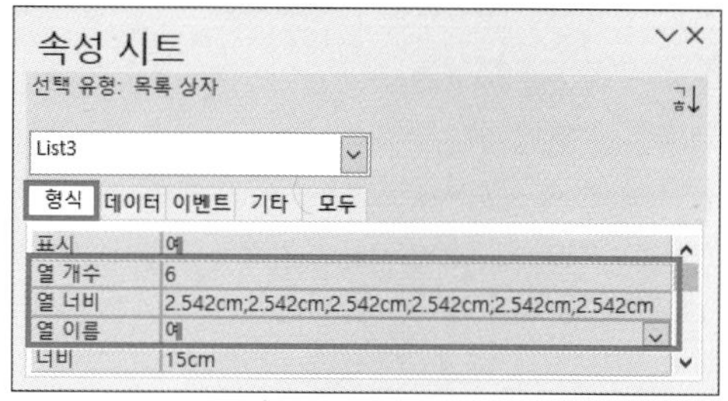

2. 이어서 '데이터' 탭의 행 원본 속성을 선택한 후 '작성기 단추(...)'를 클릭한다.

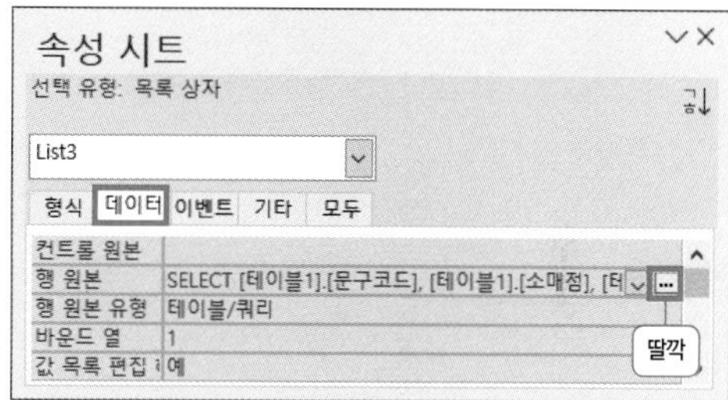

3. '관계' 창의 바로 가기 메뉴에서 **[테이블 표시]**를 선택한다.

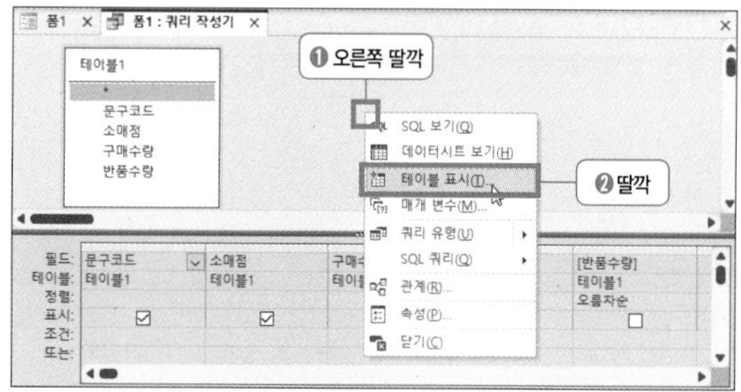

4. '테이블 추가' 창의 '테이블' 탭에서 '테이블2' 테이블을 더블클릭하여 추가한 후 '닫기(×)' 단추를 클릭한다.

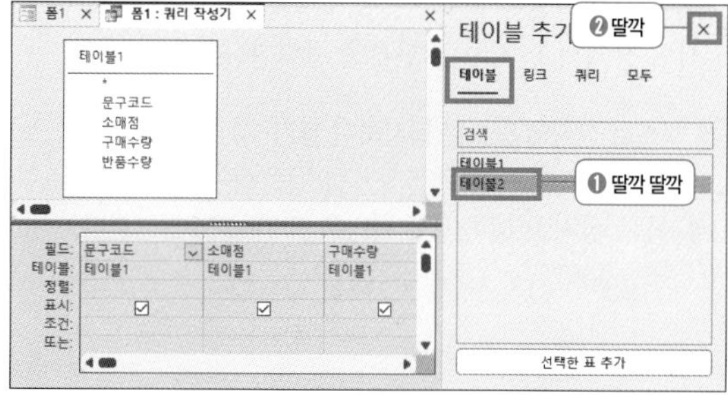

5. 쿼리 작성기에서 '테이블1' 테이블의 '문구코드' 필드를 '테이블2' 테이블의 '문구코드' 필드로 드래그한다.

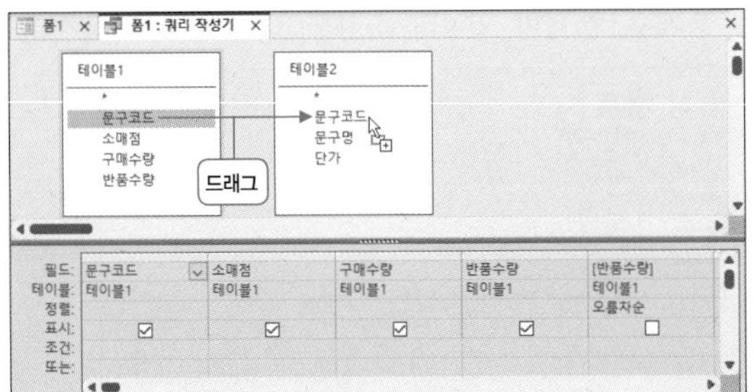

6. 쿼리 작성기에서 '테이블2' 테이블의 '문구명'과 '단가' 필드를 그리드 영역으로 드래그하여 추가한다.

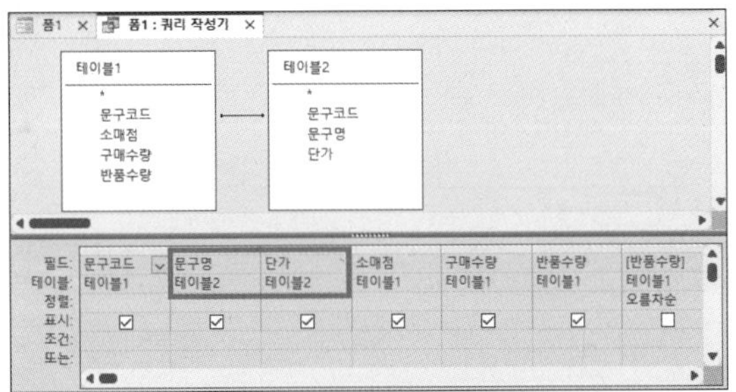

7. 쿼리 작성기에서 '문구코드'와 '소매점'의 조건난에 그림과 같이 조건을 입력한다.

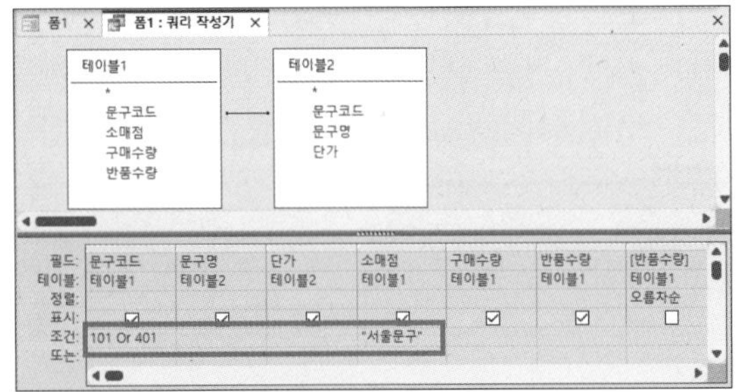

8. '쿼리 작성기'의 '닫기(☒)' 단추를 클릭하여 나타나는 업데이트 대화상자에서 〈예〉를 클릭한 후 목록 상자 속성 시트 창에서 '닫기(☒)' 단추를 클릭한다.

❺ 텍스트 상자에 SQL문 복사하여 넣기

1. [양식 디자인] → 컨트롤 → 텍스트 상자(▭)를 클릭한 후 목록 상자 아래쪽에서 적당한 크기로 드래그한다.

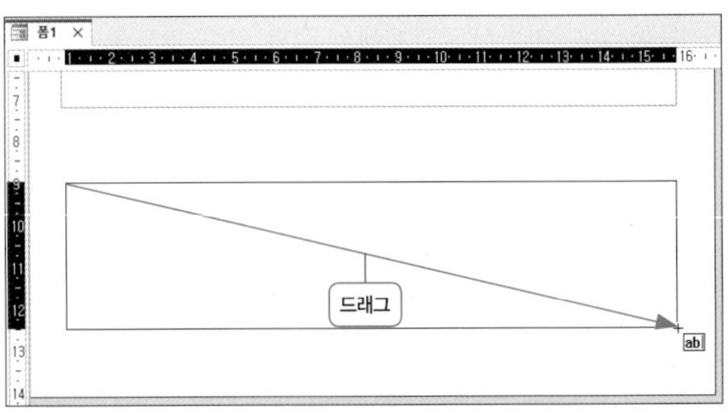

2. '텍스트 상자 마법사'가 실행되면 〈취소〉를 클릭한다.
3. 텍스트 상자와 함께 생성된 레이블을 텍스트 상자 위쪽으로 드래그한 후 레이블의 가로 크기를 텍스트 상자의 가로 크기만큼 늘린 다음 **리스트박스 조회 시 작성된 SQL문**을 입력한다.

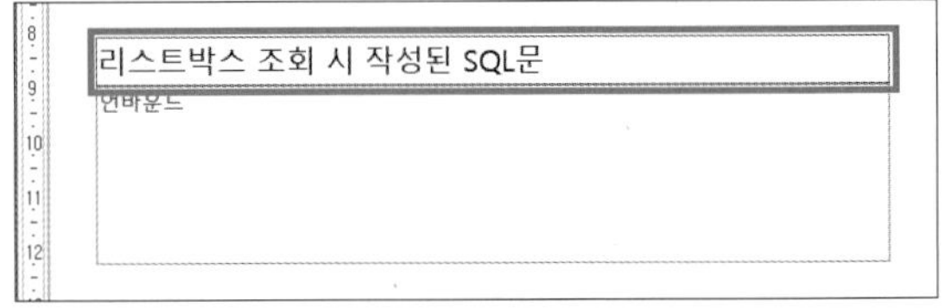

4. 목록 상자를 더블클릭한 후 속성 시트 창의 '데이터' 탭에서 행 원본 속성의 모든 내용을 복사(Ctrl+C)한다.

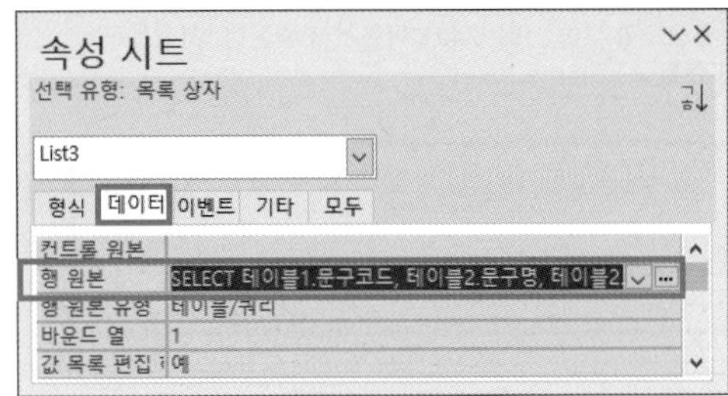

5. 텍스트 상자를 선택하여 '='와 작은따옴표(')를 입력하고 붙여넣기(Ctrl+V)한 후 작은따옴표(')를 입력한다.

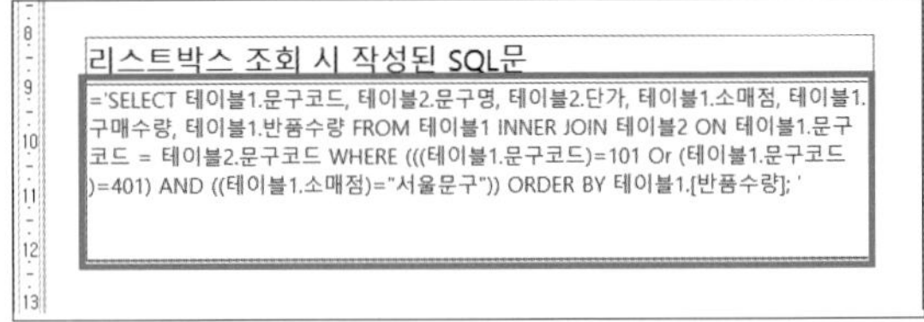

리스트박스 조회 시 작성된 SQL문
='SELECT 테이블1.문구코드, 테이블2.문구명, 테이블2.단가, 테이블1.소매점, 테이블1.구매수량, 테이블1.반품수량 FROM 테이블1 INNER JOIN 테이블2 ON 테이블1.문구코드 = 테이블2.문구코드 WHERE (((테이블1.문구코드)=101 Or (테이블1.문구코드)=401) AND ((테이블1.소매점)="서울문구")) ORDER BY 테이블1.[반품수량]; '

6. 텍스트 상자를 선택한 후 [서식] → 컨트롤 서식 → 도형 윤곽선 → 선 종류 → **파선**을 선택한다.

※ 오피스 2016 사용자 : [폼 디자인 도구] → 형식 → 컨트롤 서식 → 도형 윤곽선 → 선 종류 → **파선**을 선택하세요.

❻ 폼 확인하기

[파일] → 인쇄 → **인쇄 미리 보기**를 클릭하여 작성한 폼을 확인한다.

02. 폼에 여백 지정 및 저장하기

1. 인쇄 미리 보기 상태에서 [인쇄 미리 보기] → 페이지 레이아웃 → **페이지 설정**을 클릭한다.
2. '페이지 설정' 대화상자의 '인쇄 옵션' 탭에서 위쪽 여백을 60으로 지정한 다음 〈확인〉을 클릭한다.
3. [인쇄 미리 보기] → 미리 보기 닫기 → **인쇄 미리 보기 닫기**(☒)를 클릭한 후 폼 디자인 상태에서도 '닫기(☒)' 단추를 클릭한다. 저장 여부를 묻는 대화상자에서 〈예〉를 클릭한다.
4. '다른 이름으로 저장' 대화상자에서 폼 이름의 기본값(폼1)을 확인한 후 〈확인〉을 클릭한다.

문제 3 자료처리 파일(File) 작성

해설

정답

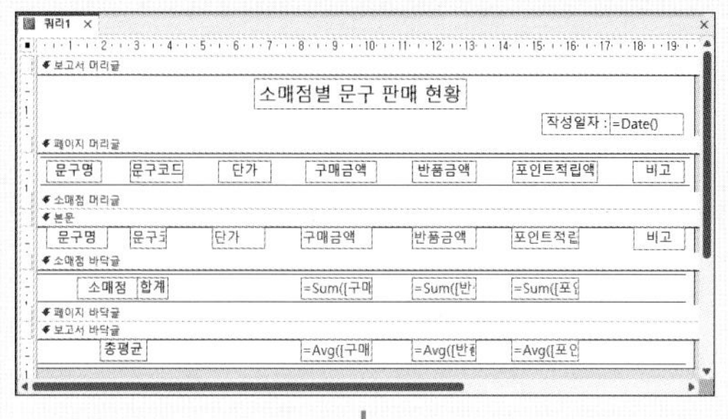

↓

소매점별 문구 판매 현황

작성일자 : 2024-01-11

문구명	문구코드	단가	구매금액	반품금액	포인트적립액	비고
노트	101	₩700	₩6,300	₩0	₩63	관리요
볼펜	201	₩500	₩7,500	₩5,000	₩25	관리요
스케치북	301	₩1,000	₩87,000	₩15,000	₩720	
지우개	401	₩300	₩10,500	₩3,900	₩66	관리요
대전문구 합계			₩111,300	₩23,900	₩874	
노트	101	₩700	₩69,300	₩18,200	₩511	
볼펜	201	₩500	₩10,000	₩1,500	₩85	
스케치북	301	₩1,000	₩10,000	₩5,000	₩50	관리요
지우개	401	₩300	₩19,800	₩7,500	₩123	
서울문구 합계			₩109,100	₩32,200	₩769	
노트	101	₩700	₩16,100	₩0	₩161	
볼펜	201	₩500	₩8,500	₩4,500	₩40	관리요
스케치북	301	₩1,000	₩50,000	₩20,000	₩300	
지우개	401	₩300	₩21,000	₩2,100	₩189	
제주문구 합계			₩95,600	₩26,600	₩690	
총평균			₩26,333	₩6,892	₩194	

01. 보고서 만들기

1. [만들기] → 보고서 → **보고서 마법사**(▣)를 클릭한다.
2. '보고서 마법사' 1단계 대화상자에서 '쿼리: 쿼리1'을 선택한 후 보고서에서 사용되는 필드들을 차례로 더블클릭하여 '선택한 필드'로 이동시키고 〈다음〉을 클릭한다.

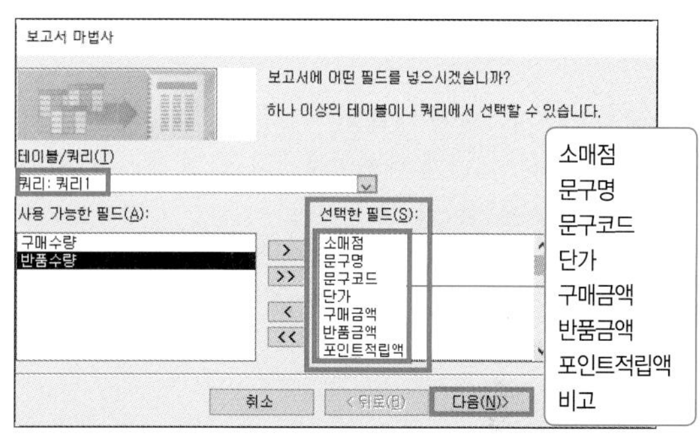

3. '보고서 마법사' 2단계 대화상자에서 '소매점'을 더블클릭한 후 〈다음〉을 클릭한다.

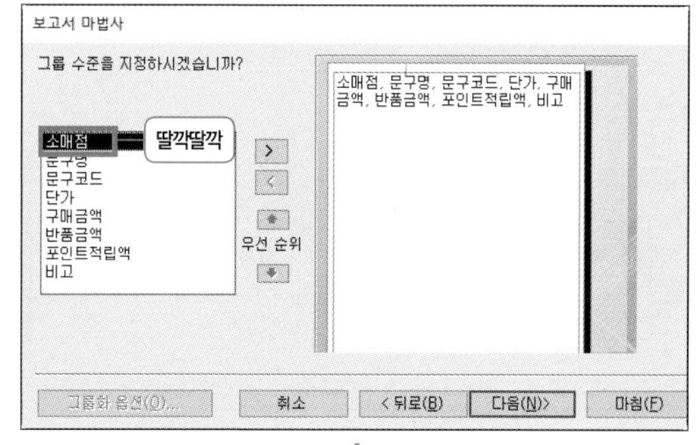

↓

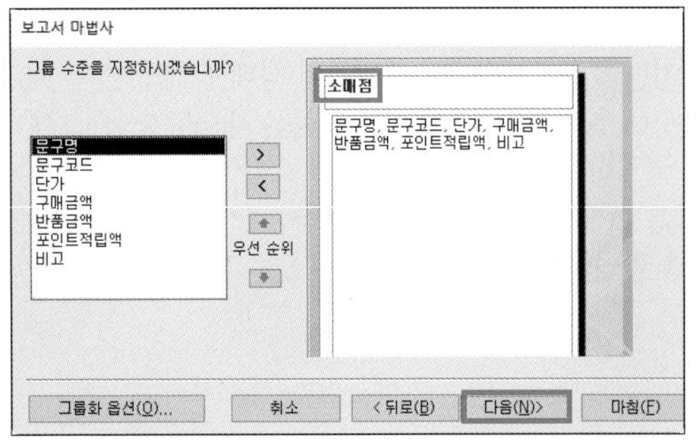

4. '보고서 마법사' 3단계 대화상자에서 〈요약 옵션〉을 클릭한 후 그림과 같이 선택한 다음 〈확인〉을 클릭한다.

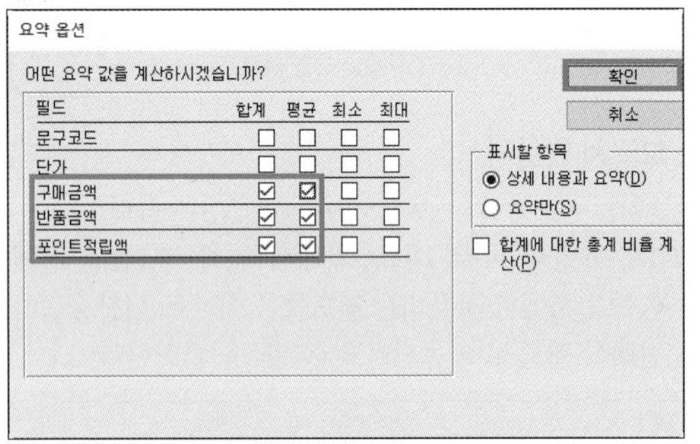

5. '보고서 마법사' 3단계 대화상자에서 〈다음〉을 클릭한다.
6. '보고서 마법사' 4단계 대화상자에서 '단계'가 선택된 것을 확인한 후 〈다음〉을 클릭한다.
7. '보고서 마법사' 5단계 대화상자에서 '보고서 디자인 수정'을 선택한 후 〈마침〉을 클릭한다.

02. 보고서 편집하기

❶ 불필요한 컨트롤 삭제하기

페이지 머리글의 소매점 레이블(❶), 소매점 바닥글의 '= "에 대한 요약"~' 텍스트 상자(❷), 페이지 바닥글의 날짜 텍스트 상자(❸), 페이지 텍스트 상자(❹), 보고서 바닥글의 모든 컨트롤(❺)을 Delete를 눌러 삭제한다.

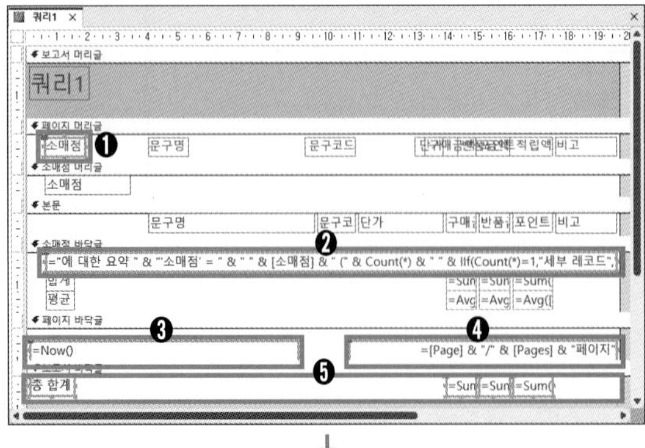

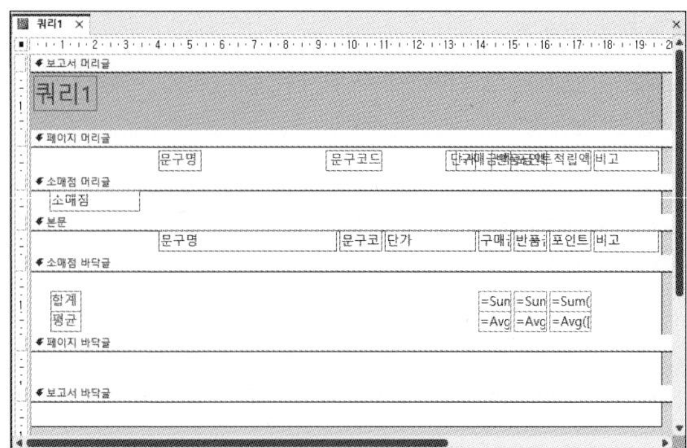

❷ 컨트롤 이동, 크기, 내용 변경하기

1. 소매점 머리글에 있는 '소매점' 텍스트 상자를 소매점 바닥글로 드래그하여 이동시킨다.
2. 소매점 바닥글의 '평균' 레이블과 '구매금액의 평균', '반품금액의 평균', '포인트적립액의 평균' 텍스트 상자를 보고서 바닥글로 드래그하여 이동시킨다.
3. 컨트롤의 크기, 위치 및 내용을 그림과 같이 변경한다.

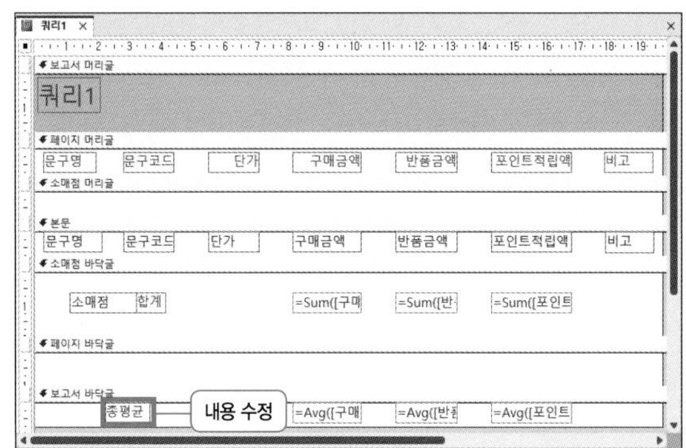

❸ 정렬 지정하기

1. 보고서 디자인 보기 상태에서 [보고서 디자인] → 그룹화 및 요약 → **그룹화 및 정렬**을 클릭한다.
2. '그룹, 정렬 및 요약' 창에서 〈정렬 추가〉를 클릭한 후 '필드 선택' 창에서 정렬 기준 필드를 '문구명'으로, 정렬 순서를 '오름차순'으로 지정한 다음 '닫기(☒)' 단추를 클릭한다.

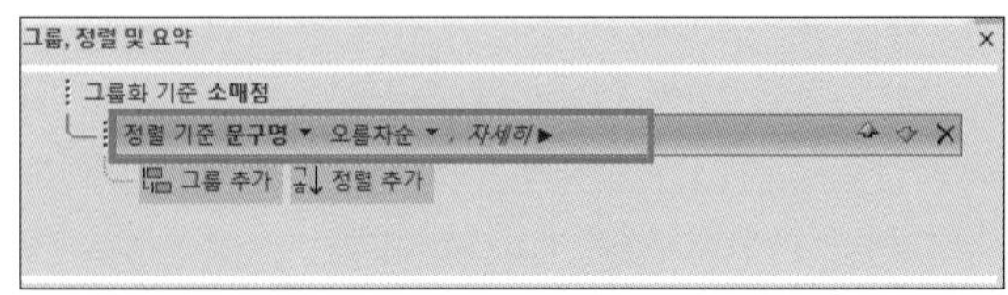

④ 제목 입력 및 서식 지정하기

1. 보고서 머리글의 레이블을 선택한 후 [서식] → **글꼴**에서 글꼴 크기 16, '가운데 맞춤(☰)'을 지정한다.
2. 제목 레이블의 가로 크기를 보고서 가로 크기만큼 늘린다.
3. 보고서 머리글의 레이블에 이미 입력된 내용을 지우고 **소매점별 문구 판매 현황**을 입력한다.

⑤ '작성일자' 컨트롤 생성하기

1. [보고서 디자인] → 컨트롤 → **텍스트 상자**(▭)를 클릭한 후 보고서 머리글의 오른쪽 하단으로 드래그한다.
2. 레이블에 **작성일자 :**을, 텍스트 상자에 **=Date( )**를 입력한다.

⑥ 선 컨트롤 추가하기

[보고서 디자인] → 컨트롤 → **선**(⟋)을 클릭하고, [서식] → 컨트롤 서식 → 도형 윤곽선 → **선 두께**에서 '1pt'를 선택한 후 페이지 머리글 상단에 선을 생성한다. 생성한 선을 복사(Ctrl+C → Ctrl+V)하여 페이지 머리글 하단, 소매점 바닥글, 보고서 바닥글에 그림과 같이 배치한다.

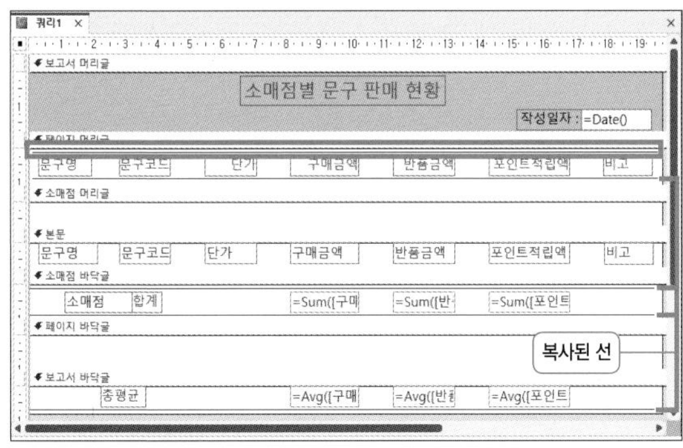

⑦ 금액 컨트롤에 속성 지정하기

1. 소매점 바닥글의 '구매금액의 합계', '반품금액의 합계', '포인트적립액의 합계' 텍스트 상자와 보고서 바닥글의 '구매금액의 평균', '반품금액의 평균', '포인트적립액의 평균' 텍스트 상자를 선택한 후 바로 가기 메뉴에서 **[속성]**을 선택한다.
2. '여러 항목 선택' 속성 시트 창의 '형식' 탭에서 형식 속성을 '통화'로, 소수 자릿수 속성을 0으로 지정한다.

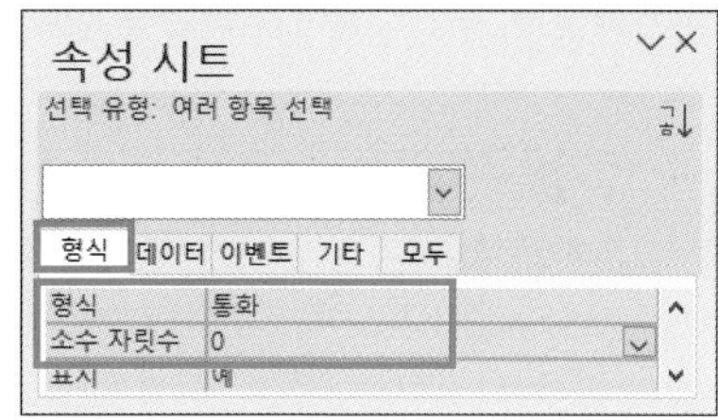

[보고서 디자인] → 보기 → **보고서 보기/인쇄 미리 보기**를 클릭하여 금액 데이터 중 원화(₩) 표시가 없거나 소수 이하 값이 있는 필드를 확인한 후 속성을 지정하면 됩니다.

⑧ 컨트롤의 데이터 정렬 및 글꼴 색 변경하기

1. 모든 레이블(제목, 작성일자, 페이지 머리글의 모든 레이블, 합계와 총평균 레이블)과 문자 데이터가 들어 있는 텍스트 상자(본문의 문구명, 비고, 소매점 바닥글의 소매점 텍스트 상자)를 모두 선택한 후 [서식] → **글꼴**에서 '가운데 맞춤(☰)'을 두 번 클릭한다.
2. [서식] → 글꼴 → **글꼴 색**(가)에서 '검정, 텍스트1'을 선택한다.
3. 레이블이나 텍스트 상자의 크기 및 위치를 조절하여 문제지에 주어진 그림과 같이 열의 간격과 정렬을 맞춘다.

⑨ 배경색 및 교차 행 색 변경하기

1. 보고서 머리글 선택기를 클릭한 후 [서식] → 컨트롤 서식 → **도형 채우기**에서 '흰색, 배경1'을 선택한다.

※ **오피스 2016 사용자** : [보고서 디자인 도구] → 서식 → 컨트롤 서식 → **도형 채우기**에서 '흰색, 배경 1'을 지정하세요.
※ **오피스 2010 사용자** : [보고서 디자인 도구] → 형식 → 컨트롤 서식 → **도형 채우기**에서 '흰색, 배경 1'을 지정하세요.

2. 본문 선택기를 클릭한 후 [서식] → 배경 → 교차 행 색 → **색 없음**을 선택한다.

※ **오피스 2016 사용자** : [보고서 디자인 도구] → 서식 → 배경 → 교차 행 색 → **색 없음**을 지정하세요.
※ **오피스 2010 사용자** : [보고서 디자인 도구] → 형식 → 배경 → 대체 행 색 → **색 없음**을 지정하세요.

3. 같은 방법으로 소매점 바닥글의 교차 행 색도 '색 없음'으로 지정한다.

⑩ 컨트롤에 테두리 서식 변경하기

작성일자 텍스트 상자, 소매점 바닥글과 보고서 바닥글의 모든 텍스트 상자를 선택한 후 [서식] → 컨트롤 서식 → 도형 윤곽선 → **투명**을 선택한다.

⓫ 사용되지 않는 영역 제거 및 보고서 확인하기

1. 본문과 보고서 바닥글의 선택기를 위쪽으로 드래그하여 빈 공간만 확보된 소매점 머리글과 페이지 바닥글 영역을 제거한다.

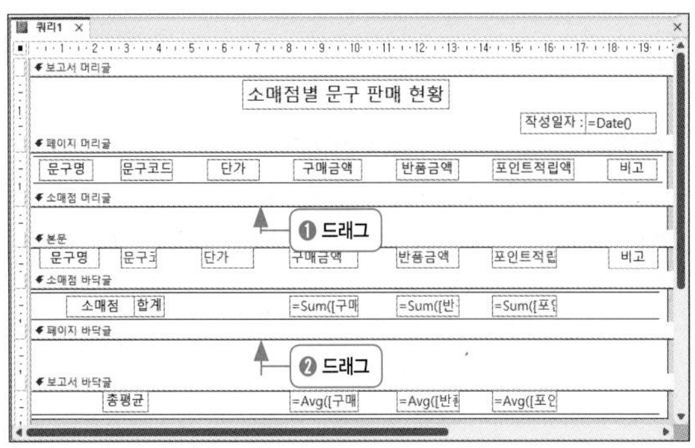

↓

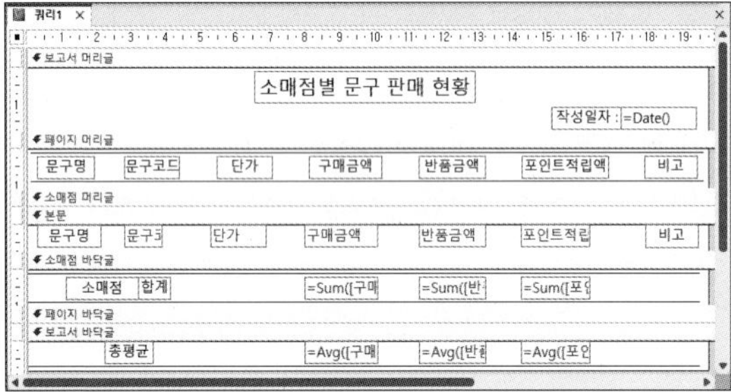

2. 보고서 디자인 보기 상태에서 [보고서 디자인] → 보기 → 보기 → **인쇄 미리 보기**를 클릭하여 작성한 보고서를 확인한다.

03. 보고서 여백 설정하기

1. 인쇄 미리 보기 상태에서 [인쇄 미리 보기] → 페이지 레이아웃 → **페이지 설정**을 클릭한 후 '페이지 설정' 대화상자의 '인쇄 옵션' 탭에서 위쪽 여백을 60으로 지정하고 〈확인〉을 클릭한다.
2. [인쇄 미리 보기] → 미리 보기 닫기 → **인쇄 미리 보기 닫기**(☒)를 클릭한 후 보고서 디자인 상태에서도 '닫기(☒)' 단추를 클릭한다. 저장 여부를 묻는 대화상자에서 〈예〉를 클릭한다.

03회 PowerPoint – 시상 작업(PT)

정답 및 해설

문제 1 제 1슬라이드

해설

01. 제 1슬라이드 작성하기

정답

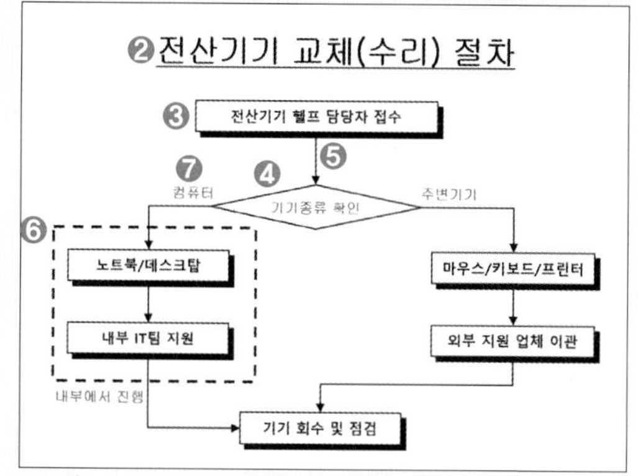

❶ 파일 저장 및 슬라이드 레이아웃 지정하기

1. 파워포인트를 실행시키고 **새 프레젠테이션**을 클릭한 후 [파일] → 다른 이름으로 저장 → **찾아보기**를 선택한다.
2. '다른 이름으로 저장' 대화상자에서 저장 위치를 'C 드라이브'로 지정하고, 파일 이름에 **공개문제03**을 입력한 후 〈저장〉을 클릭한다.
3. 슬라이드의 바로 가기 메뉴에서 [레이아웃] → **제목만**을 선택한다.

❷ 제목 작성하기

1. '제목을 추가하려면 클릭하십시오.' 부분을 클릭한 후 **전산기기 교체(수리) 절차**를 입력한다.
2. 제목이 입력된 텍스트 상자를 선택한 후 [홈] → **글꼴**에서 '굴림', 글꼴 크기 36, '굵게(가)', '밑줄(가)'을 지정한다.
3. 텍스트 상자의 크기 및 위치를 조절한다.

❸ 직사각형 삽입하기

1. [삽입] → 일러스트레이션 → 도형 → 사각형 → **직사각형(□)**을 선택한 후 슬라이드에 적당한 크기로 드래그하여 삽입한다.
2. 삽입한 직사각형을 선택한 후 **전산기기 헬프 담당자 접수**를 입력한다.
3. 직사각형을 선택한 후 [홈] → **글꼴**에서 글꼴 '굴림', 글꼴 크기 16, '굵게(가)', 글꼴 색 '검정, 텍스트 1'을 지정한다.
4. 직사각형의 바로 가기 메뉴에서 **[도형 서식]**을 선택한다.
5. '도형 서식' 창의 [도형 옵션] → (채우기 및 선) → **채우기**에서 채우기 색을 '흰 색, 배경 1', [도형 옵션] → (채우기 및 선) → **선**에서 색을 '검정, 텍스트1'로 지정한다.
6. 이어서 '도형 서식' 창의 [도형 옵션] → (효과) → 그림자에서 '미리 설정()'을 클릭한 다음 '오프셋: 오른쪽 아래'를 선택한 후 색을 '흰색, 배경1, 50% 더 어둡게', 투명도 0%, 흐리게 0pt, 간격 8pt로 지정한다.
7. Ctrl을 누른 채 직사각형을 아래쪽으로 드래그하여 5번 복사한 후 크기 및 내용을 그림과 같이 수정한다.

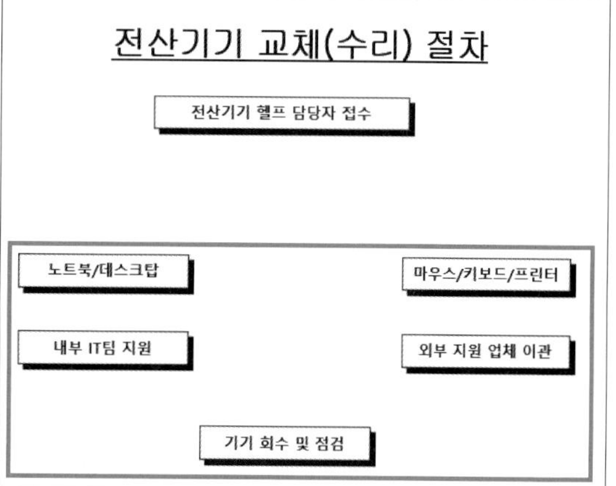

❹ 다이아몬드 삽입하기

1. [삽입] → 일러스트레이션 → 도형 → 기본 도형 → **다이아몬드(◇)**를 선택한 후 슬라이드에 적당한 크기로 드래그하여 삽입한다.
2. 삽입한 다이아몬드를 선택한 후 **기기종류 확인**을 입력한다.
3. '다이아몬드'를 선택한 후 [홈] → **글꼴**에서 글꼴 '굴림', 글꼴 크기 16, 글꼴 색 '검정, 텍스트 1'을 지정한다.

4. 이어서 [도형 서식] → 도형 스타일 → **도형 채우기**에서 테마 색을 '흰색, 배경1', **도형 윤곽선**에서 테마 색을 '검정, 텍스트1' 로 지정한다.

❺ 선 화살표 및 '연결선: 꺾인 화살표' 삽입하기

1. [삽입] → 일러스트레이션 → 도형 → **선**에서 '선 화살표(↘)'와 '연결선: 꺾인 화살표(⤵)'를 이용하여 그림과 같이 도형을 연결한다.

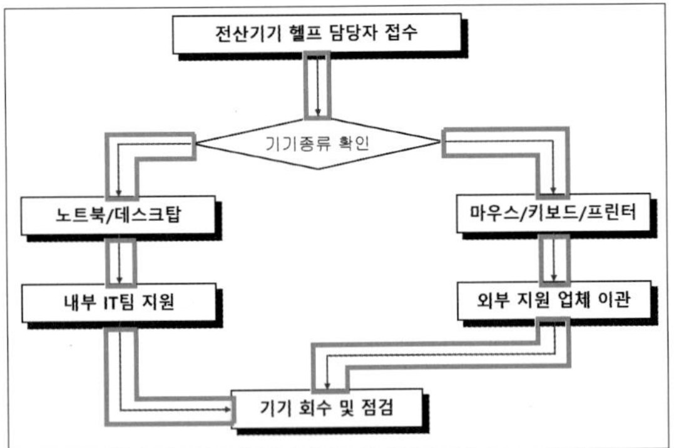

2. 삽입한 선 화살표와 '연결선: 꺾인 화살표(⤵)'를 모두 선택한 후 [도형 서식] → 도형 스타일 → **도형 윤곽선**에서 테마 색 '검정, 텍스트 1',를 지정한다.

※ **오피스 2010 사용자** : [도형 서식] → 도형 스타일 → **도형 윤곽선**에서 테마 색 '검정, 텍스트 1', 화살표 '화살표 스타일 5'를 선택하세요.

3. 화살표만을 모두 선택한 후 바로 가기 메뉴에서 **[개체 서식]**을 선택한다.
4. [도형 옵션] → (채우기 및 선) → **선**에서 화살표 꼬리 크기를 '오른쪽 화살표 크기 9'로 지정한 후 '닫기(✕)' 클릭한다.

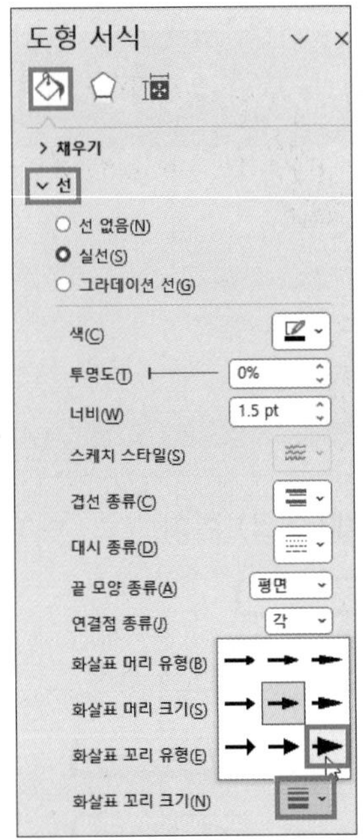

❻ 직사각형2 삽입하기

1. [삽입] → 일러스트레이션 → 도형 → 사각형 → **직사각형(□)**을 선택한 후 슬라이드에 적당한 크기로 드래그하여 삽입한다.
2. 직사각형을 선택한 후 [도형 서식] → 도형 스타일 → **도형 채우기**에서 '채우기 없음', **도형 윤곽선**에서 테마 색을 '검정, 텍스트1', 두께를 '3pt', 대시를 '파선'으로 지정한다.

❼ 텍스트 상자 삽입하기

1. [삽입] → 텍스트 → **가로 텍스트 상자 그리기(가)**를 클릭한 후 슬라이드의 적당한 위치를 클릭한다.
2. 삽입한 텍스트 상자에 **컴퓨터**를 입력한다.
3. 텍스트 상자를 선택한 후 [홈] → **글꼴**에서 글꼴 '굴림', 글꼴 크기 16을 지정한다.
4. Ctrl을 누른 채 텍스트 상자를 오른쪽과 아래쪽으로 드래그하여 2번 복사한 후 그림과 같이 내용을 수정한다.

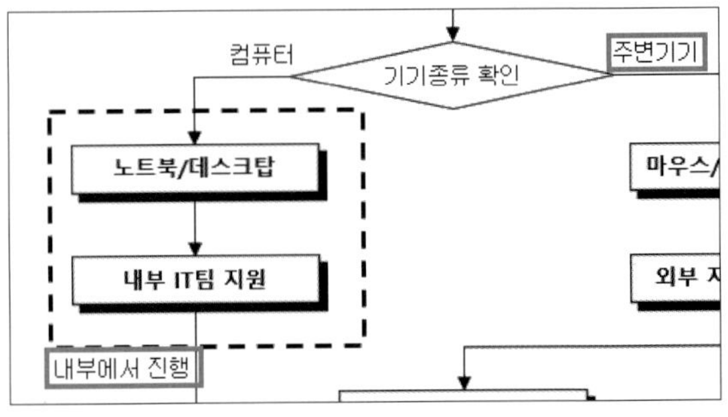

02. 제 2슬라이드 작성하기

정답

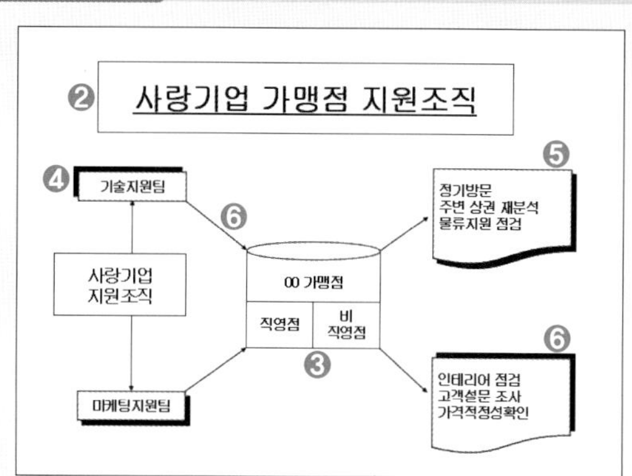

❶ 슬라이드 삽입하기

1. [홈] → 슬라이드 → **새 슬라이드(▢)**를 클릭하거나 Ctrl+M을 눌러 슬라이드를 삽입한다.
2. 슬라이드의 바로 가기 메뉴에서 [레이아웃] → **빈 화면**을 선택한다.

❷ 직사각형1 삽입하기

1. [삽입] → 일러스트레이션 → 도형 → 사각형 → **직사각형(▭)**을 선택한 후 슬라이드에 적당한 크기로 드래그하여 삽입한다.
2. 삽입한 직사각형을 선택한 후 **사랑기업 가맹점 지원조직**을 입력한다.
3. 직사각형을 선택한 후 [홈] → **글꼴**에서 글꼴 '굴림', 글꼴 크기 36, '굵게(가)', '밑줄(가)', 글꼴 색 '검정, 텍스트1'을 지정한다.

❸ 원통형 및 직사각형 삽입하기

1. [삽입] → 일러스트레이션 → 도형 → 기본 도형 → **원통형(⌸)**을 선택한 후 슬라이드에 적당한 크기로 드래그하여 삽입한다.
2. 삽입한 원통형을 선택한 후 **00 가맹점**을 입력한다.
3. [삽입] → 일러스트레이션 → 도형 → 사각형 → **직사각형(▭)**을 선택한 후 먼저 삽입한 원통형의 아랫부분과 겹치게 드래그하여 삽입한다.
4. 삽입한 직사각형을 선택한 후 **직영점**을 입력한다.
5. Ctrl+Shift를 누른 채 직사각형을 오른쪽으로 드래그하여 복사한 후 그림과 같이 내용을 수정한다.

❹ 직사각형2 삽입하기

1. [삽입] → 일러스트레이션 → 도형 → 사각형 → **직사각형(▭)**을 선택한 후 슬라이드에 적당한 크기로 드래그하여 삽입한다.
2. 삽입한 직사각형을 선택한 후 **기술지원팀**을 입력한다.
3. Ctrl+Shift를 누른 채 직사각형을 아래쪽으로 드래그하여 2번 복사한 후 그림과 같이 크기 및 내용을 수정한다.

❺ '순서도: 문서' 삽입하기

1. [삽입] → 일러스트레이션 → 도형 → 순서도 → **순서도: 문서(▭)**를 선택한 후 슬라이드에 적당한 크기로 드래그하여 삽입한다.
2. 삽입한 '순서도: 문서'를 선택한 후 그림과 같이 내용을 입력한다.

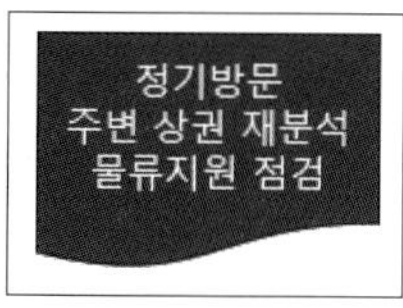

3. '순서도: 문서'를 선택한 후 [홈] → **단락**에서 '왼쪽 맞춤(≡)'을 지정한다.

4. Ctrl+Shift를 누른 채 '순서도: 문서'를 아래쪽으로 드래그하여 복사한 후 그림과 같이 내용을 수정한다.

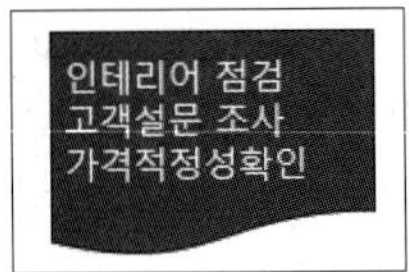

❻ 선 화살표 삽입하기

1. [삽입] → 일러스트레이션 → 도형 → 선 → **선 화살표**(↘)를 이용하여 그림과 같이 화살표를 삽입한다.

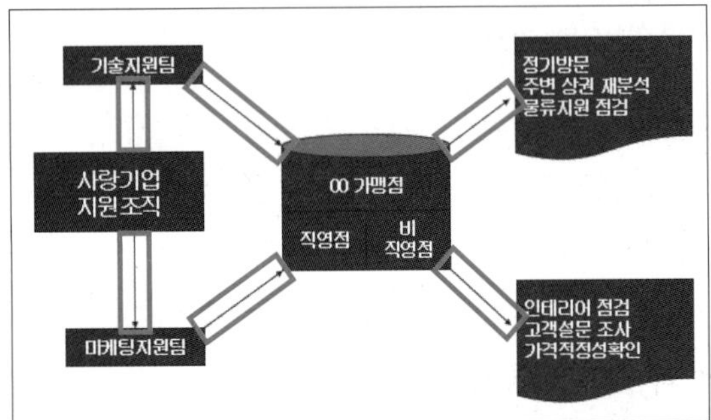

2. 삽입한 화살표를 모두 선택한 후 [도형 서식] → 도형 스타일 → **도형 윤곽선**에서 테마 색 '검정, 텍스트 1'을 지정한다.

※ **오피스 2010 사용자** : [도형 서식] → 도형 스타일 → **도형 윤곽선**에서 테마 색 '검정, 텍스트 1', 화살표 '화살표 스타일 5'를 선택하세요.

❼ 서식 및 채우기 색, 선 색 지정하기

1. 제목을 제외한 텍스트가 입력된 모든 도형을 모두 선택한 후 [홈] → **글꼴**에서 글꼴 '굴림', 글꼴 크기 16, '굵게(가)', 글꼴 색 '검정, 텍스트 1'을 지정한다.
2. '사랑기업 지원조직'이 입력된 직사각형을 선택한 후 [홈] → **글꼴**에서 글꼴 크기 20을 지정한다.
3. 화살표를 제외한 모든 도형을 선택한 후 [도형 서식] → 도형 스타일 → **도형 채우기**에서 테마 색을 '흰색, 배경1', **도형 윤곽선**에서 테마 색을 '검정, 텍스트 1'로 지정한다.

❽ 그림자 지정하기

1. '오프셋: 오른쪽 아래' 그림자를 지정할 도형을 선택한 후 바로 가기 메뉴에서 **[개체 서식]**을 선택한다.

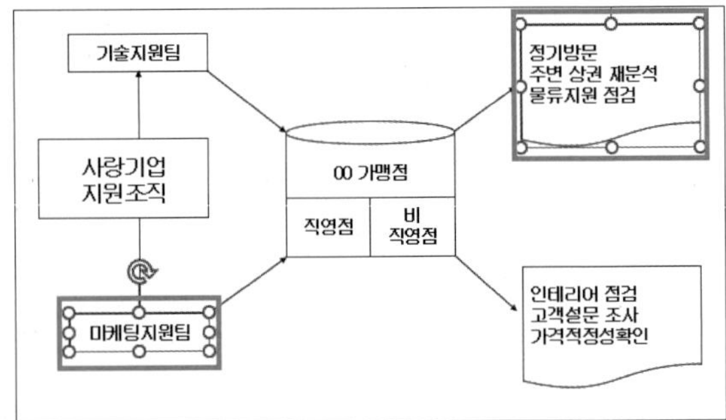

2. '도형 서식' 창의 [도형 옵션] → (효과) → **그림자**에서 '미리 설정( )'을 클릭한 다음 '오프셋: 오른쪽 아래'를 선택한 후 투명도 0%, 흐리게 0pt, 간격 8pt로 지정하고 '닫기(×)' 단추 클릭한다.
3. 같은 방법으로 나머지 도형에 '오프셋: 왼쪽 위'와 '오프셋 : 오른쪽 위' 그림자를 지정한다.

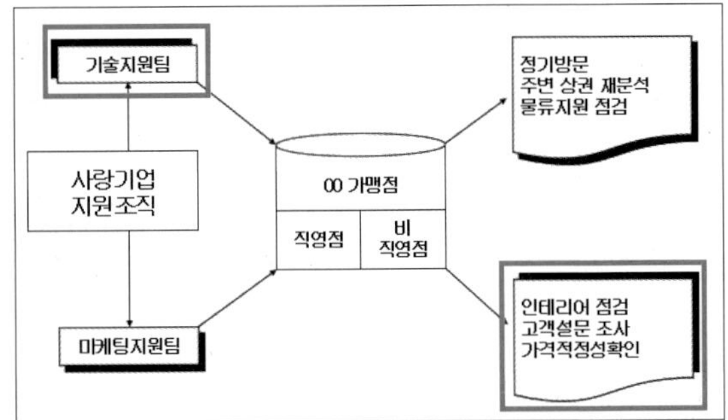

02. 날짜와 페이지 번호 지우기

1. [보기] → 마스터 보기 → **유인물 마스터**를 클릭한다.
2. [유인물 마스터] → **개체 틀**에서 '날짜'와 '페이지 번호'의 체크 표시를 해제한다.

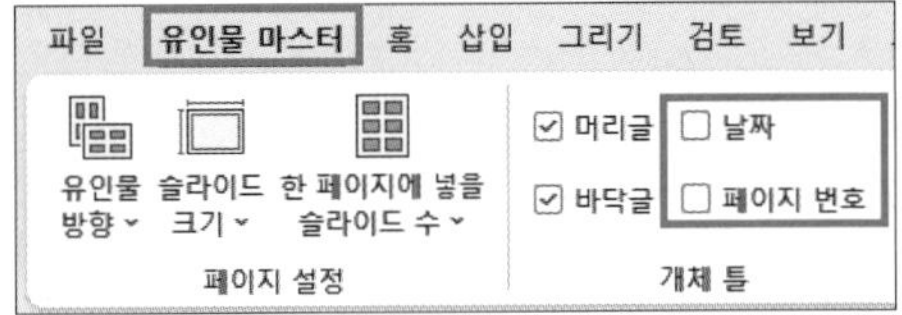

03회 인쇄 작업

정답 및 해설

인쇄하기

해설

01. Excel – 작업표 및 그래프 출력하기

1. 작성된 '공개문제03.xlsx' 파일을 더블클릭하여 불러온다.
2. [페이지 레이아웃] → **페이지 설정**의 [ ]를 클릭한 후 '페이지 설정' 대화상자의 '여백' 탭에서 위쪽 여백이 6으로 지정되어 있는지 확인한 후 〈인쇄 미리 보기〉를 클릭한다.
3. 인쇄 미리 보기 화면에서 작업표와 차트가 모두 한 페이지에 인쇄되는지 확인한 후 '설정'에서 '활성 시트 인쇄'의 페이지를 1, 위치를 1로 지정하고 〈인쇄〉를 클릭한다.

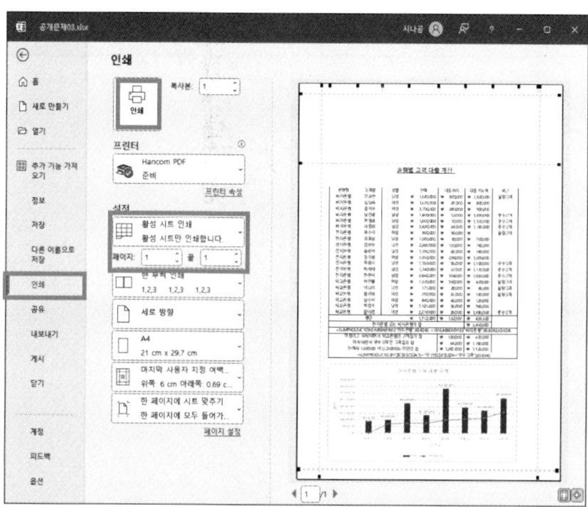

02. Access – 폼과 보고서 인쇄하기

❶ 폼 인쇄하기

1. 작성된 '공개문제03.accdb' 파일을 더블클릭하여 불러온다.
2. '탐색' 창의 폼 개체에서 작성한 '폼1'을 선택한다.
3. [파일] → 인쇄 → **인쇄**를 선택한 후 '인쇄' 대화상자에서 〈설정〉을 클릭한다. 이어서 '페이지 설정' 대화상자의 '인쇄 옵션' 탭에서 위쪽 여백이 60으로 지정되어 있는지 확인한 후 〈확인〉을 클릭한다.
4. '인쇄' 대화상자의 인쇄 범위에서 '인쇄할 페이지'를 1부터 1까지로 설정한 후 〈확인〉을 클릭한다.

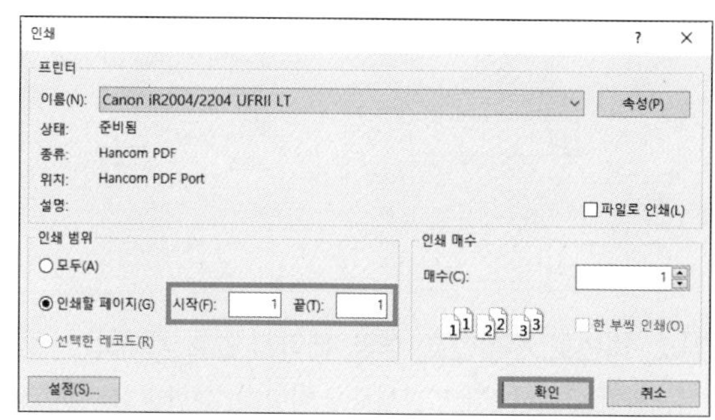

❷ 보고서 인쇄하기

1. '탐색' 창의 보고서 개체에서 작성한 '쿼리1'을 선택한다.
2. [파일] → 인쇄→ **인쇄**를 선택한 후 '인쇄' 대화상자에서 〈설정〉을 클릭한다. 이어서 '페이지 설정' 대화상자의 '인쇄 옵션' 탭에서 위쪽 여백이 60으로 지정되어 있는지 확인한 후 〈확인〉을 클릭한다.
3. '인쇄' 대화상자의 인쇄 범위에서 '인쇄할 페이지'를 1부터 1까지로 설정한 후 〈확인〉을 클릭한다.

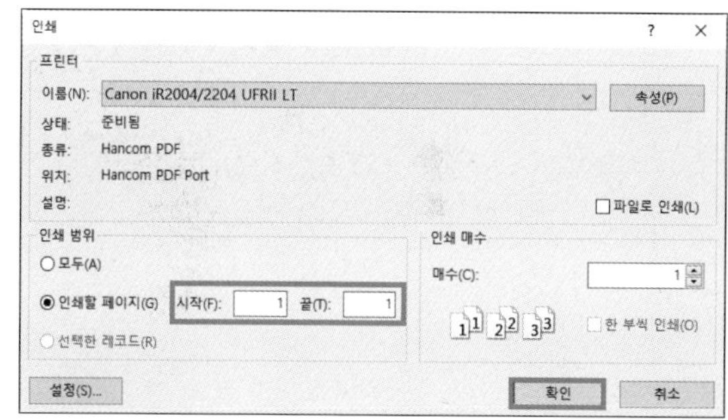

03. PowerPoint – 슬라이드 출력하기

1. 작성된 '공개문제03.pptx' 파일을 더블클릭하여 불러온다.
2. [보기] → 마스터 보기 → **유인물 마스터**를 선택한 후 '날짜'와 '페이지 번호'의 체크 표시가 해제되었는지 확인한다.
3. [파일] → 인쇄 → **설정**에서 '2슬라이드'와 '고품질', '컬러'를 지정한 후 〈인쇄〉를 클릭한다.

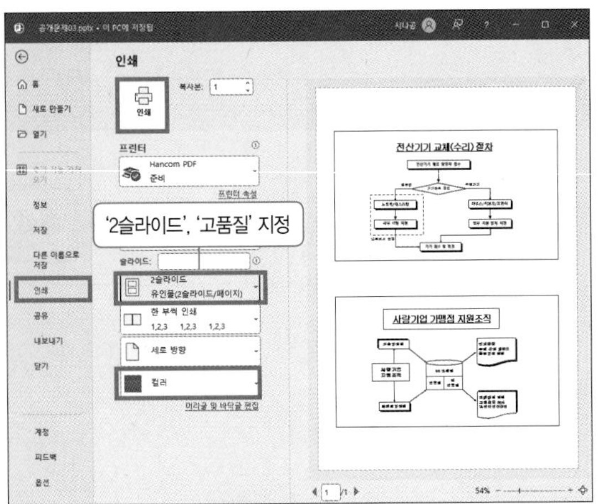

04. 비번호, 수험번호, 성명, 페이지 번호 기재하기

지금까지 인쇄한 4장의 인쇄물에 비번호, 수험번호, 성명을 중앙 상단에, 페이지 번호를 중앙 하단에 기재한다.

제04회 사무자동화산업기사 실기 공개문제

Excel – 표 계산(SP) 실무 작업

Q-NET 마트에서는 아르바이트생 수당 현황을 분석하고자 합니다. 다음 자료(DATA)를 이용하여 작성 조건에 따라 작업표와 그래프를 작성하고, 그 인쇄 출력물을 제출하십시오.

문제 1 작업표(WORK SHEET) 작성

1. 자료(DATA)

근무현황

행＼열	A	B	D	E
3	성명	부서코드	출근시간	퇴근시간
4	공병호	B-2	9:25	18:20
5	김병선	B-3	13:29	17:30
6	김지명	B-3	14:10	21:00
7	김진혁	C-2	8:25	12:20
8	김차일	B-2	16:25	23:35
9	박두일	C-1	9:37	14:20
10	박일호	A-2	17:35	21:40
11	손병준	A-1	8:16	16:08
12	신혁진	A-3	17:28	23:40
13	이우선	A-2	16:20	20:06
14	문희권	C-1	8:50	16:20
15	이강복	C-2	8:20	17:20
16	반준규	B-3	9:05	16:40
17	남영문	A-2	8:45	16:20
18	정상희	B-2	8:55	17:10
19	김미선	B-1	9:20	16:35
20	김윤식	A-2	13:10	20:20
21	조형래	A-3	13:20	20:10
22	안성기	A-2	13:40	20:20
23	주진모	B-2	13:15	20:50

※ 자료(DATA) 부분에서 음영 처리 표시된 부분은 행/열의 기준선으로 작성(입력)하지 않음을 반드시 유의하시오.

2. 작업표 형식

아르바이트 급여 현황

행 \ 열	A	C	D	E	F	G	H	I
3	성명	근무부서	출근시간	퇴근시간	근무시간	당일금액	식대	지급액
4 : 23	–	①	–	–	②	③	④	⑤
24	부서별 합계		시설과			⑥	⑥	⑥
25			관리과			⑦	⑦	⑦
26			재무과			⑧	⑧	⑧
27	부서코드에 "1" 또는 "3"을 포함한 합계					⑨	⑨	⑨
28	지급액이 20000 이상 40000 미만인 사람들의 합							⑩
29	⑪							
30	⑫							

※ 음영 처리 표시된 부분은 작성하지 않습니다.

3. 작성 조건

가) 작성 시 유의사항

① 작업표의 작성은 "나)~마)" 항에 제시된 내용을 따르고 반드시 제시된 조건(함수 적용, 단서 조항 등)에 따라 처리하시오.

② 제시된 작성 조건을 따르지 아니하고 여타의 방법 일체(제시된 함수 이외 다른 함수 적용, 함수 미적용, 별도 전자계산기 사용 등)를 사용하여 도출된 결과는 그 답이 맞더라도 정답으로 인정되지 않음을 반드시 유의하시오.

나) 작업표의 구성 및 서식

① "작업표 형식"에서 행과 열에 관계된 음영 처리 표시된 부분은 작성하지 않음을 유의하고 반드시 제시된 행/열에 맞추도록 하시오.

② 제목서식 : 20 포인트 크기로 하고 가운데 표시, 밑줄 처리하시오.

③ 글꼴서체 : 임의선정 하시오.

다) 원문자가 표시된 셀은 아래의 방법을 이용하여 처리하시오.

① 근무부서 : 부서코드의 첫 번째 문자가 "A"이면 "재무과", "B"이면 "관리과", "C"이면 "시설과"로 하시오. (단, IF 함수와 LEFT 함수를 조합하여 작성하시오.)

② 근무시간 : 퇴근시간 – 출근시간

③ 당일금액 : (근무시간[시] × 시간당급여) + (근무시간[분] × 분당급여) (단, 시간당급여는 4,800원, 분당급여는 80원, Hour, Minute 함수 사용)

④ 식대 : 근무시간이 6시간 이상이면 10,000원, 6시간 미만이면 2,000원(단, IF, HOUR 함수 사용)

⑤ 지급액 : 당일금액 + 식대

⑥ 부서별 합계 – 시설과 : 시설과의 각 항목별 합 산출 (단, SUMIF 또는 SUMIFS 함수 사용)

⑦ 부서별 합계 – 관리과 : 관리과의 각 항목별 합 산출 (단, SUMIF 또는 SUMIFS 함수 사용)

⑧ 부서별 합계 – 재무과 : 재무과의 각 항목별 합 산출 (단, SUMIF 또는 SUMIFS 함수 사용)

⑨ 부서코드에 "1" 또는 "3"을 포함한 합계 : 각 해당 항목별 합 산출 (단, ISNUMBER, FIND, SUMPRODUCT를 조합한 수식을 반드시 이용하시오.)

⑩ 지급액이 20000 이상 40000 미만인 사람들의 지급액의 합 (단, SUMIF 또는 SUMIFS 함수 사용)

⑪ 항목 ⑥에 사용한 함수식 기재 (단, 지급액을 기준으로 하시오.)

⑫ 항목 ⑨에 사용한 함수식 기재 (단, 지급액을 기준으로 하시오.)

※ 함수식을 기재하는 ⑪~⑫란은 반드시 해당항목에 제시된 함수의 작성 조건에 따라 도출된 함수식을 기재하여야 하며, 작성 조건을 위배하여 임의로 작성할시 해당 답이 맞더라도 틀린 항목으로 채점됨을 유의하시오. 또한 함수식을 작성할 때는 "라) 정렬순서(SORT)"에 따른 조건에 맞게 정렬 후 도출된 결과에 따른 함수식을 기재하시오.

라) 작업표의 정렬순서(SORT)는 성명의 오름차순으로 정렬하고 성명이 같을 경우 출근시간의 오름차순으로 합니다.

마) 기타

- 금액에 대한 수치는 원화(₩) 표시를 하고 천 단위마다 ',' (Comma)를 표시하시오.
  (단, 금액 이외의 수치는 ','(Comma)를 표시하지 않도록 하시오.)
- 모든 수치(숫자, 통화, 회계, 백분율 등)는 셀 서식의 속성을 설정하는 과정에서 소수 자릿수를 "0"으로 지정하여 정수로 표시하되 단서조항이 있는 경우 이를 따르시오.
- 음수는 "–"가 표시되도록 하시오.
- 숫자 셀은 우측을 수직으로 맞추고, 문자 셀은 수평중앙으로 맞추며 이외 사항은 작업표 형식에 따르도록 하시오. 특히, 인쇄출력 시 판독불가능이 발생되지 않도록 인쇄 미리보기 등을 통하여 셀의 크기를 적당히 조정하시오.

문제 2 그래프(GRAPH) 작성

작성한 "아르바이트 급여 현황"에서 근무부서별 당일금액과 지급액의 합계를 나타내는 그래프를 작성하시오.

1. 작성 조건

가) 그래프 형태 : 혼합형 단일축 그래프
당일금액(데이터 표식이 있는 꺾은선형), 지급액(묶은 세로 막대형)
(단, 데이터 레이블의 값이 표시된 혼합형 단일축 그래프로 하시오)

나) 그래프 제목 : 부서별 지급 현황 ---- (확대출력, 제목밑줄)

다) X축 제목 : 근무부서

라) Y축 제목 : 금액

마) X축 항목 단위 : 해당 문자열

바) Y축 눈금 단위 : 임의

사) 범례 : 지급액, 당일금액

아) 출력물크기 : A4 용지 1/2장 범위내

자) 기타 : 작성 조건에 없는 형식이나 모양은 기본 설정값에 따르며, 그래프 너비는 작업표 너비에 맞추도록 하시오.

Access – 자료처리(DBMS) 작업

외식 프랜차이즈 암소가든에서는 판매 관리를 전산화하려고 한다. 다음 입력 자료를 이용하여 DB를 설계하고 작성 조건에 따라 처리파일을 작성하고, 그 인쇄 출력물을 제출하시오.

[요구사항 및 유의사항]

1) 자료처리(DBMS) 작업은 조회화면(SCREEN) 설계와 자료처리 보고서의 2가지 작업을 수행하여 그 결과물을 인쇄 용지(A4) 기준 각 1장씩 총 2장을 제출하여야 채점 대상이 됨을 유의하시오.
2) 반드시 인쇄작업 수행 전 미리보기 등을 통해 여백을 조정하고, 수치, 문자 등 구성요소가 누락되지 않도록 주의하시오. 구성요소가 누락되어 인쇄되지 않은 결과로 인한 모든 책임은 전적으로 수험자 본인에게 있음을 반드시 유의하시오.
3) 문제지에 기재된 작성 조건에 따라 처리하고, 조회화면 및 자료처리 보고서의 서식이 작성 조건과 상이할 경우에는 시험위원의 지시에 따라 작업하시오.

문제 1 입력자료(DATA)

판매 실적 현황

일자	업소명	품목코드	판매수량
2015-05-06	한사랑	AA	100
2015-05-06	한우네	AA	15
2015-05-06	강남촌	BB	20
2015-05-06	멋사랑	CC	50
2015-06-01	한사랑	AA	200
2015-06-01	한우네	CC	25
2015-06-01	멋사랑	DD	100
2015-10-05	한사랑	BB	30
2015-10-05	강남촌	DD	25
2015-10-05	멋사랑	AA	100
2015-11-10	강남촌	AA	20
2015-11-10	한우네	BB	30
2015-11-10	한사랑	CC	200
2015-12-05	강남촌	CC	75
2015-12-05	멋사랑	AA	35

제품마스터

품목코드	제품명	단가
AA	자켓	15,000
BB	바지	25,000
CC	셔츠	10,000
DD	치마	30,000

문제 2 조회화면(SCREEN) 설계

다음 조건에 따라 업소명이 "강남촌" 또는 "멋사랑"이면서, 판매수량이 50개 이상인 현황을 조회할 수 있는 화면을 설계하고 해당 데이터를 출력하시오.

[작성 조건]

1) 해당 현황은 목록 상자(리스트박스)에서 필드명 "일자"의 내림차순으로 출력하고, 화면 아래에 조회시 작성한 SQL문을 복사하시오.
   - WHERE 조건절에 업소명, 판매수량 반드시 포함
   - INNER JOIN, ORDER BY 구문 반드시 포함
   ※ SQL문에 상기 내용 미포함 시 SQL 작성 부분 0점 처리
2) 리스트박스 조회시 작성된 SQL문이 작성되지 않을 경우에는 "조회화면(SCREEN) 설계" 과제가 0점 처리됨을 반드시 유의하시오.
3) 목록 상자에 표시되어야 할 필수적인 필드명은 다음과 같습니다.
   - 제품명, 단가, 일자, 업소명, 판매수량
4) 폼 서식에 제반되는 폰트, 점선 등은 아래 [조회화면 서식]에 보이는 대로 기재하시오.
5) 기타 사항은 "자료처리 파일(FILE) 작성"의 [기타 조건]을 따르시오.

[조회화면 서식]

업소명이 "강남촌" 또는 "멋사랑"이면서 판매 수량이 50개 이상인 현황

제품명	단가	일자	업소명	판매수량

리스트박스 조회 시 작성된 SQL문

문제 3 자료처리 파일(FILE) 작성 다음 조건에 따라 아래 양식과 같이 작성하시오.

[처리 조건]

1) 업소명(강남촌, 멋사랑, 한사랑, 한우네)별로 정리한 후, 같은 업소명 안에서는 제품명의 오름차순으로 정렬(SORT)한다.
2) 판매금액 = 판매수량 × 단가
3) 비고는 판매금액이 ₩1,000,000 이상인 경우 "히트상품"으로 표시하고, 그 외는 공란으로 한다.
4) 업소명별 합계 : 판매수량, 판매금액의 합 산출
5) 총합계 : 판매수량, 판매금액의 총합 산출

[기타 조건]

1) 입력화면 및 보고서의 제목은 16정도의 임의 서체로 하시오.
2) 금액에 대한 수치는 원화(₩) 표시를 하고 천 단위마다 ,(Comma)를 표시하시오.
(단, 금액 이외의 수치는 ,(Comma)를 표시하지 않도록 하시오.)
3) 모든 수치(숫자, 통화, 백분율 등)는 컨트롤의 속성을 설정하는 과정에서 소수 자릿수를 "0"으로 지정하여 정수로 표시하시오.
4) 데이터의 열과 간격은 일정하게 맞추도록 하시오.
5) 작성일자는 수험일자로 하시오.

업소별 제품 판매 현황

작성일자 : YYYY-MM-DD

업소명	제품명	일자	판매수량	단가	판매금액	비고
XXXX	XXXX	XX/XX/XX	XXXX	₩X,XXX	₩X,XXX	XXXX
	-	-	-	-	-	
합계			XXXX		₩X,XXX	
-	-	-	-	-	-	-
합계			XXXX		₩X,XXX	
총합계			XXXX		₩X,XXX	

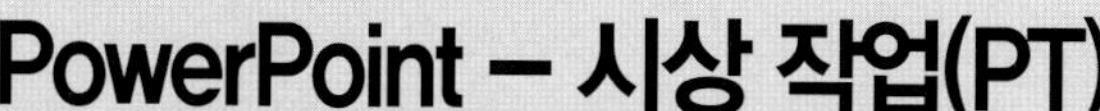

PowerPoint – 시상 작업(PT)

주어진 2개의 슬라이드를 슬라이드 작성조건에 따라 작업하여 인쇄하시오.

슬라이드 작성 조건

1) 각 슬라이드를 문제의 슬라이드 원안과 같이 인쇄하여 제출하시오.
   (특히 글자, 음영, 그림자, 도형 등 인쇄된 내용 그대로 작업하시오.)
2) "주1)" 등 특수한 속성 지정이 되어 있는 경우 지시에 따라 작성하시오.
3) 글꼴은 문제 원안과 같거나 유사한 형태로 작업하시오.
4) 글자, 그림 및 도형 등의 크기와 모양은 문제 원안과 같거나 유사한 형태로 작업하시오.
5) 모든 글씨, 선 등은 흑백(그레이스케일)으로 작업하되, 글상자, 그림 및 도형 등에서 색 채우기가 있는 경우 색 채우기는 회색 40% 정도, 투명도 0%를 기준으로 작업하시오.
6) 각 슬라이드는 원안과 같이 외곽선 테두리가 인쇄되도록 인쇄하시오.
7) 각 슬라이드 크기는 A4 용지의 1/2 범위 내에 인쇄가 가능한 크기가 되도록 조정하여, 슬라이드 2개를 A4 용지 1매 안에 모두 인쇄하시오.
8) 비번호, 수험번호, 성명, 페이지 번호 등은 반드시 자필로 기재하시오.

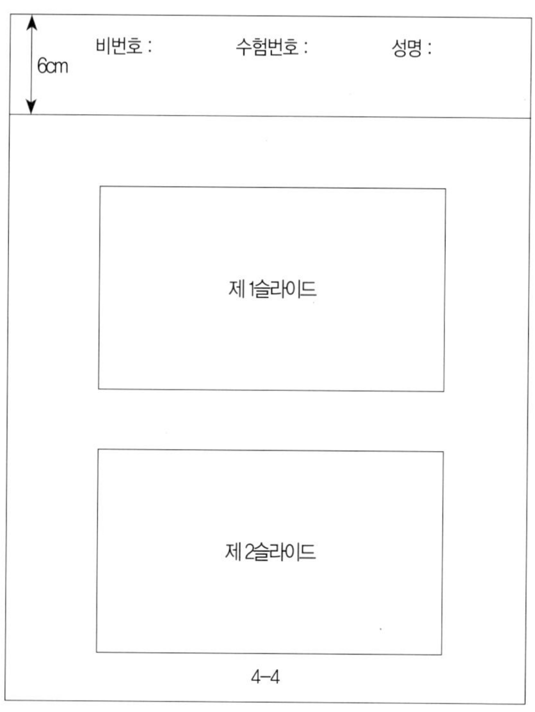

문제 1 제 1슬라이드

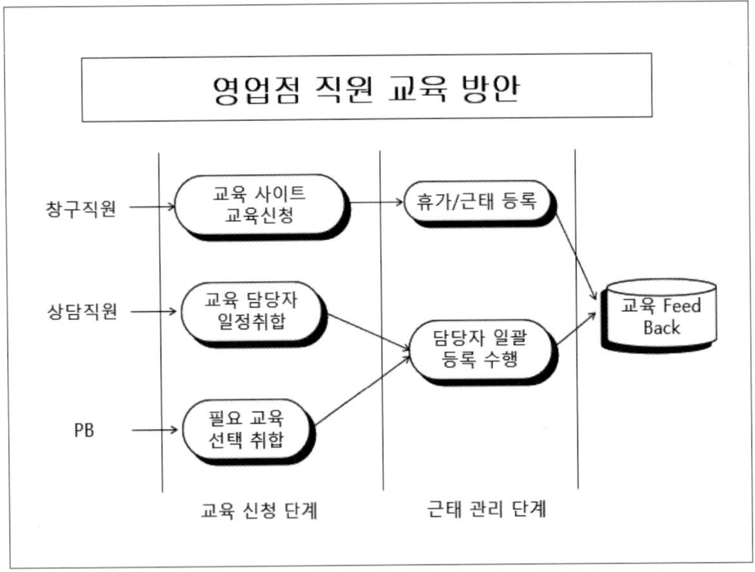

문제 2 제 2슬라이드

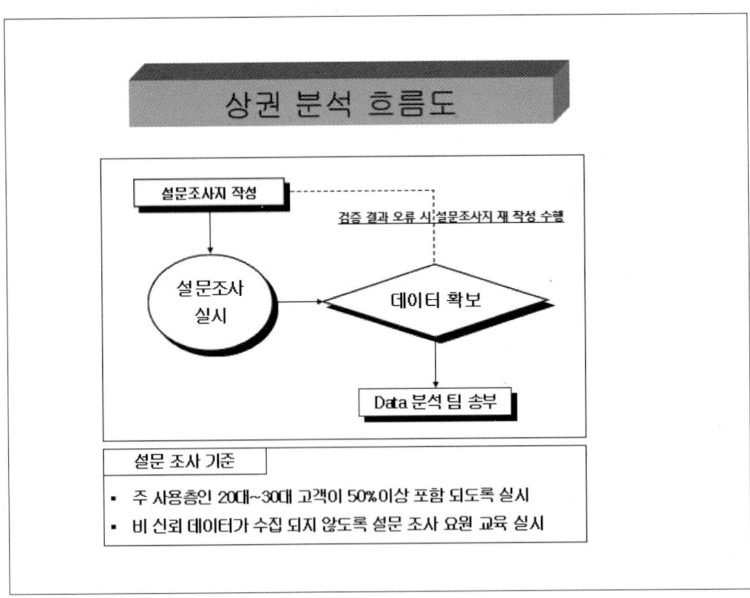

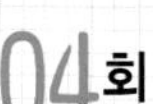

04회 Excel – 표 계산(SP) 실무 작업

정답 및 해설

정답 작업표 및 차트(그래프)

	A	C	D	E	F	G	H	I
1	아르바이트 급여 현황							
2								
3	성명	근무부서	출근시간	퇴근시간	근무시간	당일금액	식대	지급액
4	공병호	관리과	9:25	18:20	8:55	₩ 42,800	₩ 10,000	₩ 52,800
5	김미선	관리과	9:20	16:35	7:15	₩ 34,800	₩ 10,000	₩ 44,800
6	김병선	관리과	13:29	17:30	4:01	₩ 19,280	₩ 2,000	₩ 21,280
7	김윤식	재무과	13:10	20:20	7:10	₩ 34,400	₩ 10,000	₩ 44,400
8	김지명	관리과	14:10	21:00	6:50	₩ 32,800	₩ 10,000	₩ 42,800
9	김진혁	시설과	8:25	12:20	3:55	₩ 18,800	₩ 2,000	₩ 20,800
10	김차일	관리과	16:25	23:35	7:10	₩ 34,400	₩ 10,000	₩ 44,400
11	남영문	재무과	8:45	16:20	7:35	₩ 36,400	₩ 10,000	₩ 46,400
12	문희권	시설과	8:50	16:20	7:30	₩ 36,000	₩ 10,000	₩ 46,000
13	박두일	시설과	9:37	14:20	4:43	₩ 22,640	₩ 2,000	₩ 24,640
14	박일호	재무과	17:35	21:40	4:05	₩ 19,600	₩ 2,000	₩ 21,600
15	반준규	관리과	9:05	16:40	7:35	₩ 36,400	₩ 10,000	₩ 46,400
16	손병준	재무과	8:16	16:08	7:52	₩ 37,760	₩ 10,000	₩ 47,760
17	신혁진	재무과	17:28	23:40	6:12	₩ 29,760	₩ 10,000	₩ 39,760
18	안성기	재무과	13:40	20:20	6:40	₩ 32,000	₩ 10,000	₩ 42,000
19	이강복	시설과	8:20	17:20	9:00	₩ 43,200	₩ 10,000	₩ 53,200
20	이우선	재무과	16:20	20:06	3:46	₩ 18,080	₩ 2,000	₩ 20,080
21	정상희	관리과	8:55	17:10	8:15	₩ 39,600	₩ 10,000	₩ 49,600
22	조형래	재무과	13:20	20:10	6:50	₩ 32,800	₩ 10,000	₩ 42,800
23	주진모	관리과	13:15	20:50	7:35	₩ 36,400	₩ 10,000	₩ 46,400
24	부서별 합계		시설과			₩ 120,640	₩ 24,000	₩ 144,640
25			관리과			₩ 276,480	₩ 72,000	₩ 348,480
26			재무과			₩ 240,800	₩ 64,000	₩ 304,800
27	부서코드에 "1" 또는 "3"을 포함한 합계					₩ 282,240	₩ 74,000	₩ 356,240
28	지급액이 20000 이상 40000 미만인 사람들의 합							₩ 148,160
29	=SUMIF($C$4:$C$23,$D$24,I4:I23)							
30	=SUMPRODUCT(ISNUMBER(FIND("1",$B$4:$B$23))+ISNUMBER(FIND("3",$B$4:$B$23)),I4:I23)							

부서별 지급 현황

금액

₩400,000
₩350,000
₩300,000
₩250,000
₩200,000
₩150,000
₩100,000
₩50,000
₩-

₩144,640 ₩120,640
₩348,480 ₩276,480
₩304,800 ₩240,800

시설과 관리과 재무과

근무부서

지급액 당일금액

01. 데이터 입력하기

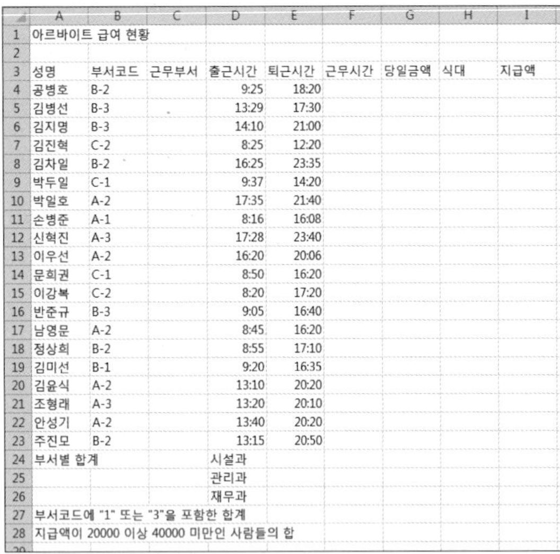

	A	B	C	D	E	F	G	H	I
1	아르바이트 급여 현황								
2									
3	성명	부서코드	근무부서	출근시간	퇴근시간	근무시간	당일금액	식대	지급액
4	공병호	B-2		9:25	18:20				
5	김병선	B-3		13:29	17:30				
6	김지명	B-3		14:10	21:00				
7	김진혁	C-2		8:25	12:20				
8	김차일	B-2		16:25	23:35				
9	박두일	C-1		9:37	14:20				
10	박일호	A-2		17:35	21:40				
11	손병준	A-1		8:16	16:08				
12	신혁진	A-3		17:28	23:40				
13	이우선	A-2		16:20	20:06				
14	문희권	C-1		8:50	16:20				
15	이강복	C-2		8:20	17:20				
16	반준규	B-3		9:05	16:40				
17	남영문	A-2		8:45	16:20				
18	정상희	B-2		8:55	17:10				
19	김미선	B-1		9:20	16:35				
20	김윤식	A-2		13:10	20:20				
21	조형래	A-3		13:20	20:10				
22	안성기	A-2		13:40	20:20				
23	주진모	B-2		13:15	20:50				
24	부서별 합계			시설과					
25				관리과					
26				재무과					
27	부서코드에 "1" 또는 "3"을 포함한 합계								
28	지급액이 20000 이상 40000 미만인 사람들의 합								

02. 수식 작성하기

❶ 근무부서(C4) : =IF(LEFT(B4,1)="A","재무과",IF(LEFT(B4,1)="B","관리과","시설과"))

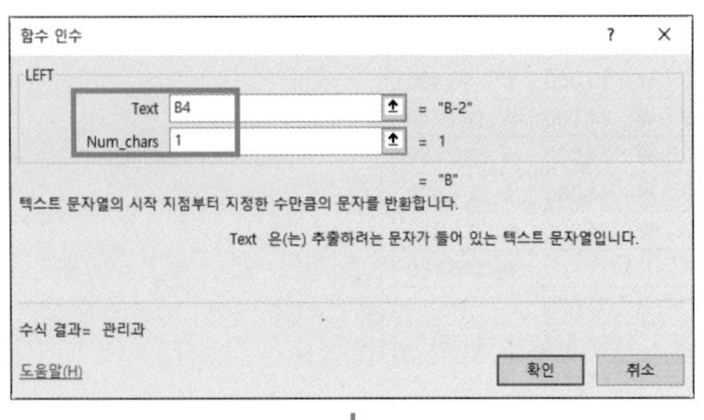

↓

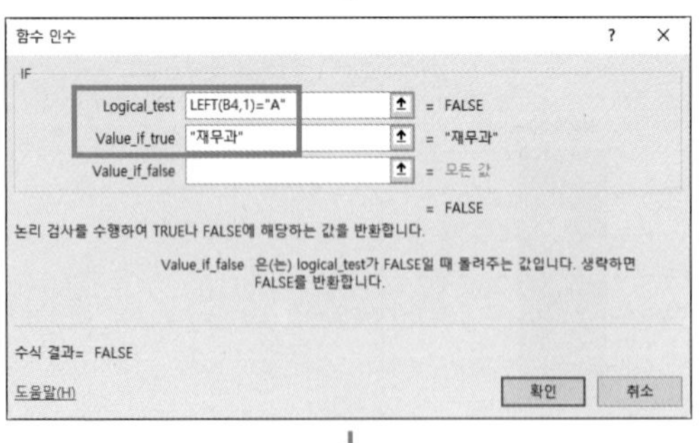

↓

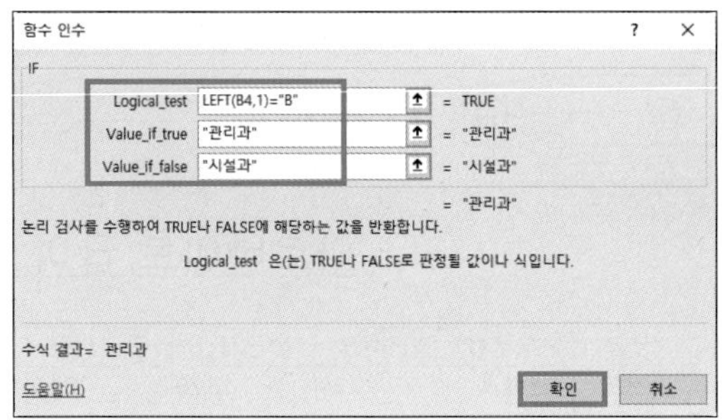

❷ 근무시간(F4) : =E4-D4

❸ 당일금액(G4) : =HOUR(F4)*4800+MINUTE(F4)*80

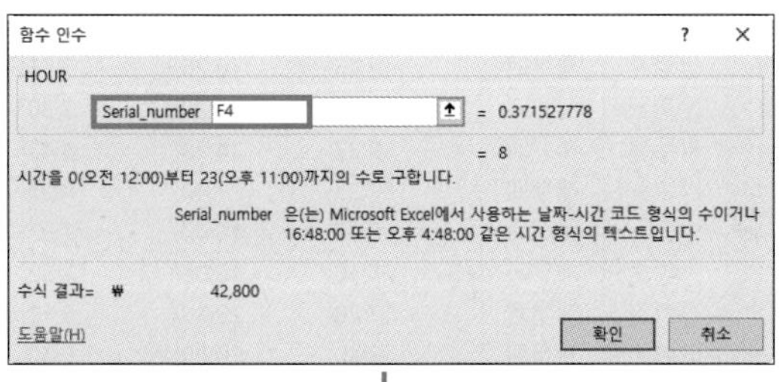

↓

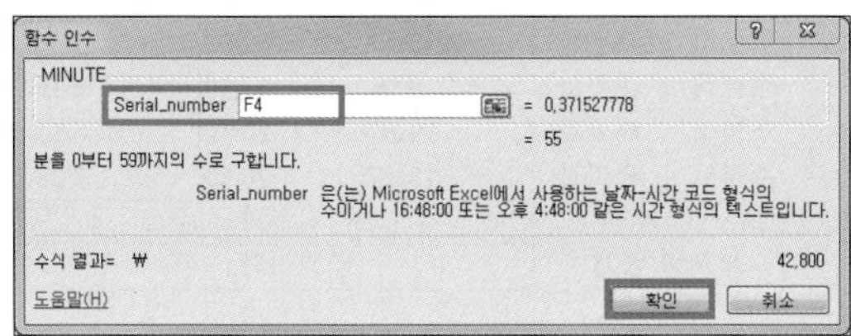

❹ 식대(H4) : =IF(HOUR(F4)>=6,10000,2000)

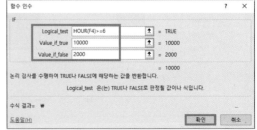

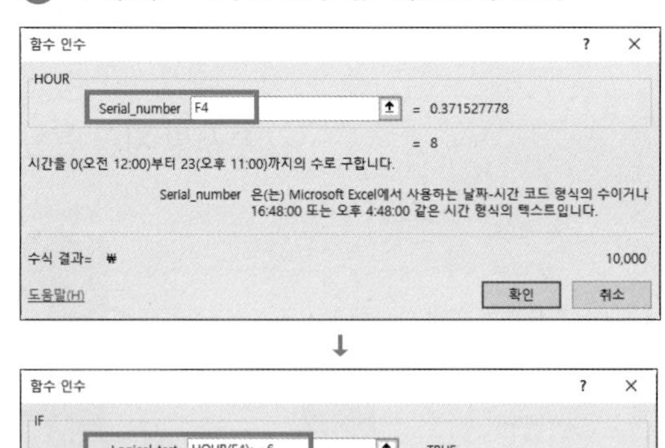

↓

함수 인수

IF

Logical_test	HOUR(F4)>=6	=	TRUE
Value_if_true	10000	=	10000
Value_if_false	2000	=	2000

= 10000

논리 검사를 수행하여 TRUE나 FALSE에 해당하는 값을 반환합니다.

Logical_test 은(는) TRUE나 FALSE로 판정될 값이나 식입니다.

수식 결과= ₩

도움말(H) 확인 취소

❺ 지급액(I4) : =G4+H4

❻ 시설과 부서별 합계(G24)

=SUMIF($C$4:$C$23,$D$24,G4:G23)

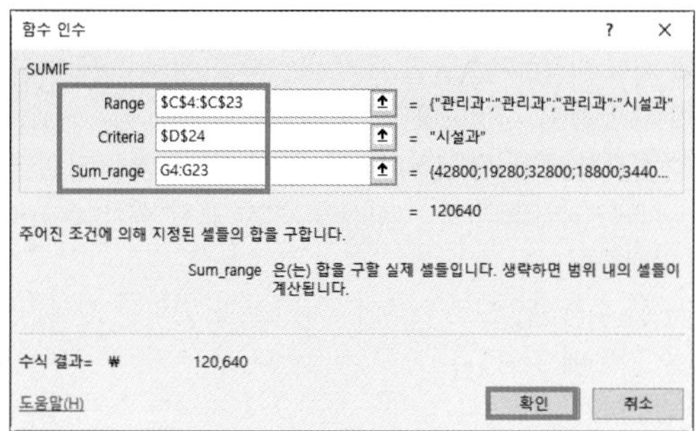

❼ 관리과 합계(G25)

=SUMIF($C$4:$C$23,$D$25,G4:G23)

❽ 재무과 합계(G26)

=SUMIF($C$4:$C$23,$D$26,G4:G23)

❾ 부서코드에 '1' 또는 '3'을 포함한 합계(G27) : =SUMPRODUCT(ISNUMBER(FIND("1",$B$4:$B$23))+ISNUMBER(FIND("3",$B$4:$B$23)),G4:G23)

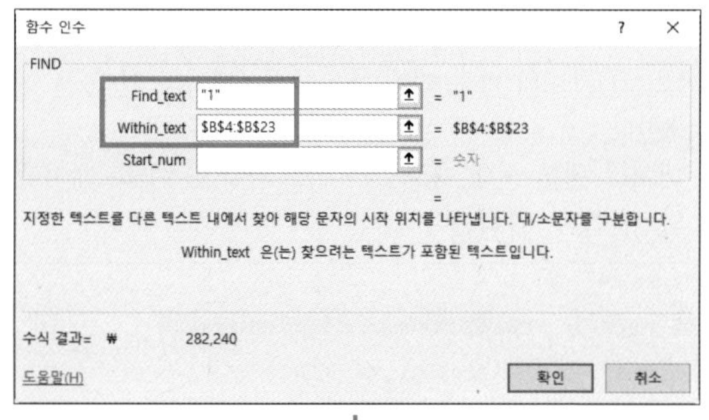

↓

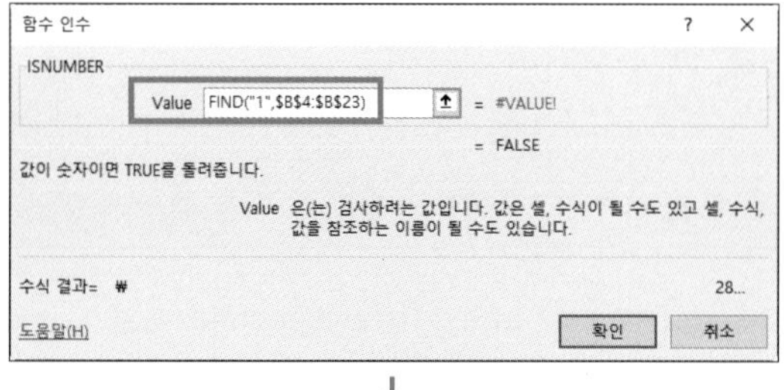

↓

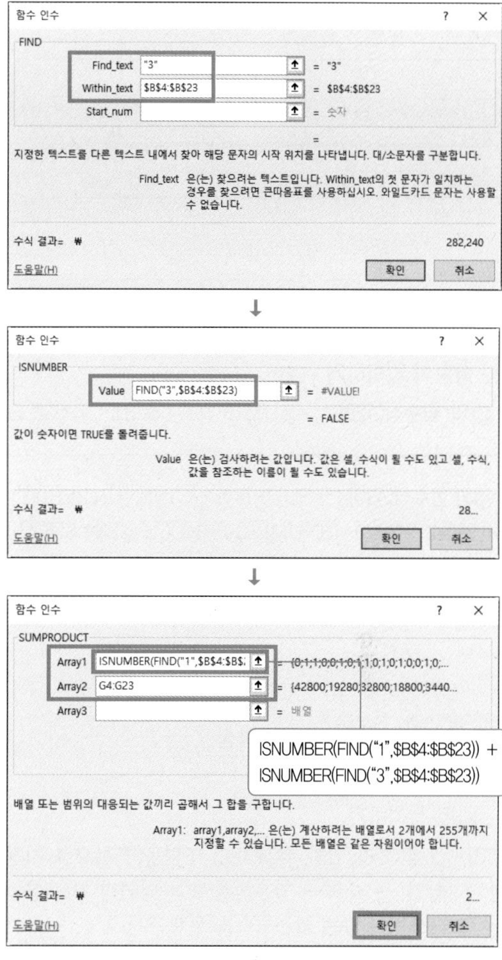

❿ 지급액이 20000 이상 40000 미만인 사람들의 합(I28)

=SUMIFS(I4:I23,I4:I23,">=20000",I4:I23,"<40000")

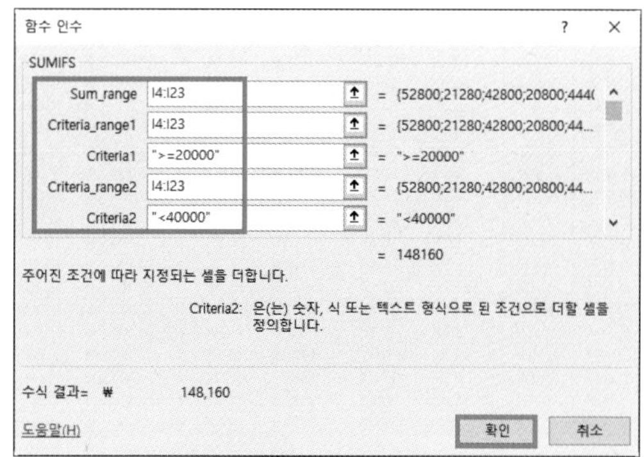

03. 데이터 정렬하기

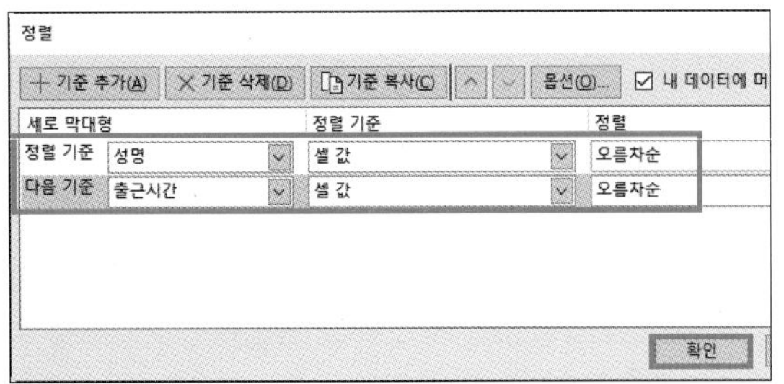

04. 함수식 입력하기

⑪ ⑥의 함수식(A29) : '=SUMIF($C$4:$C$23,$D$24,I4:I23)

⑫ ⑨의 함수식(A30) : '=SUMPRODUCT(ISNUMBER(FIND("1",$B$4:$B$23))+ISNUMBER(FIND("3",$B$4:$B$23)),I4:I23)

05. 작업표 형식에 없는 열 숨기기

B열의 열 머리글을 선택하고 [숨기기]를 실행한다.

06. 서식 지정하기

1. **제목 서식 지정하기 :** 글꼴 크기 20, '밑줄(가)', '병합하고 가운데 맞춤'을 지정한다.
2. **금액에 대해 화폐 단위(₩)와 ,(Comma) 표시하기 :** 당일금액, 식대, 지급액의 표시 형식을 '회계 표시 형식( )'으로 지정한다.
3. **문자 셀 수평 중앙으로 맞추기 :** 텍스트가 입력된 셀의 맞춤을 '가운데 맞춤( )'으로 지정한다.
4. **셀 병합하기 :** 각각의 영역을 블록으로 지정한 후 '병합하고 가운데 맞춤'을 지정한다.
5. **테두리 지정하기 :** 테두리를 지정한다.

문제 2 차트(그래프) 작성

해설

01. 차트 작성하기

1. [G3], [G24:G26], [I3], [I24:I26] 영역을 블록으로 지정한 후 [삽입] → 차트 → 꺾은선형 또는 영역형 차트 삽입( ) → **표식이 있는 꺾은선형**을 선택한다.

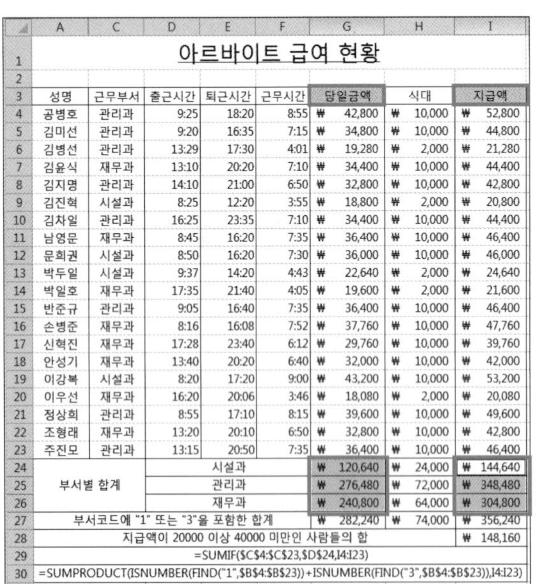

	A	C	D	E	F	G	H	I
1	아르바이트 급여 현황							
2								
3	성명	근무부서	출근시간	퇴근시간	근무시간	당일금액	식대	지급액
4	공병호	관리과	9:25	18:20	8:55	₩ 42,800	₩ 10,000	₩ 52,800
5	김미선	관리과	9:20	16:35	7:15	₩ 34,800	₩ 10,000	₩ 44,800
6	김병선	관리과	13:29	17:30	4:01	₩ 19,280	₩ 2,000	₩ 21,280
7	김윤식	재무과	13:10	20:20	7:10	₩ 34,400	₩ 10,000	₩ 44,400
8	김지명	관리과	14:10	21:00	6:50	₩ 32,800	₩ 10,000	₩ 42,800
9	김진혁	시설과	8:25	12:20	3:55	₩ 18,800	₩ 2,000	₩ 20,800
10	김차일	관리과	16:25	23:35	7:10	₩ 34,400	₩ 10,000	₩ 44,400
11	남영문	재무과	8:45	16:20	7:35	₩ 36,400	₩ 10,000	₩ 46,400
12	문희권	시설과	8:50	16:20	7:30	₩ 36,000	₩ 10,000	₩ 46,000
13	박두일	시설과	9:37	14:20	4:43	₩ 22,640	₩ 2,000	₩ 24,640
14	박일호	재무과	17:35	21:40	4:05	₩ 19,600	₩ 2,000	₩ 21,600
15	반준규	관리과	9:05	16:40	7:35	₩ 36,400	₩ 10,000	₩ 46,400
16	손병준	재무과	8:16	16:08	7:52	₩ 37,760	₩ 10,000	₩ 47,760
17	신혁진	재무과	17:28	23:40	6:12	₩ 29,760	₩ 10,000	₩ 39,760
18	안성기	재무과	13:40	20:20	6:40	₩ 32,000	₩ 10,000	₩ 42,000
19	이강복	시설과	8:20	17:20	9:00	₩ 43,200	₩ 10,000	₩ 53,200
20	이우선	재무과	16:20	20:06	3:46	₩ 18,080	₩ 2,000	₩ 20,080
21	정상희	관리과	8:55	17:10	8:15	₩ 39,600	₩ 10,000	₩ 49,600
22	조형래	재무과	13:20	20:10	6:50	₩ 32,800	₩ 10,000	₩ 42,800
23	주진모	관리과	13:15	20:50	7:35	₩ 36,400	₩ 10,000	₩ 46,400
24	부서별 합계		시설과			₩ 120,640	₩ 24,000	₩ 144,640
25			관리과			₩ 276,480	₩ 72,000	₩ 348,480
26			재무과			₩ 240,800	₩ 64,000	₩ 304,800
27	부서코드에 "1" 또는 "3"을 포함한 합계					₩ 282,240	₩ 74,000	₩ 356,240
28	지급액이 20000 이상 40000 미만인 사람들의 합							₩ 148,160
29	=SUMIF($C$4:$C$23,$D$24,I4:I23)							
30	=SUMPRODUCT(ISNUMBER(FIND("1",$B$4:$B$23))+ISNUMBER(FIND("3",$B$4:$B$23)),I4:I23)							

2. 삽입된 차트의 바로 가기 메뉴에서 **〈데이터 선택〉**을 선택한다.
3. '데이터 원본 선택' 대화상자에서 '가로(항목) 축 레이블'의 〈편집〉을 클릭한다.

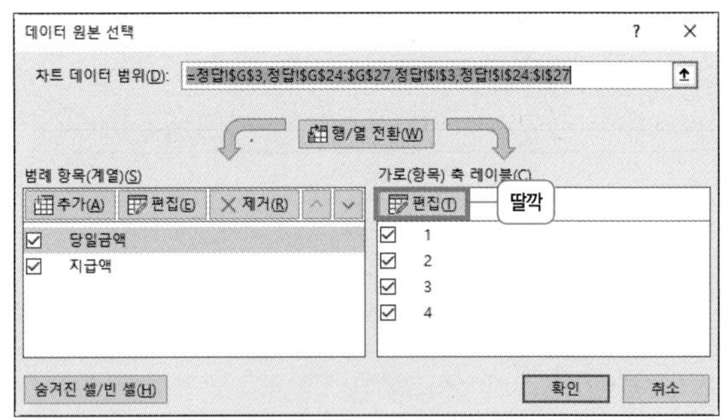

4. '축 레이블' 대화상자에서 [D24:F26] 영역을 블록으로 지정한 후 〈확인〉을 클릭하고, '데이터 원본 선택' 대화상자에서도 〈확인〉을 클릭한다.

5. '지급액' 계열의 차트 종류를 '묶은 세로 막대형' 차트로 변경한다.
6. '당일금액'과 '지급액' 계열에 데이터 레이블을 추가한다.
7. 차트 제목을 **부서별 지급 현황**으로 입력한 후 서식을 지정한다.
8. X축 제목을 **근무부서**, Y축 제목을 **금액**으로 지정한다.
9. 차트 위치 및 크기를 조절한다.

02. 페이지 설정하기

'페이지 설정' 대화상자에서 위쪽 여백을 6으로 지정하고, '페이지 가운데 맞춤'에서 '가로'와 '세로'를 선택한다.

04회 Access – 자료처리(DBMS) 작업

정답 및 해설

문제 1 테이블 및 쿼리 작성

해설

01. 첫 번째 테이블 작성하기

정답

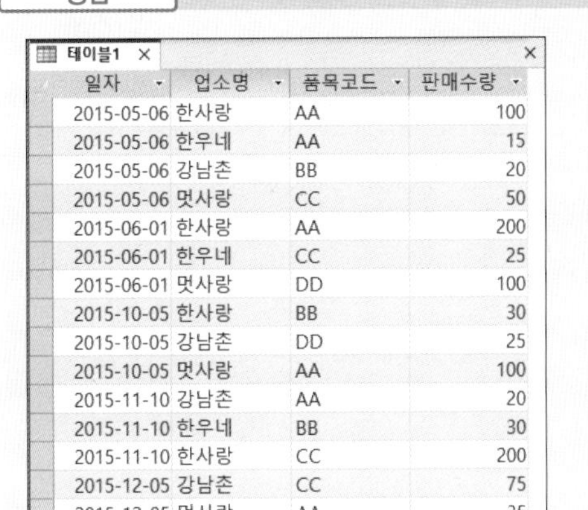

테이블1

일자	업소명	품목코드	판매수량
2015-05-06	한사랑	AA	100
2015-05-06	한우네	AA	15
2015-05-06	강남촌	BB	20
2015-05-06	멋사랑	CC	50
2015-06-01	한사랑	AA	200
2015-06-01	한우네	CC	25
2015-06-01	멋사랑	DD	100
2015-10-05	한사랑	BB	30
2015-10-05	강남촌	DD	25
2015-10-05	멋사랑	AA	100
2015-11-10	강남촌	AA	20
2015-11-10	한우네	BB	30
2015-11-10	한사랑	CC	200
2015-12-05	강남촌	CC	75
2015-12-05	멋사랑	AA	35

레코드: 16/16 필터 없음 검색

❶ 필드 생성 및 속성 지정하기

테이블1

필드 이름	데이터 형식	설명(옵션)
일자	날짜/시간	
업소명	짧은 텍스트	
품목코드	짧은 텍스트	
판매수량	숫자	

❷ 기본키 해제하기

'일자' 필드 행을 클릭한 후 바로 가기 메뉴에서 **[기본키]**를 선택하여 기본키를 해제한다.

02. 두 번째 테이블 작성하기

정답

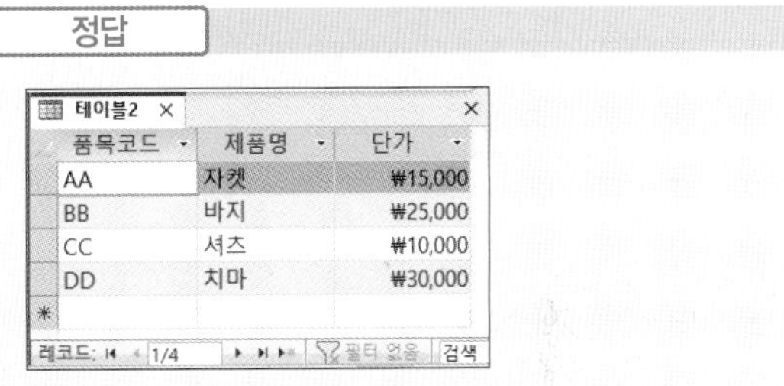

테이블2

품목코드	제품명	단가
AA	자켓	₩15,000
BB	바지	₩25,000
CC	셔츠	₩10,000
DD	치마	₩30,000

레코드: 1/4 필터 없음 검색

❶ 필드 생성 및 속성 지정하기

테이블2

필드 이름	데이터 형식	설명(옵션)
품목코드	짧은 텍스트	
제품명	짧은 텍스트	
단가	통화	

03. 쿼리 작성하기

정답

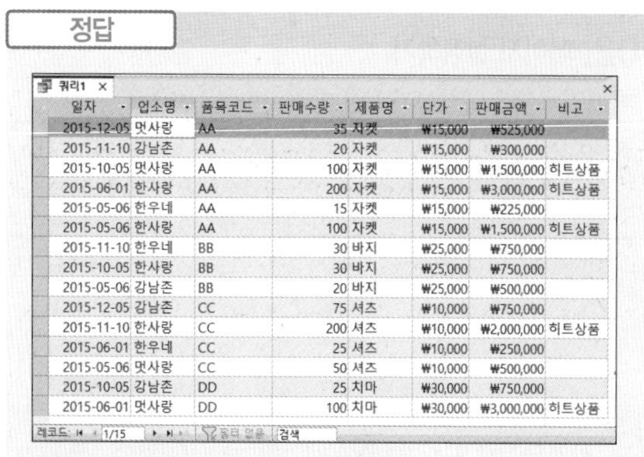

일자	업소명	품목코드	판매수량	제품명	단가	판매금액	비고
2015-12-05	멋사랑	AA	35	자켓	₩15,000	₩525,000	
2015-11-10	강남촌	AA	20	자켓	₩15,000	₩300,000	
2015-10-05	멋사랑	AA	100	자켓	₩15,000	₩1,500,000	히트상품
2015-06-01	한사랑	AA	200	자켓	₩15,000	₩3,000,000	히트상품
2015-05-06	한우네	AA	15	자켓	₩15,000	₩225,000	
2015-05-06	한사랑	AA	100	자켓	₩15,000	₩1,500,000	히트상품
2015-11-10	한우네	BB	30	바지	₩25,000	₩750,000	
2015-10-05	한사랑	BB	30	바지	₩25,000	₩750,000	
2015-05-06	강남촌	BB	20	바지	₩25,000	₩500,000	
2015-12-05	강남촌	CC	75	셔츠	₩10,000	₩750,000	
2015-11-10	한사랑	CC	200	셔츠	₩10,000	₩2,000,000	히트상품
2015-06-01	한우네	CC	25	셔츠	₩10,000	₩250,000	
2015-05-06	멋사랑	CC	50	셔츠	₩10,000	₩500,000	
2015-10-05	강남촌	DD	25	치마	₩30,000	₩750,000	
2015-06-01	멋사랑	DD	100	치마	₩30,000	₩3,000,000	히트상품

보고서에서 사용할 필드 현황

필드명	원본 데이터	비고
일자	테이블1	테이블에서 제공
업소명		
판매수량		
제품명	테이블2	
단가		
판매금액	판매수량 × 단가	추가되는 계산 필드
비고	판매금액이 ₩1,000,000 이상인 경우 "히트상품"으로 표시하고, 그 외는 공란으로 표시	

❶ 테이블 및 필드 선택하기

1. 쿼리 작성기에서 '테이블1'과 '테이블2' 테이블을 추가한 후 '테이블1' 테이블의 '품목코드' 필드를 '테이블2' 테이블의 '품목코드' 필드로 드래그한다.
2. '테이블1'의 모든 필드와 테이블2의 '제품명'과 '단가' 필드를 추가한다.

❷ 계산 필드 추가하기

1. '판매금액' 필드 추가하기 : '단가' 필드의 오른쪽 필드에 **판매금액: [판매수량]*[단가]**를 입력한다.

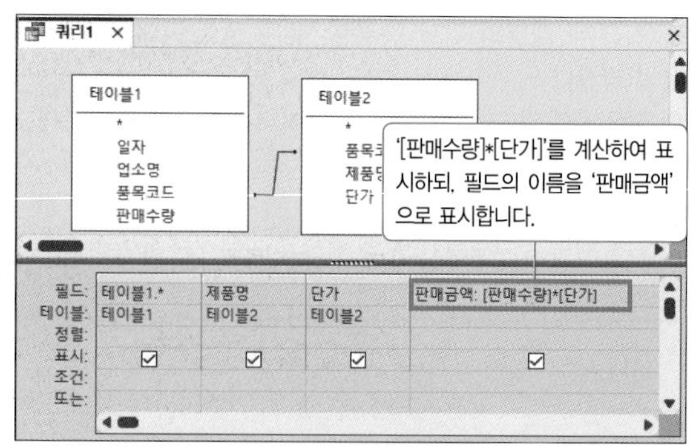

2. '비고' 필드 추가하기 : '판매금액' 필드의 오른쪽 필드에 **비고: IIf([판매금액]>=1000000,"히트상품","")**을 입력한다.

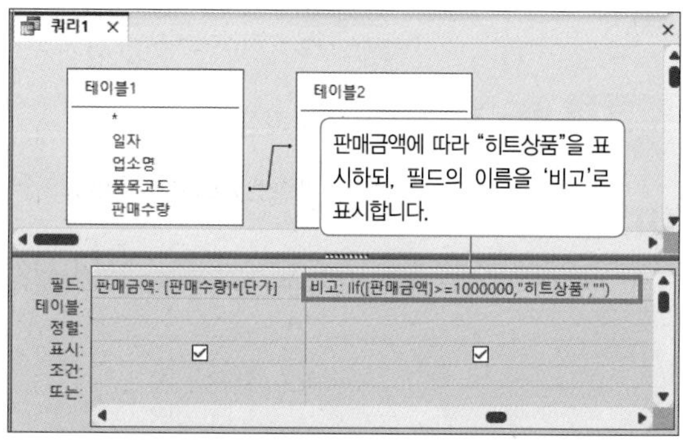

'IIf([판매금액]>=1000000,"히트상품","")의 의미
판매금액이 1000000 이상이면 "히트상품"을 표시하고, 그렇지 않으면 ""(공간)을 표시합니다.

문제 2 조회화면(SCREEN) 설계

해설

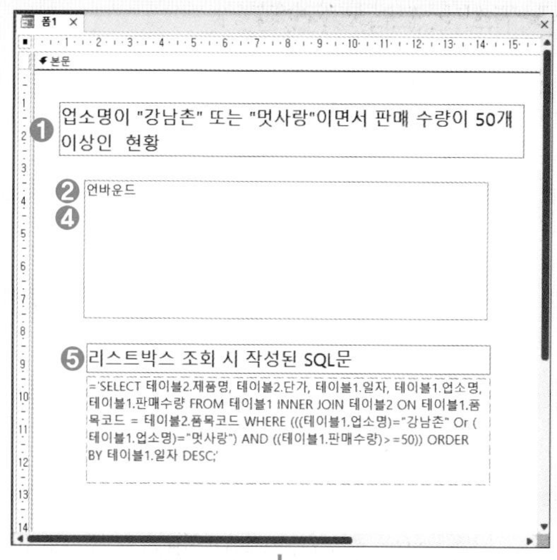

↓

업소명이 "강남촌" 또는 "멋사랑"이면서 판매 수량이 50개 이상인 현황

제품명	단가	일자	업소명	판매수량
셔츠	₩10,000	2015-12-05	강남촌	75
자켓	₩15,000	2015-10-05	멋사랑	100
치마	₩30,000	2015-06-01	멋사랑	100
셔츠	₩10,000	2015-05-06	멋사랑	50

리스트박스 조회 시 작성된 SQL문

SELECT 테이블2.제품명, 테이블2.단가, 테이블1.일자, 테이블1.업소명, 테이블1.판매수량 FROM 테이블1 INNER JOIN 테이블2 ON 테이블1.품목코드 = 테이블2.품목코드 WHERE (((테이블1.업소명)="강남촌" Or (테이블1.업소명)="멋사랑") AND ((테이블1.판매수량)>=50)) ORDER BY 테이블1.일자 DESC;

01. 폼 작성하기

❶ 제목 추가하기

[양식 디자인] → 컨트롤 → **레이블**(가가)을 이용하여 그림과 같이 제목을 삽입한다.

❷ 목록 상자 작성하기

1. [양식 디자인] → 컨트롤 → **목록 상자**(목록 상자 아이콘)를 이용하여 목록 상자를 추가한다.
2. '목록 상자 마법사' 1단계 대화상자에서 〈다음〉을 클릭한다.
3. '목록 상자 마법사' 2단계 대화상자에서 〈다음〉을 클릭한다.
4. '목록 상자 마법사' 3단계 대화상자를 그림과 같이 지정하고 〈다음〉을 클릭한다.

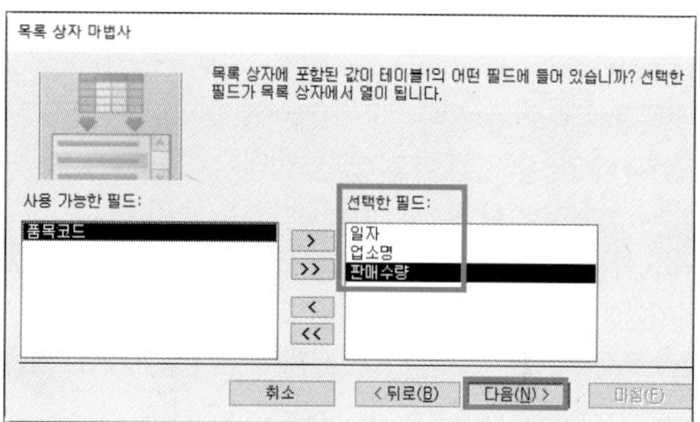

5. '목록 상자 마법사' 4단계 대화상자에서 그림과 같이 지정한 후 〈다음〉을 클릭한다.

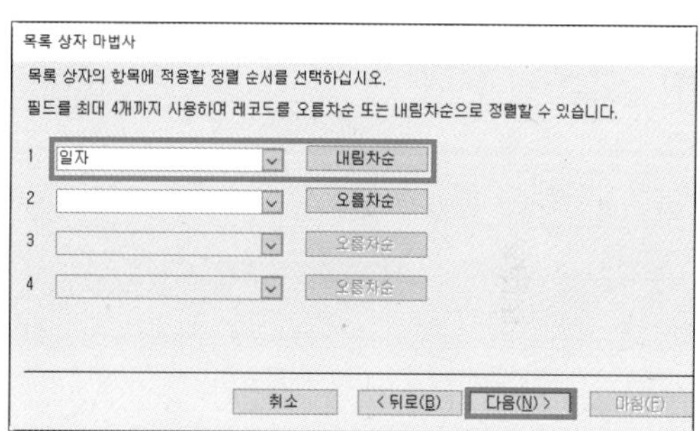

6. '목록 상자 마법사' 5단계 대화상자에서 〈다음〉을 클릭한다.
7. '목록 상자 마법사' 6단계 대화상자에서 〈다음〉을 클릭한다.
8. '목록 상자 마법사' 7단계 대화상자에서 〈마침〉을 클릭한다.
9. 작성된 목록 상자의 가로 너비를 조절하고 폼의 중앙에 위치하도록 이동시킨다.

❸ 목록 상자의 레이블 삭제하기

목록 상자와 함께 생성된 레이블을 선택한 후 Delete를 눌러 삭제한다.

④ 목록 상자 수정하기

1. 목록 상자를 더블클릭한 후 속성 시트 창의 '형식' 탭에서 열 개수, 열 너비, 열 이름 속성을 그림과 같이 지정한다.

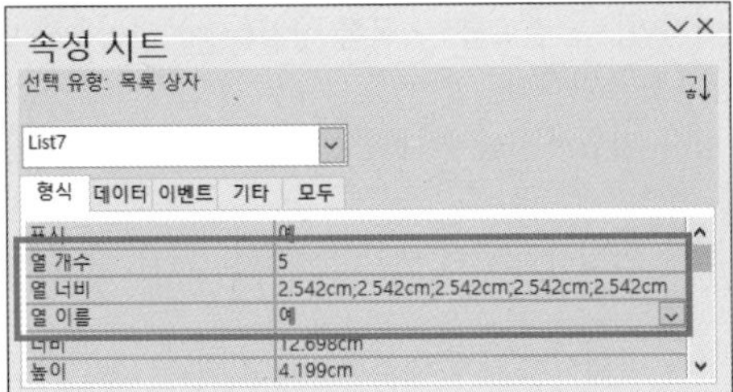

2. '데이터' 탭의 행 원본 속성을 선택한 후 '작성기 단추(...)'를 클릭한다.
3. '관계' 창의 바로 가기 메뉴에서 **[테이블 표시]**를 선택한다.
4. '테이블 추가' 창의 '테이블' 탭에서 '테이블2' 테이블을 더블클릭하여 추가한 후 '닫기(☒)' 단추를 클릭한다.
5. 쿼리 작성기에서 '테이블1' 테이블의 '품목코드' 필드를 '테이블2' 테이블의 '품목코드' 필드로 드래그한다.
6. 쿼리 작성기에서 그림과 같이 '테이블2' 테이블의 '제품명'과 '단가' 필드를 추가하고 조건을 지정한다.

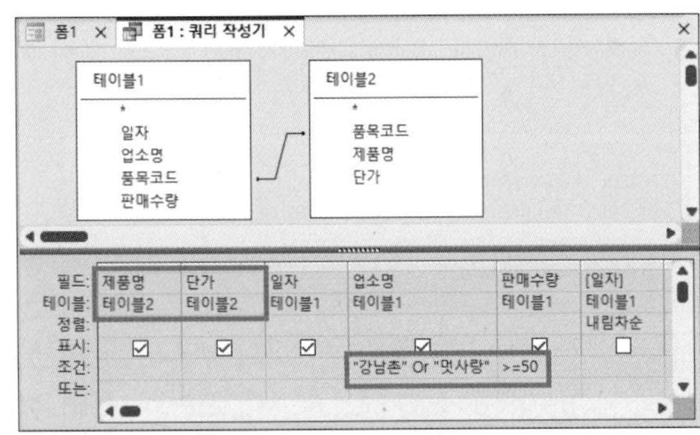

⑤ 텍스트 상자에 SQL문 복사하여 넣기

1. [양식 디자인] → 컨트롤 → 텍스트 상자(▭)를 이용하여 그림과 같이 텍스트 상자를 삽입한다.

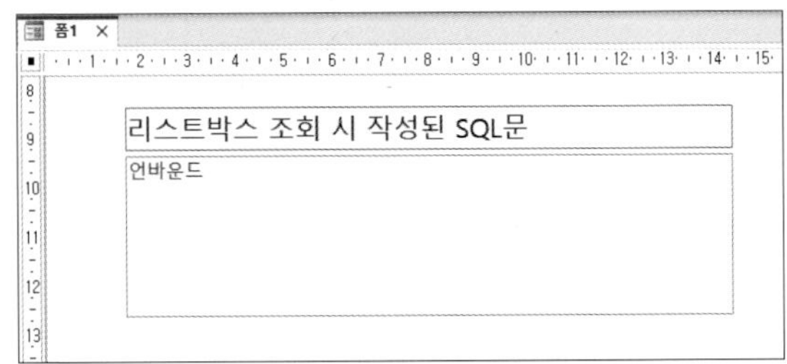

2. 목록 상자를 더블클릭한 후 속성 시트 창의 '데이터' 탭에서 행 원본 속성의 모든 내용을 복사하여 그림과 같이 텍스트 상자에 붙여 넣는다.

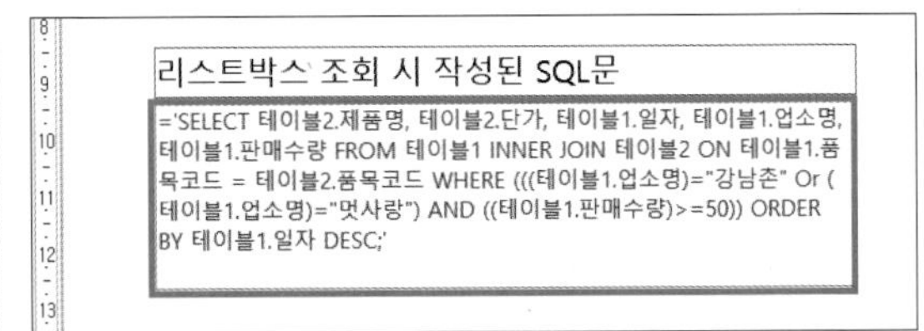

3. 텍스트 상자의 선 종류를 '파선'으로 지정한다.

02. 폼 여백 설정하기

폼의 위쪽 여백을 60으로 지정한다.

정답

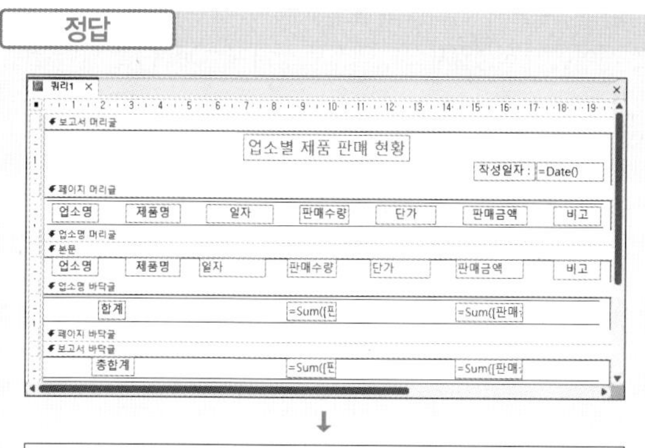

↓

업소별 제품 판매 현황

작성일자 : 2024-01-11

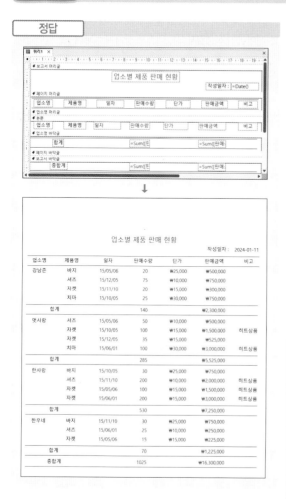

업소명	제품명	일자	판매수량	단가	판매금액	비고
강남존	바지	15/05/06	20	₩25,000	₩500,000	
	셔츠	15/12/05	75	₩10,000	₩750,000	
	자켓	15/11/10	20	₩15,000	₩300,000	
	치마	15/10/05	25	₩30,000	₩750,000	
합계			140		₩2,300,000	
멋사랑	셔츠	15/05/06	50	₩10,000	₩500,000	
	자켓	15/10/05	100	₩15,000	₩1,500,000	히트상품
	자켓	15/12/05	35	₩15,000	₩525,000	
	치마	15/06/01	100	₩30,000	₩3,000,000	히트상품
합계			285		₩5,525,000	
한사랑	바지	15/10/05	30	₩25,000	₩750,000	
	셔츠	15/11/10	200	₩10,000	₩2,000,000	히트상품
	자켓	15/05/06	100	₩15,000	₩1,500,000	히트상품
	자켓	15/06/01	200	₩15,000	₩3,000,000	히트상품
합계			530		₩7,250,000	
한우네	바지	15/11/10	30	₩25,000	₩750,000	
	셔츠	15/06/01	25	₩10,000	₩250,000	
	자켓	15/05/06	15	₩15,000	₩225,000	
합계			70		₩1,225,000	
총합계			1025		₩16,300,000	

01. 보고서 만들기

1. '보고서 마법사' 1단계 대화상자에서 그림과 같이 지정한 후 〈다음〉을 클릭한다.

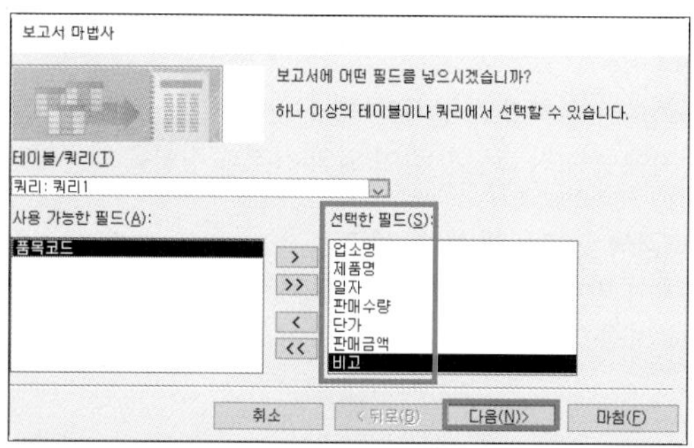

2. '보고서 마법사' 2단계 대화상자에서 '업소명'을 더블클릭한 후 〈다음〉을 클릭한다.

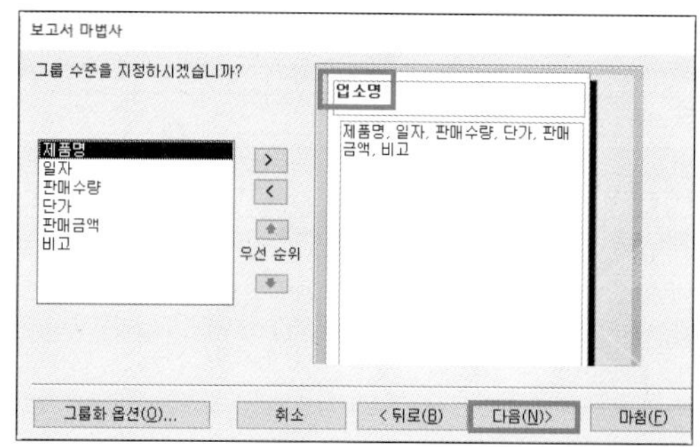

3. '보고서 마법사' 3단계 대화상자에서 〈요약 옵션〉을 클릭한 후 그림과 같이 선택한 다음 〈확인〉을 클릭한다.

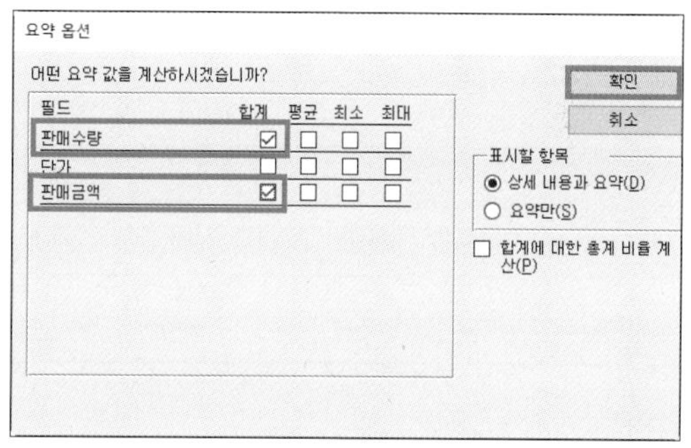

4. '보고서 마법사' 3단계 대화상자에서 〈다음〉을 클릭한다.
5. '보고서 마법사' 4단계 대화상자에서 '단계'가 선택된 것을 확인한 후 〈다음〉을 클릭한다.
6. '보고서 마법사' 5단계 대화상자에서 '보고서 디자인 수정'을 선택한 후 〈마침〉을 클릭한다.

02. 보고서 편집하기

❶ 불필요한 컨트롤 삭제하기

업소명 바닥글의 '="에 대한 요약"~' 텍스트 상자(❶), 페이지 바닥글의 날짜 텍스트 상자(❷), 페이지 텍스트 상자(❸), 보고서 바닥글의 총합계 레이블(❹)을 Delete를 눌러 삭제한다.

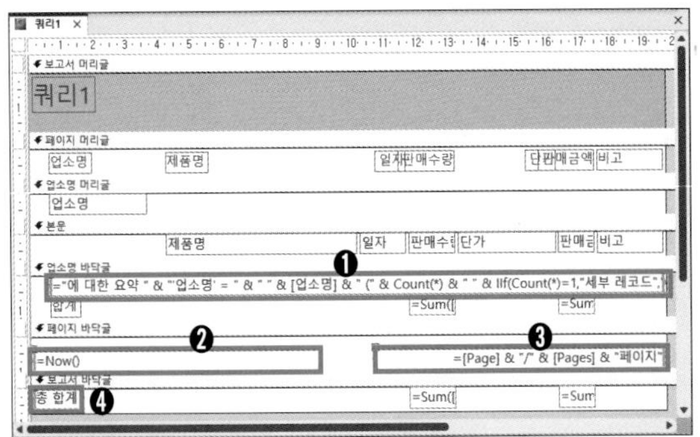

보고서 마법사를 이용하여 보고서를 만들 때, '요약 옵션'을 2개 지정하면 보고서 바닥글에 '총 합계' 레이블이 동일한 위치에 겹쳐서 2개가 만들어집니다. 이 중 1개를 삭제하세요.

② 컨트롤 이동, 크기, 내용 변경하기

1. 업소명 머리글에 있는 '업소명' 텍스트 상자를 본문으로 드래그하여 이동시킨다.
2. 컨트롤의 크기, 위치 및 내용을 그림과 같이 변경한다.

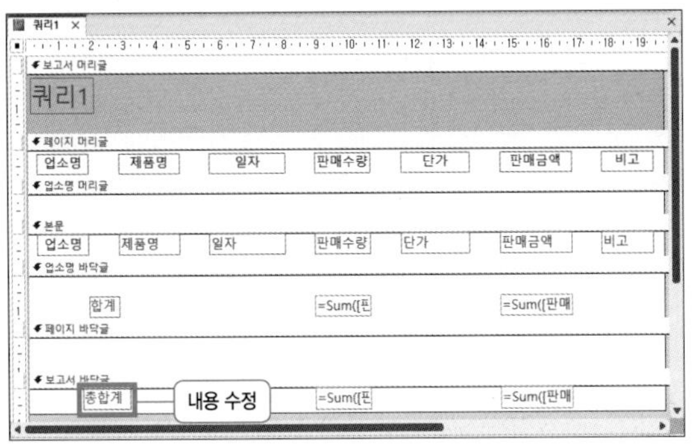

③ 정렬 지정하기

'그룹, 정렬 및 요약' 창에서 〈정렬 추가〉를 클릭한 후 그림과 같이 지정한다.

④ 제목 입력 및 서식 지정하기

1. 보고서 머리글의 레이블을 선택한 후 글꼴 크기 16, '가운데 맞춤(▤)'을 지정한다.
2. 제목 레이블의 가로 크기를 보고서 가로 크기만큼 늘린 후 내용을 **업소별 제품 판매 현황**으로 수정한다.

⑤ '작성일자' 컨트롤 생성하기

1. [보고서 디자인] → 컨트롤 → **텍스트 상자**(▭)를 클릭한 후 보고서 머리글의 오른쪽 하단에 드래그한다.
2. 레이블에 **작성일자 :**을, 텍스트 상자에 **=Date( )**를 입력한다.

⑥ 선 컨트롤 추가하기

[보고서 디자인] → 컨트롤 → **선**(▭)을 이용하여 그림과 같이 선을 삽입한다.

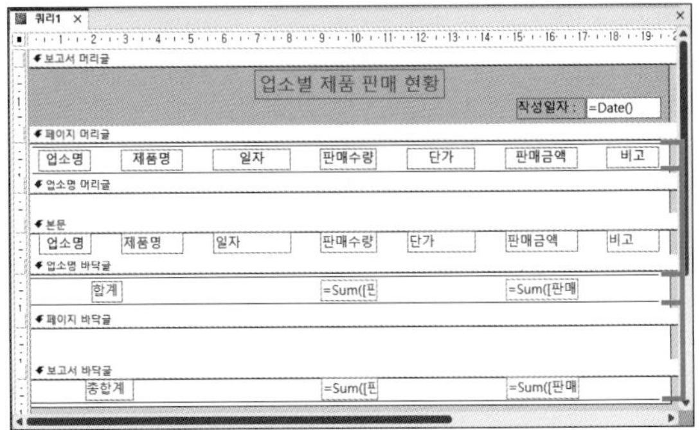

⑦ '업소명' 컨트롤에 중복 내용 숨기기 속성 지정하기

본문의 '업소명' 텍스트 상자를 더블클릭한 후 속성 시트 창의 '형식' 탭에서 중복 내용 숨기기 속성을 '예'로 지정한다.

⑧ '일자' 컨트롤에 속성 지정하기

본문의 '일자' 텍스트 상자를 더블클릭한 후 속성 시트 창의 '형식' 탭에서 형식 속성을 yy/mm/dd로 지정한다.

⑨ 금액 컨트롤에 속성 지정하기

업소명 바닥글의 '판매금액의 합계'와 보고서 바닥글의 '판매금액의 합계' 텍스트 상자를 선택한 후 속성 시트 창의 '형식' 탭에서 형식 속성을 '통화'로, 소수 자릿수 속성을 0으로 지정한다.

⑩ 컨트롤의 데이터 정렬 및 글꼴 색 변경하기

1. 모든 레이블과 문자 데이터가 들어 있는 텍스트 상자의 텍스트를 가운데 정렬, 글꼴 색을 '검정, 텍스트1'로 지정한다.
2. 레이블이나 텍스트 상자의 크기 및 위치를 조절하여 문제지에 주어진 그림과 같이 열의 간격과 정렬을 맞춘다.

⑪ 배경색 및 교차 행 색 변경하기

1. 보고서 머리글을 클릭한 후 도형 채우기 색을 '흰색, 배경1'로 지정한다.

2. 본문과 업소명 바닥글의 교차 행 색을 '색 없음'으로 지정한다.

⑫ **컨트롤에 테두리 서식 변경하기**
작성일자 텍스트 상자, 업소명 바닥글과 보고서 바닥글의 모든 텍스트 상자의 도형 윤곽선을 '투명'으로 지정한다.

⑬ **사용되지 않는 영역 제거 및 보고서 확인하기**
본문과 보고서 바닥글의 선택기를 위쪽으로 드래그하여 빈 공간만 확보된 업소명 머리글과 페이지 바닥글 영역을 제거한다.

03. 보고서 여백 설정하기

보고서의 위쪽 여백을 60으로 지정한다.

04회 PowerPoint – 시상 작업(PT)

정답 및 해설

문제 1 제 1슬라이드

해설

01. 제 1슬라이드 작성하기

정답

❶ **슬라이드 레이아웃**
[레이아웃] → **빈 화면**

❷ **직사각형 삽입하기**
[삽입] → 일러스트레이션 → 도형 → 사각형 → **직사각형(▭)**

❸ **'사각형: 둥근 모서리' 삽입하기**
- [삽입] → 일러스트레이션 → 도형 → 사각형 → **사각형: 둥근 모서리(▢)**
- 모양 변경

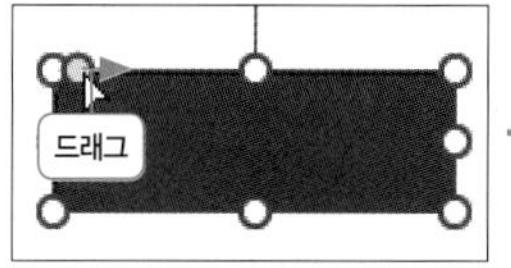

→

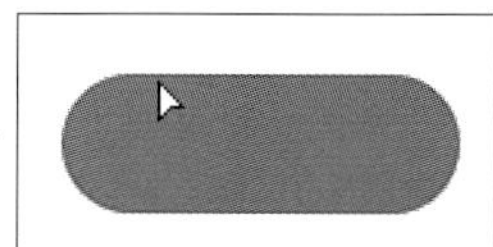

- 그림자 지정 : '오프셋: 오른쪽 아래', 투명도 0%, 흐리게 0%, 간격 8pt

❹ ~ ❼ **❸번 도형을 복사한 후 내용 수정 및 크기 조절하기**

❽ **원통형 삽입하기**
- [삽입] → 일러스트레이션 → 도형 → 기본 도형 → **원통형(⌸)**
- 그림자 지정 : '오프셋: 왼쪽 아래', 투명도 0%, 흐리게 0%, 간격 8pt

❾ **선 삽입하기**
[삽입] → 일러스트레이션 → 도형 → 선 → **선(╲)**

⑩, ⑪ ⑨번 선 복사하기

⑫ 텍스트 상자 삽입하기

- [삽입] → 텍스트 → **가로 텍스트 상자 그리기(가)**
- 텍스트 상자를 복사하여 나머지 텍스트 상자 모두 삽입

⑬ 선 화살표 삽입하기

[삽입] → 일러스트레이션 → 도형 → 선 → **선 화살표(↘)**를 이용하여 화살표 모두 삽입

문제 2 제 2슬라이드

해설

02. 제 2슬라이드 작성하기

정답

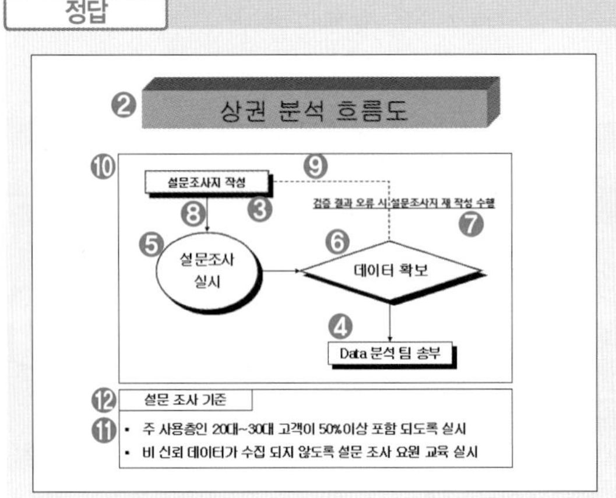

① 슬라이드 레이아웃

[레이아웃] → **빈 화면**

② 직사각형1 삽입하기

- [삽입] → 일러스트레이션 → 도형 → 사각형 → **직사각형(□)**
- 서식 지정('도형 서식' 창의 [도형 옵션])
  - (채우기 및 선)의 채우기 : 흰색, 배경 1
  - (채우기 및 선)의 선 : 선 없음
  - (효과)의 3차원 서식
    - ▶ 깊이 : 색 '흰색, 배경 1, 50% 더 어둡게', 깊이 80pt
    - ▶ 조명 : '균형있게', 각도 20°
  - (효과)의 3차원 회전 : 빗각 '오블리크 : 오른쪽 위'

③ 직사각형2 삽입하기

- [삽입] → 일러스트레이션 → 도형 → 사각형 → **직사각형(□)**
- 그림자 지정 : '오프셋: 오른쪽 아래', 투명도 0%, 흐리게 0%, 간격 8pt

④ ③번 도형을 복사한 후 내용 수정하기

⑤ 타원 삽입하기

- [삽입] → 일러스트레이션 → 도형 → 기본 도형 → **타원(◯)**
- 그림자 지정 : '오프셋: 오른쪽 아래', 투명도 0%, 흐리게 0%, 간격 8pt

⑥ 다이아몬드 삽입하기

- [삽입] → 일러스트레이션 → 도형 → 기본 도형 → **다이아몬드(◇)**
- 그림자 지정 : '오프셋: 오른쪽 아래', 투명도 0%, 흐리게 0%, 간격 8pt

⑦ 텍스트 상자 삽입하기

[삽입] → 텍스트 → **가로 텍스트 상자 그리기(가)**

⑧ 선 화살표 삽입하기

[삽입] → 일러스트레이션 → 도형 → 선 → **선 화살표(↘)**를 이용하여 화살표 모두 삽입

⑨ '연결선: 꺾임' 삽입하기

- [삽입] → 일러스트레이션 → 도형 → 선 → **연결선: 꺾임(˥)**
- '파선' 지정

⑩ 직사각형3 삽입하기

- [삽입] → 일러스트레이션 → 도형 → 사각형 → **직사각형(□)**
- [맨 뒤로 보내기] 선택

⑪ ⑩번 도형을 복사 한 후 내용 입력 및 크기 조절하기

글머리 기호 : [홈] → 단락 → 글머리 기호(☰ ▾) → **속이 찬 정사각형 글머리 기호(▪)**

⑫ ⑩번 도형을 복사 한 후 내용 입력 및 크기 조절하기

제  회

사무자동화산업기사 실기 공개문제

Excel – 표 계산(SP) 실무 작업

국산은행에서는 지역별로 저축우수가구를 계산하여 분석하고자 한다. 다음 자료(DATA)를 이용하여 작성 조건에 따라 작업표와 그래프를 작성하고, 그 인쇄 출력물을 제출하시오.

문제 1 작업표(WORK SHEET) 작성

1. 자료(DATA)

저축우수지역 분석표

행 \ 열	A	B	C	D
3	지역	수입	지출	저축
4	부산	1,550,000	950,000	450,000
5	대구	1,900,000	1,270,000	700,000
6	울산	3,800,000	1,150,000	900,000
7	광주	2,700,000	1,200,000	850,000
8	부산	2,450,000	1,400,000	1,140,000
9	부산	1,850,000	1,250,000	750,000
10	부산	1,200,000	770,000	490,000
11	부산	1,800,000	1,600,000	900,000
12	부산	1,200,000	1,000,000	700,000
13	광주	800,000	200,000	100,000
14	울산	1,500,000	1,200,000	200,000
15	대전	1,700,000	1,100,000	400,000
16	부산	1,600,000	1,200,000	200,000
17	서울	1,900,000	1,100,000	300,000
18	서울	1,300,000	900,000	100,000
19	부산	1,500,000	1,000,000	500,000
20	대전	1,200,000	1,100,000	600,000
21	서울	1,300,000	1,000,000	400,000
22	울산	1,800,000	1,300,000	200,000
23	서울	1,200,000	800,000	600,000

※ 자료(DATA) 부분에서 음영 처리 표시된 부분은 행/열의 기준선으로 작성(입력)하지 않음을 반드시 유의하시오.

2. 작업표 형식

저축우수지역 분석표

행 \ 열	A	B	C	D	E	F	G	H
3	지역	수입	지출	저축	여유자금	잡비	지수	판정
4 : 23	–	–	–	–	①	②	③	④
24	지역평균	⑤	⑤	⑤	⑤	⑤		
25	우수평균	⑥	⑥	⑥	⑥	⑥		
26	보통평균	⑦	⑦	⑦	⑦	⑦		
27	나쁨평균	⑧	⑧	⑧	⑧	⑧		
28	지역이 부산이면서 판정이 보통인 합계				⑨	⑨		
29	판정이 나쁨인 합				⑩	⑩		
30	⑪							
31	⑫							

※ 음영 처리 표시된 부분은 작성하지 않습니다.

3. 작성 조건

가) 작성 시 유의사항

① 작업표의 작성은 "나)~마)" 항에 제시된 내용을 따르고 반드시 제시된 조건(함수 적용, 단서 조항 등)에 따라 처리하시오.

② 제시된 작성 조건을 따르지 아니하고 여타의 방법 일체(제시된 함수 이외 다른 함수 적용, 함수 미적용, 별도 전자계산기 사용 등)를 사용하여 도출된 결과는 그 답이 맞더라도 정답으로 인정되지 않음을 반드시 유의하시오.

나) 작업표의 구성 및 서식

① "작업표 형식"에서 행과 열에 관계된 음영 처리 표시된 부분은 작성하지 않음을 유의하고 반드시 제시된 행/열에 맞추도록 하시오.

② 제목서식 : 20 포인트 크기로 하고 가운데 표시, 밑줄 처리하시오.

③ 글꼴서체 : 임의선정하시오.

다) 원문자가 표시된 셀은 아래의 방법을 이용하여 처리하시오.

① 여유자금 : 지출 – 저축

② 잡비 : 수입 – 지출

③ 지수 : 여유자금 / 지출 (단, 지수는 %로 표시하시오.)

④ 판정 : 지수 〈= 30% 이면 "나쁨", 30% 〈 지수 〈= 50% 이면 "보통", 지수 〉 50% 이면 "우수" (단, IF 함수를 사용하시오.)

⑤ 지역평균 : 각 항목의 수직 평균값을 AVERAGE 함수를 이용하여 산출하시오.

⑥ 우수평균 : 판정이 우수인 각 항목의 수직 평균을 SUMIF, COUNTIF 함수를 조합하여 산출하시오.

⑦ 보통평균 : 판정이 보통인 각 항목의 수직 평균을 SUMIF, COUNTIF 함수를 조합하여 산출하시오.

⑧ 나쁨평균 : 판정이 나쁨인 각 항목의 수직 평균을 SUMIF, COUNTIF 함수를 조합하여 산출하시오.

⑨ 지역이 부산이면서 판정이 보통인 합계를 SUMPRODUCT 함수를 사용하여 산출하시오.

⑩ 판정이 나쁨인 각 항목별 합을 SUMIF 함수를 이용하여 산출하시오.
⑪ 항목 ④에 사용된 함수식을 기재하시오. (단, 지역이 부산이고, 수입 금액이 2,450,000원인 셀을 기준으로, 수식에 IF 함수 반드시 포함)
⑫ 항목 ⑨에 사용된 함수식을 기재하시오. (단, 잡비를 기준으로, 수식에 SUMPRODUCT 함수 반드시 포함)
※ 함수식을 기재하는 ⑪~⑫란은 반드시 해당항목에 제시된 함수의 작성 조건에 따라 도출된 함수식을 기재하여야 하며, 작성 조건을 위배하여 임의로 작성할 시 해당 답이 맞더라도 틀린 항목으로 채점됨을 유의하시오. 또한 함수식을 작성할 때는 "라) 작업표의 정렬순서(SORT)"에 따라 조건에 맞게 정렬 후 도출된 결과에 의한 함수식을 기재하시오.

라) 작업표의 정렬순서(SORT)는 지수의 오름차순으로 하고, 지수가 같으면 지역의 내림차순으로 정렬하시오.

마) 기타
- 금액에 대한 수치는 원화(₩) 표시를 하고 천 단위마다 ',' (Comma)를 표시하시오.
  (단, 금액 이외의 수치는 ','(Comma)를 표시하지 않도록 하시오.)
- 모든 수치(숫자, 통화, 회계, 백분율 등)는 셀 서식의 속성을 설정하는 과정에서 소수 자릿수를 "0"으로 지정하여 정수로 표시하시오.
- 음수는 "-"가 표시되도록 하시오.
- 숫자 셀은 우측을 수직으로 맞추고, 문자 셀은 수평중앙으로 맞추며 이외 사항은 작업표 형식에 따르도록 하시오. 특히, 인쇄출력 시 판독불가능이 발생되지 않도록 인쇄 미리보기 등을 통하여 셀의 크기를 적당히 조정하시오.

문제 2 그래프(GRAPH) 작성

작성한 "저축우수지역 분석표"에서 나쁨에만 해당되는 지역별 저축, 여유자금, 잡비의 그래프를 작성하시오.

1. 작성 조건

가) 그래프 형태 : 혼합형 단일축 그래프
　저축, 여유자금(묶은 세로 막대형), 잡비(데이터 표식이 있는 꺾은선형)
나) 그래프 제목 : 지역별 비용 지출 현황 ---- (확대출력, 제목밑줄)
다) X축 제목 : 지역
라) Y축 제목 : 금액
마) X축 항목 단위: 해당 문자열
바) Y축 눈금 단위 : 임의
사) 범례 : 저축, 여유자금, 잡비
아) 출력물 크기 : A4 용지 1/2장 범위 내
자) 기타 : 작성 조건에 없는 형식이나 모양은 기본 설정 값에 따르며, 그래프 너비는 작업표 너비에 맞추도록 하시오.

Access – 자료처리(DBMS) 작업

명광고교에서는 학생의 비만관리를 전산화하려고 한다. 다음의 입력 자료를 이용하여 DB를 설계하고 작성 조건에 따라 처리파일을 작성하고, 그 인쇄 출력물을 제출하시오.

[요구사항 및 유의사항]

1) 자료처리(DBMS) 작업은 조회화면(SCREEN) 설계와 자료처리 보고서의 2가지 작업을 수행하여 그 결과물을 인쇄용지(A4) 기준 각 1장씩 총 2장을 제출하여야 채점 대상이 됨을 유의하시오.
2) 반드시 인쇄작업 수행 전 미리보기 등을 통해 여백을 조정하고, 수치, 문자 등 구성요소가 누락되지 않도록 주의하시오. 구성요소가 누락되어 인쇄되지 않은 결과로 인한 모든 책임은 전적으로 수험자 본인에게 있음을 반드시 유의하시오.
3) 문제지에 기재된 작성 조건에 따라 처리하고, 조회화면 및 자료처리 보고서의 서식이 작성 조건과 상이할 경우에는 시험위원의 지시에 따라 작업하시오.

문제 1 입력자료(DATA)

신장 및 몸무게 현황

학생번호	이름	성별	신장	몸무게	학생번호	이름	성별	신장	몸무게
1	김성진	M	152	57	11	김국환	M	174	68
2	이용대	M	160	65	12	김구라	M	183	70
3	김현정	F	158	45	13	김은주	F	158	62
4	옥주현	F	147	60	14	노주현	M	162	58
5	박종팔	M	162	68	15	최불암	M	167	61
6	이현주	F	148	54	16	노봉호	M	178	77
7	이용식	M	150	63	17	소재광	M	177	63
8	손금자	F	140	56	18	이 청	M	170	90
9	이미연	F	172	60	19	오부열	M	180	88
10	김병조	M	160	60	20	김동윤	M	185	76

문제 2 조회화면(SCREEN) 설계

다음 조건에 따라 김씨 성을 가진 남성 중 신장이 160 이상인 학생을 조회할 수 있는 화면을 설계하고 해당 데이터를 출력하시오.

[작성 조건]

1) 해당 현황은 목록 상자(리스트박스)에 학생번호 오름차순으로 출력하고, 화면 아래에 조회 시 작성한 SQL문을 복사하시오.
   - WHERE 조건절에 이름, 신장, 성별 반드시 포함
   - LIKE, ORDER BY 구문 반드시 포함

   ※ SQL문에 상기 내용 미포함 시 SQL 작성 부분 0점 처리
2) 리스트박스 조회시 작성된 SQL문이 작성되지 않을 경우에는 "조회화면(SCREEN) 설계" 과제가 0점 처리됨을 반드시 유의하시오.
3) 목록 상자에 표시되어야 할 필수적인 필드명은 다음과 같습니다.
   - 학생번호, 이름, 신장, 몸무게
4) 폼 서식에 제반되는 폰트, 점선 등은 아래 [조회화면 서식]에 보이는 대로 기재하시오.
5) 기타 사항은 "자료처리 파일(FILE) 작성"의 [기타 조건]을 따르시오.

[조회화면 서식]

이름에서 성이 "김"이고 남성이면서 신장이 160 이상인 학생

학생번호	이름	신장	몸무게

리스트박스 조회 시 작성된 SQL문

문제 3 자료처리 파일(FILE) 작성 다음 조건에 따라 아래 양식과 같이 작성하시오.

[처리 조건]

1) 판정(정상, 비만, 과체중)별로 구분 정리한 후, 같은 판정 안에서 학생번호의 오름차순으로 정렬(SORT)한다.
2) 비만율 : 몸무게 / ((신장 − 100) × 0.95) (단, 비만율은 %로 표시함)
3) 판정 : 비만율이 99% 미만이면 "정상", 99% 이상 109% 미만이면 "과체중", 109% 이상이면 "비만"으로 표시
4) 성별 : "M"이면 "남성", "F"이면 "여성"으로 표시한다.
5) 클리닉대상 : 판정이 "비만"이면 "O", 그렇지 않으면 "X"로 표시
6) 해당 인원수 및 평균 : 판정별 인원수의 합 산출과 판정별 신장, 몸무게의 평균 산출
7) 총평균 : 신장, 몸무게의 전체 평균 산출
8) 작성일자 : 수험 일자로 하시오.

[기타 조건]

1) 입력화면 및 보고서의 제목은 16정도의 임의 서체로 하시오.
2) 금액에 대한 수치는 원화(₩) 표시를 하고 천 단위마다 ,(Comma)를 표시하시오.
   (단, 금액 이외의 수치는 ,(Comma)를 표시하지 않도록 하시오.)
3) 모든 수치(숫자, 통화, 백분율 등)는 컨트롤의 속성을 설정하는 과정에서 소수 자릿수를 "0"으로 지정하여 정수로 표시하시오.
4) 데이터의 열과 간격은 일정하게 맞추도록 하시오.

클리닉 대상자 현황

작성일자 : YYYY-MM-DD

판정	학생번호	성별	신장	몸무게	비만율	클리닉대상
정상	XXXX	XXXX	XXXX	XXXX	XXXX%	XXXX
	-	-	-	-	-	-
	-	-	-	-	-	-
해당 인원수 및 평균		XXXX명	XXXX	XXXX		
비만						
	-	-	-	-	-	-
해당 인원수 및 평균		XXXX명	XXXX	XXXX		
과체중						
	-	-	-	-	-	-
해당 인원수 및 평균		XXXX명	XXXX	XXXX		
총평균			XXXX	XXXX		

PowerPoint – 시상 작업(PT)

주어진 2개의 슬라이드를 슬라이드 작성조건에 따라 작업하여 인쇄하시오.

슬라이드 작성 조건

1) 각 슬라이드를 문제의 슬라이드 원안과 같이 인쇄하여 제출하시오.
   (특히 글자, 음영, 그림자, 도형 등 인쇄된 내용 그대로 작업하시오.)
2) "주1)" 등 특수한 속성 지정이 되어 있는 경우 지시에 따라 작성하시오.
3) 글꼴은 문제 원안과 같거나 유사한 형태로 작업하시오.
4) 글자, 그림 및 도형 등의 크기와 모양은 문제 원안과 같거나 유사한 형태로 작업하시오.
5) 모든 글씨, 선 등은 흑백(그레이스케일)으로 작업하되, 글상자, 그림 및 도형 등에서 색 채우기가 있는 경우 색 채우기는 회색 40% 정도, 투명도 0%를 기준으로 작업하시오.
6) 각 슬라이드는 원안과 같이 외곽선 테두리가 인쇄되도록 인쇄하시오.
7) 각 슬라이드 크기는 A4 용지의 1/2 범위 내에 인쇄가 가능한 크기가 되도록 조정하여, 슬라이드 2개를 A4 용지 1매 안에 모두 인쇄하시오.
8) 비번호, 수험번호, 성명, 페이지 번호 등은 반드시 자필로 기재하시오.

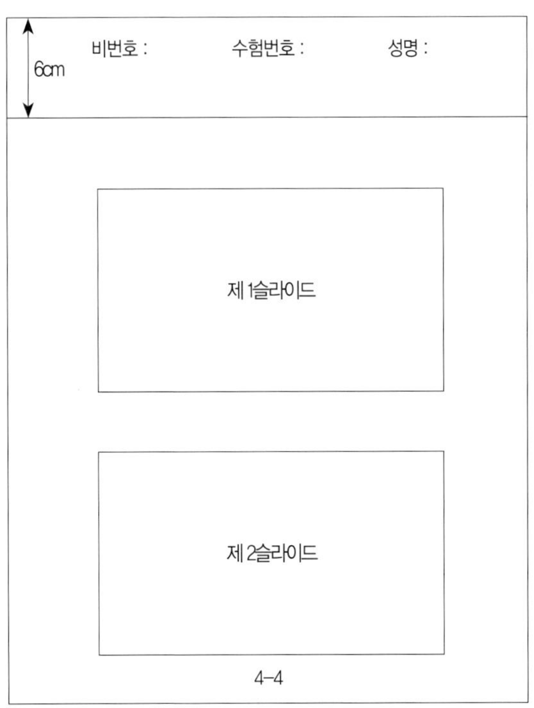

문제 1 제 1슬라이드

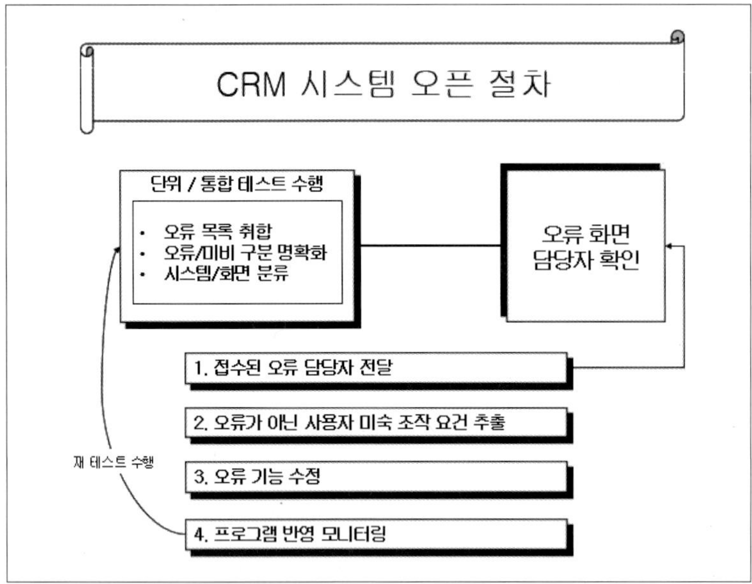

문제 2 제 2슬라이드

Vmware의 특징

① 똑같은 운영체제가 필요할 경우 복사해서 사용

② 운영체제의 특정시점을 저장 : Snapshot 기능

언제든지 스냅샷 지점으로
되돌릴 수 있음

OS 설치완료	설치 후 여러 가지 작업	시간흐름

스냅샷 지점

문제발생 시점

③ 하드디스크 등의 하드웨어를 여러 개 장착 가능

④ 현재 PC의 상태를 그대로 저장해 놓고, 다음 사용할 때 현재 상태를이
어서 구동 : Suspend 기능

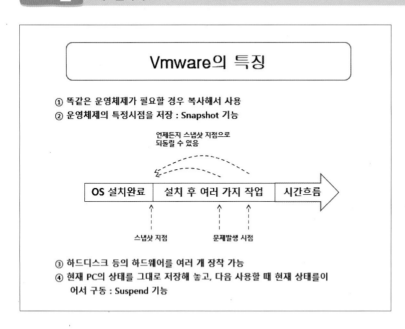

정답 작업표 및 차트(그래프)

	A	B	C	D	E	F	G	H
1	저축우수지역 분석표							
2								
3	지역	수입	지출	저축	여유자금	잡비	지수	판정
4	부산	₩ 2,450,000	₩ 1,400,000	₩ 1,140,000	₩ 260,000	₩1,050,000	19%	나쁨
5	울산	₩ 3,800,000	₩ 1,150,000	₩ 900,000	₩ 250,000	₩2,650,000	22%	나쁨
6	서울	₩ 1,200,000	₩ 800,000	₩ 600,000	₩ 200,000	₩ 400,000	25%	나쁨
7	광주	₩ 2,700,000	₩ 1,200,000	₩ 850,000	₩ 350,000	₩1,500,000	29%	나쁨
8	부산	₩ 1,200,000	₩ 1,000,000	₩ 700,000	₩ 300,000	₩ 200,000	30%	나쁨
9	부산	₩ 1,200,000	₩ 770,000	₩ 490,000	₩ 280,000	₩ 430,000	36%	보통
10	부산	₩ 1,850,000	₩ 1,250,000	₩ 750,000	₩ 500,000	₩ 600,000	40%	보통
11	부산	₩ 1,800,000	₩ 1,600,000	₩ 900,000	₩ 700,000	₩ 200,000	44%	보통
12	대구	₩ 1,900,000	₩ 1,270,000	₩ 700,000	₩ 570,000	₩ 630,000	45%	보통
13	대전	₩ 1,200,000	₩ 1,100,000	₩ 600,000	₩ 500,000	₩ 100,000	45%	보통
14	부산	₩ 1,500,000	₩ 1,000,000	₩ 500,000	₩ 500,000	₩ 500,000	50%	보통
15	광주	₩ 800,000	₩ 200,000	₩ 100,000	₩ 100,000	₩ 600,000	50%	보통
16	부산	₩ 1,550,000	₩ 950,000	₩ 450,000	₩ 500,000	₩ 600,000	53%	우수
17	서울	₩ 1,300,000	₩ 1,000,000	₩ 400,000	₩ 600,000	₩ 300,000	60%	우수
18	대전	₩ 1,700,000	₩ 1,100,000	₩ 400,000	₩ 700,000	₩ 600,000	64%	우수
19	서울	₩ 1,900,000	₩ 1,100,000	₩ 300,000	₩ 800,000	₩ 800,000	73%	우수
20	울산	₩ 1,500,000	₩ 1,200,000	₩ 200,000	₩1,000,000	₩ 300,000	83%	우수
21	부산	₩ 1,600,000	₩ 1,200,000	₩ 200,000	₩1,000,000	₩ 400,000	83%	우수
22	울산	₩ 1,800,000	₩ 1,300,000	₩ 200,000	₩1,100,000	₩ 500,000	85%	우수
23	서울	₩ 1,300,000	₩ 900,000	₩ 100,000	₩ 800,000	₩ 400,000	89%	우수
24	지역평균	₩ 1,712,500	₩ 1,074,500	₩ 524,000	₩ 550,500	₩ 638,000		
25	우수평균	₩ 1,581,250	₩ 1,093,750	₩ 281,250	₩ 812,500	₩ 487,500		
26	보통평균	₩ 1,464,286	₩ 1,027,143	₩ 577,143	₩ 450,000	₩ 437,143		
27	나쁨평균	₩ 2,270,000	₩ 1,110,000	₩ 838,000	₩ 272,000	₩1,160,000		
28	지역이 부산이면서 판정이 보통인 합계				₩1,980,000	₩1,730,000		
29	판정이 나쁨인 합				₩1,360,000	₩5,800,000		
30	=IF(G4<=30%,"나쁨",IF(G4<=50%,"보통","우수"))							
31	=SUMPRODUCT(($A$4:$A$23="부산")*($H$4:$H$23="보통"),F4:F23)							

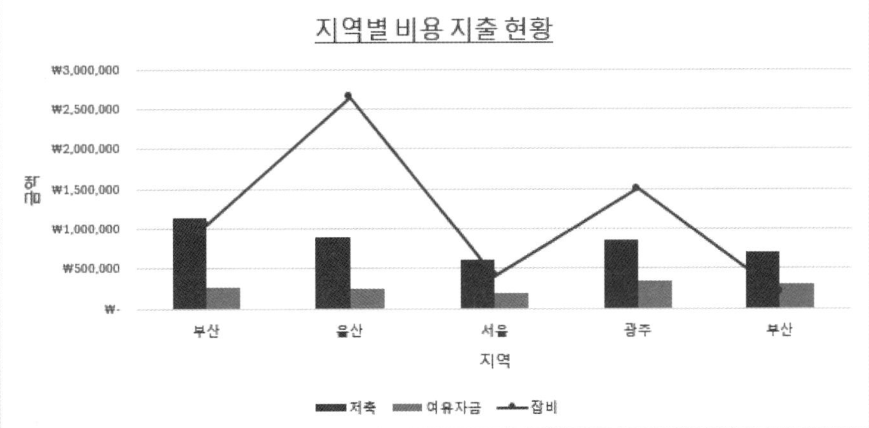

지역별 비용 지출 현황

₩3,000,000
₩2,500,000
₩2,000,000
₩1,500,000
₩1,000,000
₩500,000
₩-
금액
부산 울산 서울 광주 부산
지역
저축 여유자금 잡비

문제 1 작업표(WORK SHEET) 작성

해설

01. 데이터 입력하기

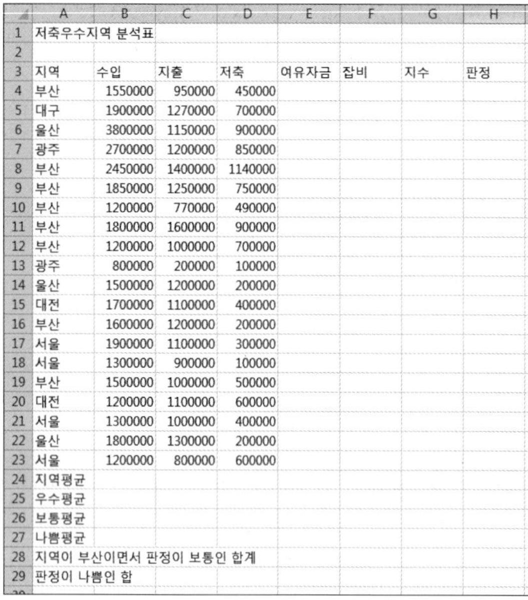

	A	B	C	D	E	F	G	H
1	저축우수지역 분석표							
2								
3	지역	수입	지출	저축	여유자금	잡비	지수	판정
4	부산	1550000	950000	450000				
5	대구	1900000	1270000	700000				
6	울산	3800000	1150000	900000				
7	광주	2700000	1200000	850000				
8	부산	2450000	1400000	1140000				
9	부산	1850000	1250000	750000				
10	부산	1200000	770000	490000				
11	부산	1800000	1600000	900000				
12	부산	1200000	1000000	700000				
13	광주	800000	200000	100000				
14	울산	1500000	1200000	200000				
15	대전	1700000	1100000	400000				
16	부산	1600000	1200000	200000				
17	서울	1900000	1100000	300000				
18	서울	1300000	900000	100000				
19	부산	1500000	1000000	500000				
20	대전	1200000	1100000	600000				
21	서울	1300000	1000000	400000				
22	울산	1800000	1300000	200000				
23	서울	1200000	800000	600000				
24	지역평균							
25	우수평균							
26	보통평균							
27	나쁨평균							
28	지역이 부산이면서 판정이 보통인 합계							
29	판정이 나쁨인 합							

02. 수식 작성하기

❶ 여유자금(E4) : =C4−D4

❷ 잡비(F4) : =B4−C4

❸ 지수(G4) : =E4/C4

❹ 판정(H4)
=IF(G4<=30%,"나쁨",IF(G4<=50%,"보통","우수"))

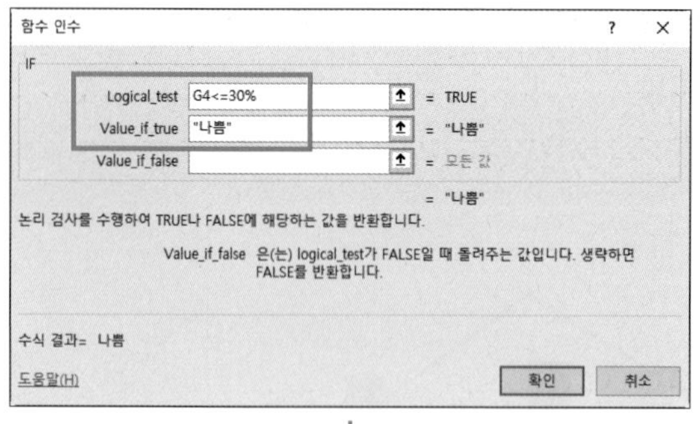

↓

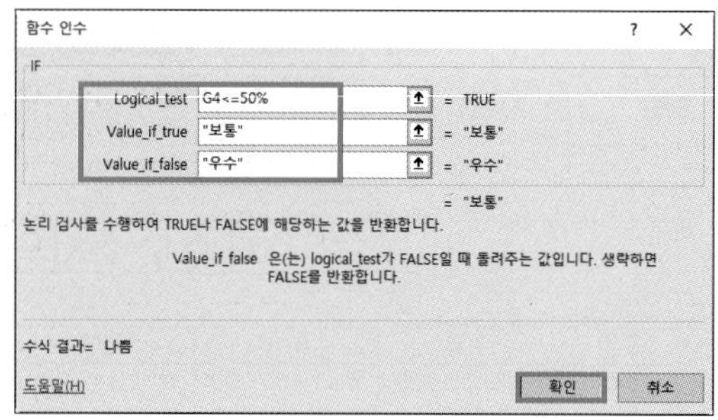

❺ 지역평균(B24) : =AVERAGE(B4:B23)

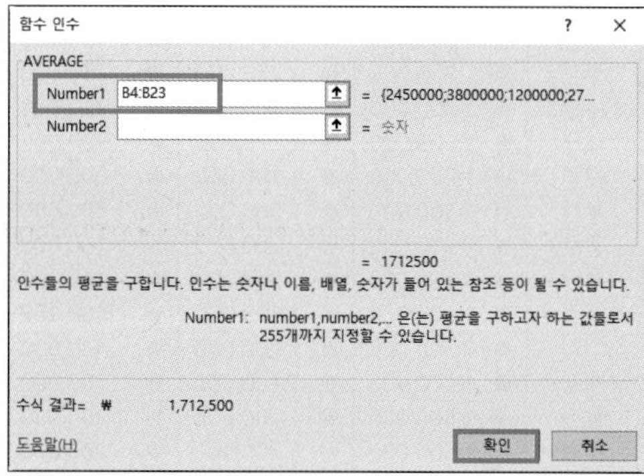

❻ 우수평균(B25) : =SUMIF($H$4:$H$23,"우수",B4:B23)/COUNTIF($H$4:$H$23,"우수")

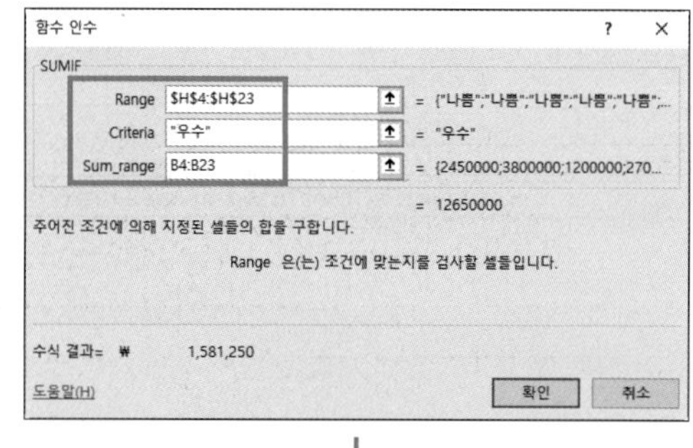

↓

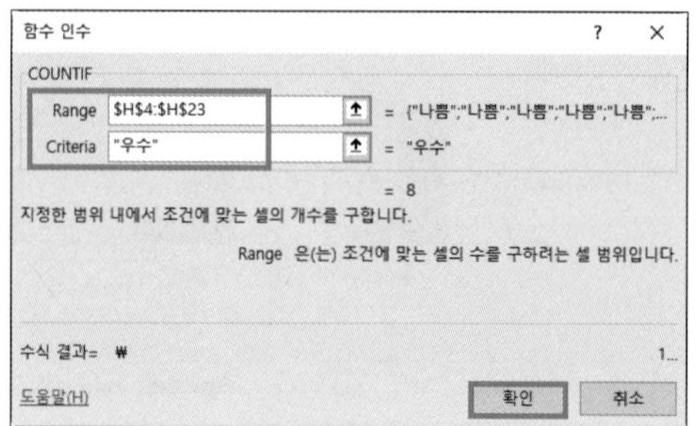

❼ 보통평균(B26) : =SUMIF($H$4:$H$23,"보통",B4:B23)/COUNTIF($H$4:$H$23,"보통")

❽ 나쁨평균(B27) : =SUMIF($H$4:$H$23,"나쁨",B4:B23)/COUNTIF($H$4:$H$23,"나쁨")

❾ 지역이 부산이면서 판정이 보통인 합계(E28)
=SUMPRODUCT(($A$4:$A$23="부산")*($H$4:$H$23="보통"),E4:E23)

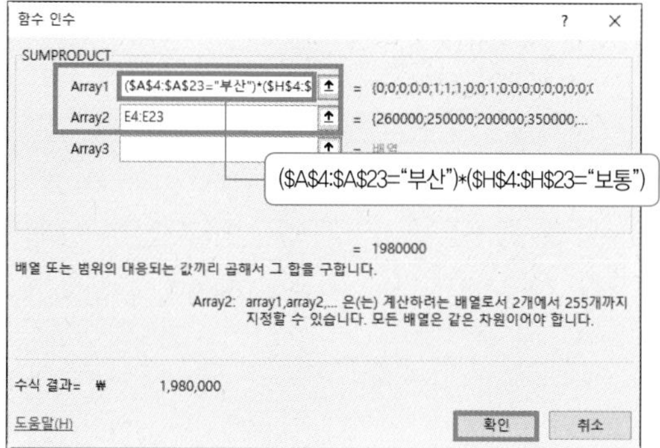

❿ 판정이 나쁨인 합(E29)
=SUMIF($H$4:$H$23,"나쁨",E4:E23)

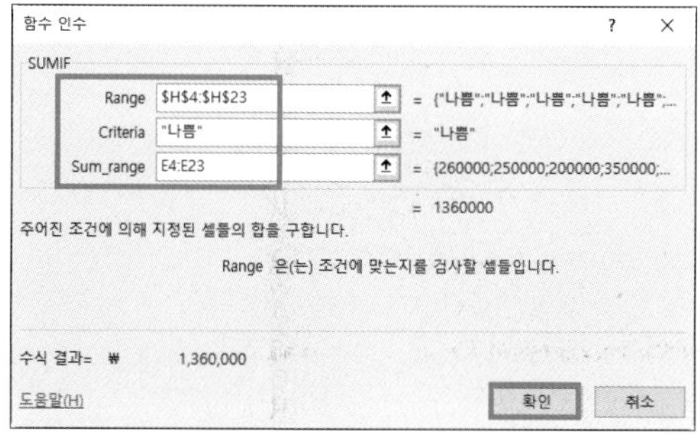

02. 데이터 정렬하기

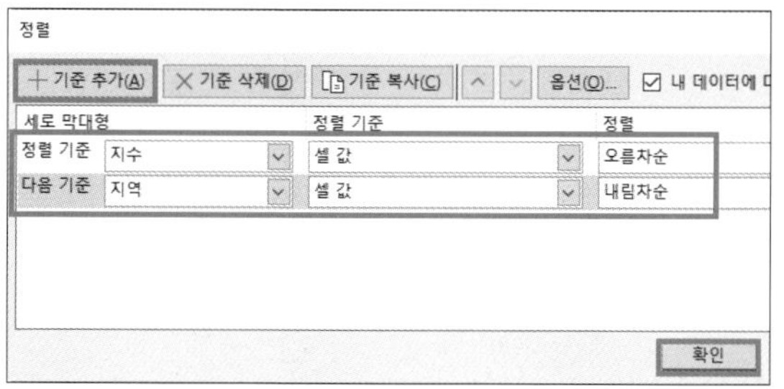

03. 함수식 입력하기

⓫ ❹의 함수식(A30)
'=IF(G4<=30%,"나쁨",IF(G4<= 50%,"보통","우수"))

⓬ ❾의 함수식(A31) : '=SUMPRODUCT(($A$4:$A$23="부산")*($H$4:$H$23="보통"),F4:F23)

04. 서식 지정하기

1. **제목 서식 지정하기 :** 글꼴 크기 20, '밑줄(가)', '병합하고 가운데 맞춤'을 지정한다.
2. **금액에 대해 화폐 단위(₩)와 ,(Comma) 표시하기 :** 수입, 지출, 저축, 여유자금, 잡비의 표시 형식을 '회계 표시 형식(회계)'으로 지정한다.
3. **백분율 서식 지정하기 :** 지수의 표시 형식을 '백분율 스타일(%)'로 지정한다.
4. **문자 셀 수평 중앙으로 맞추기 :** 텍스트가 입력된 셀의 맞춤을 '가운데 맞춤(☰)'으로 지정한다.
5. **셀 병합하기 :** 각각의 영역을 블록으로 지정한 후 '병합하고 가운데 맞춤'을 지정한다.
6. **테두리 지정하기 :** 테두리와 대각선을 지정한다.

문제 2 차트(그래프) 작성

해설

01. 차트 작성하기

1. [A3:A8], [D3:F8] 영역을 선택한 후 [삽입] → 차트 → 꺾은선형 또는 영역형 차트 삽입() → **표식이 있는 꺾은 선형**을 선택한다.

	A	B	C	D	E	F	G	H
1	저축우수지역 분석표							
2								
3	지역	수입	지출	저축	여유자금	잡비	지수	판정
4	부산	₩ 2,450,000	₩ 1,400,000	₩ 1,140,000	₩ 260,000	₩ 1,050,000	19%	나쁨
5	울산	₩ 3,800,000	₩ 1,150,000	₩ 900,000	₩ 250,000	₩ 2,650,000	22%	나쁨
6	서울	₩ 1,200,000	₩ 800,000	₩ 600,000	₩ 200,000	₩ 400,000	25%	나쁨
7	광주	₩ 2,700,000	₩ 1,200,000	₩ 850,000	₩ 350,000	₩ 1,500,000	29%	나쁨
8	부산	₩ 1,200,000	₩ 1,000,000	₩ 700,000	₩ 300,000	₩ 200,000	30%	나쁨
9	부산	₩ 1,200,000	₩ 770,000	₩ 490,000	₩ 280,000	₩ 430,000	36%	보통
10	부산	₩ 1,850,000	₩ 1,250,000	₩ 750,000	₩ 500,000	₩ 600,000	40%	보통
11	부산	₩ 1,800,000	₩ 1,600,000	₩ 900,000	₩ 700,000	₩ 200,000	44%	보통
12	대구	₩ 1,900,000	₩ 1,270,000	₩ 700,000	₩ 570,000	₩ 630,000	45%	보통
13	대전	₩ 1,200,000	₩ 1,100,000	₩ 600,000	₩ 500,000	₩ 100,000	45%	보통
14	부산	₩ 1,500,000	₩ 1,000,000	₩ 500,000	₩ 500,000	₩ 500,000	50%	보통
15	광주	₩ 800,000	₩ 200,000	₩ 100,000	₩ 100,000	₩ 600,000	50%	보통
16	부산	₩ 1,550,000	₩ 950,000	₩ 450,000	₩ 500,000	₩ 600,000	53%	우수
17	서울	₩ 1,300,000	₩ 1,000,000	₩ 400,000	₩ 600,000	₩ 300,000	60%	우수
18	대전	₩ 1,700,000	₩ 1,100,000	₩ 400,000	₩ 700,000	₩ 600,000	64%	우수
19	서울	₩ 1,900,000	₩ 1,100,000	₩ 300,000	₩ 800,000	₩ 800,000	73%	우수
20	울산	₩ 1,500,000	₩ 1,200,000	₩ 200,000	₩ 1,000,000	₩ 300,000	83%	우수
21	부산	₩ 1,600,000	₩ 1,200,000	₩ 200,000	₩ 1,000,000	₩ 400,000	83%	우수
22	울산	₩ 1,800,000	₩ 1,300,000	₩ 200,000	₩ 1,100,000	₩ 500,000	85%	우수
23	서울	₩ 1,300,000	₩ 900,000	₩ 100,000	₩ 800,000	₩ 400,000	89%	우수
24	지역평균	₩ 1,712,500	₩ 1,074,500	₩ 524,000	₩ 550,500	₩ 638,000		
25	우수평균	₩ 1,581,250	₩ 1,093,750	₩ 281,250	₩ 812,500	₩ 487,500		
26	보통평균	₩ 1,464,286	₩ 1,027,143	₩ 577,143	₩ 450,000	₩ 437,143		
27	나쁨평균	₩ 2,270,000	₩ 1,110,000	₩ 838,000	₩ 272,000	₩ 1,160,000		
28	지역이 부산이면서 판정이 보통인 합계				₩ 1,980,000	₩ 1,730,000		
29	판정이 나쁨인 합				₩ 1,360,000	₩ 5,800,000		
30	=IF(G4<=30%,"나쁨",IF(G4<=50%,"보통","우수"))							
31	=SUMPRODUCT(($A$4:$A$23="부산")*($H$4:$H$23="보통"),F4:F23)							

2. '저축'과 '여유자금' 계열의 차트 종류를 '묶은 세로 막대형' 차트로 변경한다.
3. 차트 제목을 **지역별 비용 지출 현황**으로 입력한 후 서식을 지정한다.
4. X축 제목을 **지역**, Y축 제목을 **금액**으로 지정한다.
5. 차트 위치 및 크기를 조절한다.

02. 페이지 설정하기

'페이지 설정' 대화상자에서 위쪽 여백을 6으로 지정하고, '페이지 가운데 맞춤'에서 '가로'와 '세로'를 선택한다.

05회 Access – 자료처리(DBMS) 작업

정답 및 해설

문제 1 테이블 및 쿼리 작성

해설

01. 테이블 작성하기

정답

테이블1

학생번호	이름	성별	신장	몸무게
1	김성진	M	152	57
2	이용대	M	160	65
3	김현정	F	158	45
4	옥주현	F	147	60
5	박종팔	M	162	68
6	이현주	F	148	54
7	이용식	M	150	63
8	손금자	F	140	56
9	이미연	F	172	60
10	김병조	M	160	60
11	김국환	M	174	68
12	김구라	M	183	70
13	김은주	F	158	62
14	노주현	M	162	58
15	최불암	M	167	61
16	노봉호	M	178	77
17	소재광	M	177	63
18	이 청	M	170	90
19	오부열	M	180	88
20	김동윤	M	185	76

레코드: 1/20 필터 없음 검색

❶ 필드 생성 및 속성 지정하기

테이블1

필드 이름	데이터 형식	설명(옵션)
학생번호	숫자	
이름	짧은 텍스트	
성별	짧은 텍스트	
신장	숫자	
몸무게	숫자	

❷ 기본키 해제하기

'학생번호' 필드 행을 클릭한 후 바로 가기 메뉴에서 **[기본키]**를 선택하여 기본키를 해제한다.

02. 쿼리 작성하기

정답

쿼리1

학생번호	신장	몸무게	비만율	판정	성별	클리닉대상
1	152	57	115%	비만	남성	O
2	160	65	114%	비만	남성	O
3	158	45	82%	정상	여성	X
4	147	60	134%	비만	여성	O
5	162	68	115%	비만	남성	O
6	148	54	118%	비만	여성	O
7	150	63	133%	비만	남성	O
8	140	56	147%	비만	여성	O
9	172	60	88%	정상	여성	X
10	160	60	105%	과체중	남성	X
11	174	68	97%	정상	남성	X
12	183	70	89%	정상	남성	X
13	158	62	113%	비만	여성	O
14	162	58	98%	정상	남성	X
15	167	61	96%	정상	남성	X
16	178	77	104%	과체중	남성	X
17	177	63	86%	정상	남성	X
18	170	90	135%	비만	남성	O
19	180	88	116%	비만	남성	O
20	185	76	94%	정상	남성	X

레코드: 1/20 필터 없음 검색

보고서에서 사용할 필드 현황

필드명	원본 데이터	비고
학생번호	테이블1	테이블에서 제공
신장		
몸무게		
비만율	몸무게 / ((신장 – 100) × 0.95)(%로 표시)	추가되는 계산 필드
판정	비만율이 99% 미만이면 "정상", 99% 이상 109% 미만이면 "과체중", 109% 이상이면 "비만"으로 표시	
성별	성별이 "M"이면 "남성", "F"이면 "여성"으로 표시	
클리닉대상	판정이 "비만"이면 "O", 그렇지 않으면 "X"로 표시	

❶ 테이블 및 필드 선택하기

쿼리 작성기에서 '테이블1'을 더블클릭하여 표시한 후 '학생번호', '신장', '몸무게' 필드를 추가한다.

❷ 계산 필드 추가하기

1. '비만율' 필드 추가하기 : '몸무게' 필드의 오른쪽 필드에 **비만율: [몸무게]/(([신장]-100)*0.95)**를 입력한다.

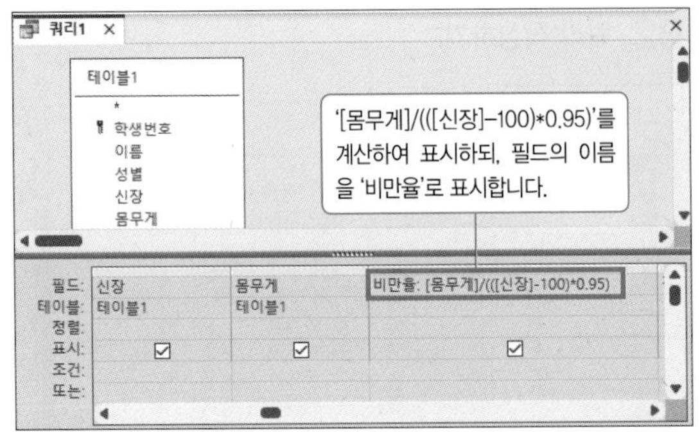

'[몸무게]/(([신장]-100)*0.95)'를 계산하여 표시하되, 필드의 이름을 '비만율'로 표시합니다.

2. '판정' 필드 추가하기 : '비만율' 필드의 오른쪽 필드에 **판정: IIf([비만율]<0.99,"정상",IIf([비만율]<1.09,"과체중","비만"))**을 입력한다.

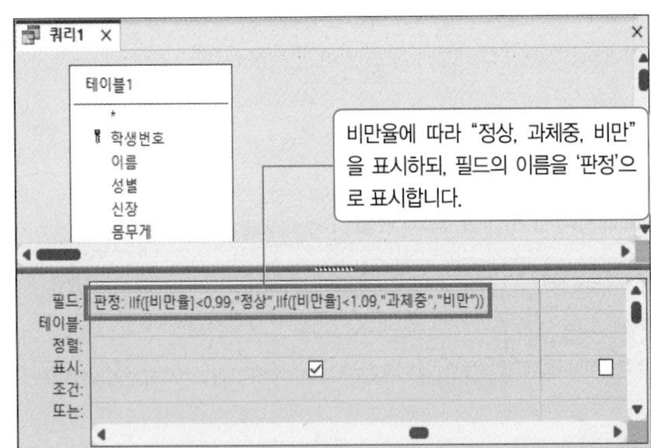

비만율에 따라 "정상, 과체중, 비만"을 표시하되, 필드의 이름을 '판정'으로 표시합니다.

'IIf([비만율]<0.99,"정상",IIf([비만율]<1.09,"과체중","비만"))'의 의미
❶ ❷ ❸

❶ 비만율이 0.99 미만이면 ❷(정상)를 표시하고, 그렇지 않으면 ❸을 수행합니다.

❸ IIf([비만율]<1.09,"과체중","비만") : 비만율이 1.09 미만이면 "과체중"을 표시하고, 그렇지 않으면 "비만"을 표시합니다.

3. '성별' 필드 추가하기 : '판정' 필드의 오른쪽 필드에 **성별: IIf([테이블1.성별]="m","남성","여성")**을 입력한다.

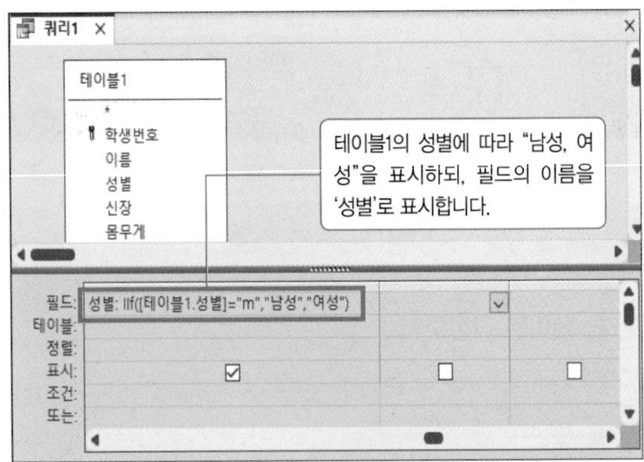

테이블1의 성별에 따라 "남성, 여성"을 표시하되, 필드의 이름을 '성별'로 표시합니다.

'성별'이라는 필드가 테이블1에 있는 '성별' 필드와 새롭게 추가하는 '성별' 필드 두 개입니다. 테이블1에 있는 성별이 "M" 또는 "F"인지를 비교해야 하므로 '테이블1.성별'로 지정해야 합니다.

4. '클리닉대상' 필드 추가하기 : '성별' 필드의 오른쪽 필드에 **클리닉대상: IIf([판정]="비만","O","X")**를 입력한다.

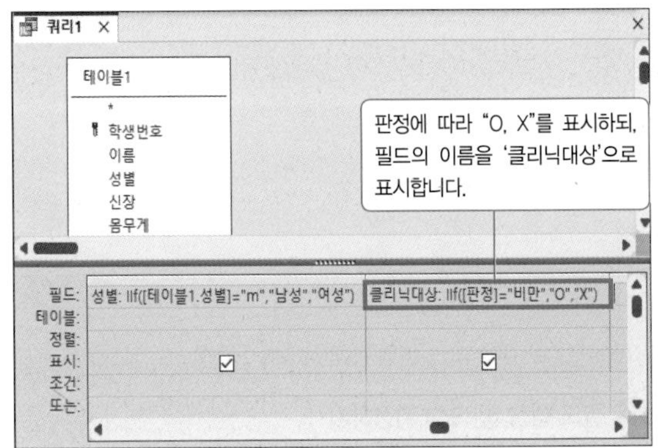

판정에 따라 "O, X"를 표시하되, 필드의 이름을 '클리닉대상'으로 표시합니다.

❸ 표시 형식 지정하기

1. '비만율' 필드의 바로 가기 메뉴에서 **[속성]**을 선택한다.
2. '필드 속성' 시트 창의 '일반' 탭에서 형식 속성을 '백분율', 소수 자릿수를 0으로 지정한다.

정답

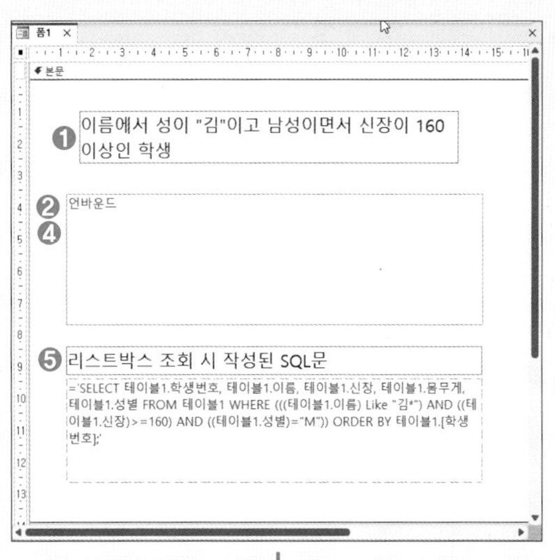

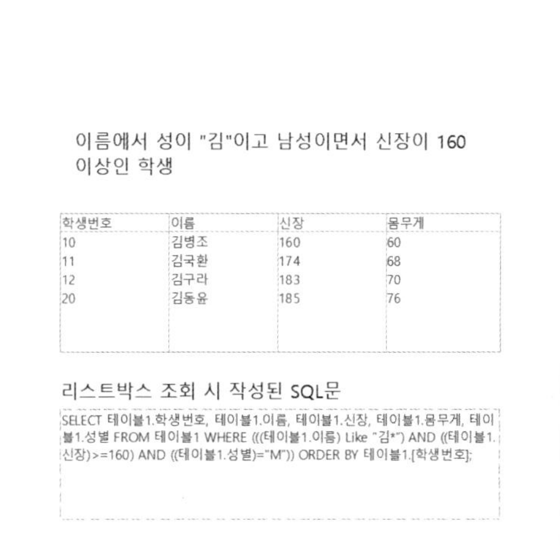

01. 폼 작성하기

❶ 제목 추가하기

[양식 디자인] → 컨트롤 → **레이블(가가)**을 이용하여 그림과 같이 제목을 삽입한다.

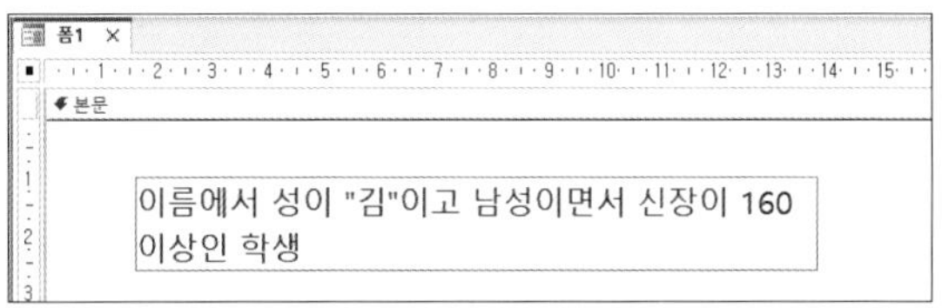

❷ 목록 상자 작성하기

1. [양식 디자인] → 컨트롤 → **목록 상자( )**를 이용하여 목록 상자를 추가한다.
2. '목록 상자 마법사' 1단계 대화상자에서 〈다음〉을 클릭한다.
3. '목록 상자 마법사' 2단계 대화상자에서 〈다음〉을 클릭한다.
4. '목록 상자 마법사' 3단계 대화상자를 그림과 같이 지정하고 〈다음〉을 클릭한다.

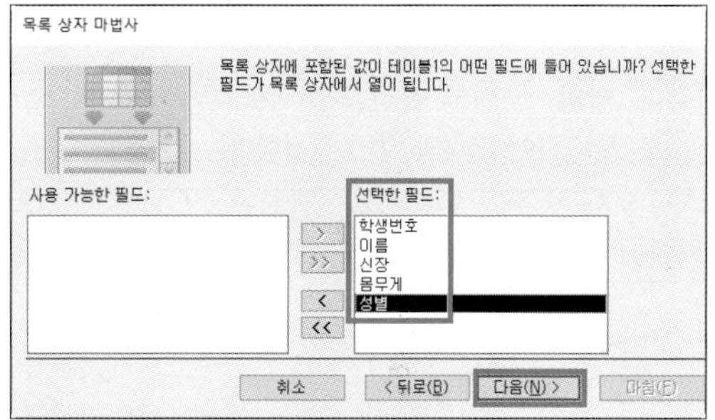

궁금해요

시나공 Q&A 베스트

Q 조회화면 설계 그림에 '성별' 필드가 없는데 왜 '성별' 필드를 선택하나요?

A 조회화면 설계의 문제를 보면 '김씨 성을 가진 남성 중 신장이 160 이상'이라고 되어 있습니다. 즉, '성별' 필드에 조건을 지정해야 하기 때문에 선택해줘야 합니다. 조건에 사용되는 필드가 조회화면 그림에 표시되지 않을 수도 있으니 문제지를 정확히 확인해야 합니다.

5. '목록 상자 마법사' 4단계 대화상자에서 그림과 같이 지정한 후 〈다음〉을 클릭한다.

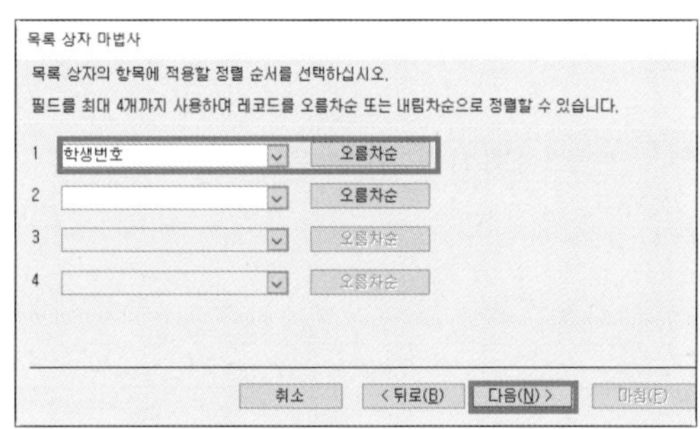

6. '목록 상자 마법사' 5단계 대화상자에서 '성별' 필드의 오른쪽 경계선을 왼쪽 끝까지 드래그하여 화면에 표시되지 않도록 지정한 후 〈다음〉을 클릭한다.

7. '목록 상자 마법사' 6단계 대화상자에서 〈다음〉을 클릭한다.
8. '목록 상자 마법사' 7단계 대화상자에서 〈마침〉을 클릭한다.
9. 작성된 목록 상자의 가로 너비를 조절하고 폼의 중앙에 위치하도록 이동시킨다.

❸ 목록 상자의 레이블 삭제하기

목록 상자와 함께 생성된 레이블을 선택한 후 Delete를 눌러 삭제한다.

❹ 목록 상자 수정하기

1. 목록 상자를 더블클릭한 후 속성 시트 창의 '형식' 탭에서 열 이름 속성을 '예'로 지정한다.
2. '데이터' 탭의 행 원본 속성을 선택한 후 '작성기 단추(...)'를 클릭하여 그림과 같이 지정한다.

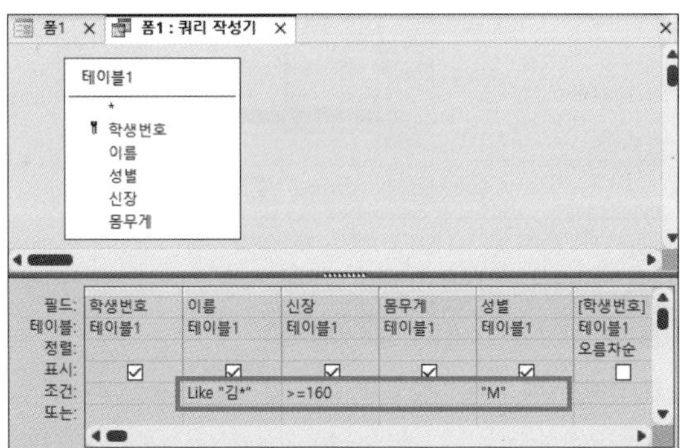

'테이블1' 테이블의 '성별' 필드에는 데이터가 "M"과 "F"로 입력되어 있으므로 조건을 지정할 때 "남성"이 아닌 "M"으로 지정해야 합니다.

❺ 텍스트 상자에 SQL문 복사하여 넣기

1. [양식 디자인] → 컨트롤 → **텍스트 상자(**▭**)**를 이용하여 그림과 같이 텍스트 상자를 삽입한다.

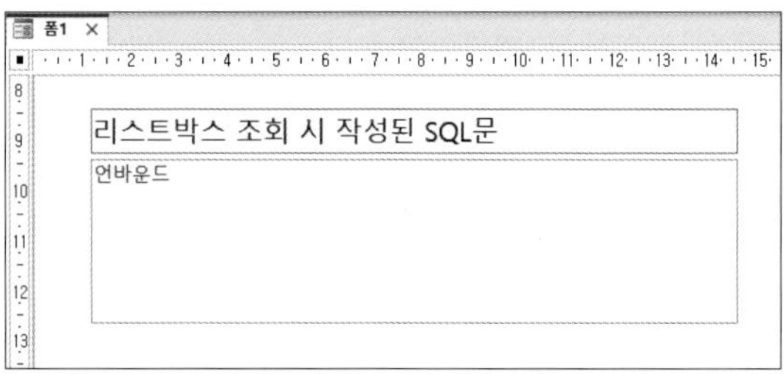

2. 목록 상자를 더블클릭한 후 속성 시트 창의 '데이터' 탭에서 행 원본 속성의 모든 내용을 복사하여 그림과 같이 텍스트 상자에 붙여 넣는다.

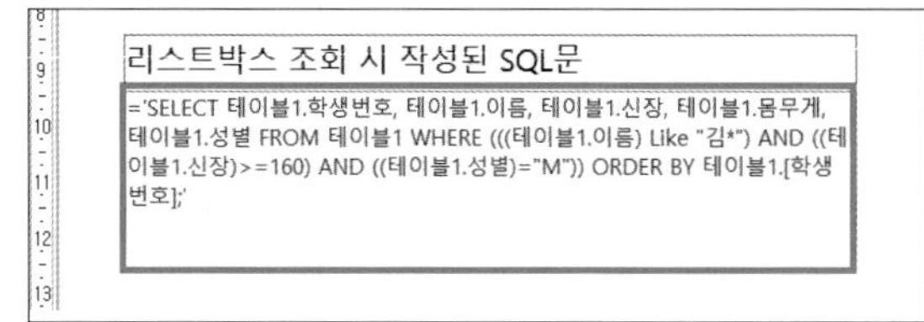

3. 텍스트 상자의 선 종류를 '파선'으로 지정한다.

02. 폼 여백 설정하기

폼의 위쪽 여백을 60으로 지정한다.

정답

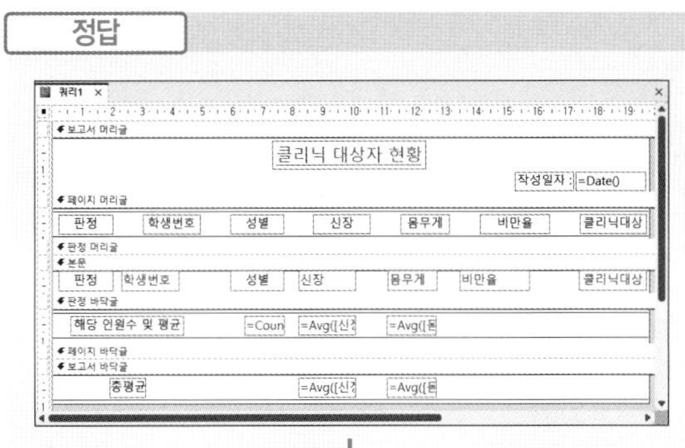

↓

클리닉 대상자 현황

작성일자 : 2024-01-11

판정	학생번호	성별	신장	몸무게	비만율	클리닉대상
정상	3	여성	158	45	82%	X
	9	여성	172	60	88%	X
	11	남성	174	68	97%	X
	12	남성	183	70	89%	X
	14	남성	162	58	98%	X
	15	남성	167	61	96%	X
	17	남성	177	63	86%	X
	20	남성	185	76	94%	X
해당 인원수 및 평균		8명	172	63		
비만	1	남성	152	57	115%	O
	2	남성	160	65	114%	O
	4	여성	147	60	134%	O
	5	남성	162	68	115%	O
	6	여성	148	54	118%	O
	7	남성	150	63	133%	O
	8	여성	140	56	147%	O
	13	여성	158	62	113%	O
	18	남성	170	90	135%	O
	19	남성	180	88	116%	O
해당 인원수 및 평균		10명	157	66		
과체중	10	남성	160	60	105%	X
	16	남성	178	77	104%	X
해당 인원수 및 평균		2명	169	69		
총평균			164	65		

01. 보고서 만들기

1. '보고서 마법사' 1단계 대화상자에서 그림과 같이 지정한 후 〈다음〉을 클릭한다.

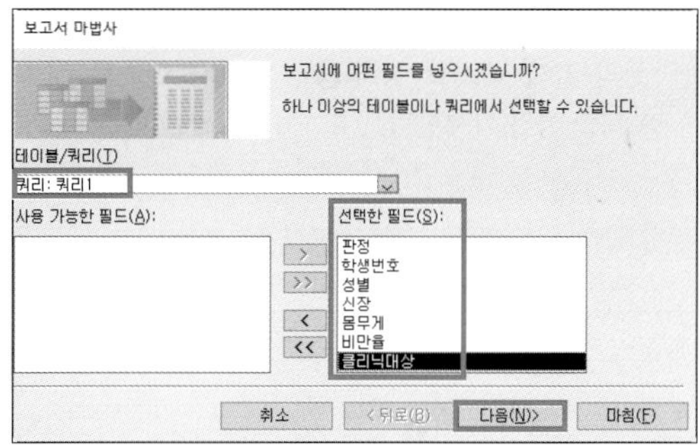

2. '보고서 마법사' 2단계 대화상자에서 '판정'을 더블클릭한 후 〈다음〉을 클릭한다.

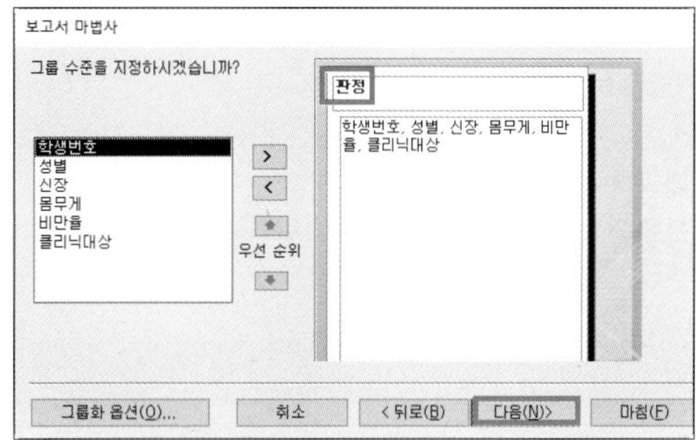

3. '보고서 마법사' 3단계 대화상자에서 〈요약 옵션〉을 클릭한 후 그림과 같이 지정하고 〈확인〉을 클릭한다.

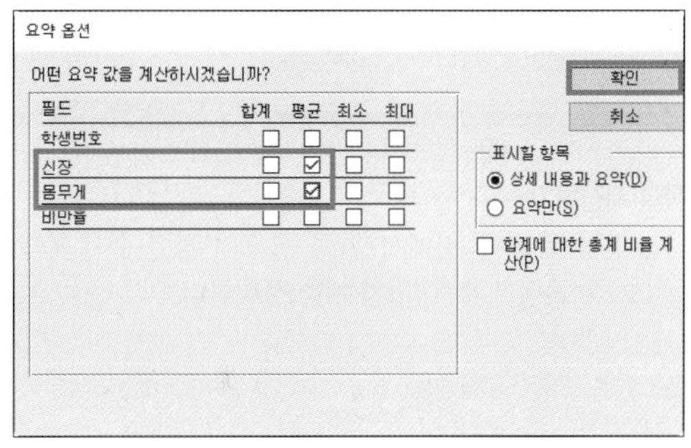

4. '보고서 마법사' 3단계 대화상자에서 〈다음〉을 클릭한다.
5. '보고서 마법사' 4단계 대화상자에서 '단계'가 선택된 것을 확인한 후 〈다음〉을 클릭한다.
6. '보고서 마법사' 5단계 대화상자에서 '보고서 디자인 수정'을 선택한 후 〈마침〉을 클릭한다.

02. 보고서 편집하기

❶ 불필요한 컨트롤 삭제하기

판정 바닥글의 '="에 대한 요약"~' 텍스트 상자(❶), 페이지 바닥글의 날짜 텍스트 상자(❷), 페이지 텍스트 상자(❸)을 Delete를 눌러 삭제한다.

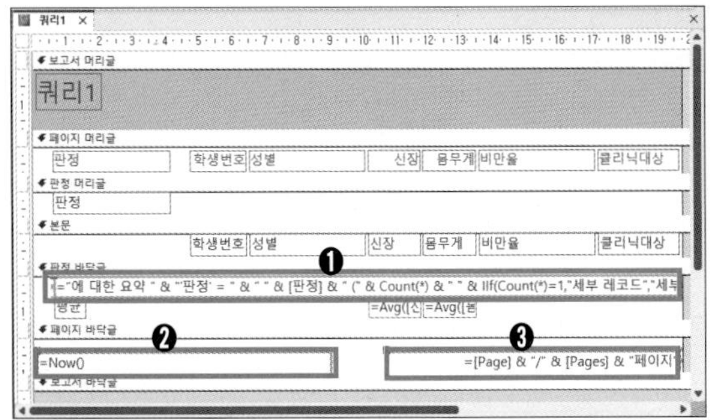

❷ 컨트롤 이동, 크기, 내용 변경하기

1. 판정 머리글에 있는 '판정' 텍스트 상자를 본문 영역으로 드래그하여 이동시킨다.
2. 컨트롤의 크기, 위치 및 내용을 그림과 같이 변경한다.

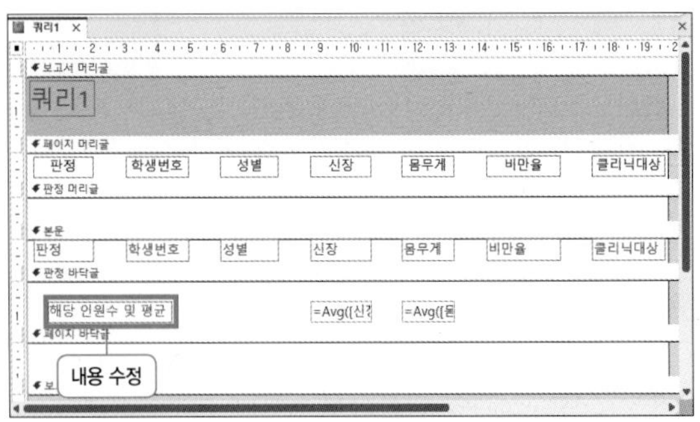

❸ 정렬 지정하기

1. '그룹, 정렬 및 요약' 창에서 '판정' 필드의 정렬 순서 목록 단추(▼)를 클릭한 후 '내림차순'을 선택한다.

문제의 자료처리 파일 그림에는 판정의 정렬 순서가 "정상", "비만", "과체중" 순으로 표시되어 있으므로 정렬 순서가 '내림차순'임을 알 수 있습니다. '보고서 마법사'에서 그룹을 지정할 때에는 정렬 방식을 변경할 수 없으므로 보고서 디자인 보기 상태에서 그룹화 기준 필드의 정렬 순서를 변경해야 합니다.

2. 〈정렬 추가〉를 클릭한 후 그림과 같이 지정한다.

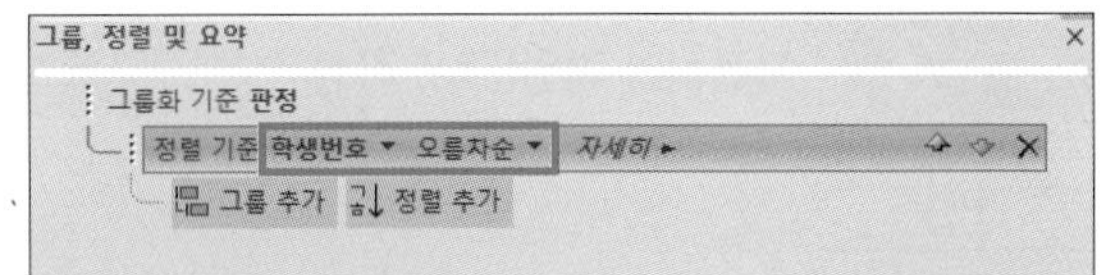

❹ 컨트롤 복사하기

1. 판정 바닥글에 있는 컨트롤을 모두 복사한 후 보고서 바닥글 선택기를 클릭하여 붙여넣기 한 다음 그림과 같이 위치를 조절하고 레이블에 입력된 내용을 수정한다.

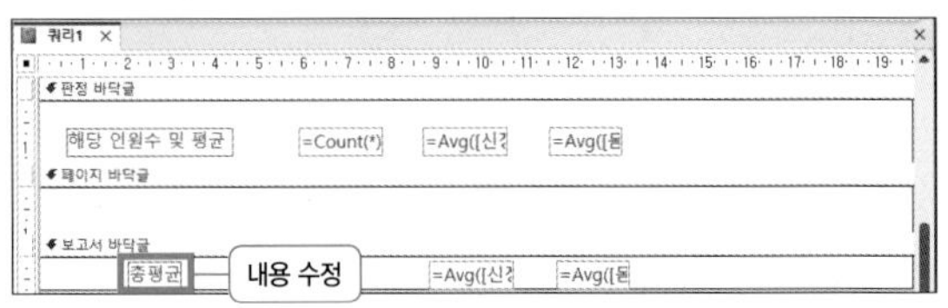

2. 판정 바닥글의 '신장의 평균' 텍스트 상자를 복사한 후 판정 바닥글 선택기를 클릭한 다음 붙여넣기한다.
3. 복사된 텍스트 상자를 그림과 같이 위치를 조절한 후 내용을 =Count(*) & "명"으로 수정한다.

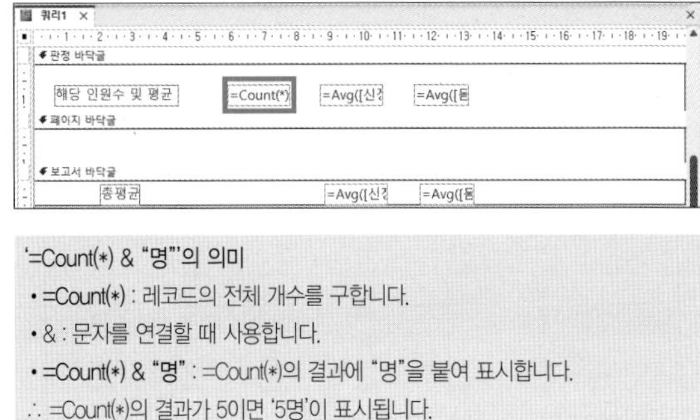

'=Count(*) & "명"'의 의미

- =Count(*) : 레코드의 전체 개수를 구합니다.
- & : 문자를 연결할 때 사용합니다.
- =Count(*) & "명" : =Count(*)의 결과에 "명"을 붙여 표시합니다.

∴ =Count(*)의 결과가 5이면 '5명'이 표시됩니다.

❺ 제목 입력 및 서식 지정하기

1. 보고서 머리글의 레이블을 선택한 후 글꼴 크기 16, '밑줄(가)', '가운데 맞춤(☰)'을 지정한다.
2. 제목 레이블의 가로 크기를 보고서 가로 크기만큼 늘린 후 내용을 **클리닉 대상자 현황**으로 수정한다.

❻ 작성일자 컨트롤 생성하기

1. [보고서 디자인] → 컨트롤 → **텍스트 상자**(▭)를 클릭한 후 보고서 머리글의 오른쪽 하단에 드래그한다.
2. 레이블에 **작성일자 :**을, 텍스트 상자에 **=Date( )**를 입력한다.

❼ 선 컨트롤 추가하기

[보고서 디자인] → 컨트롤 → 선(⁄)을 이용하여 그림과 같이 선을 삽입한다.

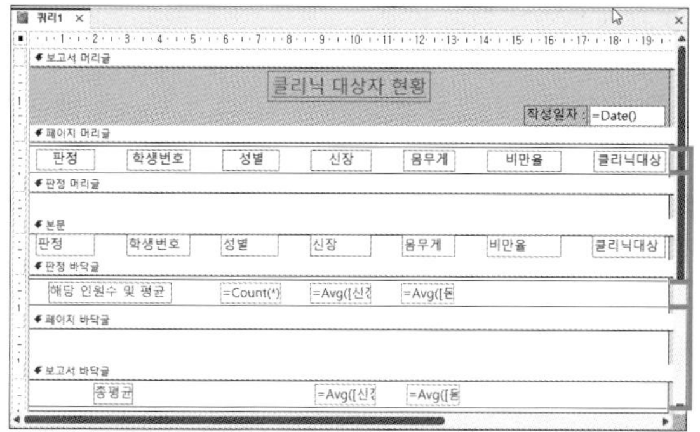

❽ '판정' 컨트롤에 중복 내용 숨기기 속성 지정하기

본문의 '판정' 컨트롤을 더블클릭한 후 속성 시트 창의 '형식' 탭에서 중복 내용 숨기기 속성을 '예'로 지정한다.

❾ 수치 컨트롤에 속성 지정하기

1. 판정 바닥글의 '신장의 평균', '몸무게의 평균', 보고서 바닥글의 '신장의 총평균', '몸무게의 총평균' 텍스트 상자를 선택한 후 바로 가기 메뉴에서 **[속성]**을 선택한다.
2. '여러 항목 선택' 속성 시트 창의 '형식' 탭에서 형식 속성과 소수 자릿수 속성을 0으로 지정한다.

❿ 컨트롤의 데이터 정렬 및 글꼴 색 변경하기

1. 모든 레이블과 문자 데이터가 들어 있는 텍스트 상자의 텍스트를 '가운데 맞춤(☰)', 글꼴 색을 '검정, 텍스트 1'로 지정한다.
2. 레이블이나 텍스트 상자의 크기 및 위치를 조절하여 문제지에 주어진 그림과 같이 열의 간격과 정렬을 맞춘다.

⓫ 배경색 및 교차 행 색 변경하기

1. 보고서 머리글 선택기를 클릭한 후 도형 채우기 색을 '흰색, 배경 1'로 지정한다.
2. 본문과 판정 바닥글의 교차 행 색을 '색 없음'으로 지정한다.

⓬ 컨트롤에 테두리 서식 변경하기

'작성일자' 텍스트 상자와 판정 바닥글, 보고서 바닥글의 모든 텍스트 상자의 도형 윤곽선을 '투명'으로 지정한다.

⓭ 사용되지 않는 영역 제거 및 보고서 확인하기

본문과 보고서 바닥글의 선택기를 위쪽으로 드래그하여 빈 공간만 확보된 판정 머리글과 페이지 바닥글 영역을 제거한다.

03. 보고서 여백 설정하기

보고서의 위쪽 여백을 60으로 지정한다.

05회 PowerPoint – 시상 작업(PT)

정답 및 해설

문제 1 제 1슬라이드

해설

01. 제 1슬라이드 작성하기

정답

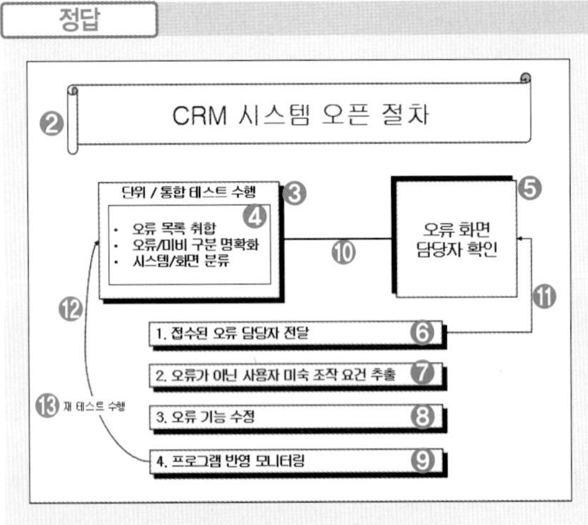

❶ 슬라이드 레이아웃
[레이아웃] → **빈 화면**

❷ '두루마리 모양: 가로로 말림' 삽입하기
[삽입] → 일러스트레이션 → 도형 → 별 및 현수막 → **두루마리 모양: 가로로 말림**

❸ 직사각형1 삽입하기
- [삽입] → 일러스트레이션 → 도형 → 사각형 → **직사각형**
- 텍스트 맞춤 '위쪽' 지정
- 그림자 지정 : '오프셋: 오른쪽 아래', 투명도 0%, 흐리게 0%, 간격 8pt

❹ 직사각형2 삽입하기
- [삽입] → 일러스트레이션 → 도형 → 사각형 → **직사각형**
- 글머리 기호 : [홈] → 단락 → 글머리 기호 → 속이 찬 둥근 글머리 기호(•)

글머리 기호를 이용하여 내용을 입력하면 문제에 제시된 그림과 다르게 글머리 기호와 내용이 떨어져서 표시됩니다. 이것은 채점과 무관하므로 그대로 두면 됩니다.

❺ 직사각형3 삽입하기
- [삽입] → 일러스트레이션 → 도형 → 사각형 → **직사각형**
- 그림자 지정 : '오프셋: 왼쪽 위', 투명도 0%, 흐리게 0%, 간격 8pt

❻ ~ ❾ ❸번 도형을 복사한 후 텍스트 맞춤 → '중간' 지정 및 내용 수정, 크기 조절하기

❿ ~ ⓬ 선/'연결선: 꺾인 화살표'/'연결선: 구부러진 화살표' 삽입하기
- [삽입] → 일러스트레이션 → 도형→ 선 → **선**(╲)
- [삽입] → 일러스트레이션 → 도형 → 선 → **연결선: 꺾인 화살표**
- [삽입] → 일러스트레이션 → 도형 → 선 → **연결선: 구부러진 화살표**

⓭ 텍스트 상자 삽입하기
[삽입] → 텍스트 → **가로 텍스트 상자 그리기**

02. 제 2슬라이드 작성하기

정답

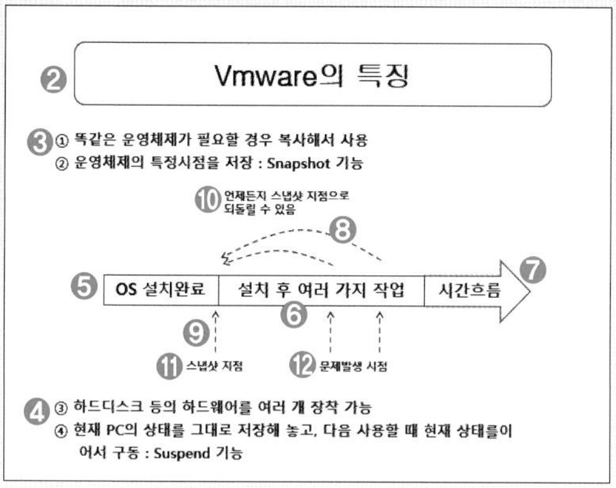

❷ Vmware의 특징

❸ ① 똑같은 운영체제가 필요할 경우 복사해서 사용
② 운영체제의 특정시점을 저장 : Snapshot 기능

❿ 언제든지 스냅샷 지점으로 되돌릴 수 있음

❽

❺ OS 설치완료 | ❻ 설치 후 여러 가지 작업 | 시간흐름 ❼

❾

⓫ 스냅샷 지점　⓬ 문제발생 시점

❹ ③ 하드디스크 등의 하드웨어를 여러 개 장착 가능
④ 현재 PC의 상태를 그대로 저장해 놓고, 다음 사용할 때 현재 상태를이어서 구동 : Suspend 기능

❶ 슬라이드 레이아웃

[레이아웃] → **빈 화면**

❷ 사각형: 둥근 모서리 삽입하기

[삽입] → 일러스트레이션 → 도형 → 사각형 → **사각형: 둥근 모서리(▢)**

❸ 텍스트 상자 삽입하기

- [삽입] → 텍스트 → **가로 텍스트 상자 그리기(가)**
- 원숫자(①~④)는 한글 자음 ㅇ(이응)을 입력하고 한자를 누르면 나타나는 특수 문자 목록에서 선택하여 입력하면 된다.

❹ ❸번 텍스트 상자를 복사한 후 내용 수정하기

❺ 직사각형 삽입하기

[삽입] → 일러스트레이션 → 도형 → 사각형 → **직사각형(▭)**

❻ ❺번 도형을 복사한 후 내용 수정 및 크기 조절하기

❼ '화살표: 오른쪽' 삽입하기

[삽입] → 일러스트레이션 → 도형 → 블록 화살표 → **화살표: 오른쪽(⇨)**

❽ '연결선: 구부러짐' 삽입하기

- [삽입] → 일러스트레이션 → 도형 → 선 → **연결선: 구부러짐(⌒)**
- '화살표 스타일2'와 '파선' 지정
- 곡선을 복사한 후 크기 조절

❾ 선 화살표 삽입하기

- [삽입] → 일러스트레이션 → 도형 → 선 → **선 화살표(↘)**를 이용하여 화살표 모두 삽입
- '화살표 스타일2'와 '파선' 지정

❿ 텍스트 상자 삽입하기

[삽입] → 텍스트 → **가로 텍스트 상자 그리기(가)**

⓫, ⓬ ❿ 텍스트 상자를 복사한 후 내용 수정하기

제 06회 사무자동화산업기사 실기 공개문제

Excel – 표 계산(SP) 실무 작업

JA 렌터카에서는 NCS기반 사무자동화시스템을 기반으로 자동차별 렌트현황을 분석하고자 합니다. 다음 자료(DATA)를 이용하여 작성 조건에 따라 작업표와 그래프를 작성하고, 그 인쇄 출력물을 제출하시오.

문제 1 작업표(WORK SHEET) 작성

1. 자료(DATA)

자동차 렌트 관리

행 \ 열	A	B	D	E
3	대여자	코드	대여일자	반납일자
4	권은경	A-4	5월 9일	5월 28일
5	김명호	C-3	10월 6일	10월 14일
6	이나요	C-1	7월 8일	7월 28일
7	서영준	C-2	5월 20일	6월 29일
8	원미경	B-1	4월 24일	4월 29일
9	윤나영	B-4	5월 16일	5월 25일
10	이경호	B-2	3월 11일	3월 19일
11	이수현	B-3	4월 4일	4월 15일
12	조성진	A-2	8월 18일	9월 29일
13	이수경	A-1	9월 16일	9월 30일
14	김종서	A-5	8월 13일	8월 14일
15	박호호	C-4	9월 7일	9월 28일
16	김동렬	C-5	8월 17일	8월 23일
17	이승엽	B-1	9월 16일	9월 18일
18	이종범	A-6	9월 24일	9월 27일
19	박세리	C-6	7월 6일	7월 13일
20	최경주	C-7	7월 7일	7월 7일
21	이봉주	B-6	9월 16일	9월 29일
22	유남규	A-7	6월 7일	6월 11일
23	한기주	B-7	6월 16일	6월 21일

(단, 대여일자 및 반납일자의 년도는 수험년도를 의미함)

※ 자료(DATA) 부분에서 음영 처리 표시된 부분은 행/열의 기준선으로 작성(입력)하지 않음을 반드시 유의하시오.

2. 작업표 형식

자동차 렌트 관리

행 \ 열	A	B	C	F	G	H	I	J
3	대여자	코드	차종	대여일	기본요금	부가요금	합계금액	종합
4 : 23	–	–	①	②	③	④	⑤	⑥
24	요금합계		승용차	⑦	⑦	⑦	⑦	
25			승합차	⑧	⑧	⑧	⑧	
26			버스	⑨	⑨	⑨	⑨	
27	"이"씨 성이면서 코드에 "1"을 포함한 합					⑩	⑩	
28	"김"씨 성이면서 코드에 "5"를 포함한 합					⑪	⑪	
29	종합 열에 사용된 함수식(조성진 기준)					⑫		
30	⑬							

※ 음영 처리 표시된 부분은 작성하지 않습니다.

3. 작성 조건

가) 작성 시 유의사항

① 작업표의 작성은 "나)~마)" 항에 제시된 내용을 따르고 반드시 제시된 조건(함수 적용, 단서 조항 등)에 따라 처리하시오.

② 제시된 작성 조건을 따르지 아니하고 여타의 방법 일체(제시된 함수 이외 다른 함수 적용, 함수 미적용, 별도 전자계산기 사용 등)를 사용하여 도출된 결과는 그 답이 맞더라도 정답으로 인정되지 않음을 반드시 유의하시오.

나) 작업표의 구성 및 서식

① "작업표 형식"에서 행과 열에 관계된 음영 처리 표시된 부분은 작성하지 않음을 유의하고 반드시 제시된 행/열에 맞추도록 하시오.

② 제목서식 : 20 포인트 크기로 하고 속성은 가운데 표시, 임의글꼴

③ 글꼴서체 : 임의선정하시오.

다) 원문자가 표시된 셀은 아래의 방법을 이용하여 처리하시오.

① 차종 : 코드의 첫 문자가 "A"이면 "버스", "B"이면 "승합차", "C"이면 "승용차"로 표시하시오.

② 대여일 : 반납일자 − 대여일자 + 1

③ 기본요금 : 차종이 "승용차"이면 150,000원, "승합차"이면 200,000원, "버스"이면 400,000원으로 하시오.

④ 부가요금 : 대여일 × 부가세 (단, 부가세 : "승용차"이면 10,000원, "승합차"이면 50,000원, "버스"이면 80,000원이다.)

⑤ 합계금액 : 기본요금 + 부가요금

⑥ 종합 : 대여자, 코드 맨 앞 1자리, 대여일을 CONCATENATE, LEFT 함수를 사용하여 예와 같이 표시하시오. (예 : 이명진:C:21일 형태로 하시오.)

⑦ 승용차의 요금합계 : 차종이 승용차인 각 항목별 합계를 산출하시오. (단, SUMIF 또는 SUMIFS 함수 사용)

⑧ 승합차의 요금합계 : 차종이 승합차인 각 항목별 합계를 산출하시오. (단, SUMIF 또는 SUMIFS 함수 사용)

⑨ 버스의 요금합계 : 차종이 버스인 각 항목별 합계를 산출하시오. (단, SUMIF 또는 SUMIFS 함수 사용)

⑩ "이"씨 성이면서 코드에 "1"을 포함한 각 항목별 합계를 산출하시오. (단, SUMPRODUCT, LEFT, RIGHT 함수 사용)

⑪ "김"씨 성이면서 코드에 "5"를 포함한 각 항목별 합계를 산출하시오. (단, SUMPRODUCT, LEFT, RIGHT 함수 사용)

⑫ 항목 ⑥에 사용된 함수식을 기재하시오. (단, 조성진을 기준으로 하시오.)

⑬ 항목 ⑨에 사용된 함수식을 기재하시오. (단, 합계금액을 기준으로 하시오.)

※ 함수식을 기재하는 ⑫~⑬란은 반드시 해당항목에 제시된 함수의 작성 조건에 따라 도출된 함수식을 기재하여야 하며, 작성 조건을 위배하여 임의로 작성할 시 해당 답이 맞더라도 틀린 항목으로 채점됨을 유의하시오. 또한 함수식을 작성할 때는 "라) 정렬순서(SORT)"에 따른 조건에 맞게 정렬 후 도출된 결과에 따른 함수식을 기재하시오.

라) 작업표의 정렬순서(SORT)는 대여일의 오름차순으로 정렬하고, 대여일이 같으면 합계금액의 오름차순으로 정렬하시오.

마) 기타

- 금액에 대한 수치는 원화(₩) 표시를 하고 천 단위마다 ',' (Comma)를 표시하시오.
  (단, 금액 이외의 수치는 ','(Comma)를 표시하지 않도록 하시오.)
- 모든 수치(숫자, 통화, 회계, 백분율 등)는 셀 서식의 속성을 설정하는 과정에서 소수 자릿수를 "0"으로 지정하여 정수로 표시하시오.
- 음수는 "-"가 표시되도록 하시오.
- 숫자 셀은 우측을 수직으로 맞추고, 문자 셀은 수평중앙으로 맞추며 이외 사항은 작업표 형식에 따르도록 하시오. 특히, 단서 조항이 있을 경우는 단서 조항을 우선으로 하고, 인쇄출력 시 판독불가능이 발생되지 않도록 인쇄 미리보기 등을 통하여 셀의 크기를 적당히 조정하시오.

문제 2 그래프(GRAPH) 작성

작성한 작업표에서 대여일이 10일 이상인 경우의 대여자별 부가요금과 합계금액을 나타내는 그래프를 작성하시오.

1. 작성 조건

가) 그래프 형태
부가요금(묶은 세로 막대형), 합계금액(데이터 표식이 있는 꺾은선형) : 혼합형 단일축 그래프
(단, 합계금액만 데이터 레이블의 값이 표시된 혼합형 단일축 그래프로 하시오.)

나) 그래프 제목 : 렌트 현황 분석 ---- (확대출력)

다) X축 제목 : 대여자

라) Y축 제목 : 금액

마) X축 항목 단위 : 해당 문자열

바) Y축 눈금 단위 : 임의

사) 범례 : 부가요금, 합계금액

아) 출력물 크기 : A4 용지 1/2장 범위내

자) 기타 : 작성 조건에 없는 형식이나 모양은 기본 설정값에 따르며, 그래프 너비는 작업표 너비에 맞추도록 하시오.

Access – 자료처리(DBMS) 작업

DIXE 음반기획사에서는 음반 판매 관리를 전산화하려고 한다. 다음의 입력 자료를 이용하여 DB를 설계하고 작성 조건에 따라 처리파일을 작성하고, 그 인쇄 출력물을 제출하시오.

[요구사항 및 유의사항]

1) 자료처리(DBMS) 작업은 조회화면(SCREEN) 설계와 자료처리 보고서의 2가지 작업을 수행하여 그 결과물을 인쇄용지(A4) 기준 각 1장씩 총 2장을 제출하여야 채점 대상이 됨을 유의하시오.
2) 반드시 인쇄작업 수행 전 미리보기 등을 통해 여백을 조정하고, 수치, 문자 등 구성요소가 누락되지 않도록 주의하시오. 구성요소가 누락되어 인쇄되지 않은 결과로 인한 모든 책임은 전적으로 수험자 본인에게 있음을 반드시 유의하시오.
3) 문제지에 기재된 작성 조건에 따라 처리하고, 조회화면 및 자료처리 보고서의 서식이 작성 조건과 상이할 경우에는 시험위원의 지시에 따라 작업하시오.

문제 1 입력자료(DATA)

음반 판매 내역

가수이름	음반코드	공급단가	판매수량	판매일
박성철	C33	23,000	5700	2014-09-03
김만종	B22	22,000	6200	2014-09-25
임창종	A11	21,000	3800	2014-08-15
조성모	C33	23,000	8100	2014-07-14
김건우	D44	24,000	1900	2014-07-21
유정순	D44	24,000	8300	2014-08-06
엄장화	A11	21,000	4400	2014-09-23
윤희열	C33	23,000	9200	2014-08-30
이수라	D44	24,000	6600	2014-09-01
김성민	B22	22,000	2800	2014-07-12
최정수	B22	22,000	7800	2014-07-12
유창호	A11	21,000	5300	2014-08-28
김수만	C33	23,000	1800	2014-08-05
김경숙	B22	22,000	4200	2014-08-05
이기선	A11	21,000	5000	2014-07-11
엄희영	C33	23,000	3300	2014-07-19
최준우	D44	24,000	2300	2014-08-30
형미림	A11	21,000	1500	2014-07-24
홍경순	A11	21,000	8000	2014-06-21
이광식	A11	21,000	7000	2014-06-22

음반코드표

음반코드	음반명	원가
A11	4집	8,200
B22	3집	8,700
C33	2집	9,300
D44	1집	9,800

문제 2 **조회화면(SCREEN) 설계** 다음 조건에 따라 음반코드가 A나 B로 시작하면서 판매수량이 4000 이상인 현황을 조회할 수 있는 화면을 설계하고 해당 데이터를 출력하시오.

[작성 조건]

1) 해당 현황은 목록 상자(리스트박스)에서 판매수량의 오름차순으로 출력하고, 화면 아래에 조회 시 작성한 SQL문을 복사하시오.
   - WHERE 조건절에 음반코드, 판매수량 반드시 포함
   - INNER JOIN, LIKE, ORDER BY 구문 반드시 포함
   ※ SQL문에 상기 내용 미포함 시 SQL 작성 부분 0점 처리
2) 리스트박스 조회시 작성된 SQL문이 작성되지 않을 경우에는 "조회화면(SCREEN) 설계" 과제가 0점 처리됨을 반드시 유의하시오.
3) 목록 상자에 표시되어야 할 필수적인 필드명은 다음과 같습니다.
   - 음반코드, 음반명, 원가, 가수이름, 공급단가, 판매수량
4) 폼 서식에 제반되는 폰트, 점선 등은 아래 [조회화면 서식]에 보이는 대로 기재하시오.
5) 기타 사항은 "자료처리 파일(FILE) 작성"의 [기타 조건]을 따르시오.

[조회화면 서식]

음반코드가 A나 B로 시작하면서
판매수량이 4000 이상인 현황

음반코드	음반명	원가	가수이름	공급단가	판매수량

리스트박스 조회 시 작성된 SQL문

문제 3 자료처리 파일(FILE) 작성 다음 조건에 따라 아래 양식과 같이 작성하시오.

[처리 조건]

1) 판매일 중에서 월(6월, 7월, 8월, 9월)별로 정리한 후, 같은 월에서는 판매이윤의 오름차순으로 정렬(SORT)하시오.
2) 판매금액 : 판매수량 × 공급단가
3) 판매이윤 : 판매금액 − (원가 × 판매수량)
4) 판매일은 MM−DD 형식으로 한다.
5) 월별소계 : 월별 판매수량, 판매금액, 판매이윤의 합 산출
6) 총평균 : 판매수량, 판매금액, 판매이윤의 전체 평균 산출

[기타 조건]

1) 조회화면 및 보고서의 제목은 16정도의 임의 서체로 하시오.
2) 금액에 대한 수치는 원화(₩) 혹은 달러($) 표시를 하고 천 단위마다 ,(Comma)를 표시하시오.
   (단, 금액 이외의 수치는 ,(Comma)를 표시하지 않도록 하시오.)
3) 모든 수치(숫자, 통화, 백분율 등)는 컨트롤의 속성을 설정하는 과정에서 소수 자릿수를 "0"으로 지정하여 정수로 표시하시오.
4) 데이터의 열과 간격은 일정하게 맞추도록 하시오.

월별 음반 판매 현황

판매일	가수이름	음반명	공급단가	판매수량	판매금액	판매이윤
MM−DD −	XXXX −	XXXX −	₩X,XXX −	XXXX −	₩X,XXX −	₩X,XXX −
		6월 소계		XXXX	₩X,XXX	₩X,XXX
MM−DD −	XXXX −	XXXX −	₩X,XXX −	XXXX −	₩X,XXX −	₩X,XXX −
		7월 소계		XXXX	₩X,XXX	₩X,XXX
MM−DD −	XXXX −	XXXX −	₩X,XXX −	XXXX −	₩X,XXX −	₩X,XXX −
		8월 소계		XXXX	₩X,XXX	₩X,XXX
MM−DD −	XXXX −	XXXX −	₩X,XXX −	XXXX −	₩X,XXX −	₩X,XXX −
		9월 소계		XXXX	₩X,XXX	₩X,XXX
		총평균		XXXX	₩X,XXX	₩X,XXX

PowerPoint – 시상 작업(PT)

주어진 2개의 슬라이드를 슬라이드 작성조건에 따라 작업하여 인쇄하시오.

슬라이드 작성 조건

1) 각 슬라이드를 문제의 슬라이드 원안과 같이 인쇄하여 제출하시오.
   (특히 글자, 음영, 그림자, 도형 등 인쇄된 내용 그대로 작업하시오.)
2) "주1)" 등 특수한 속성 지정이 되어 있는 경우 지시에 따라 작성하시오.
3) 글꼴은 문제 원안과 같거나 유사한 형태로 작업하시오.
4) 글자, 그림 및 도형 등의 크기와 모양은 문제 원안과 같거나 유사한 형태로 작업하시오.
5) 모든 글씨, 선 등은 흑백(그레이스케일)으로 작업하되, 글상자, 그림 및 도형 등에서 색 채우기가 있는 경우 색 채우기는 회색 40% 정도, 투명도 0%를 기준으로 작업하시오.
6) 각 슬라이드는 원안과 같이 외곽선 테두리가 인쇄되도록 인쇄하시오.
7) 각 슬라이드 크기는 A4 용지의 1/2 범위 내에 인쇄가 가능한 크기가 되도록 조정하여, 슬라이드 2개를 A4 용지 1매 안에 모두 인쇄하시오.
8) 비번호, 수험번호, 성명, 페이지 번호 등은 반드시 자필로 기재하시오.

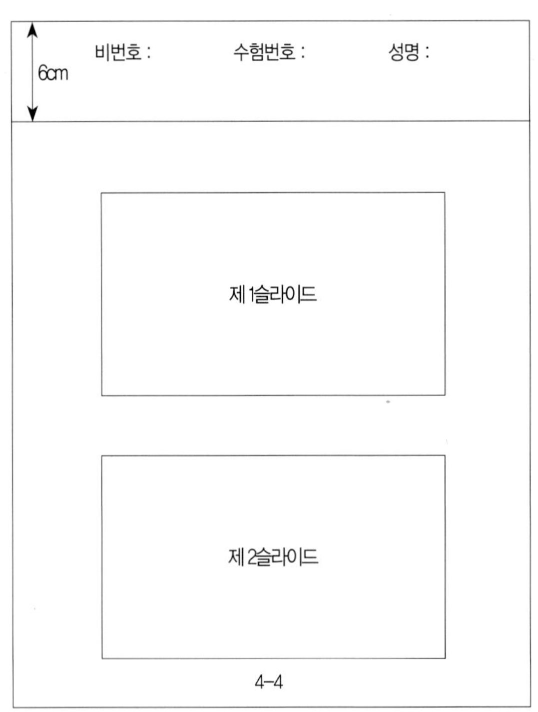

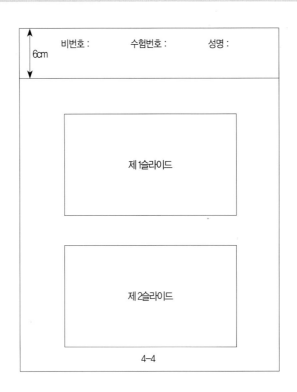

문제 1 제 1슬라이드

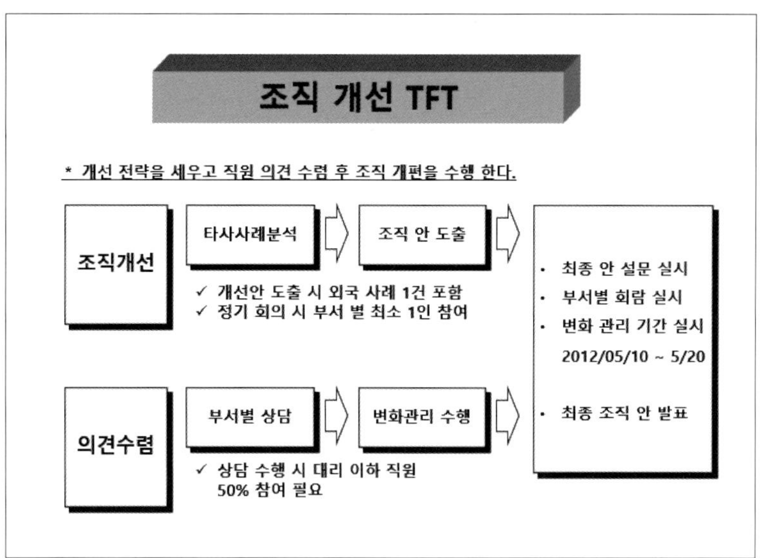

문제 2 제 2슬라이드

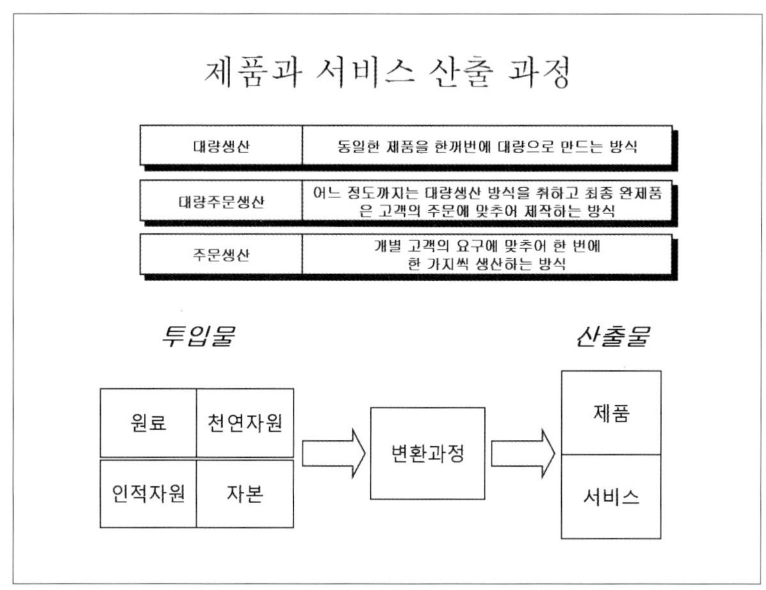

06회 Excel – 표 계산(SP) 실무 작업

정답 및 해설

정답 작업표 및 차트(그래프)

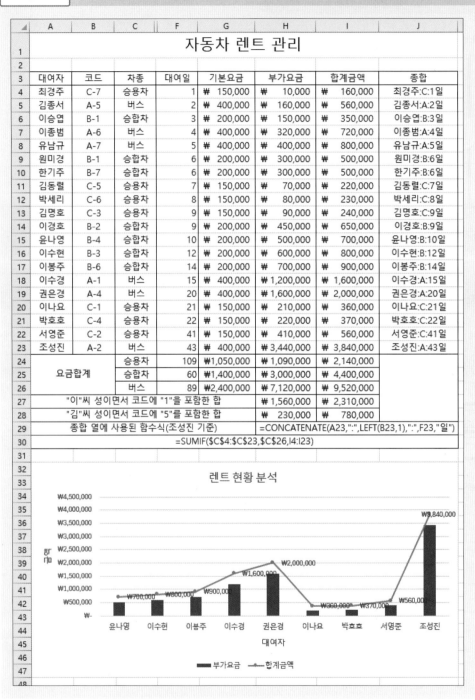

	A	B	C	F	G	H	I	J
1	자동차 렌트 관리							
2								
3	대여자	코드	차종	대여일	기본요금	부가요금	합계금액	종합
4	최경주	C-7	승용차	1	₩ 150,000	₩ 10,000	₩ 160,000	최경주:C:1일
5	김종서	A-5	버스	2	₩ 400,000	₩ 160,000	₩ 560,000	김종서:A:2일
6	이승엽	B-1	승합차	3	₩ 200,000	₩ 150,000	₩ 350,000	이승엽:B:3일
7	이종범	A-6	버스	4	₩ 400,000	₩ 320,000	₩ 720,000	이종범:A:4일
8	유남규	A-7	버스	5	₩ 400,000	₩ 400,000	₩ 800,000	유남규:A:5일
9	원미경	B-1	승합차	6	₩ 200,000	₩ 300,000	₩ 500,000	원미경:B:6일
10	한기주	B-7	승합차	6	₩ 200,000	₩ 300,000	₩ 500,000	한기주:B:6일
11	김동렬	C-5	승용차	7	₩ 150,000	₩ 70,000	₩ 220,000	김동렬:C:7일
12	박세리	C-6	승용차	8	₩ 150,000	₩ 80,000	₩ 230,000	박세리:C:8일
13	김명호	C-3	승용차	9	₩ 150,000	₩ 90,000	₩ 240,000	김명호:C:9일
14	이경호	B-2	승합차	9	₩ 200,000	₩ 450,000	₩ 650,000	이경호:B:9일
15	윤나영	B-4	승합차	10	₩ 200,000	₩ 500,000	₩ 700,000	윤나영:B:10일
16	이수현	B-3	승합차	12	₩ 200,000	₩ 600,000	₩ 800,000	이수현:B:12일
17	이봉주	B-6	승합차	14	₩ 200,000	₩ 700,000	₩ 900,000	이봉주:B:14일
18	이수경	A-1	버스	15	₩ 400,000	₩ 1,200,000	₩ 1,600,000	이수경:A:15일
19	권은경	A-4	버스	20	₩ 400,000	₩ 1,600,000	₩ 2,000,000	권은경:A:20일
20	이나요	C-1	승용차	21	₩ 150,000	₩ 210,000	₩ 360,000	이나요:C:21일
21	박호호	C-4	승용차	22	₩ 150,000	₩ 220,000	₩ 370,000	박호호:C:22일
22	서영준	C-2	승용차	41	₩ 150,000	₩ 410,000	₩ 560,000	서영준:C:41일
23	조성진	A-2	버스	43	₩ 400,000	₩ 3,440,000	₩ 3,840,000	조성진:A:43일
24	요금합계		승용차	109	₩1,050,000	₩ 1,090,000	₩ 2,140,000	
25			승합차	60	₩1,400,000	₩ 3,000,000	₩ 4,400,000	
26			버스	89	₩2,400,000	₩ 7,120,000	₩ 9,520,000	
27	"이"씨 성이면서 코드에 "1"을 포함한 합					₩ 1,560,000	₩ 2,310,000	
28	"김"씨 성이면서 코드에 "5"를 포함한 합					₩ 230,000	₩ 780,000	
29	종합 열에 사용된 함수식(조성진 기준)					=CONCATENATE(A23,":",LEFT(B23,1),":",F23,"일")		
30	=SUMIF($C$4:$C$23,$C$26,I4:I23)							

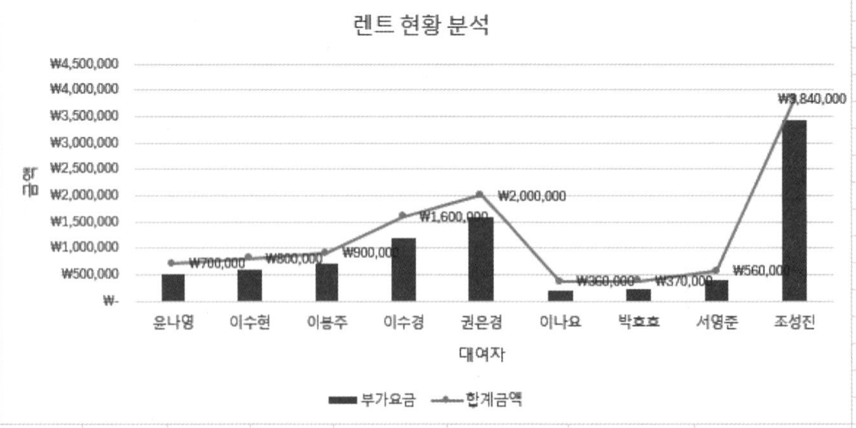

렌트 현황 분석

₩4,500,000
₩4,000,000
₩3,500,000
₩3,000,000
₩2,500,000
₩2,000,000
₩1,500,000
₩1,000,000
₩500,000
₩-

금액

₩700,000 ₩800,000 ₩900,000 ₩1,600,000 ₩2,000,000 ₩360,000 ₩370,000 ₩560,000 ₩3,840,000

윤나영 이수현 이봉주 이수경 권은경 이나요 박호호 서영준 조성진

대여자

부가요금 합계금액

01. 데이터 입력하기

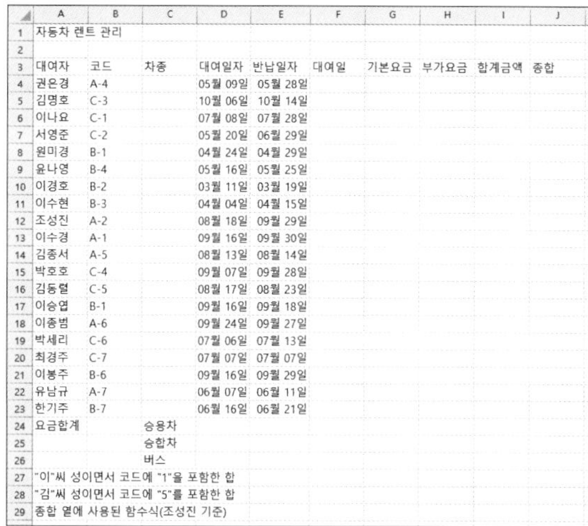

	A	B	C	D	E	F	G	H	I	J
1	자동차 렌트 관리									
2										
3	대여자	코드	차종	대여일자	반납일자	대여일	기본요금	부가요금	합계금액	종합
4	권은경	A-4		05월 09일	05월 28일					
5	김명호	C-3		10월 06일	10월 14일					
6	이나요	C-1		07월 08일	07월 28일					
7	서영준	C-2		05월 20일	06월 29일					
8	원미경	B-1		04월 24일	04월 29일					
9	윤나영	B-4		05월 16일	05월 25일					
10	이경호	B-2		03월 11일	03월 19일					
11	이수현	B-3		04월 04일	04월 15일					
12	조성진	A-2		08월 18일	09월 29일					
13	이수경	A-1		09월 16일	09월 30일					
14	김종서	A-5		08월 13일	08월 14일					
15	박호호	C-4		09월 07일	09월 28일					
16	김동렬	C-5		08월 17일	08월 23일					
17	이승엽	B-1		09월 16일	09월 18일					
18	이종범	A-6		09월 24일	09월 27일					
19	박세리	C-6		07월 06일	07월 13일					
20	최경주	C-7		07월 07일	07월 07일					
21	이봉주	B-6		09월 16일	09월 29일					
22	유남규	A-7		06월 07일	06월 11일					
23	한기주	B-7		06월 16일	06월 21일					
24	요금합계		승용차							
25			승합차							
26			버스							
27	"이"씨 성이면서 코드에 "1"을 포함한 합									
28	"김"씨 성이면서 코드에 "5"를 포함한 합									
29	종합 열에 사용된 함수식(조성진 기준)									

대여일자와 반납일자를 입력할 때는 '5-9'와 같이 입력하면 자동으로 '05월 09일'로 입력됩니다. 문제에 제시된 자료와 표시 형식이 다르지만 대열일자와 반납일자는 작업표에 표시되지 않으므로 그대로 두면 됩니다.

02. 수식 작성하기

❶ 차종(C4) : =IF(LEFT(B4,1)="A","버스",IF(LEFT(B4,1)="B","승합차","승용차"))

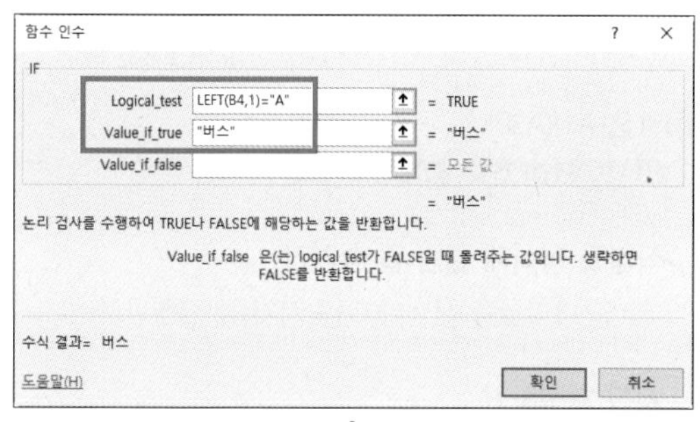

↓

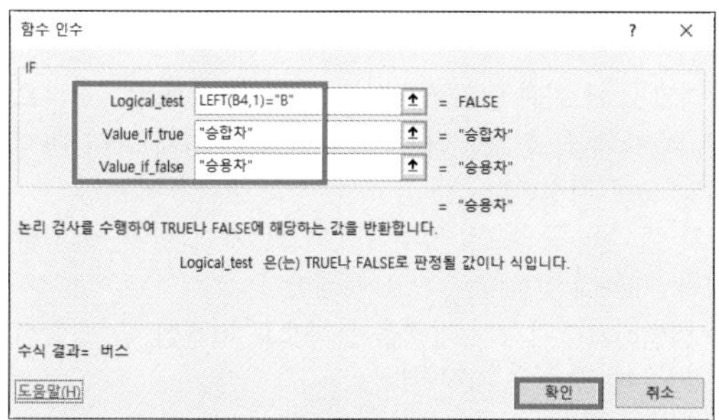

❷ 대여일(F4) : =E4−D4+1

❸ 기본요금(G4) : =IF(C4="승용차",150000,IF(C4="승합차",200000,400000))

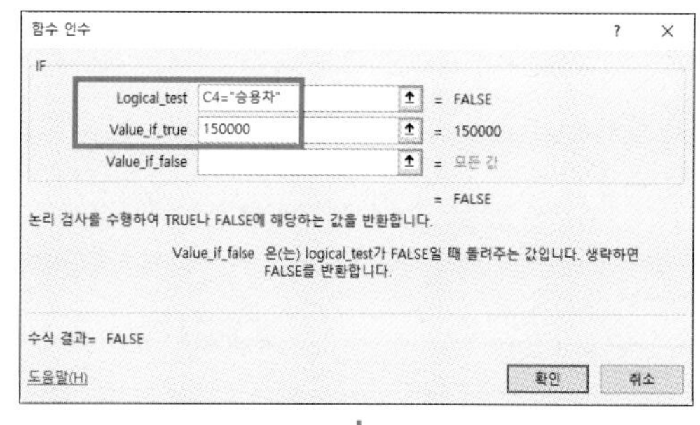

↓

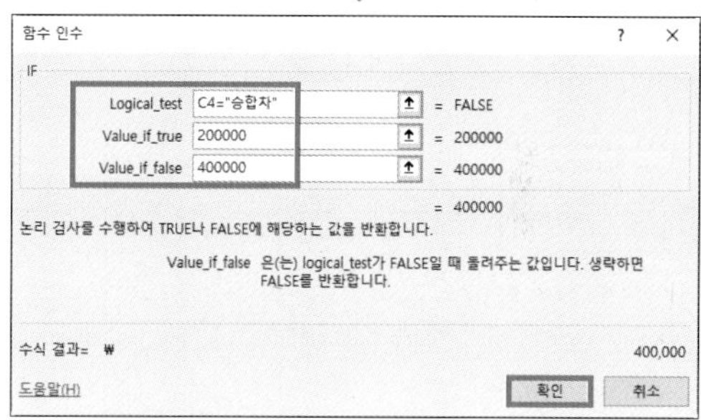

❹ 부가요금(H4) : =F4*IF(C4="승용차",10000,IF(C4="승합차",50000,80000))

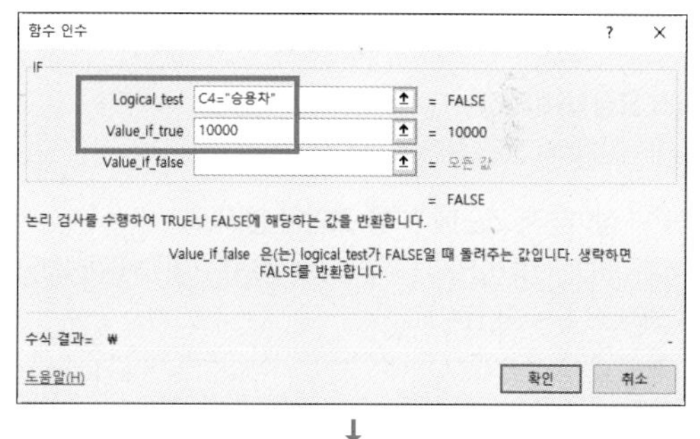

↓

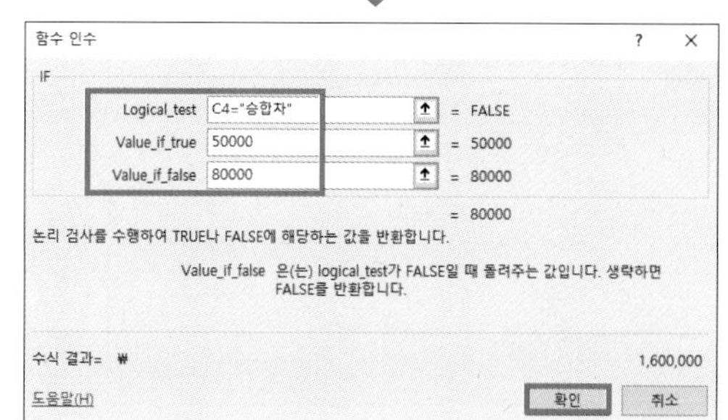

❺ **합계금액(I4)** : =G4+H4

❻ **종합(J4)**

=CONCATENATE(A4,“:”,LEFT(B4,1),“:”, F4,“일”)

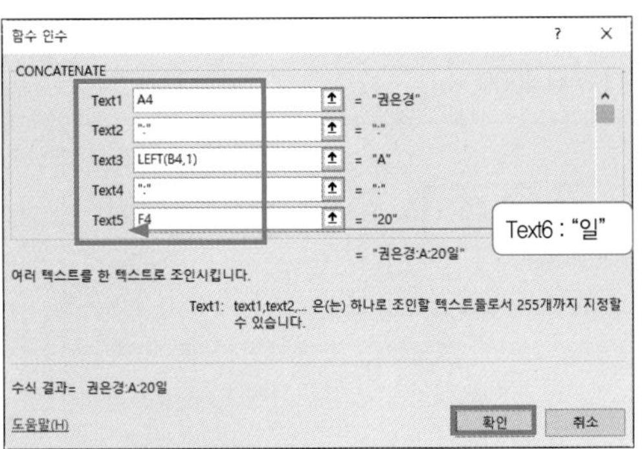

❼ **승용차 요금합계(F24)**

=SUMIF($C$4:$C$23,$C$24,F4:F23)

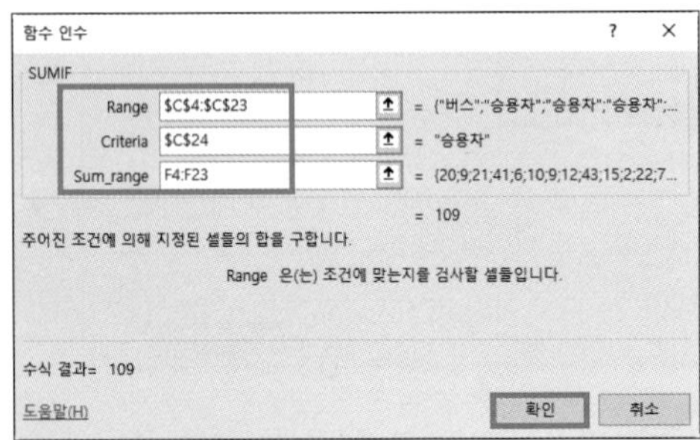

❽ **승합차 요금합계(F25)**

=SUMIF($C$4:$C$23,$C$25,F4:F23)

❾ **버스 요금합계(F26)**

=SUMIF($C$4:$C$23,$C$26,F4:F23)

❿ **“이”씨 성이면서 코드에 “1”을 포함한 합(H27)**

=SUMPRODUCT((LEFT($A$4:$A$23,1)=“이”)*(RIGHT($B$4:$B$23,1)=“1”),H4:H23)

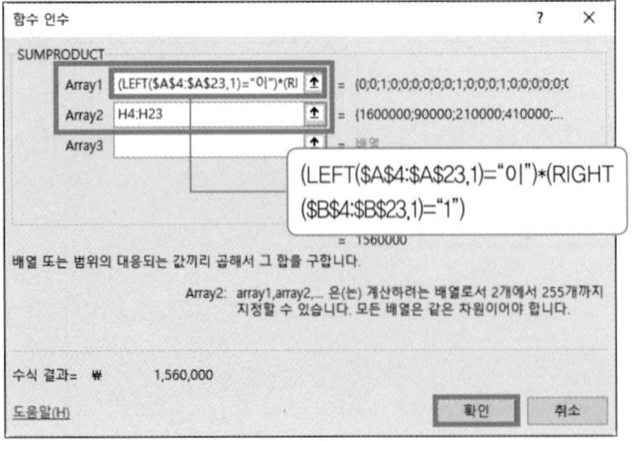

⓫ **“김”씨 성이면서 코드에 “5”를 포함한 합(H28)**

=SUMPRODUCT((LEFT($A$4:$A$23,1)=“김”)*(RIGHT($B$4:$B$23,1)=“5”),H4:H23)

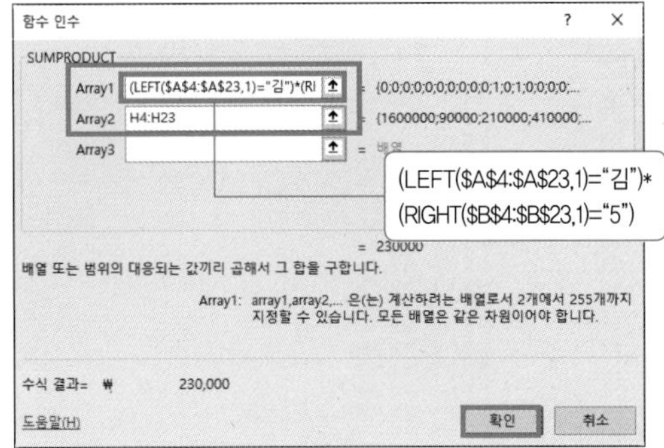

03. 데이터 정렬하기

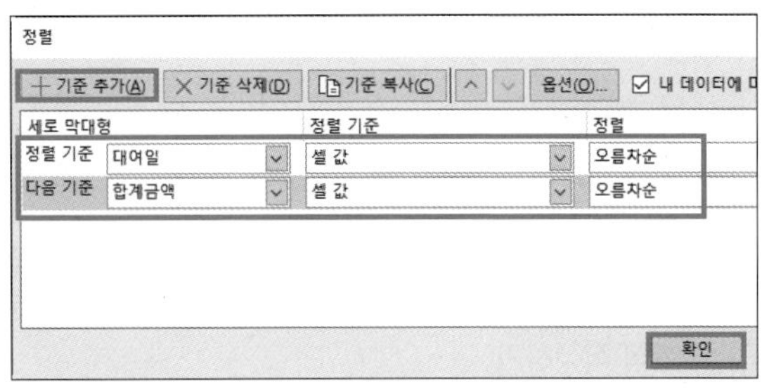

04. 함수식 입력하기

⓬ **종합 열에 사용된 함수식(조성진 기준)(H29)**

‘=CONCATENATE(A23,“:”,LEFT(B23,1),“:”,F23,“일”)

⓭ **❾의 함수식(A30)**

‘=SUMIF($C$4:$C$23,$C$26,I4:I23)

05. 작업표 형식에 없는 열 숨기기

D, E열의 열 머리글을 선택하고 [숨기기]를 실행한다.

06. 서식 지정하기

1. **제목 서식 지정하기** : 글꼴 크기 20, ‘병합하고 가운데 맞춤’을 지정한다.
2. **금액에 대해 화폐 단위(₩)와 ,(Comma) 표시하기** : 기본요금, 부가요금, 합계금액의 표시 형식을 ‘회계 표시 형식( )’으로 지정한다.
3. **문자 셀 수평 중앙으로 맞추기** : 텍스트가 입력된 셀의 맞춤을 ‘가운데 맞춤( )’으로 지정한다.
4. **셀 병합하기** : 각각의 영역을 블록으로 지정한 후 ‘병합하고 가운데 맞춤’을 지정한다.
5. **테두리 지정하기** : 테두리를 지정한다.

문제 2 차트(그래프) 작성

해설

01. 차트 작성하기

1. [A3], [A18:A23], [H3:I3], [H18:I23] 영역을 선택한 후 [삽입] → 차트 → 꺾은선형 또는 영역형 차트 삽입(![icon]) → **표식이 있는 꺾은선형**을 선택한다.

	A	B	C	F	G	H	I	J
1	자동차 렌트 관리							
2								
3	대여자	코드	차종	대여일	기본요금	부가요금	합계금액	종합
4	최경주	C-7	승용차	1	₩ 150,000	₩ 10,000	₩ 160,000	최경주:C:1일
5	김종서	A-5	버스	2	₩ 400,000	₩ 160,000	₩ 560,000	김종서:A:2일
6	이승엽	B-1	승합차	3	₩ 200,000	₩ 150,000	₩ 350,000	이승엽:B:3일
7	이종범	A-6	버스	4	₩ 400,000	₩ 320,000	₩ 720,000	이종범:A:4일
8	유남규	A-7	버스	5	₩ 400,000	₩ 400,000	₩ 800,000	유남규:A:5일
9	원미경	B-1	승합차	6	₩ 200,000	₩ 300,000	₩ 500,000	원미경:B:6일
10	한기주	B-7	승합차	6	₩ 200,000	₩ 300,000	₩ 500,000	한기주:B:6일
11	김동렬	C-5	승용차	7	₩ 150,000	₩ 70,000	₩ 220,000	김동렬:C:7일
12	박세리	C-6	승용차	8	₩ 150,000	₩ 80,000	₩ 230,000	박세리:C:8일
13	김명호	C-3	승용차	9	₩ 150,000	₩ 90,000	₩ 240,000	김명호:C:9일
14	이경호	B-2	승합차	9	₩ 200,000	₩ 450,000	₩ 650,000	이경호:B:9일
15	윤나영	B-4	승합차	10	₩ 200,000	₩ 500,000	₩ 700,000	윤나영:B:10일
16	이수현	B-3	승합차	12	₩ 200,000	₩ 600,000	₩ 800,000	이수현:B:12일
17	이봉주	B-6	승합차	14	₩ 200,000	₩ 700,000	₩ 900,000	이봉주:B:14일
18	이수경	A-1	버스	15	₩ 400,000	₩ 1,200,000	₩ 1,600,000	이수경:A:15일
19	권은경	A-4	버스	20	₩ 400,000	₩ 1,600,000	₩ 2,000,000	권은경:A:20일
20	이나요	C-1	승용차	21	₩ 150,000	₩ 210,000	₩ 360,000	이나요:C:21일
21	박호호	C-4	승용차	22	₩ 150,000	₩ 220,000	₩ 370,000	박호호:C:22일
22	서영준	C-2	승용차	41	₩ 150,000	₩ 410,000	₩ 560,000	서영준:C:41일
23	조성진	A-2	버스	43	₩ 400,000	₩ 3,440,000	₩ 3,840,000	조성진:A:43일
24	요금합계		승용차	109	₩ 1,050,000	₩ 1,090,000	₩ 2,140,000	
25			승합차	60	₩ 1,400,000	₩ 3,000,000	₩ 4,400,000	
26			버스	89	₩ 2,400,000	₩ 7,120,000	₩ 9,520,000	
27	"이"씨 성이면서 코드에 "1"을 포함한 합					₩ 1,560,000	₩ 2,310,000	
28	"김"씨 성이면서 코드에 "5"를 포함한 합					₩ 230,000	₩ 780,000	
29	종합 열에 사용된 함수식(조성진 기준)					=CONCATENATE(A23,":",LEFT(B23,1),":",F23,"일")		
30	=SUMIF($C$4:$C$23,$C$26,I4:I23)							

2. '부가요금' 계열의 차트 종류를 '묶은 세로 막대형' 차트로 변경한다.
3. '합계금액' 계열에 데이터 레이블을 추가한다.
4. 차트 제목을 **렌트 현황 분석**으로 입력한 후 서식을 지정한다.
5. X축 제목을 **대여자**, Y축 제목을 **금액**으로 지정한다.
6. 차트 위치 및 크기를 조절한다.

02. 페이지 설정하기

'페이지 설정' 대화상자에서 위쪽 여백을 6으로 지정하고, '페이지 가운데 맞춤'에서 '가로'와 '세로'를 선택한다.

06회 Access – 자료처리(DBMS) 작업

정답 및 해설

문제 1 테이블 및 쿼리 작성

해설

01. 첫 번째 테이블 작성하기

정답

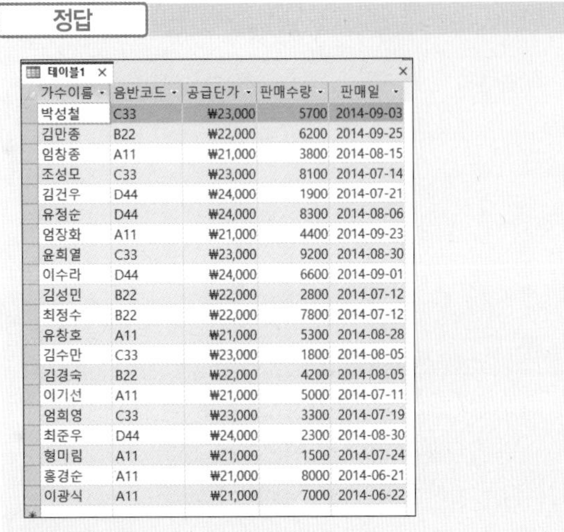

테이블1

가수이름	음반코드	공급단가	판매수량	판매일
박성철	C33	₩23,000	5700	2014-09-03
김만종	B22	₩22,000	6200	2014-09-25
임창종	A11	₩21,000	3800	2014-08-15
조성모	C33	₩23,000	8100	2014-07-14
김건우	D44	₩24,000	1900	2014-07-21
유정순	D44	₩24,000	8300	2014-08-06
엄장화	A11	₩21,000	4400	2014-09-23
윤희열	C33	₩23,000	9200	2014-08-30
이수라	D44	₩24,000	6600	2014-09-01
김성민	B22	₩22,000	2800	2014-07-12
최정수	B22	₩22,000	7800	2014-07-12
유창호	A11	₩21,000	5300	2014-08-28
김수만	C33	₩23,000	1800	2014-08-05
김경숙	B22	₩22,000	4200	2014-08-05
이기선	A11	₩21,000	5000	2014-07-11
엄희영	C33	₩23,000	3300	2014-07-19
최준우	D44	₩24,000	2300	2014-08-30
형미림	A11	₩21,000	1500	2014-07-24
홍경순	A11	₩21,000	8000	2014-06-21
이광식	A11	₩21,000	7000	2014-06-22

❶ 필드 생성 및 속성 지정하기

테이블1

필드 이름	데이터 형식	설명(옵션)
가수이름	짧은 텍스트	
음반코드	짧은 텍스트	
공급단가	통화	
판매수량	숫자	
판매일	날짜/시간	

❷ 기본키 해제하기

'가수이름' 필드 행을 클릭한 후 바로 가기 메뉴에서 [**기본키**]를 선택하여 기본키를 해제한다.

02. 두 번째 테이블 작성하기

정답

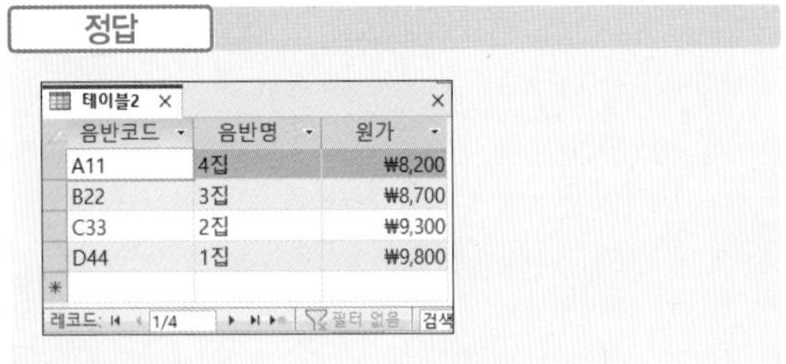

테이블2

음반코드	음반명	원가
A11	4집	₩8,200
B22	3집	₩8,700
C33	2집	₩9,300
D44	1집	₩9,800

레코드: 1/4 필터 없음 검색

❶ 필드 생성 및 속성 지정하기

테이블2

필드 이름	데이터 형식	설명(옵션)
음반코드	짧은 텍스트	
음반명	짧은 텍스트	
원가	통화	

03. 쿼리 작성하기

정답

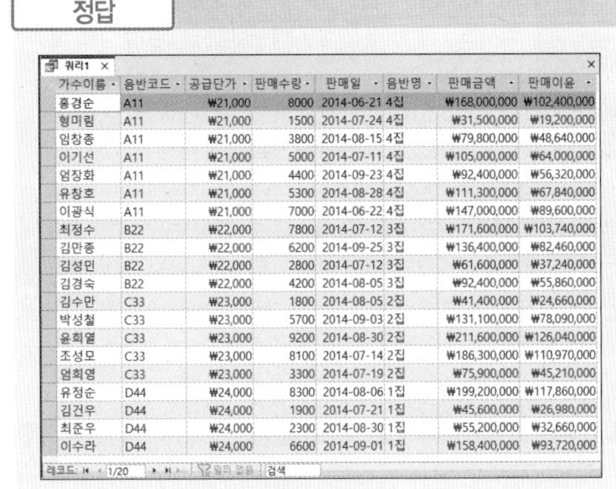

쿼리1

가수이름	음반코드	공급단가	판매수량	판매일	음반명	판매금액	판매이윤
홍경순	A11	₩21,000	8000	2014-06-21	4집	₩168,000,000	₩102,400,000
형미림	A11	₩21,000	1500	2014-07-24	4집	₩31,500,000	₩19,200,000
임창종	A11	₩21,000	3800	2014-08-15	4집	₩79,800,000	₩48,640,000
이기선	A11	₩21,000	5000	2014-07-11	4집	₩105,000,000	₩64,000,000
엄장화	A11	₩21,000	4400	2014-09-23	4집	₩92,400,000	₩56,320,000
유창호	A11	₩21,000	5300	2014-08-28	4집	₩111,300,000	₩67,840,000
이광식	A11	₩21,000	7000	2014-06-22	4집	₩147,000,000	₩89,600,000
최정수	B22	₩22,000	7800	2014-07-12	3집	₩171,600,000	₩103,740,000
김만종	B22	₩22,000	6200	2014-09-25	3집	₩136,400,000	₩82,460,000
김성민	B22	₩22,000	2800	2014-07-12	3집	₩61,600,000	₩37,240,000
김경숙	B22	₩22,000	4200	2014-08-05	3집	₩92,400,000	₩55,860,000
김수만	C33	₩23,000	1800	2014-08-05	2집	₩41,400,000	₩24,660,000
박성철	C33	₩23,000	5700	2014-09-03	2집	₩131,100,000	₩78,090,000
윤희열	C33	₩23,000	9200	2014-08-30	2집	₩211,600,000	₩126,040,000
조성모	C33	₩23,000	8100	2014-07-14	2집	₩186,300,000	₩110,970,000
엄희영	C33	₩23,000	3300	2014-07-19	2집	₩75,900,000	₩45,210,000
유정순	D44	₩24,000	8300	2014-08-06	1집	₩199,200,000	₩117,860,000
김건우	D44	₩24,000	1900	2014-07-21	1집	₩45,600,000	₩26,980,000
최준우	D44	₩24,000	2300	2014-08-30	1집	₩55,200,000	₩32,660,000
이수라	D44	₩24,000	6600	2014-09-01	1집	₩158,400,000	₩93,720,000

레코드: 1/20 필터 없음 검색

보고서에서 사용할 필드 현황

필드명	원본 데이터	비고
가수이름	테이블1	테이블에서 제공
공급단가		
판매수량		
판매일		
음반명	테이블2	
판매금액	판매수량 × 공급단가	추가되는 계산 필드
판매이윤	판매금액 – (원가 × 판매수량)	

❶ 테이블 및 필드 선택하기

1. 쿼리 작성기에서 '테이블1'과 '테이블2' 테이블을 추가한 후 '테이블1' 테이블의 '음반코드' 필드를 '테이블2' 테이블의 '음반코드' 필드로 드래그한다.
2. 쿼리 작성기에서 '테이블1'의 모든 필드와 '테이블2'의 '음반명' 필드를 추가한다.

❷ 계산 필드 추가하기

1. '판매금액' 필드 추가하기 : '음반명' 필드의 오른쪽 필드에 **판매금액: [판매수량]*[공급단가]**를 입력한다.

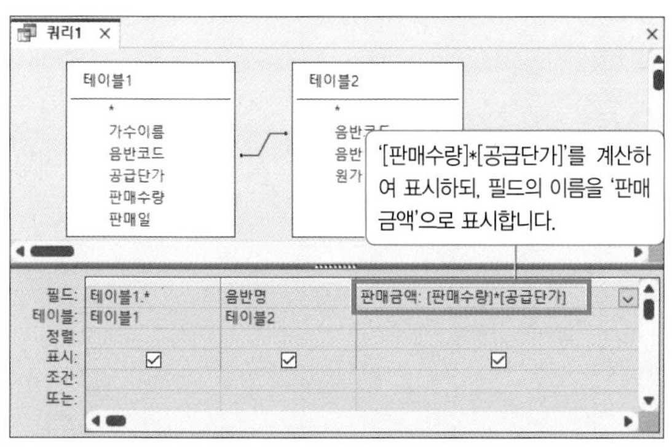

2. '판매이윤' 필드 추가하기 : '판매금액' 필드의 오른쪽 필드에 **판매이윤: [판매금액]-([원가]*[판매수량])**을 입력한다.

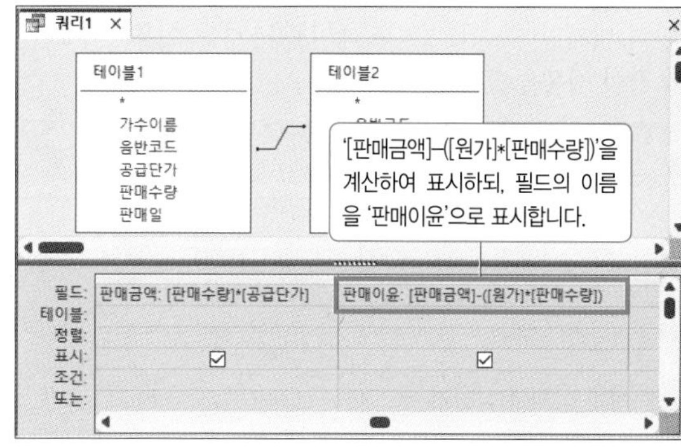

문제 2 조회화면(SCREEN) 설계

해설

정답

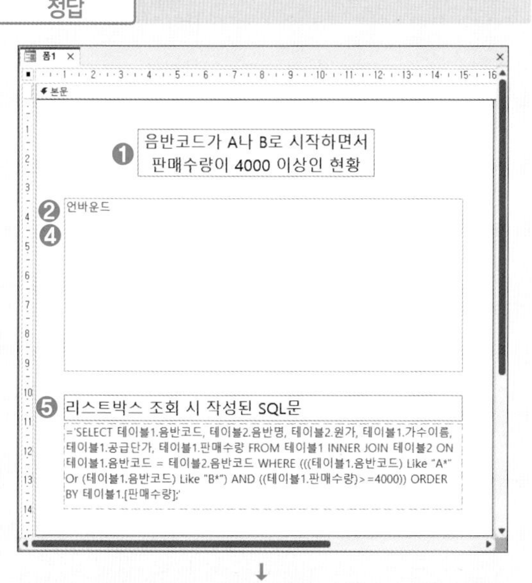

↓

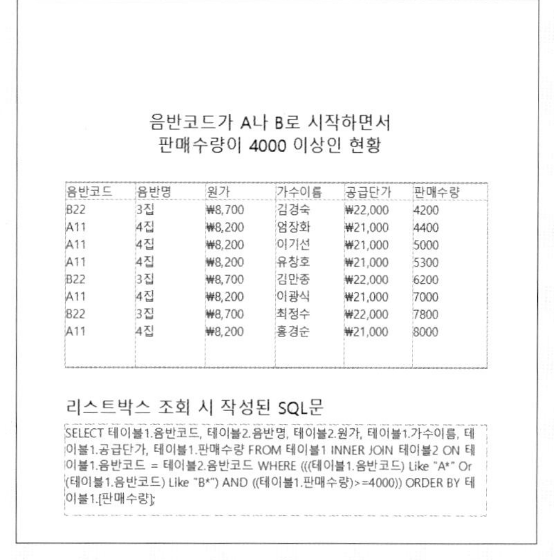

음반코드가 A나 B로 시작하면서
판매수량이 4000 이상인 현황

음반코드	음반명	원가	가수이름	공급단가	판매수량
B22	3집	₩8,700	김경숙	₩22,000	4200
A11	4집	₩8,200	엄장화	₩21,000	4400
A11	4집	₩8,200	이기선	₩21,000	5000
A11	4집	₩8,200	유창호	₩21,000	5300
B22	3집	₩8,700	김만종	₩22,000	6200
A11	4집	₩8,200	이광식	₩21,000	7000
B22	3집	₩8,700	최정수	₩22,000	7800
A11	4집	₩8,200	홍경순	₩21,000	8000

리스트박스 조회 시 작성된 SQL문

SELECT 테이블1.음반코드, 테이블2.음반명, 테이블2.원가, 테이블1.가수이름, 테이블1.공급단가, 테이블1.판매수량 FROM 테이블1 INNER JOIN 테이블2 ON 테이블1.음반코드 = 테이블2.음반코드 WHERE (((테이블1.음반코드) Like "A*" Or (테이블1.음반코드) Like "B*") AND ((테이블1.판매수량)>=4000)) ORDER BY 테이블1.[판매수량];

01. 폼 작성하기

❶ 제목 추가하기

[양식 디자인] → 컨트롤 → **레이블(가가)**을 이용하여 그림과 같이 제목을 삽입한다.

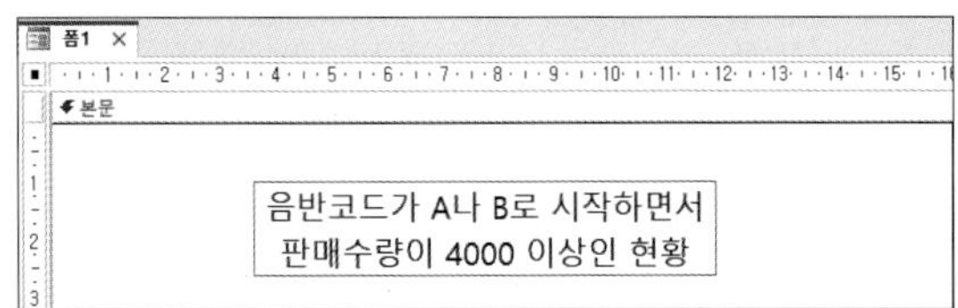

❷ 목록 상자 작성하기

1. [양식 디자인] → 컨트롤 → **목록 상자(▤)**를 이용하여 목록 상자를 추가한다.
2. '목록 상자 마법사' 1단계 대화상자에서 〈다음〉을 클릭한다.
3. '목록 상자 마법사' 2단계 대화상자에서 〈다음〉을 클릭한다.
4. '목록 상자 마법사' 3단계 대화상자를 그림과 같이 지정하고 〈다음〉을 클릭한다.

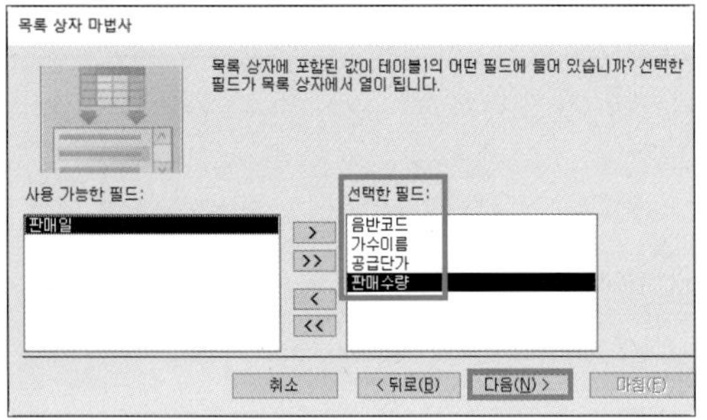

5. '목록 상자 마법사' 4단계 대화상자에서 그림과 같이 지정한 후 〈다음〉을 클릭한다.

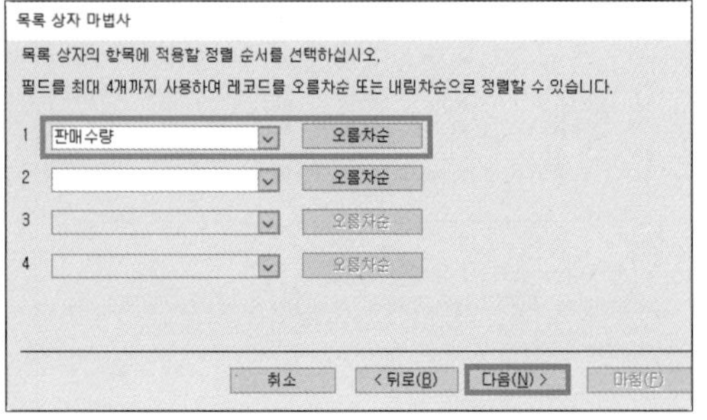

6. '목록 상자 마법사' 5단계 대화상자에서 〈다음〉을 클릭한다.
7. '목록 상자 마법사' 6단계 대화상자에서 〈다음〉을 클릭한다.
8. '목록 상자 마법사' 7단계 대화상자에서 〈마침〉을 클릭한다.
9. 작성된 목록 상자의 가로 너비를 조절하고 폼의 중앙에 위치하도록 이동시킨다.

❸ 목록 상자의 레이블 삭제하기

목록 상자와 함께 생성된 레이블을 선택한 후 Delete를 눌러 삭제한다.

❹ 목록 상자 수정하기

1. 목록 상자를 더블클릭한 후 속성 시트 창의 '형식' 탭에서 열 개수, 열 너비, 열 이름 속성을 그림과 같이 지정한다.

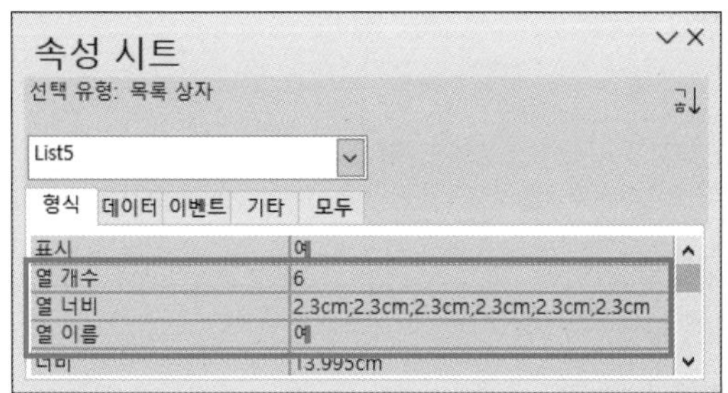

2. '데이터' 탭의 행 원본 속성을 선택한 후 '작성기 단추(...)'를 클릭한다.
3. '관계' 창의 바로 가기 메뉴에서 **[테이블 표시]**를 선택한다.
4. '테이블 추가' 창의 '테이블' 탭에서 '테이블2' 테이블을 더블클릭하여 추가한 후 '닫기(☒)' 단추를 클릭한다.
5. 쿼리 작성기에서 '테이블1' 테이블의 '음반코드' 필드를 '테이블2' 테이블의 '음반코드' 필드로 드래그한다.
6. 쿼리 작성기에서 그림과 같이 '테이블2' 테이블의 '음반명'과 '원가' 필드를 추가하고 조건을 지정한다.

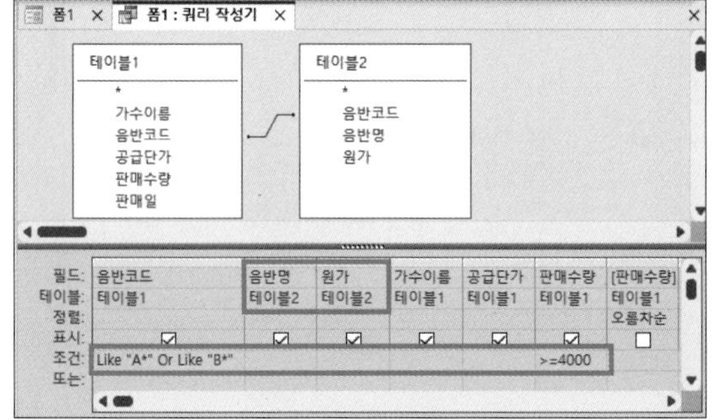

⑤ 텍스트 상자에 SQL문 복사하여 넣기

1. [양식 디자인] → 컨트롤 → 텍스트 상자(▭)를 이용하여 그림과 같이 텍스트 상자를 삽입한다.

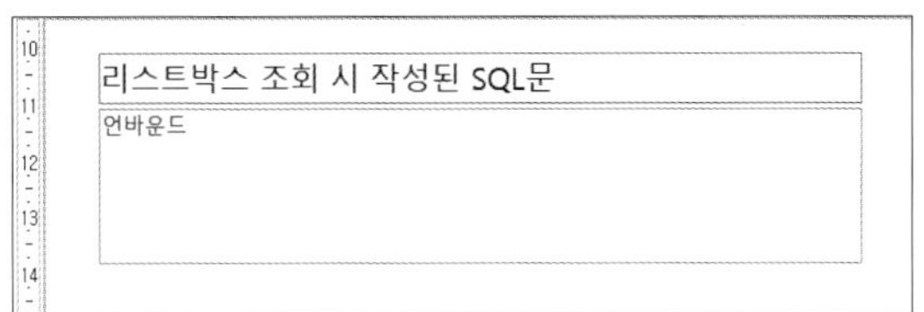

2. 목록 상자를 더블클릭한 후 속성 시트 창의 '데이터' 탭에서 행 원본 속성의 모든 내용을 복사하여 그림과 같이 텍스트 상자에 붙여넣는다.

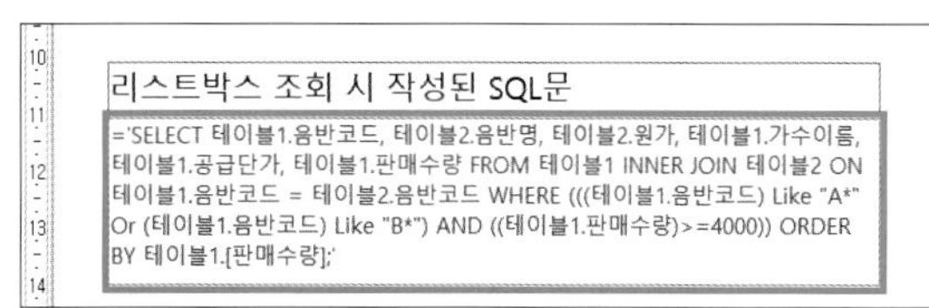

3. 텍스트 상자의 선 종류를 '파선'으로 지정한다.

02. 폼 여백 설정하기

폼의 위쪽 여백을 60으로 지정한다.

문제 3 자료처리 파일(File) 작성

해설

정답

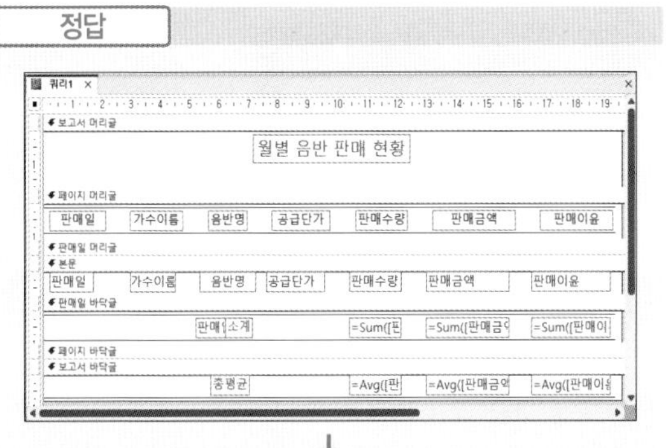

↓

월별 음반 판매 현황

판매일	가수이름	음반명	공급단가	판매수량	판매금액	판매이윤
06-22	이광식	4집	₩21,000	7000	₩147,000,000	₩89,600,000
06-21	홍경순	4집	₩21,000	8000	₩168,000,000	₩102,400,000
		6월 소계		15000	₩315,000,000	₩192,000,000
07-24	형미림	4집	₩21,000	1500	₩31,500,000	₩19,200,000
07-21	김건우	1집	₩24,000	1900	₩45,600,000	₩26,980,000
07-12	김성민	3집	₩22,000	2800	₩61,600,000	₩37,240,000
07-19	엄희영	2집	₩23,000	3300	₩75,900,000	₩45,210,000
07-11	이기선	4집	₩21,000	5000	₩105,000,000	₩64,000,000
07-12	최청수	3집	₩22,000	7800	₩171,600,000	₩103,740,000
07-14	조성모	2집	₩23,000	8100	₩186,300,000	₩110,970,000
		7월 소계		30400	₩677,500,000	₩407,340,000
08-05	김수만	2집	₩23,000	1800	₩41,400,000	₩24,660,000
08-30	최준우	1집	₩24,000	2300	₩55,200,000	₩32,660,000
08-15	임창종	4집	₩21,000	3800	₩79,800,000	₩48,640,000
08-05	김경숙	3집	₩22,000	4200	₩92,400,000	₩55,860,000
08-28	유창호	4집	₩21,000	5300	₩111,300,000	₩67,840,000
08-06	유정순	1집	₩24,000	8300	₩199,200,000	₩117,860,000
08-30	윤희열	2집	₩23,000	9200	₩211,600,000	₩126,040,000
		8월 소계		34900	₩790,900,000	₩473,560,000
09-23	엄장화	4집	₩21,000	4400	₩92,400,000	₩56,320,000
09-03	박성철	2집	₩23,000	5700	₩131,100,000	₩78,090,000
09-25	김만종	3집	₩22,000	6200	₩136,400,000	₩82,460,000
09-01	이수라	1집	₩24,000	6600	₩158,400,000	₩93,720,000
		9월 소계		22900	₩518,300,000	₩310,590,000
		총평균		5160	₩115,085,000	₩69,174,500

01. 보고서 만들기

1. '보고서 마법사' 1단계 대화상자에서 그림과 같이 지정한 후 〈다음〉을 클릭한다.

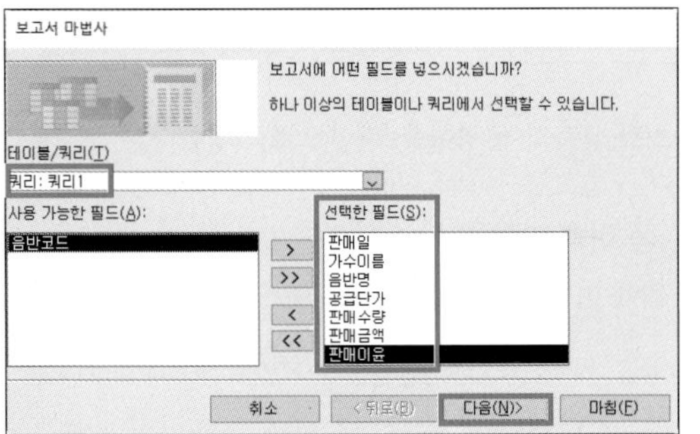

2. '보고서 마법사' 2단계 대화상자에서 '판매일'을 더블클릭한 후 〈다음〉을 클릭한다.

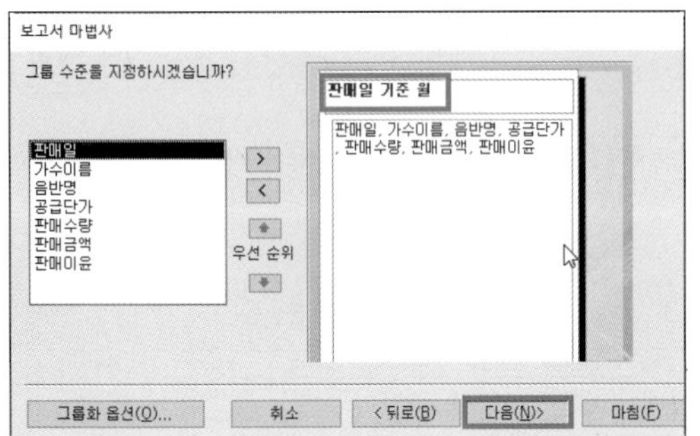

3. '보고서 마법사' 3단계 대화상자에서 〈요약 옵션〉을 클릭한 후 그림과 같이 지정하고 〈확인〉을 클릭한다.

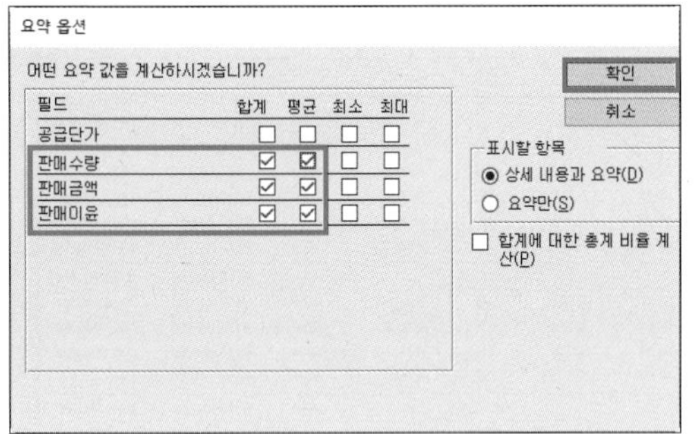

4. '보고서 마법사' 3단계 대화상자에서 〈다음〉을 클릭한다.
5. '보고서 마법사' 4단계 대화상자에서 '단계'가 선택된 것을 확인한 후 〈다음〉을 클릭한다.
6. '보고서 마법사' 5단계 대화상자에서 '보고서 디자인 수정'을 선택한 후 〈마침〉을 클릭한다.

02. 보고서 편집하기

❶ 불필요한 컨트롤 삭제하기

페이지 머리글의 '판매일' 레이블(❶)과 판매일 바닥글의 '="에 대한 요약"~' 텍스트 상자(❷), 페이지 바닥글의 날짜 텍스트 상자(❸), 페이지 텍스트 상자(❹), 보고서 바닥글의 모든 컨트롤(❺)을 Delete를 눌러 삭제한다.

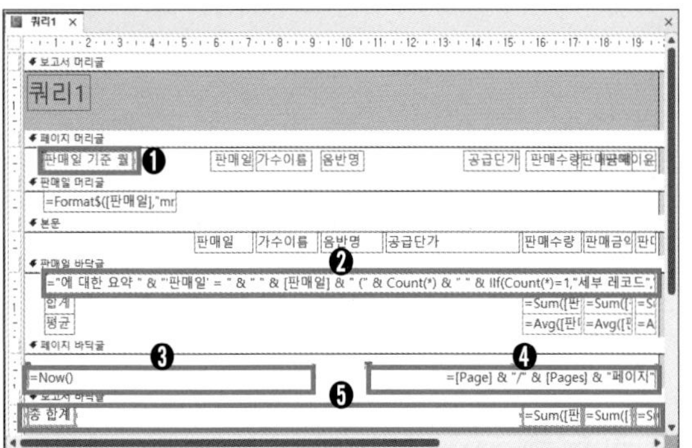

궁금해요

시나공 Q&A 베스트

Q 보고서 결과에 '판매이윤' 필드가 없어요.

A 보고서 마법사를 이용하여 보고서를 작성할 때 모든 필드가 보고서의 한 페이지에 표시되지 않을 수 있습니다. 이럴 경우 보고서의 원본 데이터로 사용된 테이블 중 데이터 형식이 텍스트인 필드의 필드 크기를 줄여주면 됩니다. 여기서는 '테이블1'을 디자인 보기 상태로 연 후 '가수이름' 필드의 필드 크기를 10으로 지정한 후 보고서를 다시 만들어 보세요.

❷ 컨트롤 이동, 크기, 내용 변경하기

1. 판매일 머리글에 있는 '판매일 기준 월' 텍스트 상자를 판매일 바닥글 영역으로 드래그하여 이동시킨다.
2. 판매일 바닥글의 '평균' 레이블과 '판매수량의 평균', '판매금액의 평균', '판매이윤의 평균' 텍스트 상자를 보고서 바닥글로 드래그하여 이동시킨다.
3. 컨트롤의 크기, 위치 및 내용을 그림과 같이 변경한다.

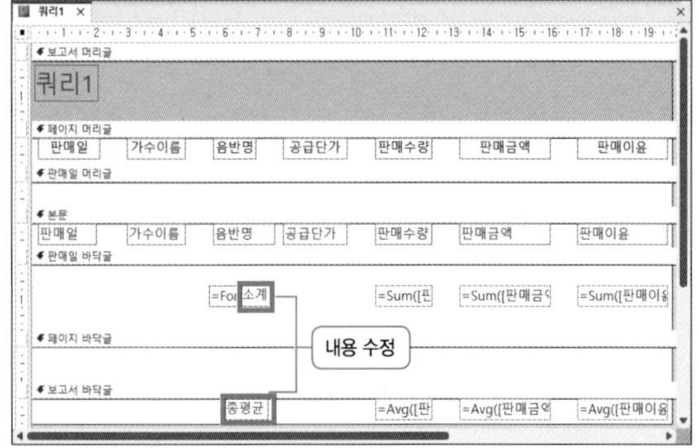

③ 정렬 지정하기

'그룹, 정렬 및 요약' 창에서 〈정렬 추가〉를 클릭한 후 그림과 같이 지정한다.

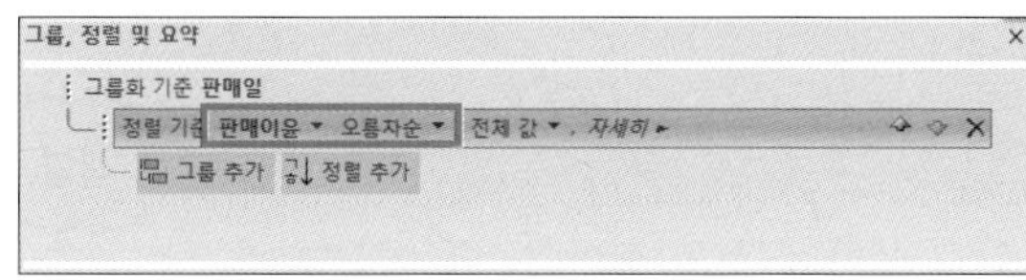

④ 제목 입력 및 서식 지정하기

1. 보고서 머리글의 레이블을 선택한 후 글꼴 크기 16, '가운데 맞춤(☰)'을 지정한다.
2. 제목 레이블의 가로 크기를 보고서 가로 크기만큼 늘린 후 내용을 **월별 음반 판매 현황**으로 수정한다.

⑤ 선 컨트롤 추가하기

[보고서 디자인] → 컨트롤 → **선**( )을 이용하여 그림과 같이 선을 삽입한다.

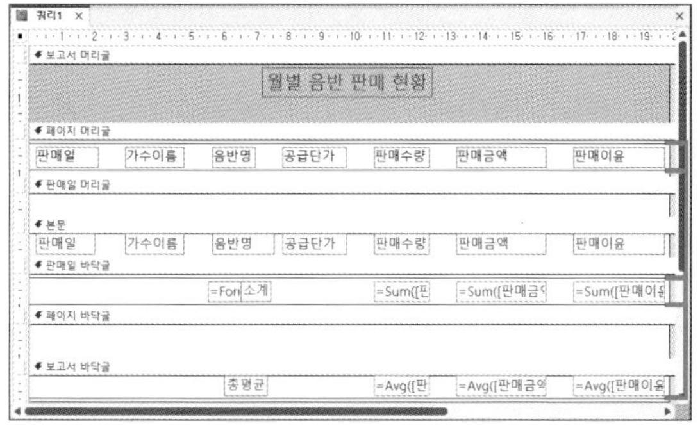

⑥ '판매일' 컨트롤에 속성 지정하기

본문의 '판매일' 텍스트 상자를 더블클릭한 후 속성 시트 창의 '형식' 탭에서 형식 속성을 **mm-dd**로 지정한다.

⑦ '판매일 기준 월' 컨트롤 변경하기

1. 판매일 바닥글의 '판매일 기준 월' 텍스트 상자에 이미 입력된 내용을 지우고 **판매일**을 입력한다.
2. 이어서 '판매일 기준 월' 텍스트 상자를 더블클릭한 후 속성 시트 창의 '형식' 탭에서 형식 속성을 **m월**로 지정한다.

보고서 마법사에서 '판매일' 필드로 그룹을 지정하면 기본적으로 '월'을 기준으로 그룹이 지정되며, "mmmm yyyy" 형식으로 표시됩니다. 자료처리 화면과 같이 월만 표시되도록 지정하기 위해 컨트롤 원본을 '판매일'로, 형식을 'm월'로 변경한 것입니다. 형식을 'm월'로 지정하면 자동으로 'm₩월'로 변경됩니다.

⑧ 금액 컨트롤에 속성 지정하기

판매일 바닥글의 '판매금액의 합계'와 '판매이윤의 합계', 보고서 바닥글의 '판매금액의 평균'과 '판매이윤의 평균' 텍스트 상자를 선택한 후 속성 시트 창의 '형식' 탭에서 형식 속성을 '통화'로, 소수 자릿수 속성을 0으로 지정한다.

⑨ 컨트롤의 데이터 정렬 및 글꼴 색 변경하기

1. 모든 레이블과 문자 데이터가 들어 있는 텍스트 상자의 텍스트를 '가운데 맞춤(☰)', 글꼴 색을 '검정, 텍스트 1'로 지정한다.
2. 레이블이나 텍스트 상자의 크기 및 위치를 조절하여 문제지에 주어진 그림과 같이 열의 간격과 정렬을 맞춘다.

⑩ 배경색 및 교차 행 색 변경하기

1. 보고서 머리글 선택기를 클릭한 후 도형 채우기 색을 '흰색, 배경 1'로 지정한다.
2. 본문과 판매일 바닥글의 교차 행 색을 '색 없음'으로 지정한다.

⑪ 컨트롤에 테두리 서식 변경하기

판매일 바닥글과 보고서 바닥글의 모든 텍스트 상자의 도형 윤곽선을 '투명'으로 지정한다.

⑫ 사용되지 않는 영역 제거 및 보고서 확인하기

본문과 보고서 바닥글의 선택기를 위쪽으로 드래그하여 빈 공간만 확보된 판매일 머리글과 페이지 바닥글 영역을 제거한다.

03. 보고서 여백 설정하기

보고서의 위쪽 여백을 60으로 지정한다.

06회 PowerPoint – 시상 작업(PT)

정답 및 해설

문제 1 제 1슬라이드

해설

01. 제 1슬라이드 작성하기

정답

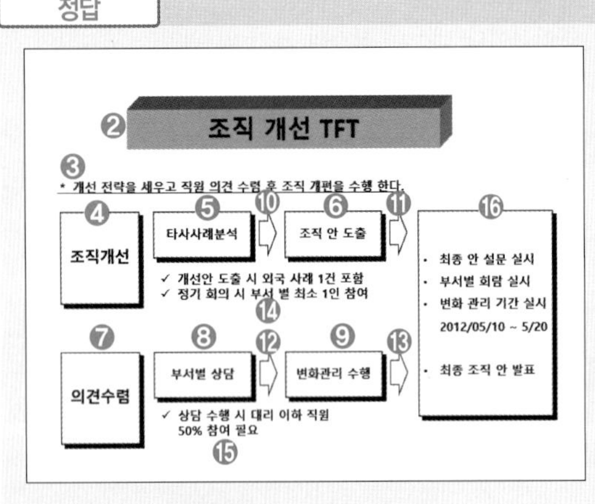

❶ 슬라이드 레이아웃

[레이아웃] → **빈 화면**

❷ 직사각형1 삽입하기

- [삽입] → 일러스트레이션 → 도형 → 사각형 → **직사각형(□)**
- 서식 지정('도형 서식' 창의 [도형 옵션])
  - (채우기 및 선)의 채우기 : 흰색, 배경 1
  - (채우기 및 선)의 선 : 선 없음
  - (효과)의 3차원 서식
    - ▶ 깊이 : 색 '흰색, 배경 1, 50% 더 어둡게', 크기 80pt
    - ▶ 조명 : '균형있게', 각도 20°
  - (효과)의 3차원 회전 : 빗각 '오블리크 : 오른쪽 위'

❸ 텍스트 상자1 삽입하기

[삽입] → 텍스트 → **가로 텍스트 상자 그리기(가)**

❹ 직사각형2 삽입하기

- [삽입] → 일러스트레이션 → 도형 → 사각형 → **직사각형(□)**
- 그림자 지정 : '오프셋: 오른쪽 아래', 투명도 0%, 흐리게 0%, 간격 8pt

❺ ~ ❾ ❹번 도형을 복사한 후 내용 수정 및 크기 조절하기

❿ '화살표: 오른쪽' 삽입하기

[삽입] → 일러스트레이션 → 도형 → 블록 화살표 → **화살표: 오른쪽(⇨)**

⓫ ~ ⓭ ❿번 도형 복사하기

⓮ 텍스트 상자2 삽입하기

- [삽입] → 텍스트 → **가로 텍스트 상자 그리기(가)**
- 글머리 기호 : [홈] → 단락 → 글머리 기호(☰ ▾) → 대조표 글머리 기호(✓)

⓯ ⓮번 텍스트 상자를 복사한 후 내용 수정하기

⓰ ❹번 도형을 복사한 후 내용 수정 및 크기 조절하기

글머리 기호 : [홈] → 단락 → 글머리 기호(☰ ▾) → **속이 찬 둥근 글머리 기호(•)**

02. 제 2슬라이드 작성하기

정답

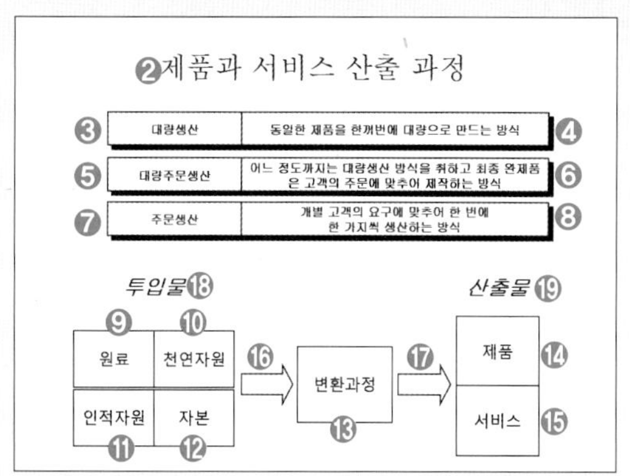

❶ 슬라이드 레이아웃
[레이아웃] → **제목만**

❷ 제목 작성하기
- '제목을 추가하려면 클릭하십시오.'를 클릭한 후 제목 입력
- 제목 텍스트 상자의 크기 및 위치 조절

❸ 직사각형1 삽입하기
- [삽입] → 일러스트레이션 → 도형 → 사각형 → **직사각형(□)**
- **그림자 지정** : '오프셋: 오른쪽 아래', 투명도 0%, 흐리게 0%, 간격 8pt

❹ ❸번 도형을 복사한 후 내용 수정 및 크기 조절하기

❺ ~ ❽ ❸, ❹번 도형을 복사한 후 내용 수정하기

❾ 직사각형2 삽입하기
[삽입] → 일러스트레이션 → 도형 → 사각형 → **직사각형(□)**

❿ ~ ⓯ ❾번 도형을 복사한 후 내용 수정 및 크기 조절하기

⓰ '화살표: 오른쪽' 삽입하기
- [삽입] → 일러스트레이션 → 도형 → 블록 화살표 → **화살표: 오른쪽(⇨)**

- 모양 변경

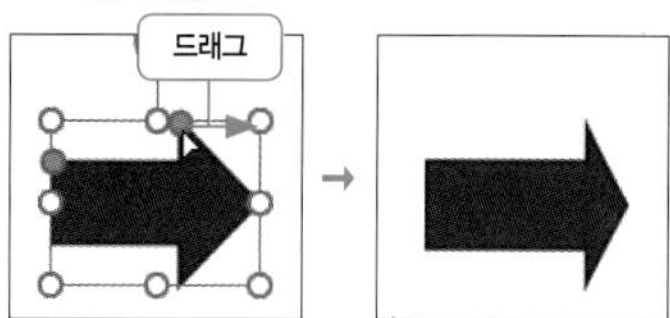

⓱ ⓰번 도형 복사하기

⓲ 텍스트 상자 삽입하기
[삽입] → 텍스트 → **가로 텍스트 상자 그리기(가)**

⓳ ⓲번 텍스트 상자를 복사한 후 내용 수정하기

제 07 회 사무자동화산업기사 실기 공개문제

Excel – 표 계산(SP) 실무 작업

차(茶)전문점 이구아나에서는 매점관리에 필요한 내용을 전산 처리하고자 한다. 다음 자료를 이용하여 작성 조건에 따라 작업표와 그래프를 작성하고, 그 인쇄 출력물을 제출하시오.

문제 1 작업표(WORK SHEET) 작성

1. 자료(DATA)

판매 현황표

	A	B	C	E	F	G	H
2	차종류	단가	판매계획	판매실적			
3			수량	봄	여름	가을	겨울
4	딸기주스	5,000	550	120	195	123	200
5	원두커피	3,500	1450	425	450	520	144
6	사과주스	3,500	1300	207	230	146	126
7	코리언커피	3,000	500	280	200	167	180
8	아이스커피	4,500	1250	315	980	260	120
9	인삼차	2,000	1700	350	420	510	580
10	녹차	1,200	1900	370	450	470	560
11	오렌지커피	4,000	750	389	225	150	250
12	쌍화차	2,800	1650	440	480	560	500
13	맥심커피	4,000	1500	456	260	175	210
14	홍차	2,000	300	450	340	110	520
15	포도주스	4,000	1500	130	500	90	220
16	키위주스	4,000	500	150	600	120	100
17	배주스	4,000	500	110	230	200	70
18	옥수수차	4,000	1500	530	320	90	270
19	어성초	2,500	1500	550	470	340	230
20	꿀차	4,000	1500	190	250	520	320
21	카푸치노	3,000	700	350	70	100	520
22	에스프레소	4,500	1500	170	220	600	340
23	우유	1,000	500	120	110	120	500

※ 자료(DATA) 부분에서 음영 처리 표시된 부분은 행/열의 기준선으로 작성(입력)하지 않음을 반드시 유의하시오.

2. **작업표 형식**

차종류별 판매실적 분석

	A	B	C	D	I	J	K	L
2	차종류	단가	판매계획		판매실적		달성율	판매순위
3			수량	금액	수량	금액		
4 : 23	–	–	–	①	–	①	②	③
24	합계 및 평균		④	④	④	④	⑤	
25	판매순위가 10 미만이면서 "차" 단어를 포함한 합				⑥	⑥		
26	판매순위가 10 이상이면서 "주스" 단어를 포함한 합				⑦	⑦		
27	차종류에 "커피" 단어를 포함한 합				⑧	⑧		
28	판매순위가 10 이상 15 미만인 각 합				⑨	⑨		
29	⑩							
30	⑪							

※ 음영 처리 표시된 부분은 작성하지 않습니다.

3. **작성 조건**

가) 작성 시 유의사항

① 작업표의 작성은 "나)~마)" 항에 제시된 내용을 따르고 반드 시 제시된 조건(함수 적용, 기재된 단서 조항 등)에 따라 처리하시오.

② 제시된 작성 조건을 따르지 아니하고 여타의 방법 일체(제시된 함수 이외 다른 함수 적용, 함수 미적용, 별도 전자계산기 사용 등)를 사용하여 도출된 결과는 그 답이 맞더라도 정답으로 인정되지 않음을 반드시 유의하시오.

나) 작업표의 구성 및 서식

① "작업표 형식"에서 행과 열에 관계된 음영 처리 표시된 부분은 작성하지 않음을 유의하고 반드시 제시된 행/열에 맞추도록 하시오.

② 제목서식 : 20 포인트 크기로 하고 속성은 밑줄 처리하시오.

③ 글꼴서체 : 임의선정하시오.

다) 원문자가 표시된 셀은 아래의 방법을 이용하여 처리하시오.

① 금액 : 수량 × 단가 (단, 판매실적의 수량은 봄, 여름, 가을, 겨울의 합계를 의미하며, 판매실적의 수량이 1000 이상일 경우에는 수량 × 단가 × 1.2를 적용)

② 달성율 : 판매실적 금액 / 판매계획 금액 (단, 달성율은 %로 표시함)

③ 판매순위 : 판매실적 금액에 대한 순위 (판매실적 금액이 가장 클 때 순위가 1임)

④ 합계 : 해당 항목의 합계 산출

⑤ 평균 : 달성율의 수직 평균 (단, AVERAGE 함수를 사용하시오.)

⑥ 판매순위가 10 미만이면서 차종류에 "차" 단어를 포함하는 각 항목별 합계를 산출하시오.

⑦ 판매순위가 10 이상이면서 차종류에 "주스" 단어를 포함하는 각 항목별 합계를 산출하시오.

⑧ 차종류에 "커피" 단어를 포함하는 각 항목별 합계를 산출하시오. (단, SUMIF 함수를 사용하시오.)

⑨ 판매순위가 10 이상 15 미만인 각 항목별 합계 산출 (단, SUMIF 또는 SUMIFS 함수를 사용하시오.)

⑩ 항목 ⑧에 사용한 함수식을 기재하시오. (단, 수량을 기준으로 하시오.)

⑪ 항목 ⑨에 사용한 함수식을 기재하시오. (단, 수량을 기준으로 하시오.)

※ 함수식을 기재하는 ⑩~⑪란은 반드시 해당항목에 제시된 함수의 작성 조건에 따라 도출된 함수식을 기재하여야 하며, 작성 조건을 위배하여 임의로 작성할 시 해당 답이 맞더라도 틀린 항목으로 채점됨을 유의하시오. 또한 함수식을 작성할 때는 "라) 작업표의 정렬순서 (SORT)"에 따라 조건에 맞게 정렬 후 도출된 결과에 의한 함수식을 기재하시오.

라) 작업표의 정렬순서(SORT)는 달성율의 오름차순으로 하며, 달성율이 같은 경우에는 차종류의 오름차순으로 한다.

마) 기타

- 금액에 대한 수치는 원화(₩) 표시를 하고 천 단위마다 ',' (Comma)를 표시하시오.
  (단, 금액 이외의 수치는 ','(Comma)를 표시하지 않도록 하시오.)
- 모든 수치(숫자, 통화, 회계, 백분율 등)는 셀 서식의 속성을 설정하는 과정에서 소수 자릿수를 "0"으로 지정하여 정수로 표시토록 하시오.
- 음수는 "–"가 표시되도록 하시오.
- 숫자 셀은 우측을 수직으로 맞추고, 문자 셀은 수평중앙으로 맞추며 이외 사항은 작업표 형식에 따르도록 하시오. 특히, 단서조항이 있을 경우는 단서 조항을 우선으로 하고, 인쇄출력 시 판독불가능이 발생되지 않도록 인쇄 미리보기 등을 통하여 셀의 크기를 적당히 조정하시오.

문제 2 그래프(GRAPH) 작성

작성한 "차종류별 판매실적 분석"에서 달성율이 100% 미만인 차종류별 판매계획의 수량과 판매실적의 수량을 나타내는 그래프를 작성하시오.

1. 작성 조건

가) 그래프 형태
판매계획의 수량(데이터 표식이 있는 꺾은선형), 판매실적의 수량(묶은 세로 막대형) :
데이터 레이블의 값이 표시된 혼합형 단일축 그래프(단, 데이터 레이블의 값의 글자 크기는 10)

나) 그래프 제목 : 계획 대비 실적 현황 ---- (확대출력, 제목밑줄)

다) X축 제목 : 차종류

라) Y축 제목 : 수량

마) X축 항목 단위 : 해당 문자열

바) Y축 눈금 단위 : 임의

사) 범례 : 판매계획, 판매실적

아) 출력물 크기 : A4 용지 1/2장 범위 내

자) 기타 : 작성 조건에 없는 형식이나 모양은 기본 설정 값에 따르며, 그래프 너비는 작업표에 맞춘다.

Access – 자료처리(DBMS) 작업

인력스포츠에서는 스포츠 용품의 재고 관리를 전산화하려고 한다. 다음 입력 자료를 이용하여 DB를 설계하고 작성 조건에 따라 처리파일을 작성하고 그 인쇄 출력물을 제출하시오.

[요구사항 및 유의사항]

1) 자료처리(DBMS) 작업은 조회화면(SCREEN) 설계와 자료처리 보고서의 2가지 작업을 수행하여 그 결과물을 인쇄용지(A4) 기준 각 1장씩 총 2장을 제출하여야 채점 대상이 됨을 유의하시오.
2) 반드시 인쇄작업 수행 전 미리보기 등을 통해 여백을 조정하고, 수치, 문자 등 구성요소가 누락되지 않도록 주의하시오. 구성요소가 누락되어 인쇄되지 않은 결과로 인한 모든 책임은 전적으로 수험자 본인에게 있음을 반드시 유의하시오.
3) 문제지에 기재된 작성 조건에 따라 처리하고, 조회화면 및 자료처리 보고서의 서식이 작성 조건과 상이할 경우에는 시험위원의 지시에 따라 작업하시오.

문제 1 입력자료(DATA)

재고물량보유현황

제품명	모델명	정품재고량	불량재고량
야구모자	BT-13	34	4
농구화	BS-30	12	9
야구모자	BT-25	432	2
글러브	GL-11	133	7
축구공	FT-11	38	0
농구화	BS-31	32	5
야구모자	BT-15	98	4
테니스라켓	TS-10	76	2
글러브	GL-12	43	5
축구공	FT-12	112	11
테니스라켓	TS-12	33	2
글러브	GL-13	23	6
농구화	BS-20	15	1
축구화	FT-21	45	5
야구화	BT-30	71	8

단가표

모델명	판매단가
BT-13	110,000
BS-30	120,000
BT-25	130,000
GL-11	140,000
FT-11	150,000
BS-31	180,000
BT-15	210,000
TS-10	220,000
GL-12	280,000
FT-12	200,000
TS-12	170,000
GL-13	330,000
BS-20	140,000
FT-21	210,000
BT-30	180,000

문제 2 **조회화면(SCREEN) 설계** 다음 조건에 따라 "야구모자"를 제외한 제품 중 정품재고량이 30 이하인 현황을 조회할 수 있는 화면을 설계하고 해당 데이터를 출력하시오.

[작성 조건]

1) 해당 현황은 목록 상자(리스트박스)에서 정품재고량의 오름차순으로 출력하고, 화면 아래에 조회 시 작성한 SQL문을 복사하시오.
   - WHERE 조건절에 제품명, 정품재고량 반드시 포함
   - INNER JOIN, ORDER BY 구문 반드시 포함
   ※ SQL문에 상기 내용 미포함 시 SQL 작성 부분 0점 처리됨
2) 리스트박스 조회시 작성된 SQL문이 작성되지 않을 경우에는 "조회화면(SCREEN) 설계" 과제가 0점 처리됨을 반드시 유의하시오.
3) 목록 상자에 표시되어야 할 필수적인 필드명은 다음과 같습니다.
   - 모델명, 제품명, 판매단가, 정품재고량, 불량재고량
4) 폼 서식에 제반되는 폰트, 점선 등은 아래 [조회화면 서식]에 보이는 대로 기재하시오.
5) 기타 사항은 "자료처리 파일(FILE) 작성"의 [기타 조건]을 따르시오.

[조회화면 서식]

"야구모자"를 제외한 제품 중 정품재고량이 30 이하인 현황

모델명	제품명	판매단가	정품재고량	불량재고량

리스트박스 조회 시 작성된 SQL문

문제 3 자료처리 파일(FILE) 작성 다음 조건에 따라 아래 양식과 같이 작성하시오.

[처리 조건]

1) 제품명별로 오름차순 정리한 후, 같은 제품명 안에서는 모델명의 오름차순으로 정렬(SORT)한다.
2) 총보유량 = 정품재고량 + 불량재고량
3) 총재고액 = 판매단가 × (정품재고량 + 불량재고량)
4) 불량율 = 불량재고량 / 총보유량 (단, 불량율은 기타 조건에 상관없이 소수 둘째 자리까지 나타낸다.)
5) 비고 : 불량율이 15% 이상인 제품에 대하여 "품질불량"으로 표시한다.
6) 작성일자는 수험일자로 한다.
7) 합계 : 제품별 각 항목 합 산출
8) 총평균 : 전체 평균 산출

[기타 조건]

1) 조회화면 및 보고서의 제목은 16정도의 임의 서체로 하시오.
2) 금액에 대한 수치는 원화(₩) 표시를 하고 천 단위마다 ,(Comma)를 표시하시오.
   (단, 금액 이외의 수치는 ,(Comma)를 표시하지 않도록 하시오.)
3) 모든 수치(숫자, 통화, 백분율 등)는 컨트롤의 속성을 설정하는 과정에서 소수 자릿수를 "0"으로 지정하여 정수로 표시하시오.
4) 데이터의 열과 간격은 일정하게 맞추도록 하시오.

재고 물량 보유 현황

작성일자 : yyyy-mm-dd

제품명	모델명	정품재고량	총보유량	총재고액	불량율(%)	비고
XXXX	XXXX	XXX	XXX	₩X,XXX	XX.XX%	XXXX
	-	-	-	-	-	-
	합계		XXX	₩X,XXX	XX.XX%	
XXXX	-	-	-	-	-	-
	합계		XXX	₩X,XXX	XX.XX%	
XXXX	-	-	-	-	-	-
	합계		XXX	₩X,XXX	XX.XX%	
XXXX	-	-	-	-	-	-
	합계		XXX	₩X,XXX	XX.XX%	
XXXX	-	-	-	-	-	-
	합계		XXX	₩X,XXX	XX.XX%	
	총평균		XXX	₩X,XXX	XX.XX%	

PowerPoint – 시상 작업(PT)

주어진 2개의 슬라이드를 슬라이드 작성조건에 따라 작업하여 인쇄하시오.

슬라이드 작성 조건

1) 각 슬라이드를 문제의 슬라이드 원안과 같이 인쇄하여 제출하시오.
   (특히 글자, 음영, 그림자, 도형 등 인쇄된 내용 그대로 작업하시오.)
2) "주1)" 등 특수한 속성 지정이 되어 있는 경우 지시에 따라 작성하시오.
3) 글꼴은 문제 원안과 같거나 유사한 형태로 작업하시오.
4) 글자, 그림 및 도형 등의 크기와 모양은 문제 원안과 같거나 유사한 형태로 작업하시오.
5) 모든 글씨, 선 등은 흑백(그레이스케일)으로 작업하되, 글상자, 그림 및 도형 등에서 색 채우기가 있는 경우 색 채우기는 회색 40% 정도, 투명도 0%를 기준으로 작업하시오.
6) 각 슬라이드는 원안과 같이 외곽선 테두리가 인쇄되도록 인쇄하시오.
7) 각 슬라이드 크기는 A4 용지의 1/2 범위 내에 인쇄가 가능한 크기가 되도록 조정하여, 슬라이드 2개를 A4 용지 1매 안에 모두 인쇄하시오.
8) 비번호, 수험번호, 성명, 페이지 번호 등은 반드시 자필로 기재하시오.

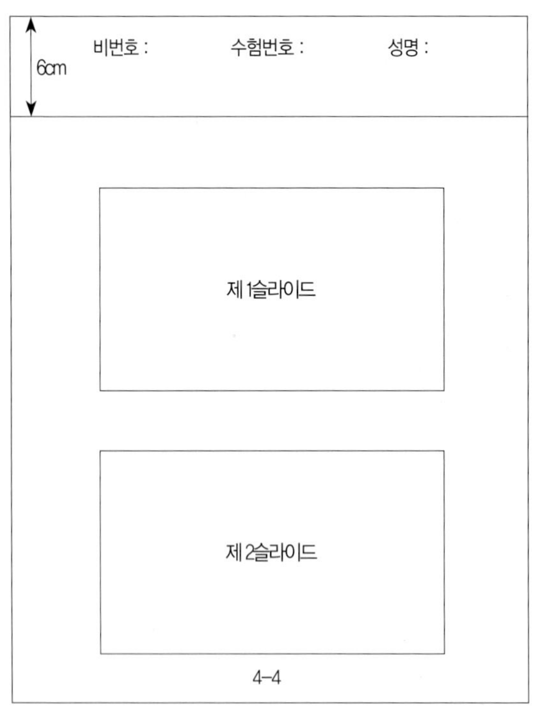

문제 1 제 1슬라이드

비디오와 애니메이션의 비교

▣ 비디오: 실 세계를 촬영한 결과

▣ 애니메이션: 컴퓨터를 이용하여 일련의 장면을 인공적으로 생성

구분	비디오	애니메이션
공통점	- 인간의 감성에 직접적인 자극을 주는 방식 - 흥미를 유발, 어떤 과정을 보이기에 적합	
차이점	- 과도한 정보를 동시에 제공 - 실 예를 들어 보일 경우에 적절 - 제작비용이 많이 듬	- 주제에 초점을 맞추고 특징을 강조 - 제작비용이 비디오에 비해 저렴 - 이미지나 그래픽보다는 고비용

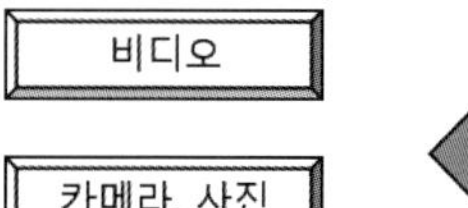

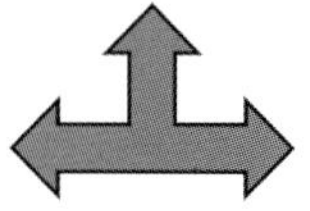

플래시, 스위시

고전 기법

문제 2 제 2슬라이드

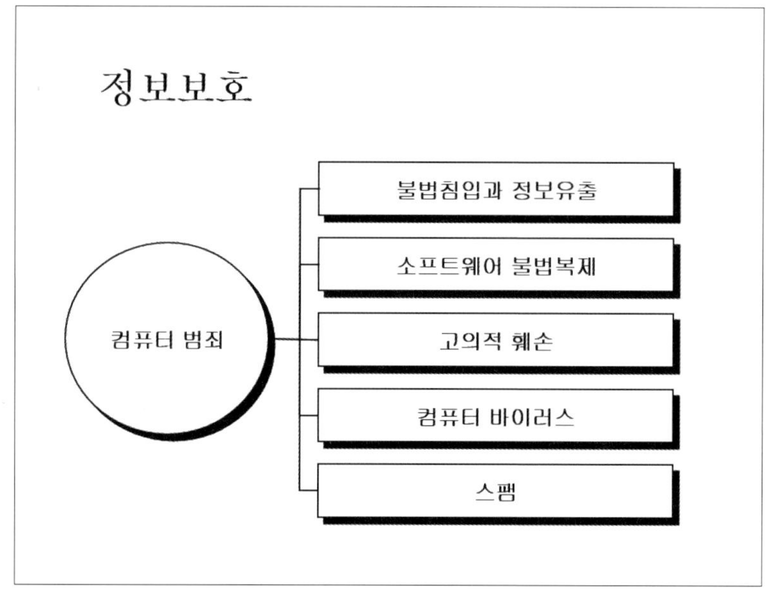

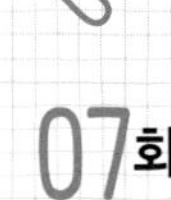

07회 Excel – 표 계산(SP) 실무 작업

정답 및 해설

정답 작업표 및 차트(그래프)

	A	B	C	D	I	J	K	L
1	차종류별 판매실적 분석							
2	차종류	단가	판매계획		판매실적		달성율	판매순위
3			수량	금액	수량	금액		
4	사과주스	₩ 3,500	1300	₩ 4,550,000	709	₩ 2,481,500	55%	17
5	포도주스	₩ 4,000	1500	₩ 6,000,000	940	₩ 3,760,000	63%	12
6	맥심커피	₩ 4,000	1500	₩ 6,000,000	1101	₩ 5,284,800	88%	7
7	옥수수차	₩ 4,000	1500	₩ 6,000,000	1210	₩ 5,808,000	97%	6
8	꿀차	₩ 4,000	1500	₩ 6,000,000	1280	₩ 6,144,000	102%	5
9	에스프레소	₩ 4,500	1500	₩ 6,750,000	1330	₩ 7,182,000	106%	2
10	딸기주스	₩ 5,000	550	₩ 2,750,000	638	₩ 3,190,000	116%	15
11	녹차	₩ 1,200	1900	₩ 2,280,000	1850	₩ 2,664,000	117%	16
12	배주스	₩ 4,000	500	₩ 2,000,000	610	₩ 2,440,000	122%	19
13	어성초	₩ 2,500	1500	₩ 3,750,000	1590	₩ 4,770,000	127%	9
14	원두커피	₩ 3,500	1450	₩ 5,075,000	1539	₩ 6,463,800	127%	4
15	인삼차	₩ 2,000	1700	₩ 3,400,000	1860	₩ 4,464,000	131%	10
16	쌍화차	₩ 2,800	1650	₩ 4,620,000	1980	₩ 6,652,800	144%	3
17	아이스커피	₩ 4,500	1250	₩ 5,625,000	1675	₩ 9,045,000	161%	1
18	오렌지커피	₩ 4,000	750	₩ 3,000,000	1014	₩ 4,867,200	162%	8
19	코리언커피	₩ 3,000	500	₩ 1,500,000	827	₩ 2,481,000	165%	18
20	우유	₩ 1,000	500	₩ 500,000	850	₩ 850,000	170%	20
21	카푸치노	₩ 3,000	700	₩ 2,100,000	1040	₩ 3,744,000	178%	13
22	키위주스	₩ 4,000	500	₩ 2,000,000	970	₩ 3,880,000	194%	11
23	홍차	₩ 2,000	300	₩ 600,000	1420	₩ 3,408,000	568%	14
24	합계 및 평균		22550	₩74,500,000	24433	₩89,580,100	150%	
25	판매순위가 10 미만이면서 "차" 단어를 포함한 합				4470	₩18,604,800		
26	판매순위가 10 이상이면서 "주스" 단어를 포함한 합				3867	₩15,751,500		
27	차종류에 "커피" 단어를 포함한 합				6156	₩28,141,800		
28	판매순위가 10 이상 15 미만인 각 합				6230	₩19,256,000		
29	=SUMIF($A$4:$A$23,"*커피*",I4:I23)							
30	=SUMIFS(I4:I23,$L$4:$L$23,">=10",$L$4:$L$23,"<15")							

계획 대비 실적 현황

수량: 0, 200, 400, 600, 800, 1000, 1200, 1400, 1600

사과주스: 709, 1300
포도주스: 940, 1500
맥심커피: 1101, 1500
옥수수차: 1210, 1500

차종류

판매실적 판매계획

01. 데이터 입력하기

	A	B	C	D	E	F	G	H	I	J	K	L
1	차종류별 판매실적 분석											
2	차종류	단가	판매계획						판매실적		달성율	판매순위
3			수량	금액	봄	여름	가을	겨울	수량	금액		
4	딸기주스	5000	550		120	195	123	200				
5	원두커피	3500	1450		425	450	520	144				
6	사과주스	3500	1300		207	230	146	126				
7	코리언커피	3000	500		280	200	167	180				
8	아이스커피	4500	1250		315	980	260	120				
9	인삼차	2000	1700		350	420	510	580				
10	녹차	1200	1900		370	450	470	560				
11	오렌지커피	4000	750		389	225	150	250				
12	쌍화차	2800	1650		440	480	560	500				
13	맥심커피	4000	1500		456	260	175	210				
14	홍차	2000	300		450	340	110	520				
15	포도주스	4000	1500		130	500	90	220				
16	키위주스	4000	500		150	600	120	100				
17	배주스	4000	500		110	230	200	70				
18	옥수수차	4000	1500		530	320	90	270				
19	어성초	2500	1500		550	470	340	230				
20	꿀차	4000	1500		190	250	520	320				
21	카푸치노	3000	700		350	70	100	520				
22	에스프레소	4500	1500		170	220	600	340				
23	우유	1000	500		120	110	120	500				
24	합계 및 평균											
25	판매순위가 10 미만이면서 "차" 단어를 포함한 합											
26	판매순위가 10 이상이면서 "주스" 단어를 포함한 합											
27	차종류에 "커피" 단어를 포함한 합											
28	판매순위가 10 이상 15 미만인 각 합											

02. 수식 작성하기

❶ • **판매계획의 금액(D4)** : =C4*B4

• **판매실적의 수량(I4)** : =SUM(E4:H4)

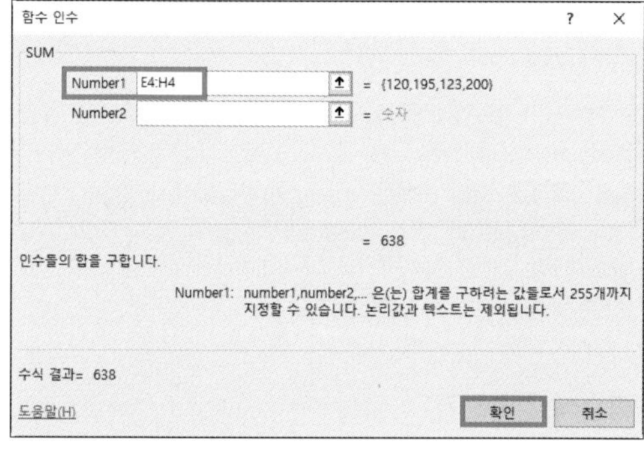

• **판매실적의 금액(J4)**

=IF(I4>=1000,I4*B4*1.2, I4*B4)

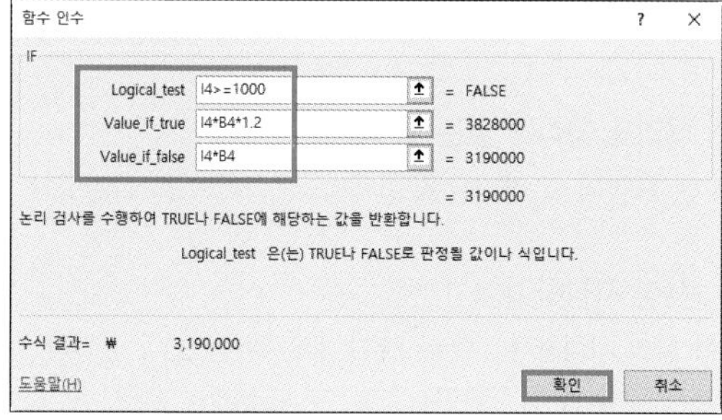

❷ **달성율(K4)** : =J4/D4

❸ **판매순위(L4)** : =RANK(J4,$J$4:$J$23)

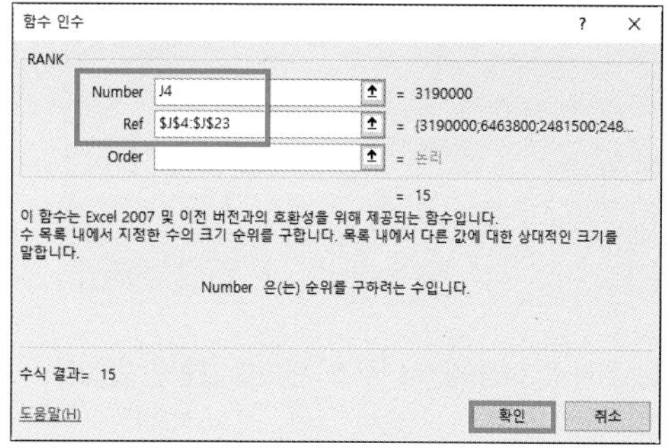

❹ **합계(C24)** : =SUM(C4:C23)

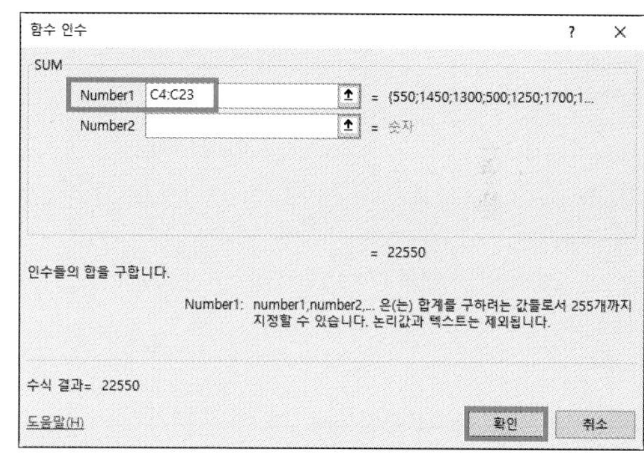

❺ **평균(K24)** : =AVERAGE(K4:K23)

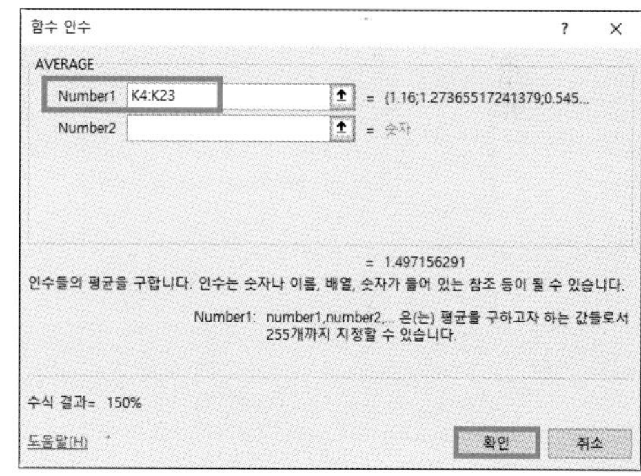

❻ **판매순위가 10 미만이면서 "차" 단어를 포함한 합(I25)**

=SUMIFS(I4:I23,$L$4:$L$23,"<10",$A$4:$A$23,"*차*")

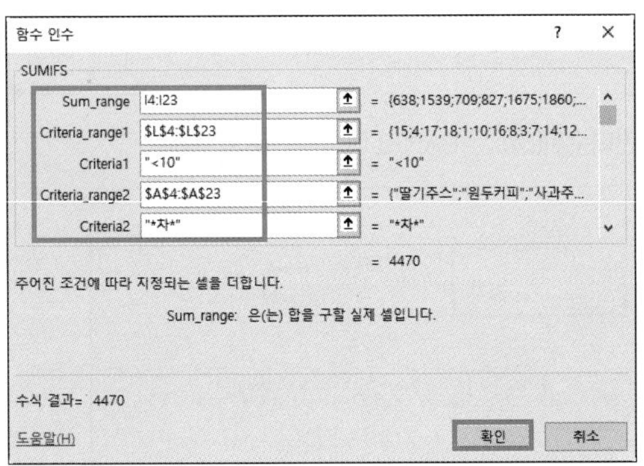

⑦ 판매순위가 10 이상이면서 "주스" 단어를 포함한 합(I26)

=SUMIFS(I4:I23,$L$4:$L$23,">=10",$A$4:$A$23,"*주스*")

⑧ 차종류에 "커피" 단어를 포함한 합(I27)

=SUMIF($A$4: $A$23,"*커피*",I4:I23)

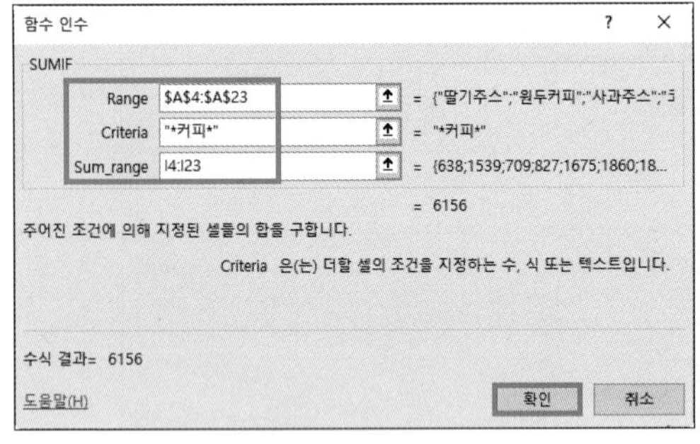

⑨ 판매순위가 10 이상 15 미만인 각 합(I28)

=SUMIFS(I4:I23,$L$4:$L$23,">=10",$L$4:$L$23,"<15")

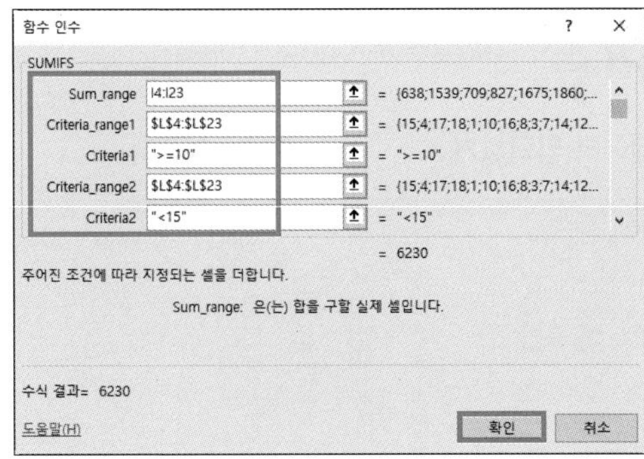

03. 데이터 정렬하기

[A4:L23] 영역을 블록으로 지정하고 '정렬' 대화상자에서 그림과 같이 지정한 후 〈확인〉을 클릭한다.

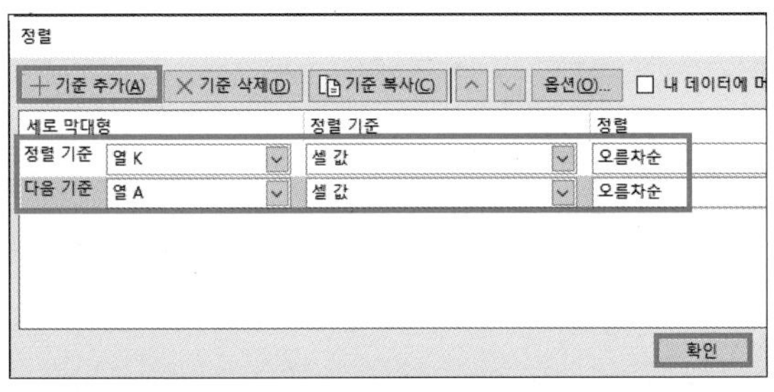

데이터를 정렬하려면 필드명과 데이터 범위가 서로 연결되어 있어야 하는데 입력한 작업표를 보면 2, 3행에 비어 있는 곳이 있습니다. 그러므로 데이터 범위만을 블록으로 지정한 후 정렬을 수행해야 합니다. 데이터 범위만 블록으로 지정한 후 '정렬' 대화상자를 실행하면 정렬 기준에 필드명 대신 열 머리글이 표시됩니다. 정렬 기준이 되는 달성률은 작업표의 K열에, 차종류는 A열에 있으므로 정렬 기준을 열 K와 열 A로 지정한 후 정렬을 수행합니다.

04. 함수식 입력하기

⑩ ⑧의 함수식(A29)

'=SUMIF($A$4:$A$23,"*커피*", I4:I23)

⑪ ⑨의 함수식(A30)

'=SUMIFS(I4:I23,$L$4:$L$23,">= 10",$L$4:$L$23,"<15")

05. 작업표 형식에 없는 열 숨기기

E, F, G, H열의 열 머리글을 선택하고 [숨기기]를 실행한다.

06. 서식 지정하기

1. 제목 서식 지정하기 : 글꼴 크기 20, '밑줄(가)', '병합하고 가운데 맞춤'을 지정한다.
2. 금액에 대해 화폐 단위(₩)와 ,(Comma) 표시하기 : 단가, 판매계획의 금액, 판매실적의 금액의 표시 형식을 '회계 표시 형식(▦)'으로 지정한다.

3. 백분율 서식 지정하기 : 달성율의 표시 형식을 '백분율 스타일(%)'로 지정한다.
4. 문자 셀 수평 중앙으로 맞추기 : 텍스트가 입력된 셀의 맞춤을 '가운데 맞춤(☰)'으로 지정한다.
5. 셀 병합하기 : 각각의 영역을 블록으로 지정한 후 '병합하고 가운데 맞춤'을 지정한다.
6. 테두리 지정하기 : 테두리와 대각선을 지정한다.

문제 2 차트(그래프) 작성

해설

01. 차트 작성하기

1. [A4:A7], [C4:C7], [I4:I7] 영역을 블록으로 지정한 후 [삽입] → 차트 → 꺾은선형 또는 영역형 차트 삽입(⩙) → **표식이 있는 꺾은선형**을 선택한다.

	A	B	C	D	I	J	K	L
1	차종류별 판매실적 분석							
2	차종류	단가	판매계획		판매실적		달성율	판매순위
3			수량	금액	수량	금액		
4	사과주스	₩ 3,500	1300	₩ 4,550,000	709	₩ 2,481,500	55%	17
5	포도주스	₩ 4,000	1500	₩ 6,000,000	940	₩ 3,760,000	63%	12
6	맥심커피	₩ 4,000	1500	₩ 6,000,000	1101	₩ 5,284,800	88%	7
7	옥수수차	₩ 4,000	1500	₩ 6,000,000	1210	₩ 5,808,000	97%	6
8	꿀차	₩ 4,000	1500	₩ 6,000,000	1280	₩ 6,144,000	102%	5
9	에스프레소	₩ 4,500	1500	₩ 6,750,000	1330	₩ 7,182,000	106%	2
10	딸기주스	₩ 5,000	550	₩ 2,750,000	638	₩ 3,190,000	116%	15
11	녹차	₩ 1,200	1900	₩ 2,280,000	1850	₩ 2,664,000	117%	16
12	배주스	₩ 4,000	500	₩ 2,000,000	610	₩ 2,440,000	122%	19
13	어성초	₩ 2,500	1500	₩ 3,750,000	1590	₩ 4,770,000	127%	9
14	원두커피	₩ 3,500	1450	₩ 5,075,000	1539	₩ 6,463,800	127%	4
15	인삼차	₩ 2,000	1700	₩ 3,400,000	1860	₩ 4,464,000	131%	10
16	쌍화차	₩ 2,800	1650	₩ 4,620,000	1980	₩ 6,652,800	144%	3
17	아이스커피	₩ 4,500	1250	₩ 5,625,000	1675	₩ 9,045,000	161%	1
18	오렌지커피	₩ 4,000	750	₩ 3,000,000	1014	₩ 4,867,200	162%	8
19	코리언커피	₩ 3,000	500	₩ 1,500,000	827	₩ 2,481,000	165%	18
20	우유	₩ 1,000	500	₩ 500,000	850	₩ 850,000	170%	20
21	카푸치노	₩ 3,000	700	₩ 2,100,000	1040	₩ 3,744,000	178%	13
22	키위주스	₩ 4,000	500	₩ 2,000,000	970	₩ 3,880,000	194%	11
23	홍차	₩ 2,000	300	₩ 600,000	1420	₩ 3,408,000	568%	14
24	합계 및 평균		22550	₩ 74,500,000	24433	₩ 89,580,100	150%	
25	판매순위가 10 미만이면서 "차"단어를 포함한 합				4470	₩ 18,604,800		
26	판매순위가 10 이상이면서 "주스"단어를 포함한 합				3867	₩ 15,751,500		
27	차종류에 "커피" 단어를 포함한 합				6156	₩ 28,141,800		
28	판매순위가 10 이상 15 미만인 각 합				6230	₩ 19,256,000		
29	=SUMIF($A$4:$A$23,"*커피*",I4:I23)							
30	=SUMIFS(I4:I23,$L$4:$L$23,">=10",$L$4:$L$23,"<15")							

2. 차트의 바로 가기 메뉴에서 **[데이터 선택]**을 선택한다.
3. '데이터 원본 선택' 대화상자에서 '범례 항목(계열)'의 '계열1'을 선택한 후 〈편집〉을 클릭한다.

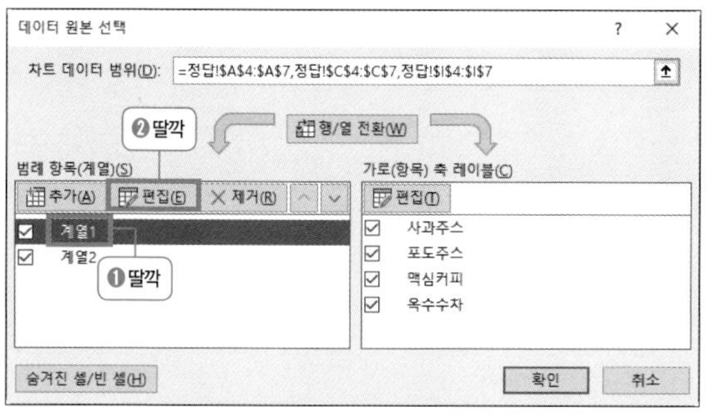

4. '계열 편집' 대화상자에서 '계열 이름'에 **판매계획**을 입력하고 〈확인〉을 클릭한다.

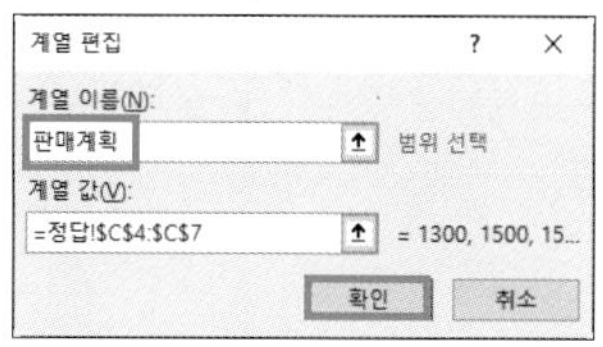

5. 같은 방법으로 '계열2'를 **판매실적**으로 변경한 후 '데이터 원본 선택' 대화상자에서 〈확인〉을 클릭한다.
6. '판매실적' 계열의 차트 종류를 '묶은 세로 막대형' 차트로 변경한다.
7. '판매계획'과 '판매실적' 계열에 데이터 레이블을 추가한다.
8. 차트 제목을 **계획 대비 실적 현황**으로 입력한 후 서식을 지정한다.
9. X축 제목을 **차종류**, Y축 제목을 **수량**으로 지정한다.
10. 차트 위치 및 크기를 조절한다.

02. 페이지 설정하기

'페이지 설정' 대화상자에서 위쪽 여백을 6으로 지정하고, '페이지 가운데 맞춤'에서 '가로'와 '세로'를 선택한다.

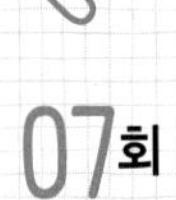

07회 Access – 자료처리(DBMS) 작업

정답 및 해설

문제 1 테이블 및 쿼리 작성

해설

01. 첫 번째 테이블 작성하기

정답

테이블1

제품명	모델명	정품재고량	불량재고량
야구모자	BT-13	34	4
농구화	BS-30	12	9
야구모자	BT-25	432	2
글러브	GL-11	133	7
축구공	FT-11	38	0
농구화	BS-31	32	5
야구모자	BT-15	98	4
테니스라켓	TS-10	76	2
글러브	GL-12	43	5
축구공	FT-12	112	11
테니스라켓	TS-12	33	2
글러브	GL-13	23	6
농구화	BS-20	15	1
축구화	FT-21	45	5
야구화	BT-30	71	8

레코드: 1/15 필터 없음 검색

❶ 필드 생성 및 속성 지정하기

테이블1

필드 이름	데이터 형식	설명(옵션)
제품명	짧은 텍스트	
모델명	짧은 텍스트	
정품재고량	숫자	
불량재고량	숫자	

❷ 기본키 해제하기

'제품명' 필드 행을 클릭한 후 바로 가기 메뉴에서 **[기본키]**를 선택하여 기본키를 해제한다.

02. 두 번째 테이블 작성하기

정답

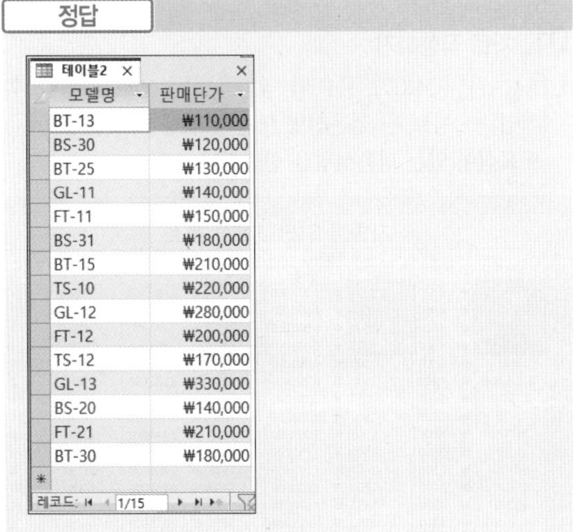

테이블2

모델명	판매단가
BT-13	₩110,000
BS-30	₩120,000
BT-25	₩130,000
GL-11	₩140,000
FT-11	₩150,000
BS-31	₩180,000
BT-15	₩210,000
TS-10	₩220,000
GL-12	₩280,000
FT-12	₩200,000
TS-12	₩170,000
GL-13	₩330,000
BS-20	₩140,000
FT-21	₩210,000
BT-30	₩180,000

레코드: 1/15

❶ 필드 생성 및 속성 지정하기

테이블2

필드 이름	데이터 형식	설명(옵션)
모델명	짧은 텍스트	
판매단가	통화	

03. 쿼리 작성하기

정답

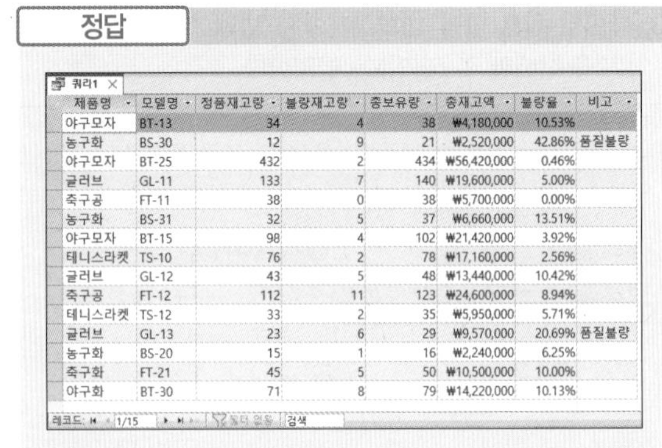

쿼리1

제품명	모델명	정품재고량	불량재고량	총보유량	총재고액	불량율	비고
야구모자	BT-13	34	4	38	₩4,180,000	10.53%	
농구화	BS-30	12	9	21	₩2,520,000	42.86%	품질불량
야구모자	BT-25	432	2	434	₩56,420,000	0.46%	
글러브	GL-11	133	7	140	₩19,600,000	5.00%	
축구공	FT-11	38	0	38	₩5,700,000	0.00%	
농구화	BS-31	32	5	37	₩6,660,000	13.51%	
야구모자	BT-15	98	4	102	₩21,420,000	3.92%	
테니스라켓	TS-10	76	2	78	₩17,160,000	2.56%	
글러브	GL-12	43	5	48	₩13,440,000	10.42%	
축구공	FT-12	112	11	123	₩24,600,000	8.94%	
테니스라켓	TS-12	33	2	35	₩5,950,000	5.71%	
글러브	GL-13	23	6	29	₩9,570,000	20.69%	품질불량
농구화	BS-20	15	1	16	₩2,240,000	6.25%	
축구화	FT-21	45	5	50	₩10,500,000	10.00%	
야구화	BT-30	71	8	79	₩14,220,000	10.13%	

레코드: 1/15 필터 없음 검색

보고서에서 사용할 필드 현황

필드명	원본 데이터	비고
제품명	테이블1	테이블에서 제공
모델명		
정품재고량		
총보유량	정품재고량 + 불량재고량	추가되는 계산 필드
총재고액	판매단가 × (정품재고량 + 불량재고량)	
불량율	불량재고량 / 총보유량(소수 둘째 자리까지 표시)	
비고	불량율이 15% 이상이면 "품질불량" 표시	

❶ 테이블 및 필드 선택하기

1. 쿼리 작성기에서 '테이블1'과 '테이블2' 테이블을 추가한 후 '테이블1' 테이블의 '모델명' 필드를 '테이블2' 테이블의 '모델명' 필드로 드래그한다.

보고서를 작성할 때 '테이블2' 테이블의 필드는 사용되지 않습니다. 하지만 계산 필드인 '총재고액' 필드 추가 시 '테이블2'에 있는 '판매단가' 필드가 필요하므로 반드시 '테이블2' 테이블을 추가한 후 '테이블1'과 조인을 설정해야 합니다.

2. 쿼리 작성기에서 '테이블1'의 모든 필드를 추가한다.

❷ 계산 필드 추가하기

1. '총보유량' 필드 추가하기 : 그리드 영역의 두 번째 필드에 **총보유량: [정품재고량]+[불량재고량]**을 입력한다.

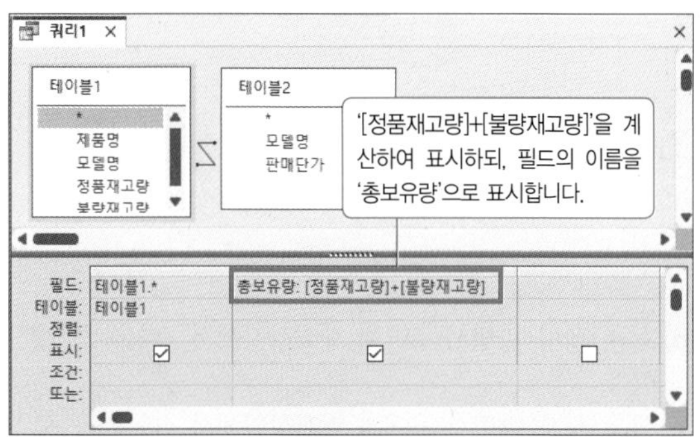

2. '총재고액' 필드 추가하기 : '총보유량' 필드의 오른쪽 필드에 **총재고액: [판매단가]*([정품재고량]+[불량재고량])**을 입력한다.

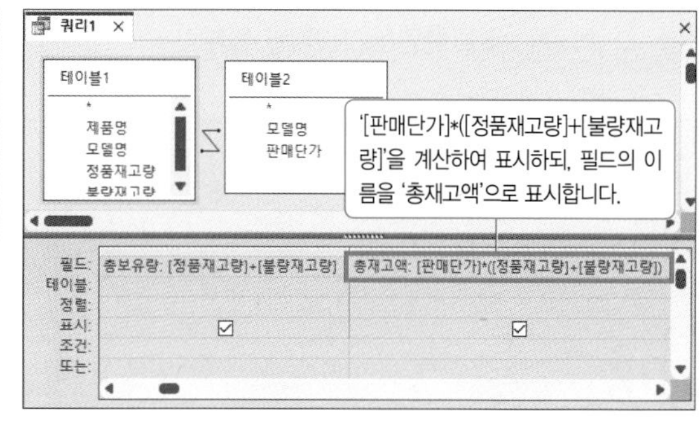

3. '불량율' 필드 추가하기 : '총재고액' 필드의 오른쪽 필드에 **불량율: [불량재고량]/[총보유량]**을 입력한다.

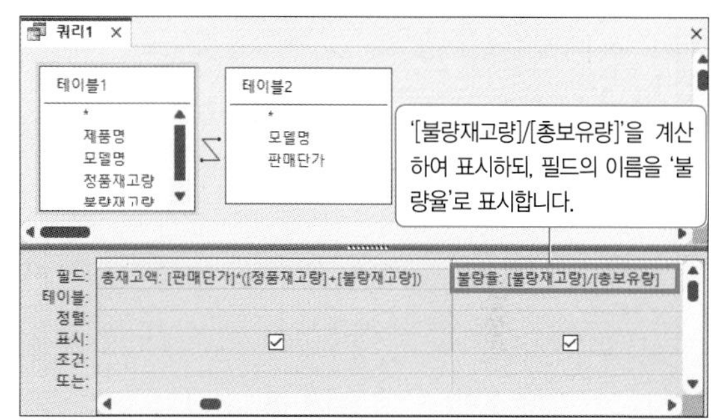

'[불량재고량]/[총보유량]'을 계산하여 표시하되, 필드의 이름을 '불량율'로 표시합니다.
총재고액: [판매단가]*([정품재고량]+[불량재고량])
불량율: [불량재고량]/[총보유량]

4. '비고' 필드 추가하기 : '불량율' 필드의 오른쪽 필드에 **비고: IIf([불량율]>=0.15,"품질불량","")**을 입력한다.

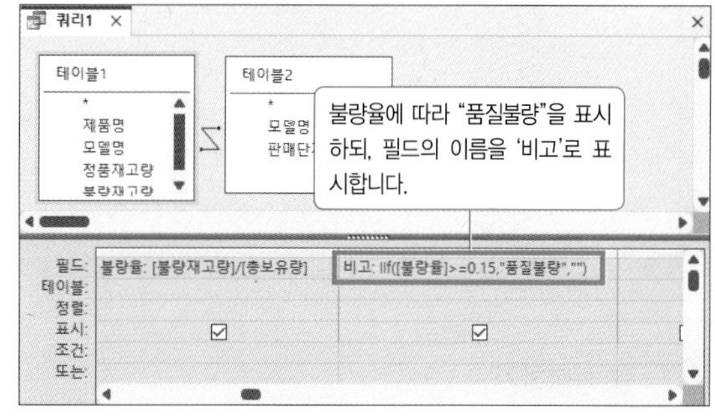

❸ 표시 형식 지정하기

1. '불량율' 필드의 바로 가기 메뉴에서 **[속성]**을 선택한다.
2. '필드 속성' 시트 창의 '일반' 탭에서 형식 속성을 '백분율', 소수 자릿수 속성을 2로 지정한다.

정답

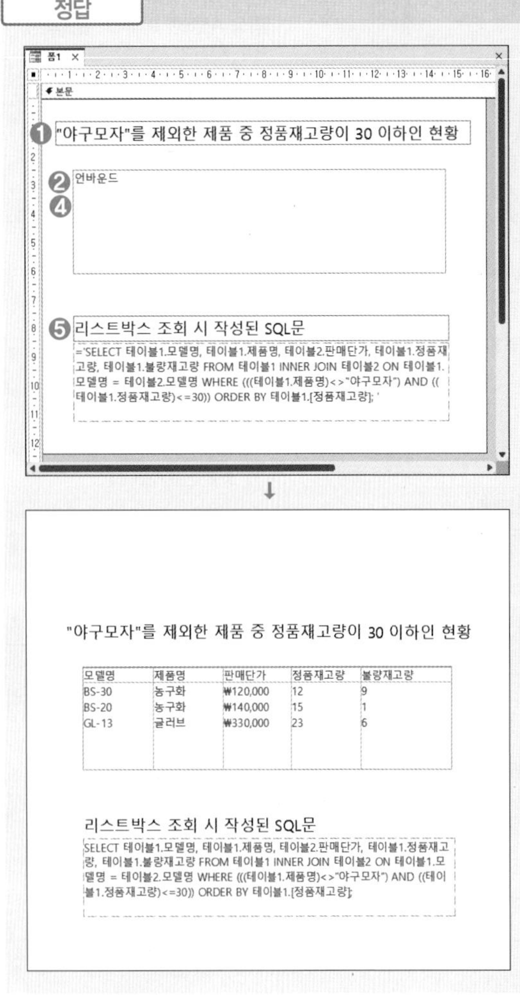

01. 폼 작성하기

① 제목 추가하기

[양식 디자인] → 컨트롤 → **레이블(가가)**을 이용하여 그림과 같이 제목을 삽입한다.

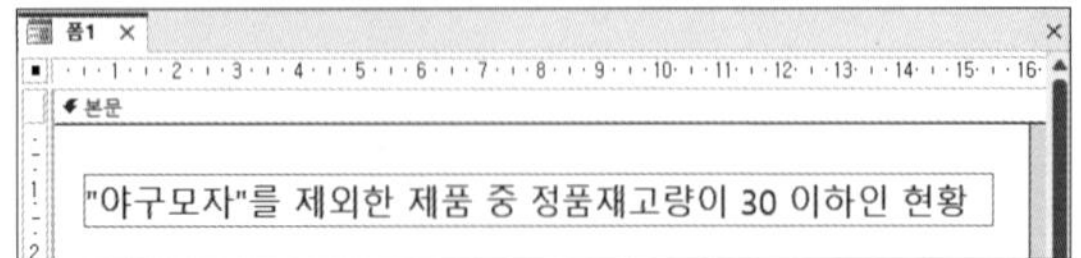

② 목록 상자 작성하기

1. [양식 디자인] → 컨트롤 → **목록 상자( )**를 이용하여 목록 상자를 추가한다.
2. '목록 상자 마법사' 1단계 대화상자에서 〈다음〉을 클릭한다.
3. '목록 상자 마법사' 2단계 대화상자에서 〈다음〉을 클릭한다.
4. '목록 상자 마법사' 3단계 대화상자를 그림과 같이 지정하고 〈다음〉을 클릭한다.

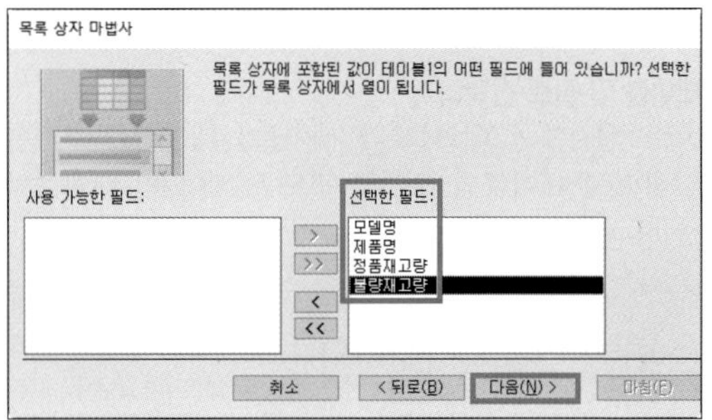

5. '목록 상자 마법사' 4단계 대화상자에서 그림과 같이 지정한 후 〈다음〉을 클릭한다.

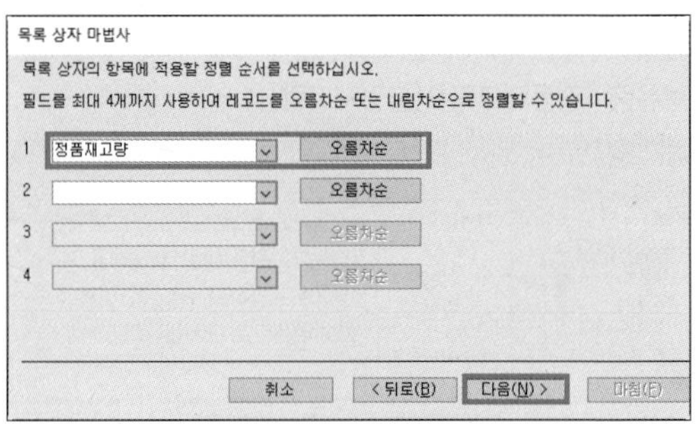

6. '목록 상자 마법사' 5단계 대화상자에서 〈다음〉을 클릭한다.
7. '목록 상자 마법사' 6단계 대화상자에서 〈다음〉을 클릭한다.
8. '목록 상자 마법사' 7단계 대화상자에서 〈마침〉을 클릭한다.
9. 작성된 목록 상자의 가로 너비를 조절하고 폼의 중앙에 위치하도록 이동시킨다.

❸ 목록 상자의 레이블 삭제하기

목록 상자와 함께 생성된 레이블을 선택한 후 Delete를 눌러 삭제한다.

❹ 목록 상자 수정하기

1. 목록 상자를 더블클릭한 후 속성 시트 창의 '형식' 탭에서 열 개수, 열 너비, 열 이름 속성을 그림과 같이 지정한다.

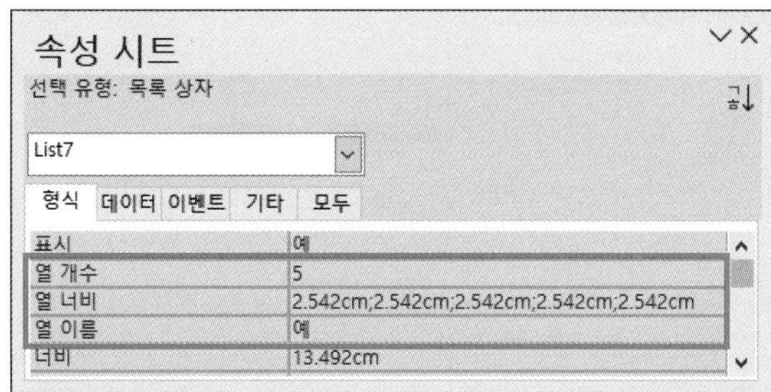

2. '데이터' 탭의 행 원본 속성을 선택한 후 '작성기 단추(...)'를 클릭한다.
3. '관계' 창의 바로 가기 메뉴에서 [**테이블 표시**]를 선택한다.
4. '테이블 추가' 창의 '테이블' 탭에서 '테이블2' 테이블을 더블클릭하여 추가한 후 '닫기(×)' 단추를 클릭한다.
5. 쿼리 작성기에서 '테이블1' 테이블의 '모델명' 필드를 '테이블2' 테이블의 '모델명' 필드로 드래그한다.
6. 쿼리 작성기에서 그림과 같이 '테이블2' 테이블의 '판매단가' 필드를 추가하고 조건을 지정한다.

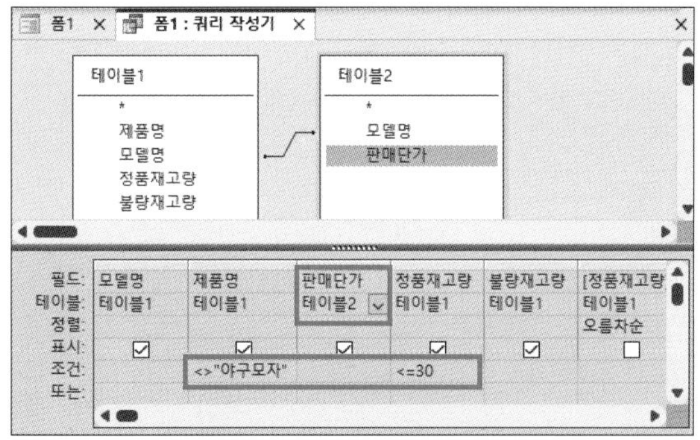

❺ 텍스트 상자에 SQL문 복사하여 넣기

1. [양식 디자인] → 컨트롤 → 텍스트 상자(ab|)를 이용하여 그림과 같이 텍스트 상자를 삽입한다.

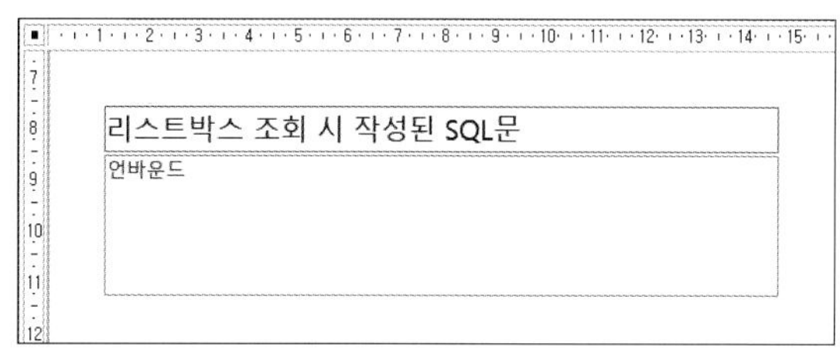

2. 목록 상자를 더블클릭한 후 속성 시트 창의 '데이터' 탭에서 행 원본 속성의 모든 내용을 복사하여 그림과 같이 텍스트 상자에 붙여넣는다.

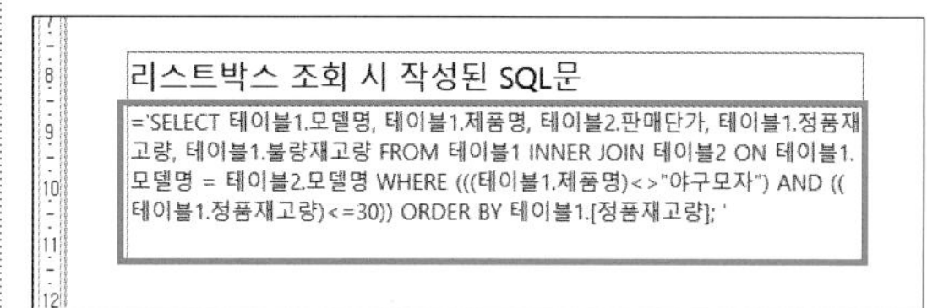

3. 텍스트 상자의 선 종류를 '파선'으로 지정한다.

02. 폼의 여백 설정하기

폼의 위쪽 여백을 60으로 지정한다.

문제 3 자료처리 파일(File) 작성 해설

정답

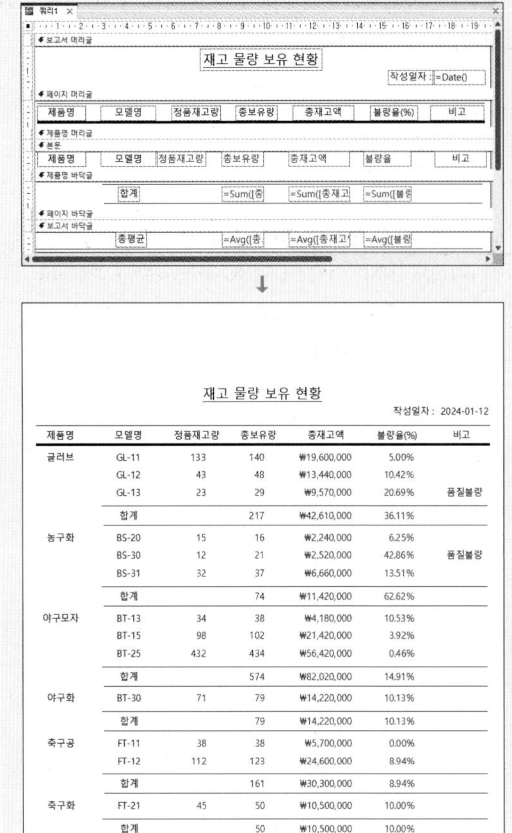

재고 물량 보유 현황

작성일자 : 2024-01-12

제품명	모델명	정품재고량	총보유량	총재고액	불량율(%)	비고
글러브	GL-11	133	140	₩19,600,000	5.00%	
	GL-12	43	48	₩13,440,000	10.42%	
	GL-13	23	29	₩9,570,000	20.69%	품질불량
	합계		217	₩42,610,000	36.11%	
농구화	BS-20	15	16	₩2,240,000	6.25%	
	BS-30	12	21	₩2,520,000	42.86%	품질불량
	BS-31	32	37	₩6,660,000	13.51%	
	합계		74	₩11,420,000	62.62%	
야구모자	BT-13	34	38	₩4,180,000	10.53%	
	BT-15	98	102	₩21,420,000	3.92%	
	BT-25	432	434	₩56,420,000	0.46%	
	합계		574	₩82,020,000	14.91%	
야구화	BT-30	71	79	₩14,220,000	10.13%	
	합계		79	₩14,220,000	10.13%	
축구공	FT-11	38	38	₩5,700,000	0.00%	
	FT-12	112	123	₩24,600,000	8.94%	
	합계		161	₩30,300,000	8.94%	
축구화	FT-21	45	50	₩10,500,000	10.00%	
	합계		50	₩10,500,000	10.00%	
테니스라켓	TS-10	76	78	₩17,160,000	2.56%	
	TS-12	33	35	₩5,950,000	5.71%	
	합계		113	₩23,110,000	8.28%	
	총평균		85	₩14,278,667	10.07%	

01. 보고서 만들기

1. '보고서 마법사' 1단계 대화상자에서 그림과 같이 지정한 후 〈다음〉을 클릭한다.

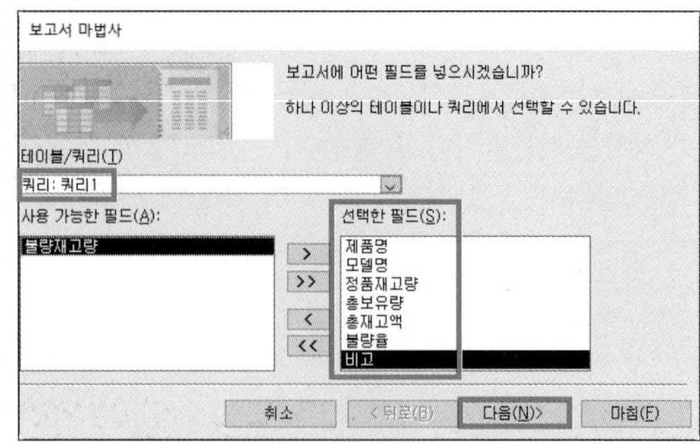

2. '보고서 마법사' 2단계 대화상자에서 '제품명'을 더블클릭한 후 〈다음〉을 클릭한다.

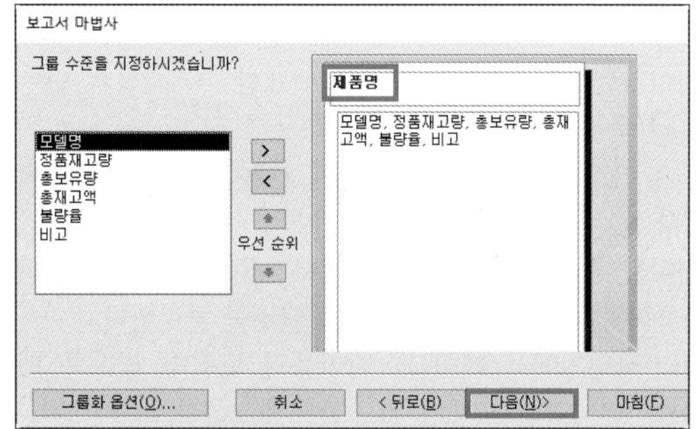

3. '보고서 마법사' 3단계 대화상자에서 〈요약 옵션〉을 클릭한 후 그림과 같이 지정하고 〈확인〉을 클릭한다.

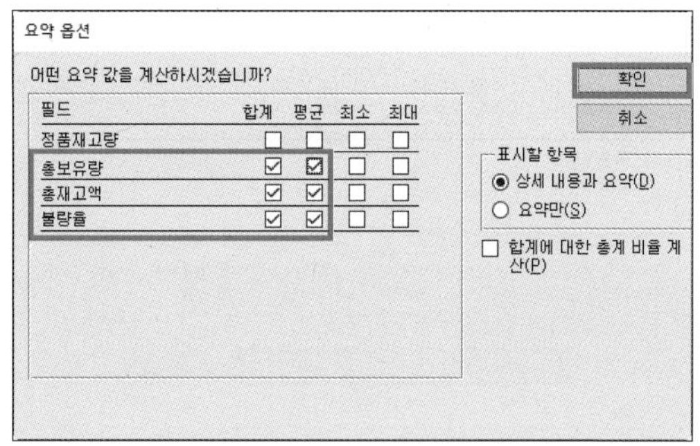

4. '보고서 마법사' 3단계 대화상자에서 〈다음〉을 클릭한다.
5. '보고서 마법사' 4단계 대화상자에서 '단계'가 선택된 것을 확인한 후 〈다음〉을 클릭한다.
6. '보고서 마법사' 5단계 대화상자에서 '보고서 디자인 수정'을 선택한 후 〈마침〉을 클릭한다.

02. 보고서 편집하기

❶ 불필요한 컨트롤 삭제하기

제품명 바닥글의 '="에 대한 요약"~' 텍스트 상자(❶), 페이지 바닥글의 날짜 텍스트 상자(❷), 페이지 텍스트 상자(❸), 보고서 바닥글의 모든 컨트롤(❹)을 Delete를 눌러 삭제한다.

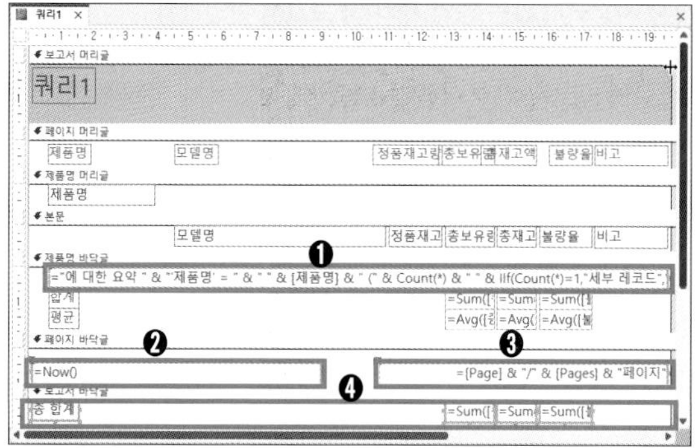

❷ 컨트롤 이동, 크기, 내용 변경하기

1. 제품명 머리글에 있는 '제품명' 텍스트 상자를 본문 영역으로 드래그하여 이동시킨다.
2. 제품명 바닥글의 '평균' 레이블과 '총보유량의 평균', '총재고액의 평균', '불량율의 평균' 텍스트 상자를 보고서 바닥글로 드래그하여 이동시킨다.
3. 컨트롤의 크기, 위치 및 내용을 그림과 같이 변경한다.

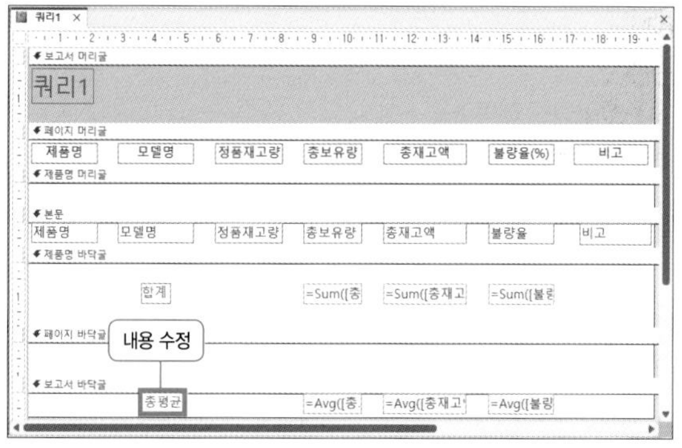

❸ 정렬 지정하기

'그룹, 정렬 및 요약' 창에서 〈정렬 추가〉를 클릭한 후 그림과 같이 지정한다.

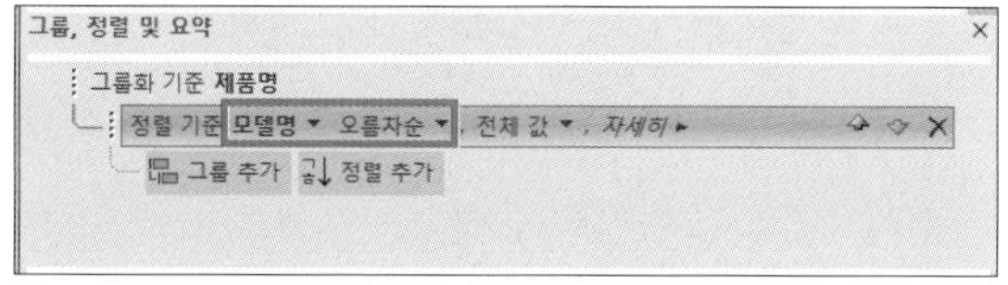

❹ 제목 입력 및 서식 지정하기

1. 보고서 머리글의 레이블을 선택한 후 글꼴 크기 16, '밑줄(가)', '가운데 맞춤(☰)'을 지정한다.
2. 제목 레이블의 가로 크기를 보고서 가로 크기만큼 늘린 후 내용을 **재고 물량 보유 현황**으로 수정한다.

❺ 작성일자 컨트롤 생성하기

1. [보고서 디자인] → 컨트롤 → **텍스트 상자**( )를 클릭한 후 보고서 머리글의 오른쪽 하단에 드래그한다.
2. 레이블에 **작성일자 :**을, 텍스트 상자에 **=Date( )**를 입력한다.

❻ 선 컨트롤 추가하기

1. [보고서 디자인] → 컨트롤 → **선**( )을 이용하여 그림과 같이 선을 삽입한다.

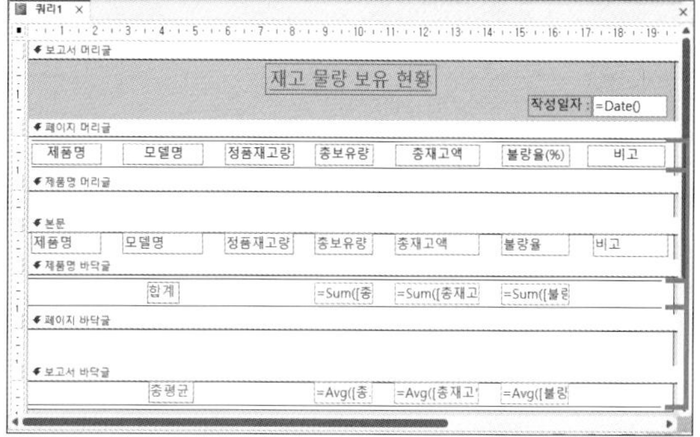

2. 제품명 바닥글에 있는 선의 크기를 그림과 같이 조절한다.

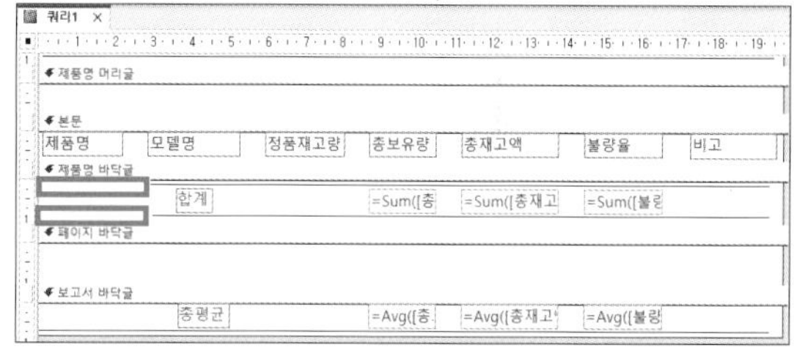

3. 페이지 머리글에 삽입된 두 선중 아래쪽에 있는 선의 선 두께를 '3pt'로 지정한다.

❼ '제품명' 컨트롤에 중복 내용 숨기기 속성 지정하기

본문의 '제품명' 텍스트 상자를 더블클릭한 후 속성 시트 창의 '형식' 탭에서 중복 내용 숨기기 속성을 '예'로 지정한다.

❽ 수치 컨트롤에 속성 지정하기

보고서 바닥글의 '총보유량의 총평균' 텍스트 상자를 더블클릭한 후 속성 시트 창의 '형식' 탭에서 형식 속성과 소수 자릿수 속성을 0으로 지정한다.

⑨ 금액 컨트롤에 속성 지정하기
제품명 바닥글의 '총재고액의 합계'와 보고서 바닥글의 '총재고액의 총평균' 텍스트 상자를 선택한 후 속성 시트 창의 '형식' 탭에서 형식 속성을 '통화'로, 소수 자릿수 속성을 0으로 지정한다.

⑩ 컨트롤의 데이터 정렬 및 글꼴 색 변경하기
1. 모든 레이블과 문자 데이터가 들어 있는 텍스트 상자의 텍스트를 '가운데 맞춤(☰)', 글꼴 색을 '검정, 텍스트 1'로 지정한다.
2. 레이블이나 텍스트 상자의 크기 및 위치를 조절하여 문제지에 주어진 그림과 같이 열의 간격과 정렬을 맞춘다.

⑪ 배경색 및 교차 행 색 변경하기
1. 보고서 머리글 선택기를 클릭한 후 도형 채우기 색을 '흰색, 배경 1'로 지정한다.
2. 본문과 제품명 바닥글의 교차 행 색을 '색 없음'으로 지정한다.

⑫ 컨트롤에 테두리 서식 변경하기
'작성일자' 텍스트 상자와 제품명 바닥글, 보고서 바닥글의 모든 텍스트 상자의 도형 윤곽선을 '투명'으로 지정한다.

⑬ 사용되지 않는 영역 제거 및 보고서 확인하기
본문과 보고서 바닥글의 선택기를 위쪽으로 드래그하여 빈 공간만 확보된 제품명 머리글과 페이지 바닥글 영역을 제거한다.

03. 보고서 여백 설정하기

보고서의 위쪽 여백을 60으로 지정한다.

07회 PowerPoint – 시상 작업(PT) 정답 및 해설

문제 1 제 1슬라이드 해설

01. 제 1슬라이드 작성하기

정답

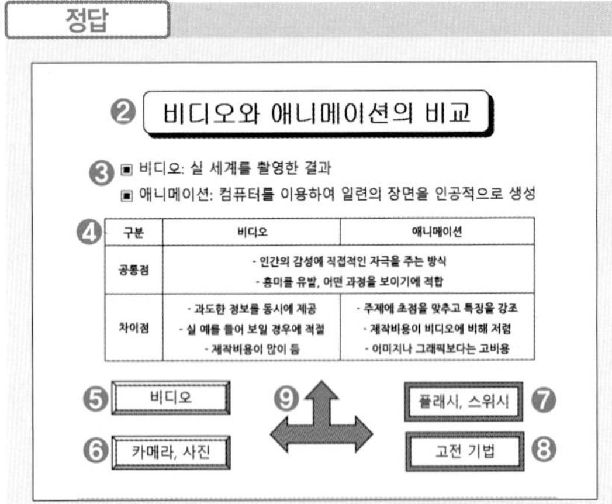

① 슬라이드 레이아웃
[레이아웃] → **빈 화면**

② '사각형: 둥근 모서리' 삽입하기
- [삽입] → 일러스트레이션 → 도형 → 사각형 → **사각형: 둥근 모서리(▢)**
- 그림자 지정 : '오프셋: 오른쪽 아래', 투명도 0%, 흐리게 0%, 간격 8pt

③ 텍스트 상자 삽입 및 글머리 기호 입력하기
- [삽입] → 텍스트 → **가로 텍스트 상자 그리기(가)**
- 글머리 기호 입력
  1. [홈] → 단락 → 글머리 기호(☰ ▾)의 ▾ → '글머리 기호 및 번호 매기기 → 〈사용자 지정〉 클릭

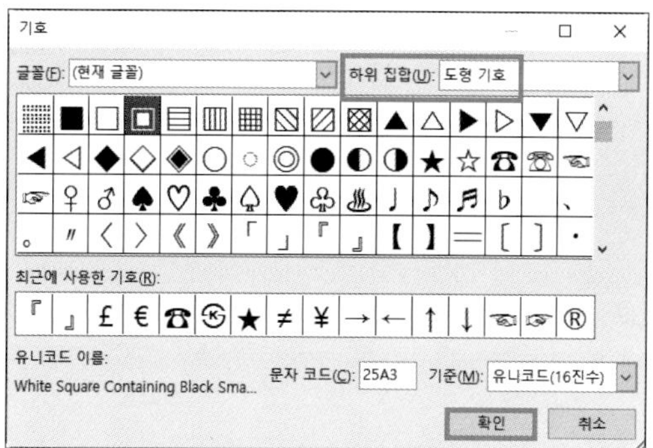

❹ 표 삽입하기

1. [삽입] → 표 → 표 → 3×3 **표**를 선택한다.
2. 삽입한 표를 선택한 후 [테이블 디자인] → **표 스타일**에서 '음영( )'을 '채우기 없음', '테두리'를 '모든 테두리( )'로 지정한다.
3. [테이블 디자인] → 테두리 그리기 → **지우개( )**를 클릭한 후 지우고자 하는 표 구분선을 클릭하여 삭제한다.

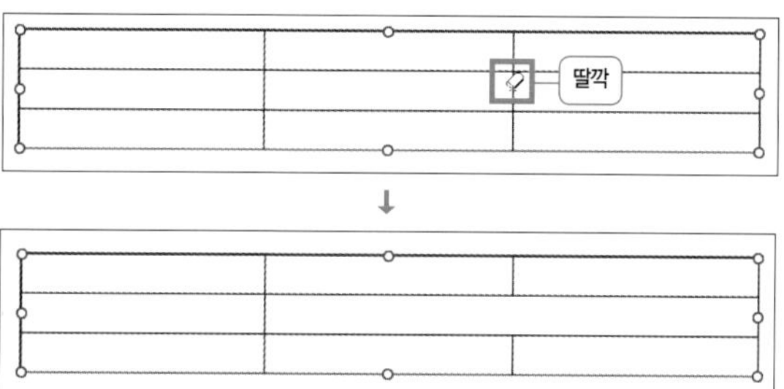

5. 행 높이나 열 너비를 변경하려면 행의 구분선이나 열의 구분선으로 마우스 포인터를 이동시킨 후 마우스 포인터가 ' ' 모양으로 변경되면 원하는 위치로 드래그한다.

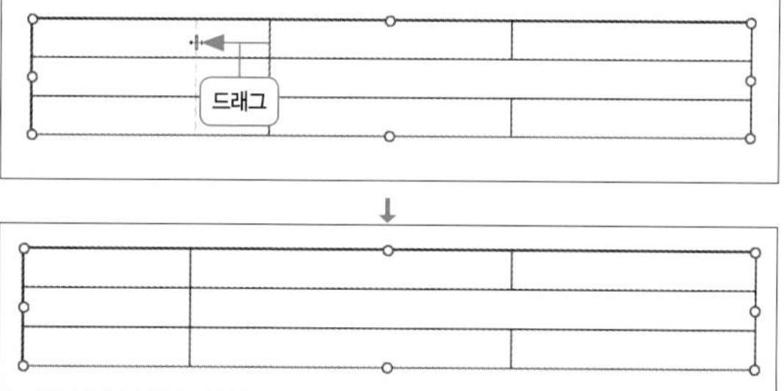

6. 내용을 입력하고 표를 선택한 후 [레이아웃] → **맞춤**에서 '가운데 맞춤( )'과 '세로 가운데 맞춤( )'을 지정한다.

※ **오피스 2010 사용자** : 문장 맨 앞에 '–'을 입력한 후 다음 줄을 입력하기 위해 Enter를 누르면 '–'이 글머리 기호로 변경되고, '–'과 내용 사이가 많이 떨어져 표시됩니다. 이것은 채점과 무관하므로 그대로 두면 됩니다.

❺ '사각형: 빗면' 삽입하기

[삽입] → 일러스트레이션 → 도형 → 기본 도형 → **사각형: 빗면( )**

❻ ❺번 도형을 복사한 후 내용 수정하기

❼ 액자 삽입하기

[삽입] → 일러스트레이션 → 도형 → 기본 도형 → **액자( )**

❽ ❼번 도형을 복사한 후 내용 수정하기

❾ '화살표: 왼쪽/오른쪽/위쪽' 삽입하기

[삽입] → 일러스트레이션 → 도형 → 블록 화살표 → **화살표: 왼쪽/오른쪽/위쪽( )**

02. 제 2슬라이드 작성하기

정답

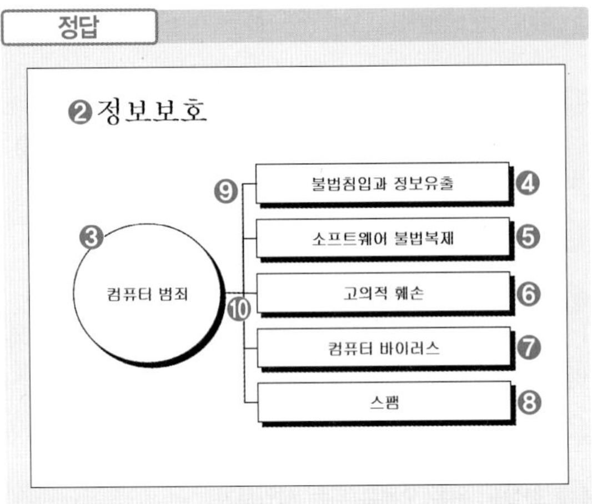

❶ 슬라이드 레이아웃
[레이아웃] → **빈 화면**

❷ 텍스트 상자 삽입하기
[삽입] → 텍스트 → **가로 텍스트 상자 그리기(가)**

❸ 타원 삽입하기
- [삽입] → 일러스트레이션 → 도형 → 기본 도형 → **타원(◯)**
- 그림자 지정 : '오프셋: 오른쪽 아래', 투명도 0%, 흐리게 0%, 간격 8pt

❹ 직사각형 삽입하기
- [삽입] → 일러스트레이션 → 도형 → 기본 도형 → **직사각형(▭)**
- 그림자 지정 : '오프셋: 오른쪽 아래', 투명도 0%, 흐리게 0%, 간격 8pt

❺ ~ ❽ ❹번 도형을 복사한 후 내용 수정하기

❾ '연결선: 꺾임' 삽입하기
[삽입] → 일러스트레이션 → 도형 → 선 → **연결선: 꺾임(⌐)**을 이용하여 '연결선: 꺾임' 모두 삽입

❿ 선 삽입하기
[삽입] → 일러스트레이션 → 도형 → 선 → **선(＼)**

제 08회 사무자동화산업기사 실기 공개문제

Excel – 표 계산(SP) 실무 작업

한국산업인력마트에서는 상품 매출의 할인 금액을 분석하고자 합니다. 다음 자료(DATA)를 이용하여 작성 조건에 따라 작업표와 그래프를 작성하고, 그 인쇄 출력물을 제출하도록 합니다.

문제 1 작업표(WORK SHEET) 작성

1. 자료(DATA)

상품별 주문 할인 현황

	B	C	D	E	F	G
4	상품명	성명	성별	주문수량	할인수량	재고금액
5	라면	김기철	1	30	3	1,003,000
6	과자	박철순	1	45	4	850,000
7	주스	권민자	0	67	7	1,120,000
8	라면	곽해남	1	32	4	720,000
9	과자	표진영	1	58	6	550,000
10	주스	황현철	1	21	3	985,000
11	라면	하석주	1	57	6	570,000
12	과자	박수진	1	39	4	853,000
13	주스	김천진	1	42	5	1,120,000
14	과자	김준희	0	33	6	660,000
15	라면	이남호	1	46	5	790,000
16	과자	임수영	0	75	8	460,000
17	주스	이수영	0	35	3	800,000
18	라면	조경태	1	46	3	790,000
19	주스	김동희	0	23	5	890,000
20	라면	이지성	1	38	2	720,000
21	과자	김성주	0	35	8	580,000
22	라면	서정만	1	58	7	640,000
23	주스	이지연	0	47	5	670,000
24	과자	김희숙	0	29	4	820,000

※ 자료(DATA) 부분에서 음영 처리 표시된 부분은 행/열의 기준선으로 작성(입력)하지 않음을 반드시 유의하시오.

2. 작업표 형식

상품별 주문 금액 계산

	B	C	H	I	J	K	L
4	상품명	성명	성별	주문금액	할인금액	지급금액	합계금액
5 : 24	–	–	①	②	③	④	⑤
25	평균			⑥	⑥	⑥	⑥
26	과자 또는 주스의 합계금액의 합						⑦
27	⑧						
28	남성이면서 라면 또는 주스를 주문한 금액의 합					⑨	⑨
29	성이 김씨이면서 라면 또는 주스를 주문한 금액의 합					⑩	⑩
30	할인금액이 20000 이상 30000 미만인 합					⑪	⑪
31	⑫						

※ 음영 처리 표시된 부분은 작성하지 않습니다.

3. 작성 조건

가) 작성 시 유의 사항

① 작업표의 작성은 "나)~마)" 항에 제시된 내용을 따르고 반드시 제시된 조건(함수 적용, 기재된 단서 조항 등)에 따라 처리하시오.

② 제시된 작성 조건을 따르지 아니하고 여타의 방법 일체(제시된 함수 이외 다른 함수 적용, 함수 미적용, 별도 전자계산기 사용 등)를 사용하여 도출된 결과는 그 답이 맞더라도 정답으로 인정되지 않음을 반드시 유의하시오.

나) 작업표의 구성 및 서식

① "작업표 형식"에서 행과 열에 관계된 음영 처리 표시된 부분은 작성하지 않음을 유의하고 반드시 제시된 행/열에 맞추도록 하시오.

② 제목서식 : 16 포인트 크기로 하시오.

③ 글꼴서체 : 임의선정하시오.

다) 원문자가 표시된 셀은 아래의 방법을 이용하여 처리하시오.

① 성별 : "남성" 또는 "여성"으로 표기하시오. (단, 주어진 자료(DATA)의 성별에서 남성은 1, 여성은 0으로 표시되어 있음)

② 주문금액 : 주문수량 × 단가 (단, 단가 : 라면 – 3,500원, 과자 – 4,500원, 주스 – 7,800원)

③ 할인금액 : 할인수량 × 단가

④ 지급금액 : 주문금액 – 할인금액

⑤ 합계금액 : 지급금액 + 재고금액

⑥ 평균 : 각 항목별 평균을 산출하시오.

⑦ 상품명이 "과자" 또는 "주스"인 합계금액의 합을 산출하시오. (단, SUMPRODUCT, ISNUMBER, FIND 함수를 모두 조합한(사용한) 함수식을 기재하시오.)

⑧ 항목 ⑦ 산정 시 사용된 함수식을 기재하시오.

⑨ "남성"이면서 "라면" 또는 "주스"를 주문한 금액의 지급금액, 합계금액의 합을 각각 산출하시오.
⑩ 성이 "김"씨이면서 "라면" 또는 "주스"를 주문한 금액의 지급금액, 합계금액의 합을 각각 산출하시오.
⑪ 할인금액이 20000 이상 30000 미만인 지급금액, 합계금액의 합을 각각 산출하시오.
(단, SUMIF 또는 SUMIFS 함수를 사용하시오.)
⑫ 작성 조건 ⑪에 사용된 함수식을 기재하시오.(단, 합계금액을 기준으로 하시오.)

※ 함수식을 기재하는 셀과 연관된 지정함수조건(함수지정)이 있을 경우 제시된 함수만을 사용해 함수식을 구성 및 작업하여야 하며, 작성 조건을 위배하여 임의로 작성할 시 해당 답이 맞더라도 틀린 항목으로 채점됨을 유의하시오. 만약, 구체적인 함수가 제시되지 않을 경우 수험자가 스스로 적합한 함수를 선정하여 작업 하시오.

※ 또한 함수식을 작성할 때는 "라) 작업표의 정렬순서(SORT)"에 따라 조건에 맞게 정렬 후 도출된 결과에 의한 함수식을 기재하시오.

라) 작업표의 정렬순서(SORT)는 성별을 기준으로 "여성", "남성" 순서로 하고, 성별이 같으면 합계금액의 내림차순으로 정렬하시오.

마) 기타
- 금액에 대한 수치는 원화(₩) 표시를 하고 천 단위마다 ',' (Comma)를 표시하시오.
  (단, 금액 이외의 수치는 ','(Comma)를 표시하지 않도록 하시오.)
- 모든 수치(숫자, 통화, 회계, 백분율 등)는 셀 서식의 속성을 설정하는 과정에서 소수 자릿수를 "0"으로 지정하여 정수로 표시토록 하시오.
- 음수는 "–"가 표시되도록 하시오.
- 숫자 셀은 우측을 수직으로 맞추고, 문자 셀은 수평중앙으로 맞추며 이외 사항은 작업표 형식에 따르도록 하시오. 특히, 단서조항이 있을 경우는 단서 조항을 우선으로 하고, 인쇄출력 시 판독불가능이 발생되지 않도록 인쇄 미리보기 등을 통하여 셀의 크기를 적당히 조정하시오.

문제 2 그래프(GRAPH) 작성

작성한 작업표에서 여성에 대한 성명별 합계금액과 주문금액을 나타내는 그래프를 작성하시오.

1. 작성 조건

가) 그래프 형태 : 혼합형 단일축 그래프
합계금액(묶은 세로 막대형), 주문금액(데이터 표식이 있는 꺾은선형)
(단, 합계금액만 데이터 레이블의 값이 표시된 혼합형 단일축 그래프로 하시오.)
나) 그래프 제목 : 여성 주문 금액 계산 ---- (확대출력)
다) X축 제목 : 성명
라) Y축 제목 : 금액
마) X축 항목 단위 : 해당 문자열
바) Y축 눈금 단위 : 임의
사) 범례 : 합계금액, 주문금액
아) 출력물 크기 : A4 용지 1/2장 범위내
자) 기타 : 작성 조건에 없는 형식이나 모양 등은 기본 설정 값에 따르며, 그래프 너비는 작업표 너비에 맞추도록 하시오.

※ 그래프는 반드시 작성된 작업표와 연동하여 작업하여야 하며, 그래프의 영역(범위) 설정 오류로 인한 불이익은 전적으로 수험자 본인에게 있습니다.

Access – 자료처리(DBMS) 작업

KST 텔레콤에서는 인터넷 회선사용료를 전산화하려고 한다. 다음의 입력 자료를 이용하여 DB를 설계하고 작성 조건에 따라 처리파일을 작성하고, 그 인쇄 출력물을 제출하시오.

[요구사항 및 유의사항]

1) 자료처리(DBMS) 작업은 조회화면(SCREEN) 설계와 자료처리 보고서의 2가지 작업을 수행하여 그 결과물을 인쇄 용지(A4) 기준 각 1장씩 총 2장을 제출하여야 채점 대상이 됨을 유의하시오.
2) 반드시 인쇄작업 수행 전 미리보기 등을 통해 여백을 조정하고, 수치, 문자 등 구성요소가 누락되지 않도록 주의하시오. 구성요소가 누락되어 인쇄되지 않은 결과로 인한 모든 책임은 전적으로 수험자 본인에게 있음을 반드시 유의하시오.
3) 문제지에 기재된 작성 조건에 따라 처리하고, 조회화면 및 자료처리 보고서의 서식이 작성 조건과 상이할 경우에는 시험위원의 지시에 따라 작업하시오.

문제 1 입력자료(DATA)

인터넷 회선사용 내역

고객번호	가입일	설치장소	회선수
A-101	2008-08-14	아파트	312
O-101	2006-08-04	오피스텔	294
H-101	2013-08-30	일반주택	125
O-102	2014-08-10	오피스텔	225
A-102	1999-08-07	아파트	238
H-102	2012-08-21	일반주택	119
H-103	2002-08-11	일반주택	63
A-103	2013-08-25	아파트	331
O-103	2014-08-07	오피스텔	275
H-104	2013-08-04	일반주택	177
O-104	2014-03-12	오피스텔	214
A-104	2012-08-01	아파트	188
O-105	2010-08-16	오피스텔	233
A-105	2009-08-02	아파트	186
H-105	2010-08-25	일반주택	89
H-154	2008-07-14	일반주택	98
O-157	2006-06-10	오피스텔	130
H-133	1998-03-01	일반주택	182
A-110	2012-12-16	아파트	257
O-133	2014-04-01	오피스텔	120

단가표

설치장소	단가
오피스텔	48,000
아파트	25,000
일반주택	30,000

문제 2 조회화면(SCREEN) 설계

다음 조건에 따라 고객번호가 O 또는 H로 시작하면서 회선수가 200 이상인 고객 현황을 조회할 수 있는 화면을 설계하고 해당 데이터를 출력하시오.

[작성 조건]

1) 해당 현황은 목록 상자(리스트박스)에서 가입일의 오름차순으로 출력하고, 화면 아래에 조회시 작성한 SQL문을 복사하시오.
   - WHERE 조건절에 고객번호, 회선수 반드시 포함
   - INNER JOIN, LIKE, ORDER BY 구문 반드시 포함
   ※ SQL문에 상기 내용 미포함 시 SQL 작성 부분 0점 처리
2) 리스트박스 조회시 작성된 SQL문이 작성되지 않을 경우에는 "조회화면(SCREEN) 설계" 과제가 0점 처리됨을 반드시 유의하시오.
3) 목록 상자에 표시되어야 할 필수적인 필드명은 다음과 같습니다.
   - 고객번호, 가입일, 설치장소, 회선수, 단가
4) 폼 서식에 제반되는 폰트, 점선 등은 아래 [조회화면 서식]에 보이는 대로 기재하시오.
5) 기타 사항은 "자료처리 파일(FILE) 작성"의 [기타 조건]을 따르시오.

[조회화면 서식]

고객번호가 O 또는 H로 시작하면서 회선수가
200 이상인 고객 현황

고객번호	가입일	설치장소	회선수	단가

리스트박스 조회 시 작성된 SQL문

문제 3 자료처리 파일(FILE) 작성 다음 조건에 따라 아래 양식과 같이 작성하시오.

[처리 조건]

1) 설치장소(아파트, 오피스텔, 일반주택)별로 정리한 후 같은 설치장소 안에서는 가입일의 오름차순으로 정렬(SORT) 하시오.
2) 회선료 : 회선수 × 단가
3) 설치비 : 회선료 × 130%
4) 모뎀임대료 : (회선료 + 설치비) × 5%
5) 총액 : 회선료 + 설치비 + 모뎀임대료
6) 합계 : 설치장소별 설치비, 모뎀임대료, 총액의 합을 산출하시오.
7) 총평균 : 설치비, 모뎀임대료, 총액의 전체 평균을 산출하시오.
8) 가입일은 MM-DD 형식으로 표시하시오.

[기타 조건]

1) 조회화면 및 보고서의 제목은 16정도의 임의 서체로 하시오.
2) 금액에 대한 수치는 원화(₩) 표시를 하고 천 단위마다 ,(Comma)를 표시하시오.
(단, 금액 이외의 수치는 ,(Comma)를 표시하지 않도록 하시오.)
3) 모든 수치(숫자, 통화, 백분율 등)는 컨트롤의 속성을 설정하는 과정에서 소수 자릿수를 "0"으로 지정하여 정수로 표시하시오.
4) 데이터의 열과 간격은 일정하게 맞추도록 하시오.

인터넷 회선 사용료 내역

가입일	회선수	단가	회선료	설치비	모뎀임대료	총액
MM-DD	XXXX	₩X,XXX	₩X,XXX	₩X,XXX	₩X,XXX	₩X,XXX
-	-	-	-	-	-	-
아파트 합계				₩X,XXX	₩X,XXX	₩X,XXX
-	-	-	-	-	-	-
오피스텔 합계				₩X,XXX	₩X,XXX	₩X,XXX
-	-	-	-	-	-	-
일반주택 합계				₩X,XXX	₩X,XXX	₩X,XXX
총평균				₩X,XXX	₩X,XXX	₩X,XXX

PowerPoint – 시상 작업(PT)

주어진 2개의 슬라이드를 슬라이드 작성조건에 따라 작업하여 인쇄하시오.

슬라이드 작성 조건

1) 각 슬라이드를 문제의 슬라이드 원안과 같이 인쇄하여 제출하시오.
   (특히 글자, 음영, 그림자, 도형 등 인쇄된 내용 그대로 작업하시오.)
2) "주1)" 등 특수한 속성 지정이 되어 있는 경우 지시에 따라 작성하시오.
3) 글꼴은 문제 원안과 같거나 유사한 형태로 작업하시오.
4) 글자, 그림 및 도형 등의 크기와 모양은 문제 원안과 같거나 유사한 형태로 작업하시오.
5) 모든 글씨, 선 등은 흑백(그레이스케일)으로 작업하되, 글상자, 그림 및 도형 등에서 색 채우기가 있는 경우 색 채우기는 회색 40% 정도, 투명도 0%를 기준으로 작업하시오.
6) 각 슬라이드는 원안과 같이 외곽선 테두리가 인쇄되도록 인쇄하시오.
7) 각 슬라이드 크기는 A4 용지의 1/2 범위 내에 인쇄가 가능한 크기가 되도록 조정하여, 슬라이드 2개를 A4 용지 1매 안에 모두 인쇄하시오.
8) 비번호, 수험번호, 성명, 페이지 번호 등은 반드시 자필로 기재하시오.

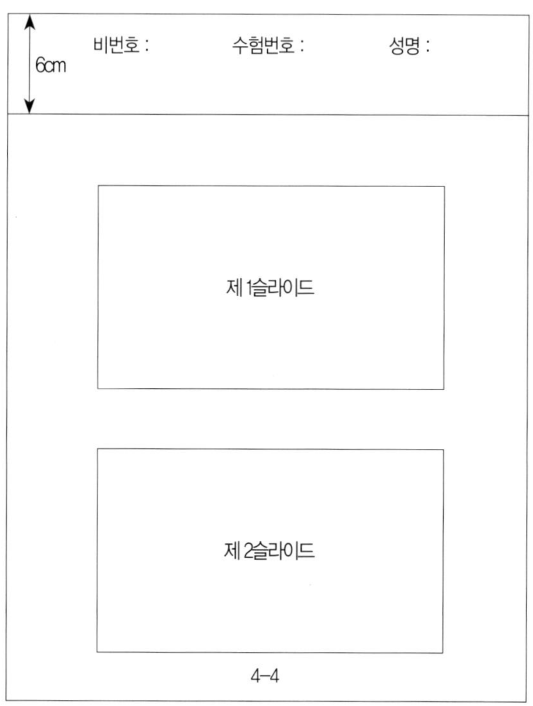

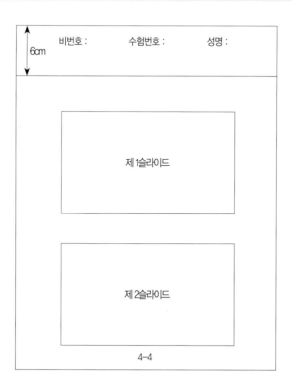

문제 1 제 1슬라이드

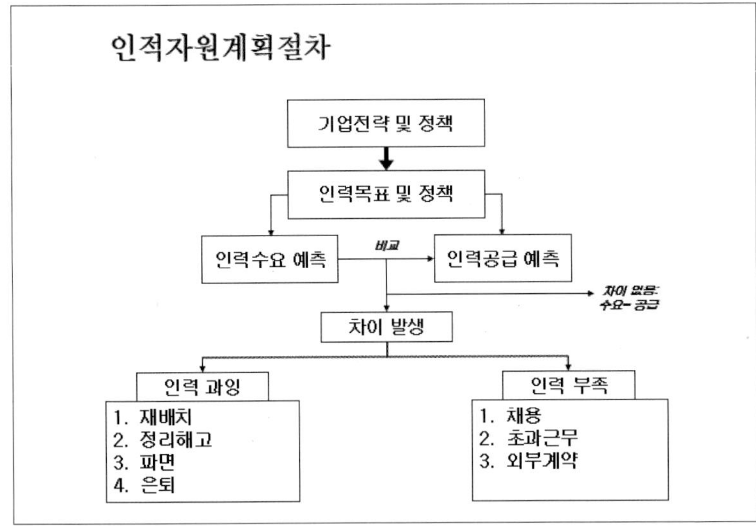

문제 2 제 2슬라이드

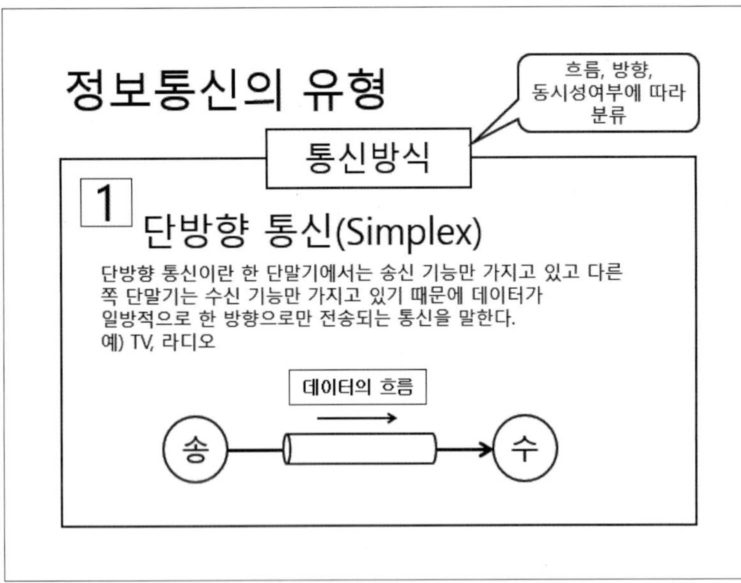

정답 작업표 및 차트(그래프)

상품별 주문 금액 계산

상품명	성명	성별	주문금액	할인금액	지급금액	합계금액
주스	권민자	여성	₩ 522,600	₩ 54,600	₩ 468,000	₩ 1,588,000
주스	이수영	여성	₩ 273,000	₩ 23,400	₩ 249,600	₩ 1,049,600
주스	김동희	여성	₩ 179,400	₩ 39,000	₩ 140,400	₩ 1,030,400
주스	이지연	여성	₩ 366,600	₩ 39,000	₩ 327,600	₩ 997,600
과자	김희숙	여성	₩ 130,500	₩ 18,000	₩ 112,500	₩ 932,500
과자	김준희	여성	₩ 148,500	₩ 27,000	₩ 121,500	₩ 781,500
과자	임수영	여성	₩ 337,500	₩ 36,000	₩ 301,500	₩ 761,500
과자	김성주	여성	₩ 157,500	₩ 36,000	₩ 121,500	₩ 701,500
주스	김천진	남성	₩ 327,600	₩ 39,000	₩ 288,600	₩ 1,408,600
주스	황현철	남성	₩ 163,800	₩ 23,400	₩ 140,400	₩ 1,125,400
라면	김기철	남성	₩ 105,000	₩ 10,500	₩ 94,500	₩ 1,097,500
과자	박철순	남성	₩ 202,500	₩ 18,000	₩ 184,500	₩ 1,034,500
과자	박수진	남성	₩ 175,500	₩ 18,000	₩ 157,500	₩ 1,010,500
라면	조경태	남성	₩ 161,000	₩ 10,500	₩ 150,500	₩ 940,500
라면	이남호	남성	₩ 161,000	₩ 17,500	₩ 143,500	₩ 933,500
라면	이지성	남성	₩ 133,000	₩ 7,000	₩ 126,000	₩ 846,000
라면	서정만	남성	₩ 203,000	₩ 24,500	₩ 178,500	₩ 818,500
라면	곽해남	남성	₩ 112,000	₩ 14,000	₩ 98,000	₩ 818,000
과자	표진영	남성	₩ 261,000	₩ 27,000	₩ 234,000	₩ 784,000
라면	하석주	남성	₩ 199,500	₩ 21,000	₩ 178,500	₩ 748,500
평균			₩ 216,025	₩ 25,170	₩ 190,855	₩ 970,405
과자 또는 주스의 합계금액의 합						₩13,205,600
=SUMPRODUCT(ISNUMBER(FIND("과자",B5:B24))+ISNUMBER(FIND("주스",B5:B24)),L5:L24)						
남성이면서 라면 또는 주스를 주문한 금액의 합					₩1,398,500	₩ 8,736,500
성이 김씨이면서 라면 또는 주스를 주문한 금액의 합					₩ 523,500	₩ 3,536,500
할인금액이 20000 이상 30000 미만인 합					₩1,102,500	₩ 5,307,500
=SUMIFS(L5:L24,$J$5:$J$24,">=20000",$J$5:$J$24,"<30000")						

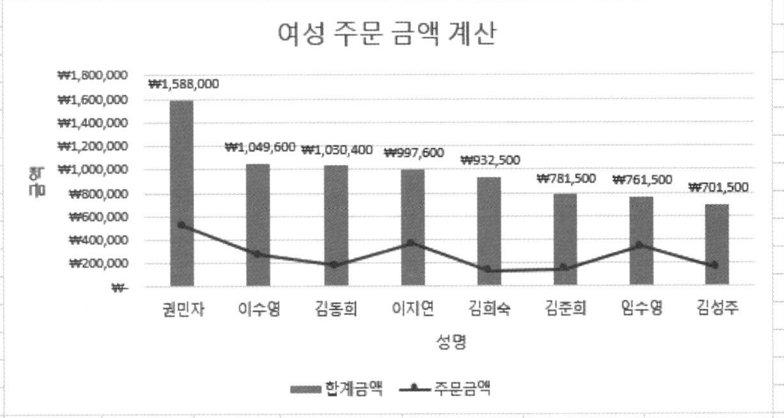

01. 데이터 입력하기

	A	B	C	D	E	F	G	H	I	J	K	L
1		상품별 주문 금액 계산										
2												
3												
4		상품명	성명	성별	주문수량	할인수량	재고금액	성별	주문금액	할인금액	지급금액	합계금액
5		라면	김기철	1	30	3	1,003,000					
6		과자	박철순	1	45	4	850,000					
7		주스	권민자	0	67	7	1,120,000					
8		라면	곽해남	1	32	4	720,000					
9		과자	표진영	1	58	6	550,000					
10		주스	황현철	1	21	3	985,000					
11		라면	하석주	1	57	6	570,000					
12		과자	박수진	1	39	4	853,000					
13		주스	김천진	1	42	5	1,120,000					
14		과자	김준희	0	33	6	660,000					
15		라면	이남호	1	46	5	790,000					
16		과자	임수영	0	75	8	460,000					
17		주스	이수영	0	35	3	800,000					
18		라면	조경태	1	46	3	790,000					
19		주스	김동희	0	23	5	890,000					
20		라면	이지성	1	38	2	720,000					
21		과자	김성주	0	35	8	580,000					
22		라면	서정만	1	58	7	640,000					
23		주스	이지연	0	47	5	670,000					
24		과자	김희숙	0	29	4	820,000					
25		평균										
26		과자 또는 주스의 합계금액의 합										
27												
28		남성이면서 라면 또는 주스를 주문한 금액의 합										
29		성이 김씨이면서 라면 또는 주스를 주문한 금액의 합										
30		할인금액이 20000 이상 30000 미만인 합										

02. 수식 작성하기

❶ 성별(H5) : =IF(D5=1,"남성","여성")

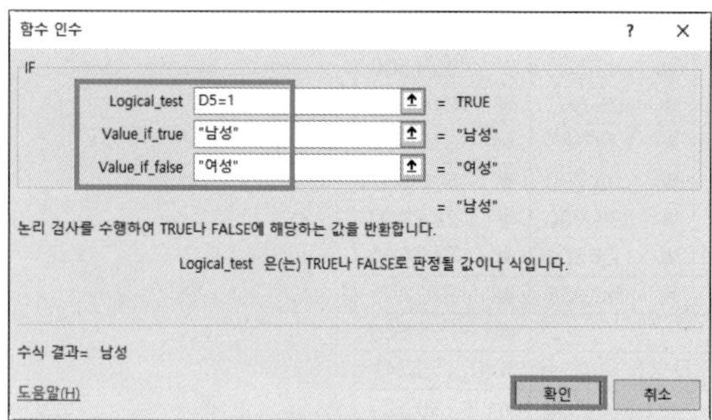

❷ 주문금액(I5)

=E5*IF(B5="라면",3500,IF(B5="과자",4500,7800))

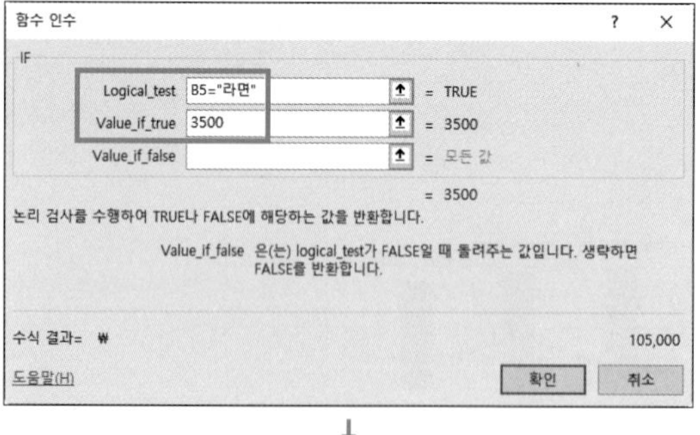

↓

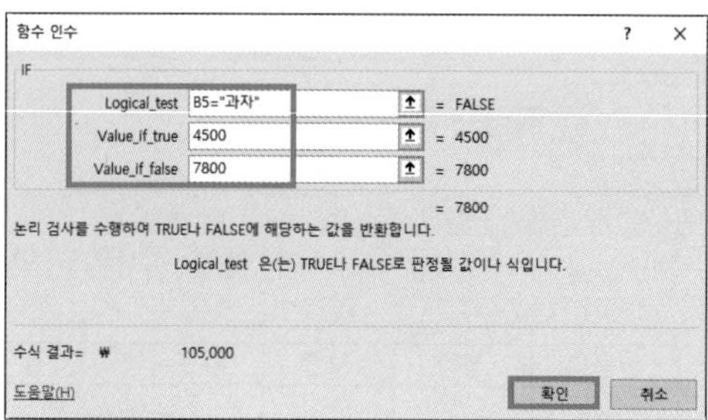

❸ 할인금액(J5)

=F5*IF(B5="라면",3500,IF(B5="과자",4500,7800))

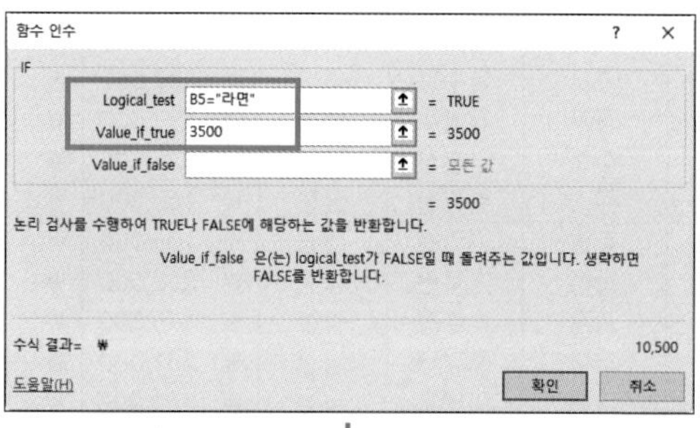

↓

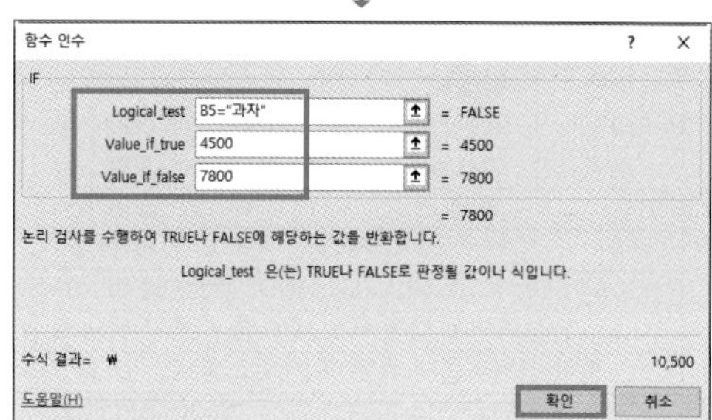

❹ 지급금액(K5) : =I5−J5

❺ 합계금액(L5) : =K5+G5

❻ 평균(I25) : =AVERAGE(I5:I24)

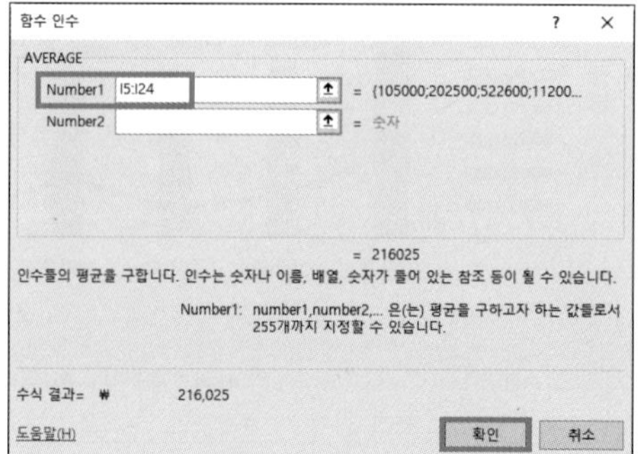

❼ 과자 또는 주스의 합계금액의 합(L26)

=SUMPRODUCT(ISNUMBER(FIND("과자",B5:B24))+ISNUMBER(FIND("주스",B5:B24)),L5:L24)

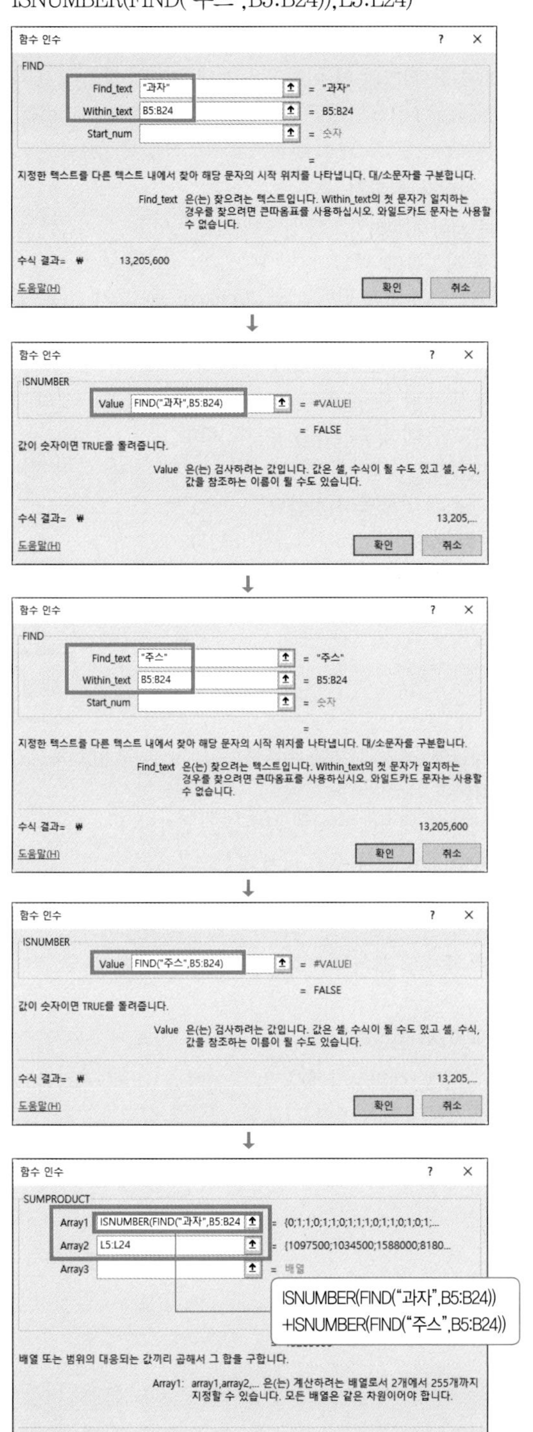

❾ 남성이면서 라면 또는 주스를 주문한 금액의 합(K28)

=SUMPRODUCT(($H$5:$H$24="남성")*(($B$5:$B$24="라면")+($B$5:$B$24="주스")),K5:K24)

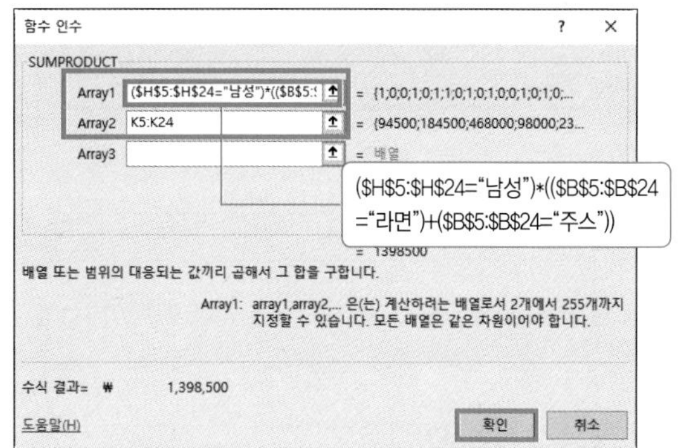

❿ 성이 김씨이면서 라면 또는 주스를 주문한 금액의 합(K29)

=SUMPRODUCT((LEFT($C$5:$C$24,1)="김")*(($B$5:$B$24="라면")+($B$5:$B$24="주스")),K5:K24)

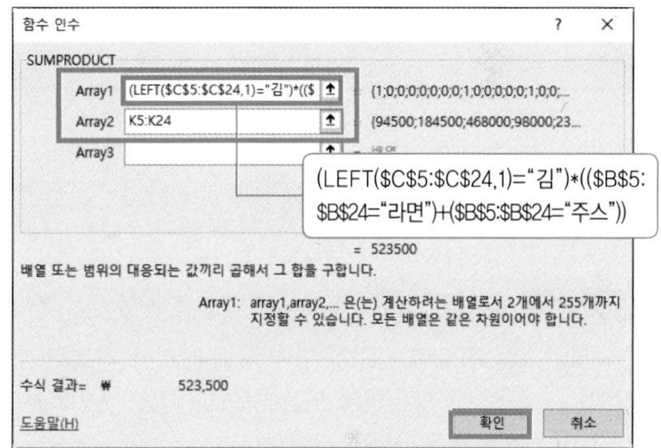

⓫ 할인금액이 20000 이상 30000 미만인 합(K30)

=SUMIFS(K5:K24,$J$5:$J$24,">=20000",$J$5:$J$24,"<30000")

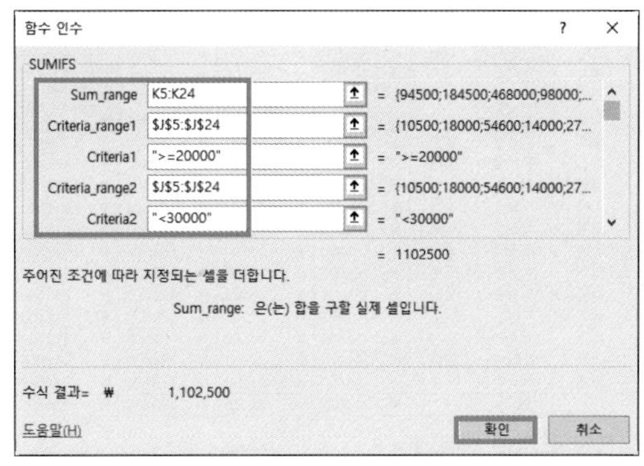

03. 데이터 정렬하기

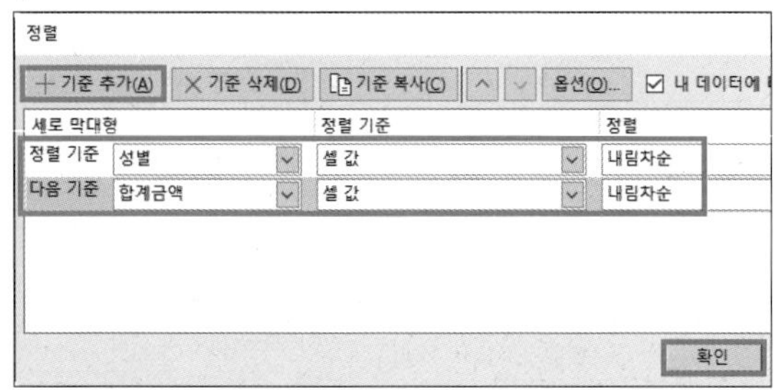

※ 첫 번째 정렬 기준인 '성별'은 '남자'와 '여자'로 입력되어 있는 H열의 '성별'을 선택하여 지정해야 합니다.

04. 함수식 입력하기

⑧ ⑦의 함수식(B27) : '=SUMPRODUCT(ISNUMBER(FIND("과자",B5:B24))+ISNUMBER(FIND("주스",B5:B24)),L5:L24)

⑫ ⑪의 함수식(B31) : '=SUMIFS(L5:L24,$J$5:$J$24,">=20000",$J$5:$J$24,"〈30000")

05. 작업표 형식에 없는 열 숨기기

A, D, E, F, G열의 열 머리글을 선택하고 [숨기기]를 실행한다.

06. 서식 지정하기

1. **제목 서식 지정하기 :** 글꼴 크기 16, '병합하고 가운데 맞춤'을 지정한다.
2. **금액에 대해 화폐 단위(₩)와 ,(Comma) 표시하기 :** 주문금액, 할인금액, 지급금액, 합계금액의 표시 형식을 '회계 표시 형식(▣)'으로 지정한다.
3. **문자 셀 수평 중앙으로 맞추기 :** 텍스트가 입력된 셀의 맞춤을 '가운데 맞춤(☰)'으로 지정한다.
4. **셀 병합하기 :** 각각의 영역을 블록으로 지정한 후 '병합하고 가운데 맞춤'을 지정한다.
5. **테두리 지정하기 :** 테두리를 지정한다.

문제 2 차트(그래프) 작성 해설

01. 차트 작성하기

1. [C4:C12], [I4:I12], [L4:L12] 영역을 블록으로 지정한 후 [삽입] → 차트 → 꺾은선형 또는 영역형 차트 삽입(▣) → **표식이 있는 꺾은선형**을 선택한다.

	A	B	C	H	I	J	K	L
1		상품별 주문 금액 계산						
2								
3								
4		상품명	성명	성별	주문금액	할인금액	지급금액	합계금액
5		주스	권민자	여성	₩ 522,600	₩ 54,600	₩ 468,000	₩ 1,588,000
6		주스	이수영	여성	₩ 273,000	₩ 23,400	₩ 249,600	₩ 1,049,600
7		주스	김동희	여성	₩ 179,400	₩ 39,000	₩ 140,400	₩ 1,030,400
8		주스	이지연	여성	₩ 366,600	₩ 39,000	₩ 327,600	₩ 997,600
9		과자	김희숙	여성	₩ 130,500	₩ 18,000	₩ 112,500	₩ 932,500
10		과자	김준희	여성	₩ 148,500	₩ 27,000	₩ 121,500	₩ 781,500
11		과자	임수영	여성	₩ 337,500	₩ 36,000	₩ 301,500	₩ 761,500
12		과자	김성주	여성	₩ 157,500	₩ 36,000	₩ 121,500	₩ 701,500
13		주스	김천진	남성	₩ 327,600	₩ 39,000	₩ 288,600	₩ 1,408,600
14		주스	황현철	남성	₩ 163,800	₩ 23,400	₩ 140,400	₩ 1,125,400
15		라면	김기철	남성	₩ 105,000	₩ 10,500	₩ 94,500	₩ 1,097,500
16		과자	박철순	남성	₩ 202,500	₩ 18,000	₩ 184,500	₩ 1,034,500
17		과자	박수진	남성	₩ 175,500	₩ 18,000	₩ 157,500	₩ 1,010,500
18		라면	조경태	남성	₩ 161,000	₩ 10,500	₩ 150,500	₩ 940,500
19		라면	이남호	남성	₩ 161,000	₩ 17,500	₩ 143,500	₩ 933,500
20		라면	이지성	남성	₩ 133,000	₩ 7,000	₩ 126,000	₩ 846,000
21		라면	서정만	남성	₩ 203,000	₩ 24,500	₩ 178,500	₩ 818,500
22		라면	곽해남	남성	₩ 112,000	₩ 14,000	₩ 98,000	₩ 818,000
23		과자	표진영	남성	₩ 261,000	₩ 27,000	₩ 234,000	₩ 784,000
24		라면	하석주	남성	₩ 199,500	₩ 21,000	₩ 178,500	₩ 748,500
25		평균			₩ 216,025	₩ 25,170	₩ 190,855	₩ 970,405
26		과자 또는 주스의 합계금액의 합						₩ 13,205,600
27		=SUMPRODUCT(ISNUMBER(FIND("과자",B5:B24))+ISNUMBER(FIND("주스",B5:B24)),L5:L24)						
28		남성이면서 라면 또는 주스를 주문한 금액의 합					₩ 1,398,500	₩ 8,736,500
29		성이 김씨이면서 라면 또는 주스를 주문한 금액의 합					₩ 523,500	₩ 3,536,500
30		할인금액이 20000 이상 30000 미만인 합					₩ 1,102,500	₩ 5,307,500
31		=SUMIFS(L5:L24,$J$5:$J$24,">=20000",$J$5:$J$24,"<30000")						

2. '합계금액' 계열의 차트 종류를 '묶은 세로 막대형' 차트로 변경한다.
3. '합계금액' 계열에 데이터 레이블을 추가한다.
4. 차트 제목을 **여성 주문 금액 계산**으로 입력한 후 서식을 지정한다.
5. X축 제목을 **성명**, Y축 제목을 **금액**으로 지정한다.
6. 차트 위치 및 크기를 조절한다.

02. 페이지 설정하기

'페이지 설정' 대화상자에서 위쪽 여백을 6으로 지정하고, '페이지 가운데 맞춤'에서 '가로'와 '세로'를 선택한다.

08회 Access – 자료처리(DBMS) 작업

정답 및 해설

문제 1 테이블 및 쿼리 작성

해설

01. 첫 번째 테이블 작성하기

정답

테이블1

고객번호	가입일	설치장소	회선수
A-101	2008-08-14	아파트	312
O-101	2006-08-04	오피스텔	294
H-101	2013-08-30	일반주택	125
O-102	2014-08-10	오피스텔	225
A-102	1999-08-07	아파트	238
H-102	2012-08-21	일반주택	119
H-103	2002-08-11	일반주택	63
A-103	2013-08-25	아파트	331
O-103	2014-08-07	오피스텔	275
H-104	2013-08-04	일반주택	177
O-104	2014-03-12	오피스텔	214
A-104	2012-08-01	아파트	188
O-105	2010-08-16	오피스텔	233
A-105	2009-08-02	아파트	186
H-105	2010-08-25	일반주택	89
H-154	2008-07-14	일반주택	98
O-157	2006-06-10	오피스텔	130
H-133	1998-03-01	일반주택	182
A-110	2012-12-16	아파트	257
O-133	2014-04-01	오피스텔	120

레코드: 1/20 필터 없음 검색

❶ 필드 생성 및 속성 지정하기

테이블1

필드 이름	데이터 형식	설명(옵션)
고객번호	짧은 텍스트	
가입일	날짜/시간	
설치장소	짧은 텍스트	
회선수	숫자	

❷ 기본키 해제하기

'고객번호' 필드 행을 클릭한 후 바로 가기 메뉴에서 [**기본키**]를 선택하여 기본키를 해제한다.

02. 두 번째 테이블 작성하기

정답

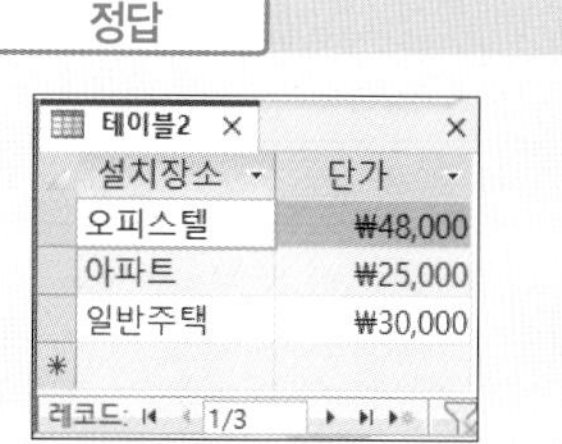

테이블2

설치장소	단가
오피스텔	₩48,000
아파트	₩25,000
일반주택	₩30,000

레코드: 1/3

❶ 필드 생성 및 속성 지정하기

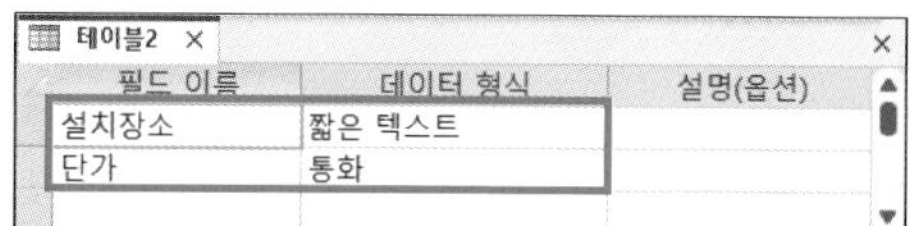

테이블2

필드 이름	데이터 형식	설명(옵션)
설치장소	짧은 텍스트	
단가	통화	

03. 쿼리 작성하기

정답

쿼리1

고객번호	가입일	설치장소	회선수	단가	회선료	설치비	모뎀임대료	총액
O-104	2014-03-12	오피스텔	214	₩48,000	₩10,272,000	₩13,353,600	₩1,181,280	₩24,806,880
O-101	2006-08-04	오피스텔	294	₩48,000	₩14,112,000	₩18,345,600	₩1,622,880	₩34,080,480
O-102	2014-08-10	오피스텔	225	₩48,000	₩10,800,000	₩14,040,000	₩1,242,000	₩26,082,000
O-103	2014-08-07	오피스텔	275	₩48,000	₩13,200,000	₩17,160,000	₩1,518,000	₩31,878,000
O-133	2014-04-01	오피스텔	120	₩48,000	₩5,760,000	₩7,488,000	₩662,400	₩13,910,400
O-105	2010-08-16	오피스텔	233	₩48,000	₩11,184,000	₩14,539,200	₩1,286,160	₩27,009,360
O-157	2006-06-10	오피스텔	130	₩48,000	₩6,240,000	₩8,112,000	₩717,600	₩15,069,600
A-110	2012-12-16	아파트	257	₩25,000	₩6,425,000	₩8,352,500	₩738,875	₩15,516,375
A-102	1999-08-07	아파트	238	₩25,000	₩5,950,000	₩7,735,000	₩684,250	₩14,369,250
A-103	2013-08-25	아파트	331	₩25,000	₩8,275,000	₩10,757,500	₩951,625	₩19,984,125
A-105	2009-08-02	아파트	186	₩25,000	₩4,650,000	₩6,045,000	₩534,750	₩11,229,750
A-101	2008-08-14	아파트	312	₩25,000	₩7,800,000	₩10,140,000	₩897,000	₩18,837,000
A-104	2012-08-01	아파트	188	₩25,000	₩4,700,000	₩6,110,000	₩540,500	₩11,350,500
H-105	2010-08-25	일반주택	89	₩30,000	₩2,670,000	₩3,471,000	₩307,050	₩6,448,050
H-103	2002-08-11	일반주택	63	₩30,000	₩1,890,000	₩2,457,000	₩217,350	₩4,564,350
H-102	2012-08-21	일반주택	119	₩30,000	₩3,570,000	₩4,641,000	₩410,550	₩8,621,550
H-154	2008-07-14	일반주택	98	₩30,000	₩2,940,000	₩3,822,000	₩338,100	₩7,100,100
H-101	2013-08-30	일반주택	125	₩30,000	₩3,750,000	₩4,875,000	₩431,250	₩9,056,250
H-133	1998-03-01	일반주택	182	₩30,000	₩5,460,000	₩7,098,000	₩627,900	₩13,185,900
H-104	2013-08-04	일반주택	177	₩30,000	₩5,310,000	₩6,903,000	₩610,650	₩12,823,650

레코드: 1/20 필터 없음 검색

보고서에서 사용할 필드 현황

필드명	원본 데이터	비고
가입일	테이블1	테이블에서 제공
설치장소		
회선수		
단가	테이블2	
회선료	회선수 × 단가	추가되는 계산 필드
설치비	회선료 × 130%	
모뎀임대료	(회선료 + 설치비) × 5%	
총액	회선료 + 설치비 + 모뎀임대료	

❶ 테이블 및 필드 선택하기

1. 쿼리 작성기에서 '테이블1'과 '테이블2' 테이블을 추가한 후 '테이블1' 테이블의 '설치장소' 필드를 '테이블2' 테이블의 '설치장소' 필드로 드래그한다.
2. 쿼리 작성기에서 '테이블1'의 모든 필드와 '테이블2'의 '단가' 필드를 추가한다.

❷ 계산 필드 추가하기

1. '회선료' 필드 추가하기 : '단가' 필드의 오른쪽 필드에 **회선료: [회선수]*[단가]**를 입력한다.

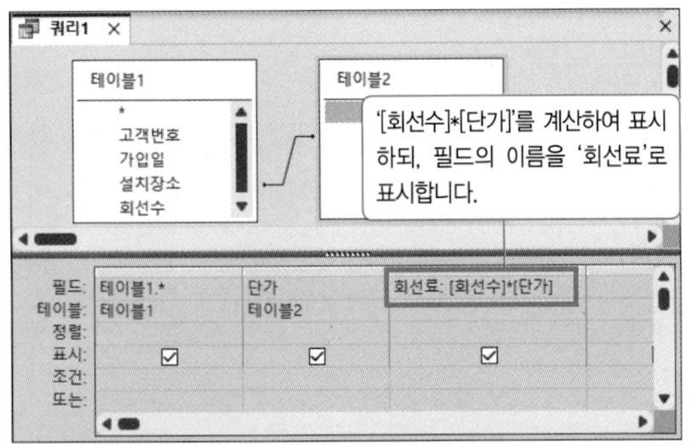

2. '설치비' 필드 추가하기 : '회선료' 필드의 오른쪽 필드에 **설치비: [회선료]*1.3**을 입력한다.

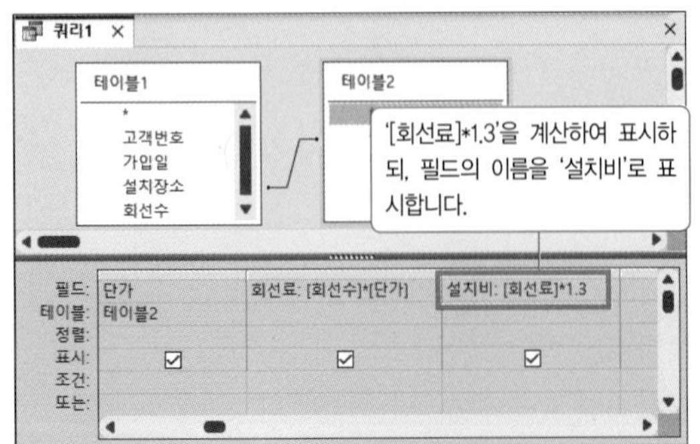

3. '모뎀임대료' 필드 추가하기 : '설치비' 필드의 오른쪽 필드에 **모뎀임대료: ([회선료]+[설치비])*0.05**를 입력한다.

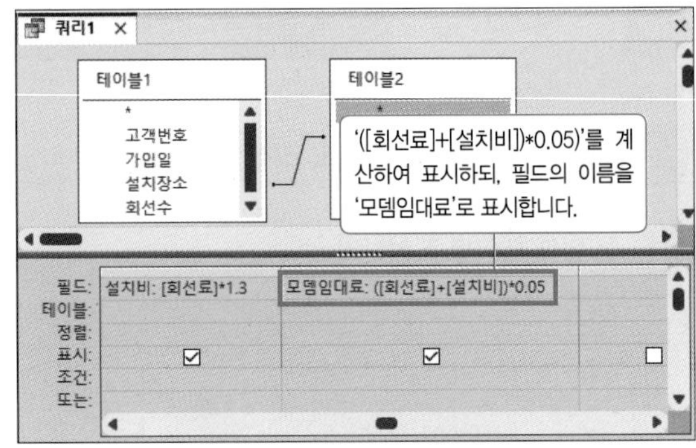

4. '총액' 필드 추가하기 : '모뎀임대료' 필드의 오른쪽 필드에 **총액: [회선료]+[설치비]+[모뎀임대료]**를 입력한다.

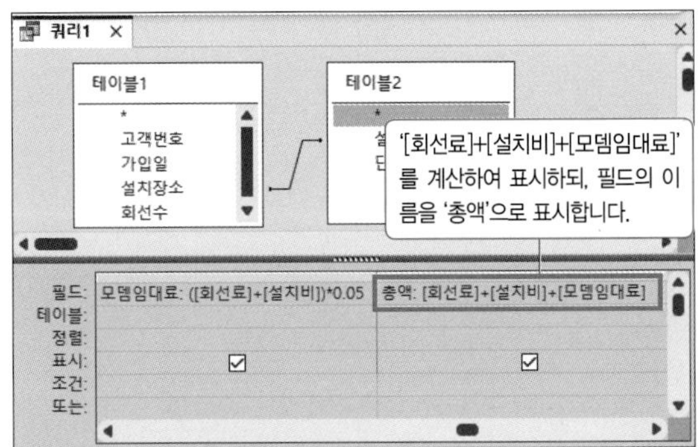

❸ 표시 형식 지정하기

1. '설치비' 필드의 바로 가기 메뉴에서 [**속성**]을 선택한다.
2. '필드 속성' 시트 창의 '일반' 탭에서 형식 속성을 '통화'로 지정한다.
3. 같은 방법으로 '모뎀임대료' 필드의 형식 속성도 '통화'로 지정한다.

문제 2 조회화면(SCREEN) 설계

해설

정답

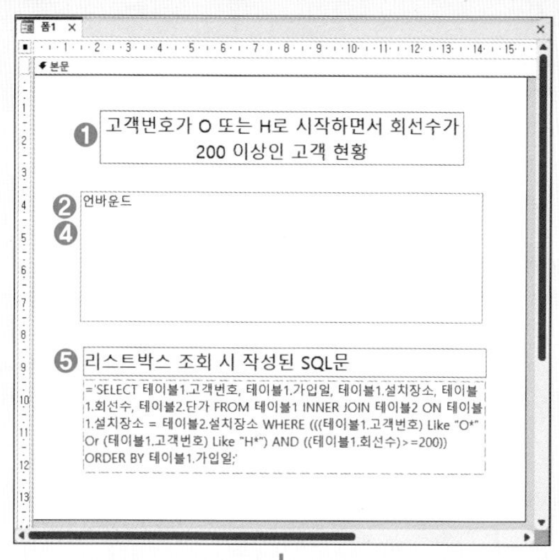

↓

고객번호가 O 또는 H로 시작하면서 회선수가 200 이상인 고객 현황

고객번호	가입일	설치장소	회선수	단가
O-101	2006-08-04	오피스텔	294	₩48,000
O-105	2010-08-16	오피스텔	233	₩48,000
O-104	2014-03-12	오피스텔	214	₩48,000
O-103	2014-08-07	오피스텔	275	₩48,000
O-102	2014-08-10	오피스텔	225	₩48,000

리스트박스 조회 시 작성된 SQL문

SELECT 테이블1.고객번호, 테이블1.가입일, 테이블1.설치장소, 테이블1.회선수, 테이블2.단가 FROM 테이블1 INNER JOIN 테이블2 ON 테이블1.설치장소 = 테이블2.설치장소 WHERE (((테이블1.고객번호) Like "O*" Or (테이블1.고객번호) Like "H*") AND ((테이블1.회선수)>=200)) ORDER BY 테이블1.가입일;

01. 폼 작성하기

❶ 제목 추가하기

[양식 디자인] → 컨트롤 → **레이블(가가)**을 이용하여 그림과 같이 제목을 삽입한다.

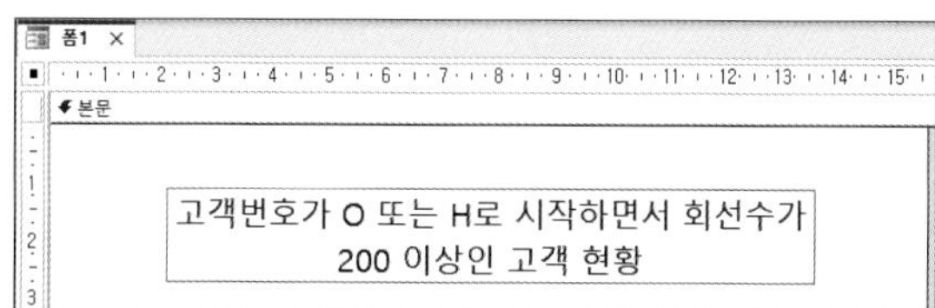

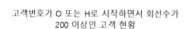

❷ 목록 상자 작성하기

1. [양식 디자인] → 컨트롤 → **목록 상자**를 이용하여 목록 상자를 추가한다.
2. '목록 상자 마법사' 1단계 대화상자에서 〈다음〉을 클릭한다.
3. '목록 상자 마법사' 2단계 대화상자에서 〈다음〉을 클릭한다.
4. '목록 상자 마법사' 3단계 대화상자를 그림과 같이 지정하고 〈다음〉을 클릭한다.

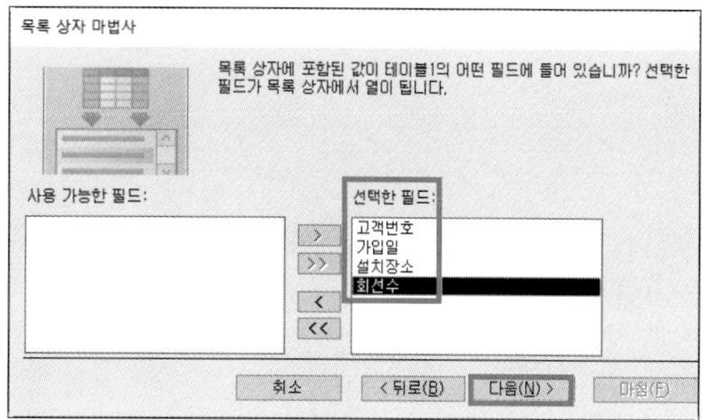

5. '목록 상자 마법사' 4단계 대화상자에서 그림과 같이 지정한 후 〈다음〉을 클릭한다.

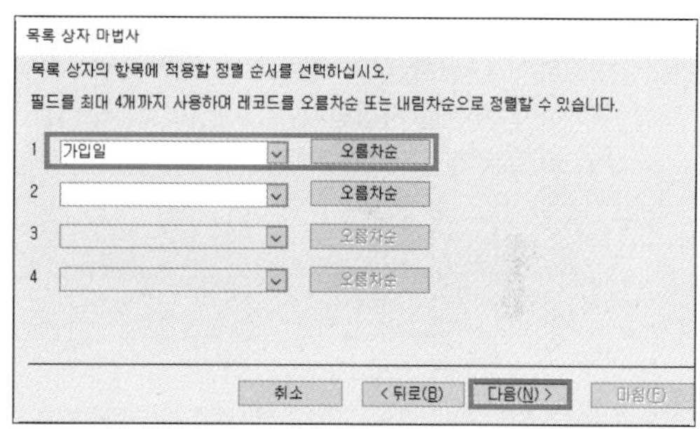

6. '목록 상자 마법사' 5단계 대화상자에서 〈다음〉을 클릭한다.
7. '목록 상자 마법사' 6단계 대화상자에서 〈다음〉을 클릭한다.
8. '목록 상자 마법사' 7단계 대화상자에서 〈마침〉을 클릭한다.
9. 작성된 목록 상자의 가로 너비를 조절하고 폼의 중앙에 위치하도록 이동시킨다.

❸ 목록 상자의 레이블 삭제하기

목록 상자와 함께 생성된 레이블을 선택한 후 Delete를 눌러 삭제한다.

❹ 목록 상자 열 이름 표시 및 데이터 조건 지정하기

1. 목록 상자를 더블클릭한 후 속성 시트 창의 '형식' 탭에서 열 개수, 열 너비, 열 이름 속성을 그림과 같이 지정한다.

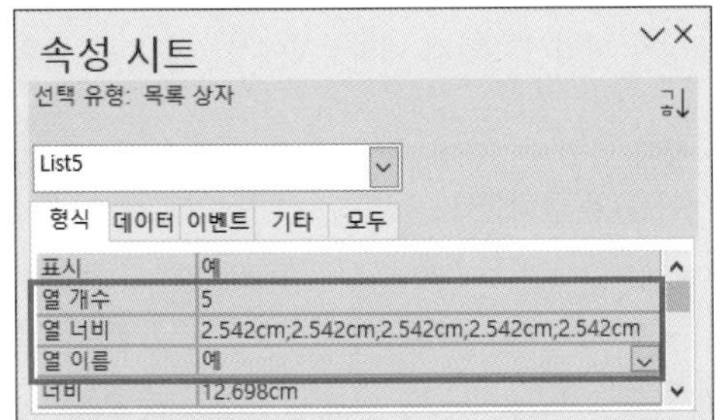

2. '데이터' 탭의 행 원본 속성을 선택한 후 '작성기 단추(...)'를 클릭한다.
3. '관계' 창의 바로 가기 메뉴에서 **[테이블 표시]**를 선택한다.
4. '테이블 추가' 창의 '테이블' 탭에서 '테이블2' 테이블을 더블클릭하여 추가한 후 '닫기(☒)' 단추를 클릭한다.
5. 쿼리 작성기에서 '테이블1' 테이블의 '설치장소' 필드를 '테이블2' 테이블의 '설치장소' 필드로 드래그한다.
6. 쿼리 작성기에서 그림과 같이 '테이블2' 테이블의 '단가' 필드를 추가하고 조건을 지정한다.

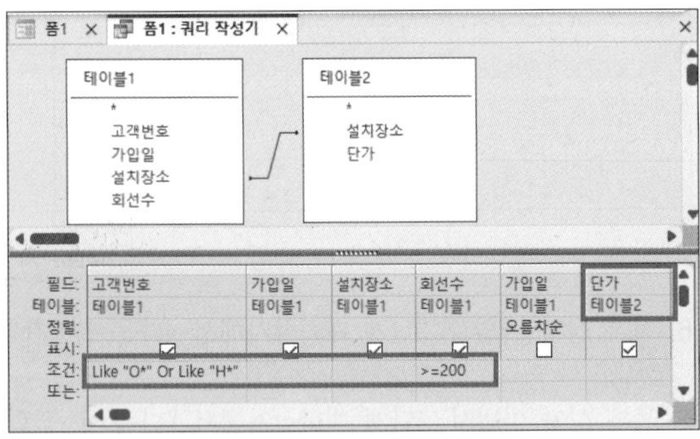

❺ 텍스트 상자에 SQL문 복사하여 넣기

1. [양식 디자인] → 컨트롤 → **텍스트 상자(ab)**를 이용하여 그림과 같이 텍스트 상자를 삽입한다.

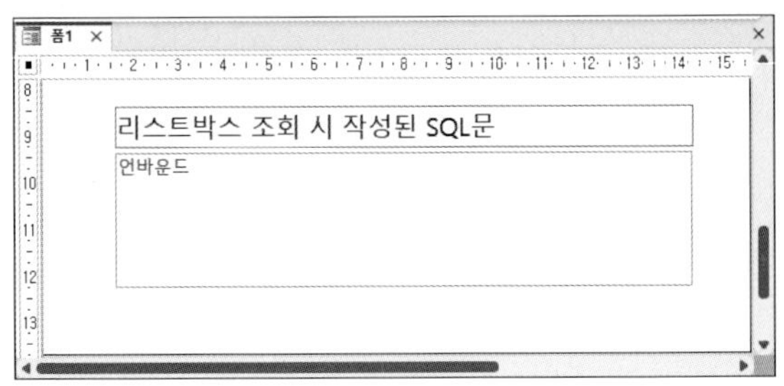

2. 목록 상자를 더블클릭한 후 속성 시트 창의 '데이터' 탭에서 행 원본 속성의 모든 내용을 복사하여 그림과 같이 텍스트 상자에 붙여넣는다.

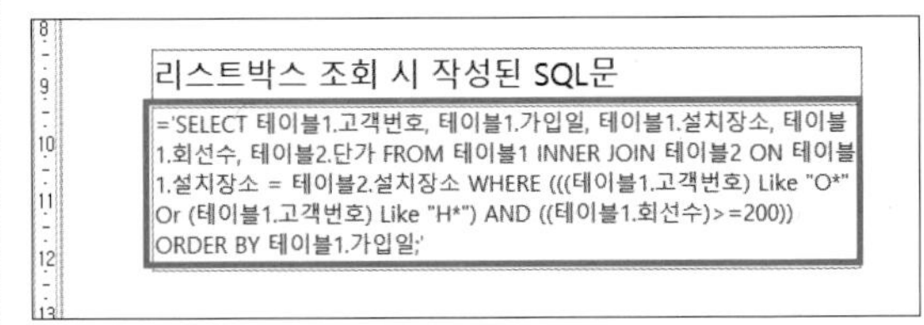

3. 텍스트 상자의 선 종류를 '파선'으로 지정한다.

02. 폼 여백 설정하기

폼의 위쪽 여백을 60으로 지정한다.

문제 3 자료처리 파일(File) 작성

해설

정답

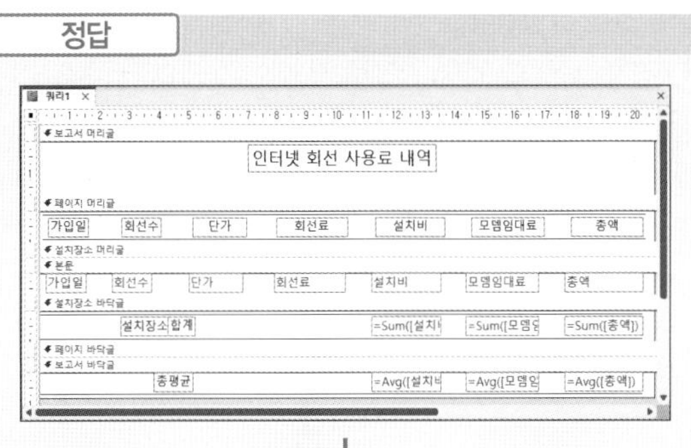

인터넷 회선 사용료 내역

가입일	회선수	단가	회선료	설치비	모뎀임대료	총액
08-07	238	₩25,000	₩5,950,000	₩7,735,000	₩684,250	₩14,369,250
08-14	312	₩25,000	₩7,800,000	₩10,140,000	₩897,000	₩18,837,000
08-02	186	₩25,000	₩4,650,000	₩6,045,000	₩534,750	₩11,229,750
08-01	188	₩25,000	₩4,700,000	₩6,110,000	₩540,500	₩11,350,500
12-16	257	₩25,000	₩6,425,000	₩8,352,500	₩738,875	₩15,516,375
08-25	331	₩25,000	₩8,275,000	₩10,757,500	₩951,625	₩19,984,125
	아파트 합계			₩49,140,000	₩4,347,000	₩91,287,000
06-10	130	₩48,000	₩6,240,000	₩8,112,000	₩717,600	₩15,069,600
08-04	294	₩48,000	₩14,112,000	₩18,345,600	₩1,622,880	₩34,080,480
08-16	233	₩48,000	₩11,184,000	₩14,539,200	₩1,286,160	₩27,009,360
03-12	214	₩48,000	₩10,272,000	₩13,353,600	₩1,181,280	₩24,806,880
04-01	120	₩48,000	₩5,760,000	₩7,488,000	₩662,400	₩13,910,400
08-07	275	₩48,000	₩13,200,000	₩17,160,000	₩1,518,000	₩31,878,000
08-10	225	₩48,000	₩10,800,000	₩14,040,000	₩1,242,000	₩26,082,000
	오피스텔 합계			₩93,038,400	₩8,230,320	₩172,836,720
03-01	182	₩30,000	₩5,460,000	₩7,098,000	₩627,900	₩13,185,900
08-11	63	₩30,000	₩1,890,000	₩2,457,000	₩217,350	₩4,564,350
07-14	98	₩30,000	₩2,940,000	₩3,822,000	₩338,100	₩7,100,100
08-25	89	₩30,000	₩2,670,000	₩3,471,000	₩307,050	₩6,448,050
08-21	119	₩30,000	₩3,570,000	₩4,641,000	₩410,550	₩8,621,550
08-04	177	₩30,000	₩5,310,000	₩6,903,000	₩610,650	₩12,823,650
08-30	125	₩30,000	₩3,750,000	₩4,875,000	₩431,250	₩9,056,250
	일반주택 합계			₩33,267,000	₩2,942,850	₩61,799,850
	총평균			₩8,772,270	₩776,009	₩16,296,179

01. 보고서 만들기

1. '보고서 마법사' 1단계 대화상자에서 그림과 같이 지정한 후 〈다음〉을 클릭한다.

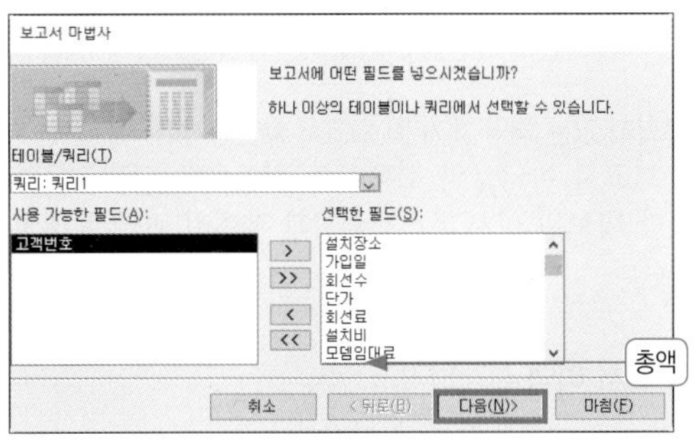

2. '보고서 마법사' 2단계 대화상자에서 '설치장소'를 더블클릭한 후 〈다음〉을 클릭한다.

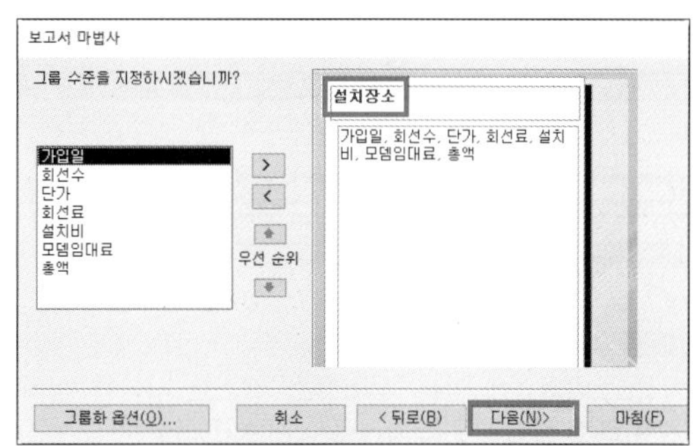

3. '보고서 마법사' 3단계 대화상자에서 〈요약 옵션〉을 클릭한 후 그림과 같이 지정하고 〈확인〉을 클릭한다.

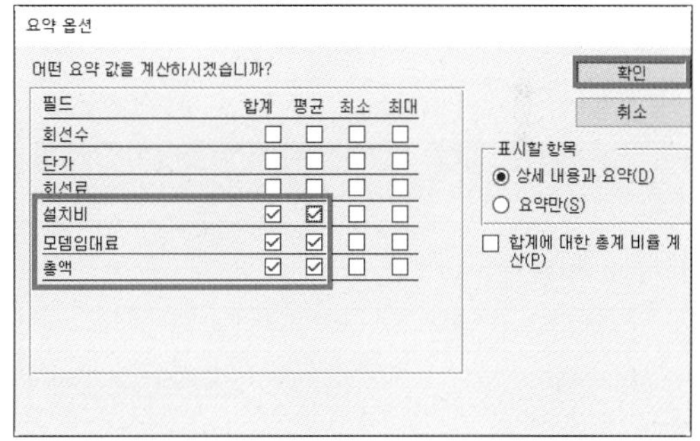

4. '보고서 마법사' 3단계 대화상자에서 〈다음〉을 클릭한다.
5. '보고서 마법사' 4단계 대화상자에서 '단계'가 선택된 것을 확인한 후 〈다음〉을 클릭한다.
6. '보고서 마법사' 5단계 대화상자에서 '보고서 디자인 수정'을 선택한 후 〈마침〉을 클릭한다.

02. 보고서 편집하기

❶ 불필요한 컨트롤 삭제하기

페이지 머리글의 '설치장소' 레이블(❶)과 설치장소 바닥글의 '="에 대한 요약"~' 텍스트 상자(❷), 페이지 바닥글의 날짜 텍스트 상자(❸), 페이지 텍스트 상자(❹), 보고서 바닥글의 모든 컨트롤(❺)을 Delete를 눌러 삭제한다.

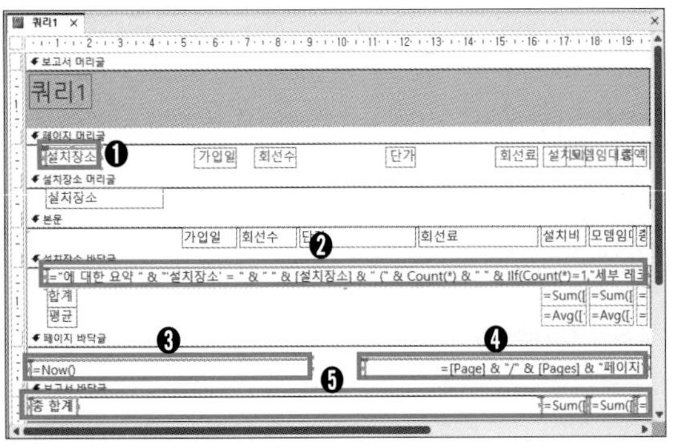

❷ 컨트롤 이동, 크기, 내용 변경하기

1. 설치장소 머리글에 있는 '설치장소' 텍스트 상자를 설치장소 바닥글 영역으로 드래그하여 이동시킨다.
2. 설치장소 바닥글의 '평균' 레이블과 '설치비의 평균', '모뎀임대료의 평균', '총액의 평균' 텍스트 상자를 보고서 바닥글로 드래그하여 이동시킨다.
3. 컨트롤의 크기, 위치 및 내용을 그림과 같이 변경한다.

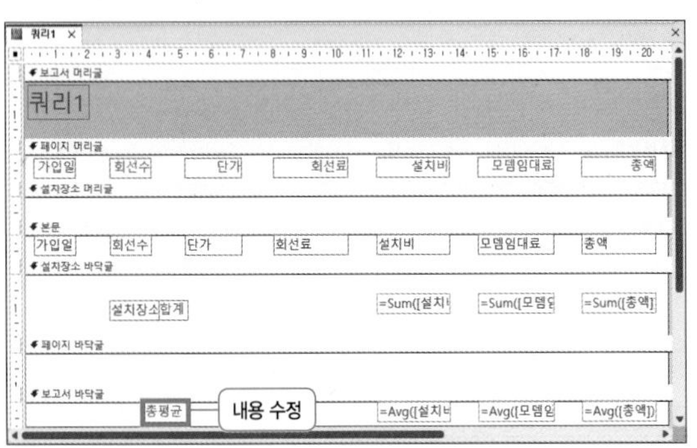

❸ 정렬 지정하기

'그룹, 정렬 및 요약' 창에서 〈정렬 추가〉를 클릭한 후 그림과 같이 지정한다.

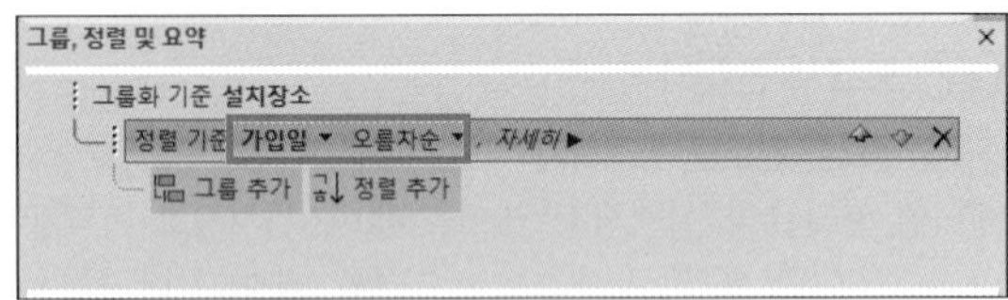

❹ 제목 입력 및 서식 지정하기

1. 보고서 머리글의 레이블을 선택한 후 글꼴 크기 16, '가운데 맞춤(☰)'을 지정한다.
2. 제목 레이블의 가로 크기를 보고서 가로 크기만큼 늘린 후 내용을 **인터넷 회선 사용료 내역**으로 수정한다.

❺ 선 컨트롤 추가하기

[보고서 디자인] → 컨트롤 → **선**(⟋)을 이용하여 그림과 같이 선을 삽입한다.

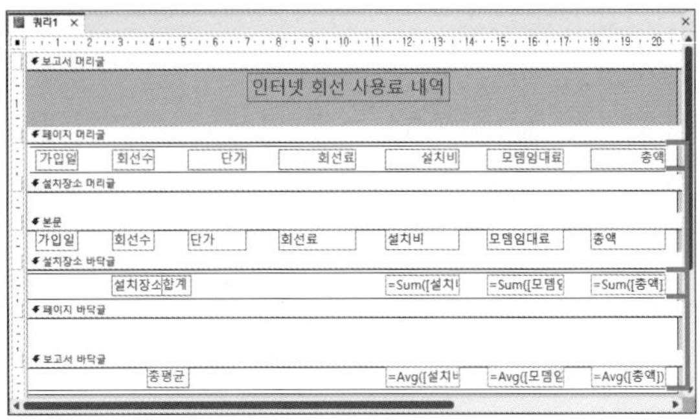

❻ '가입일' 컨트롤에 속성 지정하기

본문의 '가입일' 텍스트 상자를 더블클릭한 후 속성 시트 창의 '형식' 탭에서 형식 속성을 **mm-dd**로 지정한다.

❼ 금액 컨트롤에 속성 지정하기

설치장소 바닥글의 '총액의 합계'와 보고서 바닥글의 '총액의 총평균' 텍스트 상자를 선택한 후 속성 시트 창의 형식 탭에서 형식 속성을 '통화'로, 소수 자릿수 속성을 0으로 지정한다.

❽ 컨트롤의 데이터 정렬 및 글꼴 색 변경하기

1. 모든 레이블과 문자 데이터가 들어 있는 텍스트 상자의 텍스트를 '가운데 맞춤(☰)', 글꼴 색을 '검정, 텍스트1'로 지정한다.
2. 레이블이나 텍스트 상자의 크기 및 위치를 조절하여 문제지에 주어진 그림과 같이 열의 간격과 정렬을 맞춘다.

❾ 배경색 및 교차 행 색 변경하기

1. 보고서 머리글 선택기를 클릭한 후 도형 채우기 색을 '흰색, 배경1'로 지정한다.
2. 본문과 설치장소 바닥글의 교차 행 색을 '색 없음'으로 지정한다.

❿ 컨트롤에 테두리 서식 변경하기

설치장소 바닥글과 보고서 바닥글의 모든 텍스트 상자의 도형 윤곽선을 '투명'으로 지정한다.

⓫ 사용되지 않는 영역 제거 및 보고서 확인하기

본문과 보고서 바닥글의 선택기를 위쪽으로 드래그하여 빈 공간만 확보된 설치장소 머리글과 페이지 바닥글 영역을 제거한다.

03. 보고서 여백 설정하기

보고서의 위쪽 여백을 60으로 지정한다.

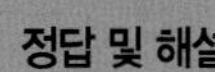

문제 1 제 1슬라이드

해설

01. 제 1슬라이드 작성하기

정답

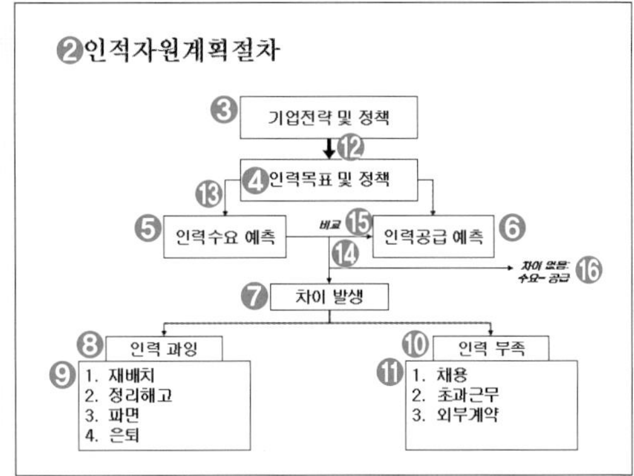

❶ 슬라이드 레이아웃

[레이아웃] → **제목만**

❷ 제목 작성하기

- '제목을 추가하려면 클릭하십시오.'를 클릭한 후 제목 입력
- 제목 텍스트 상자의 크기 및 위치 조절

❸ 직사각형1 삽입하기

[삽입] → 일러스트레이션 → 도형 → 사각형 → **직사각형**(▭)

❹ ~ ⓫ ❸번 도형을 복사한 후 내용 수정 및 크기 조절하기

⓬ '화살표: 아래쪽' 삽입하기

- [삽입] → 일러스트레이션 → 도형 → 블록 화살표 → **화살표: 아래쪽**(⇩)
- 모양 변경

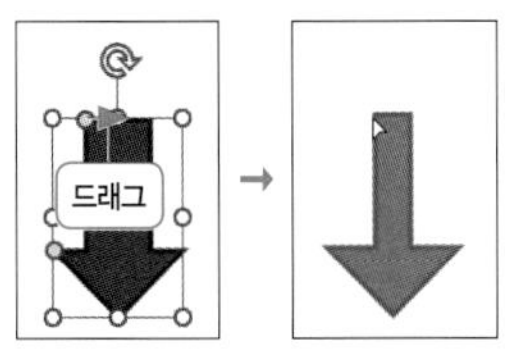

도형이 작아 노란색 점(●)이 화면에 표시되지 않으면 화면을 확대하세요.

⓭ '연결선: 꺾인 화살표 '삽입하기

[삽입] → 일러스트레이션 → 도형 → 선 → **연결선: 꺾인 화살표**(↳)을 이용하여 '연결선: 꺾인 화살표' 모두 삽입

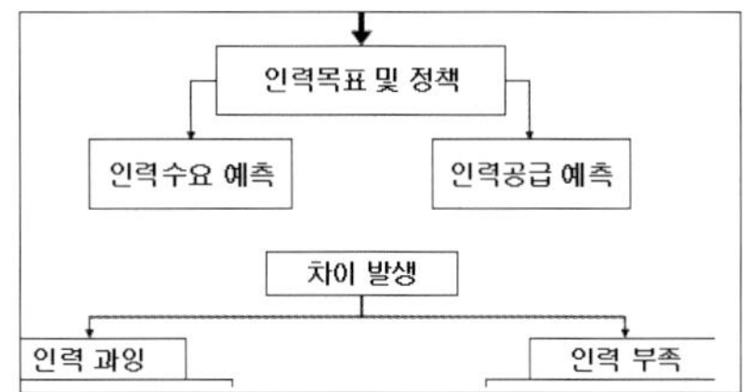

⓮ 화살표 삽입하기

[삽입] → 일러스트레이션 → 도 형 → 선 → **선 화살표**(↘)를 이용하여 화살표 모두 삽입

⓯ 텍스트 상자 삽입하기

- [삽입] → 텍스트 → **가로 텍스트 상자 그리기**(가)
- [홈] → 글꼴 → **기울림꼴**(가)

⓰ ⓯번 텍스트 상자를 복사한 후 내용 수정하기

02. 제 2슬라이드 작성하기

정답

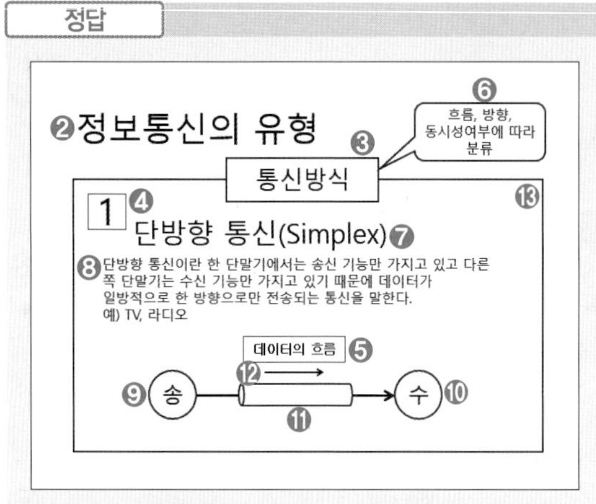

① 슬라이드 레이아웃

[레이아웃] → **제목만**

② 제목 작성하기

- '제목을 추가하려면 클릭하십시오.'를 클릭한 후 제목 입력
- 제목 텍스트 상자의 크기 및 위치 조절

③ 직사각형1 삽입하기

[삽입] → 일러스트레이션 → 도형 → 사각형 → **직사각형(□)**

④, ⑤ ③번 도형을 복사한 후 내용 수정 및 크기 조절하기

⑥ '말풍선: 모서리가 둥근 사각형' 삽입하기

- [삽입] → 일러스트레이션 → 도형 → 설명선 → **말풍선: 모서리가 둥근 사각형(💬)**
- 모양 변경

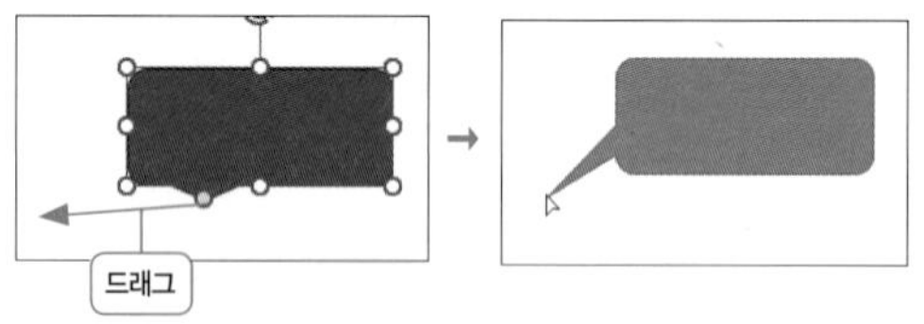

⑦ 텍스트 상자 삽입하기

[삽입] → 텍스트 → **가로 텍스트 상자 그리기(가)**

⑧ ⑦번 텍스트 상자를 복사한 후 내용 수정 및 크기 조절하기

⑨ 타원 삽입하기

[삽입] → 일러스트레이션 → 도형 → 기본 도형 → **타원(○)**

⑩ ⑨번 도형 복사 후 내용 수정하기

⑪ 원통형 삽입하기

- [삽입] → 일러스트레이션 → 도형 → 기본 도형 → **원통형(⌭)**
- [도형 서식] → 정렬 → 회전( ) → **왼쪽으로 90도 회전** 선택

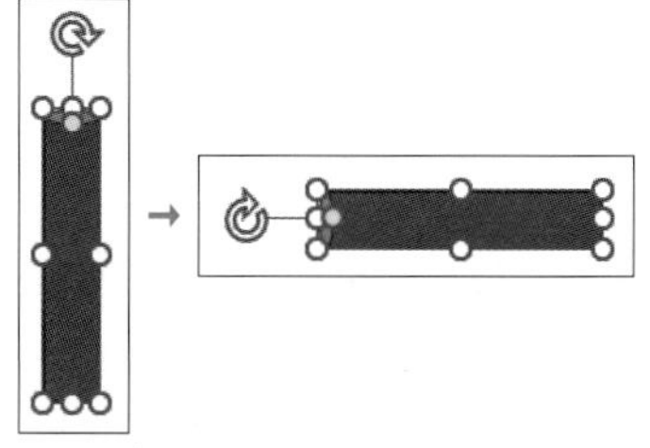

⑫ 선 화살표 삽입하기

- [삽입] → 일러스트레이션 → 도형 → 선 → **선 화살표(↘)**를 이용하여 화살표 모두 삽입
- [맨 뒤로 보내기] 선택

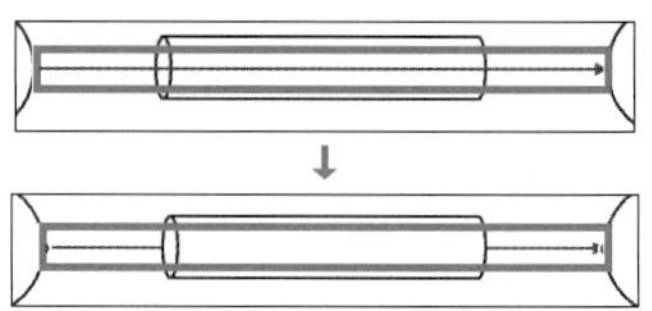

- '화살표 스타일 2' 선택

⑬ 직사각형2 삽입하기

- [삽입] → 일러스트레이션 → 도형 → 사각형 → **직사각형(□)**
- [맨 뒤로 보내기] 선택

제 09회 사무자동화산업기사 실기 공개문제

Excel – 표 계산(SP) 실무 작업

우혁정보기기 회사의 대리점별 컴퓨터 판매현황을 전산처리하려고 한다. 다음 자료(DATA)를 이용하여 작성 조건에 따라 작업표와 그래프를 작성하고, 그 인쇄 출력물을 제출하시오.

문제 1 작업표(WORK SHEET) 작성

1. 자료(DATA)

판매 현황

	A	B	C	D
3	대리점명	취급기종	상반기	하반기
4	강동1	HP	170	150
5	강동2	HP	125	137
6	강서1	IBM	138	145
7	강서2	IBM	180	225
8	강서3	IBM	240	195
9	수서1	Compaq	145	140
10	수서2	Compaq	157	202
11	수서3	Compaq	110	142
12	영등포1	Samsung	190	184
13	영등포2	Samsung	228	285
14	강남1	Dell	110	170
15	강남2	LG	220	290
16	강남3	Dell	180	160
17	강남4	삼보	150	140
18	강북1	삼보	270	130
19	강북2	Dell	250	110
20	종로1	삼보	160	170
21	종로2	Dell	150	180
22	종로3	Dell	220	150
23	종로4	LG	180	250

※ 자료(DATA) 부분에서 음영 처리 표시된 부분은 행/열의 기준선으로 작성(입력)하지 않음을 반드시 유의하시오.
※ C열 상반기, D열 하반기의 수치는 판매대수를 의미합니다.

2. 작업표 형식

우혁정보기기 컴퓨터 판매 현황

	A	B	C	D	E	F	G	H
3	대리점명	취급기종	상반기	하반기	총판매량	평균판매량	증가율	순위
4 : 23	–	–	–	–	①	②	③	④
24	증가율 계산시 사용한 함수식				⑤			
25	대리점명에 "종로"를 포함한 합				⑥	⑥		
26	대리점명에 "2"를 포함한 합				⑦	⑦		
27	대리점명에 "종로"를 포함하면서 취급기종이 "Dell"인 합				⑧	⑧		
28	상반기 판매대수가 130 이상 180 미만인 합				⑨	⑨		
29	⑩							

※ 음영 처리 표시된 부분은 작성하지 않습니다.

3. 작성 조건

가) 작성 시 유의 사항

① 작업표의 작성은 "나)~마)" 항에 제시된 내용을 따르고 반드시 제시된 조건(함수 적용, 기재된 단서 조항 등)에 따라 처리하시오.

② 제시된 작성 조건을 따르지 아니하고 여타의 방법 일체(제시된 함수 이외 다른 함수 적용, 함수 미적용, 별도 전자계산기 사용 등)를 사용하여 도출된 결과는 그 답이 맞더라도 정답으로 인정되지 않음을 반드시 유의하시오.

나) 작업표의 구성 및 서식

① "작업표 형식"에서 행과 열에 관계된 음영 처리 표시된 부분은 작성하지 않음을 유의하고 반드시 제시된 행/열에 맞추도록 하시오.

② 제목서식 : 20 포인트 크기로 하고 속성은 밑줄 처리하시오.

③ 글꼴서체 : 임의선정하시오.

다) 원문자가 표시된 셀은 아래의 방법을 이용하여 처리하시오.

① 총판매량 : (상반기 × 0.1 + 하반기 × 0.9) × 10
[단, 계산된 총판매량이 1500 이상일 때는 {(상반기 × 0.9) + (하반기 × 0.1) } × 10을 적용]

② 평균판매량 : (상반기 + 하반기) / 2

③ 증가율 : 하반기 / 상반기 (단, 증가율은 %로 표시하고, ROUND 함수를 사용하여 소수점 이하 둘째 자리에서 반올림)

④ 순위 : 총판매량의 순위를 지정(총판매량이 가장 높은 것이 1로 표시)

⑤ 증가율 계산시 사용한 함수식 기재(대리점명 "강서3" 기준)

⑥ 대리점명에 "종로"를 포함하는 각 해당 항목별 합계 산출 (단, SUMIF 함수를 사용하시오.)

⑦ 대리점명에 "2"를 포함하는 각 해당 항목별 합계 산출 (단, SUMIF 함수를 사용하시오.)

⑧ 대리점명에 "종로"를 포함하면서 취급기종이 "Dell"인 각 해당 항목별 합계 산출

⑨ 상반기 판매대수가 130 이상 180 미만인 각 해당 항목별 합계 산출

⑩ 항목 ⑥에 사용한 함수식을 기재하시오. (단, 총판매량을 기준으로, 수식에 SUMIF 함수 반드시 포함)

※ 함수식을 기재하는 ⑤, ⑩란은 반드시 해당 항목에 제시된 함수의 작성 조건에 따라 도출된 함수식을 기재하여야 하며, 작성 조건을 위배하여 임의로 작성할 시 해당 답이 맞더라도 틀린 항목으로 채점됨을 유의하시오. 또한 함수식을 작성할 때는 "라) 작업표의 정렬순서(SORT)"에 따라 조건에 맞게 정렬 후 도출된 결과에 의한 함수식을 기재하시오.

라) 작업표의 정렬순서(SORT)는 순위의 오름차순으로 하고 순위가 같을 경우 증가율의 오름차순으로 정렬하시오.

마) 기타

- 금액에 대한 수치는 원화(₩) 표시를 하고 천 단위마다 ',' (Comma)를 표시하시오.
  (단, 금액 이외의 수치는 ','(Comma)를 표시하지 않도록 하시오.)
- 모든 수치(숫자, 통화, 회계, 백분율 등)는 셀 서식의 속성을 설정하는 과정에서 소수 자릿수를 "0"으로 지정하여 정수로 표시토록 하시오.
- 음수는 "–"가 표시되도록 하시오.
- 숫자 셀은 우측을 수직으로 맞추고, 문자 셀은 수평중앙으로 맞추며 이외 사항은 작업표 형식에 따르도록 하시오. 특히, 단서 조항이 있을 경우는 단서 조항을 우선으로 하고, 인쇄출력 시 판독불가능이 발생되지 않도록 인쇄 미리보기 등을 통하여 셀의 크기를 적당히 조정하시오.

문제 2 그래프(GRAPH) 작성

작성한 "우혁정보기기 컴퓨터 판매 현황"에서 순위가 5위 이내(1위 ~ 5위)인 대리점명별 상반기와 하반기의 판매대수를 나타내는 그래프를 작성하시오.

1. 작성 조건

가) 그래프 형태
   상반기(묶은 세로 막대형), 하반기(데이터 표식이 있는 꺾은선형) :
   데이터 레이블의 값이 표시된 혼합형 단일축 그래프

나) 그래프 제목 : 컴퓨터 판매 현황 ---- (확대출력, 제목밑줄)

다) X축 제목 : 대리점명

라) Y축 제목 : 판매대수

마) X축 항목 단위 : 해당 문자열

바) Y축 눈금 단위 : 임의

사) 범례 : 상반기, 하반기

아) 출력물 크기 : A4 용지 1/2장 범위 내

자) 기타 : 작성 조건에 없는 형식이나 모양은 기본 설정 값에 따르며, 그래프 너비는 작업표에 맞추도록 하시오.

Access – 자료처리(DBMS) 작업

우대콘도에서는 콘도 사용현황을 전산화하려고 한다. 다음의 입력 자료를 이용하여 DB를 설계하고 작성 조건에 따라 처리파일을 작성하고, 그 인쇄 출력물을 제출하시오.

[요구사항 및 유의사항]

1) 자료처리(DBMS) 작업은 조회화면(SCREEN) 설계와 자료처리 보고서의 2가지 작업을 수행하여 그 결과물을 인쇄용지(A4) 기준 각 1장씩 총 2장을 제출하여야 채점 대상이 됨을 유의하시오.
2) 반드시 인쇄작업 수행 전 미리보기 등을 통해 여백을 조정하고, 수치, 문자 등 구성요소가 누락되지 않도록 주의하시오. 구성요소가 누락되어 인쇄되지 않은 결과로 인한 모든 책임은 전적으로 수험자 본인에게 있음을 반드시 유의하시오.
3) 문제지에 기재된 작성 조건에 따라 처리하고, 조회화면 및 자료처리 보고서의 서식이 작성 조건과 상이할 경우에는 시험위원의 지시에 따라 작업하시오.

문제 1 입력자료(DATA)

지역별 콘도 사용현황

고객명	고객코드	지역명	이용일수
김순자	A	서울	15
임동철	B	제주	22
안서영	A	속초	8
이동수	C	서울	12
한사람	B	서울	32
박인복	C	속초	12
김동인	B	제주	11
유형국	A	제주	5
서인태	C	속초	24
김나영	B	제주	13
김혜숙	C	서울	21
송병수	A	서울	13
서영준	A	제주	25
고영춘	B	속초	12
김영미	C	제주	19
소기호	C	서울	20
김재해	C	제주	20
유형국	B	속초	21
최준영	B	서울	23
김충현	B	제주	25

고객코드별 단가표

고객코드	회원분류	단가
A	특별회원	30,000
B	일반회원	50,000
C	비회원	90,000

문제 2 조회화면(SCREEN) 설계

다음 조건에 따라 지역명이 서울 또는 제주이면서 고객성이 김이고 이용일수가 20일 미만인 현황을 조회할 수 있는 화면을 설계하고 해당 데이터를 출력하시오.

[작성 조건]

1) 해당 현황은 목록 상자(리스트박스)에서 이용일수의 오름차순으로 출력하고, 화면 아래에 조회 시 작성한 SQL문을 복사하시오.
   - WHERE 조건절에 고객명, 지역명, 이용일수 반드시 포함
   - INNER JOIN, LIKE, ORDER BY 구문 반드시 포함

   ※ SQL문에 상기 내용 미포함 시 SQL 작성 부분 0점 처리
2) 리스트박스 조회시 작성된 SQL문이 작성되지 않을 경우에는 "조회화면(SCREEN) 설계" 과제가 0점 처리됨을 반드시 유의하시오.
3) 목록 상자에 표시되어야 할 필수적인 필드명은 다음과 같습니다.
   - 고객명, 회원분류, 단가, 지역명, 이용일수
4) 폼 서식에 제반되는 폰트, 점선 등은 아래 [조회화면 서식]에 보이는 대로 기재하시오.
5) 기타 사항은 "자료처리 파일(FILE) 작성"의 [기타 조건]을 따르시오.

[조회화면 서식]

지역명이 서울 또는 제주이면서 고객성이 김이고 이용일수가 20일 미만인 현황

고객명	회원분류	단가	지역명	이용일수

리스트박스 조회 시 작성된 SQL문

문제 3 자료처리 파일(FILE) 작성 다음 조건에 따라 아래 양식과 같이 작성하시오.

[처리 조건]

1) 지역명(서울, 속초, 제주)별로 정리한 후 같은 지역명 안에서는 고객명의 오름차순으로 정렬(SORT)하시오.
2) 포인트점수 : 이용일수가 20일 이상이면 100, 이용일수가 20일 미만에서 10일 이상이면 50, 이용일수가 10일 미만이면 30
3) 사용요금 : 이용일수 × 단가
4) 할인금액 : 이용일수가 20일 이상인 경우 사용요금의 30%,
   이용일수가 20일 미만에서 10일 이상이면 사용요금의 10%,
   이용일수가 10일 미만인 경우 사용요금의 0%
5) 결재금액 : 사용요금 – 할인금액
6) 합계 : 지역명별 사용요금, 할인금액, 결재금액의 합 산출
7) 총평균 : 사용요금, 할인금액, 결재금액의 전체 평균 산출

[기타 조건]

1) 조회화면 및 보고서의 제목은 16정도의 임의 서체로 하시오.
2) 금액에 대한 수치는 원화(₩) 표시를 하고 천 단위 마다 ,(Comma)를 표시하시오.
   (단, 금액 이외의 수치는 ,(Comma)를 표시하지 않도록 하시오.)
3) 모든 수치(숫자, 통화, 백분율 등)는 컨트롤의 속성을 설정하는 과정에서 소수 자릿수를 "0"으로 지정하여 정수로 표시하시오.
4) 데이터의 열과 간격은 일정하게 맞추도록 하시오.

지역별 콘도 사용 현황

고객명	회원분류	이용일수	포인트점수	사용요금	할인금액	결재금액
XXXX	XXXX	XXXX	XXXX	₩X,XXX	₩X,XXX	₩X,XXX
–	–	–	–	–	–	–
	서울 합계			₩X,XXX	₩X,XXX	₩X,XXX
XXXX	XXXX	XXXX	XXXX	₩X,XXX	₩X,XXX	₩X,XXX
–	–	–	–	–	–	–
	속초 합계			₩X,XXX	₩X,XXX	₩X,XXX
XXXX	XXXX	XXXX	XXXX	₩X,XXX	₩X,XXX	₩X,XXX
–	–	–	–	–	–	–
	제주 합계			₩X,XXX	₩X,XXX	₩X,XXX
	총평균			₩X,XXX	₩X,XXX	₩X,XXX

PowerPoint – 시상 작업(PT)

주어진 2개의 슬라이드를 슬라이드 작성조건에 따라 작업하여 인쇄하시오.

슬라이드 작성 조건

1) 각 슬라이드를 문제의 슬라이드 원안과 같이 인쇄하여 제출하시오.
   (특히 글자, 음영, 그림자, 도형 등 인쇄된 내용 그대로 작업하시오.)
2) "주1)" 등 특수한 속성 지정이 되어 있는 경우 지시에 따라 작성하시오.
3) 글꼴은 문제 원안과 같거나 유사한 형태로 작업하시오.
4) 글자, 그림 및 도형 등의 크기와 모양은 문제 원안과 같거나 유사한 형태로 작업하시오.
5) 모든 글씨, 선 등은 흑백(그레이스케일)으로 작업하되, 글상자, 그림 및 도형 등에서 색 채우기가 있는 경우 색 채우기는 회색 40% 정도, 투명도 0%를 기준으로 작업하시오.
6) 각 슬라이드는 원안과 같이 외곽선 테두리가 인쇄되도록 인쇄하시오.
7) 각 슬라이드 크기는 A4 용지의 1/2 범위 내에 인쇄가 가능한 크기가 되도록 조정하여, 슬라이드 2개를 A4 용지 1매 안에 모두 인쇄하시오.
8) 비번호, 수험번호, 성명, 페이지 번호 등은 반드시 자필로 기재하시오.

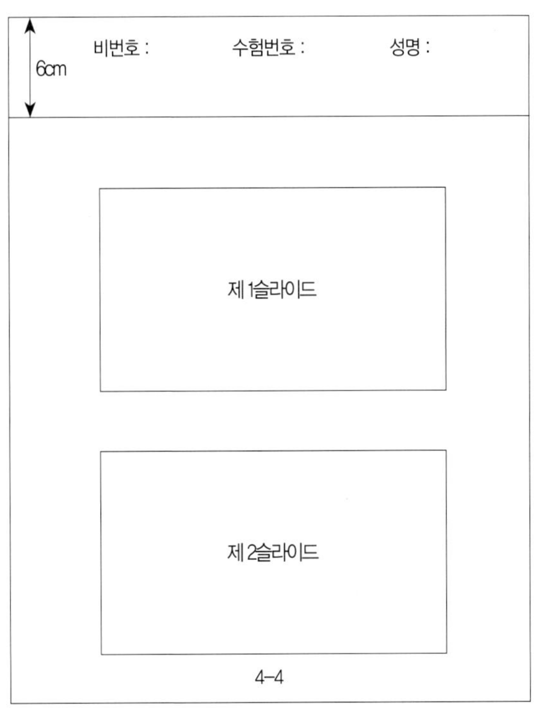

문제 1 제 1슬라이드

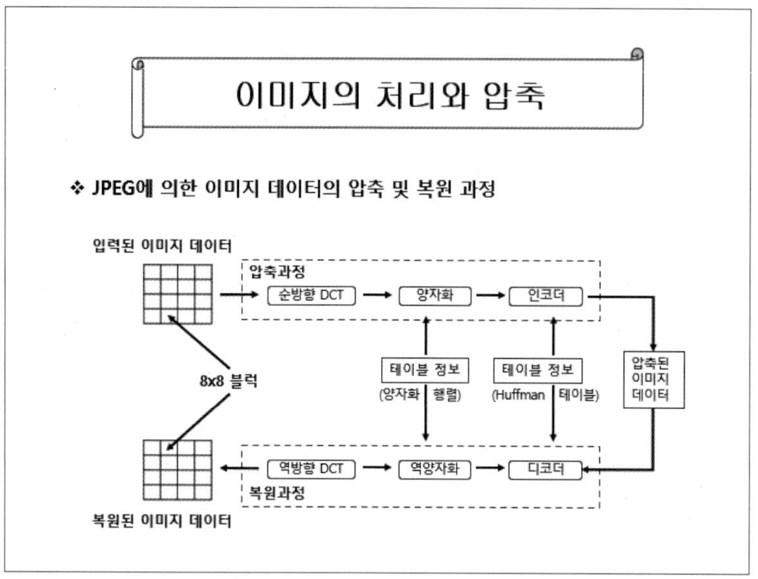

문제 2 제 2슬라이드

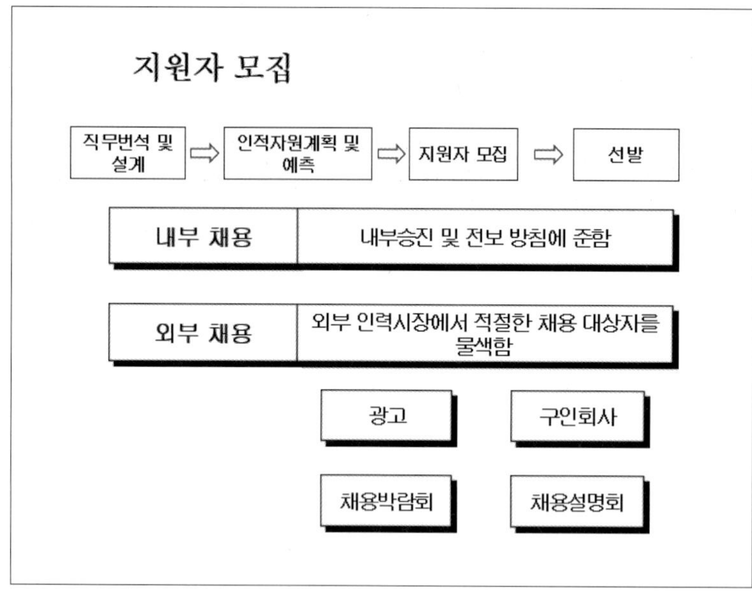

09회 Excel – 표 계산(SP) 실무 작업

정답 및 해설

정답 작업표 및 차트(그래프)

	A	B	C	D	E	F	G	H
1	우혁정보기기 컴퓨터 판매 현황							
2								
3	대리점명	취급기종	상반기	하반기	총판매량	평균판매량	증가율	순위
4	강서3	IBM	240	195	2355	218	80%	1
5	영등포2	Samsung	228	285	2337	257	130%	2
6	강남2	LG	220	290	2270	255	130%	3
7	종로3	Dell	220	150	2130	185	70%	4
8	영등포1	Samsung	190	184	1894	187	100%	5
9	종로4	LG	180	250	1870	215	140%	6
10	강서2	IBM	180	225	1845	203	130%	7
11	강남3	Dell	180	160	1780	170	90%	8
12	강동1	HP	170	150	1680	160	90%	9
13	수서2	Compaq	157	202	1615	180	130%	10
14	종로1	삼보	160	170	1610	165	110%	11
15	종로2	Dell	150	180	1530	165	120%	12
16	강서1	IBM	138	145	1443	142	110%	13
17	강북1	삼보	270	130	1440	200	50%	14
18	강남4	삼보	150	140	1410	145	90%	15
19	수서1	Compaq	145	140	1405	143	100%	16
20	수서3	Compaq	110	142	1388	126	130%	17
21	강동2	HP	125	137	1358	131	110%	18
22	강북2	Dell	250	110	1240	180	40%	19
23	강남1	Dell	110	170	1160	140	150%	20
24	증가율 계산시 사용한 함수식				=ROUND(D4/C4,1)			
25	대리점명에 "종로"를 포함한 합				7140	730		
26	대리점명에 "2"를 포함한 합				12195	1370		
27	대리점명에 "종로"를 포함하면서 취급기종이 "Dell"인 합				3660	350		
28	상반기 판매대수가 130 이상 180 미만인 합				10693	1099		
29	=SUMIF($A$4:$A$23,"*종로*",E4:E23)							

컴퓨터 판매 현황

판매대수: 0, 50, 100, 150, 200, 250, 300, 350

상반기: 강서3 240, 영등포2 228, 강남2 220, 종로3 220, 영등포1 190

하반기: 강서3 195, 영등포2 285, 강남2 290, 종로3 150, 영등포1 184

대리점명

상반기 하반기

문제 1 작업표(WORK SHEET) 작성

해설

01. 데이터 입력하기

	A	B	C	D	E	F	G	H
1	우혁정보기기 컴퓨터 판매 현황							
2								
3	대리점명	취급기종	상반기	하반기	총판매량	평균판매량	증가율	순위
4	강동1	HP	170	150				
5	강동2	HP	125	137				
6	강서1	IBM	138	145				
7	강서2	IBM	180	225				
8	강서3	IBM	240	195				
9	수서1	Compaq	145	140				
10	수서2	Compaq	157	202				
11	수서3	Compaq	110	142				
12	영등포1	Samsung	190	184				
13	영등포2	Samsung	228	285				
14	강남1	Dell	110	170				
15	강남2	LG	220	290				
16	강남3	Dell	180	160				
17	강남4	삼보	150	140				
18	강북1	삼보	270	130				
19	강북2	Dell	250	110				
20	종로1	삼보	160	170				
21	종로2	Dell	150	180				
22	종로3	Dell	220	150				
23	종로4	LG	180	250				
24	증가율 계산시 사용한 함수식							
25	대리점명에 "종로"를 포함한 합							
26	대리점명에 "2"를 포함한 합							
27	대리점명에 "종로"를 포함하면서 취급기종이 "Dell"인 합							
28	상반기 판매대수가 130 이상 180 미만인 합							

02. 수식 작성하기

❶ **총판매량(E4)** : =IF(((C4*0.1+D4*0.9)*10)>=1500,(C4*0.9+D4*0.1)*10,(C4*0.1+D4*0.9)*10)

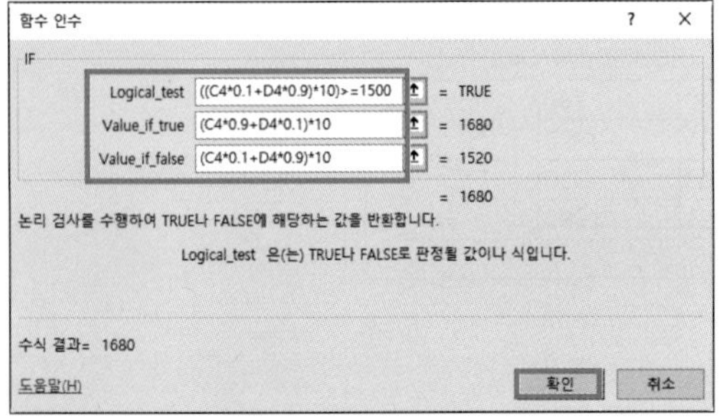

❷ **평균판매량(F4)** : =(C4+D4)/2

❸ **증가율(G4)** : =ROUND(D4/C4,1)

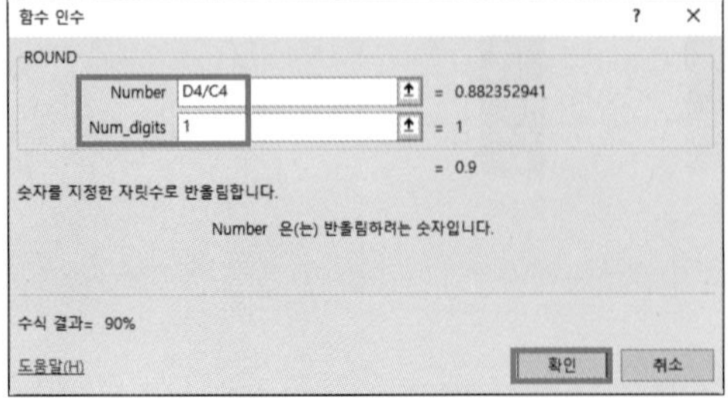

❹ **순위(H4)** : =RANK(E4,$E$4:$E$23)

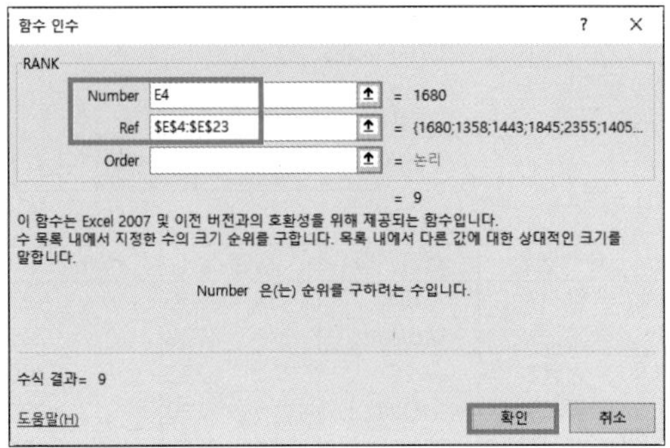

❻ **대리점명에 "종로"를 포함한 합(E25)**
=SUMIF($A$4:$A$23,"*종로*",E4:E23)

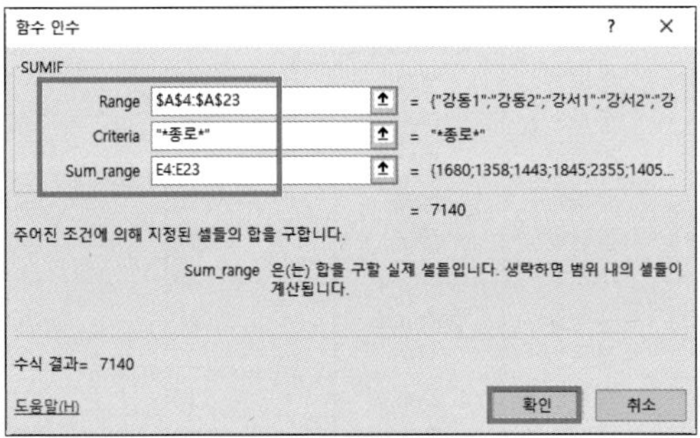

❼ **대리점명에 "2"를 포함한 합(E26)**
=SUMIF($A$4:$A$23,"*2*",E4:E23)

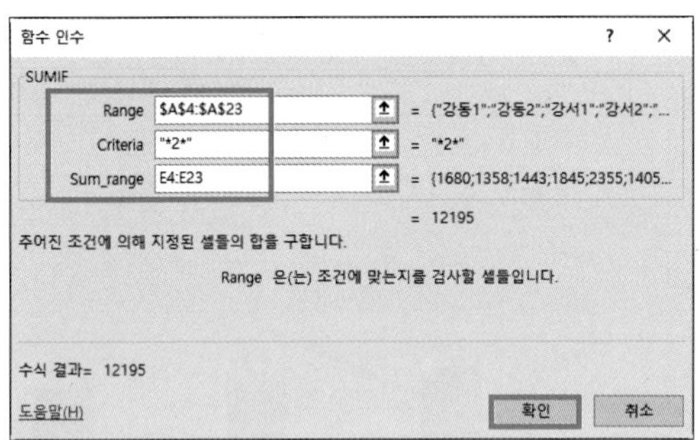

❽ **대리점명에 "종로"를 포함 하면서 취급기종이 "Dell"인 합(E27)** : =SUMIFS(E4:E23,$A$4:$A$23,"*종로*",$B$4:$B$23,"Dell")

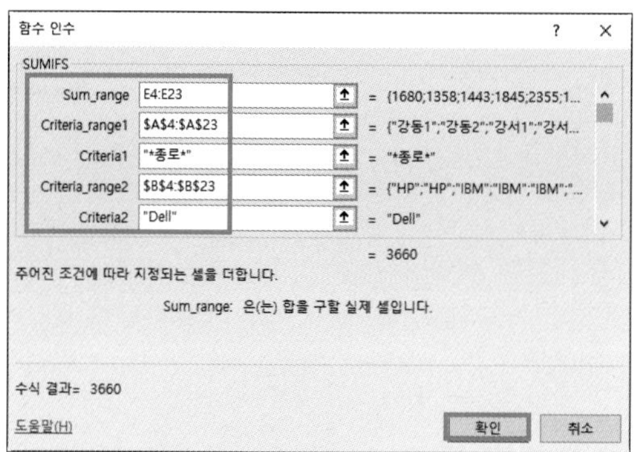

⑨ **상반기 판매대수가 130 이상 180 미만인 합(E28)**

=SUMIFS(E4:E23,$C$4:$C$23,">=130",$C$4:$C$23,"<180")

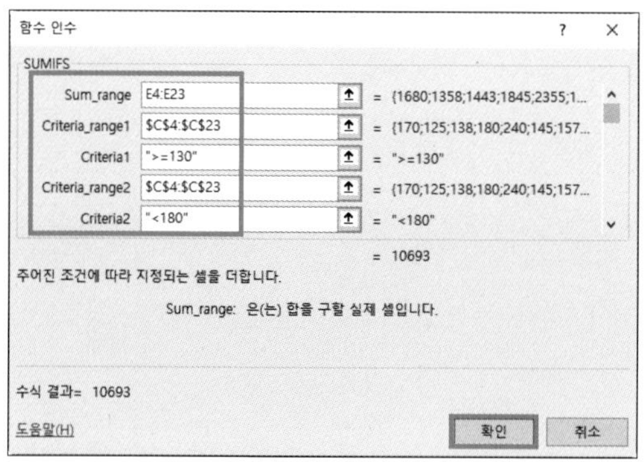

03. 데이터 정렬하기

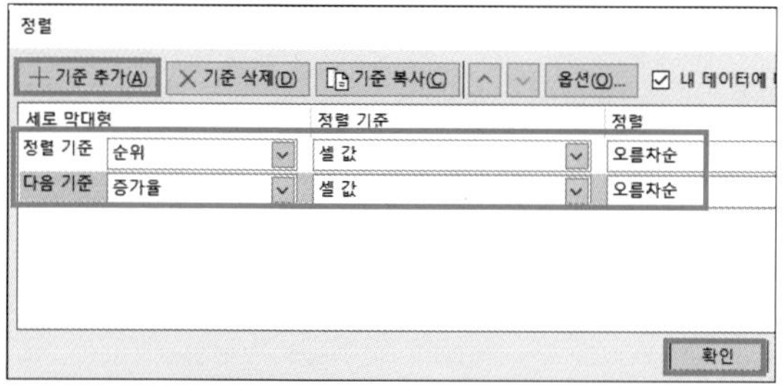

04. 함수식 입력하기

⑤ **증가율 계산시 사용한 함수식(E24) :** '=ROUND(D4/C4,1)

⑩ ⑥**의 함수식(A29)**

'=SUMIF($A$4:$A$23,"*종로*", E4:E23)

05. 서식 지정하기

1. **제목 서식 지정하기 :** 글꼴 크기 20, '밑줄(가)', '병합하고 가운데 맞춤'을 지정한다.
2. **정수로 표시하기 :** 평균판매량을 블록으로 지정한 후 [홈] → 표시 형식 → **자릿수 줄임(.00→.0)**을 클릭한다.
3. **백분율 서식 지정하기 :** 증가율의 표시 형식을 '백분율 스타일(%)'로 지정한다.
4. **문자 셀 수평 중앙으로 맞추기 :** 텍스트가 입력된 셀의 맞춤을 '가운데 맞춤(≡)'으로 지정한다.
5. **셀 병합하기 :** 각각의 영역을 블록으로 지정한 후 '병합하고 가운데 맞춤'을 지정한다.
6. **테두리 지정하기 :** 테두리와 대각선을 지정한다.

문제 2 차트(그래프) 작성

해설

01. 차트 작성하기

1. [A3:A8], [C3:D8] 영역을 블록으로 지정한 후 [삽입] → 차트 → 꺾은선형 또는 영역형 차트 삽입( ) → **표식이 있는 꺾은선형**을 선택한다.

	A	B	C	D	E	F	G	H
1	우혁정보기기 컴퓨터 판매 현황							
2								
3	대리점명	취급기종	상반기	하반기	총판매량	평균판매량	증가율	순위
4	강서3	IBM	240	195	2355	218	80%	1
5	영등포2	Samsung	228	285	2337	257	130%	2
6	강남2	LG	220	290	2270	255	130%	3
7	종로3	Dell	220	150	2130	185	70%	4
8	영등포1	Samsung	190	184	1894	187	100%	5
9	종로4	LG	180	250	1870	215	140%	6
10	강서2	IBM	180	225	1845	203	130%	7
11	강남3	Dell	180	160	1780	170	90%	8
12	강동1	HP	170	150	1680	160	90%	9
13	수서2	Compaq	157	202	1615	180	130%	10
14	종로1	삼보	160	170	1610	165	110%	11
15	종로2	Dell	150	180	1530	165	120%	12
16	강서1	IBM	138	145	1443	142	110%	13
17	강북1	삼보	270	130	1440	200	50%	14
18	강남4	삼보	150	140	1410	145	90%	15
19	수서1	Compaq	145	140	1405	143	100%	16
20	수서3	Compaq	110	142	1388	126	130%	17
21	강동2	HP	125	137	1358	131	110%	18
22	강북2	Dell	250	110	1240	180	40%	19
23	강남1	Dell	110	170	1160	140	150%	20
24	증가율 계산시 사용한 함수식				=ROUND(D4/C4,1)			
25	대리점명에 "종로"를 포함한 합				7140	730		
26	대리점명에 "2"를 포함한 합				12195	1370		
27	대리점명에 "종로"를 포함하면서 취급기종이 "Dell"인 합				3660	350		
28	상반기 판매대수가 130 이상 180 미만인 합				10693	1099		
29	=SUMIF($A$4:$A$23,"*종로*",E4:E23)							

2. '상반기' 계열의 차트 종류를 '묶은 세로 막대형' 차트로 변경한다.
3. '상반기'와 '하반기' 계열에 데이터 레이블을 표시한다.
4. 차트 제목을 **컴퓨터 판매 현황**으로 입력한 후 서식을 지정한다.
5. X축 제목을 **대리점명**, Y축 제목을 **판매대수**로 지정한다.
6. 차트 위치 및 크기를 조절한다.

02. 페이지 설정하기

'페이지 설정' 대화상자에서 위쪽 여백을 6으로 지정하고, '페이지 가운데 맞춤'에서 '가로'와 '세로'를 선택한다.

09회 Access – 자료처리(DBMS) 작업

정답 및 해설

문제 1 테이블 및 쿼리 작성

해설

01. 첫 번째 테이블 작성하기

정답

테이블1

고객명	고객코드	지역명	이용일수
김순자	A	서울	1
임동철	B	제주	2
안서영	A	속초	
이동수	C	서울	1
한사람	B	서울	3
박인복	C	속초	1
김동인	B	제주	1
유형국	A	제주	
서인태	C	속초	2
김나영	B	제주	1
김혜숙	C	서울	2
송병수	A	서울	1
서영준	A	제주	2
고영준	B	속초	1
김영미	C	제주	1
소기호	C	서울	2
김재해	C	제주	2
유형국	B	속초	2
최준영	B	서울	2
김충현	B	제주	2

레코드: 1/20 필터 없음 검색

❶ 필드 생성 및 속성 지정하기

테이블1

필드 이름	데이터 형식	설명(옵션)
고객명	짧은 텍스트	
고객코드	짧은 텍스트	
지역명	짧은 텍스트	
이용일수	숫자	

❷ 기본키 해제하기

'고객명' 필드 행을 클릭한 후 바로 가기 메뉴에서 **[기본키]**를 선택하여 기본키를 해제한다.

02. 두 번째 테이블 작성하기

정답

테이블2

고객코드	회원분류	단가
A	특별회원	₩30,000
B	일반회원	₩50,000
C	비회원	₩90,000

레코드: 1/3 필터 없음 검색

❶ 필드 생성 및 속성 지정하기

테이블2

필드 이름	데이터 형식	설명(옵션)
고객코드	짧은 텍스트	
회원분류	짧은 텍스트	
단가	통화	

03. 쿼리 작성하기

정답

쿼리1

고객명	지역명	이용일수	회원분류	포인트점수	사용요금	할인금액	결재금액
안서영	속초	8	특별회원	30	₩240,000	₩0	₩240,000
서영준	제주	25	특별회원	100	₩750,000	₩225,000	₩525,000
송병수	서울	13	특별회원	50	₩390,000	₩39,000	₩351,000
김순자	서울	15	특별회원	50	₩450,000	₩45,000	₩405,000
유형국	제주	5	특별회원	30	₩150,000	₩0	₩150,000
김나영	제주	13	일반회원	50	₩650,000	₩65,000	₩585,000
최준영	서울	23	일반회원	100	₩1,150,000	₩345,000	₩805,000
유형국	속초	21	일반회원	100	₩1,050,000	₩315,000	₩735,000
임동철	제주	22	일반회원	100	₩1,100,000	₩330,000	₩770,000
고영준	속초	12	일반회원	50	₩600,000	₩60,000	₩540,000
김충현	제주	25	일반회원	100	₩1,250,000	₩375,000	₩875,000
한사람	서울	32	일반회원	100	₩1,600,000	₩480,000	₩1,120,000
김동인	제주	11	일반회원	50	₩550,000	₩55,000	₩495,000
이동수	서울	12	비회원	50	₩1,080,000	₩108,000	₩972,000
박인복	속초	12	비회원	50	₩1,080,000	₩108,000	₩972,000
김혜숙	서울	21	비회원	100	₩1,890,000	₩567,000	₩1,323,000
김영미	제주	19	비회원	50	₩1,710,000	₩171,000	₩1,539,000
소기호	서울	20	비회원	100	₩1,800,000	₩540,000	₩1,260,000
김재해	제주	20	비회원	100	₩1,800,000	₩540,000	₩1,260,000
서인태	속초	24	비회원	100	₩2,160,000	₩648,000	₩1,512,000

레코드: 1/20 필터 없음 검색

보고서에서 사용할 필드 현황

필드명	원본 데이터	비고
고객명	테이블1	테이블에서 제공
지역명		
이용일수		
회원분류	테이블2	
포인트점수	이용일수가 20일 이상이면 100, 10일 이상이면 50, 10일 미만이면 30	추가되는 계산 필드
사용요금	이용일수 × 단가	
할인금액	이용일수가 20일 이상인 경우 사용요금의 30%, 10일 이상이면 사용요금의 10%, 이용일수가 10일 미만인 경우 사용요금의 0%	
결재금액	사용요금 – 할인금액	

❶ 테이블 및 필드 선택하기

1. 쿼리 작성기에서 '테이블1'과 '테이블2' 테이블을 추가한 후 '테이블1' 테이블의 '고객코드' 필드를 '테이블2' 테이블의 '고객코드' 필드로 드래그한다.
2. 쿼리 작성기에서 '테이블1'의 '고객명', '지역명', '이용일수' 필드와 '테이블2'의 '회원분류' 필드를 추가한다.

❷ 계산 필드 추가하기

1. '포인트점수' 필드 추가하기 : '회원분류' 필드의 오른쪽 필드에 **포인트점수: IIf([이용일수]>=20,100,IIf([이용일수]>=10,50, 30))**을 입력한다.

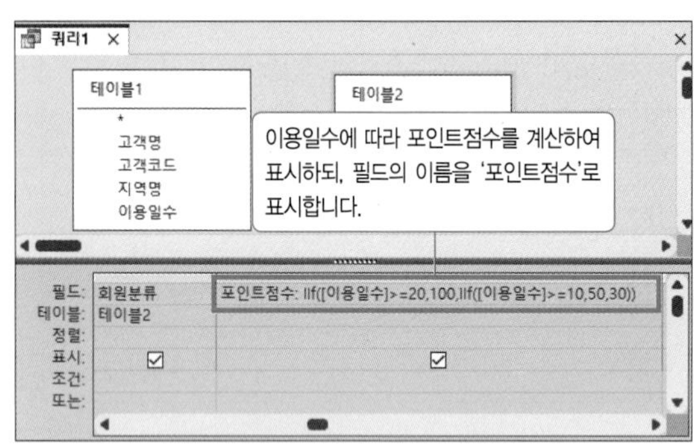

'IIf([이용일수]>=20,100,IIf([이용일수]>=10,50,30))'의 의미
❶ ❷ ❸

❶ 이용일수가 20 이상이면 ❷(100)를 표시하고, 그렇지 않으면 ❸을 수행합니다.
❸ IIf([이용일수]>=10,50,30) : 이용일수가 10 이상이면 50을 표시하고, 그렇지 않으면 30을 표시합니다.

2. '사용요금' 필드 추가하기 : '포인트점수' 필드의 오른쪽 필드에 **사용요금: [이용일수]*[단가]**를 입력한다.

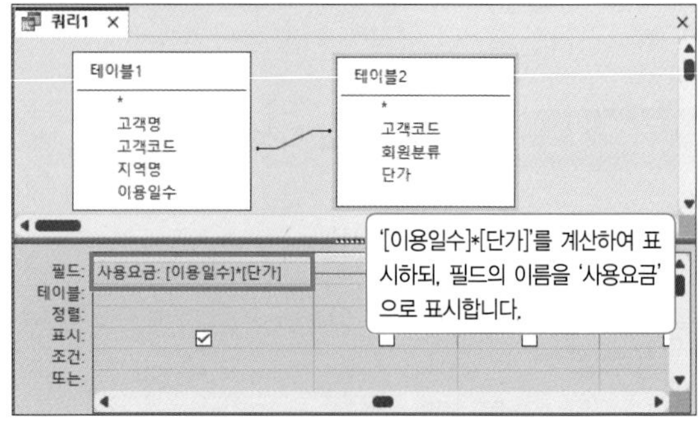

3. '할인금액' 필드 추가하기 : '사용요금' 필드의 오른쪽 필드에 **할인금액: IIf([이용일수]>=20,[사용요금]*0.3,IIf([이용일수]>=10,[사용요금]*0.1,[사용요금]*0))**을 입력한다.

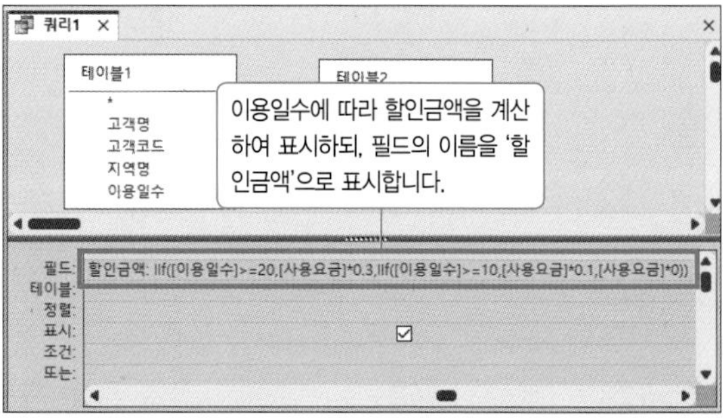

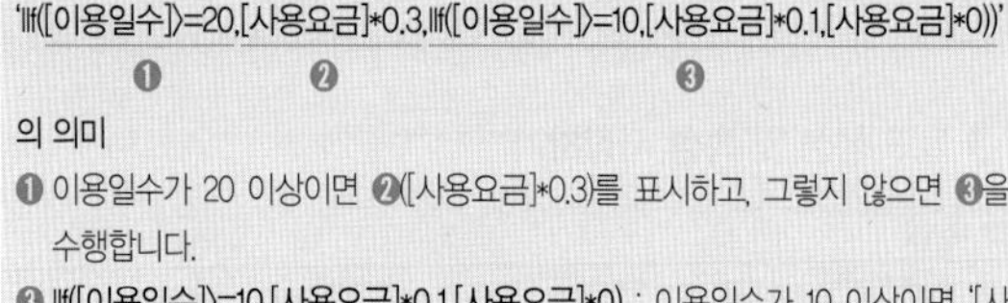

'IIf([이용일수]>=20,[사용요금]*0.3,IIf([이용일수]>=10,[사용요금]*0.1,[사용요금]*0))'
❶ ❷ ❸

의 의미

❶ 이용일수가 20 이상이면 ❷([사용요금]*0.3)를 표시하고, 그렇지 않으면 ❸을 수행합니다.
❸ IIf([이용일수]>=10,[사용요금]*0.1,[사용요금]*0) : 이용일수가 10 이상이면 '[사용요금]*0.1'을 표시하고, 그렇지 않으면 '[사용요금]*0'을 표시합니다.

4. '결재금액' 필드 추가하기 : '할인금액' 필드의 오른쪽 필드에 **결재금액: [사용요금]–[할인금액]**을 입력한다.

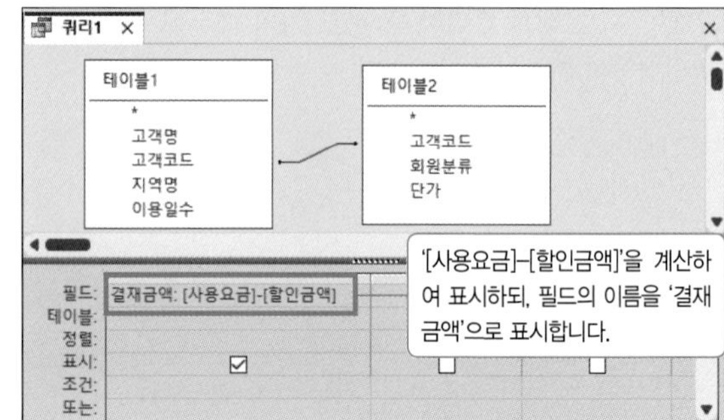

③ 표시 형식 지정하기

1. '할인금액' 필드의 바로 가기 메뉴에서 **[속성]**을 선택한다.
2. '필드 속성' 시트 창의 '일반' 탭에서 형식 속성을 '통화'로 지정한다.

문제 2 조회화면(SCREEN) 설계

정답

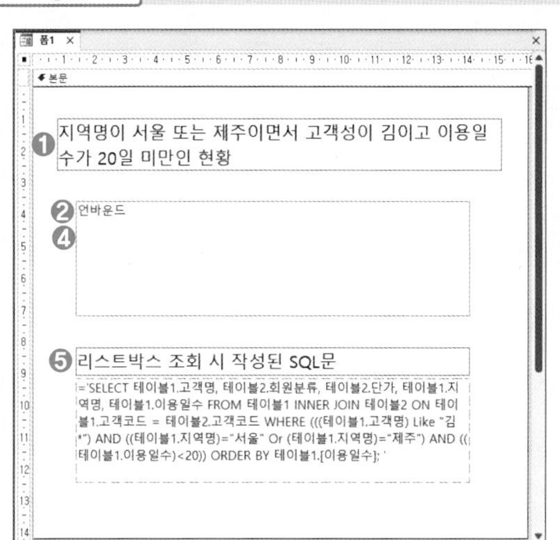

↓

지역명이 서울 또는 제주이면서 고객성이 김이고 이용일수가 20일 미만인 현황

고객명	회원분류	단가	지역명	이용일수
김동인	일반회원	₩50,000	제주	11
김나영	일반회원	₩50,000	제주	13
김순자	특별회원	₩30,000	서울	15
김영미	비회원	₩90,000	제주	19

리스트박스 조회 시 작성된 SQL문

SELECT 테이블1.고객명, 테이블2.회원분류, 테이블2.단가, 테이블1.지역명, 테이블1.이용일수 FROM 테이블1 INNER JOIN 테이블2 ON 테이블1.고객코드 = 테이블2.고객코드 WHERE (((테이블1.고객명) Like "김*") AND ((테이블1.지역명)="서울" Or (테이블1.지역명)="제주") AND ((테이블1.이용일수)<20)) ORDER BY 테이블1.[이용일수];

01. 폼 작성하기

① 제목 추가하기

[양식 디자인] → 컨트롤 → **레이블(가가)**을 이용하여 그림과 같이 제목을 삽입한다.

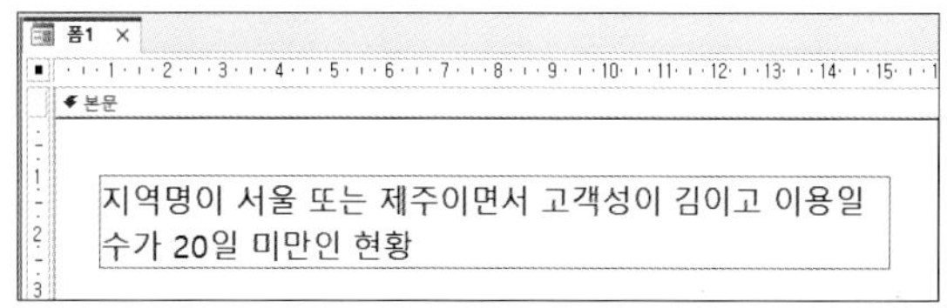

② 목록 상자 작성하기

1. [양식 디자인] → 컨트롤 → **목록 상자( )**를 이용하여 목록 상자를 추가한다.
2. '목록 상자 마법사' 1단계 대화상자에서 〈다음〉을 클릭한다.
3. '목록 상자 마법사' 2단계 대화상자에서 〈다음〉을 클릭한다.
4. '목록 상자 마법사' 3단계 대화상자를 그림과 같이 지정하고 〈다음〉을 클릭한다.

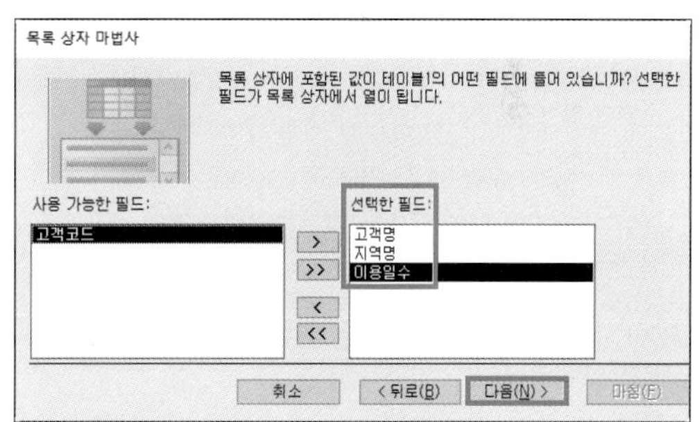

5. '목록 상자 마법사' 4단계 대화상자에서 그림과 같이 지정한 후 〈다음〉을 클릭한다.

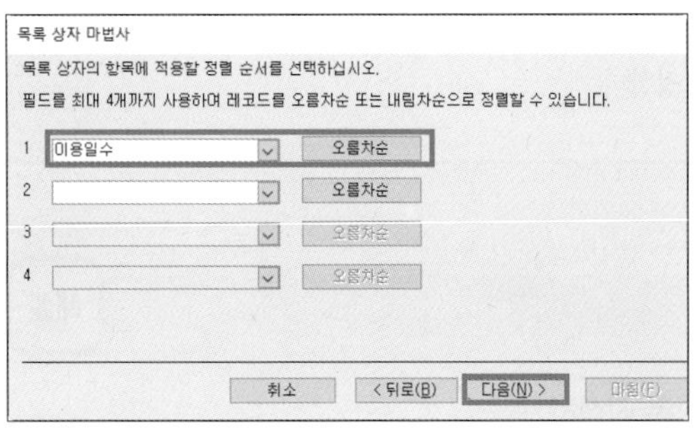

6. '목록 상자 마법사' 5단계 대화상자에서 〈다음〉을 클릭한다.
7. '목록 상자 마법사' 6단계 대화상자에서 〈다음〉을 클릭한다.
8. '목록 상자 마법사' 7단계 대화상자에서 〈마침〉을 클릭한다.
9. 작성된 목록 상자의 가로 너비를 조절하고 폼의 중앙에 위치하도록 이동시킨다.

❸ 목록 상자의 레이블 삭제하기

목록 상자와 함께 생성된 레이블을 선택한 후 Delete를 눌러 삭제한다.

❹ 목록 상자 열 이름 표시 및 데이터 조건 지정하기

1. 목록 상자를 더블클릭한 후 속성 시트 창의 '형식' 탭에서 열 개수, 열 너비, 열 이름 속성을 그림과 같이 지정한다.

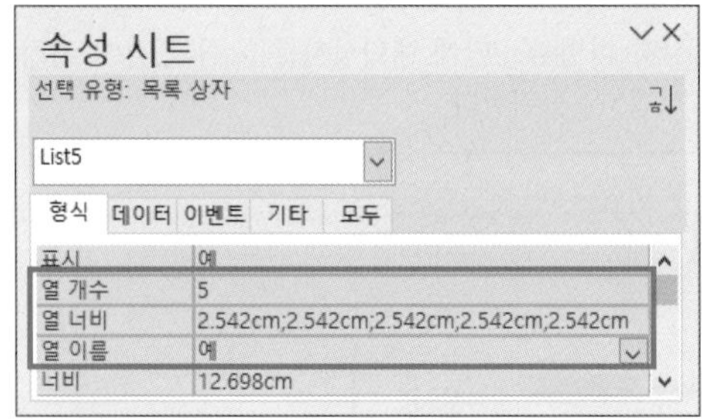

2. '데이터' 탭의 행 원본 속성을 선택한 후 '작성기 단추(...)'를 클릭한다.
3. '관계' 창의 바로 가기 메뉴에서 **[테이블 표시]**를 선택한다.
4. '테이블 추가' 창의 '테이블' 탭에서 '테이블2' 테이블을 더블클릭하여 추가한 후 '닫기(☒)' 단추를 클릭한다.
5. 쿼리 작성기에서 '테이블1' 테이블의 '고객코드' 필드를 '테이블2' 테이블의 '고객코드' 필드로 드래그한다.
6. 쿼리 작성기에서 그림과 같이 '테이블2' 테이블의 '회원분류'와 '단가' 필드를 추가하고 조건을 지정한다.

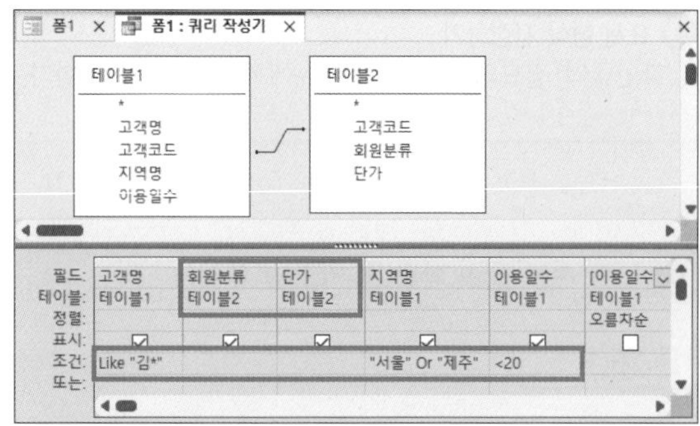

❺ 텍스트 상자에 SQL문 복사하여 넣기

1. [양식 디자인] → 컨트롤 → **텍스트 상자(▭)**를 이용하여 그림과 같이 텍스트 상자를 삽입한다.

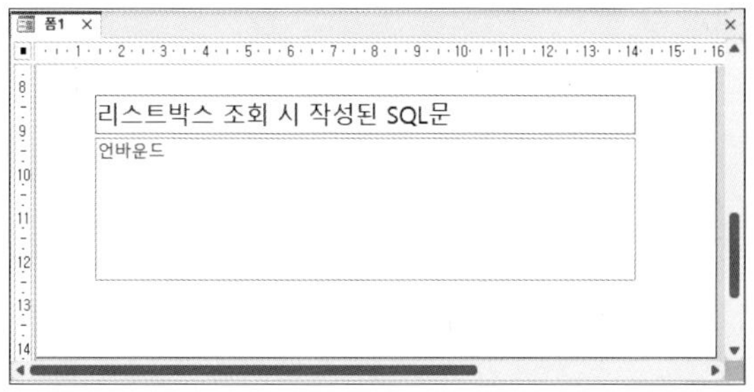

2. 목록 상자를 더블클릭한 후 속성 시트 창의 '데이터' 탭에서 행 원본 속성의 모든 내용을 복사하여 그림과 같이 텍스트 상자에 붙여넣는다.

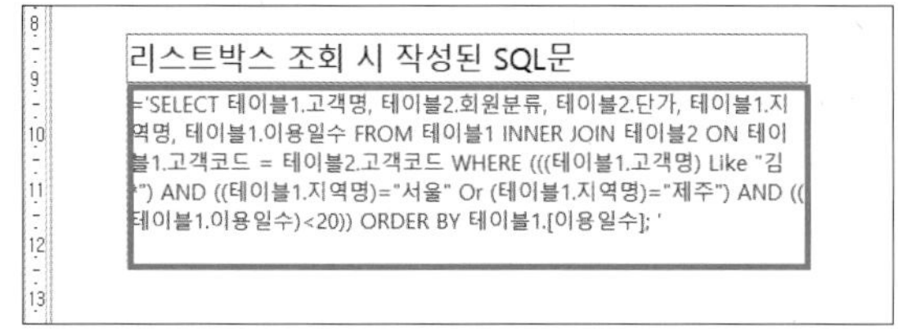

3. 텍스트 상자의 테두리 스타일을 '파선'으로 지정한다.

02. 폼 여백 설정하기

폼의 위쪽 여백을 60으로 지정한다.

정답

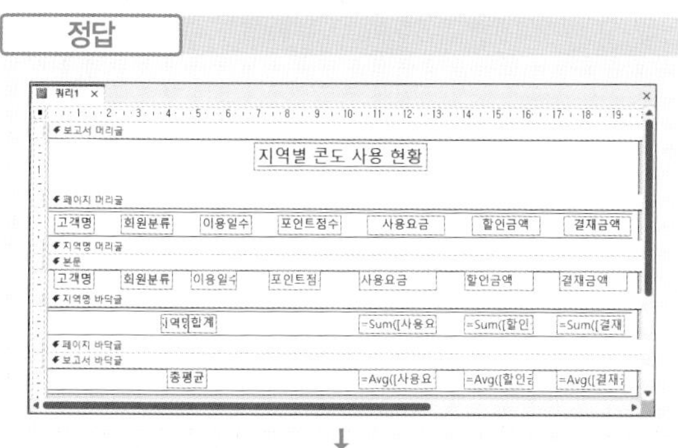

↓

지역별 콘도 사용 현황

고객명	회원분류	이용일수	포인트점수	사용요금	할인금액	결재금액
김순자	특별회원	15	50	₩450,000	₩45,000	₩405,000
김혜숙	비회원	21	100	₩1,890,000	₩567,000	₩1,323,000
소기호	비회원	20	100	₩1,800,000	₩540,000	₩1,260,000
송병수	특별회원	13	50	₩390,000	₩39,000	₩351,000
이동수	비회원	12	50	₩1,080,000	₩108,000	₩972,000
최준영	일반회원	23	100	₩1,150,000	₩345,000	₩805,000
한사람	일반회원	32	100	₩1,600,000	₩480,000	₩1,120,000
	서울 합계			₩8,360,000	₩2,124,000	₩6,236,000
고영준	일반회원	12	50	₩600,000	₩60,000	₩540,000
박인복	비회원	12	50	₩1,080,000	₩108,000	₩972,000
서인태	비회원	24	100	₩2,160,000	₩648,000	₩1,512,000
안서영	특별회원	8	30	₩240,000	₩0	₩240,000
유형국	일반회원	21	100	₩1,050,000	₩315,000	₩735,000
	속초 합계			₩5,130,000	₩1,131,000	₩3,999,000
김나영	일반회원	13	50	₩650,000	₩65,000	₩585,000
김동인	일반회원	11	50	₩550,000	₩55,000	₩495,000
김영미	비회원	19	50	₩1,710,000	₩171,000	₩1,539,000
김재해	비회원	20	100	₩1,800,000	₩540,000	₩1,260,000
김충현	일반회원	25	100	₩1,250,000	₩375,000	₩875,000
서영준	특별회원	25	100	₩750,000	₩225,000	₩525,000
유형국	특별회원	5	30	₩150,000	₩0	₩150,000
임동철	일반회원	22	100	₩1,100,000	₩330,000	₩770,000
	제주 합계			₩7,960,000	₩1,761,000	₩6,199,000
	총평균			₩1,072,500	₩250,800	₩821,700

01. 보고서 만들기

1. '보고서 마법사' 1단계 대화상자에서 그림과 같이 지정한 후 〈다음〉을 클릭한다.

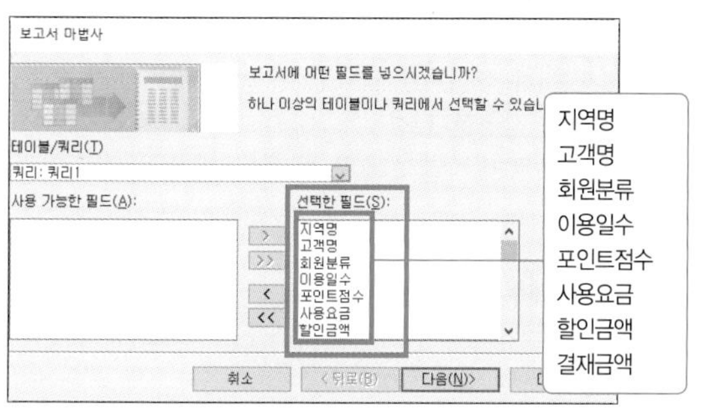

2. '보고서 마법사' 2단계 대화상자에서 '지역명'을 더블클릭 한 후 〈다음〉을 클릭한다.

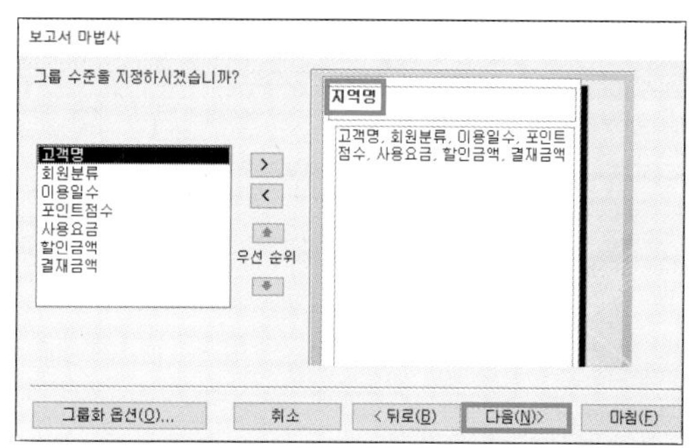

3. '보고서 마법사' 3단계 대화상자에서 〈요약 옵션〉을 클릭 한 후 그림과 같이 지정하고 〈확인〉을 클릭한다.

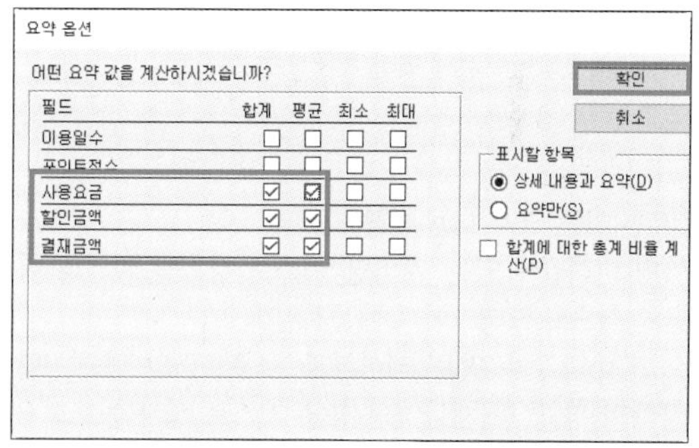

4. '보고서 마법사' 3단계 대화상자에서 〈다음〉을 클릭한다.
5. '보고서 마법사' 4단계 대화상자에서 '단계'가 선택된 것을 확인한 후 〈다음〉을 클릭한다.
6. '보고서 마법사' 5단계 대화상자에서 '보고서 디자인 수정'을 선택한 후 〈마침〉을 클릭한다.

02. 보고서 편집하기

❶ 불필요한 컨트롤 삭제하기

페이지 머리글의 '지역명' 레이블(❶)과 지역명 바닥글의 '= "에 대한 요약"~' 텍스트 상자(❷), 페이지 바닥글의 날짜 텍스트 상자(❸), 페이지 텍스트 상자(❹), 보고서 바닥글의 모든 컨트롤(❺)을 Delete를 눌러 삭제한다.

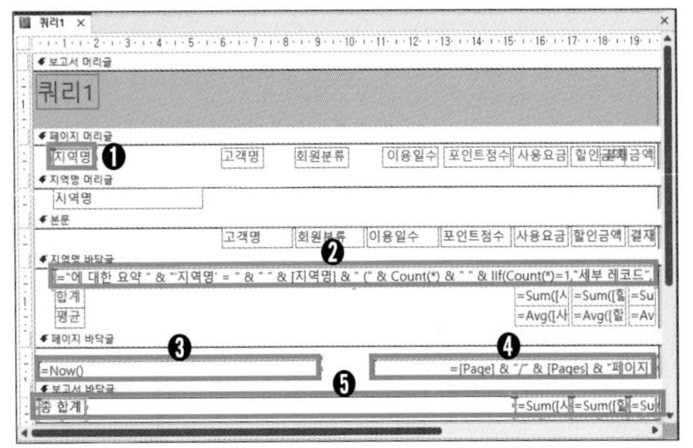

궁금해요

시나공 Q&A 베스트

Q 보고서 결과에 '결재금액' 필드가 없어요.

A 보고서를 작성할 때 모든 필드가 보고서의 한 페이지에 표시되지 않을 수 있습니다. 이런 경우 보고서의 원본 데이터로 사용된 테이블에서 데이터 형식이 텍스트인 필드의 필드 크기를 줄여주면 됩니다. 여기서는 '테이블1'을 디자인 보기 상태로 연 후 '고객명'의 필드 크기 속성을 10으로 지정하고 '테이블2'의 '회원분류' 필드 크기의 속성도 10으로 지정한 다음 보고서를 다시 만들어 보세요.

❷ 컨트롤 이동, 크기, 내용 변경하기

1. 지역명 머리글에 있는 '지역명' 텍스트 상자를 지역명 바닥글 영역으로 드래그하여 이동시킨다.
2. 지역명 바닥글의 '평균' 레이블과 '사용요금의 평균', '할인금액의 평균', '결재금액의 평균' 텍스트 상자를 보고서 바닥글로 드래그하여 이동시킨다.
3. 컨트롤의 크기, 위치 및 내용을 그림과 같이 변경한다.

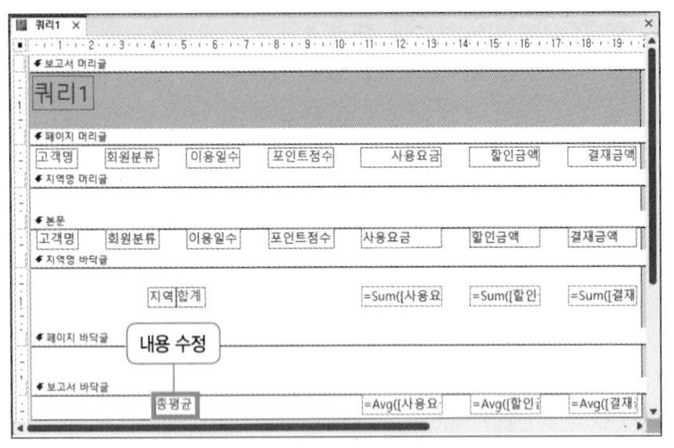

❸ 정렬 지정하기

'그룹, 정렬 및 요약' 창에서 <정렬 추가>를 클릭한 후 그림과 같이 지정한다.

❹ 제목 입력 및 서식 지정하기

1. 보고서 머리글의 레이블을 선택한 후 글꼴 크기 16, '밑줄(가)', '가운데 맞춤(☰)'을 지정한다.
2. 제목 레이블의 가로 크기를 보고서 가로 크기만큼 늘린 후 내용을 **지역별 콘도 사용 현황**으로 수정한다.

❺ 선 컨트롤 추가하기

[보고서 디자인] → 컨트롤 → 선(╲)을 이용하여 그림과 같이 선을 삽입한다.

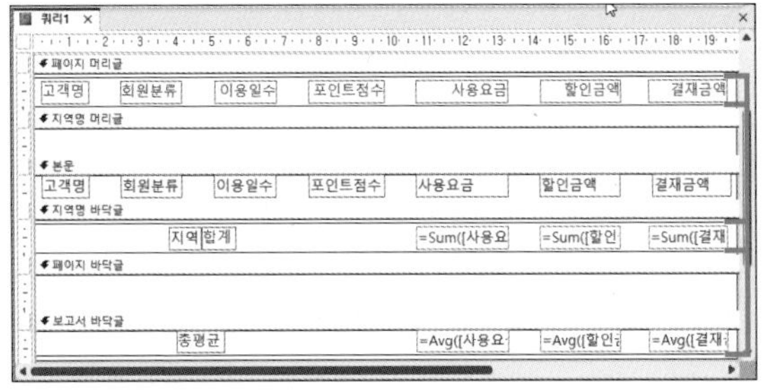

❻ 금액 컨트롤에 속성 지정하기

지역명 바닥글의 '사용금액의 합계', '결재금액의 합계'와 보고서 바닥글의 '사용금액의 총평균', '결재금액의 총평균' 텍스트 상자를 선택한 후 속성 시트 창의 '형식' 탭에서 형식 속성을 '통화'로, 소수 자릿수 속성을 0으로 지정한다.

❼ 컨트롤의 데이터 정렬 및 글꼴 색 변경하기

1. 모든 레이블과 문자 데이터가 들어 있는 텍스트 상자의 텍스트를 '가운데 맞춤(☰)', 글꼴 색을 '검정, 텍스트1'로 지정한다.
2. 레이블이나 텍스트 상자의 크기 및 위치를 조절하여 문제지에 주어진 그림과 같이 열의 간격과 정렬을 맞춘다.

❽ 배경색 및 교차 행 색 변경하기

1. 보고서 머리글 선택기를 클릭한 후 도형 채우기 색을 '흰색, 배경1'로 지정한다.
2. 본문과 지역명 바닥글의 교차 행 색을 '색 없음'으로 지정한다.

❾ 컨트롤에 테두리 서식 변경하기

지역명 바닥글과 보고서 바닥글의 모든 텍스트 상자의 도형 윤곽선을 '투명'으로 지정한다.

⑩ 사용되지 않는 영역 제거 및 보고서 확인하기
본문과 보고서 바닥글의 선택기를 위쪽으로 드래그하여 빈 공간만 확보된 지역명 머리글과 페이지 바닥글 영역을 제거한다.

03. 보고서 여백 설정하기

보고서의 위쪽 여백을 60으로 지정한다.

09회 PowerPoint – 시상 작업(PT) 정답 및 해설

문제 1 제 1슬라이드

해설

01. 제 1슬라이드 작성하기

정답

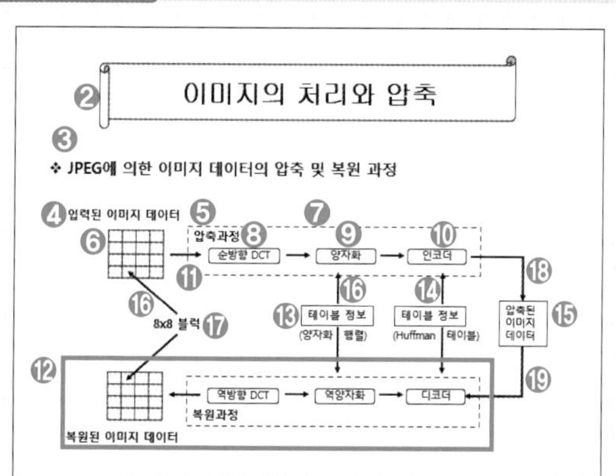

① 슬라이드 레이아웃
[레이아웃] → **빈 화면**

② '두루마리 모양: 가로로 말림' 삽입하기
[삽입] → 일러스트레이션 → 도형 → 별 및 현수막 → **두루마리 모양: 가로로 말림**

③ 텍스트 상자 삽입 및 글머리 기호 입력하기
- [삽입] → 텍스트 → **가로 텍스트 상자 그리기**
- 글머리 기호 : [홈] → 단락 → 글머리 기호 → 별표 글머리 기호(❖)

④ 텍스트 상자 삽입하기
[삽입] → 텍스트 → **가로 텍스트 상자 그리기**

⑤ ④번 텍스트 상자를 복사한 후 내용 수정하기

⑥ 표 삽입하기
- [삽입] → 표 → 표 → 4×4 표
- 표를 선택한 후 [홈] → **글꼴**에서 글꼴 크기 5를 지정한 후 표의 크기를 조절한다.

표의 높이는 표 안에 입력된 글꼴 크기에 따라 변경됩니다. 삽입한 표의 기본적인 글꼴 크기를 18로, 이 크기보다 표의 높이를 줄이려면 글꼴 크기를 작게 조절해야 합니다.

⑦ 직사각형1 삽입하기
- [삽입] → 일러스트레이션 → 도형 → 사각형 → **직사각형**
- [도형 서식] → 도형 스타일 → 도형 윤곽선→ 대시 → **파선(- -)**

⑧ '사각형: 둥근 모서리' 삽입하기
[삽입] → 일러스트레이션 → 도형 → 사각형 → **사각형: 둥근 모서리**

⑨, ⑩ ⑧번 도형을 복사한 후 내용 수정 및 크기 조절하기

⑪ 선 화살표 삽입하기
- [삽입] → 일러스트레이션 → 도형 → 선 → **선 화살표**(↘)
- 화살표를 복사한 후 크기 조절

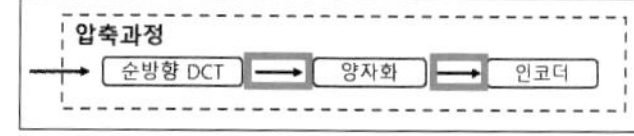

⑫ ④ ~ ⑪ 도형 복사하기

- ④ ~ ⑪번 도형을 선택하고 Ctrl+Shift를 누른 채 드래그하여 복사 후 내용 수정 및 위치 조절
- 복사한 화살표를 선택한 후 [도형 서식] → 정렬→ 회전( ) → **좌우 대칭** 선택

⑬ 직사각형2 삽입하기

[삽입] → 일러스트레이션 → 도형 → 사각형 → **직사각형**(□)

⑭, ⑮ ⑬번 도형을 복사한 후 크기 조절 및 내용 수정하기

⑯ ⑪번 도형을 복사한 후 크기 조절하기

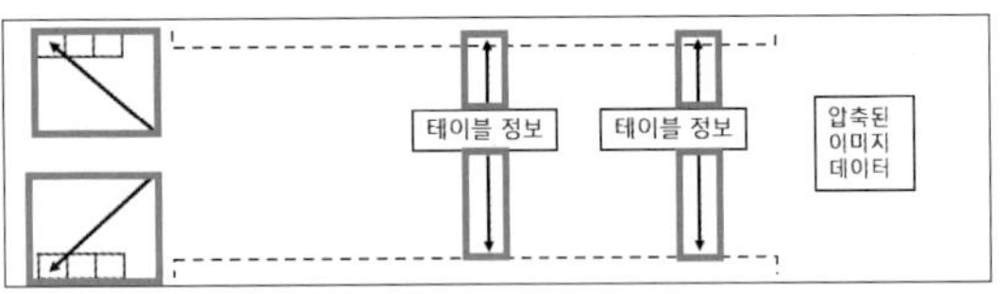

⑰ 텍스트 상자 삽입하기

- [삽입] → 텍스트 → **가로 텍스트 상자 그리기**(가)
- 텍스트 상자를 복사한 후 내용 수정

⑱, ⑲ '연결선: 꺾인 화살표' 삽입하기

[삽입] → 일러스트레이션 → 도형 → 선 → **연결선: 꺾인 화살표**(↳)

문제 2 제 2슬라이드

해설

02. 제 2슬라이드 작성하기

정답

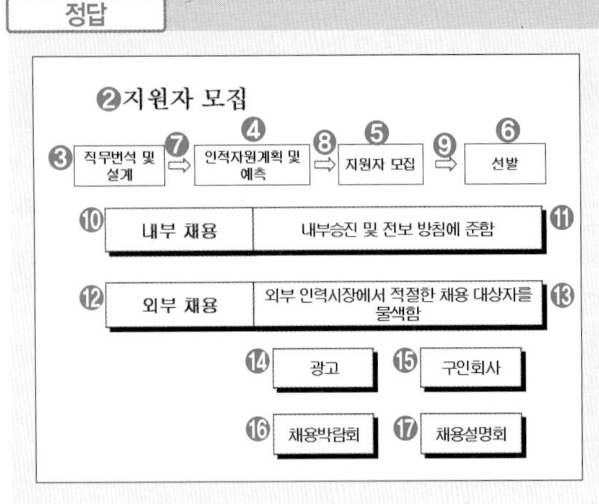

① 슬라이드 레이아웃

[레이아웃] → **빈 화면**

② 텍스트 상자 삽입하기

[삽입] → 텍스트 → **가로 텍스트 상자 그리기**(가)

③ 직사각형1 삽입하기

[삽입] → 일러스트레이션 → 도형 → 사각형 → **직사각형**(□)

④ ~ ⑥ ③번 도형을 복사한 후 내용 수정 및 크기 조절하기

⑦ '화살표: 오른쪽' 삽입하기

[삽입] → 일러스트레이션 → 도형 → 블록 화살표 → **화살표: 오른쪽**(⇨)

⑧, ⑨ ⑦번 도형 복사하기

⑩ 직사각형2 삽입하기

- [삽입] → 일러스트레이션 → 도형 → 사각형 → **직사각형**(□)
- 그림자 지정 : '오프셋: 오른쪽 아래', 투명도 0%, 흐리게 0pt, 간격 8pt

⑪ ~ ⑰ ⑩번 도형을 복사한 후 내용 수정 및 크기 조절하기

제 10회 사무자동화산업기사 실기 공개문제

Excel – 표 계산(SP) 실무 작업

한국발전회사에서는 전기요금 납부현황을 분석하고자 한다. 다음 자료(DATA)를 이용하여 작성 조건에 따라 작업표와 그래프를 작성하고, 그 인쇄 출력물을 제출하시오.

문제 1 작업표(WORK SHEET) 작성

1. 자료(DATA)

검침 내역 현황

행 \ 열	A	C	D	G	H
3	고객번호	전월지침	당월지침	자동이체	미납액
4	H-101-12	10	24		
5	O-103-54	16	29		2,000
6	O-103-82	34	58	실시	
7	H-101-31	68	86	실시	
8	O-103-83	32	98	실시	
9	H-101-22	107	132		
10	H-101-30	145	167	실시	8,000
11	F-102-45	23	179	실시	
12	F-102-46	82	226		3,200
13	F-102-87	125	239		25,000
14	O-202-87	35	38		
15	H-203-87	47	56		
16	H-204-87	58	62	실시	
17	H-205-87	62	68	실시	
18	F-206-87	20	42		
19	O-207-87	10	12		35,000
20	O-208-87	56	58		
21	F-209-87	80	88		
22	F-210-87	48	54	실시	
23	O-211-87	28	35		9,000

※ 자료(DATA) 부분에서 음영 처리 표시된 부분은 행/열의 기준선으로 작성(입력)하지 않음을 반드시 유의하시오.

2. **작업표 형식**

요금 현황 분석

행 \ 열	A	B	C	D	E	F	G	H	I	J
3	고객번호	구분	전월지침	당월지침	사용량	사용금액	자동이체	미납액	할인금액	납부금액
4 : 23	–	①	–	–	②	③	–	–	④	⑤
24	요금 합계			가정용		⑥		⑥	⑥	⑥
25				공장용		⑦		⑦	⑦	⑦
26				사무용		⑧		⑧	⑧	⑧
27	고객번호 끝자리가 "87"인 고객들의 합							⑨	⑨	⑨
28	사용금액이 1,000 이상 15,000 미만인 합					⑩				
29	자동이체 실시 고객 수					⑪				
30	⑫									
31	⑬									

※ 음영 처리 표시된 부분은 작성하지 않습니다.

3. **작성 조건**

가) 작성 시 유의 사항

① 작업표의 작성은 "나)~마)" 항에 제시된 내용을 따르고 반드시 제시된 조건(함수 적용, 기재된 단서 조항 등)에 따라 처리하시오.

② 제시된 작성 조건을 따르지 아니하고 여타의 방법 일체(제시된 함수 이외 다른 함수 적용, 함수 미적용, 별도 전자계산기 사용 등)를 사용하여 도출된 결과는 그 답이 맞더라도 정답으로 인정되지 않음을 반드시 유의하시오.

나) 작업표의 구성 및 서식

① "작업표 형식"에서 행과 열에 관계된 음영 처리 표시된 부분은 작성하지 않음을 유의하고 반드시 제시된 행/열에 맞추도록 하시오.

② 제목서식 : 20 포인트 크기로 하고 속성은 밑줄 처리하시오.

③ 글꼴서체 : 임의선정하시오.

다) 원문자가 표시된 셀은 아래의 방법을 이용하여 처리하시오.

① 구분 : 고객번호의 첫 문자가 "H"이면 "가정용", "F"이면 "공장용", "O"이면 "사무용"으로 표시하시오.

② 사용량 : 당월지침 – 전월지침

③ 사용금액 : 사용량 × 기본요금

(단, 기본요금은 구분이 "가정용"이면 550원, "공장용"이면 250원, "사무용"이면 350원으로 합니다.)

④ 할인금액 : 자동이체를 실시하면 사용금액의 12% 할인을 적용하고, 그 외는 0%를 적용하십오.

⑤ 납부금액 : 사용금액 + 미납액 + 연체금 – 할인금액 (단, 연체금은 미납액이 있을 경우 미납액의 10% 적용)

⑥ 가정용의 요금합계 : 구분이 가정용인 각 항목별 합계를 산출하시오. (단, SUMIF 또는 SUMIFS 함수 사용)

⑦ 공장용의 요금합계 : 구분이 공장용인 각 항목별 합계를 산출하시오. (단, SUMIF 또는 SUMIFS 함수 사용)

⑧ 사무용의 요금합계 : 구분이 사무용인 각 항목별 합계를 산출하시오. (단, SUMIF 또는 SUMIFS 함수 사용)

⑨ 고객번호 끝자리가 "87"인 고객들의 합 : 고객번호 끝자리가 "87"인 각 항목별 합을 산출하시오. (단, SUMIF 또는 SUMIFS 함수 사용)

⑩ 사용금액이 1,000 이상 15,000 미만인 합을 산출하시오. (단, SUMIF 또는 SUMIFS 함수 사용)

⑪ 자동이체 실시 고객 수를 산출하시오. (단, COUNTIF 또는 COUNTIFS 함수 사용)
⑫ 항목 ⑥에 사용한 함수식을 기재하시오.(단, 미납액을 기준으로 합니다.)
⑬ 항목 ⑨에 사용한 함수식을 기재하시오.(단, 미납액을 기준으로 합니다.)
※ 함수식을 기재하는 ⑫~⑬란은 반드시 해당 항목에 제시된 함수의 작성 조건에 따라 도출된 함수식을 기재하여야 하며, 작성 조건을 위배하여 임의로 작성할 시 해당 답이 맞더라도 틀린 항목으로 채점됨을 유의하시오. 또한 함수식을 작성할 때는 "라) 정렬순서(SORT)"에 따른 조건에 맞게 정렬 후 도출된 결과에 따른 함수식을 기재하시오.

라) 작업표의 정렬순서(SORT)는 납부금액의 내림차순으로 정렬하고, 납부금액이 같으면 고객번호의 오름차순으로 정렬하시오.

마) 기타
- 금액에 대한 수치는 원화(₩) 표시를 하고 천 단위마다 ',' (Comma)를 표시하시오.
  (단, 금액 이외의 수치는 ','(Comma)를 표시하지 않도록 하시오.)
- 모든 수치(숫자, 통화, 회계, 백분율 등)는 셀 서식의 속성을 설정하는 과정에서 소수 자릿수를 "0"으로 지정하여 정수로 표시토록 하시오.
- 음수는 "-"가 표시되도록 하시오.
- 숫자 셀은 우측을 수직으로 맞추고, 문자 셀은 수평중앙으로 맞추며 이외 사항은 작업표 형식에 따르도록 하시오. 특히, 단서조항이 있을 경우는 단서 조항을 우선으로 하고, 인쇄출력 시 판독불가능이 발생되지 않도록 인쇄 미리보기 등을 통하여 셀의 크기를 적당히 조정하시오.

문제 2 그래프(GRAPH) 작성

작성한 작업표에서 납부금액이 2만원 이상인 경우의 고객번호별 사용금액과 납부금액을 나타내는 그래프를 작성하시오.

1. 작성 조건

가) 그래프 형태 : 혼합형 단일축 그래프
사용금액(데이터 표식이 있는 꺾은선형), 납부금액(묶은 세로 막대형)
(단, 납부금액만 데이터 레이블의 값이 표시된 혼합형 단일축 그래프로 하시오.)
나) 그래프 제목 : 요금 현황 ---- (글자크기:18, 글꼴서체 임의, 제목밑줄)
다) X축 제목 : 고객번호
라) Y축 제목 : 금액
마) X축 항목 : 해당 문자열
바) Y축 눈금 단위 : 임의
사) 범례 : 사용금액, 납부금액
아) 출력물 크기 : A4 용지 1/2장 범위내
자) 기타 : 작성 조건에 없는 형식이나 모양 등은 기본 설정값에 따르며, 그래프 너비는 작업표 너비에 맞추도록 합니다.

Access – 자료처리(DBMS) 작업

한국과학연구소에서 신입 직원 교육 현황을 전산화하려고 한다. 다음의 입력 자료를 이용하여 DB를 설계하고 작성 조건에 따라 처리파일을 작성한 후 인쇄 출력물을 제출하시오.

[요구사항 및 유의사항]

1) 자료처리(DBMS) 작업은 조회화면(SCREEN) 설계와 자료처리 보고서의 2가지 작업을 수행하여 그 결과물을 인쇄용지(A4) 기준 각 1장씩 총 2장을 제출하여야 채점 대상이 됨을 유의하시오.
2) 반드시 인쇄작업 수행 전 미리보기 등을 통해 여백을 조정하고, 수치, 문자 등 구성요소가 누락되지 않도록 주의하시오. 구성요소가 누락되어 인쇄되지 않은 결과로 인한 모든 책임은 전적으로 수험자 본인에게 있음을 반드시 유의하시오.
3) 문제지에 기재된 작성 조건에 따라 처리하고, 조회화면 및 자료처리 보고서의 서식이 작성 조건과 상이할 경우에는 시험위원의 지시에 따라 작업하시오.

문제 1 입력자료(DATA)

직원교육현황

직원번호	구분코드	교육월수	연수비
1010	C	11	200,000
1340	A	7	60,000
3674	A	7	60,000
4233	C	9	100,000
3452	S	5	130,000
5664	S	3	200,000
7355	A	4	70,000
7626	S	12	190,000
3847	S	9	200,000
9907	C	10	110,000
1102	S	5	180,000
3212	A	3	60,000
2433	C	12	220,000
3012	C	5	80,000
4310	A	10	150,000

직원구분

구분코드	종류
A	파견직
C	경력직
S	전산직

문제 2 조회화면(SCREEN) 설계

다음 조건에 따라 구분코드가 A 또는 S이면서 연수비가 200,000원 미만인 데이터 현황을 조회할 수 있는 화면을 설계하고 해당 데이터를 출력하시오.

[작성 조건]

1) 해당 현황은 목록 상자(리스트박스)에서 필드명 직원번호의 오름차순으로 출력하고, 화면 아래에 조회 시 작성한 SQL문을 복사하시오.
   - WHERE 조건절에 구분코드, 연수비 반드시 포함
   - INNER JOIN, ORDER BY 구문 반드시 포함

   ※ SQL문에 상기 내용 미포함 시 SQL 작성 부분 0점 처리
2) 리스트박스 조회시 작성된 SQL문이 작성되지 않을 경우에는 "조회화면(SCREEN) 설계" 과제가 0점 처리됨을 반드시 유의하시오.
3) 목록 상자에 표시되어야 할 필수적인 필드명은 다음과 같습니다.
   - 직원번호, 구분코드, 연수비, 교육월수, 종류
4) 폼 서식에 제반되는 폰트, 점선 등은 아래 [조회화면 서식]에 보이는 대로 기재하시오.
5) 기타 사항은 "자료처리 파일(FILE) 작성"의 [기타 조건]을 따르시오.

[조회화면 서식]

직원구분 코드가 A 또는 S이면서 연수비가 200,000원 미만인 데이터 현황

직원번호	구분코드	연수비	교육월수	종류

리스트박스 조회 시 작성된 SQL문

문제 3 자료처리 파일(FILE) 작성

다음 조건에 따라 아래 양식과 같이 작성하시오.

[처리 조건]

1) 구분코드별 오름차순으로 정렬한 후, 같은 구분코드 안에서는 직원번호의 오름차순으로 정렬(SORT)한다.
2) 기본교육비는 직원의 종류에 따라 다르게 적용한다.
   (파견직은 150,000원, 경력직은 200,000원 , 전산직은 300,000원)
3) 총교육비 = 기본교육비 × 교육월수
   (기본 교육비는 2번 항목을 참고하여 산정한다.)

4) 교육비할인액 : 교육월수가 12개월 이상이면 300,000원 할인,
교육월수가 6개월 이상 12개월 미만이면 200,000원 할인,
교육월수가 6개월 미만이면 50,000원 할인
5) 최종 납부액 = 총교육비 – 교육비할인액 – 연수비
6) 직원 구분별 합계 : 총교육비, 교육비할인액, 최종 납부액의 합 산출
(zzzz 합계 : zzzz에는 직원의 구분코드에 해당하는 종류가 출력되도록 한다.)
7) 총평균 : 총교육비, 교육비할인액, 최종 납부액의 전체 평균 산출
8) 작성일자는 오늘 날짜(수험일자)로 한다.

[기타 조건]

1) 조회화면 및 보고서의 제목은 16정도의 임의 서체로 하시오.
2) 금액에 대한 수치는 원화(₩) 표시를 하고 천단위 마다 ,(Comma)를 표시하시오.
(단, 금액 이외의 수치는 ,(Comma)를 표시하지 않도록 하시오.)
3) 모든 수치(숫자, 통화, 백분율 등)는 컨트롤의 속성을 설정하는 과정에서 소수 자릿수를 "0"으로 지정하여 정수로 표시하시오.
4) 데이터의 열과 간격은 일정하게 맞추도록 하시오.

직원 교육비 산출 현황

작성일자 : YYYY-MM-DD

구분코드	직원번호	교육월수	연수비	총교육비	교육비할인액	최종납부액
XXXX	XXXX	XX	₩X,XXX	₩X,XXX	₩X,XXX	₩X,XXX
	YYYY	YY	₩Y,YYY	₩Y,YYY	₩Y,YYY	₩Y,YYY
		zzzz 합계		₩X,XXX	₩X,XXX	₩X,XXX
–	–	–	–	–	–	–
		zzzz 합계		₩X,XXX	₩X,XXX	₩X,XXX
–	–	–	–	–	–	–
		zzzz 합계		₩X,XXX	₩X,XXX	₩X,XXX
		총평균		₩X,XXX	₩X,XXX	₩X,XXX

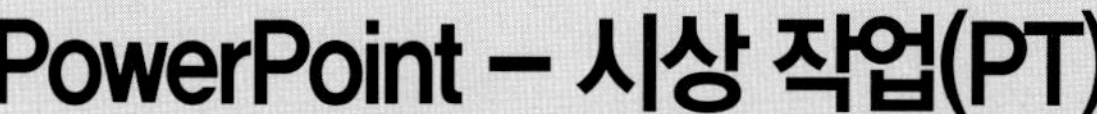

주어진 2개의 슬라이드를 슬라이드 작성조건에 따라 작업하여 인쇄하시오.

슬라이드 작성 조건

1) 각 슬라이드를 문제의 슬라이드 원안과 같이 인쇄하여 제출하시오.
   (특히 글자, 음영, 그림자, 도형 등 인쇄된 내용 그대로 작업하시오.)
2) "주1)" 등 특수한 속성 지정이 되어 있는 경우 지시에 따라 작성하시오.
3) 글꼴은 문제 원안과 같거나 유사한 형태로 작업하시오.
4) 글자, 그림 및 도형 등의 크기와 모양은 문제 원안과 같거나 유사한 형태로 작업하시오.
5) 모든 글씨, 선 등은 흑백(그레이스케일)으로 작업하되, 글상자, 그림 및 도형 등에서 색 채우기가 있는 경우 색 채우기는 회색 40% 정도, 투명도 0%를 기준으로 작업하시오.
6) 각 슬라이드는 원안과 같이 외곽선 테두리가 인쇄되도록 인쇄하시오.
7) 각 슬라이드 크기는 A4 용지의 1/2 범위 내에 인쇄가 가능한 크기가 되도록 조정하여, 슬라이드 2개를 A4 용지 1매 안에 모두 인쇄하시오.
8) 비번호, 수험번호, 성명, 페이지 번호 등은 반드시 자필로 기재하시오.

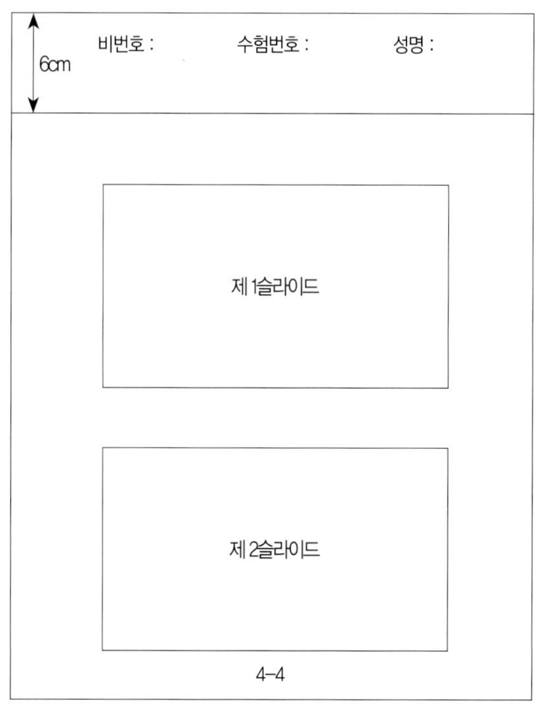

문제 1 제 1슬라이드

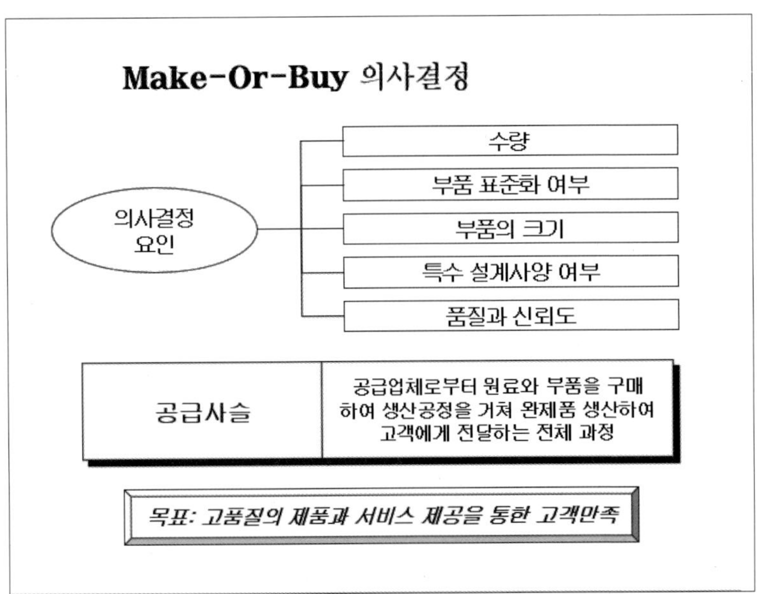

문제 2 제 2슬라이드

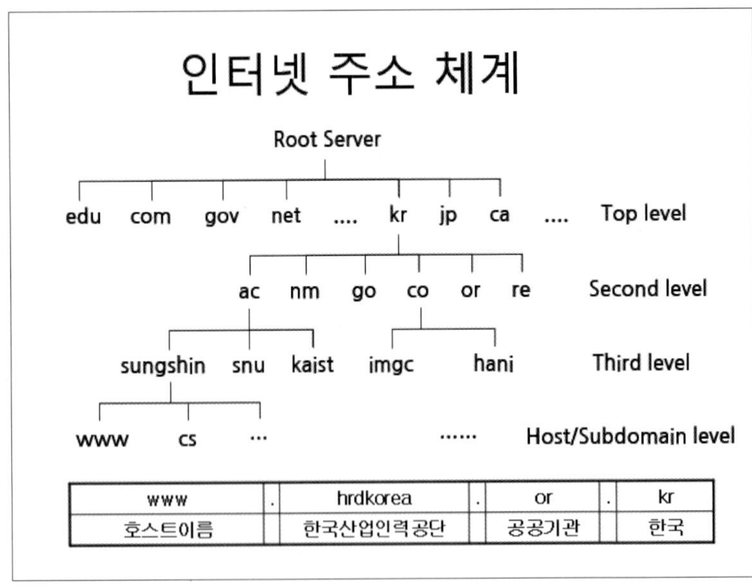

10회 Excel – 표 계산(SP) 실무 작업

정답 및 해설

정답 작업표 및 차트(그래프)

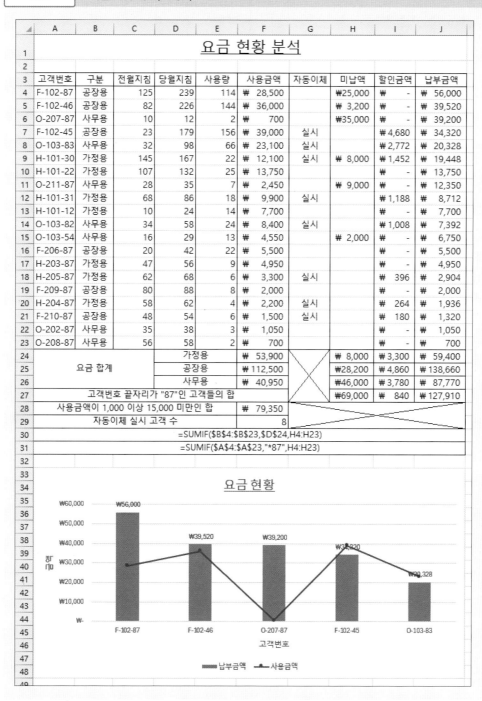

	A	B	C	D	E	F	G	H	I	J
1	요금 현황 분석									
2										
3	고객번호	구분	전월지침	당월지침	사용량	사용금액	자동이체	미납액	할인금액	납부금액
4	F-102-87	공장용	125	239	114	₩ 28,500		₩25,000	₩ -	₩ 56,000
5	F-102-46	공장용	82	226	144	₩ 36,000		₩ 3,200	₩ -	₩ 39,520
6	O-207-87	사무용	10	12	2	₩ 700		₩35,000	₩ -	₩ 39,200
7	F-102-45	공장용	23	179	156	₩ 39,000	실시		₩ 4,680	₩ 34,320
8	O-103-83	사무용	32	98	66	₩ 23,100	실시		₩ 2,772	₩ 20,328
9	H-101-30	가정용	145	167	22	₩ 12,100	실시	₩ 8,000	₩ 1,452	₩ 19,448
10	H-101-22	가정용	107	132	25	₩ 13,750			₩ -	₩ 13,750
11	O-211-87	사무용	28	35	7	₩ 2,450		₩ 9,000	₩ -	₩ 12,350
12	H-101-31	가정용	68	86	18	₩ 9,900	실시		₩ 1,188	₩ 8,712
13	H-101-12	가정용	10	24	14	₩ 7,700			₩ -	₩ 7,700
14	O-103-82	사무용	34	58	24	₩ 8,400	실시		₩ 1,008	₩ 7,392
15	O-103-54	사무용	16	29	13	₩ 4,550		₩ 2,000	₩ -	₩ 6,750
16	F-206-87	공장용	20	42	22	₩ 5,500			₩ -	₩ 5,500
17	H-203-87	가정용	47	56	9	₩ 4,950			₩ -	₩ 4,950
18	H-205-87	가정용	62	68	6	₩ 3,300	실시		₩ 396	₩ 2,904
19	F-209-87	공장용	80	88	8	₩ 2,000			₩ -	₩ 2,000
20	H-204-87	가정용	58	62	4	₩ 2,200	실시		₩ 264	₩ 1,936
21	F-210-87	공장용	48	54	6	₩ 1,500	실시		₩ 180	₩ 1,320
22	O-202-87	사무용	35	38	3	₩ 1,050			₩ -	₩ 1,050
23	O-208-87	사무용	56	58	2	₩ 700			₩ -	₩ 700
24	요금 합계			가정용		₩ 53,900		₩ 8,000	₩ 3,300	₩ 59,400
25				공장용		₩ 112,500		₩28,200	₩ 4,860	₩ 138,660
26				사무용		₩ 40,950		₩46,000	₩ 3,780	₩ 87,770
27	고객번호 끝자리가 "87"인 고객들의 합							₩69,000	₩ 840	₩ 127,910
28	사용금액이 1,000 이상 15,000 미만인 합					₩ 79,350				
29	자동이체 실시 고객 수					8				
30	=SUMIF($B$4:$B$23,$D$24,H4:H23)									
31	=SUMIF($A$4:$A$23,"*87",H4:H23)									

문제 1 작업표(WORK SHEET) 작성

해설

01. 데이터 입력하기

	A	B	C	D	E	F	G	H	I	J
1	요금 현황 분석									
2										
3	고객번호	구분	전월지침	당월지침	사용량	사용금액	자동이체	미납액	할인금액	납부금액
4	H-101-12		10	24						
5	O-103-54		16	29				2000		
6	O-103-82		34	58			실시			
7	H-101-31		68	86			실시			
8	O-103-83		32	98			실시			
9	H-101-22		107	132						
10	H-101-30		145	167			실시	8000		
11	F-102-45		23	179			실시			
12	F-102-46		82	226				3200		
13	F-102-87		125	239				25000		
14	O-202-87		35	38						
15	H-203-87		47	56						
16	H-204-87		58	62			실시			
17	H-205-87		62	68			실시			
18	F-206-87		20	42						
19	O-207-87		10	12				35000		
20	O-208-87		56	58						
21	F-209-87		80	88						
22	F-210-87		48	54			실시			
23	O-211-87		28	35				9000		
24	요금 합계			가정용						
25				공장용						
26				사무용						
27	고객번호 끝자리가 "87"인 고객들의 합									
28	사용금액이 1,000 이상 15,000 미만인 합									
29	자동이체 실시 고객 수									

02. 수식 작성하기

❶ **구분(B4)** : =IF(LEFT(A4,1)="H","가정용",IF(LEFT(A4,1)="F","공장용","사무용"))

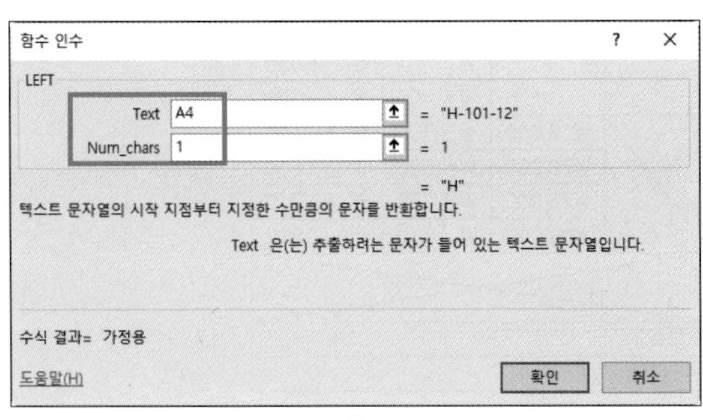

↓

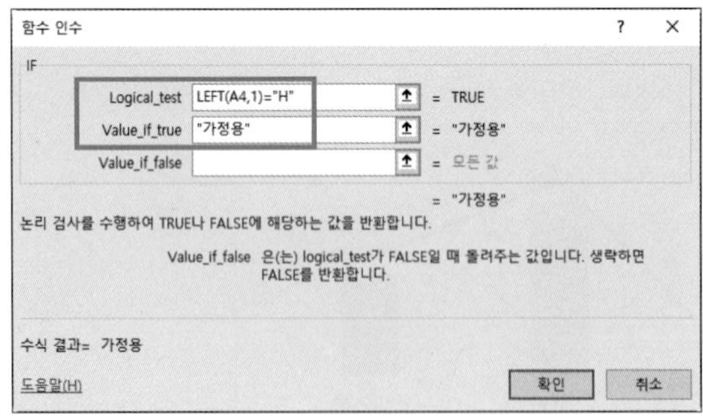

↓

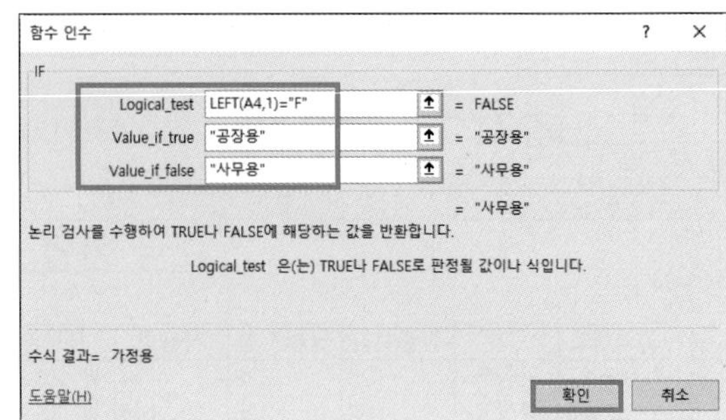

❷ **사용량(E4)** : =D4-C4

❸ **사용금액(F4)**

=E4*IF(B4="가정용",550,IF(B4="공장용",250,350))

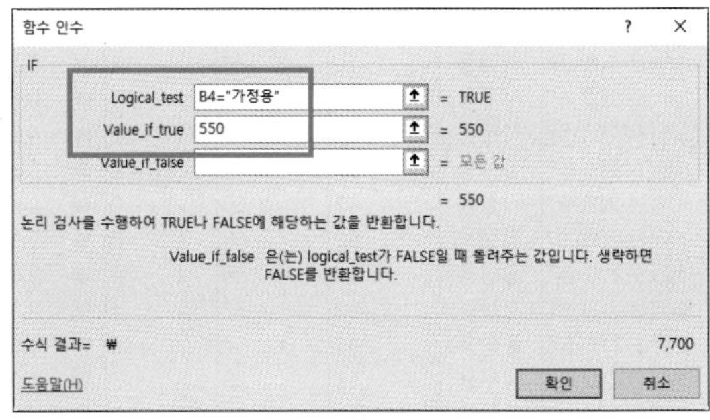

↓

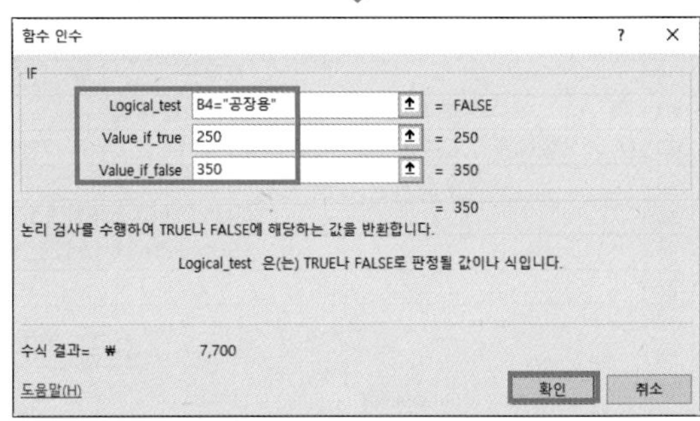

❹ **할인금액(I4)** : =IF(G4="실시",F4*12%,0)

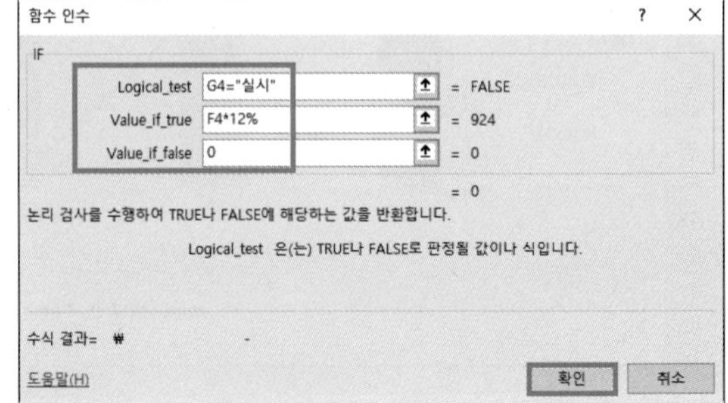

⑤ **납부금액(J4) :** =F4+H4+IF(H4〉0,H4*10%,0%)−I4

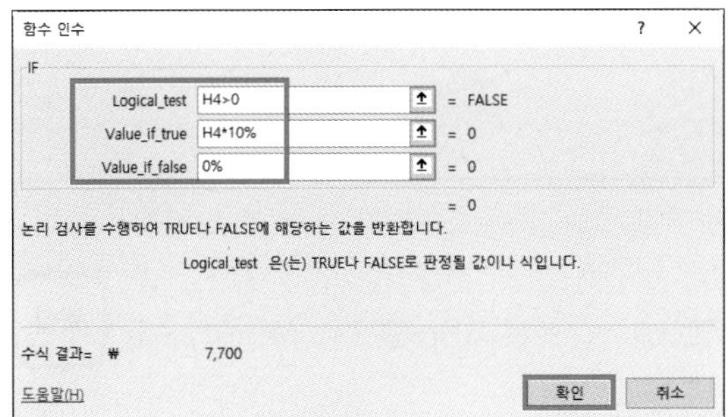

⑥ **가정용의 요금합계(F24)**

=SUMIF($B$4:$B$23,$D$24, F4:F23)

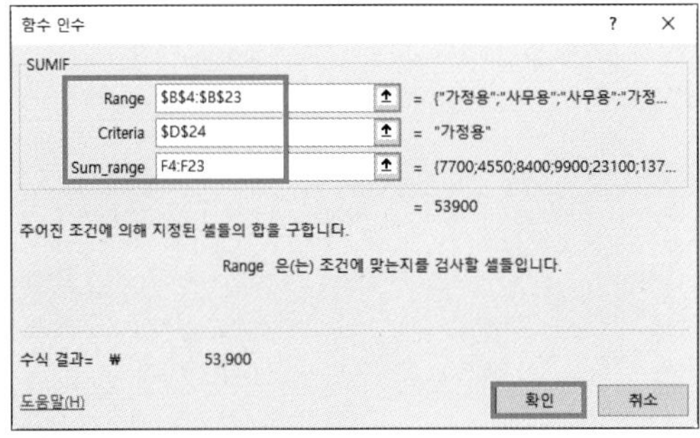

⑦ **공장용의 요금합계(F25)**

=SUMIF($B$4:$B$23,$D$25,F4:F23)

⑧ **사무용의 요금합계(F26)**

=SUMIF($B$4:$B$23,$D$26,F4:F23)

⑨ **고객번호 끝자리가 "87"인 고객들의 합(H27)**

=SUMIF($A$4:$A$23,"*87",H4:H23)

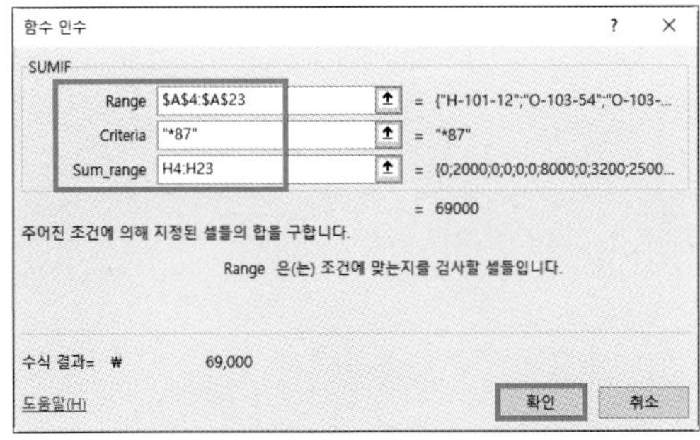

⑩ **사용금액이 1,000 이상 15,000 미만인 합(F28)**

=SUMIFS(F4:F23,F4:F23,"〉=1000",F4:F23,"〈15000")

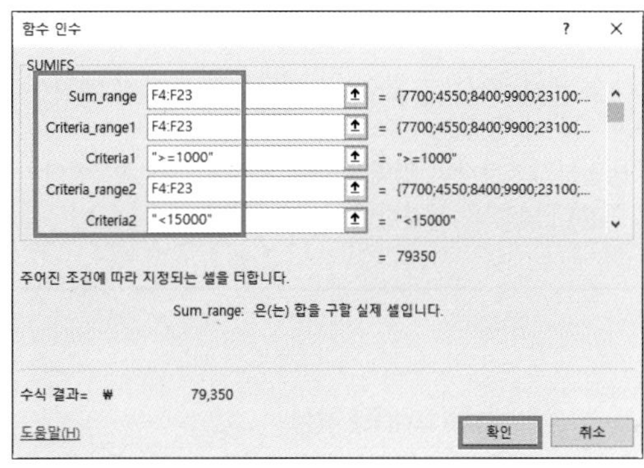

⑪ **자동이체 실시 고객 수(F29) :** =COUNTIF(G4:G23,"실시")

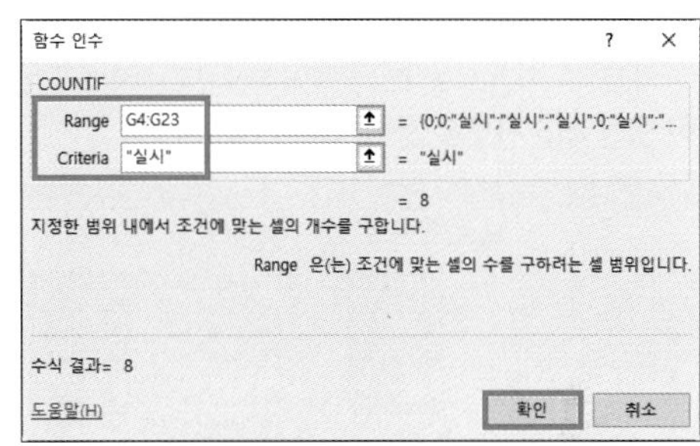

03. 데이터 정렬하기

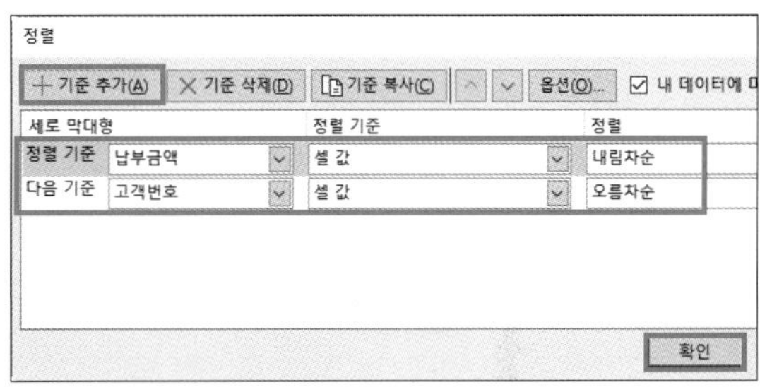

04. 함수식 입력하기

⑫ **⑥의 함수식(A30)**

'=SUMIF($B$4:$B$23,$D$24,H4:H23)

⑬ **⑨의 함수식(A31)**

'=SUMIF($A$4:$A$23,"*87",H4:H23)

05. 서식 지정하기

1. 제목 서식 지정하기 : 글꼴 크기 20, '밑줄(가)', '병합하고 가운데 맞춤'을 지정한다.
2. 금액에 대해 화폐 단위(₩)와 ,(Comma) 표시하기 : 사용금액, 미납액, 할인금액, 납부금액의 표시 형식을 '회계 표시 형식([아이콘])'으로 지정한다.

3. 문자 셀 수평 중앙으로 맞추기 : 텍스트가 입력된 셀의 맞춤을 '가운데 맞춤(☰)'으로 지정한다.
4. 셀 병합하기 : 각각의 영역을 블록으로 지정한 후 '병합하고 가운데 맞춤'을 지정한다.
5. 테두리 지정하기 : 테두리와 대각선을 지정한다.

문제 2 차트(그래프) 작성

해설

01. 차트 작성하기

1. [A3:A8], [F3:F8], [J3:J8] 영역을 블록으로 지정한 후 [삽입] → 차트 → 꺾은선형 또는 영역형 차트 삽입(📈) → **표식이 있는 꺾은선형**을 선택한다.

요금 현황 분석

	A	B	C	D	E	F	G	H	I	J
3	고객번호	구분	전월지침	당월지침	사용량	사용금액	자동이체	미납액	할인금액	납부금액
4	F-102-87	공장용	125	239	114	₩ 28,500		₩ 25,000	₩ -	₩ 56,000
5	F-102-46	공장용	82	226	144	₩ 36,000		₩ 3,200	₩ -	₩ 39,520
6	O-207-87	사무용	10	12	2	₩ 700		₩ 35,000	₩ -	₩ 39,200
7	F-102-45	공장용	23	179	156	₩ 39,000	실시		₩ 4,680	₩ 34,320
8	O-103-83	사무용	32	98	66	₩ 23,100	실시		₩ 2,772	₩ 20,328
9	H-101-30	가정용	145	167	22	₩ 12,100	실시	₩ 8,000	₩ 1,452	₩ 19,448
10	H-101-22	가정용	107	132	25	₩ 13,750			₩ -	₩ 13,750
11	O-211-87	사무용	28	35	7	₩ 2,450		₩ 9,000	₩ -	₩ 12,350
12	H-101-31	가정용	68	86	18	₩ 9,900	실시		₩ 1,188	₩ 8,712
13	H-101-12	가정용	10	24	14	₩ 7,700			₩ -	₩ 7,700
14	O-103-82	사무용	34	58	24	₩ 8,400	실시		₩ 1,008	₩ 7,392
15	O-103-54	사무용	16	29	13	₩ 4,550		₩ 2,000	₩ -	₩ 6,750
16	F-206-87	공장용	20	42	22	₩ 5,500			₩ -	₩ 5,500
17	H-203-87	가정용	47	56	9	₩ 4,950			₩ -	₩ 4,950
18	H-205-87	가정용	62	68	6	₩ 3,300	실시		₩ 396	₩ 2,904
19	F-209-87	공장용	80	88	8	₩ 2,000			₩ -	₩ 2,000
20	H-204-87	가정용	58	62	4	₩ 2,200	실시		₩ 264	₩ 1,936
21	F-210-87	공장용	48	54	6	₩ 1,500	실시		₩ 180	₩ 1,320
22	O-202-87	사무용	35	38	3	₩ 1,050			₩ -	₩ 1,050
23	O-208-87	사무용	56	58	2	₩ 700			₩ -	₩ 700
24	요금 합계			가정용		₩ 53,900		₩ 8,000	₩ 3,300	₩ 59,400
25				공장용		₩ 112,500		₩ 28,200	₩ 4,860	₩ 138,660
26				사무용		₩ 40,950		₩ 46,000	₩ 3,780	₩ 87,770
27	고객번호 끝자리가 "87"인 고객들의 합							₩ 69,000	₩ 840	₩ 127,910
28	사용금액이 1,000 이상 15,000 미만인 합					₩ 79,350				
29	자동이체 실시 고객 수					8				
30	=SUMIF($B$4:$B$23,$D$24,H4:H23)									
31	=SUMIF($A$4:$A$23,"*87",H4:H23)									

2. '납부금액' 계열의 차트 종류를 '묶은 세로 막대형' 차트로 변경한다.
3. '납부금액' 계열에 데이터 레이블을 추가한다.
4. 차트 제목을 **요금 현황**으로 입력한 후 서식을 지정한다.
5. X축 제목을 **고객번호**, Y축 제목을 **금액**으로 지정한다.
6. 차트 위치 및 크기를 조절한다.

02. 페이지 설정하기

'페이지 설정' 대화상자에서 위쪽 여백을 6으로 지정하고, '페이지 가운데 맞춤'에서 '가로'와 '세로'를 선택한다.

10회 Access – 자료처리(DBMS) 작업

정답 및 해설

문제 1 테이블 및 쿼리 작성

해설

01. 첫 번째 테이블 작성하기

정답

테이블1

직원번호	구분코드	교육월수	연수비
1010	C	11	₩200,000
1340	A	7	₩60,000
3674	A	7	₩60,000
4233	C	9	₩100,000
3452	S	5	₩130,000
5664	S	3	₩200,000
7355	A	4	₩70,000
7626	S	12	₩190,000
3847	S	9	₩200,000
9907	C	10	₩110,000
1102	S	5	₩180,000
3212	A	3	₩60,000
2433	C	12	₩220,000
3012	C	5	₩80,000
4310	A	10	₩150,000

❶ 필드 생성 및 속성 지정하기

테이블1

필드 이름	데이터 형식	설명(옵션)
직원번호	숫자	
구분코드	짧은 텍스트	
교육월수	숫자	
연수비	통화	

❷ 기본키 해제하기

'직원번호' 필드 행을 클릭한 후 바로 가기 메뉴에서 [기본키]를 선택하여 기본키를 해제한다.

02. 두 번째 테이블 작성하기

정답

테이블2

구분코드	종류
A	파견직
C	경력직
S	전산직

레코드: 1/3

❶ 필드 생성 및 속성 지정하기

테이블2

필드 이름	데이터 형식	설명(옵션)
구분코드	짧은 텍스트	
종류	짧은 텍스트	

03. 쿼리 작성하기

정답

쿼리1

직원번호	구분코드	교육월수	연수비	종류	총교육비	교육비할인액	최종납부액
4310	A	10	₩150,000	파견직	₩1,500,000	₩200,000	₩1,150,000
3212	A	3	₩60,000	파견직	₩450,000	₩50,000	₩340,000
7355	A	4	₩70,000	파견직	₩600,000	₩50,000	₩480,000
3674	A	7	₩60,000	파견직	₩1,050,000	₩200,000	₩790,000
1340	A	7	₩60,000	파견직	₩1,050,000	₩200,000	₩790,000
3012	C	5	₩80,000	경력직	₩1,000,000	₩50,000	₩870,000
2433	C	12	₩220,000	경력직	₩2,400,000	₩300,000	₩1,880,000
9907	C	10	₩110,000	경력직	₩2,000,000	₩200,000	₩1,690,000
4233	C	9	₩100,000	경력직	₩1,800,000	₩200,000	₩1,500,000
1010	C	11	₩200,000	경력직	₩2,200,000	₩200,000	₩1,800,000
1102	S	5	₩180,000	전산직	₩1,500,000	₩50,000	₩1,270,000
3847	S	9	₩200,000	전산직	₩2,700,000	₩200,000	₩2,300,000
7626	S	12	₩190,000	전산직	₩3,600,000	₩300,000	₩3,110,000
5664	S	3	₩200,000	전산직	₩900,000	₩50,000	₩650,000
3452	S	5	₩130,000	전산직	₩1,500,000	₩50,000	₩1,320,000

보고서에서 사용할 필드 현황

필드명	원본 데이터	비고
직원번호	테이블1	테이블에서 제공
구분코드		
교육월수		
연수비		
종류	테이블2	
총교육비	기본교육비 × 교육월수(기본교육비는 직원종류가 파견직은 150,000원, 경력직은 200,000원 , 전산직은 300,000원)	추가되는 계산 필드
교육비할인액	교육월수가 12개월 이상이면 300,000원 할인, 6개월 이상 12개월 미만이면 200,000원 할인, 6개월 미만이면 50,000원 할인	
최종납부액	총교육비 – 교육비할인액 – 연수비	

❶ 테이블 및 필드 선택하기

1. 쿼리 작성기에서 '테이블1'과 '테이블2' 테이블을 추가한 후 '테이블1' 테이블의 '구분코드' 필드를 '테이블2' 테이블의 '구분코드' 필드로 드래그한다.
2. 쿼리 작성기에서 '테이블1'의 모든 필드와 '테이블2'의 '종류' 필드를 추가한다.

❷ 계산 필드 추가하기

1. '총교육비' 필드 추가하기 : '종류' 필드의 오른쪽 필드에 **총교육비: IIf([종류]="파견직",150000,IIf([종류]="경력직",200000,300000))*[교육월수]**를 입력한다.

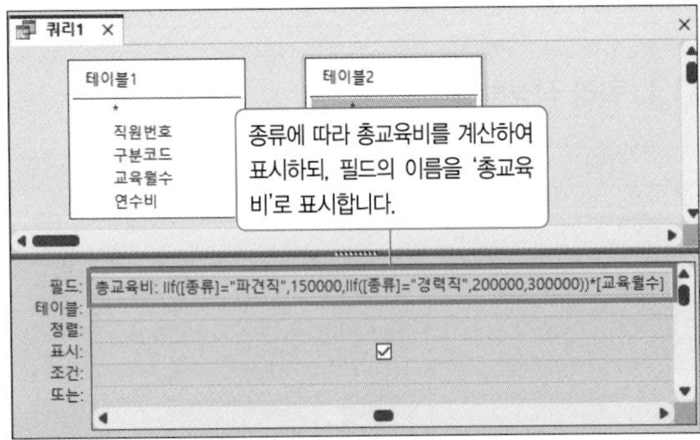

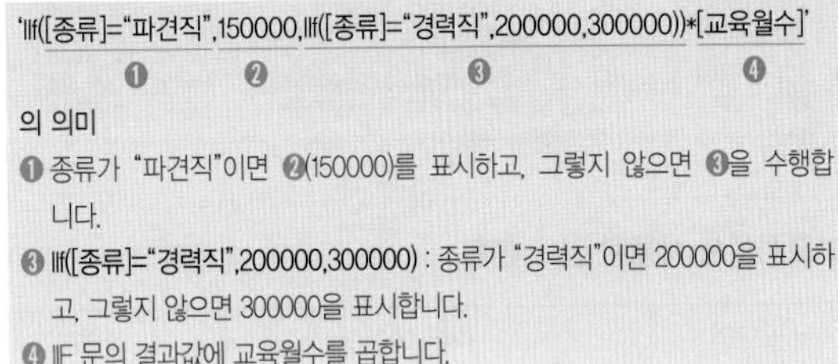

'IIf([종류]="파견직",150000,IIf([종류]="경력직",200000,300000))*[교육월수]'
❶ ❷ ❸ ❹
의 의미

❶ 종류가 "파견직"이면 ❷(150000)를 표시하고, 그렇지 않으면 ❸을 수행합니다.
❸ IIf([종류]="경력직",200000,300000) : 종류가 "경력직"이면 200000을 표시하고, 그렇지 않으면 300000을 표시합니다.
❹ IIF 문의 결과값에 교육월수를 곱합니다.

2. '교육비할인액' 필드 추가하기 : '총교육비' 필드의 오른쪽 필드에 **교육비할인액: IIf([교육월수]>=12,300000,IIf([교육월수]>=6,200000,50000))**을 입력한다.

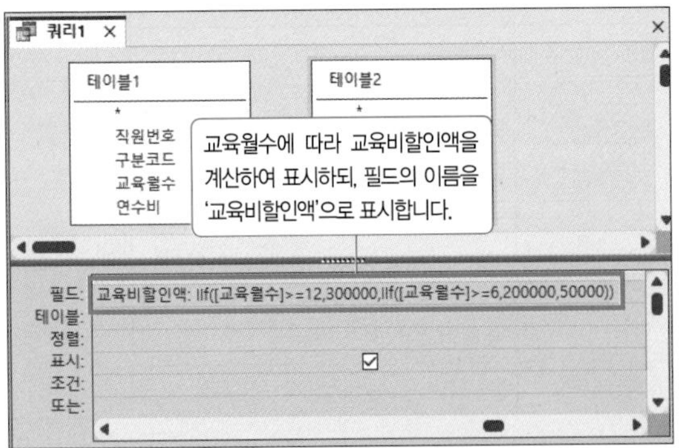

'IIf([교육월수]>=12,300000,IIf([교육월수]>=6,200000,50000))'의 의미
❶ ❷ ❸

❶ 교육월수가 12 이상이면 ❷(300000)를 표시하고, 그렇지 않으면 ❸을 수행합니다.
❸ IIf([교육월수]>=6,200000,50000) : 교육월수가 6 이상이면 200000을 표시하고, 그렇지 않으면 50000을 표시합니다.

3. '최종납부액' 필드 추가하기 : '교육비할인액' 필드의 오른쪽 필드에 **최종납부액: [총교육비]-[교육비할인액]-[연수비]**를 입력한다.

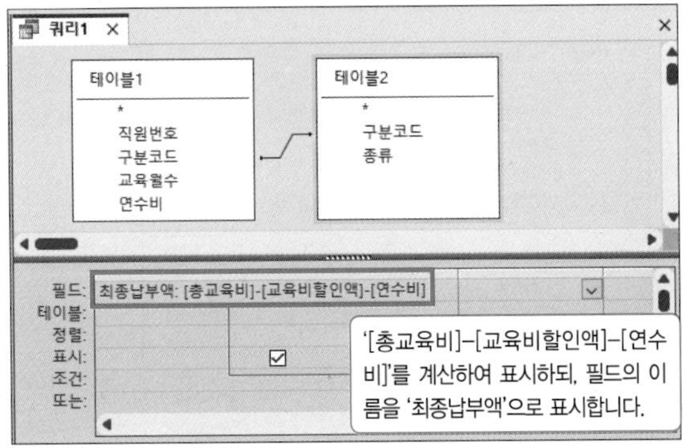

❸ 표시 형식 지정하기

1. '총교육비' 필드의 바로 가기 메뉴에서 **[속성]**을 선택한다.
2. '필드 속성' 시트 창의 '일반' 탭에서 형식 속성을 '통화'로 지정한다.
3. 같은 방법으로 '교육비할인액' 필드의 형식 속성을 '통화'로 지정한다.

문제 2 조회화면(SCREEN) 설계

해설

정답

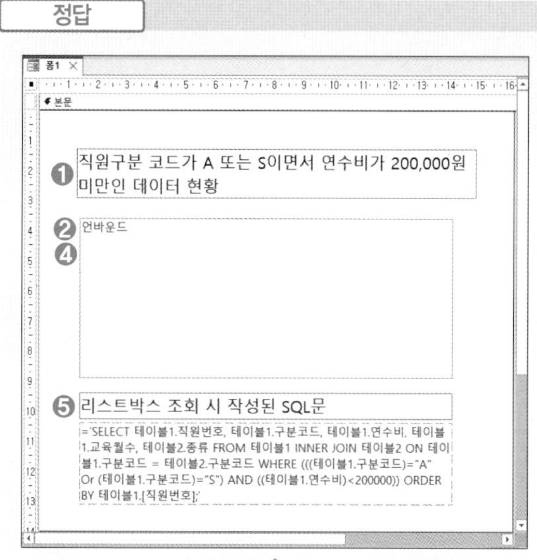

↓

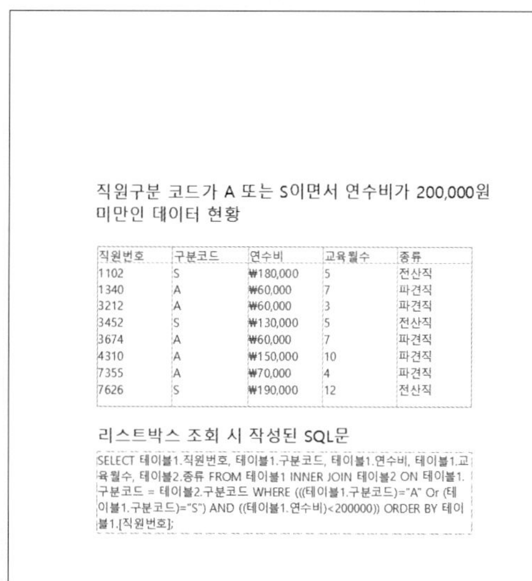

직원구분 코드가 A 또는 S이면서 연수비가 200,000원 미만인 데이터 현황

직원번호	구분코드	연수비	교육월수	종류
1102	S	₩180,000	5	전산직
1340	A	₩60,000	7	파견직
3212	A	₩60,000	3	파견직
3452	S	₩130,000	5	전산직
3674	A	₩60,000	7	파견직
4310	A	₩150,000	10	파견직
7355	A	₩70,000	4	파견직
7626	S	₩190,000	12	전산직

리스트박스 조회 시 작성된 SQL문

SELECT 테이블1.직원번호, 테이블1.구분코드, 테이블1.연수비, 테이블1.교육월수, 테이블2.종류 FROM 테이블1 INNER JOIN 테이블2 ON 테이블1.구분코드 = 테이블2.구분코드 WHERE (((테이블1.구분코드)="A" Or (테이블1.구분코드)="S") AND ((테이블1.연수비)<200000)) ORDER BY 테이블1.[직원번호];

01. 폼 작성하기

❶ 제목 추가하기

[양식 디자인] → 컨트롤 → **레이블(가가)**을 이용하여 그림과 같이 제목을 삽입한다.

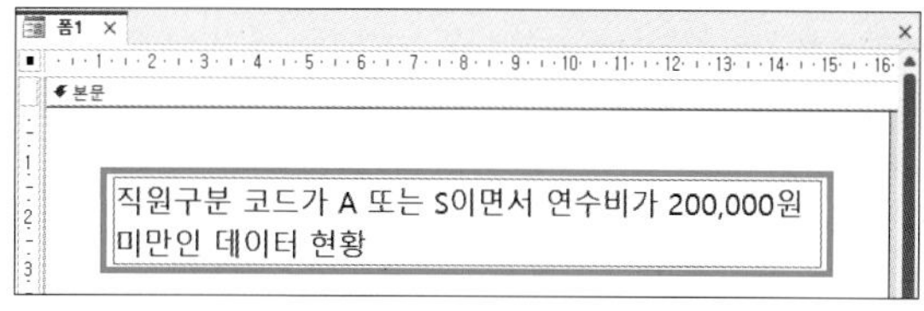

❷ 목록 상자 작성하기

1. [양식 디자인] → 컨트롤 → **목록 상자( )**를 이용하여 목록 상자를 추가한다.
2. '목록 상자 마법사' 1단계 대화상자에서 〈다음〉을 클릭한다.
3. '목록 상자 마법사' 2단계 대화상자에서 〈다음〉을 클릭한다.
4. '목록 상자 마법사' 3단계 대화상자를 그림과 같이 지정하고 〈다음〉을 클릭한다.

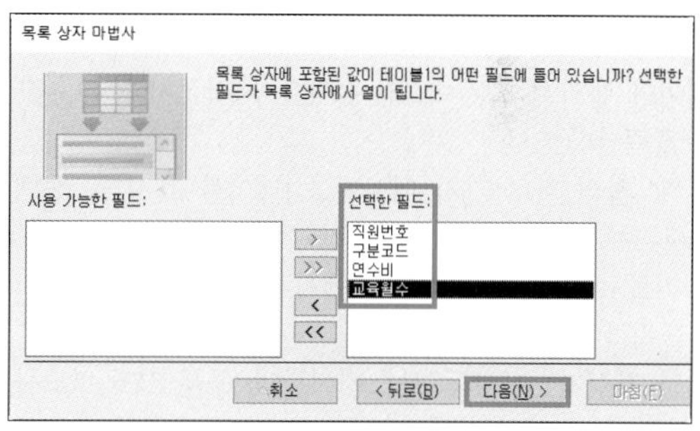

5. '목록 상자 마법사' 4단계 대화상자에서 그림과 같이 지정한 후 〈다음〉을 클릭한다.

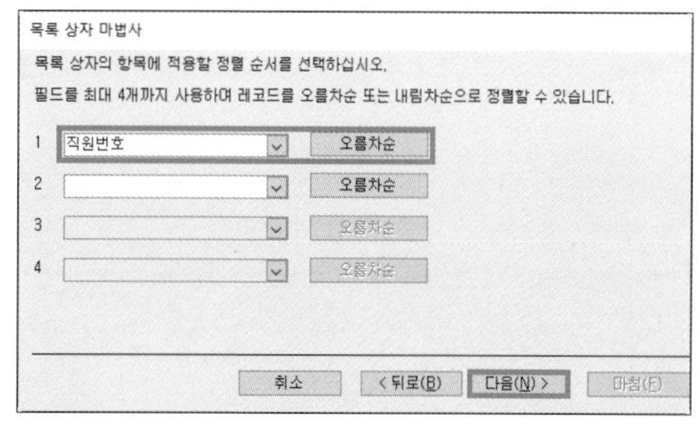

6. '목록 상자 마법사' 5단계 대화상자에서 〈다음〉을 클릭한다.
7. '목록 상자 마법사' 6단계 대화상자에서 〈다음〉을 클릭한다.
8. '목록 상자 마법사' 7단계 대화상자에서 〈마침〉을 클릭한다.

9. 작성된 목록 상자의 가로 너비를 조절하고 폼의 중앙에 위치하도록 이동시킨다.

❸ 목록 상자의 레이블 삭제하기

목록 상자와 함께 생성된 레이블을 선택한 후 Delete를 눌러 삭제한다.

❹ 목록 상자 열 이름 표시 및 데이터 조건 지정하기

1. 목록 상자를 더블클릭한 후 속성 시트 창의 '형식' 탭에서 열 개수, 열 너비, 열 이름 속성을 그림과 같이 지정한다.

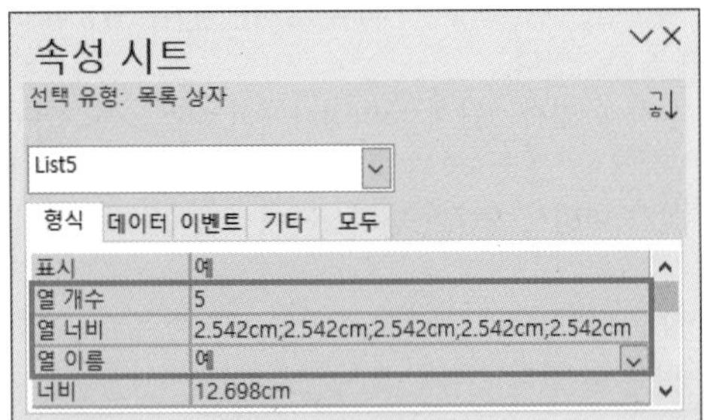

2. '데이터' 탭의 행 원본 속성을 선택한 후 '작성기 단추(...)'를 클릭한다.
3. '관계' 창의 바로 가기 메뉴에서 **[테이블 표시]**를 선택한다.
4. '테이블 추가' 창의 '테이블' 탭에서 '테이블2' 테이블을 더블클릭하여 추가한 후 '닫기(X)' 단추를 클릭한다.
5. 쿼리 작성기에서 '테이블1' 테이블의 '구분코드' 필드를 '테이블2' 테이블의 '구분코드' 필드로 드래그한다.
6. 쿼리 작성기에서 그림과 같이 '테이블2' 테이블의 '종류' 필드를 추가하고 조건을 지정한다.

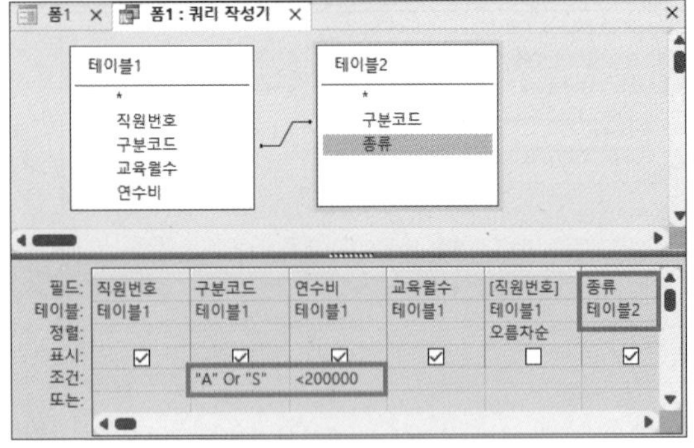

❺ 텍스트 상자에 SQL문 복사하여 넣기

1. [양식 디자인] → 컨트롤 → **텍스트 상자**(　)를 이용하여 그림과 같이 텍스트 상자를 삽입한다.

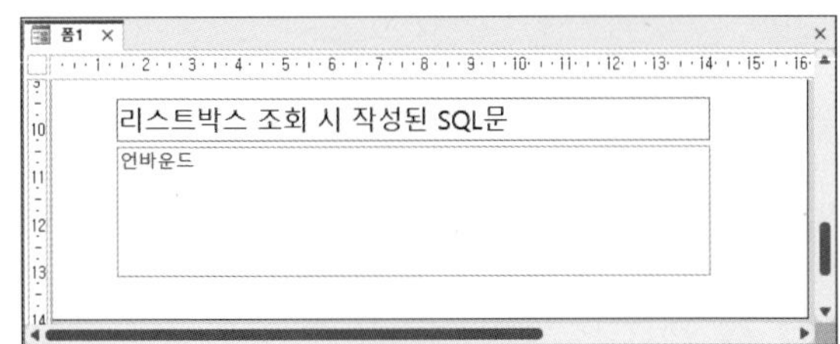

2. 목록 상자를 더블클릭한 후 속성 시트 창의 '데이터' 탭에서 행 원본 속성의 모든 내용을 복사하여 그림과 같이 텍스트 상자에 붙여넣는다.

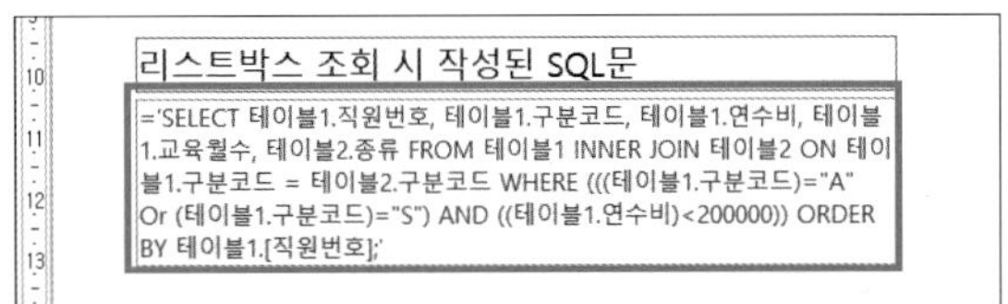

3. 텍스트 상자의 테두리 스타일을 '파선'으로 지정한다.

02. 폼 여백 설정하기

폼의 위쪽 여백을 60으로 지정한다.

정답

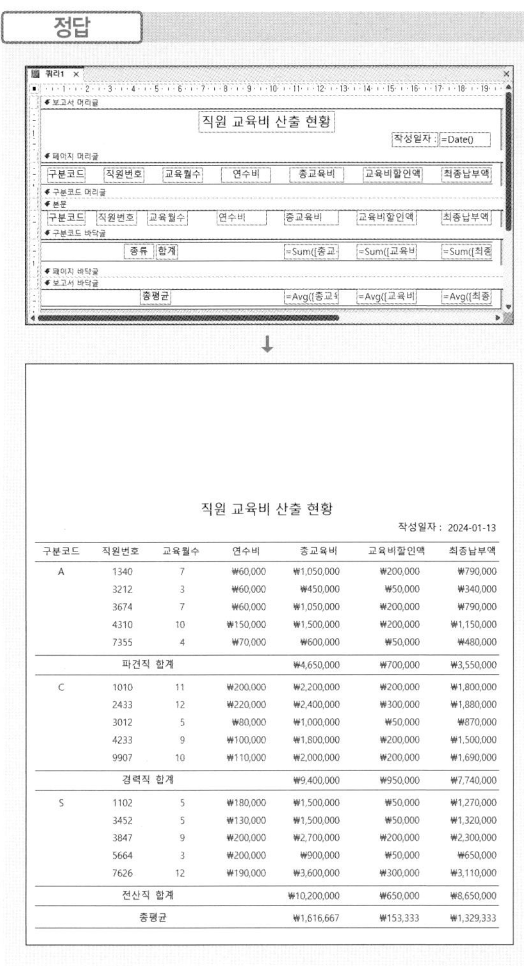

직원 교육비 산출 현황

작성일자 : 2024-01-13

구분코드	직원번호	교육월수	연수비	총교육비	교육비할인액	최종납부액
A	1340	7	₩60,000	₩1,050,000	₩200,000	₩790,000
	3212	3	₩60,000	₩450,000	₩50,000	₩340,000
	3674	7	₩60,000	₩1,050,000	₩200,000	₩790,000
	4310	10	₩150,000	₩1,500,000	₩200,000	₩1,150,000
	7355	4	₩70,000	₩600,000	₩50,000	₩480,000
	파견직 합계			₩4,650,000	₩700,000	₩3,550,000
C	1010	11	₩200,000	₩2,200,000	₩200,000	₩1,800,000
	2433	12	₩220,000	₩2,400,000	₩300,000	₩1,880,000
	3012	5	₩80,000	₩1,000,000	₩50,000	₩870,000
	4233	9	₩100,000	₩1,800,000	₩200,000	₩1,500,000
	9907	10	₩110,000	₩2,000,000	₩200,000	₩1,690,000
	경력직 합계			₩9,400,000	₩950,000	₩7,740,000
S	1102	5	₩180,000	₩1,500,000	₩50,000	₩1,270,000
	3452	5	₩130,000	₩1,500,000	₩50,000	₩1,320,000
	3847	9	₩200,000	₩2,700,000	₩200,000	₩2,300,000
	5664	3	₩200,000	₩900,000	₩50,000	₩650,000
	7626	12	₩190,000	₩3,600,000	₩300,000	₩3,110,000
	전산직 합계			₩10,200,000	₩650,000	₩8,650,000
	총평균			₩1,616,667	₩153,333	₩1,329,333

01. 보고서 만들기

1. '보고서 마법사' 1단계 대화상자에서 그림과 같이 지정한 후 〈다음〉을 클릭한다.

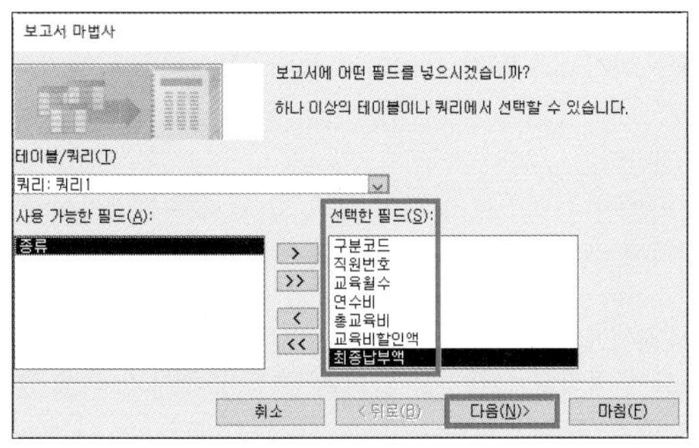

2. '보고서 마법사' 2단계 대화상자에서 '구분코드'를 더블클릭한 후 〈다음〉을 클릭한다.

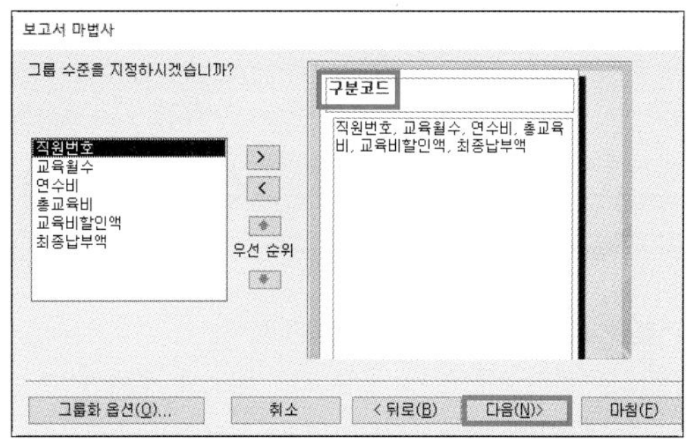

3. '보고서 마법사' 3단계 대화상자에서 〈요약 옵션〉을 클릭한 후 그림과 같이 지정하고 〈확인〉을 클릭한다.

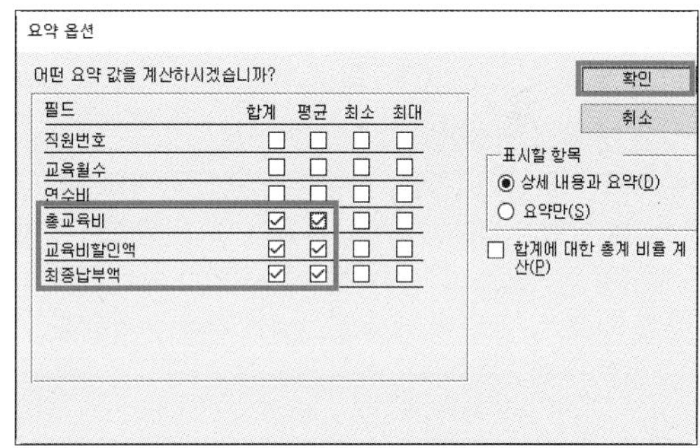

4. '보고서 마법사' 3단계 대화상자에서 〈다음〉을 클릭한다.
5. '보고서 마법사' 4단계 대화상자에서 '단계'가 선택된 것을 확인한 후 〈다음〉을 클릭한다.
6. '보고서 마법사' 5단계 대화상자에서 '보고서 디자인 수정'을 선택한 후 〈마침〉을 클릭한다.

02. 보고서 편집하기

❶ 불필요한 컨트롤 삭제하기

구분코드 바닥글의 '="에 대한 요약"~' 텍스트 상자(❶), 페이지 바닥글의 날짜 텍스트 상자(❷), 페이지 텍스트 상자(❸), 보고서 바닥글의 모든 컨트롤(❹)을 Delete를 눌러 삭제한다.

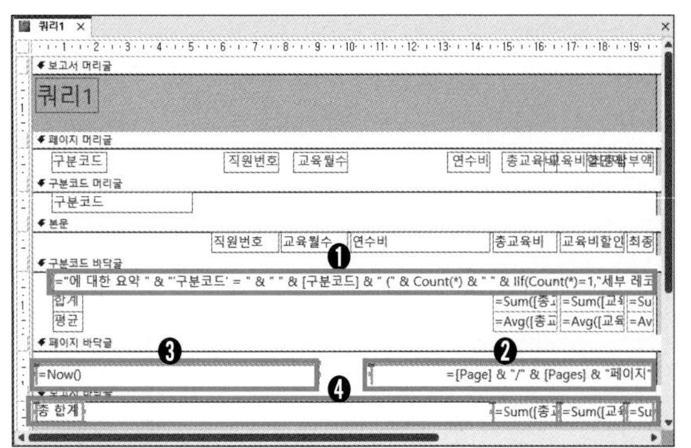

❷ 컨트롤 이동, 크기, 내용 변경하기

1. 구분코드 머리글에 있는 '구분코드' 텍스트 상자를 본문으로 드래그하여 이동시킨다.
2. 본문으로 이동한 '구분코드' 텍스트 상자를 Ctrl+C를 눌러 복사한 후 구분코드 바닥글 선택기를 클릭한 후 Ctrl+V를 눌러 붙여넣기 한다.
3. 구분코드 바닥글에 있는 '구분코드' 텍스트 상자를 더블클릭한 후 속성 시트 창의 '데이터' 탭에서 컨트롤 원본 속성을 '종류'로 지정한다.
4. 구분코드 바닥글의 '평균' 레이블과 '총교육비의 평균', '교육비할인액의 평균', '최종납부액의 평균' 텍스트 상자를 보고서 바닥글로 드래그하여 이동시킨다.
5. 컨트롤의 크기, 위치 및 내용을 그림과 같이 변경한다.

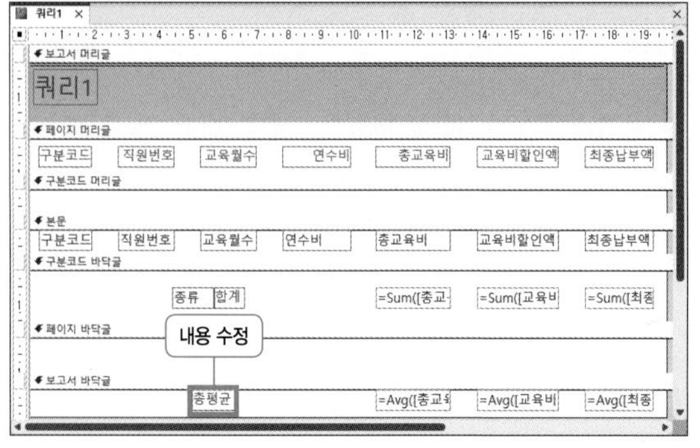

❸ 정렬 지정하기

'그룹, 정렬 및 요약' 창에서 〈정렬 추가〉를 클릭한 후 그림과 같이 지정한다.

❹ 제목 입력 및 서식 지정하기

1. 보고서 머리글의 레이블을 선택한 후 글꼴 크기 16, '가운데 맞춤(☰)'을 지정한다.
2. 제목 레이블의 가로 크기를 보고서 가로 크기만큼 늘린 후 내용을 **직원 교육비 산출 현황**으로 수정한다.

❺ 작성일자 컨트롤 생성하기

1. [보고서 디자인] → 컨트롤 → **텍스트 상자**( )를 클릭한 후 보고서 머리글의 오른쪽 하단에 드래그한다.
2. 레이블에 **작성일자 :**을, 텍스트 상자에 **=Date( )**를 입력한다.

❻ 선 컨트롤 추가하기

[보고서 디자인] → 컨트롤 → **선**( )을 이용하여 그림과 같이 선을 삽입한다.

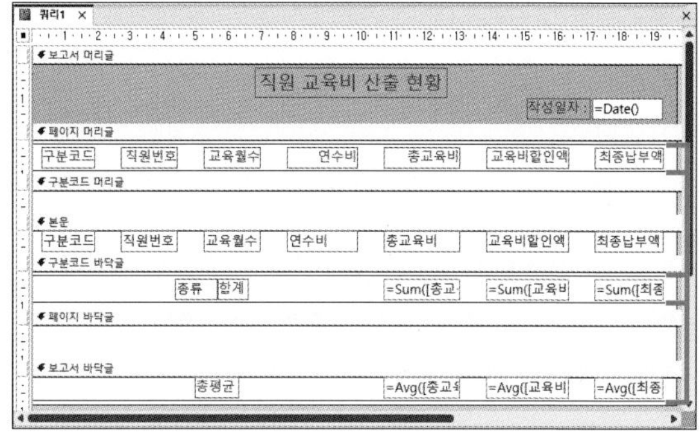

❼ '구분코드' 컨트롤에 중복 내용 숨기기 속성 지정하기

본문의 '구분코드' 텍스트 상자를 더블클릭한 후 속성 시트 창의 '형식' 탭에서 중복 내용 숨기기 속성을 '예'로 지정한다.

❽ 금액 컨트롤에 속성 지정하기

구분코드 바닥글의 '최종납부액의 합계'와 보고서 바닥글의 '최종납부액의 총평균' 텍스트 상자를 선택한 후 속성 시트 창의 '형식' 탭에서 형식 속성을 '통화'로, 소수 자릿수 속성을 0으로 지정한다.

❾ 컨트롤의 데이터 정렬 및 글꼴 색 변경하기

1. 모든 레이블과 문자 데이터가 들어 있는 텍스트 상자의 텍스트를 '가운데 맞춤(☰)', 글꼴 색을 '검정, 텍스트1'로 지정한다.
2. 레이블이나 텍스트 상자의 크기 및 위치를 조절하여 문제지에 주어진 그림과 같이 열의 간격과 정렬을 맞춘다.

❿ 배경색 및 교차 행 색 변경하기

1. 보고서 머리글 선택기를 클릭한 후 도형 채우기 색을 '흰색, 배경1'로 지정한다.

2. 본문과 구분코드 바닥글의 교차 행 색을 '색 없음'으로 지정한다.

⑪ 컨트롤에 테두리 서식 변경하기
작성일자 텍스트 상자, 구분코드 바닥글과 보고서 바닥글의 모든 텍스트 상자의 도형 윤곽선을 '투명'으로 지정한다.

⑫ 사용되지 않는 영역 제거 및 보고서 확인하기
본문과 보고서 바닥글의 선택기를 위쪽으로 드래그하여 빈 공간만 확보된 구분코드 머리글과 페이지 바닥글 영역을 제거한다.

03. 보고서 여백 설정하기
보고서의 위쪽 여백을 60으로 지정한다.

10회 PowerPoint – 시상 작업(PT) 정답 및 해설

문제 1 제 1슬라이드 해설

01. 제 1슬라이드 작성하기

정답

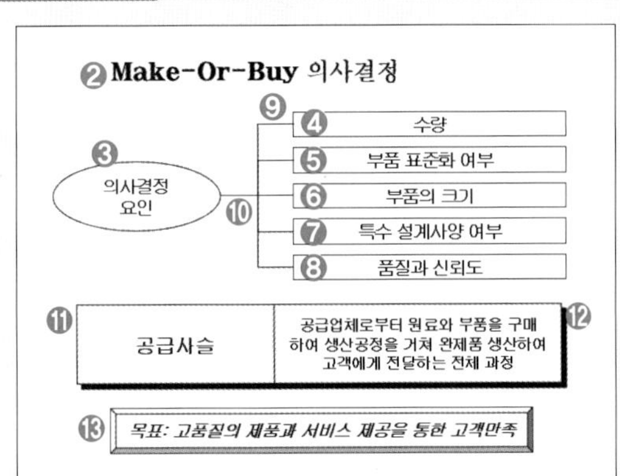

① 슬라이드 레이아웃
[레이아웃] → **제목만**

② 제목 작성하기
'제목을 입력하시오' 부분을 클릭하고 제목 입력 후 크기 및 위치 조절

③ 타원 삽입하기
[삽입] → 일러스트레이션 → 도형 → 기본 도형 → **타원(◯)**

④ 직사각형1 삽입하기
[삽입] → 일러스트레이션 → 도형 → 사각형 → **직사각형(▭)**

⑤ ~ ⑧ ④번 도형을 복사한 후 내용 수정하기

⑨ '연결선: 꺾임' 삽입하기
[삽입] → 일러스트레이션 → 도형 → 선 → **연결선: 꺾임(⅂)**

⑩ 선 삽입하기
[삽입] → 일러스트레이션 → 도형 → 선 → **선(＼)**

⑪ 직사각형2 삽입하기
- [삽입] → 일러스트레이션 → 도형 → 사각형 → **직사각형(▭)**
- **그림자 지정** : '오프셋: 오른쪽 아래', 투명도 0%, 흐리게 0pt, 간격 8pt

⑫ ⑪번 도형을 복사한 후 내용 수정 및 크기 조절하기

⑬ '사각형: 빗면' 삽입하기
[삽입] → 일러스트레이션 → 도형 → 기본 도형 → **사각형: 빗면(▣)**

02. 제 2슬라이드 작성하기

정답

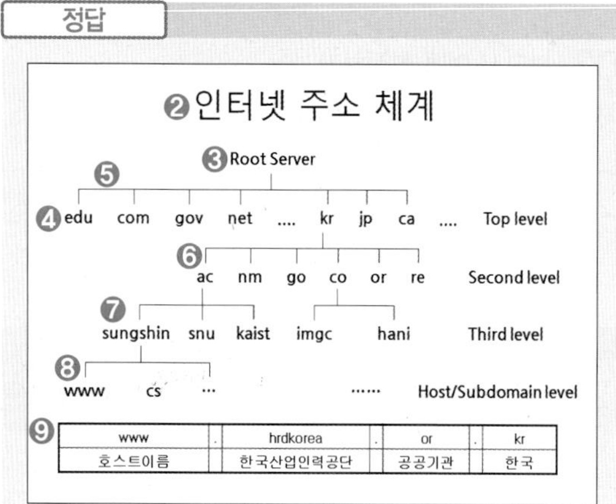

❶ 슬라이드 레이아웃
[레이아웃] → **제목만**

❷ 제목 작성하기
'제목을 입력하시오' 부분을 클릭한 후 제목 입력

❸ 텍스트 상자1 삽입하기
[삽입] → 텍스트 → **가로 텍스트 상자 그리기(가)**

❹ 텍스트 상자2 삽입하기
- [삽입] → 텍스트 → **가로 텍스트 상자 그리기(가)**
- 텍스트 상자를 오른쪽으로 9번 복사한 후 내용 수정 및 크기 조절
- **텍스트 상자 정렬** : 한 줄에 작성된 모든 텍스트 상자를 선택한 후 [도형 서식] → 정렬 → 맞춤 → **가로 간격을 동일하게** 선택

❺ 선 및 '연결선: 꺾임' 삽입하기
- [삽입] → 일러스트레이션 → 도형 → 선 → **연결선: 꺾임**(ᒣ)을 이용하여 텍스트 상자와 텍스트 상자 연결

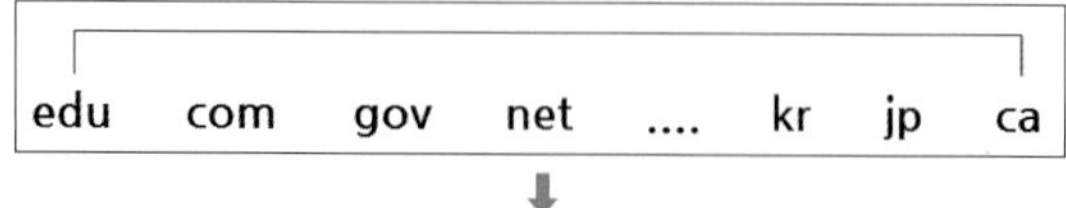

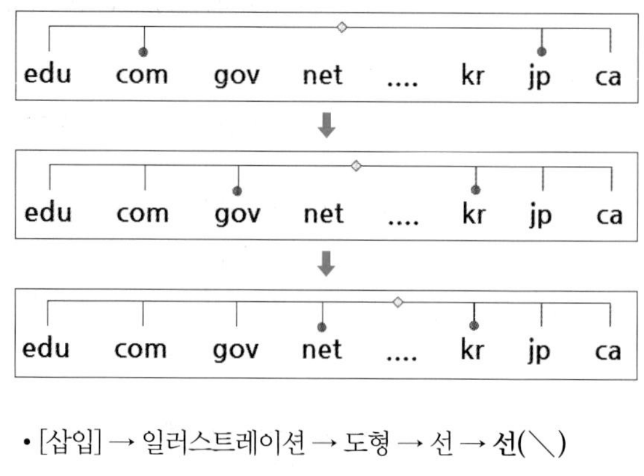

- [삽입] → 일러스트레이션 → 도형 → 선 → **선(＼)**

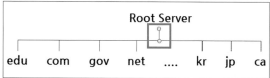

❻ ~ ❽ ❹, ❺번 도형을 복사한 후 내용 수정 및 위치 조절하기

❾ 표 삽입하기
[삽입] → 표 → 표 → 2×7 표

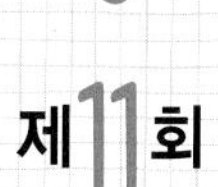

제11회 사무자동화산업기사 실기 공개문제

Excel – 표 계산(SP) 실무 작업

진진백화점에서는 포인트 점수 서비스를 작성하여 분석하고자 한다. 다음 자료(DATA)를 이용하여 작성 조건에 따라 작업표와 그래프를 작성하고, 그 인쇄 출력물을 제출하시오.

문제 1 작업표(WORK SHEET) 작성

1. 자료(DATA)

상반기 포인트 점수 서비스

	A	B	C	D	E
3	고객번호	고객명	분류	기본포인트	구매금액
4	MA101	이승주	우수	500	700,000
5	MC102	박윤정	신규	200	1,200,000
6	MB103	이광주	일반	300	350,000
7	MC104	정영일	신규	200	2,100,000
8	MA105	김승미	우수	500	1,800,000
9	MC106	이소라	신규	200	1,500,000
10	MA107	이우정	우수	500	1,900,000
11	MC108	이선화	신규	200	2,700,000
12	MB109	정희영	일반	300	500,000
13	MB110	정은지	일반	300	210,000
14	MA111	박유미	우수	500	310,000
15	MC112	김민수	신규	200	270,000
16	MA113	조선남	우수	500	90,000
17	MA114	이윤열	우수	300	700,000
18	MA115	김제동	신규	200	950,000
19	MB116	마재윤	일반	500	350,000
20	MA117	송병구	일반	200	2,000,000
21	MA118	홍진호	우수	500	1,700,000
22	MA119	김대희	신규	200	500,000
23	MC120	설경구	우수	300	310,000

※ 자료(DATA) 부분에서 음영 처리 표시된 부분은 행/열의 기준선으로 작성(입력)하지 않음을 반드시 유의하시오.

2. 작업표 형식

진진백화점 사은품 증정 내역

	B	C	D	E	F	G	H	I
3	고객명	분류	기본포인트	구매금액	실적포인트	총포인트	사은품	순위
4 : 23	–	–	–	–	①	②	③	④
24	평균				⑤	⑤		
25	사은품이 "상품권"인 합				⑥	⑥		
26	사은품이 "청소기"인 합				⑦	⑦		
27	"이"씨이면서 고객번호 "MA"로 시작하는 합				⑧	⑧		
28	순위가 10 이상 15미만인 합				⑨	⑨		
29	⑩							
30	⑪							

※ 음영 처리 표시된 부분은 작성하지 않습니다.

3. 작성 조건

가) 작성 시 유의 사항

① 작업표의 작성은 "나)~마)" 항에 제시된 내용을 따르고 반드시 제시된 조건(함수 적용, 기재된 단서 조항 등)에 따라 처리하시오.

② 제시된 작성 조건을 따르지 아니하고 여타의 방법 일체(제시된 함수 이외 다른 함수 적용, 함수 미적용, 별도 전자계산기 사용 등)를 사용하여 도출된 결과는 그 답이 맞더라도 정답으로 인정되지 않음을 반드시 유의하시오.

나) 작업표의 구성 및 서식

① "작업표 형식"에서 행과 열에 관계된 음영 처리 표시된 부분은 작성하지 않음을 유의하고 반드시 제시된 행/열에 맞추도록 하시오.

② 제목서식 : 20 포인트 크기로 하고 속성은 밑줄 처리하시오.

③ 글꼴서체 : 임의선정하시오.

다) 원문자가 표시된 셀은 아래의 방법을 이용하여 처리하시오.

① 실적포인트 : 구매금액이 1,300,000원 이상이면 구매금액 × 5%, 구매금액이 1,300,000원 미만이면 구매금액 × 3%

② 총포인트 : 기본포인트 + 실적포인트

③ 사은품 : 총포인트가 10000 이상은 "청소기", 총포인트가 5000 이상 10000 미만은 "상품권", 총포인트가 1000 이상 5000 미만은 "타월"로 표시하고, 나머지는 공백으로 한다.

④ 순위 : 총포인트가 가장 낮은 경우를 1로 하고 순위를 정한다.

⑤ 평균 : 각 해당 항목별 평균을 산출하시오.

⑥ 사은품이 "상품권"인 각 해당 항목별 합계를 산출하시오. (단, SUMIF 함수를 사용하시오.)

⑦ 사은품이 "청소기"인 각 해당 항목별 합계를 산출하시오. (단, SUMIF 함수를 사용하시오.)

⑧ 성이 "이"씨이면서 고객번호가 "MA"로 시작하는 각 해당 항목별 합계를 산출하시오.

⑨ 순위가 10 이상 15 미만인 각 해당 항목별 합계를 산출하시오. (단, SUMIF 또는 SUMIFS 함수를 사용하시오.)
⑩ "⑨ 항목"에 사용한 함수식을 기재하시오. (단, 총포인트를 기준으로 하시오.)
⑪ "⑥ 항목"에 사용한 함수식을 기재하시오. (단, 총포인트를 기준으로 하시오.)
※ 함수식을 기재하는 ⑩~⑪란은 반드시 해당 항목에 제시된 함수의 작성 조건에 따라 도출된 함수식을 기재하여야 하며, 작성 조건을 위배하여 임의로 작성할 시 해당 답이 맞더라도 틀린 항목으로 채점됨을 유의하시오. 또한 함수식을 작성할 때는 "라) 작업표의 정렬순서 (SORT)"에 따라 조건에 맞게 정렬 후 도출된 결과에 의한 함수식을 기재하시오.

라) 작업표의 정렬순서(SORT)는 분류의 오름차순으로 하고, 분류가 같으면 고객명의 오름차순으로 정렬하시오.

마) 기타
- 금액에 대한 수치는 원화(₩) 표시를 하고 천 단위마다 ',' (Comma)를 표시하시오.
  (단, 금액 이외의 수치는 ','(Comma)를 표시하지 않도록 하시오.)

※ 본 형별에서 포인트 관련 수치(기본포인트, 실적포인트, 총포인트)는 원화 표시 및 콤마 표시를 하지 않습니다.
- 모든 수치(숫자, 통화, 회계, 백분율 등)는 셀 서식의 속성을 설정하는 과정에서 소수 자릿수를 "0"으로 지정하여 정수로 표시토록 하시오.
- 음수는 "–"가 표시되도록 하시오.
- 숫자 셀은 우측을 수직으로 맞추고, 문자 셀은 수평중앙으로 맞추며 이외 사항은 작업표 형식에 따르도록 하시오. 특히, 단서 조항이 있을 경우는 단서 조항을 우선으로 하고, 인쇄출력 시 판독불가능이 발생되지 않도록 인쇄 미리보기 등을 통하여 셀의 크기를 적당히 조정하시오.

문제 2 그래프(GRAPH) 작성

작성한 작업표에서 분류가 신규인 고객명별 실적포인트와 총포인트를 나타내는 그래프를 작성하시오.

1. 작성 조건

가) 그래프 형태
  실적포인트(묶은 세로 막대형), 총포인트(데이터 표식이 있는 꺾은선형) :
  혼합형 단일축 그래프
나) 그래프 제목 : 신규 고객 포인트 현황 ---- (확대출력, 제목밑줄)
다) X축 제목 : 고객명
라) Y축 제목 : 포인트
마) X축 항목 단위 : 해당 문자열
바) Y축 눈금 단위 : 임의
사) 범례 : 실적포인트, 총포인트
아) 출력물 크기 : A4 용지 1/2장 범위내
자) 기타 : 작성 조건에 없는 형식이나 모양 등은 기본 설정값에 따르며, 그래프 너비는 작업표 너비에 맞추도록 하시오.

Access – 자료처리(DBMS) 작업

XX 스포츠센터에서는 센터 사용현황을 전산화하려고 한다. 다음의 입력 자료를 이용하여 DB를 설계하고 작성 조건에 따라 처리파일을 작성하고, 그 인쇄 출력물을 제출하시오.

[요구사항 및 유의사항]

1) 자료처리(DBMS) 작업은 조회화면(SCREEN) 설계와 자료처리 보고서의 2가지 작업을 수행하여 그 결과물을 인쇄용지(A4) 기준 각 1장씩 총 2장을 제출하여야 채점 대상이 됨을 유의하시오.
2) 반드시 인쇄작업 수행 전 미리보기 등을 통해 여백을 조정하고, 수치, 문자 등 구성요소가 누락되지 않도록 주의하시오. 구성요소가 누락되어 인쇄되지 않은 결과로 인한 모든 책임은 전적으로 수험자 본인에게 있음을 반드시 유의하시오.
3) 문제지에 기재된 작성 조건에 따라 처리하고, 조회화면 및 자료처리 보고서의 서식이 작성 조건과 상이할 경우에는 시험위원의 지시에 따라 작업하시오.

문제 1 입력자료(DATA)

스포츠센터 사용현황

회원번호	회원등급코드	운동종류	사용시간
M8	AA	테니스	59
M1	AA	수영	89
M6	BB	스쿼시	79
M2	CC	헬스	55
M3	DD	테니스	70
M5	AA	스쿼시	80
M4	BB	수영	39
M7	CC	헬스	62
M11	DD	스쿼시	57
M9	AA	테니스	71
M10	BB	스쿼시	67
M12	CC	테니스	75
M13	BB	헬스	52
M14	CC	수영	65
M15	DD	스쿼시	58
M16	AA	헬스	43
M20	CC	수영	56
M18	BB	스쿼시	88
M17	DD	헬스	100
M19	CC	수영	23

기본요금표

회원등급코드	기본요금
AA	1,500
BB	2,500
CC	3,500
DD	4,500

문제 2 조회화면(SCREEN) 설계

다음 조건에 따라 회원등급이 AA 또는 BB이면서 운동종류가 수영이고 사용시간이 60 이상인 현황을 조회할 수 있는 화면을 설계하고 해당 데이터를 출력하시오.

[작성 조건]

1) 해당 현황은 목록 상자(리스트박스)에서 회원등급코드의 오름차순으로 출력하고, 화면 아래에 조회시 작성한 SQL 문을 복사하시오.
   - WHERE 조건절에 회원등급코드, 운동종류, 사용시간 반드시 포함
   - ORDER BY 구문 반드시 포함

   ※ SQL문에 상기 내용 미포함 시 SQL 작성 부분 0점 처리
2) 리스트박스 조회시 작성된 SQL문이 작성되지 않을 경우에는 "조회화면(SCREEN) 설계" 과제가 0점 처리됨을 반드시 유의하시오.
3) 목록 상자에 표시되어야 할 필수적인 필드명은 다음과 같습니다.
   - 회원번호, 회원등급코드, 기본요금, 운동종류, 사용시간
4) 폼 서식에 제반되는 폰트, 점선 등은 아래 [조회화면 서식]에 보이는 대로 기재하시오.
5) 기타 사항은 "자료처리 파일(FILE) 작성"의 [기타 조건]을 따르시오.

[조회화면 서식]

회원등급이 AA 또는 BB이면서 운동종류가 수영이고
사용시간이 60 이상인 현황

회원번호	회원등급코드	기본요금	운동종류	사용시간

리스트박스 조회 시 작성된 SQL문

문제 3 자료처리 파일(FILE) 작성 다음 조건에 따라 아래 양식과 같이 작성하시오.

[처리 조건]

1) 운동종류(수영, 스쿼시, 테니스, 헬스)별로 정리한 후, 같은 운동종류 안에서는 회원등급코드의 오름차순으로 정렬(SORT)한다.
2) 사용요금 : 사용시간 × 기본요금
3) 보너스점수 : 사용요금의 7%
4) 비고 : 보너스점수가 10,000 이상은 "특별",
   보너스점수가 10,000 미만에서 5,000 이상은 "우수",
   보너스점수가 5,000 미만은 "보통"으로 표시한다.
5) 운동종류별 합계 : 사용시간, 사용요금, 보너스점수의 합 산출
6) 총평균 : 사용시간, 사용요금, 보너스점수의 전체 평균 산출

[기타 조건]

1) 조회화면 및 보고서의 제목은 16정도의 임의 서체로 하시오.
2) 금액에 대한 수치는 원화(₩) 표시를 하고 천 단위마다 ,(Comma)를 표시하시오.
   (단, 금액 이외의 수치는 ,(Comma)를 표시하지 않도록 하시오.)
3) 모든 수치(숫자, 통화, 백분율 등)는 컨트롤의 속성을 설정하는 과정에서 소수 자릿수를 "0"으로 지정하여 정수로 표시하시오.
4) 데이터의 열과 간격은 일정하게 맞추도록 하시오.

스포츠센터 사용 현황

회원등급코드	회원번호	사용시간	기본요금	사용요금	보너스점수	비고
XXXX	XXXX	XXXX	₩X,XXX	₩X,XXX	XXXX	XXXX
–	–	–	–	–	–	–
수영 합계		XXXX		₩X,XXX	XXXX	
XXXX	XXXX	XXXX	₩X,XXX	₩X,XXX	XXXX	XXXX
–	–	–	–	–	–	–
스쿼시 합계		XXXX		₩X,XXX	XXXX	
–	–	–	–	–	–	–
테니스 합계		XXXX		₩X,XXX	XXXX	
–	–	–	–	–	–	–
헬스 합계		XXXX		₩X,XXX	XXXX	
총평균		XXXX		₩X,XXX	XXXX	

PowerPoint – 시상 작업(PT)

주어진 2개의 슬라이드를 슬라이드 작성조건에 따라 작업하여 인쇄하시오.

슬라이드 작성 조건

1) 각 슬라이드를 문제의 슬라이드 원안과 같이 인쇄하여 제출하시오.
   (특히 글자, 음영, 그림자, 도형 등 인쇄된 내용 그대로 작업하시오.)
2) "주1)" 등 특수한 속성 지정이 되어 있는 경우 지시에 따라 작성하시오.
3) 글꼴은 문제 원안과 같거나 유사한 형태로 작업하시오.
4) 글자, 그림 및 도형 등의 크기와 모양은 문제 원안과 같거나 유사한 형태로 작업하시오.
5) 모든 글씨, 선 등은 흑백(그레이스케일)으로 작업하되, 글상자, 그림 및 도형 등에서 색 채우기가 있는 경우 색 채우기는 회색 40% 정도, 투명도 0%를 기준으로 작업하시오.
6) 각 슬라이드는 원안과 같이 외곽선 테두리가 인쇄되도록 인쇄하시오.
7) 각 슬라이드 크기는 A4 용지의 1/2 범위 내에 인쇄가 가능한 크기가 되도록 조정하여, 슬라이드 2개를 A4 용지 1매 안에 모두 인쇄하시오.
8) 비번호, 수험번호, 성명, 페이지 번호 등은 반드시 자필로 기재하시오.

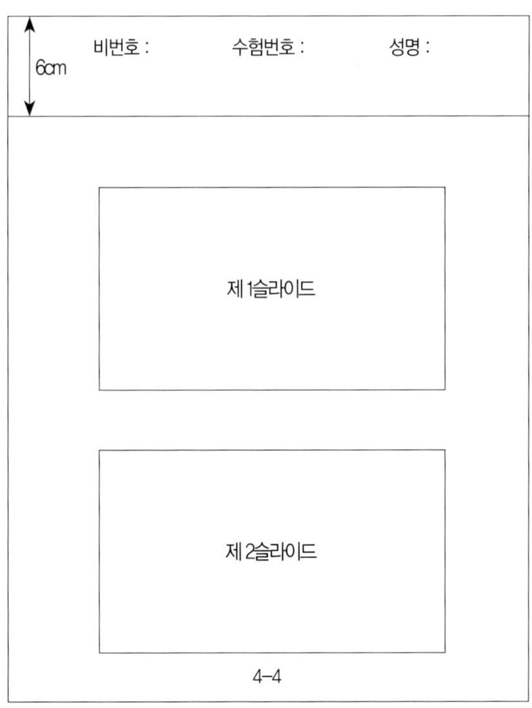

문제 1 제 1슬라이드

- **운영체제**
  - **컴퓨터 네트워크**
    - 네트워크 토폴로지
      - 근거리 통신망이 물리적 현상
      - 노드 : 네트워크에 연결되어 있는 장치를 의미(서버, 컴퓨터, 프린터등과 같은 주변기기)
      - 노드들의 물리적 혹은 논리적인 네트워크 배치 방식

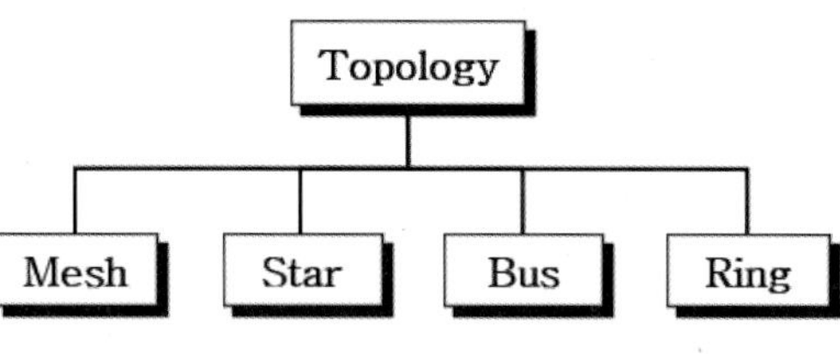

문제 2 제 2슬라이드

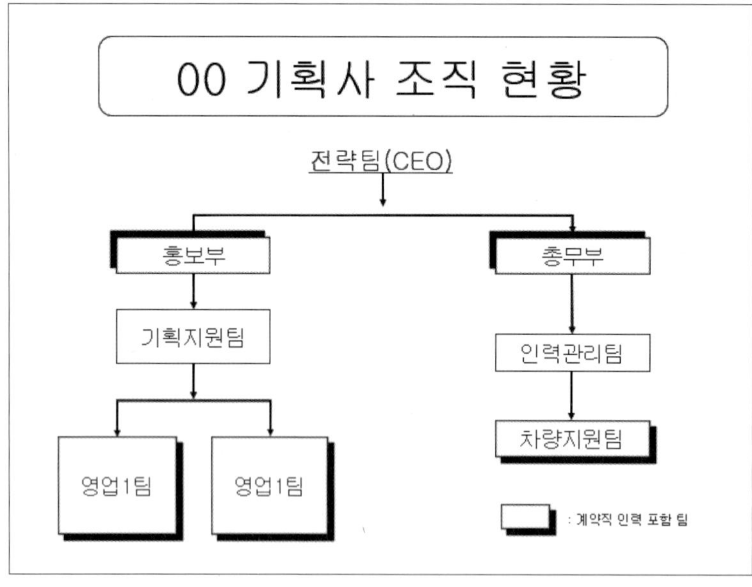

11회 Excel – 표 계산(SP) 실무 작업

정답 작업표 및 차트(그래프)

진진백화점 사은품 증정 내역

고객명	분류	기본포인트	구매금액	실적포인트	총포인트	사은품	순위
김대희	신규	200	₩ 500,000	15000	15200	청소기	8
김민수	신규	200	₩ 270,000	8100	8300	상품권	3
김제동	신규	200	₩ 950,000	28500	28700	청소기	12
박윤정	신규	200	₩ 1,200,000	36000	36200	청소기	13
이선화	신규	200	₩ 2,700,000	135000	135200	청소기	20
이소라	신규	200	₩ 1,500,000	75000	75200	청소기	14
정영일	신규	200	₩ 2,100,000	105000	105200	청소기	19
김승미	우수	500	₩ 1,800,000	90000	90500	청소기	16
박유미	우수	500	₩ 310,000	9300	9800	상품권	5
설경구	우수	300	₩ 310,000	9300	9600	상품권	4
이승주	우수	500	₩ 700,000	21000	21500	청소기	11
이우정	우수	500	₩ 1,900,000	95000	95500	청소기	17
이윤열	우수	300	₩ 700,000	21000	21300	청소기	10
조선남	우수	500	₩ 90,000	2700	3200	타월	1
홍진호	우수	500	₩ 1,700,000	85000	85500	청소기	15
마재윤	일반	500	₩ 350,000	10500	11000	청소기	7
송병구	일반	200	₩ 2,000,000	100000	100200	청소기	18
이광주	일반	300	₩ 350,000	10500	10800	청소기	6
정은지	일반	300	₩ 210,000	6300	6600	상품권	2
정희영	일반	300	₩ 500,000	15000	15300	청소기	9
평균				43910	44240		
사은품이 "상품권"인 합				33000	34300		
사은품이 "청소기"인 합				842500	847300		
"이"씨이면서 고객번호 "MA"로 시작하는 합				137000	138300		
순위가 10 이상 15 미만인 합				181500	182900		
=SUMIFS(G4:G23,$I$4:$I$23,">=10",$I$4:$I$23,"<15")							
=SUMIF($H$4:$H$23,"상품권",G4:G23)							

신규 고객 포인트 현황

문제 1 작업표(WORK SHEET) 작성

해설

01. 데이터 입력하기

	A	B	C	D	E	F	G	H	I
1		진진백화점 사은품 증정 내역							
2									
3	고객번호	고객명	분류	기본포인트	구매금액	실적포인트	총포인트	사은품	순위
4	MA101	이승주	우수	500	700000				
5	MC102	박윤정	신규	200	1200000				
6	MB103	이광주	일반	300	350000				
7	MC104	정영일	신규	200	2100000				
8	MA105	김승미	우수	500	1800000				
9	MC106	이소라	신규	200	1500000				
10	MA107	이우정	우수	500	1900000				
11	MC108	이선화	신규	200	2700000				
12	MB109	정희영	일반	300	500000				
13	MB110	정은지	일반	300	210000				
14	MA111	박유미	우수	500	310000				
15	MC112	김민수	신규	200	270000				
16	MA113	조선남	우수	500	90000				
17	MA114	이윤열	우수	300	700000				
18	MA115	김제동	신규	200	950000				
19	MB116	마재윤	일반	500	350000				
20	MA117	송병구	일반	200	2000000				
21	MA118	홍진호	우수	500	1700000				
22	MA119	김대희	신규	200	500000				
23	MC120	설경구	우수	300	310000				
24		평균							
25		사은품이 "상품권"인 합							
26		사은품이 "청소기"인 합							
27		"이"씨이면서 고객번호 "MA"로 시작하는 합							
28		순위가 10 이상 15 미만인 합							
29									

02. 수식 작성하기

❶ 실적포인트(F4) : =IF(E4>=1300000,E4*5%,E4*3%)

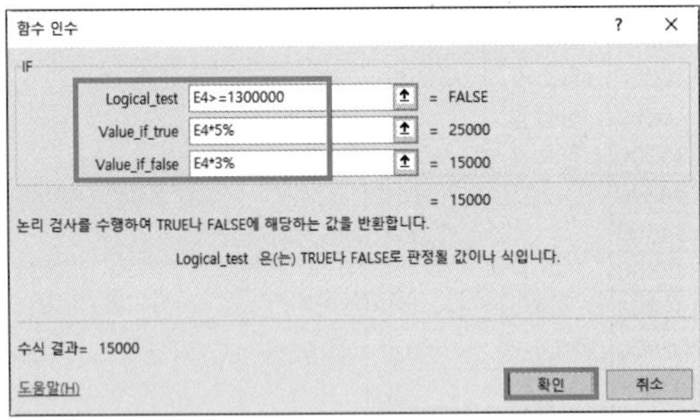

❷ 총포인트(G4) : =D4+F4

❸ 사은품(H4) : =IF(G4>=10000,"청소기",IF(G4>=5000,"상품권",IF(G4>=1000,"타월"," ")))

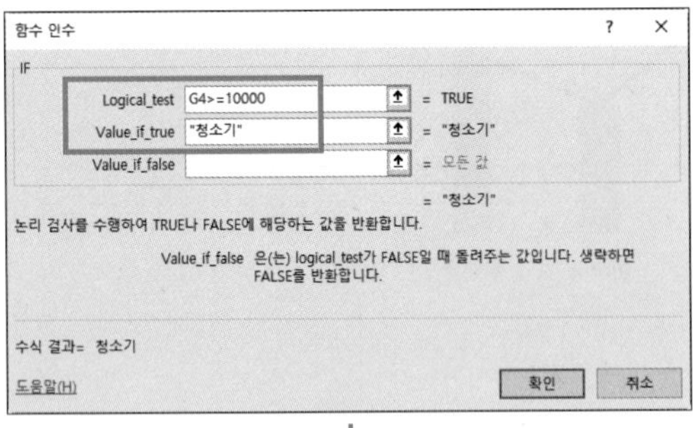

↓

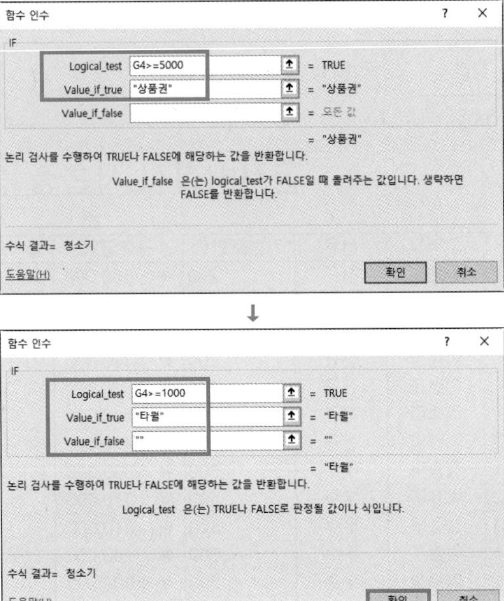

❹ 순위(I4) : =RANK(G4,$G$4:$G$23,1)

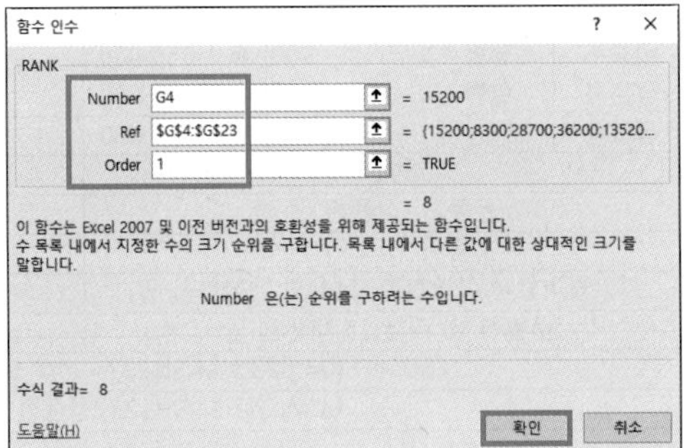

❺ 평균(F24) : =AVERAGE(F4:F23)

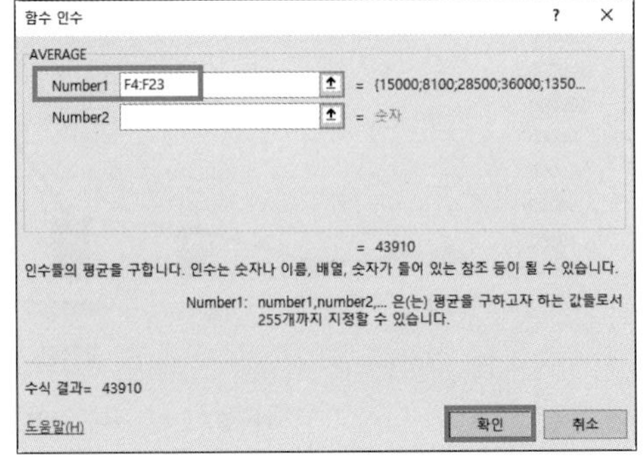

⑥ 사은품이 "상품권"인 합(F25)

=SUMIF($H$4:$H$23,"상품권",F4:F23)

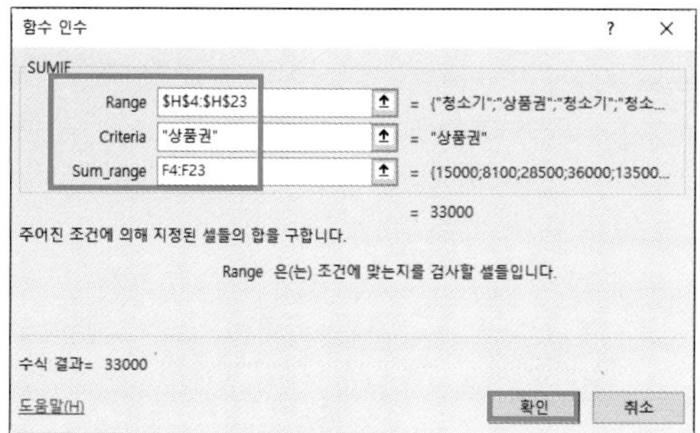

⑦ 사은품이 "청소기"인 합(F26)

=SUMIF($H$4:$H$23,"청소기",F4:F23)

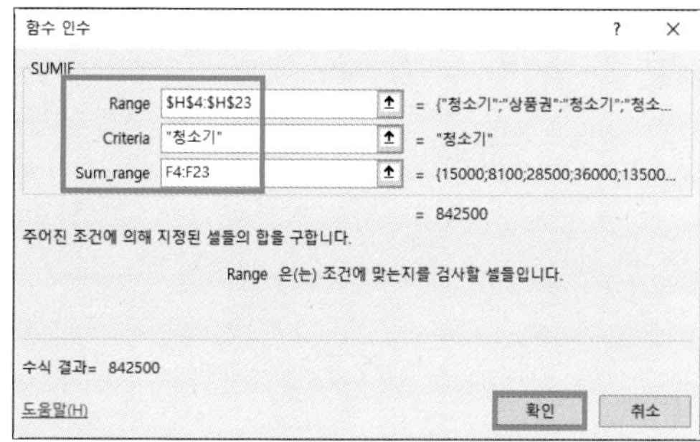

⑧ "이"씨이면서 고객번호 "MA"로 시작하는 합(F27)

=SUMIFS(F4:F23,$B$4:$B$23,"이*",$A$4:$A$23, "MA*")

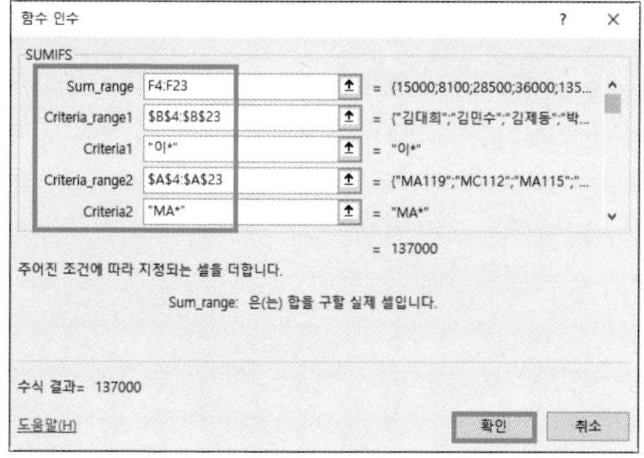

⑨ 순위가 10 이상 15 미만인 합(F28)

=SUMIFS(F4:F23,$I$4:$I$23,"〉=10",$I$4:$I$23,"〈15")

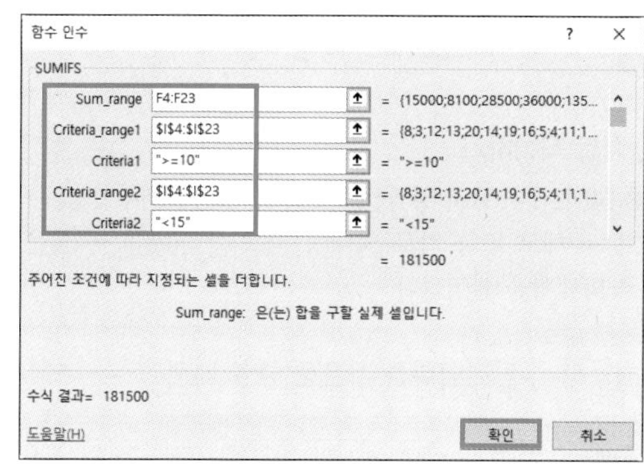

03. 데이터 정렬하기

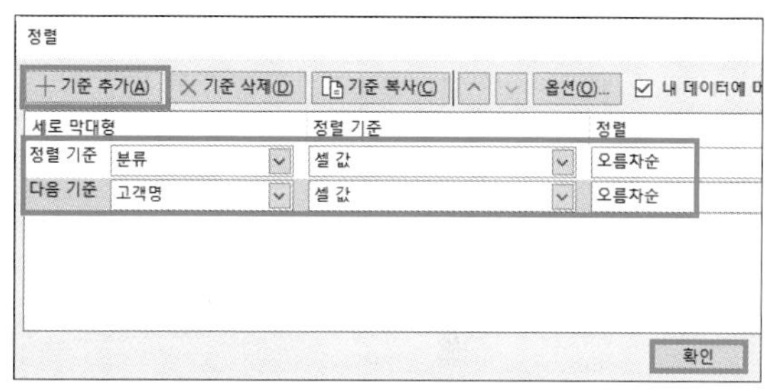

04. 함수식 입력하기

⑩ ⑨의 함수식(B29)

'=SUMIFS(G4:G23,$I$4:$I$23,"〉=10",$I$4:$I$23,"〈15")

⑪ ⑥의 함수식(B30)

'=SUMIF($H$4:$H$23,"상품권",G4:G23)

05. 작업표 형식에 없는 열 숨기기

A열의 열 머리글을 선택하고 [숨기기]를 실행한다.

06. 서식 지정하기

1. **제목 서식 지정하기 :** 글꼴 크기 20, '밑줄(가)', '병합하고 가운데 맞춤'을 지정한다.
2. **금액에 대해 화폐 단위(₩)와 ,(Comma) 표시하기 :** 구매금액의 표시 형식을 '회계 표시 형식(▦)'으로 지정한다.
3. **문자 셀 수평 중앙으로 맞추기 :** 텍스트가 입력된 셀의 맞춤을 '가운데 맞춤(☰)'으로 지정한다.
4. **셀 병합하기 :** 각각의 영역을 블록으로 지정한 후 '병합하고 가운데 맞춤'을 지정한다.
5. **테두리 지정하기 :** 테두리와 대각선을 지정한다.

01. 차트 작성하기

1. [B3:B10], [F3:G10] 영역을 블록으로 지정한 후 [삽입] → 차트 → 세로 또는 가로 막대형 차트 삽입(▥) → **묶은 세로 막대형**을 선택한다.

진진백화점 사은품 증정 내역

고객명	분류	기본포인트	구매금액	실적포인트	총포인트	사은품	순위
김대희	신규	200	₩ 500,000	15000	15200	청소기	8
김민수	신규	200	₩ 270,000	8100	8300	상품권	3
김제동	신규	200	₩ 950,000	28500	28700	청소기	12
박윤정	신규	200	₩ 1,200,000	36000	36200	청소기	13
이선화	신규	200	₩ 2,700,000	135000	135200	청소기	20
이소라	신규	200	₩ 1,500,000	75000	75200	청소기	14
정영일	신규	200	₩ 2,100,000	105000	105200	청소기	19
김승미	우수	500	₩ 1,800,000	90000	90500	청소기	16
박유미	우수	500	₩ 310,000	9300	9800	상품권	5
설경구	우수	300	₩ 310,000	9300	9600	상품권	4
이승주	우수	500	₩ 700,000	21000	21500	청소기	11
이우정	우수	500	₩ 1,900,000	95000	95500	청소기	17
이윤열	우수	300	₩ 700,000	21000	21300	청소기	10
조선남	우수	500	₩ 90,000	2700	3200	타월	1
홍진호	우수	500	₩ 1,700,000	85000	85500	청소기	15
마재윤	일반	500	₩ 350,000	10500	11000	청소기	7
송병구	일반	200	₩ 2,000,000	100000	100200	청소기	18
이광주	일반	300	₩ 350,000	10500	10800	청소기	6
정은지	일반	300	₩ 210,000	6300	6600	상품권	2
정희영	일반	300	₩ 500,000	15000	15300	청소기	9
평균				43910	44240		
사은품이 "상품권"인 합				33000	34300		
사은품이 "청소기"인 합				842500	847300		
"이"씨이면서 고객번호 "MA"로 시작하는 합				137000	138300		
순위가 10 이상 15 미만인 합				181500	182900		
=SUMIFS(G4:G23,$I$4:$I$23,">=10",$I$4:$I$23,"<15")							
=SUMIF($H$4:$H$23,"상품권",G4:G23)							

2. '총포인트' 계열의 차트 종류를 '표식이 있는 꺾은선형' 차트로 변경한다.
3. 차트 제목을 **신규 고객 포인트 현황**으로 입력한 후 서식을 지정한다.
4. X축 제목을 **고객명**, Y축 제목을 **포인트**로 지정한다.
5. 차트 위치 및 크기를 조절한다.

02. 페이지 설정하기

'페이지 설정' 대화상자에서 위쪽 여백을 6으로 지정하고, '페이지 가운데 맞춤'에서 '가로'와 '세로'를 선택한다.

11회 Access – 자료처리(DBMS) 작업 정답 및 해설

문제 1 테이블 및 쿼리 작성

해설

01. 첫 번째 테이블 작성하기

정답

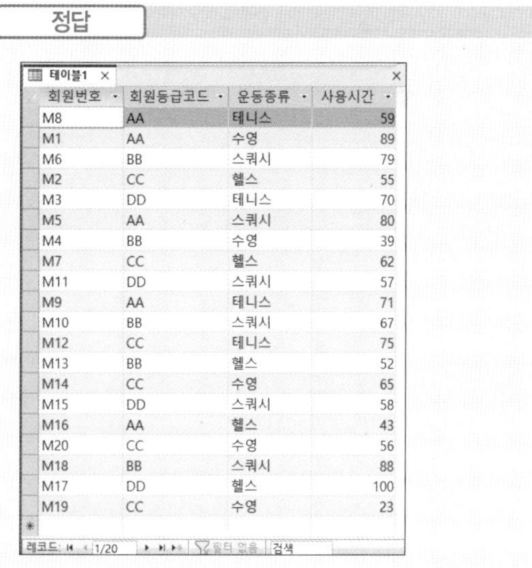

테이블1

회원번호	회원등급코드	운동종류	사용시간
M8	AA	테니스	59
M1	AA	수영	89
M6	BB	스쿼시	79
M2	CC	헬스	55
M3	DD	테니스	70
M5	AA	스쿼시	80
M4	BB	수영	39
M7	CC	헬스	62
M11	DD	스쿼시	57
M9	AA	테니스	71
M10	BB	스쿼시	67
M12	CC	테니스	75
M13	BB	헬스	52
M14	CC	수영	65
M15	DD	스쿼시	58
M16	AA	헬스	43
M20	CC	수영	56
M18	BB	스쿼시	88
M17	DD	헬스	100
M19	CC	수영	23

레코드: 1/20 필터 없음 검색

❶ 필드 생성 및 속성 지정하기

테이블1

필드 이름	데이터 형식	설명(옵션)
회원번호	짧은 텍스트	
회원등급코드	짧은 텍스트	
운동종류	짧은 텍스트	
사용시간	숫자	

❷ 기본키 해제하기

'회원번호' 필드 행을 클릭한 후 바로 가기 메뉴에서 [**기본키**]를 선택하여 기본키를 해제한다.

02. 두 번째 테이블 작성하기

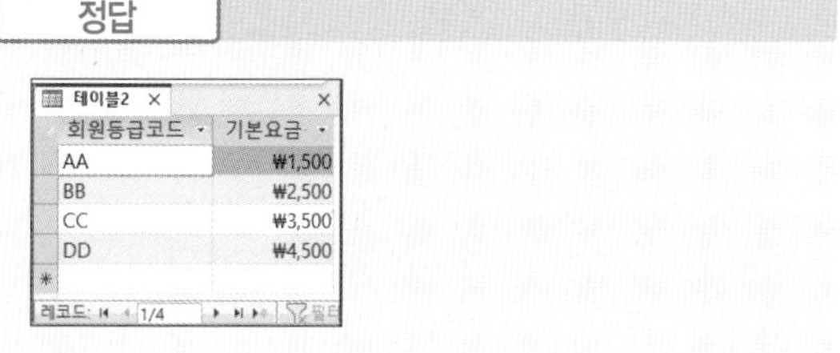

정답

테이블2

회원등급코드	기본요금
AA	₩1,500
BB	₩2,500
CC	₩3,500
DD	₩4,500

레코드: 1/4 필터

❶ 필드 생성 및 속성 지정하기

테이블2

필드 이름	데이터 형식	설명(옵션)
회원등급코드	짧은 텍스트	
기본요금	통화	

03. 쿼리 작성하기

정답

쿼리1

회원번호	회원등급코드	운동종류	사용시간	기본요금	사용요금	보너스점수	비고
M9	AA	테니스	71	₩1,500	₩106,500	7455	우수
M1	AA	수영	89	₩1,500	₩133,500	9345	우수
M5	AA	스쿼시	80	₩1,500	₩120,000	8400	우수
M16	AA	헬스	43	₩1,500	₩64,500	4515	보통
M8	AA	테니스	59	₩1,500	₩88,500	6195	우수
M6	BB	스쿼시	79	₩2,500	₩197,500	13825	특별
M4	BB	수영	39	₩2,500	₩97,500	6825	우수
M10	BB	스쿼시	67	₩2,500	₩167,500	11725	특별
M13	BB	헬스	52	₩2,500	₩130,000	9100	우수
M18	BB	스쿼시	88	₩2,500	₩220,000	15400	특별
M12	CC	테니스	75	₩3,500	₩262,500	18375	특별
M19	CC	수영	23	₩3,500	₩80,500	5635	우수
M14	CC	수영	65	₩3,500	₩227,500	15925	특별
M7	CC	헬스	62	₩3,500	₩217,000	15190	특별
M20	CC	수영	56	₩3,500	₩196,000	13720	특별
M2	CC	헬스	55	₩3,500	₩192,500	13475	특별
M15	DD	스쿼시	58	₩4,500	₩261,000	18270	특별
M3	DD	테니스	70	₩4,500	₩315,000	22050	특별
M17	DD	헬스	100	₩4,500	₩450,000	31500	특별
M11	DD	스쿼시	57	₩4,500	₩256,500	17955	특별

레코드: 1/20 필터 없음 검색

보고서에서 사용할 필드 현황

필드명	원본 데이터	비고
회원번호	테이블1	테이블에서 제공
회원등급코드		
운동종류		
사용시간		
기본요금	테이블2	
사용요금	사용시간 × 기본요금	추가되는 계산 필드
보너스점수	사용요금의 7%	
비고	보너스점수가 10,000 이상은 "특별", 5,000 이상은 "우수", 5,000 미만은 "보통" 표시	

❶ 테이블 및 필드 선택하기

1. 쿼리 작성기에서 '테이블1'과 '테이블2' 테이블을 추가한 후 '테이블1' 테이블의 '회원등급코드' 필드를 '테이블2' 테이블의 '회원등급코드' 필드로 드래그한다.
2. 쿼리 작성기에서 '테이블1'의 모든 필드와 '테이블2'의 '기본요금' 필드를 추가한다.

❷ 계산 필드 추가하기

1. '사용요금' 필드 추가하기 : '기본요금' 필드의 오른쪽 필드에 **사용요금: [사용시간]*[기본요금]**을 입력한다.

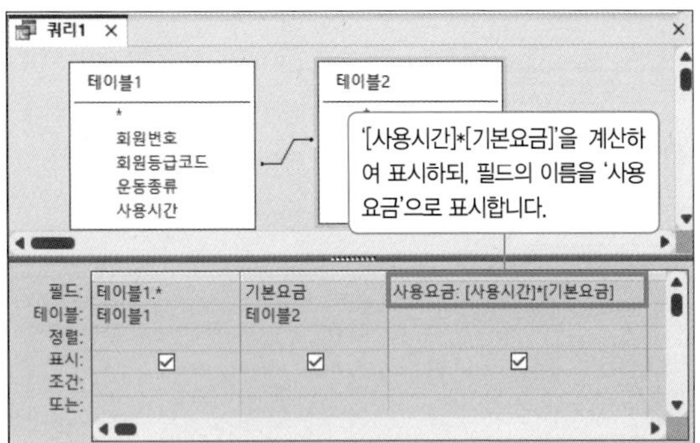

'[사용시간]*[기본요금]'을 계산하여 표시하되, 필드의 이름을 '사용요금'으로 표시합니다.

2. '보너스점수' 필드 추가하기 : '사용요금' 필드의 오른쪽 필드에 **보너스점수: [사용요금]*0.07**을 입력한다.

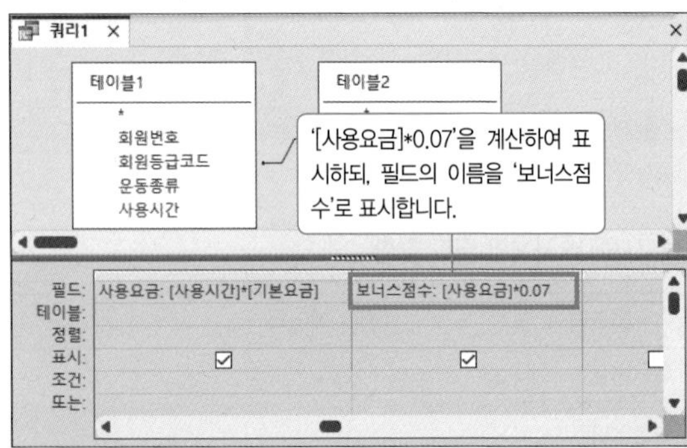

3. '비고' 필드 추가하기 : '보너스점수' 필드의 오른쪽 필드에 **비고: IIf([보너스점수]>=10000,"특별",IIf([보너스점수]>=5000,"우수","보통"))**을 입력한다.

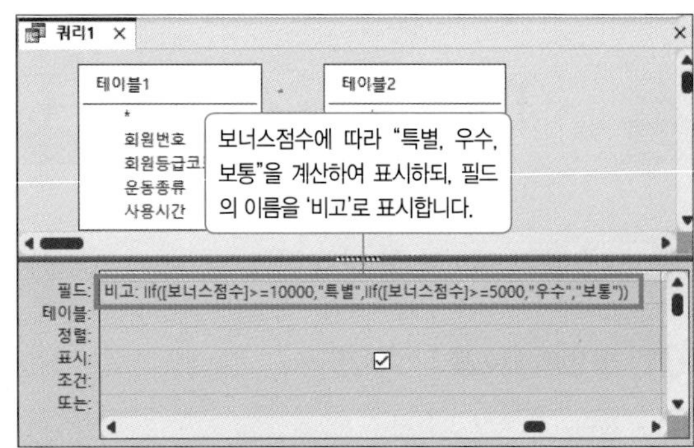

'IIf([보너스점수]>=10000,"특별",IIf([보너스점수]>=5000,"우수","보통"))'의 의미

❶ 보너스점수가 10000 이상이면 ❷(특별)를 표시하고, 그렇지 않으면 ❸을 수행합니다.

❸ IIf([보너스점수]>=5000,"우수","보통") : 보너스점수가 5000 이상이면 "우수"를 표시하고, 그렇지 않으면 "보통"을 표시합니다.

정답

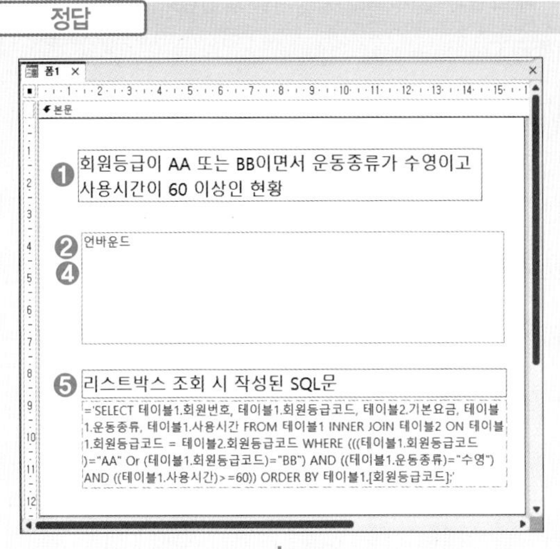

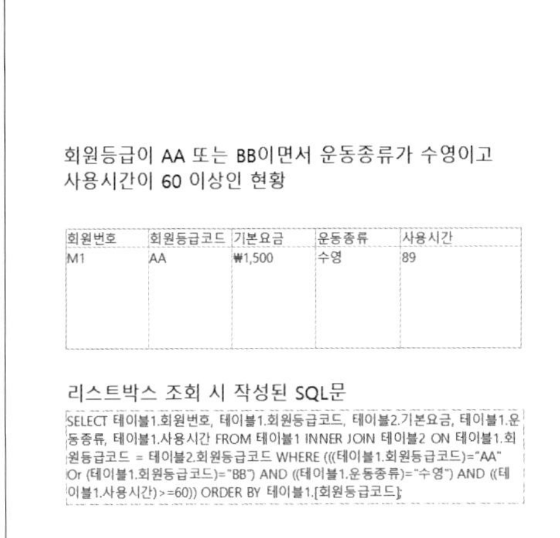

01. 폼 작성하기

① 제목 추가하기

[양식 디자인] → 컨트롤 → **레이블(가가)**을 이용하여 그림과 같이 제목을 삽입한다.

② 목록 상자 작성하기

1. [양식 디자인] → 컨트롤 → **목록 상자( )**를 이용하여 목록 상자를 추가한다.
2. '목록 상자 마법사' 1단계 대화상자에서 〈다음〉을 클릭한다.
3. '목록 상자 마법사' 2단계 대화상자에서 〈다음〉을 클릭한다.
4. '목록 상자 마법사' 3단계 대화상자를 그림과 같이 지정하고 〈다음〉을 클릭한다.

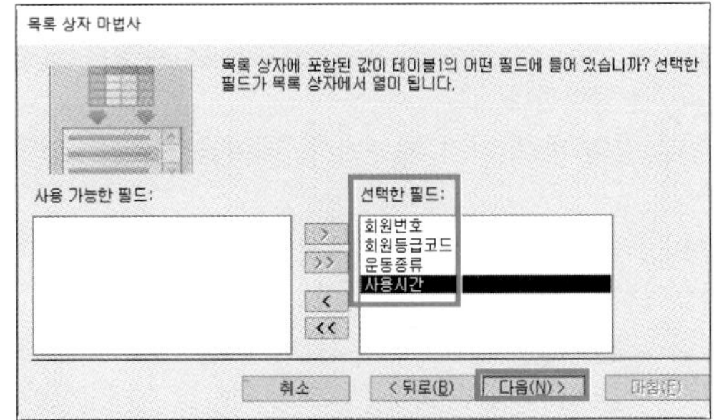

5. '목록 상자 마법사' 4단계 대화상자에서 그림과 같이 지정한 후 〈다음〉을 클릭한다.

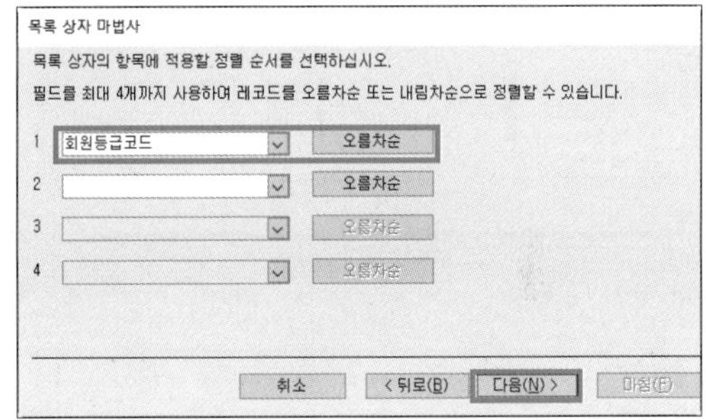

6. '목록 상자 마법사' 5단계 대화상자에서 〈다음〉을 클릭한다.
7. '목록 상자 마법사' 6단계 대화상자에서 〈다음〉을 클릭한다.
8. '목록 상자 마법사' 7단계 대화상자에서 〈마침〉을 클릭한다.
9. 작성된 목록 상자의 가로 너비를 조절하고 폼의 중앙에 위치하도록 이동시킨다.

③ 목록 상자의 레이블 삭제하기

목록 상자와 함께 생성된 레이블을 선택한 후 Delete를 눌러 삭제한다.

❹ 목록 상자 열 이름 표시 및 데이터 조건 지정하기

1. 목록 상자를 더블클릭한 후 속성 시트 창의 '형식' 탭에서 열 개수, 열 너비, 열 이름 속성을 그림과 같이 지정한다.

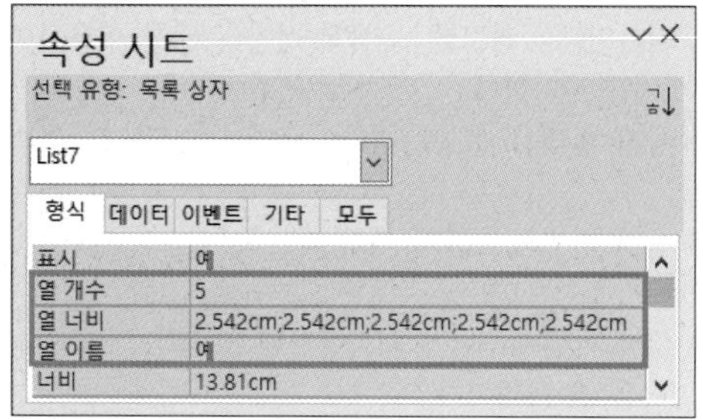

2. '데이터' 탭의 행 원본 속성을 선택한 후 '작성기 단추(...)'를 클릭한다.
3. '관계' 창의 바로 가기 메뉴에서 **[테이블 표시]**를 선택한다.
4. '테이블 추가' 창의 '테이블' 탭에서 '테이블2' 테이블을 더블클릭하여 추가한 후 '닫기(☒)' 단추를 클릭한다.
5. 쿼리 작성기에서 '테이블1' 테이블의 '회원등급코드' 필드를 '테이블2' 테이블의 '회원등급코드' 필드로 드래그한다.
6. 쿼리 작성기에서 그림과 같이 '테이블2' 테이블의 '기본요금' 필드를 추가하고 조건을 지정한다.

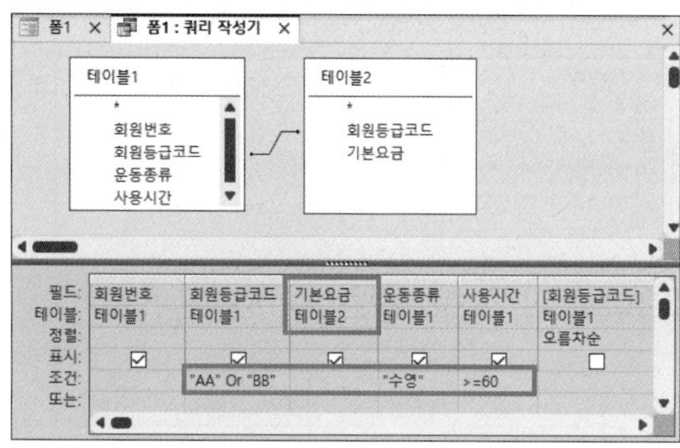

❺ 텍스트 상자에 SQL문 복사하여 넣기

1. [양식 디자인] → 컨트롤 → **텍스트 상자**(▭)를 이용하여 그림과 같이 텍스트 상자를 삽입한다.

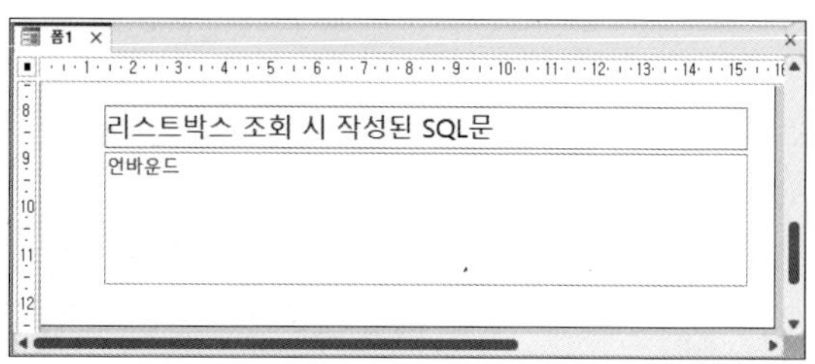

2. 목록 상자를 더블클릭한 후 속성 시트 창의 '데이터' 탭에서 행 원본 속성의 모든 내용을 복사하여 그림과 같이 텍스트 상자에 붙여넣는다.

3. 텍스트 상자의 테두리 스타일을 '파선'으로 지정한다.

02. 폼의 여백 설정하기

폼의 위쪽 여백을 60으로 지정한다.

정답

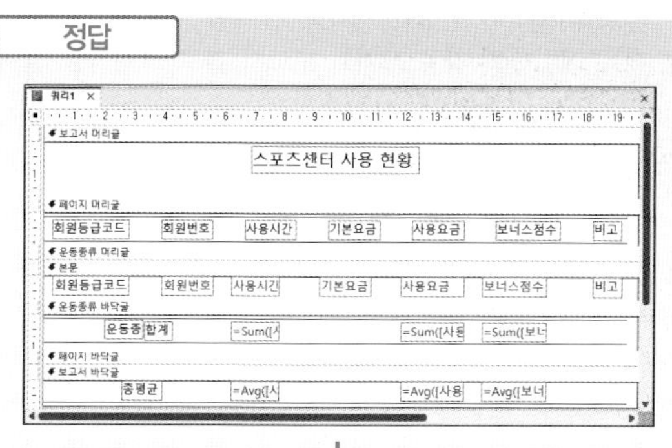

↓

스포츠센터 사용 현황

회원등급코드	회원번호	사용시간	기본요금	사용요금	보너스점수	비고
AA	M1	89	₩1,500	₩133,500	9345	우수
BB	M4	39	₩2,500	₩97,500	6825	우수
CC	M20	56	₩3,500	₩196,000	13720	특별
CC	M14	65	₩3,500	₩227,500	15925	특별
CC	M19	23	₩3,500	₩80,500	5635	우수
수영	합계	272		₩735,000	51450	
AA	M5	80	₩1,500	₩120,000	8400	우수
BB	M18	88	₩2,500	₩220,000	15400	특별
BB	M6	79	₩2,500	₩197,500	13825	특별
BB	M10	67	₩2,500	₩167,500	11725	특별
DD	M15	58	₩4,500	₩261,000	18270	특별
DD	M11	57	₩4,500	₩256,500	17955	특별
스쿼시	합계	429		₩1,222,500	85575	
AA	M8	59	₩1,500	₩88,500	6195	우수
AA	M9	71	₩1,500	₩106,500	7455	우수
CC	M12	75	₩3,500	₩262,500	18375	특별
DD	M3	70	₩4,500	₩315,000	22050	특별
테니스	합계	275		₩772,500	54075	
AA	M16	43	₩1,500	₩64,500	4515	보통
BB	M13	52	₩2,500	₩130,000	9100	우수
CC	M7	62	₩3,500	₩217,000	15190	특별
CC	M2	55	₩3,500	₩192,500	13475	특별
DD	M17	100	₩4,500	₩450,000	31500	특별
헬스	합계	312		₩1,054,000	73780	
총평균		64		₩189,200	13244	

01. 보고서 만들기

1. '보고서 마법사' 1단계 대화상자에서 그림과 같이 지정한 후 〈다음〉을 클릭한다.

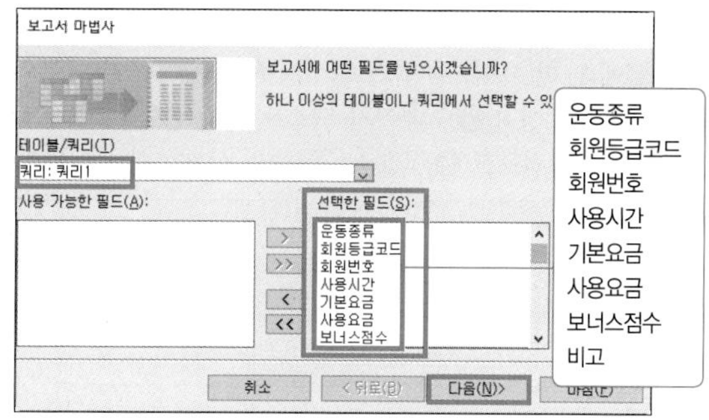

2. '보고서 마법사' 2단계 대화상자에서 '운동종류'를 더블클릭한 후 〈다음〉을 클릭한다.

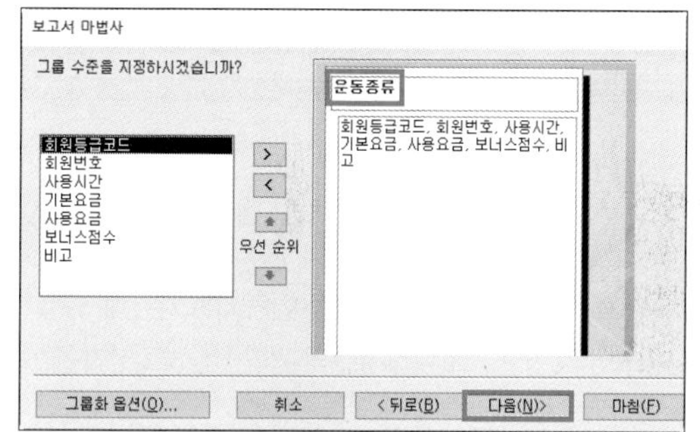

3. '보고서 마법사' 3단계 대화상자에서 〈요약 옵션〉을 클릭한 후 그림과 같이 지정하고 〈확인〉을 클릭한다.

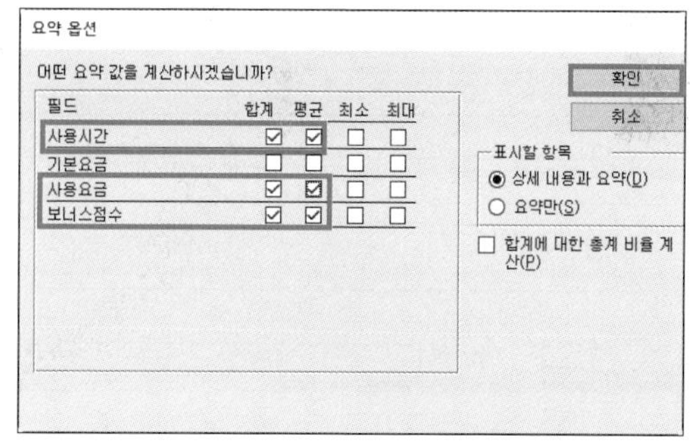

4. '보고서 마법사' 3단계 대화상자에서 〈다음〉을 클릭한다.
5. '보고서 마법사' 4단계 대화상자에서 '단계'가 선택된 것을 확인한 후 〈다음〉을 클릭한다.
6. 보고서 마법사' 5단계 대화상자에서 '보고서 디자인 수정'을 선택한 후 〈마침〉을 클릭한다.

02. 보고서 편집하기

❶ 불필요한 컨트롤 삭제하기

페이지 머리글의 '운동종류' 레이블(❶)과 운동종류 바닥글의 '="에 대한 요약"~' 텍스트 상자(❷), 페이지 바닥글의 날짜 텍스트 상자(❸), 페이지 텍스트 상자(❹), 보고서 바닥글의 모든 컨트롤(❺)을 Delete를 눌러 삭제한다.

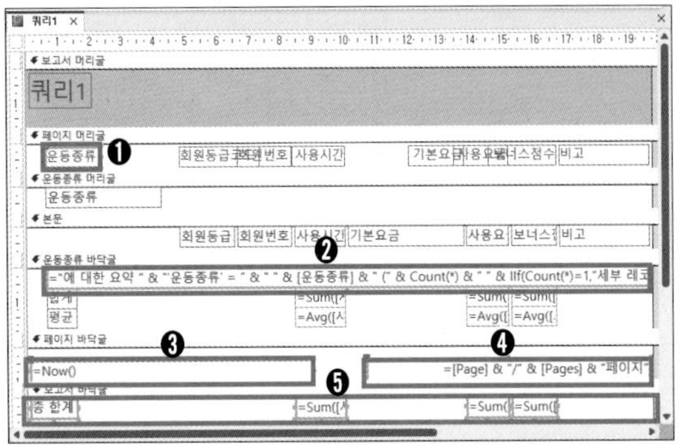

❷ 컨트롤 이동, 크기, 내용 변경하기

1. 운동종류 머리글에 있는 '운동종류' 텍스트 상자를 운동종류 바닥글 영역으로 드래그하여 이동시킨다.
2. 운동종류 바닥글의 '평균' 레이블과 '사용시간의 평균', '사용요금의 평균', '보너스점수의 평균' 텍스트 상자를 보고서 바닥글로 드래그하여 이동시킨다.
3. 컨트롤의 크기, 위치 및 내용을 그림과 같이 변경한다.

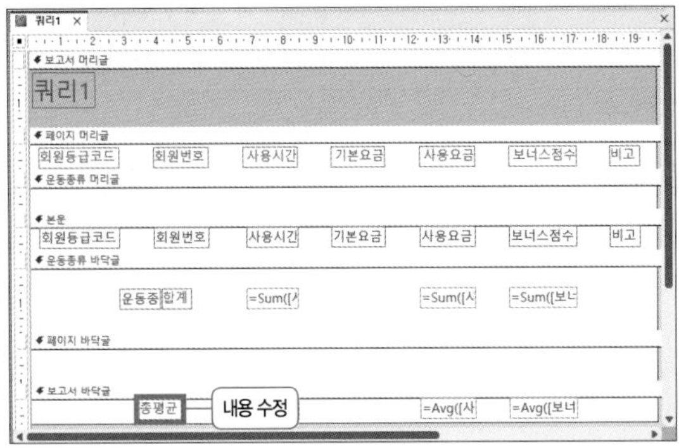

❸ 정렬 지정하기

'그룹, 정렬 및 요약' 창에서 〈정렬 추가〉를 클릭한 후 그림과 같이 지정한다.

❹ 제목 입력 및 서식 지정하기

1. 보고서 머리글의 레이블을 선택한 후 글꼴 크기 16, '가운데 맞춤(☰)'을 지정한다.
2. 제목 레이블의 가로 크기를 보고서 가로 크기만큼 늘린 후 내용을 **스포츠센터 사용 현황**으로 수정한다.

❺ 선 컨트롤 추가하기

[보고서 디자인] → 컨트롤 → **선(⟋)**을 이용하여 그림과 같이 선을 삽입한다.

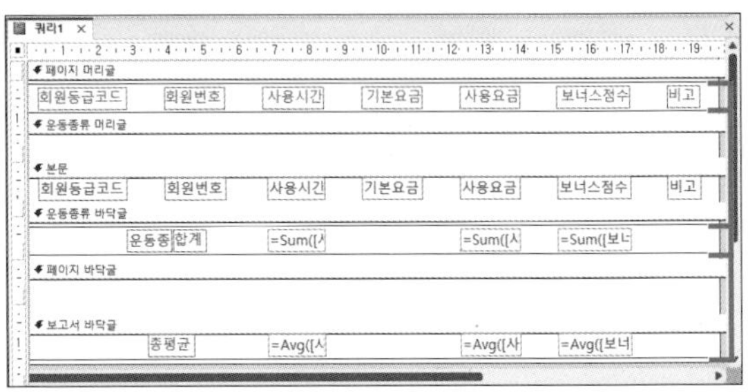

❻ 수치 컨트롤에 속성 지정하기

보고서 바닥글의 '사용시간의 총평균' 텍스트 상자를 선택한 후 속성 시트 창의 '형식' 탭에서 형식 속성과 소수 자릿수 속성을 0으로 지정한다.

❼ 금액 컨트롤에 속성 지정하기

운동종류 바닥글의 '사용요금의 합계'와 보고서 바닥글의 '사용요금의 총평균' 텍스트 상자를 선택한 후 속성 시트 창의 '형식' 탭에서 형식 속성을 '통화'로, 소수 자릿수 속성을 0으로 지정한다.

❽ 컨트롤의 데이터 정렬 및 글꼴 색 변경하기

1. 모든 레이블과 문자 데이터가 들어 있는 텍스트 상자의 텍스트를 '가운데 맞춤(☰)', 글꼴 색을 '검정, 텍스트 1'로 지정한다.
2. 레이블이나 텍스트 상자의 크기 및 위치를 조절하여 문제지에 주어진 그림과 같이 열의 간격과 정렬을 맞춘다.

❾ 배경색 및 교차 행 색 변경하기

1. 보고서 머리글 선택기를 클릭한 후 도형 채우기 색을 '흰색, 배경 1'로 지정한다.
2. 본문과 운동종류 바닥글의 교차 행 색을 '색 없음'으로 지정한다.

❿ 컨트롤에 테두리 서식 변경하기

운동종류 바닥글과 보고서 바닥글의 모든 텍스트 상자의 도형 윤곽선을 '투명'으로 지정한다.

⑪ 사용되지 않는 영역 제거 및 보고서 확인하기
본문과 보고서 바닥글의 선택기를 위쪽으로 드래그하여 빈 공간만 확보된 운동종류 머리글과 페이지 바닥글 영역을 제거한다.

03. 보고서 여백 설정하기

보고서의 위쪽 여백을 60으로 지정한다.

11회 PowerPoint – 시상 작업(PT) 정답 및 해설

문제 1 제 1슬라이드

01. 제 1슬라이드 작성하기

정답

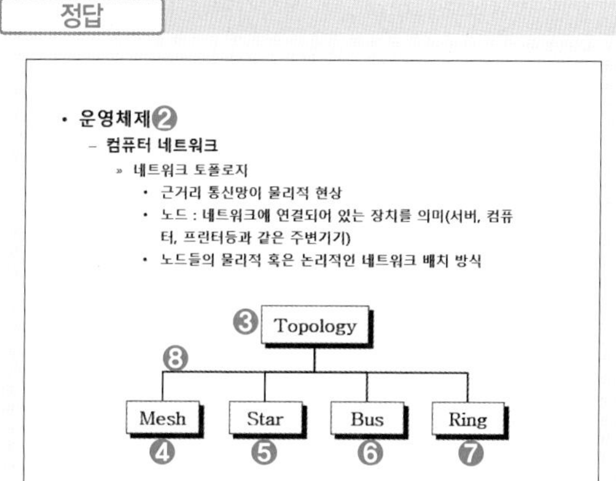

① 슬라이드 레이아웃
[레이아웃] → **빈 화면**

② 텍스트 상자 삽입 및 글머리 기호 입력하기
1. [삽입] → 텍스트 → **가로 텍스트 상자 그리기(가)**를 이용하여 텍스트 상자를 삽입한다.
2. [홈] → 단락 → **글머리 기호(☰)**를 클릭한 후 **운영체제**를 입력한 후 Enter를 누른다.
3. [홈] → 단락 → **목록 수준 늘림(☰)**을 클릭한 후 [홈] → 단락 → 글머리 기호(☰ ˅)의 ˅를 클릭하여 '글머리 기호 및 번호 매기기'를 선택한다.
4. '글머리 기호 및 번호 매기기' 대화상자의 '글머리 기호' 탭에서 〈사용자 지정〉을 클릭한다.
5. '기호' 대화상자에서 하위 집합으로 '일반 문장 부호'를 선택한 다음 '–'를 선택하고 〈확인〉을 클릭한다.

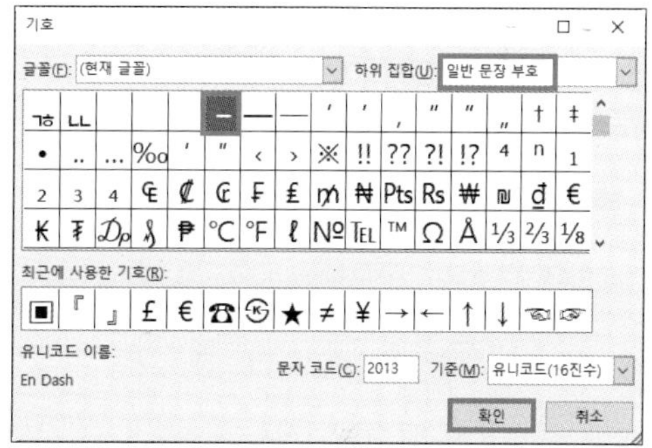

6. '글머리 기호 및 번호 매기기' 대화상자에서도 〈확인〉을 클릭하고 **컴퓨터 네트워크**를 입력한 후 Enter를 누른다.
7. [홈] → 단락 → **목록 수준 늘림(☰)**을 클릭한 후 [홈] → 단락 → **글머리 기호(☰ ˅)**의 ˅를 클릭하여 '글머리 기호 및 번호 매기기'를 선택한다.
8. '글머리 기호 및 번호 매기기' 대화상자의 '글머리 기호' 탭에서 〈사용자 지정〉을 클릭한다.
9. '기호' 대화상자에서 하위 집합으로 '라틴어-1 추가'를 선택한 다음 '≫'를 선택하고 〈확인〉을 클릭한다.

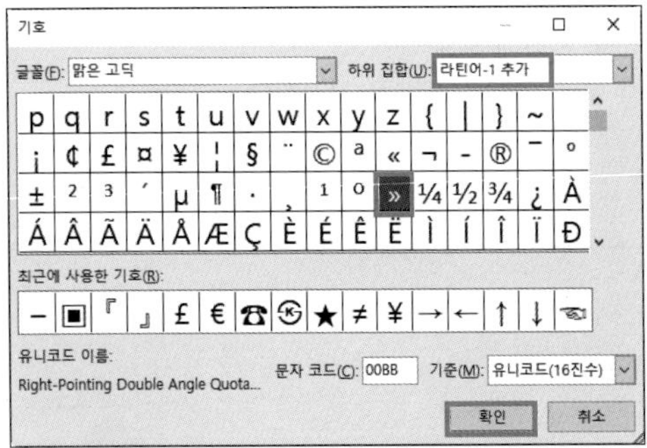

10. '글머리 기호 및 번호 매기기' 대화상자에서도 〈확인〉을 클릭하고 **네트워크 토폴로지**를 입력한 후 Enter를 누른다.
11. [홈] → 단락 → **목록 수준 늘림**(⇥)을 클릭하고 [홈] → 단락 → **글머리 기호**(☰) → **속이 찬 둥근 글머리 기호**(•)를 선택한 후 나머지 내용을 입력한다.
12. 입력한 텍스트를 모두 선택한 후 [홈] → 단락 → **줄 간격**(☰ ▾)의 ▾를 클릭하여 '줄 간격 옵션'을 선택한다.
13. '단락' 대화상자에서 줄 간격을 **배수**, 값을 **1.3**으로 지정한 후 〈확인〉을 클릭한다.

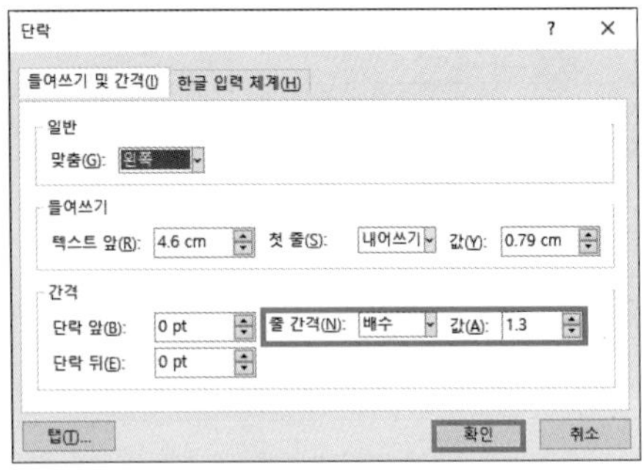

③ 직사각형 삽입하기

- [삽입] → 일러스트레이션 → 도형 → 사각형 → **직사각형**(□)
- 그림자 지정 : '오프셋: 오른쪽 아래', 투명도 0%, 흐리게 0%, 간격 8pt

④ ~ ⑦ ③번 도형을 복사한 후 내용 수정 및 크기 조절하기

⑧ '연결선: 꺾임' 삽입하기

1. [삽입] → 일러스트레이션 → 도형 → 선 → **연결선: 꺾임**(⅂)을 이용하여 그림과 같이 연결한다.

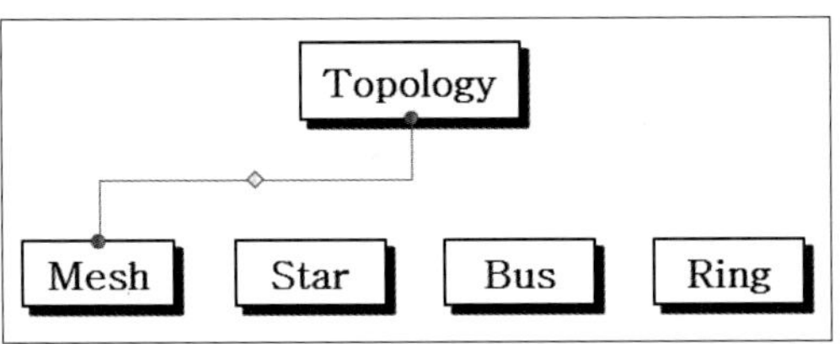

2. 같은 방법으로 'Topology' 직사각형을 나머지 도형들과 연결한다.

02. 제 2슬라이드 작성하기

정답

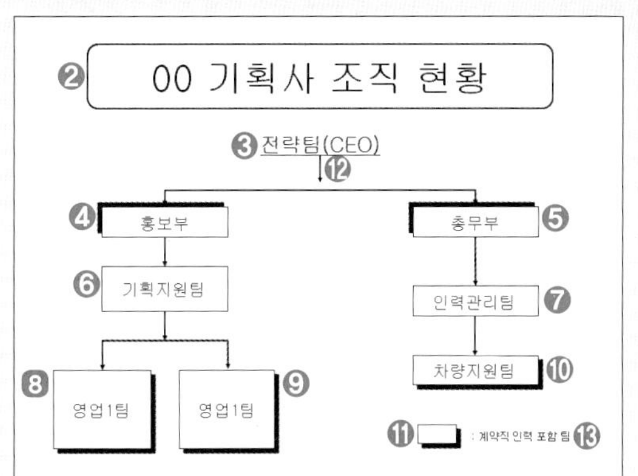

❶ 슬라이드 레이아웃
[레이아웃] → **빈 화면**

❷ '사각형: 둥근 모서리' 삽입하기
[삽입] → 일러스트레이션 → 도형 → 사각형 → **사각형: 둥근 모서리(▢)**

❸ 텍스트 상자1 삽입하기
[삽입] → 텍스트 → **가로 텍스트 상자 그리기(가)**

❹ 직사각형1 삽입하기
- [삽입] → 일러스트레이션 → 도형 → 사각형 → **직사각형(□)**
- 그림자 지정 : '오프셋: 왼쪽 위', 투명도 0%, 흐리게 0%, 간격 8pt

❺ ❹번 도형을 복사한 후 내용 수정하기

❻ 직사각형2 삽입하기
[삽입] → 일러스트레이션 → 도형 → 사각형 → **직사각형(□)**

❼ ❻번 도형을 복사한 후 내용 수정 및 크기 조절하기

❽ 직사각형3 삽입하기
- [삽입] → 일러스트레이션 → 도형 → 사각형 → **직사각형(□)**
- 그림자 지정 : '오프셋: 오른쪽 아래', 투명도 0%, 흐리게 0%, 간격 8pt

❾ ~ ⓫ ❽번 도형을 복사한 후 내용 수정 및 크기 조절하기

⓬ 선 화살표 및 꺾인 양쪽 화살표 연결선 모두 삽입하기
- [삽입] → 일러스트레이션 → 도형 → 선 → **선 화살표(↘)**
- [삽입] → 일러스트레이션 → 도형 → 선 → **꺾인 양쪽 화살표 연결선(↴)**
- '화살표 스타일 7' 선택

⓭ 텍스트 상자2 삽입하기
[삽입] → 텍스트 → **가로 텍스트 상자 그리기(가)**

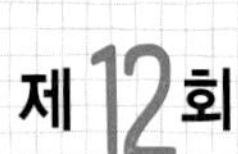

사무자동화산업기사 실기 공개문제

Excel – 표 계산(SP) 실무 작업

가나다정보기술에서는 컴퓨터 부품별 매출실적 현황을 분석하고자 한다. 다음 자료(DATA)를 이용하여 작성 조건에 따라 작업표와 그래프를 작성하고, 그 인쇄 출력물을 제출하시오.

문제 1 작업표(WORK SHEET) 작성

1. 자료(DATA)

입출고 현황

행 \ 열	A	B	C	E
3	품목코드	품목이름	출고량	입고가
4	SS-218	스캐너	31	437,000
5	SS-219	스캐너	38	320,000
6	LM-229	모니터	68	240,000
7	PT-202	프린터	31	165,000
8	LM-227	모니터	39	150,000
9	PT-205	프린터	36	190,000
10	PT-204	프린터	48	180,000
11	LM-228	모니터	46	210,000
12	PT-203	프린터	57	170,000
13	MS-214	마우스	25	15,400
14	MS-215	마우스	43	6,800
15	SS-220	스캐너	34	480,000
16	LM-239	모니터	48	340,000
17	PT-232	프린터	21	130,000
18	LM-237	모니터	27	120,000
19	PT-235	프린터	22	210,000
20	PT-234	프린터	45	170,000
21	LM-238	모니터	23	210,000
22	PT-233	프린터	28	110,000
23	MS-234	마우스	22	6,200

※ 자료(DATA) 부분에서 음영 처리 표시된 부분은 행/열의 기준선으로 작성(입력)하지 않음을 반드시 유의하시오.

2. 작업표 형식

거래 이익금 현황

행 \ 열	A	D	E	F	G	H	I	J
3	품목코드	품목명	입고가	출고가	거래금액	이익금액	평가	순위
4 : 23	-	①	-	②	③	④	⑤	⑥
24	품목별 합계		프린터		⑦	⑦		
25			모니터		⑧	⑧		
26	품목이름이 마우스이고 출고가가 7,000 이상인 품목들의 합					⑨		
27	평가가 A급인 제품의 이익금액 합계					⑩		
28	이익금액이 1,000,000 이상 2,000,000 미만인 품목들의 합					⑪		
29	⑫							
30	⑬							

※ 음영 처리 표시된 부분은 작성하지 않습니다.

3. 작성 조건

가) 작성 시 유의 사항

① 작업표의 작성은 "나)~마)" 항에 제시된 내용을 따르고 반드시 제시된 조건(함수 적용, 기재된 단서 조항 등)에 따라 처리하시오.

② 제시된 작성 조건을 따르지 아니하고 여타의 방법 일체(제시된 함수 이외 다른 함수 적용, 함수 미적용, 별도 전자계산기 사용 등)를 사용하여 도출된 결과는 그 답이 맞더라도 정답으로 인정되지 않음을 반드시 유의하시오.

나) 작업표의 구성 및 서식

① "작업표 형식"에서 행과 열에 관계된 음영 처리 표시된 부분은 작성하지 않음을 유의하고 반드시 제시된 행/열에 맞추도록 하시오.

② 제목서식 : 20 포인트 크기로 하고 가운데 정렬 하시오.

③ 글꼴 및 크기 : 이외 기타 글꼴 및 크기는 임의선정하시오.

다) 원문자가 표시된 셀은 아래의 방법을 이용하여 처리하시오.

① 품목명 : 품목코드 앞 2개의 문자와 품목이름을 텍스트 함수 "CONCATENATE", 문자열 함수 LEFT 함수를 조합하여 작성하시오. (예를 들어, 품목코드 "SS-218", 품목이름이 "스캐너"인 경우 "SS#스캐너"로 표시되게 하시오.)

② 출고가 : 입고가 + (입고가 × 28%)

③ 거래금액 : 출고가 × 출고량

④ 이익금액 : (출고가 − 입고가) × 출고량

⑤ 평가 : 이익금액이 2,500,000 이상이면 "A급", 2,500,000 미만 1,000,000 이상이면 "B급", 그렇지 않으면 "C급"으로 표시하시오. (단, IF 함수 사용)

⑥ 순위 : 거래금액을 기준으로 순위를 산정하시오.

(단, RANK 함수를 사용하고 순위 산정 기준은 내림차순으로 하시오.)

⑦ 프린터의 품목별 합계 : 품목이름이 프린터인 각 항목별 합계를 산출하시오. (단, SUMIF 또는 SUMIFS 함수 사용)

⑧ 모니터의 품목별 합계 : 품목이름이 모니터인 각 항목별 합계를 산출하시오. (단, SUMIF 또는 SUMIFS 함수 사용)

⑨ 품목이름이 마우스이고 출고가가 7,000 이상인 품목들의 합계를 산출하시오. (단, SUMIFS 함수 사용)

⑩ 평가가 A급에 해당하는 품목의 이익금액의 합계를 산출하시오. (단, SUMIF 또는 SUMIFS 함수 사용)

⑪ 이익금액이 1,000,000 이상 2,000,000 미만 품목들의 합계를 산출하시오. (단, SUMIF 또는 SUMIFS 함수 사용)

⑫ "⑪"에 사용된 함수식을 기재하시오.

⑬ "①"에 사용된 함수식을 기재하시오. (단, 품목코드 LM-228을 기준으로 하시오.)

※ 함수식을 기재하는 ⑫~⑬란은 반드시 해당항목에 제시된 함수의 작성 조건에 따라 도출된 함수식을 기재하여야 하며, 작성 조건을 위배하여 임의로 작성할 시 해당 답이 맞더라도 틀린 항목으로 채점됨을 유의하시오. 또한 함수식을 작성할 때는 "라) 정렬순서(SORT)"에 따른 조건에 맞게 정렬 후 도출된 결과에 따른 함수식을 기재하시오.

라) 작업표의 정렬순서(SORT)는 평가의 오름차순으로 정렬, 같은 평가 안에서는 이익금액의 오름차순으로 하시오.

마) 기타

- 금액에 대한 수치는 원화(₩) 표시를 하고 천 단위마다 ',' (Comma)를 표시하시오.
  (단, 금액 이외의 수치는 ','(Comma)를 표시하지 않도록 하시오.)
- 모든 수치(숫자, 통화, 회계, 백분율 등)는 셀 서식의 속성을 설정하는 과정에서 소수 자릿수를 "0"으로 지정하여 정수로 표시토록 하시오.
- 음수는 "-"가 표시되도록 하시오.
- 숫자 셀은 우측을 수직으로 맞추고, 문자 셀은 수평중앙으로 맞추며 이외 사항은 작업표 형식에 따르도록 하시오. 특히, 단서조항이 있을 경우는 단서 조항을 우선으로 하고, 인쇄출력 시 판독불가능이 발생되지 않도록 인쇄 미리보기 등을 통하여 셀의 크기를 적당히 조정하시오.

문제 2 **그래프(GRAPH) 작성** 작성한 작업표에서 평가가 A급인 경우의 품목코드별 입고가와 출고가를 나타내는 그래프를 작성하시오.

1. **작성 조건**

가) 그래프 형태 : 혼합형 단일축 그래프
입고가(묶은 세로 막대형), 출고가(데이터 표식이 있는 꺾은선형)
(단, 입고가만 데이터 레이블의 값이 표시된 혼합형 단일축 그래프로 하시오.)
나) 그래프 제목 : 제품별 입출고가 현황 -- (글자 크기 : 18, 글꼴서체 임의)
다) X축 제목 : 품목코드
라) Y축 제목 : 금액
마) X축 항목 단위 : 해당 문자열
바) Y축 눈금 단위 : 임의
사) 범례 : 입고가, 출고가
아) 출력물 크기 : A4 용지 1/2장 범위내로 하시오.
자) 기타 : 작성 조건에 없는 형식이나 모양 등은 기본 설정 값에 따르며, 그래프 너비는 작업표 너비에 맞추도록 하시오.
※ 그래프는 반드시 작성된 작업표와 연동하여 작업하여야 하며, 그래프의 영역(범위) 설정 오류로 인한 불이익은 전적으로 수험자 본인에게 있습니다.

Access – 자료처리(DBMS) 작업

인력 정유소에서는 고객관리를 위하여 정유 사용 현황을 전산화하려고 한다. 다음 입력 자료를 이용하여 DB를 설계하고 작성 조건에 따라 처리파일을 작성하고 그 인쇄 출력물을 제출하시오.

[요구사항 및 유의사항]

1) 자료처리(DBMS) 작업은 조회화면(SCREEN) 설계와 자료처리 보고서의 2가지 작업을 수행하여 그 결과물을 인쇄 용지(A4) 기준 각 1장씩 총 2장을 제출하여야 채점 대상이 됨을 유의하시오.
2) 반드시 인쇄작업 수행 전 미리보기 등을 통해 여백을 조정하고, 수치, 문자 등 구성요소가 누락되지 않도록 주의하시오. 구성요소가 누락되어 인쇄되지 않은 결과로 인한 모든 책임은 전적으로 수험자 본인에게 있음을 반드시 유의하시오.
3) 문제지에 기재된 작성 조건에 따라 처리하고, 조회화면 및 자료처리 보고서의 서식이 작성 조건과 상이할 경우에는 시험위원의 지시에 따라 작업하시오.

문제 1 입력자료(DATA)

정유 사용 현황

고객코드	고객명	고객등급	정유명	수량
2002950	김민수	신규	휘발유	530
2007001	윤한샘	신규	경유	250
2002010	김명진	신규	LPG	500
2003003	홍석진	로얄	휘발유	750
2002005	김성부	일반	휘발유	450
2007004	송지웅	신규	LPG	770
2002050	이한빛	신규	경유	800
2005009	하늘	일반	LPG	500
2000020	이승민	골드	LPG	880
2007020	김정수	신규	경유	1500
2004006	백화진	로얄	경유	1670
2003020	우민정	골드	휘발유	1100
2002015	김민수	신규	휘발유	660
2002080	장성우	골드	경유	1050
2008003	조경수	신규	LPG	360

단가표

정유명	판매단가
휘발유	1,480
경유	1,320
LPG	1,000

문제 2 조회화면(SCREEN) 설계

다음 조건에 따라 고객등급이 "신규"이고 고객코드가 "2003000" 이하인 현황을 조회할 수 있는 화면을 설계하고 해당 데이터를 출력하시오.

[작성 조건]

1) 해당 현황은 목록 상자(리스트박스)에서 필드명 고객명의 오름차순으로 출력하고, 화면 아래에 조회 시 작성한 SQL문을 복사하시오.
   - WHERE 조건절에 고객코드, 고객등급 반드시 포함
   - INNER JOIN, ORDER BY 구문 반드시 포함

   ※ SQL문에 상기 내용 미포함 시 SQL 작성 부분 0점 처리
2) 리스트박스 조회시 작성된 SQL문이 작성되지 않을 경우에는 "조회화면(SCREEN) 설계" 과제가 0점 처리됨을 반드시 유의하시오.
3) 목록 상자에 표시되어야 할 필수적인 필드명은 다음과 같습니다.
   - 정유명, 판매단가, 고객코드, 고객명, 고객등급, 수량
4) 폼 서식에 제반되는 폰트, 점선 등은 아래 [조회화면 서식]에 보이는 대로 기재하시오.
5) 기타 사항은 "자료처리 파일(FILE) 작성"의 [기타 조건]을 따르시오.

[조회화면 서식]

고객등급이 "신규"이고 고객코드가 "2003000" 이하인 현황

정유명	판매단가	고객코드	고객명	고객등급	수량

리스트박스 조회 시 작성된 SQL문

문제 3 자료처리 파일(FILE) 작성 다음 조건에 따라 아래 양식과 같이 작성하시오.

[처리 조건]

1) 고객등급(골드, 로얄, 신규, 일반)별로 정리한 후, 같은 고객등급 안에서는 고객명의 내림차순으로 정렬(SORT)한다.
2) 판매금액 : 수량 × 판매단가
3) 할인율(%) : 고객등급이 "골드"이면 30, 고객등급이 "로얄"이면 20,
   고객등급이 "일반"이면 10, 고객등급이 "신규"이면 5로 표시한다.
4) 총매출액 : 판매금액 − (판매금액 × 할인율 / 100)
5) 포인트점수 : 총매출액 / 200 (포인트점수는 금액에 대한 수치 처리를 하지 않습니다.)
6) 작성일자는 수험일자로 한다.
7) 합계 : 고객등급별 각 항목 합 산출
8) 총평균 : 전체 평균 산출

[기타 조건]

1) 조회화면 및 보고서의 제목은 16정도의 임의 서체로 하시오.
2) 금액에 대한 수치는 원화(₩) 표시를 하고 천 단위마다 ,(Comma)를 표시하시오.
   (단, 금액 이외의 수치는 ,(Comma)를 표시하지 않도록 하시오.)
3) 모든 수치(숫자, 통화, 백분율 등)는 컨트롤의 속성을 설정하는 과정에서 소수 자릿수를 "0"으로 지정하여 정수로 표시하시오.
4) 데이터의 열과 간격은 일정하게 맞추도록 하시오.

정유소 고객관리 현황

작성일자 : YYYY-MM-DD

고객등급	고객명	수량	판매금액	할인율(%)	총매출액	포인트점수
골드	XXXX	XXX	₩X,XXX	XX	₩X,XXX	XXXXX
	–	–	–	–	–	–
	합계	XXX	₩X,XXX		₩X,XXX	
로얄						
	–	–	–	–	–	–
	합계	XXX	₩X,XXX		₩X,XXX	
신규						
	–	–	–	–	–	–
	합계	XXX	₩X,XXX		₩X,XXX	
일반						
	–	–	–	–	–	–
	합계	XXX	₩X,XXX		₩X,XXX	
	총 평균	XXX	₩X,XXX		₩X,XXX	

PowerPoint – 시상 작업(PT)

주어진 2개의 슬라이드를 슬라이드 작성조건에 따라 작업하여 인쇄하시오.

슬라이드 작성 조건

1) 각 슬라이드를 문제의 슬라이드 원안과 같이 인쇄하여 제출하시오.
   (특히 글자, 음영, 그림자, 도형 등 인쇄된 내용 그대로 작업하시오.)
2) "주1)" 등 특수한 속성 지정이 되어 있는 경우 지시에 따라 작성하시오.
3) 글꼴은 문제 원안과 같거나 유사한 형태로 작업하시오.
4) 글자, 그림 및 도형 등의 크기와 모양은 문제 원안과 같거나 유사한 형태로 작업하시오.
5) 모든 글씨, 선 등은 흑백(그레이스케일)으로 작업하되, 글상자, 그림 및 도형 등에서 색 채우기가 있는 경우 색 채우기는 회색 40% 정도, 투명도 0%를 기준으로 작업하시오.
6) 각 슬라이드는 원안과 같이 외곽선 테두리가 인쇄되도록 인쇄하시오.
7) 각 슬라이드 크기는 A4 용지의 1/2 범위 내에 인쇄가 가능한 크기가 되도록 조정하여, 슬라이드 2개를 A4 용지 1매 안에 모두 인쇄하시오.
8) 비번호, 수험번호, 성명, 페이지 번호 등은 반드시 자필로 기재하시오.

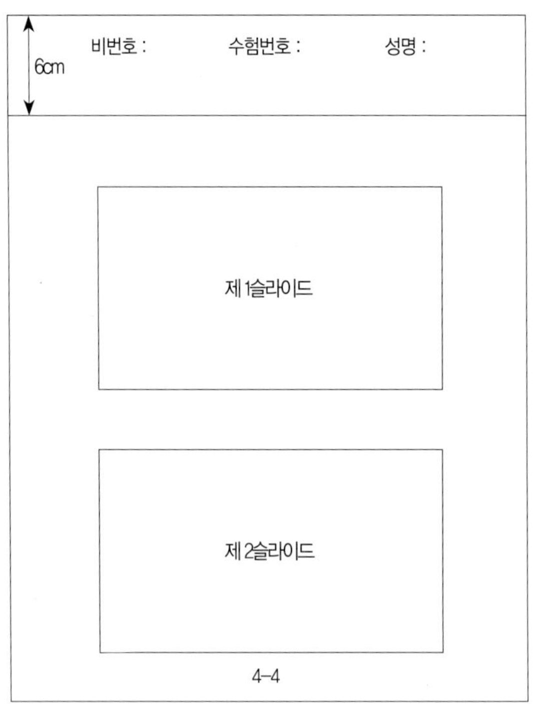

문제 1 제 1슬라이드

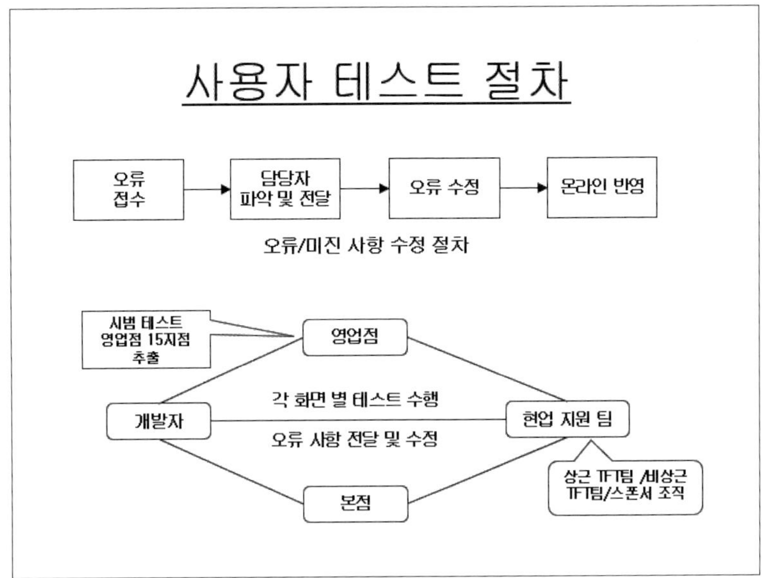

문제 2 제 2슬라이드

5) 망의 형태에 의한 통신망 구분

스타(Star)형

- **중앙에 컴퓨터가 있고 이를 중심으로 단말기들이 연결되는 형태.**
- **중앙 집중방식**
- **장점**
  - » 각 장치는 하나의 링크와 하나의 I/O 포트만 필요로 하므로 설치와 재구성이 쉽다.
  - » 하나의 링크에 문제가 발생하면 해당 링크만 영향을 받는다.
  - » 그물형(망형)보다는 비용이 적게 든다.
  - » 네트워크의 오류진단이 용이.
- **단점**
  - » 추가 비용이 많이 들며 컴퓨터와 단말기간의 통신회선의 수가 많이 필요하다.

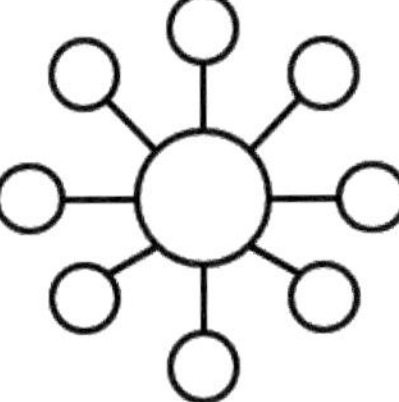

스타형 통신망

정답 작업표 및 차트(그래프)

거래 이익금 현황

품목코드	품목명	입고가	출고가	거래금액	이익금액	평가	순위
LM-228	LM#모니터	₩210,000	₩268,800	₩12,364,800	₩ 2,704,800	A급	7
PT-203	PT#프린터	₩170,000	₩217,600	₩12,403,200	₩ 2,713,200	A급	6
SS-219	SS#스캐너	₩320,000	₩409,600	₩15,564,800	₩ 3,404,800	A급	5
SS-218	SS#스캐너	₩437,000	₩559,360	₩17,340,160	₩ 3,793,160	A급	4
LM-229	LM#모니터	₩240,000	₩307,200	₩20,889,600	₩ 4,569,600	A급	1
SS-220	SS#스캐너	₩480,000	₩614,400	₩20,889,600	₩ 4,569,600	A급	1
LM-239	LM#모니터	₩340,000	₩435,200	₩20,889,600	₩ 4,569,600	A급	1
PT-235	PT#프린터	₩210,000	₩268,800	₩ 5,913,600	₩ 1,293,600	B급	14
LM-238	LM#모니터	₩210,000	₩268,800	₩ 6,182,400	₩ 1,352,400	B급	13
PT-202	PT#프린터	₩165,000	₩211,200	₩ 6,547,200	₩ 1,432,200	B급	12
LM-227	LM#모니터	₩150,000	₩192,000	₩ 7,488,000	₩ 1,638,000	B급	11
PT-205	PT#프린터	₩190,000	₩243,200	₩ 8,755,200	₩ 1,915,200	B급	10
PT-234	PT#프린터	₩170,000	₩217,600	₩ 9,792,000	₩ 2,142,000	B급	9
PT-204	PT#프린터	₩180,000	₩230,400	₩11,059,200	₩ 2,419,200	B급	8
MS-234	MS#마우스	₩ 6,200	₩ 7,936	₩ 174,592	₩ 38,192	C급	20
MS-215	MS#마우스	₩ 6,800	₩ 8,704	₩ 374,272	₩ 81,872	C급	19
MS-214	MS#마우스	₩ 15,400	₩ 19,712	₩ 492,800	₩ 107,800	C급	18
PT-232	PT#프린터	₩130,000	₩166,400	₩ 3,494,400	₩ 764,400	C급	17
PT-233	PT#프린터	₩110,000	₩140,800	₩ 3,942,400	₩ 862,400	C급	16
LM-237	LM#모니터	₩120,000	₩153,600	₩ 4,147,200	₩ 907,200	C급	15
품목별 합계		프린터		₩61,907,200	₩13,542,200		
		모니터		₩71,961,600	₩15,741,600		
품목이름이 마우스이고 출고가가 7,000 이상인 품목들의 합					₩ 227,864		
평가가 A급인 제품의 이익금액 합계					₩26,324,760		
이익금액이 1,000,000 이상 2,000,000 미만인 품목들의 합					₩ 7,631,400		
=SUMIFS(H4:H23,H4:H23,">=1000000",H4:H23,"<2000000")							
=CONCATENATE(LEFT(A4,2),"#",B4)							

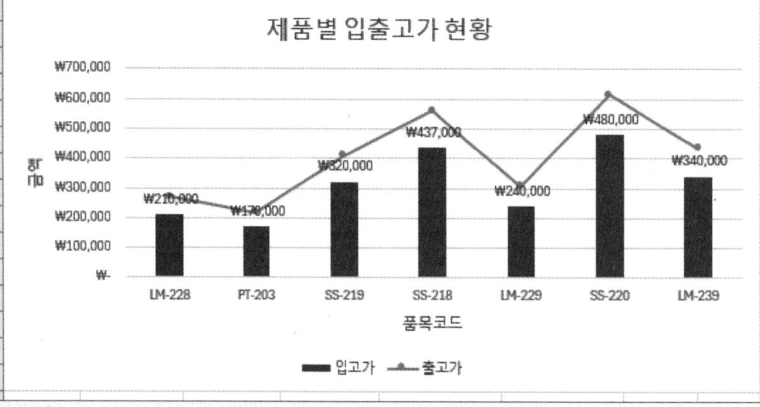

제품별 입출고가 현황

금액

₩700,000
₩600,000
₩500,000
₩400,000
₩300,000
₩200,000
₩100,000
₩-

₩210,000
₩170,000
₩320,000
₩437,000
₩240,000
₩480,000
₩340,000

LM-228 PT-203 SS-219 SS-218 LM-229 SS-220 LM-239

품목코드

입고가 출고가

01. 데이터 입력하기

	A	B	C	D	E	F	G	H	I	J
1	거래 이익금 현황									
2										
3	품목코드	품목이름	출고량	품목명	입고가	출고가	거래금액	이익금액	평가	순위
4	SS-218	스캐너	31		437000					
5	SS-219	스캐너	38		320000					
6	LM-229	모니터	68		240000					
7	PT-202	프린터	31		165000					
8	LM-227	모니터	39		150000					
9	PT-205	프린터	36		190000					
10	PT-204	프린터	48		180000					
11	LM-228	모니터	46		210000					
12	PT-203	프린터	57		170000					
13	MS-214	마우스	25		15400					
14	MS-215	마우스	43		6800					
15	SS-220	스캐너	34		480000					
16	LM-239	모니터	48		340000					
17	PT-232	프린터	21		130000					
18	LM-237	모니터	27		120000					
19	PT-235	프린터	22		210000					
20	PT-234	프린터	45		170000					
21	LM-238	모니터	23		210000					
22	PT-233	프린터	28		110000					
23	MS-234	마우스	22		6200					
24	품목별 합계				프린터					
25					모니터					
26	품목이름이 마우스이고 출고가가 7,000 이상인 품목들의 합									
27	평가가 A급인 제품의 이익금액 합계									
28	이익금액이 1,000,000 이상 2,000,000 미만인 품목들의 합									
29										

한 셀에 두 줄 입력하기

품목이름이 마우스이고 출고가가 7,000 이상인을 입력하고 Alt+Enter를 누른 다음 **품목들의 합**을 입력한 후 Enter를 누릅니다. 여러 줄로 표시되지만 해당 셀의 열 너비를 넓히면 두 줄로 표시됩니다.

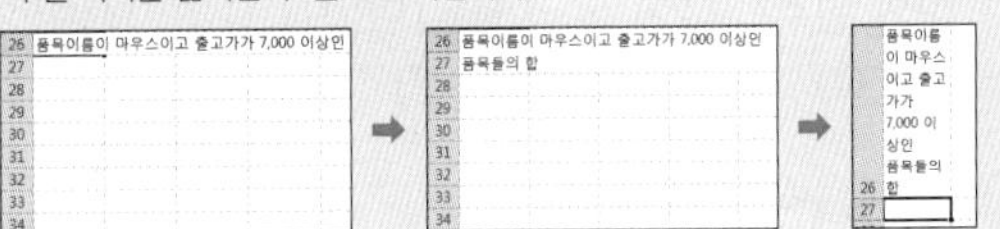

02. 수식 작성하기

❶ **품목명(D4)** : =CONCATENATE(LEFT(A4,2),"#",B4)

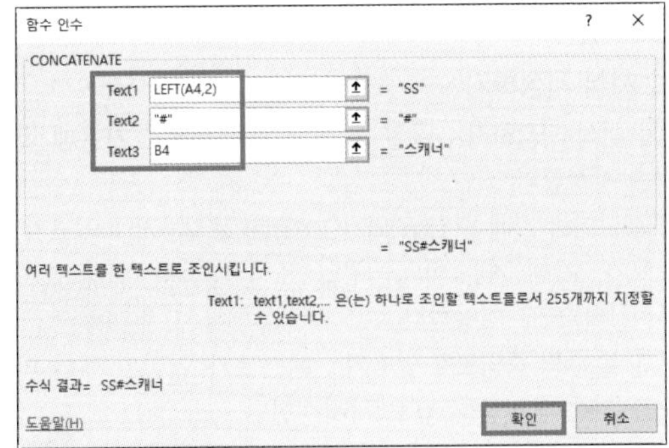

❷ **출고가(F4)** : =E4+(E4*28%)

❸ **거래금액(G4)** : =F4*C4

❹ **이익금액(H4)** : =(F4−E4)*C4

❺ **평가(I4)** : =IF(H4>=2500000,"A급",IF(H4>=1000000,"B급","C급"))

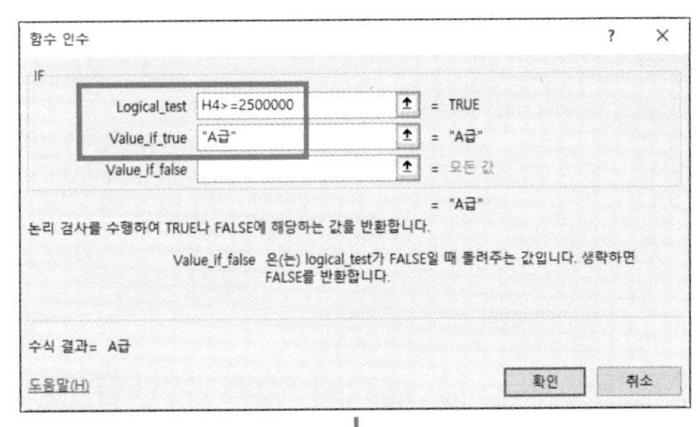

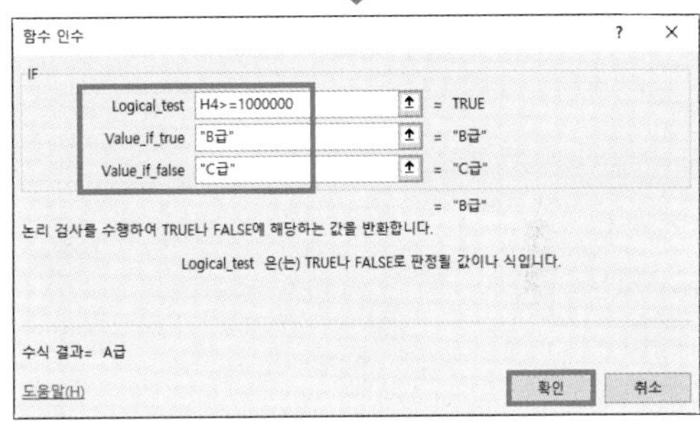

❻ **순위(J4)** : =RANK(G4,$G$4:$G$23)

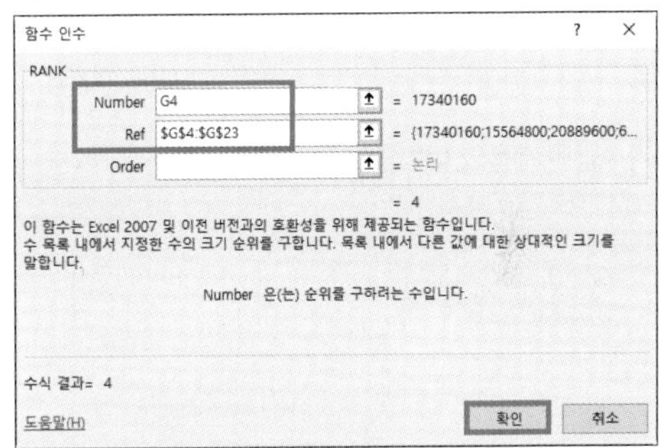

❼ **프린터의 품목별 합계(G24)**

=SUMIF($B$4:$B$23, $E$24,G4:G23)

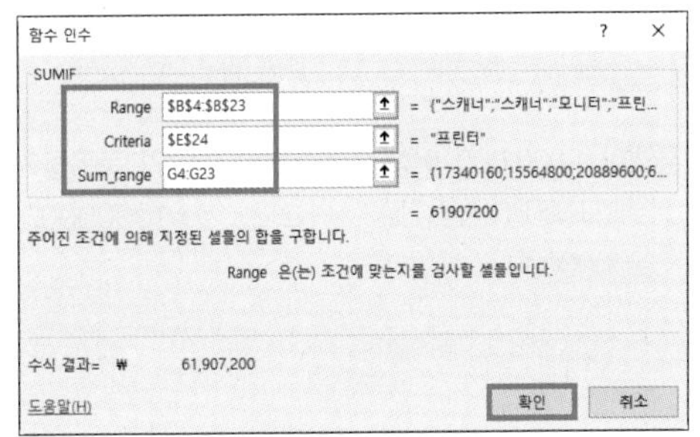

❽ 모니터의 품목별 합계(G25)

=SUMIF($B$4:$B$23,$E$25,G4:G23)

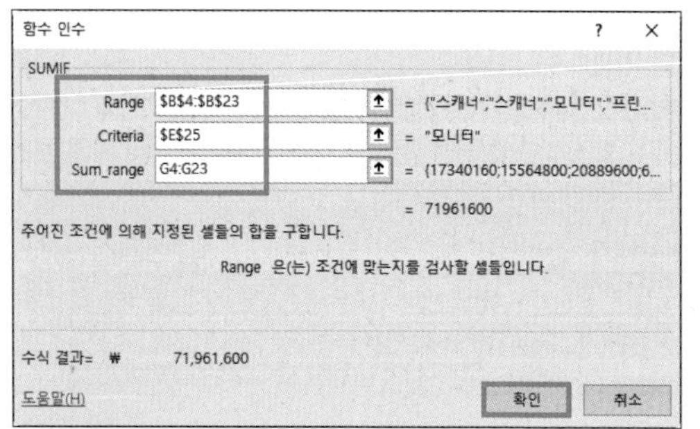

❾ 품목이름이 마우스이고 출고가가 7,000 이상인 품목들의 합(H26)

=SUMIFS(H4:H23,B4:B23,“마우스”,F4:F23,“〉=7000”)

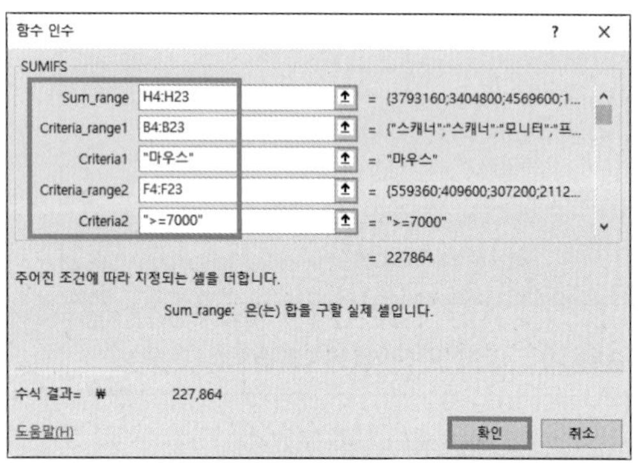

❿ 평가가 A급인 제품의 이익금액 합계(H27)

=SUMIF(I4:I23,“A*”,H4:H23)

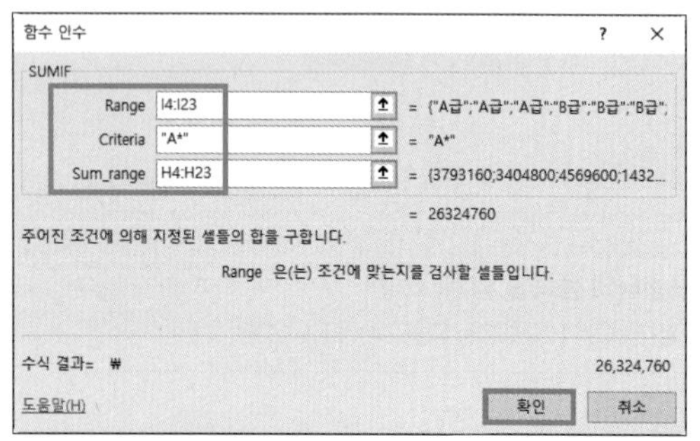

⓫ 이익금액이 1,000,000 이상 2,000,000 미만인 품목들의 합(H28) : =SUMIFS(H4:H23,H4:H23,“〉=1000000”, H4:H23,“〈2000000”)

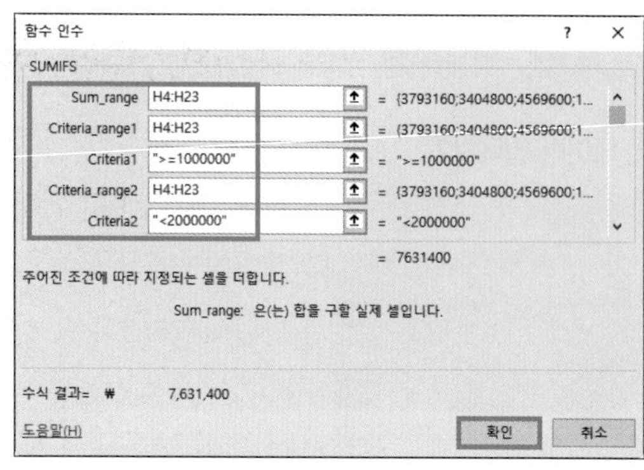

03. 데이터 정렬하기

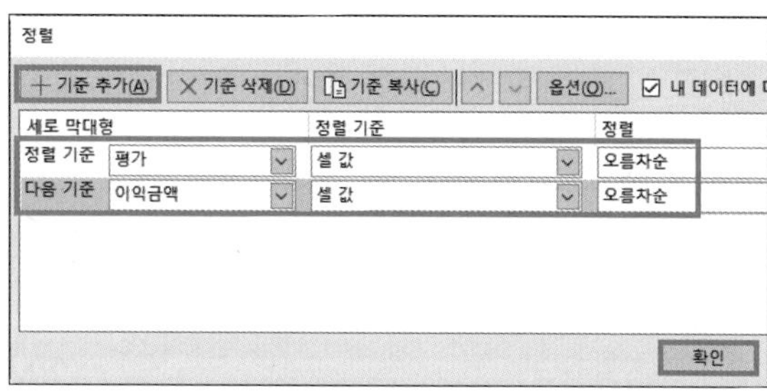

04. 함수식 입력하기

⓬ ⓫의 함수식(A29) : ‘=SUMIFS(H4:H23,H4:H23, “〉=1000000”,H4:H23,“〈2000000”)

⓭ ❶의 함수식(A30)

‘=CONCATENATE(LEFT(A4,2),“#”,B4)

05. 작업표 형식에 없는 열 숨기기

B, C열의 열 머리글을 선택하고 [숨기기]를 실행한다.

06. 서식 지정하기

1. **제목 서식 지정하기** : 글꼴 크기 20, ‘병합하고 가운데 맞춤’을 지정한다.
2. **금액에 대해 화폐 단위(₩)와 ,(Comma) 표시하기** : 입고가, 출고가, 거래금액, 이익금액의 표시 형식을 ‘회계 표시 형식( )’으로 지정한다.
3. **문자 셀 수평 중앙으로 맞추기** : 텍스트가 입력된 셀의 맞춤을 ‘가운데 맞춤( )’으로 지정한다.
4. **셀 병합하기** : 각각의 영역을 블록으로 지정한 후 ‘병합하고 가운데 맞춤’을 지정한다.
5. **테두리 지정하기** : 테두리와 대각선을 지정한다.

01. 차트 작성하기

1. [A3:A10], [E3:F10] 영역을 블록으로 지정한 후 [삽입] → 차트 → 꺾은선형 또는 영역형 차트 삽입(📈) → **표식이 있는 꺾은선형**을 선택한다.

	A	D	E	F	G	H	I	J
1	거래 이익금 현황							
2								
3	품목코드	품목명	입고가	출고가	거래금액	이익금액	평가	순위
4	LM-228	LM#모니터	₩210,000	₩268,800	₩12,364,800	₩ 2,704,800	A급	7
5	PT-203	PT#프린터	₩170,000	₩217,600	₩12,403,200	₩ 2,713,200	A급	6
6	SS-219	SS#스캐너	₩320,000	₩409,600	₩15,564,800	₩ 3,404,800	A급	5
7	SS-218	SS#스캐너	₩437,000	₩559,360	₩17,340,160	₩ 3,793,160	A급	4
8	LM-229	LM#모니터	₩240,000	₩307,200	₩20,889,600	₩ 4,569,600	A급	1
9	SS-220	SS#스캐너	₩480,000	₩614,400	₩20,889,600	₩ 4,569,600	A급	1
10	LM-239	LM#모니터	₩340,000	₩435,200	₩20,889,600	₩ 4,569,600	A급	1
11	PT-235	PT#프린터	₩210,000	₩268,800	₩ 5,913,600	₩ 1,293,600	B급	14
12	LM-238	LM#모니터	₩210,000	₩268,800	₩ 6,182,400	₩ 1,352,400	B급	13
13	PT-202	PT#프린터	₩165,000	₩211,200	₩ 6,547,200	₩ 1,432,200	B급	12
14	LM-227	LM#모니터	₩150,000	₩192,000	₩ 7,488,000	₩ 1,638,000	B급	11
15	PT-205	PT#프린터	₩190,000	₩243,200	₩ 8,755,200	₩ 1,915,200	B급	10
16	PT-234	PT#프린터	₩170,000	₩217,600	₩ 9,792,000	₩ 2,142,000	B급	9
17	PT-204	PT#프린터	₩180,000	₩230,400	₩11,059,200	₩ 2,419,200	B급	8
18	MS-234	MS#마우스	₩ 6,200	₩ 7,936	₩ 174,592	₩ 38,192	C급	20
19	MS-215	MS#마우스	₩ 6,800	₩ 8,704	₩ 374,272	₩ 81,872	C급	19
20	MS-214	MS#마우스	₩ 15,400	₩ 19,712	₩ 492,800	₩ 107,800	C급	18
21	PT-232	PT#프린터	₩130,000	₩166,400	₩ 3,494,400	₩ 764,400	C급	17
22	PT-233	PT#프린터	₩110,000	₩140,800	₩ 3,942,400	₩ 862,400	C급	16
23	LM-237	LM#모니터	₩120,000	₩153,600	₩ 4,147,200	₩ 907,200	C급	15
24	품목별 합계		프린터		₩61,907,200	₩13,542,200		
25			모니터		₩71,961,600	₩15,741,600		
26	품목이름이 마우스이고 출고가가 7,000 이상인 품목들의 합					₩ 227,864		
27	평가가 A급인 제품의 이익금액 합계					₩26,324,760		
28	이익금액이 1,000,000 이상 2,000,000 미만인 품목들의 합					₩ 7,631,400		
29	=SUMIFS(H4:H23,H4:H23,">=1000000",H4:H23,"<2000000")							
30	=CONCATENATE(LEFT(A4,2),"#",B4)							

2. '입고가' 계열의 차트 종류를 '묶은 세로 막대형' 차트로 변경한다.
3. '입고가' 계열에 데이터 레이블을 추가한다.
4. 차트 제목을 **제품별 입출고가 현황**으로 입력한 후 서식을 지정한다.
5. X축 제목을 **품목코드**, Y축 제목을 **금액**으로 지정한다.
6. 차트 위치 및 크기를 조절한다.

02. 페이지 설정하기

'페이지 설정' 대화상자에서 위쪽 여백을 6으로 지정하고, '페이지 가운데 맞춤'에서 '가로'와 '세로'를 선택한다.

12회 Access – 자료처리(DBMS) 작업

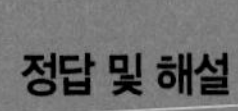

문제 1 테이블 및 쿼리 작성

해설

01. 첫 번째 테이블 작성하기

정답

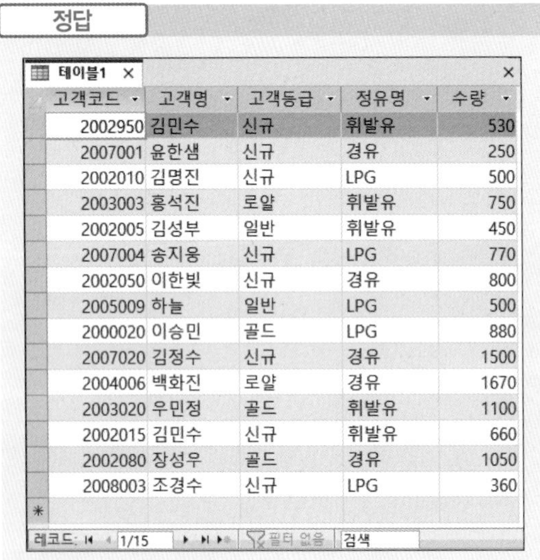

테이블1

고객코드	고객명	고객등급	정유명	수량
2002950	김민수	신규	휘발유	530
2007001	윤한샘	신규	경유	250
2002010	김명진	신규	LPG	500
2003003	홍석진	로얄	휘발유	750
2002005	김성부	일반	휘발유	450
2007004	송지웅	신규	LPG	770
2002050	이한빛	신규	경유	800
2005009	하늘	일반	LPG	500
2000020	이승민	골드	LPG	880
2007020	김정수	신규	경유	1500
2004006	백화진	로얄	경유	1670
2003020	우민정	골드	휘발유	1100
2002015	김민수	신규	휘발유	660
2002080	장성우	골드	경유	1050
2008003	조경수	신규	LPG	360

레코드: 1/15 필터 없음 검색

❶ 필드 생성 및 속성 지정하기

테이블1

필드 이름	데이터 형식	설명(옵션)
고객코드	숫자	
고객명	짧은 텍스트	
고객등급	짧은 텍스트	
정유명	짧은 텍스트	
수량	숫자	

❷ 기본키 해제하기

'고객코드' 필드 행을 클릭한 후 바로 가기 메뉴에서 [기본키]를 선택하여 기본키를 해제한다.

02. 두 번째 테이블 작성하기

정답

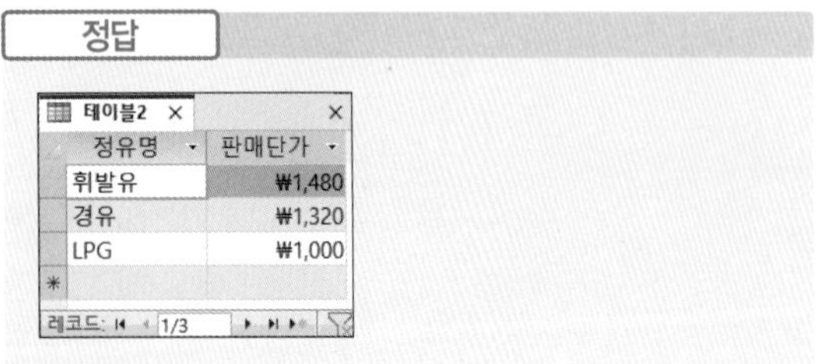

테이블2

정유명	판매단가
휘발유	₩1,480
경유	₩1,320
LPG	₩1,000

레코드: 1/3

❶ 필드 생성 및 속성 지정하기

테이블2

필드 이름	데이터 형식	설명(옵션)
정유명	짧은 텍스트	
판매단가	통화	

03. 쿼리 작성하기

정답

쿼리1

고객코드	고객명	고객등급	정유명	수량	판매금액	할인율(%)	총매출액	포인트점수
2002015	김민수	신규	휘발유	660	₩976,800	5	₩927,960	4640
2003020	우민정	골드	휘발유	1100	₩1,628,000	30	₩1,139,600	5698
2002005	김성부	일반	휘발유	450	₩666,000	10	₩599,400	2997
2003003	홍석진	로얄	휘발유	750	₩1,110,000	20	₩888,000	4440
2002950	김민수	신규	휘발유	530	₩784,400	5	₩745,180	3726
2002080	장성우	골드	경유	1050	₩1,386,000	30	₩970,200	4851
2004006	백화진	로얄	경유	1670	₩2,204,400	20	₩1,763,520	8818
2007020	김정수	신규	경유	1500	₩1,980,000	5	₩1,881,000	9405
2002050	이한빛	신규	경유	800	₩1,056,000	5	₩1,003,200	5016
2007001	윤한샘	신규	경유	250	₩330,000	5	₩313,500	1568
2008003	조경수	신규	LPG	360	₩360,000	5	₩342,000	1710
2000020	이승민	골드	LPG	880	₩880,000	30	₩616,000	3080
2005009	하늘	일반	LPG	500	₩500,000	10	₩450,000	2250
2007004	송지웅	신규	LPG	770	₩770,000	5	₩731,500	3658
2002010	김명진	신규	LPG	500	₩500,000	5	₩475,000	2375

레코드: 1/15 검색

보고서에서 사용할 필드 현황

필드명	원본 데이터	비고
고객명	테이블1	테이블에서 제공
고객등급		
수량		
판매금액	수량 × 판매단가	추가되는 계산 필드
할인율(%)	고객등급이 "골드"이면 30, 고객등급이 "로얄"이면 20, 고객등급이 "일반"이면 10, 고객등급이 "신규"이면 5로 표시	
총매출액	판매금액 – (판매금액 × 할인율 / 100)	
포인트점수	총매출액 / 200	

❶ 테이블 및 필드 선택하기

1. 쿼리 작성기에서 '테이블1'과 '테이블2' 테이블을 추가한 후 '테이블1' 테이블의 '정유명' 필드를 '테이블2' 테이블의 '정유명' 필드로 드래그한다.

보고서를 작성할 때 '테이블2' 테이블의 필드는 사용되지 않습니다. 하지만 계산 필드인 '판매금액' 필드 추가 시 '테이블2'에 있는 '판매단가' 필드가 필요하므로 반드시 '테이블2' 테이블을 추가한 후 '테이블1'과 조인을 설정해야 합니다.

2. 쿼리 작성기에서 '테이블1'의 모든 필드를 추가한다.

❷ 계산 필드 추가하기

1. '판매금액' 필드 추가하기 : 그리드 영역의 두 번째 필드에 **판매금액: [수량]*[판매단가]**를 입력한다.

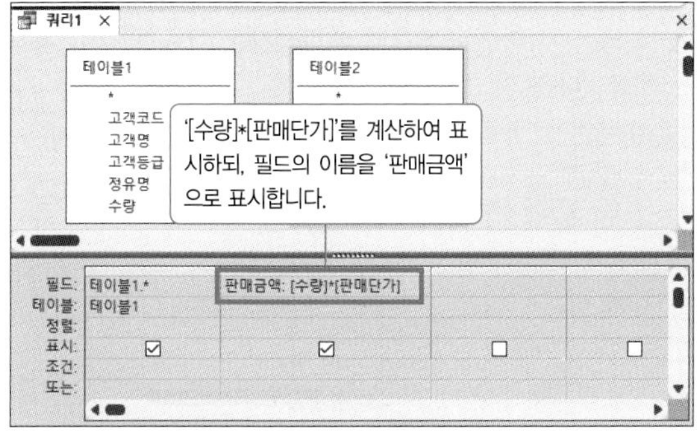

2. '할인율(%)' 필드 추가하기 : '판매금액' 필드의 오른쪽 필드에 **할인율(%): IIf([고객등급]="골드",30,IIf([고객등급]="로얄",20,IIf([고객등급]="일반",10,5)))**를 입력한다.

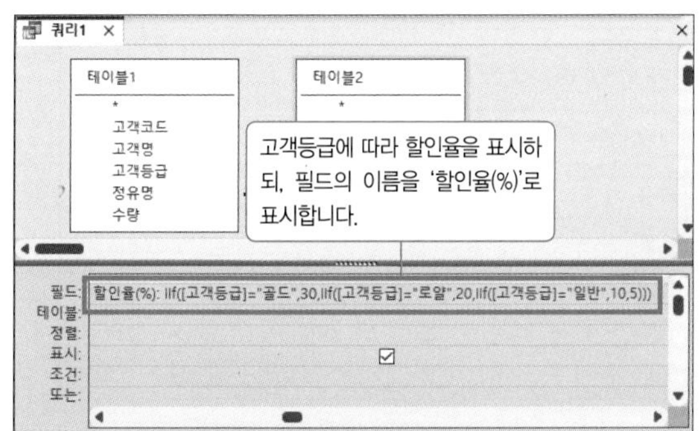

'IIf([고객등급]="골드",30,IIf([고객등급]="로얄",20,IIf([고객등급]="일반",10,5)))'
❶ ❷ ❸
의 의미
❶ 고객등급이 "골드"이면 ❷(30)를 표시하고, 그렇지 않으면 ❸을 수행합니다.
❸ IIf([고객등급]="로얄",20,IIf([고객등급]="일반",10,5))
❹ ❺ ❻
❹ 고객등급이 "로얄"이면 ❺(20)를 표시하고, 그렇지 않으면 ❻을 수행합니다.
❻ IIf([고객등급]="일반",10,5) : 고객등급이 "일반"이면 10을 표시하고, 그렇지 않으면 5를 표시합니다.

3. '총매출액' 필드 추가하기 : '할인율(%)' 필드의 오른쪽 필드에 **총매출액: [판매금액]-([판매금액]*[할인율(%)]/100)**을 입력한다.

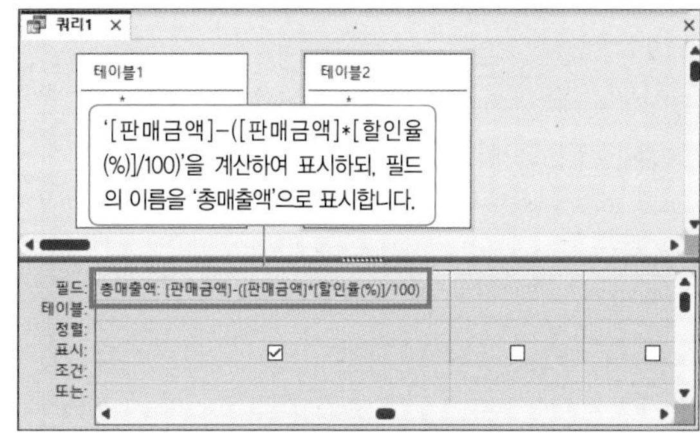

4. '포인트점수' 필드 추가하기 : '총매출액' 필드의 오른쪽 필드에 **포인트점수: [총매출액]/200**을 입력한다.

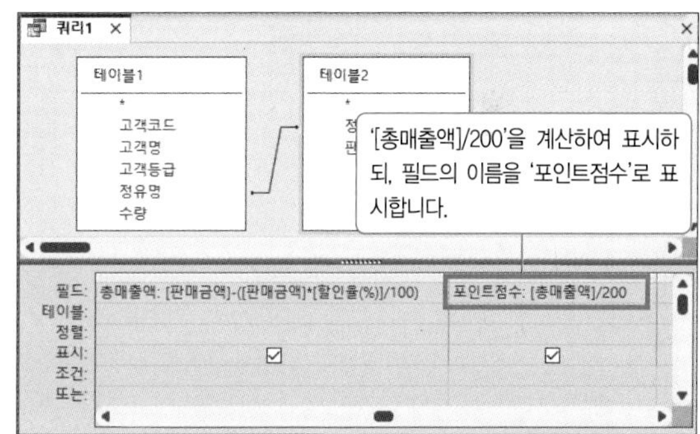

❸ 표시 형식 지정하기

1. '포인트점수' 필드의 바로 가기 메뉴에서 **[속성]**을 선택한다.
2. '필드 속성' 시트 창의 '일반' 탭에서 형식 속성과 소수 자릿수 속성을 0으로 지정한다.

정답

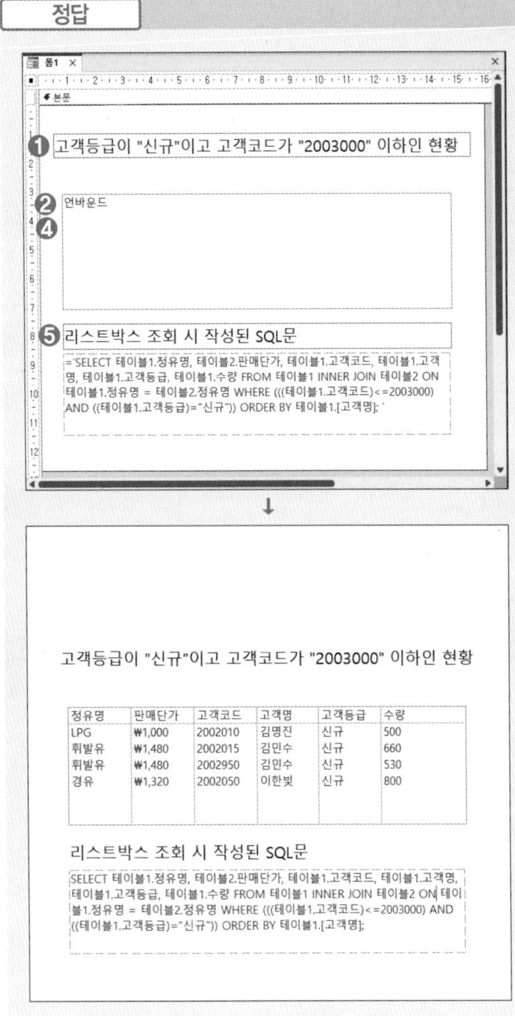

01. 폼 작성하기

❶ 제목 추가하기

[양식 디자인] → 컨트롤 → **레이블(가가)**을 이용하여 그림과 같이 제목을 삽입한다.

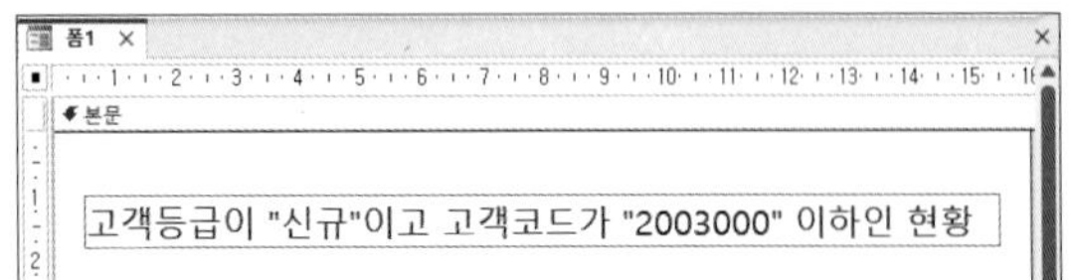

❷ 목록 상자 작성하기

1. [양식 디자인] → 컨트롤 → **목록 상자()**를 이용하여 목록 상자를 추가한다.
2. '목록 상자 마법사' 1단계 대화상자에서 〈다음〉을 클릭한다.
3. '목록 상자 마법사' 2단계 대화상자에서 〈다음〉을 클릭한다.
4. '목록 상자 마법사' 3단계 대화상자를 그림과 같이 지정하고 〈다음〉을 클릭한다.

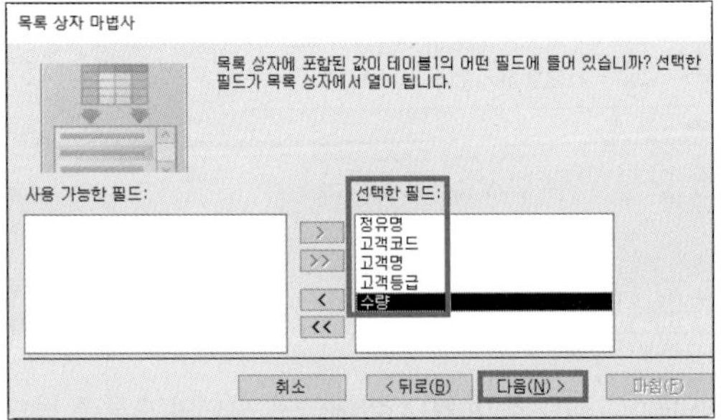

5. '목록 상자 마법사' 4단계 대화상자에서 그림과 같이 지정한 후 〈다음〉을 클릭한다.

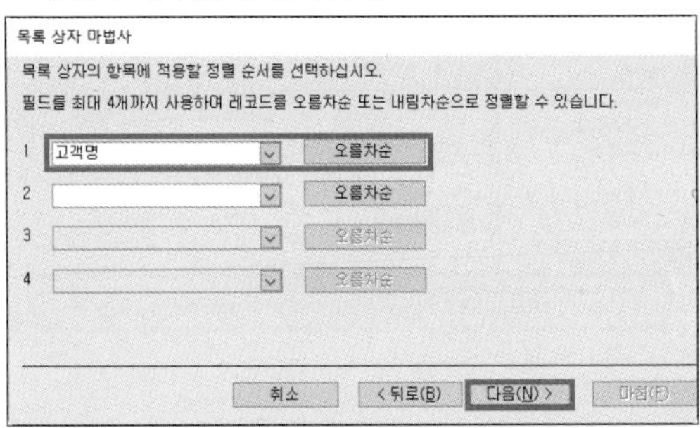

6. '목록 상자 마법사' 5단계 대화상자에서 〈다음〉을 클릭한다.
7. '목록 상자 마법사' 6단계 대화상자에서 〈다음〉을 클릭한다.
8. '목록 상자 마법사' 7단계 대화상자에서 〈마침〉을 클릭한다.
9. 작성된 목록 상자의 가로 너비를 조절하고 폼의 중앙에 위치하도록 이동시킨다.

❸ 목록 상자의 레이블 삭제하기

목록 상자와 함께 생성된 레이블을 선택한 후 Delete를 눌러 삭제한다.

❹ 목록 상자 수정하기

1. 목록 상자를 더블클릭한 후 속성 시트 창의 '형식' 탭에서 열 개수, 열 너비, 열 이름 속성을 그림과 같이 지정한다.

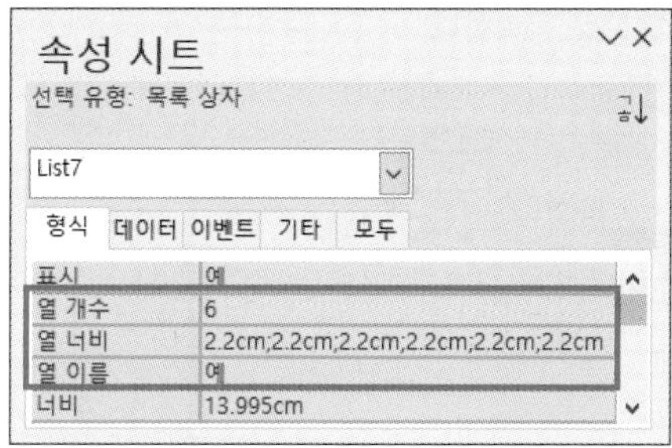

2. '데이터' 탭의 행 원본 속성을 선택한 후 '작성기 단추(...)'를 클릭한다.
3. '관계' 창의 바로 가기 메뉴에서 **[테이블 표시]**를 선택한다.
4. '테이블 추가' 창의 '테이블' 탭에서 '테이블2' 테이블을 더블클릭하여 추가한 후 '닫기(☒)' 단추를 클릭한다.
5. 쿼리 작성기에서 '테이블1' 테이블의 '정유명' 필드를 '테이블2' 테이블의 '정유명' 필드로 드래그한다.
6. 쿼리 작성기에서 그림과 같이 '테이블2' 테이블의 '판매단가' 필드를 추가하고 조건을 지정한다.

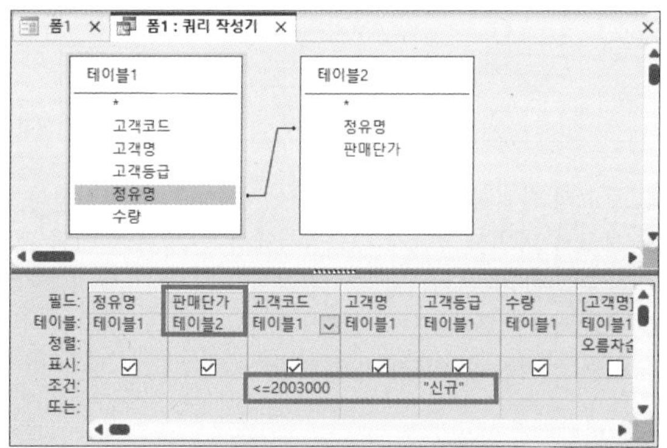

❺ 텍스트 상자에 SQL문 복사하여 넣기

1. [양식 디자인] → 컨트롤 → **텍스트 상자(▭)**를 이용하여 그림과 같이 텍스트 상자를 삽입한다.

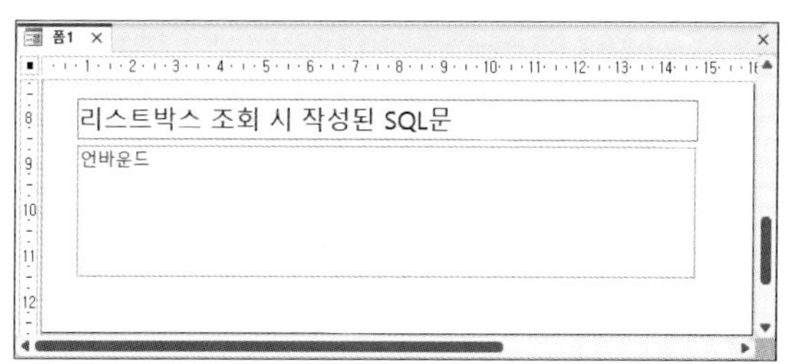

2. 목록 상자를 더블클릭한 후 속성 시트 창의 '데이터' 탭에서 행 원본 속성의 모든 내용을 복사하여 그림과 같이 텍스트 상자에 붙여 넣는다.

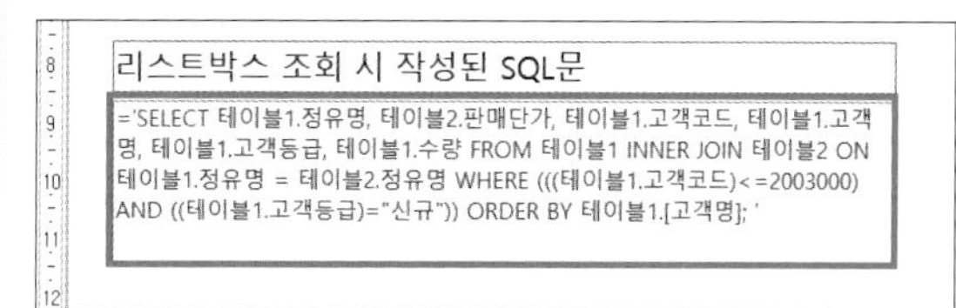

3. 텍스트 상자의 테두리 스타일을 '파선'으로 지정한다.

02. 폼의 여백 설정하기

폼의 위쪽 여백을 60으로 지정한다.

정답

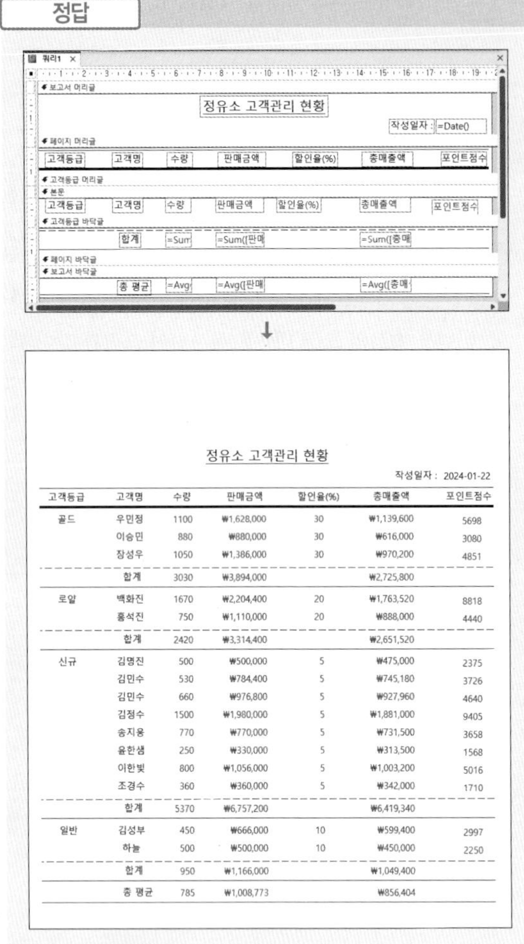

정유소 고객관리 현황

작성일자 : 2024-01-22

고객등급	고객명	수량	판매금액	할인율(%)	총매출액	포인트점수
골드	우민정	1100	₩1,628,000	30	₩1,139,600	5698
	이승민	880	₩880,000	30	₩616,000	3080
	장성우	1050	₩1,386,000	30	₩970,200	4851
	합계	3030	₩3,894,000		₩2,725,800	
로얄	백화진	1670	₩2,204,400	20	₩1,763,520	8818
	홍석진	750	₩1,110,000	20	₩888,000	4440
	합계	2420	₩3,314,400		₩2,651,520	
신규	김명진	500	₩500,000	5	₩475,000	2375
	김민수	530	₩784,400	5	₩745,180	3726
	김민수	660	₩976,800	5	₩927,960	4640
	김정수	1500	₩1,980,000	5	₩1,881,000	9405
	송지용	770	₩770,000	5	₩731,500	3658
	윤한샘	250	₩330,000	5	₩313,500	1568
	이한빛	800	₩1,056,000	5	₩1,003,200	5016
	조경수	360	₩360,000	5	₩342,000	1710
	합계	5370	₩6,757,200		₩6,419,340	
일반	김성부	450	₩666,000	10	₩599,400	2997
	하늘	500	₩500,000	10	₩450,000	2250
	합계	950	₩1,166,000		₩1,049,400	
	총 평균	785	₩1,008,773		₩856,404	

01. 보고서 만들기

1. '보고서 마법사' 1단계 대화상자에서 그림과 같이 지정한 후 〈다음〉을 클릭한다.

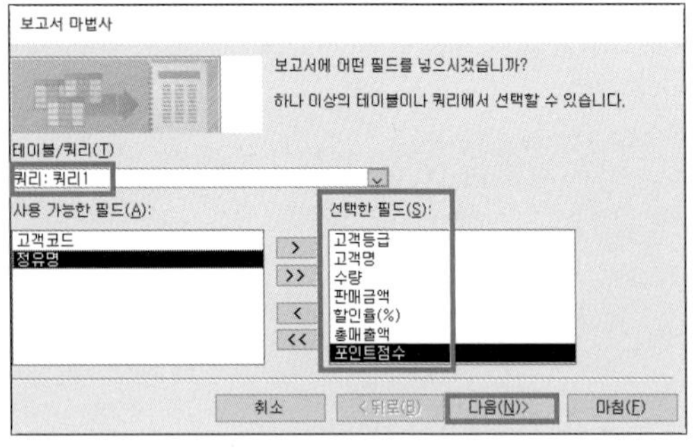

2. '보고서 마법사' 2단계 대화상자에서 '고객등급'을 더블클릭한 후 〈다음〉을 클릭한다.

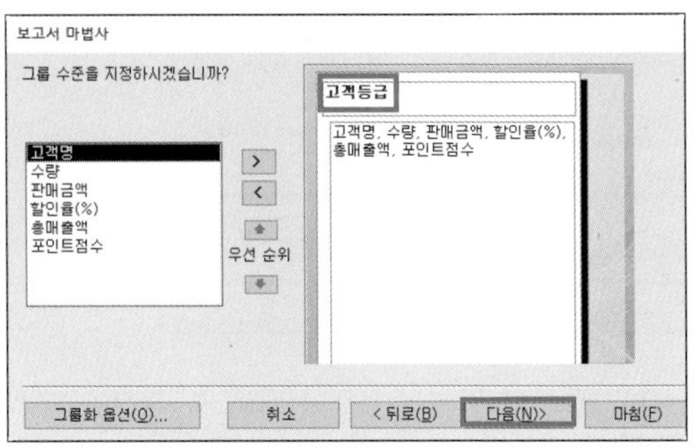

3. '보고서 마법사' 3단계 대화상자에서 〈요약 옵션〉을 클릭한 후 그림과 같이 지정하고 〈확인〉을 클릭한다.

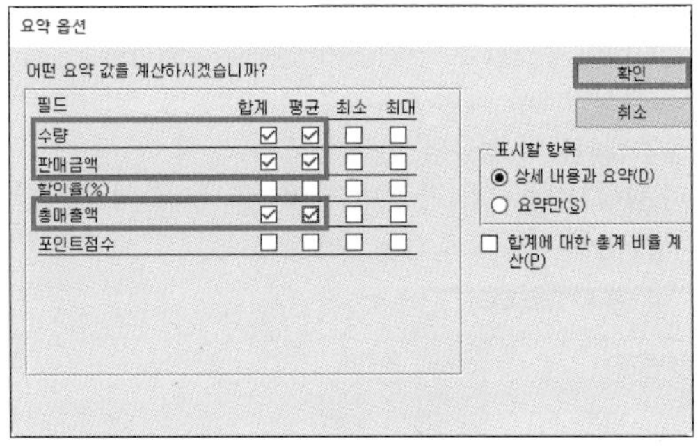

4. '보고서 마법사' 3단계 대화상자에서 〈다음〉을 클릭한다.
5. '보고서 마법사' 4단계 대화상자에서 '단계'가 선택된 것을 확인한 후 〈다음〉을 클릭한다.
6. '보고서 마법사' 5단계 대화상자에서 '보고서 디자인 수정'을 선택한 후 〈마침〉을 클릭한다.

02. 보고서 편집하기

❶ 불필요한 컨트롤 삭제하기

고객등급 바닥글의 '="에 대한 요약"~' 텍스트 상자(❶), 페이지 바닥글의 날짜 텍스트 상자(❷), 페이지 텍스트 상자(❸), 보고서 바닥글의 모든 컨트롤(❹)을 Delete를 눌러 삭제한다.

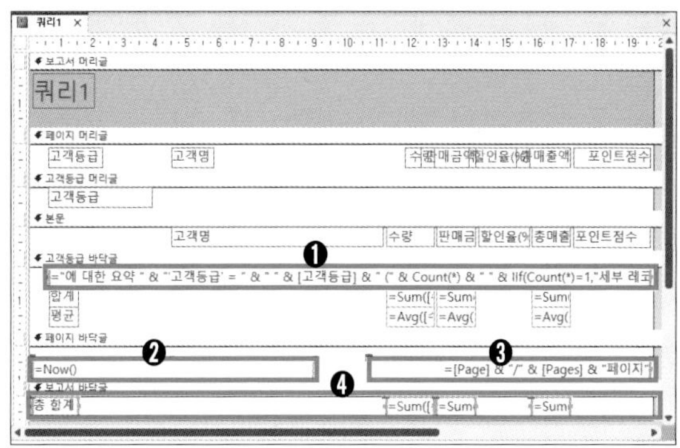

❷ 컨트롤 이동, 크기, 내용 변경하기

1. 고객등급 머리글에 있는 '고객등급' 텍스트 상자를 본문으로 드래그하여 이동시킨다.
2. 고객등급 바닥글의 '평균' 레이블과 '수량의 평균', '판매금액의 평균, '총매출액의 평균' 텍스트 상자를 보고서 바닥글로 드래그하여 이동시킨다.
3. 컨트롤의 크기, 위치 및 내용을 그림과 같이 변경한다.

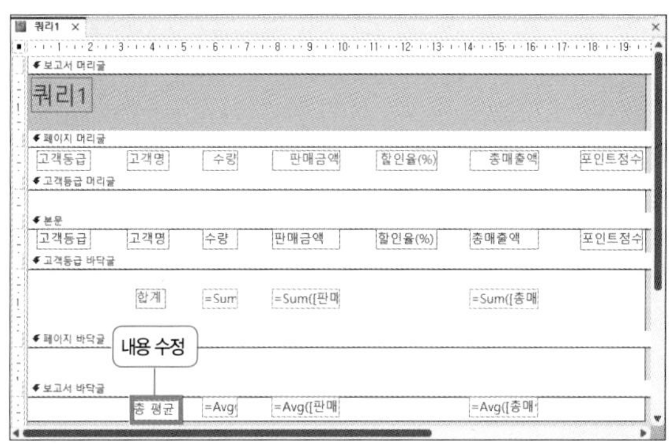

❸ 정렬 지정하기

'그룹, 정렬 및 요약' 창에서 〈정렬 추가〉를 클릭한 후 그림과 같이 지정한다.

❹ 제목 입력 및 서식 지정하기

1. 보고서 머리글의 레이블을 선택한 후 글꼴 크기 16, '밑줄(가)', '가운데 맞춤(☰)'을 지정한다.
2. 제목 레이블의 가로 크기를 보고서 가로 크기만큼 늘린 후 내용을 **정유소 고객관리 현황**으로 수정한다.

❺ 작성일자 컨트롤 생성하기

1. [보고서 디자인] → 컨트롤 → **텍스트 상자**(▭)를 클릭한 후 보고서 머리글의 오른쪽 하단에 드래그한다.
2. 레이블에 **작성일자 :**을, 텍스트 상자에 **=Date( )**를 입력한다.

❻ 선 컨트롤 추가하기

1. [보고서 디자인] → 컨트롤 → **선**(⟋)을 이용하여 그림과 같이 선을 삽입한다.

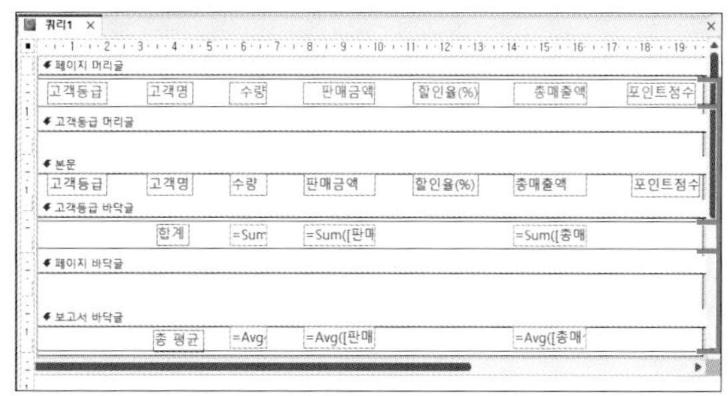

2. 페이지 머리글에 삽입된 두 선 중 아래쪽에 있는 선의 선 두께를 '3pt'로 지정한다.
3. 고객등급 바닥글에 삽입된 두 선 중 위쪽에 있는 선의 테두리 스타일을 '파선'으로 지정한다.

❼ '고객등급' 컨트롤에 중복 내용 숨기기 속성 지정하기

본문의 '고객등급' 텍스트 상자를 더블클릭한 후 속성 시트 창의 '형식' 탭에서 중복 내용 숨기기 속성을 '예'로 지정한다.

❽ 수치 컨트롤에 속성 지정하기

보고서 바닥글의 '수량의 총평균' 텍스트 상자를 선택한 후 속성 시트 창의 '형식' 탭에서 형식 속성과 소수 자릿수 속성을 0으로 지정한다.

❾ 금액 컨트롤에 속성 지정하기

고객등급 바닥글의 '판매금액의 합계', '총매출액의 합계'와 보고서 바닥글의 '판매금액의 총평균', '총매출액의 총평균' 텍스트 상자를 선택한 후 속성 시트 창의 '형식' 탭에서 형식 속성을 '통화'로, 소수 자릿수 속성을 0으로 지정한다.

❿ 컨트롤의 데이터 정렬 및 글꼴 색 변경하기

1. 모든 레이블과 문자 데이터가 들어 있는 텍스트 상자의 텍스트를 '가운데 맞춤(☰)', 글꼴 색을 '검정, 텍스트 1'로 지정한다.

2. 레이블이나 텍스트 상자의 크기 및 위치를 조절하여 문제지에 주어진 그림과 같이 열의 간격과 정렬을 맞춘다.

⑪ 배경색 및 교차 행 색 변경하기

1. 보고서 머리글 선택기를 클릭한 후 도형 채우기 색을 '흰색, 배경 1'로 지정한다.
2. 본문과 고객등급 바닥글의 교차 행 색을 '색 없음'으로 지정한다.

⑫ 컨트롤에 테두리 서식 변경하기

'작성일자' 텍스트 상자와 고객등급 바닥글과 보고서 바닥글의 모든 텍스트 상자의 도형 윤곽선을 '투명'으로 지정한다.

⑬ 사용되지 않는 영역 제거 및 보고서 확인하기

본문과 보고서 바닥글의 선택기를 위쪽으로 드래그하여 빈 공간만 확보된 고객등급 머리글과 페이지 바닥글 영역을 제거한다.

03. 보고서 여백 설정하기

보고서의 위쪽 여백을 60으로 지정한다.

12회 PowerPoint – 시상 작업(PT)

정답 및 해설

문제 1 제 1슬라이드

해설

01. 제 1슬라이드 작성하기

정답

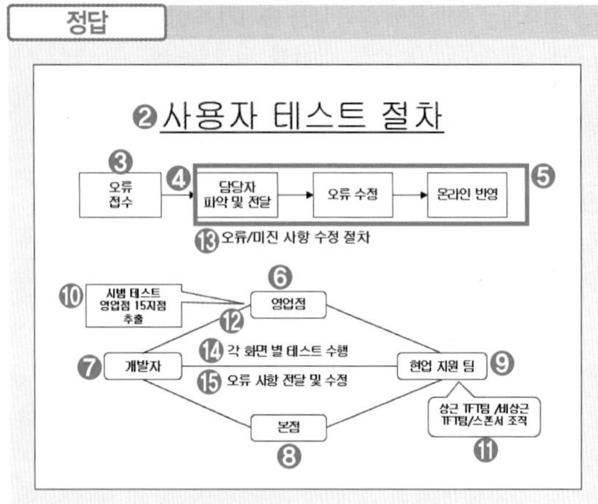

① 슬라이드 레이아웃

[레이아웃] → **제목만**

② 제목 작성하기

'제목을 추가하려면 클릭하십시오.' 부분을 클릭하여 제목 입력

③ 직사각형 삽입하기

[삽입] → 일러스트레이션 → 도형 → 사각형 → **직사각형** (□)

④ 선 화살표 삽입하기

- [삽입] → 일러스트레이션 → 도형 → 선 → **선 화살표** (↘)
- 모양 변경

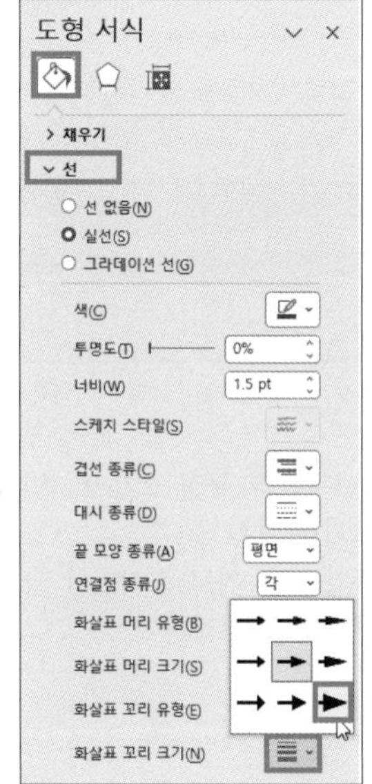

⑤ ③, ④번 도형을 복사한 후 내용 수정하기

⑥ '사각형: 둥근 모서리' 삽입하기

[삽입] → 일러스트레이션 → 도형 → 사각형 → **사각형: 둥근 모서리(▢)**

⑦ ~ ⑨ ⑥번 도형을 복사한 후 내용 수정 및 크기 조절하기

⑩ '말풍선: 사각형' 삽입하기

- [삽입] → 일러스트레이션 → 도형 → 설명선 → **말풍선: 사각형(💬)**
- 모양 변경

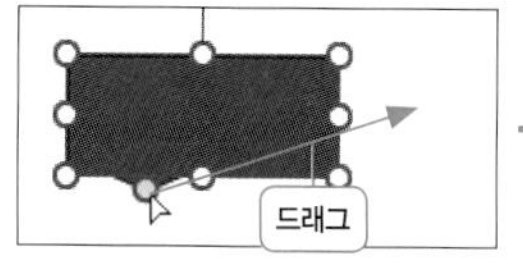

→

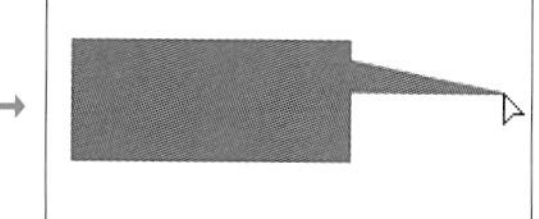

⑪ '말풍선: 모서리가 둥근 사각형' 삽입하기

- [삽입] → 일러스트레이션 → 도형 → 설명선 → **말풍선: 모서리가 둥근 사각형(💬)**
- 모양 변경

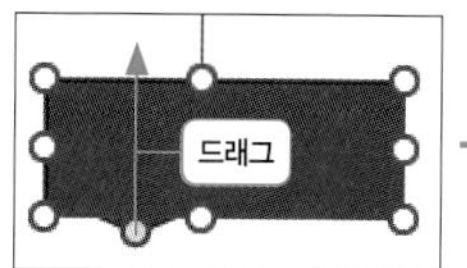

→

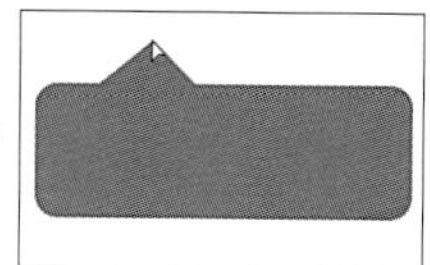

⑫ 선 삽입하기

[삽입] → 일러스트레이션 → 도형 → 선 → **선(╲)**을 이용하여 '사각형: 둥근 모서리'를 연결하는 선을 모두 삽입

⑬ 텍스트 상자 삽입하기

[삽입] → 텍스트 → **가로 텍스트 상자 그리기(가)**

⑭, ⑮ ⑬번 텍스트 상자를 복사한 후 내용 수정하기

문제 2 제 2슬라이드 해설

02. 제 2슬라이드 작성하기

정답

②5) 망의 형태에 의한 통신망 구분

③스타(Star)형

- 중앙에 컴퓨터가 있고 이를 중심으로 단말기들이 연결되는 형태.
- 중앙 집중방식
- 장점
  - » 각 장치는 하나의 링크와 하나의 I/O 포트만 필요로 하므로 설치와 재구성이 쉽다.
  - » 하나의 링크에 문제가 발생하면 해당 링크만 영향을 받는다.
  - » 그물형(망형)보다는 비용이 적게 든다.
  - » 네트워크의 오류진단이 용이.
- 단점
  - » 추가 비용이 많이 들며 컴퓨터와 단말기간의 통신회선의 수가 많이 필요하다.

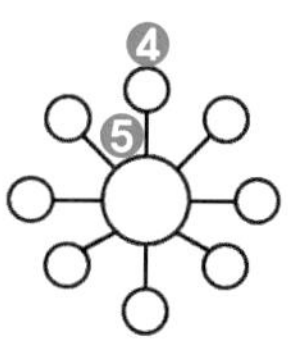

스타형 통신망 ⑥

① 슬라이드 레이아웃

[레이아웃] → **제목만**

② 제목 작성하기

'제목을 추가하려면 클릭하십시오.' 부분을 클릭하여 제목 입력

③ 텍스트 상자 삽입 및 글머리 기호 입력하기

1. [삽입] → 텍스트 → **가로 텍스트 상자 그리기(가)**를 이용하여 텍스트 상자를 입력한다.
2. **스타(Star)형**을 입력한 후 Enter를 누른다.
3. [홈] → 단락 → **목록 수준 늘림(⇥)**을 클릭한 후 [홈] → 단락 → **글머리 기호(☰ ▾)**의 ▾를 클릭하여 '글머리 기호 및 번호 매기기'를 선택한다.
4. '글머리 기호 및 번호 매기기' 대화상자의 '글머리 기호' 탭에서 〈사용자 지정〉을 클릭한다.
5. '기호' 대화상자에서 하위 집합으로 '일반 문장 부호'를 선택한 다음 '–'를 선택하고 〈확인〉을 클릭한다.

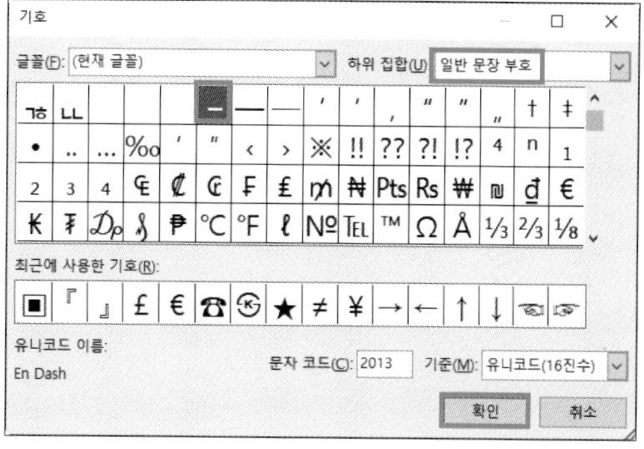

6. '글머리 기호 및 번호 매기기' 대화상자에서도 〈확인〉을 클릭하고 그림과 같이 '단점'까지 입력한다.

스타(Star)형
- 중앙에 컴퓨터가 있고 이를 중심으로 단말 기들이 연결되는 형태.
- 중앙 집중방식
- 장점
- 단점

7. '장점' 뒤에서 Enter를 눌러 빈 줄을 삽입한 후 [홈] → 단락 → **목록 수준 늘림**(▤)을 클릭한다.
8. [홈] → 단락 → **글머리 기호**(☰▾)의 ▾를 클릭하여 '글머리 기호 및 번호 매기기'를 선택한다.
9. '글머리 기호 및 번호 매기기' 대화상자의 '글머리 기호' 탭에서 〈사용자 지정〉을 클릭한다.
10. '기호' 대화상자에서 하위 집합으로 '라틴어-1 추가'를 선택한 다음 '≫'를 선택하고 〈확인〉을 클릭한다.

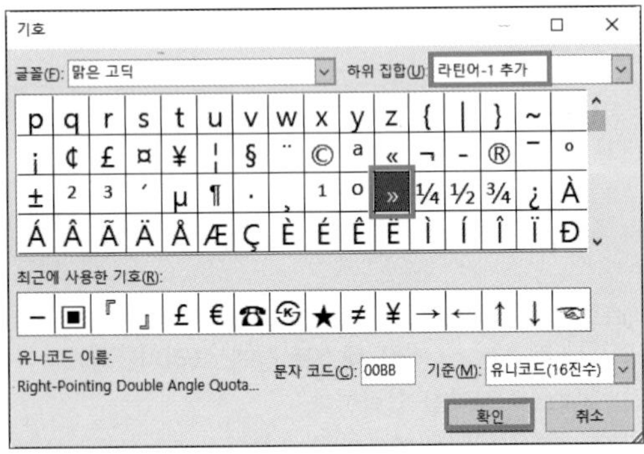

11. '글머리 기호 및 번호 매기기' 대화상자에서도 〈확인〉을 클릭하고 나머지 내용을 입력한다.

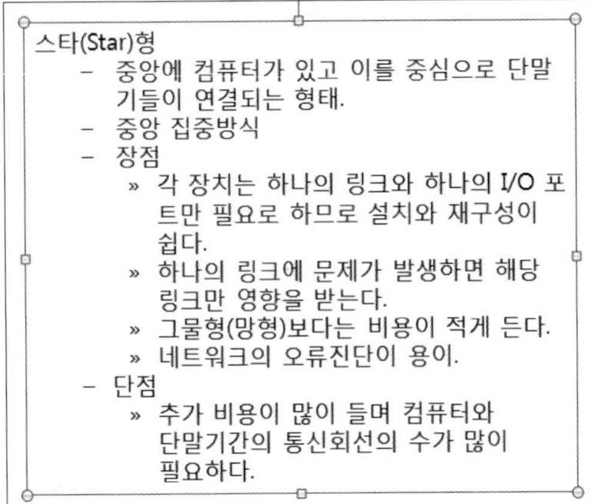

④ 타원 삽입하기

[삽입] → 일러스트레이션 → 도형 → 기본 도형 → **타원**(◯)을 이용하여 타원을 모두 삽입

⑤ 선 삽입하기

[삽입] → 일러스트레이션 → 도형 → 선 → **선**(╲)을 이용하여 타원을 연결하는 선을 모두 삽입

⑥ 직사각형 삽입하기

[삽입] → 일러스트레이션 → 도형 → 사각형 → **직사각형**(▭)

실전 모의고사

실전 모의고사 01회

실전 모의고사 02회

실전 모의고사 03회

실전 모의고사 04회

실전 모의고사 05회

실전 모의고사 06회

실전 모의고사 07회

실전 모의고사 08회

실전 모의고사 09회

실전 모의고사 10회

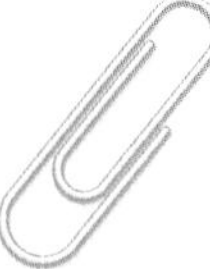

실전 모의고사에는 새로운 기능이 없습니다. 실전 모의고사는 공개문제 12세트를 확실하게 익혔는지 확인하고 실력을 점검하기 위한 용도로 사용해야 합니다. 그러니까 공개문제 12세트를 각각 2시간 내에 완벽하게 풀 수 있다고 생각될 때 만 실제 시험 보는 기분으로 한 회씩 출력하여 엄격하게 시간을 체크하면서 풀어봐야 합니다. 실전 모의고사를 출력하는 방법은 본서 478쪽을 참조하세요.

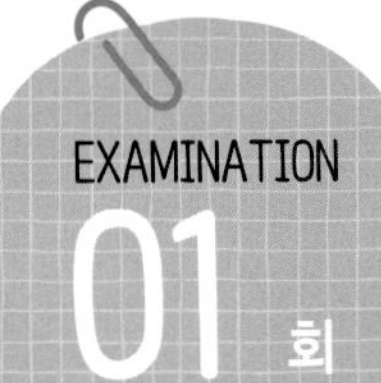

실전 모의고사

Excel

표 계산(SP) 실무 작업
길벗회사에서 제품별 수출 실적 대비표를 전산화하려고 한다. 다음 자료(DATA)를 이용하여 작성 조건에 따라 작업표와 그래프를 작성하고, 그 인쇄 출력물을 제출하시오.

문제 1 작업표(WORK SHEET) 작성

1. 자료(DATA)

수출 현황

행 \ 열	A	B	C	D	E	F
3	제품명	제조회사	자재원가	제조원가	생산량	수출량
4	만년필	그린문구	6100	6900	300	240
5	다이어리	해피문구	6500	4500	300	270
6	만년필	안티문구	5300	5700	350	280
7	다이어리	그린문구	5300	4700	400	300
8	만년필	해피문구	5300	5700	480	360
9	수성펜	그린문구	4800	5200	500	400
10	만년필	나나문구	5600	5400	500	450
11	수성펜	나나문구	4800	5200	600	450
12	만년필	타조문구	5100	4900	650	520
13	다이어리	안티문구	6500	4500	800	600
14	다이어리	나나문구	5300	5700	1000	900
15	다이어리	타조문구	5100	4900	1000	950
16	수성펜	타조문구	3400	4600	2000	1500
17	만년필	알파문구	7800	8580	1300	1200
18	다이어리	알파문구	9500	10450	1800	1500
19	수성펜	해피문구	3500	3850	450	400
20	수성펜	남경문구	6000	6600	3000	2500
21	만년필	동경문구	8400	9240	1200	1100
22	다이어리	길벗문구	10500	11550	1500	1300
23	수성펜	길벗문구	6200	6820	900	700

※ 자료(DATA) 부분에서 음영 처리 표시된 부분은 행/열의 기준선으로 작성(입력)하지 않음을 반드시 유의하시오.

2. 작업표 형식

문구 수출 실적 대비표

행 \ 열	A	B	G	H	I	J	K
3	제품명	제조회사	생산단가	생산총액	수출단가	수출총액	수출비율
4 ~ 23			①	②	③	④	⑤
24	합계		⑥	⑥	⑥	⑥	
25	평균		⑦	⑦	⑦	⑦	
26	제조회사가 '타조문구'이고 생산총액이 8,000,000 이상인 제품들의 합					⑧	
27	수출총액이 5,000,000 이상 8,000,000 미만인 제품들의 합					⑨	
28	제조회사가 '그린문구'이거나 '해피문구'인 제품들의 합					⑩	
29	⑪						
30	⑫						

※ 음영 처리 표시된 부분은 작성하지 않습니다.

3. 작성 조건

가) 작성 시 유의 사항

① 작업표의 작성은 "나)~마)" 항에 제시된 내용을 따르고 반드시 제시된 조건(함수 적용, 단서 조항 등)에 따라 처리하시오.

② 제시된 작성 조건을 따르지 아니하고 여타의 방법 일체(제시된 함수 이외 다른 함수 적용, 함수 미적용, 별도 전자계산기 사용 등)를 사용하여 도출된 결과는 그 답이 맞더라도 정답으로 인정되지 않음을 반드시 유의하시오.

나) 작업표의 구성 및 서식

① "작업표 형식"에서 행과 열에 관계된 음영 처리 표시된 부분은 작성하지 않음을 유의하고 반드시 제시된 행/열에 맞추도록 하시오.

② 제목서식 : 18 포인트 크기로 하고 속성은 밑줄 처리하시오.

③ 글꼴서체 : 임의선정하시오.

다) 원문자가 표시된 셀은 아래의 방법을 이용하여 처리하시오.

① 생산단가 : 자재원가 + 제조원가

② 생산총액 : 생산단가 × 생산량

③ 수출단가 : 생산단가 + 생산단가 × 40%

④ 수출총액 : 수출단가 × 수출량

⑤ 수출비율(%) : 수출량 ÷ 생산량

⑥ 합계 : 각 항목의 합계를 산출하시오.

⑦ 평균 : 각 항목의 평균을 산출하되, 100의 자리까지 반올림하여 표시하시오. (단, AVERAGE와 ROUND 함수 사용)

⑧ 제조회사가 '타조문구'이고 생산총액이 8,000,000 이상인 제품들의 합계를 산출하시오. (단, SUMIFS 함수 사용)

⑨ 수출총액이 5,000,000 이상 8,000,000 미만인 제품들의 합계를 산출하시오. (단, SUMIFS 함수 사용)

⑩ 제조회사가 '그린문구'이거나 '해피문구'인 제품들의 합계를 산출하시오. (단, SUMPRODUCT 함수 사용)

⑪ 항목 ⑦에 사용된 함수식을 기재하시오. (단, 생산단가를 기준으로 하시오.)

⑫ 항목 ⑩에 사용된 함수식을 기재하시오. (단, 수출총액을 기준으로 하시오.)

※ 함수식을 기재하는 ⑪~⑫란은 반드시 해당 항목에 제시된 함수의 작성 조건에 따라 도출된 함수식을 기재하여야 하며, 작성 조건을 위배하여 임의로 작성할 시 해당 답이 맞더라도 틀린 항목으로 채점됨을 유의하시오. 또한 함수식을 작성할 때는 "라) ... 후 도출된 결과 ...

잠깐만요

02장 실제 모의고사는 PDF 파일로 제공합니다.

실전 모의고사는 총 10회가 제공됩니다. 다음을 참고하여 학습하세요.

PDF 파일 다운받기

❶ 시나공 홈페이지(sinagong.gilbut.co.kr)에 접속하여 위쪽의 메뉴에서 [자료실]을 클릭하세요.

❷ '자료실'에서 [사무자동화] → [사무자동화 산업기사 실기]만 남기고 모두 체크 표시를 해제하세요.

❸ '실습예제'에서 '시나공 사무자동화 산업기사 실기'를 다운받아 학습하세요.

※ 자세한 내용은 6쪽을 참고하세요.

어? 목차에 표시된 '02 실전 모의고사'의 내용이 다르네요~

1

2

3

4

합격수기

합격수기 코너는 시나공으로 공부하신 독자분들이 시험에 합격하신 후에 직접
시나공 홈페이지(sinagong.co.kr)의 〈합격전략/후기〉에 올려주신 자료를 토대로 구성됩니다.

이은혜 • dmsnpdi

시나공으로 3개의 자격증 취득! 합격수기 및 노하우

저는 시험장에 가서 느꼈던 점들을 몇 가지 이야기해 드리겠습니다. 평소에 엑셀과 파워포인트는 별 어려움 없이 사용해왔기에 걱정이 안됐는데 액세스 때문에 걱정이 많았습니다. 목록상자 작성하기와 SQL문 복사해서 넣는 작업을 할 때마다 헤맸었거든요. 시험문제를 받아들었는데 역시나 목록상자 작성하기와 SQL문 복사해서 넣는 것이 나왔습니다. 엑셀에서는 입력할 데이터의 양이 꽤 많아서 순간 당황했습니다. 함수는 기본적으로 if, average, sumif, dsum 정도 나와서 어려움 없이 차근차근 작성했습니다. 다만 입력할 데이터가 많아서 입력을 마친 후 틀린 곳은 없는지 다시 한번 확인하는 것을 빼 놓지 않았습니다. 그래프도 특별히 까다로운 조건은 없어서 쉽게 작성할 수 있었고요. 원래 엑셀 – 액세스 – 파워포인트 순으로 항상 연습했는데 왠지 액세스에서 시간이 많이 걸릴 것 같아 시험 볼 때는 액세스를 마지막에 했습니다. 파워포인트는 역시나 쉽게 나와서 20분 만에 마쳤습니다. 문제는 역시 액세스! 테이블과 쿼리 작성까지는 쉽게 갔는데 폼 작성부터 애를 먹었습니다. 다행히 목록상자 만들고, 조건 넣어주고 SQL문 복사까지 하고 미리보기로 출력 결과물을 봤더니 목록상자 내용이 이상하더라고요. 지정한 조건 외의 내용까지 모두 나와서 그때부터 식은땀 흘리며 완전 당황했습니다. 그래서 다시 폼을 작성하여 겨우 시간에 맞춰 완료할 수 있었습니다. 보고서는 크게 어려운 게 없었고요. 본문 내용에 형식(백분율, 통화, 소수 자릿수 0)만 잘 지정해주면 되었습니다. 작업하다보니 금방 2시간이 지나가더라고요. 부리나케 인쇄하고 시험을 끝냈습니다. 인쇄할 때 1장 넘어간다거나 그런 거 없이 잘 나와서 다행이었습니다. 시험 보고나니 액세스는 정말 많은 연습이 필요할 것 같다는 생각이 들더군요. 특히 신유형들은 더더욱요! 시험장에서 당황하니 순간 멍~해지더라고요. 엑셀은 함수를 많이 알아두시면 정말 유용할 것 같고요. 파워포인트는 책에 있는 내용들 한 번씩 작성해보시면 쉽게 하실 수 있을 것 같습니다. 한 달 동안 준비해온 시험이 끝나서 뭔가 개운하면서 찜찜한 기분이 들었는데, 아직 시험 안 보신 분들 계시다면 열심히 하셔서 꼭 좋은 결과 받았으면 좋겠네요.^^

사무자동화 산업기사 실기

개정판

기본서

시험에 나오는 것만 공부한다!
개정판
시나공

부록

엑셀 함수 사전 +
함수 문제 모음 22회

길벗알앤디 지음

사무자동화 산업기사 실기

엑셀 함수 사전 + 함수 문제 모음

길벗알앤디 지음

길벗

지은이 **길벗알앤디**
강윤석, 김용갑, 김우경, 김종일
IT 서적을 기획하고 집필하는 출판 기획 전문 집단으로, 2003년부터 길벗출판사의 IT 수험서인 〈시험에 나오는 것만 공부한다!〉 시리즈를 기획부터 집필 및 편집까지 총괄하고 있다. 30여 년간 자격증 취득에 관한 교육, 연구, 집필에 몰두해 온 강윤석 실장을 중심으로 IT 자격증 시험의 분야별 전문가들이 모여 국내 IT 수험서의 수준을 한 단계 높이기 위한 다양한 연구와 집필 활동에 전념하고 있다.

사무자동화산업기사 실기(오피스 2021/2016/2010 공용) – 시나공 시리즈 ㉖

초판 발행 · 2024년 2월 15일

발행인 · 이종원
발행처 · (주)도서출판 길벗
출판사 등록일 · 1990년 12월 24일
주소 · 서울시 마포구 월드컵로 10길 56(서교동)
주문 전화 · 02)332-0931　팩스 · 02)323-0586
홈페이지 · www.gilbut.co.kr　이메일 · gilbut@gilbut.co.kr

기획 및 책임 편집 · 강윤석(kys@gilbut.co.kr), 김미정(kongkong@gilbut.co.kr), 임은정, 정혜린(sunriin@gilbut.co.kr)
디자인 · 강은경, 윤석남　제작 · 이준호, 손일순, 이진혁, 김우식　마케팅 · 조승모
영업관리 · 김명자　독자지원 · 윤정아

편집진행 및 교정 · 길벗알앤디(강윤석 · 김용갑 · 김우경 · 김종일)　일러스트 · 윤석남
전산편집 · 예다움　CTP 출력 및 인쇄 · 정민　제본 · 정민

ISBN　979-11-407-0848-2 13000
(길벗 도서번호 030904)

가격 27,000원

부실한 교재로 인한 시간과 돈의 낭비는 이제 그만…

이 책은 사무자동화산업기사 실기 시험을 준비하는 수험생이 한 번에 거뜬히 합격할 수 있도록 꼭 필요한 요소들만 모아서 구성했습니다.

함수만 모았습니다.

사무자동화산업기사 실기 시험을 준비하는 수험생에게 있어 함수의 사용은 기본입니다. 기본서에서는 함수를 이용한 수식 만드는 요령을 학습하는 것이지 함수 자체를 배우는 것은 아닙니다. 사무자동화산업기사 실기 시험 범위에 포함된 모든 함수를 중요도별로 나열한 후 관련 기출문제와 함께 수록하였습니다. 함수 사용에 익숙하지 않은 수험생이라면 꼭 선행 학습이 이뤄져야 할 부분입니다.

합격을 위해 넘어야 할 산, 함수 문제만 모았습니다.

공개문제 12회, 실전 모의고사 10회의 계산작업에서 함수식 문제만 골라 다른 문제로 변경한 후 컴퓨터 없이 눈으로 보고 풀어볼 수 있도록 수록하였습니다. 중첩함수나 논리식이 들어가는 계산 문제는 평소에 사용하지 않는 논리를 수식으로 변환하는 것이라 단기간에 숙달되지 않습니다. 문제만 보고 바로 개략적인 함수식이 만들어 질 때까지 반복 연습하세요.

2024년 한 해를 시작하며

1장 엑셀 함수 사전

2장 함수 문제 모음

엑셀 함수 사전

사무자동화산업기사 실기

001 현재 날짜 표시하기 — TODAY

TODAY 함수는 현재 시스템의 날짜를 반환하는 함수입니다. 함수가 입력되기 전에 셀이 일반 서식을 가지고 있어도 결과 값은 날짜 서식으로 표시됩니다. 현재의 날짜와 시간이 같이 표시되게 하려면 NOW 함수를 사용하세요.

형식 TODAY( ) : TODAY 함수는 인수 없이 사용합니다. 현재 시스템의 날짜를 반환합니다.

준비하세요! : 'C:\길벗사무자동화\함수사전' 폴더의 'TODAY.xlsx' 파일을 열어 '기본' 시트에서 실습하세요.

	A
1	오늘의 날짜 표시하기
2	
3	2024-01-13 ❶
4	
5	

❶ =TODAY( ) : 현재의 날짜인 "2024-01-13"이 [A3] 셀에 입력됩니다.
※ TODAY 함수의 결과값은 현재 날짜에 따라 다르게 표시됩니다.

기출문제 따라잡기 — '기출' 시트에서 실습하세요.

'작성일'은 오늘 날짜(수검일자)로 표시하세요.

	A	B	C
1	사무자동화산업기사 실기 시험		
2			
3	작성일 :	2024-01-13	
4			
5			

※ 현재 날짜에 따라 결과값이 다름

정답 [B3] : =TODAY( )

002 시간에서 시만 추출하기 — HOUR

HOUR 함수는 시간값에서 시(Hour)를 추출합니다. 시간은 0(오전 12:00)부터 23(오후 11:00)까지의 정수로 표시됩니다. 시간은 따옴표로 묶은 텍스트 문자열("6:45 PM")이나 실수(6:45 PM을 의미하는 0.78125) 또는 다른 수식이나 함수의 결과(TIMEVALUE("6:45 PM"))로 입력할 수 있습니다.

형식 HOUR(시간) : '시간'에서 시만 추출합니다.

준비하세요! : 'C:\길벗사무자동화\함수사전' 폴더의 'HOUR.xlsx' 파일을 열어 '기본' 시트에서 실습하세요.

	A	B
1	시간에서 시만 추출하기	
2		
3	시간	시
4	1:34:00 PM	13 ❶
5	1:34:00 AM	1
6	11:01:47 PM	23 ❷
7	12:46:48 AM	0
8	2024-09-23 2:25:00 AM	2
9	24-01-Wed 12:58:54 PM	12 ❸

❶ =HOUR(A4) : [A4] 셀에서 시만 추출한 13이 [B4] 셀에 입력됩니다.
❷ =HOUR(A6) : [A6] 셀에서 시만 추출한 23이 [B6] 셀에 입력됩니다.
❸ =HOUR(A9) : [A9] 셀에서 시만 추출한 12가 [B9] 셀에 입력됩니다.

기출문제 따라잡기 — '기출' 시트에서 실습하세요.

'근무시간'을 이용하여 '당일금액'을 구하여 표시하세요.

▶ 당일금액 : (근무시간의 시×4,800)+(근무시간의 분×80)

정답 [D2] : =(HOUR(C2)*4800)+(MINUTE(C2)*80)

	A	B	C	D
1	출근시간	퇴근시간	근무시간	당일금액
2	13:10	15:00	1:50	8800
3	18:30	21:00	2:30	12000
4	9:00	12:30	3:30	16800
5	9:00	12:30	3:30	16800
6	19:30	23:00	3:30	16800
7	9:00	13:20	4:20	20800

※ 결과가 시간 서식으로 표시되므로 일반 숫자로 보려면 '셀 서식(Ctrl+1)' 대화상자에서 숫자 서식을 지정해야 합니다.

수식의 이해

=(HOUR(C2)*4800)+(MINUTE(C2)*80)
❶ (HOUR(C2)*4800), ❷ (MINUTE(C2)*80)

- ❶ **HOUR(C2)*4800** : 근무시간([C2])에서 시(1)만 추출하여 4800을 곱한 값인 4,800을 반환합니다.
- ❷ **MINUTE(C2)*80** : 근무시간([C2])에서 분(50)만 추출하여 80을 곱한 값인 4,000을 반환합니다.
- **=4800+4000** : 4800에 4000을 더한 값 8800이 [D2] 셀에 입력됩니다.

전문가의 조언

MINUTE 함수는 시간에서 분만 추출하는 함수입니다. 자세한 설명은 8쪽을 참고하세요.

003 시간에서 분만 추출하기 – MINUTE

MINUTE 함수는 시간값에서 분(Minute)을 추출합니다. 분은 0부터 59까지의 정수로 표시됩니다. 시간은 따옴표로 묶은 텍스트 문자열("6:45 PM")이나 실수(6:45 PM을 나타내는 0.78125) 또는 다른 수식이나 함수의 결과(TIMEVALUE("6:45 PM"))로 입력할 수 있습니다.

형식 MINUTE(시간) : '시간'에서 분만 추출합니다.

준비하세요! : 'C:\길벗사무자동화\함수사전' 폴더의 'MINUTE.xlsx' 파일을 열어 '기본' 시트에서 실습하세요.

	A	B
1	시간에서 분만 추출하기	
2		
3	시간	분
4	1:34:00 PM	34 ❶
5	1:34:00 AM	34
6	11:01:47 PM	1 ❷
7	12:46:48 AM	46
8	2024-09-23 2:25:00 AM	25
9	24-01-Wed 12:58:54 PM	58 ❸

❶ =MINUTE(A4) : [A4] 셀에서 분만 추출한 34가 [B4] 셀에 입력됩니다.

❷ =MINUTE(A6) : [A6] 셀에서 분만 추출한 1이 [B6] 셀에 입력됩니다.

❸ =MINUTE(A9) : [A9] 셀에서 분만 추출한 58이 [B9] 셀에 입력됩니다.

기출문제 따라잡기 – '기출' 시트에서 실습하세요.

'근무시간'을 이용하여 '당일금액'을 구하여 표시하세요.

▶ 당일금액 : (근무시간의 시×4,800)+(근무시간의 분×80)

	A	B	C	D
1	출근시간	퇴근시간	근무시간	당일금액
2	13:10	15:00	1:50	8800
3	18:30	21:00	2:30	12000
4	9:00	12:30	3:30	16800
5	9:00	12:30	3:30	16800
6	19:30	23:00	3:30	16800
7	9:00	13:20	4:20	20800

정답 [D2] : =(HOUR(C2)*4800)+(MINUTE(C2)*80)

※ 결과가 시간 서식으로 표시되므로 일반 숫자로 보려면 '셀 서식(Ctrl+1)' 대화상자에서 숫자 서식을 지정해야 합니다.

=(HOUR(C2)*4800)+(MINUTE(C2)*80)
❶ ❷

- ❶ **HOUR(C2)*4800** : 근무시간([C2])에서 시(1)만 추출하여 4800을 곱한 값인 4,800을 반환합니다.
- ❷ **MINUTE(C2)*80** : 근무시간([C2])에서 분(50)만 추출하여 80을 곱한 값인 4,000을 반환합니다.
- **=4800+4000** : 4800에 4000을 더한 값 8800이 [D2] 셀에 입력됩니다.

HOUR 함수는 시간에서 시만 추출하는 함수입니다. 자세한 설명은 7쪽을 참고하세요.

004 1월 실적이 평균 이상이면 "우수", 평균 미만이면 "미달" 표시하기 — IF

IF 함수는 참과 거짓에 관한 논리식을 판별하여 참일 때와 거짓일 때 서로 다른 값을 반환하기 위해 사용하는 함수입니다. 예를 들어 1월 실적이 평균 이상이면 "우수"를 반환하고 평균 미만이면 "미달"을 반환하는 수식은 '=IF(1월실적 >= 평균, "우수", "미달")'과 같이 입력하여 사용할 수 있습니다.

형식 IF(조건, 인수1, 인수2) : 조건이 '참'이면 인수1, '거짓'이면 인수2를 실행합니다.

준비하세요! : 'C:\길벗사무자동화\함수사전' 폴더의 'IF.xlsx' 파일을 열어 '기본' 시트에서 실습하세요.

IF 함수를 이용하여 1월 실적이 평균보다 크면 평가에 "우수"를, 그렇지 않으면 공란을 표시해 보겠습니다.

	A	B	C	D	E
1		개인별 영업 실적 현황			
2					
3		영업소	사원이름	1월 실적	평가
4		서울	김정식	137,000	우수 ❶
5		경기	박기수	78,900	
6		강원	한송희	57,900	❷
7		충북	장영철	103,400	우수
8		대구	김만호	117,800	우수
9		경북	최수정	78,900	❸
10		부산	서용식	114,000	우수
11		평균		98,271	

❶ =IF(D4>D11, "우수", " ") : [D4] 셀의 1월 실적(137,000)이 평균 실적(98,271)을 초과하므로 "우수"가 [E4] 셀에 표시됩니다.

❷ =IF(D6>D11, "우수", " ") : [D6] 셀의 1월 실적(57,900)이 평균 실적(98,271) 미만이므로 공란이 [E6] 셀에 표시됩니다.

❸ =IF(D9>D11, "우수", " ") : [D9] 셀의 1월 실적(78,900)이 평균 실적(98,271) 미만이므로 공란이 [E9] 셀에 표시됩니다.

※ [E4] 셀에 수식을 입력한 후 [E10] 셀까지 수식을 복사하여 나머지 셀을 계산하려면 '=IF(D4>$D$11, "우수", " ")'로 입력해야 합니다.

기출문제 따라잡기 —'기출' 시트에서 실습하세요.

'총점'이 150 이상이면 "승진", 100 이상이면 "보류", 그 외는 공란으로 표시하세요.

	A	B	C	D	E	F
1		사원 승진 심사표				
2		성명	근태점수	실적점수	총점	승진여부
3		김선우	80	86	166	승진
4		유세준	65	75	140	보류
5		손상훈	45	54	99	
6		김승완	78	75	153	승진
7		박진수	65	68	133	보류

정답 [F3] :
=IF(E3>=150, "승진", IF(E3>=100, "보류", " "))

=IF(E3>=150, "승진", IF(E3>=100, "보류", " "))
❶ ❷ ❸

- ❶ : 총점이 150 이상이면 ❷(승진)를 입력하고, 그렇지 않으면 ❸을 수행합니다.
- ❸ =IF(E3>=100, "보류", " ") : 총점이 100 이상이면 "보류"를 표시하고, 그렇지 않으면 " "(공란)을 표시합니다.
- 총점이 166점이므로 [F3] 셀에 "승진"이 표시됩니다.

005 반올림하기 – ROUND

ROUND 함수는 숫자를 지정한 자릿수로 반올림하여 표시하는 함수입니다. 가령 'ROUND(35.6768,2)'라면 35.6768을 소수 이하 셋째 자리에서 반올림하여 소수 이하 둘째 자리까지 표시하므로 35.68이 됩니다.

형식 ROUND(인수, 반올림 자릿수) : 인수에 대하여 지정한 자릿수로 반올림합니다.

준비하세요! : 'C:\길벗사무자동화\함수사전' 폴더의 'ROUND.xlsx' 파일을 열어 '기본' 시트에서 실습하세요.

	A	B	C
1	반올림		
2			
3	숫자	자릿수	결과
4	78325.67429	3	78325.674 ❶
5	78325.67429	2	78325.67
6	78325.67429	1	78325.7
7	78325.67429	0	78326
8	78325.67429	-1	78330
9	78325.67429	-2	78300 ❷
10	78325.67429	-3	78000

❶ =ROUND(A4, B4) : [A4] 셀의 값 78325.67429를 소수 이하 넷째 자리에서 반올림하여 소수 이하 셋째 자리까지 표시하므로 78325.674가 [C4] 셀에 입력됩니다.

❷ =ROUND(A9, B9) : [A9] 셀의 값 78325.67429를 십의 자리에서 반올림하여 백의 자리까지 표시하므로 78300이 [C9] 셀에 입력됩니다.

ROUND 함수의 반올림 자릿수

반올림 자릿수가 0보다 크면 숫자는 지정한 소수 이하 자릿수로, 0이면 가장 가까운 정수로, 0보다 작으면 소수점 왼쪽에서 반올림됩니다.

3	8	6	4	.	5	5	8	8
-3자리	-2자리	-1자리	0자리		1자리	2자리	3자리	4자리

기출문제 따라잡기 – '기출' 시트에서 실습하세요.

'할인액'의 평균을 계산하세요.

▶ 반올림하여 1000의 자리까지 표시

	A	B	C	D	E	F
1		상공 문구 판매 현황				
2		제품명	판매가격	판매수량	판매금액	할인액
3		다이어리	2,550	55	140,250	4,208
4		수첩	12,350	65	802,750	24,083
5		명함꽂이	3,450	60	207,000	6,210
6		딱풀	765	100	76,500	2,295
7		붓	7,650	77	589,050	17,672
8		할인액 평균				11,000

정답 [F8] : =ROUND(AVERAGE(F3:F7), -3)

=ROUND(AVERAGE(F3:F7), -3)
(❶ AVERAGE(F3:F7), ❷ 전체)

• **AVERAGE(F3:F7)** : [F3:F7] 영역의 평균인 10893.3을 반환합니다. 10893.3을 ❶에 대입하면 다음과 같은 수식이 만들어 집니다.

• **=ROUND(10893.3, -3)** : 10893.3을 백의 자리에서 반올림하여 천의 자리까지 표시한 11,000이 [F8] 셀에 입력됩니다.

AVERAGE 함수는 평균을 계산할 때 사용하는 함수입니다. 자세한 내용은 25쪽을 참고하세요.

006 합계 구하기 — SUM

SUM 함수는 인수로 주어진 숫자들의 합계를 계산하는 함수로, 인수는 255개까지 지정할 수 있습니다. 인수는 숫자이거나 숫자가 포함된 이름, 배열 또는 셀 주소이어야 합니다.

형식 SUM(인수1, 인수2, …) : 인수(인수1, 인수2, …)로 주어진 숫자들의 합계를 계산합니다.

준비하세요! : 'C:\길벗사무자동화\함수사전' 폴더의 'SUM.xlsx' 파일을 열어 '기본' 시트에서 실습하세요.

	A	B	C	D
1	합계계산			
2				
3	숫자1	숫자2	숫자3	합계
4	6	7	8	21 ❶
5	20	30	40	90
6	-	30	26	56 ❷
7	8		10	18

❶ =SUM(A4:C4) : [A4:C4] 영역의 합계인 21이 [D4] 셀에 입력됩니다.
❷ =SUM(A6:C6) : [A6:C6] 영역의 합계인 56이 [D6] 셀에 입력됩니다.

기출문제 따라잡기 — '기출' 시트에서 실습하세요.

'주유금액'의 합계를 계산하세요.

	A	B	C	D	E
1		고객별 주유 현황			
2					
3		고객명	결제방식	주유량	주유금액
4		정애란	현금	28	₩ 46,200
5		정장수	현금	25	₩ 41,250
6		정수미	카드	38	₩ 62,700
7		오지애	카드	45	₩ 35,100
8		황교언	카드	30	₩ 25,500
9		조종회	카드	30	₩ 23,400
10		주유금액의 합계			₩ 234,150

정답 [E10] : =SUM(E4:E9)

=SUM(E4:E9)

[E4:E9] 영역의 합계인 243,150이 [E10] 셀에 입력됩니다.

007 조건에 맞는 품목의 합계 구하기 – SUMIF

SUMIF 함수는 많은 자료 중에서 조건에 맞는 데이터만 찾아서 합계를 구하는 함수입니다. 조건이 적용될 범위에서 조건에 맞는 데이터를 찾아 합계를 구할 범위 중 같은 행에 있는 값들의 합계를 계산합니다.

형식 SUMIF(조건이 적용될 범위, 조건, 합계를 구할 범위) : 조건이 적용될 범위에서 조건에 맞는 셀을 찾아 합계를 구할 범위 중 같은 행에 있는 값들의 합계를 계산합니다.

준비하세요! : 'C:\길벗사무자동화\함수사전' 폴더의 'SUMIF.xlsx' 파일을 열어 '기본' 시트에서 실습하세요.

SUMIF 함수를 이용하여 품목별 판매 금액의 합계를 계산해 보겠습니다.

	A	B	C	D	E	F	G
1	판매현황					품목별 합계	
2							
3	품목	수량	단가	금액		냉장고	금액
4	냉장고	6	250	1,500		컴퓨터	7,500 ❶
5	컴퓨터	8	300	2,400		캠코더	6,000
6	냉장고	5	250	1,250		냉장고	2,750 ❷
7	캠코더	7	500	3,500			
8	컴퓨터	10	300	3,000			
9	캠코더	5	500	2,500			
10	컴퓨터	7	300	2,100			

❶ =SUMIF(A4:A10, "컴퓨터", D4:D10) : [A4:A10] 영역에서 "컴퓨터"가 입력된 셀을 찾아, [D4:D10] 영역의 같은 행에 있는 금액들(2400, 3000, 2100)의 합계인 7500이 [G4] 셀에 입력됩니다.

❷ =SUMIF(A4:A10, "냉장고", D4:D10) : [A4:A10] 영역에서 "냉장고"가 입력된 셀을 찾아, [D4:D10] 영역의 같은 행에 있는 금액들(1500, 1250)의 합계인 2750이 [G6] 셀에 입력됩니다.

기출문제 따라잡기 – '기출' 시트에서 실습하세요.

'목표액'이 3500 이상 4000 미만인 사원들의 '실적' 합계를 구하세요.

	A	B	C	D	E
1		사원별 실적 현황			
2		사원명	직위	목표액	실적
3		서용석	대리	4,500	4,250
4		신영군	사원	3,600	3,590
5		장영식	대리	3,200	3,210
6		김인수	사원	4,230	4,200
7		전지현	대리	3,780	3,890
8					
9			실적	7,480	

정답 [D9] : =SUMIF(D3:D7, ">=3500", E3:E7) – SUMIF(D3:D7, ">=4000", E3:E7)

=SUMIF(D3:D7, ">=3500", E3:E7) – SUMIF(D3:D7, ">=4000", E3:E7)
❶ ❷

- ❶ **SUMIF(D3:D7, ">=3500", E3:E7)** : [D3:D7] 영역에서 목표액이 3500 이상인 셀([D3], [D4], [D6], [D7])을 찾은 후 [E3:E7] 영역의 같은 행([E3], [E4], [E6], [E7])에 있는 실적들의 값(4250, 3590, 4200, 3890)을 더한 15930을 반환합니다.
- ❷ **SUMIF(D3:D7, ">=4000", E3:E7)** : [D3:D7] 영역에서 목표액이 4000 이상인 셀([D3], [D6])을 찾은 후 [E3:E7] 영역의 같은 행([E3], [E6])에 있는 실적들의 값(4250, 4200)을 더한 8450을 반환합니다.
- **= 15930–8450** : 15930에서 8450을 뺀 값 7480이 [D9] 셀에 입력됩니다.

008 부서별 직급별 기본급의 합계 계산하기 – SUMIFS

SUMIFS 함수는 여러 개의 조건에 맞는 자료의 합계를 구하는 함수입니다. 예를 들면 부서가 기획부이고, 급수가 1급이고, 남자인 사원들의 기본급 합계를 구할 수 있습니다. 조건은 최대 127개 까지 지정할 수 있습니다.

형식 SUMIFS(합계를 구할 범위, 첫 번째 조건이 적용될 범위, 첫 번째 조건, 두 번째 조건이 적용될 범위, 두 번째 조건, …) : 여러 개의 조건이 적용될 범위에서 여러 개의 조건에 맞는 셀을 찾아 '합계를 구할 범위' 중 같은 행에 있는 값들의 합계를 계산합니다.

준비하세요! : 'C:\길벗사무자동화\함수사전' 폴더의 'SUMIFS.xlsx' 파일을 열어 '기본' 시트에서 실습하세요.

SUMIFS 함수를 이용하여 부서별 직급별 기본급의 합계를 계산해 보겠습니다.

	A	B	C	D	E	F	G	H
1		기본급 지급 현황				부서별 직급별 기본급의 합계		
2								
3	성명	부서	직급	기본급		직급 / 부서	1급	2급
4	이승연	판매부	1급	1,450,000		판매부	2,900,000	2,650,000
5	김경수	기획부	2급	1,350,000		기획부	2,650,000	2,550,000
6	이학봉	판매부	2급	1,350,000				
7	지순녀	기획부	2급	1,200,000				
8	김지연	판매부	1급	1,450,000				
9	박원래	기획부	1급	1,450,000				
10	최지은	기획부	1급	1,200,000				
11	강유라	판매부	2급	1,300,000				

❶ =SUMIFS(D4:D11, B4:B11, "판매부", C4:C11, "1급") : [B4:B11] 영역에서 "판매부"가 입력된 셀들을 찾고, [C4:C11] 영역에서 같은 행들에 있는 "1급"이 입력된 셀들을 찾아 [D4:D11] 영역의 같은 행들에 있는 기본급(1450000, 1450000)의 합계인 2900000이 [G4] 셀에 입력됩니다.

❷ =SUMIFS(D4:D11, B4:B11, "기획부", C4:C11, "2급") : [B4:B11] 영역에서 "기획부"가 입력된 셀들을 찾고, [C4:C11] 영역에서 같은 행들에 있는 "2급"이 입력된 셀들을 찾아 [D4:D11] 영역의 같은 행들에 있는 기본급(1350000, 1200000)의 합계인 2550000이 [H5] 셀에 입력됩니다.

기출문제 따라잡기 – '기출' 시트에서 실습하세요.

'상반기주문량'이 200 이상이고 '현재고량'이 100 이하인 제품의 '주문금액' 합계를 계산하세요.

	A	B	C	D	E
1					
2		제품코드	상반기주문량	현재고량	주문금액
3		J207	110	120	₩ 429,000
4		F353	210	195	₩ 13,419,000
5		K320	120	110	₩ 1,098,000
6		A992	220	94	₩ 4,620,000
7		F350	320	95	₩ 2,624,000
8		K322	450	125	₩ 97,065,000
9		F351	120	30	₩ 1,356,000
10		Z406	550	80	₩ 16,500,000
11		K321	180	25	₩ 1,260,000
12					
13		상반기주문량이 200 이상이고			₩ 23,744,000
14		현재고량이 100 이하인 제품의 합계			

정답 [E13] : =SUMIFS(E3:E11, C3:C11, ">=200", D3:D11, "<=100")

=SUMIFS(E3:E11, C3:C11, ">=200", D3:D11, "<=100")
❸ ❶ ❷

- ❶ **조건1** : [C3:C11] 영역에서 200 이상인 셀([C4], [C6:C8], [C10])
- ❷ **조건2** : [D3:D11] 영역에서 [C4], [C6:C8], [C10] 셀과 같은 행들의 셀([D4], [D6:D8], [D10])을 대상으로 100 이하인 셀([D6:D7], [D10])
- ❸ **조건3** : [E3:E11] 영역에서 [D6:D7], [D10] 셀과 같은 행들의 셀([E6:E7], [E10]) 합계(23,744,000)

	A	B	C	D	E
1					
2		제품코드	상반기주문량	현재고량	주문금액
3		J207	110	120	₩ 429,000
4		F353	210	195	₩ 13,419,000
5		K320	120	110	₩ 1,098,000
6		A992	220	94	₩ 4,620,000
7		F350	320	95	₩ 2,624,000
8		K322	450	125	₩ 97,065,000
9		F351	120	30	₩ 1,356,000
10		Z406	550	80	₩ 16,500,000
11		K321	180	25	₩ 1,260,000
12					
13		상반기주문량이 200 이상이고			₩ 23,744,000
14		현재고량이 100 이하인 제품의 합계			

009 곱한 값들의 합계 구하기 – SUMPRODUCT

SUMPRODUCT 함수는 인수로 주어진 배열의 각 해당 요소들을 모두 곱한 후, 그 곱들의 합계를 반환하는 함수입니다. 인수로 사용하는 배열의 행수와 열수는 모두 같아야 합니다. 배열의 행수와 열수가 같지 않으면 '#VALUE!' 오류값이 반환되고, 숫자가 아닌 항목은 0으로 처리됩니다.

형식 SUMPRODUCT(배열1, 배열2, …) : 배열1과 배열2를 곱한 후 결과를 모두 더합니다.

준비하세요! : 'C:\길벗사무자동화\함수사전' 폴더의 'SUMPRODUCT.xlsx' 파일을 열어 '기본' 시트에서 실습하세요.

	A	B
1	곱의 합계산하기	
2		
3	배열1	배열2
4	5	6
5	6	8
6	8	5
7	9	7
8		
9	결과	181 ❶

❶ =SUMPRODUCT(A4:A7, B4:B7) : [A4:A7] 영역의 값과 [B4:B7] 영역의 값을 다음과 같이 대응([A4]×[B4], [A5]×[B5], [A6]×[B6], [A7]×[B7])되게 곱한 값의 합계인 181이 [B9] 셀에 입력됩니다.

기출문제 따라잡기 –'기출' 시트에서 실습하세요.

'포인트점수'가 200이거나 300인 '총주유금액'의 합계를 계산하세요.

	A	B	C	D
1		주유포인트 현황		
2		고객명	총주유금액	포인트점수
3		정애란	₩ 43,890	100
4		정장수	₩ 39,188	200
5		정수미	₩ 61,446	300
6		오지애	₩ 34,398	200
7		황교언	₩ 24,990	300
8		조종희	₩ 22,932	100
9				
10		총주유금액합계		
11		₩160,022		

정답 [B11] : =SUMPRODUCT(ISNUMBER(FIND(200, D3:D8)) + ISNUMBER(FIND(300, D3:D8)), C3:C8)

배열 수식은 여러 개의 수식이 1개의 수식으로 압축된 것이므로 압축된 수식을 풀어서 써보면 쉽게 이해됩니다.
배열 수식인 '=SUMPRODUCT(ISNUMBER(FIND(200, D3:D8)) + ISNUMBER(FIND(300, D3:D8)), C3:C8)'을 풀어서 표시해 보겠습니다. 배열 수식을 일반 수식으로 풀어 쓰면 배열 수식에 사용된 배열의 요소만큼 수식이 확장됩니다. 여기서는 [D3:D8]과 [C3:C8]이 배열에 해당됩니다.

=SUMPRODUCT(

ISNUMBER(FIND(200, D3)) + ISNUMBER(FIND(300, D3)), C3
ISNUMBER(FIND(200, D4)) + ISNUMBER(FIND(300, D4)), C4
ISNUMBER(FIND(200, D5)) + ISNUMBER(FIND(300, D5)), C5
ISNUMBER(FIND(200, D6)) + ISNUMBER(FIND(300, D6)), C6
ISNUMBER(FIND(200, D7)) + ISNUMBER(FIND(300, D7)), C7
ISNUMBER(FIND(200, D8)) + ISNUMBER(FIND(300, D8)), C8

)

여러 개의 함수가 중첩되어 사용됐을 때는 맨 안쪽의 함수에서 바깥쪽의 함수로 이동하면서 차례대로 결과를 찾아서 대입하면 이해하기 쉽습니다. 이 수식은 엑셀에서 TRUE는 1로, FALSE는 0으로 취급하는 원리를 이용합니다. 즉 0과 어떤 값을 곱하면 0이고, 1과 어떤 값을 곱하면 어떤 값이 그대로 유지되는 원리를 이용하는 것이지요.

=SUMPRODUCT(ISNUMBER(FIND(200, D3)) + ISNUMBER(FIND(300, D3)), C3)

(❶ FIND(200, D3), ❷ FIND(300, D3), ❸ ISNUMBER(❶), ❹ ISNUMBER(❷), ❺ ❸+❹, ❻ 전체 수식)

❶ **FIND(200, D3)** : [D3] 셀에서 "200"을 찾아 그 위치를 반환합니다. "200"이 없으면 오류로서 "#VALUE!"를 반환합니다. [D3] 셀에는 "200"이 없으므로 "#VALUE!"가 반환됩니다.

❷ **FIND(300, D3)** : [D3] 셀에서 "300"을 찾아 그 위치를 반환합니다. "300"이 없으면 오류로서 "#VALUE!"를 반환합니다. [D3] 셀에는 "300"이 없으므로 "#VALUE!"가 반환됩니다.

❸ **ISNUMBER(❶)** : ❶의 결과가 숫자이면 'TRUE', 숫자가 아니면 'FALSE'를 반환합니다. "#VALUE!"는 숫자가 아니므로 'FALSE'를 반환합니다.

❹ **ISNUMBER(❷)** : ❷의 결과가 숫자이면 'TRUE', 숫자가 아니면 'FALSE'를 반환합니다. "#VALUE!"는 숫자가 아니므로 'FALSE'를 반환합니다.

❺ **❸+❹** : ❸의 결과와 ❹의 결과를 더합니다. FALSE+FALSE는 0+0이므로 0을 반환합니다. 둘 중 하나라도 TRUE, 즉 [D3] 셀의 값이 200이나 300이면 ❸이나 ❹중 하나가 'TRUE'를 반환하므로 결과는 1이 됩니다.

❻ **=SUMPRODUCT(❺, C3)** : ❺의 결과와 [C3] 셀의 값을 곱합니다. ❺가 0이므로 결과는 0입니다. 즉 ❶이나 ❷의 결과가 하나라도 'TRUE'인 경우만 '총주유금액'이 합계에 포함됩니다. 곱하라는 연산자는 없지만 SUMPRODUCT 함수는 인수끼리 곱한 다음 더하는 함수이므로 두 개의 인수를 곱한 것입니다.

확장된 모든 수식의 결과를 표시하면 다음과 같습니다.

=SUMPRODUCT(

포인트점수	❶	❸	❷	❹
100	#VALUE!	FALSE	#VALUE!	FALSE
200	1	TRUE	#VALUE!	FALSE
300	#VALUE!	FALSE	1	TRUE
200	1	TRUE	#VALUE!	FALSE
300	#VALUE!	FALSE	1	TRUE
100	#VALUE!	FALSE	#VALUE!	FALSE

,

총주유금액
43890
39188
61446
34398
24990
22932

)

↓

=SUMPRODUCT(

❺
0
1
1
1
1
0

,

총주유금액
43890
39188
61446
34398
24990
22932

) → =SUMPRODUCT(

총주유금액
0
39188
61446
34398
24990
0

) → 160022

- ISNUMBER 함수는 인수가 숫자이면 TRUE, 숫자가 아니면 FALSE를 표시하는 함수입니다. 자세한 설명을 28쪽을 참고하세요.
- FIND 함수는 '찾을 텍스트'를 '문자열'에서 찾아 '찾을 텍스트'의 시작 위치를 반환하는 함수입니다. 자세한 설명을 19쪽을 참고하세요.

010 실수를 정수로 변경하기 — INT

INT는 실수의 소수점 이하를 제거하여 정수로 변환시킬 때 사용하는 함수입니다. INT는 인수로 주어진 실수보다 크지 않은 정수로 변환시킵니다. 예를 들어, 'INT(5.1)'은 5를 반환하고, 'INT(-5.1)'은 -6을 반환합니다.

형식 INT(인수) : 인수로 주어진 실수를 정수로 변환합니다.

준비하세요! : 'C:\길벗사무자동화\함수사전' 폴더의 'INT.xlsx' 파일을 열어 '기본' 시트에서 실습하세요.

	A	B
1	정수로 변환하기	
2		
3	실수	정수
4	4.5	4 ❶
5	4.99	4
6	125.12	125 ❷
7	-6.1	-7
8	-85.9	-86 ❸

❶ =INT(A4) : [A4] 셀의 값 '4.5'보다 크지 않은 정수 4가 [B4] 셀에 입력됩니다.
❷ =INT(A6) : [A6] 셀의 값 '125.12'보다 크지 않은 정수 125가 [B6] 셀에 입력됩니다.
❸ =INT(A8) : [A8] 셀의 값 '-85.9'보다 크지 않은 정수 -86이 [B8] 셀에 입력됩니다.

기출문제 따라잡기 — '기출' 시트에서 실습하세요.

다음과 같이 '세금'을 계산하세요.

- 세금 = 금액×1000
- 단, 금액이 15,000원이면 1만 취한다. 결과 : 1000원

	A	B	C	D	E
1		상품 구매 내역			
2		대리점명	상품명	금액	세금
3		KTF	사운드카드	₩ 333,000	₩ 33,000
4		SK	마우스	₩ 290,000	₩ 29,000
5		KTF	마우스	₩ 75,000	₩ 7,000
6		SK	키보드	₩ 568,750	₩ 56,000
7		SK	사운드카드	₩ 277,750	₩ 27,000

정답 [E3] : =INT(D3/10000)*1000

수식의 이해

=INT(D3/10000)*1000

[D3]을 10000으로 나눈 값 33.3의 소수점 이하를 제거한 33에 1000을 곱한 33000이 [E3] 셀에 입력됩니다.

※ 금액이 15,000원이면 1만 취한다는 것은 금액을 10,000으로 나눈 후 정수만 취한다는(Int(D3/ 10000)) 의미입니다.

011 왼쪽에서 지정한 수만큼 추출하기 – LEFT

LEFT 함수는 텍스트 문자열의 첫 문자부터 원하는 문자 수만큼의 문자를 추출합니다. 예를 들어 LEFT("길벗출판사", 2)는 "길벗"을 추출합니다.

형식 LEFT(텍스트, 개수) : 텍스트의 왼쪽부터 지정한 개수만큼 추출합니다.

준비하세요! : 'C:\길벗사무자동화\함수사전' 폴더의 'LEFT.xlsx' 파일을 열어 '기본' 시트에서 실습하세요.

	A	B	C
1	왼쪽에 있는 문자 추출하기		
2			
3	문자	문자수	결과
4	KOREA	2	KO ❶
5	KOREA	-1	#VALUE! ❷
6	KOREA	0	
7	KOREA	6	KOREA
8	대한민국	2	대한 ❸
9	1234	2	12

❶ =LEFT(A4, B4) : [B4] 셀의 값을 추출할 문자수로 지정하였으므로, [A4] 셀의 값 "KOREA"의 왼쪽 첫 글자부터 2만큼 추출한 "KO"가 [C4] 셀에 입력됩니다.

❷ =LEFT(A5, B5) : 추출할 문자수가 0보다 작으므로 오류값(#VALUE!)이 [C5] 셀에 입력됩니다.

❸ =LEFT(A8, B8) : [B8] 셀의 값을 추출할 문자수로 지정하였으므로, [A8] 셀의 값 "대한민국"의 왼쪽 첫 글자부터 2만큼 추출한 "대한"이 [C8] 셀에 입력됩니다.

기출문제 따라잡기 – '기출' 시트에서 실습하세요.

'유류명'에 '주유코드'의 첫 자리가 "F"이면 "휘발유", "G"이면 "등유", 그 외는 "경유"를 표시하세요.

	A	B	C	D	E	F
1		고객별 주유 현황				
2						
3		고객명	주유코드	결제방식	주유량	유류명
4		정애란	FF2111	현금	28	휘발유
5		정장수	FF2102	현금	25	휘발유
6		정수미	FF1101	카드	38	휘발유
7		오지애	RR1102	카드	45	경유
8		황교언	GG1101	카드	30	등유
9		조종희	RR2103	카드	30	경유

정답 [F4] :
=IF(LEFT(C4, 1)="F", "휘발유", IF(LEFT(C4, 1)="G", "등유", "경유"))

수식의 이해

=IF(LEFT(C4,1)="F", "휘발유", IF(LEFT(C4,1)="G", "등유", "경유"))
❶ ❷ ❸

- ❶의 조건이 참(TRUE)이면 ❷를, 거짓(FALSE)이면 ❸을 실행합니다.
- ❶ **LEFT(C4,1)="F"** : [C4] 셀에 입력된 값 'FF2111'의 왼쪽에서 첫 번째 글자가 "F"이므로 ❷를 실행하여 [F4] 셀에는 "휘발유"가 입력됩니다.
- ❸ **IF(LEFT(C4,1)="G", "등유", "경유")** : [C4] 셀에 입력된 값의 왼쪽에서 첫 번째 글자가 "G"이면 "등유", 아니면 "경유"를 반환합니다.

전문가의 조언

IF 함수는 참과 거짓에 관한 논리식을 판별하여 참일 때와 거짓일 때 서로 다른 값을 반환하기 위해 사용하는 함수입니다. 자세한 설명은 9쪽을 참고하세요.

012 오른쪽에서 지정한 수만큼 추출하기 – RIGHT

RIGHT 함수는 텍스트 문자열의 끝(오른쪽) 문자부터 원하는 문자 수만큼의 문자를 추출합니다. 예를 들어 RIGHT("길벗출판사", 3)은 "출판사"를 추출합니다.

형식 RIGHT(텍스트, 개수) : 텍스트의 오른쪽부터 지정한 개수만큼 추출합니다.

준비하세요! : 'C:\길벗사무자동화\함수사전' 폴더의 'RIGHT.xlsx' 파일을 열어 '기본' 시트에서 실습하세요.

	A	B	C
1	오른쪽에 있는 문자 추출하기		
2			
3	문자	문자수	결과
4	KOREA	2	EA ❶
5	KOREA	-1	#VALUE! ❷
6	KOREA	0	
7	KOREA	6	KOREA
8	대한민국	2	민국 ❸
9	1234	2	34

❶ =RIGHT(A4, B4) : [B4] 셀의 값을 추출할 문자 수로 지정하였으므로, [A4] 셀의 값 "KOREA"의 오른쪽 끝 글자부터 2만큼 추출한 "EA"가 [C4] 셀에 입력됩니다.

❷ =RIGHT(A5, B5) : 추출할 문자 수가 0보다 작으므로 오류값(#VALUE!)이 [C5] 셀에 입력됩니다.

❸ =RIGHT(A8, B8) : [B8] 셀의 값을 추출할 문자 수로 지정하였으므로, [A8] 셀의 값 "대한민국"의 오른쪽 끝 글자부터 2만큼 추출한 "민국"이 [C8] 셀에 입력됩니다.

기출문제 따라잡기 –'기출' 시트에서 실습하세요.

'포인트점수'에 '주유코드'의 끝 자리가 '1'이면 300, '2'이면 200, 그 외에는 100을 표시하세요.

	A	B	C	D	E	F
1		고객별 주유 현황				
2						
3		고객명	주유코드	결제방식	주유량	포인트점수
4		정애란	FF2111	현금	28	300
5		정장수	FF2102	현금	25	200
6		정수미	FF1101	카드	38	300
7		오지애	RR1102	카드	45	200
8		황교언	GG1101	카드	30	300
9		조종회	RR2103	카드	30	100

정답 [F4] :
=IF(RIGHT(C4, 1)="1", 300, IF(RIGHT(C4, 1)="2", 200, 100))

=IF(RIGHT(C4,1)="1", 300, IF(RIGHT(C4,1)="2", 200, 100))
❶ ❷ ❸

- ❶의 조건이 참(TRUE)이면 ❷를, 거짓(FALSE)이면 ❸을 실행합니다.
- ❶ **RIGHT(C4,1)="1"**: [C4] 셀에 입력된 값 'FF2111'의 오른쪽에서 첫 번째 글자가 "1"이므로 ❷를 실행하여 [F4] 셀에는 300이 입력됩니다.
- ❸ **IF(RIGHT(C4,1)="2", 200, 100)** : [C4] 셀에 입력된 값의 오른쪽에서 첫 번째 글자가 "2"이면 200, 아니면 100을 반환합니다.

전문가의 조언

IF 함수는 참과 거짓에 관한 논리식을 판별하여 참일 때와 거짓일 때 서로 다른 값을 반환하기 위해 사용하는 함수입니다. 자세한 설명은 9쪽을 참고하세요.

013 찾을 텍스트의 위치 값 반환하기 — FIND

FIND 함수는 '찾을 텍스트'를 '문자열'에서 찾아 '찾을 텍스트'의 시작 위치를 반환하는 함수입니다. 예를 들어 'FIND("R", "KOREA")'은 3을 반환합니다. 이때 영문 대 · 소문자를 구분하며, 와일드 카드(*, ? 등)는 사용할 수 없습니다.

형식 FIND(찾을 텍스트, 문자열, 시작 위치) : '찾을 텍스트'를 '문자열'에서 찾아 '찾을 텍스트'의 시작 위치를 반환합니다.

준비하세요! : 'C:\길벗사무자동화\함수사전' 폴더의 'FIND.xlsx' 파일을 열어 '기본' 시트에서 실습하세요.

	A	B	C
1	찾을 텍스트 위치 값 반환하기		
2			
3	문자	찾을 텍스트	결과
4	KOREA	R	3 ❶
5	KOREA	r	#VALUE! ❷
6	1234	1	1
7	1234	3	3 ❸
8	1234	5	#VALUE!

❶ =FIND(B4, A4) : [A4] 셀의 "KOREA"에서 영문 대문자인 "R"의 시작 위치인 3이 [C4] 셀에 입력됩니다.

❷ =FIND(B5, A5) : [A5] 셀의 "KOREA"에서 영문 소문자인 "r"이 없으므로 오류값(#VALUE!)이 [C5] 셀에 입력됩니다.

❸ =FIND(B7, A7) : [A7] 셀의 1234에서 3의 시작 위치인 3이 [C4] 셀에 입력됩니다.

기출문제 따라잡기 —'기출' 시트에서 실습하세요.

'포인트점수'가 200이거나 300인 '총주유금액'의 합계를 계산하세요.

	A	B	C	D
1		주유포인트 현황		
2		고객명	총주유금액	포인트점수
3		정애란	₩ 43,890	100
4		정장수	₩ 39,188	200
5		정수미	₩ 61,446	300
6		오지애	₩ 34,398	200
7		황교언	₩ 24,990	300
8		조종희	₩ 22,932	100
9				
10		총주유금액합계		
11		₩160,022		

정답 [B11] : =SUMPRODUCT(ISNUMBER(FIND(200, D3:D8)) + ISNUMBER(FIND(300, D3:D8)), C3:C8)

배열 수식은 여러 개의 수식이 1개의 수식으로 압축된 것이므로 압축된 수식을 풀어서 써보면 쉽게 이해됩니다.
배열 수식인 '=SUMPRODUCT(ISNUMBER(FIND(200, D3:D8)) + ISNUMBER(FIND(300, D3:D8)), C3:C8)'을 풀어서 표시해 보겠습니다. 배열 수식을 일반 수식으로 풀어 쓰면 배열 수식에 사용된 배열의 요소만큼 수식이 확장됩니다. 여기서는 [D3:D8]과 [C3:C8]이 배열에 해당됩니다.

```
=SUMPRODUCT (
  ISNUMBER(FIND(200, D3)) + ISNUMBER(FIND(300, D3)), C3
  ISNUMBER(FIND(200, D4)) + ISNUMBER(FIND(300, D4)), C4
  ISNUMBER(FIND(200, D5)) + ISNUMBER(FIND(300, D5)), C5
  ISNUMBER(FIND(200, D6)) + ISNUMBER(FIND(300, D6)), C6
  ISNUMBER(FIND(200, D7)) + ISNUMBER(FIND(300, D7)), C7
  ISNUMBER(FIND(200, D8)) + ISNUMBER(FIND(300, D8)), C8
)
```

여러 개의 함수가 중첩되어 사용됐을 때는 맨 안쪽의 함수에서 바깥쪽의 함수로 이동하면서 차례대로 결과를 찾아서 대입하면 이해하기 쉽습니다. 이 수식은 엑셀에서 TRUE는 1로, FALSE는 0으로 취급하는 원리를 이용합니다. 즉 0과 어떤 값을 곱하면 0이고, 1과 어떤 값을 곱하면 어떤 값이 그대로 유지되는 원리를 이용하는 것이지요.

```
=SUMPRODUCT( ISNUMBER(FIND(200, D3)) + ISNUMBER(FIND(300, D3)), C3)
```

(❶ FIND(200, D3), ❷ FIND(300, D3), ❸ ISNUMBER(❶), ❹ ISNUMBER(❷), ❺ ❸+❹, ❻ SUMPRODUCT 전체)

❶ **FIND(200, D3)** : [D3] 셀에서 "200"을 찾아 그 위치를 반환합니다. "200"이 없으면 오류로서 "#VALUE!"를 반환합니다. [D3] 셀에는 "200"이 없으므로 "#VALUE!"가 반환됩니다.

❷ **FIND(300, D3)** : [D3] 셀에서 "300"을 찾아 그 위치를 반환합니다. "300"이 없으면 오류로서 "#VALUE!"를 반환합니다. [D3] 셀에는 "300"이 없으므로 "#VALUE!"가 반환됩니다.

❸ **ISNUMBER(❶)** : ❶의 결과가 숫자이면 'TRUE', 숫자가 아니면 'FALSE'를 반환합니다. "#VALUE!"는 숫자가 아니므로 'FALSE'를 반환합니다.

❹ **ISNUMBER(❷)** : ❷의 결과가 숫자이면 'TRUE', 숫자가 아니면 'FALSE'를 반환합니다. "#VALUE!"는 숫자가 아니므로 'FALSE'를 반환합니다.

❺ **❸+❹** : ❸의 결과와 ❹의 결과를 더합니다. FALSE+FALSE는 0+0이므로 0을 반환합니다. 둘 중 하나라도 TRUE, 즉 [D3] 셀의 값이 200이나 300이면 ❸이나 ❹중 하나가 'TRUE'를 반환하므로 결과는 1이 됩니다.

❻ **=SUMPRODUCT(❺, C3)** : ❺의 결과와 [C3] 셀의 값을 곱합니다. ❺가 0이므로 결과는 0입니다. 즉 ❶이나 ❷의 결과가 하나라도 'TRUE'인 경우만 '총주유금액'이 합계에 포함됩니다. 곱하라는 연산자는 없지만 SUMPRODUCT 함수는 인수끼리 곱한 다음 더하는 함수이므로 두 개의 인수를 곱한 것입니다.

확장된 모든 수식의 결과를 표시하면 다음과 같습니다.

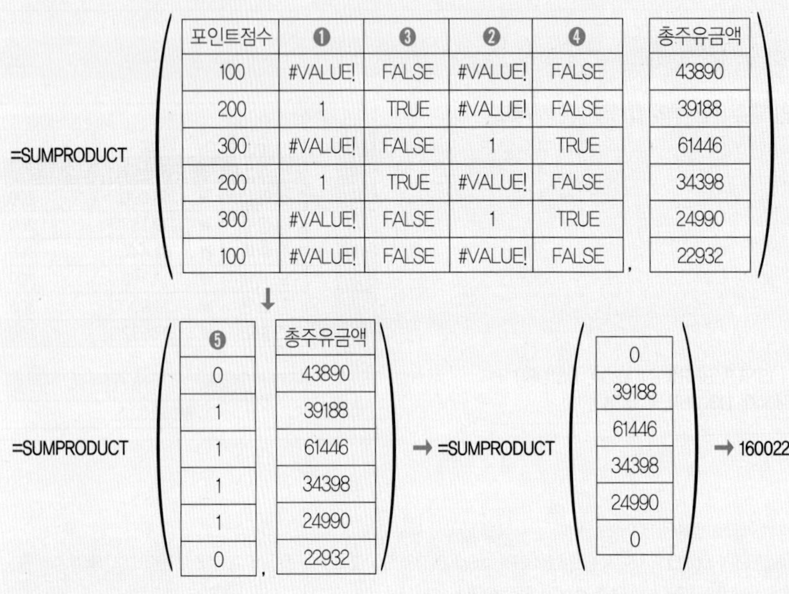

=SUMPRODUCT(

포인트점수	❶	❸	❷	❹
100	#VALUE!	FALSE	#VALUE!	FALSE
200	1	TRUE	#VALUE!	FALSE
300	#VALUE!	FALSE	1	TRUE
200	1	TRUE	#VALUE!	FALSE
300	#VALUE!	FALSE	1	TRUE
100	#VALUE!	FALSE	#VALUE!	FALSE

,

총주유금액
43890
39188
61446
34398
24990
22932

)

↓

=SUMPRODUCT(

❺
0
1
1
1
1
0

,

총주유금액
43890
39188
61446
34398
24990
22932

) → =SUMPRODUCT(

0
39188
61446
34398
24990
0

) → 160022

전문가의 조언

- SUMPRODUCT 함수는 배열1과 배열2를 곱한 후 결과를 모두 더하는 함수입니다. 자세한 설명을 14쪽을 참고하세요.
- ISNUMBER 함수는 인수가 숫자이면 TRUE, 숫자가 아니면 FALSE를 표시하는 함수입니다. 자세한 설명을 28쪽을 참고하세요.

014 문자열 연결하기 – CONCATENATE

CONCATENATE 함수는 여러 개의 텍스트를 한 개의 텍스트로 연결하여 표시하는 함수로, 인수를 1개에서 255개까지 지정할 수 있습니다. 인수로 텍스트, 숫자, 셀 주소 등을 지정할 수 있습니다.

형식 CONCATENATE(인수1, 인수2, …) : 인수로 주어진 문자열들을 1개의 문자열로 연결합니다.

준비하세요! : 'C:\길벗사무자동화\함수사전' 폴더의 'CONCATENATE.xlsx' 파일을 열어 '기본' 시트에서 실습하세요.

	A	B	C
1	문자열 합치기		
2			
3	텍스트1	텍스트2	합친문자
4	KO	REA	KOREA ❶
5	안녕	하세요.	안녕하세요.
6		엑셀사전	엑셀사전
7	길벗	출판사	길벗출판사 ❷
8	미녀와	야수	미녀와야수

❶ =CONCATENATE(A4,B4) : [A4] 셀의 텍스트 "KO"와 [B4] 셀의 텍스트 "REA"가 합쳐진 "KOREA"가 [C4] 셀에 입력됩니다.

❷ =CONCATENATE(A7,B7) : [A7] 셀의 텍스트 "길벗"과 [B7] 셀의 텍스트 "출판사"가 합쳐진 "길벗출판사"가 [C7] 셀에 입력됩니다.

기출문제 따라잡기 – '기출' 시트에서 실습하세요.

'대여자', '코드' 맨 앞 1자리, '대여일'을 CONCATENATE와 LEFT 함수를 사용하여 '종합'에 표시하세요.

	A	B	C	D	E	F
1						
2		대여자	코드	차종	대여일	종합
3		이승엽	B-1	승합차	3	이승엽:B:3일
4		김재해	A-5	버스	3	김재해:A:3일
5		최경주	C-7	승용차	4	최경주:C:4일
6		이종범	A-6	버스	4	이종범:A:4일
7		이봉주	B-6	승합차	5	이봉주:B:5일
8		이수경	A-1	버스	5	이수경:A:5일
9		유남규	A-7	버스	5	유남규:A:5일
10		원미경	B-1	승합차	6	원미경:B:6일
11		한기주	B-7	승합차	6	한기주:B:6일

정답 [F3]
=CONCATENATE(B3,":",LEFT(C3,1),":",E3,"일")

=CONCATENATE(B3,":",LEFT(C3,1),":",E3,"일")

❶ LEFT(C3,1) : [C3] 셀에 입력된 값 "B-1"의 왼쪽에서 첫 번째 글자인 "B"를 반환합니다. "B"를 ❶번에 대입하면 다음과 같습니다.

❷ =CONCATENATE(B3,":",B,":",E3,"일") : [B3] 셀의 값 "이승엽"과 ":", B, ":", [E3] 셀의 값 3, "일"을 모두 합친 문자열 "이승엽:B:3일"이 [F3] 셀에 입력됩니다.

015 품목의 판매 건수 구하기 – COUNTIF

COUNTIF 함수는 많은 자료 중에서 조건에 맞는 데이터의 개수만을 구하는 함수입니다. 찾을 조건이 적용된 범위에서 조건에 맞는 데이터를 찾아 개수를 계산합니다.

형식 COUNTIF(범위, 조건) : 지정된 범위에서 조건에 맞는 셀의 개수를 계산합니다.

준비하세요! : 'C:\길벗사무자동화\함수사전' 폴더의 'COUNTIF.xlsx' 파일을 열어 '기본' 시트에서 실습하세요.

COUNTIF 함수를 이용하여 품목별 판매 건수를 계산해 보겠습니다.

	A	B	C	D	E	F	G
1	판매현황					품목별 판매건수	
2							
3	품목	수량	단가	금액		품목	건수
4	냉장고	6	250	1,500		컴퓨터	3 ❶
5	컴퓨터	8	300	2,400		캠코더	2
6	냉장고	5	250	1,250		냉장고	2 ❷
7	캠코더	7	500	3,500			
8	컴퓨터	10	300	3,000			
9	캠코더	5	500	2,500			
10	컴퓨터	7	300	2,100			

❶ =COUNTIF(A4:A10, "컴퓨터") : [A4:A10] 영역에서 "컴퓨터"가 입력된 셀의 개수 3이 [G4] 셀에 입력됩니다.

❷ =COUNTIF(A4:A10, "냉장고") : [A4:A10] 영역에서 "냉장고"가 입력된 셀의 개수 2가 [G6] 셀에 입력됩니다.

기출문제 따라잡기 – '기출' 시트에서 실습하세요.

'판정'이 "중산층"인 가구의 '수입'과 '지출'의 평균을 계산하세요.

	A	B	C	D	E
1		엥겔지수 분석표			
2					
3		가구번호	수입	지출	판정
4		K009	₩ 2,800,000	₩ 1,320,000	상류층
5		K005	₩ 2,800,000	₩ 1,400,000	중산층
6		K004	₩ 2,200,000	₩ 1,200,000	중산층
7		K003	₩ 3,200,000	₩ 1,350,000	하류층
8		K012	₩ 1,950,000	₩ 800,000	하류층
9		K011	₩ 1,700,000	₩ 740,000	하류층
10		중산층평균	₩ 2,500,000	₩ 1,300,000	

정답 [C10] :
=SUMIF($E$4:$E$9, "중산층", C4:C9) / COUNTIF($E$4:$E$9, "중산층")

=SUMIF($E$4:$E$9, "중산층", C4:C9) / COUNTIF($E$4:$E$9, "중산층")
❶ ❷

- ❶ **SUMIF($E$4:$E$9, "중산층", C4:C9)** : [E4:E9] 영역에서 "중산층"이 입력된 셀([E5], [E6])을 찾은 후 같은 행([C5], [C6])에 있는 수입들의 값(2800000, 2200000)을 더한 5000000을 반환합니다.
- ❷ **COUNTIF($E$4:$E$9, "중산층")** : [E4:E9] 영역에서 "중산층"이 입력된 셀([E5], [E6])의 개수 2를 반환합니다.
- **=5000000/2** : 5000000을 2로 나눈 값 2500000이 [C10] 셀에 입력됩니다.

SUMIF 함수는 조건에 맞는 데이터의 합계를 구할 때 사용하는 함수입니다. 자세한 내용은 12쪽을 참고하세요.

통계 함수

016 부서별 직급별 인원수 파악하기 – COUNTIFS

COUNTIFS 함수는 여러 개의 조건에 맞는 자료의 개수를 구하는 함수입니다. 예를 들면 부서가 판매부이고, 급수가 1급이고, 남자인 사원들의 수를 셀 수 있습니다. 조건은 최대 127개까지 지정할 수 있습니다.

형식 COUNTIFS(첫 번째 조건이 적용될 범위, 첫 번째 조건, 두 번째 조건이 적용될 범위, 두 번째 조건, …) : 여러 개의 조건이 적용될 범위에서 여러 개의 조건에 맞는 셀을 찾아 개수를 계산합니다.

준비하세요! : 'C:\길벗사무자동화\함수사전' 폴더의 'COUNTIFS.xlsx' 파일을 열어 '기본' 시트에서 실습하세요.

COUNTIFS 함수를 이용하여 부서별 직급별 인원수를 계산해 보겠습니다.

	A	B	C	D	E	F	G	H	I
1		기본급 지급 현황					부서별 직급별 인원수		
2									
3		성명	부서	직급	기본급		직급 / 부서	1급	2급
4		이승연	판매부	1급	1,450,000		판매부 ❶	2	2
5		김경수	기획부	2급	1,350,000		기획부	2	2
6		이학봉	판매부	2급	1,350,000				❷
7		지순녀	기획부	2급	1,200,000				
8		김지연	판매부	1급	1,450,000				
9		박원래	기획부	1급	1,450,000				
10		최지은	기획부	1급	1,200,000				
11		강유라	판매부	2급	1,300,000				

❶ =COUNTIFS(C4:C11, "판매부", D4:D11, "1급") : [C4:C11] 영역에서 "판매부"가 입력된 셀들을 찾아 [D4:D11] 영역에서 같은 행들에 "1급"이 입력된 셀들의 개수인 2가 [H4] 셀에 입력됩니다.

❷ =COUNTIFS(C4:C11, "기획부", D4:D11, "2급") : [C4:C11] 영역에서 "기획부"가 입력된 셀들을 찾아 [D4:D11] 영역에서 같은 행들에 "2급"이 입력된 셀들의 개수인 2가 [I5] 셀에 입력됩니다.

017 순위 계산하기 – RANK

RANK 함수는 지정된 범위 안에서 인수의 순위를 구하는 함수입니다. RANK 함수는 중복된 수에 같은 순위를 부여합니다. 그러나 중복된 수가 있으면 다음 수의 순위에 영향을 줍니다. 예를 들어 정수 목록에서 10이 순위 5로 중복된다면 11은 순위 7이 되고 순위 6에 해당하는 숫자는 없습니다.

형식 RANK(인수, 범위, 옵션) : 지정된 범위 안에서 인수의 순위를 구합니다.

준비하세요! : 'C:\길벗사무자동화\함수사전' 폴더의 'RANK.xlsx' 파일을 열어 '기본' 시트에서 실습하세요.

RANK 함수를 이용하여 총점을 기준으로 한 순위를 계산하여 표시해 보겠습니다.

	A	B	C	D	E	F
1	성적표					
2	성명	국어	영어	수학	총점	순위
3	고아라	72	90	78	240	2 ❶
4	나영희	95	65	0	160	5
5	박철수	75	98	75	248	1
6	안도해		100	100	200	3
7	최순이	85		85	170	4

❶ =RANK(E3, $E$3:$E$7) : [E3:E7] 영역에서 [E3] 셀의 값 240의 순위를 계산하되 내림차순을 기준으로, 즉 가장 높은 점수에 1위를 부여하는 방식을 적용한 순위 2가 [F3] 셀에 입력됩니다(논리값(옵션)이 생략되었으므로 내림차순으로 계산함).

RANK 함수의 옵션

- **0 또는 생략** : 내림차순을 기준으로 한 순위를 부여(가장 큰 값에 1위를 부여)
- **0 이외의 값** : 오름차순을 기준으로 한 순위를 부여(가장 작은 값에 1위를 부여)

기출문제 따라잡기 –'기출' 시트에서 실습하세요.

'취득총점'을 기준으로 한 순위를 계산하세요.

▶ '취득총점'이 가장 높은 사람이 1위

	A	B	C	D
1		모형 항공기 제작 경진 대회		
2		팀명	취득총점	순위
3		비상	158	4
4		하늘	195	2
5		창공	157	5
6		송골매	154	6
7		보라매	120	9
8		이상	198	1
9		불새	145	7
10		마하	135	8
11		최원영	160	3

정답 [D3] : =RANK(C3, $C$3:$C$11)

=RANK(C3, $C$3:$C$11)

[C3:C11] 영역에서 [C3] 셀의 값 158의 순위를 내림차순으로 계산한 순위 4가 [D4] 셀에 입력됩니다(논리값(옵션)이 생략되었으므로 내림차순으로 계산함).

018 평균 계산하기 – AVERAGE

AVERAGE 함수는 인수로 주어진 숫자들의 평균을 계산하는 함수로, 인수는 1개에서 255개까지 지정할 수 있습니다. 인수는 숫자이거나 숫자가 포함된 이름, 배열 또는 셀 주소이어야 합니다.

형식 AVERAGE(인수1, 인수2, …) : 인수로 주어진 숫자들의 평균을 계산합니다.

준비하세요! : 'C:\길벗사무자동화\함수사전' 폴더의 'AVERAGE.xlsx' 파일을 열어 '기본' 시트에서 실습하세요.

	A	B	C	D
1	평균계산			
2				
3	숫자1	숫자2	숫자3	평균
4	5.5	6.5	7.5	6.5 ❶
5	20	30	40	30
6	0	30	26	18.6667 ❷
7	8		10	9

❶ =AVERAGE(A4:C4) : [A4:C4] 영역의 평균 6.5가 [D4] 셀에 입력됩니다.

❷ =AVERAGE(A6:C6) : [A6:C6] 영역의 평균 18.667이 [D6] 셀에 입력됩니다.

[파일] → 〈옵션〉 → [고급] 탭에서 '0 값이 있는 셀 0 표시' 확인란이 선택되어 있지 않으면 0이 들어 있는 셀에 데이터가 없는 것처럼 빈 셀로 표시되어 혼란을 일으킬 수 있습니다. 왜냐하면 셀의 평균을 구할 때 0 값이 들어 있는 셀은 평균에 포함되어 계산되지만 빈 셀은 계산되지 않기 때문입니다.

기출문제 따라잡기 –'기출' 시트에서 실습하세요.

'할인액'의 평균을 계산하세요.

▶ 반올림하여 1000의 자리까지 표시

	A	B	C	D	E	F
1		상공 문구 판매 현황				
2		제품명	판매가격	판매수량	판매금액	할인액
3		다이어리	2,550	55	140,250	4,208
4		수첩	12,350	65	802,750	24,083
5		명함꽂이	3,450	60	207,000	6,210
6		딱풀	765	100	76,500	2,295
7		붓	7,650	77	589,050	17,672
8		할인액 평균				11,000

정답 [F8] : =ROUND(AVERAGE(F3:F7), −3)

=ROUND(AVERAGE(F3:F7), −3)
❶ AVERAGE(F3:F7)
❷ ROUND(❶, −3)

- ❶ **AVERAGE(F3:F7)** : [F3:F7] 영역의 평균인 10893.3을 반환합니다. 10893.3을 ❷에 대입하면 다음과 같은 수식이 만들어 집니다.
- **=ROUND(10893.3, −3)** : 10893.3을 백의 자리에서 반올림하여 천의 자리까지 표시한 11,000이 [F8] 셀에 입력됩니다.

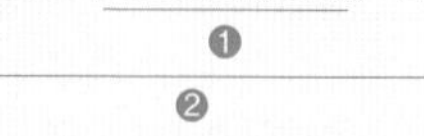

ROUND 함수의 반올림 자릿수

반올림 자릿수가 0보다 크면 숫자는 지정한 소수 이하 자릿수로, 0이면 가장 가까운 정수로, 0보다 작으면 소수점 왼쪽에서 반올림됩니다.

3	8	6	4	.	5	5	8	8
−3자리	−2자리	−1자리	0자리		1자리	2자리	3자리	4자리

ROUND 함수는 인수에 대하여 지정한 자릿수로 반올림할 때 사용하는 함수입니다. 자세한 내용은 10쪽을 참고하세요.

통계 함수

019 부서별 기본급의 평균 계산하기 – AVERAGEIF

AVERAGEIF 함수는 많은 자료 중에서 지정한 조건에 맞는 데이터만 찾아서 평균을 구하는 함수입니다. 찾을 조건이 있는 범위에서 조건에 맞는 데이터를 찾아 평균을 계산할 범위 중 같은 행에 있는 값들의 평균을 계산합니다.

형식 AVERAGEIF(조건이 적용될 범위, 조건, 평균을 구할 범위) : 조건이 적용될 범위에서 조건에 맞는 셀을 찾아 평균을 구할 범위 중 같은 행에 있는 값들의 평균을 계산합니다.

준비하세요! : 'C:\길벗사무자동화\함수사전' 폴더의 'AVERAGEIF.xlsx' 파일을 열어 '기본' 시트에서 실습하세요.

AVERAGEIF 함수를 이용하여 부서별 기본급의 평균을 계산해 보겠습니다.

	A	B	C	D	E	F	G
1		기본급 지급 현황				부서별 기본급의 평균	
2							
3		성명	부서	기본급		부서	평균
4		이승연	판매부	1,450,000		판매부	1,387,500
5		김경수	기획부	1,350,000		기획부	1,300,000
6		이학봉	판매부	1,350,000			
7		지순녀	기획부	1,200,000			
8		김지연	판매부	1,450,000			
9		박원래	기획부	1,450,000			
10		최지은	기획부	1,200,000			
11		강유라	판매부	1,300,000			

❶ =AVERAGEIF(C4:C11, "판매부", D4:D11) : [C4:C11] 영역에서 "판매부"가 입력된 셀들을 찾아, [D4:D11] 영역의 같은 행들에 있는 기본급(1450000, 1350000, 1450000, 1300000)의 평균인 1387500이 [G4] 셀에 입력됩니다.

❷ =AVERAGEIF(C4:C11, "기획부", D4:D11) : [C4:C11] 영역에서 "기획부"가 입력된 셀들을 찾아, [D4:D11] 영역의 같은 행들에 있는 기본급(1350000, 1200000, 1450000, 1200000)의 평균인 1300000이 [G5] 셀에 입력됩니다.

통계 함수

020 부서별 직급별 기본급의 평균 계산하기 – AVERAGEIFS

AVERAGEIFS 함수는 여러 개의 조건에 맞는 자료의 평균을 구하는 함수입니다. 예를 들면 부서가 판매부이고, 급수가 1급이고, 남자인 사원들의 기본급의 평균을 구할 수 있습니다. 조건은 최대 127개 까지 지정할 수 있습니다.

형식 AVERAGEIFS(평균을 구할 범위, 첫 번째 조건이 적용될 범위, 첫 번째 조건, 두 번째 조건이 적용될 범위, 두 번째 조건, …) : 여러 개의 조건이 적용될 범위에서 여러 개의 조건에 맞는 셀을 찾아 평균을 구할 범위 중 같은 행에 있는 값들의 평균을 계산합니다.

준비하세요! : 'C:\길벗사무자동화\함수사전' 폴더의 'AVERAGEIFS.xlsx' 파일을 열어 '기본' 시트에서 실습하세요.

AVERAGEIFS 함수를 이용하여 부서별 직급별 기본급의 평균을 계산해 보겠습니다.

	A	B	C	D	E	F	G	H	I
1		기본급 지급 현황					부서별 직급별 기본급의 평균		
2									
3		성명	부서	직급	기본급		직급 / 부서	1급	2급
4		이승연	판매부	1급	1,450,000		판매부	1,450,000	1,325,000
5		김경수	기획부	2급	1,350,000		기획부	1,325,000	1,275,000
6		이학봉	판매부	2급	1,350,000				
7		지순녀	기획부	2급	1,200,000				
8		김지연	판매부	1급	1,450,000				
9		박원래	기획부	1급	1,450,000				
10		최지은	기획부	1급	1,200,000				
11		강유라	판매부	2급	1,300,000				

❶ =AVERAGEIFS(E4:E11, C4:C11, "판매부", D4:D11, "1급") : [C4:C11] 영역에서 "판매부"가 입력된 셀들을 찾고, [D4:D11] 영역에서 같은 행들에 있는 "1급"이 입력된 셀들을 찾아 [E4:E11] 영역의 같은 행들에 있는 기본급(1450000, 1450000)의 평균인 1450000이 [H4] 셀에 입력됩니다.

❷ =AVERAGEIFS(E4:E11, C4:C11, "기획부", D4:D11, "2급") : [C4:C11] 영역에서 "기획부"가 입력된 셀들을 찾고, [D4:D11] 영역에서 같은 행들에 있는 "2급"이 입력된 셀들을 찾아 [E4:E11] 영역의 같은 행들에 있는 기본급(1350000, 1200000)의 평균인 1275000이 [I5] 셀에 입력됩니다.

021 점수대별 빈도 계산하기 — FREQUENCY

FREQUENCY 함수는 자료의 범위 내에서 해당 값의 발생 빈도를 계산하여 세로 배열 형태로 반환하는 함수입니다. 예를 들면, 지정한 점수대에 속한 시험 성적의 빈도 수를 구할 수 있습니다. 결과가 여러 개의 값을 갖는 배열로 반환되므로 결과가 계산될 범위를 먼저 지정한 후 배열 수식으로 입력해야 합니다.

형식 FREQUENCY(배열1, 배열2) : 배열2에 대해 배열1 요소들의 빈도 수를 계산합니다.

준비하세요! : 'C:\길벗사무자동화\함수사전' 폴더의 'FREQUENCY.xlsx' 파일을 열어 '기본' 시트에서 실습하세요.

FREQUENCY 함수를 이용하여 자료별로 점수대의 분포를 계산해 보겠습니다.

	A	B	C	D	E	F	G	H
1	자 료				자료별 점수대의 분포			
2	자료1	자료2	자료3		점수구간	자료1	자료2	자료3
3	7	89	85		10	1	-	-
4	85	75	64		20	-	-	-
5	68	64	53		30	1	2	-
6	89	28	84		40	1	1	1
7	95	56	56		50	2	-	1
8	44	85	48		60	1	1	3
9	45	21	78		70	1	2	1
10	25	85	86		80	-	1	1
11	34	62	59		90	2	3	3
12	56	35	34		100	1	-	-

❶ =FREQUENCY(A3:A12, E3:E12) : 점수대별 빈도 수를 계산할 [F3:F12] 영역을 블록으로 지정하고 '=FREQUENCY(A3:A12, E3:E12)'를 입력한 후 Ctrl+Shift+Enter를 누릅니다. [E3:E12] 영역으로 지정된 점수구간을 기준으로 [A3:A12] 영역의 값들의 빈도 수를 계산하여 [F3:F12] 영역에 각각 입력됩니다.

기출문제 따라잡기 —'기출' 시트에서 실습하세요.

'포인트점수'를 이용해서 각 '포인트점수'에 해당하는 고객의 수를 계산하세요.

	A	B	C	D
1		주유포인트 현황		
2		고객명	총주유금액	포인트점수
3		정애란	₩ 43,890	300
4		정장수	₩ 39,188	200
5		정수미	₩ 61,446	300
6		오지애	₩ 34,398	200
7		황교언	₩ 24,990	300
8		조종회	₩ 22,932	100
9				
10		포인트점수 분포		
11		100	1	
12		200	2	
13		300	3	

정답 [C11:C13] 영역을 블록으로 지정한 후 =FREQUENCY(D3:D8, B11:B13)를 입력하세요. 수식을 입력한 후에는 Ctrl+Shift+Enter를 눌러 마무리합니다. 수식 입력줄에는 수식이 {=FREQUENCY(D3:D8, B11:B13)}으로 표시됩니다.

=FREQUENCY(D3:D8, B11:B13)

[D3:D8] 영역의 점수를 기준으로 [C11:C13] 영역의 값들의 빈도 수가 다음과 같이 계산됩니다.

고객명	총주유금액	포인트점수	
정애란	₩ 43,890	300	❸
정장수	₩ 39,188	200	❷
정수미	₩ 61,446	300	❸
오지애	₩ 34,398	200	❷
황교언	₩ 24,990	300	❸
조종회	₩ 22,932	100	❶

	포인트점수 분포	
❶	100	1
❷	200	2
❸	300	3

전문가의 조언

- 배열 수식을 입력할 때는 수식 입력 후 Ctrl+Shift+Enter를 눌러야 합니다.
- 자료 범위에 값이 없으면 FREQUENCY 함수는 0을 반환합니다.
- 간격 범위에 값이 없으면 FREQUENCY 함수는 자료 범위에 있는 자료의 수를 반환합니다.
- FREQUENCY 함수에서 빈 셀과 텍스트는 무시합니다.

022 숫자가 있는 셀 판별하기 — ISNUMBER

ISNUMBER 함수는 인수의 데이터 형식과 관계없이 숫자이면 TRUE, 숫자가 아니면 FALSE를 표시합니다.

형식 ISNUMBER(인수) : 인수가 숫자이면 TRUE, 숫자가 아니면 FALSE를 표시합니다.

준비하세요! : 'C:\길벗사무자동화\함수사전' 폴더의 'ISNUMBER.xlsx' 파일을 열어 '기본' 시트에서 실습하세요.

	A	B	C
1		숫자 셀 찾기	
2		자료	숫자 여부
3		길벗 출판사	FALSE
4		2535	TRUE
5			FALSE
6		시나공	FALSE
7		19	TRUE

❶ ISNUMBER(B3) : [B3] 셀의 "길벗출판사"는 문자이므로 FALSE가 [C3] 셀에 입력됩니다.

❷ =ISNUMBER(B4) : [B4] 셀의 2535는 숫자이므로 TRUE가 [C4] 셀에 입력됩니다.

기출문제 따라잡기 —'기출' 시트에서 실습하세요.

'포인트점수'가 200이거나 300인 '총주유금액'의 합계를 계산하세요.

	A	B	C	D
1		주유포인트 현황		
2		고객명	총주유금액	포인트점수
3		정애란	₩ 43,890	100
4		정장수	₩ 39,188	200
5		정수미	₩ 61,446	300
6		오지애	₩ 34,398	200
7		황교언	₩ 24,990	300
8		조종회	₩ 22,932	100
9				
10		총주유금액합계		
11		₩160,022		

정답 [B11] : =SUMPRODUCT(ISNUMBER(FIND(200, D3:D8)) + ISNUMBER(FIND(300, D3:D8)), C3:C8)

배열 수식은 여러 개의 수식이 1개의 수식으로 압축된 것이므로 압축된 수식을 풀어서 써보면 쉽게 이해됩니다.
배열 수식인 '=SUMPRODUCT(ISNUMBER(FIND(200, D3:D8)) + ISNUMBER(FIND(300, D3:D8)), C3:C8)'을 풀어서 표시해 보겠습니다. 배열 수식을 일반 수식으로 풀어 쓰면 배열 수식에 사용된 배열의 요소만큼 수식이 확장됩니다. 여기서는 [D3:D8]과 [C3:C8]이 배열에 해당됩니다.

=SUMPRODUCT (

ISNUMBER(FIND(200, D3)) + ISNUMBER(FIND(300, D3)), C3
ISNUMBER(FIND(200, D4)) + ISNUMBER(FIND(300, D4)), C4
ISNUMBER(FIND(200, D5)) + ISNUMBER(FIND(300, D5)), C5
ISNUMBER(FIND(200, D6)) + ISNUMBER(FIND(300, D6)), C6
ISNUMBER(FIND(200, D7)) + ISNUMBER(FIND(300, D7)), C7
ISNUMBER(FIND(200, D8)) + ISNUMBER(FIND(300, D8)), C8

)

여러 개의 함수가 중첩되어 사용됐을 때는 맨 안쪽의 함수에서 바깥쪽의 함수로 이동하면서 차례대로 결과를 찾아서 대입하면 이해하기 쉽습니다. 이 수식은 엑셀에서 TRUE는 1로, FALSE는 0으로 취급하는 원리를 이용합니다. 즉 0과 어떤 값을 곱하면 0이고, 1과 어떤 값을 곱하면 어떤 값이 그대로 유지되는 원리를 이용하는 것이지요.

=SUMPRODUCT(ISNUMBER(FIND(200, D3)) + ISNUMBER(FIND(300, D3)), C3)

❶ FIND(200, D3) / ❷ FIND(300, D3) / ❸ ISNUMBER(FIND(200, D3)) / ❹ ISNUMBER(FIND(300, D3)) / ❺ ❸+❹ / ❻ 전체 수식

❶ **FIND(200, D3)** : [D3] 셀에서 "200"을 찾아 그 위치를 반환합니다. "200"이 없으면 오류로서 "#VALUE!"를 반환합니다. [D3] 셀에는 "200"이 없으므로 "#VALUE!"가 반환됩니다.

❷ **FIND(300, D3)** : [D3] 셀에서 "300"을 찾아 그 위치를 반환합니다. "300"이 없으면 오류로서 "#VALUE!"를 반환합니다. [D3] 셀에는 "300"이 없으므로 "#VALUE!"가 반환됩니다.

❸ **ISNUMBER(❶)** : ❶의 결과가 숫자이면 'TRUE', 숫자가 아니면 'FALSE'를 반환합니다. "#VALUE!"는 숫자가 아니므로 'FALSE'를 반환합니다.

❹ **ISNUMBER(❷)** : ❷의 결과가 숫자이면 'TRUE', 숫자가 아니면 'FALSE'를 반환합니다. "#VALUE!"는 숫자가 아니므로 'FALSE'를 반환합니다.

❺ **❸+❹** : ❸의 결과와 ❹의 결과를 더합니다. FALSE+FALSE는 0+0이므로 0을 반환합니다. 둘 중 하나라도 TRUE, 즉 [D3] 셀의 값이 200이나 300이면 ❸이나 ❹중 하나가 'TRUE'를 반환하므로 결과는 1이 됩니다.

❻ **=SUMPRODUCT(❺, C3)** : ❺의 결과와 [C3] 셀의 값을 곱합니다. ❺가 0이므로 결과는 0입니다. 즉 ❶이나 ❷의 결과가 하나라도 'TRUE'인 경우만 '총주유금액'이 합계에 포함됩니다. 곱하라는 연산자는 없지만 SUMPRODUCT 함수는 인수끼리 곱한 다음 더하는 함수이므로 두 개의 인수를 곱한 것입니다.

확장된 모든 수식의 결과를 표시하면 다음과 같습니다.

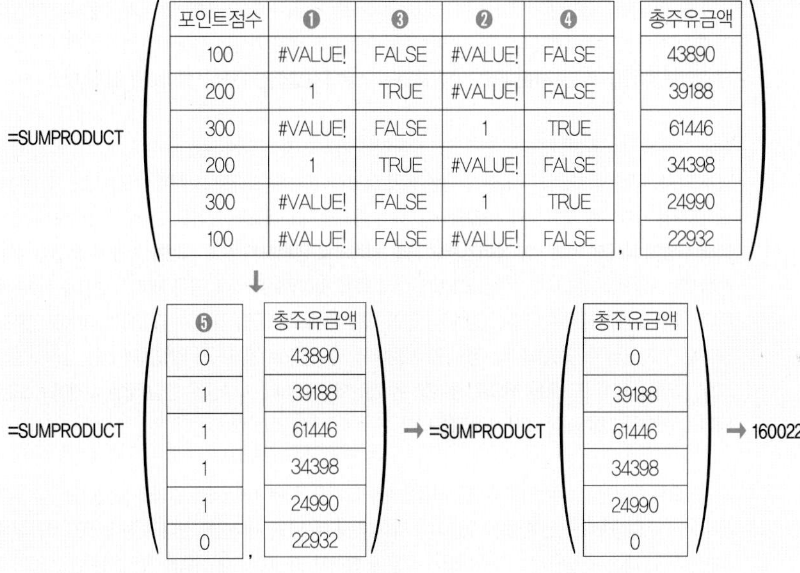

=SUMPRODUCT(

포인트점수	❶	❸	❷	❹
100	#VALUE!	FALSE	#VALUE!	FALSE
200	1	TRUE	#VALUE!	FALSE
300	#VALUE!	FALSE	1	TRUE
200	1	TRUE	#VALUE!	FALSE
300	#VALUE!	FALSE	1	TRUE
100	#VALUE!	FALSE	#VALUE!	FALSE

,

총주유금액
43890
39188
61446
34398
24990
22932

)

↓

=SUMPRODUCT(

❺
0
1
1
1
1
0

,

총주유금액
43890
39188
61446
34398
24990
22932

) → =SUMPRODUCT(

총주유금액
0
39188
61446
34398
24990
0

) → **160022**

전문가의 조언

- SUMPRODUCT 함수는 배열1과 배열2를 곱한 후 결과를 모두 더하는 함수입니다. 자세한 설명을 14쪽을 참고하세요.
- FIND 함수는 '찾을 텍스트'를 '문자열'에서 찾아 '찾을 텍스트'의 시작 위치를 반환하는 함수입니다. 자세한 설명을 19쪽을 참고하세요.

합격수기

합격수기 코너는 시나공으로 공부하신 독자분들이 시험에 합격하신 후에 직접
시나공 홈페이지(sinagong.gilbut.co.kr)의 〈합격전략/수기〉에 올려주신 자료를 토대로 구성됩니다.

박경훈 • hassukoi

시나공 덕에 사무자동화산업기사 시험 드디어 합격!!

사무자동화 필기시험은 시나공으로 공부해서 한 번에 합격했는데 실기는 이제야 합격을 했습니다. 실기 시험은 다른 출판사의 교재로 공부를 했었는데 두 번이나 떨어졌었거든요.

정말 이번이 마지막이라고 생각하고 선택한 책이 시나공 교재였습니다. 다른 출판사의 교재로 공부할 때는 정말 형식적인 것만 열거해놔서 뭐가 시험에 나오는지 뭐가 중요한지도 모른 채 처음부터 다 암기하라는 식이여서 막상 시험장에 가면 공부한 거랑 머릿속에 남은 거랑은 전혀 상관없는 문제가 나오고 암튼 정말 힘들었습니다. 실습문제도 기출문제와는 너무나 동떨어진 문제만 풀어봤던 것 같아요.

정말 이번에 시나공 아니었다면 합격하기 힘들었을 거라고 자신 있게 말할 수 있습니다. 고민 끝에 선택한 시나공 사무자동화산업기사 실기 책은 정말 달랐습니다. 말 그대로 시험에 나오는 것만 알려주더군요. 혼자서 공부하는 제게는 딱! 이었습니다. 뭐가 중요한지 조목조목 짚어주고 궁금했던 것도 자세히 설명해 주었기 때문에 시험장에 들어가서도 정말 처음으로 당황하지 않고 시험을 치를 수 있었습니다. 그 전까지는 시험장에 들어가면 긴장하고 답답해서 죽을 맛이었는데, 시나공은 제게 자신감을 심어주었습니다. 함수도 금방 생각이 나고, 가장 자신 없어 했던 액세스도 금방 끝낼 수 있었으며, 파워포인트도 힘들이지 않고 끝낼 수 있었습니다. 정말 왜 처음부터 시나공으로 공부하지 않았을까 하는 생각이 들더라고요. 그래도 늦게라도 좋은 책으로 공부할 수 있어서 기쁩니다. 시나공은 정말 짧은 시간에도 모든 걸 익힐 수 있다는 것을 새삼 느낄 수 있었습니다.

시나공으로 공부한지 3주 만에 자격증 시험을 봤으니까요. 좋은 책이 좋은 결과를 낳았나봅니다. 혼자서 공부하는 수험생들에게 강추하는 바입니다. 벌써 친구 두 명도 시나공을 샀다고 하더군요. 제가 강력히 추천했지요. 제겐 꼭 필요한 자격증이었기 때문에 합격자 명단에서 제 이름을 확인하는 순간 얼마나 기뻤는지 모릅니다. 모두 시나공 덕분이지만요.^^ 앞으로도 길벗~ 좋은 책 많이 만들어주세요.^^

함수 문제 모음

사무자동화산업기사 실기

공개문제 계산작업에서 함수식 문제만 골라 다시 구성하였습니다. 1 형 | 함수문제

	A	B	C	D	E	F	G	H
1	항공 운영 수입 현황							
2						❶	❷	❸
3	국가	관광객	사고여객기	세금	순이익금	신뢰도	항로폐쇄여부	순위
4	미국	10	7	₩ 1,300	₩ 108,700	D		6
5	프랑스	8	5	₩ 1,300	₩ 112,700	C		9
6	덴마크	7	4	₩ 1,300	₩ 114,700	C		10
7	뉴질랜드	9	1	₩ 1,300	₩ 115,700	A		7
8	중국	6	1	₩ 1,300	₩ 127,700	A		11
9	네덜란드	9	2	₩ 1,700	₩ 157,300	B		7
10	대만	12	3	₩ 1,700	₩ 160,300	B		3
11	벨기에	12	1	₩ 1,900	₩ 169,100	A		3
12	베트남	15	9	₩ 2,000	₩ 172,000	D		1
13	홍콩	12	2	₩ 2,000	₩ 193,000	B		3
14	일본	1	7	₩ 100	₩ 7,900	D	폐쇄	15
15	호주	5	1	₩ 700	₩ 51,300	A	폐쇄	12
16	한국	4	3	₩ 700	₩ 61,300	B	폐쇄	13
17	영국	2	1	₩ 700	₩ 65,300	A	폐쇄	14
18	폴란드	15	1	₩ 900	₩ 84,100	A	폐쇄	1
19	신뢰도별 평균		A	₩ 1,133	₩ 102,200			
20 ❹			B	₩ 1,525	₩ 142,975			
21			C	₩ 1,300	₩ 113,700			
22 ❺	순이익금이 100000 이상 200000 미만인 합			₩ 15,800	₩ 1,431,200			
23 ❻	신뢰도가 "A"인 개수				6			

1. 신뢰도 : 사고여객기의 수가 7 이상은 "D", 4 이상 7 미만은 "C", 2 이상 4 미만 "B", 나머지는 "A"로 표시하시오.
[ ]

2. 항로폐쇄여부 : 순이익금이 100,000원 이하이면 "폐쇄"로 표시하고, 나머지는 공란으로 하시오.
[ ]

3. 순위 : 관광객이 가장 많은 수가 1이 되도록 순위를 나타내시오. (단, RANK 함수 사용)
[ ]

4. 신뢰도별 평균 : 신뢰도별 각 항목의 평균을 산출하시오. (단, AVERAGEIF 또는 AVERAGEIFS 함수 사용)
[ ]

5. 순이익금이 100000 이상 200000 미만인 합 : 각 항목별 합계를 산출하시오. (단, SUMIF 또는 SUMIFS 함수 사용)
[ ]

6. 신뢰도가 "A"인 개수를 산출하시오. (단, COUNTIF 함수 사용)
[ ]

컴퓨터로 실습하려면 'C:\길벗사무자동화' 폴더의 '함수문제모음.xlsx' 파일의 '공개01' 시트에서 작업하세요.

수식 따라잡기

1. **[F4]** : =IF(C4>=7, "D", IF(C4>=4, "C", IF(C4>=2, "B", "A")))
   조건1 조건1_참 조건2 조건2_참 조건3 조건3_참 거짓

2. **[G4]** : =IF(E4<=100000, "폐쇄", "")
   조건 참 거짓

3. **[H4]** : =RANK(B4, $B$4:$B$18)
   순위구할값 범위

4. **[D19]** : =AVERAGEIF($F$4:$F$18, $C19, D$4:D$18)
   조건적용범위 조건 평균구할범위

5. **[D22]** : =SUMIFS(D4:D18, $E$4:$E$18, ">=100000", $E$4:$E$18, "<200000")
   합계구할범위 조건1_적용범위 조건1 조건2_적용범위 조건2

6. **[E23]** : =COUNTIF(F4:F18, "A")
   조건적용범위 조건

잠깐만요

1번 문제의 함수 마법사를 이용한 입력 방법

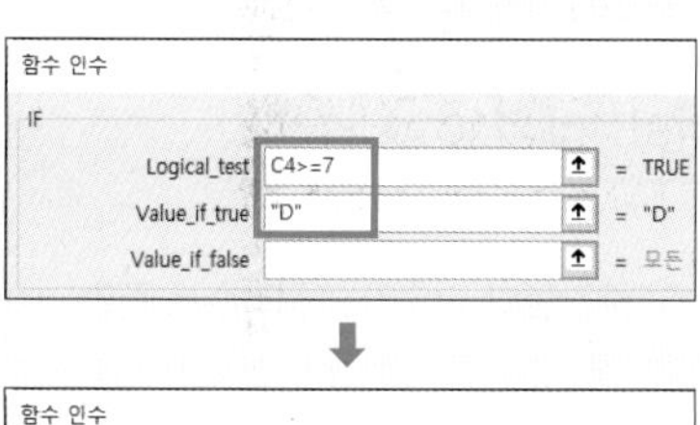

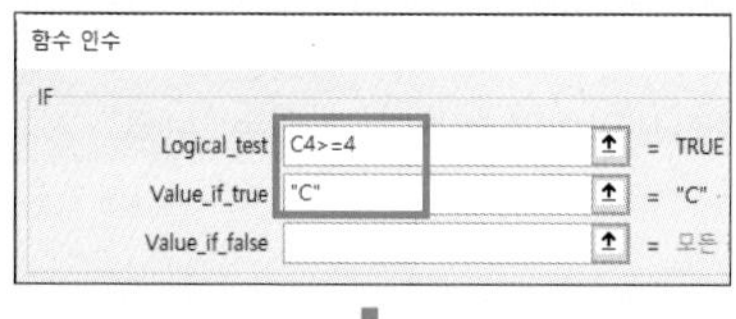

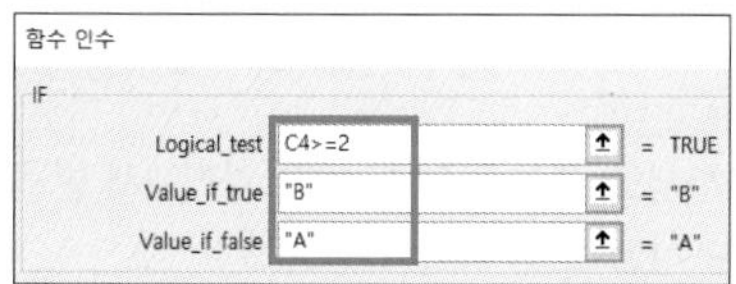

공개문제 계산작업에서 함수식 문제만 골라 다시 구성하였습니다. 2회 | 함수문제

	A	B	C	D	E	F	G	H	I
1	학생 성적 현황						❶		❷
2	학생이름	과제등급	중간	기말	과제점수	총점	조정점수	최종점수	평가
3	송경관	A	72	92	20	86	18	104	최우수
4	송수정	B	65	88	15	76	18	94	최우수
5	신명훈	A	87	74	20	84	9	93	최우수
6	송대관	A	62	80	20	77	16	93	최우수
7	박현정	C	77	78	10	72	16	88	우수
8	홍길동	A	59	72	20	72	14	87	우수
9	김찬진	C	69	82	10	70	16	87	우수
10	이소라	B	84	65	15	75	8	83	우수
11	임현식	A	55	64	20	68	13	80	우수
12	김기찬	C	65	73	10	65	15	80	보통
13	최진현	B	58	68	15	65	14	79	보통
14	신기한	A	54	60	20	66	12	78	보통
15	임경철	C	76	60	10	64	8	72	보통
16	박찬호	B	54	58	15	60	12	71	보통
17	최종혁	C	48	50	10	49	10	59	미달
18	김경태	B	50	45	15	53	5	58	미달
19	김수진	C	50	49	10	50	5	55	미달
20 ❸	최종점수가 70점 미만인 학생수							3	
21 ❹	학생이름이 '김' 또는 '이'로 시작하는 학생들의 최종점수의 합							362	
22 ❺	평가가 "최우수"인 평균						15	96	
23 ❻	과제등급이 "A"이면서 평가가 "우수" 또는 "보통"인 합						39	245	

1. 조정점수 : 기말이 중간보다 크거나 같으면 조정점수는 기말 × 20%, 기말이 중간보다 작으면 조정점수는 중간 × 10%

[ ]

2. 평가 : 최종점수가 90 이상이면 "최우수", 80 이상 90 미만이면 "우수", 60 미만이면 "미달", 그 외는 "보통"

[ ]

3. 최종점수가 70점 미만인 학생 수를 계산하시오.

[ ]

4. 학생이름이 "김" 또는 "이"로 시작하는 학생들의 최종점수의 합을 산출하시오. (단, 소수 첫 번째 자리에서 반올림하여 정수로 표시하는 ROUND 함수와 SUMPRODUCT, LEFT 함수를 모두 사용한 수식을 작성하시오.)

[ ]

5. 평가가 "최우수"인 조정점수, 최종점수의 평균을 각각 산출하시오.

[ ]

6. 과제등급이 "A"이면서 평가가 "우수" 또는 "보통"인 조정점수, 최종점수의 합을 각각 산출하시오.(단, SUMPROCUCT 함수 사용)

[ ]

컴퓨터로 실습하려면 'C:\길벗사무자동화' 폴더의 '함수문제모음.xlsx' 파일의 '공개02' 시트에서 작업하세요.

수식 따라잡기

1. [G3] : =IF(D3>=C3, D3*20%, C3*10%)
조건 / 참 / 거짓

2. [I3] : =IF(H3>=90, "최우수", IF(H3>=80, "우수", IF(H3<60, "미달", "보통")))
조건1 / 조건1_참 / 조건2 / 조건2_참 / 조건3 / 조건3_참 / 거짓

3. [H20] : =COUNTIF(H3:H19, "<70")
조건적용범위 / 조건

4. [H21] : =ROUND(SUMPRODUCT((LEFT(A3:A19,1)="김") + (LEFT(A3:A19,1)="이"), H3:H19), 0)
조건1 / 조건2 / 합계구할범위

5. [G22] : =AVERAGEIF($I$3:$I$19, "최우수", G3:G19)
조건적용범위 / 조건 / 평균구할범위

6. [G23] : =SUMPRODUCT(($B$3:$B$19="A") * (($I$3:$I$19="우수") + ($I$3:$I$19="보통")), G3:G19)
조건1 / 조건2 / 조건3 / 합계구할범위

잠깐만요

4번 문제의 함수 마법사를 이용한 입력 방법

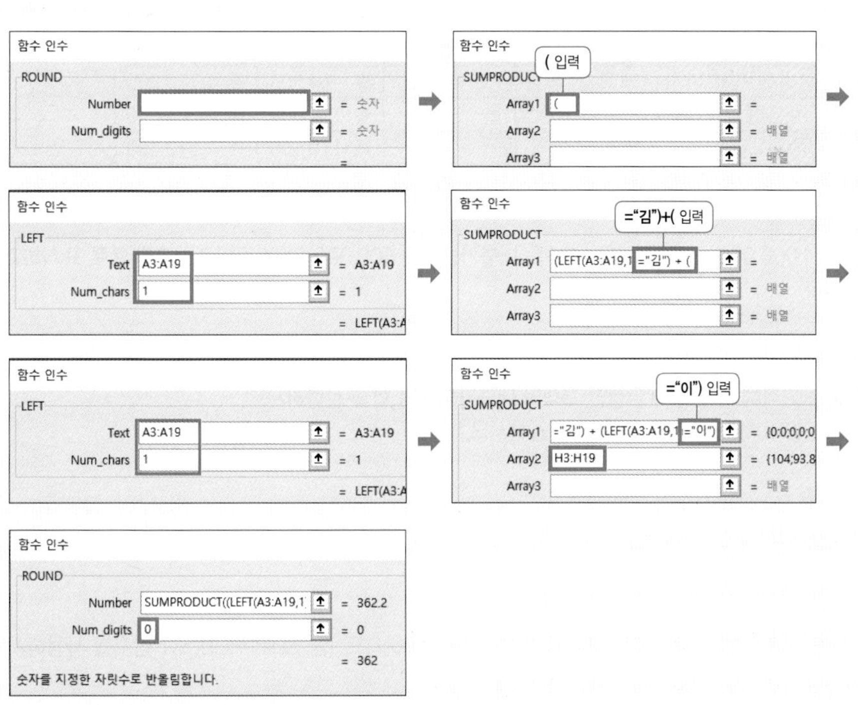

공개문제 계산작업에서 함수식 문제만 골라 다시 구성하였습니다. 3 회 | 함수문제

	A	B	C	D	E	F	G	H
1		은행별 고객 대출 계산						
2								
3								❶
4		은행명	고객명	성별	잔액	대출이자	대출가능액	비고
5		비자은행	강승헌	남성	₩ 1,680,000	₩ 900,000	-₩ 7,320,000	불량고객
6		비자은행	심남숙	여성	₩ 1,670,000	₩ 87,000	₩ 800,000	
7		비자은행	편영표	남성	₩ 1,600,000	₩ 50,000	₩ 1,100,000	우수고객
8		비자은행	이철희	남성	₩ 2,420,000	₩ 64,000	₩ 1,780,000	우수고객
9		전자은행	김종남	남성	₩ 1,000,000	₩ 30,000	₩ 700,000	
10		전자은행	송춘석	남성	₩ 1,380,000	₩ 62,000	₩ 760,000	
11		전자은행	임지영	여성	₩ 3,360,000	₩ 236,000	₩ 1,000,000	
12		전자은행	박종식	남성	₩ 1,950,000	₩ 85,000	₩ 1,100,000	우수고객
13		전자은행	하석태	남성	₩ 1,740,000	₩ 57,000	₩ 1,170,000	우수고객
14		전자은행	전은미	남성	₩ 2,660,000	₩ 104,000	₩ 1,620,000	우수고객
15		학교은행	이남석	남성	₩ 375,000	₩ 29,000	₩ 85,000	불량고객
16		학교은행	황귀영	여성	₩ 700,000	₩ 55,000	₩ 150,000	불량고객
17		학교은행	심수미	여성	₩ 940,000	₩ 42,000	₩ 520,000	
18		학교은행	박철수	남성	₩ 1,505,000	₩ 56,000	₩ 945,000	
19		학교은행	함미경	여성	₩ 2,270,000	₩ 38,000	₩ 1,890,000	우수고객
20	❷	전자은행과 거래하는 남성 고객의 합					₩ 5,350,000	
21	❸	남성이고 이씨이면서 비자은행과 거래하는 고객의 합				₩ 64,000	₩ 1,780,000	
22	❹	비자은행과 거래하는 우수고객의 합				₩ 114,000	₩ 2,880,000	
23	❺	잔액이 2,000,000 이상인 고객의 평균				₩ 110,500	₩ 1,572,500	
24								

1. 비고 : 대출가능액이 1,000,000 초과이면 "우수고객", 대출가능액이 500,000 미만이면 "불량고객"으로 표시하고, 나머지는 공란으로 한다.

   [ ]

2. 전자은행과 거래하는 고객들 중 성별이 남성인 고객의 대출가능액의 합을 산출하시오.
   (단, SUMPRODUCT, ISNUMBER, FIND 함수를 사용하시오.)

   [ ]

3. 성별이 남성이고 성이 이씨이면서 비자은행과 거래하는 고객의 대출이자, 대출가능액의 합을 산출하시오.

   [ ]

4. 비자은행과 거래하는 우수고객의 대출이자, 대출가능액의 합을 산출하시오. (단, SUMPRODUCT 함수를 사용하시오.)

   [ ]

컴퓨터로 실습하려면 'C:\길벗사무자동화' 폴더의 '함수문제모음.xlsx' 파일의 '공개03' 시트에서 작업하세요.

5. 잔액이 2,000,000 이상인 고객의 대출이자, 대출가능액의 평균을 산출하시오. (단, AVERAGEIF 함수를 사용하시오.)

[ ]

1. [H5] : =IF(G5>1000000, "우수고객", IF(G5<500000, "불량고객", " "))
   - 조건1: G5>1000000
   - 조건1_참: "우수고객"
   - 조건2: G5<500000
   - 조건2_참: "불량고객"
   - 거짓: " "

2. [G20] : =SUMPRODUCT(ISNUMBER(FIND("전자은행",B5:B19)) * ISNUMBER(FIND("남성",D5:D19)), G5:G19)
   - 조건1: ISNUMBER(FIND("전자은행",B5:B19))
   - 조건2: ISNUMBER(FIND("남성",D5:D19))
   - 합계구할범위: G5:G19

3. [F21] : =SUMIFS(F5:F19, $D$5:$D$19, "남성", $C$5:$C$19, "이*", $B$5:$B$19, "비자은행")
   - 합계구할범위: F5:F19
   - 조건1_적용범위: $D$5:$D$19
   - 조건1: "남성"
   - 조건2_적용범위: $C$5:$C$19
   - 조건2: "이*"
   - 조건3_적용범위: $B$5:$B$19
   - 조건3: "비자은행"

4. [F22] : =SUMPRODUCT(($B$5:$B$19="비자은행")*($H$5:$H$19="우수고객"), F5:F19)
   - 조건1: $B$5:$B$19="비자은행"
   - 조건2: $H$5:$H$19="우수고객"
   - 합계구할범위: F5:F19

5. [F23] : =AVERAGEIF($E$5:$E$19, ">=2000000", F5:F19)
   - 조건적용범위: $E$5:$E$19
   - 조건: ">=2000000"
   - 평균구할범위: F5:F19

2번 문제의 함수 마법사를 이용한 입력 방법

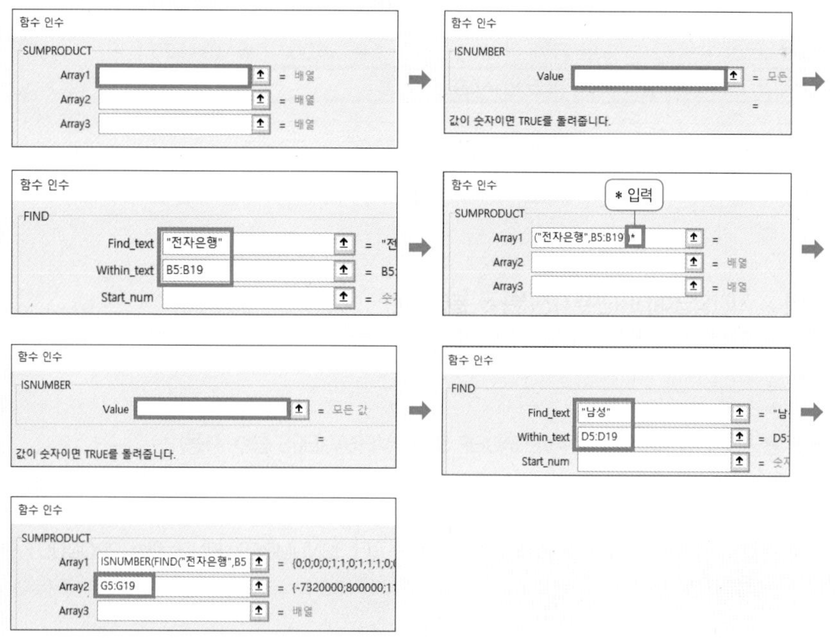

공개문제 계산작업에서 함수식 문제만 골라 다시 구성하였습니다. 4 회 | 함수문제

	A	B	C	D	E	F	G
1	아르바이트 급여 현황						
2			❶		❷		
3	성명	부서코드	근무부서	근무시간	당일금액	식대	지급액
4	공병호	B-2	관리과	8:55	₩ 42,800	₩ 10,000	₩ 52,800
5	김미선	B-1	관리과	7:15	₩ 34,800	₩ 10,000	₩ 44,800
6	김병선	B-3	관리과	4:01	₩ 19,280	₩ 2,000	₩ 21,280
7	김지명	B-3	관리과	6:50	₩ 32,800	₩ 10,000	₩ 42,800
8	김차일	B-2	관리과	7:10	₩ 34,400	₩ 10,000	₩ 44,400
9	남영문	A-2	재무과	7:35	₩ 36,400	₩ 10,000	₩ 46,400
10	박두일	C-1	시설과	4:43	₩ 22,640	₩ 2,000	₩ 24,640
11	박일호	A-2	재무과	4:05	₩ 19,600	₩ 2,000	₩ 21,600
12	반준규	B-3	관리과	7:35	₩ 36,400	₩ 10,000	₩ 46,400
13	신혁진	A-3	재무과	6:12	₩ 29,760	₩ 10,000	₩ 39,760
14	안성기	A-2	재무과	6:40	₩ 32,000	₩ 10,000	₩ 42,000
15	이강복	C-2	시설과	9:00	₩ 43,200	₩ 10,000	₩ 53,200
16	이우선	A-2	재무과	3:46	₩ 18,080	₩ 2,000	₩ 20,080
17	정상희	B-2	관리과	8:15	₩ 39,600	₩ 10,000	₩ 49,600
18	조형래	A-3	재무과	6:50	₩ 32,800	₩ 10,000	₩ 42,800
19	주진모	B-2	관리과	7:35	₩ 36,400	₩ 10,000	₩ 46,400
20	부서별 평균			시설과	₩ 32,920	₩ 6,000	₩ 38,920
2❸				관리과	₩ 34,560	₩ 9,000	₩ 43,560
22				재무과	₩ 28,107	₩ 7,333	₩ 35,440
2❹	성명에 "김" 또는 "박"이 포함된 인원의 합계				₩ 163,520	₩ 36,000	₩ 199,520
2❺	당일금액이 15000 이상 30000 미만인 사람들의 합						₩ 127,360
25							

1. 근무부서 : 부서코드의 첫 번째 문자가 "A"이면 "재무과", "B"이면 "관리과", "C"이면 "시설과"로 표시하시오.

[ ]

2. 당일금액 : (근무시간[시] × 시간당급여) + (근무시간[분] × 분당급여)
(단, 시간당급여는 4,800원, 분당급여는 80원, HOUR, MINUTE 함수 사용)

[ ]

3. 부서별 평균 : 각 항목별 평균을 산출하시오. (단, AVERAGEIF 또는 AVERAGEIFS 함수 사용)

[ ]

4. 성명에 "김" 또는 "박"이 포함된 인원의 각 항목별 합계를 산출하시오. (단, ISNUMBER, FIND, SUMPRODUCT 함수를 조합한 수식을 반드시 이용하시오.)

[ ]

컴퓨터로 실습하려면 'C:\길벗사무자동화' 폴더의 '함수문제모음.xlsx' 파일의 '공개04' 시트에서 작업하세요.

5. 당일금액이 15000 이상 30000 미만인 사람들의 지급액의 합을 산출하시오. (단, SUMIF 또는 SUMIFS 함수 사용)

[ ]

수식 따라잡기

1. **[C4]** : =IF(LEFT(B4,1)="A", "재무과", IF(LEFT(B4,1)="B", "관리과", "시설과"))
   조건1 조건1_참 조건2 조건2_참 거짓

2. **[E4]** : =HOUR(D4)*4800+MINUTE(D4)*80

3. **[E20]** : =AVERAGEIF($C$4:$C$19, $D20, E$4:E$19)
   조건적용범위 조건 평균구할범위

4. **[E23]** : =SUMPRODUCT(ISNUMBER(FIND("김",$A$4:$A$19))+ISNUMBER(FIND("박",$A$4:$A$19)), E4:E19)
   조건1 조건2 합계구할범위

5. **[G24]** : =SUMIFS(G4:G19, E4:E19, ">=15000", E4:E19, "<30000")
   합계구할범위 조건1_적용범위 조건1 조건2_적용범위 조건2

잠깐만요

1번 문제의 함수 마법사를 이용한 입력 방법

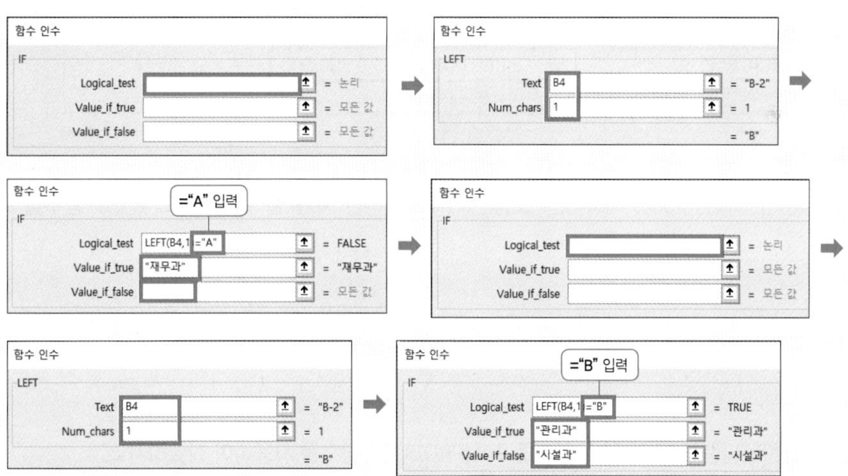

	A	B	C	D	E	F	G
1	저축우수지역 분석표						
2							❶
3	지역	수입	저축	여유자금	잡비	지수	판정
4	부산	₩ 2,450,000	₩ 1,140,000	₩ 260,000	₩ 1,050,000	19%	나쁨
5	울산	₩ 3,800,000	₩ 900,000	₩ 250,000	₩ 2,650,000	22%	나쁨
6	광주	₩ 2,700,000	₩ 850,000	₩ 350,000	₩ 1,500,000	29%	나쁨
7	부산	₩ 1,200,000	₩ 700,000	₩ 300,000	₩ 200,000	30%	나쁨
8	부산	₩ 1,850,000	₩ 750,000	₩ 500,000	₩ 600,000	40%	보통
9	부산	₩ 1,800,000	₩ 900,000	₩ 700,000	₩ 200,000	44%	보통
10	대전	₩ 1,200,000	₩ 600,000	₩ 500,000	₩ 100,000	45%	보통
11	부산	₩ 1,500,000	₩ 500,000	₩ 500,000	₩ 500,000	50%	보통
12	부산	₩ 1,550,000	₩ 450,000	₩ 500,000	₩ 600,000	53%	우수
13	대전	₩ 1,700,000	₩ 400,000	₩ 700,000	₩ 600,000	64%	우수
14	울산	₩ 1,500,000	₩ 200,000	₩ 1,000,000	₩ 300,000	83%	우수
15	부산	₩ 1,600,000	₩ 200,000	₩ 1,000,000	₩ 400,000	83%	우수
16	울산	₩ 1,800,000	₩ 200,000	₩ 1,100,000	₩ 500,000	85%	우수
17	서울	₩ 1,300,000	₩ 100,000	₩ 800,000	₩ 400,000	89%	우수
18	서울평균	₩ 1,300,000	₩ 100,000	₩ 800,000	₩ 400,000		
1❷	부산평균	₩ 1,707,143	₩ 662,857	₩ 537,143	₩ 507,143		
20	울산평균	₩ 2,366,667	₩ 433,333	₩ 783,333	₩ 1,150,000		
2❸	지역이 부산이면서 판정이 나쁨인 합계			₩ 560,000	₩ 1,250,000		
2❹	지수가 50% 미만인 합			₩ 2,860,000	₩ 6,300,000		
2❺	수입이 1,500,000 이상이면서 저축이 500,000 이하인 개수				6		
24							

1. 판정 : 지수가 30% 이하이면 "나쁨", 50% 이하이면 "보통", 50% 초과이면 "우수"를 표시하시오. (단, IF 함수를 사용하시오.)

[ ]

2. 지역별 평균 : 각 항목의 평균값을 SUMIF, COUNTIF, LEFT 함수를 조합하여 산출하시오.

[ ]

3. 지역이 "부산"이면서 판정이 "나쁨"인 각 항목의 합계를 SUMPRODUCT 함수를 사용하여 산출하시오.

[ ]

4. 지수가 50% 미만인 각 항목의 합계를 SUMIF 함수를 이용하여 산출하시오.

[ ]

5. 수입이 1,500,000 이상이면서 저축이 500,000 이하인 개수를 COUNTIFS 함수를 이용하여 산출하시오.

[ ]

컴퓨터로 실습하려면 'C:\길벗사무자동화' 폴더의 '함수문제모음.xlsx' 파일의 '공개05' 시트에서 작업하세요.

수식 따라잡기

1. **[G4]** : =IF(F4<=30%, "나쁨", IF(F4<=50%, "보통", "우수"))
   조건1 조건1_참 조건2 조건2_참 거짓

2. **[B18]** : =SUMIF($A$4:$A$17, LEFT($A18,2), B$4:B$17)/COUNTIF($A$4:$A$17, LEFT($A18,2))
   조건적용범위 조건 합계구할범위 조건적용범위 조건

3. **[D21]** : =SUMPRODUCT(($A$4:$A$17="부산")*($G$4:$G$17="나쁨"), D4:D17)
   조건1 조건2 합계구할범위

4. **[D22]** : =SUMIF($F$4:$F$17, "<50%", D4:D17)
   조건적용범위 조건 합계구할범위

5. **[E23]** : =COUNTIFS(B4:B17, ">=1500000", C4:C17, "<=500000")
   조건1_적용범위 조건1 조건2_적용범위 조건2

잠깐만요

2번 문제의 함수 마법사를 이용한 입력 방법

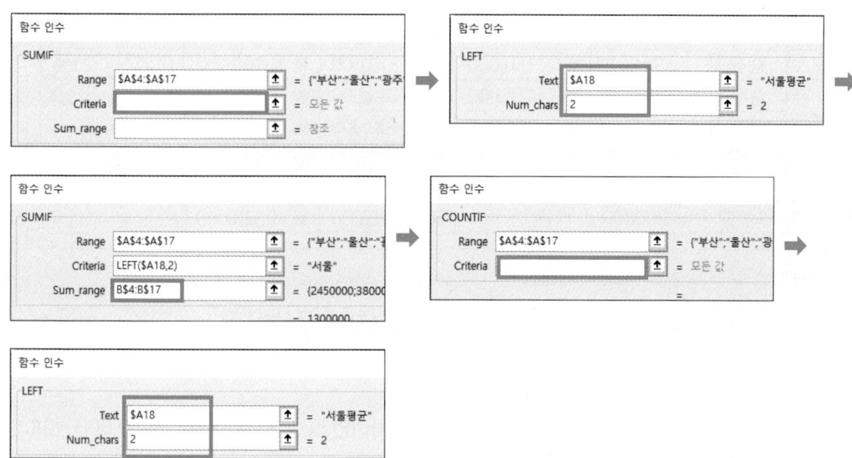

공개문제 6회 함수문제

계산작업에서 함수식 문제만 골라 다시 구성하였습니다.

	A	B	C	D	E	F	G	H
1	자동차 렌트 관리							
2			❶			❷		❸
3	대여자	코드	차종	대여일	기본요금	부가요금	합계금액	종합
4	이승엽	B-1	승합차	3	₩ 200,000	₩ 150,000	₩ 350,000	이승엽:B:3일
5	김재해	A-5	버스	3	₩ 400,000	₩ 240,000	₩ 640,000	김재해:A:3일
6	최경주	C-7	승용차	4	₩ 150,000	₩ 40,000	₩ 190,000	최경주:C:4일
7	이종범	A-6	버스	4	₩ 400,000	₩ 320,000	₩ 720,000	이종범:A:4일
8	이수경	A-1	버스	5	₩ 400,000	₩ 400,000	₩ 800,000	이수경:A:5일
9	유남규	A-7	버스	5	₩ 400,000	₩ 400,000	₩ 800,000	유남규:A:5일
10	한기주	B-7	승합차	6	₩ 200,000	₩ 300,000	₩ 500,000	한기주:B:6일
11	김동렬	C-5	승용차	7	₩ 150,000	₩ 70,000	₩ 220,000	김동렬:C:7일
12	김명호	C-3	승용차	9	₩ 150,000	₩ 90,000	₩ 240,000	김명호:C:9일
13	박한상	C-4	승용차	9	₩ 150,000	₩ 90,000	₩ 240,000	박한상:C:9일
14	이경호	B-2	승합차	9	₩ 200,000	₩ 450,000	₩ 650,000	이경호:B:9일
15	서영준	C-2	승용차	10	₩ 150,000	₩ 100,000	₩ 250,000	서영준:C:10일
16	윤나영	B-4	승합차	10	₩ 200,000	₩ 500,000	₩ 700,000	윤나영:B:10일
17	이수현	B-3	승합차	12	₩ 200,000	₩ 600,000	₩ 800,000	이수현:B:12일
18	권은경	A-4	버스	20	₩ 400,000	₩ 1,600,000	₩ 2,000,000	권은경:A:20일
19	이명진	C-1	승용차	21	₩ 150,000	₩ 210,000	₩ 360,000	이명진:C:21일
20	요금평균		승용차	10	₩ 150,000	₩ 100,000	₩ 250,000	
2❹			승합차	8	₩ 200,000	₩ 400,000	₩ 600,000	
22			버스	7	₩ 400,000	₩ 592,000	₩ 992,000	
2❺	대여일이 5일 이상이면서 코드의 끝이 "1"인 합					₩ 610,000	₩ 1,160,000	
2❻	"이"씨 성이면서 기본요금이 200000 초과인 합					₩ 720,000	₩ 1,520,000	

1. 차종 : 코드의 첫 문자가 "A"이면 "버스", "B"이면 "승합차", "C"이면 "승용차"로 표시하시오.

   [ ]

2. 부가요금 : 대여일 × 부가세 (단, 부가세 : 승용차이면 10,000원, 승합차이면 50,000원, 버스이면 80,000원이다.)

   [ ]

3. 종합 : 대여자, 코드 맨 앞 1자리, 대여일을 CONCATENATE, LEFT 함수를 사용하여 〈예〉와 같이 표시하시오.
   (예 이명진:C:21일)

   [ ]

4. 항목별 요금평균 : 각 항목별 평균을 산출하시오. (단, 소수 첫 번째 자리에서 반올림하여 정수로 표시하는 ROUND 함수와 AVERAGEIF 또는 AVERAGEIFS 함수 사용)

   [ ]

컴퓨터로 실습하려면 'C:\길벗사무자동화' 폴더의 '함수문제모음.xlsx' 파일의 '공개06' 시트에서 작업하세요.

5. 대여일이 5일 이상이면서 코드의 끝이 "1"인 각 항목별 합계를 산출하시오.
(단, SUMPRODUCT, RIGHT 함수 사용)

[ ]

6. "이"씨 성이면서 기본요금이 200000 초과인 각 항목별 합계를 산출하시오.
(단, SUMPRODUCT, LEFT 함수 사용)

[ ]

수식 따라잡기

1. **[C4]** : =IF(LEFT(B4,1)="A", "버스", IF(LEFT(B4,1)="B", "승합차", "승용차"))
조건1 조건1_참 조건2 조건2_참 거짓

2. **[F4]** : =D4*IF(C4="승용차", 10000, IF(C4="승합차", 50000, 80000))
조건1 조건1_참 조건2 조건2_참 거짓

3. **[H4]** : =CONCATENATE(A4, ":", LEFT(B4,1), ":", D4, "일")

4. **[D20]** : =ROUND(AVERAGEIF($C$4:$C$19, $C20, D$4:D$19),0)
조건적용범위 조건 평균구할범위

5. **[F23]** : =SUMPRODUCT(($D$4:$D$19>=5)*(RIGHT($B$4:$B$19,1)="1"),F4:F19)
조건1 조건2 합계구할범위

6. **[F24]** : =SUMPRODUCT((LEFT($A$4:$A$19,1)="이")*($E$4:$E$19>200000),F4:F19)
조건1 조건2 합계구할범위

잠깐만요

4번 문제의 함수 마법사를 이용한 입력 방법

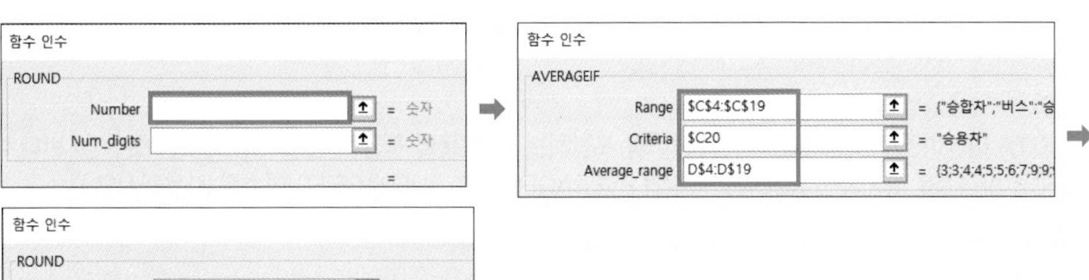

공개문제 계산작업에서 함수식 문제만 골라 다시 구성하였습니다. 7회 | 함수문제

	A	B	C	D	E	F	G	H
1	차종류별 판매실적 분석							❷
2	차종류	단가	판매계획		판매실적 ❶		달성율	판매순위
3			수량	금액	수량	금액		
4	사과주스	₩ 3,500	1300	₩ 4,550,000	709	₩ 2,481,500	55%	14
5	포도주스	₩ 4,000	1500	₩ 6,000,000	940	₩ 3,760,000	63%	9
6	맥심커피	₩ 4,000	1500	₩ 6,000,000	1101	₩ 5,284,800	88%	5
7	꿀차	₩ 4,000	1500	₩ 6,000,000	1280	₩ 6,144,000	102%	4
8	에스프레소	₩ 4,500	1500	₩ 6,750,000	1330	₩ 7,182,000	106%	2
9	딸기주스	₩ 5,000	550	₩ 2,750,000	638	₩ 3,190,000	116%	12
10	녹차	₩ 1,200	1900	₩ 2,280,000	1850	₩ 2,664,000	117%	13
11	배주스	₩ 4,000	500	₩ 2,000,000	610	₩ 2,440,000	122%	16
12	원두커피	₩ 3,500	1450	₩ 5,075,000	1539	₩ 6,463,800	127%	3
13	인삼차	₩ 2,000	1700	₩ 3,400,000	1860	₩ 4,464,000	131%	7
14	아이스커피	₩ 4,500	1250	₩ 5,625,000	1675	₩ 9,045,000	161%	1
15	오렌지커피	₩ 4,000	750	₩ 3,000,000	1014	₩ 4,867,200	162%	6
16	코리언커피	₩ 3,000	500	₩ 1,500,000	827	₩ 2,481,000	165%	15
17	카푸치노	₩ 3,000	700	₩ 2,100,000	1040	₩ 3,744,000	178%	10
18	키위주스	₩ 4,000	500	₩ 2,000,000	970	₩ 3,880,000	194%	8
19	홍차	₩ 2,000	300	₩ 600,000	1420	₩ 3,408,000	568%	11
2❸	달성율이 100% 이상이면서 "커피" 단어를 포함한 평균				1264	₩ 5,714,250		
2❹	판매순위가 5 이하이면서 "차" 단어를 포함한 합				1280	₩ 6,144,000		
2❺	차종류에 "주스" 단어를 포함한 합				3867	₩ 15,751,500		
2❻	판매순위가 10 미만이면서 달성율이 130% 이상인 합				5519	₩ 22,256,200		

1. 판매실적의 금액 : 수량 × 단가(단, 판매실적의 수량이 1000 이상일 경우에는 수량 × 단가 × 1.2를 적용)

[ ]

2. 판매순위 : 판매실적의 금액에 대한 순위(판매실적 금액이 가장 클 때 순위가 1임)

[ ]

3. 달성율이 100% 이상이면서 차종류에 "커피" 단어를 포함하는 각 항목별 평균을 산출하시오. (단, 소수 첫 번째 자리에서 반올림하여 정수로 표시하는 ROUND 함수와 AVERAGEIF 또는 AVERAGEIFS 함수를 사용하시오.)

[ ]

4. 판매순위가 5 이하이면서 차종류에 "차" 단어를 포함하는 각 항목별 합계를 산출하시오.

[ ]

5. 차종류에 "주스" 단어를 포함하는 각 항목별 합계를 산출하시오. (단, SUMIF 함수를 사용하시오.)

[ ]

컴퓨터로 실습하려면 'C:\길벗사무자동화' 폴더의 '함수문제모음.xlsx' 파일의 '공개07' 시트에서 작업하세요.

6. 판매순위가 10 미만이면서 달성율이 130% 이상인 각 항목별 합계를 산출하시오. (단, SUMPRODUCT 함수 사용하시오.)

[ ]

수식 따라잡기

1. **[F4]** : =IF(E4>=1000, E4*B4*1.2, E4*B4)
   - 조건: E4>=1000 / 참: E4*B4*1.2 / 거짓: E4*B4

2. **[H4]** : =RANK(F4, $F$4:$F$19)
   - 순위구할값: F4 / 적용범위: $F$4:$F$19

3. **[E20]** : =ROUND(AVERAGEIFS(E4:E19, $G$4:$G$19, ">=100%", $A$4:$A$19, "*커피*"), 0)
   - 평균구할범위: E4:E19 / 조건1_적용범위: $G$4:$G$19 / 조건1: ">=100%" / 조건2_적용범위: $A$4:$A$19 / 조건2: "*커피*" / 반올림자릿수: 0

4. **[E21]** : =SUMIFS(E4:E19, $H$4:$H$19, "<=5", $A$4:$A$19, "*차*")
   - 합계구할범위: E4:E19 / 조건1_적용범위: $H$4:$H$19 / 조건1: "<=5" / 조건2_적용범위: $A$4:$A$19 / 조건2: "*차*"

5. **[E22]** : =SUMIF($A$4:$A$19, "*주스*", E4:E19)
   - 조건적용범위: $A$4:$A$19 / 조건: "*주스*" / 합계구할범위: E4:E19

6. **[E23]** : =SUMPRODUCT(($H$4:$H$19<10)*($G$4:$G$19>=130%), E4:E19)
   - 조건1: ($H$4:$H$19<10) / 조건2: ($G$4:$G$19>=130%) / 합계구할범위: E4:E19

잠깐만요

3번 문제의 함수 마법사를 이용한 입력 방법

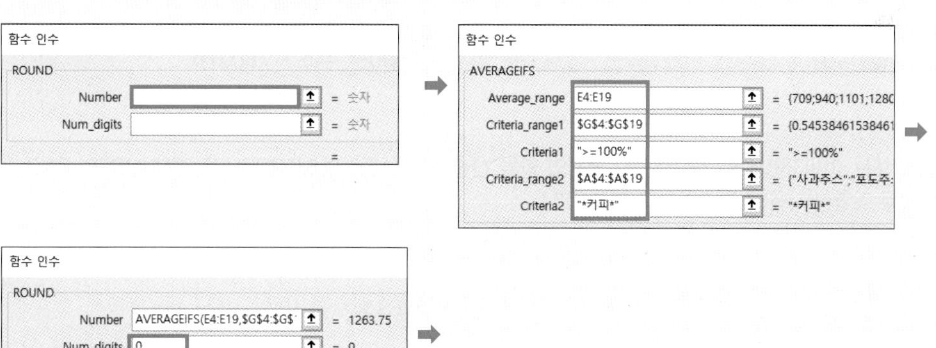

공개문제 계산작업에서 함수식 문제만 골라 다시 구성하였습니다. 8 회 | 함수문제

	A	B	C	D	E	F	G	H
1		상품별 주문 금액 계산						
2								
3							❶	
4		상품명	성명	할인수량	성별	주문금액	할인금액	합계금액
5		주스	권민자	7	여성	₩ 522,600	₩ 54,600	₩ 1,588,000
6		주스	이수영	3	여성	₩ 273,000	₩ 23,400	₩ 1,049,600
7		주스	이지연	5	여성	₩ 366,600	₩ 39,000	₩ 997,600
8		과자	김희숙	4	여성	₩ 130,500	₩ 18,000	₩ 932,500
9		과자	임수영	8	여성	₩ 337,500	₩ 36,000	₩ 761,500
10		과자	김성주	8	여성	₩ 157,500	₩ 36,000	₩ 701,500
11		주스	김천진	5	남성	₩ 327,600	₩ 39,000	₩ 1,408,600
12		주스	황현철	3	남성	₩ 163,800	₩ 23,400	₩ 1,125,400
13		라면	김기철	3	남성	₩ 105,000	₩ 10,500	₩ 1,097,500
14		과자	박철순	4	남성	₩ 202,500	₩ 18,000	₩ 1,034,500
15		과자	박수진	4	남성	₩ 175,500	₩ 18,000	₩ 1,010,500
16		라면	조경태	3	남성	₩ 161,000	₩ 10,500	₩ 940,500
17		라면	이남호	5	남성	₩ 161,000	₩ 17,500	₩ 933,500
18		라면	서정만	7	남성	₩ 203,000	₩ 24,500	₩ 818,500
19		라면	곽해남	4	남성	₩ 112,000	₩ 14,000	₩ 818,000
20		과자	표진영	6	남성	₩ 261,000	₩ 27,000	₩ 784,000
21		라면	하석주	6	남성	₩ 199,500	₩ 21,000	₩ 748,500
22	❷	성이 김씨 또는 이씨이면서 라면을 주문한 금액의 합						₩ 2,031,000
23	❸	여성이면서 과자를 주문한 금액의 합						₩ 2,395,500
24	❹	남성이면서 라면 또는 주스를 주문한 금액의 합						₩ 7,890,500
25	❺	주문금액이 200000 이상이면서 할인금액이 30000 미만인 평균						₩ 921,650

1. 할인금액 : 할인수량 × 단가(단, 단가 : 라면 – 3,500원, 과자 – 4,500원, 주스 – 7,800원)

[ ]

2. 성이 김씨 또는 이씨이면서 라면을 주문한 금액의 합을 산출하시오. (단, SUMPRODUCT, ISNUMBER, FIND, LEFT 함수를 모두 조합한(사용한) 함수식을 기재하시오.)

[ ]

3. 여성이면서 과자를 주문한 합계금액의 합을 산출하시오. (단, SUMIFS 함수를 사용하시오.)

[ ]

4. 남성이면서 라면 또는 주스를 주문한 합계금액의 합을 산출하시오. (단, SUMPRODUCT 함수를 사용하시오.)

[ ]

5. 주문금액이 200000 이상이면서 할인금액이 30000 미만인 합계금액의 평균을 산출하시오. (단, AVERAGEIF 또는 AVERAGEIFS 함수를 사용하시오.)

[ ]

컴퓨터로 실습하려면 'C:\길벗사무자동화' 폴더의 '함수문제모음.xlsx' 파일의 '공개08' 시트에서 작업하세요.

1. **[G5]** : =D5*IF(B5="라면", 3500, IF(B5="과자", 4500, 7800))
   조건1 조건1_참 조건2 조건2_참 거짓

2. **[H22]** : =SUMPRODUCT(ISNUMBER(FIND("라면",B5:B21))*((LEFT(C5:C21,1)="김")+(LEFT(C5:C21,1)="이")), H5:H21)
   조건1 조건2 조건3 합계구할범위

3. **[H23]** : =SUMIFS(H5:H21, E5:E21, "여성", B5:B21, "과자")
   합계구할범위 조건1_적용범위 조건1 조건2_적용범위 조건2

4. **[H24]** : =SUMPRODUCT((E5:E21="남성")*((B5:B21="라면")+(B5:B21="주스")), H5:H21)
   조건1 조건2 조건3 합계구할범위

5. **[H25]** : =AVERAGEIFS(H5:H21, F5:F21, ">=200000", G5:G21, "<30000")
   평균구할범위 조건1_적용범위 조건1 조건2_적용범위 조건2

2번 문제의 함수 마법사를 이용한 입력 방법

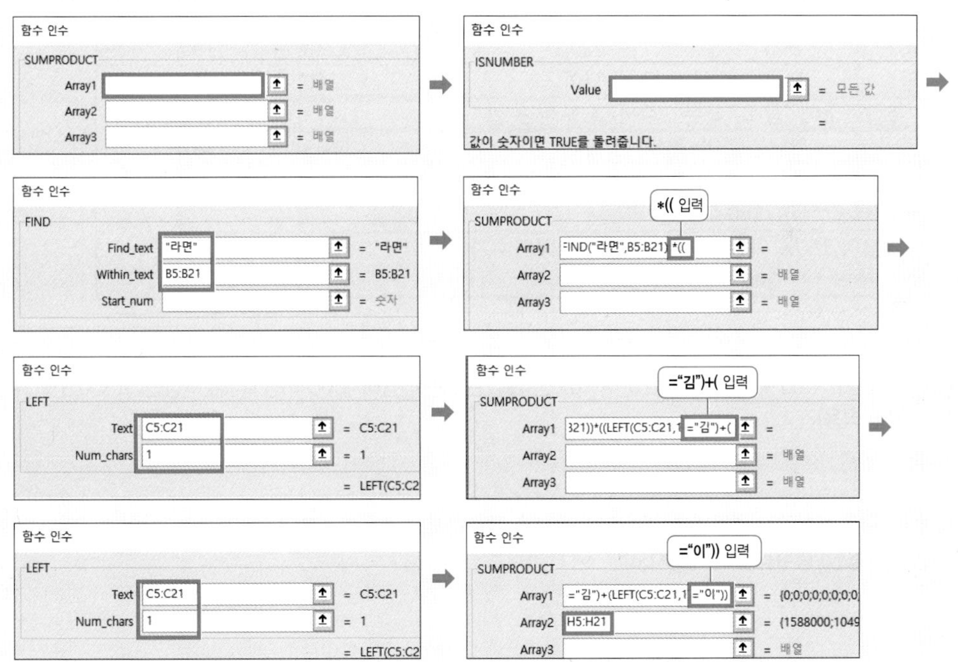

공개문제 계산작업에서 함수식 문제만 골라 다시 구성하였습니다. 9회 | 함수문제

	A	B	C	D	E	F	G
1	우혁정보기기 컴퓨터 판매 현황						
2					❶		
3	대리점명	취급기종	상반기	하반기	총판매량	평균판매량	증가율
4	강서3	IBM	240	195	2355	218	80%
5	영등포2	Samsung	228	285	2337	257	130%
6	강남2	LG	220	290	2270	255	130%
7	종로3	Dell	220	150	2130	185	70%
8	영등포1	Samsung	190	184	1894	187	100%
9	종로4	LG	180	250	1870	215	140%
10	강서2	IBM	180	225	1845	203	130%
11	강동1	HP	170	150	1680	160	90%
12	종로2	Dell	150	180	1530	165	120%
13	강서1	IBM	138	145	1443	142	110%
14	강북1	삼보	270	130	1440	200	50%
15	수서1	Compaq	145	140	1405	143	100%
16	강동2	HP	125	137	1358	131	110%
17	강북2	Dell	250	110	1240	180	40%
18	강남1	Dell	110	170	1160	140	150%
19 ❷	대리점명에 "종로" 또는 "강서"를 포함한 합				11173	1127	
20 ❸	취급기종이 "IBM"인 합				5643	562	
21 ❹	대리점명에 "2"를 포함하면서 하반기 판매대수가 150 이상인 합				7982	879	
22 ❺	증가율이 100% 이상이면서 상반기 판매대수가 200 미만인 평균				1563	166	

1. 총판매량 : (상반기 × 0.1 + 하반기 × 0.9) × 10 (단, 계산된 총판매량이 1500 이상일 때는 (상반기 × 0.9 + 하반기 × 0.1) × 10을 적용)

   [ ]

2. 대리점명에 "종로" 또는 "강서"를 포함한 항목별 합계를 산출하시오. (단, SUMPRODUCT, ISNUMBER, FIND 함수를 모두 조합한(사용한) 함수식을 기재하시오.)

   [ ]

3. 취급기종이 "IBM"인 항목별 합계를 산출하시오. (단, SUMIF 함수를 사용하시오.)

   [ ]

4. 대리점명에 "2"를 포함하면서 하반기 판매대수가 150 이상인 항목별 합계를 산출하시오.

   [ ]

컴퓨터로 실습하려면 'C:\길벗사무자동화' 폴더의 '함수문제모음.xlsx' 파일의 '공개09' 시트에서 작업하세요.

5. 증가율이 100% 이상이면서 상반기 판매대수가 200 미만인 항목별 평균을 산출하시오.

[ ]

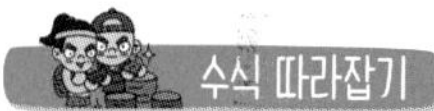

1. [E4] : =IF((C4*0.1+D4*0.9)*10)>=1500, (C4*0.9+D4*0.1)*10, (C4*0.1+D4*0.9)*10)
   - 조건: (C4*0.1+D4*0.9)*10)>=1500
   - 참: (C4*0.9+D4*0.1)*10
   - 거짓: (C4*0.1+D4*0.9)*10

2. [E19] : =SUMPRODUCT(ISNUMBER(FIND("종로",$A$4:$A$18))+ISNUMBER(FIND("강서",$A$4:$A$18)), E4:E18)
   - 조건1: ISNUMBER(FIND("종로",$A$4:$A$18))
   - 조건2: ISNUMBER(FIND("강서",$A$4:$A$18))
   - 합계구할범위: E4:E18

3. [E20] : =SUMIF($B$4:$B$18, "IBM", E4:E18)
   - 조건적용범위: $B$4:$B$18
   - 조건: "IBM"
   - 합계구할범위: E4:E18

4. [E21] : =SUMIFS(E4:E18, $A$4:$A$18, "*2", $D$4:$D$18, ">=150")
   - 합계구할범위: E4:E18
   - 조건1_적용범위: $A$4:$A$18
   - 조건1: "*2"
   - 조건2_적용범위: $D$4:$D$18
   - 조건2: ">=150"

5. [E22] : =AVERAGEIFS(E4:E18, $G$4:$G$18, ">=100%", $C$4:$C$18, "<200")
   - 평균구할범위: E4:E18
   - 조건1_적용범위: $G$4:$G$18
   - 조건1: ">=100%"
   - 조건2_적용범위: $C$4:$C$18
   - 조건2: "<200"

잠깐만요

2번 문제의 함수 마법사를 이용한 입력 방법

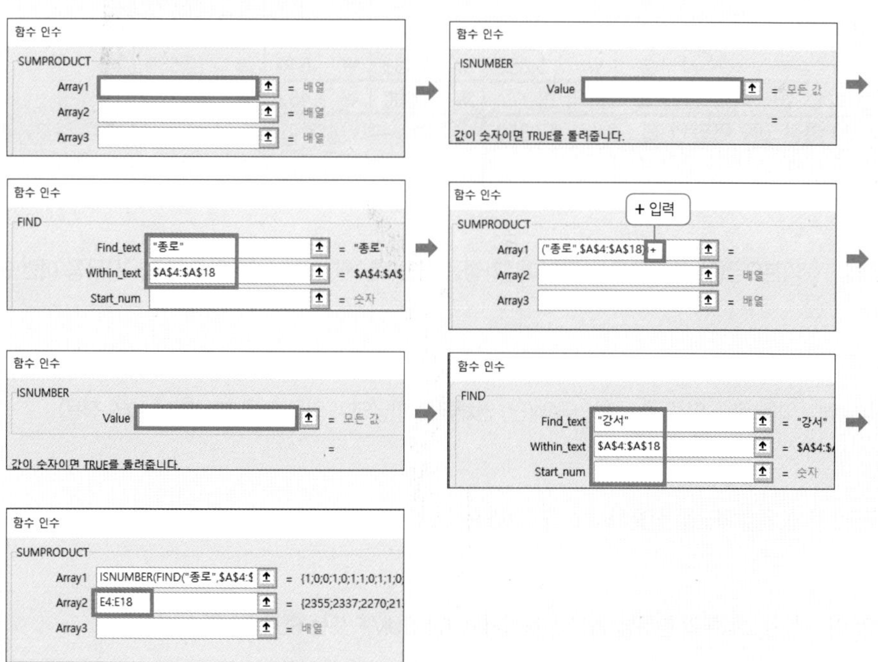

공개문제 계산작업에서 함수식 문제만 골라 다시 구성하였습니다. 10 회 | 함수문제

	A	B	C	D	E	F	G
1	요금 현황 분석						
2				❶			❷
3	고객번호	구분	사용량	사용금액	미납액	할인금액	납부금액
4	F-102-87	공장용	114	₩ 28,500	₩ 25,000	₩ -	₩ 56,000
5	F-102-46	공장용	144	₩ 36,000	₩ 3,200	₩ -	₩ 39,520
6	O-207-87	사무용	2	₩ 700	₩ 35,000	₩ -	₩ 39,200
7	O-103-83	사무용	66	₩ 23,100		₩ 2,772	₩ 20,328
8	H-101-30	가정용	22	₩ 12,100	₩ 8,000	₩ 1,452	₩ 19,448
9	H-101-22	가정용	25	₩ 13,750		₩ -	₩ 13,750
10	O-211-87	사무용	7	₩ 2,450	₩ 9,000	₩ -	₩ 12,350
11	H-101-12	가정용	14	₩ 7,700		₩ -	₩ 7,700
12	O-103-82	사무용	24	₩ 8,400		₩ 1,008	₩ 7,392
13	O-103-54	사무용	13	₩ 4,550	₩ 2,000	₩ -	₩ 6,750
14	H-203-87	가정용	9	₩ 4,950		₩ -	₩ 4,950
15	H-205-87	가정용	6	₩ 3,300		₩ 396	₩ 2,904
16	F-209-87	공장용	8	₩ 2,000		₩ -	₩ 2,000
17	F-210-87	공장용	6	₩ 1,500		₩ 180	₩ 1,320
18	O-202-87	사무용	3	₩ 1,050		₩ -	₩ 1,050
19	O-208-87	사무용	2	₩ 700		₩ -	₩ 700
20	요금 평균		가정용	₩ 8,360	₩ 8,000	₩ 370	₩ 9,750
21 ❸			공장용	₩ 17,000	₩ 14,100	₩ 45	₩ 24,710
22			사무용	₩ 5,850	₩ 15,333	₩ 540	₩ 12,539
23 ❹	고객번호에 "101"이 포함된 고객들의 합				₩ 8,000	₩ 1,452	₩ 40,898
24 ❺	사용량이 20 이상 100 미만인 합			₩ 57,350			
25 ❻	납부금액이 10,000 초과인 고객 수			7			

1. 사용금액 : 사용량 × 기본요금(단, 기본요금은 구분이 "가정용"이면 550원, "공장용"이면 250원, "사무용"이면 350원으로 합니다.)

[ ]

2. 납부금액 : 사용금액 + 미납액 + 연체금 – 할인금액(단, 연체금은 미납액이 있을 경우 미납액의 10% 적용)

[ ]

3. 항목별 요금 평균 : 각 항목별 평균을 산출하시오. (단, AVERAGEIF 또는 AVERAGEIFS 함수 사용)

[ ]

4. 고객번호에 "101"이 포함된 고객들의 항목별 합을 산출하시오. (단, SUMIF 또는 SUMIFS 함수 사용)

[ ]

컴퓨터로 실습하려면 'C:\길벗사무자동화' 폴더의 '함수문제모음.xlsx' 파일의 '공개10' 시트에서 작업하세요.

5. 사용량이 20 이상 100 미만인 고객들의 합을 산출하시오. (단, SUMIF 또는 SUMIFS 함수 사용)

[ ]

6. 납부금액이 10,000 초과인 고객의 수를 산출하시오. (단, COUNTIF 또는 COUNTIFS 함수 사용)

[ ]

수식 따라잡기

1. [D4] : =C4*IF(B4="가정용", 550, IF(B4="공장용", 250, 350))
   조건1 조건1_참 조건2 조건2_참 거짓

2. [G4] : =D4+E4+IF(E4>0, E4*10%, 0)-F4
   조건 참 거짓

3. [D20] : =AVERAGEIF($B$4:$B$19, $C20, D$4:D$19)
   조건적용범위 조건 평균구할범위

4. [E23] : =SUMIF($A$4:$A$19, "*101*", E4:E19)
   조건적용범위 조건 합계구할범위

5. [D24] : =SUMIFS(D4:D19, C4:C19, ">=20", C4:C19, "<100")
   합계구할범위 조건1_적용범위 조건1 조건2_적용범위 조건2

6. [D25] : =COUNTIF(G4:G19, ">10000")
   조건적용범위 조건

잠깐만요

1번 문제의 함수 마법사를 이용한 입력 방법

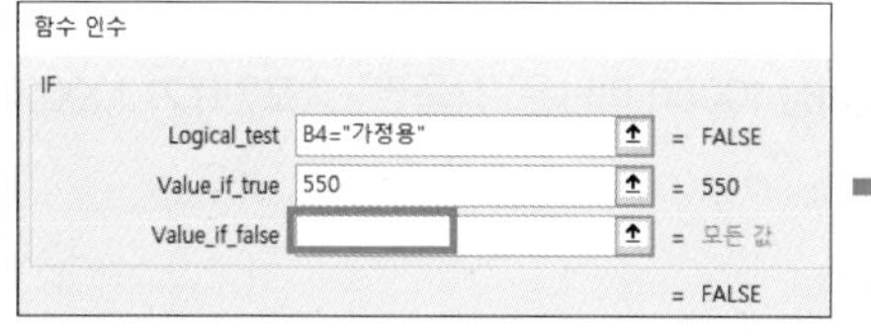

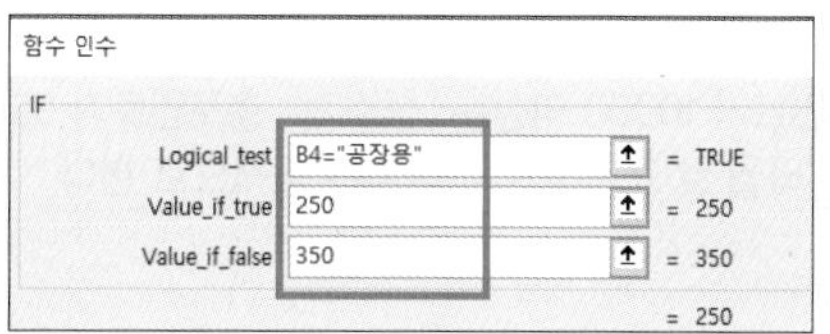

공개문제 계산작업에서 함수식 문제만 골라 다시 구성하였습니다. 11회 | 함수문제

	A	B	C	D	E	F	G	H
1	진진백화점 사은품 증정 내역							
2					❶		❷	❸
3	고객명	분류	기본포인트	구매금액	실적포인트	총포인트	사은품	순위
4	김대희	신규	200	500000	15000	15200	청소기	7
5	김민수	신규	200	270000	8100	8300	상품권	3
6	김제동	신규	200	950000	28500	28700	청소기	11
7	박윤정	신규	200	1200000	36000	36200	청소기	12
8	이소라	신규	200	1500000	75000	75200	청소기	13
9	정영일	신규	200	2100000	105000	105200	청소기	17
10	김승미	우수	500	1800000	90000	90500	청소기	15
11	박유미	우수	500	310000	9300	9800	상품권	4
12	이승주	우수	500	700000	21000	21500	청소기	10
13	이우정	우수	500	1900000	95000	95500	청소기	16
14	이윤열	우수	300	700000	21000	21300	청소기	9
15	조선남	우수	500	90000	2700	3200	타월	1
16	홍진호	우수	500	1700000	85000	85500	청소기	14
17	마재윤	일반	500	350000	10500	11000	청소기	6
18	이광주	일반	300	350000	10500	10800	청소기	5
19	정은지	일반	300	210000	6300	6600	상품권	2
20	정희영	일반	300	500000	15000	15300	청소기	8
21 ❹	분류가 "신규"인 합				267600	268800		
22 ❺	사은품이 "상품권" 또는 "타월"인 합				26400	27900		
23 ❻	분류가 "우수"이면서 순위가 10 이하인 각 합				54000	55800		
24								

1. 실적포인트 : 구매금액이 1,300,000원 이상이면 구매금액 × 5%, 구매금액이 1,300,000원 미만이면 구매금액 × 3%

[ ]

2. 사은품 : 총포인트가 10000 이상은 "청소기", 총포인트가 5000 이상 10000 미만은 "상품권", 총포인트가 1000 이상 5000 미만은 "타월"로 표시하고, 나머지는 공백으로 한다.

[ ]

3. 순위 : 총포인트가 가장 낮은 경우를 1로 하고 순위를 정한다.

[ ]

4. 분류가 "신규"인 항목별 합계를 산출하시오. (단, SUMIF 함수를 사용하시오.)

[ ]

5. 사은품이 "상품권" 또는 "타월"인 항목별 합계를 산출하시오. (단, SUMPRODUCT, ISNUMBER, FIND 함수를 사용하시오.)

[ ]

컴퓨터로 실습하려면 'C:\길벗사무자동화' 폴더의 '함수문제모음.xlsx' 파일의 '공개11' 시트에서 작업하세요.

6. 분류가 "우수"이면서 순위가 10 이하인 항목별 합계를 산출하시오.

[ ]

수식 따라잡기

1. **[E4]** : =IF(D4>=1300000, D4*5%, D4*3%)
   조건 참 거짓

2. **[G4]** : =IF(F4>=10000, "청소기", IF(F4>=5000, "상품권", IF(F4>=1000, "타월", "")))
   조건1 조건1_참 조건2 조건2_참 조건3 조건3_참 거짓

3. **[H4]** : =RANK(F4, $F$4:$F$20, 1)
   순위구할값 적용범위 옵션

4. **[E21]** : =SUMIF($B$4:$B$20, "신규", E4:E20)
   조건적용범위 조건 합계구할범위

5. **[E22]** : =SUMPRODUCT(ISNUMBER(FIND("상품권",$G$4:$G$20))+ISNUMBER(FIND("타월",$G$4:$G$20)), E4:E20)
   조건1 조건2 합계구할범위

6. **[E23]** : =SUMIFS(E4:E20, $B$4:$B$20, "우수", $H$4:$H$20, "<=10")
   합계구할범위 조건1_적용범위 조건1 조건2_적용범위 조건2

5번 문제의 함수 마법사를 이용한 입력 방법

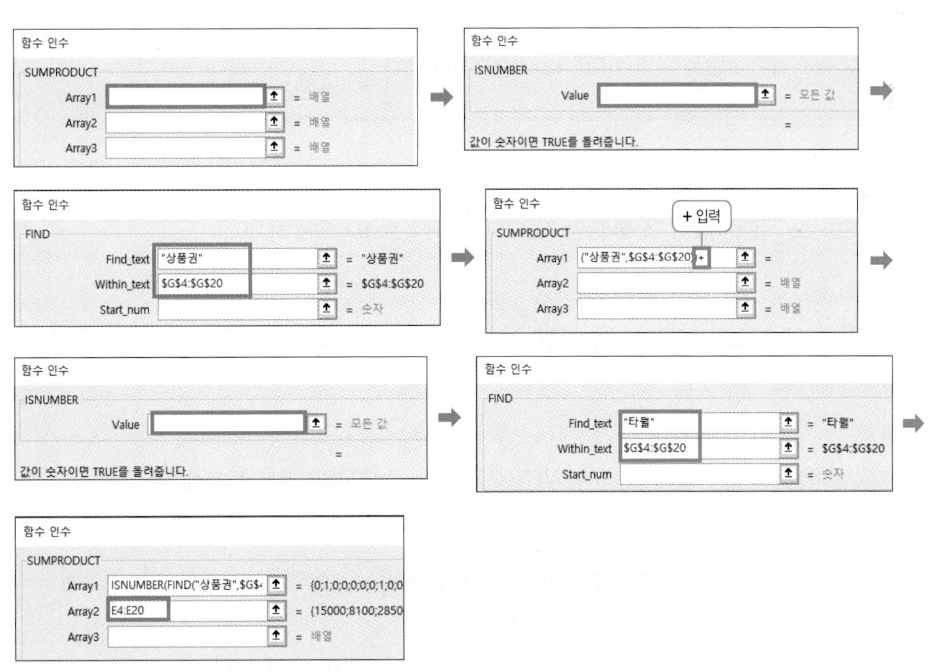

공개문제 계산작업에서 함수식 문제만 골라 다시 구성하였습니다. 12회 | 함수문제

	A	B	C	D	E	F	G
1	거래 이익금 현황						
2			❶				❷
3	품목코드	품목이름	품목명	입고가	거래금액	이익금액	평가
4	LM-228	모니터	LM#모니터	₩ 210,000	₩ 268,846	₩ 2,704,800	A급
5	PT-203	프린터	PT#프린터	₩ 170,000	₩ 217,657	₩ 2,713,200	A급
6	SS-219	스캐너	SS#스캐너	₩ 320,000	₩ 409,638	₩ 3,404,800	A급
7	LM-229	모니터	LM#모니터	₩ 240,000	₩ 307,268	₩ 4,569,600	A급
8	SS-220	스캐너	SS#스캐너	₩ 480,000	₩ 614,434	₩ 4,569,600	A급
9	PT-235	프린터	PT#프린터	₩ 210,000	₩ 268,822	₩ 1,293,600	B급
10	LM-238	모니터	LM#모니터	₩ 210,000	₩ 268,823	₩ 1,352,400	B급
11	PT-202	프린터	PT#프린터	₩ 165,000	₩ 211,231	₩ 1,432,200	B급
12	PT-205	프린터	PT#프린터	₩ 190,000	₩ 243,236	₩ 1,915,200	B급
13	PT-234	프린터	PT#프린터	₩ 170,000	₩ 217,645	₩ 2,142,000	B급
14	MS-234	마우스	MS#마우스	₩ 6,200	₩ 7,958	₩ 38,192	C급
15	MS-215	마우스	MS#마우스	₩ 6,800	₩ 8,747	₩ 81,872	C급
16	MS-214	마우스	MS#마우스	₩ 15,400	₩ 19,737	₩ 107,800	C급
17	PT-232	프린터	PT#프린터	₩ 130,000	₩ 166,421	₩ 764,400	C급
18	PT-233	프린터	PT#프린터	₩ 110,000	₩ 140,828	₩ 862,400	C급
19	LM-237	모니터	LM#모니터	₩ 120,000	₩ 153,627	₩ 907,200	C급
20 ❸	품목별 평균			마우스	₩ 12,147	₩ 75,955	
21				스캐너	₩ 512,036	₩ 3,987,200	
22 ❹	평가가 "B급"인 프린터의 이익금액 합계					₩ 6,783,000	
23 ❺	품목명이 "LM"으로 시작하는 제품의 이익금액 평균					₩ 2,383,500	
24 ❻	입고가가 200,000 이하이면서 이익금액이 2,000,000 이상인 품목들의 합					₩ 4,855,200	

1. 품목명 : 품목코드 앞 2개의 문자와 품목이름을 텍스트 함수 CONCATENATE와 LEFT를 조합하여 작성하시오. (예를 들어, 품목코드 "SS-218", 품목이름이 "스캐너" 인 경우 "SS#스캐너"로 표시되게 하시오.)

[ ]

2. 평가 : 이익금액이 2,500,000 이상이면 "A급", 2,500,000 미만 1,000,000 이상이면 "B급", 그렇지 않으면 "C급"으로 표시하시오. (단, IF 함수 사용)

[ ]

3. 품목별 평균 : 각 항목별 평균을 산출하시오. (단, AVERAGEIF 또는 AVERAGEIFS 함수 사용)

[ ]

4. 평가가 "B급"인 프린터의 이익금액 합계를 산출하시오. (단, SUMIFS 함수 사용)

[ ]

컴퓨터로 실습하려면 'C:\길벗사무자동화' 폴더의 '함수문제모음.xlsx' 파일의 '공개12' 시트에서 작업하세요.

5. 품목명이 "LM"으로 시작하는 제품의 이익금액 평균을 산출하시오. (단, AVERAGEIF 또는 AVERAGEIFS 함수 사용)

[ ]

6. 입고가가 200,000 이하이면서 이익금액이 2,000,000 이상인 품목들의 합계를 산출하시오. (단, SUMPRODUCT 함수 사용)

[ ]

수식 따라잡기

1. **[C4]** : =CONCATENATE(LEFT(A4,2), "#", B4)

2. **[G4]** : =IF(F4>=2500000, "A급", IF(F4>=1000000, "B급", "C급"))
   조건1 조건1_참 조건2 조건2_참 거짓

3. **[E20]** : =AVERAGEIF($B$4:$B$19, $D20, E$4:E$19)
   조건적용범위 조건 평균구할범위

4. **[F22]** : =SUMIFS(F4:F19, G4:G19, "B급", B4:B19, "프린터")
   합계구할범위 조건1_적용범위 조건1 조건2_적용범위 조건2

5. **[F23]** : =AVERAGEIF(C4:C19, "LM*", F4:F19)
   조건적용범위 조건 평균구할범위

6. **[F24]** : =SUMPRODUCT((D4:D19<=200000)*(F4:F19>=2000000), F4:F19)
   조건1 조건2 합계구할범위

잠깐만요

1번 문제의 함수 마법사를 이용한 입력 방법

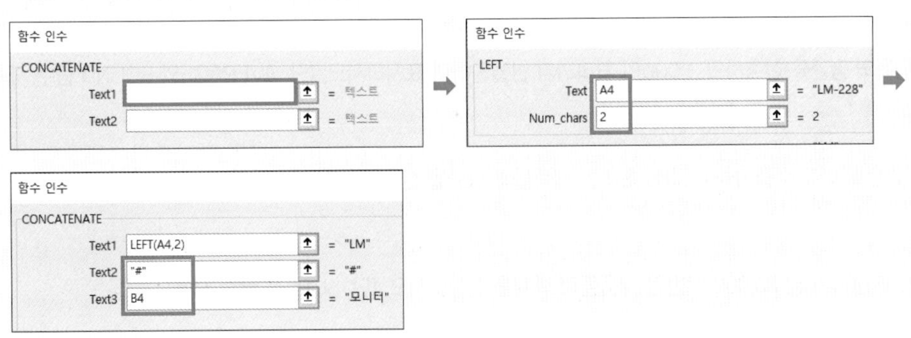

	A	B	C	D	E	F	G
1	문구 수출 실적 대비표						
2							
3	제품명	제조회사	생산단가	생산총액	수출단가	수출총액	수출비율
4	다이어리	알파문구	₩ 19,950	₩ 35,910,000	₩ 27,930	₩ 41,895,000	83%
5	다이어리	타조문구	₩ 10,000	₩ 10,000,000	₩ 14,000	₩ 13,300,000	95%
6	다이어리	나나문구	₩ 11,000	₩ 11,000,000	₩ 15,400	₩ 13,860,000	90%
7	다이어리	안티문구	₩ 11,000	₩ 8,800,000	₩ 15,400	₩ 9,240,000	75%
8	다이어리	해피문구	₩ 11,000	₩ 3,300,000	₩ 15,400	₩ 4,158,000	90%
9	만년필	알파문구	₩ 16,380	₩ 21,294,000	₩ 22,932	₩ 27,518,400	92%
10	만년필	동경문구	₩ 17,640	₩ 21,168,000	₩ 24,696	₩ 27,165,600	92%
11	만년필	나나문구	₩ 11,000	₩ 5,500,000	₩ 15,400	₩ 6,930,000	90%
12	만년필	해피문구	₩ 11,000	₩ 5,280,000	₩ 15,400	₩ 5,544,000	75%
13	만년필	안티문구	₩ 11,000	₩ 3,850,000	₩ 15,400	₩ 4,312,000	80%
14	만년필	그린문구	₩ 13,000	₩ 3,900,000	₩ 18,200	₩ 4,368,000	80%
15	수성펜	남경문구	₩ 12,600	₩ 37,800,000	₩ 17,640	₩ 44,100,000	83%
16	수성펜	타조문구	₩ 8,000	₩ 16,000,000	₩ 11,200	₩ 16,800,000	75%
17	수성펜	나나문구	₩ 10,000	₩ 6,000,000	₩ 14,000	₩ 6,300,000	75%
18	수성펜	그린문구	₩ 10,000	₩ 5,000,000	₩ 14,000	₩ 5,600,000	80%
19	수성펜	해피문구	₩ 7,350	₩ 3,307,500	₩ 10,290	₩ 4,116,000	89%
20 ①	평균		₩ 12,000	₩ 12,382,000	₩ 17,000	₩ 14,700,000	
21 ②	제품명이 "만년필"이고 수출비율이 80% 초과인 제품들의 평균					₩ 20,538,000	
22 ③	수출단가가 15,000 이상 20,000 미만인 제품들의 합					₩ 92,512,000	
23 ④	제조회사가 "그린문구"이거나 "해피문구"이면서 생산단가가 10,000 이상인 제품들의 합					₩ 19,670,000	
24 ⑤	수출비율이 90% 이상이면서 수출총액이 10,000,000 초과인 개수					4	

1. 평균 : 각 항목의 평균을 산출하되, 1,000의 자리까지 반올림하여 표시하시오. (단, AVERAGE와 ROUND 함수 사용)

[ ]

2. 제품명이 "만년필"이고 수출비율이 80% 초과인 제품들의 평균을 산출하시오. (단, AVERAGEIFS 함수 사용)

[ ]

3. 수출단가가 15,000 이상 20,000 미만인 제품들의 합계를 산출하시오. (단, SUMIFS 함수 사용)

[ ]

4. 제조회사가 "그린문구"이거나 "해피문구"이면서 생산단가가 10,000 이상인 제품들의 합계를 산출하시오. (단, SUMPRODUCT 함수 사용)

[ ]

컴퓨터로 실습하려면 'C:\길벗사무자동화' 폴더의 '함수문제모음.xlsx' 파일의 '모의01' 시트에서 작업하세요.

5. 수출비율이 90% 이상이면서 수출총액이 10,000,000 초과인 제품들의 개수를 산출하시오. (단, COUNTIFS 함수 사용)

[ ]

수식 따라잡기

1. [C20] : =ROUND(AVERAGE(C4:C19), -3)
   반올림할값 반올림자릿수

2. [F21] : =AVERAGEIFS(F4:F19, A4:A19, "만년필", G4:G19, ">80%")
   평균구할범위 조건1_적용범위 조건1 조건2_적용범위 조건2

3. [F22] : =SUMIFS(F4:F19, E4:E19, ">=15000", E4:E19, "<20000")
   합계구할범위 조건1_적용범위 조건1 조건2_적용범위 조건2

4. [F23] : =SUMPRODUCT(((B4:B19="그린문구")+(B4:B19="해피문구"))*(C4:C19>=10000), F4:F19)
   조건1 조건2 조건3 합계구할범위

5. [F24] : =COUNTIFS(G4:G19, ">=90%", F4:F19, ">10000000")
   조건1_적용범위 조건1 조건2_적용범위 조건2

잠깐만요

1번 문제의 함수 마법사를 이용한 입력 방법

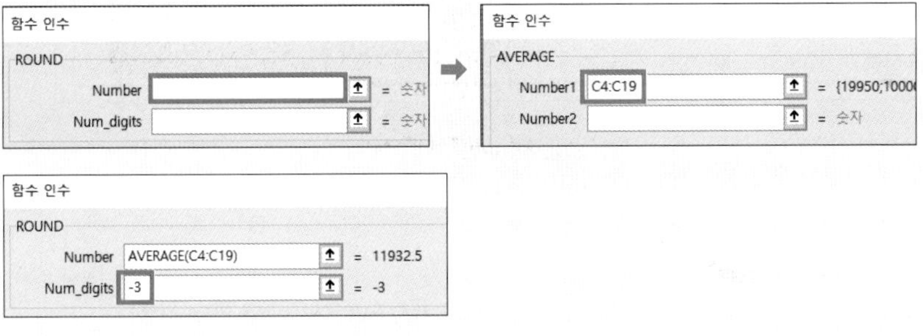

실전 모의고사 2회 함수문제

계산작업에서 함수식 문제만 골라 다시 구성하였습니다.

	A	B	C	D	F	G	H
1	수출 및 판매 현황						
2							
3							❶
4	차량코드	담당부서	담당자	판매액	수출액	수출실적	차종
5	A1012	수출2부	이태백	₩ 342,000,000	₩ 380,000,000	10%	소형차
6	A1035	판매1부	권태산	₩ 230,000,000	₩ 368,000,000	10%	소형차
7	A5840	판매1부	김홍성	₩ 210,000,000	₩ 336,000,000	9%	소형차
8	A3047	판매2부	장길산	₩ 264,000,000	₩ 264,000,000	7%	소형차
9	A2541	수출2부	조진홍	₩ 287,500,000	₩ 241,500,000	6%	소형차
10	A2541	수출1부	강경수	₩ 295,200,000	₩ 196,800,000	5%	소형차
11	A1048	판매1부	강진희	₩ 110,000,000	₩ 150,000,000	4%	소형차
12	B3512	판매3부	양진민	₩ 247,000,000	₩ 475,000,000	12%	중형차
13	B2052	수출3부	장하다	₩ 360,000,000	₩ 285,000,000	7%	중형차
14	B2031	수출2부	김정근	₩ 325,000,000	₩ 234,000,000	6%	중형차
15	B2083	판매2부	임세일	₩ 264,000,000	₩ 216,000,000	6%	중형차
16	C5120	판매3부	김소소	₩ 462,300,000	₩ 422,100,000	11%	특수차
17	C3061	수출2부	참사랑	₩ 342,000,000	₩ 266,000,000	7%	특수차
18	C3095	판매3부	김창무	₩ 360,000,000	₩ 216,000,000	6%	특수차
19	C3052	수출3부	유경수	₩ 231,000,000	₩ 189,000,000	5%	특수차
20 ❷	담당부서가 "판매"로 시작하고 차종이 "소형차"인 평균				₩ 279,500,000		
21 ❸	차량코드가 "B"를 포함하며 수출실적이 5% 이상 10% 미만인 합				₩ 735,000,000		
22 ❹	담당자가 김씨이면서 판매액이 300,000,000 초과인 합				₩ 872,100,000		
23 ❺	차종이 "중형차" 또는 "특수차"이면서 수출실적이 10% 이상인 합				₩ 897,100,000		

1. 차종 : 차량코드가 "A"로 시작하면 "소형차", "B"로 시작하면 "중형차", "C"로 시작하면 "특수차"로 표시

[ ]

2. 담당부서가 "판매"로 시작하고, 차종이 "소형차"인 평균을 산출하시오. (단, AVERAGEIFS 함수 사용)

[ ]

3. 차량코드가 "B"를 포함하며 수출실적이 5% 이상 10% 미만인 합계를 산출하시오. (단, ISNUMBER, FIND, SUMPRODUCT 함수 사용)

[ ]

4. 담당자가 김씨이면서 판매액이 300,000,000 초과인 합계를 산출하시오. (단, SUMIFS 함수 사용)

[ ]

5. 차종이 "중형차" 또는 "특수차"이면서 수출실적이 10% 이상인 합계를 산출하시오. (단, SUMPRODUCT 함수 사용)

[ ]

컴퓨터로 실습하려면 'C:\길벗사무자동화' 폴더의 '함수문제모음.xlsx' 파일의 '모의02' 시트에서 작업하세요.

1. [H5] : =IF(LEFT(A5,1)="A", "소형차", IF(LEFT(A5,1)="B", "중형차", "특수차"))
조건1 조건1_참 조건2 조건2_참 거짓

2. [F20] : =AVERAGEIFS(F5:F19, B5:B19, "판매*", H5:H19, "소형차")
평균구할범위 조건1_적용범위 조건1 조건2_적용범위 조건2

3. [F21] : =SUMPRODUCT(ISNUMBER(FIND("B",A5:A19))*((G5:G19)=5%)*(G5:G19(10%)), F5:F19)
조건1 조건2 조건3 합계구할범위

4. [F22] : =SUMIFS(F5:F19, C5:C19, "김*", D5:D19, ")300000000")
합계구할범위 조건1_적용범위 조건1 조건2_적용범위 조건2

5. [F23] : =SUMPRODUCT(((H5:H19="중형차")+(H5:H19="특수차"))*(G5:G19)=10%), F5:F19)
조건1 조건2 조건3 합계구할범위

3번 문제의 함수 마법사를 이용한 입력 방법

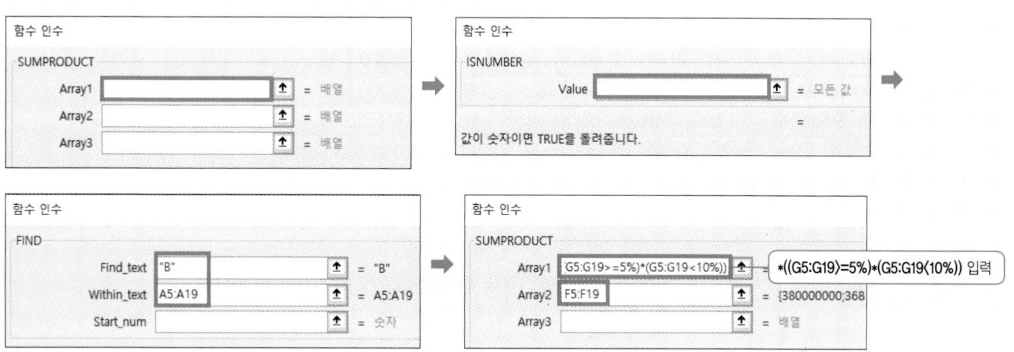

실전 모의고사 3회 | 함수문제

계산작업에서 함수식 문제만 골라 다시 구성하였습니다.

	A	B	C	D	E	F
1	우리마트 놀이방 이용현황					
2				❶		
3	성명	나이	놀이방 이용시간	이용요금	할인요금	총요금
4	곽수지	4	2:30	₩ 5,200	₩ 500	₩ 4,700
5	김홍희	4	3:45	₩ 7,800	₩ 700	₩ 7,100
6	심수미	4	3:50	₩ 8,000	₩ 800	₩ 7,200
7	임지영	4	1:00	₩ 2,000	₩ 200	₩ 1,800
8	황귀영	4	2:50	₩ 6,000	₩ 600	₩ 5,400
9	김종남	5	0:45	₩ 1,800	₩ 100	₩ 1,700
10	이국영	5	1:30	₩ 3,200	₩ 300	₩ 2,900
11	이남석	5	1:50	₩ 4,000	₩ 400	₩ 3,600
12	편영표	5	2:30	₩ 5,200	₩ 500	₩ 4,700
13	강희빈	6	3:15	₩ 6,600	₩ 600	₩ 6,000
14	이호준	6	1:50	₩ 4,000	₩ 400	₩ 3,600
15	하석태	6	1:20	₩ 2,800	₩ 200	₩ 2,600
16	김남민	7	2:55	₩ 6,200	₩ 600	₩ 5,600
17	김수희	7	2:45	₩ 5,800	₩ 500	₩ 5,300
18	박철수	7	1:00	₩ 2,000	₩ 200	₩ 1,800
19	최석준	7	2:30	₩ 5,200	₩ 500	₩ 4,700
20 ❷	놀이방 이용시간이 2시간 이상인 아이의 합			₩ 56,000	₩ 5,300	₩ 50,700
21 ❸	6세 이하이고 할인요금이 500 미만인 아이의 평균			₩ 2,970	₩ 270	₩ 2,700
22 ❹	이용요금이 3,000 이상이고 성명이 "김" 또는 "이"로 시작하는 아이의 합					₩ 28,100
23 ❺	나이가 5세 이상이면서 총요금이 4000 이상 5000 미만인 아이의 인원수					2
24						

1. 이용요금 : 놀이방 이용 시간의 시 × 2000 + 놀이방 이용 시간의 분/10 × 400으로 계산

[ ]

2. 놀이방 이용시간이 2시간 이상인 아이의 합계를 산출하시오. (단, SUMIF 함수 사용)

[ ]

3. 6세 이하이고 할인요금이 500 미만인 아이의 평균을 산출하되, 10의 자리까지 반올림하여 표시하시오. (단, ROUND, AVERAGEIFS 함수 사용)

[ ]

4. 이용요금이 3,000 이상이고 성명이 "김" 또는 "이"로 시작하는 아이의 합계를 산출하시오. (단, SUMPRODUCT, LEFT 함수 사용)

[ ]

5. 나이가 5세 이상이면서 총요금이 4000 이상 5000 미만인 아이의 인원수를 산출하시오. (단, COUNTIFS 함수 사용)

[ ]

컴퓨터로 실습하려면 'C:\길벗사무자동화' 폴더의 '함수문제모음.xlsx' 파일의 '모의03' 시트에서 작업하세요.

1. [D4] : =HOUR(C4)*2000+MINUTE(C4)/10*400

2. [D20] : =SUMIF($C$4:$C$19, ">=2:00", D4:D19)
조건적용범위 / 조건 / 합계구할범위

3. [D21] : =ROUND(AVERAGEIFS(D4:D19, $B$4:$B$19, "<=6", $E$4:$E$19, "<500"), -1)
평균구할범위 / 조건1_적용범위 / 조건1 / 조건2_적용범위 / 조건2 / 반올림자릿수

4. [F22] : =SUMPRODUCT((D4:D19>=3000)*((LEFT(A4:A19,1)="김")+(LEFT(A4:A19,1)="이")), F4:F19)
조건1 / 조건2 / 조건3 / 합계구할범위

5. [F23] : =COUNTIFS(B4:B19, ">=5", F4:F19, ">=4000", F4:F19, "<5000")
조건1_적용범위 / 조건1 / 조건2_적용범위 / 조건2 / 조건3_적용범위 / 조건3

3번 문제의 함수 마법사를 이용한 입력 방법

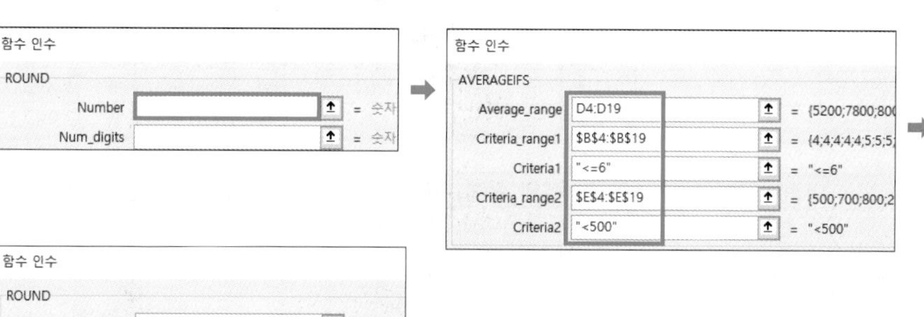

실전 모의고사 4회 함수문제

계산작업에서 함수식 문제만 골라 다시 구성하였습니다.

	A	B	C	D	E	F	G	H
1	도서 판매 주문 내역서							
2					❶		❷	
3	코드번호	주문일	도서명	수량	판매지역	주문금액	세금	판매이익금
4	002A	07월 25일	소프트웨어공학	25	경기도	₩ 625,000	₩ 31,250	₩ 593,750
5	001A	07월 17일	유선통신	85	경기도	₩ 1,513,000	₩ 75,650	₩ 1,437,350
6	003A	07월 22일	무선통신	150	경기도	₩ 2,700,000	₩ 270,000	₩ 2,430,000
7	003A	07월 29일	무선통신	312	경기도	₩ 5,616,000	₩ 1,684,800	₩ 3,931,200
8	002A	07월 29일	소프트웨어공학	241	경기도	₩ 6,025,000	₩ 1,205,000	₩ 4,820,000
9	001C	07월 21일	데이터베이스	124	경상도	₩ 3,100,000	₩ 310,000	₩ 2,790,000
10	003C	07월 22일	패키지일반	120	경상도	₩ 3,300,000	₩ 330,000	₩ 2,970,000
11	001C	07월 17일	데이터베이스	305	경상도	₩ 7,625,000	₩ 2,287,500	₩ 5,337,500
12	002C	07월 05일	운영체제	240	경상도	₩ 6,672,000	₩ 1,334,400	₩ 5,337,600
13	002C	07월 16일	운영체제	250	경상도	₩ 6,950,000	₩ 1,390,000	₩ 5,560,000
14	002C	07월 18일	운영체제	354	경상도	₩ 9,841,200	₩ 2,952,360	₩ 6,888,840
15	002B	07월 02일	시스템공학	45	충청도	₩ 1,102,500	₩ 55,125	₩ 1,047,375
16	001B	07월 10일	인공지능	120	충청도	₩ 2,700,000	₩ 270,000	₩ 2,430,000
17	002B	07월 22일	시스템공학	147	충청도	₩ 3,601,500	₩ 360,150	₩ 3,241,350
18	003B	07월 04일	정보통신	210	충청도	₩ 6,615,000	₩ 1,323,000	₩ 5,292,000
19	003B	07월 19일	정보통신	362	충청도	₩ 11,403,000	₩ 3,420,900	₩ 7,982,100
20 ❸	평균					₩ 4,962,000	₩ 1,081,000	₩ 3,881,000
21 ❹	주문일이 07월 20일 이전이면서 지역이 "경기도"인 합계					₩ 1,513,000	₩ 75,650	₩ 1,437,350
22 ❺	도서명에 "통신" 또는 "공학"이 포함되면서 세금이 1,000,000 이상인 도서의 합							₩ 22,025,300
23 ❻	주문금액이 2,000,000 이상 5,000,000 미만인 도서의 합							₩ 13,861,350

1. 판매지역 : 코드번호 맨 끝에 한 글자가 "A"이면 "경기도", "B"이면 "충청도", "C"이면 "경상도"를 표시하시오. (단, IF, RIGHT 함수 사용)

[ ]

2. 세금 : 수량이 300개 이상이면 주문금액의 30%, 200개 이상 300개 미만이면 주문금액의 20%, 100개 이상 200개 미만이면 주문금액의 10%, 100개 미만이면 주문금액의 5%로 계산하시오.

[ ]

3. 평균 : 각 항목의 평균을 산출하되, 평균은 1000의 자리까지 반올림하여 표시하시오. (단, ROUND, AVERAGE 함수 사용)

[ ]

4. 주문일이 07월 20일 이전이면서 판매지역이 "경기도"인 항목의 합계를 산출하시오. (단, SUMIFS 함수 사용)

[ ]

컴퓨터로 실습하려면 'C:\길벗사무자동화' 폴더의 '함수문제모음.xlsx' 파일의 '모의04' 시트에서 작업하세요.

5. 도서명에 "통신" 또는 "공학"이 포함되면서 세금이 1,000,000 이상인 도서의 합계를 산출하시오. (단, SUMPRODUCT, ISNUMBER, FIND 함수 사용)

[ ]

6. 주문금액이 2,000,000 이상 5,000,000 미만인 도서의 합계를 산출하시오. (단, SUMIFS 함수 사용)

[ ]

수식 따라잡기

1. **[E4]** : =IF(RIGHT(A4,1)="A", "경기도", IF(RIGHT(A4,1)="B", "충청도", "경상도"))
   조건1 / 조건1_참 / 조건2 / 조건2_참 / 거짓

2. **[G4]** : =IF(D4>=300, F4*30%, IF(D4>=200, F4*20%, IF(D4>=100, F4*10%, F4*5%)))
   조건1 / 조건1_참 / 조건2 / 조건2_참 / 조건3 / 조건3_참 / 거짓

3. **[F20]** : =ROUND(AVERAGE(F4:F19), -3)
   반올림할값 / 반올림자릿수

4. **[F21]** : =SUMIFS(F4:F19, $B$4:$B$19, "<=07월 20일", $E$4:$E$19, "경기도")
   합계구할범위 / 조건1_적용범위 / 조건1 / 조건2_적용범위 / 조건2

5. **[H22]** : =SUMPRODUCT((ISNUMBER(FIND("통신",C4:C19))+ISNUMBER(FIND("공학",C4:C19)))*(G4:G19>=1000000), H4:H19)
   조건1 / 조건2 / 조건3 / 합계구할범위

6. **[H23]** : =SUMIFS(H4:H19, F4:F19, ">=2000000", F4:F19, "<5000000")
   합계구할범위 / 조건1_적용범위 / 조건1 / 조건2_적용범위 / 조건2

1번 문제의 함수 마법사를 이용한 입력 방법

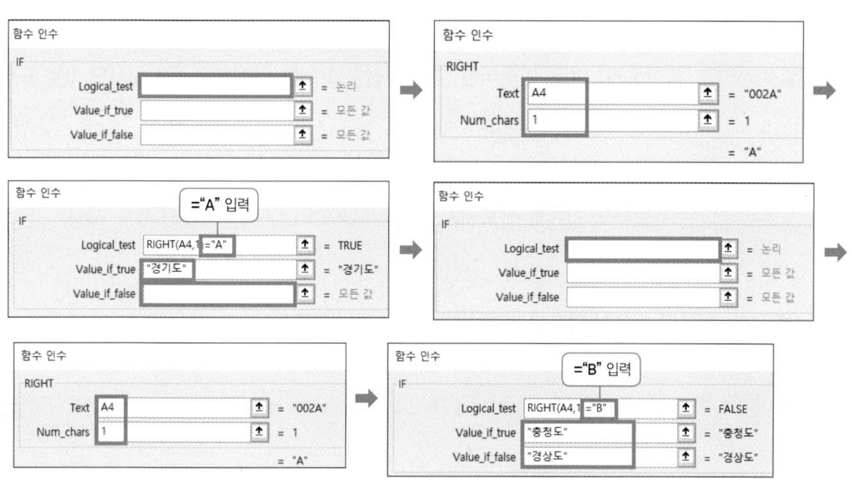

	A	B	C	D	E	F	G
1	상반기 판매 현황						
2					❶		❷
3	제품코드	상반기주문량	생산원가	재고율(%)	하반기주문량	주문금액	비고
4	J207	110	₩ 7,800	109%	55	₩ 429,000	생산중지
5	F353	210	₩ 127,800	93%	105	₩ 13,419,000	생산중지
6	K320	120	₩ 18,300	92%	60	₩ 1,098,000	생산중지
7	Z407	170	₩ 75,700	82%	85	₩ 6,434,500	생산중지
8	J105	120	₩ 13,000	75%	60	₩ 780,000	
9	J205	180	₩ 15,700	61%	90	₩ 1,413,000	
10	K323	340	₩ 16,100	49%	238	₩ 3,831,800	
11	Z405	210	₩ 10,400	45%	147	₩ 1,528,800	
12	A992	220	₩ 30,000	43%	154	₩ 4,620,000	
13	A993	250	₩ 14,800	40%	175	₩ 2,590,000	
14	F350	320	₩ 8,200	30%	320	₩ 2,624,000	
15	K322	450	₩ 215,700	28%	450	₩ 97,065,000	
16	F351	120	₩ 11,300	25%	120	₩ 1,356,000	
17	J208	260	₩ 15,200	22%	260	₩ 3,952,000	
18	Z406	550	₩ 30,000	15%	550	₩ 16,500,000	추가생산
19	K321	180	₩ 7,000	14%	180	₩ 1,260,000	추가생산
20 ❸	제품코드가 "5" 또는 "3"으로 끝나는 제품들의 합계				815	₩ 23,562,600	
21 ❹	상반기주문량이 200 이상 400 이하인 제품의 평균				200	₩ 4,652,229	
22 ❺	재고율이 50% 이상, 하반기주문량이 100 미만인 제품의 합계				350	₩ 10,154,500	
23 ❻	주문금액이 3,000,000을 초과하는 제품의 수					7	

1. 하반기주문량 : 재고율(%)이 50% 이상이면 상반기주문량의 50%, 30% 이상이면 상반기주문량의 70%, 그 외는 상반기주문량의 100%로 계산하시오. (단, IF 함수 사용)

[ ]

2. 비고 : 재고율(%)이 80% 이상이면 "생산중지", 20% 이하이면 "추가생산", 그 외는 공백으로 표시하시오. (단, IF 함수 사용)

[ ]

3. 제품코드가 "5" 또는 "3"으로 끝나는 제품들의 합계를 산출하시오. (단, SUMPRODUCT, RIGHT 함수 사용)

[ ]

4. 상반기주문량이 200 이상 400 이하인 제품의 평균을 산출하되, 정수까지 반올림하여 표시하시오. (단, AVERAGEIFS, ROUND 함수 사용)

[ ]

컴퓨터로 실습하려면 'C:\길벗사무자동화' 폴더의 '함수문제모음.xlsx' 파일의 '모의05' 시트에서 작업하세요.

5. 재고율이 50% 이상이면서 하반기주문량이 100 미만인 제품의 합계를 산출하시오. (단, SUMIFS 함수 사용)

[ ]

6. 주문금액이 3,000,000을 초과하는 제품의 수를 산출하시오. (단, COUNTIF 함수 사용)

[ ]

수식 따라잡기

1. **[E4]** : =IF(D4>=50%, B4*50%, IF(D4>=30%, B4*70%, B4*100%))
   조건1 조건1_참 조건2 조건2_참 거짓

2. **[G4]** : =IF(D4>=80%, "생산중지", IF(D4<=20%, "추가생산", ""))
   조건1 조건1_참 조건2 조건2_참 거짓

3. **[E20]** : =SUMPRODUCT((RIGHT($A$4:$A$19,1)="5")+(RIGHT($A$4:$A$19,1)="3"), E4:E19)
   조건1 조건2 합계구할범위

4. **[E21]** : =ROUND(AVERAGEIFS(E4:E19, $B$4:$B$19, ">=200", $B$4:$B$19, "<=400"), 0)
   평균구할범위 조건1_적용범위 조건1 조건2_적용범위 조건2 반올림자릿수

5. **[E22]** : =SUMIFS(E4:E19, $D$4:$D$19, ">=50%", $E$4:$E$19, "<100")
   합계구할범위 조건1_적용범위 조건1 조건2_적용범위 조건2

6. **[F23]** : =COUNTIF(F4:F19, ">3000000")
   조건적용범위 조건

잠깐만요

3번 문제의 함수 마법사를 이용한 입력 방법

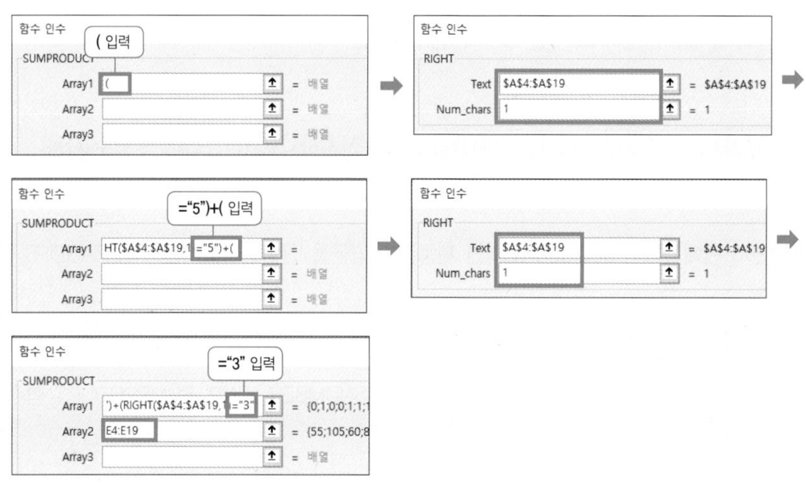

실전 모의고사 계산작업에서 함수식 문제만 골라 다시 구성하였습니다. 6회 | 함수문제

	A	B	C	D	E	F	G	H
1	11월 판매현황							
2								❶
3	제품번호	공급지역	제품명	판매가격	할인가격	매출액	수익	비고
4	3K	부산	키보드	₩ 25,000	₩ 2,000	₩ 506,000	₩ 258,500	K:부산:키보드
5	6K	인천	키보드	₩ 25,000	₩ 2,000	₩ 1,081,000	₩ 552,250	K:인천:키보드
6	4K	부산	키보드	₩ 15,000	₩ 1,000	₩ 1,330,000	₩ 688,750	K:부산:키보드
7	1K	서울	키보드	₩ 15,000	₩ 1,000	₩ 1,400,000	₩ 725,000	K:서울:키보드
8	5K	서울	키보드	₩ 20,000	₩ 2,000	₩ 2,718,000	₩ 1,359,000	K:서울:키보드
9	7K	인천	키보드	₩ 22,000	₩ 2,000	₩ 4,200,000	₩ 2,121,000	K:인천:키보드
10	3P	서울	프린터	₩ 230,000	₩ 23,000	₩ 7,245,000	₩ 3,622,500	P:서울:프린터
11	7M	서울	모니터	₩ 330,000	₩ 33,000	₩ 7,425,000	₩ 3,712,500	M:서울:모니터
12	1P	서울	프린터	₩ 200,000	₩ 20,000	₩ 9,000,000	₩ 4,500,000	P:서울:프린터
13	6M	서울	모니터	₩ 300,000	₩ 30,000	₩ 9,450,000	₩ 4,725,000	M:서울:모니터
14	5M	인천	모니터	₩ 320,000	₩ 32,000	₩ 11,520,000	₩ 5,760,000	M:인천:모니터
15	2P	부산	프린터	₩ 250,000	₩ 25,000	₩ 13,050,000	₩ 6,525,000	P:부산:프린터
16	5P	부산	프린터	₩ 250,000	₩ 25,000	₩ 14,625,000	₩ 7,312,500	P:부산:프린터
17	3M	인천	모니터	₩ 300,000	₩ 30,000	₩ 15,660,000	₩ 7,830,000	M:인천:모니터
18	2M	서울	모니터	₩ 320,000	₩ 32,000	₩ 16,704,000	₩ 8,352,000	M:서울:모니터
19	4M	인천	모니터	₩ 350,000	₩ 35,000	₩ 17,325,000	₩ 8,662,500	M:인천:모니터
20 ❷	공급지역이 "서울"인 제품들의 합					₩ 53,942,000	₩ 26,996,000	
21 ❸	제품명이 "프린터"이면서 매출액이 10,000,000 이상인 합					₩ 27,675,000	₩ 13,837,500	
22 ❹	제품번호가 "M"으로 끝나면서 판매가격이 300,000 초과인 평균					₩ 13,243,500	₩ 6,621,750	
23 ❺	제품명이 "키보드" 또는 "모니터"인 합					₩ 89,319,000	₩ 44,746,500	

1. 비고 : 제품번호 뒤에 1자리, 공급지역, 제품명을 CONCATENATE 함수를 사용하여 예와 같이 표시하십시오. (예 K:부산:키보드)

   [ ]

2. 공급지역이 "서울"인 제품들의 합계를 산출하시오. (단, SUMIF 함수 사용)

   [ ]

3. 제품명이 "프린터"이면서 매출액이 10,000,000 이상인 제품들의 합계를 산출하시오. (단, SUMIFS 함수 사용)

   [ ]

4. 제품번호가 "M"으로 끝나면서 판매가격이 300,000 초과인 제품들의 평균을 산출하시오. (단, AVERAGEIFS 함수 사용)

   [ ]

5. 제품명이 "키보드" 또는 "모니터"인 제품들의 합계를 산출하시오. (단, ISNUMBER, FIND, SUMPRODUCT 함수 사용)

   [ ]

컴퓨터로 실습하려면 'C:\길벗사무자동화' 폴더의 '함수문제모음.xlsx' 파일의 '모의06' 시트에서 작업하세요.

수식 따라잡기

1. **[H4]** : =CONCATENATE(RIGHT(A4,1), ":", B4, ":", C4)

2. **[F20]** : =SUMIF($B$4:$B$19, "서울", F4:F19)
   조건적용범위 조건 합계구할범위

3. **[F21]** : =SUMIFS(F4:F19, $C$4:$C$19, "프린터", $F$4:$F$19, ">=10000000")
   합계구할범위 조건1_적용범위 조건1 조건2_적용범위 조건2

4. **[F22]** : =AVERAGEIFS(F4:F19, $A$4:$A$19, "*M", $D$4:$D$19, ">300000")
   평균구할범위 조건1_적용범위 조건1 조건2_적용범위 조건2

5. **[F23]** : =SUMPRODUCT(ISNUMBER(FIND("키보드", $C$4:$C$19))+ISNUMBER(FIND("모니터", $C$4:$C$19)), F4:F19)
   조건1 조건2 합계구할범위

잠깐만요

1번 문제의 함수 마법사를 이용한 입력 방법

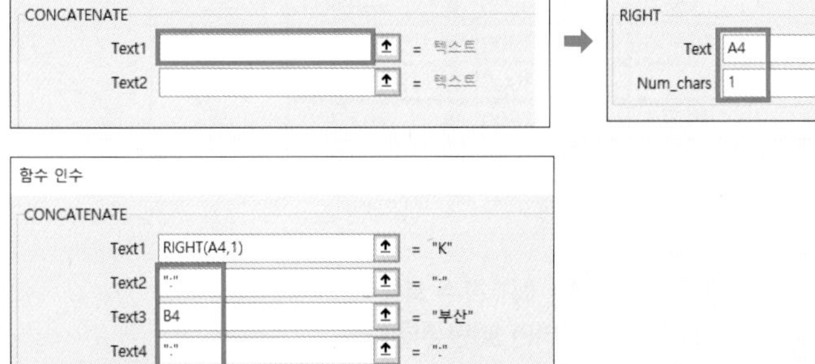

	A	B	C	D	E	F	G
1	개인별 현금 서비스 금액						
2					❶		❷
3	회원번호	성명	사용금액	연체이자	보너스점수	결제금액	비고
4	8216	곽성일	₩ 433,000	₩ 51,260	43000	₩ 441,260	
5	5123	박영훈	₩ 772,000	₩ 53,640	77000	₩ 748,640	
6	1935	라준기	₩ 797,000	₩ 118,750	79000	₩ 836,750	
7	6704	민종국	₩ 852,000	₩ 110,560	85000	₩ 877,560	우수고객
8	3978	김민정	₩ 899,000	₩ 116,270	89000	₩ 926,270	우수고객
9	5789	이형섭	₩ 1,526,000	₩ 183,020	152000	₩ 1,557,020	VIP고객
10	3753	고한수	₩ 2,470,000	₩ 271,500	247000	₩ 2,494,500	VIP고객
11	9348	이순영	₩ 183,000	₩ 21,660	18000	₩ 186,660	
12	1730	김순호	₩ 578,000	₩ 45,540	57000	₩ 566,540	
13	1786	도경진	₩ 591,000	₩ 88,350	59000	₩ 620,350	
14	7334	권인영	₩ 727,000	₩ 57,260	72000	₩ 712,260	
15	4352	이민주	₩ 757,000	₩ 67,930	75000	₩ 749,930	
16	5658	김세영	₩ 754,000	₩ 120,140	75000	₩ 799,140	
17	1567	채한희	₩ 863,000	₩ 155,040	86000	₩ 932,040	우수고객
18	9331	김경화	₩ 999,000	₩ 99,500	99000	₩ 999,500	우수고객
19	3219	주민영	₩ 1,135,000	₩ 90,400	113000	₩ 1,112,400	VIP고객
20 ❸	연체이자가 100,000 이상인 합				813000	₩ 8,423,280	
21 ❹	사용금액이 500,000 이상 1,000,000 미만인 평균				77500	₩ 797,200	
22 ❺	비고가 "우수고객" 또는 "VIP고객"인 합				871000	₩ 8,899,290	

1. 보너스점수 : (사용금액을 10,000으로 나눈 정수값) × 1000(단, INT 함수 사용)
   – 소수점 이하는 버린다. 예 567,000을 10,000으로 나눠 56.7이면 56만 취한다.

   [ ]

2. 비고 : 보너스점수가 10만원 이상이면 "VIP고객", 8만원 이상이면 "우수고객", 그렇지 않으면 공백으로 계산하시오. (단, IF 함수 사용)

   [ ]

3. 연체이자가 100,000 이상인 회원들의 합계를 산출하시오. (단, SUMIF 함수 사용)

   [ ]

4. 사용금액이 500,000 이상 1,000,000 미만인 회원들의 평균을 산출하되, 100의 자리까지 반올림하여 표시하시오. (단, AVERAGEIFS, ROUND 함수 사용)

   [ ]

5. 비고가 "우수고객" 또는 "VIP고객"인 회원들의 합계를 산출하시오. (단, ISNUMBER, FIND, SUMPRODUCT 함수 사용)

   [ ]

컴퓨터로 실습하려면 'C:\길벗사무자동화' 폴더의 '함수문제모음.xlsx' 파일의 '모의07' 시트에서 작업하세요.

1. **[E4]** : =INT(C4/10000)*1000

2. **[G4]** : =IF(E4>=100000, "VIP고객", IF(E4>=80000, "우수고객", " "))
   조건1 / 조건1_참 / 조건2 / 조건2_참 / 거짓

3. **[E20]** : =SUMIF($D$4:$D$19, ">=100000", E4:E19)
   조건적용범위 / 조건 / 합계구할범위

4. **[E21]** : =ROUND(AVERAGEIFS(E4:E19, $C$4:$C$19, ">=500000", $C$4:$C$19, "<1000000"), -2)
   평균구할범위 / 조건1_적용범위 / 조건1 / 조건2_적용범위 / 조건2 / 반올림자릿수

5. **[E22]** : =SUMPRODUCT(ISNUMBER(FIND("우수고객",$G$4:$G$19))+ISNUMBER(FIND("VIP고객",$G$4:$G$19)),E4:E19)
   조건1 / 조건2 / 합계구할범위

2번 문제의 함수 마법사를 이용한 입력 방법

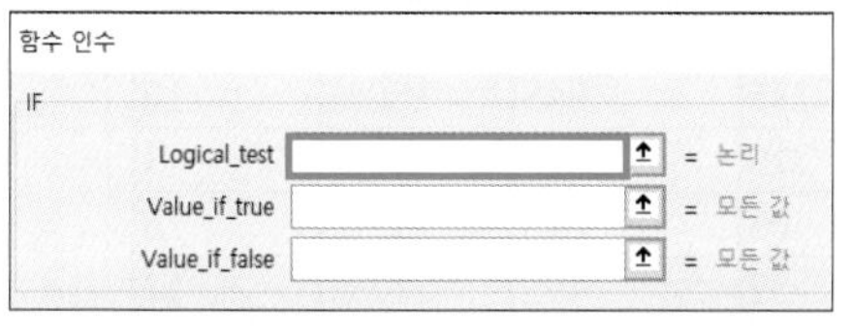

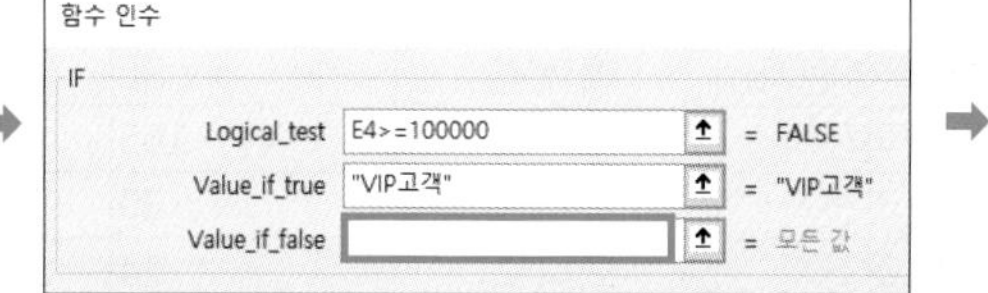

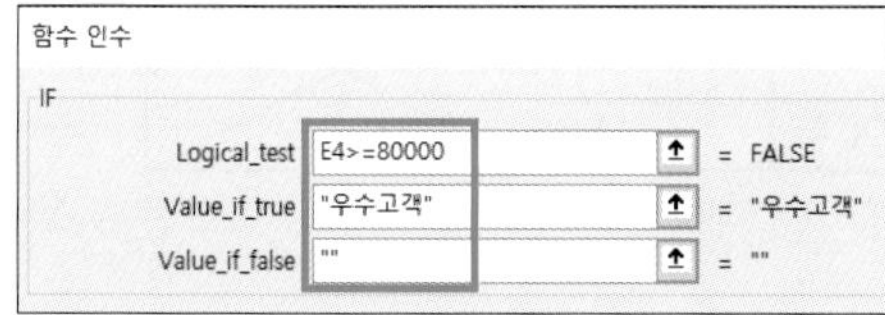

	A	B	C	D	E	F	G
1	상반기/하반기 전자제품 판매현황						
2					❶		❷
3	대리점명	품목	상반기판매	하반기판매	총판매량	증가율	순위
4	코리아전자	DVD플레이어	200	180	1980	90%	6
5	해피전자	DVD플레이어	125	162	1287	130%	7
6	SS전자	DVD플레이어	136	137	1361	101%	9
7	SS전자	TV	85	111	876	131%	11
8	우리전자	TV	79	105	816	133%	13
9	해피전자	TV	90	75	765	83%	15
10	마켓전자	김치냉장고	120	110	1190	92%	12
11	해피전자	김치냉장고	100	95	955	95%	14
12	해피전자	냉장고	95	155	1010	163%	8
13	해피전자	선풍기	50	270	720	540%	1
14	마켓전자	선풍기	80	205	925	256%	4
15	나나전자	에어컨	130	245	1415	188%	2
16	SS전자	에어컨	110	195	1185	177%	5
17	코리아전자	에어컨	90	135	945	150%	10
18	해피전자	오디오	165	210	1695	127%	3
19	우리전자	오디오	30	65	615	217%	16
20	마켓전자	오디오	24	52	492	217%	17
21 ❸	대리점명이 "해피전자"이고 증가율이 100% 이상인 합				4712		
22 ❹	총판매량이 500 이상 1200 미만인 개수				11		
23 ❺	품목이 "에어컨" 또는 "오디오"이면서 순위가 10 이하인 합				5240		

1. 총판매량 : (상반기판매 × 0.1 + 하반기판매 × 0.9) × 10(단, 결과값이 1000 이상이면 (상반기판매 × 0.9 + 하반기판매 × 0.1) × 10으로 계산)

   [ ]

2. 순위 : 하반기판매의 내림차순으로 순위를 정한다.

   [ ]

3. 대리점명이 "해피전자"이고 증가율이 100% 이상인 품목들의 합계를 산출하시오. (SUMIFS 함수 사용)

   [ ]

4. 총판매량이 500 이상 1200 미만인 품목들의 개수를 산출하시오. (단, COUNTIFS 함수 사용)

   [ ]

5. 품목이 "에어컨" 또는 "오디오"이면서 순위가 10 이하인 품목들의 합계를 산출하시오. (단, SUMPRODUCT 함수 사용)

   [ ]

컴퓨터로 실습하려면 'C:\길벗사무자동화' 폴더의 '함수문제모음.xlsx' 파일의 '모의08' 시트에서 작업하세요.

수식 따라잡기

1. [E4] : =IF((C4*0.1+D4*0.9)*10)=1000, (C4*0.9+D4*0.1)*10, (C4*0.1+D4*0.9)*10)

- (C4*0.1+D4*0.9)*10)=1000 : 조건
- (C4*0.9+D4*0.1)*10 : 참
- (C4*0.1+D4*0.9)*10 : 거짓

2. [G4] : =RANK(D4, $D$4:$D$20)

- D4 : 순위구할값
- $D$4:$D$20 : 적용범위

3. [E21] : =SUMIFS(E4:E20, A4:A20, "해피전자", F4:F20, ">=100%")

- E4:E20 : 합계구할범위
- A4:A20 : 조건1_적용범위
- "해피전자" : 조건1
- F4:F20 : 조건2_적용범위
- ">=100%" : 조건2

4. [E22] : =COUNTIFS(E4:E20, ">=500", E4:E20, "<1200")

- E4:E20 : 조건1_적용범위
- >=500 : 조건1
- E4:E20 : 조건2_적용범위
- <1200 : 조건2

5. [E23] : =SUMPRODUCT(((B4:B20="에어컨")+(B4:B20="오디오"))*(G4:G20<=10), E4:E20)

- B4:B20="에어컨" : 조건1
- B4:B20="오디오" : 조건2
- G4:G20<=10 : 조건3
- E4:E20 : 합계구할범위

실전 모의고사

계산작업에서 함수식 문제만 골라 다시 구성하였습니다.

9회 | 함수문제

	A	B	C	D	E	F	G	H
1	운행시 차량 유지비 계산							
2				❶				❷
3	차량번호	배기량	연비	구분	보험료	연료비	유지비	평가
4	1245	1,300	4	승용차	₩ 50,000	₩ 22,250	₩ 172,250	우수
5	1258	3,000	3	승용차	₩ 130,000	₩ 35,600	₩ 250,600	불량
6	1258	1,500	4	승용차	₩ 50,000	₩ 37,500	₩ 202,500	우수
7	1828	2,500	8	승용차	₩ 70,000	₩ 14,080	₩ 234,080	최우수
8	1895	2,100	4	승용차	₩ 70,000	₩ 37,500	₩ 230,500	우수
9	2158	2,500	4	승합차	₩ 130,000	₩ 47,520	₩ 267,520	불량
10	2654	1,800	4	승합차	₩ 70,000	₩ 42,120	₩ 177,120	불량
11	2658	3,150	8	승합차	₩ 130,000	₩ 63,180	₩ 288,180	최우수
12	2658	2,140	8	승합차	₩ 50,000	₩ 42,120	₩ 212,120	최우수
13	3054	2,500	2	화물차	₩ 130,000	₩ 112,500	₩ 331,500	불량
14	3258	2,150	6	화물차	₩ 70,000	₩ 37,840	₩ 182,840	우수
15	3582	2,500	4	화물차	₩ 130,000	₩ 43,500	₩ 221,500	우수
16	3652	2,000	5	화물차	₩ 50,000	₩ 44,500	₩ 224,500	우수
17	배기량 분포	2000	4	승용차	₩ 74,000	₩ 29,386	₩ 217,986	
18 ❸		3000	8	승합차	₩ 95,000	₩ 48,735	₩ 236,235	❹
19		4000	1	화물차	₩ 95,000	₩ 59,585	₩ 240,085	
20 ❺	배기량이 2000 이상인 합계				₩ 960,000	₩ 478,340	₩ 2,443,340	
21 ❻	평가가 "불량"이면서 보험료가 100,000 이상인 합계						₩ 849,620	
22 ❼	평가가 "우수"이면서 유지비가 200,000 이상인 개수						4	

1. 구분 : 차량번호의 첫 글자가 1이면 "승용차", 2이면 "승합차", 3이면 "화물차"로 표시

[ ]

2. 평가 : 연비가 6 이상이면 "최우수", 4 이상이면 "우수", 그 외는 "불량"으로 표시

[ ]

3. 배기량 분포 : 각 배기량에 해당하는 차량 개수를 산출하시오. (단, FREQUENCY 함수 사용)

[ ]

4. 각 항목별 차량의 평균을 산출하시오. (단, AVERAGEIF 함수 사용)

[ ]

5. 배기량이 2000 이상인 차량의 합계를 산출하시오. (단, SUMIF 함수 사용)

[ ]

6. 평가가 "불량"이면서 보험료가 100,000 이상인 차량의 합계를 산출하시오. (단, SUMPRODUCT, ISNUMBER, FIND 함수 사용)

[ ]

컴퓨터로 실습하려면 'C:\길벗사무자동화' 폴더의 '함수문제모음.xlsx' 파일의 '모의09' 시트에서 작업하세요.

7. 평가가 "우수"이면서 유지비가 200,000 이상인 차량의 개수를 산출하시오. (단, COUNTIFS 함수 사용)

[ ]

수식 따라잡기

1. **[D4]** : =IF(LEFT(A4,1)="1", "승용차", IF(LEFT(A4,1)="2", "승합차", "화물차"))
   조건1 / 조건1_참 / 조건2 / 조건2_참 / 거짓

2. **[H4]** : =IF(C4>=6, "최우수", IF(C4>=4, "우수", "불량"))
   조건1 / 조건1_참 / 조건2 / 조건2_참 / 거짓

3. **[C17]** : {=FREQUENCY(B4:B16, B17:B19)}
   배열1 / 배열2

4. **[E17]** : =AVERAGEIF($D$4:$D$16, $D17, E$4:E$16)
   조건적용범위 / 조건 / 평균구할범위

5. **[E20]** : =SUMIF($B$4:$B$16, ">=2000", E4:E16)
   조건적용범위 / 조건 / 합계구할범위

6. **[G21]** : =SUMPRODUCT(ISNUMBER(FIND("불량",H4:H16))*(E4:E16>=100000), G4:G16)
   조건1 / 조건2 / 합계구할범위

7. **[G22]** : =COUNTIFS(H4:H16, "우수", G4:G16, ">=200000")
   조건1_적용범위 / 조건1 / 조건2_적용범위 / 조건2

잠깐만요

3번 문제의 함수 마법사를 이용한 입력 방법

FREQUENCY 함수는 배열 함수이므로 수식을 입력할 때 일반 수식이 아닌 배열 수식으로 작성해야 합니다. 작성 방법은 일반 수식과 동일하지만 수식 입력을 완료할 때 Enter를 누르는 방법이 다릅니다. 셀에 직접 수식을 입력할 때는 Ctrl+Shift+Enter를 눌러 수식 입력을 완료하고, 함수 마법사를 이용할 때는 Ctrl+Shift를 누른 채 〈확인〉을 클릭하면 됩니다. 이렇게 수식을 작성하면 수식의 앞 뒤에 중괄호 ({ })가 자동으로 입력됩니다.

3번 문제 입력 방법 : [C17:C19] 영역을 블록으로 지정한 후 함수 마법사를 실행하여 다음과 같이 지정한 다음 Ctrl+Shift를 누른 채 〈확인〉을 클릭하세요.

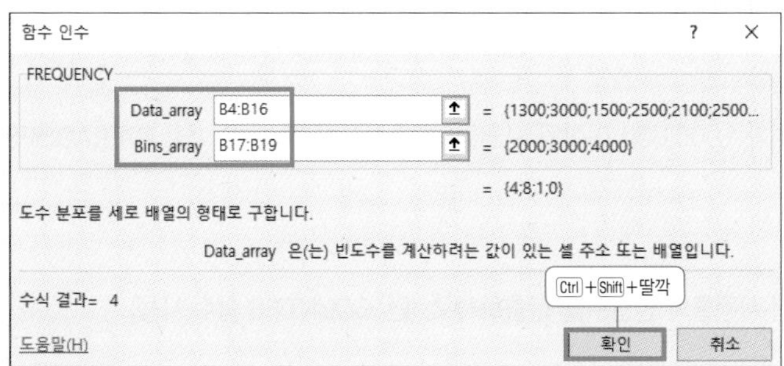

실전 모의고사 10회 | 함수문제

계산작업에서 함수식 문제만 골라 다시 구성하였습니다.

	A	B	C	D	E	F	G	H
1	사원별 연가보상비 내역							
2								
3	성명	부서명	발생휴가				휴가 사용일	연가보상비
4			연차	월차	연공	계		
5	김민서	경리부	10	12	12	34	7	₩ 2,160,000
6	최성완	경리부	10	12	12	34	15	₩ 1,398,400
7	김한순	경리부	0	11	0	11	14	-₩ 192,000
8	최다이	경리부	0	11	0	11	20	-₩ 612,000
9	황진주	관리부	10	12	12	34	6	₩ 2,192,960
10	박수성	관리부	10	12	12	34	19	₩ 1,017,000
11	김성수	관리부	10	12	12	34	21	₩ 808,600
12	황종근	관리부	10	12	12	34	23	₩ 594,000
13	박경선	관리부	0	11	0	11	10	₩ 62,200
14	김상욱	영업부	10	12	12	34	5	₩ 2,088,000
15	이만수	영업부	10	12	12	34	18	₩ 1,280,000
16	이부성	영업부	10	12	12	34	17	₩ 1,122,000
17	주대홍	영업부	10	12	12	34	22	₩ 792,000
1①	연차가 0인 사원들의 평균						15	-₩ 247,267
1②	부서명이 "관리부" 또는 "경리부"인 사원들의 합						135	₩ 7,429,160
2③	성명이 "박"씨이면서 부서명이 "관리부"인 사원들의 합							₩ 1,079,200
2④	휴가 사용일이 20 이하이면서 연가보상비가 1,000,000 이상인 사원들의 평균							₩ 1,608,337
2⑤	연공이 12이면서 휴가 사용일이 10 미만인 사원들의 인원수							3

1. 연차가 0인 사원들의 평균을 산출하시오. (단, AVERAGEIF 함수 사용)

[ ]

2. 부서명이 "관리부" 또는 "경리부"인 사원들의 합계를 산출하시오. (단, SUMPRODUCT, ISNUMBER, FIND 함수 사용)

[ ]

3. 성명이 "박"씨이면서 부서명이 "관리부"인 사원들의 합계를 산출하시오. (단, SUMIFS 함수 사용)

[ ]

4. 휴가 사용일이 20 이하이면서 연가보상비가 1,000,000 이상인 사원들의 평균을 산출하시오. (단, AVERAGEIFS 함수 사용)

[ ]

5. 연공이 12이면서 휴가 사용일이 10 미만인 사원들의 인원수를 산출하시오. (단, COUNTIFS 함수 사용)

[ ]

컴퓨터로 실습하려면 'C:\길벗사무자동화' 폴더의 '함수문제모음.xlsx' 파일의 '모의10' 시트에서 작업하세요.

수식 따라잡기

1. [G18] : =AVERAGEIF($C$5:$C$17, 0, G5:G17)
   조건적용범위 조건 평균구할범위

2. [G19] : =SUMPRODUCT(ISNUMBER(FIND("관리부",$B$5:$B$17))+ISNUMBER(FIND("경리부",$B$5:$B$17)), G5:G17)
   조건1 조건2 합계구할범위

3. [H20] : =SUMIFS(H5:H17, A5:A17, "박*", B5:B17, "관리부")
   합계구할범위 조건1_적용범위 조건1 조건2_적용범위 조건2

4. [H21] : =AVERAGEIFS(H5:H17, G5:G17, "<=20", H5:H17, ">=1000000")
   평균구할범위 조건1_적용범위 조건1 조건2_적용범위 조건2

5. [H22] : =COUNTIFS(E5:E17, 12, G5:G17, "<10")
   조건1_적용범위 조건1 조건2_적용범위 조건2

잠깐만요 2번 문제의 함수 마법사를 이용한 입력 방법

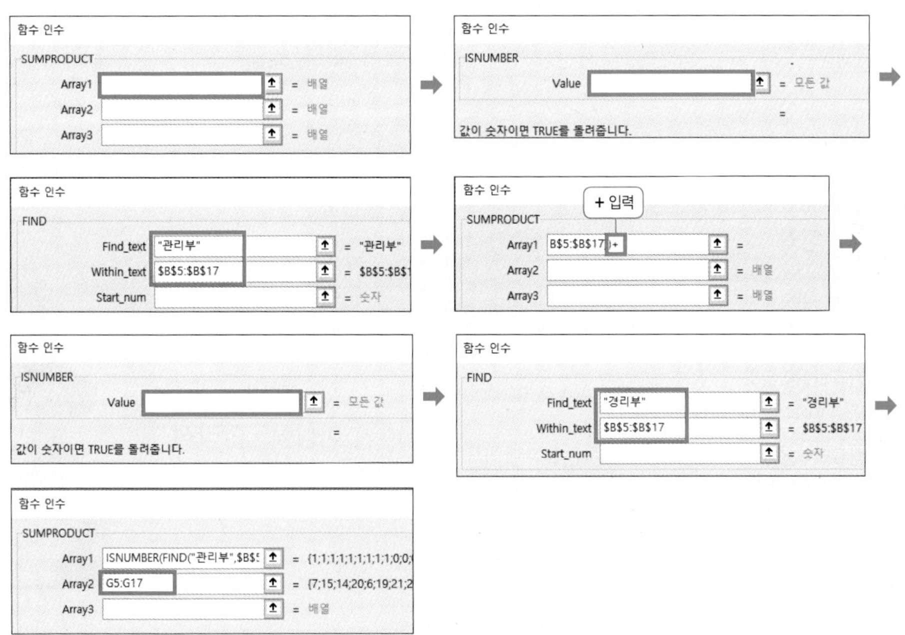

시나공 동영상 강좌

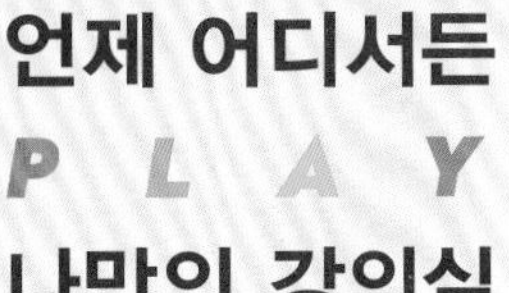

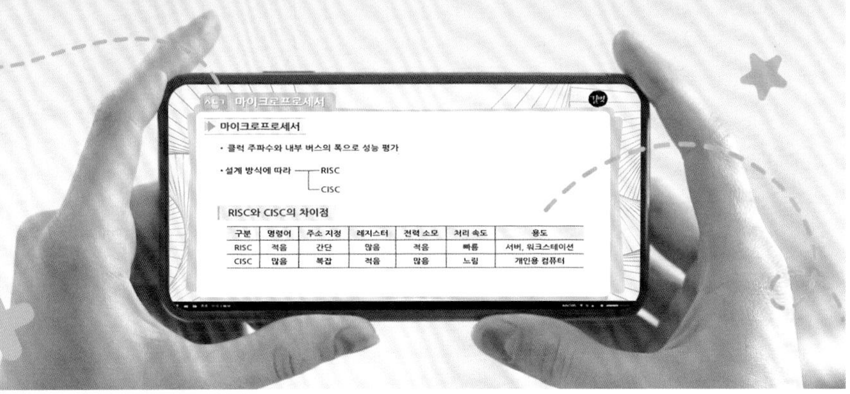

동영상 강좌 특징

선택 수강	기기 무제한	장소 불문	평균 10분
섹션별 강의 구성으로 듣고 싶은 강의만 빠르게 골라서 이용	PC와 모바일 기기의 기종, 개수에 제약 없이 편하게 수강	교재가 없어도 인터넷만 연결된다면 그곳이 내 강의실!	멀티태스킹이 가능한 세대를 위해 강의 시간은 평균 10분

강좌 종류 ※가격은 변동될 수 있으니, 사이트에서 확인하세요.

구분	강좌
유료	컴퓨터활용능력 (필/실기, 1/2급 선택)
	정보처리 기사/산업기사/기능사 (필/실기 선택)
	사무자동화산업기사 (필/실기 선택)
	워드프로세서 (필/실기 선택)
	GTQ (1/2급 선택)
무료	<실제 시험장을 옮겨 놓았다> 실기 특강 • ITQ (엑셀/한글/파워포인트) • 엑셀 기본함수 특강 • GTQ (1/2급)

시험 적중률,
가격과 수강일 모두
시나공이
이상적 · 합리적

이용 방법

1. **시나공 홈페이지(sinagong.co.kr)**에 접속하여 로그인 하세요.
2. 상단 메뉴 중 **[동영상 강좌]** → **[유료강좌]**를 클릭하세요.
3. 원하는 강좌를 선택하고 **[수강 신청하기]**를 클릭하세요.
4. 우측 상단의 **[마이길벗]** → **[나의 동영상 강좌]**로 이동하여 강좌를 수강하세요.

※ **동영상 강좌 이용 문의** : 독자지원 (02-332-0931) 또는 이메일 (content@gilbut.co.kr)

이 책은 IT자격증 전문가와 수험생이 함께 만든 책입니다.

'시나공' 시리즈는 독자의 지지와 격려 속에 성장합니다!

지금까지 컴활, 정보처리기사 등을 시나공으로 한 번에 합격했기 때문에 이번에도 아무 망설임 없이 시나공을 선택했습니다. 교재 내용이야 두말할 필요가 없죠. 그리고 시나공 홈페이지에서는 최근 시험에 나온 새로운 유형의 문제들을 별도로 업데이트 해주고, 온라인 특강을 제공합니다. 단순히 책만 파는 것이 아니라 판매한 책에 대해 새로운 정보를 제공받을 수 있도록 끊임없이 노력하는 면이 길벗의 장점이 아닌가 합니다. 시나공을 통해서 필기를 한 번에 합격했듯이 이번 실기도 한 번에 합격할 것이라고 자신합니다.

| YES24 by** |

시나공은 최고! 컴활2급과 워드를 시나공으로 공부하고 합격해서 이번에도 시나공을 구입했어요. 시나공 하나면 다른 건 필요 없어요. 만족합니다.

| 인터파크 hotfs*** |

시험장에 처음 들어서서 나올 때까지 시험의 전 과정이 알기 쉽게 잘 설명되어 있습니다. 자격증 취득 절차가 그림과 설명으로 친절하게 안내되어 있고, 책 내용은 초보자라도 쉽게 따라할 수 있도록 친절하고 자세하게 설명되어 있습니다. 또한 수험생에게 정말 중요한 엑셀 함수사전과 함수문제모음이 별책으로 제공되고, 시험 1주 전부터는 온라인을 통해 최신기출문제와 변경된 내용을 제공해 줘서 많은 도움이 됩니다. 아주 훌륭한 책이라고 강력히 추천합니다.

| 인터파크 김** |

이 책은 효율적인 학습 전략 및 방향을 제시하고 있어 무작정 공부하는 것을 방지할 뿐만 아니라 홈페이지를 통한 질문에 실시간으로 답변 받는 시스템 또한 너무 좋았습니다.

| YES24 kis9*** |

벌써 시나공과 함께해서 얻은 자격증이 몇 개인지 몰라요. 시나공은 내용과 구성이 알차고 핵심만 중요하게 다뤄주니 너무 좋아요. 모두들 시나공과 함께 하셔서 꼭 한 방에 합격하시기 바랍니다.

| 도서11번가 ljk7*** |

시험에 나오는 것만 공부한다는 '시나공' 이라는 제목이 마음에 들었습니다.^^ 예상대로 문제분석, 합격전략, 자세한 해설 등 정리가 정말 잘 되어 있더군요. 책을 파는 것으로 끝나지 않고 온라인 특강 서비스, 시험대비자료 이메일 서비스, 그리고 시나공 사이트에서 항시 질문에 답변해주시는 관리자 분들 등… 정말 정말 모든 분들께 추천하고 싶은 책입니다~

| 리브로 유** |

sinagong.co.kr

가격 27,000원

ISBN 979-11-407-0848-2

TO.시나공
온라인 독자엽서

스마트한 시나공
수험생 지원센터